भारतीय नीतियों का सामाजिक पक्ष

वाणी प्रकाशन

EPW
Economic&PoliticalWEEKLY

TATA TRUSTS

भारतीय नीतियों का सामाजिक पक्ष

सम्पादक

ज्याँ द्रेज

सह-सम्पादक

कमल नयन चौबे

वाणी प्रकाशन

EPW
Economic&PoliticalWEEKLY

TATA TRUSTS

4695, 21-ए, दरियागंज, नयी दिल्ली 110 002

शाखा

अशोक राजपथ, पटना 800 004

फ़ोन : +91 11 23273167 फ़ैक्स : +91 11 23275710

www.vaniprakashan.in
vaniprakashan@gmail.com
sales@vaniprakashan.in

BHARTIYA NEETIYON KA SAMAJIK PAKSH

Editor : Jean Drèze

Co-Editor : Kamal Nayan Chaubey

ISBN : 978-93-5229-619-4

Social Science

प्रथम संस्करण

मूल्य : ₹ 895

प्रस्तुत संकलन हिन्दी माध्यम से इकोनॉमिक ऐंड पॉलिटिकल वीकली के कुछ ख़ास अनुसन्धानों को विश्वविद्यालय के छात्रों और शोधार्थियों से परिचित करवाने का ध्येय रखता है। पिछले कई दशकों से ईपीडब्ल्यू में कुछ विशिष्ट क्षेत्रों में प्रकाशित आलेखों में से गिने-चुने आलेखों को इस पुस्तक में संकलित किया गया है। एक वरिष्ठ अकादमिक ने इस पुस्तक को तैयार किया है जिन्होंने इसकी प्रस्तावना भी लिखी है। ईपीडब्ल्यू इस संकलन में शामिल लेखकों का आभार व्यक्त करता है कि उन्होंने हमें अपने आलेखों की पुनर्प्रस्तुति की अनुमति दी। टाटा ट्रस्ट के अनुदान की सहायता से इस संकलन का प्रकाशन सम्भव हुआ है। ईपीडब्ल्यू टाटा ट्रस्ट का भी आभार व्यक्त करता है।

सिटी प्रेस, दिल्ली-110 095 में मुद्रित

वाणी प्रकाशन का लोगो मक़बूल फ़िदा हुसेन की कूची से

सह-सम्पादक की कलम से

पिछले पाँच दशकों में *इकोनॉमिक ऐंड पॉलिटिकल वीकली* समाज विज्ञान के गहन अनुसन्धान पर आधारित लेखों और शोध-आलेखों का स्रोत रहा है। इसने महिलाओं, आदिवासियों, दलितों, अल्पसंख्यकों और अन्य हाशियाकृत समूहों के अधिकारों के बारे में नये तरह के वाद-विवादों की शुरुआत ही नहीं की है, बल्कि नये प्रकार के विचारों और अनुसन्धानों का भी स्थान उपलब्ध कराया है। इस जर्नल में प्रकाशित लेखों ने भारत में समाज विज्ञान के विकास में अत्यन्त महत्त्वपूर्ण भूमिका अदा की है।

हालाँकि भारतीय समाज विज्ञान एक अत्यन्त असमान और अलोकतान्त्रिक क्षेत्र रहा है। एक ओर, किसी भी गम्भीर अनुसन्धान कार्य की भाषा अंग्रेज़ी रही है और इन अनुसन्धान कार्यों को प्रकाशित करने के लिए बड़ी संख्या में जर्नल उपलब्ध रहे हैं, वहीं, दूसरी ओर, हिन्दी और अन्य अधिकांश भारतीय भाषाओं में गम्भीर अनुसन्धान को स्थान देने वाले जर्नलों का अभाव रहा है। उत्तर भारत (बिहार, उत्तर प्रदेश, मध्य प्रदेश, हरियाणा, राजस्थान, छत्तीसगढ़, झारखंड, हिमाचल प्रदेश और यहाँ तक कि दिल्ली) के विश्वविद्यालयों में, जहाँ विद्यार्थी अध्ययन के माध्यम के रूप में हिन्दी को वरीयता देते हैं, अध्ययन-सामग्री और पाठ्य-पुस्तकों का स्तर अत्यन्त असन्तोषजनक है। इन विश्वविद्यालयों में हिन्दी की जिन किताबों की अनुशंसा की जाती है, उनमें कोई विश्लेषण नहीं होता है और यहाँ तक कि कई किताबों में तथ्यात्मक गलतियाँ भी होती हैं। सतीश देशपांडे और अन्य ने उत्तर भारत के पाँच प्रमुख विश्वविद्यालयों में हिन्दी अध्ययन-सामग्री के अपने अध्ययन में यह स्पष्ट रूप से दिखाया है कि हिन्दी अध्ययन-सामग्री की स्थिति अत्यन्त ख़राब है। इनके द्वारा तैयार की गयी रिपोर्ट के अनुसार,

> *कुल-मिलाकर एक सामान्य निष्कर्ष यह सामने आया कि हिन्दी आधारित समाज विज्ञानों में ज़्यादा और बेहतर अध्ययन-अध्यापन सामग्री की जबरदस्त आवश्यकता है...सामान्य रूप से, सबसे गम्भीर अर्थात् सबसे व्यापक और सबसे ज़्यादा प्रभाव डालने वाली समस्या यह है कि ऐसी अध्ययन सामग्रियों में*

> *आलोचनात्मक और विद्वत्तापूर्ण दृष्टिकोण का अभाव है, जो कि निम्नलिखित बातों से सामने आया : (अ) इनमें बहुआयामीय मुद्दों और प्रश्नों तथा बहुपक्षीय वाद-विवाद और विवेचना के बजाय सूचना को आगे बढ़ाने पर बल दिया गया है; और (ब) ये विद्यार्थियों को आगे अध्ययन और अन्वेषण के लिए प्रोत्साहित नहीं करती हैं... (देशपांडे और अन्य 2010: 2-3)।*

पिछले पन्द्रह वर्षों में इस स्थिति में कम-से-कम आंशिक रूप से बदलाव हुआ है। इसमें विकासशील समाज अध्ययन पीठ (सीएसडीएस) के भारतीय भाषा कार्यक्रम ने अपने अथक प्रयासों से (हिन्दी के सबसे प्रतिष्ठित प्रकाशन संस्थान वाणी प्रकाशन के सहयोग से) अप्रतिम योगदान दिया है। इसने न सिर्फ़ हिन्दी में अच्छी पुस्तकें ही प्रकाशित कीं, बल्कि हिन्दी में पहली बार समाज विज्ञान और मानविकी के पूर्व-समीक्षित अर्ध-वार्षिक जर्नल *प्रतिमान* का प्रकाशन भी आरम्भ किया। इस जर्नल ने उन अनुसन्धानकर्त्ताओं को एक मंच प्रदान किया है जो मौलिक रूप से हिन्दी में अपना अनुसन्धान कार्य करते हैं। रोचक बात यह है कि सामान्य रूप से अंग्रेज़ी में काम करने वाले शोधार्थी भी हिन्दी की व्यापक पहुँच के कारण *प्रतिमान* में अपना लेख प्रकाशित करने का प्रयास करते हैं। इससे यह बात स्पष्ट होती है कि हिन्दी में छोटे स्तर पर ही सही, लेकिन धीरे-धीरे समाज विज्ञान के गम्भीर अनुसन्धान का स्थान निर्मित हो रहा है।

इस लिहाज से यह कहा जा सकता है कि समाज विज्ञान में ज्ञान के लोकतन्त्रीकरण की दिशा में कुछ महत्त्वपूर्ण क़दम उठाये गये हैं। हालाँकि अभी काफ़ी कुछ किये जाने की आवश्यकता है। इस सन्दर्भ में *इकोनॉमिक ऐंड पॉलिटिकल वीकली* के कुछ महत्त्वपूर्ण शोध-आलेखों को हिन्दी में एक किताब के रूप में प्रकाशित करने का फ़ैसला एक अनूठा क़दम है। इससे हिन्दी में समाज विज्ञान के विभिन्न मुद्दों के बारे में ज़्यादा व्यवस्थित अध्ययन और अनुसन्धान का वातावरण निर्मित होगा। इस तरह की पहली किताब में सामाजिक नीति से सम्बन्धित विभिन्न मुद्दों पर कुल 18 शोध-आलेख सम्मिलित हैं। यह पुस्तक ज्याँ द्रेज द्वारा सम्पादित की गयी है और मैं इसका सह-सम्पादक हूँ। इसमें सामाजिक नीति के विभिन्न आयामों, मसलन स्वास्थ्य, प्राथमिक शिक्षा, रोजगार गारंटी और सामाजिक बहिष्करण से सम्बन्धित शोध-आलेख सम्मिलित हैं, जो पिछले कुछ वर्षों में ईपीडब्ल्यू में प्रकाशित हुए हैं। ये शोध-आलेख 'फ़ील्ड स्टडी' पर आधारित मौलिक अनुसंधान प्रस्तुत करते हैं और इन मुद्दों से सम्बन्धित विभिन्न आयामों का प्रतिनिधित्व करते हैं। ये अपने अनुसन्धान प्रश्न, अध्ययन-पद्धति, सैम्पल के आकार और बुनियादी तर्कों को पूरी स्पष्टता से प्रस्तुत करते हैं। यह याद रखने की आवश्यकता है कि हिन्दी में इस तरह के शोध-आलेख अत्यन्त कम प्रकाशित होते हैं (प्रतिमान में प्रकाशित शोध-आलेखों जैसे कुछ अपवादों को

छोड़कर)। दरअसल, इस तरह के अनुसन्धान कार्य कम-से-कम तीन कारणों से हिन्दी में प्रकाशित किये जाने चाहिए : पहला, यह हिन्दी माध्यम के विद्यार्थियों, एक्टिविस्टों और सामान्य पाठकों को ज़्यादा व्यवस्थित ज्ञान उपलब्ध करायेंगे। अमूमन हिन्दी में इन मुद्दों पर निष्कर्ष के रूप में कुछ सूचनाएँ ही उपलब्ध होती हैं। मिसाल के तौर पर, हिन्दी स्रोतों से कोई यह समझ बना सकता है कि ज़मीनी स्तर पर प्राथमिक स्वास्थ्य केन्द्र काम कर रहे हैं या नहीं, लेकिन हिन्दी में इस विषय पर कोई भी सुव्यवस्थित और अनुसन्धान आधारित लेखन उपलब्ध नहीं है। ये शोध-आलेख ज़्यादा व्यवस्थित अध्ययन-सामग्री उपलब्ध करायेंगे, जिससे विद्यार्थियों की विश्लेषणात्मक क्षमता में वृद्धि होगी। दूसरा, चूँकि इनमें इनके अनुसन्धान के स्वरूप और अध्ययन-पद्धति का स्पष्ट वर्णन किया गया है, इसलिए यह उम्मीद की जा सकती है कि इससे उन क्षेत्रों में फील्ड आधारित अध्ययनों को प्रोत्साहन मिलेगा जहाँ अभी समाज विज्ञान के अनुसन्धान में संस्थात्मक वर्णनात्मक या द्वितीयक स्रोतों पर आधारित ऐतिहासिक अध्ययन का बोलबाला है। जब विविध सामाजिक क्षेत्रों में काम करने वाले एक्टिविस्ट इन शोध-आलेखों को पढ़ेंगे तो उन्हें अपने क्षेत्र में सामाजिक नीतियों के क्रियान्वयन और सामाजिक विकास के विभिन्न सूचकांकों का मूल्यांकन करने में ज़्यादा आसानी होगी। तीसरा, इससे ग्रामीण उत्तर भारत में लोकतान्त्रिक संयन्त्रों को गहनता प्रदान करने में मदद मिल सकती है। मिसाल के तौर पर मनरेगा के अध्ययन से पंचायत के पदाधिकारियों और अन्य एक्टिविस्टों को अपने क्षेत्र में इस कार्यक्रम से सम्बन्धित जटिलताओं को समझने में मदद मिल सकती है। चूँकि इन मुद्दों पर होने वाले व्यवस्थित अध्ययन अमूमन अंग्रेज़ी में ही होते हैं, इसलिए ये सिर्फ़ अकादमिक, नौकरशाह या अंग्रेज़ी भाषी बुद्धिजीवी वर्ग तक ही सीमित रह जाते हैं। लेकिन हिन्दी में इनके प्रकाशन से एक बड़े पाठक वर्ग तक इनकी पहुँच होगी। इससे न सिर्फ़ व्यापक पाठक वर्ग तक अच्छी अध्ययन-सामग्री पहुँचेगी, बल्कि लोकतन्त्र को गहनता भी मिलेगी। दरअसल, अन्य भारतीय भाषाओं में इस प्रकार के शोध-आलेखों का प्रकाशन एक स्वागतयोग्य क़दम होगा।

हालाँकि इस तरह की पुस्तकों का निर्माण एक सामूहिक उद्यम होना चाहिए और नागरिक समाज की भी बहुत सी शक्तियों को इसमें भागीदारी करनी चाहिए। ऐसा होने पर ही ज़्यादा व्यवस्थित विश्लेषणात्मक ज्ञान उत्पादन की संस्कृति का विकास किया जा सकता है, जो कि प्रत्यक्ष रूप से एक ज़्यादा जीवन्त लोकतान्त्रिक व्यवस्था के निर्माण से जुड़ा हुआ है। हमारे जो विद्यार्थी अंग्रेज़ी में प्रस्तुत जटिल अकादमिक तर्कों को समझने में समर्थ नहीं हैं, उन्हें कुछ दोयम दर्ज़े की किताबों के भरोसे नहीं छोड़ा जा सकता है। इस पुस्तक का प्रकाशन समाज विज्ञान के अकादमिक अध्ययन के कमोबेश अभिजनवादी उद्यम को सुधारने की दिशा में एक

महत्त्वपूर्ण और आवश्यक क़दम है। दरअसल यह आवश्यक है कि स्त्री, दलित, आदिवासी, अल्पसंख्यक आदि से सम्बन्धित मुद्दों पर ऐसी और भी ज़्यादा पुस्तकें प्रकाशित की जायें।

इस पुस्तक में ईपीडब्ल्यू में प्रकाशित शोध-आलेखों के अनुरूप ही राज्यों और योजनाओं के नाम रखे गये हैं। मसलन, ओडिशा को कुछ लेखों में उड़ीसा लिखा गया है क्योंकि जब ये शोध-आलेख पहली बार प्रकाशित हुए थे, तो ओडिशा का नाम उड़ीसा ही था। इसी प्रकार महात्मा गाँधी राष्ट्रीय ग्रामीण रोजगार गारंटी अधिनियम में महात्मा गाँधी का नाम बाद में जुड़ा, इसलिए कुछ लेखों में इसे नरेगा (या 'नैशनल रूरल इम्पलॉयमेंट गारंटी ऐक्ट') लिखा गया है। दरअसल, ऐसा करने का मुख्य कारण यह है कि उस सन्दर्भ को कायम रखा जाये, जिसमें ये शोध-आलेख लिखे गये।

पुस्तक में संकलित लेखों के 'सन्दर्भ' और 'सन्दर्भ ग्रन्थ सूची' में सन्दर्भोल्लेख की शैली ईपीडब्ल्यू में प्रकाशित मूल लेखों के अनुरूप ही रखी गयी है, हालाँकि पुस्तक के कलेवर और प्रस्तुति में एकरूपता के लिए सन्दर्भ के अन्तर्गत किंचित सम्पादन किया गया है। ईपीडब्ल्यू में प्रकाशित मूल अंग्रेज़ी लेखों में प्रयुक्त कई सारणियों में किसी विशेष संकेत के लिए * का प्रयोग किया गया है जबकि यहाँ ' का प्रयोग किया है। यानी मूल लेख में जहाँ * है उसके लिए इस पुस्तक में ' का और जहाँ ** है वहाँ '' का प्रयोग किया गया है। लेखक परिचय, अनुवादक परिचय और आभार को पुस्तक के अन्त में रखा गया है।

इस किताब में कुछ शोध-आलेखों का अनुवाद कोपल, इन्द्रजीत, विकास, पंकज, गौरव, सन्दीप, और विवेक ने किया। अदिति माहेश्वरी-गोयल ने उत्साहपूर्वक इस पूरी योजना को आगे बढ़ाया। मुझे यह उम्मीद है कि 'भारतीय नीतियों का सामाजिक पक्ष' सामान्य विद्यार्थियों, अनुसन्धानकर्त्ताओं, शिक्षकों और एक्टिविस्टों के लिए खासी उपयोगी साबित होगी।

—कमल नयन चौबे

सन्दर्भ

देशपांडे, सतीश और अन्य (2010)। सोशल साइंसेज टीचिंग इन हिन्दी : ऐन इनवेंटरी एनालिसिस ऑफ पॉप्यूलर टेक्स्टबुक्स ऐट सिक्स नॉर्थ इण्डियन यूनिवर्सिटीज। (अ स्मॉल ग्रांट पायलट प्रोजेक्ट बाई द श्री रतन टाटा ट्रस्ट, मुम्बई थ्रू द हायर एजुकेशन सेल, सेंटर फॉर द स्टडी ऑफ कल्चर ऐंड सोसायटी बेंगलुरू, ऐंड होस्टेड बाई द इंस्टीट्यूट ऑफ सोशल इकोनॉमिक रिसर्च इन डेमोक्रेसी ऐंड डिवलपमेंट)।

अनुक्रम

प्रस्तावना

ज्याँ द्रेज

हाल के वर्षों में, भारत में सामाजिक नीति की पहुँच में काफ़ी विस्तार हुआ है। प्रत्येक गाँव में स्कूल और आँगनबाड़ी एक स्वीकार्य मानक बन चुके हैं। स्वास्थ्य केन्द्र लोगों के घर के ज़्यादा नज़दीक हैं और उनमें सुविधाएँ बढ़ रही हैं। अब पहले की तुलना में ज़्यादा लोगों को पोषक तत्त्व उपलब्ध कराने के कार्यक्रम, सार्वजनिक कार्य और सामाजिक सुरक्षा पेंशन कार्यक्रमों का लाभ मिल रहा है। इनमें से कुछ कार्यक्रम लागू करने योग्य कानूनी हकदारियों का रूप धारण कर चुके हैं। इसके बावजूद यह नहीं माना जा सकता है कि ये कार्यक्रम आदर्श रूप में लागू हो रहे हैं और इनमें से कई कार्यक्रमों का क्रियान्वयन कुछ हद तक विवादास्पद भी रहा है। अधिकांश भारतीय राज्यों को प्रभावकारी सामाजिक नीतियों को स्थापित करने और उन्हें प्रत्यक्ष रूप से वंचित लोगों के हितों, माँगों और अधिकारों से प्रत्यक्ष रूप से जोड़ने के लिए अभी एक लम्बी दूरी तय करनी है।

अकादमिक अनुसन्धान में इन घटनाक्रमों से पीछे रह जाने की प्रवृत्ति रही है। मसलन, भ्रष्टाचार से सम्बन्धित आर्थिक साहित्य सूचना के अधिकार अधिनियम की कल्पना (प्रस्तावना) नहीं कर सके। इसी तरह, राष्ट्रीय ग्रामीण रोज़गार गारंटी अधिनियम के लागू हो जाने के पाँच वर्षों के बाद इस विषय पर आर्थिक अनुसन्धान की एक गम्भीर और सार्थक धारा का उभार हुआ। बहरहाल, अब भारत में सामाजिक नीति पर, काफ़ी बड़ी संख्या में अन्तर्दृष्टि से परिपूर्ण अनुसन्धान उपलब्ध हैं। इस प्रकार का अधिकांश साहित्य भारत में समाज विज्ञान के प्रमुख जर्नल *इकोनॉमिक ऐंड पॉलिटिकल वीकली* में प्रकाशित होता रहा है। इस पुस्तक में सामाजिक नीति से जुड़े विषयों पर प्रकाशित कुछ प्रमुख लेखों का संकलन प्रस्तुत किया गया है।

स्वास्थ्य

जीवन की गुणवत्ता के लिए स्वास्थ्य से ज़्यादा महत्त्वपूर्ण कुछ भी नहीं है, किन्तु फिर भी भारत की मुख्यधारा की मीडिया और लोकतान्त्रिक राजनीति में इसके बारे

में कोई खास चर्चा नहीं होती है। इस अन्तर्विरोधी स्थिति की प्रतिक्रिया के रूप में, इस किताब में सबसे पहले स्वास्थ्य से जुड़े विषयों को स्थान दिया गया है। इस मामले में एक क़दम आगे बढ़ते हुए इस किताब की शुरुआत सार्वजनिक स्वास्थ्य से सम्बन्धित एक लेख से की गयी है, जो कि स्वास्थ्य नीति का सबसे महत्त्वपूर्ण किन्तु सर्वाधिक उपेक्षित आयाम है (यह भी अपने-आप में एक विडम्बना ही है)। जैसा कि मोनिका दास गुप्ता ने काफ़ी सशक्त तरीके से यह दर्शाया है कि सार्वजनिक स्वास्थ्य ने बहुत से विकसित देशों के इतिहास में महत्त्वपूर्ण भूमिका अदा की है, जिसमें अमेरिका जैसे वे देश में भी सम्मिलित हैं जिन्होंने आम तौर पर सक्रिय सामाजिक नीतियों पर ज़्यादा ध्यान नहीं दिया है। भारत विकास में सार्वजनिक स्वास्थ्य की उपेक्षा की भारी कीमत चुका रहा है, जो सिर्फ़ ऐतिहासिक अनुभव से ही नहीं बल्कि आर्थिक सिद्धान्त से भी स्पष्ट है।

जहाँ स्वास्थ्य के मामले में बाज़ार की नाकामी अच्छी तरह समझ ली गयी है, और सिद्धान्त रूप में, बड़े पैमाने पर सार्वजनिक हस्तक्षेप पर बल दिया जाने लगा है, वहीं भारत को इस क्षेत्र में भयंकर 'सरकारी नाकामियों' से भी जूझना है। प्रसिद्ध जनसांख्यिकीविद् आशीष बोस के अनुसार, प्राथमिक स्वास्थ्य केन्द्रों की स्थिति 'भारतीय राज्य की सबसे बड़ी नाकामी' है : "यहाँ कोई डॉक्टर, नर्स और चिकित्सा उपकरण नहीं होता है, और लोग दोयम दर्जे के इलाज के लिए मीलों चलकर आते हैं।"[1] वर्ष 2007 में उन्होंने यह भी तर्क दिया कि आज़ादी के बाद से इसमें कोई खास बदलाव नहीं आया है।

अभिजीत बनर्जी, एंगस डेटन और एस्थर डुफलो ने 'ग्रामीण राजस्थान में स्वास्थ्य वितरण' से सम्बन्धित अपने अध्ययन में इस नाकामी का विवरण दिया है। लेखकों ने यह पाया कि स्वास्थ्य उपकेन्द्रों पर 45% और बड़े स्वास्थ्य केन्द्रों पर 36% चिकित्साकर्मी अनुपस्थित रहते थे। इन केन्द्रों पर डॉक्टर और नर्स अनियमित रूप से आते हैं, जिससे ग़रीबों के लिए इन केन्द्रों तक आना-जाना काफ़ी खर्चीला बन गया और इलाज न हो पाने के चलते वे काफ़ी निराश भी हो जाते हैं। यहाँ मरीज़ों को अपनी अधिकांश दवाओं की कीमत खुद ही देनी पड़ती है, जो सार्वजनिक स्वास्थ्य सुविधाओं के लाभ में कटौती करता है। इसका नतीजा यह हुआ है कि इस क्षेत्र में अधिकांश स्वास्थ्य सेवा पारम्परिक भोपा (झाड़-फूँक करने वाले और वैद्य आदि) द्वारा की जाती है। इन पर किसी तरह का नियन्त्रण नहीं होता है और यह अमूमन अप्रशिक्षित होते हैं।

यदि इस शोध-आलेख को पढ़ते वक़्त किसी के मन में निराशा और बदलाव

की सम्भावना के बारे में सन्देह पैदा होता है, तो उसे माफ़ किया जा सकता है। हालाँकि यह भी सच है कि पिछले दस वर्षों में बहुत से राज्यों में स्वास्थ्य सेवाओं में उल्लेखनीय सुधार हुआ है, इसमें कुछ ऐसे राज्य (मसलन, बिहार) भी सम्मिलित हैं जहाँ तीव्र प्रगति होना असम्भव सा लगता था। राजस्थान में भी इस शोध-पत्र से सम्बन्धित सर्वेक्षणों के समय की तुलना में कई मामलों में स्थिति काफ़ी अच्छी हुई है। मसलन, तमिलनाडु के पदचिह्नों पर चलते हुए, राजस्थान ने भी सार्वजनिक स्वास्थ्य केन्द्रों पर सामान्य दवाओं के मुफ़्त वितरण की सुविधा में काफ़ी विस्तार किया है। साथ ही, एक एम्बुलेंस सेवा भी स्थापित की गयी है। ज़्यादा महत्त्वपूर्ण बात यह है कि सेवाओं में सुधार के चलते अब लोग ज़्यादा बड़ी संख्या में सरकारी स्वास्थ्य केन्द्रों का उपयोग करने लगे हैं।[2] हालाँकि अभी भी इन्हें बहुत सीमित और प्रयोगात्मक क़दम ही माना जा सकता है, लेकिन इसमें कोई सन्देह नहीं है कि राजस्थान (या फिर बिहार) के स्वास्थ्य केन्द्र तमिलनाडु या राजस्थान के स्वास्थ्य केन्द्रों जैसे कार्यकुशल हो सकते हैं।

यह भी गौरतलब है कि स्वास्थ्य सेवाओं में हुए सुधार अब आँकड़ों में भी स्पष्ट रूप से नज़र आने लगे हैं। मिसाल के तौर पर, हाल ही में हुए 'रैपिड सर्वे ऑन चिल्ड्रेन' (निश्चित रूप से इसका आधार काफ़ी सीमित है) में यह तथ्य सामने आया कि बिहार और राजस्थान में ज़्यादा संख्या में बच्चे रोगों के प्रतिरक्षण दायरे में आये हैं और इससे सम्बन्धित इनके स्वास्थ्य संकेतकों में भी काफ़ी सुधार हुआ है।[3] यहाँ कुछ बिन्दुओं पर विचार करने की आवश्यकता है : आज बिहार में बच्चों के परिरक्षण का दर तमिलनाडु में 1990 के दशक के आरम्भ में बच्चों के परिरक्षण दर के बराबर है; और जैसा कि सारणी 1 से स्पष्ट है कि यही बात शिशु विकास के अन्य संकेतकों पर भी लागू होती है। इस आधार पर यह कहा जा सकता है कि इस क्षेत्र में बिहार तमिलनाडु से 20 वर्ष पीछे है। लेकिन यह भी सच है कि पिछले दस वर्षों में बिहार और तमिलनाडु के बीच का अन्तराल कम होता गया है, तो इससे यह भी पता चलता है कि शिशु विकास के सन्दर्भ में तकरीबन बीस वर्षों के भीतर बिहार की स्थिति वर्तमान तमिलनाडु जैसी हो जायेगी। बेशक, यह एक सुखद अहसास देने वाला विचार है। और यदि बिहार ऐसा कर सकता है तो बाकी राज्य ऐसा क्यों नहीं कर सकते हैं।

सारणी 1 : तमिलनाडु (1992-93) और बिहार (2013-14) में शिशु विकास

1992-93	तमिलनाडु 2013-14	बिहार
पूरी तरह से परिरक्षित 12-23 माह के बच्चों का अनुपात (प्रतिशत में)	65	60
10-14 वर्ष के बीच, महिला साक्षरता दर (प्रतिशत में)[4]	81	81
स्वास्थ्य परीक्षण के बाद होने वाले जन्म का अनुपात (प्रतिशत में)	94	85
5 वर्ष से कम उम्र के बच्चों का अनुपात जिनका कम-वज़न नहीं है (प्रतिशत में)	52	(63)[5]

स्रोत : द्रेज और खेड़ा (2015ग), यह सारणी 'नैशनल फैमिली हेल्थ सर्वे' के पहले और तीसरे चरण के आँकड़ों पर आधारित है।

भारत में स्वास्थ्य की स्थिति सफलता और विफलता का घालमेल है। भारत के लोग आज़ादी के समय की तुलना में आज ज़्यादा स्वस्थ हैं और उन्हें बेहतर पोषक आहार मिल रहा है। एंगस डेटॉन (2013) के मुताबिक बीसवीं सदी के दूसरे भाग में लोगों के जीवनस्तर में अभूतपूर्व सुधार हुआ, और भारत में भी इसी तरह का भूख से 'महान बचाव' हुआ। बहरहाल, तुलनात्मक रूप से देखने पर यह नहीं कहा जा सकता है कि भारत का प्रदर्शन काफ़ी अच्छा है। दरअसल, अन्य दक्षिण एशियाई देशों की, जिनमें पाकिस्तान भी शामिल है, स्वास्थ्य संकेतकों के बहुत से आयामों में भारत से अच्छी स्थिति है।[6] यह इसलिए भी आश्चर्यजनक है क्योंकि इनमें से कुछ (बांग्लादेश और नेपाल) भारत की तुलना में ज़्यादा ग़रीब हैं। जहाँ इस बात के संकेत हैं कि हाल के वर्षों में भारत और इसके पड़ोसियों के बीच स्वास्थ्य अन्तराल में कमी आयी है, फिर भी भारत में बांग्लादेश की तरह परिरक्षण दर या नेपाल की भाँति स्वच्छता दर हासिल करने के लिए अभी एक लम्बी दूरी तय करनी है।

इसके अलावा, इस प्रकार के विशिष्ट 'स्वास्थ्य लक्ष्यों' को हासिल करने के अलावा, भारत एक सार्वभौमिक स्वास्थ्य सेवा की कार्यात्मक व्यवस्था स्थापित करने की ज़्यादा बड़ी चुनौती का सामना भी कर रहा है। 1946 में ही भोरे समिति ने अपनी रिपोर्ट में यह स्पष्ट किया था कि सार्वभौमिक स्वास्थ्य व्यवस्था का बुनियादी सिद्धान्त यह है कि "समुदाय के प्रत्येक सदस्य को अच्छी गुणवत्ता वाली स्वास्थ्य सेवा उपलब्ध कराई जाये, भले ही वे इसके लिए पैसा देने में समर्थ हों या न हों।"

अब समृद्ध देशों में सार्वभौमिक स्वास्थ्य सेवा के सिद्धान्त को पूरी तरह स्वीकार कर लिया गया है, हालाँकि संयुक्त राज्य अमेरिका इसका एक प्रमुख अपवाद है। हाल के वर्षों में बहुत से विकासशील देशों (जिसमें ब्राजील, चीन, मैक्सिको और थाईलैण्ड शामिल हैं) ने भी सार्वभौमिक स्वास्थ्य सेवा की दिशा में महत्त्वपूर्ण क़दम बढ़ाये हैं। असल में, सब-सहारा अफ्रीका के बाहर दुनिया की तकरीबन आधी जनसंख्या एक ऐसे देश में रहती है जहाँ सार्वभौमिक स्वास्थ्य सेवा पर आधारित स्वास्थ्य व्यवस्था है। किन्तु अभी भारत में यह लक्ष्य हासिल करने के लिए बहुत किया जाना बाकी है। ऐसा सिर्फ़ इसलिए नहीं है कि यहाँ स्वास्थ्य व्यवस्था अत्यन्त व्यावसायिक है, बल्कि इसलिए भी क्योंकि सार्वजनिक नीति सम्बन्धी वाद-विवाद में सार्वभौमिक स्वास्थ्य सेवा के विचार को मज़बूती से स्थापित नहीं किया गया है। इस पुस्तक में गीता सेन का शोध-आलेख सम्मिलित है जिसमें उन्होंने 'हाई लेवल एक्सपर्ट ग्रुप रिपोर्ट ऑन यूनिवर्सल हेल्थ कवरेज फॉर इण्डिया' (गवर्नमेंट ऑफ इण्डिया 2011) के रिपोर्ट की विवेचना की है। दरअसल, यह सार्वभौमिक स्वास्थ्य सेवा सम्बन्धी वाद-विवाद में एक महत्त्वपूर्ण हस्तक्षेप है। वर्तमान भारत में सामाजिक नीति की एक बड़ी चुनौती यह दिखाना है कि सार्वभौमिक स्वास्थ्य सेवा का लक्ष्य हासिल किया जा सकता है।

शिक्षा

पिछले बीस वर्षों में भारत की स्कूल शिक्षा में जबरदस्त बढ़ोतरी हुई है, और प्राथमिक शिक्षा के स्तर पर अब यह सार्वभौमिक रूप हासिल करने के करीब है। यह एक महत्त्वपूर्ण उपलब्धि है। फिर भी, स्कूली शिक्षा के बारे में हाल में मिले प्रमाण अत्यन्त भयावह तस्वीर प्रस्तुत करते हैं। पढ़ने और लिखने के बारे में बच्चों की उपलब्धियाँ अत्यन्त निम्न हैं, और एक निश्चित समयावधि के बाद उनमें सुधार का कोई चिह्न भी नहीं दिखता है। यह भी उल्लेखनीय है कि जिन स्कूलों में वंचित तबकों के बच्चे जाते हैं, उनकी शिक्षा की गुणवत्ता ज्यादा ख़राब है।

भारत में स्कूली शिक्षा का निम्न स्तर एक भयंकर अन्याय है। समुचित शिक्षा के अभाव में लाखों बच्चे, जो डॉक्टर, इंजीनियर या कलाकार बन सकते थे आख़िरकार ईंट बनाने या रिक्शा चलाने जैसे काम करने के लिए मजबूर हो जाते हैं। स्वास्थ्य की तरह ही, इस समस्या की गहनता भी इसलिए बढ़ जाती है क्योंकि सार्वजनिक जीवन में इसके बारे में अत्यधिक उदासीनता है। सम्पन्न वर्गों के लिए यह कोई मुद्दा नहीं है क्योंकि वे अपने बच्चों को प्राइवेट स्कूलों में भेज देते हैं। इस मामले में ग़रीब माता-पिता बेबस होते हैं। इसके चलते सरकारी स्कूलों में कक्षा में गतिविधियों के अभाव की गम्भीर समस्या सामने आती है। 1996 में उत्तर भारत के 200 स्कूलों के सर्वेक्षण में यह पाया गया कि जाँचकर्त्ताओं के आकस्मिक निरीक्षण

के दौरान आधे सैम्पल स्कूलों में शिक्षण की कोई गतिविधि नहीं हो रही थी (प्रोब टीम 1999)। दस साल बाद जब फिर से इन स्कूलों का सर्वेक्षण किया गया तो स्थिति ज्यों की त्यों थी : तकरीबन आधे स्कूलों में कोई शिक्षण गतिविधि नहीं हो रही थी (डे और अन्य 2006)।

बहुत से राज्यों में 'अनुबन्ध शिक्षकों' (कॉन्ट्रैक्ट टीचर्स) की नियुक्ति द्वारा इस समस्या को हल करने का प्रयास किया गया है। शिक्षकों पर होने वाले ख़र्च को कम करने के सन्दर्भ में भी इस व्यवस्था की तरफ़दारी की जाती रही है। हाल के वर्षों में अनुबन्ध शिक्षकों के नकारात्मक और सकारात्मक पक्ष के बारे में ज़ोरदार बहस होती रही है। गीता गाँधी किंगडन और वंदना सिपाहीमलानी-राव ने इस किताब में संकलित अपने शोध-आलेख में इस वाद-विवाद के विविध पहलुओं का विश्लेषण प्रस्तुत किया है। वे यह बताती हैं कि अनुबन्ध शिक्षकों को स्थायी शिक्षकों की तुलना में काफ़ी कम वेतन मिलता है किन्तु बच्चों को सीखाने सम्बन्धी उपलब्धियों के सन्दर्भ में उनके प्रदर्शन को स्थायी शिक्षकों की तुलना में बुरा (या अच्छा) नहीं माना जा सकता है। निश्चित रूप से, इसे अनुबन्ध व्यवस्था के सर्वोत्तम होने का प्रमाण नहीं माना जा सकता है क्योंकि स्थायी शिक्षकों को सक्रिय करने के अन्य तरीके भी हो सकते हैं, या फिर स्कूली शिक्षकों की सेवा-शर्तों को वैकल्पिक रूप से तैयार किया जा सकता है। बहरहाल, इससे कम-से-कम यह स्पष्ट है कि शिक्षक प्रबन्धन की मौजूदा व्यवस्था गहरे स्तर पर अतार्किक है।

स्कूली शिक्षा के सन्दर्भ में वाद-विवाद का एक जीवन्त मुद्दा यह है कि क्या निजी स्कूलों को सरकारी स्कूलों का विकल्प माना जा सकता है। दरअसल, यह द्विभाजन ही पूरी तरह गलत है क्योंकि इसमें मुनाफे के लिए संचालित होने वाले निजी स्कूलों और मुनाफा-रहित निजी स्कूलों के बीच अन्तर नहीं किया जाता है। पूरी दुनिया में मुनाफा-रहित निजी स्कूलों (जिन्हें, मिसाल के तौर पर, नागरिक संगठनों या सार्वजनिक भावना रखने वाले नागरिकों द्वारा संचालित किया जाता है) ने स्कूली व्यवस्था में महत्त्वपूर्ण योगदान दिया है। भारत में भी, विशेष रूप से महाराष्ट्र और केरल जैसे राज्यों में, शिक्षा के क्षेत्र में स्वैच्छिक कार्रवाई का एक समृद्ध इतिहास रहा है। हालाँकि, हाल के वर्षों में मुनाफे के लिए संचालित होने वाले निजी स्कूलों की संख्या में काफ़ी वृद्धि हुई है, जिसने मुनाफा-रहित निजी स्कूलों के क्षेत्र को प्रभावहीन बना दिया है। इसलिए, मुख्य वाद-विवाद सरकारी और मुनाफे के लिए संचालित होने वाले निजी स्कूलों के बीच है।

इस वाद-विवाद में बहुत से विद्वानों ने अलग-अलग तरह के विचार प्रस्तुत किये हैं। इस पुस्तक में संकलित डी. डी. कारोपैडी का शोध-आलेख आश्चर्यजनक और अनपेक्षित निष्कर्ष प्रस्तुत करता है। इसमें आन्ध्र प्रदेश में 'रैण्डम नियन्त्रित परीक्षण' का निष्कर्ष प्रस्तुत किया गया है। इस अध्ययन में रैण्डम सलेक्शन के

आधार पर बच्चों को अपने (या अपने माता-पिता) पसन्दीदा निजी स्कूल में पढ़ने के लिए वजीफा प्रदान किया गया। चूँकि बच्चों का चयन रैण्डम तरीके से किया गया, इसलिए उनकी सामाजिक पृष्ठभूमि और अन्य विशेषताएँ नियन्त्रण समूह के बच्चों की तरह ही थीं (इन्हें भी रैण्डम तरीके से चुना गया था)। फिर भी, परीक्षा में अंकों तथा सीखने सम्बन्धी उपलब्धियों के सन्दर्भ में इनका प्रदर्शन सरकारी स्कूलों में पढ़ने वाले बच्चों के प्रदर्शन से अच्छा नहीं था। दरअसल, यह नतीजा व्यापक रूप से प्रचलित इस धारणा के खिलाफ़ है कि आमतौर पर, भारतीय बच्चे सरकारी स्कूलों की तुलना में निजी स्कूलों में ज़्यादा सीखते हैं। यह एक परेशान करने वाला प्रश्न भी खड़ा करता है : यदि सरकारी स्कूल भी उतना ही अच्छा प्रदर्शन करते हैं तो माता-पिता निजी स्कूल में अपने बच्चों का नामांकन कराने के लिए पैसा ख़र्च क्यों करते हैं? निश्चित रूप से, कारोपैडी का अध्ययन इस मसले पर अन्तिम निष्कर्ष नहीं है। अन्य अध्ययनों में भिन्न निष्कर्ष भी सामने आये हैं।[7] फिर भी, यह अध्ययन इस उपयोगी तथ्य की ओर ध्यान दिलाता है कि इन मसलों पर किसी भी एक दावे को पूरा सच नहीं माना जा सकता है।

भारत में स्कूली व्यवस्था में सार्वजनिक (या सरकारी) तथा निजी स्कूलों के बीच द्विभाजन है, और ऐसे बहुत से स्तर हैं जो स्कूली व्यवस्था के दोनों स्तरों को विभाजित करते हैं। इसके साथ ही, किसी खास स्कूल में भी लड़कों और लड़कियों तथा मेधावी और कमज़ोर माने जाने वाले छात्रों के बीच भेदभाव होता है। अधिकांश मौक़ों पर भिन्न जातियों और वर्गों के बच्चों के साथ भी अलग-अलग बर्ताव किया जाता है। इस पुस्तक में संकलित विमला रामचन्द्रन और तारामणि नारोयम के शोध-आलेख में दिखाया गया है कि दलित और आदिवासी बच्चों को विविध स्तरों पर बुरे बरताव का सामना करना पड़ता है—उनके अलग बैठने की व्यवस्था की जाती है और उनसे शौलालय या शिक्षक का 'लंच बॉक्स' साफ़ करने जैसे शारीरिक श्रम वाले काम कराये जाते हैं। इसके विपरीत, जिन बच्चों को सबसे अच्छा और सबसे मेधावी माना जाता है—उनमें से अधिकांश विशेषाधिकार-प्राप्त जातियों के बच्चे ही होते हैं—उनसे पुस्तकालय में किताबों को सही तरीके से रखने या 'क्लास मॉनीटर' की भूमिका अदा करने को कहा जाता है।

अन्तर्राष्ट्रीय परिप्रेक्ष्य में विचार करने पर विखण्डन और असमानता से ग्रस्त भारत की स्कूल व्यवस्था अत्यन्त दोषपूर्ण लगती है। यूनेस्को के आँकड़ों के अनुसार, पूरी दुनिया में प्राथमिक स्तर पर निजी स्कूलों में जाने वाले बच्चों का अनुपात 12% है और 'विकसित देशों' में यह अनुपात सिर्फ़ 6% ही है।[8] भारत में यह अनुपात 30% से ज़्यादा है, और हर साल इसमें बढ़ोतरी हो रही है (एएसईआर, 2015)। सार्वजनिक और निजी स्कूलों के बीच और इनके भीतर मौजूद बहुस्तरीय

पद-सोपानों के चलते निजी और सार्वजनिक स्कूलों के बीच बुनियादी विभाजन में बढ़ोतरी हुई है। इन सबके चलते सामाजिक समानता लाने वाले साधन के रूप में स्कूली व्यवस्था की महत्त्वपूर्ण भूमिका काफ़ी कमज़ोर हुई है। इसके चलते, वंचित तबकों के बच्चों को सबसे अप्रेरणादायी माहौल में पढ़ाई करनी पड़ती है। इस स्थिति में बदलाव करने के लिए यह आवश्यक है कि स्कूल शिक्षा की गुणवत्ता सुधारने के लिए राष्ट्रीय स्तर पर पहल की जाये। इसके लिए शिक्षकों के प्रबन्धन (अर्थात् शिक्षकों के चयन, प्रशिक्षण, पदोन्नति, प्रोत्साहन और कार्य संस्कृति), विद्यार्थियों के मूल्यांकन की पद्धति और माता-पिता की भूमिका के बारे में गम्भीरता से पुनर्विचार करने की आवश्यकता है। स्कूल शिक्षा की व्यवस्था ने यह दिखाया है कि उसमें बहुत से क्षेत्रों में सकारात्मक बदलाव करने का सामर्थ्य है। इसने स्कूल में भागीदारी, आधारभूत संरचना के विकास और स्कूल में प्रोत्साहन हेतु प्रभावकारी व्यवस्था करने के सन्दर्भ में बेहतर प्रदर्शन किया है (इसमें दोपहर के भोजन से लेकर मफ्त साइकिल जैसी व्यवस्था सम्मिलित की जा सकती है)। शिक्षा की गुणवत्ता के सन्दर्भ में भी इसी तरह से कार्य करने की आवश्यकता है। यह एक गम्भीर चुनौती है तथा भारतीय स्कूल व्यवस्था या तो सफलतापूर्वक इसका सामना करेगी या फिर इसमें पूरी तरह नाकाम हो जायेगी।

रोज़गार गारंटी

स्वास्थ्य और शिक्षा के अतिरिक्त पूरी दुनिया में सामाजिक नीति से सम्बन्धित वाद-विवाद में सामाजिक सुरक्षा का मसला भी एक तीसरे महत्त्वपूर्ण मुद्दे के रूप में सामने आता है। समद्ध देशों में बेरोज़गारी बीमा, सामाजिक सहायता, पेंशन और इससे जुड़े कार्यक्रमों के रूप में सामाजिक सुरक्षा सुनिश्चित करने का प्रयास किया जाता है। भारत में बेरोज़गारी बीमा को लागू करना इसलिए कठिन है क्योंकि यहाँ श्रम शक्ति का एक बड़ा भाग (90% से ज़्यादा) अनौपचारिक क्षेत्र में है, जहाँ बेरोज़गारी को सही तरह से परिभाषित नहीं किया गया है। राष्ट्रीय ग्रामीण रोज़गार गारंटी अधिनियम (नरेगा) को सामाजिक सुरक्षा के एक वैकल्पिक साधन के रूप में देखा जा सकता है। निश्चित रूप से, इसके सहायक के रूप में एक ऐसे कार्यक्रम के संचालन की आवश्यकता है, जिसमें काम करने में असमर्थ लोगों को सामाजिक सहायता प्राप्त हो।

इस विकल्प को स्व-चयन के सिद्धान्त के आधार पर सम्भव बनाया गया है—काम करने की इच्छा इसकी योग्यता की कसौटी है। इसके लिए व्यक्ति की योग्यता के परीक्षण या लक्ष्य निर्धारण के संयन्त्र की आवश्यकता ख़त्म हो जाती है। इसके अतिरिक्त, सामाजिक सुरक्षा के सार्वजनिक कार्य दृष्टिकोण का एक अन्य

लाभ है–यह आय के साथ-साथ सम्पदा निर्माण या कम-से-कम सम्भावित सम्पदा निर्माण को जोड़ता है।

विशेष रूप से, भारत के पश्चिमी क्षेत्र–राजस्थान, गुजरात और महाराष्ट्र में, सूखे के सन्दर्भ में यह तुलनात्मक रूप से पहले ही समझ लिया गया था। राष्ट्रीय ग्रामीण रोज़गार गारंटी अधिनियम, 1970 के दशक में महाराष्ट्र में बने ऐसे ही कानून से प्रेरित है; यह राहत कार्यों को स्थायी हस्तक्षेप में बदलने का प्रयास करता है। इसके अलावा, यह सार्वजनिक कार्य को न्याययोग्य अधिकारों की रूपरेखा में अवस्थित करता है–इसमें सिर्फ़ माँग के आधार पर काम का अधिकार ही शामिल नहीं है, बल्कि न्यूनतम वेतन, 15 दिनों के भीतर वेतन अदायगी, कार्यस्थल पर बुनियादी सुविधाओं जैसे अन्य अधिकार भी सम्मिलित हैं। अधिकार दृष्टिकोण का बुनियादी उद्देश्य मज़दूरों की सौदेबाजी की शक्ति को बढ़ाना और सरकार को उनके प्रति जवाबदेह बनाना है।

अधिकार दृष्टिकोण का एक अन्य महत्त्वपूर्ण प्रभाव हुआ है जिसने सार्वजनिक कार्यों को एक शक्तिशाली संगठक यन्त्र में बदल दिया है। यदि सार्वजनिक कार्यों को सरकार के विशेषाधिकार के आधार पर तय किया जाता है, तो श्रमिकों के पास पहल के लिए ज़्यादा कुछ नहीं बचता। इसके विपरीत, रोज़गार गारंटी के बुनियादी सिद्धान्त के आस-पास निर्मित अधिकारों का समूह नागरिकों को सामूहिक कार्रवाई का आधार उपलब्ध कराता है। जैसा कि मिहिर शाह ने इस किताब में संकलित अपने लेख में बताया है कि नागरिक समाज संगठनों को सृजनात्मक रूप से सम्मिलित करने से इस प्रक्रिया में मदद मिल सकती है और यह ज़्यादा प्रभावकारी तरीके से लागू हो सकती है।

व्यवहार में, इस कार्यक्रम को विविध बाधाओं का सामना करना पड़ा, जो काफ़ी हद तक भारतीय प्रशासन के वर्ग चरित्र से सम्बद्ध हैं। केन्द्र और राज्य सरकारों ने प्रत्येक क़दम पर इस जवाबदेही का विरोध किया है, और उन्हें कुछ हद तक सफलता भी मिली है। मिसाल के तौर पर, उन्होंने बेरोज़गारी भत्ता, देर से रकम अदायगी के लिए मुआवज़ा और अपने कर्त्तव्य को पूरा करने में नाकाम रहने वाले कर्मचारियों को सज़ा देने जैसे इस अधिनियम में मौजूद जवाबदेही के महत्त्वपूर्ण प्रावधानों की लगातार अवहेलना की है। नरेगा मज़दूरों के अधिकारों की सुरक्षा के लिए कानूनी व्यवस्था अपर्याप्त साबित हुई है (इसका आंशिक कारण यह है कि यह व्यवस्था काम नहीं करती, और अधिकांश मामलों में यह मज़दूरों की पहुँच से बाहर है), जो जवाबदेही की पूरी प्रक्रिया को और ज़्यादा प्रभावहीन बना देती है। इसके चलते, नरेगा मज़दूरों के अधिकारों को वास्तविक रूप से लागू नहीं किया जा सका है, और इनमें से अधिकांश अधिकार स्थानीय अधिकारियों की दया पर निर्भर हैं। हालाँकि जिन क्षेत्रों में नरेगा श्रमिक ज़्यादा संगठित हैं, वहाँ स्थिति ज़्यादा

उत्साहवर्धक है। किन्तु सौदेबाजी या लेन-देन की वास्तविक क्षमता न होने के चलते सांगठनिक प्रक्रिया अपने-आप में अत्यन्त कठिन है।

हालाँकि इस विपरीत स्थिति में भी रोज़गार गारंटी अधिनियम से एक सार्थक उद्देश्य पूरा हुआ है। एक बात तो यह है कि यह प्रत्येक ग्रामीण परिवार में एक-चौथाई अनुपूरक आय का स्रोत रहा है। इससे हर वर्ष तकरीबन 20 करोड़ लोगों को रोज़गार मिलता है। इसके अतिरिक्त, जैसा कि बहुत से अध्ययनों से पता चला है कि इनमें से अधिकांश परिवार समाज के वंचित तबकों से सम्बन्धित होते हैं। मसलन, कुल नरेगा मज़दूरों में आधे से ज़्यादा अनुसूचित जातियों या अनुसूचित जनजातियों से सम्बद्ध होते हैं। इनमें से बहुतों के लिए नरेगा एक मुक्तिदायी अनुभव रहा है क्योंकि इससे ऊँची जाति के भूमिपतियों और रोज़गारदाताओं पर इनकी निर्भरता कम हुई है।[9]

जैसा कि इस किताब में संकलित अपने शोध-आलेख में रीतिका खेड़ा और नन्दिनी नायक ने दिखाया है, इस कार्यक्रम ने महिलाओं के सशक्तीकरण में भी योगदान दिया है। नरेगा कार्य में महिलाओं की भागीदारी (कुल व्यक्ति-दिन के सन्दर्भ में) कार्यक्रम के आरम्भिक दिनों में ही 50% के आस-पास पहुँच चुकी थी और बाद के वर्षों में इसमें लगातार बढ़ोतरी हुई है और अब यह तकरीबन 58% है। यह आँकड़ा सम्पूर्ण अर्थव्यवस्था में उपलब्ध रोज़गार में महिलाओं के अनुपात से ज़्यादा है।[10] इस कार्यक्रम में बड़ी संख्या में महिलाओं को कार्यस्थल पर्यवेक्षकों, ग्राम रोज़गार सेवकों, कार्यक्रम अधिकारी, आँकड़ा संकलन कर्मचारी, तकनीकी सहायक, सामाजिक लेखा परीक्षक आदि के रूप में रोज़गार मिला है। यह एक ऐसे देश के लिए छोटी उपलब्धि नहीं है जहाँ ग्रामीण औरतों के पास गरिमायुक्त वेतन रोज़गार का अवसर काफ़ी कम होता है; बल्कि कई क्षेत्रों में तो उनके पास केवल दोहपर का खाना बनाने, आँगनबाड़ी कार्यकर्ता या स्वास्थ्य कार्यकर्ता की ही भूमिका होती है। खेड़ा और नायक ने अपने शोध-आलेख में यह विवेचना भी की है कि नरेगा से कुछ स्पष्ट फायदे और अन्य अवसर प्राप्त हुए हैं, जिन्हें महिलाएँ अत्यन्त महत्त्वपूर्ण मानती हैं (मसलन, एक बैंक खाता होना या ग्राम-सभा में भागीदारी करना)। अभी तक नरेगा के इस आयाम पर ज़्यादा ध्यान नहीं दिया गया है किन्तु यह अपने-आप में एक बड़ी उपलब्धि है।

इसी प्रकार, नरेगा काम के उत्पादक मूल्य को भी अपर्याप्त मान्यता मिली है। बार-बार दुहराकर (मुख्य रूप से कॉरपोरेट प्रायोजित मीडिया द्वारा) एक मिथक बना दिया गया है कि गड्ढा खोदना और उसे भरना शामिल है—एक टीकाकार ने इसे 'कीचड़ के साथ खिलवाड़' की संज्ञा दी। बहरहाल, जैसा कि क्रुश्ना रनावरे और उनके अन्य सहकर्मियों के शोध-आलेख से स्पष्ट होता है कि नरेगा में काम पाने वाले मज़दूर या इससे बनने वाले तालाब, कुओं, सड़कों या खेती योग्य ज़मीन से लाभ पाने वाले किसानों की धारणा ऐसी नहीं है। नरेगा द्वारा निर्मित सम्पदा के

उत्पादक मूल्य के बारे में लोगों की धारणाओं से सम्बन्धित पहले के अध्ययनों में भी ऐसा ही निष्कर्ष सामने आया।[11] कुछ अध्ययनों में नरेगा सम्पदाओं की आर्थिक उत्पादकता के वस्तुनिष्ठ मापन पर भी गौर किया गया है और इनमें पारम्परिक सन्दर्भ वापसी के दर पर विचार किया गया है। मिसाल के तौर पर, हाल के एक अध्ययन में नरेगा के अन्तर्गत निर्मित कुओं को सिर्फ़ खेती की उत्पादकता पर प्रभाव के आधार बनाते हुए यह अनुमान लगाया गया है कि झारखण्ड में वित्तीय वापसी दर 6% है (भास्कर और यादव 2015)। यह वापसी की बहुत ही सम्मानजनक दर है, जो बहुत से औद्योगिक उत्पादनों के बराबर है। इसके अलावा, सामान्य तौर पर नरेगा कार्यों के उत्पादक मूल्य के स्पष्ट निर्धारण के लिए प्रमाण की आवश्यकता है, लेकिन मौजूदा तथ्यों के आधार पर यह बेझिझक कहा जा सकता है कि नरेगा कार्यों के अनुत्पादक होने का दावा आधारहीन है।

यह नरेगा का एकमात्र ऐसा आयाम नहीं है जिसमें अनुसन्धान के निष्कर्षों और मीडिया रिपोर्टों में स्पष्ट भिन्नता है। इसमें कोई सन्देह नहीं है कि भारतीय मीडिया ने नरेगा की नाकामियों और घोटालों पर ज़्यादा ध्यान केन्द्रित किया है। यह कमियों की ओर ध्यान दिलाने की इसकी भूमिका का एक बुनियादी भाग है, लेकिन कई मरतबा इससे सम्पूर्ण वास्तविक तस्वीर सामने नहीं आ पाती है। बिजनेस मीडिया अमूमन सामाजिक ख़र्च वाले तथा मज़दूरों का वेतन और उनके लेन-देन (या सौदेबाजी) की शक्ति बढ़ाने वाले कार्यक्रमों की आलोचना करती रही है। इसके द्वारा नरेगा के नकारात्मक पहलुओं पर ज़रूरत से ज़्यादा बल देने को इसी प्रवृत्ति का भाग माना जाना चाहिए। विद्वत्तापूर्ण अनुसन्धानों में ज़्यादा सकारात्मक तस्वीर सामने आयी है और इनमें नरेगा की कुछ प्रमुख कमियों को भी रेखांकित किया गया है। इनमें नरेगा में वेतन मिलने में देरी, काम पर अत्यधिक नियन्त्रण, अपर्याप्त उत्तरदायित्व और भ्रष्टाचार की सम्भावना (हालाँकि इसमें गिरावट आयी है) को इसकी कुछ प्रमुख कमियों के रूप में उल्लेखित किया गया है। यह उम्मीद की जा सकती है कि आने वाले समय में होने वाले अनुसन्धानों के माध्यम से हमें नरेगा की सफलताओं और सीमाओं की ज़्यादा गहन जानकारी मिलेगी।

खाद्य सुरक्षा

भारत को भूख और अकाल की भूमि माना जाता था। स्वतन्त्रता प्राप्ति के बाद के दौर में देश ने इस हालत में सुधार करने की दिशा में कुछ प्रगति की है। अकाल की परिघटना पूरी तरह ख़त्म हो चुकी है और लोगों के भूखे पेट रहने की स्थिति में भी पहले की तुलना में काफ़ी कमी आयी है। किन्तु भारत में अभी भी लोग बड़ी संख्या में अल्प-पोषण के शिकार हैं। इससे न सिर्फ़ लोगों की ज़िन्दगी बर्बाद हो रही है, बल्कि देश की प्रगति में भी बाधा उत्पन्न हो रही है। आज भी, दुनिया

के सिर्फ़ कुछ देशों के अलावा भारत में ही कुपोषित और कम वज़न वाले बच्चों की संख्या सबसे ज़्यादा है।

पिछले तकरीबन पन्द्रह वर्षों से कम-से-कम इस मुद्दे पर ज़्यादा ध्यान दिया जाने लगा है और यह समय-समय पर एक जीवन्त राजनीतिक मुद्दा भी बनता रहा है। मिसाल के तौर पर, हाल ही में मध्य प्रदेश के मुख्यमन्त्री शिवराज सिंह चौहान ने अपने शाकाहारी 'भावनाओं' के आधार पर आँगनबाड़ियों में अण्डे देने पर रोक लगाने की घोषणा की (हालाँकि उन्होंने तीन आदिवासी ज़िलों में ही ऐसा किया)। उनकी इस घोषणा ने राष्ट्रीय स्तर पर एक विवाद को जन्म दिया और मोटे तौर पर, जनमत अल्पपोषित बच्चों के पक्ष में गोलबन्द हो गया। राष्ट्रीय खाद्य सुरक्षा अधिनियम, 2013 पर भी कई वर्षों तक गहन सार्वजनिक वाद-विवाद होता रहा। इस किताब में संकलित 'लोकतन्त्र और भोजन का अधिकार' शीर्षक शोध-आलेख में यह तर्क दिया गया है कि सार्वजनिक नीति में वंचित तबकों के हितों की हिफाजत के लिए सभी लोकतान्त्रिक साधनों (चुनाव अभियान, कानूनी कार्रवाई, जन-संचार माध्यम, कार्रवाई केन्द्रित अनुसन्धान, सड़क कार्रवाई इत्यादि) के उपयोग की सम्भावना पर गौर किया जाना चाहिए। लोकतान्त्रिक प्रक्रिया को इस व्यापक अर्थ में अपनाने के चलते ही हाल के वर्षों में भूख और पोषण के मुद्दों को ज़्यादा राजनीतिक महत्त्व मिला है।

इस तरह के आन्दोलनों को काफ़ी असमान व्यावहारिक सफलता मिली है, लेकिन कम-से-कम कुछ क्षेत्रों में महत्त्वपूर्ण उपलब्धियाँ हासिल हुई हैं। इसका एक उदाहरण भारत की मध्याह्न भोजन योजना (मीड डे मील स्कीम) है, जिसमें हर रोज़ 100 मिलियन से भी ज़्यादा बच्चों को गरम और उसी वक़्त बना हुआ भोजन उपलब्ध कराया जाता है। वर्ष 2002 में यह योजना धीमी और अनिश्चित तरीके से आरम्भ हुई और अधिकांश राज्यों में अत्यन्त किफायती भोजन उपलब्ध कराया गया। शुरुआती दौर में बच्चों को अमूमन गीला चावल या घुघरी दिया गया। हालाँकि बाद के वर्षों में सर्वोच्च न्यायालय की निगरानी और नियन्त्रण में दोपहर के भोजन में लगातार सुधार हुआ—रसोई की समुचित व्यवस्था की गयी, रसोइयों को प्रशिक्षित किया गया, इसके वित्तीय आबंटन में वृद्धि की गयी तथा इसके भोजन को ज़्यादा पोषक बनाया गया। गौरतलब है कि बहुत से शाकाहारी समूहों ने स्कूल के बच्चों पर अपने खान-पान के नियमों को थोपने का दबाव बनाया, किन्तु इसके बावजूद बहुत से राज्यों ने कम-से-कम सप्ताह में एक बार बच्चों को (दाल, सब्ज़ियों और फलों के अतिरिक्त) अण्डा खिलाना आरम्भ किया। यह उल्लेखनीय है कि तमिलनाडु में बच्चों को हफ़्ते में पाँच दिन अण्डा दिया जाता है। यह एक बड़ी कामयाबी है क्योंकि अण्डे में सबसे बुनियादी पोषक तत्त्व होते हैं।

दोपहर के भोजन में लगातार सुधार के साथ-ही-साथ यह भी आवश्यक है कि

छह वर्ष से कम उम्र के बच्चों तथा गर्भवती और प्रसवकालीन स्त्रियों को बेहतर स्वास्थ्य सेवाओं तथा पोषक तत्त्व उपलब्ध कराने पर ध्यान दिया जाये। समेकित बाल विकास सेवा (इंटिग्रेटेड चाइल्ड डेवलपमेंट सर्विसेज—आईसीडीएस) का यही उद्देश्य है। दीपा सिन्हा ने इस किताब में संकलित अपने शोध-आलेख में इस योजना की विवेचना की है। हाल के वर्षों में दोपहर के भोजन कार्यक्रम की तरह ही यह कार्यक्रम भी सार्वजनिक कार्रवाई का केन्द्र रहा है, जिसमें सर्वोच्च न्यायालय के मज़बूत आदेशों ने सहयोगी भूमिका अदा की है (मसलन, अपने एक आदेश में इसने यह कहा है कि छह वर्ष की उम्र के सभी बच्चों को आईसीडीएस योजना का लाभ मिलना चाहिए। हालाँकि मध्याह्न भोजन कार्यक्रम की सफलता की तुलना में आईसीडीएस कार्यक्रम के विस्तार और गुणवत्ता को सुनिश्चित करना ज़्यादा कठिन साबित हुआ है। इसका एक कारण तो यह है कि मध्याह्न भोजन की तुलना में यह एक ज़्यादा पेचीदा कार्यक्रम है। दस वर्ष पहले 'फोकस ऑन चिल्ड्रेन अंडर सिक्स' (फोकस) द्वारा छह राज्यों के आँगनबाड़ियों के अध्ययन से यह बात सामने आयी थी कि अधिकांश राज्यों में यह कार्यक्रम काफ़ी ख़राब हालत में था।[12] इसके अतिरिक्त, आईसीडीएस को किसी प्रकार की राजनीतिक प्राथमिकता में बदलना भी अत्यन्त मुश्किल रहा है। सिर्फ़ कुछ राज्यों (मसलन, तमिलनाडु और केरल) में ही महिलाएँ इतनी मुखर और सूचनाओं से लैस हैं कि वे सरकार पर यह कार्यक्रम लागू करने के लिए मज़बूती से दबाव डाल पायें।

फिर भी, पिछले दस वर्ष की तुलना में आज आईसीडीएस ज़्यादा जीवन्त अवस्था में है। पहले की तुलना में अब इस कार्यक्रम का दायरा काफ़ी बड़ा हो गया है। अधिकांश गाँवों में आँगनबाड़ी है जिसके पास अपना भवन और अन्य बुनियादी सुविधाएँ हैं। इस दौर में सिर्फ़ इस कार्यक्रम के दायरे का ही विस्तार नहीं हुआ है, बल्कि इसकी गुणवत्ता में सुधार के प्रमाण भी मिले हैं। फोकस राज्यों के पुनर्सर्वेक्षण में यह एक महत्त्वपूर्ण तथ्य के रूप में सामने आया है (सिन्हा और कपूर, 2015)। मसलन, शुरुआती फोकस सर्वेक्षण में जिन दो राज्यों (छत्तीसगढ़ और राजस्थान) की 'शिथिल राज्यों' के रूप में पहचान की गयी थी, 2014 में यह पाया गया कि वहाँ आईसीडीएस कार्यक्रम काफ़ी सक्रिय है। कुल मिलाकर, यदि सभी छह राज्यों पर विचार किया जाये तो यह सुधार (अर्थात् भोजन के तत्त्वों की मात्रा और गुणवत्ता, संवृद्धि चार्ट को कायम रखने, बच्चों की निरन्तर उपस्थिति आदि के सन्दर्भ में) काफ़ी कम प्रतीत होता है। फिर भी, यह तथ्य अपने-आप में उत्साहजनक है कि इस कार्यक्रम के मात्रात्मक विस्तार के चरण के दौरान इसकी गुणवत्ता में भी सुधार हुआ। चूँकि अब काफ़ी हद तक मात्रात्मक विस्तार हो चुका है, इसलिए यह उम्मीद है कि निकट भविष्य में गुणात्मक सुधारों पर ज़्यादा ध्यान दिया जायेगा।

इस किताब के खाद्य सुरक्षा से सम्बन्धित भाग के आख़िर में सार्वजनिक वितरण

प्रणाली (पब्लिक डिस्ट्रीब्यूशन सिस्टम—पीडीएस) के बारे में रीतिका खेड़ा का विस्तृत अध्ययन प्रस्तुत किया गया है। अपने इस शोध-आलेख में लेखिका ने नौ राज्यों में फैले 110 गाँवों के सर्वेक्षण के आधार पर यह प्रमाण प्रस्तुत किया है कि हाल के वर्षों में सार्वजनिक वितरण प्रणाली में पुनर्उभार हुआ है। यह निष्कर्ष वर्ष 2004-5 और 2011-12 के बीच किये गये नैशनल सैम्पल सर्वे से प्राप्त स्वतन्त्र प्रमाणों से सुसंगत है, जिसमें यह बताया गया है कि इस व्यवस्था के क्षेत्र में विस्तार हुआ है, लोग इसका ज़्यादा उपयोग कर रहे हैं और इसमें होने वाले रिसाव (लीकेज) में भी कमी आयी है।[13] ओडिशा और छत्तीसगढ़ जैसे राज्यों में यह सुधार ज़्यादा स्पष्ट रूप से सामने आया जहाँ इसमें ठोस सुधारों की शुरुआत की गयी थी।

दरअसल यह एक बड़ी घटना है क्योंकि दस वर्ष पूर्व तक बहुत कम पर्यवेक्षक (विशेष रूप से अत्यन्त कम अर्थशास्त्री) यह मानते थे कि भारत में पीडीएस सफलतापूर्वक काम कर सकता है। हाल में हुए अनुसन्धान सकारात्मक बदलाव के पहले के निष्कर्ष को और ज़्यादा मज़बूती प्रदान करते हैं। गौरतलब है कि बिहार और मध्य प्रदेश जैसे राज्यों में सार्वजनिक वितरण प्रणाली तकरीबन ठप्प हो चुकी थी, किन्तु वहाँ भी अब इस प्रणाली में सकारात्मक बदलाव दिखते हैं।[14] ऐसा प्रतीत होता है कि प्रत्येक राज्य इस प्रणाली को सक्रिय रूप से लागू करने में समर्थ है, किन्तु शर्त यह है कि उसमें व्यवस्था को खोखला करने वाले भ्रष्ट तत्त्वों का सामना करने की राजनीतिक इच्छा-शक्ति हो। *राष्ट्रीय खाद्य सुरक्षा अधिनियम* (नैशनल फूड सेक्योरिटी ऐक्ट) 2013, पूरे देश में सार्वजनिक वितरण प्रणाली की व्यवस्था में सुधार करने और सम्पूर्ण अवस्था को एक मज़बूत आधार देने का महत्त्वपूर्ण अवसर उपलब्ध कराता है। हालाँकि इसके क्रियान्वयन में भी गम्भीर बाधाएँ हैं (विशेष रूप से, योग्य घरों की पहचान), और सिर्फ़ समय ही यह बतायेगा कि इस अवसर का लाभ उठाया जा सका या नहीं।

खाद्य सुरक्षा के इन विभिन्न कार्यक्रमों की एक वैध आलोचना यह है कि ये अत्यन्त अनाज केन्द्रित हैं। हालाँकि अब इसमें बदलाव भी हो रहा है। मसलन, पहले आईसीडीएस कार्यक्रम के तहत दिये जाने वाले भोजन की तुलना में अब मध्याह्न भोजन योजना में विविध प्रकार का पोषक पदार्थ दिया जा रहा है। आईसीडीएस कार्यक्रम के तहत सिर्फ़ बच्चों को पोषणयुक्त भोजन उपलब्ध कराना ही सम्भव नहीं है, बल्कि इसके द्वारा बच्चों के टीकाकरण, माता द्वारा स्तनपान और स्वच्छता को बढ़ावा देने जैसे अन्य स्वास्थ्यप्रद कार्यों को भी प्रोत्साहन दिया जा रहा है। यहाँ तक कि सार्वजनिक वितरण प्रणाली में भी केवल अनाजों पर ध्यान नहीं दिया जा रहा है, बल्कि कुछ राज्यों में खाद्य तेल और दालें भी उपलब्ध कराई जा रही हैं। पिछले तकरीबन दस वर्षों की सबसे महत्त्वपूर्ण उपलब्धि यह है कि देश के दूर-दराज के भागों में बच्चों तक पोषक-तत्त्व पहुँचाने के लिए आधारभूत संरचना का निर्माण

हुआ है। निकट भविष्य में इस योजना के व्यापक और बेहतर उपयोग के लिए कई अवसर सामने आयेंगे।

पेंशन और नकद हस्तान्तरण

जैसा कि पहले उल्लेख किया गया है कि एक प्रभावकारी सामाजिक सुरक्षा व्यवस्था के लिए यह आवश्यक है कि उन लोगों के लिए विशेष प्रावधान हो, जो काम करने में असमर्थ हैं। इस सन्दर्भ में भारत के सामाजिक सुरक्षा पेंशनों का तुलनात्मक रूप से अच्छा रेकार्ड रहा है। यहाँ सामाजिक सुरक्षा पेंशन शब्द का उपयोग विधवाओं, बुजुर्गों, और शारीरिक असमर्थता से पीड़ित लोगों के लिए योगदान-रहित पेंशन के सन्दर्भ में किया गया है। पिछले कुछ वर्षों में इन पेंशन योजनाओं के बारे में कम-से-कम आधा दर्जन से ज़्यादा अध्ययन सामने आये हैं, और इनके निष्कर्ष काफ़ी हद तक मिलते-जुलते हैं : सामाजिक सुरक्षा पेंशन ग्रामीण भारत के सबसे कमज़ोर लोगों में से कुछ के लिए महत्त्वपूर्ण आर्थिक समर्थन उपलब्ध कराते हैं, और यह तुलनात्मक रूप से कम लागत पर और बिना किसी बड़े रिसाव (लीकेज) के ऐसा करते हैं।[15] इस तरह के दो अध्ययनों को इस किताब में शामिल किया गया है, जिनमें से एक सलोनी चोपड़ा और सलोनी पुडूसेरी द्वारा किया गया है और दूसरा श्रयाना भट्टाचार्य और सहकर्मियों द्वारा।

सकारात्मक निष्कर्षों के साथ-ही-साथ, इन अध्ययनों में पेंशन योजनाओं की विविध कमियों को भी रेखांकित किया गया है। बहुत से राज्यों में पेंशन की सुविधा सिर्फ़ 'ग़रीबी रेखा के नीचे' (बीपीएल) परिवारों को ही प्राप्त है। गौरतलब है कि बीपीएल श्रेणी के बारे में यह कुख्यात है कि ये पूरी तरह से अविश्वसनीय और पुराने होते हैं। पेंशन की आवेदन प्रक्रिया काफ़ी बोझिल होती है और पेंशन की छोटी सी राशि के लिए आवेदक को कई वर्षों तक भाग-दौड़ करनी पड़ती है। पेंशन की राशि अत्यन्त कम है और पिछले दस वर्षों से वृद्धावस्था पेंशन में केन्द्र सरकार का योगदान 200 रुपये तक ही सिमटा हुआ है। किन्तु बहुत से राज्य अपनी ओर से राशि जोड़कर पेंशन की कुल राशि में बढ़ोतरी करते हैं। कुछ राज्यों में पेंशन के रूप में मिलने वाली राशि भी काफ़ी अनियमित रूप से मिलती है। पेंशन के लिए आवेदन करने वालों को कई महीनों तक अपने पेंशन के लिए इन्तज़ार करना पड़ता है और अक्सर उन्हें यह अन्दाज़ा नहीं होता है कि उनके पेंशन की अगली किस्त कब मिलेगी।

अन्त में, पेंशन की रकम नियमित रूप से मिलने पर भी गाँव के बुजुर्ग लोगों के लिए पेंशन की राशि पाना काफ़ी मुश्किल होता है क्योंकि वे इस राशि को हासिल करने के लिए ज़्यादा भाग-दौड़ करने में असमर्थ होते हैं, शिक्षा की दृष्टि से कमतर होने के कारण वे इस प्रक्रिया की जटिलताओं को नहीं समझ पाते हैं और तुलनात्मक

रूप से शक्तिहीन होने के चलते वे इस राशि को पाने के लिए आवश्यक जद्दोज़हद करने में असमर्थ होते हैं। यद्यपि अक्सर डाक-खाना नज़दीक होता है किन्तु वहाँ इनका सामना भ्रष्ट कर्मचारियों से होता है जो पेंशन की राशि के बदले घूस की माँग करते हैं। बिजनेस्स कॉरेसपॉन्डेस (पत्राचार) और नकद हस्तान्तरण जैसे विकल्पों की अपनी समस्याएँ हैं। हालाँकि कुछ राज्यों को तुलनात्मक रूप से पेंशन की अदायगी की प्रभावकारी व्यवस्था तैयार करने में सफलता मिली है। इस सन्दर्भ में ओडिशा में ग्राम पंचायत कार्यालय द्वारा मासिक पेंशन राशि अदा करने की व्यवस्था और तमिलनाडु में पेंशन अदा करने के लिए पोस्टल मनी ऑर्डर के उपयोग का विशेष उल्लेख किया जा सकता है।

जैसा कि इन अनुभवों से स्पष्ट होता है कि पेंशन योजनाओं में मुख्य रूप से व्यवहारगत कमियाँ हैं और इन्हें दृढ़-इच्छा शक्ति होने पर ठीक किया जा सकता है। अमूमन इन कमियों का लम्बे समय से इसलिए वर्चस्व रहा है क्योंकि व्यवस्था में पीड़ितों की आवाज़ हमेशा ही दबी-कुचली रही है। किन्तु इस स्थिति में बदलाव हो रहा है : विधवाओं और बुजुर्ग लोगों ने अपने अधिकारों के लिए आन्दोलन करना आरम्भ कर दिया है, जिसमें उन्हें एकल नारी शक्ति संगठन और पेंशन परिषद् जैसे संगठनों से भी थोड़ी-बहुत मदद मिली है। सार्वजनिक दबाव या अन्य कारणों से बहुत से राज्यों ने पेंशन योजनाओं में सुधार करने और उनका विस्तार करने पर ध्यान केन्द्रित किया है। इन राज्यों में ओडिशा, तमिलनाडु, राजस्थान, आन्ध्र प्रदेश का विशेष रूप से उल्लेख किया जा सकता है। यहाँ तक कि इन मसलों में काफ़ी पीछे रहने वाले बिहार और झारखण्ड जैसे राज्यों में भी पेंशन योजनाओं में गम्भीर रुचि का विकास हो रहा है।

हालाँकि खेद की बात यह है कि केन्द्र सरकार विपरीत दिशा में जा रही है। जैसा कि पहले उल्लेख किया गया है कि वर्ष 2006 से ही वृद्धावस्था पेंशन में केन्द्र सरकार द्वारा दी जाने वाली राशि 200 रुपये प्रति माह है। साथ ही, केन्द्र सरकार ने इन गैर-अनुदान वाले पेंशनों की जगह एक नयी योजना (प्रधानमन्त्री अटल पेंशन योजना) लागू की है। इसमें प्रत्येक लाभार्थी को खुद योगदान देना होता है और यह मोटे तौर पर स्व-वित्तीय सहायता पर आधारित है। इस योजना के अन्तर्गत न्यूनतम बीस वर्षों तक एक निश्चित राशि देने का प्रावधान है और यदि आज किसी व्यक्ति की उम्र 40 वर्ष है, तो उसे बीस वर्षों तक 291 रुपये प्रति माह जमा करने होंगे। ऐसा करने पर, बीस साल बाद वह प्रति माह 1,000 रुपये वेतन पाने का हकदार हो जायेगा। प्रति माह 291 रुपये का योगदान एक बैंक खाते के माध्यम से अदा किया जाना चाहिए। अर्थात् इस योजना के लाभ पाने के इच्छुक व्यक्ति के बैंक खाते से प्रत्येक माह स्वतः ही 291 रुपया कटता चला जायेगा। इस योजना के साथ जैसी शर्तें जुड़ी हुई हैं, उससे यह उन लोगों को आकर्षित कर सकती है जिनके पास

प्रत्येक माह एक नियमित न्यूनतम आय आती है। लेकिन अपनी जीविका के लिए संघर्षरत लोगों के लिए इसका अत्यन्त कम उपयोग है। निश्चित रूप से, सरकार के लिए यह एक फायदे का सौदा है क्योंकि यह बिना किसी बोझ के अगले बीस वर्षों तक पेंशन की राशि संग्रहित कर सकती है।

एक अन्य परिप्रेक्ष्य से भी सामाजिक सुरक्षा कार्यक्रम पर विचार किया जा सकता है—इन्हें 'नकद हस्तान्तरण' के आरम्भिक प्रयोगों के तौर पर देखा जा सकता है। हाल के वर्षों में, भारत में नकद हस्तान्तरण पर काफ़ी वाद-विवाद हुआ है। लेकिन जैसा कि सुधा नारायणन ने इस किताब में संकलित अपने ज्ञानवर्द्धक शोध-आलेख में बताया है, इस सम्पूर्ण वाद-विवाद पर एक नयी रूपरेखा के अन्तर्गत विचार करने की आवश्यकता है। अभी मोटे तौर पर, नकद हस्तान्तरण के 'पक्ष या विरोध' में सरल तर्क प्रस्तुत किये जाते हैं। इसके बजाय, यह आवश्यक है कि उन परिस्थितियों और व्यवस्थाओं की बेहतर समझ कायम की जाये, जिनमें नकद हस्तान्तरण आवश्यक हो जाता है। भारत में दोपहर के भोजन जैस वस्तु हस्तान्तरण के कुछ अत्यधिक सफल कार्यक्रम रहे हैं। साथ ही, सामाजिक सुरक्षा पेंशन के रूप में, प्रभावकारी नकद हस्तान्तरण कार्यक्रम भी लागू किये गये हैं। निश्चित रूप से, यहाँ नकद हस्तान्तरण के व्यापक उपयोग की कुछ सम्भावना मौजूद है—इस सन्दर्भ में मात्तृक हकदारियों का पहले ही उल्लेख किया जा चुका है। हालाँकि सुधा नारायणन ने काफ़ी बल देकर यह दिखाया है कि भविष्य में सामाजिक नीति के सभी उद्देश्यों के लिए नकद हस्तान्तरण को सर्वोत्तम उपाय मानना गलत होगा। इसका एक कारण यह है कि यह पूरी तरह से सन्दर्भ और लक्ष्य पर निर्भर करता है कि नकद हस्तान्तरण वस्तु हस्तान्तरण से ज़्यादा प्रभावकारी हो सकता है या नहीं। और दूसरा कारण यह है कि नकद हस्तान्तरण को प्रभावकारी सार्वजनिक सेवाओं का विकल्प नहीं माना जा सकता है, और इन्हें ज़्यादा-से-ज़्यादा अनुपूरक के रूप में माना जा सकता है (विशेष रूप से, इनके 'सशर्त' स्वरूप में) अर्थात् इन्हें यह कहा जा सकता है कि ये लोगों को, आमतौर पर सार्वजनिक संस्थाओं द्वारा सर्वोत्तम तरीके से उपलब्ध कराये जाने वाली सेवाओं और सुविधाओं का उपयोग करने के लिए प्रोत्साहित करते हैं। यह भी याद रखने की ज़रूरत है कि प्रभावकारी नकद हस्तान्तरण के लिए बैंकिंग आधारभूत सरंचना की आवश्यकता है, लेकिन अभी भारत के अधिकांश भागों में इसका अभाव है।[16]

इन पहलुओं के चलते इन दावों पर पुनर्विचार करने की आवश्यकता है कि नकद हस्तान्तरण सार्वजनिक वितरण व्यवस्था का अच्छा विकल्प है। अक्सर यह माना जाता है कि भोजन वितरण की तुलना में लोगों की आर्थिक सहायता के लिए नकद हस्तान्तरण ज़्यादा सस्ता, सरल और प्रभावकारी है। लेकिन व्यवहार में, नकद और वस्तु हस्तान्तरण पर विचार करने पर कई मुद्दे सामने आते हैं। मसलन पोषण

और स्थानीय खाद्य बाज़ार के कार्य पर इनका प्रभाव आधारभूत बैंकिंग संरचना की तैयारी, हस्तान्तरण के उचित समय जैसे मसले ऐसे ही बुनियादी विषय हैं।[17] इसके साथ राजनीतिक अर्थशास्त्र के मुद्दे भी जुड़े हुए हैं। मसलन, नकद हस्तान्तरण में ऐसी विविध योग्यता शर्तें हो सकती हैं, जिससे लोगों के लिए इसका लाभ उठाना अत्यन्त दुष्कर हो जाये; या फिर इसमें मिलने वाली राशि और बाज़ार में वस्तुओं की कीमतों के बीच कोई तारतम्य न हो, जिसके चलते लोग इससे मिलने वाली राशि का समुचित उपयोग करने में असमर्थ हो सकते हैं। इसलिए, जहाँ अभी तक सार्वजनिक वाद-विवाद में नकद हस्तान्तरण के 'पक्ष या विपक्ष' में तर्क दिया गया है, वहीं यह आवश्यक है कि उन स्थितियों पर ध्यान केन्द्रित किया जाये जिनमें नकद हस्तान्तरण की व्यवस्था उपयोगी साबित हो सकती है।

असमानता

इस किताब के आख़िरी भाग में आर्थिक और सामाजिक असमानता पर तीन शोध-आलेख सम्मिलित हैं। सुखदेव थोराट और जोयल ली ने मध्याह्न भोजन कार्यक्रम और सार्वजनिक वितरण व्यवस्था जैसे भोजन सुरक्षा कार्यक्रमों में नियमित रूप से मौजूद जातिगत भेदभाव पर प्रकाश डाला है। रविन्दर कौर ने अपने शोध-आलेख में (सिर्फ़ भारत ही नहीं, बल्कि चीन में भी) जेण्डर असन्तुलन के सामाजिक नतीजों की विवेचना की है। लिंग के आधार पर गर्भपात कराने के चलते हाल के समय में यह असन्तुलन और भी ज़्यादा गहरा हुआ है। अन्त में, रामचन्द्र गुहा यह तर्क देते हैं कि स्वतन्त्र भारत में आदिवासी दोहरी विडम्बना का शिकार हुए हैं : राज्य ने इनकी उपेक्षा की है या कई मामलों में खुद ही इनकी स्थिति को दुर्बल करने का काम किया है, तथा माओवादियों ने भी इन्हें निरर्थक क्रान्तिकारी युद्ध में अपनी पैदल सेना के रूप में इस्तेमाल किया है।

असल में, इन भागों को किताब में शामिल करना मूल योजना का हिस्सा नहीं था। बाद में, इसे किताब में सम्मिलित करने का फ़ैसला किया गया। दरअसल, शुरुआत में इसकी आवश्यकता की ओर ध्यान न जाना अपने-आप में काफ़ी कुछ उजागर करता है। यह दिखाता है कि हम सामाजिक नीति को समानता और सामाजिक न्याय के मुद्दों से जोड़ने में नाकाम रहे हैं। आज केरल और तमिलनाडु में इसलिए सक्रिय सामाजिक नीतियाँ हैं क्योंकि वहाँ पहले ही इस प्रकार का जुड़ाव स्थापित कर लिया गया था। इन राज्यों में वंचित समूहों ने सामाजिक न्याय के अपने संघर्ष के अभिन्न भाग के रूप में इस माँग को अपना लिया था कि सार्वजनिक या लोक सेवाओं तक उनकी प्रभावकारी और समान पहुँच होनी चाहिए।[18] आज इस तरह के जुड़ाव का अभाव दिखता है, और शायद इसी के चलते वामपन्थी दलों की सामाजिक नीति के मामले में काफ़ी कम रुचि है (इसका एक नतीजा पश्चिम बंगाल में सार्वजनिक

सेवाओं की बुरी स्थिति के रूप में सामने आया है)। चूँकि अलग कारणों के चलते दक्षिणपन्थ भी इसमें कम रुचि दिखाता है, इसलिए सामाजिक नीतियों में राजनीतिक उदासीनता का शिकार होने की प्रवृत्ति रही है।

सामाजिक नीति और सामाजिक समानता के बीच द्वि-पक्षीय सम्बन्ध है। एक ओर, बहुत-सी सामाजिक नीतियों का एक वैध लक्ष्य असमानता में कटौती करना है (दरअसल, इसमें इनकी महत्त्वपूर्ण भूमिका भी है), और इनमें से कई नीतियों का इस किताब में परीक्षण किया गया है। सामाजिक और आर्थिक असमानताओं की बुनियाद काफ़ी गहरी है और इन्हें नियन्त्रित करने का एक तरीका यह सुनिश्चित करना है कि प्रत्येक व्यक्ति के पास गुणवत्तायुक्त शिक्षा, बेहतर स्वास्थ्य सेवा और आय हो।

इस जुड़ाव का अन्य पक्ष यह है कि वर्ग, जाति और जेण्डर के विभाजनों के चलते यह सुनिश्चित करना अत्यन्त कठिन होता है कि प्रत्येक बच्चा स्कूल जाये, सार्वभौमिक स्वास्थ्य सेवा प्राप्त करे और सार्वजनिक वितरण प्रणाली सही तरीके से काम करे। सामाजिक असमानताएँ इन लक्ष्यों के रास्ते में कई मुश्किलें खड़ी करती हैं, मसलन, लोग आपस में सहयोग करके काम नहीं कर पाते हैं सार्वजनिक नीति की प्राथमिकताएँ विरूपित हो जाती हैं, भ्रष्टाचार को बढ़ावा मिलता है, डॉक्टर और मरीज़ के बीच की दूरी बढ़ जाती है, कक्षा में दलित बच्चों का हाशियाकरण होता है, तथा परिवार और समाज में महिलाओं की एजेंसी का दमन होता है। यह भारत के लिए एक बड़ा मुद्दा है, जहाँ दुनिया के किसी भी अन्य भाग की तुलना में वर्ग, जाति और जेण्डर की असमानताएँ काफ़ी प्रभावकारी तरीके से एक-दूसरे को बढ़ावा दे रही हैं और समाज को दुर्बल बना रही हैं।

इन असमानताओं की मनमानी प्रकृति के चलते इनके प्रभाव में अत्यन्त वृद्धि हुई है। यह पूरी तरह से संयोग की बात है कि हमारा जन्म पुरुष के रूप में हुआ है या महिला के रूप में। इसी प्रकार, किसी व्यक्ति को एक खास जाति में जन्म लेने के लिए ज़िम्मेदार नहीं ठहराया जा सकता है। आर्थिक विशेषाधिकार का भी व्यक्तिगत प्रतिभा से बहुत कम सम्बन्ध होता है। हमारे रुझान, हमारी सेहत, हमारी विरासत और अन्य आर्थिक सम्पदाएँ, कमोबेश ऐसी बहुत-सी बाहरी आकस्मिकताओं पर निर्भर करती हैं, जिन पर हमारा कोई नियन्त्रण नहीं होता है। यहाँ तक कि हमारी शिक्षा भी हमारे अपने प्रयासों की तुलना में विरासत में मिले विशेषाधिकार और हमारे माता-पिता तथा शिक्षकों के प्रयासों को ज़्यादा प्रदर्शित करती है। यदि हमारी नियति व्यक्तिगत प्रतिभा से ज़्यादा संयोग पर निर्भर है, तो निश्चित रूप से, विशेष स्थिति वाले लोगों की पीछे छूट गये लोगों के प्रति एक ज़िम्मेदारी बनती है। दरअसल, यही भारत में सक्रिय सामाजिक नीति के पक्ष में सबसे मज़बूत तर्क है।

निष्कर्ष

नरेन्द्र मोदी के नेतृत्व वाली राष्ट्रीय जनतान्त्रिक गठबन्धन सरकार के गठन के बाद भारत की सामाजिक नीति में एक नया मोड़ आया है। नयी सरकार ने इस तथ्य पर पर्दा नहीं डाला कि उसकी पहली प्राथमिकता, सामाजिक विकास के बजाय, भौतिक आधारभूत संरचना है। 2015-16 के संघीय बजट में बहुत से सामाजिक कार्यक्रमों के केन्द्रीय आबंटन में बड़े पैमाने पर कटौती की गयी (आईसीडीएस सहित कुछ मामलों में 50% से भी ज़्यादा)। इस फ़ैसले के पक्ष में यह दलील दी गयी कि चौदहवें वित्त आयोग की अनुशंसाओं के अनुरूप करों का एक बड़ा हिस्सा राज्य सरकारों के पास जाता है। हालाँकि वित्त आयोग ने यह अनुशंसा भी नहीं की थी कि राज्यों को करों का बड़ा हिस्सा देने पर केन्द्र द्वारा प्रायोजित योजनाओं के बजट में कटौती की जानी चाहिए। इसके विपरीत, इसने यह अनुशंसा की कि "शिक्षा, स्वास्थ्य, जल आपूर्ति और स्वच्छता, बच्चों के पोषण" जैसे कुछ महत्त्वपूर्ण क्षेत्रों में केन्द्रीय सहायता जारी रहनी चाहिए। ऐसा प्रतीत होता है कि केन्द्र सरकार ने बिना किसी सुविचारित योजना के यह फ़ैसला किया है कि सामाजिक नीति का बोझ राज्यों पर ही डाल दिया है। इससे इन कार्यक्रमों के क्रियान्वयन में कम-से-कम अल्पकालिक बाधा अवश्य उत्पन्न होगी।

दीर्घकालिक दृष्टिकोण से विचार करने पर यह स्पष्ट होता है कि भारत में विस्तृत और प्रभावकारी सामाजिक नीति की आवश्यकता है और इसके सफल होने की भी पूरी सम्भावना है। यदि आने वाले बीस वर्षों तक भारत में 6% प्रति वर्ष की दर से प्रति व्यक्ति जीडीपी में वृद्धि होती रही (यह एक आशावादी उम्मीद है, किन्तु पूरी तरह असम्भव नहीं है), और यदि इसी अवधि में जीडीपी में समााजिक ख़र्च की हिस्सेदारी 50% तक बढ़ जाती है (जो कि एक मामूली प्रस्ताव है), तो सामाजिक क्षेत्र के लिए आज की तुलना में प्रति व्यक्ति पाँच गुणा ज़्यादा राशि उपलब्ध होगी। यदि हाल में अर्जित अनुभवों को आधार बनाते हुए इन संसाधनों का अच्छी तरह उपयोग किया जाता है, तो औसत भारतीय को आने वाले समय में वर्तमान केरल और तमिलनाडु की तुलना में कहीं ज़्यादा बेहतर सार्वजनिक सेवाएँ और बुनियादी सुविधाएँ मिलेंगी।

सामाजिक ख़र्च के सही उपयोग के लिए यह आवश्यक है कि स्कूल, स्वास्थ्य केन्द्रों, ग्राम पंचायत कार्यालयों और सामान्य रूप से सार्वजनिक क्षेत्र में एक बेहतर कार्य संस्कृति की आवश्यकता है। यह एक सुहावने सपने की तरह लग सकता है किन्तु अल्प लोकतन्त्र वाले देश में इसे एक स्वाभाविक विकास के रूप में देखा जा सकता है। दरअसल, सार्वजनिक क्षेत्र में अनुपस्थितिवाद, आम-जन को बेबस करने वाले शोषण और भ्रष्टाचार और इस तरह के व्यवहारों को मूक-दर्शक बनकर देखने की प्रवृत्ति स्वीकार नहीं की जा सकती है। जैसे-जैसे लोकतान्त्रिक जुड़ाव

और भागीदारी में बढ़ोतरी होती है, और लोग ज़्यादा खुलकर अपनी बातें कहने लगते हैं और सार्वजनिक अधिकारियों की गतिविधियों पर नज़र रखने लगते हैं, तो इन व्यवहारों का कायम रहना मुश्किल हो जाता है। इससे लोकतान्त्रिक व्यवहारों के सामाजिक मानक सामने आते हैं। निश्चित रूप से, सार्वजनिक क्षेत्र में ज़्यादा जवाबदेही हासिल करने के लिए हमें केवल इस पर ही निर्भर नहीं रहना चाहिए। इसके लिए प्रोत्साहन और जवाबदेही की बेहतर व्यवस्था की भी आवश्यकता है। लेकिन इन उपायों को लोकतान्त्रिक व्यवहार द्वारा सार्वजनिक कार्य-संस्कृति में बदलाव की व्यापक आवश्यकता का भाग माना जा सकता है। यह भारतीय लोकतन्त्र की कठिन परीक्षा है कि आने वाले समय में किस सीमा तक ये बदलाव हो पाते हैं।

इस किताब में सम्मिलित शोध-आलेख सामाजिक नीति के कुछ चुनिन्दा आयामों का ही विश्लेषण करते हैं। लेकिन मुझे यह उम्मीद है कि इससे सामाजिक नीति के विभिन्न पहलुओं पर होने वाले गम्भीर अनुसन्धान की एक तस्वीर सामने आयेगी। *इकोनॉमिक ऐंड पॉलिटिकल वीकली* ने इस प्रकार के अनुसन्धान को बढ़ावा देने और उसे फैलाने में अत्यन्त महत्त्वपूर्ण भूमिका अदा की है। आशा है कि भारत में सामाजिक नीति से सम्बन्धित विद्वत्तापूर्ण साहित्य के क्षेत्र और गुणवत्ता में ऐसे ही बढ़ोतरी होती रहेगी। ऐसे बहुत कम विषय हैं जो भारतीय अर्थव्यवस्था और समाज के भविष्य के लिए इतने ज़्यादा महत्त्वपूर्ण हैं।

सन्दर्भ

1. के. पी. नारायणा कुमार (2007) में उद्धृत।
2. मसलन देखें गोयल और खेड़ा (2015)।
3. उदाहरण के तौर पर, राजस्थान में वर्ष 2005-6 में 12-23 माह के बच्चों में 'पूर्ण रूप से प्रतिरक्षित' बच्चों का अनुपात 27% था, वर्ष 2013-14 में यह अनुपात बढ़कर 61% हो गया। इसी प्रकार, बिहार में वर्ष 2005-6 में यह अनुपात 33% था, जो 2013-14 में बढ़कर 60% हो गया। ये आँकड़े क्रमशः 'नेशनल फैमिली हेल्थ सर्वे' और 'रैपिड सर्वे ऑन चिल्ड्रेन' से लिए गये हैं। विस्तृत विवेचना के लिए देखें द्रेज और खेड़ा (2015ग)।
4. क्रमशः 1991 और 2011 के जनगणना के आँकड़े।
5. मानवशास्त्रीय मानकों और सन्दर्भ के उम्र में बदलाव के चलते बिल्कुल ठीक-ठीक तुलना करना मुमकिन नहीं है।
6. देखें द्रेज और सेन (2013), अध्याय 3।
7. मसलन देखें अभिजीत सिंह (2015) और वहाँ उल्लेखित अन्य सन्दर्भ।
8. यूनेस्को इंस्टीट्यूट ऑफ स्टैटिक्स, एक-रेखीय आँकड़ा (www.uis.unesco.org) ये आँकड़े 2012 से सम्बन्धित हैं। गौरतलब है कि इस अनुपात में मुनाफा-रहित निजी स्कूल भी शामिल हैं, जो बहुत से देशों में सभी निजी स्कूलों का एक बड़ा अनुपात है।
9. इस मुद्दे पर देखें जेयारंजन (2011), इन्द्रजीत रॉय (2014) और जेनकिन्स और मेनॉर (सद्यःप्रकाशित)।

10. 2015-16 के आँकड़े www.nrega.nic.in से लिए गये हैं, इससे सम्बन्धित 2014-15 का आँकड़ा 55% था।
11. देखें ड्रेज और सेन (2013), अध्याय 7, और वहाँ उद्धृत अन्य सन्दर्भ।
12. देखें, सिटीजन्स इनिसिएटिव फॉर चिल्ड्रेन अंडर सिक्स (2006)। 2004 में फोकस सर्वेक्षण छत्तीसगढ़, हिमाचल प्रदेश, महाराष्ट्र, राजस्थान, तमिलनाडु और उत्तर प्रदेश में किया गया था।
13. रिसाव में कमी के लिए देखें ड्रेज और खेड़ा (2015ख), तथा ड्रेज, हिमांशु, खेड़ा और सेन (2015)।
14. देखें ड्रेज और खेड़ा (2015क), खेड़ा और पुदुसेरी (2015) और यह उद्धृत पूर्ववर्ती अनुसन्धान।
15. इस पुस्तक में संकलित शोध-आलेखों के अतिरिक्त देखें, दत्ता, होवेस और मुरगई (2010), गुप्ता (2013), मरूलासिदप्पा और अन्य (2014)।
16. आमतौर पर, नकद हस्तान्तरण के बारे में, ब्राजील के *बोल्सा फैमिलिया* जैसे अन्तर्राष्ट्रीय अनुभव का सन्दर्भ दिया जाता है। ब्राजील अपने सकल घरेलू उत्पाद (जीडीपी) का 25% सामाजिक क्षेत्र (स्वास्थ्य, शिक्षा और सुरक्षा) पर ख़र्च करता है, इसमें से 0.5% से भी कम *बोल्सा फैमिलिया* कार्यक्रम में जाता है। आय सहायता के अतिरिक्त, ब्राजील अपने नागरिकों को बड़े पैमाने पर सेवाएँ और सुविधाएँ उपलब्ध कराता है (जिसमें सार्वभौमिक स्वास्थ्य सेवा भी शामिल है)। इसके विपरीत, भारत में सिर्फ़ जीडीपी का 7% ही सामाजिक क्षेत्र में ख़र्च किया जाता है।
17. इस विषय पर ज़्यादा विवेचना और कुछ प्रमाणों के लिए किताब में संकलित रीतिका खेड़ा का शोध-आलेख देखा जा सकता है। साथ ही देखें, खेड़ा (2014)।
18. तमिलनाडु में सार्वजनिक सेवाओं के बारे में विवेक श्रीनिवासन (2014) के काम का यह मुख्य तर्क है। केरल के सन्दर्भ में देखें ऑमेन (2009)।

सन्दर्भ ग्रन्थ सूची

एएसईआर (2015), *ट्रेन्ड्स ओवर टाइम 2006-2014 : अ सप्लीमेंट टू एएसइआर 2014,* नयी दिल्ली, एएसइआर सेंटर।

भास्कर, ए. और पी. यादव (2015), *ऑल इज़ वेल दैट एण्ड्स इन अ वेल : ऐन इकोनॉमिक इवैल्यूएशन ऑफ मनरेगा वेल्स इन झारखण्ड,* नयी दिल्ली, इंस्टीट्यूट फॉर ह्यूमन डेवलपमेंट।

सिटीजन्स इनिसिएटिव फॉर चिल्ड्रेन अण्डर सिक्स (2006), *फोकस ऑन चिल्ड्रेन अण्डर सिक्स,* वेब पता: www.righttofoodindia.org.

डे, ए., आर. खेड़ा, एम. सैमसन और ए. के. शिवा कुमार (2006), *प्रोब रिविजिटेड : अ रिपोर्ट ऑन एलिमेंटरी एडुकेशन इन इण्डिया,* नयी दिल्ली, ऑक्सफर्ड यूनिवर्सिटी प्रेस।

डेटॉन, एंगस (2013), *द ग्रेट एस्केप : हेल्थ, वेल्थ ऐंड द ऑरिजिन्स ऑफ इन इक्वालिटी,* प्रिंसटन, प्रिंसटन यूनिवर्सिटी प्रेस।

ड्रेज, जे. पी., हिमांशु खेड़ा, आर. खेड़ा और ए. सेन (2015), 'क्लेरिफिकेशन ऑन पीडीएस लीकेजेज', *इकोनॉमिक ऐंड पॉलिटिकल वीकली,* 26 सितम्बर।

ड्रेज, जे. पी. और आर. खेड़ा (2015क), 'थॉट फॉर फूड', *आउटलुक,* 31 अगस्त 2015।

ड्रेज, जे. पी. और आर. खेड़ा (2015ख), 'अण्डरस्टैंडिंग लीकेजेज इन पब्लिक डिस्ट्रीब्यूशन सिस्टम', *इकोनॉमिक ऐंड पॉलिटिकल वीकली,* 14 फरवरी।

ड्रेज, जे. पी. और आर. खेड़ा (2015ग), 'चाइल्ड डेवलपमेंट केरला हॉप्स, गुजरात फ्लॉप्स, बिहार हॉप्स', वेब पता : www.ndtv.com.

ड्रेज, जे. पी., आर. खेड़ा और जे. पुडूसेरी (2015घ), 'फूड सेक्योरिटी : बिहार ऑन द मूव', *इकोनॉमिक ऐंड पॉलिटिकल वीकली,* 22 अगस्त।

द्रेज, जे. पी. और ए. के. सेन (2013), *ऐन अनसर्टेन ग्लोरी : इण्डिया ऐंड इट्स कॉन्ट्राडिक्शन्स,* नयी दिल्ली, पेंगुइन।

दत्ता, पी., एस. होवेस और आर. मुरगई (2010), 'स्मॉल बट इफेक्टिव : इण्डियाज टारगेटेड अनकंडीशनल कैश ट्रान्सफर्स', *इकोनॉमिक ऐंड पॉलिटिकल वीकली,* 25 दिसम्बर।

के. गोयल और आर. खेड़ा (2015), 'पब्लिक हेल्थ फैसिलिटीज इन नॉर्थ इण्डिया', *इकोनॉमिक ऐंड पॉलिटिकल वीकली,* 23 मई।

गवर्नमेंट ऑफ इण्डिया (2011), *हाइ लेवल एक्सपर्ट ग्रुप रिपोर्ट ऑन यूनिवर्सल हेल्थ कवरेज फॉर इण्डिया,* नयी दिल्ली, प्लानिंग कमीशन।

गुप्ता, आशीष (2013), 'ओल्ड ऐज पेंशन स्कीम इन झारखण्ड ऐंड छत्तीसगढ़', *इकोनॉमिक ऐंड पॉलिटिकल वीकली,* 24 अगस्त।

जेनकिन्स आर. और जे. मेनॉर (सद्यःप्रकाशित), *पॉलिटिक्स ऐंड द राइट टू वर्क : इण्डियाज महात्मा गाँधी नैशनल रूरल इम्पलॉयमेंट गारंटी ऐक्ट,* नयी दिल्ली, ऑरियन्ट ब्लैकस्वॉन।

जयारंजन, जे. (2011), 'वीमेन ऐंड प्रो-पुअर पॉलिसीज इन रूरल तमिलनाडु', *इकोनॉमिक ऐंड पॉलिटिकल वीकली,* 22 अक्टूबर।

खेड़ा, रीतिका (2011), *द बैटल फॉर इम्पलायमेंट गारंटी ऐक्ट,* नयी दिल्ली, ऑक्सफर्ड यूनिवर्सिटी प्रेस।

—(2014), 'कैश वर्सेज इन-काइंड ट्रान्सफर्स : इण्डिया डेटा मीट्स थियरी', *फूड पॉलिसी,* 46।

—(2015), 'चिल्ड्रेन डिवलपमेंट : बेबी स्टेप्स इन ओडिशा', *इकोनॉमिक ऐंड पॉलिटिकल वीकली,* 3 अक्टूबर।

मारूलासिदप्पा, एम., पी. राओन्का, और आई. सभिकी (2014), 'सोशल सेक्योरिटी पेंशन्स फॉर विडोज ऐंड द एलडर्ली', *इण्डियन जर्नल ऑफ ह्यूमन डेवलपमेंट,* 8।

नारायणा कुमार, के. पी. (2007), 'आशीष बोस : द मैन हू क्वाइन द वर्ड 'बीमारू', *लाइवमिंट,* 2 अगस्त।

ऑमेन, एम. ए. (2009), 'डेवलपमेंट पॉलिसी ऐंड द नेचर ऑफ सोसायटी : अंडरस्टैंडिंग केरला मॉडल', *इकोनॉमिक ऐंड पॉलिटिकल वीकली,* 28 मार्च।

प्रोब टीम (1999), *पब्लिक रिपोर्ट ऑन बेसिक एजुकेशन,* नयी दिल्ली, ऑक्सफर्ड यूनिवर्सिटी प्रेस।

रॉय, इन्द्रजीत (2014), 'रिजर्व लेबर, अनरिजर्व्ड पॉलिटिक्स : डिग्निफाइड एनक्रोचमेंट्स अंडर इण्डियाज रूरल इम्पलॉयमेंट गारंटी ऐक्ट', *जर्नल ऑफ पीजेन्ट स्टडीज,* 41।

सिंह, अभिजीत (2015), 'व्हाट कैन द प्राइवेट सेक्टर ऑफर इण्डियन एजुकेशन?', वेब पता : www.ideasforindia.in.

सिन्हा, डी.और ए. कपूर (2015), 'इम्पलीमेंटेशन ऑफ आईसीडीएस इन सिक्स स्टेट्स : अ री-सर्वे ऑफ द 'फोकस' विलेजेज', *सर्वे रिपोर्ट,* सेंटर फॉर इक्विटी स्टडीज, नयी दिल्ली।

श्रीनिवासन, विवेक (2014), *डिलिवरिंग पब्लिक सर्विसेज इफेक्टिवली : तमिलनाडु ऐंड बियोंड,* नयी दिल्ली, ऑक्सफर्ड यूनिवर्सिटी प्रेस।

भारत में जन-स्वास्थ्य : गम्भीर उपेक्षा

मोनिका दास गुप्ता[1]
(अनुवाद : इन्द्रजीत कुमार झा)

जन-स्वास्थ्य सेवाएँ साफ़-सफाई एवं रोग के कीटाणुओं या वेक्टर नियन्त्रण के उपायों द्वारा लोगों को बीमारी से सुरक्षित बनाती हैं। ये किसी देश के विकास के बुनियादी ढाँचे का एक अनिवार्य हिस्सा हैं। भारत में अधिकांश नीतियाँ चिकित्सा सेवाओं पर ही केन्द्रित हैं। यहाँ जन-स्वास्थ्य सेवाओं, और यहाँ तक कि बुनियादी जन-स्वास्थ्य सम्बन्धी नियमों के क्रियान्वयन को नज़रअन्दाज़ किया जाता रहा है। संगठनात्मक स्तर पर भी ऐसी कई समस्याएँ हैं जिसके चलते रोग-नियन्त्रण के लिए न पर्याप्त धन आबंटित हो पाता है और न ही पर्याप्त संख्या में स्वास्थ्यकर्मियों को काम पर लगाया जाता है। जब बीमारी फैल जाती है तो उससे निपटने की प्रभावशाली क्षमता तो है लेकिन उसे फैलने से रोकने के पर्याप्त उपाय नहीं किये जाते हैं। व्यापक अभियान चलाने के लिए भी प्रभावशाली क्षमता विद्यमान है, लेकिन लगातार इस तरह का अभियान चलाने पर ध्यान नहीं दिया जाता। गौरतलब है कि 1950 के दशक में मलेरिया उन्मूलन के लिए अत्यधिक संगठित प्रयास किये गये, जिससे हम इसके उन्मूलन के करीब पहुँच गये थे। लेकिन बाद में इसकी जगह परिवार नियोजन को प्राथमिकता दी जाने लगी, जिससे यह लक्ष्य पूरी तरह हासिल नहीं किया जा सका। इस शोध-आलेख में यह समीक्षा की गयी है कि भारत में प्रभावी रोग नियन्त्रण के मार्ग में ऐसी कौन सी मूलभूत बाधाएँ हैं जिनसे तत्काल निपटने की आवश्यकता है।

बीमारी के फैलने की सम्भावना को कम करने वाली सेवाओं को नज़रअन्दाज़ करके महज बीमार के इलाज पर ध्यान केन्द्रित करना, ठीक वैसे ही है जैसे फ़र्श पर बार-बार पोछा लगाते रहें लेकिन नल को बहता छोड़ दें। (लॉरी गैरेट, बिट्रेयल ऑफ ट्रस्ट से उद्धृत)।

जब मैं बर्लिन पहुँचा तो मैंने हर जगह 'सेनेटरी' (स्वच्छता) और 'हेल्थ' (स्वास्थ्य)

शब्द सुने, लेकिन मैं वास्तव में उन शब्दों को समझ नहीं पाया। अन्ततः जो मुझे समझ में आया उसके अनुसार ये शब्द पूरी प्रशासनिक व्यवस्था को इंगित करते थे जो जन-स्वास्थ्य की सुरक्षा तथा राष्ट्र के कल्याण की बेहतरी के लिए संगठित था। (नगायो सेनसाइ, जापानी जन-स्वास्थ्य प्रणाली के वास्तुकार, 1871 ई.)[2]

जन-स्वास्थ्य क्या है, तथा इसमें निवेश की ज़रूरत क्यों है?

जन-स्वास्थ्य सेवाएँ अवधारणात्मक दृष्टिकोण से चिकित्सीय सेवाओं से अलग हैं। इनका मुख्य उद्देश्य उन कारणों या परिस्थितियों को कम करना है जिसकी वजह से आबादी (जनसंख्या) के लिए महामारी (बीमारी) का ख़तरा पैदा होता है। मसलन, इसमें खाद्य सुरक्षा एवं दूसरे स्वास्थ सम्बन्धी नियमों के अनुपालन और कीटाणुओं के नियन्त्रण को सुनिश्चित किया जाता है; शौच और दूसरे स्तर की गन्दगी को निपटाने की समुचित व्यवस्था की जाती है; पानी को साफ़-सुथरा रखने पर ध्यान दिया जाता है; नागरिकों को अपने व्यक्तिगत स्वास्थ्य व्यवहार में सुधार के लिए स्वास्थ्य सम्बन्धी शिक्षा दी जाती है ताकि वे रोग पैदा करने वाली परिस्थितियों पर खुद नियन्त्रण करना सीखें। इस प्रकार, जन-स्वास्थ्य सेवाओं में जानवरों को मारकर चमड़ा, मांस आदि निकालने के स्थानों को साफ़ रखने तथा मच्छरों और दूसरे तरह के हानिकारक कीटाणुओं की संख्या को नियन्त्रित रखने को भी प्राथमिकता दी जाती है। इसके अलावा, इसमें गाँवों के पास से गुजरने वाले नहरों को स्वच्छ रखने तथा जन-स्वास्थ्य सम्बन्धी उपबन्धों को लागू करने का प्रयास किया जाता है।

ये सेवाएँ प्रायः लोगों की नज़रों में नहीं आती हैं एवं आमतौर पर लोग इसकी ज़रूरत के बारे में तभी जान पाते हैं जब कोई समस्या पैदा हो जाती है (जैसे, किसी महामारी के फैल जाने पर)।[3] गौरतलब है कि अधिकांश चिकित्सीय सेवाओं में हर रोगी की व्यक्तिगत ज़रूरतों पर ध्यान दिया जाता है। किन्तु जन-स्वास्थ्य सेवाएँ एकीकृत रूप से पूरी आबादी के बेहतर स्वास्थ्य को सुनिश्चित करने को सर्वोच्च प्राथमिकता देती हैं। जब जन-स्वास्थ्य व्यवस्था लड़खड़ाती है तो लोग बीमारी, दुर्बलता एवं मृत्यु के रूप में बड़ी कीमत चुकाते हैं और कई बार इससे समाज का आर्थिक बोझ भी काफ़ी बढ़ जाता है।

जन-स्वास्थ्य सेवाओं से आर्थिक संवृद्धि और ग़रीबी उन्मूलन को बढ़ावा मिलता है जिससे पूरे समाज को लाभ होता है। उदाहरण के लिए, वाशिंगटन डीसी में मलेरिया पैदा करने वाले गन्दे पानी की निकासी की समुचित व्यवस्था होने के बाद ही वहाँ दीर्घकालीन संवृद्धि की सम्भावनाएँ पैदा हुईं। दूसरी ओर, पूर्वी एशियाई देशों में पॉल्ट्री (मुर्गी पालने का स्थान) के रख-रखाव में लापरवाही बरती गयी जिसके चलते एवियन फ्लू एवं सार्स जैसी महामारी फैली। इसके चलते पूरी दुनिया को जबरदस्त

आर्थिक नुकसान का सामना करना पड़ा। 1994 में भारत के सूरत जैसे शहर में प्लेग महामारी फैली थी। इस महामारी का मुख्य कारण यह था कि शहर में साफ़-सफाई की स्थिति बड़ी ख़राब थी। विश्व स्वास्थ्य संगठन के आकलन (1999) के अनुसार इसके कारण कुल 1.7 बिलियन डॉलर का नुकसान हुआ।

जन-स्वास्थ्य की ख़राब स्थिति के चलते कई तरह से आर्थिक नुकसान होता है। यह निवेशकों एवं पर्यटकों के अन्दर आकर्षण को कम करता है। किसी भी बीमारी के फैलने पर उससे निपटने के लिए अतिरिक्त संसाधनों की आवश्यकता पड़ती है। साथ ही, इस तरह की बीमारियों से श्रमिकों की उत्पादकता में भी कमी आती है। ग़रीबों पर इसका ज़्यादा गहरा प्रभाव पड़ता है। कमज़ोरी, कमाने की क्षमता के घटने, स्वास्थ्य पर अत्यधिक ख़र्च और मृत्यु के रूप में उन्हें इसकी बड़ी कीमत चुकानी पड़ती है। संक्रामक बीमारियों से अमीर लोगों की मृत्यु तो कम ही होती है किन्तु उनके बार-बार बीमार पड़ने से उनका काम प्रभावित होता है और उनके बच्चों का विकास भी अवरुद्ध होता है। मसलन, एक अध्ययन से यह तथ्य सामने आता है कि 1998-99 में भारत में 3 वर्ष की उम्र से कम आयु के 45% बच्चे (अपने उम्र के हिसाब से) अविकसित थे और उच्च धनी तबके से 28% बच्चे अविकसित थे।[4] यह इस तथ्य को उजागर करता है कि बच्चों का विकास केवल पर्याप्त भोजन के अभाव से ही नहीं, बल्कि शरीर में संक्रमण से लड़ने वाले शारीरिक संसाधनों की कमी से भी प्रभावित होता है।

काफ़ी लंम्बे समय से यह बात स्वीकार की जाती रही है कि जनसंख्या के स्वास्थ्य में सुधार के लिए सबसे प्रभावी दृष्टिकोण यह है कि बीमारी फैल जाने पर उसका इलाज करने के बजाय उसे पहले से ही रोकने पर ध्यान दिया जाये। किन्तु हक़ीक़त यह है कि अधिकांश देशों में जन-स्वास्थ्य के लिए आबंटित राशि स्वास्थ्य के कुल बजट का एक छोटा हिस्सा ही होता है। जन-स्वास्थ्य सेवा का यह मानक है कि इसे सार्वजनिक रूप से वित्त-पोषित होना चाहिए क्योंकि इसे उपलब्ध कराने के प्रति बाज़ार की भूमिका अत्यन्त सीमित है। मसलन, अमेरिका में चिकित्सा सेवा में निजी क्षेत्र का वर्चस्व है, लेकिन जन-स्वास्थ्य सम्बन्धी मसलों पर सरकार सक्रिय भूमिका निभाती है। लेकिन भारत में लोक-नीतियों एवं कार्यक्रमों में सरकार ऐसी सक्रिय भूमिका नहीं निभाती है। यह मुख्य रूप से उपचारात्मक देखभाल एवं संक्रमणरोधी टीकाकरण जैसे निजी रोग-निरोधक कार्यों पर ही ध्यान केन्द्रित करती है। इस तरह, यहाँ जन-स्वास्थ्य सम्बन्धी गतिविधियाँ काफ़ी हद तक उपेक्षित ही हैं। यह इस बात को समझने में मदद करता है कि पूर्वी एशिया और अधिकांश विश्व में भारत का स्वास्थ्य सूचकांक अत्यन्त निम्न क्यों है।[5]

जन-स्वास्थ्य सेवाएँ आर्थिक संवृद्धि को बढ़ावा देती हैं और ये ग़रीबों के हित

में भी हैं। चूँकि ग़रीब ही सबसे ज़्यादा बीमारी फैलने की समस्या का सामना करते हैं इसलिए जन-स्वास्थ्य समस्याएँ स्वतः ही ग़रीबों के प्रति उन्मुख होती हैं। इतना ही नहीं, ये सेवाएँ बीमारियों को रोककर स्वास्थ्य सेवाओं की लागत-प्रभावशीलता को भी काफ़ी बढ़ा देती हैं।

विकसित दुनिया में जन-स्वास्थ्य सेवा का विकास[6]

विकसित देशों में सेना को ज़्यादा प्रभावी बनाने के लिए जन-स्वास्थ्य सेवाओं की आवश्यकता महसूस की गयी। असल में, इन देशों में यह बात सामने आयी कि युद्ध से ज़्यादा बीमारियों की वजह से सैनिकों की मृत्यु हो रही है। औद्योगिक क्रान्ति और तेज़ी से हुए शहरीकरण के साथ शहरों में लोगों की जनसंख्या बढ़ी, लेकिन साफ़-सफाई की पर्याप्त व्यवस्था न होने से ज़्यादा बीमारियाँ फैलने लगीं। इन बीमारियों को रोकने के लिए जबरदस्त राजनीतिक दबाव था क्योंकि ग़रीबों के साथ-साथ अमीर भी इससे पीड़ित थे। हालाँकि 20वीं शताब्दी के मध्य से ही बड़े पैमाने पर एंटीबायोटिक दवाओं का उत्पादन आरम्भ हुआ। इसके पहले बहुत सी बीमारियों के बारे में लोगों में भय और अनिश्चितता रहती थी। इसीलिए इस समय बीमारियों के इलाज से ज़्यादा उन्हें फैलने से रोकने पर बल दिया गया। महामारी विज्ञान विश्लेषण के आधार पर कुछ उपाय किये गये : इसमें जॉन स्नो के कार्य को एक क्लासिक उदाहरण माना जाता है। उन्होंने बताया कि लन्दन में एक बार हैजा महामारी फैली, जिसका महामारी-केन्द्र एक हैंडपम्प था। बाद में, इस हैंडपम्प को तोड़कर इस महामारी को रोका गया। 19वीं शताब्दी के अन्तिम दो दशकों में कोच एवं पाश्चर जैसे वैज्ञानिकों ने कई खोजें कीं। इन्होंने सामान्य बीमारी के लिए उत्तरदायी विभिन्न कीटाणुओं तथा इनके संक्रमण के तरीकों की पहचान की। अब यह स्पष्ट हो गया कि बहुत सी संक्रामक बीमारियाँ कीटाणुओं की वजह से होती हैं। इसके बाद 'स्वच्छता आन्दोलन' पर बल दिया जाने लगा ताकि विभिन्न बीमारियों के स्रोत को ही ख़त्म कर दिया जाये।

'स्वच्छता आन्दोलन' के अन्तर्गत इस बात पर विशेष रूप से ध्यान दिया गया कि बीमारी के कारणों के बारे में नागरिकों की मान्यताओं तथा उनके स्वास्थ्य सम्बन्धी क्रियाकलापों में आमूलचूल बदलाव हो। हालाँकि इन बहुत सारे बदलावों ने वास्तविक कीमत उन्हीं लोगों पर थोप दी जो पहले से ही ग़रीब थे। मिसाल के तौर पर, इसमें आवास मानकों के अनुरूप अपने घर के अन्दर शौचालयों का निर्माण करने की बात की गयी तथा यह कानून बनाया गया कि शहरी घरों में जानवर (गाय, भैंस आदि) नहीं रखे जा सकते हैं। ये कोई आश्चर्य की बात नहीं है कि वहाँ इसके खिलाफ़ विरोध प्रदर्शन भी हुए थे जिसे काबू करने के लिए बल प्रयोग

करना पड़ा। ऐसे कानूनों से नाराज़ लोगों ने बड़े पैमाने पर होने वाले विरोध-प्रदर्शन किये। कई बार लोगों ने व्यक्तिगत स्तर पर अपनी नाराज़गी का इजहार किया। मसलन, एक नाराज़ कसाई ने चाकू लेकर सड़क सेनेटरी इंस्पेक्टर (स्वच्छता के लिए ज़िम्मेदार अधिकारी) का पीछा किया था क्योंकि उस इंस्पेक्टर ने उस पर यह आरोप लगाया था कि वह अपने कत्लखाने (या बूचड़खाने) को मानक के अनुसार स्वच्छ नहीं रखता।[7] इस तरह के विरोधों के चलते ही 'स्वच्छता आन्दोलन' को केवल कड़ाई के साथ (कभी-कभी बलपूर्वक) ही लागू नहीं किया गया बल्कि बहुत ध्यान से नागरिकों को साफ़-सफाई से रहने के लिए प्रेरित किया गया। नागरिकों को यह बताया कि स्वच्छता उनकी ज़िन्दगी को बेहतर बना सकती है।

हालाँकि कई कुछ निहित स्वार्थों ने कभी-कभी इन प्रयासों को कमज़ोर करने के लिए दबाव बनाया। इब्सन का नाटक 'द एनिमी ऑफ द पीपॅल' से यह पता चलता है कि कैसे स्थानीय व्यवसायियों ने अपने स्वार्थ की पूर्ति के लिए एक ऐसे डॉक्टर के प्रयासों को विफल कर दिया, जो लोगों में स्वच्छता के बारे में जागरूकता लाने का प्रयास कर रहा था। उस डॉक्टर ने एक शहर में लोगों को इस तथ्य के प्रति सचेत किया था कि सार्वजनिक स्नान के लिए पानी की सप्लाई दूषित है। इसी के चलते शहर में आने वाले पर्यटक, जो शहर के आर्थिक जीवन का आधार थे, बीमार हो रहे थे। लेकिन व्यवसायियों को यह लगा कि इससे तो उनका पूरा धन्धा ही चौपट हो जायेगा। इसलिए उन्होंने इस डॉक्टर को ही शहर से बाहर जाने के लिए मजबूर कर दिया। इसी तरह का एक नाटकीय उदाहरण 1892 में हेमबर्ग में हैजा महामारी के फैलने के समय का है। दरअसल, यहाँ जन-स्वास्थ्य के नियमों के अनुपालन से स्थानीय व्यवसायियों के हितों को बड़ी हानि हो रही थी, तो उन्होंने इन नियमों की खूब अवहेलना की, जिसका नतीजा हैजा महामारी के रूप में सामने आया।[8]

बहरहाल, बीमारियों को रोकने के लिए अपनाये गये विविध उपायों के चलते मृत्यु दर और बीमारियों के प्रकोप में तेज़ी से गिरावट आयी। कई पुस्तकों से इस बात की पुष्टि होती है कि इन सेवाओं के विकास के चलते वर्तमान में विकसित कहे जाने वाले बहुत से देशों में स्वास्थ्य के क्षेत्र में जबरदस्त सकारात्मक बदलाव हुआ।[9] उदाहरण के लिए, 20वीं शताब्दी में संयुक्त राज्य अमेरिका, दक्षिणी यूरोप और कई एशियायी देशों में कीटाणुओं के प्रजनन और परजीवियों के संचरण को कम करने के लिए बहुस्तरीय प्रयास किये गये। इसके चलते ही आगे चलकर मलेरिया का उन्मूलन हुआ।[10]

जापान ने यूरोपीय स्वास्थ्य सेवाओं का अध्ययन किया तथा अपने यहाँ भी कमोबेश इसी तरह की व्यवस्था स्थापित की। दरअसल एक वैश्विक महाशक्ति बनने की महत्वाकांक्षा ने जापानी सरकार को जन-स्वास्थ्य को गम्भीरता से लेने के

लिए प्रेरित किया। जापानियों ने कोरिया और ताइवान जैसे अपने उपनिवेशों में भी इसी प्रकार के क़दम उठाये गये।[11] यह दलील दी जाती रही है कि यद्यपि जापान में मज़दूरी में अपेक्षित वृद्धि नहीं हुई और उपभोग में भी कोई खास बढ़ोतरी नहीं हुई, फिर भी संक्रामक बीमारियों के फैलाव पर नियन्त्रण के चलते यहाँ श्रमिकों की उत्पादकता तथा जीवन प्रत्याशा में वृद्धि हुई।[12] यह भी काफ़ी महत्त्वपूर्ण है कि जापानी शासन के अन्तर्गत 20वीं शताब्दी के पहले अर्ध-भाग में कोरिया और ताइवान में जीवन प्रत्याशा में काफ़ी वृद्धि हुई।[13] 1940 में, जापान, कोरिया और ताइवान में प्रति-व्यक्ति कैलोरी की उपलब्धता लगभग एक-समान थी। किन्तु जहाँ जापान, कोरिया और ताइवान में जीवन प्रत्याशा 50 वर्ष के करीब थी वहीं, भारत में यह केवल तकरीबन 32 वर्ष के आस-पास थी।[14]

बीसवीं शताब्दी के मध्य तक विकसित दुनिया में जन-स्वास्थ्य को सुनिश्चित करने की संस्थाएँ एवं प्रक्रियाएँ बहुत अच्छी तरह से स्थापित हो गयी थीं। इस शताब्दी के दूसरे अर्द्ध-भाग में कई नवीन आविष्कारों के चलते स्वास्थ्य के क्षेत्र में उपचार तकनीक अत्यन्त उन्नत हो गयी। यद्यपि विकसित देशों के लोगों में जन-स्वास्थ्य सेवाएँ ज़्यादा महत्त्वपूर्ण नहीं रहीं, लेकिन इन देशों ने अपना स्थान भली-भाँति बनाये रखा और वहाँ की आबादी को संक्रामक बीमारियों से मुक़्त रखने में इसे अत्यधिक सफलता मिली। इन सेवाओं को बदलती परिस्थितियों के अनुकूल बनाने के लिए समय-समय पर इनमें फेर-बदल करने का प्रयास किया जाता रहा। उदाहरण के लिए यूरोपियन यूनियन ने यह महसूस किया कि इस यूनियन में शामिल विभिन्न राष्ट्रीय एजेंसियों के काम में समन्वय एवं सहयोग स्थापित करने वाली एक संस्था की आवश्यकता है। इस आवश्यकता को पूरा करने के लिए इसने 'सेंटर फॉर डिजीज प्रिवेन्शन ऐंड कण्ट्रोल' के नाम से अपना एक केन्द्र स्थापित करने का फ़ैसला किया है। संयुक्त राज्य अमेरिका ने भी अपनी जन-स्वास्थ्य सेवाओं की व्यापक समीक्षा शुरू की है ताकि इसे और अधिक सशक्त बनाया जा सके।

विकसित दुनिया में लोगों के मन से संक्रामक बीमारियों का डर पूरी तरह ख़त्म हो गया है क्योंकि यहाँ संक्रामक बीमारियों के प्रसार में काफ़ी कम आयी है। साथ ही, एंटिबायोटिक दवाओं की खोज के चलते अब ये बीमारियाँ जानलेवा नहीं मानी जाती हैं। अब यह माना जाता है कि ख़राब स्वास्थ्य का मुख्य स्रोत गैर-संचारी बीमारियाँ हैं। इसलिए अब जन-स्वास्थ्य सेवाओं द्वारा इन बीमारियों के नियन्त्रण पर ध्यान दिया जा रहा है ताकि इन्हें नियन्त्रित किया जा सके। इसलिए अब ये सेवाएँ शारीरिक वज़न नियन्त्रित रखने, दुर्घटना की स्थिति में गम्भीर चोट से बचाव हेतु हेलमेट के प्रयोग को बढ़ावा देने एवं पर्यावरण प्रदूषण को नियन्त्रित करने जैसे उपायों द्वारा गैर-संचारी बीमारियों को भी नियन्त्रित करने का काम करने लगी हैं।

ये बदलाव संयुक्त राज्य अमेरिका में 'यूनाइटेड स्टेट कम्युनिकेबल डिजीज सेंटर' का नाम 'द सेंटर फॉर डिजीज कण्ट्रोल' किये जाने से भी परिलक्षित होता है। चूँकि भारत में ख़राब स्वास्थ्य का प्रमुख स्रोत संक्रामक बीमारियाँ ही बनी हुई हैं, इसलिए यहाँ मुख्य रूप से इसी पर चर्चा की जायेगी।

औपनिवेशिक भारत में जन-स्वास्थ्य सेवा[15]

औपनिवेशिक काल के दौरान जन-स्वास्थ्य के उपायों के सन्दर्भ में मुख्य रूप से ब्रिटिश नागरिकों और सैनिक छावनियों की रक्षा करने पर ध्यान केन्द्रित किया गया। इस बात को लेकर काफ़ी विवाद है कि क्या उन्होंने ऐसा इसलिए किया क्योंकि वे भारतीयों के स्वास्थ्य पर ज़्यादा ख़र्च नहीं करना चाहते थे या उन्हें यह डर था कि भारतीयों की परम्परागत व्यवस्था में हस्तक्षेप करने से असन्तोष और विद्रोह की भावना बढ़ सकती है। इसलिए उन्होंने यह सुनिश्चित किया कि अंग्रेज़ों का आवास एक पृथक क्षेत्र में रहे जो पर्यावरणीय रूप से स्वच्छ एवं साफ़-सुथरा हो। लम्बी-चौड़ी सड़कों एवं मैदानों के माध्यम से सैनिकों की छावनियाँ और ब्रिटिश आवासीय क्षेत्रों को भारतीय निवास वाले क्षेत्रों से दूर रखा गया। चूँकि ये क्षेत्र भीड़-भाड़ से दूर थे इसलिए ये कई तरह की बीमारियों से सुरक्षित थे। नगरपालिका को ऐसे क्षेत्र में स्वच्छता बनाये रखने की विशेष ज़िम्मेदारी दी गयी। उन्हें जल-प्रबन्धन के साथ ठोस-कचरा और तरल-कचरे को निपटाने का कार्य भी सौंपा गया। इसके साथ ही, इस बात पर ध्यान दिया गया कि शहरी और ग्रामीण क्षेत्रों में हैजा एवं प्लेग जैसे उच्च मृत्यु दर वाली संक्रामक के बारे में जल्द पता चले और उन्हें नियन्त्रित करने के लिए ठोस क़दम उठाया जाये। इसके पीछे भी मुख्य सोच यही थी कि इन बीमारियों को ऐसे महामारी का रूप धारण करने से रोका जाये, ताकि विशिष्ट लोगों (अंग्रेज़ों) को ख़तरे का सामना न करना पड़े।

फिर भी इन सीमित उद्देश्यों के लिए औपनिवेशिक अधिकारियों ने जन-स्वास्थ्य सेवा उपलब्ध कराने वाली प्रभावशाली व्यवस्था का निर्माण किया। जन-स्वास्थ्य प्रशिक्षण एवं अनुसन्धान के लिए संस्थाएँ स्थापित की गयीं। इनमें से कुछ संस्थाएँ विश्व की सबसे अच्छी संस्थाओं में शामिल थीं तथा इनके अन्दर ट्रॉपिकल मेडिसिन (उष्णकटिबन्धीय चिकित्सा) के क्षेत्र में महत्त्वपूर्ण खोज किये गये थे। इसने मलेरिया के फैलने के कारणों की खोज; टीके का विकास एवं परीक्षण जैसे बुनियादी अनुसन्धान किये। साथ ही, इनमें जन-स्वास्थ्य अधिकारियों में तकनीकी दक्षता लाने एवं परस्पर सहयोग से कार्य करने के लिए प्रशिक्षित किया गया।

उस समय यूरोप में मौजूद व्यवस्था के आधार पर ही जन-स्वास्थ अधिनियम एवं इससे सम्बन्धित कानूनों की रूपरेखा तैयार की गयी थी और उन्हें उसी प्रकार

लागू करने का प्रयास किया गया। इसने जन-स्वास्थ्य सेवाओं के लिए एक विधायी रूपरेखा की स्थापना की।

राष्ट्रीय एवं प्रान्तीय स्तर पर असैनिकों या आम लोगों को जन-स्वास्थ्य सुविधा उपलब्ध कराने के लिए स्वच्छता विभाग (सेनेटरी डिपार्टमेंट) की स्थापना की गयी, जबकि सैन्य स्वच्छता को सैन्य चिकित्सा अधिकारियों के अधिकार में रखा गया। वे सीधे सरकार के प्रति जवाबदेह थे तथा प्रशासनिक रूप से इण्डियन मेडिकल सर्विस (आईएमएस) से अलग थे जिनके ऊपर उपचारात्मक देखभाल सेवा (क्युरेटिव केअर सर्विस) को उपलब्ध कराने की ज़िम्मेदारी थी।

जन-स्वास्थ्य सेवा के लिए नीति-निर्माण और योजना बनाने का काम नियमित रूप से किया जाता था। इसमें जन-स्वास्थ्य के लिए सभी प्रमुख ख़तरों पर निगरानी रखी जाती थी और एक व्यवस्थित दृष्टिकोण अपनाया जाता था। स्वच्छता विभाग एक वार्षिक रिपोर्ट जारी करता था जिसमें बीमारी के पैटर्न तथा उससे सम्बन्धित कारकों जैसे मौसम की स्थिति एवं आबादी की गतिविधि (संचरण) की जानकारी होती थी। इस जानकारी का विश्लेषण किया जाता था ताकि इसके फैलने की सम्भावना को टाला जा सके। इसके लिए अग्रिम तैयारी पर बल दिया जाता था। समय-समय पर स्वच्छता के मसले पर सम्मेलनों का आयोजन किया जाता था। इनमें सभी प्रकार की नीतिगत चुनौतियों और उसे ठीक करने (निखारने) के उपाय, तथा प्रान्तों के बीच नीतियों के समन्वय एवं क्रियान्वयन पर चर्चा की जाती थी।

हर प्रान्त के स्वच्छता विभाग को अपने प्रान्तों में स्थानीय क्षेत्रों में नियमित रूप से स्वच्छता-दौरा करने की ज़िम्मेदारी दी गयी थी। वे स्थानीय स्तर पर स्वच्छता की स्थिति का अध्ययन करते थे। साथ ही, ये मृत्यु और उसके कारणों से सम्बन्धित महत्त्वपूर्ण पंजीकरण आँकड़े एकत्रित करते थे, जिससे यह पता लगाया जाता था कि लोगों की मृत्यु किस बीमारी से हो रही है।[16] इन विभागों को बीमारी को नियन्त्रित करने के लिए तकनीकी सुझाव उपलब्ध कराने तथा टीकाकरण अभियान चलाने की ज़िम्मेदारी भी दी गयी थी। उनसे यह आशा की जाती थी कि वे जल्द-से-जल्द बीमारी फैलने की सूचना प्राप्त करें और बिना किसी विलम्ब के उसके स्रोत का पता लगाकर उसे नियन्त्रित करें। उदाहरण के लिए पंजाब प्रान्त में जठरांत्र (गेस्ट्रोइनटेस्टिनल) बीमारी के कुछ मामले सामने आने पर इसके स्रोत का पता लगाया गया। इसका स्रोत एक गन्दा बूचड़खाना था। इसके मालिक को बूचड़खाने के परिसर की सफाई करने एवं स्वच्छता बनाये रखने का आदेश दिया गया।[17] स्वच्छता विभाग के चिकित्सा कर्मचारी औसतन ज़्यादा योग्य और ज़्यादा तनख्वाह पाने वाले होते थे तथा इण्डियन मेडिकल सर्विस (आईएमएस) के समकक्षों की तुलना में इनकी पदोन्नति भी जल्दी होती थी (हैरीसन)। नगरपालिका प्रशासन द्वारा स्थानीय स्तर पर खुद ही जन-स्वास्थ्य

कर्मचारियों की नियुक्ति की जाती थी। इसमें डॉक्टर के साथ-साथ स्वच्छता सम्बन्धी प्रावधानों को लागू करवाने के लिए सुपरवाइजरों और स्वच्छता इंस्पेक्टरों की 'एक छोटी सी सेना' भी होती थी।[18] नगरपालिका की योजनाएँ इस तरह से तैयार की गयी थी कि जन-स्वास्थ्य के ख़तरों को टाला जा सके। उदाहरण के लिए, कलकत्ता में शहर के अन्दर और इसके चारों तरफ़ जल-निकासी की एक विस्तृत प्रणाली ने मलेरिया के जोखिम को काफ़ी कम कर दिया।

स्वच्छता आयुक्तों (सेनेटरी कमिश्नर्स) ने कभी-कभी इस बात पर शर्मिन्दगी ज़ाहिर की कि भारत और ब्रिटेन में स्वास्थ्य की स्थिति में काफ़ी भिन्नता थी। अक्सर यह कहा गया कि इसका कारण यह था कि ब्रिटेन में 1880 के दशक से ही व्यापक स्तर पर स्वच्छता से सम्बन्धित उपायों को अपनाना शुरू कर दिया था। इन स्वच्छता कमिश्नरों ने आबादी के उस हिस्से पर भी स्वच्छता उपायों को लागू करने की माँग की जिनकी अक्सर उपेक्षा की जाती थी। इसके लिए उन्होंने अपने उच्च अधिकारियों पर दबाव भी डाला। वार्षिक स्वच्छता रिपोर्टों में प्रशासन के अन्दर चलने वाले आन्तरिक संघर्ष की जानकारी मिलती है। मसलन, एक रिपोर्ट में यह उल्लेख किया गया है कि "यदि ज़िला कलेक्टर कपड़े की धुलाई के लिए एक बेहतर घाट के निर्माण की अनुमति नहीं देते हैं तो उनके मेज़ का चादर भी गन्दे पानी में ही धुला होगा।"[19]

औपनिवेशिक दौर की जन-स्वास्थ्य सेवा की सफलताओं और विफलताओं से यह पता चलता है कि इस समय इस क्षेत्र में काफ़ी व्यवस्थित किन्त अपर्याप्त कार्य किये गये। बीसवीं शताब्दी के पहले अर्धभाग में महामारी से मृत्यु की दर में तेज़ी से गिरावट आयी। भारत के आज़ाद होने के समय तक हैजा एवं प्लेग जैसी बीमारी से मृत्यु दर में काफ़ी कमी आ गयी थी। लेकिन मलेरिया एवं गेस्ट्रोएंटेरिक संक्रमण की समस्या व्यापक स्तर पर बनी रही। स्वतन्त्र भारत की प्रथम पंचवर्षीय योजना से पता चलता है कि उस समय भारत में केवल 3% परिवारों के पास शौचालय था एवं अधिकांश आबादी के पास पानी, जल निकासी एवं अपशिष्ट निपटान जैसी बुनियादी सेवाओं का अभाव था।[20]

स्वतन्त्र भारत में जन-स्वास्थ्य[21]

औपनिवेशिक जन-स्वास्थ्य व्यवस्था से स्वतन्त्र भारत को मुख्य रूप से महामारी फैलने पर उसे नियन्त्रित करने की एक प्रभावशाली क्षमता मिली। किन्तु महामारी उत्पन्न होने को रोक पाने की क्षमता में लगातार गिरावट आयी। 1950 तक आते-आते काफ़ी कुछ बदल चुका था। यह बदलाव भारत और विश्व दोनों में हुआ जिसके कारण यह गिरावट आयी। इसके कुछ कारकों में एक कारक यह था कि 1940 के

दशक में ऐंटिबायोटिक का उत्पादन करने वाले तकनीक और ज़्यादा परिष्कृत हो गये। इसके चलते अब स्थानीयों अमीरों को अपने लिए स्वच्छ पर्यावरणीय परिवेश के निर्माण की कोई खास आवश्यकता नहीं रही। उन्हें यह लगा कि नयी दवाओं के बलबूते पर वे खुद को संचारी रोगों से बचा सकते हैं। विकसित दुनिया ने यह क्षमता विकसित कर ली कि विकासशील दुनिया में फैलने वाली महामारियों से उनके ऊपर कोई प्रभाव नहीं पड़ता था। इसके साथ ही अब चिकित्सा अनुसन्धान में संचारी बीमारियों को नियन्त्रित करने के लिए आवश्यक नवीन तकनीकों की खोज पर कम ध्यान दिया जाने लगा। इसका अपवाद केवल एवियन फ्लू जैसी कुछ नये किस्म की बीमारियाँ थीं, जिन्हें काफ़ी ख़तरनाक माना गया।

विकसित दुनिया में जन-स्वास्थ्य की सफलता के चलते 1940 के दशक तक आते-आते संचारी बीमारियाँ वहाँ मृत्यु की प्रमुख वजह नहीं रहीं। इनके स्थान पर अब कैंसर एवं हृदय रोग सम्बन्धी गैर-संचारी बीमारियों से ज़्यादा मौतें होने लगीं। इसी के साथ ही चिकित्सा प्रौद्योगिकी के क्षेत्र में प्रगति ने क्लीनिकल एवं सर्जिकल हस्तक्षेप द्वारा इन बीमारियों को ठीक कर देने का दावा किया। इसलिए पहले जो ग्लैमर और प्रतिष्ठा जन-स्वास्थ्य अधिकारियों को दी जाती थी, वह अब डॉक्टरों को मिलने लगी। अब जन-स्वास्थ्य व्यवस्था को बेहतर बनाने के अग्रणी बौद्धिक प्रयास के स्थान पर उपचार के लिए तकनीकों को ज़्यादा बेहतर बनाने तथा स्वास्थ्य के देखभाल के लिए वित्त-पोषण की प्रणालियों को विकसित करने पर ध्यान दिया जाने लगा।

बहुपक्षीय एवं दूसरी दानकर्त्ता एजेंसियाँ कुछ खास तरह की संचारी बीमारियों को नियन्त्रित करने के लिए अलग तरह की संस्थात्मक संरचनाओं एवं कार्यक्रमों को तैयार करने पर ध्यान केन्द्रित करती हैं। इस वजह से वे ऐसी परियोजनाओं को प्रोत्साहित करती हैं, लेकिन उन स्वास्थ्य व्यवस्थाओं को हतोत्साहित करती हैं जो जन स्वास्थ्य के परिणामों को बेहतर बनाना चाहती हैं।

लोकतान्त्रिक संस्थाओं के प्रसार ने भी जन-स्वास्थ्य सेवाओं को प्रभावित किया क्योंकि मतदाता आमतौर पर चाहते हैं कि लोक-वित्त का प्रयोग सार्वजनिक उपयोग की वस्तुओं (जैसे, पूरी आबादी की सम्मिलित स्वास्थ्य की रक्षा के लिए स्वच्छता के उपायों) के बजाय निजी सेवाओं (जैसे, चिकित्सा सुविधा) को उपलब्ध कराने के लिए किया जाये।[22] जन-स्वास्थ्य सेवा को चुनावी फायदे के लिए भुनाने हेतु एक खास तरह की रचनात्मकता की ज़रूरत होती है, क्योंकि इसमें स्वाभाविक रूप से कम ही सफलता मिल पाती है ('गत वर्ष टायफाइड का कोई मामला नहीं' जैसे वाक्य कभी भी सुर्खियाँ नहीं बन पाते हैं जबकि सर्जिकल तकनीक में प्रगति, एक बड़ी ख़बर बन जाती है)। इसके चलते विकसित दुनिया में जन-स्वास्थ्य अधिकारियों

को पर्याप्त वित्तीय सहायता सुनिश्चित करवाने के लिए काफ़ी संघर्ष करना पड़ता है,[23] वहीं विकासशील दुनिया में यह जन-स्वास्थ्य के प्रति गम्भीर उपेक्षा की स्थिति उत्पन्न कर सकता है। यह बात उल्लेखनीय है कि पूर्वी एशिया की गैर-लोकतान्त्रिक सरकारें विकासशील दुनिया के अन्दर बेहतर स्वास्थ्य परिणाम प्राप्त करने में सबसे सफल रहीं क्योंकि वे अपने सीमित संसाधनों का प्रयोग उन्नत चिकित्सा सेवा उपलब्ध कराने की बजाय जन-स्वास्थ्य उपायों पर कर रही थीं।

इस सन्दर्भ में अभिजात लोगों का दबदबा भी एक प्रभावकारी भूमिका निभाता है। अधिकांश विकासशील देशों से भी ज़्यादा भारत में स्वास्थ्य एवं शिक्षा के लिए लोक-वित्त को प्राथमिक स्तर की बजाय तीसरे स्तर की तरफ़ झोंक दिया गया है। इसका अर्थ यह है कि स्वास्थ्य बजट के एक अच्छे-खासे हिस्से को सबसिडीयुक्त चिकित्सा शिक्षा के विस्तार, नये चिकित्सकों के लिए सार्वजनिक क्षेत्र में रोज़गार और उच्च चिकित्सा सेवाओं पर ख़र्च कर दिया जाता है। इनमें से अधिकांश मध्यम वर्ग को फायदा पहुँचाती हैं तथा जन-स्वास्थ्य सेवाओं से सम्बन्धित खर्चों में सेंध लगाती हैं।

नव स्वतन्त्र भारत में कई नीतियों को आगे बढ़ाने के लिए भी जन-स्वास्थ्य सेवा प्रावधान में कटौती हुई। आरम्भ में ही एक ऐसी व्यापक नीति अपनाई गयी जिसमें स्वास्थ्य एवं शिक्षा के बजाय भारी उद्योगों को विकसित करने पर ज़ोर दिया। 1950 के दशक में जन-स्वास्थ्य सेवा को मेडिकल सेवा के साथ मिला दिया गया। विशिष्ट उपचारात्मक कौशल से युक्त योग्यताओं को जन स्वास्थ्य सम्बन्धी योग्यताओं की तुलना में बहुत ज़्यादा सम्मान मिलने लगा। चिकित्सा पेशे की ओर आकर्षित अधिकांश प्रतिभाशाली युवाओं ने उपचारात्मक कौशल हासिल करने को ही वरीयता दी। धीरे-धीरे वरिष्ठ पदों को ऐसे लोगों से भरा जाने लगा जिन्हें जन-स्वास्थ्य के क्षेत्र में कोई प्रशिक्षण या अनुभव नहीं था तथा जिन्हें जन स्वास्थ्य सम्बन्धी गतिविधियों के प्रबन्धन के बारे में अल्प या नहीं के बराबर समझ थी। जन स्वास्थ्य की माँग और इसकी आपूर्ति दोनों में ही काफ़ी गिरावट आ गयी। दरअसल राजनीतिक रूप से यह बहुत आसान है कि बजट की कमी का सामना करने के लिए जन-स्वास्थ्य के पदों और गतिविधियों (अपेक्षाकृत रूप से दिखायी नहीं देने वाली सेवा) के बजट में कटौती कर दी जाय और उपचारात्मक सेवाओं का विस्तार किया जाय। इसका कारण यह है कि चुनावी फायदों के लिए उपचारात्मक सेवाओं के विस्तार को ठोस उपलब्धि के रूप में दिखाया जा सकता है।

इसके अलावा, संवैधानिक प्रावधानों के बीच विसंगति के कारण भी जन-स्वास्थ्य व्यवस्था को वित्त (धन) की कमी से जूझना पड़ता है। बन्दरगाहों तक आने-जाने सम्बन्धी मामलों तथा एक राज्य से दूसरे राज्यों में बीमारियों को फैलने से रोकने जैसे कुछ मामलों में ही केन्द्र सरकार सक्रिय भूमिका निभाती है। इनके अतिरिक्त,

यह माना जाता है कि जन-स्वास्थ्य सेवाएँ पूरी तरह से राज्य सरकारों की ज़िम्मेदारी हैं। इसी के साथ, संवैधानिक वित्तीय प्रावधानों के अन्तर्गत राज्यों को अपने कर-राजस्व का एक हिस्सा केन्द्र को देना पड़ता है। केन्द्रीय स्वास्थ्य अधिकारियों से राशि प्राप्त करने के लिए राज्यों को अपनी योजनाओं में उसे सह-वित्तपोषक बनाना ज़रूरी होता है। इन सब कारणों से राज्य केन्द्र सरकारा से बराबर सहायता मिलने पर ही पर्यावरण स्वच्छता और जन-स्वास्थ्य की योजनाएँ लागू कर सकते हैं।

नव-स्वतन्त्र सरकार के ये रुझान और नीतियाँ भिन्न-भिन्न तरीकों से जन-स्वास्थ्य सेवाओं की समाप्ति के रूप में प्रदर्शित हुईं। इसमें निम्न तरीके सम्मिलित थे :

जन-स्वास्थ्य के नियमों एवं उसके कार्यान्वयन की उपेक्षा : औपनिवेशिक दौर में बना जन-स्वास्थ्य अधिनियम, जन-स्वास्थ्य सेवाओं सम्बन्धी प्रावधान की विधायी रूपरेखा प्रस्तुत करता है। लेकिन इसमें औपनिवेशिक काल के बाद से नवीनीकरण और सुधार नहीं किया गया है। उदाहरण के लिए कई निकटवर्ती राज्यों एवं प्रान्तों को मिलाकर कर्नाटक राज्य की स्थापना के पाँच दशक बाद भी इसने एकीकृत और नवीनीकृत जन-स्वास्थ्य अधिनियम विकसित नहीं किया है। प्रत्येक सम्बद्ध भाग में आज भी अपरिवर्तित औपनिवेशिक काल का कानून ही लागू है।

कर्नाटक में स्वास्थ्य अधिकारियों से बातचीत में यह बात सामने आयी कि ज़िला स्वास्थ्य अधिकारियों ने अधिकांश जन-स्वास्थ्य सम्बन्धी नियमों को कभी देखा तक नहीं था, लागू करना तो दूर की बात है। तमिलनाडु में 1999 में भी 1939 का मद्रास प्रेसिडेंसी पब्लिक हेल्थ ऐक्ट ही कायम था।[24] केन्द्र सरकार ने 1950 में मॉडल पब्लिक हेल्थ ऐक्ट तैयार किया तथा 1987 में इसे संशोधित किया, लेकिन राज्यों पर इसे अपनाने के लिए कोई दबाव नहीं डाला गया। औपनिवेशिक काल की तरह ही, अभी भी नगरपालिका के कुछ चुनिन्दा क्षेत्रों को विशेष दर्जा दिया गया है। इन क्षेत्रों में अभी भी जन-स्वास्थ्य सम्बन्धी नियम-प्रावधान विद्यमान हैं तथा इसे क्रियान्वित करने के लिए कुछ कर्मचारी एवं सुविधाएँ भी मौजूद हैं।

प्रिवेन्शन ऑफ फूड अडल्टेरेशन ऐक्ट उन थोड़े-बहुत विधायनों में से है जो जन- स्वास्थ्य से सम्बन्धित हैं तथा जिसे आज भी वास्तविक रूप में लागू माना जाता है। हालाँकि, इस कानून में कुछ गम्भीर कमियाँ हैं जो इन्हें प्रभावी रूप से खाद्य सुरक्षा करने में रोकती हैं। पहला, यह विशेष रूप से प्रायः खाद्य मिलावट पर केन्द्रित है। इसके लम्बे-चौड़े विस्तृत विनियमों के अन्तर्गत केवल कुछ ही पाराग्राफ हैं जो खाद्य स्वच्छता से सम्बन्धित हैं। दूसरा, यह अधिनियम व्यवसायियों को कानून को समझने में मदद करने और उसका पालन करने के प्रति सक्षम बनाने की बजाय अपराधी को दण्डित करने की तरफ़ ज़्यादा ज़ोर देता है। तीसरा, खाद्य निरीक्षकों (फूड इंस्पेक्टर) के पास खाद्य-समान के परीक्षण हेतु सैम्पल खरीदने के लिए काफ़ी

सीमित पैसा होता है, इसलिए वे सीमित संख्या में ही परीक्षण करते हैं। चौथा, न्यायालय भी मुक़दमों का निपटारा बहुत धीरे-धीरे करता है। इस वजह से कानून की विश्वसनीयता में ही कमी आयी है। खाद्य निरीक्षकों की संख्या भी धीरे-धीरे कम हो रही है क्योंकि आर्थिक तंगी से जूझ रहे राज्य इस काम को कोई खास महत्त्व नहीं देते। बहुत से राज्यों में जो निरीक्षक बच गये हैं उन्हें कई दूसरे काम भी करने पड़ते हैं। ये वैसे काम होते हैं जिसे सरकार उच्च प्राथमिकता देती है, जैसे परिवार नियोजन कार्यकर्ताओं को निर्देशित करना।[25]

जन-स्वास्थ्य सेवाओं से धन को दूसरी तरफ़ लगाना : परिवार नियोजन कार्यक्रम के प्रभावों द्वारा यह ज़ाहिर होता है कि वित्त और नियोजन की व्यवस्था को अत्यन्त विकृत तरीके से संचालित किया गया है। 1960 के दशक के मध्य में भारत सरकार ने कुछ सालों से खाद्यान्न के संकट और जनसंख्या वृद्धि दर में हो रही तेज़ी से बढ़ोतरी को देखते हुए, देश में जनसंख्या वृद्धि को कम करने के लिए बड़े पैमाने पर प्रयास शुरू किये। इस समय नसबन्दी और अन्य गर्भनिरोधक सेवाएँ प्रदान करने के लिए सार्वजनिक क्लीनिक के नेटवर्क का तेज़ी से विस्तार किया गया। केन्द्र सरकार परिवार नियोजन कार्यक्रम को मदद करने के प्रति उदार रही है। उदाहरण के लिए, परिवार नियोजन को बढ़ावा देने के लिए महिला कर्मचारियों को वेतन सुरक्षा एवं सुविधाएँ प्रदान की गयीं। केन्द्र सरकार के स्वास्थ्य बजट का एक बड़ा अंश इस कार्यक्रम पर ख़र्च होने लगा है। ऐसा दूसरे स्वास्थ्य कार्यक्रमों की कीमत पर किया गया है। यह गौर करने वाली बात है कि स्वास्थ्य सम्बन्धी बुनियादी संरचना के रख-रखाव तथा डाक्टरों एवं दूसरे क्लिनिक कर्मचारियों के वेतन की ज़िम्मेदारी राज्यों की होती है।

राज्यों पर इस भारी वित्तीय बोझ के कारण अक्सर जन-स्वास्थ्य की सामान्य सेवाओं के कोष में कटौती होती है। उदाहरण के लिए, पश्चिम बंगाल राज्य में स्वच्छता इंस्पेक्टरों का पद प्रायः रिक्त है। पूरे देश में पुरुष स्वास्थ्य कर्त्ताओं के पद को भी रिक्त रखने की प्रवृत्ति सामने आयी है क्योंकि इनके वेतन का भुगतान राज्य सरकारों को करना होता है।

श्रम-नीति की उपेक्षा के चलते भी यह समस्या काफ़ी बढ़ जाती है। अमूमन, एक कार्यकुशल और प्रभावशाली श्रमिक-बल को सुनिश्चित करने के बजाय श्रमिक की नौकरी को बचाने पर ध्यान दिया जाता है। उदाहरण के लिए, पश्चिम बंगाल में मलेरिया की रोकथाम के लिए काम करने वाले स्वास्थ्यकर्मियों के रोज़गार सुरक्षा को सुनिश्चित करने के लिए उन्हें स्वास्थ्य सहायक के कैडर में सम्मिलित कर दिया गया। इस तरह से एक महत्त्वपूर्ण मसला यह है कि वित्त की समस्या के चलते जन-स्वास्थ्य कर्मचारियों के पद पर ऐसे लोगों को भर दिया गया जिनके पास ज़रूरी योग्यता का

अभाव था। इतना ही नहीं, कर्मचारियों में जन-स्वास्थ्य सम्बन्धी प्रशिक्षण का भी अभाव है। उदाहरण के लिए एक बड़े ज़िले के ज़िला स्वच्छता निरीक्षक (डिस्ट्रिक्ट सेनेटरी इंस्पेक्टर) ने बताया कि उसने अपनी 33 वर्ष की नौकरी में जन-स्वास्थ्य के बारे में कोई व्यवस्थित प्रशिक्षण नहीं लिया। उन्हें चेचक उन्मूलन कर्मचारी के रैंक से पदोन्नत किया गया था तथा वे स्वास्थ्य विभाग में डाक्टरों के साथ दरअसल एक सहायक के रूप में कार्य कर रहे थे। उन्हें यह पता नहीं था कि स्वच्छता निरीक्षण कैसे किया जाता है। इससे भी हैरत की बात यह है कि उन्हें यह जानकारी भी नहीं थी कि स्वच्छता निरीक्षण विभाग को किस बात के लिए गठित किया गया है।[26]

जन-स्वास्थ्य को बनाये रखने में अहितकारी सांगठनिक बदलाव : अन्य समस्याएँ इस बात से उत्पन्न होती हैं कि स्वास्थ्य को मुख्य रूप से राज्य की ज़िम्मेदारी माना गया है किन्तु केन्द्रीकृत नियोजन में केन्द्र का 'नियन्त्रण' होता है। इन योजनाओं के सन्दर्भ में राज्य पूरी तरह से केन्द्र पर निर्भर होते हैं। स्वास्थ्य की नीतियों एवं कार्यक्रमों की रूपरेखा तैयार करने में केन्द्र सरकार की ही सर्वप्रमुख भूमिका होती है। आंशिक रूप से यह इसलिए है क्योंकि राज्य का बजट, जैसा कि ऊपर वर्णन किया गया है, काफ़ी नियन्त्रित होता है। फिर भी, केन्द्र सरकार, मलेरिया उन्मूलन और परिवार नियोजन जैसे विशेष कार्यक्रमों पर ध्यान केन्द्रित करती है। इसका तात्पर्य यह है कि केन्द्रीय स्वास्थ्य मन्त्रालय द्वारा राज्यों को जो धन आबंटित किये जाते हैं वे किन्हीं विशेष कार्यक्रमों से बँधे होते हैं। अर्थात् उन विशेष कार्यक्रमों में ही केन्द्र द्वारा आबंटित राशि का उपयोग हो सकता है। राज्य सरकारों को यह स्वतन्त्रता नहीं है कि वे उस धन को स्थानीय स्तर पर उच्च प्राथमिकता वाले किसी दूसरे मुद्दे के लिए पुनःआबंटित करें।

एक सम्बन्धित समस्या यह है कि जन-स्वास्थ्य नीतियों की समग्र समीक्षा, उसके क्रियान्वयन में सुधार तथा संसाधनों के प्रयोग को युक्तिसंगत बनाने की काफ़ी सीमित गुंज़ाइश है। औपनिवेशिक काल में स्वच्छता सम्मेलन आदि मंचों के माध्यम से इस प्रकार के कार्य किये जाते थे। जन-स्वास्थ्य व्यवस्था के पतन का तात्पर्य अन्तर-क्षेत्रीय समन्वय का अपर्याप्त होना भी है। इसके चलते संसाधन भी बर्बाद होते हैं। उदाहरण के लिए स्वास्थ्य विभाग के पास सीमित संसाधन हैं, लेकिन यदि सिंचाई विभाग किसी नहर को आधा-अधूरा छोड़ देता जिससे जल जमाव होता है, तो इससे मलेरिया की समस्या उत्पन्न होती है। फिर यदि एक बार महामारी फैल जाय तो स्वास्थ्य विभाग को ही समस्या से निपटने और क्लीनिकल सेवा शुरू करने की ज़िम्मेदारी दी जायेगी। दरअसल, विभागों की बहुलता और समन्वय के अभाव के चलते समस्या में बढ़ोतरी होती है। सरकार द्वारा इस स्थिति को बढ़ावा दिया गया है।

जन-स्वास्थ्य नियोजन एवं क्रियान्वयन तदर्थ तरीके से होता रहा है, जो प्रभावी

कामकाज में एक बड़ी रुकावट उत्पन्न करता है। उदाहरण के लिए, स्वास्थ्य कार्यक्रमों के लिए तुरन्त ही यह मानक बन गया कि इसे एक 'अभियान' के रूप में चलाया जाना चाहिए। व्यवहार में, इसका तात्पर्य यह है कि जब कोई खास मुद्दा उच्च प्राथमिकता वाला बन जाता है तो एक बड़ी संख्या में संसाधनों को उसकी तरफ़ मोड़ दिया जाता है तथा इसे सबसे ऊपर रखा जाता है। हालाँकि, जन-स्वास्थ्य को एक 'अभियान' के आधार पर कायम नहीं रखा जा सकता है। एक अभियान के अन्तर्गत काफ़ी कुछ प्राप्त किया जा सकता है, लेकिन यदि कोई समस्या पूरी तरह ख़त्म नहीं होती है, या बाहरी स्रोतों के चलते लगातार कोई स्वास्थ्य सम्बन्धी ख़तरा पैदा हो रहा हो, तो उसे पहचानने और उसका समाधान करने के लिए सतत व्यवस्था बनाने की आवश्यकता होती है। ऐसा न होने पर 'अभियान' से प्राप्त होने वाली कामयाबी क्षणिक ही साबित हो सकती है। उदाहरण के लिए संयुक्त राज्य अमेरिका में कई संचारी बीमारियों के कुछ मामले हर साल आते हैं लेकिन निरन्तर सतर्कता के माध्यम से ही वे सीमित रहते हैं तथा समाप्त कर दिये जाते हैं।

भारत में 1950 से जन-स्वास्थ्य का इतिहास बताता है कि बीमारी नियन्त्रण कार्यक्रम के 'देखभाल' (अर्थात् बीमारी उन्मूलन के बजाय उसे एक सीमा से आगे न बढ़ने देने) के विफल चरणों के बाद सेवाओं के संगठन में सफल अभियानों पर ज़्यादा बल दिया गया है और उन्हें सफलता भी मिली है। पहली बात यह है कि, महिला स्वास्थ्य कर्ताओं (जो परिवार कल्याण सेवाओं के कार्य से जुड़ी होती हैं) के अपवाद को छोड़ दें तो अन्य स्वास्थ्यकर्मियों को 'बहुउद्देशीय' माना जाता है। अर्थात् यह माना जाता है कि वे विविध प्रकार के कार्य कर सकते हैं। सैद्धान्तिक रूप से यह एक अच्छा विचार है, लेकिन व्यवहार में इसका तात्पर्य यह है कि किसी खास समय में ऐसे स्वास्थ्यकर्मियों को उन्हीं कामों में लगाया जाता है, जिन्हें उस समय सबसे आवश्यक माना जाता है। ऐसे उन्हें पहले के काम में उनके पारंगत या ज़्यादा अनुभवी होने जैसे कारकों की उपेक्षा की जाती है।

यह इस तथ्य से अच्छी तरह से स्पष्ट हो जाता है कि भारत ने 1950 के दशक में मलेरिया के खिलाफ़ एक सफल अभियान चलाया। इसकी वजह से यह मलेरिया उन्मूलन के काफ़ी करीब पहुँच गया था, लेकिन उसके बाद इस कार्यक्रम को 'देखभाल' के चरण में डाल दिया और मलेरिया फिर से उठने लगा। इस पुनर्जन्म का कारण प्रायः मच्छरों में डीडीटी-प्रतिरोधी क्षमता के जन्म ले लेने को बताया जाता है। हालाँकि यह स्पष्ट है कि सरकार वास्तव में इसपर यक़ीन नहीं करती है क्योंकि वह अभी मलेरिया के खिलाफ़ मुख्य रक्षा सूत्र के रूप में डीडीटी के इस्तेमाल पर ही बल देती है। इस कार्यक्रम की कमियों पर अत्यन्त कम ध्यान दिया गया है जो इसके प्रभावकारिता को कमज़ोर करता है। 1950 के दशक में मलेरिया नियन्त्रण

कार्यक्रम पूरी सावधानी से आयोजित किया गया था लेकिन बाद में कार्यक्रम के आयोजन पर ठीक से ध्यान नहीं दिया गया। उदाहरण के लिए मौजूदा कार्यक्रम इस तरह से तैयार किया गया है कि केन्द्र सरकार डीडीटी उपलब्ध कराती है, जबकि राज्य सरकार मुख्य रूप से इस कार्यक्रम के लिए लोगों को काम पर रखने और उनका ख़र्च वहन करने के लिए ज़िम्मेदार है। दरअसल, कई राज्य सरकारों के पास इतनी क्षमता नहीं है कि वे पर्याप्त रूप से दवाई का छिड़काव करवाने के लिए तथा लोगों को डीडीटी के सही प्रयोग के बारे में शिक्षित करने के लिए बड़ी संख्या में लोगों को काम पर रख पायें। इसके अलावा, इस काम के लिए नियुक्त हुए लोगों को अन्य कामों में लगा दिया जाता है : उदाहरण के लिए ओआरजी ने एक अध्ययन में पाया कि मलेरिया फैलने के समय इस बारे में अच्छी समझ रखने वाले अग्रणी कर्मचारियों को परिवार नियोजन के कार्यक्रम में लगा दिया गया था।[27]

स्वतन्त्र भारत की पंचवर्षीय योजनाओं के अध्ययन से यह स्पष्ट होता है कि इसमें जन-स्वास्थ्य उन्मुखी दृष्टिकोण से तेज़ी से बदलाव हुआ। यद्यपि 1950 के दशक में भी स्वच्छता को लेकर ज़्यादा कुछ नहीं किया गया था, लेकिन योजनाओं के अन्तर्गत संचारी बीमारियों को नियन्त्रित करने में स्पष्ट रूप से इसके महत्त्व को स्वीकार किया गया था। स्वास्थ्य-नियोजन पर लिखे गये अध्याय में जल और स्वच्छता पर विशेष ध्यान दिया गया। इसमें स्वच्छता निरीक्षकों को फ्रंटलाइन स्टाफ के एक महत्त्वपूर्ण कैडर के रूप में दर्शाया गया था। 1960 के दशक तक आते-आते जल एवं स्वच्छता को स्वास्थ्य नियोजन से अलग कर दिया गया, मानो ये स्वास्थ्य क्षेत्र से बाहर हों। आगे चलकर योजना में स्वच्छता निरीक्षकों का भी उल्लेख बहुत कम दिखता है।

दरअसल, एक अन्य तरीके से भी यह बात स्पष्ट होती है कि जन-स्वास्थ्य परिणामों पर कम ध्यान दिया जाने लगा। मसलन, स्वास्थ्य कार्यक्रमों पर चर्चा तथा उच्च प्राथमिकता वाले परिवार नियोजन कार्यक्रम पर चर्चा के बीच असाधारण अन्तर है। धीरे-धीरे योजनाओं में, स्वास्थ्य से सम्बन्धित भाग में निवेश और सार्वभौमिक टीकाकरण जैसी मौजूदा चुनौतियों का ज़िक्र बढ़ जाता है। बाकी नीतियों और कार्यक्रमों के बारे में आम तौर पर अस्पष्ट दृष्टिकोण है। कार्यक्रम की खामियों का विश्लेषण किया गया है किन्तु इस सन्दर्भ में ठोस सुझाव नहीं दिया गया है। नौवीं योजना के दस्तावेज़ों में मलेरिया पर इसी तरह विचार किया गया है। यहाँ तक कि कई मामलों के दिखावटी उल्लेख की भी उपेक्षा की गयी है। मसलन, मलेरिया के लिए नयी रणनीति के अन्तर्गत पर्यावरण प्रबन्धन का कोई उल्लेख नहीं है।

इसके ठीक विपरीत, परिवार नियोजन के भाग का आरम्भ कार्यक्रम प्रदर्शन, कमियों के कारण और उसे ठीक करने के उपायों की ध्यान से की गयी समीक्षा से

आरम्भ होता है। इसमें कार्यात्मक अनुसन्धान (ऑपरेशनल रिसर्च) की आवश्यकता पर प्रकाश डाला गया है। साथ ही परिवार नियोजन के लिए अधिक से अधिक माँग पैदा करने के लिए रचनात्मक सुझावों का भी उल्लेख किया गया है। दरअसल, भारतीय परिवार नियोजन कार्यक्रम ने परिवार के आकार को लेकर लोगों की वांछित इच्छा में बदलाव लाने वाले अत्यन्त सफल अभियान को विकसित किया और इसे सफलतापूर्वक लागू भी किया। स्वास्थ्य के क्षेत्र में भी इसी तरह के प्रयास किये गये हैं लेकिन ये छिट-पुट रूप से हैं। आमतौर पर, लोगों को संक्रामक बीमारियों की चपेट में आने की सम्भावना को कम करने के लिए उनके स्वास्थ्य व्यवहार में आमूलचूल बदलाव लाने की कोशिश नहीं की जाती है। इसके बजाय, टीकाकरण जैसे अभियानों को बढ़ावा दिया गया है।

उत्साहवर्द्धक प्रवृत्तियाँ

इस बात को लेकर आशान्वित होने के कई कारण हैं कि निकट भविष्य में जन-स्वास्थ्य पर ज़्यादा ध्यान दिया जायेगा। बड़े कार्यक्रमों के लिए वित्तीय सहायता उपलब्ध कराई जा रही है। मसलन, ग्रामीण स्वास्थ्य परियोजना तथा रोज़गार गारंटी योजना के लिए नये और बड़े कार्यक्रम लागू किये गये हैं। यदि इसे रचनात्मक तरीके से लागू किया जाये तो ये कार्यक्रम जन-स्वास्थ्य परिणामों को बेहतर बनाने के लिए प्रयुक्त हो सकते हैं। उदाहरण के लिए संयुक्त राज्य अमेरिका में, मन्दी के काल में 'काम के बदले भोजन' (फूड फॉर वर्क) कार्यक्रम का प्रयोग दक्षिण के बड़े हिस्से में मलेरिया उन्मूलन के लिए किया गया था। स्वच्छता इंजीनियरों, कीट विज्ञानियों और प्रशासकों की एक टीम द्वारा सावधानी से बनायी गयी योजना और कार्य के कारण यह कार्यक्रम सफल हुआ।[28]

स्थानीय और राष्ट्रीय स्तर पर ऐसी संस्थाओं का भी निर्माण किया जा रहा है, जो जन-स्वास्थ्य में एक शक्तिशाली भूमिका निभा सकते हैं। पंचायती राज अधिनियम ने स्थानीय शासन के निर्माण तथा उनके लिए स्वास्थ्य सम्बन्धी गतिविधियों को विकसित करने पर बल दिया है। यह ज़मीनी स्तर पर जन-स्वास्थ्य गतिविधियों को व्यवस्थित करने के लिए अपेक्षित अन्तर-क्षेत्रीय समन्वय के साथ-ही-साथ संस्थाओं के निर्माण को भी सम्भव बनाता है। केरल एवं पश्चिम बंगाल जैसे राज्य इन सम्भावनाओं के साथ इस तरह से अनुप्रयोग कर रहे हैं ताकि दूसरे राज्यों के लिए यह एक मॉडल के रूप में काम करे।

राष्ट्रीय स्तर पर, *यूएस सेंटर फॉर डिजीज कण्ट्रोल* की तर्ज पर ही एक संस्था के निर्माण पर ज़ोर दिया जा रहा है। इस मॉडल को पूरी दुनिया में अपनाया गया है। हाल में इसे चीन और यूरोपीय संघ ने भी अपनाया है जो यह मानते हैं कि

जन-स्वास्थ्य व्यवस्था को 'संघीय' या केन्द्रीय प्राधिकार द्वारा वित्तीय सहायता दी जानी चाहिए और उसे इसमें बेहतर समन्वय भी बनाना चाहिए। बहुत से संघीय देशों में इस काम को पूरा करने के लिए संघीय एजेंसी की स्थापना की गयी है। ऐसी एजेंसी मुख्य रूप से जन-स्वास्थ्य के क्षेत्र में निगरानी, अनुसन्धान, सिफ़ारिश और लक्षित वित्तीय और तकनीकी सहायता द्वारा कमियों को दूर करने का कार्य करती है। यदि भारत में इस प्रकार की एजेंसी को सही तरह से तैयार किया जाये, तो यह सचमुच केन्द्र सरकार द्वारा भारत में जन-स्वास्थ्य सेवाओं को आकार और समर्थन प्रदान करने के तरीकों में क्रान्तिकारी बदलाव ला सकता है। हालाँकि, इस सन्दर्भ में पूर्व में की गयी गलतियों से बचने की आवश्यकता है, जो सेंटर फॉर डिजीज कण्ट्रोल के रूप में राष्ट्रीय संचारी रोग संस्थान (नैशनल इन्स्टीट्यूट ऑफ कम्युनिकेबल डिजीज) की स्थापना के समय की गयी थीं। गौरतलब है कि इस संस्थान को अपना कार्य करने के लिए आवश्यक प्राधिकार उपलब्ध नहीं कराया गया था।

भारत के पास सेवा प्रदान करने की असाधारण क्षमता है। इस क्षमता का प्रमाण इसी बात से मिल जाता है कि इतनी बड़ी आबादी वाले देश में यह सफलतापूर्वक चुनाव एवं जनगणना का संचालन करता है। इस चुनाव एवं जनगणना में फुटपाथ पर रहने वाले लोगों के साथ-साथ सुदूर गाँवों में रहने वाले लोग भी सम्मिलित होते हैं। जन-स्वास्थ्य के प्रति इसकी बेख़बरी के कारण इसकी अर्थव्यवस्था के साथ-साथ इसके नागरिकों के जीवन पर काफ़ी असर पड़ रहा है। अब यह स्वीकार करने का समय है कि जन-स्वास्थ्य इसके विकास की बुनियादी संरचना का एक मुख्य हिस्सा है।

सन्दर्भ

1. इस लेख में अभिव्यक्त किया गया विचार लेखक का अपना है तथा यह ज़रूरी नहीं है कि ये विश्व बैंक के दृष्टिकोण को भी अभिव्यक्त करता हो। मैं कौशिक बासु, सलीम हबायब, बारबरा हैरिस, निर्मल झाला, टी. जैकब जॉन, पीटर मीओविक, राजीव मिश्रा, दिलीप मुखर्जी, ललित नाथ एवं भारत सरकार के अधिकारियों के.के. बागची, के.पी. कृष्णन, सुरेश कुमार, एम. एन. रॉय एवं राजेन्द्र शुक्ल का उनकी टिप्पणियों के लिए तहे दिल से आभारी हूँ।
2. एन. बी. जनेत्ता (2001) में उल्लिखित।
3. अमेरिकन पब्लिक हेल्थ एसोसिएशन (http://www.apha.org/ppp/science/10ES.htm).
4. नैशनल फेमिली हेल्थ सर्वे I एवं II, देखिये दासगुप्ता और अन्य 2005।
5. संयुक्त राष्ट्र का आकलन (http://esa.un.org/unpp/p2k0data.asp)।
6. यह भाग बार्कले (1954), डफी (1990), इस्टर्लिन (1999), इवान्स (1987), मैकग्युरे (2001), मैकऑनन (1976), जोहान्सन एवं मोस्क (1987), प्रेस्टन; प्रेस्टन एवं हैस (1991), रोजेन (1993), ताटरा (1991), स्कॉफिल्ड एवं अन्य (1991), सुंग (2003), स्जेरटर (1999), वोगले (1998) एवं वुड्स (2003) पर आधारित है।

7. वुड्स (2001)।
8. इवान्स(1987) एवं वोगले (1998)।
9. उदाहरण के लिए देखिए, इस्टर्लिन (1999), प्रेस्टन (1976); प्रेस्टन एवं वान डी वेली (1978), सरेटर (1999); मैकग्युरे (2001), वुड्स (2003)।
10. उदाहरण के लिए इससे सम्बन्धित व्यापक साहित्य के लिए देखें, स्कॉफिल्ड एवं अन्य (1991), स्जेरटर (1999), जोहान्सन एवं मोस्क (1987), मैककेओन (1976), प्रेस्टन एवं हेनेस (1991), रोजेन (1993), डफी (1990)। जापान में जीवन प्रत्याशा में व्यापक सुधार इसके जन-स्वास्थ्य सम्बन्धी नीतियों और विनियमों की वजह से हुआ (जोहान्सन)। उदाहरण के लिए देखिए ताटरा (1991)। जापान के उपनिवेश कोरिया एवं ताइवान में जापानी जन-स्वास्थ्य सम्बन्धी नीतियों के लागू किये जाने को बार्कले (1954) तथा सुंग एवं अन्य (2003) में उल्लिखित किया गया है।
11. बर्कले, ताटरा, यु एवं सुंग।
12. मोस्क एवं जोहन्सन से विवरण लिया गया है।
13. कबोन, 1977।
14. दास गुप्ता एवं अन्य 2003।
15. यह भाग हैरीसन (1994), जेफ्रे (1988), डायसन (1988) में आरनॉल्ड एवं अन्य के लेख, गुहा (1993), रामासुब्बन, विभिन्न सेनेटरी कॉन्फ्रेंस के रिपोर्ट तथा पंजाब प्रान्त के स्वच्छता आयुक्त के वार्षिक रिपोर्ट से लिया गया है।
16. कई प्रान्तों में महत्त्वपूर्ण पंजीकरण आँकड़ों की गुणवत्ता आज से काफ़ी उन्नत थी (डायसन 1989)।
17. पंजाब के स्वच्छता आयुक्त की रिपोर्ट।
18. हैरीसन (1994)।
19. पंजाब के स्वच्छता आयुक्त की रिपोर्ट।
20. उदाहरण के लिए देखिए, अरनॉल्ड (1989) और डायसन (1989) में दूसरे लेख।
21. यह भाग नाथ (2003), जेफरी (1988), गवर्नमेंट ऑफ इण्डिया (1996), (2002), गवर्नमेंट ऑफ कर्नाटक (2001), एवं भारत सरकार पंचवर्षीय योजनाओं पर आधारित है।
22. खलिघियन एवं दास गुप्ता (2005)।
23. इन्स्टीट्यूट ऑफ मेडिसिन (1987), (2002 ए), एवं (2002 बी)।
24. http://www.tnhealth.org/epidemics.doc.
25. कर्नाटक शासन सम्बन्धी पत्र।
26. लेखक के द्वारा फील्ड साक्षात्कार।
27. ऑपरेशन्स रिसर्च ग्रुप (1988)।
28. फी (2004)।

सन्दर्भ ग्रन्थ सूची

अरनॉल्ड, डेविड (1989), 'कोलेरा मॉरटेलिटी इन ब्रिटिश इण्डिया 1817-1947', टिम डायसन (सम्पा.), *इण्डियाज हिस्टोरिकल डेमोग्राफी,* कर्जन प्रेस, लन्दन।

बार्कले (1954), *कोलोनियल डिवलपमेंट ऐंड पॉप्यूलेशन इन ताइवान,* प्रिंसटन यूनिवर्सिटी प्रेस, प्रिंसटन।

बिगलेहोल, रॉबर्ट (सम्पा.) (2003), *ग्लोबल पब्लिक हेल्थ : ए न्यू इरा,* ऑक्सफर्ड यूनिवर्सिटी प्रेस, ऑक्सफर्ड।

बिगलेहोल, रॉबर्ट और रूथ बोनिता (1997), *पब्लिक हेल्थ एट द क्रॉसरोड्स : अचीवमेंट ऐंड प्रॉसपेक्ट्स*, कैम्ब्रिज यूनिवर्सिटी प्रेस, कैम्ब्रिज एवं न्यू यॉर्क।

दास गुप्ता, मोनिका, पेवन्द खलिघियन और राकेश सरवल (2003), 'गवर्नेंस ऑफ कम्युनिकेबल डिजीज कण्ट्रोल सर्विसेज : ए केस स्टडी ऐंड लेशन फ्रॉम इण्डिया,' द वर्ल्ड बैंक पॉलिसी रिसर्च वर्किंग पेपर नं. 3100, वाशिंगटन डीसी।

दास गुप्ता, मोनिका और मंजु रानी (2005), 'हाउ वेल डज इण्डियाज फेडरल गवर्नमेंट परफॉर्म इट्स एसेंसियल पब्लिक हेल्थ फंक्शन?', द वर्ल्ड बैंक पॉलिसी रिसर्च वर्किंग पेपर नं. 3447, (फोर्थकमिंग इन हेल्थ पॉलिसी) वाशिंगटन डीसी।

डफी, जॉन (1990), *द सेनिटेरियन्स : अ हिस्ट्री ऑफ अमेरिकन पब्लिक हेल्थ*, यूनिवर्सिटी ऑफ शिकागो प्रेस, अर्बन एवं शिकागो।

डायसन, टिम (1989), 'द पॉपूलेशन हिस्ट्री ऑफ बरार सिंस 1889 ऐंड इट्स पोटेन्शियल वाइडर सिगनिफिकेन्स', *इण्डियन इकोनॉमिक ऐंड सोशल हिस्ट्री रिव्यू*, 26(2) : 167-201।

इस्टर्लिन, रिचर्ड ए. (2004), 'हाउ बेनिफिसिएण्ट इज द मार्केट? अ लुक एट द मॉडर्न हिस्ट्री ऑफ मॉरटलिटी', द *रिलक्टेन्ट इकोनॉमिस्ट : पर्सपेक्टिव ऑन इकोनॉमिक्स, इकोनॉमिक हिस्ट्री ऐंड डेमोग्राफी*, कैम्ब्रिज यूनिवर्सिटी प्रेस, कैम्ब्रिज।

इवान्स, रिचर्ड जे. (1987), *डेथ इन हेमबर्ग : सोसाइटीज ऐंड पॉलिटिक्स इन कोलेरा इयर्स, 1830-1910*, ऑक्सफर्ड यूनिवर्सिटी प्रेस, ऑक्सफर्ड।

एलिजाबेथ फी और थिओडोर एम. ब्राउन (2004) : 'डिप्रेशन-इरा मलेरिया कण्ट्रोल इन द साउथ', *अमेरिकन जर्नल ऑफ पब्लिक हेल्थ*, 94(10) : 1694।

गैरेट, लॉरी (2000), *बिट्रेयल ऑफ ट्रस्ट*, हायपेरिऑन, न्यूयॉर्क।

गवर्नमेंट ऑफ इण्डिया (1996), *रिपोर्ट ऑफ द एक्सपर्ट कमिटी ऑन पब्लिक हेल्थ सिस्टम प्लानिंग कमीशन*, मिनिस्ट्री ऑफ हेल्थ ऐंड फैमिली वेलफेयर, नयी दिल्ली।

गवर्नमेंट ऑफ इण्डिया, *प्लानिंग कमीशन : फाइव इयर्स प्लान (फर्स्ट टू टेंथ)*।

गवर्नमेंट ऑफ इण्डिया, मिनिस्ट्री ऑफ हेल्थ ऐंड फैमिली वेलफेयर (2002), *नैशनल हेल्थ पॉलिसी*।

गवर्नमेंट ऑफ कर्नाटक (2001), *कर्नाटक टुवर्ड्स इक्विटी, क्वालिटी ऐंड इन्टीग्रिटी इन हेल्थ : फाइनल रिपोर्ट ऑफ द टास्क फोर्स ऑन हेल्थ ऐंड फैमिली वेलफेयर*, प्रोसेस्ड।

गुहा, सुमित (1993), 'न्यूट्रिशन, सेनिटेशन, हाइजीन, ऐंड द लाइकलीहुड ऑफ डेथ : द ब्रिटिश आर्मी इन इण्डिया सी 1870-1920', *पॉप्यूलेशन स्टडीज*, 47(3) : 385-401।

हैरीसन, मार्क (1994), *पब्लिक हेल्थ इन ब्रिटिश इण्डिया : एंग्लो इण्डियन प्रिवेन्टिव मेडिसिन 1859-1914*, कैम्ब्रिज यूनिवर्सिटी प्रेस, कैम्ब्रिज।

इन्स्टीट्यूट ऑफ मेडिसिन (1987), *द फ्यूचर ऑफ पब्लिक हेल्थ*, नैशनल एकेडमी प्रेस, वाशिंगटन डीसी।

—(2002क), *द फ्यूचर ऑफ द पब्लिक्स हेल्थ इन द ट्वेंटी फर्स्ट सेंचुरी*, नैशनल एकेडमी प्रेस, वाशिंगटन डीसी।

--(2002ख), *लीडरशिप बाय एक्जाम्पल : को-ऑर्डिनेटिंग गवर्नमेंट रोल्स इन इम्प्रूविंग हेल्थ केअर क्वालिटी*, नैशनल एकेडमी प्रेस, वाशिंगटन डीसी।

जनेत्ता, एन. बी. (2001), 'पब्लिक हेल्थ ऐंड द डिफ्युजन ऑफ वेसिनेशन इन जापान', सुइजंग लीउ, जेम्स ली, डेविड एस. रिहर, ओसामू सैटो एवं वांग फेंग (सम्पा.), *एशियन पॉप्यूलेशन हिस्ट्री*, ऑक्सफर्ड यूनिवर्सिटी प्रेस, ऑक्सफर्ड, पृ. 292-305।

जेफरी, रॉजर (1988), *द पॉलिटिक्स ऑफ हेल्थ इन इण्डिया*, यूनिवर्सिटी ऑफ कैलिफोर्निया प्रेस, बर्कले।

जोहान्सन, शेइला रेयान और कार्ल मोस्क (1987) : 'एक्सपोजर, रेसिसटेन्स ऐंड लाइफ एक्सपेक्टेन्सी : डिजीज ऐंड डेथ ड्यूरिंग द इकोनॉमिक डिवलपमेंट ऑफ जापान, 1900-1960', पॉप्यूलेशन स्टडीज, 41(2) : 207-35।

जॉन, जैकब टी. और एफ ह्वाइट (2003) : 'पब्लिक हेल्थ इन साउथ एशिया', आर. बेगलेहोल (सम्पा.), *ग्लोबल पब्लिक हेल्थ : ए न्यू इरा,* ऑक्सफर्ड यूनिवर्सिटी प्रेस, ऑक्सफर्ड, पृ. 172-90।

खलिघियन, पेदन्द और मोनिका दास गुप्ता (2005) : 'पब्लिक मैनेजमेंट ऐंड द इसेंसियल पब्लिक हेल्थ फंक्शनुस', *वर्ल्ड डिवलपमेंट,* 33(7) : 1083-99।

केवोन, ताई ह्वान (1977), *डेमोग्राफी ऑफ कोरिया पॉप्यूलेशन चेंज ऐंड इट्स कॉम्पोनेन्ट्स, 1925-66,* सेऑल नैशनल यूनिवर्सिटी प्रेस, सेऑल।

मैकग्युरे, जेम्स डब्ल्यू. (2001), 'सोशल पॉलिसी ऐंड मॉरटलिटी डिक्लाइन इन ईस्ट एशिया ऐंड लैटिन अमेरिका', *वर्ल्ड डिवलपमेंट,* 29(10) : 1673-97।

मैकऑन, थॉमस (1976), *द मॉडर्न राइज ऑफ पॉप्यूलेशन,* एडवर्ड आरनोल्ड, लन्दन।

नाथ, ललित (2003), 'पब्लिक हेल्थ इन इण्डिया', डिवलपमेंट रिसर्च ग्रुप, द वर्ल्ड बैंक, प्रोसेस्ड।

ऑपरेशन्स रिसर्च ग्रुप, बड़ौदा (1988), *एन इन-डेप्थ इवेल्युएशन ऑफ नैशनल मलेरिया इरेडिकेशन प्रोग्राम—ए केस स्टडी ऑफ बिहार ऐंड हरियाणा।*

पोर्टर, डोरोथी (1999), *हेल्थ, सिविलाइजेशन ऐंड द स्टेट : ए हिस्ट्री ऑफ पब्लिक हेल्थ फ्रॉम ऐंशियेन्ट टू मॉडर्न टाइम्स,* रूटलेज, लन्दन ऐंड न्यू यॉर्क।

प्रेस्टन, सैमुअल एच. (1980), 'कॉजेज ऐंड कॉन्सिक्वेन्सेज ऑफ मॉरटलिटी डिक्लाइन्स इन लेस डवलप कण्ट्रीज ड्युरिंग द ट्वेन्टिएथ सेंचुरीज', रिचर्ड ए. स्टर्लिन (सम्पा.), *पॉप्यूलेशन ऐंड इकोनॉमिक चेंज इन डिवलपिंग कण्ट्रीज,* द यूनिवर्सिटी ऑफ शिकागो प्रेस, शिकागो और लन्दन, पृ. 289-360।

प्रेस्टन, सैमुअल एच. और माइकल आर. हैंस (1991), *फैटल इयर्स : चाइल्ड मॉरटलिटी इन लेट नाइनटिएथ सेंचुरी अमेरिका,* प्रिंस्टन यूनिवर्सिटी प्रेस, प्रिंस्टन, एन.जे.।

रामासुब्बन, राधिका (1989), 'इम्पीरियल हेल्थ इन ब्रिटिश इण्डिया, 1857-1900', रॉय मैकलिऑड एवं मिल्टन लेविस (सम्पा.), *डिजीज, मेडिसिन ऐंड इम्पायर ऐंड द एक्सपीरियेंस ऑफ यूरोपियन एक्सपेंशन,* रॉटलेज, लन्दन।

रोजेन, जॉर्ज (1993), *ए हिस्ट्री ऑफ पब्लिक हेल्थ,* जॉन हॉपकिन्स प्रेस, बल्टीमोर।

स्कोफिल्ड, रॉजर और अन्य (1991), *द डिक्लाइन ऑफ मॉरटलिटी इन यूरोप,* ऑक्सफर्ड यूनिवर्सिटी प्रेस, ऑक्सफर्ड।

स्जेरटर, साइमन (1999), 'रैपिड इकोनॉमिक ग्रोथ ऐंड फोर डीज़ ऑफ डिसरप्सन, डिप्राइवेशन, डिजीज ऐंड डेथ : पब्लिक हेल्थ लेशन्स फ्रॉम नाइनटिएथ सेंचुरी ब्रिटेन फॉर ट्वेन्टी फर्स्ट सेंचुरी चाइना?', *ट्रॉपिकल मेडिसिन ऐंड इण्टरनैशनल हेल्थ,* 4(2) : 146-52।

सुंग, जॉन एफ. एवं अन्य (2003), 'पब्लिक हेल्थ इन ताइवान', डिवलपमेंट रिसर्च ग्रुप, द वर्ल्ड बैंक, प्रोसेस्ड।

ताटरा, कोजो (1991), 'द ऑरिजिन्स ऐंड डिवलपमेंट ऑफ पब्लिक हेल्थ इन जापान', वाल्टर हॉलैन्ड एवं अन्य (सम्पा.), *ऑक्सफर्ड टेक्स्ट बुक ऑफ पब्लिक हेल्थ,* द्वितीय संस्करण, ऑक्सफर्ड यूनिवर्सिटी प्रेस, ऑक्सफर्ड, पृ. 55-72।

संयुक्त राष्ट्र का आकलन (http://esa.un.org/unpp/p2k0data.asp).

वोगले, जॉर्ज (1998), *अर्बन मॉरटलिटी चेंज इन इंग्लैंड ऐंड जर्मनी, 1870-1913,* लिवरपुल यूनिवर्सिटी प्रेस, लिवरपुल।

वुड्स, रॉबर्ट (2001), 'द रोल ऑफ पब्लिक हेल्थ इनिसिएटिव्स इन द नाइनटिएथ सेंच्युरी मॉरटलिटी डिक्लाइन', जॉन सी कालवेल, गिगी सेन्टो, वेन्डी क्रॉफोर्ड, जेनिफर ब्रैड और डाफने ब्रोअर्स फ्रीमेन

(सम्पा.), *ह्वाट वी नो अबाउट हेल्थ ट्रान्जिशन : द कल्चरल, सोशल ऐंड बिहेविरियल डिटर्मिनेन्ट्स ऑफ हेल्थ,* ऑस्ट्रेलियन नैशनल यूनिवर्सिटी, केनबेरा, खण्ड-1, पृ. 110-15।

—(2003), 'पब्लिक हेल्थ सर्विस डिलिवरी : द हिस्टोरिकल एक्सपेरियेंस ऑफ द डिवलप्ड कण्ट्रीज' (स्पेशली द युनाइटेड किंगडम, फ्रांस ऐंड युनाइटेड स्टेट्स इन नाइनटिएथ ऐंड ट्वेन्टिएथ सेंच्युरीज़), डिवलपमेंट रिसर्च ग्रुप, द् वर्ल्ड बैंक, प्रोसेस्ड।

[यह शोध-आलेख *इकोनॉमिक ऐंड पॉलिटिकल वीकली* के 3 दिसम्बर 2005 अंक में प्रकाशित हुआ था।]

ग्रामीण राजस्थान में स्वास्थ्य सेवा वितरण

अभिजीत बनर्जी, एंगस डेटॉन, एस्थर डुफलो[1]

(अनुवाद : गौरव पंवार)

इस शोध-पत्र में उदयपुर के ग्रामीण क्षेत्र में स्वास्थ्य के वितरण और ग़रीब जनसंख्या की स्वास्थ्य की स्थिति पर इसके प्रभाव की जाँच-पड़ताल करने के लिए किये गये सर्वेक्षण की रिपोर्ट प्रस्तुत की गयी है। इस अध्ययन से यह तथ्य सामने आता है कि सार्वजनिक सेवा की गुणवत्ता अत्यन्त निम्न है और स्वास्थ्य सेवा की अधिकांश ज़रूरतें अयोग्य निजी कर्मियों द्वारा पूरी की जाती हैं। सार्वजनिक सुविधाओं की निम्न गुणवत्ता का लोगों की सेहत पर भी बुरा प्रभाव पड़ा है। असल में, ग्रामीण क्षेत्रों में स्वास्थ्य सेवा मिलने के बारे में लोगों की उम्मीदें काफ़ी कम हैं। इसलिए यह आवश्यक है कि राज्य स्वास्थ्य सेवा उपलब्ध कराने और उनका नियमन करने के काम में ज़्यादा सक्रिय भूमिका निभाये।

प्रस्तावना

यह आश्चर्य की बात है कि ग्रामीण भारत में स्वास्थ्य सेवा के वितरण के बारे में काफ़ी कम सूचना उपलब्ध है। इस बारे में भी कोई उल्लेखनीय अध्ययन नहीं किया गया है कि स्वास्थ्य सेवा और लोगों की सेहत के बीच किस प्रकार का सम्बन्ध है। विश्व स्वास्थ्य संगठन के कमिश्नर ऑन मैक्राइकोनॉमिक ऐंड हेल्थ (2001) ने यह तर्क प्रस्तुत किया है कि बेहतर स्वास्थ्य सेवा ग़रीब देशों में स्वास्थ्य और आर्थिक संवृद्धि सुधारने की कुंजी है। लेकिन इस बारे में कोई व्यवस्थित प्रमाण नहीं है जिससे यह अन्दाज़ा लग सके कि विकासशील देशों में स्वास्थ्य सेवाओं की गुणवत्ता को प्रभावित कैसे किया जा सकता है, और इन सुधारों से जनसंख्या के किस समूह को लाभ होता है। इस शोध-पत्र में राजस्थान के एक ग़रीब ग्रामीण क्षेत्र में हाल में हुए सर्वेक्षण के आधार पर इस प्रश्न पर प्रकाश डालने की कोशिश की गयी है। हमने लोगों के स्वास्थ्य और उनकी आर्थिक स्थिति तथा स्वास्थ्य सेवा

से जुड़े सार्वजनिक और निजी व्यवस्था के बारे में आँकड़े एकत्रित करने का प्रयास किया है। इसके लिए हमने ऐसे अलग-अलग सर्वेक्षण किये हैं, जो व्यापक स्तर पर एक-दूसरे से जुड़े हुए भी हैं।

उपलब्ध प्रमाणों से यह पता चलता है कि स्वास्थ्य सेवा वितरण की एक व्यापक व्यवस्था है, जो काफ़ी हद तक बेकार पड़ी है। इस व्यवस्था में सुधार करना अपने-आप में एक चुनौती है। हाल ही में, बहुत से भारतीय राज्यों में सार्वजनिक स्वास्थ्य सुविधाओं में अनुपस्थिति की समस्या के बारे में हुए सर्वेक्षण (चौधुरी और अन्य 2003) से पता चलता है कि सार्वजनिक प्राथमिक स्वास्थ्य सेवा केन्द्रों में कार्यरत लोग अत्यधिक अनुपस्थित रहते हैं (43%)। दिल्ली में निजी रूप से स्वास्थ्य सेवा उपलब्ध कराने वालों के सर्वे से यह बात सामने आयी कि इस काम में लगे 41% लोग अयोग्य हैं (दास 2001)। सेन और अन्य (2002) ने तकरीबन एक दशक के अन्तराल वाले (1986-87 और 1995-96) दो एनएसएस सर्वे का उपयोग करते हुए आय और स्वास्थ्य सेवा तक पहुँच के बीच सम्बन्ध का अध्ययन किया। उन्होंने यह दिखाया कि स्वास्थ्य सेवाओं तक पहुँच के सन्दर्भ में असमानता ज़्यादा-से-ज़्यादा बढ़ती जा रही है। यह शोध-पत्र भी इस तरह के पैटर्न की पुष्टि करता है और इस परिघटना तथा स्वास्थ्य की स्थिति पर उनके प्रभाव की ज़्यादा गहराई से पड़ताल करता है।

उदयपुर ग्रामीण स्वास्थ्य सर्वेक्षण

जनवरी 2002 और अगस्त 2003 के बीच उदयपुर ज़िले के 100 बस्तियों में आँकड़ों के संग्रहण का कार्य किया गया। उदयपुर भारत के सबसे ग़रीब ज़िलों में से एक है। यहाँ की जनसंख्या का एक बड़ा हिस्सा आदिवासियों का है और यहाँ महिलाओं की निरक्षरता का स्तर असामान्य रूप से काफ़ी ऊँचा है (1991 की जनगणना के मुताबिक ग्रामीण उदयपुर में केवल 5% महिलाएँ ही साक्षर थीं)। यह सर्वेक्षण दो स्थानीय संस्थाओं—सेवा मन्दिर और विद्या भवन के साथ मिलकर किया गया। सेवा मन्दिर एक एनजीओ (गैर-सरकारी संगठन) है, जो अन्य विषयों के अलावा ग्रामीण उदयपुर में स्वास्थ्य के मसले पर भी कार्य करता है। विद्या भवन स्कूल, कॉलेज और कृषि कॉलेजों का एक समूह है, जिसके प्रशासनिक पर्यवेक्षण के अन्तर्गत ही यह सर्वेक्षण हुआ।

सर्वेक्षण के सैम्पल में 362 गाँवों की बस्तियों को सम्मिलित किया गया। इन 362 गाँवों की कम-से-कम एक बस्ती में सेवा मन्दिर अवश्य सक्रिय था।[2] इसका अर्थ यह है कि सैम्पल में सम्पूर्ण उदयपुर ज़िले की जनसंख्या का नहीं, बल्कि इसमें

सिर्फ़ उसी जनसंख्या का प्रतिनिधित्व था, जहाँ सेवा मन्दिर काम कर रहा था। अमूमन सेवा मन्दिर बड़ी आदिवासी जनसंख्या वाले ग़रीब गाँवों में ही सक्रिय है। हालाँकि इस सैम्पल के कुछ महत्त्वपूर्ण लाभ भी हैं। यह जनसंख्या के उस हिस्से का प्रतिनिधित्व करता है जिस पर यह शोध-पत्र ध्यान देना चाहता हैं। अर्थात् भारत में ऐसे घर जिन्हें अच्छी स्वास्थ्य सेवा मिलने की सम्भावना सबसे कम होती है। गाँव के लोगों के साथ सेवा मन्दिर के सहयोग के चलते सर्वेक्षण में उनका सक्रिय सहयोग मिला और लोगों ने हमें गाँव और परिवार के स्तर पर हर छोटी-बड़ी जानकारी उपलब्ध कराई। स्वास्थ्य अधिकारियों से भी सेवा मन्दिर का पुराना और लम्बा सम्बन्ध रहा है जिसके चलते हमें उनका पूर्ण सहयोग प्राप्त हुआ और हम सभी सार्वजनिक स्वास्थ्य सुविधाओं का हफ़्तावार सर्वेक्षण कर पाये। अन्त में, यह भी उल्लेखनीय है कि सेवा मन्दिर के कर्मचारियों का नेटवर्क पूरे ज़िले में फैला हुआ है, जिससे हमें 130 भरोसेमन्द कर्मचारियों को चुनने में सुविधा हुई, जिससे हम भविष्य में भी स्वास्थ्य के मसले पर हस्तक्षेप कर पायेंगे या किसी कार्यक्रम को लागू कर पायेंगे। सैम्पल को रोड तक पहुँच के आधार पर स्तरीकृत किया गया है (100 बस्तियों में से कम-से-कम 50 रोड से 500 मीटर की दूरी पर थे)। प्रत्येक स्तर पर रैण्डम तरीके से बस्तियों का चुनाव किया गया। इसमें बस्ती की जनसंख्या के अनुपात में उसके चुने जाने की सम्भावना रखी गयी थी।

आँकड़ों के संग्रह के चार घटक हैं : एक गाँव का सर्वेक्षण, जहाँ हमने इसकी जनसंख्या, गाँव की भौतिक बुनियादी संरचना का वर्णन किया और गाँव के लोगों द्वारा सामान्य रूप से उपयोग की जाने वाली स्वास्थ्य सुविधाओं की सूची तैयार की (100 गाँवों में); सुविधा का सर्वेक्षण, इसमें हमने सर्वेक्षण के लिए चुने गये गाँवों में उपचार सम्बन्धी गतिविधियों, उनके प्रकार और कीमत, दवाओं की उपलब्धता और सभी सार्वजनिक सुविधाओं में भौतिक बुनियादी संरचना की गुणवत्ता के बारे में विस्तृत जानकारी एकत्रित की (143 सुविधाओं के बारे में)। गाँवों के सर्वेक्षण या विभिन्न परिवारों से लिए गये साक्षात्कार में सामने आयी सभी 'आधुनिक' निजी सुविधाओं का भी विस्तृत विवरण दर्ज किया गया (अभी तक हमने 85 सुविधाओं का सर्वेक्षण किया है लेकिन यह सर्वेक्षण जारी है क्योंकि इसका मकसद सभी निजी सुविधाओं के बारे में प्रत्येक व्यक्ति द्वारा उपलब्ध कराई गयी जानकारी को दर्ज करना है), और गाँवों के सर्वेक्षण में पारम्परिक चिकित्सकों का भी उल्लेख किया गया (225 पारम्परिक चिकित्सकों का सर्वेक्षण किया गया); गाँवों में सक्रिय सभी सार्वजनिक सुविधाओं की साप्ताहिक यात्रा (कुल 143 सुविधाएँ और हर सुविधा की औसतन 49 बार यात्रा); घरों तथा व्यक्तियों का सर्वेक्षण, जिसमें 5,759 व्यक्ति तथा 1,024 घर शामिल हैं।

घरों के सर्वेक्षण में संग्रहित आँकड़ों में 1999-2000 के नैशनल सैम्पल सर्वे (55वें दौर) के संक्षिप्त उपभोग प्रश्न-तालिका का उपयोग किया गया। इस तरह इसके आधार पर लोगों की आर्थिक स्थिति की समझ बताने का प्रयास किया गया। इसमें समाज से एकीकरण, शिक्षा, उर्वरता (फर्टीलिटी), इतिहास, स्वास्थ्य और व्यक्तिपरक भलाई की धारणा, तथा स्वास्थ्य व्यवस्था (सार्वजनिक और निजी) के अनुभव पर ध्यान केन्द्रित किया गया। इसके साथ ही, इसमें स्वास्थ्य के प्रत्यक्ष मापन की एक श्रेणी भी शामिल की गयी (हीमोग्लोबिन, शरीर का ताप, रक्त चाप, वज़न और लम्बाई, फेफड़े में प्रवाह क्षमता का मापन)।

निरन्तर सुविधा सर्वेक्षण [कॉन्टीन्युअस फैसिलिटी सर्वे (सीएफएस)] को इस अध्ययन का सबसे मौलिक भाग माना जा सकता है। हमने अध्ययन के सैम्पल के रूप में चुने गये सभी गाँवों में काम कर रहे हर सार्वजनिक सुविधा केन्द्र (143) की पहचान की, और इसके निकट रहने वाले एक व्यक्ति को अर्द्ध-श्रमिक के रूप में काम पर लगाया। इसे यह ज़िम्मेदारी दी गयी कि वह प्रत्येक हफ़्ते यहाँ के कामकाज का जायजा ले। इस अर्द्ध-श्रमिक ने काम के आरम्भिक घंटों में बिना बताये यहाँ का दौरा किया, यह जाँच की कि यह सुविधा केन्द्र खुला हुआ है। साथ ही, उसने यहाँ मौजूद डॉक्टरों, नर्सों तथा अन्य चिकित्सा और अर्द्ध-चिकित्साकर्मियों के साथ-ही-साथ वहाँ मौजूद मरीज़ों की भी गणना की।

सारणी 1 : आय वितरण में स्थान द्वारा चयनित स्वास्थ्य संकेतक

समूह	खुद बताया हुआ	पिछले 30 दिनों में लक्षणों की संख्या	बीएमआई	12 ग्राम प्रति डिसिमलि से नीचे हीमोग्लोबिन	मीटर रीडिंग में सर्वोच्च प्रवाह	उच्च रक्त चाप (हाई ब्लड प्रेशर)	निम्न रक्त चाप (लो ब्लड प्रेशर)
नीचे का तिहाई	5.87	3.89	17.85	0.57	314.76	0.17	0.16
मध्य तिहाई	5.98	3.73	17.83	0.59	317.67	0.15	0.08
ऊपर का तिहाई	6.03	3.96	18.31	0.51	316.39	0.20	0.09

सारणी 2 : स्वास्थ्य सेवा केन्द्रों की यात्रा की बारम्बारता

	प्रति व्यक्ति मासिक ख़र्च रुपये में	पिछले 30 दिनों में यात्रा की कुल संख्या			
		सभी	सार्वजनिक	निजी	भोपा
पैनल ए : माध्य					
सभी	470	0.51	0.12	0.28	0.11
गरीब	219	0.43	0.09	0.22	0.12
मध्यम	361	0.54	0.11	0.29	0.13
अमीर	770	0.55	0.15	0.33	0.07
पैनल बी : माध्य, ओएलएस प्रतिगमन (रिग्रेशन), निर्भर चर (डिपेंडेंट वेरियबल), यात्राओं की संख्या					
मध्यम		0.11 (.052)	0.02 (.023)	0.07 (.034)	0.01 (.027)
अमीर		0.12 (.05)	0.06 (.024)	0.11 (.034)	-0.05 (.022)
पैनल सी : गाँव सुनिश्चित प्रभावों के साथ ओएलएस रिग्रेशन्स					
मध्यम		0.14 (.047)	0.02 (.024)	0.09 (.033)	0.02 (.023)
अमीर		0.13 (.05)	0.04 (.026)	0.11 (.036)	-0.03 (.025)
गाँव सुनिश्चित प्रभाव		हाँ	हाँ	हाँ	हाँ

नोट : पैनल 'बी' और 'सी' से ग़रीब श्रेणी को निकाल दिया गया है; कोफिशिएन्ट के नीचे पैरेंथेसिस में मानक गलतियाँ हैं।

यदि कोई सुविधा केन्द्र इसलिए बन्द रहता क्योंकि वहाँ के कर्मचारी किसी खास गाँव में लोगों की जाँच करने गये हैं, तो अर्द्ध-श्रमिक उस गाँव में जाता था और यह देखता था कि कर्मचारी गाँव में हैं या नहीं। निरन्तर सुविधा सर्वेक्षण (सीएफएस) के अन्तर्गत संग्रहित आँकड़ों की गुणवत्ता सुनिश्चित करने के लिए हमने एक अत्यन्त सख्त नियन्त्रण व्यवस्था निर्मित की। प्रत्येक चार हफ़्ते में एक ब्लॉक के सभी सीएफएस अर्द्ध-श्रमिक बैठक करते थे और उस वक़्त हम उनके द्वारा भरे गये आँकड़े सम्बन्धी फॉर्म लेते थे। उन्हें एक समय-सारणी भी दी गयी, जिसमें यह संकेत किया गया कि आने वाले महीने के प्रत्येक हफ़्ते में किस दिन उन्हें सुविधा केन्द्र का दौरा पूरा कर लेना है। सीएफएस अर्द्ध-श्रमिकों को दी

गयी समय-सारणी के हिसाब से सुविधा-केन्द्रों के दौरे बाद में जाँचकर्त्ताओं की टीम के दो सदस्य प्रत्येक दिन मोटरसाइकिल द्वारा बहुत से सुविधा-केन्द्रों का दौरा करते थे। अर्द्ध-श्रमिकों द्वारा नियत दिन पर अपना दौरा पूरा करने तथा उनकी रिपोर्ट और सीएफएस के नियमन में कोई बड़ा अन्तर न होने की स्थिति में ही उन्हें उनका मेहनताना दिया गया। सीएफएस नियन्त्रकों ने भी अलग-अलग दिनों पर इन सुविधा केन्द्रों की यात्रा की, जिससे हम इस बात पर नज़र रख पायें कि सीएफएस अर्द्ध-श्रमिकों और इन केन्द्रों के कर्मचारियों के बीच कोई साँठ-गाँठ न हो। यह सर्वेक्षण 13 से 14 महीनों तक चला, इसमें एक-दो महीने तक उन सुविधा केन्द्रों का 'आरम्भिक' अध्ययन भी शामिल है जहाँ व्यवस्था अच्छी थी। हमने प्रत्येक केन्द्र से 12 महीनों के आँकड़ों की रिपोर्ट तैयार की है। इसके अनुपूरक के रूप में एक बार सुविधा-केन्द्र सर्वेक्षण भी किया गया, जो हमें अन्य बातों के अलावा, विभिन्न केन्द्रों में अनपुस्थिति की परिघटना के बीच सम्बन्ध स्थापित करने में मदद करेगा।

स्वास्थ्य की स्थिति

उदयपुर में जिन परिवारों का सर्वेक्षण किया गया, वे ग्रामीण राजस्थान के मानकों के हिसाब से भी ग़रीब हैं। उदयपुर के इन परिवारों का औसत प्रति व्यक्ति घर का ख़र्च (पर कैप्टा हाउसहोल्ड एक्सपेंडिचर–पीसीई) 470 रुपया है और 40% से ज़्यादा लोग ऐसे घरों में रहते हैं, जो आधिकारिक ग़रीबी रेखा से नीचे हैं। दूसरी ओर, 1999-2000 में हुई आधिकारिक गणना में यह तथ्य सामने आया कि इनकी तुलना में ग्रामीण राजस्थान में सिर्फ़ 13% लोग ही ग़रीबी रेखा के नीचे हैं। उदयपुर ज़िले में सिर्फ़ 46% वयस्क पुरुष (14 वर्ष और उससे ऊपर) और 11% वयस्क महिलाओं ने खुद को साक्षर बताया। शिक्षा ग्रहण करने वाले वयस्क लोगों में से 27% लोगों ने आठवीं कक्षा या उससे भी कम शिक्षा हासिल की है। इन घरों में कोई भी महँगा सामान नहीं है और सिर्फ़ 21% घरों में ही बिजली है।

सारणी 3 : स्वास्थ्य यात्राओं पर होने वाला ख़र्च

	परिवार में मासिक स्वास्थ्य ख़र्च का स्तर			औसत वयस्क मासिक ख़र्च				हर यात्रा पर औसत ख़र्च			
	ख़र्च सर्वेक्षण	व्यक्तिगत सर्वेक्षण	व्यक्तिगत सर्वेक्षण हिस्सा/ मासिक ख़र्च	सभी यात्रा	सार्वजनिक का हिस्सा	निजी का हिस्सा	भोपा का हिसा	सभी यात्रा	सार्वजनिक	निजी	भोपा
	(1)	(2)	(3)	(4)	(5)	(6)	(7)	(8)	(9)	(10)	(11)
पैनल ए : माध्य											
सभी	286	196	0.07	59	0.18	0.66	0.15	117	113	144	74
गरीब	70	99	0.07	32	0.13	0.61	0.24	72	71	84	61
मध्यम	162	195	0.09	52	0.14	0.68	0.17	95	52	130	76
अमीर	571	286	0.08	88	0.23	0.68	0.09	166	173	191	90
पैनल बी : ओएलएस रिग्रेशन्स (प्रतिगमन)											
मध्यम	92	96	0.02	19	0.01	0.07	-0.07	23	-19	46	16
	(21)	(38)	(0.18)	(8)	(.042)	(0.51)	(.041)	(12)	(24)	(20)	(31)
अमीर	500	187	0.01	55	0.10	0.07	-0.16	94	102	107	29
	(109)	(34)	(0.12)	(12)	(.042)	(0.53)	(.041)	(24)	(45)	(35)	(34)
पैनल सी : ओएलएस रिग्रेशन्स, गाँव सुनिश्चित प्रभाव के साथ											
मध्यम	92	63	0.02	16	0.01	-0.08	-0.07	5.7	-33	0.46	-7.9
	(21)	(39)	(.015)	(12)	(.04)	(.049)	(.039)	(26)	(78)	(42)	(36)
अमीर	500	135	0.01	43	0.05	0.07	-0.10	76	-21	73	81
	(109)	(42)	(0.16)	(13)	(.042)	(.052)	(.041)	(28)	(86)	(43)	(49)
गाँव सुनिश्चित प्रभाव	हाँ	हाँ	हाँ	हाँ	हाँ	हाँ	हाँ	हाँ	हाँ	हाँ	

स्वास्थ्य मापन के सन्दर्भ में यह उल्लेखनीय है कि 80% वयस्क महिलाएँ और 27% वयस्क पुरुषों में प्रति डेसीलीटर 12 ग्राम से भी कम हीमोग्लोबिन है। 5% वयस्क महिलाओं और 1% वयस्क आदमियों में 8 प्रति डेसीलीटर से कम हीमोग्लोबिन है। ध्यान देने वाली बात यह है कि यदि एनीमिया के लिए न्यूनतम मानक (महिलाओं के लिए 11 ग्राम डेसीलीटर और पुरुषों के लिए 13

ग्राम डेसीलीटर) के अनुसार विचार किया जाये तो आधे से ज़्यादा पुरुषों (51%) और महिलाओं (56%) के एनीमिया से ग्रस्त होन की सम्भावना है। साथ ही, प्रौढ़ महिलाओं में भी एनीमिया की उतनी ही शिकायत है जितनी की युवा महिलाओं में। इससे यह पता चलता है कि आहार एक महत्त्वपूर्ण कारक है। औसतन आदमियों में बॉडी मास इंडेक्स (बीएमआई) 17.8 है तथा वयस्क महिलाओं में 18.1 है। 90% वयस्क आदमियों में और 88% वयस्क महिलाओं में बीएमआई 21 से कम है, जिसे अमेरिका में कम पोषक तत्त्वों के लिए निम्न स्तर माना जाता है [फोजेल 1997]। अपने फेफड़े की क्षमता को मापने के लिए शिखर प्रवाह (पीक फ्लो) मीटर मापन का भी प्रयोग किया। इसके द्वारा हम अस्थमा सहित श्वास सम्बन्धी अन्य बीमारियों (जैसे कि नियत अन्तराल पर होने वाली कफ की खाँसी) की सम्भावना का पता लगाना चाहते थे। वयस्कों में औसतन 316 मिली लीटर शिखर प्रवाह (पीक फ्लो) मापन सामने आया (1.60 मीटर लम्बे किसी भी वयस्क के भीतर 350 मिली लीटर से नीचे के प्रवाह को श्वास सम्बन्धी समस्या का संकेतक माना जाता है।)।

बड़े पैमाने पर बीमारियों के लक्षण मौजूद हैं। वयस्क लोगों ने (खुद ही) इन व्यापक लक्षणों के बारे में बताया : एक तिहाई लोगों ने यह बताया कि उन्हें पिछले 30 दिनों में जुकाम हुआ था और 12% ने यह बताया कि उनकी स्थिति गम्भीर थी। 33% लोगों ने बुखार होने की शिकायत की (14% की हालत गम्भीर थी); 42% ने बदन दर्द की शिकायत की (20% की स्थिति गम्भीर थी); 23% ने थकान की शिकायत की (7% की हालत गम्भीर थी); 14% ने यह शिकायत की कि उन्हें देखने में समस्या हो रही है (3% लोगों की स्थिति गम्भीर थी); 33% ने पीठ दर्द की शिकायत की (10% की स्थिति गम्भीर थी); 23% ने पेट दर्द की शिकायत की (9% की स्थिति गम्भीर थी); 11% ने छाती दर्द की शिकायत की (4% की हालत गम्भीर थी) और 11% लोगों के वज़न में कमी आयी थी (2% लोगों में यह कमी चिन्ताजनक थी)। कुछ लोगों ने यह भी कहा कि उनकी स्थिति बेहद नाजुक है और वे खुद से नहाने, खाना खाने या कपड़ा पहनने जैसा काम करने में असमर्थ हैं। लेकिन बहुत से अन्य लोगों ने यह बताया कि वे शारीरिक रूप से इतने सक्षम नहीं हैं कि वे खेती करके अपनी जीविका जुटा सकें। 30% या इससे ज़्यादा लोगों को 5 किलोमीटर पैदल चलने, कुएँ से पानी निकालने या बिना किसी मदद के खेतों में चलते में दिक्कत हो रही थी। अठारह से बीस प्रतिशत लोगों को बैठने या एक बैठी हुई स्थिति से खड़े होने में दिक्कत हो रही थी।

सारणी 1 में संक्षिप्त उपभोग प्रश्न-तालिका के आधार पर संग्रहित पिछले 30 दिनों में बताये गये लक्षणों की संख्या, बॉडी मास इंडेक्स (शरीर द्रव्यमान सूची—बीएमआई), 12 से नीचे हीमोग्लोबिन वाले व्यक्तियों की संख्या, शिखर प्रवाह

(पीक फ्लो) मीटर की सूचना, उच्च रक्त चाप तथा निम्न रक्त चाप का विवरण दर्ज किया गया है। इसमें हमने लोगों को प्रति व्यक्ति मासिक ख़र्च के वितरण के हिसाब से तीन भागों में विभाजित किया है। प्रति व्यक्ति आय वितरण के निचले तिहाई के व्यक्तियों में ऊपरी तिहाई के व्यक्तियों की तुलना में औसतन बॉडी मास इंडेक्स कम होता है, उनके फेफड़े की क्षमता कम होती है तथा उनके हीमोग्लोबिन की गणना 12 से कम होने की सम्भावना ज़्यादा होती है। ऊपरी तिहाई के लोगों ने पिछले 30 दिनों में सबसे ज़्यादा बीमारियों के लक्षणों की शिकायत की। शायद इसका कारण यह है कि वे अपनी सेहत की स्थिति के बारे में ज़्यादा जागरूक हैं। कई अध्ययनों से यह बात सामने आयी है कि भारत और अन्य विकासशील देशों में अच्छी आर्थिक स्थिति वाले लोग बीमारी की ज़्यादा शिकायत करते हैं [मर्रे और चेन 1992, सेन 2002]।

लेकिन जब लोगों से यह कहा गया कि वे अपनी सेहत के बारे में 10 में से खुद को कितना अंक देना चाहेंगे, तो 62% लोगों ने अपनी सेहत की स्थिति को 5 से 8 अंक दिये और सिर्फ़ 7% लोगों ने ही खुद को सबसे कम या 2 अंक दिये। यह आश्चर्य की बात नहीं है कि वृद्ध लोगों ने अपनी सेहत की स्थिति ख़राब बतायी, तथा हर उम्र की महिलाओं ने अपने स्वास्थ्य को पुरुषों की तुलना में ख़राब स्थिति में माना। दरअसल, पूरी दुनिया में यही परिघटना सामने आती है [सडाना और अन्य 2002]। वहीं ग़रीब लोगों की तुलना में ज़्यादा अमीर लोगों ने यह कहा कि उनका स्वास्थ्य अच्छा है, लेकिन इनमें से अधिकांश लोगों ने इसे 'बहुत अच्छा' की श्रेणी में नहीं रखा। हमारे द्वारा किये गये जीवन सन्तुष्टि मापन में भी यह बात सामने नहीं आयी कि कोई अपनी ज़िन्दगी से अत्यधिक असन्तुष्ट है। पाँच अंकों के स्केल पर 46% लोगों ने अपनी ज़िन्दगी को मध्यम स्थिति (न अत्यन्त सन्तुष्ट और न ही अत्यन्त असन्तुष्ट) माना और केवल 9% लोगों ने यह कहा कि अपने जीवन से सामान्य रूप से नाखुश हैं। ये नतीजे अमीर देशों के नतीजों की तरह ही हैं। मिसाल के तौर पर, अमेरिका में ऐसे ही एक सर्वेक्षण में प्रतिक्रिया देने वाले आधे से ज़्यादा लोगों ने खुद को 4 अंकों के स्केल में तीन अंक दिया (काफ़ी खुश) और 8.5% लोगों ने खुद को नाखुश या अत्यन्त दुखी बताया। इस बात की सम्भावना ज़्यादा है कि इन लोगों ने खुद को कई बीमारियों से अनुकूलित कर लिया है। ऐसे में, इन बीमारियों के होने के बावजूद वे खुद को अस्वस्थ नहीं मानते हैं और इस कारण से वे दुखी भी नहीं हैं। लेकिन वे अपनी वित्तीय हालात से इतने अनुकूलित नहीं हुए हैं कि इसका कोई उल्लेख ही न करें। इस बारे में भी उन्हें 10 अंकों की तालिका को आधार मानते हुए अपनी स्थिति के बारे में बताने के लिए कहा गया। 70% से ज़्यादा घरों में लोगों ने अपनी वित्तीय स्थिति के लिए खुद को तीन अंक दिया।

स्वास्थ्य सेवा उपयोग का स्वरूप

घरों का सर्वेक्षण करते समय हमने लोगों से यह भी पूछा कि वे स्वास्थ्य सेवा की आवश्यकताओं को पूरा करने के लिए कहाँ जाते हैं। सारणी 2 में इससे सम्बन्धित नतीजों को दिखाया गया है। हम यह पाते हैं कि वयस्क लोग एक महीने में औसतन 0.51 बार एक स्वास्थ्य केन्द्र जाते हैं। ग़रीब लोग एक स्वास्थ्य केन्द्र पर एक महीने में औसतन 0.43 बार जाते हैं। यहाँ ग़रीब लोग में उन्हें सम्मिलित किया गया है जो पीसीई वितरण में निचली तिहाई का भाग हैं (औसतन 219 रुपये); वितरण के मध्यवर्ती तिहाई (औसतन पीसीई 361 रुपये) वाले वयस्क लोग एक महीने में एक स्वास्थ्य केन्द्र का 0.54 बार दौरा करते हैं; वहीं सर्वोच्च तिहाई वाले वयस्क (औसतन पीसीई 770 रुपये) एक महीने में 0.55 बार स्वास्थ्य केन्द्र जाते हैं। एक ओर, ऊपरी तिहाई और मध्यवर्ती तिहाई तथा दूसरी ओर, निचली तिहाई के बीच महत्त्वपूर्ण अन्तर है, और यह गाँव के सुनिश्चित प्रभाव के सन्दर्भ में भी ऐसा ही रहता है। इन 0.51 यात्राओं में, केवल 0.12 यात्राएँ (एक चौथाई से भी कम) सार्वजनिक केन्द्रों में होती हैं। सबसे अमीर समूह के लोग सबसे ज़्यादा सार्वजनिक स्वास्थ्य केन्द्रों में जाते हैं, और बाकी दो समूहों में यह कम होता है किन्तु इन दोनों में से प्रत्येक में बराबर होता है। कुल मिलाकर, अमीर लोग एक सार्वजनिक स्वास्थ्य केन्द्र में ग़रीब लोगों की तुलना में ज़्यादा जाते हैं। कोई भी इन सार्वजनिक स्वास्थ्य केन्द्रों का ज़्यादा उपयोग नहीं करता है। ज़्यादा-से-ज़्यादा यही कहा जा सकता है कि अमीरों की तुलना में ग़रीब उसका कम उपयोग करते हैं।

सारणी 4 : निरन्तर सुविधा सर्वेक्षण – संक्षिप्त आँकड़े

कारक	उपकेन्द्र और ऐड पोस्ट्स	पीएचसी और सीएचसी
बन्द दरवाज़े	0.56	0.03
कोई कर्मचारी नहीं मिला	0.45	0.03
कुछ चिकित्सा कर्मचारी मिले	0.55	0.64
डॉक्टर की नियुक्ति हुई है	0	0.89
कुछ डॉक्टर उपस्थित थे	-	0.55
कम-से-कम एक चिकित्सा अधिकारी अनुपस्थित था	0.56	0.78
कुल अवलोकन	5268	1716
केन्द्रों की संख्या	108	35
हर केन्द्र पर यात्रा की संख्या	49	49

सारणी 5 : स्वास्थ्य केन्द्र अनुपस्थितिवाद

	यात्राओं की संख्या	उपस्थित चिकित्सा कर्मचारियों की संख्या	
		उपकेन्द्र और ऐड पोस्ट्स	पीएचसी और सीएचसी
रोड से दूरी रोड से 0 किमी की दूरी	5103	0.56	0.65
रोड से 0 किमी से ज़्यादा किन्तु 5 किमी से कम दूरी	1478	0.55	0.63
रोड से 5 किमी से ज़्यादा	403	0.38	
उदयपुर से दूरी उदयपुर से निकटतम	2315	0.53	0.61
दूर	2254	0.58	0.68
अत्यधिक दूर	2415	0.54	0.66
निकटतम शहर से दूरी शहर से सबसे निकट	2350	0.56	0.64
दूर	2396	0.55	0.75
अत्यधिक दूर	2238	0.54	0.59
महिलाओं के लिए आरक्षण महिलाओं के लिए कोई आरक्षण नहीं	2583	0.57	0.50
महिलाओं के लिए आरक्षण	1843	0.56	0.68
बिजली कोई बिजली नहीं	3123	0.56	0.60
बिजली है	1564	0.52	0.65
पानी–केन्द्र में पानी की सुविधा है	757	0.53	0.61
30 मीटर की दूरी पर पानी की सुविधा है	2365	0.57	0.68
30 से 100 मीटर की दूरी पर पानी की सुविधा है	794	0.49	0.62
100 मीटर से ज़्यादा दूरी पर पानी की सुविधा है	771	0.59	0.62
केन्द्र में रहने वाले चिकित्सा कर्मचारी केन्द्र में कोई चिकित्सा कर्मचारी नहीं रहता (क्वार्टर के बावजूद)	2640	0.56	0.80
कम-से-कम एक चिकित्सा अधिकारी केन्द्र में रहता है	853	0.64	0.69
कोई क्वार्टर उपलब्ध नहीं है	3171	0.49	0.64

नोट : कुछ आँकड़े सिर्फ़ केन्द्र के उपसमूह के बारे में बताते हैं।

स्वास्थ्य केन्द्रों की शेष यात्राओं का अधिकांश भाग (हर महीने प्रति वयस्क द्वारा 0.28 यात्राएँ) निजी केन्द्रों से सम्बन्धित होता है। शेष लोग 'भोपास' [अप्रतीक्षित झाड़-फूँक वाले लोग] के पास जाते हैं (011% यात्राएँ) जो पारम्परिक चिकित्सक होते हैं। ग़रीब लोग अपनी कुल यात्राओं का एक चौथाई इनके यहाँ करते हैं। वहीं, सबसे अमीर तबके के लिए यह आठवाँ हिस्सा होता है।

सारणी 3 के स्तम्भ (कॉलम) 2 और 3 में यह दिखाया गया है कि लोग प्रति माह स्वास्थ्य पर कितना ख़र्च करते हैं। इसकी दो तरह से गणना की गयी है—ख़र्च के सर्वेक्षण से तथा वयस्क और बच्चों पर होने वाले ख़र्च के सर्वेक्षण से। इसकी संख्या एक जैसी है, लेकिन अमीरों में ख़र्च सर्वेक्षण (एक्सपेंडिचर सर्वे) से सामने आने वाला ख़र्च पिछले महीने की यात्रा सामने आने वाले अतिरिक्त ख़र्च की गणना से ज़्यादा है। स्तम्भ 3 घर के सम्पूर्ण ख़र्च के अंश के रूप में स्वास्थ्य पर ख़र्च, और सर्वेक्षण में व्यक्तिगत ख़र्च के रूप में सामने आये वयस्क और बच्चों के ख़र्च को दिखाता है। औसतन प्रत्येक घर में उसके बजट का 7% स्वास्थ्य पर ख़र्च किया जाता है। जहाँ सम्पूर्ण मात्रा के सन्दर्भ में ग़रीब कम ख़र्च करते हैं, किन्तु वे भी अपने बजट का तकरीबन 7% स्वास्थ्य पर ख़र्च करते हैं। स्तम्भ 4 में वयस्कों के लिए औसत स्वास्थ्य ख़र्च को दिखाया गया है। यह 60 रुपया या परिवार के मासिक पीसीई का 13% है। यह अंश सबसे ग़रीब लोगों के लिए अधिकतम (11%) और सबसे अमीर लोगों के लिए न्यूनतम (11%) है। ग़रीब वयस्क लोग अपने कुल स्वास्थ्य ख़र्च का 13% सार्वजनिक स्वास्थ्य केन्द्रों पर ख़र्च करते हैं, 23% पारम्परिक चिकित्सकों पर, और शेष निजी स्वास्थ्य केन्द्रों पर ख़र्च करते हैं।[3] अमीर लोग अपने कुल स्वास्थ्य ख़र्च का 23% सार्वजनिक स्वास्थ्य केन्द्रों पर और 10% से भी कम पारम्परिक चिकित्सकों पर ख़र्च करते हैं। वहीं, मध्य आय वर्ग वाले लोग अपने कुल स्वास्थ्य ख़र्च का 17% पारम्परिक चिकित्सकों पर और 13% सार्वजनिक स्वास्थ्य केन्द्रों पर ख़र्च करते हैं। इस प्रकार, ग़रीबों की तुलना में अमीर अपने स्वास्थ्य ख़र्च का एक बड़ा अंश सार्वजनिक केन्द्रों पर और एक छोटा हिस्सा पारम्परिक चिकित्सकों पर ख़र्च करते हैं। सार्वजनिक स्वास्थ्य सुविधाओं में अन्तर का एक कारण अमीर के रहने का स्थान भी है, क्योंकि यदि हम गाँव से सम्बन्धित प्रभावों को नियन्त्रित कर लेते हैं, तो यह अन्तर कम (5%) या नाम मात्र का रह जाता है।

सारणी 6 : केन्द्रों के खुलने का स्वरूप

	निर्भर चर : उपस्थित चिकित्सा कर्मचारियों का अंश					
	उपकेन्द्र और ऐड पोस्ट्स			पीएचसी और सीएचसी		
ए. एफ. सांख्यिकी						
केन्द्र के डमी	6.16 (0.00)	6.13 (0.00)	5.62 (0.00)	17.51 (0.00)	16.77 (0.00)	17.2 (0.00)
डमी की यात्रा के दिन	नहीं	1.99 (0.09)	नहीं	नहीं	1.49 (0.2)	नहीं
केन्द्र में डमी का दिन	नहीं	1.17 (0.01)	नहीं	नहीं	1.06 (0.3)	नहीं
डमी की यात्रा का समय	नहीं	नहीं	5.35 (0.02)	नहीं	नहीं	9.57 (0.00)
केन्द्र के डमी की यात्रा का समय	नहीं	नहीं	1.19 (0.05)	नहीं	नहीं	1.91 (0.00)
समायोजित आर-2	0.12	013	0.13	0.21	0.22	0.23
अवलोकन	6342	6342	6327	2078	2078	2074
बी. केन्द्र स्तर पर रिग्रेशन का अंश, जहाँ डमी संयुक्त रूप से महत्त्वपूर्ण हैं।						
डमी की यात्रा का दिन	0.095			0.000		
डमी के दिन का समय	0.086			0.171		

नोट : 1. पैनल 'ए', इस संयुक्त प्रकल्पना के लिए 'एफ' सांख्यिकी और 'बी' मूल्य के बारे में बताता है डमी रिग्रेशन के सन्दर्भ में वहाँ महत्त्वूर्ण हैं जहाँ निर्भर चर यात्रा के दिन उपस्थित कर्मचारी का अंश हो।

2. पैनल 'बी' हर केन्द्र में पृथक प्रतिगमन के संचालन से सामने आने वाले नतीजों के बारे में बताता है, जहाँ निर्भर चर यात्रा के दिन उपस्थित कर्मचारी का अंश होता है, और व्याख्यात्मक चर, डमी की यात्रा का दिन, डमी की यात्रा का समय और मौसमी डमी के बारे में बताता है।

सारणी 7 : निजी डॉक्टरों की योग्यताएँ

डॉक्टरों की योग्यताएँ	
स्नातक (ग्रेजुएट) नहीं, कक्षा 10 तक	0.08
स्नातक नहीं, कक्षा 12 तक	0.17
कोई चिकित्सा या अर्द्ध-चिकित्सा प्रशिक्षण नहीं	0.18
कोई कॉलेज डिप्लोमा नहीं	0.42
डॉक्टर के रूप में कोई कॉलेज डिग्री नहीं	0.41
डॉक्टर के रूप में कोई चिकित्सा प्रशिक्षण नहीं	0.82
अवलोकन	72

सार्वजनिक स्वास्थ्य सेवा सुविधाएँ

सरकारी नीति के अनुसार प्रत्येक 3,000 लोगों पर एक उपकेन्द्र होना चाहिए जिसमें एक प्रशिक्षित नर्स हो। इन उपकेन्द्रों और प्राथमिक स्वास्थ्य केन्द्रों या सामुदायिक स्वास्थ्य केन्द्रों को प्रत्येक हफ़्ते 6 दिन और प्रत्येक दिन 6 घंटे खुला रहना चाहिए। गौरतलब है कि सामुदायिक स्वास्थ्य केन्द्र, प्राथमिक स्वास्थ्य केन्द्रों से बड़े होते हैं। सिद्धान्त रूप में, इस पूरी व्यवस्था का उद्देश्य यह है कि यदि कोई भी व्यक्ति सार्वजनिक स्वास्थ्य सेवा व्यवस्था का उपयोग करना चाहता है तो उसे कमोबेश मुफ़्त और सहज रूप में इसकी सेवाएँ मिल पायें। एक प्रशिक्षित नर्स वाला उपकेन्द्र इस व्यवस्था का सबसे निचला स्तर है और प्राथमिक स्वास्थ्य सेवा केन्द्र या सामुदायिक स्वास्थ्य सेवा केन्द्र इसका अगला चरण है। इसके बाद रेफेरल अस्पताल होते हैं जो सबसे गम्भीर स्वास्थ्य समस्याओं पर ध्यान देते हैं। हमारे आँकड़ों के मुताबिक प्रत्येक उपकेन्द्र औसतन 3,600 व्यक्तियों की सेवा कर रहा है और अमूमन इसमें एक नर्स काम कर रही है। एक प्राथमिक स्वास्थ्य केन्द्र 40,000 लोगों की सेवा कर रहा है और इसमें 5.8 मेडिकल कर्मचारी काम कर रहे हैं, जिसमें 1.5 डॉक्टर भी शामिल हैं।

फिर, हम यह क्यों कह रहे हैं कि लोग सार्वजनिक स्वास्थ्य व्यवस्था का उपयोग नहीं कर रहे हैं तथा निजी स्वास्थ्य सेवा और झाड़-फूँक करने वालों पर निर्भर हैं? यहाँ की जनसंख्या में कोई भी वास्तविक अर्थों में अमीर नहीं है। साथ ही, अन्य लोगों की तरह ग़रीब भी सार्वजनिक सेवा का उपयोग करने में झिझकते हैं। यहाँ के ग़रीब दरअसल अत्यन्त ग़रीब लोग की श्रेणी में आयेंगे।

आंशिक रूप से इसका उत्तर सार्वजनिक व्यवस्था के वास्तविक काम करने के तरीके में निहित है। सार्वजनिक स्वास्थ्य केन्द्रों का प्रत्येक सप्ताह सर्वेक्षण किया

गया और हमने प्रत्येक केन्द्र का औसतन 49 पर पर्यवेक्षण किया। सारणी 4 में इसके नतीजों को संक्षिप्त रूप में व्यक्त किया गया है। इससे ऐसा प्रतीत है कि यह व्यवस्था उस प्रकार काम नहीं कर रही है, जिस प्रकार इसे काम करना चाहिए था। उपकेन्द्रों और सहायता केन्द्रों से औसतन 49% चिकित्सा कर्मचारी और 36% (बड़े) प्राथमिक स्वास्थ्य केन्द्रों और सामुदायिक स्वास्थ्य केन्द्रों से औसतन 36% चिकित्सा कर्मचारी अनुपस्थित रहते थे। अनुपस्थिति की इस ऊँची दर का कारण यह नहीं था कि ये कर्मचारी बाहर काम करने गये थे, क्योंकि जब भी एक नर्स अपने केन्द्र से अनुपस्थित होती थी तो हमने यह जाँच की कि क्या वह बाहर समुदाय के लोगों के बीच काम कर रही है। चूँकि उपकेन्द्रों पर अमूमन एक नर्स ही मौजूद होती है, इसलिए उसके अनुपस्थित रहने पर यह उपकेन्द्र बन्द रहता था। हमने यह पाया कि जब उपकेन्द्रों को सामान्य कार्य के समय खुला रहना चाहिए तो वे 56% समय बन्द ही रहते थे। सिर्फ़ 12% समय में ही नर्स अपने उपकेन्द्र के आस-पास के क्षेत्रों में पायी गयीं। ऐसा लगता है कि सिर्फ़ उदयपुर में ही ऐसी स्थिति नहीं है : भारत के राष्ट्रीय प्रतिनिधि सर्वेक्षणों में भी यह बात सामने आयी है (इसमें यह पाया गया कि प्राथमिक स्वास्थ्य केन्द्रों में 43% अनुपस्थिति रहती है); बांग्लादेश में भी इसी प्रकार के नतीजे सामने आये (यहाँ 35% अनुपस्थिति पायी गयी) (चौधुरी और अन्य 2003, चौधुरी और हैमर 2003।)

सारणी 5 में उन केन्द्रों के बारे में बताया गया है, जिनके बन्द रहने की सम्भावन सबसे ज़्यादा होती है। उपकेन्द्रों में औसतन 55% कर्मचारी उपस्थित रहते हैं किन्तु सड़क से दूर स्थित 6% उपकेन्द्रों में केवल 38% कर्मचारी ही उपस्थित थे। उदयपुर या अन्य शहरों के निकट स्थित केन्द्रों में भी अनुपस्थिति कम नहीं होती है। उपलब्ध सुविधाओं (पानी, बिजली) से कोई खास अन्तर नहीं पड़ता है। विशेष रूप से उपकेन्द्रों में यह पाया गया कि कर्मचारियों के आवास सुविधा होने से उनकी उपस्थिति पर सकारात्मक प्रभाव पड़ता है। पंचायत में सरपंच का पद महिलाओं के लिए आरक्षित होने का उपकेन्द्रों पर कोई प्रभाव नहीं पड़ा, हालाँकि ऐसा लगता है कि इससे प्राथमिक स्वास्थ्य केन्द्रों में कर्मचारियों की उपस्थिति पर सकारात्मक प्रभाव पड़ा।

साप्ताहिक सर्वेक्षण से हमें यह मूल्यांकन करने का मौक़ा मिला कि क्या केन्द्रों या उपकेन्द्रों में उपस्थित कर्मचारियों की संख्या के बारे में कोई भविष्यवाणी की जा सकती है। सारणी 6 से यह बात सामने आती है कि केन्द्रों पर डमी व्यक्ति (हमारे द्वारा नियुक्त) के दौरे से उसकी यात्रा के दिन और समय में कमर्चारियों की गायब रहने की प्रवृत्ति में गिरावट होती है (स्तम्भ 1 और 3)। इन केन्द्रों में डमी व्यक्ति की उपस्थिति निश्चित रूप से महत्त्वपूर्ण होती है। सारणी में 'एफ' आँकड़ा उपकेन्द्रों के लिए 6.16 तथा प्राथमिक स्वास्थ्य केन्द्रों और सामुदायिक स्वास्थ्य केन्द्रों के लिए 17.5 है। निश्चित रूप से, कई केन्द्र बहुत अच्छे और कई काफ़ी बुरी हालत में हैं।

फिर भी, सप्ताह के दिन और दिन के समय और डमी व्यक्ति के बीच अन्तःक्रिया से सम्बद्ध 'एफ' सांख्यिकी काफ़ी छोटी है। प्रत्येक सप्ताह के दिन और दिन के समय में तथा एक निश्चित अन्तराल पर आने वाले डमी व्यक्ति के अनुभव से यह पता चलता है कि अनुपस्थित कर्मचारियों की संख्या में कमी आती है। हम यह पाते हैं कि डमी व्यक्ति द्वारा सप्ताह में यात्रा पर 5% ही प्रभाव पड़ता है। इससे उपकेन्द्रों में 10% तक की कमी आती है तथा प्राथमिक स्वास्थ्य केन्द्रों और सामुदायिक स्वास्थ्य केन्द्रों पर कोई प्रभाव नहीं पड़ता है। डमी व्यक्ति की यात्रा के समय से प्राथमिक स्वास्थ्य केन्द्रों में सिर्फ़ 17% और उपकेन्द्रों में 14% की कमी आती है। इस प्रकार, सार्वजनिक केन्द्रों के खुलने का समय बिल्कुल ही अनिश्चित होता है। इसके चलते लोग यह तय नहीं कर पाते हैं कि क्या उन्हें आधे घंटे तक 1.4 मील पैदल चलकर इन केन्द्रों तक जाना चाहिए। सामान्यतः एक केन्द्र के खुले रहने की सम्भावना इन केन्द्रों के कम उपयोग से जुड़ी होती है। अपने रैण्डम दौरों में हमने यह पाया कि जब सार्वजनिक स्वास्थ्य केन्द्र के खुले होने पर वहाँ ज़्यादा कर्मचारी होते हैं तो वहाँ ज़्यादा मरीज़ आते हैं। जिन स्थानों में अमूमन कम कर्मचारी उपस्थित होते हैं, वहाँ मरीज़ों की संख्या भी कम होती है। घरों के सर्वेक्षण में हमने यह पाया कि जिन गाँवों में स्वास्थ्य केन्द्र अमूमन बन्द रहता है, वहाँ ग़रीबों के जाने की सम्भावना कम रहती है (मध्य वर्ग या अमीर लोगों के बारे में ऐसा नहीं कहा जा सकता)। ये ग़रीब लोग झाड़-फूँक करने वालों के पास ज़्यादा जाते हैं। निश्चित रूप से, इसकी दोनों तरीके से भी व्याख्या की जा सकती है। यह कहा जा सकता है कि उपयोग के कारण कर्मचारियों की उपस्थिति होती है, या कर्मचारियों की उपस्थिति के कारण लोग उसका उपयोग करते हैं।

इसलिए अक्सर स्वास्थ्य सेवा केन्द्रों की यात्रा निराशाजनक होती है और वहाँ यात्रा करना खर्चीला भी होता है। सारणी 3 के स्तम्भ (1) से (3) में हर यात्रा के ख़र्च का विवरण दिया गया है। एक बार सार्वजनिक स्वास्थ्य केन्द्र तक की यात्रा करने में प्रत्येक ग़रीब व्यक्ति का 71 रुपया ख़र्च होता है, जबकि निजी डॉक्टर के पास जाने में 84 रुपया और झाड़-फूँक करने वालों या हकीम के पास जाने में 61 रुपया ख़र्च होता है। दूसरे शब्दों में, निजी डॉक्टर की तुलना में सार्वजनिक स्वास्थ्य केन्द्र पर जाना कोई खास सस्ता नहीं है, और निजी डॉक्टर तुलनात्मक रूप से ज़्यादा आसानी से मिल भी जाते हैं। मध्य समूह के लिए यह अन्तर ज़्यादा है। सार्वजनिक स्वास्थ्य केन्द्र तक जाने में उनका सम्पूर्ण ख़र्च ग़रीबों की तुलना में कम होता है (हालाँकि यह अन्तर ज़्यादा नहीं है)। साथ ही, मध्य समूह के लोगों को निजी डॉक्टरों तक जाने में ग़रीबों की तुलना में 50% ज़्यादा ख़र्च करना पड़ता है। लेकिन (आनुपातिक सन्दर्भ में) यह अमीरों के ख़र्च के बराबर होता है।[4]

यह माना जाता है कि सार्वजनिक केन्द्रों पर सेवाएँ मुफ़्त मिलती हैं, ऐसे में वे

निजी सेवाओं जितनी ही महँगी क्यों हैं? यह सच है कि लैब टेस्ट मुफ़्त नहीं होता है किन्तु सिर्फ़ 4% यात्राओं में ही लैब टेस्ट के लिए कहा जाता है। इसकी एक ज़्यादा स्वीकार्य व्याख्या यह लगती है कि व्यवहार में सार्वजनिक केन्द्र मुफ़्त दवाएँ उपलब्ध नहीं कराते हैं। सरकार ने यह प्रावधान किया है कि दवाओं के उपलब्ध होने पर उन्हें मुफ़्त ही दिया जाना चाहिए, किन्तु जब दवाएँ उपलब्ध नहीं होती हैं तो इन्हें बाज़ार से ख़रीदना पड़ता है। दूसरी सम्भावना यह भी है कि सार्वजनिक केन्द्र के कर्मचारियों के निजी स्टॉक से दवाएँ ख़रीदी जाती हैं; और हमारे आँकड़ों में इसका प्रमाण मौजूद है क्योंकि हमने अक्सर यह देखा कि लोग एक सार्वजनिक केन्द्र से दवा खरीदने के बाद उसके लिए पैसा दे रहे थे। यहाँ तक कि सरकारी रूप से 'ग़रीबी रेखा के नीचे' होने का प्रमाण-पत्र प्राप्त व्यक्तियों को ऐसे ख़र्चों से बचाने वाली योजना भी ग़रीबों को इस तरह के ख़र्च से बचाने में कारगर नहीं होती है (इस योजना में यह माना जाता है कि डॉक्टर और नर्स उनके लिए दवाएँ खरीदेंगे)। ग़रीबों को सिर्फ़ इतनी ही मदद मिलती है कि सार्वजनिक स्वास्थ्य केन्द्रों में उन्हें दवाओं के लिए अन्य लोगों की तुलना में 50% कम कीमत अदा करनी पड़ती है।

यह भी सम्भव है कि सार्वजनिक स्वास्थ्य अधिकारी अपनी सेवाओं के लिए पैसे माँगते हों। ऐसा करना पूरी तरह गैर-कानूनी भी नहीं है क्योंकि उन्हें अपने ऑफिस के समय के बाद बाहर प्रैक्टिस करने की अनुमति मिली हुई है। यह भी मुमकिन है कि हमसे बात करने वाले लोगों को स्पष्ट रूप से यह पता न हो कि किसी डॉक्टर द्वारा अपने ऑफिस समय के दौरान और उसके बाद काम करने में क्या अन्तर होता है। बहरहाल, यहाँ मुख्य बात यह है कि सार्वजनिक स्वास्थ्य केन्द्रों पर लोगों को मुफ़्त दवाएँ नहीं मिलती हैं।

निजी स्वास्थ्य सेवा सुविधाएँ

निजी प्रैक्टिस करने वाले लोग स्वास्थ्य सेवा उपलब्ध कराने में महत्त्वपूर्ण भूमिका निभाते हैं। सार्वजनिक केन्द्रों में कार्य करने वाले डॉक्टरों और अन्य स्वास्थ्यकर्मियों के लिए यह आवश्यक है कि उनके पास एक सुनिश्चित अर्हता होनी चाहिए। साथ ही, उनके कार्य के क्षेत्र और सीमाओं के बारे में भी स्पष्ट नियम हैं (मसलन, प्रशिक्षित नर्स को भी मलेरिया का इलाज करने की अनुमति नहीं दी गयी है)। यदि हम झाड़-फूँक करने वालों या नीम-हकीमों को हटा दें, तो भी सार्वजनिक व्यवस्था की तुलना में निजी क्षेत्र में अमूमन अप्रशिक्षित और काफ़ी हद तक अनियन्त्रित स्वास्थ्यकर्मी काम करते हैं। हमने गाँव स्तर के साक्षात्कार में सभी निजी स्वास्थ्य सुविधाओं के बारे में सर्वेक्षण किया। अपने निजी केन्द्रों पर काम करने वालों से उनकी योग्यता (डिग्री), उनके द्वारा इलाज की जाने वाली बीमारी और उनके इलाज

के तरीकों के बारे में पूछा।[5] सारणी 7 में निजी चिकित्सकों द्वारा अपनी योग्यता के बारे में स्व-वर्णन को दर्शाया गया है। उनके वर्णन के मुताबिक, खुद को 'डॉक्टर' कहने वाले 41% लोगों के पास किसी मेडिकल कॉलेज की डिग्री नहीं है, 18% लोगों के पास किसी भी प्रकार का मेडिकल या अर्द्ध-मेडिकल प्रशिक्षण (यहाँ तक कि एक सप्ताह का पाठ्यक्रम) नहीं है और 17% ने उच्च विद्यालय से ऊपर की शिक्षा हासिल नहीं की है।[6] इन निजी स्वास्थ्य केन्द्रों में गाँव के लोगों द्वारा बताये गये बीमारियों के लक्षणों के आधार पर उनका इलाज किया जाता है, जो काफ़ी हद तक चिकित्साशास्त्र के नियमों के विपरीत ही लगता है : निजी स्वास्थ्य केन्द्रों में किसी मरीज़ के जाने के 68% मौक़ों पर उसे इंजेक्शन (सुई) दिया जाता है तथा 12% मौक़ों पर उसे पानी चढ़ाया जाता है। सिर्फ़ तीन% मौक़ों पर ही किसी तरह का 'टेस्ट' कराया जाता है। सार्वजनिक स्वास्थ्य केन्द्रों पर सुई देने या पानी चढ़ाने की सम्भावना कम ही होती है (ऐसा क्रमशः 32% और 6% मौक़ों पर होता है), लेकिन यहाँ भी डॉक्टर ज़्यादा 'टेस्ट' कराने के लिए नहीं कहते हैं। दरअसल, इस सैम्पल के आधार पर यह नहीं कहा जा सकता है कि ज़्यादा योग्य निजी डॉक्टरों में सुई देने की प्रवृत्ति नहीं होती है। असल में, उनमें यह प्रवृत्ति ज़्यादा होती है।

निष्कर्ष

हमारे आँकड़ों से बहुत ही निराशाजनक तस्वीर सामने आती है : ग्रामीण लोग स्वास्थ्य सेवा सुविधाओं का खूब प्रयोग करते हैं और इस पर काफ़ी ख़र्च भी करते हैं, किन्तु इसके बावजूद उनकी सेहत की स्थिति सन्तोषजनक नहीं है। निजी सेवाओं की गुणवत्ता ख़राब है, इन पर कोई नियन्त्रण नहीं है और लोग अपनी सेहत सम्बन्धी आवश्यकताओं को पूरा करने के लिए इन पर अत्यधिक निर्भर हैं। यह भी लगता है कि सार्वजनिक स्वास्थ्य केन्द्रों की खस्ता हालत और लोगों के सेहत की बुरी स्थिति में प्रत्यक्ष जुड़ाव है। इस सन्दर्भ में, उम्र, जेण्डर, सड़क से दूरी, प्रति व्यक्ति मासिक ख़र्च जैसे कारक भी महत्त्वपूर्ण भूमिका निभाते हैं। इसके अलावा, जहाँ ये सुविधाएँ ख़राब हैं वहाँ फेफड़े की क्षमता और 'बॉडी मास इंडेक्स' भी कम है।

फिर भी, जैसा कि हमने पहले ही देखा है, गाँव के लोग इस स्वास्थ्य व्यवस्था से काफ़ी सन्तुष्ट हैं। 81% लोगों ने यह बताया कि पिछली बार बीमार होने पर जब वे निजी स्वास्थ्य केन्द्र पर गये तो उसके बाद उन्हें काफ़ी अच्छा महसूस हुआ। 75% लोगों ने यही बात सार्वजनिक स्वास्थ्य केन्द्रों के बारे में कही। यह बात अजीब लग सकती है कि स्वास्थ्य सेवाओं की हालत ख़राब होने के बावजूद स्वास्थ्य सेवा केन्द्रों में जाने के बाद लोगों ने अच्छा महसूस किया। हक़ीक़त यह है कि स्वास्थ्य सेवाओं की गुणवत्ता स्वास्थ्य को प्रभावित करती है लेकिन ऐसा प्रतीत होता है

कि यह लोगों की अपनी सेहत या उन्हें मिलने वाली स्वास्थ्य सेवा के प्रति उनके नजरिए को नहीं बदलती है। शायद इसका कारण यह है कि वे बहुत कम पाने की उम्मीद करते हैं। दरअसल, इसकी पूरी ज़िम्मेदारी राज्य पर है कि वह प्रत्यक्ष रूप से स्वास्थ्य सेवा उपलब्ध कराने वाले या इस व्यवस्था के नियन्त्रक के रूप में लोगों तक बेहतर स्वास्थ्य सेवा की पहुँच को सुनिश्चित करे। हालाँकि ऐसा नहीं लगता है कि राज्य इस अतिरिक्त बोझ के लिए विशेष रूप से तैयार है।

सन्दर्भ

1. हम विभिन्न गाँवों में सर्वेक्षण करने में दी गयी मदद के लिए सेवा मन्दिर तथा अनुसन्धान टीम की मेजबानी करने के लिए विद्या भवन के आभारी हैं। हम सेवा मन्दिर की सीइओ नीलिमा खेतान, विद्या भवन के संगठनक सचिव हार्डी के दीवान तथा सेवा मन्दिर के स्वास्थ्य यूनिट के रेनू और बख़्शी के भी कृतज्ञ हैं। हम सर्वेक्षण के निर्देशन के लिए एनी डेफलो, नीरज नेगी और कैली स्कॉट तथा स्वास्थ्य परियोजना टीम को भी धन्यवाद देते हैं। इस शोध-आलेख में उपयोग किये गये आँकड़ों के विश्लेषण का कार्य भी कैली स्कॉट ने किया है।
2. एक बस्ती आस-पास बसे घरों का समूह होता है, उनका एक सामुदायिक केन्द्र होता है, और वे एक स्वतन्त्र निकाय के रूप में होते हैं। दूसरी ओर, एक गाँव की प्रशासनिक सीमा होती है। एक गाँव में एक से पन्द्रह की संख्या तक बस्तियाँ हो सकती हैं (इसका अर्थ है कि औसतन एक गाँव में बस्तियों की संख्या 5.6 है)। आमतौर पर, सेवा मन्दिर एक गाँव की सबसे ग़रीब बस्तियों में ही काम करता है।
3. यह ज़रूरी नहीं है कि प्रतिशत का कुल योग 100 तक पहुँचे ही, क्योंकि कुछ लोग यह नहीं जानते हैं कि कुछ सुविधाएँ सार्वजनिक हैं या निजी।
4. सार्वजनिक केन्द्रों की यात्रा में ऊपरी तिहाई और शेष जनसंख्या के बीच के ख़र्च का अन्तर कुछ हद तक कई बड़े ख़र्चों के चलते होता है (800 रुपये ज़्यादा तक), जो कभी भी शेष सैम्पल में सामने नहीं आता है। लेकिन जब हम आँकड़ों के इन 5 बड़े बिन्दुओं को सम्मिलित नहीं करते हैं, तो भी अमीर लोगों का एक यात्रा पर औसत ख़र्च 95 रुपया होता है, जो अन्य श्रेणियों के लोगों से काफ़ी ज़्यादा है।
5. अभी हम उन सभी डॉक्टरों के बारे में आँकड़े संग्रहित कर रहे हैं जिनका उल्लेख घर स्तर के साक्षात्कार में किया गया है।
6. ये आँकड़े 72 डॉक्टरों के आंशिक सैम्पल पर आधारित हैं।

सन्दर्भ ग्रन्थ सूची

चौधुरी, नाजमुल और जेफ्री हैमर (2003), 'घोस्ट डॉक्टर्स : एबसेनटिजम इन बांग्लादेश हेल्थ फैसिलिटीज', मीमओ, डिवलपमेंट रिसर्च ग्रुप, वर्ल्ड बैंक।

चौधुरी, नाजमुल, जेफ्री हैमर, माइकल क्रेमर, कार्तिक मुरलीधरन और हालसे रॉजर्स (2003), 'टीचर्स ऐंड हेल्थ केयर प्रोवाइडर्स अबसेनटिजम : अ मल्टी कण्ट्री स्टडी', मीमओ, डिवलपमेंट रिसर्च ग्रुप, वर्ल्ड बैंक।

कमीशन ऑन मैक्रोइकोनॉमिक्स ऐंड हेल्थ (2001), *मैक्रोइकोनॉमिक्स ऐंड हेल्थ : इनवेस्टिंग इन हेल्थ*

फॉर इकोनॉमिक डिवलपमेंट, वर्ल्ड हेल्थ ऑर्गनाइजेशन, जिनेवा।

दास, जिशनु (2001), 'थ्री ऐसेज ऑन द प्रोविज़न ऐंड यूज ऑफ सर्विसेज इन लो इनकम कण्ट्रीज', पीएच.डी. डेजरटेशन, हार्वर्ड यूनिवर्सिटी।

फोगेल, रॉबर्ट डब्ल्यू. (1997), 'न्यू फाइंडिंग्स ऑन सेकुलर ट्रेंड्स इन न्यूट्रिशन ऐंड मॉरैलिटी : सम इम्पलीकेशन्स फॉर पॉप्यूलेशन थियरी' संकलित, ऑडेड स्टार्क और मार्क रोशेनजवेग (सम्पा.) *हैण्डबुक ऑफ पॉप्यूलेशन ऐंड फैमिली इकोनॉमिक्स,* एल्सवीर, 433-81, अमस्टर्डम।

मर्रे, क्रिस्टॉफर जे.एल. और लिंकन सी चेन (1992), 'अंडरस्टैण्डिंग मॉरबिडिटी चेंज', *पॉप्यूलेशन ऐंड डिवलपमेंट रिव्यू,* 18(3), 481-503।

सडाना, रितु, अजय टण्डन और अन्य, 'डिस्क्राइबिंग पॉप्यूलेशन हेल्थ इन सिकस डोमेन्स : कॉम्पेरेबल रिजल्ट्स फ्रॉम सर्वेज', वर्ल्ड हेल्थ ऑर्गनाइजेशन जिनेवा, जीपीई वर्किंग पेपर नम्बर 43।

सेन, अमर्त्य के. (2002), 'हेल्थ : परसेप्शन वर्सेज ऑबजर्वेशन', *ब्रिटिश मेडिकल जर्नल,* 324, 860-1।

सेन, गीता, अदिति अयर और आशा जॉर्ज (2002), स्ट्रक्चरल रिफॉर्म्स ऐंड हेल्थ इक्विटी : अ कॉम्पेरिजन ऑफ हेल्थ सर्विसेज, 1886-87 ऐंड 1995-96', *इकोनॉमिक ऐंड पॉलिटिकल वीकली,* अप्रैल 6, 1342-52।

[यह शोध-आलेख *इकोनॉमिक ऐंड पॉलिटिकल वीकली* के 24 फ़रवरी 2004 अंक में प्रकाशित हुआ था।]

भारत में सार्वभौमिक स्वास्थ्य सेवा : एक लम्बा और पेंचीदा रास्ता

गीता सेन[1]

भारत ने आज़ादी के बाद के आरम्भिक वर्षों में ही सार्वभौमिक स्वास्थ्य सेवा की ओर क़दम बढ़ाना शुरू कर दिया था, लेकिन संसाधनों की कमी जैसे विविध कारकों के चलते वे सफल नहीं हो पाये। उसके बाद से स्थिति में काफ़ी बदलाव आ चुका है किन्तु अभी भी हर किसी तक स्वास्थ्य नहीं पहुँच पायी है। यह शोध-आलेख हाई लेबल एक्सपर्ट ग्रुप ऑन यूनिवर्सल हेल्थ कवरेज (सार्वजनिक स्वास्थ्य सेवा से सम्बन्धित उच्च स्तरीय समूह) की रिपोर्ट पर आधारित विशेष अंक की समीक्षा प्रस्तुत करता है। इसमें यह रेखांकित किया गया है कि रिपोर्ट देश की स्वास्थ्य सेवाओं की जटिल प्रकृति पर ध्यान देती है और यह सार्वभौमिक स्वास्थ्य सेवा प्राप्त करने के लिए एक समेकित योजना प्रस्तुत करती है। इसमें कुछ कमियाँ हो सकती हैं किन्तु यदि आपस में जुड़े इन प्रस्तावों को सावधानीपूर्वक और योजनाबद्ध तरीके से लागू किया जाये, तो देश के लोगों के साथ किये गये एक पुराने वायदे को पूरा किया जा सकता है।

यह कहा जा सकता है कि आज की दुनिया में सामाजिक नीति का कोई भी आयाम इतना जटिल और विवादास्पद नहीं है, जितना यह कि एक देश अपने लोगों के स्वास्थ्य को कैसे सुनिश्चित करे। टालने योग्य शारीरिक और मानसिक दुखों का निषेध करना, जो टालने योग्य न हो उसके प्रसार को नियन्त्रित करना और हर किसी के लिए इसे वहन करने लायक ख़र्च में उपलब्ध कराना सिर्फ़ एक ग़रीब विकासशील देश के लिए ही नहीं, बल्कि दुनिया में सर्वाधिक प्रति व्यक्ति आय वाले देशों के लिए भी एक चुनौती है। दरअसल, जनसंख्या और महामारियों की गत्यात्मकता और नतीजों में होने वाले बदलाव के चलते भी सार्वभौमिक स्वास्थ्य सेवा का लक्ष्य आगे बढ़ जाता है। एक उम्रदराज जनसंख्या या गैर-संचारी बीमारी

के चलते उत्पन्न होने वाली स्वास्थ्य सम्बन्धी आवश्यकताएँ, संचारी बीमारियों से ग्रस्त युवा जनसंख्या की आवश्यकताओं से काफ़ी अलग होती हैं। इस सन्दर्भ में यदि हम अमेरिका को अलग भी रख दें, जिसके बारे में आमतौर पर यह माना जाता है कि वहाँ की स्वास्थ्य व्यवस्था सबसे अन्यायपूर्ण व्यवस्थाओं में से एक है, तो भी हक़ीक़त यह है कि स्वास्थ्य सेवा के मामले में अच्छा प्रदर्शन करने वाले यूरोपीय देश अब स्वास्थ्य सेवा की बढ़ती आवश्यकताओं से जूझ रहे हैं। इसका एक उदाहरण यह है कि इंग्लैण्ड की बहु-प्रशंसित राष्ट्रीय स्वास्थ्य सेवा भी काफ़ी दबाव का सामना कर रही है।

एक अन्य मुख्य चुनौती वित्तीय साधन जुटाने से सम्बन्धित है। इस सन्दर्भ में कई अन्य आयामों पर ध्यान दने की आवश्यकता है : निरोधात्मक, प्रोत्साहक, इलाज योग्य, और पुनर्वास योग्य देखभाल का प्रबन्धन; स्वास्थ्य के सामाजिक निर्धारकों को सक्रियपूर्वक नियन्त्रित करना; सार्वजनिक क्षेत्र में गुणवत्ता का आश्वासन देना; प्रभावकारी नियन्त्रक व्यवस्थाओं के साथ निजी क्षेत्र की पहलों और संसाधनों का प्रयोग; यह सुनिश्चित करना कि विभिन्न सामाजिक और आर्थिक समूहों की स्वास्थ्य सेवाओं तक समान पहुँच हो। स्वास्थ्य में निजी और सार्वजनिक वस्तुओं के तत्त्व शामिल हैं (जैसा कि अर्थशास्त्रियों ने परिभाषित किया है) जो निजी और सार्वजनिक व्यवस्थाओं के संयोग की सम्भावना खोलते हैं। हालाँकि यह भी स्वास्थ्य नीति और प्रबन्धन के कार्य को आसान नहीं बनाता है।

इन सबके बीच एक अच्छी बात यह है कि लगातार इस बात के प्रमाण सामने आ रहे हैं कि अलग-अलग सामाजिक-आर्थिक पृष्ठभूमि में और निम्न आय के विभिन्न सन्दर्भों में भी 'कम ख़र्च पर अच्छी सेहत' हासिल की जा सकती है (बालाबानोवा, मैकी और मिल्स 2011)। 1985 में ही कम ख़र्च पर अच्छी सेहत की मूल रिपोर्ट में यह दिखाया गया था कि एक विशिष्ट सामाजिक लक्ष्य के रूप में स्वास्थ्य के प्रति राजनीतिक वचनबद्धता, समता, राजनीतिक भागीदारी और सामुदायिक जुड़ाव के मज़बूत सामाजिक मूल्यों, प्राथमिक देखभाल में ज़्यादा निवेश, विशेष रूप से महिलाओं में व्यापक शिक्षा और विभिन्न क्षेत्रों के बीच जुड़ाव होने जैसे विभिन्न कारकों का संयोग होने से चीन, श्रीलंका और केरल जैसे निम्न आय वाले क्षेत्रों में स्वास्थ्य पर उल्लेखनीय सकारात्मक प्रभाव पड़ता है (हालस्टीड, वाल्श और वॉरिन 1985)। पच्चीस साल बाद थाइलैण्ड, कर्गिस्तान और तमिलनाडु जैसे नये उदाहरण सामने आये हैं, जहाँ इन कारकों के अनुपूरक के रूप में अनुसन्धान का बेहतरीन उपयोग, बेहतर नियमन और मज़बूत प्रबन्धन का सहारा लिया जा रहा है। निश्चित रूप से, इन क्षेत्रों में स्वास्थ्य सम्बन्धी सभी समस्याएँ हल नहीं हुई हैं, लेकिन ये उदाहरण बताते हैं कि आज के ज़्यादा पेचीदा स्वास्थ्य परिदृश्य में भी सभी के लिए अच्छा स्वास्थ्य

उपलब्ध कराने के लक्ष्य की ओर बढ़ने की शुरुआत की जा सकती है।

भारत के लिए विशेष रोचक बात यह है कि 'कम ख़र्च में अच्छी सेहत' के उदाहरणों में दो भारतीय राज्य सम्मिलित हैं। यह गौरतलब है कि स्वास्थ्य, शिक्षा और अन्य सामाजिक विकास संकेतकों में केरल के औसत से ज़्यादा अच्छे प्रदर्शन के पीछे ऐसे ऐतिहासिक और राजनीतिक कारकों का योगदान माना जाता रहा है, जिन्हें दोहराया नहीं जा सकता। किन्तु तमिलनाडु से मिलने वाले सबक को इसी तरह खारिज नहीं किया जा सकता। निस्सन्देह तमिलनाडु में भी समाज सुधार आन्दोलन हुए हैं, किन्तु राज्य के हाल के अनुभव से स्पष्ट नीतिगत, कानूनी और प्रबन्धन सम्बन्धी सबक सामने आते हैं। अन्य राज्य और केन्द्र सरकार इनका अनुसरण कर सकते हैं।

भारत में सार्वभौमिक स्वास्थ्य सेवा के उतार-चढ़ाव

यदि कोई दूसरे ग्रह से भारत में आकर यहाँ की स्वास्थ्य नीति और कार्यक्रम के अध्ययन के माध्यम से भारत में स्वास्थ्य सम्बन्धी प्रावधानों को समझने का प्रयास करता है, तो उसे यह पक्का यक़ीन हो जायेगा कि भारत के लोग काफ़ी स्वस्थ हैं। अपनी स्वतन्त्रता मिलने के तुरन्त बाद से ही भारत ने मानक कसौटियों के अनुसार, कम-से-कम काग़ज़ों पर, सार्वभौमिक स्वास्थ्य व्यवस्था की स्थापना की है। भारत सरकार द्वारा इस सन्दर्भ में बहुत सी समितियों का भी गठन किया गया, जिनमें भोरे समिति (1946), सोखे उप-समिति (1948), मुदलियार समिति (1962), चड्ढा समिति (1963), करतार सिंह समिति (1974), श्रीवास्तव समिति (1975) और इण्डियन कौंसिल ऑफ मेडिकल रिसर्च-इण्डियन कौंसिल ऑफ सोशल साइंस रिसर्च (आईसीएमआर-आईसीएसएसआर) ज्वाइंट पैनल (1980) का उल्लेख किया जा सकता है। इन सबने स्वास्थ्य सेवा से सम्बन्धित विभिन्न आयामों पर ध्यान केन्द्रित किया है। इनके द्वारा कई अवसरों पर की गयी अनुशंसाओं के चलते ही भारत में सार्वजनिक क्षेत्र के लिए तीन स्तरीय स्वास्थ्य सेवाओं—प्राथमिक, द्वितीयक और तृतीयक का विकास हुआ। इसके साथ ही, स्वास्थ्य के मसले में निम्नलिखित पहल भी महत्त्वपूर्ण रही हैं : राष्ट्रीय स्वास्थ्य नीति (1983 और 2002), राष्ट्रीय जनसंख्या नीति (2000), रिपोर्ट ऑफ नैशनल कमीशन ऑन मैक्रोइकोनॉमिक्स ऐंड हेल्थ (2005), और हाल ही में हाई लेवल लीगल एक्सपर्ट ग्रुप ऑन यूनिवर्सल हेल्थ कवरेज (2011)।

आरम्भिक चुनौतियाँ—बुनियादी संरचना और लम्बवत कार्यक्रम : भोरे समिति (1946) ने यह सिद्धान्त प्रतिपादित किया कि "किसी भी व्यक्ति को पैसा देने में असमर्थ होने के चलते स्वास्थ्य सेवाओं तक पहुँच से वंचित नहीं किया जाना

चाहिए" और ग्रामीण क्षेत्रों पर ध्यान दिया जाना चाहिए। साथ ही, इसने निरोधक उपायों को बढ़ावा देने और 'सामाजिक चिकित्सकों' को प्रशिक्षित करने पर बल दिया। आरम्भिक नियोजनकर्त्ताओं ने एक राष्ट्रीय सार्वजनिक स्वास्थ्य सेवा के लिए संसाधनों की उपलब्धता पर ध्यान केन्द्रित किया। इसका आंशिक कारण यह था कि पश्चिमी दवाओं की आपूर्ति में संलग्न निजी क्षेत्र उस समय अत्यन्त छोटा था।

राष्ट्रीय योजना समिति (1948) की सोखे समिति ने यह अनुशंसा की कि प्रत्येक 10000 ग्रामीण जनसंख्या के लिए एक सामुदायिक स्वास्थ्यकर्मी होना चाहिए। इसने भोरे समिति की सिफ़ारिशों को आगे बढ़ाया। इसके बावजूद प्रथम और द्वितीय पंचवर्षीय योजनाओं में बुनियादी संरचना के निर्माण पर ध्यान दिया गया। साथ ही, इसमें एकीकृत व्यवस्था के विचार को चुनौती देते हुए लम्बवत (वर्टीकल) रोग नियन्त्रण कार्यक्रमों को शुरू किया गया। जहाँ मुदलियार समिति (1962) ने बुनियादी संरचना पर ध्यान केन्द्रित किया और प्राथमिक स्तर पर स्वास्थ्यकर्मियों को सुनिश्चित करने के लिए ज़्यादा निवेश पर बल दिया, वहीं इसके बाद बनी समितियों ने मुख्य रूप से स्वास्थ्यकर्मियों के वितरण पर ही ध्यान दिया।

अल्मा ऐटा–साहसी शब्द और अपर्याप्त संसाधन : 1978 में अल्मा ऐटा घोषणा-पत्र के बाद, आईसीएमआर-आईसीएसएसआर ज्वाइंट पैनल (1980) ने ज़्यादा एकीकृत और समग्र स्वास्थ्य व्यवस्था की आवश्यकता पर बल दिया तथा सरकार से यह आग्रह किया कि वह राष्ट्रीय स्वास्थ्य नीति बनाये। इसके परिणामस्वरूप राष्ट्रीय स्वास्थ्य नीति बनी, जिसे संसद ने 1983 में अनुमोदित किया। इस नीति ने समग्र निरोधक और रोग-निवारक सेवा के अल्मा ऐटा कल्पना के प्रति सम्मान प्रदर्शित किया। किन्तु अपर्याप्त निवेश के चलते यह कार्यक्रम केवल चुनिंदा प्राथमिक स्वास्थ्य सेवा ही उपलब्ध करा पाया और इसकी वास्तविक दिशा मोटे तौर पर वर्टीकल (लम्बवत) ही रही। मानव संसाधन के निर्माण के लिए अपर्याप्त संसाधन आबंटित किया गया था, विकेन्द्रीकरण का अभाव था और निजी क्षेत्र का अनियन्त्रित विस्तार हुआ था (दुग्गल, कोई तारीख नहीं)।

उदारीकरण और निजीकरण : 1990 के दशक के प्रारम्भ में आर्थिक सुधारों के साथ ही निजी अस्पताल और क्लिनिक खोलने के लिए टैक्स में छूट और अन्य प्रोत्साहन दिये गये, जिसका नतीजा निजी स्वास्थ्य क्षेत्र में तीव्र वृद्धि के रूप में सामने आया। 1980 के दशक के मध्य से ही राज्य की नीतियों पर उदारीकरण का प्रभाव दिखने लगा था जिसके चलते इस दशक में दवाओं की कीमतों पर राज्य के नियन्त्रण में तेज़ी से कमी आयी। गौरतलब है कि 1970 के दशक में 300 से ज़्यादा दवाएँ नियन्त्रित सूची के अन्तर्गत आती थीं, लेकिन वर्तमान में इसकी संख्या गिरकर 30 के आस-पास आ चुकी है। वर्ष 2002 में दूसरे स्वास्थ्य नीति की घोषणा

की गयी जिसमें यह स्वीकार किया गया कि पिछली नीति के 17 लक्ष्यों में से 13 लक्ष्यों को हासिल नहीं किया जा सका। इसने स्वास्थ्य व्यवस्था के अवस्था की बहुत सी समीक्षाएँ प्रस्तुत की थीं—स्वास्थ्य की बुनियादी सुविधाओं में ग्रामीण क्षेत्रों और शहरी क्षेत्रों के बीच असमानता; वर्टीकल (लम्बवत) कार्यक्रमों पर केन्द्रित व्यवस्था की सीमाएँ; चिकित्साकर्मियों, विशेष रूप से डॉक्टरों की कमी; और चिकित्सा संस्थानों के न्यूनतम मानकों के बारे में कानून बनाने की आवश्यकता।

इस नीति में यह स्वीकार किया गया कि वित्त की कमी एक गम्भीर समस्या है। इसमें सरकार से यह आग्रह किया गया कि वह सकल घरेलू उत्पाद (जीडीपी) का दो प्रतिशत स्वास्थ्य पर ख़र्च करे; वित्तीय और प्रशासनिक क्षमताओं के यथार्थ रूप को ध्यान में रखकर लक्ष्य तय करे; और निजी क्षेत्र की भूमिका बढ़ाये, विशेष कर उन लोगों के लिए जो अपनी बीमारी का ख़र्च वहन करने में सक्षम हैं। सरकार ने आख़िरी दो सुझावों को स्वीकार कर लिया तथा निजी स्वास्थ्य क्षेत्र को प्रोत्साहित किया। इसने निजी स्वास्थ्य बीमा योजनाओं को भी मंज़ूरी दी और स्वास्थ्य के क्षेत्र में कई तरह के सार्वजनिक-निजी सहयोग (पब्लिक-प्राइवेट पार्टनरशिप) की शुरुआत की। किन्तु स्वास्थ्य पर ख़र्च होने वाले जीडीपी के अनुपात में कोई उल्लेखनीय बदलाव नहीं किया गया। सरकार कुल मिलाकर कुल जीडीपी के एक प्रतिशत से थोड़ा ज़्यादा अंश (केन्द्र और राज्य संयुक्त रूप से) स्वास्थ्य क्षेत्र में ख़र्च करती है। यह भी पहले की तुलना में इसलिए बढ़ा है क्योंकि छठे वेतन आयोग की सिफ़ारिशें लागू होने के चलते स्वास्थ्यकर्मियों के वेतन आदि में ज़्यादा ख़र्च होने लगा है। नयी स्वास्थ्य नीति में कई अन्य महत्त्वपूर्ण सुझाव भी दिये गये : सभी स्वास्थ्य कार्यक्रमों में अभिसरण (कनवर्जेंस) होना चाहिए; प्राथमिक स्वास्थ्य सेवा को फिर से मज़बूत बनाने के लिए केन्द्र सरकार के कोष से सभी बुनियादी दवाएँ उपलब्ध कराई जानी चाहिए, लाइसेंस प्राप्त चिकित्सकों (लाइसेंस्ड मेडिकल प्रैक्टिशनर्स—एलएमपी) का एक कैडर तैयार किया जाना चाहिए ताकि इनकी उपलब्धता में बढ़ोतरी हो, तथा पंचायती राज संस्थाओं को ज़्यादा शक्ति और ज़िम्मेदारी दी जानी चाहिए। इनमें से अधिकांश सुझावों की उपेक्षा कर दी गयी या फिर उन्हें काफ़ी कम और अनमने तरीके से लागू किया गया।

माँग-पक्ष और वित्तीय मदद : वर्ष 2005 में राष्ट्रीय ग्रामीण स्वास्थ्य मिशन (नैशनल रूरल हेल्थ मिशन—एनआरएचएम) की स्थापना हुई। अब भी कई ऐसे कार्यों पर ध्यान दिया जाता रहा, जिन्हें आपूर्ति पक्ष से सम्बन्धित काम माना जा सकता है। इसमें बुनियादी संरचना में सुधार करने, स्वास्थ्यकर्मियों की क्षमता निर्मित करने, प्रामाणिक सामाजिक स्वास्थ्य कार्यकर्ताओं (एक्रेडिटेड सोशल हेल्थ एक्टिविस्ट—आशा)[2] का कैडर तैयार करने तथा स्वास्थ्य सम्बन्धी प्रबन्धन सूचना

व्यवस्था (मैनेजमेंट इनफॉरमेशन सिस्टम–एमआईएस) जैसे पहलुओं पर ध्यान दिया गया। लेकिन इसके बावजूद अब मुख्य रूप से माँग पक्ष को ही प्राथमिकता दी जाने लगी। पिछले कई दशकों से नकद हस्तान्तरण देश के ग़रीबी उन्मूलन कार्यक्रमों का भाग रहा है, लेकिन सिर्फ़ जननी सुरक्षा योजना से ही इसे एक बड़े पैमाने पर विशिष्ट व्यवहारों से जोड़ा जाने लगा है।

संक्षेप में यह कहा जा सकता है कि सार्वभौमिक स्वास्थ्य सेवा और इसकी ओर आगे बढ़ने का विचार स्वतन्त्रता-प्राप्ति के आरम्भिक वर्षों से ही हमारे साथ रहा है। लेकिन तीन कारकों ने इसकी प्राप्ति में मुख्य बाधाएँ खड़ी की हैं–अपर्याप्त सार्वजनिक निवेश, राजनीतिक प्राथमिकता या नेतृत्व का अभाव, और उदारीकरण तथा अनियन्त्रित निजीकरण को आगे बढ़ाना। जहाँ माँग पक्ष पर ज़्यादा ध्यान देने में अपने-आप में कोई बुराई नहीं है, वहीं यदि हम पूरे न हुए माँग और ख़राब गुणवत्ता वाले सेवाओं की बढ़ती चुनौती का सामना करना चाहते हैं तो हमें आपूर्ति पक्ष को मज़बूत बनाने पर ज़्यादा बल देना चाहिए।

सार्वभौमिक स्वास्थ्य सेवा का बदलता सन्दर्भ

भारत में स्वास्थ्य के वर्तमान विमर्श और वास्तविक स्थिति को चार प्रमुख कारक एक आकार प्रदान करते हैं। ये कारक इस प्रकार हैं : पहला, महामारी-विज्ञान में अपूर्ण बदलाव; दूसरा, जनसंख्या में आंशिक परिवर्तन; तीसरा, स्वास्थ्य के सामाजिक निर्धारकों का बढ़ता दबाव; तथा चौथा विभिन्न आयामों के सन्दर्भ में समता और सेवाओं तक पहुँच के बारे में उभरती चिन्ता; इन विविध आयामों में आर्थिक, जाति, जेण्डर, ग्रामीण-शहरी और समस्त राज्य सम्मिलित हैं।

पश्चिम के वर्तमान उच्च आय वाले देशों में बीसवीं सदी तक संक्रामक रोग मृत्यु और बीमारी का प्रमुख कारण थे। बहरहाल, 1950 के दशक तक इन देशों में महामारी-विज्ञान में बदलाव हुआ और संक्रामक रोगों के चलते होने वाली मौतों में काफ़ी गिरावट आयी। मसलन, वर्ष 1900 में अमेरिका में संक्रामक रोगों के चलते प्रतिवर्ष 1,00,000 जनसंख्या पर 800 लोगों की मृत्यु होती थी, किन्तु वर्ष 1950 में यह आँकड़ा घटकर दहाई में पहुँच गया (आर्मस्ट्रांग, कॉन और पीनर 1999)। विभिन्न रोगों के लिए एंटीबॉयोटिक और टीका (वैक्सीन) के उपलब्ध होने से इन पर नियन्त्रण करने में सहायता मिली। इसके अलावा, इसमें अच्छी स्वच्छता, जल चिकित्सा, बेहतर पोषण, भीड़ और परिवार के आकार में कटौती, बच्चों के बीच अन्तराल बढ़ने, दूध के पास्चुरीकृत होने तथा घोड़ा-गाड़ियों के स्थान पर ऑटो-मोबाइल और ट्रक के आगमन ने भी महत्त्वपूर्ण योगदान दिया। जब विभिन्न महामारियों के लिए वैक्सीन मिलने लगे, तो उन्होंने भी इन रोगों के नियन्त्रण और गिरावट को तेज़ी से आगे बढ़ाया।

भारत में पाश्चुरीकरण जैसे कुछ व्यापक सामाजिक निर्धारकों पर ध्यान देने के सन्दर्भ में कुछ प्रगति हुई है और यहाँ परिवार के आकार में भी महत्त्वपूर्ण गिरावट आयी है। किन्तु यहाँ अभी भी स्वच्छता, अपर्याप्त और गन्दा पानी, तथा अल्प-पोषण और कुपोषण की गम्भीर स्थिति अभी भी मौजूद है। इसलिए नैशनल कमीशन ऑन मैक्रोइकोनॉमिक्स ऐंड हेल्थ के अनुसार, वर्ष 2005 में भारत के कुल रोगों का 38% संक्रामक रोगों से सम्बन्धित था तथा इसमें माता-सम्बन्धी और प्रसवकालीन रोगों का योगदान 12% था। दूसरी ओर, गैर-संचारी रोगों (नॉन कम्युनिकेबल डिसीजेज—एससीडी) का अंश बढ़कर 33% हो गया था, जिसमें 17% विभिन्न प्रकार का चोट लगने से सम्बन्धित था। महामारियों के सन्दर्भ में देश दोहरे बोझ का सामना कर रहा है। एक ओर, संक्रामक रोगों या माताओं के ख़राब स्वास्थ्य की समस्या ख़त्म नहीं हुई है, वहीं दूसरी ओर, कार्डियोवास्कुलर (हृदय सम्बन्धी) समस्याएँ तेज़ी से बढ़ी हैं और डायबिटीज के मरीज़ों की संख्या में (जिसमें ग़रीब भी शामिल हैं) जबरदस्त इजाफ़ा हुआ है। यह एक प्रमुख चुनौती है क्योंकि गैर-संचारी रोग (एनएसडी) का इलाज काफ़ी महँगा होता है और इसक लिए लम्बे समय तक या जीवनपर्यन्त देखभाल की आवश्यकता होती है। इससे पैसे के सन्दर्भ में परिवार को दिक़्क़तों का सामना करना पड़ता है। इसके साथ ही, पहले से ही कम सार्वजनिक स्वास्थ्य संसाधनों के कोष, स्वास्थ्यकर्मियों और सुविधाओं पर काफ़ी बोझ पड़ता है। यहाँ चीन के साथ तुलना करते हुए यह उल्लेख किया जा सकता है कि चीन ने वर्ष 2000 तक संक्रामक रोगों के अपने बोझ में 25% तक की कटौती की।

भारत में युवा जनसंख्या है। वर्ष 2005 में जहाँ चीन की कुल जनसंख्या में युवाओं का अनुपात 20% था, वहीं भारत में यह अनुपात 36% था। अर्थशास्त्रियों ने यह बताया है कि जनसंख्या का ऐसा स्वरूप किसी तरह लाभप्रद हो सकता है (ब्लूम, कैनिंग और सेविला 2003), किन्तु इस सम्भावना को तभी हासिल किया जा सकता है जब ये युवा, विशेष रूप से युवा लड़कियाँ तथा अपने प्रजनन वर्षों में प्रवेश करने वाली स्त्रियाँ स्वस्थ हों।

इस बात के स्पष्ट प्रमाण हैं कि आर्थिक सुधारों के दौर में स्वास्थ्य सेवा के ख़र्च में बढ़ोतरी होने के चलते लोगों की आर्थिक स्थिति काफ़ी बिगड़ी है और स्वास्थ्य सेवाओं तक पहुँच के सन्दर्भ में भी असमानता बढ़ी है (सेन, अयर और जॉर्ज 2002; सेन 2010)। दरअसल, यह सबसे चिन्ताजनक मुद्दा है। आर्थिक सुधार आरम्भ होने से पहले, 1980 के दशक के मध्य में देश में स्वास्थ्य सेवा व्यवस्था पहले से काफ़ी असमान थी। स्वास्थ्य सेवा का 70% अंश बरबाद होता था; ग्रामीण और शहरी क्षेत्रों स्वास्थ्य सेवाओं की उपलब्धता के मामले में काफ़ी अन्तर था; सार्वजनिक सेवाओं की गुणवत्ता ख़राब थी और ये सभी को समान रूप से उपलब्ध नहीं थीं; और एक

अत्यन्त अनियन्त्रित और गैर-जवाबदेह निजी क्षेत्र था। इसके बावजूद, ग़रीबों के लिए सरकारी अस्पताल उपलब्ध थे; और भले ही इनकी गुणवत्ता पर सन्देह हो, किन्तु ग़रीब लोग इनका उपयोग करते थे। खास तौर पर, अस्पताल में भर्ती होने की स्थिति में ग़रीबों द्वारा इनका उपयोग किया जाता था। 1980 के दशक के मध्य तक भी बहुत सी दवाएँ नियन्त्रित सूची में सम्मिलित थीं और एक सम्पन्न बाज़ार में भी दवाओं की कीमत के बारे में होड़ होने के चलते लोगों को तुलनात्मक रूप से वहन करने लायक कीमत पर दवाएँ उपलब्ध हो जाती थीं।

सुधार के बाद के दौर में नीति में बदलाव

आर्थिक सुधारों की शुरुआत होने के बाद क्या हुआ? इसे समझने के लिए नीति स्तर पर हुए दो बदलावों को जानना आवश्यक है—पहला, नियन्त्रित सूची की दवाओं की संख्या में तेज़ी से गिरावट आयी, जिससे दवाओं की कीमतों में काफ़ी वृद्धि हुई; और दूसरा, उपयोग फीस की शुरुआत। यह तर्क दिया गया कि भारत में उपयोग फीस का वह प्रभाव नहीं पड़ेगा, जो उप-सहारा अफ्रीका के शिक्षा और स्वास्थ्य पर पड़ा। लेकिन इसके आने से एक दो-स्तरीय व्यवस्था निर्मित हो गयी है, जिसने सेवाओं को काफ़ी प्रभावित किया है। सार्वजनिक अस्पतालों में सेवाओं को दो भागों में बाँट दिया गया है—एक, ग़रीबी रेखा के नीचे और दूसरा, ग़रीबी रेखा के ऊपर। यह माना जाता है कि ग़रीबी रेखा के नीचे वाले लोगों को सेवाएँ, जिनमें दवाएँ भी सम्मिलित हैं, मुफ़्त में दी जाती हैं (किन्तु भ्रष्टाचार और दवाओं की अनुपलब्धता के चलते ऐसा शायद ही कभी हो पाता है)। ग़रीबी रेखा के ऊपर वाले लोगों को व्यवस्थित रूप से सुधारों के दौरान साधन के रूप में इस्तेमाल किया गया है। इनसे विभिन्न प्रकार के उपयोग फीस लेकर यह सुनिश्चित किया जा रहा है कि अस्पतालों के पास एक ऐसी राशि हो, जिसके माध्यम से वे रख-रखाव और प्रतिस्थापन जैसे अपने छोटे-मोटे ख़र्च वहन कर पायें। मोटे तौर पर, चिकित्सा पेशे से जुड़े लोग और अस्पताल प्रशासन इसके पक्ष में है, क्योंकि इससे उन्हें अपने तात्कालिक खर्चों को वहन करने के लिए कुछ पैसा मिल जाता है और लम्बी और धीमी नौकरशाही प्रक्रिया से बच जाते हैं।

स्वास्थ्य सेवा के चार प्रमुख संकेतकों के विश्लेषण से नीति में हुए इन बदलावों के नतीजों को समझा जा सकता है—पहला, बेइलाज बीमारी; दूसरा, इलाज न होने के कारण; तीसरा, सार्वजनिक-निजी मिश्रण में बदलाव; तथा चौथा रोगों की संख्या और स्वास्थ्य सेवाओं के उपयोग के स्वरूप के बारे में नैशनल सैम्पल सर्वे (एनएसएस) द्वारा उपलब्ध कराये गये आँकड़ों के आधार पर स्वास्थ्य सेवा का ख़र्च (42वाँ दौर, 1986-86; 52वाँ दौर 1995-96; 60वाँ दौर 2004)। विश्लेषण से यह

पता चलता है कि पिछले दो दशकों में बीमारी के इलाज न होने या इलाज के बीच में छोड़ देने की परिघटना में तेज़ी से वृद्धि हुई है। इसके साथ ही, वित्तीय कारणों से इलाज न करवाने वाले लोगों की संख्या में चिन्ताजनक इजाफ़ा हुआ है। इसके लिए मुख्य रूप से दवा की कीमतों में बढ़ोतरी और शायद उपयोग फीस भी ज़िम्मेदार हैं। लोग 70% से ज़्यादा स्वास्थ्य ख़र्च अपनी जेब से देते हैं, और इसमें से 70% से ज़्यादा दवाओं से सम्बन्धित होता है (एचएलईजी 2011 : 96)। वित्तीय सुरक्षा की वर्तमान योजनाओं में दवाओं, रोग निदान और अस्पताल से बाहर मरीज़ के देखभाल का ख़र्च सम्मिलित नहीं होता है। सुधार के पहले के दौर में भी इलाज के मामले में जेण्डर के आधार पर एक अन्तराल मौजूद था अर्थात् पुरुषों की तुलना में महिलाओं तक इलाज की सुविधाएँ काफ़ी कम पहुँची थीं। यह स्थिति सुधार के बाद के दौर में भी कायम है। इसमें एक संशोधन यह हुआ है कि विशेषकर ग़रीब आदमी इस अन्तराल के 'विकृत पकड़' में आ गये हैं अर्थात् उनके लिए भी इलाज कराना काफ़ी कठिन हो गया है। 1990 के दशक में स्वास्थ्य सेवाओं तक पहुँच में आर्थिक तत्त्वों पर आधारित असमानता में अत्यधिक वृद्धि हुई है। मानो यही काफ़ी नहीं था, जो सार्वजनिक अस्पताल लम्बे समय से (अमूमन अपने सेवाओं के ख़राब स्तर के बावजूद) ग़रीबों का मुख्य सहारा थे, उनमें भी वर्ष 2004 से ग्रामीण क्षेत्रों में अच्छी आर्थिक स्थिति वाले लोगों की ओर झुकाव बढ़ा है। शायद यह इस दौर में सामने आये दो स्तरीय व्यवस्था का नतीजा था।

इसलिए ग़रीब वित्तीय तंगहाली का सामना कर रहे हैं और इनके लिए सार्वजनिक और निजी—दोनों तरह की स्वास्थ्य व्यवस्था का ख़र्च वहन करना मुश्किल हो रहा है। सेहत की देखभाल और आवश्यक दवाओं की खरीददारी अत्यन्त महँगी हो गया है (सेल्वाराज और करन 2009 : 57)। एनएसएस कार्यालय (2006) के अनुसार, 28% ग्रामीण निवासियों और 20% शहरी निवासियों के पास अपनी स्वास्थ्य सम्बन्धी समस्याओं का सामना करने के लिए कोई पैसा नहीं था। इनमें से 40% लोगों को स्वास्थ्य सम्बन्धी अपनी ज़रूरतों को पूरा करने के लिए या तो पैसा उधार लेना पड़ता था या अपनी कोई सम्पदा बेचनी पड़ती थी। साथ ही, इनमें से 35% लोग अपने अस्पताल के अपने ख़र्च के कारण ग़रीबी रेखा के नीचे चले गये थे। अस्पताल के ख़र्च के चलते जनसंख्या के 2.2% लोग दरिद्र हो सकते थे और सबसे निम्नतम आय वाले लोगों की ही स्वास्थ्य सेवाओं तक कोई पहुँच नहीं थी। यह भी गौरतलब है कि स्वास्थ्य संसाधनों के सन्दर्भ में गाँवों और शहरों के बीच भयंकर अन्तर है। 80% डॉक्टर, 75% दवाखाना और 60% अस्पताल शहरी क्षेत्रों में अवस्थित हैं। ग्रामीण क्षेत्रों में प्रति 10,000 लोगों पर 1.9 डॉक्टर हैं, जबकि शहरी क्षेत्रों में इतनी ही जनसंख्या पर 11.3 डॉक्टर हैं।

सार्वभौमिक स्वास्थ्य सेवा पर नये सिरे से ध्यान देने का प्रयास

ऊपर की चर्चा से यह स्पष्ट है कि सार्वभौमिक स्वास्थ्य सेवा की ओर नीतिगत गतिशीलता को यह सुनिश्चित करना होगा कि लोगों तक स्वास्थ्य सेवा की पहुँच हो और वे उसका ख़र्च वहन कर पायें। इसका अर्थ यह भी है कि वित्तीय सहायता, सार्वजनिक और निजी क्षेत्रों की विशिष्ट भूमिका, दवाओं और रोग-निदान की कीमत और उनकी उपलब्धता तथा स्वास्थ्य को बढ़ावा देने और रोग का निषेध करने से सम्बन्धित बुनियादी प्रश्नों को हल करने का प्रयास किया जाये। इसमें गुणवत्ता की चुनौतियों, नागरिकों के प्रति जवाबदेही और सुशासन की आवश्यकता है। साथ ही, लोगों के स्वास्थ्य की गारंटी को भी प्रभावकारी तरीके से सुनिश्चित किया जाना चाहिए।

श्रीनाथ रेड्डी की अध्यक्षता में एक उच्च स्तरीय विशेषज्ञ ग्रुप[3] (हाई लेबल एक्सपर्ट ग्रुप—यहाँ के बाद से विशेषज्ञ समूह या एचएलइजी) का अक्टूबर 2010 में गठन किया गया, जिसका निम्नलिखित कार्य-क्षेत्र था।

(1) वर्ष 2020 तक हर किसी के लिए स्वास्थ्य हासिल करने हेतु आवश्यक मानव संसाधन आश्यकताओं को पूरा करने के लिए खाका और निवेश योजना का विकास करना।

(2) स्वास्थ्य सेवाओं की गुणवत्ता, उनकी सार्वभौमिक पहुँच और हर किसी की इन तक पहुँच को सुनिश्चित करने के लिए, विशेष रूप से कम चिकित्सा सुविधा वाले क्षेत्रों में आवश्यक भौतिक और वित्तीय मानकों को नये सिरे से तैयार करना; और इस सन्दर्भ में निजी और सार्वजनिक सेवा प्रदाताओं की सापेक्षिक भूमिका की ओर संकेत करना।

(3) स्वास्थ्य वितरण व्यवस्था में कुशलता, प्रभावकारिता और जवाबदेही में सुधार करने के लिए प्रबन्धन में महत्त्वपूर्ण सुधारों का सुझाव देना।

(4) समुदायों, स्थानीय स्तर पर निर्वाचित निकायों, गैर-सरकारी संगठनों (एनजीओ) तथा मुनाफ़े या गैर-मुनाफ़े के काम करने वाले निजी क्षेत्र के घटकों में भी रचनात्मक भागीदारी के लिए दिशा-निर्देश का विकास करना।

(5) बुनियादी दवाओं, टीकाओं और स्वास्थ्य सेवा से सम्बन्धित अन्य बुनियादी वस्तुओं की उपभोक्ताओं के लिए उपलब्धता बढ़ाने और उनकी कीमतों को कम करने के लिए इनके उत्पादन, आयात, मूल्य-निर्धारण, वितरण और नियमन से सम्बन्धित नीतियों में सुधार प्रस्तावित करना।

(6) साथ ही, इसके कार्य-क्षेत्र में यह भी शामिल था कि यह स्वास्थ्य बीमा योजनाओं की पड़ताल करे जो ग़रीबों को काफ़ी सबसिडी दें और स्वास्थ्य सेवाओं तक हर किसी की पहुँच सुनिश्चित करें, और भुगतान के आधार पर सुरक्षा के अतिरिक्त स्तरों का निर्माण करें।

योजना आयोग से चर्चा के बाद ऊपर-वर्णित कार्य-क्षेत्र में कुछ संशोधन किया गया। निजी और सार्वजनिक प्रदाताओं की सापेक्षिक भूमिका को कार्य-क्षेत्र 3 में प्रबन्धन सुधारों से जोड़ा गया, इसे और ज़्यादा स्पष्ट करते हुए इसमें नियन्त्रण को भी सम्मिलित किया गया; सामुदायिक भागीदारी से सम्बन्धित कार्य-क्षेत्र 4 से निजी गैर-मुनाफ़ा क्षेत्र को हटा दिया गया; कार्य-क्षेत्र 6 को ज़्यादा व्यापक बनाया गया और इसमें स्वास्थ्य बीमा में वित्त की भूमिका के बजाय ज़्यादा सामान्य रूप से वित्तीय सहायता के सवाल को सम्मिलित किया गया; साथ ही इसमें एक अतिरिक्त भाग के रूप में स्वास्थ्य के सामाजिक निर्धारकों के साथ-ही-साथ जेण्डर से जुड़ी विशिष्ट चर्चा को भी शामिल किया गया।

विशेषज्ञ समूह (एचएलईजी) ने अपनी रिपोर्ट को अन्तिम रूप देने से पहले सम्बद्ध पक्षों से बातचीत की, जिसमें सार्वजनिक और निजी स्तर पर, नागरिक समाज तथा राष्ट्रीय और अन्तर्राष्ट्रीय स्तर पर चर्चा सम्मिलित थी। इसे योजना आयोग की वेबसाइट पर देखा जा सकता है (एचएलईजी 2011)। उच्च स्तरीय विशेषज्ञ समूह को अपने निर्धारित कार्य-क्षेत्र के मुद्दों का एक समाधान प्रस्तुत करने के लिए स्वास्थ्य वितरण व्यवस्था की मुख्य कमज़ोरियों पर गहन विचार करना था। इसमें निम्नलिखित पहलू शामिल थे : निरोधात्मक और प्रोत्साहक–दोनों तरह के सार्वजनिक स्वास्थ्य पर कम ध्यान देना; आँकड़ों का ख़राब उपयोग और प्रदर्शन नियमन की ख़राब व्यवस्था (जिसमें मानक दिशा-निर्देश तथा उनका क्रियान्वयन शामिल था); विशेष रूप से, ग्रामीण क्षेत्रों में मानव संसाधन और बुनियादी संरचनाओं की व्यापक कमी; आँकड़ों का ख़राब उपयोग और प्रदर्शन का सही नियमन न होना; स्वास्थ्य सेवाओं की गुणवत्ता पर पर्याप्त ध्यान न देना; स्वास्थ्यकर्मियों का ख़राब प्रबन्धन; संचालन और आपूर्ति शृंखला का ख़राब प्रबन्धन; पूरी तरह केन्द्रीकृत वित्तीय प्रबन्धन; मरीज़ों और समुदायों के प्रति कम जवाबदेही। राष्ट्रीय स्वास्थ्य व्यवस्था संसाधन केन्द्र (नैशनल हेल्थ सिस्टम रिसोर्स सेंटर) के प्रयासों से राष्ट्रीय ग्रामीण स्वास्थ्य मिशन के अन्तर्गत इनमें से बहुत से मुद्दों पर काम किया गया, लेकिन अभी भी काफ़ी कुछ किये जाने की आवश्यकता है। अगले भाग में कुछ प्रमुख मुद्दों और इनके बारे में विशेषज्ञ समूह की अनुशंसाओं की तार्किकता का वर्णन किया गया है।

प्रमुख मुद्दे और विशेषज्ञ समूह (एचएलईजी) की अनुशंसाएँ

विशेषज्ञ समूह ने सार्वभौमिक स्वास्थ्य सेवा को परिभाषित करते हुए लिखा है–

देश के किसी भी भाग में रहने वाले भारतीय नागरिक निवासी को, चाहे उसकी आय का स्तर, सामाजिक हैसियत, जेण्डर, जाति या धर्म कुछ भी हो, सस्ती,

जवाबदेह और समुचित रूप में अच्छी गुणवत्ता वाली स्वास्थ्य सेवा (प्रोत्साहक, निरोधात्मक, रोगनिवारक, और पुनर्वास योग्य) तक समान पहुँच सुनिश्चित करना; इसके साथ-ही-साथ ऐसी सार्वजनिक स्वास्थ्य सेवाओं की स्थापना जो व्यक्तियों और सम्पूर्ण जनसंख्या तक वितरित स्वास्थ्य के व्यापक निर्धारक कारकों को सही करें; इसमें सरकार स्वास्थ्य और इससे सम्बन्धित सेवाओं की गारंटी देने वाली और सम्बल की भूमिका निभाती है; हालाँकि यह आवश्यक नहीं है कि सिर्फ़ वही इन सेवाओं को अकेले उपलब्ध कराये (एचएलईजी 2001:3)।

सार्वभौमिक स्वास्थ्य सेवा की इस कल्पना को हासिल करने के लिए निम्नलिखित मार्गदर्शक सिद्धान्तों का अनुपालन किया जाना चाहिए : समता; बहिष्करण का अभाव; भेदभाव का अभाव; तार्किक और अच्छी गुणवत्ता वाली व्यापक देखभाल; वित्तीय सुरक्षा; मरीज़ों के अधिकारों की सुरक्षा जो समुचित देखभाल, मरीज़ के विकल्प, देखभाल वहन करने योग्य और निरन्तर होने की गारंटी; संगठित और मज़बूत सार्वजनिक स्वास्थ्य व्यवस्था का प्रावधान; जवाबदेही और पारदर्शिता; और समुदाय की भागीदारी। मुख्य लक्ष्य यह है कि बुनियादी प्राथमिक, द्वितीयक और तृतीयक स्वास्थ्य सेवाओं राष्ट्रीय स्वास्थ्य पैकेज (नैशनल हेल्थ पैकेज—एनएचपी) में प्रत्येक नागरिक की सार्वभौमिक हकदारी सुनिश्चित करना। यह भी गौरतलब है कि इन समस्त स्वास्थ्य सेवाओं के लिए सरकार राशि उपलब्ध कराएगी। एक विशेषज्ञ समूह द्वारा इस पैकेज को एक निश्चित अवधि के बारे नये सिरे से परिभाषित किया जाना चाहिए तथा अलग-अलग राज्यों में इसके विशिष्ट रूप हो सकते हैं।

विशेषज्ञ समूह की परिकल्पना के अनुसार, सार्वभौमिक स्वास्थ्य सेवा में निरोध और प्रचार पर विशेष ज़ोर दिया जायेगा। यह सभी सामाजिक-आर्थिक समूहों में सार्वभौमिक रूप से लागू होगा; इसे मज़बूत सार्वजनिक सेवाओं और सु-नियन्त्रित तथा अनुबन्धित निजी प्रदाताओं के संयोग से निर्मित किया जायेगा; सामान्य दवाओं और बेहतर प्रबन्धन के साथ-ही-साथ नागरिकों के प्रति जवाबदेही के संयन्त्रों द्वारा कीमतों पर नियन्त्रण रखा जायेगा। इसे एक कर आधारित व्यवस्था द्वारा लागू किया जायेगा और सेवा के समय यह 'कैशलेश' होगा (यानी उस समय कोई नकद राशि नहीं देनी पड़ेगी)। सार्वभौमिक स्वास्थ्य व्यवस्था में सभी नागरिकों को एक जैसी सेवा मिलेगी। इन्हें एक ऐसा स्मार्ट हकदारी कार्ड मिलेगा, जिससे मरीज़ों को तो सुविधा होगी ही, सेवाओं के सुव्यवस्थित संचालन में भी मदद मिलेगी। एक व्यवस्था के भीतर सार्वजनिक और अनुबन्ध-आधारित निजी प्रदाताओं को एकीकृत करने के लिए यह आवश्यक है कि तदर्थ सार्वजनिक-निजी सहयोग (पीपीपी) से आगे बढ़ा जाये। यह ज़रूरी है कि नयी नियामक और अन्य संस्थाओं द्वारा (जिनकी विवेचना आगे की गयी है) एक बेहतर नियमन और प्रबन्धन वाली व्यवस्था स्थापित

की जाये। साथ ही, सार्वजनिक क्षेत्र में समझौता करने और उनका प्रबन्धन करने की व्यवस्थित क्षमता निर्मित की जानी चाहिए।

वित्तीय सहायता

स्वास्थ्य पर सार्वजनिक ख़र्च करने के मामले में भारत का स्थान विश्व में सबसे नीचे है (सारणी 1)। इसके चलते स्वास्थ्य पर होने वाले कुल ख़र्च का एक बड़ा अंश लोग अपनी जेब से ख़र्च करते हैं। इसका नतीजा यह होता है कि बहुत से वित्तीय कारणों से लोग अपने रोगों का इलाज नहीं करवा पाते हैं और बहुत से अन्य ऐसा करते हुए दरिद्र हो जाते हैं। 1999 में 'इंश्योरेन्स रेग्युलेटरी ऐंड डिवलपमेंट अथॉरिटी (आईआरडीए) ऐक्ट' द्वारा स्वास्थ्य बीमा को निजी क्षेत्र के लिए खोला गया, लेकिन यह भी सिर्फ़ सम्पन्न शहरी बाज़ार के एक छोटे हिस्से तक ही पहुँच पाया है। इसलिए राज्य द्वारा आर्थिक सहायता प्राप्त स्वास्थ्य बीमा योजनाओं की संख्या में बढ़ोतरी होती रही है। इस सन्दर्भ में राष्ट्रीय स्वास्थ्य बीमा योजना का उल्लेख किया जा सकता है। इसका तेज़ी से प्रसार हो रहा है और यह मुख्य रूप से ग़रीबी रेखा के नीचे रहने वाले घरों पर केन्द्रित है। आन्ध्र प्रदेश, तमिलनाडु और कर्नाटक जैसे कई राज्यों की सरकारों ने भी ऐसी ही, किन्तु ज़्यादा महँगी योजनाएँ शुरू की हैं। ये योजनाएँ काफ़ी लोकप्रिय हैं क्योंकि पहले ग़रीब लोग तृतीयक स्तर के सबसे निजी कॉरपोरेट अस्पतालों में इलाज कराने का ख़्वाब भी नहीं देख सकते थे, किन्तु इन योजनाओं के चलते वे बिना किसी ख़र्च के या बहुत कम ख़र्च पर इन अस्पतालों में इलाज करा सकते हैं। सबसे हाल में महाराष्ट्र ने आन्ध्र प्रदेश की तर्ज पर राजीव गाँधी जीवनदायी आरोग्य योजना शुरू की है। दरअसल, महाराष्ट्र सरकार ने राष्ट्रीय स्वास्थ्य बीमा योजना को इस नयी योजना में परिवर्तित कर दिया है।

सारणी 1 : स्वास्थ्य पर सार्वजनिक ख़र्च (2009)

	सकल घरेलू उत्पाद (जीडीपी) के प्रतिशत के रूप में कुल सार्वजनिक ख़र्च (वित्तीय क्षमता)	कुल सार्वजनिक ख़र्च के प्रतिशत के रूप में स्वास्थ्य पर होने वाला सार्वजनिक ख़र्च	सकल घरेलू उत्पाद (जीडीपी) के प्रतिशत के रूप में स्वास्थ्य पर होने वाला कुल ख़र्च
भारत	33.6	4.1	1.4
श्रीलंका	24.5	7.3	1.8
चीन	22.3	10.3	2.3
थाईलैण्ड	23.3	14.0	3.3

स्रोत : एचएलईजी (2011 : 69)

इस प्रकार के बीमा योजनाओं की दो तरह की आलोचनाएँ सामने आती रही हैं। हालाँकि इन्हें प्रचलित और आम बातचीत में सामने आने वाली आलोचनाएँ ही माना जा सकता है। पहली आलोचना इन योजनाओं के लागू करने के तरीकों से सम्बन्धित है–अर्थात् ये व्यवहार में सच्चे अर्थों में समावेशी नहीं हैं, तथा इनकी प्रक्रिया आदि के चलते इन्हें लागू करने में कई प्रकार की समस्याएँ सामने आती हैं, जिससे ग़रीब इनका लाभ नहीं ले पाते हैं; इनमें धोख-धड़ी की पूरी गुंज़ाइश है; और इनके लक्ष्य निर्धारण के चलते बहिष्करण और समावेशन में गलतियाँ होती हैं (सेन 2011)। इनमें से बहुत-सी समस्याओं को स्मार्ट कार्ड, बेहतर प्रबन्धन और सूचना तकनीक के उपयोग से दूर किया जा सकता है। दूसरी और ज़्यादा गम्भीर समस्या यह है कि ये योजनाएँ स्वास्थ्य सेवा की ज़्यादा खर्चीली द्वितीयक और तृतीयक स्तर के लिए ही मदद उपलब्ध कराती हैं और वित्तीय रूप से व्यवहार्य निरोधात्मक और प्राथमिक स्वास्थ्य सेवा के प्रति उदासीन रहती हैं (सेन 2011)। प्राथमिक सेवा के लिए कोई प्रोत्साहन न होने और निम्नतर स्तर पर लोगों की क्षमता बढ़ाने का प्रयास न होने के चलते इसका प्रभावकारी नियमन तकरीबन नामुमकिन है। मध्यम स्तर पर ये योजनाएँ बहुत जल्द अव्यवहार्य हो जाती हैं क्योंकि बड़ी मात्रा में बेइलाज बीमारी एकत्रित हो जाती हैं; और लक्ष्य निर्धारण जोखिम लेने के खिलाफ़ काम करता है; और इसमें ख़र्चीले इलाज के लिए ही ज़्यादा प्रोत्साहन दिया जाता है, जिसके लिए सरकार को सारा ख़र्च वहन करना पड़ता है। आन्ध्र प्रदेश के अनुभव से यही बात सामने आती है।

इसलिए विशेषज्ञ समूह (एचएलईजी) ने इस बात पर बल दिया है कि सार्वभौमिक वित्तीय सुरक्षा और बेहतर स्वास्थ्य सेवा तक पहुँच का प्रावधान होना चाहिए, लेकिन इसमें बीमा कम्पनियों और किसी स्वतन्त्र एजेंट को सरकार की ओर से स्वास्थ्य सेवाओं की खरीददारी करने की छूट नहीं होनी चाहिए। स्वतन्त्र एजेंट उपलब्ध कराई जाने वाली स्वास्थ्य सेवा की प्रकृति को विखण्डित कर देते हैं, और समय के साथ यह विखण्डन स्वास्थ्य सेवा के ख़र्च को बढ़ाता है और कुल जनसंख्या की भलाई के स्तर को नीचे ले जाता है। दरअसल, विशेषज्ञ समूह यह प्रस्तावित करता है कि कर स्वास्थ्य सेवा के वित्त का प्रमुख स्रोत होना चाहिए। इसके साथ ही, इस उद्देश्य के लिए वेतन पाने वाले या टैक्स देने वाले व्यक्तियों की आय में भी अनिवार्य कटौती का प्रावधान होना चाहिए, जो या तो कर लगाने योग्य आय का एक अंश हो सकता है या फिर कुल वेतन का एक अंश। सरकार द्वारा वित्त पोषित स्वास्थ्य बीमा योजनाओं को सार्वभौमिक स्वास्थ्य सेवा से जोड़ा जाना चाहिए। साथ ही, बारहवीं योजना के अन्त तक स्वास्थ्य मद में सरकार का ख़र्च वर्तमान में जीडीपी के 1.4% से बढ़कर 2.5% हो जाना चाहिए, तथा वर्ष 2022 तक कम-से-कम जीडीपी का 3% स्वास्थ्य क्षेत्र में ख़र्च होना चाहिए। चिकित्सा आपूर्ति के बारे में

तमिलनाडु के सफल मॉडल का अनुसरण करते हुए यह प्रयास होना चाहिए कि सामान्य दवाओं की खरीददारी में सरकार का निवेश बढ़े, ताकि ये दवाएँ मुफ़्त में हर किसी को मिल सकें। वर्तमान में इस उद्देश्य के लिए जीडीपी का 0.1% इसमें ख़र्च हो रहा है, जिसे बढ़ाकर 0.5% किया जाना चाहिए।

विशेषज्ञ समूह को यह उम्मीद है कि यदि स्वास्थ्य पर जीडीपी के 4.5% के वर्तमान स्तर पर (सरकारी और गैर-सरकारी) भी ख़र्च होता रहा, तो वर्ष 2020 तक लोगों द्वारा निजी स्तर पर अपने जेब से होने वाले ख़र्च में काफ़ी गिरावट आयेगी। जहाँ अभी लोगों के अपने ख़र्च का अनुपात 67% है, वहीं यह वर्ष 2020 में 33% हो जायेगा। स्वास्थ्य मद में वित्तीय सहायता के लिए किसी क्षेत्र विशेष से कर नहीं लिया जायेगा। हालाँकि विशेष उद्देश्य से होने वाले हस्तान्तरण विभिन्न राज्यों द्वारा स्वास्थ्य पर प्रति व्यक्ति सार्वजनिक ख़र्च के स्तर को बराबर करके सामान्य असमर्थता को सन्तुलित करेंगे; साथ ही, ये यह सुनिश्चित करने के लिए संसाधनों को संगठित करेंगे कि सभी नागरिकों को सामान्य स्तर पर बुनियादी स्वास्थ्य सेवा का उनका हक मिले। विभिन्न राज्य अपनी भौतिक और सामाजिक-आर्थिक विविधताओं को ध्यान में रखते हुए वित्तीय सहायता के लचीले और भिन्न मानक अपना सकते हैं। लेकिन सार्वभौमिक स्वास्थ्य सेवा से मिलने वाली किसी भी सुविधा के लिए उपयोग फीस नहीं लगेगी, और यह बात पैसा देने में समर्थ लोगों पर भी लागू होगी। सरकार के स्वास्थ्य सेवा ख़र्च का 70% प्राथमिक स्तर पर निरोधात्मक/रोगनिवारक सेवाओं और विशिष्ट ख़तरों के बारे में बताने वाले प्रचार कार्य जैसी प्राथमिक स्वास्थ्य सेवाओं में लगना चाहिए।

वित्तीय सहायता के अतिरिक्त विशेषज्ञ समूह की अनुशंसाओं को साधन, प्रणाली और संस्था की तीन व्यापक श्रेणियों के अन्तर्गत देखा जा सकता है।

साधन

एक प्रमुख सिफ़ारिश यह है कि एक विशेष राज्य-स्तरीय स्वास्थ्य सेवा प्रबन्धन कैडर तथा अखिल भारतीय और राज्य स्तरीय लोक स्वास्थ्य सेवा कैडर की स्थापना की जाये ताकि सार्वभौमिक स्वास्थ्य व्यवस्था को मज़बूती मिले और सार्वजनिक स्वास्थ्य पर ज़्यादा ध्यान दिया जाये। इस सन्दर्भ में तमिलनाडु के अनुभवों से मदद ली जा सकती है और इसकी सफलता को ज़्यादा व्यापक बनाया जा सकता है।

एक अन्य मुख्य अनुशंसा यह है कि एक सूचना प्रौद्योगिकी सम्पन्न व्यवस्था का विकास किया जाना चाहिए। इसमें एक ऐसा विशेष निकाय होना चाहिए जो यह देखेगा कि किसी प्रकार की स्वास्थ्य सेवा सूचनाएँ अपनाई जा रही हैं; यह संसाधनों के सार्थक उपयोग और स्वास्थ्य प्रबन्धन व्यवस्था के बुनियादी संरचना के

विकास के मानकों को परिभाषित करेगा; स्वास्थ्य सेवा केन्द्रों के बीच सूचनाओं के दस्तावेज़ीकरण, उपयोग और विनिमय पर नज़र रखेगा; स्वास्थ्य सेवा की विभिन्न सुविधाओं के बीच मरीज़ से सम्बन्धित सूचनाओं के सतत प्रवाह की व्यवस्था निर्मित करेगा, जिसके लिए यह विभिन्न क्लिनिकों के बीच सूचनाओं के प्रवाह को सुनिश्चित करेगा; साथ ही, यह मरीज़ की निजता और मरीज़ से सम्बन्धित सूचनाओं के नैतिक उपयोग के मानकों को परिभाषित करेगा और उन्हें बढ़ावा देगा। एक स्वास्थ्य व्यवस्था पोर्टल सूचना प्रौद्योगिकी के उपयोग को मज़बूती देगा और इससे सार्वजनिक और निजी स्वास्थ्य सेवा प्रदाताओं को बेहतर प्रदर्शन करने में मदद मिलेगी।

प्रणाली

सार्वभौमिक स्वास्थ्य-सेवा व्यवस्था को स्वास्थ्य सेवा वितरण के विभिन्न स्तरों पर सभी नागरिकों को उनकी हकदारी के भाग के रूप में बुनियादी और मानक स्वास्थ्य सेवाएँ उपलब्ध करानी चाहिए; द्वितीयक और तृतीयक स्तर के देखभाल की गारंटी देने के लिए अस्पताल में अच्छे बिस्तर तक उनकी समान पहुँच सुनिश्चित करनी चाहिए; और स्वास्थ्य सेवा वितरण के प्रत्येक स्तर पर स्वास्थ्य सेवा प्रावधानों के अनुरूप गुणवत्ता सुनिश्चित करनी चाहिए। स्वास्थ्य के लिए आबंटित सार्वजनिक वित्त के कम-से-कम 15% को दवाओं पर ख़र्च करना चाहिए; सरकार के पास बुनियादी दवाओं की सूची होनी चाहिए और उसे यह सुनिश्चित करना चाहिए कि ज़िला स्तरीय गोदामों के माध्यम से सामान्य दवाओं का वितरण हो। विभिन्न दवाओं, टीकाओं (वैक्सीन) और रोग-निवारकों की एक स्वायत्त एजेंसी होनी चाहिए और इनकी गुणवत्ता सुनिश्चित करने के लिए अनुसन्धान केन्द्रों की एक सूची तैयार की जानी चाहिए; इसके साथ ही, राज्य स्तर पर निविदा (टेंडर) जारी करने के कानून को पारदर्शी तरीके से लागू किया जाना चाहिए।

सरकार को विभिन्न स्तरों पर पर्याप्त संख्या में प्रशिक्षित स्वास्थ्य सेवा प्रदाताओं और तकनीकी स्वास्थ्य सेवा कर्मियों की उपस्थिति सुनिश्चित करनी चाहिए, और इस सन्दर्भ में प्राथमिक स्वास्थ्य सेवा को प्राथमिकता दी जानी चाहिए। विशेष बात यह है कि ग्रामीण और आदिवासी क्षेत्रों में प्रति 1000 पर 1 आशा कार्यकर्ता के बजाय 2 कार्यकर्ताओं को नियुक्त किया जाना चाहिए; साथ ही, उप-केन्द्रों में भर्ती के लिए एक तीन वर्षीय डिग्री पाठ्यक्रम 'बैचलर ऑफ रूरल हेल्थ केयर' (बीआरएचसी) आरम्भ किया जाना चाहिए; सार्वभौमिक स्वास्थ्य सेवा व्यवस्था को मानव संसाधन प्रबन्धन में सुधार करने पर ध्यान केन्द्रित करना चाहिए। साथ ही, इसे प्रखण्ड, ज़िला, राज्य और राष्ट्रीय स्तरों पर प्रभावकारी सहायक पर्यवेक्षण संयन्त्र स्थापित करना चाहिए, जो स्वास्थ्य सेवा प्रदाताओं के अनुपूरक की भूमिका अदा करे। इसे क्षमता

आधारित स्वास्थ्य व्यवस्था-सम्बन्धित पाठ्यक्रम और नियमित शिक्षा की शुरुआत करके स्वास्थ्य शिक्षा और प्रशिक्षण में मानव संसाधनों की गुणवत्ता में सुधार करना चाहिए। सरकार को आवश्यक स्वास्थ्यकर्मियों के प्रशिक्षण के लिए अतिरिक्त शैक्षिक संस्थाओं में निवेश करना चाहिए तथा सामुदायिक स्वास्थ्य कार्यकर्ताओं के लिए एक समर्पित प्रशिक्षण व्यवस्था निर्मित करनी चाहिए। इसके अतिरिक्त, इसे ज़िला स्वास्थ्य ज्ञान संस्थाओं तथा एक 'नैशनल कौंसिल फॉर ह्यूमन रिसोर्स इन हेल्थ' (स्वास्थ्य मानव संसाधन राष्ट्रीय परिषद—एनसीएचआरएच) की स्थापना करनी चाहिए।

निजी क्षेत्र के प्रदाताओं से अनुबन्ध के बारे में आपस में सहमति बनाना विशेषज्ञ समूह के लिए सबसे जटिल क्षेत्रों में से एक यह था। सार्वभौमिक स्वास्थ्य सेवा की ओर उल्लेखनीय प्रगति करने वाले श्रीलंका, थाईलैण्ड और ब्राजील जैसे सभी देशों ने यह स्वीकार किया है कि निजी स्वास्थ्य क्षेत्र में काफ़ी संसाधन और सम्भावनाएँ हैं, किन्तु यह ज़रूरी है कि इसका उपयोग काफ़ी सावधानी से किया जाये तथा इसका प्रबन्धन करने के लिए प्रभावाकारी नियन्त्रक संस्थाएँ और संयन्त्र निर्मित किये जायें। एक प्रमुख प्रश्न यह था कि क्या निजी प्रदाताओं को सार्वभौमिक स्वास्थ्य सेवा व्यवस्था के भीतर इस व्यवस्था द्वारा निर्धारित सेवाओं के अतिरिक्त कोई अन्य सेवा उपलब्ध कराने की अनुमति दी जानी चाहिए। इस सन्दर्भ में विभिन्न विकल्प थे। यह प्रश्न इसलिए ज़्यादा पेचीदा था क्योंकि स्वास्थ्य क्षेत्र में सार्वजनिक-निजी सहयोग का अनुभव समस्याग्रस्त रहा था; कई ऐसे निजी प्रदाता भी थे जिन्हें प्रोत्साहित करने के लिए सस्ती ज़मीन और कर मुक्त हैसियत प्रदान की गयी किन्तु उन्होंने ऐसे समझौते की शर्तों को नहीं माना। अन्त में, विशेषज्ञ समूह ने राज्यों से यह कहा कि वे दो विकल्पों में से किसी एक का चयन कर लें।

विकल्प 1 : बहिर्वासी रोगी (आउटपेशेंट) की देखभाल का 75% और अन्तर्वासी रोगी (इनपेशेंट) की देखभाल का 50% उपलब्ध कराये; शेष राशि व्यक्ति या बीमा कम्पनियों द्वारा दी जा सकती है।

विकल्प 2 : सार्वभौमिक स्वास्थ्य सेवा पैकेज से सम्बन्धित सेवाओं को 'कैशलेस' (या नकद राशि से मुक्त) उपलब्ध कराये, और ऐसी कोई सेवा उपलब्ध न कराये जिसके लिए निजी बीमा या मरीज़ को खुद रकम देनी पड़े।

नियन्त्रण और निगरानी की मज़बूत व्यवस्था होने पर ही पहला विकल्प कारगर साबित हो सकता है। इसके बारे में संस्थाओं से सम्बन्धित भाग में चर्चा की गयी है।

सामुदायिक भागीदारी और नागरिकों के जुड़ाव को बढ़ाने के लिए निम्नलिखित क़दम उठाने की आवश्यकता है : वर्तमान ग्राम स्वास्थ्य समितियों (या स्वास्थ्य और स्वच्छता समितियों) को सहभागी स्वास्थ्य परिषदों में बदलना; नियमित स्वास्थ्य सभाएँ आयोजित करना; निर्वाचित प्रतिनिधियों के साथ-ही-साथ पंचायती राज संस्थाओं (ग्रमीण क्षेत्रें में) और स्थानीय स्वशासन (शहरी क्षेत्रों में) की भूमिका बढ़ाना; नागरिक

समाज और गैर-सरकारी संगठनों (एनजीओ) की भूमिका को मज़बूती देना; प्रखण्ड स्तर पर एक औपचारिक शिकायत निवारण संयन्त्र स्थापित करना।

संस्थाएँ

स्वास्थ्य की नयी नियामक संरचना और सार्वजनिक-निजी मिश्रित सार्वभौमिक स्वास्थ्य सेवा व्यवस्था के केन्द्र में एक 'नैशनल हेल्थ रेग्युलेटरी ऐंड डिवलपमेंट अथॉरिटी' (राष्ट्रीय स्वास्थ्य नियामक और विकास प्राधिकरण—एनएचआरडीए) होगी। इसे संविधि द्वारा यह शक्ति प्राप्त होगी कि यह सार्वजनिक और निजी- दोनों ही क्षेत्रों का नियमन और निगरानी/लेखा (ऑडिट) कर सकती है। यह सुनिश्चित कर सकती है कि ये दोनों क्षेत्र सही तरीके से काम करें और इनसे जुड़ी शिकायतों का निवारण हो (रेखाचित्र 1)। यद्यपि यह प्राधिकरण स्वास्थ्य और परिवार कल्याण मन्त्रालय से जुड़ा होगा, किन्तु इसके बावजूद यह एक स्वतन्त्र निकाय के रूप में काम करेगा। राज्य स्तर पर 'स्टेट हेल्थ रेग्युलेटरी ऐंड डिवलपमेंट अथॉरिटीज' (राज्य स्वास्थ्य नियामक और विकास प्राधिकार—एसएचआरडीए) इसके सहायक के रूप में कार्य करेंगे। राज्यों का सार्वभौमिक स्वास्थ्य सेवा व्यवस्था में प्रवेश पूरी तरह से राज्य स्तर पर एसएचआरडीए की स्थापना पर निर्भर होगा, जिसकी शक्तियाँ हर राज्य में एक जैसी होंगी।

रेखाचित्र : नियामक संरचना

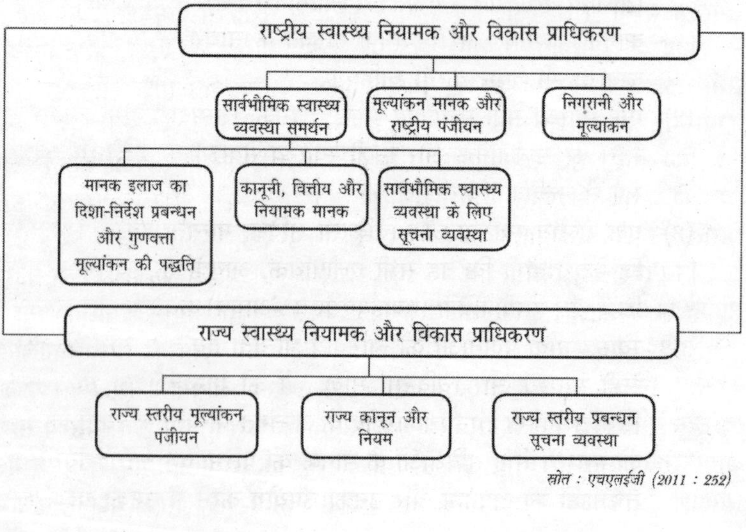

स्रोत : एचएलईजी (2011 : 252)

राष्ट्रीय स्तर पर एनएचआरडीए अन्य बातों के अलावा निम्नलिखित प्रमुख बातों पर ध्यान देगी : सार्वभौमिक स्वास्थ्य सेवा व्यवस्था में सार्वजनिक और निजी प्रदाताओं द्वारा अनुबन्धों के पालन पर निगरानी करना और उन्हें लागू करवाना; सभी स्वास्थ्य प्रदाताओं को मान्यता देना (वास्तविक अनुबन्ध स्वास्थ्य मन्त्रालय/विभाग या स्वतन्त्र पक्ष द्वारा किया जायेगा); सुविधाओं, कर्मचारी, सेवाओं के क्षेत्र, पहुँच, गुणवत्ता और तार्किकता तथा स्पष्ट मानकों के आधार पर देखभाल का ख़र्च तय करने के कानूनी और नियामक मानकों का निर्धारण; इलाज के लिए मानक दिशा-निर्देश और राष्ट्रीय स्वास्थ्य पैकेज के प्रबन्धन के नियम बनाना ताकि प्रवेश, गुणवत्ता, मात्रा तथा कीमत में वृद्धि को नियन्त्रित किया जा सके; मरीज़ों के अधिकार चार्टर को लागू करवाना, जिसमें नैतिक मानक और शिकायत निवारण संयन्त्र की स्थापना सम्मिलित है; पेशेवर संगठनों से मिलकर इलाज के मानक नियम का निर्धारण करना और उनका पालन सुनिश्चित करना; अस्पताल द्वारा मरीज़ों को बताई गयी दवाओं और अस्पताल में भर्ती मरीज़ों की नियमित लेखा-परीक्षा (ऑडिट), मृत्यु लेखा-परीक्षा और सहकर्मी समीक्षा की अन्य प्रक्रियाओं की एक व्यवस्था स्थापित करना और उसका पालन सुनिश्चित करना।

एनएचआरडीए के अन्तर्गत तीन इकाइयों की परिकल्पना की गयी है–

(1) एक व्यवस्था सहायक इकाई (सिस्टम सपोर्ट यूनिट–एसएसयू), जो सार्वभौमिक स्वास्थ्य सेवा व्यवस्था के लिए इलाज के मानक दिशा-निर्देश, प्रबन्धन के नियमों, गुणवत्ता सुनिश्चित करने की प्रणाली बनाने के लिए ज़िम्मेदार हो; साथ ही, इसे सार्वभौमिक स्वास्थ्य सेवा व्यवस्था के लिए कानूनी, वित्तीय, और नियामक मानकों के साथ-ही-साथ प्रबन्धन सूचना व्यवस्था भी तैयार करनी चाहिए।

(2) एक स्वास्थ्य सेवा मूल्यांकन इकाई, जिसकी ज़िम्मेदारी होगी कि वह सभी स्तरों पर सार्वजनिक और निजी स्वास्थ्य सेवाओं के प्रदर्शन का स्वतन्त्र रूप से मूल्यांकन करे।

(3) एक राष्ट्रीय स्वास्थ्य और चिकित्सा सुविधा मान्यता इकाई, जिसकी यह ज़िम्मेदारी होगी कि वह सभी एलोपैथिक, आयुर्वेदिक, न्यूरोपैथी, यूनानी, सिद्ध और होम्योपैथिक (एवाईयूएसएच–आयुष) के निजी और सार्वजनिक स्वास्थ्य सेवा प्रदाताओं को अनिवार्य मान्यता तय करे; साथ-ही-साथ इसे सभी स्वास्थ्य और चिकित्सा सुविधाओं को मान्यता देना भी इसकी ही ज़िम्मेदारी होगी। एनएचआरडीए के अन्तर्गत मान्यता सुविधाएँ प्राप्त होंगी जो स्वास्थ्य सेवा सुविधाओं के मानक को परिभाषित करेंगी तथा प्रबन्धन तकनीकों को अपनाने और उनका उपयोग करने में उनकी मदद करेंगी।

इस इकाई का एक मुख्य कार्य यह सुनिश्चित करना होगा कि आबंटित संसाधनों का सार्थक उपयोग हो, और इसके द्वारा सूचना प्रौद्योगिकी के संसाधनों पर विशेष ध्यान दिया जायेगा। राज्य-स्तर पर भी आँकड़ों को संग्रहित करने और मान्यताद देने के लिए इसी तरह की एजेंसियाँ (राज्य सुविधा मान्यता इकाई) होनी चाहिए, जो राष्ट्रीय सुविधा मान्यता इकाई के अन्तर्गत कार्य करते हुए यह सुनिश्चित करेंगी कि स्वास्थ्य सेवा सुविधाएँ सही तरीके से कार्य करें और प्रशासनिक नियमों का पालन करें।

उपर्युक्त व्यवस्थाओं के अतिरिक्त 'ड्रग्स ऐंड मेडिकल डिवाइसेज रेग्युलेटरी अथॉरिटी' (औषधि और चिकित्सा संयन्त्र नियामक प्राधिकरण) को मज़बूत बनाया जायेगा। साथ ही, इसके क्षेत्र का विस्तार करते हुए इसमें विकास कार्यों को भी जोड़ा जायेगा, ताकि दवाओं और चिकित्सा यन्त्रों के क्षेत्रों पर बेहतर नियन्त्रण स्थापित हो। अन्त में, विशेष रूप से, यह भी उल्लेखनीय है कि एक 'नैशनल हेल्थ प्रोमोशन ऐंड प्रोटेक्शन ट्रस्ट' (एनएचपीपीटी) की भी परिकल्पना की गयी है, जो ज्ञान और सूचना के माध्यम से आम लोगों, स्वास्थ्य प्रदाताओं और नीति निर्माताओं में बेहतर स्वास्थ्य संस्कृति को बढ़ावा देने में उत्प्रेरक की भूमिका अदा करेगी। इसके निम्नलिखित प्रमुख कार्य होंगे : स्वास्थ्य व्यवस्था और जवाबदेही संयन्त्र के बारे में लोगों को सूचित करना; अन्य क्षेत्रों में स्वास्थ्य प्रभाव का परीक्षण करना और उसके बारे में लोगों को बताना, इसमें स्वास्थ्य के सामाजिक निर्धारकों का स्वास्थ्य प्रभाव मूल्यांकन भी शामिल है; और स्वास्थ्य के सामाजिक निर्धारकों से सम्बन्धित सूचनाओं के आदान-प्रदान के लिए अन्तर्राष्ट्रीय संस्थाओं से सहयोग करना।

कमी और जोखिम

विशेषज्ञ समूह के दो अध्याय 'सोशल डिटरमिनेंट्स ऑफ हेल्थ' (स्वास्थ्य के सामाजिक निर्धारक) और 'जेण्डर ऐंड हेल्थ' (जेण्डर और स्वास्थ्य) इसके मूल कार्य-क्षेत्र से आगे जाते हैं। इन मसलों पर चर्चा की शुरुआत हुई है, लेकिन चूँकि ये मुद्दे काफ़ी महत्त्वपूर्ण हैं इसलिए अभी इस चर्चा के ख़त्म होने के आसार दूर-दूर तक नहीं हैं। विशेष रूप से, सार्वभौमिक स्वास्थ्य सेवा में जेण्डर से सम्बन्धित पहलुओं को पूरी तरह सम्मिलित करने के लिए एक अनुपूरक रिपोर्ट की आवश्यकता है। इस रिपोर्ट की एक अन्य कमी यह है कि इसमें शहरी स्वास्थ्य की समस्याओं पर गौर नहीं किया गया है। इनके अलावा, कुछ महत्त्वपूर्ण जोखिम और चिन्ताएँ हैं जिन पर विचार किये जाने की आवश्यकता है।

पहला, विशेषज्ञ समूह की रिपोर्ट एक ऐसे समय में सामने आयी जब

लोक-लुभावनवादी (या पॉपुलिस्ट) समाधान पर ज़ोर दिया जा रहा है; मसलन, बहुत से लोग सरकार द्वारा वित्त पोषित स्वास्थ्य बीमा को समाधान के रूप में पेश कर रहे हैं। राजीव आरोग्यश्री और राष्ट्रीय स्वास्थ्य बीमा योजना जैसे कार्यक्रम काफ़ी सफल हैं और इनके चुनावों में सत्ताधारी दल को वोट भी मिला है। हालाँकि इन योजनाओं की अपनी गम्भीर सीमाएँ हैं जिसके बारे में पहले विवेचना की जा चुकी है। इनकी वित्तीय व्यवहार्यता तो सवालों के घेरे में है ही, ये निवारण, प्रोत्साहन और प्राथमिक सेवा पर ध्यान देने के बजाय द्वितीयक और तृतीयक स्तर की स्वास्थ्य सेवाओं के प्रति ज़्यादा झुके हुए हैं। इसके अलावा, इनके द्वारा सार्वजनिक क्षेत्र की सेवाओं में सुधार करने के लिए कोई खास काम नहीं किया जाता है। यह एक गम्भीर प्रश्न है कि क्या सरकार विशेषज्ञ समूह द्वारा प्रस्तावित ज़्यादा प्रबन्धन योग्य व्यवस्था और ग्रामीण स्वास्थ्य बीमा योजना के सकारात्मक पहलुओं के बीच सामंजस्य स्थापित कर सकती है; यदि हाँ, तो वह ऐसा कैसे करेगी?

द्वितीय, विशेषज्ञ समूह ने 'आसानी से किये जा सकने वाले' कुछ सम्भावित कार्यों की पहचान की है, मसलन सार्वजनिक व्यवस्था द्वारा सामान्य दवाओं की उपलब्धता। लेकिन यदि सरकार इस रिपोर्ट की कई महत्त्वपूर्ण बातों की उपेक्षा करते हुए ज़्यादा आसान और वोट दिलाने वाले सुझावों को ही स्वीकार करती है, तो यह गलत होगा। सार्वभौमिक स्वास्थ्य सेवा के सभी तत्त्व एक एकीकृत सम्पूर्णता के रूप में हैं। इसकी जटिलता खुद इस समस्या की प्रकृति का परिणाम है। इसके क्रियान्वयन के लिए एक अवधि निर्धारित करनी होगी और सावधानीपूर्वक योजना बनानी होगी, जैसा कि थाईलैण्ड और ब्राजील जैसे अन्य देशों ने एक पीढ़ी के अन्दर किया है। किन्तु इसके विभिन्न तत्त्व आपस में जुड़े हुए हैं और काफ़ी महत्त्वपूर्ण हैं।

तीसरा, सार्वभौमिक स्वास्थ्य सेवा के बारे में लोगों में जागरूकता लाना और उनके बीच वाद-विवाद प्रारम्भ करना भी अत्यन्त आवश्यक है। विशेषज्ञ समूह की रिपोर्ट को प्रिंट मीडिया और मीडिया के अन्य प्रकारों में काफ़ी व्यापक और प्रशंसनीय कवरेज मिला, लेकिन इसके बाद मीडिया में दूसरे तरह की ख़बरें छा जायेंगी। सार्वभौमिक स्वास्थ्य सेवा के जटिल सन्देशों के बारे में व्यापक आम-सहमति और समझ बनाने के लिए आवश्यक है कि अभियान की शक्ल में एक नियमित और व्यवस्थित प्रयास किया जाये और इसके लिए यही सबसे सही वक़्त है।

चौथा, सार्वभौमिक स्वास्थ्य सेवा के लिए सबसे बड़ी चुनौतियों में से एक यह है कि इसे स्वास्थ्य सेवा कर्मियों की कमी और अत्यन्त असन्तुलित उपलब्धता का सामना करना पड़ रहा है। विशेषज्ञ समूह ने एक तीन वर्षीय ग्रामीण डिग्री का समर्थन किया है। स्वास्थ्य मन्त्रालय ने इस पर विभिन्न लोगों की सहमति हासिल करने का प्रयास किया है किन्तु चिकित्सा जगत के बहुत से लोगों ने इस प्रस्ताव

का विरोध किया है। इस दिशा में कोई बड़ा क़दम उठाये बिना सार्वभौमिक स्वास्थ्य सेवा को वास्तविक रूप देना कठिन होगा।

पाँचवाँ, विशेषज्ञ समूह के गठन के समय (2010) भी वैश्विक अर्थव्यवस्था वित्तीय संकट से जूझ रही थी, किन्तु भारत की संवृद्धि दर सम्मानजनक थी। उस वक़्त सार्वभौमिक स्वास्थ्य सेवा के लिए वित्त एक गम्भीर बाधा नहीं था तथा सरकार के सर्वोच्च स्तर पर भी सार्वजनिक ख़र्च के अंश में वृद्धि करने की आवश्यकता स्वीकार की गयी। किन्तु उसके बाद संवृद्धि दर में गिरावट होने और यूरोप के वित्तीय संकट के कायम रहने के चलते स्थिति पहले से ख़राब ही हुई है। इसलिए यह आवश्यक है कि इस बात पर लगातार बल दिया जाये कि 12वीं योजना के अन्त तक सरकार को स्वास्थ्य मद में अपना ख़र्च बढ़ाकर जीडीपी का 2.5% कर देना चाहिए (हालाँकि इस सन्दर्भ में पॉपुलिस्ट अलाभकारी बीमा योजनाओं से बचने की आवश्यकता है)।

छठा, अभी तक सस्ती सामान्य (जेनरिक) दवाओं को भारत और अन्य विकासशील देशों के बाज़ारों के लिए एक प्रमुख स्वास्थ्य संसाधन माना जाता रहा है। लेकिन एक गम्भीर मुद्दा यह है कि इस संसाधन में लगातार क्षरण हो रहा है। बहुराष्ट्रीय कम्पनियों द्वारा 100% प्रत्यक्ष निवेश का उपयोग करते हुए प्रमुख भारतीय सामान्य दवाओं पर अपना मालिकाना हक स्थापित कर लिया गया है और इन दवाओं की कीमतों पर इनका नियन्त्रण हो गया। इसके लिए सार्वजनिक क्षेत्र के दवा और वैक्सीन उत्पादनों का बन्द होना भी ज़िम्मेदार है। साथ ही, अमीर देशों ने भारत से कई द्विपक्षीय व्यापार सन्धियाँ कीं और इसे ट्रिप्स समझौते से आगे जाकर 'ट्रिप्स प्लस' और उससे ज़्यादा सख्त व्यवस्था को अपनाने के लिए जबरदस्त दबाव डाला है। यूरोपीय यूनियन-भारत मुक़्त व्यापार समझौता अपने आख़िरी चरण में है। यह भी एक ऐसा समझौता है जिसमें यूरोपीय यूनियन भारत पर 'ट्रिप्स प्लस' समझौता शर्तें थोप सकता है। इससे भी भारत के सामान्य दवा उत्पादकों को गम्भीर समस्या का सामना करना पड़ेगा और इससे देश में सार्वभौमिक स्वास्थ्य सेवा स्थापित करने के लक्ष्य को झटका लगेगा।

अन्त में, ऐसी बहुत शक्तिशाली ताकतें हैं जो यह चाहती हैं कि देश की स्वास्थ्य व्यवस्था अनियन्त्रित और लाभप्रद बाज़ार की दिशा में बढ़े (या लगातार बढ़ती रहे)। विशेष रूप से, ये सेवा उपलब्ध कराने, स्वास्थ्य बीमा और चिकित्सा शिक्षा के क्षेत्र में बाज़ार की भूमिका बढ़ाना चाहते हैं। यह सच है कि विशेषज्ञ समूह ने भी स्वास्थ्य सेवाओं के क्षेत्र में निजी क्षेत्र की महत्त्वपूर्ण भूमिका को स्वीकार किया है, लेकिन इसने इस पर भी बल दिया है कि एक मज़बूत नियामक रूपरेखा और संरचना की आवश्यकता है। साथ ही, इसके अनुसार, हर प्रकार के नियन्त्रण की अवहेलना करने वाले तदर्थ सार्वजनिक-निजी सहयोग पर रोक लगाई जानी चाहिए।

इसमें यह भी कहा गया है कि देश के नागरिकों के प्रति जवाबदेही निर्मित करने की एक प्रभावी प्रक्रिया आवश्यक है।

निश्चित रूप से, देश में सार्वभौमिक स्वास्थ्य सेवा के मज़बूत समर्थक हैं। 12वीं योजना के लिए स्वास्थ्य सम्बन्धी योजना आयोग के विशेषज्ञ समूह ने हमारे विशेषज्ञ समूह द्वारा तैयार रिपोर्ट को पूरी तरह स्वीकार किया है। साथ ही, राष्ट्रीय और अन्तर्राष्ट्रीय स्तर पर भी इसे काफ़ी समर्थन मिला है। हालाँकि यह देखना बाकी है कि क्या नागरिक समाज संगठित हो सकता है, क्या सार्वजनिक उत्साह उत्पन्न करके उसे कायम रखा सकता है, और क्या सरकार सार्वभौमिक स्वास्थ्य सेवा के अत्यन्त पुराने वायदे को पूरा करने की दिशा में निरन्तरता के साथ आगे बढ़ सकती है।

सन्दर्भ

1. इस शोध-आलेख के बारे में उच्च स्तरीय विशेषज्ञ समूह (एचएलईजी) के भीतर बड़े पैमाने पर चर्चा हुई। इसमें इससे सम्बन्धित विविध व्यक्तियों और संगठनों, पब्लिक हेल्थ फाउंडेशन के कमर्चारी और एचएलईजी के कर्मचारियों ने भाग लिया। तथ्यों या व्याख्या से सम्बन्धित कोई भी गलती मेरी है।
2. इस बारे में सवाल किया जा सकता है कि आशा को आपूर्ति पक्ष का समर्थन करने वाला मानना चाहिए या माँग पक्ष का। असल में, इनका प्रमुख कार्य जननी सुरक्षा योजना की माँग पक्ष के अन्तर्गत संस्थात्मक प्रसव में महिलाओं को सहयोग देना है।
3. उच्च स्तरीय विशेषज्ञ समूह में निम्नलिखित सदस्य थे : के. श्रीनाथ रेड्डी (अध्यक्ष), अभय बांग, मिराय चटर्जी, जशोधरा दासगुप्ता, अनु गर्ग, योगेश जैन, ए. के. शिवा कुमार, नचिकेत मोर, विनोद पॉल, पी. के. प्रधान, एम. गोविन्दा राव, गीता सेन, एन. के. सेठी (समन्वयक), अमरजीत सिन्हा और लीला सेल्ब वर्के।

सन्दर्भ ग्रन्थ सूची

आर्मस्ट्रांग, जी. एल., एल. ए. कॉन और आर. डब्ल्यू. पीनर (1999), 'ट्रेंड्स इन इनफेक्सियस डिजीज मॉर्टालिटी इन द यूनाइटेड स्टेट्स इन द 20 सेंचुरी', *जर्नल ऑफ द अमेरिकन मेडिकल एसोसिएशन*, 281 (1), पृ. 61-66।

बालाबानोवा, डी., एम. मैकी और ए. मिल्स (सम्पा.) (2011), *गुड हेल्थ ऐट लो कॉस्ट' 25 ईयर्स ऑन-व्हाट मेक्स अ सक्सेसफुल हेल्थ सिस्टम?*, लन्दन स्कूल ऑफ हायजीन ऐंड ट्रोपिकल मेडिसिन, लन्दन।

ब्लूम, डी., डी. कैनिंग और जे. सेविला (2003), *द डेमोग्राफिक डिविडेन्ड : अ न्यू पर्सपेक्टिव ऑन द इकोनॉमिक कॉन्सीक्वेनशेज ऑफ पॉप्यूलेशन चेंज,* सैंट मोनिका, आरएएनडी कॉरपोरेशन।

दुग्गल, आर. (तारीख उपलब्ध नहीं), 'अ न्यू हेल्थ पॉलिसी फॉर हेल्थ सेक्टर रिफॉर्म्स', वेब पता- http://www.cehat.org/go/uploads/Publications/a87.pdf

हॉलस्टीड, एस., जे. वॉल्श, और के. वॉरेन (सम्पा) (1985), गुड हेल्थ ऐट लो कॉस्ट, न्यू यॉर्क, रॉकफेलर फाउंडेशन।

एचएलईजी (2011), 'हाई लेवल एक्सपर्ट ग्रुप रिपोर्ट ऑन यूनिवर्सल हेल्थ कवरेज फॉर इण्डिया', प्लानिंग कमीशन ऑफ इण्डिया, नयी दिल्ली, वेब पता-http://www.planningcommission.nic.in/reports/generep/rep-uhcz111.pdf.

एनएसएसओ (2006), *मॉरबिडिटी, हेल्थ केयर ऐंड द कंडीशन ऑफ द ऐज्ड (एनएसएसओ 60 राउंड, जनवरी-जून 2006),* नैशनल सैम्पल सर्वे ऑफिस, नयी दिल्ली, मिनिस्ट्री ऑफ स्टैटिस्टिक्स ऐंड प्रोग्राम इम्पलिमेनटेशन।

सेल्वाराज, एस. और ए. के. करन (2009), 'डिपेनिंग हेल्थ इनसेक्योरिटी इन इण्डिया : इविडेन्स फ्रॉम नैशनल सैम्पल सर्वे सिंस 1980ज', *इकोनॉमिक ऐंड पॉलिटिकल वीकली,* 44(40)।

सेन, जी. (2010), 'इक्विटी ऐंड हेल्थ इन द एरा ऑफ रिफॉर्म', द फोर्थ कृष्णा राय मेमोरियल लेक्चर ऑन कॉन्टेम्परेरी इसूज इन हेल्थ ऐंड सोशल साइंसेज, अनुसन्धान ट्रस्ट/यूनिवर्सिटी ऑफ मुम्बई।

—(2011), 'टारगेटेड इंश्योरेंस वर्सेज यूनिवर्सल हेल्थ कवरेज : रीसेन्ट एक्सपीरियेन्स विद हेल्थ कवरेज इन इण्डिया', पेपर प्रजेण्टेड इन प्लेनरी सेशन 2 ऑफ द कॉन्फ्रेंस ऑन हेल्थ सिस्टम रिफॉर्म इन एशिया, यूनिवर्सिटी ऑफ हॉन्ग कॉन्ग, 9-2 दिसम्बर।

सेन, जी., ए. अयर और ए जॉर्ज (2002), 'स्ट्रक्चरल रिफॉर्म ऐंड हेल्थ इक्विटी : अ कॉम्पेरीजन ऑन एनएसएस सर्वेज ऑफ 1986-87 ऐंड 1995-96', *इकोनॉमिक ऐंड पॉलिटिकल वीकली,* 37(44)।

[यह शोध-आलेख *इकोनॉमिक ऐंड पॉलिटिकल वीकली* के 25 फ़रवरी 2012 अंक में प्रकाशित हुआ था।]

भारत में अर्द्ध-शिक्षक : स्थिति और प्रभाव

गीता गाँधी किंगडन, वन्दना सिपाहीमलानी-राव[1]

अर्द्ध-शिक्षकों को, जिन्हें कई बार 'अनुबन्ध शिक्षक' (कॉन्ट्रैक्ट टीचर्स) भी कहा जाता है, बहुत से भारतीय राज्यों में बड़े पैमाने पर काम पर रखा जा रहा है। जहाँ विभिन्न राज्यों में इन्हें काम पर रखने की शर्तों, कार्यकाल, पारिश्रमिक और योग्यता में अन्तर है, वहीं अर्द्ध-शिक्षकों के उपयोग ने प्राथमिक शिक्षा की गुणवत्ता पर उनके प्रभाव के बारे में वाद-विवाद को जन्म दिया है। उपलब्ध अध्ययनों की आलोचनात्मक समीक्षा तथा लेखिकाओं और उनके सहयोगियों द्वारा किये गये स्कूल-टेल्स सर्वेक्षण से प्राप्त नये प्रमाण के आधार पर यह शोध-आलेख भारत में प्राथमिक विद्यालयों में अर्द्ध-शिक्षकों के कार्यों और प्रभावों के बारे में अपने तर्कों और निष्कर्षों को संक्षिप्त रूप में प्रस्तुत करता है। जिन अध्ययनों की समीक्षा की गयी है उनमें से किसी में अर्द्ध-शिक्षकों के कारणात्मक प्रभाव का मूल्यांकन नहीं किया गया है। लेकिन ये अध्ययन यह अवश्य बताते हैं कि ख़राब प्रशिक्षण के बावजूद अर्द्ध-शिक्षक, नियमित शिक्षकों की तुलना में ज़्यादा लागत-प्रभावकारी हो सकते हैं। हालाँकि कैरियर में प्रगति और शिक्षकों के लिए समता के प्रश्न पर भी ध्यान दिये जाने की आवश्यकता है।

भारत में अर्द्ध-शिक्षक योजनाओं के जबरदस्त समर्थक और आलोचक—दोनों ही हैं। समर्थक यह दावा करते हैं कि ये योजनाएँ शिष्य-शिक्षक अनुपात में कटौती करती हैं, एकमात्र शिक्षक वाले स्कूलों को ख़त्म करती हैं, प्राथमिक शिक्षा उपलब्ध कराने के ख़र्च को कम करती हैं तथा ये स्थानीय पंचायतों के प्रति शिक्षकों की जवाबदेही में बढ़ोतरी कर सकती हैं। दूसरी ओर, आलोचक (नियमित शिक्षकों की तुलना में) अर्द्ध-शिक्षकों के कम पेशेवर प्रशिक्षण और तथाकथित निम्न शैक्षणिक योग्यता की आलोचना करते हैं; साथ ही, वे वेतन की दोहरी संरचना को भी नापसन्द करते हैं जिसमें एक ही स्कूल के भीतर अर्द्ध-शिक्षकों को नियमित शिक्षकों की तुलना में कम वेतन दिया जाता है। लेकिन अनुभवसिद्ध प्रमाण क्या कहते हैं? इस शोध-आलेख में

इन विषयों पर उपलब्ध अनुसन्धान को एक स्थान पर लाने का प्रयत्न किया गया है।

अनुबन्ध शिक्षकों को काम पर रखना अकादमिक और नीति सम्बन्धी क्षेत्रों के साथ-ही-साथ शिक्षक संघों के बीच भी एक विवादास्पद विषय रहा है। अर्द्ध-शिक्षकों के मुद्दे की मत-भिन्नता का प्रमाण यह है कि इससे सम्बन्धित भारत सरकार के विविध दस्तावेज़ों में अलग-अलग और अन्तर्विरोधी विचार व्यक्त हुए हैं। योजना आयोग, मानव संसाधन विकास की स्थायी समिति, ग्यारहवीं पंचवर्षीय योजना की कार्यकारी समूह रिपोर्ट तथा राष्ट्रीय शैक्षिक और अनुसन्धान परिषद (एनसीईआरटी) के राष्ट्रीय पाठ्यक्रम रूपरेखा से सम्बन्धित विविध दस्तावेज़ों में अर्द्ध-शिक्षक योजनाओं के बारे में अन्तर्विरोधी कथन सामने आये हैं (किंगडन और सिपाहीमलानी-राव 2009)। शिक्षक संघ अनुबन्ध शिक्षकों के पक्ष में नहीं हैं क्योंकि इनका मानना है कि इनमें प्रशिक्षण का अभाव होता है और उनका वेतन काफ़ी कम होता है जो कि पूरी तरह गैर-मुनासिब है। इसके अतिरिक्त, शिक्षक संघ यह भी मानते हैं कि जब शिक्षकों को अनुबन्ध पर काम में लगाया जाता है, तो शिक्षण की गुणवत्ता कम हो जाती है।

बहुत से राज्यों ने अनुबन्ध शिक्षकों के मसले पर कानूनी मुद्दों और अदालती मुक़दमों का सामना किया है। मुख्य रूप से, ये मुद्दे अनुबन्ध शिक्षकों की इस माँग से सम्बन्धित रहे हैं कि उन्हें मुख्यधारा में शामिल किया जाये तथा उनके वेतनमान और सेवा-शर्तों में सुधार किया जाये। गुजरात, ओडिशा, महाराष्ट्र और हिमाचल प्रदेश जैसे कुछ राज्यों ने इस समस्या को हल करने में सफलता हासिल की है। उन्होंने अर्द्ध-शिक्षकों को यह गारंटी दी है कि उनका अनुबन्ध ख़त्म होने पर उन्हें किसी अवकाश-प्राप्त कर रहे शिक्षक के स्थान पर स्थायी नियुक्ति दे दी जायेगी (ऑल इण्डिया प्राइमरी टीचर्स फेडेरेशन [एआईपीटीएफ] 2008)। बिहार में भी अर्द्ध-शिक्षक अवकाश प्राप्ति की उम्र तक के लिए नियुक्त हो रहे हैं।

यह शोध-आलेख भारत के प्राथमिक विद्यालयों में अर्द्ध-शिक्षकों के कार्य और प्रभाव से सम्बन्धित मौजूदा सूचना और प्रमाण को संक्षिप्त रूप में प्रस्तुत करता है। इस तरह की आख़िरी समीक्षा गोविन्दा और जोसेफिन (2004) ने की थी। हालाँकि 2004 के बाद से बहुत से नये अध्ययन हुए हैं तथा बहुत से राज्यों में अर्द्ध-शिक्षकों की संख्या में भी काफ़ी बढ़ोतरी हुई है। यह समीक्षा इन विविध परिवर्तनों के बारे में बताती है तथा विविध स्रोतों से प्रमाण और मुद्दों को एक साथ प्रस्तुत करती है। हालाँकि सबसे पहले अर्द्ध-शिक्षक योजनाओं के बारे में कुछ बुनियादी सूचना उपलब्ध कराना आवश्यक है जिससे इनके बारे में समझ बनाने में आसानी होगी।

प्राथमिक शिक्षा में अर्द्ध-शिक्षक

भारत में स्वतन्त्रता के बाद पिछले छह दशकों में प्राथमिक शिक्षा के क्षेत्र में काफ़ी

तेज़ी से वृद्धि हुई है। 1950 और 2005-06 के बीच 'बेसिक स्कूलों' (प्राथमिक विद्यालयों) की संख्या में पाँच गुना बढ़ोतरी हुई है और इसी अवधि में इन स्कूलों में नामांकन आठ गुना बढ़ा है।[2] 1990 के दशक में प्राथमिक स्तर पर नामांकन में जबरदस्त इजाफ़ा हुआ क्योंकि सरकार ने प्राथमिक शिक्षा पर ज़्यादा ध्यान दिया और इसके लिए संसाधन आबंटित किये। इस विस्तार के चलते व्यवस्था पर काफ़ी दबाव पड़ा। अधिकांश राज्यों में शिष्य-शिक्षक अनुपात पहले से ही ज़्यादा था। 1990 के दशक में इसमें और भी वृद्धि हुई। 1950 में प्राथमिक और उच्च प्राथमिक कक्षाओ में शिष्य-शिक्षक अनुपात 35.6 था जो वर्ष 2000 में बढ़कर 50.2 हो गया।[3]

इसके साथ ही बहुत से राज्य भयंकर वित्तीय घाटे का सामना कर रहे थे। इसके चलते आवश्यक बड़ी संख्या में नये शिक्षकों की नियुक्ति मुश्किल हो गयी क्योंकि शिक्षकों की स्थायी भर्ती करने से राज्य के बजट पर बोझ ज़्यादा बढ़ता। ऐसी ही स्थिति में 'अर्द्ध-शिक्षक' के विचार का जन्म हुआ, जिसे कई बार अनुबन्ध शिक्षक भी कहा गया। चूँकि पिछले दशक में ज़्यादा अर्द्ध अनुबन्ध शिक्षकों को काम पर रखा गया, इसलिए वर्ष 2005-06 में राष्ट्रीय शिष्य-शिक्षक अनुपात गिरकर 35.7 हो गया।[4]

विभिन्न राज्यों में अर्द्ध-शिक्षक की अलग-अलग सुनिश्चित परिभाषा है। इस अध्ययन में अर्द्ध-शिक्षक शब्द का उपयोग उसी अर्थ में किया गया है, जिस अर्थ में इसका उपयोग हाल के अध्ययन में किया गया है—"प्राथमिक और उच्च प्राथमिक स्कूल में शिक्षकों का ऐसा समूह जिनकी नियुक्ति अनुबन्ध पर और/या ऐसे नियम और शर्तों के अनुसार हुई है जो कि राज्य के नियमित कैडर शिक्षकों से भिन्न होते हैं।" (नैशनल कौंसिल फॉर अप्लाइड इकोनॉमिक रिसर्च [एनसीएईआर] 2008)।

अन्य देशों में भी अर्द्ध-शिक्षकों का प्रचलन है और भारत की तरह ही उन्हें अमूमन स्थानीय समदायों में से लिया जाता है।[5] हालाँकि भारत के विपरीत, बहुत से यूरोपीय देशों में ये सहायक शिक्षक की भूमिका निभाते हैं या शिक्षक के सहायक के रूप में काम करते हैं। भारत में अक्सर इनकी नियुक्ति स्थायी शिक्षक की मदद करने के लिए नहीं, बल्कि उनका स्थान लेने के लिए होती है; और ये अक्सर स्थायी शिक्षकों से अलग कक्षा में पढ़ाते हैं।

भारत में अर्द्ध-शिक्षक हाल की परिघटना है। 1980 के दशक के मध्य में राजस्थान और हिमाचल प्रदेश जैसे कुछ राज्यों ने कुछ विशिष्ट योजनाओं के लिए ऐसे शिक्षक रखने की शुरुआत की। 1990 के दशक में यह प्रवृत्ति कई अन्य राज्यों में भी फैल गयी और इसके बाद से अधिकांश राज्यों में इनकी संख्या बढ़ गयी। दक्षिण में केरल, कर्नाटक और तमिलनाडु जैसे राज्यों ने अर्द्ध-शिक्षक न रखने या बहुत ही कम संख्या में रखने का फ़ैसला किया। ये वे राज्य हैं जहाँ बच्चों की जनसंख्या स्थिरता की ओर है और इसलिए इन राज्यों को शिक्षकों की कमी की गम्भीर समस्या का सामना नहीं करना पड़ा है। देश के अधिकांश राज्यों में से कई

ने अर्द्ध और स्थायी—दोनों ही तरह के शिक्षकों की नियुक्ति जारी रखी, मसलन उत्तर प्रदेश और बिहार ने ऐसा किया; या फिर मध्य प्रदेश जैसे राज्य ने हाल के वर्षों में नये शिक्षकों के रूप में सिर्फ़ अर्द्ध-शिक्षकों की ही नियुक्ति की है।

प्रस्तुत आलेख के अगले भाग में विभिन्न राज्यों में अर्द्ध-शिक्षकों की संख्या और स्थिति, साथ-ही-साथ उनकी अकादमिक और पेशेवर योग्यता के बारे में नवीनतम आँकड़ा प्रस्तुत किया गया है। अगले भाग में भारत में शिक्षा की गुणवत्ता पर अर्द्ध-शिक्षकों के प्रभाव से सम्बन्धित विविध अध्ययनों और इनसे उभरने वाले मुद्दों का संक्षिप्त विवरण दिया गया है। आख़िरी भाग में अर्द्ध-शिक्षकों से सम्बन्धित भविष्य की सम्भावनाओं के बारे में सुझाव देते हुए इस शोध-आलेख का निष्कर्ष प्रस्तुत किया गया है।

भारत में अर्द्ध-शिक्षकों की वर्तमान स्थिति

अर्द्ध-शिक्षक की कोई ऐसी स्पष्ट परिभाषा नहीं है जिसे पूरे भारत में एक साथ स्वीकार किया जाता हो। विभिन्न राज्यों में उन्हें काम पर रखने के तरीके, वेतन, प्रशिक्षण और पात्रता की आवश्यकता में काफ़ी भिन्नता है। अभी हाल तक अर्द्ध-शिक्षकों को परिभाषित करने वाली मुख्य विशेषता यह थी कि उन्हें एक अनुबन्ध पर रखा जाता था और नियमित शिक्षकों की तरह उनका कोई स्थायी कार्यकाल नहीं होता था। किन्तु वर्ष 2006 और 2007 में उत्तरी राज्य बिहार में बड़े पैमाने पर अर्द्ध-शिक्षकों को काम पर रखा गया। यह भी गौरतलब है कि इन नवनियुक्त अर्द्ध-शिक्षकों की अकादमिक योग्यता और प्रशिक्षण नियमित शिक्षकों जैसी नहीं थी। इस तरह, अब अनुबन्ध की विशेषता के आधार पर भारत में सभी अर्द्ध-शिक्षकों को परिभाषित नहीं किया जा सकता है। नियमित शिक्षकों से कम योग्यता होने को भी सम्पूर्ण भारत में अर्द्ध-शिक्षकों की अनूठी पारिभाषित विशिष्टता नहीं मानी जा सकती है। इसका कारण यह है कि गुजरात और महाराष्ट्र में अर्द्ध-शिक्षकों के पास नियमित शिक्षकों जैसी योग्यता होना अनिवार्य है। इसलिए, इस शोध-आलेख में उन सभी शिक्षकों को अर्द्ध-शिक्षक के रूप में स्वीकार किया गया है जो अनुबन्ध के नियमों या नियमित सरकारी शिक्षक से भिन्न नियमों और शर्तों के आधार पर नियुक्त हुए हैं।

कुछ राज्यों में अर्द्ध-शिक्षक स्थानीय सरकार अर्थात पंचायतों द्वारा नियुक्त किये जाते हैं; दूसरे कई राज्यों में विद्यालय समितियाँ या गाँव शिक्षा समिति पर इस कार्य की ज़िम्मेदारी होती है। अलग-अलग राज्यों में इनका कार्यकाल 11 से 60 महीने के बीच है। हालाँकि अधिकांश राज्यों में यह प्रावधान है कि उनका शिक्षण कार्य सन्तोषजनक पाये जाने पर उनका कार्यकाल बढ़ाया जा सकता है। गोविन्दा और जोसफिन (2004) का यह अनुमान है कि प्रत्येक वर्ष 95% अर्द्ध-शिक्षकों के अनुबन्ध का नवीनीकरण होता है।

नैशनल यूनिवर्सिटी ऑफ एजुकेशनल प्लानिंग ऐंड एडमिनिस्ट्रेशन (एनयूईपीए या न्युपा) प्रति वर्ष ज़िला शिक्षा सूचना व्यवस्था (डिस्ट्रिक इनफॉरमेशन सिस्टम ऑन एजुकेशन) से सभी भारतीय प्राथमिक विद्यालयों (जो कि लाखों में है) से सम्बन्धित आँकड़े एकत्रित करता है। इन आँकड़ों से यह पता चलता है कि अर्द्ध-शिक्षक प्राथमिक स्तर पर सभी शिक्षकों का 16% हैं तथा उत्तर-प्राथमिक (पोस्ट-प्राइमरी) स्तरों पर इनकी संख्या 10% से भी कम हैं (मेहता 2008)। मुख्य रूप से आन्ध्र प्रदेश, बिहार, छत्तीसगढ़, झारखण्ड, मध्य प्रदेश, राजस्थान और उत्तर प्रदेश में ही देश के कुल अर्द्ध-शिक्षकों का 68% है। दक्षिणी राज्यों केरल, कर्नाटक और तमिलनाडु में बच्चों की जनसंख्या स्थायित्व की ओर है और यहाँ नये शिक्षकों की नियुक्ति का दबाव कम है, इसलिए इन राज्यों में अर्द्ध-शिक्षकों का% नगण्य है। इसके अतिरिक्त, हरियाणा, पंजाब, महाराष्ट्र और गुजरात जैसे ज़्यादा समृद्ध उत्तर-पश्चिमी राज्य भी प्राथमिक और उच्चतर—दोनों ही तरह की कक्षाओं में अर्द्ध-शिक्षकों पर कम निर्भर हैं। दूसरी ओर, बहुत से राज्यों ने सरकारी स्कूलों में नियमित शिक्षकों की भर्ती पूरी तरह से बन्द कर दी है; अब केवल अर्द्ध-शिक्षकों को नियुक्त किया जा रहा है।

ज़िला शिक्षा सूचना व्यवस्था के आँकड़ों के अनुसार वर्ष 2006-07 में पूरे देश में 5,14,000 अर्द्ध-शिक्षक (सभी प्राथमिक स्कूल शिक्षकों का 9.9%) थे। इसके अलावा, वर्ष 2006-07 में कुल प्राथमिक स्कूलों के 5.9% में केवल अर्द्ध-शिक्षक ही थे (मेहता 2008 : 157)।[6]

सारणी 1 : नियमित शिक्षकों की शैक्षणिक योग्यता

	सभी क्षेत्र		ग्रामीण		शहरी	
	नियमित	अर्द्ध	नियमित	अर्द्ध	नियमित	अर्द्ध
माध्यमिक (सेकेण्डरी) स्तर से नीचे	4.1	3.7	4.2	3.7	3.7	3.5
माध्यमिक	22.3	10.8	23.0	10.7	18.9	13.2
निम्न माध्यमिक स्तर तक	26.4	14.5	27.2	14.4	22.6	16.7
उच्च माध्यमिक	29.3	39.4	30.5	39.8	23.6	31.0
स्नातक (ग्रेजुएट)	29.8	32.9	28.4	32.7	36.7	37.2
परास्नातक (पोस्ट ग्रेजुएट)	14.5	13.2	13.9	13.1	17.1	15.1
स्नातक और परास्नातक	44.3	46.1	42.3	45.8	53.8	52.3

स्रोत : मेहता (2008 : 149, 156) के आधार पर संकलित

अर्द्ध और नियमित शिक्षकों के वास्तविक शैक्षिक योग्यताओं के परीक्षण से एक महत्त्वपूर्ण तथ्य सामने आता है। आमतौर पर, यह माना जाता है कि

अर्द्ध-शिक्षक कम योग्य होते हैं, लेकिन कुल मिलाकर अर्द्ध-शिक्षकों की शैक्षिक योग्यता नियमित शिक्षकों से कुछ ज़्यादा ही है (देखें सारणी 1)। मसलन, प्राथमिक स्कूलों के अर्द्ध-शिक्षकों में सिर्फ़ 14.5% ही ऐसे हैं जिनकी 'माध्यमिक या उससे कम' शैक्षिक योग्यता है, लेकिन नियमित शिक्षकों के समूह में यही अनुपात 26.4% है। इसका अर्थ यह है कि अर्द्ध-शिक्षकों की तुलना में तकरीबन दोगुने शिक्षकों की 'उच्च विद्यालय या कम' शैक्षिक योग्यता होने की सम्भावना है। सारणी 1 से यह भी पता चलता है कि स्नातक या स्नातकोत्तर योग्यता वाले अर्द्ध-शिक्षकों का% इन्हीं योग्यताओं वाले नियमित शिक्षकों के बराबर है। इसलिए, सभी शिक्षकों पर एक साथ विचार करने पर, औसतन अर्द्ध-शिक्षक नियमित शिक्षकों से ज़्यादा शिक्षित हैं क्योंकि बहुत कम अर्द्ध-शिक्षकों की शिक्षा उच्च विद्यालय या उससे नीचे की शिक्षा तक सीमित रही है। ग्रामीण उत्तर प्रदेश और बिहार से सम्बन्धित नैशनल कौंसिल ऑफ अप्लाइड इकोनॉमिक रिसर्च (एनसीएईआर) के हाल के अध्ययन (2008) और स्कूल-टेल्स आँकड़ों (किंगडन और अन्य 2008) से इसी तरह के निष्कर्ष सामने आये (किंगडन और सिपाहीमलानी-राव 2009)।

यद्यपि अर्द्ध-शिक्षकों को कम न्यूनतम योग्यता की आवश्यकता है किन्तु नियमित शिक्षकों की तुलना में अर्द्ध-शिक्षकों की शैक्षिक योग्यता बेहतर है। इसकी कई विविध व्याख्याएँ दी जा सकती हैं। पहला, औसतन अर्द्ध-शिक्षक उम्र में नियमित शिक्षकों से काफ़ी युवा हैं और उम्रदराज सहकर्मियों की तुलना में युवा सहकर्मियों का शिक्षा स्तर ज़्यादा ऊँचा है। 'स्कूल-टेल्स' आँकड़े (किंगडन और अन्य 2008) यह संकेत करते हैं कि बिहार में अर्द्ध-शिक्षक, नियमित शिक्षकों से औसतन 15 वर्ष तथा उत्तर प्रदेश में 18 वर्ष छोटे थे। सारणी 2 में राष्ट्रीय ज़िला शिक्षा सूचना व्यवस्था के आँकड़ों का प्रयोग करते हुए यह दर्शाया गया है।

सारणी 2 : नियमित और अर्द्ध शिक्षकों का उम्र सम्बन्धी विवरण

	18-25 वर्ष	26-35 वर्ष	36-45 वर्ष	46-55 वर्ष	55 वर्ष से ऊपर	कोई प्रतिक्रिया नहीं
पुरुष						
नियमित शिक्षक	9.5	30.7	26.3	20.0	8.0	5.4
अर्द्ध-शिक्षक	25.3	51.2	12.7	2.0	1.4	7.3
महिला						
नियमित शिक्षक	7.6	32.5	26.4	17.0	4.3	4.2
अर्द्ध-शिक्षक	39.0	39.5	9.9	1 .7	1.1	8.8

स्रोत : डीआईएसई 2005-06 के आँकड़ों से संकलित (मेहता 2007)

दूसरा, देश में काफ़ी बड़ी तादाद में स्नातक बेरोज़गार हैं, जो अर्द्ध-शिक्षक पद के लिए भी आवेदन करते हैं। जैसा कि सारणी 3 में दिखाया गया है कि ग्रामीण स्नातक बेरोज़गारी दर 11% से ज़्यादा है, जिसका अर्थ है कि अर्द्ध-शिक्षक की नौकरी के लिए स्नातक और परास्नातक युवा उपलब्ध हैं।

सारणी 3 : शैक्षिक स्तर और क्षेत्र के अनुसार बेरोज़गारी दर (व्यक्तियों की उम्र 15-70)

शैक्षिक स्तर	ग्रामीण	शहरी
कोई नहीं	2.7	2.9
प्राथमिक से कम	3.2	3.7
प्राथमिक	3.4	5.1
मध्यम	4.6	7.9
माध्यमिक	6.4	7.7
उच्चतर माध्यमिक	8.6	9.4
स्नातक (ग्रेजुएट)	11.7	10.1
परास्नातक (पोस्टग्रेजुएट)	10.5	10.4

स्रोत : लेखक की गणना; एनएसएस का 61वाँ चरण 2004-05 (गवर्नमेंट ऑफ इण्डिया 2006)

निश्चित रूप से, अर्द्ध-शिक्षकों की अकादमिक योग्यता नियमित शिक्षकों की तरह या उनसे कुछ ऊँची है। किन्तु ऐसे बहुत से अर्द्ध-शिक्षक हैं जिनके पास कोई पेशेवर शैक्षणिक योग्यता नहीं है, अर्थात् नौकरी में आने से पहले इन्होंने 'टीचर ट्रेनिंग' (शिक्षक प्रशिक्षण) नहीं की है। सारणी 4 से यह पता चलता है कि जहाँ 55% अर्द्ध-शिक्षक अप्रशिक्षित थे, वहीं नियमित शिक्षकों में अप्रशिक्षित शिक्षकों का अनुपात सिर्फ़ 18% है। नैशनल कौंसिल ऑफ अप्लाइड इकोनॉमिक रिसर्च के अध्ययन (2008) में यह पाया गया कि उनके सैम्पल में कुल 45% अर्द्ध-शिक्षक अप्रशिक्षित थे, हालाँकि उत्तरी राज्यों में यह अनुपात ज़्यादा था। ग्रामीण उत्तर प्रदेश और बिहार में स्कूल-टेल्स सर्वेक्षण से भी इस निष्कर्ष की पुष्टि हुई। इससे यह पता चलता है कि उत्तर प्रदेश (बिहार) में 96 (85%) अर्द्ध-शिक्षकों ने नौकरी में आने से पहले कोई प्रशिक्षण नहीं लिया था। वहीं, उत्तर प्रदेश (बिहार) में सिर्फ़ 11 (20%) नियमित शिक्षकों ने ही नौकरी में आने से पहले प्रशिक्षण हासिल नहीं किया था (किंगडन और अन्य)।[7]

सारणी 4 : अर्द्ध और नियमित शिक्षकों की पेशेवर योग्यताएँ

	सभी क्षेत्र		ग्रामीण		शहरी	
	नियमित	अर्द्ध	नियमित	अर्द्ध	नियमित	अर्द्ध
जेबीटी या इसके बराबर	32.0	14.2	33.4	14.6	25.1	9.3
एसबीटी या इसके बराबर	24.2	7.6	23.7	7.4	26.5	9.8
बीएड या इसके बराबर	21.7	14.2	20.5	13.2	27.7	26.2
एमएड या इसके बराबर	1.2	1.5	1.1	1.4	1.7	3.2
अन्य	2.7	7.5	2.7	7.5	3.2	6.6
कोई प्रतिक्रिया नहीं'	18.1	55.1	18.6	56.0	15.8	44.5

'इसमें ऐसे शिक्षक शामिल हैं, जिनके पास कोई शैक्षिक योग्यता नहीं है। स्रोत : मेहता (2008 : 151, 159 से संकलित)

इसके बावजूद, अधिकांश राज्यों में अर्द्ध-शिक्षकों के लिए किसी-न-किसी प्रकार के प्रवेश प्रशिक्षण की व्यवस्था अवश्य है (जो सात दिनों से लेकर दो महीने की अवधि की होती है)। प्रधान शिक्षकों से लिए गये साक्षात्कार से यह उजागर हुआ कि आधे से ज़्यादा ऐसे शिक्षक यह मानते हैं कि प्रवेश प्रशिक्षण, और नौकरी के दौरान अर्द्ध और नियमित—दोनों ही तरह के शिक्षकों को दिये जाने वाला प्रशिक्षण अत्यन्त लाभदायक है। इससे 'अर्द्ध-शिक्षकों को अपनी शिक्षण क्षमता बढ़ाने में मदद मिली' (एनसीएईआर 2008)।

सभी राज्यों में नियमित और अर्द्ध-शिक्षकों को दिये जाने वाले वेतन में अन्तर होता है। ऑल इण्डिया प्राइमरी टीचर्स फेडेरेशन ने अपने अध्ययन (2008) में कुछ राज्यों में अर्द्ध-शिक्षकों को मिलने वाले वेतन का दस्तावेज़ तैयार किया है। सारणी 5 में इन निष्कर्षों को संक्षिप्त रूप में प्रस्तुत किया गया है।

अर्द्ध-शिक्षकों को सबसे ज़्यादा पारिश्रमिक दिल्ली राज्य में मिलता है। छत्तीसगढ़, जम्मू और कश्मीर तथा मध्य प्रदेश में विभिन्न अर्द्ध-शिक्षकों को उनके पद के हिसाब से मानदेय राशि दी जाती है। बिहार, हिमाचल प्रदेश, झारखण्ड और महाराष्ट्र में प्रशिक्षित और अप्रशिक्षित शिक्षकों को अलग-अलग मानदेय राशि मिलती है। नैशनल कौंसिल ऑफ अप्लाइड इकोनॉमिक रिसर्च के अध्ययन (2008) में भी यह बताया गया है कि नियमित और अर्द्ध-शिक्षकों को दिये जाने वाले पारिश्रमिक में अन्तर होता है। 12 राज्यों के उनके उप-सैम्पल में अर्द्ध-शिक्षकों को उतना ही पारिश्रमिक मिलने का उल्लेख किया गया है, जितना कि ऑल इण्डिया प्राइमरी टीचर्स फेडेरेशन ने अपनी रिपोर्ट में बताया है। सारणी 5 कुछ राज्यों में नियमित शिक्षकों के वेतन और अर्द्ध-शिक्षकों के वेतन के अनुपात को भी दर्शाती है। यह स्पष्ट है कि सभी राज्य नियमित शिक्षकों की तुलना में अर्द्ध-शिक्षकों को काफ़ी कम वेतन देते हैं। पश्चिम

बंगाल में अर्द्ध-शिक्षकों को नियमित शिक्षकों के वेतन का 14% ही पारिश्रमिक के रूप में मिलता है। हालाँकि सभी अध्ययन किये गये राज्यों में अर्द्ध-शिक्षकों को औसतन नियमित शिक्षकों के वेतन का 36% मिलता है।

सारणी 5 : चयनित राज्यों में नियमित और अर्द्ध-शिक्षकों के मासिक वेतन की तुलना

(भारतीय रुपये में)

राज्य	नियमित शिक्षक (2004-5 में मासिक आय)	नियमित शिक्षक (2007 में मासिक आय)'	अर्द्ध-शिक्षक (2007 में मासिक आय)	नियमित शिक्षकों की तुलना में अर्द्ध-शिक्षकों के वेतन का अनुपात
आन्ध्र प्रदेश	5,642	6,488	1,500	23.1
बिहार	8,497	9,772	4,000''	40.9
गुजरात	6,756	7,769	2,500	32.2
जम्मू और कश्मीर	5,751	6,614	4,500	68.2
मध्य प्रदेश	5,418	6,231	3,500	56.2
महाराष्ट्र	8,548	9,830	3,000	30.5
राजस्थान	6,892	7,926	2,000	25.2
उत्तर प्रदेश	7,516	8,643	3,000	34.7
पश्चिम बंगाल	9,289	10,682	1,500	14.0

'इस गणना के लिए नियमित शिक्षकों के वेतन के सन्दर्भ में एनएसएस के 61वें दौर में आँकड़ों को 'ऑल इण्डिया कंज्यूमर प्राइस इंडेक्स फॉर इण्डस्ट्रियल वर्कर्स' का उपयोग करते हुए तय किया गया है। हमने एनएसएस के तीन अंकों वाले पेशा सम्बन्धी कोड का इस्तेमाल करते हुए शिक्षकों की पहचान की है, और जिन लोगों ने सार्वजनिक (निजी के विपरीत) और नियमित (अस्थायी के विपरीत) वेतन रोज़गार होने की जानकारी दी है, उनकी इस जानकारी का प्रयोग किया है। यह मुमकिन है कि एनएसएस में बहुत से अर्द्ध-शिक्षकों ने अपने बारे में नियमित वेतन कर्मचारियों के रूप में सूचना दर्ज कराई हो, और ऐसी स्थिति में नियमित शिक्षकों के माध्य में थोड़ी कमी हो सकती है। और बिहार, उत्तर प्रदेश तथा मध्य प्रदेश के मामले में ऐसा होने की सम्भावना ज़्यादा है, क्योंकि यहाँ ज़्यादा बड़ी संख्या में अर्द्ध-शिक्षक हैं।

''बिहार में दो तरह के अर्द्ध-शिक्षक हैं, और जिनकी नियुक्ति 2006 के बाद हुई है, उन्हें 4,000 के बजाय 4,500 रुपये वेतन मिलता है।

स्रोत : एनसीईआर (2008) और 2004-2005 के एनएसएस (गवर्नमेंट ऑफ इण्डिया) आँकड़ों के आधार पर अर्द्ध-शिक्षकों के वेतन के बारे में लेखिकाओं द्वारा की गयी गणना।

शिक्षा की गुणवत्ता पर अर्द्ध-शिक्षकों का प्रभाव

बहुत से भारतीय राज्यों में बड़े पैमाने पर अर्द्ध-शिक्षकों की नियुक्ति शिक्षण कार्य से जुड़े लोगों, नीति निर्माताओं, अकादमिकों, माता-पिता और शिक्षक संघों के लिए एक अत्यन्त विवादास्पद मुद्दा रहा है। आलोचक यह मानते हैं कि कम योग्यता और किसी प्रकार के पेशेवर प्रशिक्षण से रहित अर्द्ध-शिक्षकों के चलते ही प्राथमिक स्कूलों में शिक्षा की गुणवत्ता ख़राब है। समर्थक यह तर्क देते हैं कि अर्द्ध-शिक्षकों की नीति से शिष्य-शिक्षक अनुपात कम हुआ है; और साथ ही, कम लागत में एकमात्र शिक्षक वाले स्कूलों की संख्या में कटौती हुई है। इसके अलावा, चूँकि स्थानीय स्तर पर अर्द्ध-शिक्षकों की नियुक्ति होती है, इसलिए यह माना जाता है कि वे कम अनुपस्थित रहेंगे, गाँव शिक्षा समितियों, स्कूल प्रबन्धन समिति और बच्चों के माता-पिता के प्रति ज़्यादा जवाबदेह हो सकते हैं।

अर्द्ध-शिक्षकों की नियुक्ति से कक्षा के भीतर शिक्षण और सीखने की गुणवत्ता पर क्या प्रभाव पड़ता है? दुर्भाग्यवश भारत में इस प्रश्न का विश्वसनीय उत्तर देने के लिए कोई व्यवस्थित मूल्यांकन व अध्ययन उपलब्ध नहीं है। आलेख के इस भाग में अभी तक के अध्ययन से प्राप्त प्रमाणों को एक साथ लाने का प्रयास किया गया है। यह प्रमाण कुछ पहलुओं की ओर संकेत करता है किन्तु इसे कारणात्मक या अन्तिम नहीं माना जा सकता है।

शिक्षक अनुपस्थिति दर और स्कूल का कार्य

शिक्षकों की अनुपस्थिति : बहुत से अध्ययनों में नियमित और अर्द्ध-शिक्षकों की अनुपस्थिति दर का अनुमान लगाया गया है और उनके बीच तुलना की गयी है। इडीसीआईएल ने हाल ही में भारत में सरकारी स्कूलों में शिक्षकों की अनुपस्थिति का अध्ययन करते हुए यह निष्कर्ष निकाला है कि नियमित शिक्षकों की तुलना में अर्द्ध-शिक्षकों की अनुपस्थिति का दर कम है। यह दर आन्ध्र प्रदेश में 17.9%, मध्य प्रदेश में 2.2% और उत्तर प्रदेश में 9.3% कम है (2008)। क्रेमर और अन्य (2005) द्वारा भारत में शिक्षक अनुपस्थिति पर किये गये अध्ययन में यह पाया गया कि सरकारी प्राथमिक विद्यालयों में 25% की अनुपस्थिति दर है। लेकिन अनुबन्ध शिक्षक को अस्थायी शिक्षक की तुलना में अत्यन्त कम वेतन मिलने के बावजूद, इस अध्ययन में इन दोनों समूहों के शिक्षकों की अनुपस्थिति दर में कोई खास अन्तर नहीं पाया गया।

किंगडन और बनर्जी (2009) द्वारा किये गये 'स्कूल-टेल्स' अध्ययन में यह बात सामने आयी कि उत्तर प्रदेश में अर्द्ध-शिक्षकों की अनुपस्थिति दर नियमित शिक्षकों की अनुपस्थिति दर से आधी थी (नियमित शिक्षक 25%, अर्द्ध-शिक्षक 12%), किन्तु

बिहार में इन दोनों प्रकार के शिक्षकों की अनुपस्थिति दर बराबर थी (नियमित शिक्षक 22%, अर्द्ध-शिक्षक 21%)। बिहार के नतीजे की एक सम्भावित व्याख्या यह हो सकती है कि अन्य बहुत से राज्यों के विपरीत, बिहार के अर्द्ध-शिक्षकों की नौकरी पूरे जीवन भर के लिए है, इसलिए उन पर नियमित शिक्षक जितना ही जवाबदेही का दबाव है। एक अन्य सम्भावित व्याख्या यह हो सकती है कि बिहार में 2006-07 में नियुक्त होने वाले अर्द्ध-शिक्षक की नियुक्ति स्थानीय स्तर पर नहीं हुई। इसका कारण यह था कि बिहार सरकार को एक अदालत के एक ऐसे आदेश का पालन करना था जिसमें यह कहा गया था कि वह अर्द्ध-शिक्षकों की भर्ती में ऐसे लोगों को प्राथमिकता दे जिनके पास शिक्षक प्रशिक्षण (टीचर ट्रेनिंग) की योग्यता हो, भले ही वे किसी पंचायत के स्थानीय निवासी न हों।[8]

सारणी 6 : स्कूल के कार्यात्मक समय और शिक्षक की शारीरिक उपस्थिति समय के बीच खोने वाले दिनों की औसत संख्या

	आन्ध्र प्रदेश		मध्य प्रदेश		उत्तर प्रदेश	
	नियमित	अर्द्ध	नियमित	अर्द्ध	नियमित	अर्द्ध
व्यक्तिगत अवकाश	15.2	5.0	11.9	8.1	10.1	0.9
अन्य विभागों का कार्यालय अवकाश	1.9	0.3	2.7	0.4	3.3	2.7
शिक्षा विभाग का प्रशिक्षण/बैठक	6.1	1.5	6.4	5.8	5.1	7.9
शिक्षा सम्बन्धी गैर-अकादमिक कार्य	0.9	0.3	3.7	2.1	5.4	3.4
प्रशासनिक कार्य	1.3	0.4	4.5	1.4	3.3	0.6
कुल	25.4	7.5	29.3	17.8	27.3	15.6

स्रोत : शंकर (2008 क : 37)।

शंकर (2008 क) द्वारा आन्ध्र प्रदेश, मध्य प्रदेश और उत्तर प्रदेश के अध्ययन में यह स्पष्ट हुआ कि नियमित शिक्षकों की तुलना में अर्द्ध-शिक्षक काफ़ी कम दिनों के लिए स्कूल से अनुपस्थित रहे थे। आन्ध्र प्रदेश में यह अन्तर सबसे स्पष्ट रूप में सामने आया, जहाँ अर्द्ध-शिक्षक पूरे साल में सिर्फ़ 7.5 दिन अनुपस्थित थे, वहीं नियमित शिक्षक 25.4 दिन अनुपस्थित थे। इन तीनों ही राज्यों में अर्द्ध-शिक्षकों की तुलना में नियमित शिक्षकों को आधिकारिक कार्यों, प्रशिक्षण, बैठकों, गैर-अकादमिक और प्रशासनिक कार्यों के लिए ज़्यादा बुलाया गया। हालाँकि यह भी सच है कि नियमित शिक्षक अर्द्ध-शिक्षकों की तुलना में ज़्यादा दिन अवकाश लेते हैं। और जैसा कि सारणी 6 से स्पष्ट है कि यह आख़िरी कारण नियमित शिक्षकों और अर्द्ध-शिक्षकों की अनुपस्थिति दर में अन्तर के लिए सबसे ज़्यादा ज़िम्मेदार है।

एजुकेशन कनसल्टेंट इण्डिया लिमिटेड (इडीसीआईएल) अध्ययन के लेखक भी एक प्रतिगमन रूपरेखा (रिग्रेशन फ्रेमवर्क) के भीतर शिक्षकों की अनुपस्थिति का विश्लेषण करते हैं। इनके अनुसार, अर्द्ध-शिक्षकों की कम अनुपस्थिति दर की आंशिक व्याख्या यह है कि उन्हें सरकारी कामों के लिए स्कूल से कम बाहर जाना पड़ता है। लेकिन इसका एक अन्य आंशिक कारण यह भी है कि उनके अनुबन्ध शर्त नियमित शिक्षकों से अलग होते हैं। अर्थात् जहाँ नियमित शिक्षकों की नौकरी पूरी ज़िन्दगी (अवकाश-प्राप्ति तक) होती है, वहीं अर्द्ध-शिक्षकों के अनुबन्ध का हर साल नवीनीकरण करने की आवश्यकता होती है (ईडीसीआईएल 2008 : 10)।

सारणी 7 : सिर्फ़ सरकारी स्कूल के लिए शिक्षक अनुपस्थिति दर : स्कूल सुनिश्चित प्रभाव प्रतिगमन (स्कूल फिक्स्ड इफेक्ट्स रिग्रेशन)

	उत्तर प्रदेश			बिहार		
पुरुष	0.035 (1.44)	0.035 (1.46)	0.047' (1.94)	0.005 (0.20)	0.002 (0.07)	-0.000 (-0.01)
बीए	-0.028 (-0.87)	-0.016 (-0.50)	-0.007 (-0.22)	0.023 (0.87)	0.018 (0.69)	0.020 (0.76)
एमए	0.105''' (3.11)	0.109''' (3.24)	0.107''' (3.23)	0.020 (0.58)	0.011 (0.031)	0.013 (0.36)
सेवा-पूर्व प्रशिक्षण	0.088''' (3.54)	-0.022 (-0.43)	-0.038 (-0.75)	-0.014 (-0.51)	-0.053 (-1.62)	-0.053' (-1.65)
कार्यकाल	0.0006 (0.70)	0.005 (0.70)	0.006 (0.71)	0.010 (1.61)	0.010 (1.50)	0.009 (1.40)
पूर्ण कार्यकाल	0.000 (014)	0.000 (0.00)	0.000 (0.06)	-0.000 (-1.53)	-0.000 (-1.62)	-0.000 (-1.53)
अर्द्ध-शिक्षक		-0.124'' (-2.47)	-0.107''' (-2.13)		-0.075''' (-2.13)	-0.072''' (-2.06)
अर्द्ध-शिक्षक (06-07)					-0.036 (-0.96)	-0.42 (-1.14)
यात्रा समय (घंटों में)			0.074''' (2.72)			0.043''' (2.63)
अवलोकन	315	313	315	461	461	461
आर. स्कायर्ड	0.18	0.07	0.20	0.01	0.02	0.04

'प्रतिशत 1 से कम; ''प्रतिशत 0.05 से कम; '''प्रतिशत 0.01 से कम; शिक्षक के प्रकार की आधारभूत

श्रेणी सरकारी नियमित शिक्षक से सम्बन्धित है। उत्तर प्रदेश में 63 सैम्पल सरकारी स्कूल थे और बिहार में 71 सैम्पल सरकारी स्कूल। उत्तर प्रदेश में सिर्फ़ एक प्रकार के अर्द्ध-शिक्षक हैं। बिहार में वर्ष 2006-07 में नियुक्त हुए अर्द्ध-शिक्षक पहले नियुक्त हुए अर्द्ध-शिक्षक से इस अर्थ में अलग हैं कि उनका स्थानीय होना आवश्यक नहीं है और इनके पास नौकरी में आने से पहले टीचर ट्रेनिंग होने की सम्भावना ज़्यादा है।

सारणी 7 में उत्तर प्रदेश और बिहार के स्कूलों में प्रतिगमन प्रभावों (रिग्रेशन इफेक्ट्स) को दिखाया गया है।[9] सर्वप्रथम उत्तर प्रदेश में शिक्षक अनुपस्थिति दरों के प्रतिगमन पर ध्यान केन्द्रित करते हैं। पहला कॉलम (या स्तम्भ) यह दिखाता है कि जिन शिक्षकों ने एम.ए. किया है, उनकी अनुपस्थिति दर ज़्यादा है (उन लोगों से जिन्होंने बी.ए. से भी कम शिक्षा हासिल की है, जो कि शिक्षक की शिक्षा के सम्बन्ध में बुनियादी श्रेणी है)। इससे यह भी पता चलता है कि नौकरी में आने से पहले शिक्षक प्रशिक्षण (टीचर ट्रेनिंग) लेने वाले लोगों की अनुपस्थिति दर ऐसा प्रशिक्षण न लेने वाले लोगों से ज़्यादा है। हालाँकि एम.ए. और प्रशिक्षण दोनों का ही शिक्षक के प्रकार से ऊँचा सह-सम्बन्ध हो सकता है (अर्द्ध बनाम नियमित शिक्षक), इसलिए दूसरे कॉलम में हम अर्द्ध-शिक्षक के लिए छद्‌म चर (डमी वेरियबल) शिक्षक-प्रकार जोड़ते हैं। इसका समावेशन एम.ए. के गुणक (कोएफिशियंट) को ज़्यादा प्रभावित नहीं करता है, किन्तु नौकरी-पूर्व प्रशिक्षण चर (वेरियबल) के गुणक (कोएफिशियंट) पर नाटकीय प्रभाव डालता है। यह इसके अर्द्ध-शिक्षक छद्‌म चर (डमी वेरियबल) से अत्यन्त नकारात्मक सह-सम्बन्ध को प्रदर्शित करता है (क्योंकि नियमित शिक्षकों की तुलना में अर्द्ध-शिक्षकों की नौकरी-पूर्व प्रशिक्षण की सम्भावना काफ़ी कम होती है)। यह स्पष्ट है कि अर्द्ध-शिक्षकों की अनुपस्थिति दर नियमित शिक्षकों की तुलना में 12.4% कम है, और सांख्यिकी के स्तर पर यह अन्तर काफ़ी महत्त्वपूर्ण है।

हम यह प्रश्न कर सकते हैं कि क्या अर्द्ध-शिक्षकों की कम अनुपस्थिति दर का कारण यह है कि वे ज़्यादा स्थानीय हैं, अर्थात् उनका निवास स्थान स्थायी शिक्षकों की तुलना में स्कूल से ज़्यादा नज़दीक है। हमने इसे समझने के लिए उत्तर प्रदेश के सन्दर्भ में एक आख़िरी कॉलम भी जोड़ा, जिसमें 'प्रत्येक दिन स्कूल यात्रा में लगने वाले समय' पर विचार किया गया। इस चर (वेरियबल) में विशिष्ट सकारात्मक गुणक (कोएफिशियंट) सामने आया, जिसका अर्थ है कि जिन शिक्षकों स्कूल तक आने के लिए ज़्यादा यात्रा करनी पड़ती है, उनकी अनुपस्थिति दर ज़्यादा है। इस चर (वेरियबल) का समावेशन अर्द्ध-शिक्षक छद्‌म चर (डमी वेरियबल) पर गुणक (कोएफिशियंट) में गिरावट लाता है, किन्तु यह गिरावट काफ़ी कम है (-0.124 से -0.107)। इससे यह पता चलता है कि अर्द्ध-शिक्षकों की कम अनुपस्थिति दर होने के पीछे उनका स्थानीय होना एक अत्यन्त छोटा कारण है। स्पष्टतः उत्तर प्रदेश में नियमित शिक्षकों की तुलना में अर्द्ध-शिक्षकों की कम अनुपस्थिति के बीच कोई अन्य महत्त्वपूर्ण कारण है। एक सम्भावित व्याख्या यह है कि अर्द्ध-शिक्षकों पर नियमित शिक्षकों की

तुलना में जवाबदेही का ज़्यादा दबाव होता है। चूँकि हर साल उनके अनुबन्ध का नवीनीकरण होता है, इसलिए वे अपने काम में उदासीन या ढीला-ढाला होने का जोखिम नहीं उठा सकते हैं। इडीसीआइएल ने भी अपने अध्ययन में यह उल्लेख किया है कि "स्कूल से लगातार अनुपस्थित रहने के सन्दर्भ में अनुबन्ध शिक्षक को ज़्यादा सावधानी रखनी पड़ती है, वहीं नियमित शिक्षक को अनुपस्थित रहने पर अपने नौकरी पर बुरा प्रभाव पड़ने का ख़तरा नहीं रहता है।" (2008 : 20)।

यदि हम सारणी 7 में बिहार के नतीजों का परीक्षण करते हैं तो उससे भी इस व्याख्या को समर्थन मिलता है। कच्चे डेटा (या रॉ डेटा) की तरह प्रतिगमन विश्लेषण (रिग्रेशन एनालिसिस) में भी यह बात सामने आती है कि बिहार में अर्द्ध और नियमित शिक्षकों की अनुपस्थिति दर में कोई अन्तर नहीं है। पहले ही इसके सम्भावित कारणों की चर्चा की जा चुकी है, जो मुख्यतः इस प्रकार हैं : (क) बिहार के अर्द्ध-शिक्षकों का एक बड़ा हिस्सा अपने घर से दूर के पंचायतों में स्थित स्कूल में कार्यरत है; और (ख) उत्तर प्रदेश के विपरीत बिहार के अर्द्ध-शिक्षकों की नौकरी पूरी ज़िन्दगी के लिए है। इसका अर्थ है कि उन्हें हर साल अपने अनुबन्ध के नवीकरण की चिन्ता नहीं करनी है। इसलिए उनके ऊपर भी जवाबदेही का दबाव नियमित शिक्षकों जैसा ही होता है।

स्कूल का कार्य

गोविन्दा और जोसेफिन की 2004 की रिपोर्ट में अर्द्ध-शिक्षकों के प्रभाव के बारे विश्लेषण किया गया है। इन्होंने अर्द्ध-शिक्षकों के बारे में कुछ दस्तावेज़ों और इडीसीआईएल द्वारा प्रस्तुत एक ज़िला प्राथमिक शिक्षा परियोजना (डिस्टिक एलीमेंटरी एजुकेशन प्रोजेक्ट या डीप) के अध्ययन (1999) के आधार पर अपना विश्लेषण प्रस्तुत किया है।[10] अवलोकनों की उनकी समीक्षा से यह बात उजागर होती है कि ज़्यादा अन्दरूनी क्षेत्रों में अवस्थित और सिर्फ़ अर्द्ध-शिक्षकों से संचालित स्कूलों में बुनियादी सुविधाओं का अभाव है और यहाँ एक ही कमरे में एक साथ दो अलग-अलग कक्षाओं के ब्रच्चे पढ़ते हैं। बहरहाल, गोविन्दा और जोसेफिन यह बताते हैं कि इडीसीआइएल अध्ययन से यह स्पष्ट है कि अर्द्ध-शिक्षकों के स्थानीय समुदाय से सम्बन्धित होने के चलते एक सकारात्मक पहलू भी सामने आये। इन स्कूलों के कारण ग़रीब और हाशिये के समूहों तक शिक्षा की पहुँच बढ़ी, स्थानीय शिक्षकों का समुदायों से बेहतर सम्बन्ध था, और अन्दरूनी इलाकों में भी स्कूल तुलनात्मक रूप से नियमित तरीके से काम करते थे (गोविन्दा और जोसेफिन 2004 : 92)। अर्द्ध-शिक्षकों के सबसे हाल के अध्ययन में यह निष्कर्ष निकाला गया है कि अर्द्ध-शिक्षकों को काम पर रखने का एक महत्त्वपूर्ण लाभ यह हुआ है कि शिष्य-शिक्षक अनुपात में कमी आयी है (एनसीईआर 2008)।

अर्द्ध-शिक्षकों का पेशेवर विकास

जैसी कि लेख के पिछले भाग में चर्चा की गयी है कि अर्द्ध-शिक्षकों के एक बड़े अनुपात के पास पेशेवर योग्यता नहीं है अर्थात् उन्होंने नौकरी में आने से पहले टीचर ट्रेनिंग नहीं ली है। कुछ अध्ययनों में अर्द्ध-शिक्षकों को उपलब्ध पेशेवर प्रशिक्षण और समर्थन का विश्लेषण किया गया है क्योंकि कक्षा के भीतर शिक्षण और सीखने की गुणवत्ता पर इसका असर पड़ सकता है।

ज़िला प्राथमिक शिक्षा प्रोजेक्ट द्वारा किये गये एक आरम्भिक अध्ययन में पाँच कार्यक्रमों में अर्द्ध-शिक्षकों की भूमिका का विश्लेषण किया गया है—राजस्थान की 'शिक्षा कर्मी परियोजना', हिमाचल प्रदेश में 'वॉलेन्टियर टीचर स्कीम' तथा मध्य प्रदेश में 'शिक्षा कर्मी योजना', 'द एजुकेशन गारंटी स्कीम' और 'अल्टरनेटिव स्कूलिंग प्रोग्राम'। इस अध्ययन में यह निष्कर्ष सामने आया कि अर्द्ध-शिक्षकों ने नौकरी में आने से पहले या नौकरी में आने के बाद कोई उपयोगी प्रशिक्षण हासिल नहीं किया था। यह बात उनके पढ़ाने के पारम्परिक तरीकों से खुलकर सामने आ गयी, जिसमें किसी विषय पर रटने पर बल दिया जाता था। दरअसल, प्रशिक्षण का पाठ्यक्रम काफ़ी अच्छी तरह से तैयार किया गया था किन्तु प्रशिक्षण देने के लिए अच्छी पद्धति को नहीं अपनायी गयी (इडीसीआइएल 1999 : 97)। हालाँकि, इस अध्ययन में किसी भी नियमित सरकारी शिक्षक से अर्द्ध-शिक्षकों की तुलना करने पर ध्यान नहीं दिया गया।

हाल के वर्षों में पाण्डेय और रानी (2007) तथा पाण्डेय (2006) के अध्ययनों में भी इस निष्कर्ष को दुहराया गया। इन अध्ययनों में यह रेखांकित किया गया कि अर्द्ध-शिक्षकों के प्रशिक्षण कार्यक्रम इन शिक्षकों की वास्तविक आवश्यकताओं पर ध्यान केन्द्रित करने में असमर्थ थे, और इनमें शिक्षकों की माँग (या आवश्यकता) के स्थान पर सिर्फ़ आपूर्ति करने पर ही ध्यान दिया जा रहा था। प्रशिक्षण पाठ्यक्रम में उन पहलुओं या समस्याओं पर ध्यान नहीं दिया गया था, जिसका सामना अर्द्ध-शिक्षक कक्षाओं के भीतर कर रहे थे। मसलन, अधिकांश अर्द्ध-शिक्षक कक्षा के बड़े आकार और एक ही कमरे में विभिन्न कक्षाओं के बच्चों को पढ़ाने के लिए बाध्य थे। किन्तु प्रशिक्षण कार्यक्रम में इन समस्याओं पर बिल्कुल ही ध्यान नहीं दिया गया।

गोविन्दा और जोसेफिन (2004 : 30) भी उत्तर प्रदेश में अर्द्ध-शिक्षकों के अपर्याप्त प्रशिक्षण की विवेचना करते हैं। इनके अनुसार, इन्होंने जिन अर्द्ध-शिक्षकों से बात की उन्होंने "एक स्वर में यह विचार व्यक्त किया कि उन्हें जो प्रशिक्षण दिया जाता है, वह उन्हें अपना काम प्रभावकारी तरीके से करने में सक्षम बनाने के लिए अपर्याप्त है।"

नैशनल कौंसिल ऑफ अप्लाइड इकोनॉमिक रिसर्च (एनसीएइआर) द्वारा हाल ही में अर्द्ध-शिक्षकों के बारे में किये गये अध्ययन में यह पाया गया कि जहाँ तकरीबन आधे अर्द्ध-शिक्षक अप्रशिक्षित थे, वहीं अधिकांश राज्यों में भर्ती के समय अर्द्ध-शिक्षकों के प्रशिक्षण की व्यवस्था की गयी थी। इस प्रकार के प्रशिक्षण की अवधि 7 दिनों से लेकर 60 दिनों तक की थी। साथ ही, वर्ष 2006-07 के दौरान 82% अर्द्ध-शिक्षकों ने नौकरी करते हुए प्रशिक्षण प्राप्त किया (एनसीएइआर 2009)।

नीति-निर्माता इस पर बल देते हैं कि नैशनल कौंसिल ऑफ टीचर एजुकेशन (एनसीटीइ) के मानकों के अनुसार, अर्द्ध-शिक्षक भी नियमित शिक्षकों की तरह ही पेशेवर प्रशिक्षण हासिल करते हैं। लेकिन मुख्य अन्तर यह है कि अधिकांश राज्यों में अर्द्ध-शिक्षकों का प्रशिक्षण इन्दिरा गाँधी नैशनल ओपेन यूनिवर्सिटी (इग्नू) द्वारा दूर से प्रशासित होता है तथा यह इनकी आवश्यकताओं के अनुरूप होता है। कुछ राज्यों में स्टेट कौंसिल फॉर एजुकेशनल रिसर्च ऐंड ट्रेनिंग (एससीइआरटीएस) ने भी अपने पाठ्यक्रम का विकास किया है।[11]

नियमित शिक्षकों के लिए भी टीचर ट्रेनिंग की गुणवत्ता एक गम्भीर चिन्ता का विषय है। दिल्ली विश्वविद्यालय की दो शिक्षाशास्त्रियों पूनम बत्रा और अनीता रामपाल ने अगस्त 2007 में लिए गये साक्षात्कारों में यह दुख जताया कि नौकरी में आने से पहले नियमित शिक्षकों को भी पर्याप्त प्रशिक्षण नहीं मिलता है और इससे सम्बन्धित व्यवस्था में लगातार गिरावट हो रही है। उन्होंने ज़ोर देकर कहा कि शिक्षा की गुणवत्ता में सुधार करने के लिए यह आवश्यक है कि सभी शिक्षकों को, चाहे वे अर्द्ध-शिक्षक हों या नियमित शिक्षक, पर्याप्त प्रशिक्षण दिया जाये।

कक्षा की गतिविधियाँ और शिक्षकों के प्रयास

कुछ ऐसे अध्ययन भी हुए हैं जिनमें अर्द्ध और नियमित शिक्षकों के काम और कक्षा में बच्चों को पढ़ाने की गतिविधि पर ध्यान केन्द्रित किया गया है। नैशनल कौंसिल ऑफ अप्लाइड इकोनॉमिक रिसर्च (एनसीएईआर) (2008 : 2) के अध्ययन में यह मानते हैं कि 85% प्रधान शिक्षकों (हेड टीचर) ने यह बताया कि अर्द्ध-शिक्षकों के पढ़ाने का कौशल या तो 'अच्छा' है या 'बहुत अच्छा'। उन्होंने 'विशेष रूप से, पाठ्यक्रम के अनुसार कक्षा में अध्यापन की तैयारी, पढ़ने-सीखने की सामग्री (टीचिंग-लर्निंग मैटेरियल) के प्रभावकारी विकास और उपयोग, अंग्रेज़ी के अध्यापन और ब्लैकबोर्ड के उपयोग में अर्द्ध-शिक्षकों की भूमिका' की सराहना की।[12] बहरहाल, प्रधान शिक्षक यह महसूस करते थे कि नियमित शिक्षक बच्चों के माता-पिता से बेहतर संवाद करने में, पढ़ाने के प्रति अपनी वचनबद्धता में, सीखने में मुश्किलों का सामना कर रहे छात्रों की मदद करने में, तथा गणित के उदाहरणों और विज्ञान के छोटे यन्त्रों का प्रयोग करने में ज़्यादा कुशल होते हैं। ब्लॉक रिसोर्स सेंटर (बीआरसी) और कलस्टर

रिसोर्स सेंटर (सीआरसी) ने भी इसी प्रकार की टिप्पणियाँ कीं। एनसीएइआर अध्ययन में लिए गये साक्षात्कारों से यह स्पष्ट होता है कि पाँच प्वाइंट के एक स्केल पर अर्द्ध-शिक्षकों को नियमित शिक्षकों की तुलना में थोड़ा ही बेहतर माना गया।

भारत में प्राथमिक स्कूलों में कक्षा के भीतर पढ़ाने के तरीके के बारे में शंकर (2008 क) ने सबसे विस्तृत अध्ययन किया है। यद्यपि यह अध्ययन मुख्य रूप से अर्द्ध-शिक्षकों पर केन्द्रित नहीं है, लेकिन इसमें शिक्षकों के प्रकार के आधार पर आँकड़े दिये गये हैं। इस तरह, यह अर्द्ध और नियमित शिक्षकों द्वारा कक्षा में पढ़ाने के बारे में महत्त्वपूर्ण अन्तर्दृष्टि प्रदान करता है। यह अध्ययन आन्ध्र प्रदेश, उत्तर प्रदेश और मध्य प्रदेश में किया गया था तथा इसमें कक्षा अवलोकन और उपलब्धि परीक्षण—दोनों का उपयोग किया गया।

रेखाचित्र-1: कक्षा में विभिन्न प्रकार के कार्यों में शिक्षकों का विवरण

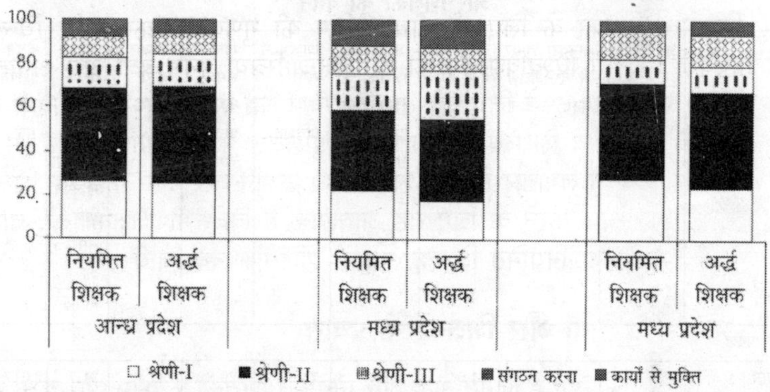

श्रेणी-I में वे गतिविधियाँ शामिल है जिनके लिए उच्च स्तर पर की दक्षता की आवश्यकता है, मसलन सिखाने की सक्रिया गतिविधि, परिचर्चा, प्रोजेक्ट/सृजनात्मक गतिविधि और सुधारात्मक शिक्षण; श्रेणी-II में पारम्परिक गतिविधियाँ शामिल हैं, मसलन जोर से पढ़ना, बैठकर कार्य करना, निर्देश देना/प्रदर्शन करना। श्रेणी-III की गतिविधियों में सीखने की गतिविधि और ब्लैकबोर्ड या एक किताब से लिखना सम्मिलित है।

स्रोत : शंकर (2008 ए)

शंकर कक्षा की विभिन्न प्रकार की गतिविधियों में नियमित और अर्द्ध-शिक्षकों द्वारा बिताये गये समय का विश्लेषण करते हैं। रेखाचित्र 1 से यह पता चलता है कि मध्य प्रदेश और उत्तर प्रदेश में नियमित शिक्षकों ने कक्षा में उन गतिविधियों में अर्द्ध-शिक्षकों से ज़्यादा समय बिताया, जिनमें उच्च स्तर पर सोच-विचार करने का काम शामिल था। इसी प्रकार, नियमित शिक्षकों ने बच्चों को याद कराने (रटाने) वाले कामों में औसतन अर्द्ध-शिक्षकों की तुलना में कक्षा में कम समय व्यतीत किया। हालाँकि यह स्पष्ट नहीं है कि क्या ये अन्तर सांख्यिकी के स्तर पर महत्त्वपूर्ण हैं।

ये इतने छोटे हैं कि महत्त्वपूर्ण नहीं लगते।

स्कूल-टेल्स सर्वेक्षण में विविध पहलुओं के बारे में सूचना एकत्रित की गयी, जिसमें शिक्षकों के बारे में निम्नलिखित जानकारी हासिल करने का प्रयास किया गया : (क) 'कोशिश' का स्तर (अनुपस्थिति दर, शिक्षण-रहित दिन, शिक्षण के अलावा कोई और पेशा); (ख) कोशिश के बारे में रुख (क्या शिक्षक इस बात से सहमत हैं कि अक्सर अनुपस्थित रहने वाले शिक्षकों को कम वेतन देना चाहिए); और (ग) कक्षा में पढ़ाने के वास्तविक समय और अन्य स्कूल कार्यों के सन्दर्भ में सामने आने वाला प्रयास। सारणी 8 में कोशिश के मापन के बारे में व्याख्यात्मक सांख्यिकी प्रस्तुत की गयी है। इसका ऊपरी भाग उत्तर प्रदेश के बारे में बताता है और निचला भाग बिहार के बारे में।

सारणी 8 : राज्य और शिक्षक के प्रकार के अनुसार शिक्षकों का 'प्रयास' और शिक्षकों का वेतन

	अनुपस्थिति दर	जनवरी 2007 से गैर-शिक्षण काम के दिन	अन्य कोई पेशा	अनुपस्थित शिक्षकों को 'कम वेतन देने' पर सहमति	शिक्षण में समय का प्रतिशत	खेल समय का प्रतिशत	कार्यालय कार्य समय का	दोपहर के भोजन की व्यवस्था में लगने वाले समय का प्रतिशत	वेतन (रुपये प्रति माह)
उत्तर प्रदेश									
नियमित	24.6	8.5	34.0	40.4	75.3	29.8	33.4	31.7	2,017
अर्द्ध	12.0	2.8	65.0	4 7.9	83.3	35.2	18.9	35.9	2,991
निजी	17.4	1.6	75.3	49.5	89.0	31.2	15.1	3.8	940
बिहार									
नियमित	22.9	14.2	48.9	28.9	73.3	30.6	34.1	21.9	11,694
अर्द्ध (2005)	21.7	12.1	47.9	27.4	82.9	32.8	10.3	19.5	4,076
अर्द्ध (2006-07)	21.0	-	44.8	20.7	84.3	32.0	8.1	14.3	4,405
निजी	13.9	9.0	76.7	33.3	92.7	34.6	10.0	0.0	1,200

"जनवरी 2007 से गैर-शिक्षण काम के दिन" के बारे में बिहार में जनवरी 2006-07 में नियुक्त हुए अर्द्ध-शिक्षकों के सन्दर्भ में कोई जानकारी नहीं मिली है क्योंकि इनमें से बहुत से नव-नियुक्त अर्द्ध-शिक्षकों ने 2007 अकादमिक वर्ष में काम करना शुरू किया, और इसलिए ये जनवरी 2007 के बाद पूरे 12 महीनों के लिए उपस्थित नहीं थे।

स्रोत : स्कूल-टेल्स सर्वेक्षण आँकड़ों (किंगडन और अन्य 2008) से लेखिकाओं की गणना।

सारणी 8 से यह पता चलता है कि उत्तर प्रदेश में सामान्य तौर पर कोशिशों के मापन के सन्दर्भ में अर्द्ध-शिक्षकों की स्थिति नियमित शिक्षकों से बेहतर है। लेकिन बिहार में ऐसा नहीं है। उत्तर प्रदेश में अर्द्ध-शिक्षकों की अनुपस्थिति दर नियमित शिक्षकों की तुलना में आधी है, और गैर-शिक्षण आधिकारिक कार्य में भी इनका बहुत कम दिन जाता है।[13] बहरहाल, इस बात की पूरी सम्भावना है कि वे पढ़ाने के साथ कोई अन्य कार्य भी करते हैं, शायद इसका कारण यह है कि उन्हें मिलने वाला पारिश्रमिक नियमित शिक्षकों को मिलने वाले पारिश्रमिक का 25% ही होता है। सारणी 8 के आख़िरी कॉलम से उनके इस पारिश्रमिक का उल्लेख किया गया है। यद्यपि हमने अध्यापन परीक्षण का वर्णन नहीं किया है, लेकिन सारणी में अर्द्ध और नियमित शिक्षकों के बीच जिन तीन विभेदों के बारे में बताया गया है, उनमें 1% स्तर होने पर सांख्यिकीय रूप से काफ़ी महत्त्वपूर्ण है। क्या शिक्षकों द्वारा किये जाने वाले प्रयासों के आधार पर उनका वेतन तय होना चाहिए? इस बात की ज़्यादा सम्भावना है कि अर्द्ध-शिक्षक इस कथन से सहमत होंगे कि "अक्सर अनुपस्थित रहने वाले शिक्षकों को कम वेतन दिया जाना चाहिए।"

अगले तीन कॉलमों में काम के समय के सन्दर्भ में तथ्यों को प्रस्तुत किया गया है। हमने शिक्षकों को कार्यों की एक सूची दी और उनसे यह कहा कि वे यह बतायें कि "स्कूल के एक पूरे दिन में वे इन कामों में कितना समय लगाते हैं।" खुद शिक्षकों द्वारा दी गयी सूचना से यह बात स्पष्ट होती है कि अर्द्ध-शिक्षक, नियमित शिक्षक की तुलना में बच्चों को पढ़ाने में ज़्यादा समय लगाते हैं। दूसरी ओर, कार्यालय के कार्यों में अर्द्ध-शिक्षक, नियमित शिक्षकों से काफ़ी कम समय व्यतीत करते हैं। ये दोनों ही अन्तर सांख्यिकी के स्तर पर काफ़ी महत्त्वपूर्ण हैं। यह भी गौरतलब है कि खेल, प्रार्थना सभा या दोपहर के भोजन जैसे कामों में अर्द्ध और नियमित–दोनों ही श्रेणियों के शिक्षकों का तकरीबन बराबर समय लगता है।

बिहार में (सारणी 8) अर्द्ध-शिक्षक कार्यालय के कार्यों में नियमित शिक्षक की तुलना में कम समय व्यतीत करते हैं। लेकिन कोशिशों के अन्य आयामों के मापन में वे नियमित शिक्षकों की तरह ही हैं। उत्तर प्रदेश की तुलना में बिहार की स्थिति अलग होने का कारण यह हो सकता है कि बिहार के अर्द्ध-शिक्षकों को उत्तर प्रदेश (और कई अन्य राज्यों) के अर्द्ध-शिक्षकों की तरह जवाबदेही के दबाव का सामना नहीं करना पड़ता है। अर्थात् उन्हें अपने प्रदर्शन के आधार पर एक निश्चित अवधि के बाद या वार्षिक रूप से अपने अनुबन्ध के नवीनीकरण की चिन्ता नहीं करनी पड़ती है।

विद्यार्थियों का नतीजा

ऐसे कुछ सीमित प्रमाण हैं जिनके आधार पर यह कहा जा सकता है कि अर्द्ध-शिक्षकों को रोज़गार देने से बच्चों के नामांकन और उपस्थिति में सुधार होता है। अमर्त्य सेन के प्रतीची ट्रस्ट (राणा और अन्य 2002) की शिक्षा रिपोर्ट में यह बताया गया कि पश्चिम बंगाल में अर्द्ध-शिक्षकों की मदद से संचालित वैकल्पिक स्कूलों में नियमित स्कूलों की तुलना में बच्चों की उपस्थिति दर ज़्यादा है, शिक्षकों की अनुपस्थिति दर कम है और बच्चों के माता-पिता इससे ज़्यादा सन्तुष्ट हैं।

रामपाल और भगत (2003) ने पश्चिम बंगाल में स्कूलों की प्रभावकारिता के अपने अध्ययन में वैकल्पिक स्कूलों के बारे में इसी प्रकार का विचार व्यक्त किया है। हालाँकि वे स्पष्ट रूप से यह नहीं मानते कि ये नतीजे इन स्कूलों की गुणवत्ता के सबूत हैं। इनका मानना है कि इन स्कूलों में शिक्षकों के प्रशिक्षण का स्तर काफ़ी ख़राब है तथा कक्षा में होने वाली पढ़ाई में बोलकर पढ़ने और रटने पर ही ध्यान केन्द्रित किया जाता है।

ईडीसीआईएल (1999) ऐसे कुछ अध्ययनों में से एक है जो स्कूलों के एक छोटे सैम्पल में विद्यार्थियों के अध्ययन सम्बन्धी उपलब्धियों का मूल्यांकन करता है। लेखकों ने अपने छोटे सैम्पल के सभी स्कूलों में यह पाया कि कक्षा तीन और पाँच के बच्चों की पढ़ाई-लिखाई में उपलब्धि ख़राब है। यहाँ यह भी गौरतलब है कि अर्द्ध-शिक्षकों वाले स्कूल के बच्चे सामाजिक और आर्थिक रूप से वंचित होते हैं और अमूमन ये स्कूल ज़्यादा अन्दरूनी क्षेत्रों में अवस्थित होते हैं।

लेकलेरक (2003) ने मध्य प्रदेश के अपने अध्ययन में पाया कि मध्य प्रदेश में अर्द्ध-शिक्षकों और नियमित शिक्षकों द्वारा पढ़ाये बच्चों की उपलब्धियों का स्तर एक जैसा ही है। ईडीसीआईएल (2008) द्वारा किये गये अध्ययन से भी ऐसा ही निष्कर्ष सामने आया। इसके अनुसार, कक्षा पाँच में पढ़ने वाले बच्चों के सीखने के सन्दर्भ में नियमित या अर्द्ध-शिक्षकों के होने से कोई खास अन्तर नहीं पड़ा।

शंकर (2008 ख) ने विश्व बैंक की ओर से ज़्यादा बड़ा और व्यवस्थित अध्ययन किया है। उन्होंने रिग्रेशन एनालिसिस (प्रतिगमन विश्लेषण) के माध्यम से छात्रों की घरेलू पृष्ठभूमि के साथ-ही-साथ स्कूल के कारकों को नियन्त्रित करने का प्रयास किया है। उन्होंने तीन भारतीय राज्यों (आन्ध्र प्रदेश, मध्य प्रदेश और उत्तर प्रदेश) के 360 स्कूलों, 920 शिक्षकों और चौथी कक्षा के 4,800 विद्यार्थियों के आँकड़ों का उपयोग किया है। इस अध्ययन के मुताबिक, कच्चे आँकड़ों (रॉ डेटा) में, नियमित शिक्षकों द्वारा पढ़ाये गये बच्चों की तुलना में अर्द्ध-शिक्षकों द्वारा पढ़ाये गये बच्चों के सीखने का स्तर थोड़ा कम होता है। लेकिन एक बार घरेलू पृष्ठभूमि के कारकों के नियन्त्रित कर लेने पर अर्द्ध-शिक्षक और नियमित शिक्षक द्वारा पढ़ाये गये

बच्चों के सीखने सम्बन्धी उपलब्धि के स्तर में कोई भेद नहीं रहता है। लेखिका ने यह दावा करने में हिचकिचाहट दिखाई है कि शिक्षकों के प्रकार (नियमित बनाम अर्द्ध-शिक्षक) का सामान्य तौर पर बच्चों के सीखने सम्बन्धी नतीजों के बीच कोई कारणात्मक संबन्ध होता है; लेकिन वे यह निष्कर्ष निकालती हैं कि "उत्तर प्रदेश में अर्द्ध-शिक्षकों द्वारा पढ़ाये गये बच्चों ने नियमित शिक्षकों द्वारा पढ़ाये गये बच्चों की तुलना में बेहतर नतीजे दिये।" (शंकर 2008 ख : 22)

सारणी 9 : उत्तर प्रदेश के सरकारी प्राथमिक विद्यालयों में बच्चों के उपलब्धि अंक

	सामान्य न्यूनतम अनुमान			स्कूल सुनिश्चित प्रभाव अनुमान		
	(1)	(2)	(3)	(4)	(5)	(6)
शिक्षक की विशेषताएँ						
उम्र	0.0103''' (6.72)	0.0074''' (6.68)	0.0098''' (6.40)	0.0111''' (5.73)	0.0056''' (3.92)	0.0110''' (5.69)
पुरुष	-0.127''' (-6.36)	-0.111''' (-5.68)	-0.121''' (-6.05)	-0.138'' -4.380	-0.0951''' (-3.44)	-0.138''' (-4.77)
योग्यता बीए	0.00310 (0.13)	-0.00569 (0.24)	-0.00123 (-0.05)	0.0954'' (2.54)	0.0872'' (2.33)	0.0952'' (2.54)
योग्यता एमए	0.00816 (0.30)	-0.00598 (-0.22)	-0.0196 (-0.71)	0.108''' (2.82)	0.0740' (1.94)	0.116''' (2.95)
प्रथम श्रेणी	0.0327 (1.14)	-0.00923 (-0.32)	0.00495 (0.17)	0.143''' (3.60)	0.0988'' (2.40)	0.131''' (3.13)
अर्द्ध-शिक्षक (3.18)	0.123'''	(2.30)	0.0908'' (4.96)	0.218'''	(4.14)	0.208'''
अनुपस्थिति दर		-0.258''' (-4.54)	-0.230''' (-3.98)		-0147' (-1.88)	-0.0706 (-0.88)
कुल	8185	8185	8185	8185	8185	8185
स्कूलों की संख्या				62	62	62

'0.1% से कम; ''0.05% से कम; '''0.01% से कम। सभी समीकरण एक बच्चे की व्यापक व्यक्तिगत विशेषताओं (उम्र, जेण्डर, स्वास्थ्य) और परिवार की पृष्ठभूमि (कुल सम्पदा और माता की शिक्षा) से नियन्त्रित हैं, किन्तु स्थान की कमी होने के चलते सम्पूर्ण नतीजे को नहीं दर्शाया गया है। यदि किसी शिक्षक को सर्वोच्च स्कूल बोर्ड परीक्षा में प्रथम श्रेणी का अंक आया हो तो 'प्रथम श्रेणी' 1 के बराबर है, और ऐसा न होने पर वह शून्य के बराबर है। शिक्षक की अनुपस्थिति दर स्कूल की चार अघोषित यात्राओं में 'शिक्षक के उपस्थित होने' का माध्य है।

स्रोत : स्कूल-टेल्स सर्वेक्षण आँकड़ा (किंगडन और अन्य 2008)।

वर्ष 2007-08 में स्कूल-टेल्स सर्वेक्षण द्वारा बिहार और उत्तर प्रदेश के 160

स्कूलों से तकरीबन 4,300 बच्चों के आँकड़े संग्रहित किये गये (किंगडन और अन्य 2008)। सारणी 9 के पहले तीन कॉलम विद्यार्थी स्कूल जेड-स्कोर के ऑर्डिनरी लिस्ट स्क्वायर्स (ओएलएस) रिग्रेशन को दिखाता है, और आख़िरी तीन कॉलम स्कूल फिक्स्ड इफेक्ट्स (एफइ) रिग्रेशन को दिखाते हैं। कॉलम 1 के ओ.एल. एस. नतीजे से यह पता चलता है कि उत्तर प्रदेश में अर्द्ध-शिक्षकों द्वारा पढ़ाये गये छात्रों की उपलब्धि नियमित शिक्षकों द्वारा पढ़ाये गये छात्रों से 0.12 स्टैण्डर्ड डिविएशन (एसडी) ज़्यादा है। यहाँ कोएफिशियंट (गुणक) सांख्यिक रूप से काफ़ी महत्त्वपूर्ण है। यह एक आश्चर्यजनक नतीजा है क्योंकि निश्चित रूप से अर्द्ध-शिक्षकों का प्रेरणा स्तर नियमित शिक्षकों से निम्न होता है। इसका कारण यह है कि अर्द्ध-शिक्षकों को नियमित शिक्षकों की तुलना में एक चौथाई राशि ही मिलती है।

यह एक महत्त्वपूर्ण प्रश्न है कि नियमित शिक्षकों से कम वेतन और कम प्रशिक्षण होने के बावजूद क्या अर्द्ध-शिक्षकों का प्रदर्शन अच्छा होने का कारण यह है कि उनकी अनुपस्थिति दर कम है। इस प्रश्न का उत्तर खोजने के लिए हम कॉलम 3 के समीकरण में अनुपस्थिति दर को एक अन्य व्याख्यात्मक वेरियबल (चर) के रूप में सम्मिलित करते हैं। यह उल्लेखनीय है कि यह विद्यार्थी की उपलब्धि से नकारात्मक रूप से जुड़ा हुआ है।[14] इसके समावेशन का अर्थ है कि अर्द्ध-शिक्षकों द्वारा पढ़ाये गये विद्यार्थियों का 0.12 एस.डी. लाभ गिरकर 0.09 एसडी लाभ तक हो जाता है। इससे यह पता चलता है कि अर्द्ध-शिक्षकों द्वारा पढ़ाये गये बच्चों की उपलब्धि का एक तिहाई अंश, नियमित शिक्षकों की तुलना में अर्द्ध-शिक्षकों की कम अनुपस्थिति दर के चलते होता है। शायद लाभ का शेष भाग कोशिश के अन्य ऐसे आयामों के कारण होता है (इनकी व्याख्या अनुपस्थिति दर के आधार पर नहीं की जा सकती), जो अर्द्ध-शिक्षकों में ज़्यादा होता है।

जब हम आख़िरी तीन कॉलमों में एक ही स्कूल के भीतर (अर्थात् स्कूल के अवलोकित और अन-अवलोकित विशिष्टताओं को नियन्त्रित करने के बाद) अनुमान पर ध्यान केन्द्रित करते हैं, तो गुणात्मक रूप से नतीजे एक जैसे होते हैं, किन्तु उनकी मात्रा में अन्तर होता है। मसलन, जहाँ कॉलम 1 में अर्द्ध-शिक्षक का सकारात्मक 'प्रभाव' 0.12 एसडी है, वह कॉलम 4 में बढ़कर 0.22 एसडी हो जाता है। ऐसा होने मुमकिन है। चूँकि इस बात की सम्भावना ज़्यादा होती है कि एक अर्द्ध-शिक्षक को ज़्यादा वंचित समुदायों के बीच अन्दरूनी इलाकों में स्थित स्कूलों में नियुक्त किया जायेगा, इसलिए ओ.एल.एस समीकरण में अर्द्ध-शिक्षकों के वेरियबल (चर) का कोएफिशियंट (गुणक) वंचन से सह-सम्बन्धित होता है; और इस तरह यह नीचे शून्य की ओर पूर्वग्रह दिखाता है क्योंकि यह (उपलब्धि के स्थान पर) वंचना के नकारात्मक प्रभावों को चुनता है। बिहार में (उसके नतीजों के बारे में सारणी में नहीं बताया

गया है) अर्द्ध-शिक्षक से पढ़ाये जाने से कोई विशेष लाभ नहीं हुआ। यह बिहार के अर्द्ध-शिक्षकों की अनुपस्थिति दर और कोशिश से सम्बन्धित अन्य संकेतकों से सुसंगत है। इसका कारण यह हो सकता है कि अन्य राज्यों के विपरीत बिहार के शिक्षकों को हर साल अपने अनुबन्ध के नवीनीकरण की चिन्ता नहीं होती है। अर्थात् बिहार के अर्द्ध-शिक्षकों की नौकरी स्थायी है, जिसके चलते उन पर जवाबदेही का दबाव भी कम है।

इस तरह, इस मुद्दे पर हुए सभी अध्ययन यह बताते हैं कि अर्द्ध-शिक्षकों और नियमित शिक्षकों द्वारा पढ़ाये गये बच्चों के सीखने के स्तर में बहुत कम अन्तर होता है, और कई मरतबा अर्द्ध-शिक्षकों द्वारा पढ़ाये गये बच्चे ज़्यादा लाभ की स्थिति में होते हैं। जहाँ दोनों प्रकार के शिक्षकों से पढ़ाये गये बच्चों के सीखने का स्तर कुल मिलाकर निम्न है, वहीं यह बात बिल्कुल स्पष्ट लगती है कि एक अर्द्ध-शिक्षक द्वारा पढ़ाये जाने का अर्थ यह नहीं है कि एक विद्यार्थी की उपलब्धि आवश्यक रूप से कम ही होगी।

शिक्षक क्षमता स्तर

शिक्षकों की अपर्याप्त क्षमता छात्रों की कम उपलब्धि का एक कारण हो सकती है। हमारी जानकारी के अनुसार स्कूल-टेल्स सर्वेक्षण (किंगडन और अन्य 2008) एकमात्र ऐसा सर्वेक्षण है जो प्राथमिक विषय के शिक्षकों की उनके विषय में ज्ञान का व्यवस्थित रूप से परीक्षण करता है। इन विषयों की व्याख्या करने और उन्हें पढ़ाने के शिक्षकों के सामर्थ्य की जाँच करने के लिए विशेष रूप से भाषा और अंकगणित की परीक्षा तैयार की गयी। इसमें यह भी जाँचने का प्रयास किया गया कि क्या शिक्षक बच्चों द्वारा सामान्य तौर पर की जाने वाली गलतियों को समझ पाते हैं। बनर्जी और किंगडन (2009) ने शिक्षक से सम्बन्धित इस जाँच का एक पूर्ण विश्लेषण प्रस्तुत किया है, किन्तु सारणी 10 में सिर्फ़ कुछ नतीजों को संक्षेप में प्रस्तुत किया गया है। इनसे यह संकेत मिलता है कि बिहार और उत्तर प्रदेश—दोनों ही राज्यों में भाषा और गणित के कार्यों के सन्दर्भ में स्थायी शिक्षकों का प्रदर्शन अर्द्ध-शिक्षकों से बेहतर है। बहरहाल, जब हम शिक्षक की शिक्षा, प्रशिक्षण और अनुभव को नियन्त्रित करते हैं, अर्थात् एक जैसी योग्यता और अनुभव रखने वाले शिक्षकों की तुलना करते हैं (यहाँ उसके नतीजों को नहीं दर्शाया गया है), तो सिर्फ़ उत्तर प्रदेश में ही अर्द्ध-शिक्षकों की उपलब्धियाँ नियमित शिक्षकों से कम होती हैं; बिहार के मामले में ऐसा नहीं होता है।

सारणी 10 : शिक्षकों के परीक्षण में शिक्षकों का प्रदर्शन

'शिक्षकों ने बताया'	बिहार				उत्तर प्रदेश		
	नियमित	अर्द्ध 2005	अर्द्ध 2006	निजी	नियमित	अर्द्ध	निजी
मुश्किल शब्दों के सरल अर्थ	42.4	41.0	37.1	50.8	48.9	40.4	43.4
किसी लघु कथा का सार्थक सार रूप	45.6	54.8	31.5	58.2	41.0	37.1	44.7
सार रूप के लेखन की वर्तनी में कोई गलती नहीं	32.0	29.1	28.2	54.7	48.2	46.7	39.6
भाग देने सम्बन्धी प्रश्न का सही हल	84.2	78.6	76.2	78.1	84.6	73.5	70.1
प्रतिशत से सम्बन्धी सरल प्रश्न का उत्तर	43.3	24.8	15.4	22.2	27.8	21.7	11.7

स्रोत : बनर्जी और किंगडन (2009)।

इस तरह, जहाँ अभी तक के सभी अध्ययनों में यह पाया गया कि नियमित शिक्षकों और अर्द्ध-शिक्षकों द्वारा पढ़ाये गये बच्चों के सीखने की उपलब्धि के स्तर पर कोई खास अन्तर नहीं होता है, वहीं स्कूल-टेल्स के आँकड़ों से यह संकेत मिलता है कि कम-से-कम उत्तर प्रदेश में नियमित शिक्षकों का ज्ञान और शिक्षण करने की दक्षता ज़्यादा अच्छी है (किंगडन और अन्य 2008)।

इससे यह पता चलता है कि अर्द्ध-शिक्षकों से पढ़ने वाले बच्चे उन बच्चों की तुलना में वंचना का शिकार हो सकते हैं जो नियमित शिक्षकों से पढ़ रहे हैं; इसका कारण यह है कि अर्द्ध-शिक्षकों के पास कम ज्ञान होता है और वे कम सक्षम होते हैं। इसके साथ ही, वे लाभ की स्थिति में भी हो सकते हैं क्योंकि इस बात की सम्भावना ज़्यादा होती है कि उनके शिक्षक स्कूल में उपस्थित रहेंगे तथा नियमित शिक्षकों की तुलना में शिक्षण कार्य में ज़्यादा रुचि लेंगे।

निष्कर्ष और नीति सम्बन्धी कुछ सुझाव

जैसा कि शुरुआत में बताया गया है कि अर्द्ध-शिक्षक योजनाओं के समर्थक और विरोधी—दोनों ही हैं। इसके समर्थकों ने विभिन्न राज्यों में बड़ी संख्या में अर्द्ध-शिक्षकों की नियुक्ति को एक सकारात्मक क़दम माना। उन्होंने इसके पक्ष में बेहतर शिष्य-शिक्षक अनुपात, एकमात्र शिक्षक वाले स्कूलों की संख्या में कटौती और अर्द्ध-शिक्षकों द्वारा कम अनुपस्थिति करने जैसे तर्क प्रस्तुत किये हैं। पिछले भागों में शिक्षक उपस्थिति के अध्ययन से इन तर्कों की पुष्टि होती है। इसके अलावा, समर्थक यह दावा करते हैं कि करदाताओं के पैसे से जितना वेतन नियमित शिक्षकों को दिया जाता है, उससे एक तिहाई या एक चौथाई वेतन पर ही अर्द्ध-शिक्षक

उपलब्ध होते हैं और ये ज़्यादा प्रभावकारी तरीके से शिक्षण कार्य करते हैं। यह दावा भी आंशिक रूप से सही है। समर्थक यह भी दावा करते हैं कि चूँकि अर्द्ध-शिक्षकों की भर्ती स्थानीय स्तर पर होती है और हर साल इनके अनुबन्ध के नवीनीकरण की आवश्यकता होती है, इसलिए ये गाँव शिक्षा समिति या स्कूल समितियों के प्रति ज़्यादा जवाबदेह होते हैं। हालाँकि इस आख़िरी दावे का व्यवस्थित रूप से परीक्षण नहीं किया गया है।

इसके आलोचकों की मुख्य चिन्ता यह है कि अर्द्ध-शिक्षकों के पास काफ़ी कम टीचर ट्रेनिंग होती है।[15] डीआईएसई के आँकड़ों से यह चिन्ता उत्पन्न होती है, जो यह दिखाते हैं कि अर्द्ध-शिक्षकों के पास नियमित शिक्षकों की तुलना में काफ़ी कम पेशेवर टीचर ट्रेनिंग होती है। हालाँकि मानव संसाधन विकास मन्त्रालय और कुछ राज्य अर्द्ध-शिक्षकों के लिए दूरस्थ टीचर ट्रेनिंग पाठ्यक्रम द्वारा इस कमी को दूर करने का प्रयास कर रहे हैं। अर्द्ध-शिक्षकों के उपयोग के बारे में एक प्रचलित आलोचना यह रही है कि चूँकि उनके पास पेशेवर टीचर ट्रेनिंग नहीं होती है, इसलिए शिक्षण की गुणवत्ता पर नकारात्मक असर पड़ता है। हालाँकि उपलब्ध प्रमाण इस प्रकल्पना का समर्थन नहीं करते हैं। इस मुद्दे पर अब तक उपलब्ध अध्ययन यह दिखाते हैं कि अर्द्ध या नियमित शिक्षकों द्वारा पढ़ाये जाने वाले बच्चों के सीखने का स्तर तकरीबन बराबर ही रहता है। हालाँकि यह भी सच है कि कई मरतबा अन्दरूनी इलाकों में नियुक्त होने के चलते अर्द्ध-शिक्षकों द्वारा पढ़ाये जाने वाले बच्चे ग़रीब परिवारों से आते हैं। कुछ विश्लेषकों ने नौकरी से पहले के पेशेवर टीचर ट्रेनिंग के महत्त्व पर प्रश्न खड़ा किया है। उनके अनुसार, यदि इसके बाद भी नियमित शिक्षक औसतन अर्द्ध-शिक्षकों (जो कि अमूमन अप्रशिक्षित होते हैं) से ज़्यादा प्रभावी नहीं होते हैं, तो फिर ऐसे प्रशिक्षण पर गम्भीरता से विचार करने की आवश्यकता है।[16]

अर्द्ध-शिक्षक योजनाओं के कुछ आलोचक यह दावा करते हैं कि अर्द्ध-शिक्षकों के पास नियमित शिक्षकों की तुलना में कम शैक्षिक योग्यता होती है। हालाँकि राष्ट्रीय आँकड़ों पर नज़र डालने से यह चिन्ता सही साबित नहीं होती है। यह सच है कि नियमों के स्तर पर अर्द्ध-शिक्षकों से नियमित शिक्षकों की तुलना में कम शैक्षिक योग्यता की माँग की जाती है किन्तु वास्तविक रूप में जो अर्द्ध-शिक्षक नियुक्त हुए हैं उनकी शैक्षिक योग्यता नियमित शिक्षकों से कम नहीं है।

अप्रशिक्षित अर्द्ध-शिक्षकों और प्रशिक्षित नियमित शिक्षकों द्वारा पढ़ाये गये बच्चों के सीखने के स्तर की समानता तीन महत्त्वपूर्ण तथ्यों की ओर ध्यान दिलाती है : पहला, ऐसा लगता है कि अभी नौकरी के पहले दी जाने वाली टीचर ट्रेनिंग की गुणवत्ता काफ़ी ख़राब है, जिसमें सुधार करने की आवश्यकता है; दूसरा, शिक्षकों की जवाबदेही का महत्त्वपूर्ण मुद्दा। सारणी 7 से सम्बन्धित चर्चा में यह रेखांकित

किया गया है कि उत्तर प्रदेश के अर्द्ध-शिक्षक ज़्यादा मेहनत से अपना काम करते हैं क्योंकि उन्हें नियमित शिक्षकों की तुलना में जवाबदेही के ज़्यादा बड़े दबाव का सामना करना पड़ता है।

तीसरा, अर्द्ध-शिक्षकों और नियमित शिक्षकों से पढ़े बच्चों की सीखने की तकरीबन बराबर क्षमता यह स्पष्ट करती है कि अर्द्ध-शिक्षक योजनाओं से बच्चों को होने वाली हानि सम्बन्धी तर्क पूरी तरह गलत हैं। ऐसा लगता है कि इस तरह की चिन्ता व्यक्त करने वाले लोग समता (अर्द्ध और नियमित शिक्षकों के वेतन और कार्य की स्थिति), पेशे में हैसियत, गरिमा, सुरक्षा के मुद्दे को अर्द्ध-शिक्षकों की कुशलता या उनके द्वारा दी जाने वाली शिक्षा की गुणवत्ता से मिला देते हैं। निश्चित रूप से, समता, पेशे में हैसियत और सुरक्षा से सम्बन्धित मुद्दे वैध हैं। किन्तु उपलब्ध प्रमाणों से यह साबित नहीं होता है कि अर्द्ध-शिक्षकों की इसलिए निन्दा की जानी चाहिए क्योंकि वे बच्चों को ख़राब गुणवत्ता वाली शिक्षा देते हैं।

नियमित और वैध—दोनों ही प्रकार की शिक्षक योजनाओं की एक महत्त्वपूर्ण और वैध आलोचना यह है कि ये कॅरियर के भीतर आगे बढ़ने की एक संरचना उपलब्ध नहीं कराते हैं, जिससे नौकरी में आ जाने के बाद शिक्षकों को अपने पेशेवर विकास के लिए प्रोत्साहन मिले। प्रिचेट और पाण्डेय (2006) तथा प्रिचेट और मुरगई (2008) ने यह तर्क दिया है कि भारत में शिक्षकों को मुआवजे की वर्तमान व्यवस्था पूरी तरह गैर-पेशेवर और शिक्षक विरोधी है क्योंकि यह अच्छे प्रदर्शन को पुरस्कृत नहीं करता है। गोविन्दा और जोसेफिन (2004) ने अर्द्ध-शिक्षक कार्यक्रम में सुधार करने के लिए कुछ उपयोगी और व्यावहारिक नीतिगत अनुशंसाएँ की हैं। इनमें से बहुत सी सिफ़ारिशें प्रिटचेट और पाण्डेय के सुझावों से मिलती-जुलती हैं (देखें किंगडन और सिपाहीमलानी-राव 2009)। उन्होंने अर्द्ध और नियमित—दोनों ही तरह के शिक्षकों के पेशेवर विकास की एक सीढ़ी बनाने की सिफ़ारिश की है। इस पर गम्भीरता से विचार किया जाना चाहिए क्योंकि शिक्षकों के अनुबन्ध में प्रमोशन को प्रोत्साहन से जोड़ने से उन्हें ज़्यादा प्रयास के लिए प्रेरित किया जा सकता है। इससे नियमित और अर्द्ध-शिक्षकों की मौजूदा 'दोहरी' व्यवस्था से भी मुक्ति पाने में मदद मिल सकती है, जो शिक्षकों के बीच में तनाव पैदा करता है और उनके हौसले पर नकारात्मक प्रभाव डालता है।

सन्दर्भ

1. रूक्मिणी बनर्जी और प्रणव चौधरी ने स्कूल-टेल्स आँकड़ों के संग्रहण में काफ़ी महत्त्वपूर्ण भूमिका अदा की। इस शोध-आलेख के कुछ निष्कर्ष इन्हीं आँकड़ों पर आधारित हैं। स्पेन्सर फाउंडेशन ने 'स्कूल-टेल्स' को आर्थिक सहयोग उपलब्ध कराया। हम वृंदा सरूप, अनीता कौल, नीलम राव,

राम पाल सिंह, विनीता कौल, दीपा शंकर तथा कृष्ण कुमार, गोविन्दा, दयाराम, गीता नाम्बिसन, अनीता रामपाल और पूनम बत्रा के साक्षात्कारों के लिए आभारी हैं, जिनसे इस शोध-आलेख को बेहतर बनाने में मदद मिली। इस अनुसन्धान कार्य के लिए यूनाइटेड किंगडम डिपार्टमेंट फॉर इंटरनैशनल डिवलपमेंट से भी आर्थिक सहायता मिली।

2. प्राथमिक विद्यालय वे होते हैं जिनमें प्राथमिक और/उच्च प्राथमिक कक्षाएँ होती हैं। इनमें स्वचालित प्राथमिक या उच्च प्राथमिक स्कूल भी शामिल हैं। गोविन्दा और जोसेफिन (2004 : 4) और मेहता (2007 : 21, 137, 182) में दी गयी संख्याओं के आधार पर इन आँकड़ों की गणना की गयी है।
3. दूसरी पाद-टिप्पणी में उद्धृत अध्ययनों में दी गयी नामांकन और शिक्षक की संख्या के आधार पर इन आँकड़ों की गणना की गयी है।
4. वही।
5. अफ्रीका में अनुबन्ध शिक्षक योजनाओं के मूल्यांकन के लिए देखें बॉरडॉन और अन्य (2007)।
6. सारणी 1 में किंगडन और सिपाहीमलानी-राव (2009) ने विभिन्न राज्यों में अर्द्ध-शिक्षकों के अलग-अलग कार्यकाल शर्तों तथा अकादमिक और पेशेवर योग्यता की आवश्यकताओं को संक्षेप में प्रस्तुत किया है।
7. नौकरी में आने से पहले के प्रशिक्षण में बेसिक टीचिंग सर्टिफिकेट (बीटीसी), बैचलर ऑफ एजुकेशन (बीएड), लाइसेनटिएट इन टीचिंग (एलटी) या मास्टर्स ऑफ एजुकेशन (एमएड) सम्मिलित है।
8. स्कूल-टेल्स के आँकड़े यह संकेत अवश्य करते हैं कि उत्तर प्रदेश में औसतन अर्द्ध-शिक्षक का आवास, नियमित शिक्षक की तुलना में स्कूल से ज़्यादा नज़दीक होता है। लेकिन बिहार में स्कूल से इस तरह की दूरी नहीं है क्योंकि वहाँ वर्ष 2006-07 में 84,712 शिक्षकों की भर्ती की गयी। इसमें यह आवश्यक नहीं था कि शिक्षक उसी पंचायत का निवासी हो, जहाँ वह स्कूल अवस्थित है।
9. स्कूल केन्द्रित प्रभावों का प्रतिगमन विभिन्न स्कूलों के बजाय सिर्फ़ एक स्कूल के भीतर विविधता पर विचार करता है।
10. डीईईपी भारतीय ज़िलों के लिए एक शिक्षा परियोजना थी जिसे केन्द्र द्वारा प्रायोजित किया गया था और आंशिक रूप से दाता संस्थाओं द्वारा सहायता प्रदान की गयी थी। इसे वर्ष 1994 से 2002 के बीच उन ज़िलों में चलाया गया जहाँ महिला साक्षरता-दर राष्ट्रीय औसत से कम था। इसे सर्व शिक्षा अभियान का पूर्ववर्ती रूप माना जा सकता है।
11. वृंदा सरूप से जुलाई 2007 में लिया गया साक्षात्कार, वे उस समय मानव संसाधन मन्त्रालय के प्राथमिक शिक्षा मन्त्रालय में संयुक्त सचिव थीं।
12. यह कथन एनसीईआर (2008) के कार्यकारी सारांश (एक्जीक्यूटिव समरी) से लिया गया है।
13. जिस सीमा तक शिक्षक के पास यह विकल्प हो कि वह किसी गैर-शिक्षण कार्य को लेने से मना कर दे, उस सीमा तक वह गैर-शिक्षण कार्य में जितने दिन लगाता है, वह उसकी कोशिश मानी जायेगी। यहाँ गैर-शिक्षण कार्यों में नौकरी में रहते हुए लिए गये प्रशिक्षण के दिन सम्मिलित नहीं हैं।
14. यदि शिक्षक अनुपात की दर 1 एस.डी. नीचे से 1 एस.डी. ऊपर की ओर जाती है, तो विद्यार्थी की उपलब्धि में 0.06 एस.डी. की गिरावट होती है।
15. यह एक रोचक बात है कि जहाँ स्कूल में अर्द्ध-शिक्षकों के बारे में यह चिन्ता जताई जाती रही है, यह चिन्ता उन अर्द्ध-शिक्षकों के बारे में व्यक्त नहीं की जाती जो स्कूल के बाहर के बच्चों

को पढ़ाते हैं या फिर गैर-औपचारिक शिक्षा व्यवस्था में पढ़ाते हैं जहाँ उन्हें काफ़ी कम मानदेय दिया जाता है।

16. भारत में टीचर ट्रेनिंग के प्रमाण-पत्र से एक शिक्षक द्वारा बच्चों को सिखाने के नतीजों पर कोई असर नहीं पड़ता है। भारतीय साहित्य (किंगडन 1994) और अन्तर्राष्ट्रीय स्तर पर मौजूद साहित्य (हैनुशेक 2003) भी इसका समर्थन करते हैं।

सन्दर्भ ग्रन्थ सूची

एआईपीटीएफ (2008), 'स्टेट्स ऑफ पैरा-टीचर्स', एआईपीटीएफ, नयी दिल्ली।

बनर्जी, आर. और जी. किंगडन (2009), 'अंडरस्टैंडिंग टीचर कॉम्पीटेनसीज इन रूरल नॉर्थ इण्डिया', प्रेजेण्टेड ऐट द कॉन्फ्रेंस ऑन टीचर डिवलपमेंट ऐंड मैनेजमेंट, उदयपुर, 23-25 फरवरी।

बॉरडॉन, ज्याँ, एम. फ्रोलीच और के. माइकेलोवा (2007), 'टीचर शॉर्टेजेज, टीचर कॉन्ट्रैक्ट्स ऐंड देयर इम्पैक्ट ऑन एजुकेशन इन अफ्रीका', डिपार्टमेंट ऑफ इकोनॉमिक्स वर्किंग पेपर 2007-20, यूनिवर्सिटी ऑफ सेंट गैलेन, सेंट गैलेन।

एजुकेशनल कौंसिल इण्डिया लिमिटेड (ईडीसीआईएल) (1999), 'रिचिंग आउट फरदर पैरा-टीचर्स इन प्राइमरी एजुकेशन : ऐन इनडेप्थ स्टडी ऑफ सेलेक्टेड स्कीम्स', एजुकेशनल कौंसिल इण्डिया लिमिटेड, नयी दिल्ली।

—(2008), 'टीचर्स एबसेंस इन प्राइमरी ऐंड अपर प्राइमरी स्कूल इन आन्ध्र प्रदेश, मध्य प्रदेश ऐंड उत्तर प्रदेश : अब्रिज्ड रिपोर्ट', एजुकेशनल कंसलटेंट्स इण्डिया लिमिटेड, नयी दिल्ली।

गवर्नमेंट ऑफ इण्डिया (2006), *इम्पलॉयमेंट ऐंड अनइम्पलॉयमेंट सिचुएशन इन इण्डिया,* एनएसएस 61 राउंड (2004-05), नैशनल सैम्पल सर्वे ऑर्गनाइजेशन, नयी दिल्ली।

गोविन्दा, आर. और वाई. जोसेफिन (2004), *पैरा टीचर्स इन इण्डिया : अ रिव्यू, नैशनल इंस्टीट्युट ऑफ एजुकेशनल प्लानिंग ऐंड एडमिनिस्ट्रेशन,* नयी दिल्ली।

हैनुशेक, एरिक (2003), 'द फ्लेयर ऑफ इनपुट बेस्ट पॉलिसीज', *इकोनॉमिक जर्नल,* 113 (485) : एफ64-एफ98।

किंगडन, जी. (1994), 'ऐन इकोनॉमिक इवैल्यूएशन ऑफ स्कूल मैनेजमेंट टाइप्स इन अरबन इण्डिया : अ केस स्टडी ऑफ उत्तर प्रदेश', डीफिल थीसिस, सेंट एंटोनीज कॉलेज, यूनिवर्सिटी ऑफ ऑक्सफर्ड।

किंगडन, जी., आर. बनर्जी (2009), 'स्कूल फंकस्निंग इन रूरल नॉर्थ इण्डिया : इविडेन्स फ्रॉम स्कूल-टेल्स सर्वे', इंस्टीट्यूट ऑफ एजुकेशन, यूनिवर्सिटी ऑफ लन्दन।

किंगडन, जी., आर. बनर्जी और पी. चौधरी (2008), 'स्कूल-टेल्स सर्वे ऑफ रूरल प्राइमरी स्कूल्स इन बिहार ऐंड उत्तर प्रदेश, 2007-08', इंस्टीट्यूट ऑफ एजुकेशन, यूनिवर्सिटी ऑफ लन्दन।

किंगडन, जी. और वी. सिपाहीमलानी-राव (2009), 'पैरा टीचर्स इन इण्डिया : अ स्टेट्स रिपोर्ट', इंस्टीट्यूट ऑफ एजुकेशन, यूनिवर्सिटी ऑफ लन्दन।

क्रेमर, माइकल, नजमुल चौधुरी, एफ. हाल्से रॉजर्स, कार्तिक मुरलीधरन और जेफरी हैमर (2005), 'टीचर एबसेंस इन इण्डिया : अ स्नैपशॉट', *जर्नल ऑफ यूरोपीयन इकोनॉमिक ऐसोसिएशन,* 3(2-3) : 658-67।

कुमार, कृष्ण, मनीषा प्रियम और साधना सक्सेना (2001), 'द ट्रबल फॉर विद पैरा-टीचर्स', फ्रंटलाइन, 18(22) : 93-94।

लेकलेरक, फ्रैंकोइस (2003), 'एजुकेशन गारंटी स्कीम ऐंड द इवोल्यूशन ऑफ प्राइमरी स्कूल सिस्टम इन मध्य प्रदेश : अ फील्ड स्टडी', *इकोनॉमिक ऐंड पॉलिटिकल वीकली,* 38(19) : 1855-69।

मेहता, अरुण सी. (2007), *ऐलीमेंटरी एजुकेशन इन इण्डिया : प्रोग्रेस टुवर्ड्स युइइ : एनालिटिकल रिपोर्ट 2005-06,* न्युपा, नयी दिल्ली।

—(2008), *ऐलीमेंटरी एजुकेशन इन इण्डिया : प्रोग्रेस टुवर्ड्स युइइ : एनालिटिकल रिपोर्ट 2006-07,* न्युपा, नयी दिल्ली।

एनसीएईआर (2008), 'डिप्लॉयमेंट ऐंड प्रोफेशनल कॉम्पीटेंश ऑफ पैरा-टीचर्स : एक्जीक्यूटिव समरी', एनसीएईआर नयी दिल्ली।

पाण्डेय, सरोज (2006), 'पैरा-टीचर्स स्कीम ऐंड क्वालिटी एजुकेशन फॉर ऑल इन इण्डिया : पॉलिसी पर्सपेक्टिव्स ऐंड चैलेंजेज फॉर स्कूल इफेक्टिवनेस', *जर्नल ऑफ एजुकेशन ऐंड टीचिंग : इण्टरनैशनल रिसर्च ऐंड पैडेगाजी,* 32(3) : 319-34।

पाण्डेय, सरोज और राज रानी (2007), 'प्रोफेशन सपोर्ट सिस्टम ऐंड क्लासरूम परफॉरमेंस ऑफ पैरा टीचर्स', एनसीईआरटी, नयी दिल्ली।

प्रिचेट, लैंट और वरद पण्डेय (2006), 'मेकिंग प्राइमरी एजुकेशन वर्क फॉर इण्डियाज रूरल पुअर : अ प्रपोजल फॉर इफेक्टिव डिसेन्ट्रलाइजेशन', सोशल डिवलपमेंट पेपर्स साउथ एशिया सीरिज 95, वर्ल्ड बैंक, वाशिंगटन डीसी।

प्रिचेट, लैंट और रिंकू मुरगई (2008), 'टीचर कॉम्पोजिशन : कैन डिसेन्ट्रलाइजेशन टू लोकल बॉडीज टेक इण्डिया फ्रॉम परफेक्ट स्ट्रॉम थ्रू ट्रबल्ड वाटर्स टू कैश सेलिंग?' वर्ल्ड बैंक, वाशिंगटन डीसी।

रामपाल, अनीता और शर्मिला भगत (2003), 'अ स्टडी ऑन स्कूल इफेक्टिवनेस : वेस्ट बंगाल', मीमओ, नयी दिल्ली।

राणा, के., ए. रफीक, और ए. सेनगुप्ता (2002), द *प्रतीची एडुकेशन रिपोर्ट I,* नयी दिल्ली टीएलएम बुक्स और पतीची ट्रस्ट।

शंकर, दीपा (2008क), 'अनरैवलिंग टीचर्स नम्बर ऑन टास्क ऐंड नेचर ऑफ टास्क : इविडेन्सेज फ्रॉम थ्री इण्डियन स्टेट्स', वर्ल्ड बैंक, नयी दिल्ली।

—(2008ख), 'डज टीचर इंस्ट्रक्शनल टाइम मैटर इन स्कूल इफेक्टिवनेस इन इम्प्रूविंग चिल्ड्रेन्स लर्निंग आउटकम? अ स्टडी इन थ्री इण्डियन स्टेट्स यूजिंग हायरार्कीकल लिनियर मॉडलिंग', वर्ल्ड बैंक, नयी दिल्ली।

[यह शोध-आलेख *इकोनॉमिक ऐंड पॉलिटिकल वीकली* के 20 मार्च 2010 अंक में प्रकाशित हुआ था।]

क्या स्कूल का चयन वंचित तबकों के ग्रामीण बच्चों के लिए मददगार है?

(आन्ध्र प्रदेश में एक दीर्घकालिक अनुसन्धान के प्रमाण)

डी.डी. कारोपैडी[1]

अन्तर्राष्ट्रीय स्तर पर स्कूल चयन या 'स्कूल वाउचर' के विषय पर काफ़ी अनुसन्धान हुए हैं। इस सन्दर्भ में अन्य देशों के हाल के अनुभव मिश्रित रहे हैं, लेकिन अब वहाँ भी धीरे-धीरे इस पहलू पर ध्यान दिया जाने लगा है कि पाठ्यक्रम सीखने की उपलब्धि में स्कूल का चयन कोई अतिरिक्त भूमिका नहीं निभाता है। इस शोध-आलेख में आन्ध्र प्रदेश में रैण्डम तरीके से नियन्त्रित परीक्षण अध्ययन-पद्धति से किये गये पाँच वर्ष के लम्बे दौर वाले दीर्घकालिक अनुसन्धान के निष्कर्ष प्रस्तुत किये गये हैं। यह बताता है कि बच्चों के सीखने सम्बन्धी नतीजों के सन्दर्भ में सरकारी स्कूलों की तुलना में निजी स्कूल कोई अतिरिक्त मूल्य नहीं जोड़ते हैं। छात्रवृत्ति कार्यक्रम द्वारा निजी स्कूल में जाने वाले बच्चे, इस स्कूल में पाँच वर्ष गुजारने के बाद भी सरकारी स्कूल में पढ़ने वाले अपनी कक्षा के बच्चों से अच्छा प्रदर्शन नहीं करते हैं।

पृष्ठभूमि

इस सदी के आरम्भ से भारत सरकार द्वारा सर्व शिक्षा अभियान जैसे कार्यक्रमों में किये गये प्रयासों के चलते प्राथमिक स्कूलों के नामांकन के आँकड़ों में तीव्र वृद्धि हुई है। जहाँ नामांकन में तेज़ी से वृद्धि हो रही है, वहीं शिक्षा की गुणवत्ता में काफ़ी सुधार किये जाने की आवश्यकता है। 6-14 वर्ष आयु वर्ग के 96% से ज़्यादा बच्चों का स्कूलों में नामांकन था किन्तु कक्षा 3 में पढ़ने वाले 60% बच्चे कक्षा 1 की किताबें नहीं पढ़ पाते थे, और तकरीबन 74% बच्चे सामान्य जोड़-घटाव नहीं कर पाते थे (प्रथम 2013)। इसके साथ ही, पिछले एक दशक से ज़्यादा समय से निजी स्कूलों में नामांकन में लगातार बढ़ोतरी हो रही है (देखें, रेखचित्र 1)। जहाँ शहरी क्षेत्रों में हमेशा

से ही इसकी दर काफ़ी ऊँची थी, अब यह अनुमान लगाया जा रहा है कि ग्रामीण क्षेत्रों में भी यह बढ़कर 29% तक पहुँच चुका है। यह माना जाता है कि केरल और हरियाणा जैसे कुछ राज्यों में यह अनुपात 50% से भी ज़्यादा है (प्रथम 2013)। बहुत से लोगों का यह विश्वास है कि चूँकि माता-पिता सार्वजनिक स्कूलों से असन्तुष्ट हैं, इसीलिए 'फीस' वसूलने वाले निजी स्कूलों की लोकप्रियता में वृद्धि हो रही है।[2]

निजी स्कूलों की बढ़ती लोकप्रियता के चलते यह चिन्ता उत्पन्न हुई है कि समाज में पहले से मौजूद आर्थिक और सामाजिक स्तरीकरण में और भी ज़्यादा वृद्धि होगी। इसका नतीजा यह भी हुआ है कि यह माँग की जाने लगी है कि निजी स्कूलों का विस्तार किया जाना चाहिए ताकि हर तरह की सामाजिक-आर्थिक पृष्ठभूमि वाले बच्चे इन स्कूलों में नामांकन करा पायें। शिक्षा के अधिकार अधिनियम के एक प्रावधान के अनुसार, निजी स्कूलों को अपनी सीटों का 25% वंचित पृष्ठभूमि वाले विद्यार्थियों के लिए आरक्षित रखना चाहिए। कुछ लोग यह दावा करते हैं कि दरअसल इस प्रावधान के माध्यम से सरकार ने यह स्वीकार कर लिया है कि निजी स्कूल सरकारी स्कूलों से ज़्यादा अच्छे हैं। चूँकि देश में 6-14 वर्ष के आयु वर्ग वाले बच्चों की जनसंख्या का आकार काफ़ी बड़ा है, इसलिए इस प्रावधान का नतीजा यह हो सकता है कि भारत में आख़िरकार दुनिया की सबसे वृहद् 'स्कूल वाउचर' कार्यक्रम[3] जैसी ही एक व्यवस्था स्थापित हो जाये। जहाँ एक ओर निजी स्कूलों में बढ़ोतरी हो रही है, वहीं इस बारे में कोई खास ठोस आँकड़ा उपलब्ध नहीं है जिसके आधार पर यह कहा जाये कि ये स्कूल सरकारी स्कूलों से ज़्यादा प्रभावकारी हैं। शिक्षा एक जटिल विषय है और यह स्कूल के भीतर के कई विविध कारकों से प्रभावित होता है। इन कारकों में पाठ्यक्रम, शिक्षाशास्त्र, शिक्षकों की संख्या, शिक्षकों की तैयारी इत्यादि सम्मिलित हैं। साथ ही, इसमें स्कूल के बाहर के कारक, मसलन, घर का माहौल, सामाजिक-आर्थिक पृष्ठभूमि, शिक्षा समर्थक व्यवस्था की उपलब्धता आदि भी महत्त्वपूर्ण भूमिका निभाते हैं। शिक्षा की गुणवत्ता और प्रभावकारिता की परिभाषा के बारे में भी अत्यधिक वाद-विवाद होता रहा है। स्कूल की गुणवत्ता की बहुत सारी परिभाषाएँ हैं, जिनमें से बहुत-सी परिभाषाओं को 'ऑर्गनाइजेशन फॉर इकोनॉमिक कोऑपरेशन ऐंड डिवलपमेंट (2005) के रिपोर्ट में सम्मिलित किया गया। गौरतलब है कि यह रिपोर्ट वर्ष 2000 के 'प्रोग्राम फॉर इंटरनैशनल स्टूडेंट असेस्मेंट' (पीसा) के आँकड़ों पर आधारित था। इसमें सीखने का नतीजा बहुत सी कसौटियों में से एक है, किन्तु यह एक महत्त्वपूर्ण कसौटी है और तुलनात्मक रूप से इसे ज़्यादा आसानी से समझा और मापा जा सकता है।

'स्कूल वाउचर' का विचार पूरी तरह नया नहीं है और पिछले कई दशकों से इसे दुनिया के कई देशों में आजमाया और उपयोग में लाया गया है। बीसवीं सदी के आख़िर में जाकर इस विचार को प्रमुख मिली तथा इसके बारे में ज़्यादा गहन वाद-विवाद और

रेखाचित्र-1: अखिल भारतीय नामांकन रुझान-ग्रामीण स्कूल (%)

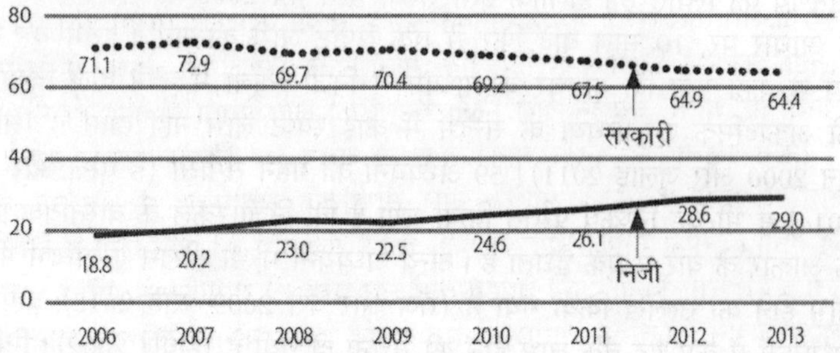

स्रोत : 2008-2013 के बीच विविध एएसईआर रिपोर्ट

चर्चा होने लगी। बहुत से देशों में इस विषय पर काफ़ी गम्भीर अनुसन्धान और चर्चा होती रही है। पिछले वर्षों में 'स्कूल वाउचर' से सम्बन्धित धारणा और विश्वास में बदलाव होता रहा है। चिली ने 1981 में राष्ट्रीय स्तर पर स्कूल चयन कार्यक्रम आरम्भ किया। इसके प्रति आरम्भिक प्रतिक्रिया अत्यन्त सकारात्मक थी, लेकिन 20 वर्ष बाद हुए एक अध्ययन (सिंह और उरकोइओला 2006) में अंक, दोहराव दर और स्कूल में बिताये गये वर्षों के किये गये विश्लेषण में यह पाया कि इस बात का कोई प्रमाण नहीं है कि स्कूल चयन से शैक्षिक नतीजों में सुधार होता है।

विद्यार्थियों की उपलब्धि पर स्कूल वाउचर के प्रभाव से सम्बन्धित अनुसन्धानों के बारे में काफ़ी विवाद रहे हैं। इसमें अनुसन्धान करने वालों के मकसद, उनकी अध्ययन-पद्धति तथा अनुसन्धान के आर्थिक स्रोत इत्यादि के बारे में गम्भीर प्रश्न खड़े किये जाते रहे हैं।[4] इस बारे में मिश्रित विचार सामने आये हैं कि वाउचर कार्यक्रमों का बच्चों की सीखने के कुल नतीजे पर क्या प्रभाव पड़ता है। कई अनुसन्धानों में इसे काफ़ी सकारात्मक माना गया है, कई अन्य 'अनिर्णय' की स्थिति में रहे हैं या फिर बहुत से अनुसन्धानों ने इसके प्रभाव को नकारात्मक भी माना है। बीसवीं सदी के आख़िर में एक रिपोर्ट जारी की गयी (वेस्ट 1997), इसमें बीस से ज़्यादा देशों या क्षेत्रों के अध्ययन के आधार पर यह बताया गया कि ऐसा कोई स्पष्ट प्रमाण नहीं है जिसके आधार पर वाउचर व्यवस्था के लिए नकारात्मक भविष्यवाणी की जा सके। दूसरी ओर, अमेरिका तथा अन्य देशों में स्कूल वाउचर व्यवस्था की आलोचनात्मक समीक्षा पर आधारित एक शोध-पत्र में यह विचार व्यक्त किया गया है कि बड़े पैमाने पर वाउचर कार्यक्रम अपनाने से विद्यार्थियों की कुल उपलब्धि के सन्दर्भ में कोई विशेष लाभ नहीं होता है। इसमें यह भी कहा गया है कि यह कार्यक्रम वंचित तबकों से आने वाले बहुत से बच्चों के लिए हानिकारक भी साबित हो सकता है (लाड 2002)। एक गैर-लाभकारी संगठन 'सेंटर ऑन एजुकेशन पॉलिसी' (सीईपी)

द्वारा इस मुद्दे पर जारी की गयी रिपोर्ट काफ़ी रोचक है। वर्ष 2000 में लायी गयी इस रिपोर्ट में यह कहा गया है कि विविध देशों में वाउचर कार्यक्रमों के विश्लेषण के आधार पर यह कहा जा सकता है कि इन कार्यक्रमों के सकारात्मक प्रभाव के बारे में अनिर्णय की स्थिति है। हालाँकि इसी संस्था द्वारा वर्ष 2000 के बाद हुए अध्ययनों के आधार पर, 10 साल बाद फिर से एक रिपोर्ट जारी की गयी। इसमें यह स्पष्ट रूप से कहा गया कि वाउचर के माध्यम से निजी स्कूलों में जाने वाले विद्यार्थियों को अकादमिक उपलब्धियों के सन्दर्भ में कोई स्पष्ट लाभ नहीं होता है (सीईपी, जून 2000 और जुलाई 2011)। 59 अध्ययनों की गहन समीक्षा (डे एस्ले और अन्य 2014) में भी यह निष्कर्ष प्रस्तुत किया गया है कि निजी स्कूल के वास्तविक प्रभाव के आकार के बारे में एक द्वैधता है। अन्य अध्ययनों में भी सीखने के सन्दर्भ में कम लाभ होने का उल्लेख किया गया है (रॉज और बैरो 2009; सिंह 2013), वहीं कुछ अध्ययनों में कुछ हद तक लाभ होने की सूचना दी गयी है (हॉवेल 2002)। निश्चित रूप से, इस विषय पर अभी तक कोई ठोस नतीजा हासिल नहीं किया गया है।

भारतीय सन्दर्भ में स्कूल चयन के बारे में बहुत सीमित अनुसन्धान हुआ है। खासतौर पर, ग्रामीण पृष्ठभूमि में सरकारी स्कूलों की तुलना में निजी स्कूलों के बच्चों को सिखाने के सन्दर्भ में उपलब्धि और उनकी प्रभावकारिता के बारे में व्यवस्थित अध्ययन का अभाव है। यह माना जाता है कि निजी स्कूल ज़्यादा जवाबदेह होते हैं और माता-पिता की बातों पर ज़्यादा उत्साहपूर्वक ध्यान देते हैं। यहाँ बच्चों और शिक्षकों की उपस्थिति ज़्यादा होती है तथा इन स्कूलों में परीक्षा में बच्चों के ज़्यादा अंक आते हैं (मुरलीधरन और क्रेमर 2008)। उत्तर प्रदेश और मध्य प्रदेश में सरकारी स्कूलों की तुलना में निजी स्कूलों को ज़्यादा प्रभावकारी माना जाता है (गोयल और पाण्डेय 2009)। यह आम विश्वास है कि यद्यपि सरकारी स्कूल के शिक्षकों को काफ़ी ज़्यादा वेतन मिलता है, फिर भी निजी स्कूलों के बच्चों का प्रदर्शन बेहतर होता है (टुले और अन्य 2011)।

भारत में स्कूली शिक्षा के तुलनात्मक प्रभावकारिता को निर्धारित करने से सम्बन्धित अधिकांश अनुसन्धान या तो द्वितीयक आँकड़ों पर निर्भर रहे हैं या फिर उन्होंने अन्य अनुसन्धान अध्ययनों के नियन्त्रित अवलोकन के विश्लेषण से प्राप्त आँकड़ों का सहारा लिया है। इस विषय पर कोई भी व्यापक अनुभवसिद्ध अध्ययन नहीं हुआ है। 2005 के मानव विकास सर्वेक्षण आँकड़ों के विश्लेषण के आधार पर यह दिखाया गया कि निजी स्कूलों के बच्चों में पढ़ने और अंकगणित के प्रश्नों को सुलझाने की ज़्यादा क्षमता होती है (देसाई और अन्य 2008)। 2005-07 के एएसइआर आँकड़ों का उपयोग करते हुए दिखाया गया है कि बच्चों को सिखाने के मामले में निजी स्कूलों को सरकारी स्कूलों की तुलना में 0.114 से 0.117 स्टैण्डर्ड डिविएशन प्राप्त है (फ्रेंच और किंगडन 2010)। दूसरी ओर, ऐसा लगता है कि कुछ शोध-आलेखों में यह तर्क

दिया जा रहा है कि निजी स्कूलों की प्रभावकारिता को बढ़ा-चढ़ाकर प्रस्तुत किया जा रहा है। यद्यपि सतही स्तर पर ऐसा लगता है कि निजी स्कूल सरकारी स्कूलों से ज़्यादा बेहतर प्रदर्शन कर रहे हैं, लेकिन विस्तृत विश्लेषण के बाद सांख्यिक रूप से कुल मिलाकर ऐसा लगता है कि निजी स्कूल के फ़ायदे काफ़ी सीमित हैं (चुडगर और कुईन 2012)। यह माना जाता है कि यदि स्कूल के प्रकार के अतिरिक्त अन्य विशिष्टताओं को नियन्त्रित कर लिया जाता है, तो निजी स्कूल के लाभ में जबरदस्त गिरावट होती है (वधवा 2009)। इस विषय पर वर्तमान अनुसन्धान में 'प्रत्येक बच्चे पर ख़र्च' के हिसाब से विचार किया गया है, और इस आधार पर यह निष्कर्ष निकाला गया है कि निजी स्कूल ज़्यादा कुशल हैं (मुरलीधरन[5] और सुन्दरारमन 2013)। इस प्रकार, भारत में भी इस विषय पर अनिर्णय की स्थिति ही है।

इस अध्ययन का आरम्भ

अजीम प्रेमजी फाउंडेशन एक गैर-लाभकारी संगठन है जिसका मुख्यालय बंगलुरू में है। इसने वर्ष 2004 में आन्ध्र प्रदेश (अर्थात् पहले का अविभाजित राज्य) की सरकार के साथ राज्य में शिक्षा सम्बन्धित विषयों पर संयुक्त अनुसन्धान करने के लिए एक सहमति-ज्ञापन पर हस्ताक्षर किया। इसके अन्तर्गत फाउंडेशन ने निजी स्कूलों के हालात का अध्ययन करने के लिए 'आन्ध्र प्रदेश स्कूल च्वाइस' अनुसन्धान की शुरुआत की। यह भारत का (और शायद विश्व का) सबसे बड़ा अनुसन्धान अध्ययन है जिसमें 10,000 से ज़्यादा बच्चों को सैम्पल के रूप में शामिल किया गया है, और इसमें एक गहन रैण्डम-आधारित नियन्त्रित परीक्षण (रैण्डोमाइज्ड कण्ट्रोल ट्रायल-आरसीटी) डिजाइन का प्रयोग किया गया है। यह शोध-आलेख अध्ययन से प्राप्त हुए प्रमाण को प्रस्तुत करता है तथा जटिल अनुसन्धान से प्राप्त हुए आँकड़ों के सरल विश्लेषण से ज़मीनी हक़ीक़त को समझने का प्रयास करता है। इस अध्ययन के दौरान माता-पिता और अन्य सम्बन्धित पक्षों से स्कूल चयन के विभिन्न आयामों के बारे में विचारों, धारणाओं, और विश्वासों से सम्बन्धित आँकड़े एकत्रित किये गये। बहरहाल, यह शोध-आलेख सीखने सम्बन्धी नतीजों पर स्कूलों के प्रभाव तक सीमित है।

हाल के समय में ही भारत में एक गम्भीर मुद्दे के रूप में स्कूल वाउचर का उभार हुआ है। जब इस सदी के आरम्भ में शिक्षा के अधिकार विधेयक को पहली बार तैयार किया गया तो सही मायने में इस विषय में चर्चा की शुरुआत हुई। उसके बाद से निजी स्कूल शिक्षा के समर्थकों और विरोधियों के बीच गहन वाद-विवाद होता रहा है। निजी स्कूलों के आलोचक यह मानते हैं कि इसके चलते स्कूली शिक्षा में एक स्तरीकरण आ जायेगा (जो कि हानिकारक है) और बच्चों के सरकारी स्कूल को छोड़कर निजी स्कूल में जाने से सरकारी स्कूल की स्थिति और भी ज़्यादा ख़राब होगी। वे इस तथ्य की ओर भी संकेत करते हैं कि निजी स्कूल के शिक्षकों को

कम पारिश्रमिक दिया जाता है और उनकी गुणवत्ता ख़राब होती है। वे यह महसूस करते हैं कि निजी स्कूल की शिक्षा, शिक्षा के व्यवसायीकरण में वृद्धि करेगी, जिसके चलते यह आख़िरकार समाज में ग़रीब और हाशिये पर पड़े तबकों की पहुँच से बाहर हो जायेगी। इनके अनुसार, निजी स्कूल के विद्यार्थियों के सीखने के उच्चतर स्तर के होने का दावा सही नहीं है क्योंकि यह अनुचित तुलना पर आधारित है। दूसरी ओर, इसके समर्थक ग्रामीण क्षेत्रों में भी निजी स्कूलों में नामांकन के उच्च स्तर इनकी लोकप्रियता और कुशलता का प्रमाण मानते हैं। इनके अनुसार, लोग अपने बच्चों का नाम सरकारी स्कूल से कटवाकर उन्हें निजी स्कूलों में दाखिला दिला रहे हैं। यहाँ उन्हें बच्चों की पढ़ाई के लिए अलग से शुल्क अदा करना पड़ता है, लेकिन वे अपनी ज़रूरतों को कुर्बान करके ऐसा कर रहे हैं। वे यह दलील देते हैं कि प्रतियोगिता से गुणवत्ता में सुधार होता है और यह मानते हैं कि निजी स्कूल ज़्यादा जवाबदेह होते है और माता-पिता की चिन्ताओं के प्रति ज़्यादा संवेदनशील होते हैं और बच्चों को बेहतर शिक्षा उपलब्ध कराते हैं। हालाँकि निजी स्कूलों के समर्थकों के ये दावे आँकड़ों से मेल नहीं खाते हैं। प्रोग्राम फॉर इंटरनैशनल स्टूडेंट (पीसा) के 2012 के आँकड़ों के विश्लेषण से यह पता चलता है कि प्रतियोगिता और स्कूल चयन से व्यवस्था के स्तर पर सीखने के नतीजों में कोई सुधार नहीं होता है, किन्तु यह ज़्यादा असमानता और पृथकता को जन्म दे सकती है।[6]

हमारे द्वारा निजी स्कूल के बच्चों और उनके माता-पिता पर किये गये गुणात्मक अनुसन्धान से यह संकेत मिलता है कि लोग अंग्रेज़ी माध्यम के निजी स्कूलों को वरीयता दे रहे हैं। यह एक प्रचलित विश्वास है कि निजी स्कूलों में अच्छी शिक्षा दी जा रही है जिससे आगे चलकर बच्चों को अच्छी नौकरी मिलेगी; इन स्कूलों का प्रबन्धन ज़्यादा ज़िम्मेदार होता है तथा शिक्षक ज़्यादा नियमित और अनुशासित होते हैं। इसके साथ ही, बच्चों के माता-पिता भी इसके लिए मज़बूत सामाजिक कारण उपलब्ध कराते हैं। लोगों में यह सोच है कि बच्चों को निजी स्कूल में भेजना 'सम्मानजनक' और यहाँ इनके बच्चे 'अमीर और शिक्षित' परिवारों के बच्चों से घुलते-मिलते हैं। इस तरह, किसी माता-पिता द्वारा अपने बच्चे/बच्ची को निजी स्कूल में भेजने के पीछे शैक्षिक, आर्थिक और सामाजिक मुद्दों का संयुक्त प्रभाव होता है।

अजीम प्रेमजी फाउंडेशन ने ग्रामीण क्षेत्रों में निजी स्कूल बनाम सरकारी स्कूल के इस गहन वाद-विवाद वाले मसले पर अध्ययन करने की योजना बनाई और इसके लिए आन्ध्र प्रदेश में सामाजिक चयन अनुसन्धान अध्ययन करने का फ़ैसला किया। मार्च-अप्रैल 2007 में प्राथमिक जाँच-पड़ताल के रूप में पश्चिम गोदावरी ज़िले के ग्रामीण क्षेत्रों के सरकारी और निजी स्कूलों में बच्चों के सीखने की उपलब्धियों का मूल्यांकन किया गया। एक ही कसौटी पर तुलना करने के लिए पाठ्यक्रम के आधार पर कक्षा 1 से 5 के छात्र-छात्राओं की तेलगू और गणित में सामान्य लिखित परीक्षा ली गयी (सारणी 1)।

सारणी 1 : पश्चिमी गोदावरी ज़िले में स्कूल के प्रकार में बच्चों के सीखने का स्तर

कक्षा	सरकारी स्कूल में पढ़ने वाले बच्चे			निजी स्कूलों में पढ़ने वाले बच्चे		
	संख्या	तेलुगू (प्रतिशत)	गणित (प्रतिशत)	संख्या	तेलुगू (प्रतिशत)	गणित (प्रतिशत)
1	2,515	39.0	29.1	2,757	62.2'''	56.0'''
2	2,440	39.9	25.5	2,485	57.7'''	43.3'''
3	2,225	35.9	21.7	2,462	53.4'''	37.5'''
4	2,438	32.1	19.1	2,172	46.7'''	30.5'''
5	2,642	42.2	26.1	2,241	55.6'''	42.0'''

महत्त्व स्तर : '''1%

उम्मीद के मुताबिक यह पाया गया कि निजी स्कूलों के बच्चों के सीखने की उपलब्धि सरकारी स्कूल के बच्चों की तुलना में काफ़ी ऊँची थी।

इसके साथ ही, इन विद्यार्थियों के घरों के विशेषताओं के बारे में भी कुछ बुनियादी आँकड़े एकत्रित किये गये। इन आँकड़ों से यह स्पष्ट हुआ कि सरकारी स्कूलों के बच्चे तुलनात्मक रूप से ज़्यादा वंचित तबकों से सम्बन्धित थे। आँकड़ों के मुख्य तत्त्वों को सारणी 2 में दर्शाया गया है।

सारणी 2 : पश्चिमी गोदावरी ज़िले में बच्चों की सामाजिक-आर्थिक विशेषताएँ

परिवारों की विशिष्टताएँ	सरकार स्कूल (1) (प्रतिशत)	निजी स्कूल (2) (प्रतिशत)	अन्तर (1-2)
अनुसूचित जाति या अनुसूचित जनजाति परिवार के विद्यार्थी	34.5	13.6	20.9'''
ऐसे विद्यार्थी जिनके पिता निरक्षर या कामचलाऊ साक्षर थे	50.5	13.6	20.9
ऐसे विद्यार्थी जिनकी माता निरक्षर या कामचलाऊ साक्षर थीं	55.1	17.0	34.1'''
पिता का पेशा खेती/गैर-खेती श्रमिक	83.6	39.3	44.3'''
पक्का मकान (प्रतिशत)	13.8	43.5	-29.7'''
घर में शौचालय (प्रतिशत)	36.3	80.2	-43.9'''

महत्त्व स्तर : '''1%

इन आँकड़ों से यह पता चलता है कि सरकारी और निजी स्कूलों के बच्चों के सीखने की उपलब्धि के बारे में एक सरल तुलना से हम इन स्कूलों की सिखाने की सामर्थ्य के बारे में गलत निष्कर्ष निकाल सकते हैं। इन दोनों प्रकार के स्कूलों के सच्चे योगदान को स्पष्ट रूप से समझने की आवश्यकता है। इस आरम्भिक ज़मीनी स्तर के काम से मिले सबक का उपयोग वर्तमान अध्ययन के मुख्य प्रयोगात्मक अनुसन्धान का स्वरूप तैयार करने में किया गया।

यह अध्ययन पाँच वर्ष का एक दीर्घकालिक सामूहिक अध्ययन था, जिसकी अवधि 2008-13 तक थी और इसमें रैण्डोमाइज्ड कण्ट्रोल ट्रायल (रैण्डम आधारित रैण्डम परीक्षण—आरसीटी) स्वरूप का उपयोग किया गया, जिसे एक हस्तक्षेप या कार्यक्रम के प्रभाव को मापने के लिए सर्वोत्तम तरीका माना जाता है। अमेरिका के सैन डियेगो में स्थित यूनिवर्सिटी ऑफ कैलिफोर्निया के अर्थशास्त्र विभाग के कार्तिक मुरलीधरन द्वारा इस अनुसन्धान का स्वरूप तैयार किया गया। वहीं, अजीम प्रेमज़ी फाउंडेशन ने आँकड़ों के संग्रहण, फील्डवर्क के प्रबन्धन और आँकड़ों के परिष्करण का कार्य किया। मुख्य रूप से लेगाटम फाउंडेशन ने इस अध्ययन के लिए आर्थिक सहायता उपलब्ध कराई।

अनुसन्धान के उद्देश्य

इस अध्ययन का मकसद यह तय करना था कि क्या सरकारी स्कूलों की तुलना में निजी स्कूल समाज के सामाजिक-आर्थिक रूप से वंचित तबकों के बच्चों के सीखने की उपलब्धि के सन्दर्भ में वास्तव में कोई अतिरिक्त मूल्य जोड़ते हैं? एक वजीफा देकर बच्चों को निजी स्कूल का चयन करने का मौक़ा दिया गया। इसके बारे में इस शोध-आलेख में आगे विस्तार से वर्णन किया गया है।

इस प्रकार, इस अध्ययन का मुख्य उद्देश्य आन्ध्र प्रदेश के ग्रामीण क्षेत्रों में वंचित बच्चों को स्कूल चयन का विकल्प देकर यह मूल्यांकन करना था कि इसका उनके पाठ्यक्रम सीखने की उपलब्धि पर क्या प्रभाव पड़ता है। विशेष रूप से, इसमें निम्नलिखित बच्चों पर प्रभाव का मूल्यांकन किया गया—

—वे बच्चे जिन्हें निजी स्कूल का चयन करने का मौक़ा मिलता है और वे उस स्कूल में चले जाते हैं;

—वे बच्चे जो सरकारी स्कूल में ही रहकर अपनी पढ़ाई जारी रखते हैं; और

—वे बच्चे जो निजी स्कूल से ही अपनी पढ़ाई शुरू करते हैं।

आरसीटी अनुसन्धान का स्वरूप

यह अध्ययन पाँच ज़िलों में किया गया जो तटीय आन्ध्र, तेलंगाना और रायलसीमा

क्षेत्रों का प्रतिनिधित्व करते थे। विशाखापत्तन, ईस्ट गोदावरी, मेडक, निजामाबाद और कडप्पा—इन पाँच ज़िलों से 180 गाँवों को कई चरणों में चलने वाली प्रक्रिया के बाद चुना गया। गाँवों को रैण्डम तरीके से बाँटा गया, 90 को 'कण्ट्रोल' (नियन्त्रित) और बाकी 90 को 'ट्रीटमेंट' (विशेष व्यवहार प्राप्त) की श्रेणी में रखा गया। प्रत्येक गाँव में अध्ययन की तैयारी के दौरान ही ऐसे बच्चों की पहचान कर ली गयी, जो छात्रवृत्ति या वजीफा के लिए चुने जाते। ये सामाजिक और आर्थिक रूप से वंचित तबकों से सम्बन्धित थे जो सरकारी स्कूल में ही पढ़ाई कर सकते थे। इन योग्य छात्रों को समूहों में विभाजित कर दिया गया। समूह 1 में ऐसे बच्चों को सम्मिलित किया गया जो सरकारी स्कूलों में पढ़ते थे और जिन्होंने वजीफा के लिए आवेदन नहीं किया था। जिन बच्चों से वजीफा के लिए आवेदन किया था, उन्हें रैण्डम तरीके से समूह 2 और समूह 3 में रखा गया। समूह 2 में ऐसे बच्चे थे जिन्होंने वजीफा के लिए आवेदन तो किया था किन्तु उन्हें वजीफा नहीं मिला। समूह 3 में ऐसे बच्चे थे जिन्हें वजीफा मिला और वे अपनी पसन्द के निजी स्कूल में चले गये। इसके अलावा, एक समूह 4 भी बनाया गया, इसमें उन बच्चों को रखा गया जिनकी आर्थिक स्थिति ऐसी थी कि वे निजी स्कूल में पढ़ सकते थे और पढ़ भी रहे थे, इसलिए वे वजीफा के लिए अयोग्य थे। इस तरह, अध्ययन में मुख्य रूप से बच्चों के समूह 3 पर ध्यान केन्द्रित किया गया।

'कण्ट्रोल' गाँवों में भी इसी प्रक्रिया द्वारा योग्य छात्रों की पहचान की गयी, और जो बच्चे वजीफा चाहते थे उनकी गतिविधियों पर ध्यान रखा गया, लेकिन उन्हें वास्तव में कोई वजीफा नहीं दिया गया। इसलिए इन गाँवों का कोई भी बच्चा समूह 3 में नहीं था। वर्तमान शोध-आलेख में सरलता कायम रखने के लिए, सभी 180 गाँवों पर एक साथ विचार किया गया है, तथा शोध-आलेख के आख़िर में 'कण्ट्रोल' और 'ट्रीटमेंट' गाँवों के सन्दर्भ में चर्चा की गयी है।

अध्ययन में बच्चों का कुल सैम्पल दो दलों में बँटा था, उस समय तक इनका अनुसरण किया गया जब तक इन्होंने कक्षा 5 तक की शिक्षा पूरी नहीं कर ली। दल 1 में आँगनबाड़ी या केजी से लेकर कक्षा 1 तक जाने वाले बच्चों को शामिल किया गया। इस दल का पाँच वर्षों तक अध्ययन किया गया। दल 2 में कक्षा 1 से कक्षा 2 तक जाने वाले बच्चे सम्मिलित थे। इसलिए इन बच्चों का 4 वर्षों तक अध्ययन किया गया। अध्ययन की शुरुआत के समय सैम्पल में बच्चों की संख्या 10,245 थी, इसमें दल 1 में 4,063 बच्चे थे और दल 2 में 6,182 बच्चे थे। प्रत्येक समूह में बच्चों की संख्या को सारणी 3 में दिखाया गया है।

सारणी 3 : सैम्पल का आकार – प्रत्येक समूह में बच्चों की संख्या

वर्णन	दल 1	दल 2
समूह 1 सरकारी स्कूलों के बच्चे जिन्होंने वजीफा के लिए आवेदन नहीं किया	472	1,082
समूह 2 सरकारी स्कूलों के वे बच्चे जिन्होंने वजीफा के लिए आवेदन किया, किन्तु उन्हें वजीफा नहीं मिला	1,782	2,671
समूह 3 सरकारी स्कूलों के वे बच्चे जिन्होंने वजीफा के लिए आवेदन किया, उन्हें वजीफा मिला और वे निजी स्कूल में चले गये	767	1,213
समूह 4 वे बच्चे जो आरम्भ से ही निजी स्कूलों में जा रहे थे	1,042	1,216
कुल	4,063	6,182

दोनों दलों के बच्चों के बारे में निष्कर्ष तकरीबन एक जैसे ही पाये गये। ज़्यादा आसानी से समझ बनाने के उद्देश्य से यह शोध-आलेख दल 1 के बच्चों से सम्बन्धित निष्कर्षों तक ही सीमित है। इन बच्चों की गतिविधियों का पाँच वर्षों तक अध्ययन किया गया था।

बच्चों के सीखने सम्बन्धी नतीजों का मापन करने के लिए राज्य पाठ्यक्रम के आधार पर पेपर-पेंसिल मूल्यांकन के माध्यम से बच्चों की क्षमता की परीक्षा ली गयी। इसी पद्धति से प्रत्येक वर्ष मार्च-अप्रैल के दौरान निजी और सरकार–दोनों ही स्कूलों के बच्चों का मूल्यांकन किया गया। इन स्कूलों को पहले से ही परीक्षा के बारे में सूचित कर दिया जाता था, और मूल्यांकन के बाद सभी स्कूलों को सुधार सम्बन्धी रिपोर्ट दी जाती थी। इसमें प्रत्येक बच्चे के प्रदर्शन का गहन परीक्षण शामिल होता था।

शुरुआत में मार्च-अप्रैल 2008 में 202 गाँवों के सैम्पल में 2,160 स्कूलों के आँगनबाड़ी या केजी के बच्चों की एक आधारभूत परीक्षा (तेलुगू का सामान्य मूल्यांकन) ली गयी। इन स्कूलों में 1,566 सरकारी और 594 निजी स्कूल थे। विभिन्न घरों के बारे में विशिष्ट सामाजिक-आर्थिक और शैक्षिक कारकों की सूचना एकत्रित करने के लिए घरों का सर्वेक्षण भी किया गया। इसका मकसद ऐसे घरों की पहचान करना था जहाँ के बच्चे सरकारी स्कूलों में पढ़ते थे किन्तु उनके माता-पिता ऐसे वजीफा के लिए आवेदन करने में रुचि रखते थे, जिससे वे अपने बच्चे के लिए विकल्प के रूप में निजी स्कूल का चयन कर पायें। आधारभूत आँकड़ों का प्रयोग करते हुए इस परियोजना के लिए 180 गाँवों की पहचान की गयी जिसमें 1,026 स्कूल थे और इन स्कूलों में 599 सरकारी स्कूल तथा 427 मान्यता प्राप्त निजी स्कूल थे। इन निजी स्कूलों में से 215 (50.4%) 'अंग्रेज़ी माध्यम' के स्कूल थे।[7] आधारभूत मापन के बाद रैण्डम कार्य की शुरुआत की गयी। वर्ष 2009 से 2013 तक लगातार पाँच

वर्षों तक, मार्च महीने में एक ही दल के बच्चों के सीखने की उपलब्धियों की परीक्षा ली गयी। सीखने की उपलब्धि सम्बन्धी ये सभी परीक्षाएँ दो मुख्य विषयों अर्थात् तेलुगू और गणित में ली गयीं। इसके अलावा, सरकारी और निजी स्कूलों में सामान्य पाठ्यक्रम का मूल्यांकन करने के लिए दो अन्य विषय समाज अध्ययन/पर्यावरण अध्ययन और अंग्रेज़ी को सावधानीपूर्वक तैयार किया गया, ताकि यह सुनिश्चित किया जा सके कि प्रामाणिक तुलना हुईहै।

सैम्पल में लिए गये घर, स्कूल और शिक्षक की विशेषताएँ

घर के आँकड़ों के आधार पर हमने यह पाया कि निजी स्कूलों में पढ़ने वाले विद्यार्थी अमूमन ज़्यादा अच्छी पृष्ठभूमि से आते थे। सरकारी स्कूलों के विद्यार्थियों में से 33% वंचित जातियों से आते थे, वहीं निजी स्कूलों में सिर्फ़ 13% विद्यार्थी ही इन जातियों से थे। निजी स्कूल के विद्यार्थियों में कम-से-कम 65% ऐसे थे, जिनके माता-पिता में से कम-से-कम एक ने प्राथमिक विद्यालय तक की पढ़ाई पूरी की थी; वहीं सरकारी स्कूलों में 37% विद्यार्थी ही ऐसे थे जिनके माता-पिता में से किसी एक ने प्राथमिक विद्यालय तक की शिक्षा पायी थी (देखें संलग्नक में सारणी 1-ए)।

आमतौर पर, यह माना जाता है कि निजी स्कूल (विशेष रूप से शहरी सन्दर्भ में) ज़्यादा स्कूल फीस लेते हैं तथा वहाँ विशिष्ट सुविधाएँ और सुप्रशिक्षित कर्मचारी इत्यादि होते हैं। हालाँकि हमारे ग्रामीण परिदृश्य में निजी स्कूल एक भिन्न तस्वीर प्रस्तुत करते हैं। वे कम प्रशिक्षित शिक्षकों को काम पर रखते हैं और अधिकांश मामलों में उनके पास अत्यन्त बुनियादी सुविधाएँ और आधारभूत संरचना होती है। हालाँकि पीने के पानी, काम कर रहे शौचालय और ठीक से काम रहे कम्प्यूटरों जैसी बहुत सी कसौटियों के सन्दर्भ में ऐसा प्रतीत होता है कि निजी स्कूलों के पास सरकारी स्कूलों की तुलना में ज़्यादा अच्छी सुविधाएँ हैं। हालाँकि इन्हें किसी स्कूल के उच्च श्रेणी के होने का संकेत नहीं माना जा सकता है। दरअसल, ये ऐसी सुविधाएँ उपलब्ध कराते हैं जिन्हें किसी भी स्कूल को सामान्य परिस्थितियों में उपलब्ध कराना चाहिए। इसके साथ ही, सरकारी स्कूल कुछ अन्य कसौटियों पर ज़्यादा अच्छे हैं, मसलन इनके पास पक्का भवन, काम में आने लायक पुस्तकालय, तथा पाठ्येतर कार्य (एक्स्ट्राकरिकुलर एक्टिविटीज) के साधन होते हैं (देखें, संलग्नक में सारणी 2-ए)।

इस अनुसन्धान में सम्मिलित गाँवों में निजी और सरकारी स्कूलों के शिक्षकों की विशेषताएँ, वेतन और शैक्षिक गतिविधि में काफ़ी अन्तर पाया गया। अमूमन निजी स्कूल के शिक्षक कम अनुभवी और कम प्रशिक्षित होते हैं तथा उन्हें कम वेतन मिलता है। इन गाँवों में निजी स्कूल प्रत्येक विद्यार्थी से प्रति माह 100 से 200 रुपये तक की ट्यूशन फीस लेते थे। दूसरी ओर, सरकारी स्कूलों के शिक्षक ज़्यादा उम्रदराज,

ज़्यादा अनुभवी और ज़्यादा योग्य हैं और इन्होंने ज़्यादा 'टीचर ट्रेनिंग' (शिक्षक प्रशिक्षण) भी हासिल किया है। किन्तु उनका शिष्य-शिक्षक अनुपात ख़राब रहा है? बहु-कक्षा (मल्टीग्रेड)[8] अध्यापन जैसी कई चुनौतियों का भी सामना करना पड़ता है। 70% से ज़्यादा सरकारी स्कूलों के शिक्षक बहु-कक्षा अध्यापन करते हैं, दूसरी ओर 10% से भी कम निजी स्कूल शिक्षकों को बहु-कक्षा अध्यापन करना पड़ता है।

स्कूल चयन वजीफा का सारांश

'आन्ध्र प्रदेश स्कूल च्वाइस' परियोजना ने रैण्डम तरीके से सरकारी स्कूलों से चुने गये ऐसे बच्चों का सैम्पल उपलब्ध कराया, जो वजीफा मिलने के चलते निजी स्कूलों में जा सकते थे। यह वजीफा उन विद्यार्थियों को दिया गया जो 2007-08 के अकादमिक वर्ष में आँगनबाड़ी या केजी में अध्ययन कर रहे थे और अपनी सामाजिक-आर्थिक पृष्ठभूमि के चलते उन्हें आगे सरकारी स्कूलों में ही पढ़ना था। इस वजीफा में प्रत्येक छात्र या छात्रा को प्रति वर्ष 3,000 रुपया दिया जाता था। इस राशि का उपयोग मान्यता प्राप्त निजी स्कूलों में अध्ययन करने के लिए किया जाना था। यह राशि चुने गये निजी स्कूल में अध्ययन से सम्बन्धित सभी खर्चों अर्थात् किताब, यूनीफॉर्म आदि को ध्यान में रखते हुए तय की गयी थी। यह उम्मीद की गयी यह राशि इतनी पर्याप्त होगी कि इससे वजीफा पाने वाले बच्चों के माता-पिता को उनकी शिक्षा पर अपनी जेब से कुछ भी ख़र्च नहीं करना पड़ेगा। हालाँकि इस वजीफा में बच्चों के घर से स्कूल आने-जाने और दोपहर के भोजन का ख़र्च सम्मिलित नहीं था। प्रत्येक घर अपनी स्वेच्छा से यहाँ तक कर सकता था कि उसे इस कार्यक्रम में भागीदारी करनी है या नहीं। उन पर कोई भी शर्त नहीं थोपी गयी थी, सिर्फ़ उनसे यह उम्मीद की जाती थी कि वे सर्वेक्षण के प्रश्नों का उत्तर दें, मूल्यांकन में भाग लें और स्कूल में उपस्थिति सुनिश्चित करें। इन बच्चों के माता-पिता को यह स्वतन्त्रता भी थी कि वे जब भी चाहें अपने बच्चों को निजी स्कूल से निकालकर, फिर से सरकारी स्कूल में दाखिला करा सकते हैं। माता-पिता यह तय कर सकते थे कि वे अपने बच्चों को किस स्कूल में भेजना चाहते हैं। बहरहाल, यदि किसी स्कूल में नियत सीटों की तुलना में ज़्यादा लोग वहाँ अपने बच्चों का नामांकन कराना चाहते थे तो लॉटरी के माध्यम से बच्चों का चयन होता था। लेकिन शिक्षा के अधिकार अधिनियम के प्रावधानों के मुताबिक यह भी सुनिश्चित किया गया कि किसी भी निजी स्कूल को अपनी कुल क्षमता के 25% से ज़्यादा बच्चों का नामांकन न करना पड़े।

इसी तरह, निजी स्कूलों को स्वेच्छा से यह फ़ैसला करना था कि वे इस योजना में भागीदारी करना चाहते हैं या नहीं। लेकिन भागीदारी करने वाले निजी स्कूल के लिए यह आवश्यक था कि वह मान्यता प्राप्त स्कूल हो, सर्वेक्षण के प्रश्नों का उत्तर

देने के लिए तैयार हो, तथा बच्चों के मूल्यांकन परीक्षा की अनुमति दे। इस पूरे अनुसन्धान के आरम्भ होने से पहले किसी गाँव के सभी निजी स्कूलों को वजीफा कार्यक्रम के बारे में विस्तार से बताया गया और यह पूछा गया कि क्या उनकी इसमें रुचि है, और वे इस कार्यक्रम के लिए कितनी सीटें दे सकते हैं आदि। अजीम प्रेमजी फाउंडेशन ने पूर्व-निर्धारित बढ़ोतरी दर के साथ फीस के बारे में फ़ैसला लिया और स्कूलों को इसकी सूचना दे दी। इस कार्यक्रम में स्कूलों को यह अनुमति नहीं दी कि वे चुनिंदा तरीके से बच्चों को चुनें, न ही वे बच्चों से किसी तरह का अतिरिक्त शुल्क ले सकते थे।

वजीफा पाने वालों को नियत अवधि (अर्थात् कक्षा 5 तक) तक वजीफे की राशि मिलती रही (मुद्रास्फीति के समायोजन के साथ)। हालाँकि स्कूल में सन्तोषजनक उपस्थिति होने तथा मूल्यांकन परीक्षा में सहयोग करने पर ही वजीफे की राशि मिलती थी। अजीम प्रेमजी फाउंडेशन के फील्ड समन्वयकों ने लगातार वजीफा पाने वाले छात्रों/छात्राओं की स्कूल में उपस्थिति पर नज़र रखी। भागीदारी करने वाले स्कूलों बिल्कुल सही उपस्थिति रेकार्ड रखने का वायदा किया। अजीम प्रेमजी फाउंडेशन ने आरम्भ में ही यह स्पष्ट कर दिया था कि यदि कोई निजी स्कूल गड़बड़ी करता हुआ पाया जायेगा, तो उसे इस कार्यक्रम से बाहर कर दिया जायेगा।

निष्कर्ष : वर्ष के अन्त में उपलब्धि के अंक

जैसा कि पहले संकेत किया गया है कि 5 वर्षों तक चार समूहों के एक ही दल के सदस्यों की वर्ष के अन्त में सीखने की उपलब्धि सम्बन्धी परीक्षा ली गयी (सारणी 3)। सरकारी स्कूलों को छोड़कर निजी स्कूल में जाने के निहितार्थ को समझने के लिए समूह 3 के बच्चों के प्रदर्शन की समूह 1 और 2 के बच्चों के प्रदर्शन से तुलनात्मक अध्ययन काफ़ी महत्त्वपूर्ण है। सरलता के लिए, यहाँ समूह 1 और 2 को संयुक्त रूप से प्रस्तुत किया गया है। सूचना के लिए विस्तृत सारणी को संलग्नक में उपलब्ध कराया गया है। सबसे पहले हम दो प्रमुख विषयों तेलुगू और गणित के सन्दर्भ में प्रदर्शन पर नज़र डालते हैं।

सारणी 4 और 5 से यह स्पष्ट होता है कि नतीजे काफ़ी रोचक हैं। एक तरफ़ यह स्पष्ट है कि जिन बच्चों ने निजी स्कूल से ही शुरुआत की (समूह 4), उन बच्चों ने सरकारी स्कूल के बच्चों की तुलना में लगातार अच्छा प्रदर्शन किया (सांख्यिक रूप से 1% के महत्त्वपूर्ण स्तर पर)। यह बिल्कुल ही आश्चर्यजनक नहीं है तथा प्राथमिक अध्ययन के निष्कर्षों के अनुरूप है। हालाँकि वजीफा पाकर सरकारी स्कूल से निजी स्कूल में जाने वाले बच्चों (समूह 3) और सरकारी स्कूल में ही रह जाने वाले बच्चों (समूह 1 और 2) की तुलना से ज़्यादा रोचक निष्कर्ष सामने आता है। एक वर्ष के अलावा, समूह 3 के बच्चों ने कभी भी समूह 1 और समूह 2 के बच्चों

से बेहतर प्रदर्शन नहीं किया। दरअसल, बाद के वर्षों में सरकारी स्कूल के बच्चों का प्रदर्शन समूह 3 के बच्चों से लगातार बेहतर होता गया (देखें वर्ष 3 और वर्ष 5 में तेलुगू के अंक और वर्ष 3 से 5 के बीच गणित के अंक)। इससे यह स्पष्ट है कि निजी स्कूल में जाने के बावजूद 5 वर्षों में बच्चों के सीखने के स्तर में कोई सुधार नहीं हुआ।

सारणी 4 : वर्ष के अन्त में सीखने की उपलब्धि के बारे में हुए परीक्षा के नतीजे (तेलुगू, माध्य प्रतिशत में)

	वर्ष 1	वर्ष 2	वर्ष 3	वर्ष 4	वर्ष 5
समूह 1 और 2 (सरकारी स्कूलों के बच्चे)	32.0	47.3	42.6	35.0	39.5
समूह 3 (निजी स्कूलों में चले जाने वाले बच्चे)	38.4'''	48.4	40.7	35.7	38.3
समूह 4 (आरम्भ से ही निजी स्कूलों में जाने वाले बच्चे)	61.0'''	59.0'''	62.0'''	52.7'''	51.5'''

महत्त्व स्तर : '''1%

समूह 4 का महत्त्व अन्य दो समूहों के सन्दर्भ में है, वहीं समूह 3 का महत्त्व 1 और 2 के संयुक्त रूप में है।

सारणी 5 : वर्ष के अन्त में सीखने की उपलब्धि के बारे में हुए परीक्षा के नतीजे (गणित, माध्य प्रतिशत में)

	वर्ष 1	वर्ष 2	वर्ष 3	वर्ष 4	वर्ष 5
समूह 1 और 2 (सरकारी स्कूलों के बच्चे)	23.9	34.1	31.6	24.6	24.9
समूह 3 (निजी स्कूलों में चले जाने वाले बच्चे)	28.5'''	35.2	31.2	24.4	24.3
समूह 4 (आरम्भ से ही निजी स्कूलों में जान वाले बच्चे)	46.8'''	45.2'''	52.3'''	39.1'''	34.0'''

महत्त्व स्तर : '''1%

समूह 4 का महत्त्व अन्य दो समूहों के सन्दर्भ में है, वहीं समूह 3 का महत्त्व 1 और 2 के संयुक्त रूप में है।

सरकारी स्कूलों में कक्षा 3 में अंग्रेज़ी और कक्षा 4 में पर्यावरण अध्ययन की शुरुआत की गयी। इसलिए वर्ष 4 और 5 में पर्यावरण अध्ययन की परीक्षा हुई तथा वर्ष 3, 4 और 5 में अंग्रेज़ी की परीक्षा हुई। इसमें भी पहले की तरह ही निष्कर्ष सामने आये (देखें, सारणी 6)। उम्मीद के अनुरूप समूह 4 के बच्चों ने काफ़ी अच्छा प्रदर्शन किया, वहीं समूह 3 के बच्चों ने मापन के प्रथम वर्ष को छोड़कर कभी भी समूह 1 और 2 के बच्चों से अच्छा प्रदर्शन नहीं किया। वर्ष 5 आते-आते दोनों ही विषयों में समूह 3 के बच्चों का प्रदर्शन समूह 1 और 2 के छात्रों की तरह ही हो गया (सांख्यिक रूप से महत्त्वपूर्ण नहीं)

सारणी 6 : वर्ष के अन्त में सीखने की उपलब्धि के बारे में हुए परीक्षा के नतीजे (ईवीएस और अंग्रेज़ी, माध्य प्रतिशत में)

	ईवीएस		अंग्रजी		
	वर्ष 4	वर्ष 5	वर्ष 3	वर्ष 4	वर्ष 5
समूह 1 और 2 (सरकारी स्कूलों के बच्चे)	27.1	32.8	43.8	12.6	18.5
समूह 3 (निजी स्कूलों में चले जाने वाले बच्चे)	28.6''	32.7	47.3'''	13.5	19.3
समूह 4 (आरम्भ से ही निजी स्कूलों में जाने वाले बच्चे)	39.1'''	40.0'''	67.8'''	25.0'''	27.8'''

महत्त्व स्तर : ''5%, '''1%

समूह 4 का महत्त्व दो समूहों के सन्दर्भ में है, वहीं समूह 3 का महत्त्व 1 और 2 के संयुक्त रूप में है।

जब सभी चार विषयों के अंकों का कुल योग किया जाता है[9], तो हम यह पाते हैं कि सिर्फ़ एक वर्ष के अतिरिक्त, समूह 3 बच्चों का सरकारी स्कूल में पढ़ने वाले अपनी ही कक्षा के बच्चों की तुलना में प्रदर्शन अच्छा नहीं होता है। रेखाचित्र 2 में कुल अंकों को दर्शाया गया है, यह विभिन्न समूहों के प्रदर्शन की तुलना को अच्छी तरह अभिव्यक्त करता है।

रेखाचित्र-2 : सीखने की उपलब्धि का कुल अंक (प्रतिशत में)

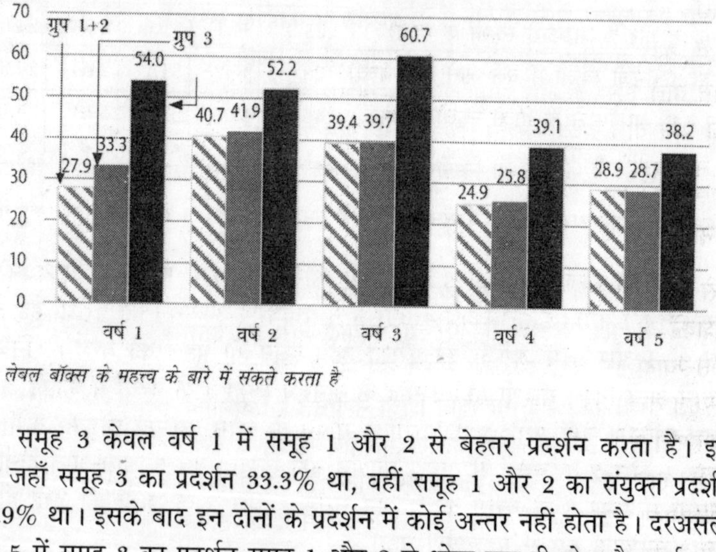

लेबल बॉक्स के महत्त्व के बारे में संकते करता है

समूह 3 केवल वर्ष 1 में समूह 1 और 2 से बेहतर प्रदर्शन करता है। इस वर्ष जहाँ समूह 3 का प्रदर्शन 33.3% था, वहीं समूह 1 और 2 का संयुक्त प्रदर्शन 27.9% था। इसके बाद इन दोनों के प्रदर्शन में कोई अन्तर नहीं होता है। दरअसल, वर्ष 5 में समूह 3 का प्रदर्शन समूह 1 और 2 से थोड़ा कम ही होता है। वर्ष 4 में

सभी समूहों का प्रदर्शन अन्य वर्षों की तुलना में कम होता है। उम्मीद के मुताबिक सभी 5 वर्षों में समूह 4 का अंक अन्य समूहों की तुलना में काफ़ी अच्छा है। इस समूह का माध्य अंक वर्ष 1 में 54% से गिरकर वर्ष 5 में 38.2% हो जाता है। सभी समूहों, और विशेष रूप से समूह 4 के प्रदर्शन में नीचे की ओर गिरने की स्पष्ट प्रवृत्ति नज़र आती है।

यहाँ यह नोट करने की आवश्यकता है कि विस्तृत सारणियों (संलग्नक सारणी 4ए) के परीक्षण से यह स्पष्ट होता है कि यदि समूह 1 और समूह 2 के प्रदर्शन पर अलग-अलग विचार किया जाये तो भी कुल निष्कर्ष में कोई खास बदलाव नहीं होता है। असल में, समूह 1 और समूह 2 के लिए निष्कर्ष एक जैसे ही हैं और उनमें कोई महत्त्वूपर्ण अन्तर नहीं है।

'ट्रीटमेंट' बनाम 'कण्ट्रोल' गाँव

जैसा कि पहले संकेत किया गया है कि अध्ययन के डिजाइन के लिहाज से 180 गाँवों में से, रैण्डम तरीके से 90-90 गाँवों की दो श्रेणी बनाई गयी, इनमें से एक को 'ट्रीटमेंट' श्रेणी में और दूसरे को 'कण्ट्रोल' श्रेणी में रखा गया। 'कण्ट्रोल' श्रेणी के गाँवों से समूह 3 में कोई बच्चा नहीं था, इस तरह इसने एक 'काउंटरफैक्चुअल' निर्मित किया, अर्थात् ऐसे गाँवों का समूह जहाँ के बच्चे वजीफा कार्यक्रम से पूरी तरह अप्रभावित थे। इस तरह की गणना से रोचक नतीजे सामने आये। 'ट्रीटमेंट' श्रेणी और 'कण्ट्रोल' श्रेणी के बच्चों के प्रदर्शन में कोई खास अन्तर नहीं था। दूसरे शब्दों में, कुछ बच्चों को निजी स्कूल (समूह 3) में भेजने से सरकारी स्कूल में ही रह जाने वाले समूह 1 और समूह 2 के बच्चों पर कोई प्रभाव नहीं पड़ा। इसी तरह, वजीफा पाने वाले बच्चों के निजी स्कूल में आने से उन बच्चों के प्रदर्शन पर कोई प्रभाव नहीं पड़ा, जो शुरू से ही निजी स्कूल में पढ़ रहे थे (अर्थात् समूह 4 के बच्चे)।

विवेचना

बहुत से देशों में शिक्षा वाउचर के विषय पर काफ़ी अनुसन्धान किया गया है, लेकिन कई दशकों के बाद भी इस मुद्दे पर वाद-विवाद जारी है। अनुभवसिद्ध प्रमाण अब ज़्यादा-से-ज़्यादा इस बात की ओर संकेत कर रहे हैं कि सरकारी स्कूलों की तुलना में निजी स्कूल बच्चों को ज़्यादा मूल्यवान शिक्षा नहीं देते हैं। हालाँकि इस विषय पर कोई आम सहमति नहीं है। यह शोध-आलेख भारतीय सन्दर्भ में इस पहेली को सुलझाना चाहता है। हालाँकि अनुसन्धान का स्वरूप जटिल है, किन्तु इस शोध-आलेख में एक सरल विश्लेषण प्रस्तुत किया गया है। इस सन्दर्भ में शिक्षा उत्पादन कार्यों की उपेक्षा की गयी है ताकि सीखने की उपलब्धि सम्बन्धी मुख्य मुद्दे को आसानी से समझा जा

सके। निस्सन्देह शिक्षा एक जटिल विषय है, लेकिन सीखने सम्बन्धी नतीजा इसका ज़्यादा महत्त्वपूर्ण और आसानी से समझ में आने वाला आयाम है। यह शोध-आलेख पाठ्यक्रम सीखने सम्बन्धी नतीजों पर ध्यान केन्द्रित करता है। इस बड़े अनुसन्धान के अन्य आयामों पर अभी विश्लेषण किया जा रहा है।

सामाजिक-आर्थिक कारकों को समायोजित करने के बाद, अध्ययन के पाँच वर्षों के आँकड़ों के विश्लेषण से यह पता चलता है कि प्रचलित धारणा के विपरीत इस बारे में मज़बूत प्रमाण हैं कि सरकारी स्कूलों की तुलना में निजी स्कूल, पहले वर्ष के अतिरिक्त अन्य किसी भी वर्ष में, बच्चों को कोई अतिरिक्त मूल्य प्रदान नहीं कर रहे हैं। इन चार विषयों पर ध्यान दिया गया है, उन सबमें एक ही तरह के नतीजे सामने आते हैं।

यहाँ अध्ययन से सामने आने वाले मुख्य निष्कर्षों की विवेचना की गयी है। सभी चार विषयों में समूह 4 के बच्चों (जो आरम्भ से ही निजी स्कूल में ही पढ़ रहे हैं) के सीखने की उपलब्धि सरकारी स्कूल में पढ़ने वाले अपनी कक्षा के बच्चों से काफ़ी अच्छी रही है। यह बिल्कुल ही आश्चर्य की बात नहीं है और कई अन्य अध्ययनों में भी यह पहलू सामने आ चुका है। इसके साथ ही, यह इस प्रचलित धारणा के अनुरूप भी है कि निजी स्कूल सार्वजनिक स्कूलों से बेहतर होते हैं।

ज़्यादा महत्त्वपूर्ण निष्कर्ष समूह 3 (वंचित समूहों के वे बच्चे जो वजीफा मिलने के कारण सरकारी स्कूलों को छोड़कर निजी स्कूलों में चले गये थे) और समूह 1 और 2 के बच्चों (जिन्होंने सरकारी स्कूलों में ही अपनी शिक्षा जारी रखी) के बीच तुलना करने से सामने आता है। अनुसन्धान के निष्कर्ष स्पष्ट रूप से यह दिखाते हैं कि सरकारी स्कूलों की तुलना में निजी स्कूल समूह 3 के बच्चों को कोई अतिरिक्त मूल्य नहीं दे पाते हैं।

(क) दो प्रमुख विषयों तेलुगू और गणित में सीखने की उपलब्धि से स्पष्ट संकेत मिलते हैं। वर्ष 1 अलावा, अन्य सभी वर्षों में समूह 3 के बच्चे समूह 1 और 2 के बच्चों से काफ़ी अच्छा प्रदर्शन करते हैं। लेकिन इसके बाद उनके सीखने की उपलब्धि में तेज़ी से गिरावट होती है, और वे सरकारी स्कूल में अपनी कक्षा में पढ़ने वाले बच्चों के बराबर आ जाते हैं। दरअसल, प्रदर्शनों का ध्यान से परीक्षण करने पर यह भी स्पष्ट होता है कि समूह 1 और 2 के बच्चे बाद के वर्षों में थोड़ा अच्छा प्रदर्शन करते हैं (वर्ष 3 और 5 में तेलुगू में और वर्ष 3, 4 और 5 में गणित में)। इसलिए कक्षा 4 तक पहुँचते-पहुँचते समूह 3 के बच्चे सरकारी स्कूल में अपनी कक्षा के बच्चों की तुलना में थोड़ा ख़राब प्रदर्शन ही करने लगते हैं। समूह 1 और 2 के बच्चों पर अलग-अलग विचार करने पर यह निष्कर्ष और ज़्यादा स्पष्ट रूप से सामने आता है। (देखें संलग्नक)

(ख) दो सहायक विषयों पर्यावरण—अध्ययन और अंग्रेज़ी से सम्बन्धित निष्कर्ष इससे मिलते-जुलते किन्तु ज़्यादा रोचक हैं। समूह 3 के बच्चों का प्रदर्शन समूह 1 और 2 के बच्चों से काफ़ी अच्छा है, लेकिन सिर्फ़ ऐसा इन विषयों को पढ़ने के पहले वर्ष में ही होता है। इसके बाद, तेलुगू और गणित की तरह ही इनके प्रदर्शन में कोई अन्तर नहीं रहता है। अंग्रेज़ी की स्थिति पर विशेष ध्यान देने की आवश्यकता है। निजी स्कूल कक्षा 1 से ही अंग्रेज़ी पढ़ाना आरम्भ कर देते हैं, जबकि सरकारी स्कूल कक्षा 3 से ऐसा करते हैं। निजी स्कूलों द्वारा 2 वर्ष पहले अंग्रेज़ी पढ़ाने की शुरुआत करने के बावजूद समूह 3 के बच्चों का प्रदर्शन सरकारी स्कूल में पढ़ रहे अपनी कक्षा के छात्रों की तरह ही होता है।

(ग) प्रदर्शन का कुल योग (सभी विषय एक साथ) से भी यही कहानी सामने आती है। समूह 3 के बच्चे सिर्फ़ पहले वर्ष में अच्छा प्रदर्शन करते हैं और इसके बाद उनका प्रदर्शन अपनी कक्षा में पढ़ने वाले वर्ग 1 और 2 के बच्चों से अच्छा नहीं है। यहाँ तक कि वजीफा पाने वाले बच्चों के पाँच वर्षों तक निजी स्कूल में पढ़ने के बावजूद उनके सीखने की उपलब्धि में कोई सुधार नहीं होता है।

(घ) 'ट्रीटमेंट' श्रेणी वाले गाँवों और 'कण्ट्रोल' श्रेणी वाले गाँवों के बच्चों के प्रदर्शन में कोई अन्तर न होने से यह बात स्पष्ट रूप से सामने आती है कि वजीफा कार्यक्रम का वजीफा न पाने वाले बच्चों पर कोई प्रभाव नहीं पड़ा।

इससे एक अनिवार्य निष्कर्ष सामने आता है। यदि सामाजिक-आर्थिक स्थितियों को समायोजित कर लिया जाता है तो सरकारी स्कूलों की तुलना में निजी स्कूल कोई अतिरिक्त मूल्य नहीं जोड़ते हैं। यह निष्कर्ष इस विषय पर हाल ही में अन्य देशों में हुए अध्ययनों के निष्कर्ष के अनुरूप ही है। ऐसा प्रतीत होता है कि ये निष्कर्ष यह संकेत करते हैं कि समूह 4 के बच्चों (जो किसी भी स्थिति में निजी स्कूल में ही पढ़ते) के बेहतर प्रदर्शन के कारणों को स्कूल के बाहर खोजने की आवश्यकता है। जैसा कि हमने पहले उल्लेख किया है कि माता-पिता द्वारा स्कूलों के चयन की तरह ही स्कूल के भीतर और बाहर बहुत से कारक बच्चों के अध्ययन को प्रभावित करते हैं। इसे समझने के लिए इन सभी कारकों का अलग से सावधानीपूर्वक अध्ययन किये जाने की आवश्यकता है।

यदि निजी स्कूल कोई अतिरिक्त मूल्य नहीं जोड़ते हैं तो आख़िर माता-पिता इन स्कूलों को वरीयता क्यों दे रहे हैं? अध्ययन के दौरान एकत्रित की गयी गुणात्मक प्रतिक्रिया से यह पता चलता है कि इसके लिए बहुत से जटिल कारणों का घालमेल ज़िम्मेदार है। पढ़ाई के माध्यम के रूप में अंग्रेज़ी का उपयोग इसका एक प्रमुख

कारण है। इसके अलावा, अच्छे यूनिफॉर्म, समृद्ध तबकों के बच्चों से मिलने का अवसर, बच्चों के लिए ज़्यादा गृहकार्य और स्कूल में अध्यापन का समय लम्बा होने जैसे कारण भी निजी स्कूलों को ज़्यादा आकर्षक बना देते हैं। निश्चित रूप से आगे इन सभी का ज़्यादा परीक्षण और विश्लेषण करने की आवश्यकता है।

सरकारी और निजी दोनों ही तरह के स्कूलों से कई स्पष्ट सबक सीखने की आवश्यकता है। निजी स्कूलों को यह समझने की ज़रूरत है कि उनकी प्रक्रियाएँ सभी तबकों के बच्चों की आवश्यकताओं को पर्याप्त रूप से पूरा नहीं कर रही हैं। सरकारी स्कूल व्यवस्था से जुड़े नीति-निर्माताओं और अन्य पक्षों को यह स्वीकार करना चाहिए कि निजी स्कूल की तुलना में ज़्यादा योग्य, ज़्यादा प्रशिक्षित और ज़्यादा वेतन पाने वाले शिक्षक होने के बावजूद वे अच्छे स्तर की बुनियादी शिक्षा उपलब्ध कराने में समर्थ नहीं हैं (कम-से-कम ग्रामीण पृष्ठभूमि के लिए यह बात सच है)। साथ ही, उन्हें इस स्थिति को सुधारने के लिए तत्काल क़दम उठाना चाहिए। शिक्षा के अधिकार अधिनियम में निजी स्कूलों के 25% सीटों को वंचित तबकों के लिए आरक्षित करने की व्यवस्था सामाजिक स्तरीकरण को कम कर सकती है, लेकिन निश्चित रूप से ऐसा लगता है कि यह वंचित तबकों के बच्चों के सीखने के स्तर में सुधार करने में कारगर साबित नहीं होती है। यहाँ यह नोट करने की आवश्यकता है कि आन्ध्र प्रदेश सरकार ने अकादमिक वर्ष 2011-12 से द्वितीय भाषा के रूप में अंग्रेज़ी के अध्यापन का फ़ैसला किया है।

कुछ लोग यह कह सकते हैं कि निजी स्कूल सरकारी स्कूलों से भी बदतर हैं और वे प्रत्येक बच्चे पर काफ़ी कम ख़र्च करते हैं। इस सन्दर्भ में सिर्फ़ शिक्षकों के वेतन का उल्लेख करना ग़लत होगा। कई अन्य प्रकार के ख़र्च हैं जिन पर विचार किये जाने की आवश्यकता है। बहरहाल, मुख्य बात यह है कि सरकारी और निजी दोनों ही स्कूलों में कुल मिलाकर सीखने का स्तर निम्न है जो कि अपने-आप में चिन्ता का विषय है। सीखने सम्बन्धी उपलब्धि के निम्न स्तर के सन्दर्भ में, प्रत्येक बच्चे पर होने वाले ख़र्च के सन्दर्भ में सापेक्षिक कुशलता की बात करना भी शायद ज़्यादा प्रासंगिक नहीं है। सीखने के स्तर के सन्दर्भ में जहाँ साधनों में अहम अन्तर है, वहीं ज़्यादा प्रासंगिक प्रश्न यह है कि क्या इस अन्तर का कोई महत्त्वपूर्ण अर्थ है।

यह शोध-आलेख इस क्षेत्र में आगे अनुसन्धान के लिए भी अवसर उत्पन्न करता है। इसके निष्कर्ष ग्रामीण आन्ध्र प्रदेश से सम्बन्धित हैं। स्पष्ट रूप से, किसी अन्य क्षेत्र में भी इस मुद्दे पर अध्ययन करने की आवश्यकता है। यह मुमकिन है कि शहरी क्षेत्रों की स्थिति ग्रामीण क्षेत्रों से बिल्कुल ही अलग हो, और इसकी ज़्यादा गहनता से जाँच-पड़ताल करने की आवश्यकता हो। कक्षा प्रक्रियाओं की तुलना एक अन्य आयाम है जिस पर अनुसन्धान किये जाने की आवश्यकता है। इसके अतिरिक्त, स्कूल के बाहर के कारकों की ज़्यादा विस्तार से अध्ययन की आवश्यकता है, जिससे

माता-पिता द्वारा स्कूल चयन की गत्यात्मकता समझी जा सके।

निष्कर्ष

बहुत से ऐसे लोग हैं जो मानते हैं कि स्कूल चयन एक अच्छा कार्यक्रम है। किन्तु ग्रामीण आन्ध्र प्रदेश में गहन दीर्घकालिक अध्ययन से ऐसे लोगों के विचारों को समर्थन नहीं मिलता है। जिन बच्चों को वजीफा देकर सरकारी स्कूल से निजी स्कूलों में भेजा गया, वे वहाँ 5 वर्ष गुजारने के बावजूद भी सरकारी स्कूल के अपनी कक्षा के छात्रों से बेहतर प्रदर्शन नहीं कर पा रहे हैं। यह बात अंग्रेज़ी सहित उन तमाम विषयों के बारे में सच है, जिन्हें बच्चों को कक्षा 1 से 5 के बीच पढ़ाया जाता है। यह अनुसन्धान काफ़ी ठोस रूप में यह निष्कर्ष प्रस्तुत करता है कि प्रचलित धारणा के विपरीत, फीस लेने वाले निजी स्कूल, सरकारी स्कूलों की तुलना में बच्चों के बेहतर शिक्षण और ज्ञानार्जन को सुनिश्चित नहीं करते हैं।

सन्दर्भ

1. लेखक अजीम प्रेमजी यूनिवर्सिटी के बहुत से सदस्यों को उनके सुझावों के लिए तथा *इकोनॉमिक ऐंड पॉलिटिकल वीकली* के एक अज्ञात समीक्षक को इस लेख के पूर्ववर्ती मसौदे पर अत्यन्त उपयोगी टिप्पणियाँ देने के लिए धन्यवाद ज्ञापित करना चाहते हैं। इस शोध-आलेख में आन्ध्र प्रदेश से तात्पर्य अविभाजित आन्ध्र प्रदेश से है। इसमें प्रस्तुत किये गये समस्त विचार लेखक के अपने विचार हैं और यह आवश्यक नहीं है कि वे इसमें सम्मिलित अन्य पक्षों के विचार को भी प्रदर्शित करते हों।
2. भारतीय सन्दर्भ में सार्वजनिक स्कूल का अर्थ है, मुफ़्त सरकारी स्कूल।
3. 'स्कूल वाउचर' शब्द का प्रयोग स्कूल चयन (स्कूल च्वाइस) के पर्यायवाची के रूप में किया जाता रहा है। इसमें सरकार या निजी निकायों द्वारा वंचित परिवारों को यह विकल्प दिया जाता है कि वे अपने बच्चों का नामांकन उन निजी स्कूलों में करायें जहाँ बच्चों को पढ़ाने के लिए शुल्क (या 'फी') देना पड़ता है।
4. देखें नैशनल एजुकेशन एसोसिएशन की वेबसाइट : http://www.nea.org/home/16970.htm
5. अजीम प्रेमजी फाउंडेशन और आन्ध्र प्रदेश सरकार की इस संयुक्त परियोजना में कार्तिक मुरलीधरन मुख्य अनुसन्धानकर्त्ता हैं।
6. देखें वेबसाइट : http://www.oecd.org/psa/pidsptofucts/PISA-In-Gocus-N42-(eng).FINAL.pdf
7. अध्यापन के माध्यम के बारे में स्कूल के अधिकारियों के दावों के अनुसार सूचना दर्ज की गयी है। यह मुमकिन है कि ग्रामीण पृष्ठभूमि में इन स्कूलों में काफ़ी अध्यापन अंग्रेज़ी में होता हो, किन्तु इन्हें वास्तविक अर्थों में अंग्रेज़ी माध्यम स्कूल की संज्ञा नहीं दी जा सकती है।
8. 'मल्टीग्रेड' या बहु-कक्षा अध्यापन एक शिक्षक एक ही समय में एक से ज़्यादा कक्षाओं के बच्चों को सँभालने के लिए ज़िम्मेदार होता है।
9. सभी चारों विषयों तेलुगू, गणित, अंग्रेज़ी और पर्यावरण अध्ययन को बराबर अंक दिये गये हैं।

सन्दर्भ ग्रन्थ सूची

सेंटर फॉर एजुकेशन पॉलिसी (2000), 'स्कूल वाउचर्स–व्हाट वी नो ऐंड डोंट नो...ऐंड व्हाट वी कुड लर्न मोर', जून।

–(2011), 'कीपिंग इनफॉर्म्ड अबाउट सोशल वाउचर्स–अ रिव्यू ऑफ मेजर डिवलपमेंट्स ऐंड रिसर्च', जुलाई।

चुडगर, ए. और ई. कुईन (2012), 'रिलेशनशिप बिटिवन प्राइवेट स्कूलिंग ऐंड अचिवमेंट : रिजल्ट्स फ्रॉम रूरल ऐंड अरबन इण्डिया', *इकोनॉमिक्स ऑफ एजुकेशन रिव्यू,* 31(4), पृ. 376-90।

एस्ले, एल. डेऔर अन्य (2014), 'द रोल ऑफ इम्पैक्ट ऑफ प्राइवेट स्कूल्स इन डिवलपिंग कण्ट्रीज : अ रिगोरस रिव्यू ऑफ द इविडेन्स', फाइनल रिपोर्ट, एजुकेशन रिगोरस लिटरेचर, डिपार्टमेंट फॉर इंटरनैशनल डिवलपमेंट (इपीपीआइ–सेंटर रिफरेंस नम्बर 2206)।

देसाई, सोनालदे और अन्य (2008), 'प्राइवेट स्कूलिंग इन इण्डिया : अ न्यू एजुकेशन लैण्डस्केप', इण्डिया होम डिवलपिंग वर्किंग सर्वे पेपर, नम्बर 11।

फ्रेंच, रॉबर्ट जॉन और गीता जी. किंगडन (2010), 'द रिलेटिव इफेक्टिवनेस ऑफ प्राइवेट ऐंड गवर्नमेंट स्कूल्स इन रूरल इण्डिया : इविडेन्स फ्रॉम एसेर डाटा', लन्दन, इंस्टीट्यूट ऑफ एजुकेशन।

गोयल, संगीता, और प्रियंका पाण्डेय (2009), 'हाउ डू गवर्नमेंट ऐंड प्राइवेट स्कूल्स डिफर? फाइंडिंग्स फ्रॉम टू लॉर्ज इण्डियन स्टेट्स', वर्ल्ड बैंक।

हॉवेल, विलियम जी. (2002), 'स्कूल वाउचर्स ऐंड ऐकेडेमिक परफॉर्मेंस : रीजल्ट्स फ्रॉम थ्री रैण्डोमाइज्ड ट्रायल्स', *जर्नल ऑफ पॉलिसी ऐनालिसिस ऐंड मैनेजमेंट,* 21 (2) पृ. 191-217।

असिह, चांग ताइ और मिग्युल उरक्यीओला (2006), 'द इफेक्ट ऑफ जर्नलाइज्ड स्कूल च्वाइस ऑन अचीवमेंट ऐंड स्ट्रैटीफिकेशन : इविडेन्सेज फ्रॉम चिलीज स्कूल वाउचर्स प्रोग्राम्स', *जर्नल ऑफ पब्लिक इकोनॉमिक्स,* 90, पृ. 1477-1503।

लाड, हेलेन एफ. (2002), 'स्कूल वाउचर्स : अ क्रिटिकल व्यू', *जर्नल ऑफ इकोनॉमिक पर्सपेक्टिव्स, वॉल्यूम 16* , नम्बर 4, फॉल, पृ. 3-24।

मुरलीधरन, कार्तिक और माइकल क्रेमर (2008), 'पब्लिक ऐंड प्राइवेट स्कूल्स इन रूरल इण्डिया', संकलित, पॉल पीटरसन और राजश्री चक्रवर्ती (सम्पा.), *सोशल च्वाइस इंटरनैशनल,* कैम्ब्रिज, एमआइटी।

मुरलीधरन, कार्तिक और वेंकटेश सुन्दररमन (2013), 'द एग्रीगेट इफेक्ट ऑफ स्कूल च्वाइस : इविडेन्स फ्रॉम अ टू स्टेज एक्सपेरीमेंट इन इण्डिया', वर्किंग पेपर 19441, नैशनल ब्यूरो ऑफ इकोनॉमिक रिसर्च, कैम्ब्रिज, एमए।

प्रथम (2013), 'एनुअल स्टेट्स ऑफ एजुकेशन रिपोर्ट 2013'।

ऑर्गनाइजेशन फॉर इकोनॉमिक को-ऑपरेशन ऐंड डिवलपमेंट (2005),'स्कूल फैक्टर्स रिलेटेड टू क्वालिटी ऐंड इक्विटी रीजल्ट फ्रॉम पीआइएसए 2000', वेब पता : http://www.oecd.org/education/school/programmeforinternationalstudentassesmentpisa/34668095-pdf.

रॉज, सेसिल ऐलिना और लीज बैरॉ (2009), 'स्कूल वॉउचर ऐंड स्ट्युडेन्ट अचिवमेंट : रीसेन्ट इविडेन्स ऐंड रीमेनिंग क्वेश्चन्स', *ऐनुअल रिव्यू ऑफ इकोनॉमिक्स,* 1, पृ. 17-42।

सिंह, अभिजीत (2013), प्राइवेट स्कूल प्रीमियम : साइज ऐंड सोर्सेज ऑफ प्राइवेट स्कूल एडवांटेज इन टेस्ट स्कोर्स इन इण्डिया, ऑक्सफर्ड।

टुले, जेम्स और अन्य (2011), 'सोशल च्वाइस ऐंड एकेडेमिक परफॉर्मेंस : सम इविडेन्स फ्रॉम डिवलपिंग कण्ट्रीज', *जर्नल ऑफ स्कूल च्वाइस : इंटरनैशनल रिसर्च ऐंड रिफॉर्म,* 5(1), पृ. 1-39।

वाधवा, डब्ल्यू. (2009), 'आर प्राइवेट स्कूल्स रियली परफॉर्मिंग बेटर दैन गवर्नमेंट स्कूल्स?', नयी दिल्ली, एसीइआर।

वेस्ट, एडविन जी. (1997), 'एजुकेशन वाउचर्स इन प्रैक्टिस ऐंड प्रिंसिपल : अ वर्ल्ड सर्वे', वर्ल्ड बैंक रिसर्च *ऑब्जर्वर,* 12(1), फरवरी 83-103।

संलग्नक

सारणी 1-ए : स्कूल के प्रकार द्वारा बच्चों के परिवार की विशेषताएँ (प्रतिशत में)

परिवार की विशेषाताएँ	निजी स्कूल (1)	सरकारी स्कूल (2)	भिन्नता (1-2)
अनुसूचित जाति या जनजाति के विद्यार्थी	13	33	-20'''
साक्षर पिता या माता के विद्यार्थी	90	77	13'''
ऐसे विद्यार्थी जिनके पिता या माता ने प्राथमिक स्कूल की शिक्षा हासिल की हो	65	37	28'''
औसत सामान्यीकृत परिवार सम्पदा इंडेक्स स्कोर'	3.844	3.176	0.668'''

'सम्पदा इंडेक्स पाँच परिवारों के सम्पदाओं के स्वामित्व/उपयोग पर आधारित है।

महत्त्व : '''1%

सारणी 2-ए : प्रबन्धन द्वारा स्कूल में आधारभूत सुविधाएँ

विशेषताएँ	निजी स्कूल (1)	सरकारी स्कूल (2)	भिन्नता (1-2)
पीने के पानी की उपलब्धता	0.99	0.95	0.04'''
काम कर रहे शौचालय	0.89	0.73	0.16'''
लड़कियों के लिए अलग से काम कर रहे शौचालय की व्यवस्था	0.83	0.45	0.38'''
बिजली की उपलब्धता	0.88	0.40	0.48'''
काम कर रहे टेलीविज़न की उपलब्धता	0.20	0.03	017'''
काम कर रहे कम्प्यूटर की उपलब्धता	0.48	0.05	0.43'''
काम कर रहे पुस्तकालय की उपलब्धता	0.85	0.97	0.12'''
काम कर रहे रेडियो की उपलब्धता	0.15	0.73	-0.58'''
स्कूल के लिए पक्के भवन की उपलब्धता	0.45	0.91	-0.46'''
कम-से-कम 60 दिनों में बच्चों के स्वास्थ्य जाँच की व्यवस्था	0.32	0.64	-0.32'''
स्कूल द्वारा खेल तथा सांस्कृतिक गतिविधियों आदि का आयोजन	0.60	0.82	-0.22'''

महत्त्व : '''1%

सारणी 3-ए : प्रबन्धन द्वारा शिक्षकों की विशेषताएँ

विशेषताएँ	निजी स्कूल (1)	सरकारी स्कूल (2)	भिन्नता (1-2)
पुरुष (अनुपात)	0.22	0.43	-0.21'''
उम्र (वर्ष में)	27.01	39.61	-12.6'''
शिक्षण अनुभव (वर्षों में)	4.76	14.53	-9.77'''
उन स्कूलों की संख्या, जिनमें पहले पढ़ाया हो	0.78	2.63	-1.85'''
कॉलेज या मास्टर डिग्री (प्रतिशत में)	61	89	-28'''
पूर्ण टीचर ट्रेनिंग (प्रतिशत में)	27	99	-72'''
पिछले छह महीनों में नौकरी के दौरान प्रशिक्षण कार्यक्रम में भागीदारी (प्रतिशत में)	1	79	-78'''
उसी गाँव के निवासी जहाँ स्कूल है (प्रतिशत में)	46	14	32'''
शिष्य-शिक्षक अनुपात	16.7	26.4	-9.7'''
बहु-कक्षा शिक्षण सँभालना (प्रतिशत में)	9.8	71.2	-61.4'''
वर्तमान में प्रति माह कुल वेतन (औसत रुपये में)	2,003	13,843	-11,840'''

महत्त्व : '''1%

सारणी 4-ए : वर्ष के अन्त में सीखने की उपलब्धि का स्कोर (प्रतिशत में)

वर्ष	समूह 1		समूह 2		समूह 3		समूह 4	
	संख्या	माध्य	संख्या	माध्य	संख्या	माध्य	संख्या	माध्य
तेलुगू								
1	109	34.42 (28.39)	307	31.18 (26.52)	339	38.36 (30.15)	570	61.02 (20.32)
2	106	49.26 (20.72)	296	46.57 (19.56)	427	48.38 (20.27)	539	59.21 (19.29)
3	301	43.06 (24.12)	1538	42.53 (24.52)	704	40.69 (21.62)	655	62.03 (17.89)
4	350	36.43 (21.63)	1426	34.61 (20.78)	661	35.7 (19.90)	718	52.69 (18.44)
5	318	39.51 (21.47)	1333	39.6 (22.41)	621	38.3 (21.21)	607	51.54 (19.12)
गणित								
1	109	24.17 (26.06)	302	23.87 (26.00)	335	28.45 (29.23)	568	46.83 (21.88)
2	106	36.01 (20.67)	295	33.36 (18.46)	422	35.15 (20.62)	539	45.2 (17.65)

3	301	32.29 (20.97)	1538	31.46 (21.64)	704	31.15 (20.02)	655	52.27 (18.85)
4	350	26.23 (15.97)	1426	24.18 (15.65)	661	24.4 (14.92)	718	39.09 (15.73)
5	318	24.42 (17.10)	1338	25.01 (18.32)	622	24.26 (17.53)	612	33.97 (15.94)
ईवीएस								
4	339	28.13 (14.98)	1388	26.9 (15.31)	649	28.57 (15.06)	696	39.07 (13.62)
5	322	32.58 (13.78)	1335	32.85 (13.78)	615	32.66 (13.52)	612	40.03 (11.69)
अंग्रेज़ी								
3	294	40.93 (22.86)	1502	44.3 (26.22)	691	47.33 (24.86)	635	67.77 (19.80)
4	344	12.53 (11.23)	1371	12.57 (10.80)	627	13.48 (10.46)	689	25.03 (15.37)
5	322	16.93 (10.45)	1333	18.93 (13.01)	615	19.28 (12.84)	611	27.76 (14.40)
कुल योग								
1	109	29.29 (26.23)	308	27.4 (25.11)	341	33.26 (28.12)	572	54.04 (19.44)
2	106	42.63 (19.88)	296	39.96 (17.64)	427	41.86 (18.66)	539	52.21 (16.99)
3	301	38.74 (20.44)	1538	39.49 (21.84)	704	39.75 (19.76)	655	60.69 (16.01)
4	350	25.93 (13.89)	1426	24.71 (13.61)	661	25.82 (13.03)	718	39.06 (12.97)
5	324	28.31 (12.99)	1368	29.06 (14.37)	631	28.68 (13.79)	626	38.23 (12.10)

[यह शोध-आलेख *इकोनॉमिक ऐंड पॉलिटिकल वीकली* के 20 दिसम्बर 2004 अंक में प्रकाशित हुआ था।]

विद्यालयों में दलित या आदिवासी बच्चा होने का क्या अर्थ है?

(छह राज्यों के गुणात्मक अध्ययन का संश्लेषण)

विमला रामचन्द्रन और तारामणि नाओरेम[1]

यह शोध-आलेख सर्व शिक्षा अभियान द्वारा छह राज्यों—आन्ध्र प्रदेश, असम, बिहार, ओडिशा, मध्य प्रदेश और राजस्थान में स्कूलों में समावेशन और बहिष्करण से सम्बन्धित गुणात्मक (क्वालिटेटिव) अध्ययन के निष्कर्षों से सम्बन्धित है। यह मुमकिन है कि ये निष्कर्ष पूरी तरह से मौलिक न हों, किन्तु इसके आधार पर नीति-निर्माता यह स्वीकार कर सकते हैं कि हमारे स्कूलों में बहिष्करणीय व्यवहारों का अस्तित्व है और उन्हें तत्काल दूर करने की आवश्यकता है। इस अध्ययन से एक मुख्य अन्तर्दृष्टि यह सामने आयी कि समावेशन और बहिष्करण को अलग-अलग परिप्रेक्ष्यों से देखने की आवश्यकता है : बाहर से (कौन किस प्रकार के स्कूल में जा रहा है); अन्दर से (स्कूल के भीतर क्या हो रहा है); और समाज में (कौन दृश्य है और कौन अदृश्य, मसलन स्कूल न जाने वाले बच्चों के आँकड़ों में मौसमी या नये आप्रवासी मज़दूरों के बच्चे सम्मिलित नहीं हैं)। इसी प्रकार, स्कूल के भीतर होने वाले व्यवहार, शिक्षकों के रवैये या उनके बरताव तथा माता-पिता और सामुदायिक नेताओं की भागीदारी होने या न होने पर व्यापक समाज और सामाजिक मानकों का प्रभाव भी महत्त्वपूर्ण है। दलितों और आदिवासियों के अधिकारों के बारे में राजनीतिक और सामाजिक दावेदारी भी व्यवहारों को प्रभावित करती है।

आमतौर पर हर कोई यह जानता है कि हाशिये के सामाजिक समूहों के बच्चे अन्य बच्चों की तुलना में ज़्यादा बड़ी संख्या में स्कूली शिक्षा ख़त्म किये बिना ही विद्यालय छोड़ देते हैं। यह भी व्यापक रूप से स्वीकार किया जाता है कि निर्धन तबकों के बच्चों का स्कूल का अनुभव सकारात्मक नहीं होता है। समाचार माध्यमों में बड़ी संख्या में यह ख़बर आती रही है कि स्कूलों में जाति आधारित भेदभाव, समुदाय

के आधार पर बहिष्करण, जेण्डर आधारित बहिष्करण, यौन उत्पीड़न और बच्चों के खिलाफ़ हिंसा की घटनाएँ होती हैं।[2] अनुसन्धानकर्त्ताओं ने लगातार स्कूलों में बहिष्करण और पृथक्करण की समस्याओं की ओर ध्यान दिलाया है। फिर भी, केन्द्र और राज्य के शिक्षा विभागों ने आधिकारिक रूप से इस परिघटना के अस्तित्व को स्वीकार नहीं किया है। इसलिए सर्व शिक्षा अभियान द्वारा स्कूलों में समावेशन और बहिष्करण के बारे में व्यवस्थित कराने का फ़ैसला स्वागतयोग्य है। 2011-12 के दौरान यह गुणात्मक अध्ययन किया गया और इसमें छह राज्यों—आन्ध्र प्रदेश, असम, बिहार, ओडिशा, मध्य प्रदेश और राजस्थान के अनुसन्धानकर्त्ता शामिल थे। ये मुमकिन है कि इन राज्यों से सामने आये निष्कर्ष पूरी तरह से नये न हों, लेकिन इस अध्ययन के आधार पर नीति-निर्माता यह स्वीकार कर सकते हैं कि स्कूलों में बहिष्करणीय व्यवहारों का प्रचलन है और उन्हें दूर करने के लिए तत्काल ही कार्रवाई करने की आवश्यकता है।

बच्चों में स्कूल जाने, स्कूल की गतिविधियों में भागीदारी करने, सीखने, समझदार बनने और सबसे महत्त्वपूर्ण आत्म-मूल्य की भावना का विकास करने का सामर्थ्य व्यापक मुद्दों की एक श्रेणी से प्रभावित होता है। ये मुद्दे स्कूल, परिवार और समाज से जुड़े होते हैं। राष्ट्रीय शिक्षा नीति ने सार्वभौमिक शिक्षा को अतीत की विकृतियों को ठीक करने और हर बच्चे को समान स्तर उपलब्ध कराने का महत्त्वपूर्ण साधन माना था। शिक्षा का अधिकार अधिनियम, 2009 प्रत्येक बच्चे को स्कूल जाने का अधिकार, प्यार और संवेदनशील व्यवहार का अधिकार, और सबसे बढ़कर समानता और गरिमामय व्यवहार का अधिकार देता है। इस प्रकार यह सार्वभौमिक शिक्षा के लक्ष्य को मज़बूती प्रदान करता है। बहरहाल, इन सभी अच्छी मंशाओं के बावजूद हम अपने सभी बच्चों को समान स्तर उपलब्ध कराने में नाकाम रहे हैं।

शिक्षा सिर्फ़ अध्ययन और लेखन से ही सम्बन्धित नहीं है; यह जीवन की तैयारी से भी सम्बन्धित है। इसी सन्दर्भ में समावेशन और बहिष्करण का मुद्दा, या ज़्यादा साफ़ शब्दों में कहें तो, भेदभाव और असमान व्यवहार का मुद्दा एक नया अर्थ ग्रहण करता है। इस अध्ययन में अनुसन्धानकर्त्ताओं ने बच्चों के सीखने, समझदार बनने या आत्म-विश्वासी युवा पुरुष/स्त्री बनने की क्षमता को प्रभावित करने वाले प्रत्यक्ष, परोक्ष या अदृश्य व्यवहारों का अध्ययन करने का प्रयास किया है।

1. अध्ययन-पद्धति और क्षेत्र

यह एक गुणात्मक अध्ययन था। इसमें प्रत्येक राज्य में से 20 स्कूलों का चयन किया गया और इस तरह छह राज्यों में से कुल 120 स्कूलों का चयन हुआ। प्रत्येक स्कूल की यात्रा के दौरान कक्षा 4 से कक्षा 7 के छात्र/छात्राओं पर ध्यान केन्द्रित किया गया।

स्कूलों का सैम्पल

1. सैम्पल का आकार

- *छह राज्य : आन्ध्र प्रदेश, असम, बिहार, ओडिशा, मध्य प्रदेश और राजस्थान*
- *प्रत्येक राज्य से चार ज़िले : कुल 24*
  प्रत्येक राज्य से 20 स्कूल : कुल 120

2. प्रत्येक ज़िले में सैम्पल स्कूल का स्थान

- *एक मुख्य सड़क पर या उसके नज़दीक (पहुँच के नजरिए से)*
- *एक अन्दरूनी गाँव जो मुख्य सड़क से कम-से-कम 5 किमी की दूरी पर हे*
- *दो स्कूल जो इन दोनों के बीच कहीं अवस्थित हों*

3. प्रखण्ड मुख्यालय में एक स्कूल

- *50% प्राथमिक स्कूल (सह-शिक्षा), जहाँ उसी अहाते में उच्च विद्यालय नहीं था*
- *25% प्राथमिक और उच्च विद्यालय*
- *सभी स्कूलों में विभिन्न समुदायों का प्रतिनिधित्व—जिसमें एक ही स्कूल में कम-से-कम दो भिन्न समुदाय हों*
- *विशेष आवश्यकताओं वाले 50% विद्यार्थी हों*
- *प्रत्येक स्कूल में दोपहर का भोजन दिया जाता हो, और 75% ऐसे स्कूल जहाँ दोपहर का भोजन स्कूल में ही बनता है*
- *ज़िला सूचना व्यवस्था के 2010-11 के आँकड़ों के अनुसार सभी स्कूलों में शौचालय था*
- *प्रत्येक ज़िले में कम-से-कम स्कूल में विद्यार्थी-शिक्षक और विद्यार्थी-कक्षा का अनुपात बुरा हो*

चार जाँचकर्त्ताओं के दल ने, जिसमें कम-से-कम एक महिला भी शामिल थी, उच्च प्राथमिक विद्यालयों का अध्ययन किया। इसके अलावा, तीन जाँचकर्त्ताओं की एक दल ने प्राथमिक विद्यालयों का अध्ययन किया। इस दल में भी एक महिला सम्मिलित थी। इस दल ने प्रत्येक स्कूल में तीन कार्य दिवस गुजारे। इस दौरान दोपहर और शाम में इसके सदस्य गाँवों में जाकर बच्चों के माता-पिता तथा किशोर लड़के/लड़कियों से बातचीत करते थे। नामांकन के सन्दर्भ में बुनियादी आँकड़े सारणी 1 में दिये गये हैं।

सारणी 1 : सैम्पल के रूप में लिए गये स्कूलों में नामांकन

राज्य	कक्षा	कुल		अनु. जा.		अनु. जन.		मुस्लिम		पिछड़ा-वर्ग		सामान्य		सीडब्ल्यूएसएन	
		बी	जी	बी	जी	बी	जी	बी	जी	बी	जी	बी	जी	बी	जी
आन्ध्र प्रदेश	4	349	358	100	101	68	65	6	16	153	153	17	22	5	1
	प्र	49.4	50.7	14.1	14.3	9.6	9.2	0.8	2.3	21.6	21.6	2.4	3.1	0.7	0.1
	7	533	413	119	65	67	40	14	13	307	264	25	30	1	1
	प्र	56.3	43.7	12.6	6.9	7.1	4.2	1.5	1.4	32.5	27.9	2.6	3.2	0.1	0.1
असम	4	215	224	43	42	12	26	42	51	106	94	11	7	1	4
	प्र	49	51	20	18.8	5.6	11.6	19.6	22.8	49.3	42	5.1	3.1	0.5	1.8
	7	337	347	44	69	26	45	137	109	103	106	26	18	1	0
	प्र	49.3	50.7	13.1	19.9	7.7	13.4	39.5	31.4	30.6	30.5	7.7	5.2	0.3	0
बिहार	4	1040	1002	200	195	22	27	118	110	586	568	114	102	3	4
	प्र	50.9	49.1	19.2	19.5	2.1	2.7	11.3	11	56.3	56.7	11	10.2	0.3	0.4
	7	1563	1376	266	246	75	99	244	199	821	713	157	119	9	10
	प्र	53.2	46.8	17.0	17.9	4.8	7.6	15.6	14.5	52.5	51.8	10	8.6	0.6	0.7
मध्य प्रदेश	4	963	1165	290	400	154	174	16	12	436	520	62	75	6	4
	प्र	45.3	54.7	30.1	34.3	16	14.9	1.7	1.0	45.3	44.6	6.4	6.4	0.6	0.3
	7	849	1085	296	364	178	215	42	29	267	388	66	89	7	8
	प्र	43.9	56.1	34.9	33.5	21	19.8	4.9	2.7	31.4	35.8	7.8	8.2	0.8	0.7
ओडिशा	4	186	218	46	49	82	85	2	4	53	78	3	2	1	0
	प्र	46	54	24.7	22.5	44.1	39	1.1	1.8	28.5	35.8	1.6	0.9	0.5	0
	7	307	283	82	67	96	82	4	1	123	131	2	2	3	2
	प्र	52	47.9	26.7	23.6	31.3	29	1.3	0.4	40.1	46.3	0.7	0.7	1	0.7
राजस्थान	4	143	213	42	63	38	44	2	5	37	67	24	34	-	-
	प्र	40	60	29.4	29.6	26.6	20.7	1.4	2.3	25.9	31.4	16.8	16.0	-	-
	7	221	278	58	65	71	90	13	10	45	73	34	40	-	-
	प्र	44.3	55.7	26.2	23.4	32.1	32.4	5.9	3.6	20.4	26.2	15.4	14.4	-	-

बी : ब्वॉयज (लड़के); जी : गर्ल्स (लड़कियाँ); अनु. जा. : अनुसूचित जाति; अनु. जन. : अनुसूचित जनजाति; प्र : प्रतिशत सीडब्ल्यूएसनः चिल्ड्रेन विद स्पेशल नीड्स : विशेष आवश्यकता वाले बच्चे।

1.1 अनुसन्धान के साधन

स्कूल और कक्षा के भीतर भेदभाव के जेण्डर और सामाजिक समता सम्बन्धी आयामों को पूरी समझ बनाने के लिए निम्नलिखित साधनों का उपयोग किया गया–(1) कक्षा पर्यवेक्षण; (2) स्कूल पर्यवेक्षण; (3) शिक्षकों के साथ अर्द्ध-औपचारिक साक्षात्कार; (4) शिक्षकों के साथ केन्द्रित सामूहिक चर्चा; (5) सैम्पल सम्मिलित स्कूलों में पढ़े

किशोर लड़के/लड़कियों के साथ केन्द्रित सामूहिक चर्चा; (6) गाँव के सबसे वंचित समुदाय के बच्चों के माता-पिता के साथ केन्द्रित सामूहिक चर्चा; (7) कक्षा 4 से 7 के बीच के बच्चों के साथ सुव्यवस्थित गतिविधियाँ—जिससे स्कूल में उनकी रोज़ाना गतिविधियों को रेकार्ड किया जा सके।

2. व्यापक अन्तर्दृष्टियाँ

अधिकांश क्षेत्रों में सरकारी प्राथमिक विद्यालयों में अत्यन्त ग़रीब लोगों के बच्चे ही पढ़ने आते हैं। यहाँ तक कि ग्रामीण और दूरस्थ क्षेत्रों में भी जिन लोगों की जरा भी हैसियत होती है, वे अपने बच्चों को निजी स्कूलों में ही भेजते हैं।

हालाँकि विविध राज्यों की स्थिति के बीच काफ़ी विविधता भी है। राजस्थान और मध्य प्रदेश के सरकारी प्राथमिक विद्यालयों में तकरीबन सभी सामाजिक समूहों के बच्चे पढ़ते हैं, खास बात यह है कि इसमें ऊँची जाति की लड़कियाँ भी पढ़ती हैं। आन्ध्र प्रदेश में ऊँची जाति के बच्चे सरकारी स्कूलों में नहीं जाते हैं और यहाँ मुख्य रूप से पिछड़ी जाति, दलित और आदिवासी बच्चे आते हैं। यहाँ आवासीय विद्यालयों की संख्या में अच्छी-खासी बढ़ोतरी हुई है। इसका नतीजा यह हुआ है कि अच्छा प्रदर्शन करने वाले बच्चे भी प्राथमिक स्कूल की अपनी शिक्षा (कक्षा 5) पूरी करने के बाद आवासीय स्कूलों में चले जाते हैं।[3]

असम और ओडिशा में बस्तियाँ/गाँव काफ़ी अलग तरह के हैं और इसलिए यहाँ के स्कूलों का स्वरूप भी अलग है। असम में चाय बागान समुदाय, गैर-आसामी प्रवासियों, तथा बोडो, कर्बी, मिशिंग्स और चकमा जैसे विशिष्ट आदिवासी क्षेत्रों की अपनी विशिष्टताएँ हैं। चूँकि ये समुदाय विशिष्ट बस्तियों या गाँवों में रहते हैं, इसलिए इनके बच्चे जिन स्कूलों में जाते हैं वे काफ़ी हद तक समरूपी होते हैं।

भारतीय समाज के सामाजिक मानकों के चलते आदिवासियों की तुलना में दलितों के साथ ज़्यादा प्रत्यक्ष भेदभाव होता रहा है। राजस्थान इसका एक उल्लेखनीय अपवाद है (खासतौर पर, भील और सहरिया समुदाय के बच्चों के सन्दर्भ में)। इसका मुख्य कारण यह हो सकता है कि अनुसूचित जनजातियों के अधिकांश समुदाय ऐसे विशिष्ट बस्तियों/गाँवों में रहते हैं जहाँ उनका बहुमत होता है। दूसरी ओर, दलित समुदाय पूरे राज्य में फैले होते हैं और अमूमन गाँव में अल्पसंख्यक होते हैं। हालाँकि एक गाँव जहाँ दलित बहुमत में थे, वहाँ की स्थिति काफ़ी भिन्न थी।

इस अध्ययन से सामने आयी अन्तर्दृष्टियों में से एक यह है कि हमें अलग-अलग परिप्रेक्ष्यों से समावेशन और बहिष्करण को देखने की आवश्यकता है: बाहर से (कौन किस प्रकार के स्कूल में जा रहा है); भीतर से (स्कूल के भीतर क्या हो रहा है); और समाज में (कौन दृश्य है और कौन अदृश्य, मसलन स्कूल ने जाने वाले बच्चों के आँकड़ों में मौसमी या नये आप्रवासी मज़दूरों के बच्चे सम्मिलित नहीं होते हैं)। इसी

प्रकार, स्कूल के भीतर होने वाले व्यवहार, शिक्षकों के रवैये या उनके बरताव तथा माता-पिता और सामुदायिक नेताओं की भागीदारी होने या न होने पर व्यापक समाज और सामाजिक मानकों का प्रभाव भी महत्त्वपूर्ण है। दलितों और आदिवासियों के अधिकारों के बारे में राजनीतिक और सामाजिक दावेदारी भी व्यवहारों को प्रभावित करती है। इस सन्दर्भ में आन्ध्र प्रदेश, राजस्थान और बिहार के बीच उल्लेखनीय अन्तर है। जहाँ ये तीनों ही समाज सामाजिक और सामुदायिक पहचानों के सन्दर्भ में काफ़ी स्तरीकृत (पदसोपानयुक्त) हैं लेकिन बिहार और आन्ध्र प्रदेश में स्पष्ट जाति भेदभाव के प्रमाण नहीं मिलें, वहीं राजस्थान खुल्लमखुल्ला ऐसा भेदभाव किया जा रहा था। ऐसा इस राज्य के राजनीतिक वातावरण के कारण भी हो सकता है। बिहार और आन्ध्र प्रदेश में दलित और अन्य पिछड़े वर्गों के नेतृत्व में कई सामाजिक और राजनीतिक आन्दोलन हुए हैं। दरअसल, अपनी सामाजिक गोलबन्दी के चलते दलित और ओबीसी पिछले दो या तीन दशकों में महत्त्वपूर्ण भूमिका अदा करने लगे हैं।

दूसरी ओर, राजस्थान में दलितों की इसी तरह की सामाजिक गोलबन्दी या आन्दोलन सामने नहीं आये हैं। इसके अलावा, आन्ध्र प्रदेश में विद्यार्थियों का स्वरूप ज़्यादा समरूपी है, वहीं राजस्थान में इसमें काफ़ी विविधता है क्योंकि ऊँची जातियों के बच्चे भी सरकारी स्कूलों में आते हैं।

2.1 भाषा

भाषा बहिष्करण का एक मुख्य स्थल है। यह पहलू उस वक़्त ज़्यादा स्पष्ट होता है जब शिक्षक की भाषा या आधिकारिक भाषा बच्चे की भाषा से अलग होती है। ओडिशा के तटीय ज़िलों में शिक्षक आदिवासियों की भाषा नहीं जानते हैं और इसलिए वे ओडिशा के इस भाग के बच्चों से संवाद नहीं कर पाते हैं। इसी प्रकार, तटीय क्षेत्रों में बोली जाने वाली उड़िया भाषा मानक आधिकारिक भाषा मानी जाती है तथा किताबों और कक्षा में होने वाली बातचीत में इसी का उपयोग किया जाता है। इसका नतीजा यह हुआ है कि ग्रामीण पश्चिमी ओडिशा के विद्यार्थी और आदिवासी विद्यार्थी को अमूमन मुश्किलों का सामना करना पड़ता है (क्योंकि वे अलग बोलियाँ बोलते हैं)। इसलिए, ओडिशा में भाषा जाति की निशानदेही में प्रमुख भूमिका निभाती है। अन्य राज्यों में दूसरे क्षेत्रों से आये बच्चों को भाषा सम्बन्धी परेशानियों का सामना करना पड़ता है। उदाहरण के तौर पर, असम में अध्यापन का मुख्य माध्यम असमिया भाषा है, जो चाय बगान में काम करने वाले मज़दूरों या हिन्दी भाषी क्षेत्रों से आने वाले मज़दूरों की भाषा से काफ़ी अलग है। इसी प्रकार, आन्ध्र प्रदेश के सीमावर्ती क्षेत्रों में पढ़ाई का माध्यम बच्चों की मातृ भाषा से भिन्न है। राजस्थान में हर ज़िले में अलग-अलग बोलियाँ हैं, और इसलिए स्कूलों में बोली जाने वाली मानक हिन्दी को समझने में बच्चों को दिक्कत होती है।

यद्यपि इस अध्ययन में भाषा बहिष्करण का एक प्रमुख संकेतक है, किन्तु इसकी विस्तार से जाँच-पड़ताल नहीं की गयी क्योंकि बहुत से अध्ययनों में पहले से ही इस पर प्रकाश डाला जा चुका है।

दोपहर का भोजन

दोपहर के भोजन से सम्बन्धित मामलों में अर्थात् रसोइयों की नियुक्ति (जो सभी जातियों के बच्चों को खाना खिलाने में समर्थ हो, अमूमन गैर-अनुसूचित जाति), खाने के समय बैठने की व्यवस्था तथा साफ़-सफाई या पीने के पानी तक पहुँच के मामलों में सामाजिक और सामुदायिक पूर्वग्रह स्पष्ट रूप से सामने आये। हालाँकि ऐसे स्कूलों में एक स्पष्ट अन्तर भी दिखा जहाँ समानता के प्रति वचनबद्ध सक्रिय और सख्त प्रधानाध्यापक/शिक्षक थे।

2.2 बुनियादी संरचना

तकरीबन सभी राज्यों में बुनियादी संरचना की हालत ख़राब थी। इन स्कूलों में अपर्याप्त संख्या में कक्षाएँ थीं और ऐसे शौचालय काफ़ी कम थे, जिनका उपयोग किया जा सकता था। दरअसल, शौचालय उपलब्ध कराने का तब तक कोई अर्थ नहीं है जब तक यह सुनिश्चित न किया जाये कि वे उपयोग करने लायक हैं। अर्थात् शौचालयों में पानी की सुविधा होनी चाहिए और नियमित रूप से उनकी सफाई की जानी चाहिए। बहुत कम स्कूलों में लड़कियों के उपयोग करने लायक और कार्यात्मक शौचालय थे। और जहाँ इस प्रकार के शौचालय थे, वहाँ गाँव के सबसे ग़रीब और सामाजिक रूप से सबसे वंचित समूहों के लड़कियों को उन्हें साफ़ करने की ज़िम्मेदारी दी जाती थी।

2.3 शिक्षक

पर्याप्त शिक्षकों की उपलब्धता भी एक बड़ा मुद्दा था। ऐसा केवल शिक्षकों की कमी के चलते नहीं था, बल्कि ऐसा इसलिए भी था क्योंकि प्रत्येक शिक्षक हर कार्य-दिवस पर स्कूल नहीं आता था। बहुत से ऐसे शिक्षक भी थे जो अपनी नियुक्ति के समय से काफ़ी कम स्कूल आये हैं। यह ज़िला/प्रखण्ड स्तर के शिक्षा प्रशासन की ज़िम्मेदारी है कि वह स्कूल में सभी नियुक्त शिक्षकों की उपस्थिति सुनिश्चित करे। लेकिन प्रशासन अपनी भूमिका के निर्वहन में नाकाम रहा है।

इन सभी राज्यों में एक महत्त्वपूर्ण समानता यह है कि यहाँ की वर्तमान स्कूल प्रबन्धन समितियाँ या पहले की गाँव शिक्षा समितियों की संरचना प्रभावकारी साबित नहीं हो पायी हैं। ये सैम्पल स्कूलों में सबसे पिछड़े समुदायों के बच्चों के माता-पिता को

स्कूल की गतिविधियों में सम्मिलित करने में नाकाम रही हैं। इन बच्चों के माता-पिता ने यह स्वीकार किया कि अक्सर उनकी बातों पर कोई ध्यान नहीं दिया जाता है और उन्होंने कभी-कभार ही स्कूल स्तर की समितियों की बैठकों में हिस्सा लिया है। वे स्कूलों में होने वाले विविध तरह के बहिष्करणीय व्यवहारों से भी अनभिज्ञ थे और उन्होंने एक तरह से यह मान लिया था कि इस स्थिति में बदलाव नहीं किया जा सकता है। उन्हें शिक्षा के अधिकार अधिनियम की भी कोई जानकारी नहीं थी।

2.4 सामान्य धारणाएँ

सैम्पल के रूप में लिए गये 6 राज्यों के शिक्षकों के साथ की गयी चर्चा से एक सामान्य धारणा सामने आयी : अत्यन्त वंचित सामाजिक समूहों के बच्चे स्कूल में अच्छा प्रदर्शन नहीं करते हैं। रोचक बात यह है कि इन्हीं स्कूलों की सूचना से यह बात उजागर हुई कि यह एक गलत धारणा है और वंचित सामाजिक समूहों के बहुत से बच्चे काफ़ी अच्छा प्रदर्शन कर रहे हैं। शिक्षकों की धारणा और हक़ीक़त के बीच अन्तर है और यह गौर करने की बात है कि यद्यपि शिक्षकों ने ऐसे बच्चों के बारे में बताया जो 'होनहार' थे और पढ़ने में रुचि रखते थे (उनमें से बहुत दलित/आदिवासी थे), उनके अपने पूर्वग्रह और रूढ़ धारणाएँ थीं। जब इसके बारे में पूछा गया तो उन्होंने कहा कि होनहार बच्चे अपवाद हैं।

सभी राज्यों में अत्यन्त निर्धन और हाशिए के समुदायों के बच्चों का स्कूल में लगातार न आना एक गम्भीर समस्या के रूप में सामने आया। इसके लिए ख़राब स्वास्थ्य, काम के लिए माता-पिता के कहीं और चले जाना, घर की ज़िम्मेदारियाँ सँभालना (विशेष रूप से लड़कियों के बीच), दिहाड़ी काम के लिए माता-पिता के चले जाने से बच्चों की उपेक्षा आदि जैसे कारणों को ज़िम्मेदार माना जा सकता है। इन बच्चों के बार-बार स्कूल से अनुपस्थित रहने से उनके सीखने की क्षमता काफ़ी प्रभावित होती है। जब वे अन्य बच्चों से पीछे छूट जाते हैं तो शिक्षक उनकी उपेक्षा करते हैं। सभी छह राज्यों में यह पाया गया कि शिक्षक मुख्य रूप से होनहार बच्चों से उनके सीखने की क्षमता काफ़ी प्रभावित होती है। जब वे अन्य बच्चों से पीछे छूट जाते हैं तो शिक्षक उनकी उपेक्षा करते हैं। सभी छह राज्यों में यह पाया गया कि शिक्षक मुख्य रूप से पहली पंक्ति में बैठने वाले होनहार बच्चों पर ध्यान केन्द्रित करते हैं, जिसका नतीजा अन्य बच्चों के बहिष्करण के रूप में सामने आता है।

2.5 नामांकन और उपस्थिति

सभी राज्यों में सैम्पल के रूप में चयनित स्कूलों के बच्चों में वंचित समूहों, मुख्य रूप से पिछड़ी जातियों, अनुसूचित जातियों और अनुसूचित जनजातियों के बच्चों

का अनुपात, जनसंख्या में उनके अनुपात की तुलना में ज़्यादा था। यह इस उपलब्ध प्रमाण की पुष्टि करता है कि सरकारी प्राथमिक विद्यालयों में बुनियादी रूप से ग़रीब और हाशिये पर पड़े समूहों के बच्चे जाते हैं। ऊँची जातियों के बच्चे इतनी ज़्यादा संख्या में इन स्कूलों में नहीं जाते हैं। हालाँकि इस मामले में विभिन्न राज्यों की स्थिति में अन्तर है, जिसे सारणी 2 में दर्शाया गया है।

सारणी 2 : सैम्पल के रूप में लिए गये स्कूलों में नामांकन

राज्य	कक्षा	कुल		अनु. जा.		अनु. जन.		मुस्लिम		पिछड़ा-वर्ग		सामान्य		सीडब्ल्यूएसएन	
		बी	जी	बी	जी	बी	जी	बी	जी	बी	जी	बी	जी	बी	जी
आन्ध्र प्रदेश	4	316	290	81	72	60	54	5	11	160	153	-	-	-	-
	7	433	340	97	56	50	29	14	13	272	242	-	-	-	-
असम	4	91	103	27	28	15	14	13	15	33	42	3	4	0	0
	7	215	135	49	27	44	12	22	55	34	40	66	1	0	0
बिहार	4	456	516	75	98	11	13	38	41	267	294	41	49	2	2
	7	666	785	122	101	44	60	73	97	351	409	51	57	1	5
मध्य प्रदेश	4	172	247	61	69	30	48	2	3	66	116	13	27	3	2
		310	357	109	123	64	73	3	1	121	136	26	25	4	6
ओडिशा	4	140	155	34	38	62	60	2	4	39	51	3	2	1	0
	7	226	210	62	48	76	64	4	1	83	96	1	1	3	2
राजस्थान	4	105	160	33	42	21	32	2	2	31	59	18	25	-	-
	7	184	217	48	48	54	69	12	9	44	62	26	26	-	-

बी : ब्वॉयज (लड़के); गर्ल्स (लड़कियाँ); अनु. जा. : अनुसूचित जाति; अनु. जन. : अनुसूचित जनजाति; सीडब्ल्यूएसएन : चिल्ड्रेन विद स्पेशल नीड्स (विशेष आवश्यकता वाले बच्चे)

यह तथ्य भी उल्लेखनीय है कि विभिन्न समूहों के बच्चों की उपस्थिति की दर में भी काफ़ी अन्तर पाया गया। तकरीबन सभी स्कूलों में तीन दिनों की यात्रा के दौरान यह पाया गया कि स्कूल के रेकार्ड में जितने बच्चों की उपस्थिति दर्ज की गयी थी, उससे कम संख्या में बच्चे स्कूल आये थे। जहाँ इस तरह की परिघटना सुस्थापित है, वहीं अत्यन्त निर्धन परिवारों के बच्चे (भूमिहीन दैनिक वेतन मज़दूर, मौसमी आप्रवासी) में स्कूल से अनुपस्थित रहने की प्रवृत्ति ज़्यादा थी। इसी प्रकार, अत्यन्त ग़रीब परिवारों की लड़कियाँ अनियमित रूप से स्कूल आती थीं और ऐसे परिवारों के बहुत से बच्चे काफ़ी देरी से स्कूल आते थे। इसलिए, वे विद्यालय की सुबह की सभा या अन्य गतिविधियों में भागीदारी नहीं कर पाते थे।

इसलिए इस अध्ययन में यह समझना काफ़ी महत्त्वपूर्ण था कि जब ये अक्सर अनुपस्थित रहने वाले बच्चे स्कूल वापस आते थे तो उन्हें कैसी समस्याओं का सामना करना पड़ता था। इस अध्ययन में यह बात सामने आयी कि इन सभी

राज्यों में कक्षा की गतिविधियों में सक्रिय भागीदारी नहीं करते थे, क्योंकि वे वहाँ पढ़ाये जा रहे विषय से तादात्म्य नहीं बिठा पाते थे। आमतौर पर, ऐसे बच्चों में पिछली पंक्ति में बैठने की प्रवृत्ति थी और अमूमन शिक्षकों द्वारा उनकी उपेक्षा की जाती थी। ग़रीबी, अपने परिवार में स्कूल जाने वालों की पहली पीढ़ी का होना, अनुसूचित जाति या अनुसूचित जनजाति का होना और अक्सर अनुपस्थित रहने के शायद ऐसे सबसे मज़बूत कारण हैं जिसके चलते वे स्कूल गतिविधियों से बहिष्करण का शिकार हो गये।

3. बुनियादी संरचना, सुविधाएँ और बच्चों की उन तक पहुँच

पिछले पाँच दशकों में इस बारे में बहुत ही मज़बूत प्रमाण सामने आये हैं कि सिर्फ़ अच्छी भवन, शौचालय, हैण्डपम्प/बोरवेल बना देने से ही उन तक पहुँच सुनिश्चित नहीं होती है। इसके बावजूद, प्रत्येक वर्ष संग्रहित किये जाने वाले स्कूल स्तर के आँकड़ों में इस उपलब्धता को तो दर्ज किया जाता है, किन्तु इस बारे में कोई जानकारी नहीं दी जाती है कि बच्चों की इस तक कितनी पहुँच है (देखें सारणी 3)। इस अध्ययन में भी ऐसी बुनियादी संरचनाओं की उपलब्धता, इसके उपयोग की स्थिति और यहाँ तक कि इसकी उपयोगिता के बीच भी बड़ा अन्तराल था। इस अध्ययन में एक अन्य महत्त्वपूर्ण मुद्दे की भी पुष्टि हुई कि पानी, शौचालय और उनकी सफाई के संयन्त्र में भी जाति-आधारित और समुदाय-पहचान आधारित बहिष्करण सामने आता है। यहाँ यह स्पष्ट कर देना महत्त्वपूर्ण है कि सिर्फ़ स्कूलों में ही ऐसा बहिष्करण नहीं होता है। यह बात भी उतनी ही महत्त्वपूर्ण है कि एक समर्पित प्रधानाध्यापक या मुख्य शिक्षक प्रभुत्वशाली सामाजिक व्यवहारों के खिलाफ़ जा सकता है तथा स्कूल में समतावादी माहौल तैयार कर सकता है। इसलिए इस अध्ययन के निष्कर्षों को इस परिप्रेक्ष्य में देखने की आवश्यकता है।

3.1 पानी की समस्या

इस अध्ययन में बहिष्करणीय के साथ-ही-साथ कई समावेशी व्यवहार भी सामने आये। राजस्थान के अधिकांश स्कूलों में ऊँची जाति के बच्चे पहले पानी पीते हैं/ या अपने दोपहर के भोजन के प्लेटों को साफ़ करते हैं और उसके बाद अनुसूचित जाति या अनुसूचित जनजाति के बच्चों को मौक़ा मिलता है। एक अन्य स्कूल में पानी अनुसूचित जाति या अनुसूचित जनजाति के बच्चे पानी के नल से अपने लिए पानी नहीं ले सकते थे। अन्य जातियों के बच्चे उनके लिए पानी लेकर आते थे। यहाँ यह रोचक बात है कि एक अनुसूचित जनजाति समुदाय के बच्चे (मीणा) हैण्डपम्प से इसलिए पानी नहीं लेते थे क्योंकि अन्य जातियों के बच्चे भी

उसी हैण्डपम्प का उपयोग करते थे। दरअसल, यह कहा जा सकता है कि राजस्थान ने बहिष्करण की पूरी श्रेणी के एक उच्च स्तर का प्रतिनिधित्व किया, जहाँ जाति आधारित सामाजिक मानक अत्यन्त सख्त हैं तथा सामाजिक मानक स्कूलों में भी सक्रिय रहते हैं। आन्ध्र प्रदेश में तकरीबन सभी बच्चे अपने घर से बोतल में पानी लेकर आते थे क्योंकि स्कूल के पम्प से लिए जाने वाले पानी को अशुद्ध माना जाता था। अनुसन्धानकर्त्ताओं के दल ने जिन 20 स्कूलों की यात्रा की, उनमें तीन स्कूलों में यह पाया गया कि अनुसूचित जाति और अनुसूचित जनजातियों के बच्चे अपना हाथ या प्लेट धोने के समय भी हैण्डपम्प से दूर खड़े रहते थे। उन्हें यह इन्तज़ार करना पड़ा था कि अन्य बच्चे उन्हें पानी भरकर दें।

ओडिशा के 90% स्कूलों में ट्यूबवेल, खुले कुएँ या पाइप से पानी जैसे माध्यम सें पानी पहुँचता है। इस अध्ययन में ओडिशा में पानी से सम्बन्धित कोई बहिष्करण या भेदभाव सामने नहीं आया। इस राज्य में लोगों तक पानी पहुँचाना एक बड़ा मुद्दा है और अध्ययन में यह पाया गया कि दो स्कूलों का पानी मिश्रण के चलते दूषित था।

सारणी 3 : स्कूलों में आधारभूत संरचना की सुविधाएँ (प्रतिशत में)

क्रम और राज्य	उपलब्ध शौचालय		पीने का पानी	खेल का मैदान	रसोई	पुस्तकालय किताबें'
	सामान्य	लड़कियाँ				
1. आन्ध्र प्रदेश	63'''	-	78	67	67	78
2. असम	95	75	55	95	80	20
3. बिहार	75	80	100	40	95	60
4. मध्य प्रदेश	23	5	80	53	65	13
5. ओडिशा	80	55	90	10	100	90
6. राजस्थान	50	50	90	60	85	60

'सुविधाएँ उपलब्ध हैं, लेकिन विद्यार्थियों की उन तक पहुँच नहीं है, विशेष रूप से शौचालयों और पुस्तकालय के बारे में यह बात कही जा सकती है; '''जहाँ शौचालय उपयोग करने लायक हैं, वहाँ मुख्य रूप से शिक्षकों द्वारा उनका उपयोग किया जा रहा था, और कुछ स्कूलों में लड़कियों को भी उनका उपयोग करने की अनुमति प्राप्त थी।

असम में जिन बीस स्कूलों का दौरा किया गया, उनमें से छह स्कूल में पानी का कोई स्रोत नहीं था। हालाँकि, आन्ध्र प्रदेश की तरह ही सभी बच्चे अपने घर से पानी का बोतल लेकर आते थे। यहाँ हैण्डपम्प पर हाथ धोने या प्लेट आदि धोने में किसी प्रकार का भेदभाव सामने नहीं आया।

मध्य प्रदेश के अधिकांश स्कूलों में एक हैण्डपम्प के रूप में पानी का समुचित

स्रोत था। जिन 20 विद्यालयों का अध्ययन किया गया, उनमें से पाँच में बच्चों को स्कूल से थोड़ी दूर जाकर पानी लाना था। तकरीबन सभी स्कूलों में बच्चे हैण्डपम्प का पानी पी सकते थे। एक या दो स्कूलों में उच्च जाति के बच्चे घर से पानी लेकर आते थे। यह भी गौरतलब है कि सिर्फ़ उच्च जातियों के बच्चों को ही शिक्षकों या अतिथियों के लिए पाने लाने को बोला जाता था। अधिकांश स्कूलों में पानी को संग्रहित करके नहीं रखा जाता था, और बच्चों को सीधे हैण्डपम्प से पानी पीना पड़ता था। हालाँकि इस प्रक्रिया में परोक्ष भेदभाव देखने को मिला। मसलन, अनुसूचित जाति के बच्चों को दूर खड़े होकर अपनी बारी का इन्तज़ार करना पड़ता था। दो स्कूलों में स्टील टैंक में पानी संग्रहित करके रखा जाता था और यहाँ पानी लाने-ले जाने के लिए एक बाल्टी का उपयोग किया जाता था क्योंकि अनुसूचित जाति के बच्चों को इन बर्तनों को छूने की अनुमति नहीं थी। दो स्कूलों में यह पाया गया कि लड़कों की तुलना में ओबीसी और सामान्य श्रेणी की लड़कियाँ अपने कक्षा के अन्य श्रेणी की छात्र-छात्राओं के साथ अस्पृश्यता का व्यवहार कर रही थीं। समूह केन्द्रित चर्चा में लड़कियों ने हमें यह सूचना दी कि उन्हें अपने माता-पिता से यह निर्देश मिला है कि वे स्कूल में भी प्रचलित सामाजिक मानकों के अनुरूप ही व्यवहार करें। इस राज्य की रिपोर्ट से यह बात भी सामने आती है कि जहाँ शिक्षकों को आदर्श रूप में बदलाव का नेतृत्व करना चाहिए, वहीं वे या तो खुद अपना पानी घर से लेकर आते हैं, या ऊँची जाति के बच्चों को अपने लिए पानी भरकर लाने को कहते हैं या फिर स्कूल के नज़दीक रहने वाले ऊँची जाति के लड़कों के घर जाकर पानी पीते हैं।

बिहार में जिन स्कूलों का सैम्पल के रूप में चयन किया गया था, उन सभी में पीने का पानी उपलब्ध था। शिक्षा ज़िला सूचना व्यवस्था (2011-12) के आँकड़ों से भी यही बात सामने आयी कि राज्य के 93% स्कूलों में पीने के पानी की सुविधा थी। हालाँकि यह भी देखा गया कि आर्थिक रूप से अच्छी स्थिति वाले परिवारों के बच्चे अपने घर से अपने लिए पानी लेकर आते थे। पानी के स्रोतों से सीधे पानी लेने के सन्दर्भ में यह पाया गया कि अमूमन लड़कियाँ लड़कों के बाद पानी पीती थीं और वंचित समुदायों के बच्चों को सबसे अन्त में मौक़ा मिलता था। इसके अतिरिक्त, अल्पसंख्यकों के बहुमत वाले कटिहार ज़िले के बहुमत के स्कूलों में यह देखा गया कि आम तौर पर लड़कियाँ हैण्डपम्प से लड़कों के बाद पानी पीती थीं। भोजपुर और मुजफ्फरपुर के 50% गाँवों में भी इसी प्रकार की प्रवृत्ति देखने को मिली। इसलिए सिर्फ़ हैण्डपम्प को छूने या उससे पानी लेने के स्पष्ट दृश्य मामले में ही भेदभाव सामने नहीं आया, बल्कि पानी लेने के क्रम में भी भेदभाव पाया गया।

3.2 शौचायल की समस्या

इस अध्ययन में यह बात सामने आयी कि शौचालय की सफाई के काम में जेण्डर के साथ-ही-साथ जाति के आधार पर जबरदस्त भेदभाव होता है। सबसे पहली बात तो यह है कि बहुत कम ऐसे स्कूल जिनमें उपयोग लायक शौचालय और पानी की सुविधा—दोनों ही थी। इसलिए जहाँ शौचालय की सुविधा थी वहाँ हैण्डपम्प या टैप से पानी लेकर उसकी सफाई करते थे। आन्ध्र प्रदेश और मध्य प्रदेश में इस काम के लिए लोगों को रखा गया, लेकिन लड़कियों को (जिनमें से अधिकांश अनुसूचित जनजाति की थीं) हैण्डपम्प से पानी लाकर शौचालय में गिराना होता था। बहुत सारे स्कूलों में उपयोग लायक शौचालयों को शिक्षकों के उपयोग के लिए बन्द रखा जाता था, और यहाँ भी लड़कियों से ही उन्हें साफ़ करने के लिए कहा जाता था।

ओडिशा में सैम्पल के तौर पर लिए गये स्कूलों में से किसी में भी लड़कों और लड़कियों के लिए उपयोग करने लायक पृथक शौचालय नहीं था। असम में सभी शौचालय उपयोग करने लायक थे और जहाँ भी शिक्षकों के लिए पृथक शौचालय था, वहाँ लड़कियों से यह उम्मीद की जाती थी कि वे उनके शौचालय की सफाई करें। बिहार की भी ऐसी ही स्थिति थी, जहाँ 75% स्कूलों में उपयोग करने लायक शौचालय थे लेकिन इनमें से अधिकांश को शिक्षकों के उपयोग के लिए बन्द रखा जाता था। राजस्थान में इसी प्रकार की स्थिति थी और शिक्षकों ने यह कहा कि वे शौचालयों को इसलिए बन्द रखते हैं क्योंकि बच्चे वहाँ 'गन्दगी फैला देते हैं'। आन्ध्र प्रदेश में बच्चों के माता-पिता ने यह बताया कि चूँकि उनके बच्चे शौच के लिए बाहर खेतों में जाते रहते हैं अतः उनके लिए शौचालय उतना ज़रूरी नहीं था। शौचालयों की सफाई करने की तुलना में बच्चों ने इसी स्थिति को वरीयता दी।

3.3 खेल की सुविधाएँ और पुस्तकालय

इस अध्ययन में सामने उल्लेखनीय निष्कर्षों में से एक यह भी है कि जिन विद्यालयों का अध्ययन किया गया, वहाँ बच्चों के खेलने सम्बन्धी सुविधाओं का जबरदस्त अभाव था। जिन स्कूलों में खेल का सामान उपलब्ध था, वहाँ भी सिर्फ़ चुनिंदा लड़कों को ही उनकी अनुमानित क्षमताओं के आधार पर इनका उपयोग करने की अनुमति दी जाती थी।

अधिकांश मामलों में शिक्षक उन लड़कों को 'होनहार' मानते थे, जो नियमित रूप से स्कूल आते थे और कक्षा की पहली पंक्ति में बैठते थे। इस अध्ययन में खेल सुविधाओं के उपयोग तक पहुँच के सन्दर्भ में जाति आधारित भेदभाव का प्रमाण नहीं मिला। शायद इसका कारण यह है कि खेलों को स्कूल में प्राथमिकता नहीं दी जाती और अक्सर यह देखा गया कि बच्चे अपने दोस्तों के साथ खेल रहे हैं।

खेल की सुविधाओं की तरह ही अधिकांश विद्यालयों में पुस्तकालय भी नहीं थे। जिन स्कूलों में किताबें थीं, वहाँ भी इन्हें बच्चों को नहीं दिया जाता था। इसलिए, यह देखना सम्भव नहीं था कि क्या स्कूलों द्वारा इस सन्दर्भ में कुछ समूहों के साथ भेदभाव किया जाता है। हालाँकि आन्ध्र प्रदेश का एक स्कूल इसका अपवाद था। यहाँ पुस्तकालय से विद्यार्थियों को किताबें दी जाती थीं, लेकिन शिक्षक अनुसूचित जातियों के विद्यार्थियों को उन्हें उपयोग करने या घर ले जाने की अनुमति नहीं देते थे क्योंकि उन्हें गन्दा समझा जाता था और यह माना जाता था कि वे किताबों को ख़राब कर देंगे।

4. स्कूल की गतिविधियों और कार्यों में भागीदारी

बच्चों द्वारा स्कूल की गतिविधियों में भागीदारी और शिक्षक द्वारा उन्हें दिये गये काम में उनके प्रदर्शन का पर्यवेक्षण इस अध्ययन का एक प्रमुख भाग था। स्कूल और कक्षाओं के पर्यवेक्षण में विद्यार्थियों की विविध भूमिकाओं और ज़िम्मेदारियों पर ध्यान दिया गया। इस पर्यवेक्षण में यह समझने का प्रयास भी किया गया कि ये बच्चे किन स्थितियों में अपनी विविध अकादमिक और कक्षा केन्द्रित ज़िम्मेदारियों और कार्यों को पूरा कर रहे हैं।

सैम्पल के रूप में लिए गये किसी भी स्कूल में लोकतान्त्रिक व्यवहार का मानक नहीं अपनाया जाता था। शिक्षक ही कक्षा और पूरे विद्यालय में होने वाली गतिविधियों की सूची और प्राथमिकता तय करते थे। इसमें खेल के मैदान, कक्षाओं, बारामदा, शौचालयों और दोपहर के भोजन के स्थान की सफाई जैसे दैनिक कार्य सम्मिलित थे। इसके बाद थोड़े ऊँचे दर्जे के कार्य थे जिसमें सुबह की सभा में प्रमुख भूमिका निभाना और नृत्य, गायन, सम्बोधन और बोलकर समाचार-पत्र पढ़ने जैसे कार्यों में भागीदारी सम्मिलित थी। इसके अलावा, शिक्षक के लिए पानी भरने, रजिस्टर लाने और उसे भरने, चाय बनाने और देने, ब्लैकबोर्ड साफ़ करने, नोट बुक और पेपर एकत्रित करने तथा डेस्क और कुर्सियाँ लाने जैसे व्यक्ति कार्य भी थे। शिक्षक विद्यार्थियों को ये कार्य सामुदायिक मानकों की अपनी धारणा के आधार पर वितरित करते थे; साथ ही, इसमें उनका अपना व्यक्तिगत मूल्यांकन भी महत्त्वपूर्ण भूमिका निभाता था कि कौन छात्र/छात्रा कौन-सा कार्य कर सकता है।

इस अध्ययन के पर्यवेक्षण से कक्षा तथा स्कूल में शिक्षकों द्वारा विद्यार्थियों को दिये जाने वाले कार्यों में जेण्डर और जाति आधारित व्यवहार होने का तथ्य उभरकर सामने आया (देखें सारणी 4)। शिक्षकों के लिए पानी भरने, चाय बनाने, उनके लंच बॉक्स को साफ़ करने जैसे काम घरेलू कामों से मिलते-जुलते हैं। आमतौर पर, शिक्षकों ने ऐसे काम लड़कियों को सौंपे। इसमें उन्होंने ऊँची जाति या अन्य पिछड़ी जातियों की लड़कियों को वरीयता दी। चूँकि आदिवासी क्षेत्रों में सभी बच्चे अनुसूचित

जनजाति की श्रेणी से सम्बन्धित थे, इसलिए शिक्षक किसी भी लड़की को यह काम करने के लिए कह देते थे। ऐसा लगता है कि शिक्षकों के मन में भी शारीरिक और शैक्षणिक कार्यों का एक पदसोपान बना हुआ था। शिक्षक जिन छात्र/छात्राओं को सबसे अच्छा और होनहार मानते थे, उन्हें वे ज़्यादा अच्छा कार्य देते थे, वहीं ग़रीब और हाशिये के बच्चों को शारीरिक श्रम से जुड़ा काम करने के लिए कहा जाता था।

सारणी 4 : शिक्षकों द्वारा दिये गये कार्य

कार्य	जेण्डर-आधारित	जेण्डर और जाति	जाति-आधारित	क्षमता-आधारित, मेधावी, बुद्धिमान	सभी या रैण्डम तरीके से वितरित कार्य
कक्षा की सफाई	असम (जी); ओडिशा (जी)	राजस्थान (जी), अनु. जा./अनु. जन.; मध्य प्रदेश (जी, अनु. जा.)			आन्ध्र प्रदेश
मैदान की सफाई	असम (बी), मध्य प्रदेश (बी), ओडिशा (जी)	राजस्थान (जी), अनु. जा./अनु. जन.)			आन्ध्र प्रदेश, मध्य प्रदेश
ब्लैकबोर्ड पर लिखना, पढ़ने या बोलने के लिए आगे आना, या कक्षा की गतिविधियों का नेतृत्व करना				असम, आन्ध्र प्रदेश, राजस्थान (अगड़ी जाति, पिछड़ा वर्ग), ओडिशा, बिहार	
क्लास मॉनीटर	ओडिशा (बी)	राजस्थान (बी, अगड़ी जाति)		असम, आन्ध्र प्रदेश, राजस्थान	
शौचालय सफाई	ओडिशा (जी)	मध्य प्रदेश (अनु. जा., जी)	राजस्थान (बी, अनु. जा./ अनु. जन.), आन्ध्र प्रदेश		आन्ध्र प्रदेश, असम
शिक्षक के लिए पानी लाना	आन्ध्र प्रदेश (बी), बिहार (बी)	राजस्थान (अगड़ी जाति, जी)	ओडिशा (गैर-अनु जा.); मध्य प्रदेश (अगड़ी जाति, पिछड़ी जाति)		मध्य प्रदेश, असम
शिक्षकों/ अतिथियों के लिए चाय बनाना	बिहार (जी)	राजस्थान (अगड़ी जाति, जी), ओडिशा (अगड़ी जाति, जी), मध्य प्रदेश (जी, अगड़ी जाति)			

पुस्तकों को व्यवस्थित करना	असम (बी), बिहार (जी)	राजस्थान (अगड़ी जाति, बी)		आन्ध्र प्रदेश, बिहार (जी, मेधावी)	असम
घंटी बजाया	आन्ध्र प्रदेश (बी), ओडिशा (बी)	राजस्थान (अगड़ी जाति, बी)			
शिक्षक के लंच बॉक्स की सफाई		आन्ध्र प्रदेश (जी, अनु. जा.), ओडिशा, राजस्थान (अनु. जा./अनु. जन. जी)			
एमडीएम के बाद फ़र्श की सफाई	ओडिशा (जी)	राजस्थान (जी-अनु. जा./अनु. जन.)			
सभा का नेतृत्व		राजस्थान (जी, अगड़ी जाति), मध्य प्रदेश (जी, अगड़ी जाति, पिछड़ा वर्ग, मुस्लिम)		असम (जी), बिहार (जी, मेधावी), आन्ध्र प्रदेश (जी, मेधावी)	आन्ध्र प्रदेश, मध्य प्रदेश
सांस्कृतिक गतिविधियाँ	असम (जी)	बिहार (जी, अगड़ी जाति, पिछड़ा वर्ग		बिहार (जी, मेधावी) आन्ध्र प्रदेश	
खेलकूद की गतिविधियाँ	असम (बी), बिहार (बी), राजस्थान (बी)			आन्ध्र प्रदेश (बी और जी)	
बैठने की व्यवस्था	आन्ध्र प्रदेश, असम, बिहार, मध्य प्रदेश, ओडिशा, राजस्थान में लड़कों और लड़कियों के लिए अलग-अलग पंक्तियाँ, या अगली कुछ पंक्तियों में लड़कियों के बैठने की व्यवस्था			आगे बैठने वाले : असम (बी और जी, मेधावी), बिहार (मेधावी), राजस्थान (मेधावी, अगड़ी जाति), ओडिशा (मेधावी, अगड़ी जाति), मध्य प्रदेश (मेधावी)	

जी : गर्ल्स (लड़कियाँ); बी : ब्वॉयज (लड़के); अनु. जा. : अनुसूचित जाति; अनु. जन. : अनुसूचित जनजाति

4.1 स्कूल के कार्य, सुबह की सभा

दिन की शुरुआत सुबह की सभा से होती है। शिक्षक दो कसौटियों के आधार पर सुबह की सभा की कार्यवाही संचालित करने के लिए विद्यार्थियों का चुनाव करते हैं : पहला, जेण्डर और दूसरा, शिक्षकों की समझ के आधार पर बेहतर अकादमिक क्षमता। लड़कियों को लड़कों की तुलना में प्राथमिकता दी जाती है क्योंकि शिक्षकों को यह लगता है कि वे ज़्यादा लय में गा सकती हैं और ज़्यादा अनुशासित हैं।

जहाँ जेण्डर का उपयोग करने की कसौटी बिल्कुल स्पष्ट थी, वहीं दूसरी कसौटी

अर्थात् शिक्षकों की समझ के आधार पर बेहतर अकादमिक क्षमता वर्ग और जाति के पूर्वग्रहों से प्रभावित होती थी। शिक्षक नियमित रूप से कक्षा में आने वाले विद्यार्थियों को ही 'होनहार' मानते थे। इसका यह नतीजा हुआ कि नियमित रूप से स्कूल आने में असमर्थ बच्चों की तुलना में पढ़ाई में इन बच्चों का प्रदर्शन अच्छा था और इनमें से कुछ अंग्रेज़ी भी बोलते थे। इसलिए नियमित विद्यार्थियों को सुबह की सभा का नेतृत्व करने का मौक़ा दिया जाता था और जो उतने नियमित नहीं रहते थे, उन्हें इस प्रकार का अवसर नहीं मिलता था। यह देखा गया कि ऊँची जाति के विद्यार्थी (जहाँ ऊँची जाति के विद्यार्थी थे) अमूमन ज़्यादा नियमित रहते थे, इसलिए उनकी पहचान होनहार विद्यार्थियों के रूप में थी और उन्हें ज़्यादा सम्मानित ज़िम्मेदारियाँ दी जाती थीं।

इसका अपवाद ओडिशा के बीस स्कूलों में से एक स्कूल था, जहाँ अनुसूचित जाति का एक बच्चा प्रार्थना का नेतृत्व कर रहा था। इसी तरह, ऐसे स्कूल में, जहाँ अधिकांश विद्यार्थी अनुसूचित जनजाति की श्रेणी से सम्बन्धित थे, वहाँ होनहार लड़कियों को प्रार्थना का नेतृत्व करने के लिए कहा जाता था। ऐसा प्रतीत होता है कि तकरीबन सभी राज्यों में माता-पिता इस बात की परवाह नहीं करते थे कि स्कूल में उनके बच्चों को कौन-सा काम दिया जा रहा है और वे मोटे तौर पर इस प्रकार के भेदभाव के बारे में ख़ामोश थे।

स्वतन्त्रता दिवस, गणतन्त्र दिवस, शिक्षक दिवस जैसे स्कूल के प्रमुख कार्यक्रमों में भी सुबह की सभा की कसौटियों के आधार पर ही विद्यार्थियों को प्राथमिकता दी जाती थी। त्यौहारों का उत्सव मनाने के दौरान भी इसी प्रकार का पैटर्न सामने आया। मिसाल के तौर पर, जब भी स्कूल में 'पूजा' का आयोजन हुआ, उसमें 'होनहार' विद्यार्थियों की मदद से शिक्षकों ने ही प्रमुख भूमिका निभाई।

रोचक बात यह है कि सभी राज्यों में यह पाया गया कि अनुशासन का मुद्दा अच्छा विद्यार्थी होने से नज़दीकी रूप से जुड़ा हुआ था। जिन बच्चा को 'अच्छा' और 'होनहार' माना जाता था, सिर्फ़ उन्हें ही कक्षा के मॉनीटर के रूप में चुना गया। वे ही सुबह की सभाओं को सम्बोधित करते थे तथा स्वतन्त्रता दिवस और अन्य कार्यक्रमों में प्रमुख भूमिका निभाते थे। यद्यपि इस प्रकार का भेदभाव बिल्कुल प्रत्यक्ष नहीं था, किन्तु यह कुछ खास स्थितियों के परिणामस्वरूप सामने आता था। शिक्षकों का इस बारे में बिल्कुल स्पष्ट दृष्टिकोण था कि लड़के और लड़कियाँ क्या कर सकती हैं। शिक्षक प्रार्थना के नेतृत्व के मसले पर लड़कियों को वरीयता देते थे। चूँकि जब हमने इन स्कूलों का दौरा किया तो वहाँ कोई विशेष कार्यक्रम नहीं हुआ; इसलिए हम यह परीक्षण नहीं कर पाये कि ऐसे कार्यक्रमों में सभी बच्चे भागीदारी करते हैं या नहीं।

4.2 शारीरिक सजा और लैंगिक उत्पीड़न

सभी राज्यों में बच्चों को डाँटना एक सामान्य बात थी। आमतौर पर, बच्चों को शारीरिक सजा नहीं दी जाती थी; या फिर यह भी हो सकता है कि शिक्षा का अधिकार अधिनियम के चलते हमारे अनुसन्धान दल की यात्रा के दौरान शिक्षकों ने विशेष सावधानी बरती हो। सरकार ने हर स्कूल में यह 'नो पनिशमेंट जोन' (सजाविहीन क्षेत्र) लिखवाया है, किन्तु हमने ओडिशा में यह पाया कि तकरीबन प्रत्येक कक्षा में और हर शिक्षक के पास एक छोटी छड़ी थी। 20% स्कूलों में विद्यालयों ने यह बताया कि उन्हें स्कूल में सजा मिलती है। दो ज़िलों के कुछ स्कूलों में बच्चों ने मुँह-ज़बानी अपमान की बात कही। अक्सर जाति या समुदाय के आधार पर ऐसा दुर्व्यवहार किया गया।

असम में शिक्षकों और बच्चों के माता-पिता से चर्चा के दौरान यह बात सामने आयी कि शिक्षक हाल ही में लागू हुए हर प्रकार की शारीरिक सजा पर प्रतिबन्ध को स्कूलों में अनुशासनहीनता का एक प्रमुख कारण मानते हैं। दूसरी ओर, अभिभावकों का यह कहना था कि शिक्षक सख्त व्यवहार नहीं करते।

राजस्थान में शिक्षक छड़ी लेकर कक्षा में जाते थे और उनमें कुछ बच्चों की पिटाई करते/उन्हें थप्पड़ मारते हुए भी देखा गया। आन्ध्र प्रदेश में बच्चों ने यह बताया कि उन्हें सामान्य तौर पर शारीरिक सजा मिलती हैं, मसलन शिक्षक लड़कियों के बाल खींचते हैं और लड़कों के कान उमेठते हैं।

मध्य प्रदेश में शिक्षकों और माता-पिता से बातचीत में यह बात उजागर हुई कि अनुशासन और सीखने के बारे में उनकी समझ काफ़ी जटिल है। बच्चों के माता-पिता ने यह कहा कि एक 'अच्छे' शिक्षक और एक 'बुरे' शिक्षक के बीच का अन्तर उनके द्वारा दी जाने वाली सजा से सम्बन्धित होता है। उनके अनुसार, एक अच्छे शिक्षक का मापन करने का आधार यह होना चाहिए कि वह कितना अच्छा पढ़ाता/पढ़ाती है, जिसका अर्थ होता है बच्चों को पाठ को अच्छी तरह समझाना, कक्षा में उन्हें काम देना और फिर गृहकार्य भी देना, समय पर कक्षा में आना, स्कूल में हर रोज़ आना और अनुशासन कायम रखना। शिक्षा का अधिकार अधिनियम के बावजूद शिक्षकों और अभिभावकों ने बच्चों को सजा की आवश्यकता पर बल दिया।

हमने किसी भी राज्य में जाति भेदभाव और शारीरिक सजा के बीच कोई प्रत्यक्ष सम्बन्ध नहीं पाया। लेकिन बहुत से स्कूलों जाति/समुदाय के आधार पर मौखिक अपमान की बात सामने आयी। इसके साथ ही लड़कियों के प्रति रवैये और उन्हें दी जाने वाली सजा के बीच एक जुड़ाव दिखा। चूँकि यौवन आ जाने पर किसी लड़की को छूना बुरा माना जाता है, इसलिए अमूमन शिक्षक उन्हें डाँटते थे।

अध्ययन में एक चिन्ताजनक पहलू सामने आया। आन्ध्र प्रदेश के कम-से-कम तीन स्कूलों में पढ़ने वाली बच्चियों के माता-पिता ने वहाँ लैंगिक उत्पीड़न का आरोप लगाया। लड़कियों ने यह शिकायत की कि कुछ पुरुष शिक्षकों ने उन्हें गलत तरीके से स्पर्श किया तथा उन्हें मौखिक और शारीरिक—दोनों ही तरह से अपमानित भी किया। उनके माता-पिता ने भी इन बयानों की पुष्टि की। एक स्कूल में एक शिक्षा के खिलाफ़ ज़िलाधिकारी के पास शिकायत दर्ज कराई गयी और यह शिक्षक कई बार निलम्बित भी हुआ।

5. दोपहर का भोजन

यह आश्चर्य की बात नहीं है कि मध्याह्न भोजन योजना के अन्तर्गत मिलने वाला दोहपर का भोजन समावेशन और बहिष्करण के सबसे महत्त्वपूर्ण स्थल के रूप में उभरा है। इस अध्ययन के दौरान हमारा सामना कई प्रकार के व्यवहारों से हुआ।

5.1 कौन भोजन करता है और कौन नहीं?

सभी राज्यों में अच्छी आर्थिक स्थिति वाले परिवारों के बच्चे (चाहे उनका जाति/समुदाय कुछ भी हो) स्कूल में बना दोहपर का भोजन नहीं खाते थे और खाने के लिए अपने घर जाते थे।

- आन्ध्र प्रदेश में सरकारी स्कूलों में पढ़ने वाले अधिकांश बच्चे अत्यन्त ग़रीब परिवारों से हैं। वहाँ हमने यह पाया कि गोंडी और लम्बाडा जनजातियों के अत्यन्त ही ग़रीब परिवारों के बच्चे स्कूल में बना भोजन नहीं खाते थे क्योंकि यह भोजन एक पिछड़ी जाति या ऊँची जाति के व्यक्ति द्वारा तैयार किया जाता था।
- असम में दोपहर के भोजन के समय ऊँची जाति, विशेषकर ब्राह्मणों और पिछड़ी जाति के कई बच्चे दोपहर के भोजन के समय अपने घर चले जाते थे।
- राजस्थान में राजपूत, ब्राह्मण, जाट, बिश्नोई और गूजर समुदायों के बच्चे स्कूल में दोपहर का भोजन नहीं करते थे। मीणा (अनुसूचित जनजाति) समुदाय के बच्चे अपने समुदाय के किसी व्यक्ति द्वारा भोजन तैयार करने की स्थिति में ही स्कूल में भोजन करते थे।
- ओडिशा में किशोर लड़कियाँ स्कूल में बना दोपहर का भोजन नहीं खाती थीं क्योंकि समाज में यह विश्वास प्रचलित था कि किशोरवय की लड़कियों को घर से बाहर बना खाना नहीं खाना चाहिए।

5.2 खाना कौन पकाता है?

- आमतौर पर, अन्य पिछड़े वर्गों से सम्बन्धित रसोइये खाना पकाते थे जबकि अनुसूचित जनजाति का कोई व्यक्ति सहायक के रूप में काम करता था।
- ओडिशा में सैम्पल के रूप में लिए गये 20% स्कूलों में अनुसूचित जाति का व्यक्ति खाना पकाता था। अन्य स्कूलों में या तो अन्य पिछड़े वर्ग के लोग (40%) या अनुसूचित जनजाति (40%) के रसोइये खाना पकाते थे। यह एक सामान्य व्यवहार है और अनुसूचित जातियों की स्त्रियाँ सहायक के रूप में काम करती हैं।
- असम में जाति अस्मिता रसोइयों के चयन की एक महत्त्वपूर्ण कसौटी थी।
- राजस्थान में अधिकांश रसोइये ऊँची जातियों, अन्य पिछड़े वर्गों या अनुसूचित जनजाति (मीणा) से सम्बद्ध थे। गॉव के तुलनात्मक रूप से अगड़े समुदायों के बच्चे खाना परोसने का काम करते थे।
- आन्ध्र प्रदेश की स्थिति भी इससे भिन्न नहीं थी। रसोइये पिछड़ी जातियों (20 में से 5 स्कूलों में) या ऊँची जातियों (20 में से 15) थे। यद्यपि अनुसूचित जाति और अनुसूचित जनजाति की महिलाएँ सहायक के रूप में काम करती थीं, किन्तु उन्हें भोजन छूने की अनुमति नहीं थी।
- मध्य प्रदेश में स्थिति काफ़ी हद तक अजीबोग़रीब थी। यहाँ राज्य सरकार ने महिला स्वयं सहायता समूहों को दोपहर का भोजन बनाने का काम देने का फ़ैसला किया था। किन्तु गाँवों की जातिगत स्थिति के चलते तकरीबन सभी रसोइये अन्य पिछड़ी जातियों से सम्बन्धित थे।
- बिहार में सैम्पल के रूप में लिए गये अधिकांश स्कूलों में अगड़ी जाति या पिछड़ी जाति समुदायों के रसोइये काम करते थे।

5.3 कौन कहाँ बैठता है?

- ओडिशा में यह पाया गया कि सभी बच्चे अपने समुदाय समूह के बच्चों के साथ ही बैठते हैं। जहाँ शिक्षकों ने उन्हें अलग-अलग बैठने के लिए नहीं कहा, वहीं उन्होंने बच्चों को एक साथ बैठने के लिए प्रोत्साहित भी नहीं किया।
- असम में दोपहर के भोजन के समय बच्चों के बैठने का कोई सुनिश्चित स्वरूप नहीं था। यह पाया गया कि वे दो या तीन लोगों के छोटे समूहों में बैठते थे, जिसमें लड़कियाँ लड़कियों के साथ और लड़के लड़कों के साथ बैठते थे। एक स्कूल में शिक्षक ने यह बताया कि हिन्दू और मुस्लिम बच्चे अलग-अलग बैठते हैं।

- आन्ध्र प्रदेश में जेण्डर के आधार पर लड़के और लड़कियाँ अलग-अलग पंक्तियों में बैठते थे। कुछ स्कूलों में यह पाया गया कि विद्यार्थी समुदायों के अनुसार अलग-अलग बैठते थे और वे घर से लाये खाने को एक-दूसरे के साथ बाँटते थे। ऊँची जातियों के बच्चे भोजन करने अपने घर जाते थे।
- राजस्थान में बच्चे अपने जाति समूहों के अनुसार बैठते थे, जिसमें लड़के और लड़कियों के बीच स्पष्ट विभेद होता था।
- जहाँ सभी बच्चे अपने जाति के समूहों में बैठते थे, वहीं मध्य प्रदेश के बारे में एक उल्लेखनीय बात यह सामने आयी कि यहाँ शिक्षक भी जाति के आधार पर अलग-अलग समूहों में बैठते थे। मसलन, यहाँ अनुसूचित जाति के शिक्षक अलग खाना खाते थे। एक स्कूल में अनुसूचित जाति के बच्चों को स्कूल द्वारा उपलब्ध कराये जाने वाले प्लेट में भोजन करने की अनुमति नहीं थी। यदि अनुसूचित जाति का कोई बच्चा घर से प्लेट लाना भूल जाता था, तो उसे रोटी पर खाना परोसा जाता था।

6. बैठने की व्यवस्था तथा अध्यापन और सीखने के व्यवहार

इस अध्ययन में विद्यार्थियों के बैठने के तीन भिन्न स्वरूप सामने आये :

1. सबसे होनहार/सक्रिय और कक्षा में भागीदारी करने वाले विद्यार्थी अगली पंक्तियों में बैठते थे, जिसमें लड़कों और लड़कियों के लिए अलग-अलग पंक्तियाँ होती थीं। असम में सभी विद्यार्थियों को उनके अकादमिक प्रदर्शन के आधार पर अनुक्रमांक आबंटित किये गये थे और बच्चे अपने अनुक्रमांक के अनुसार बैठते थे। इसी तरह, आन्ध्र प्रदेश और ओडिशा में होनहार, सक्रिय या नियमित विद्यार्थी कक्षा में आगे बैठते थे। अन्य बच्चे उन बच्चों के साथ बैठते थे जो अनियमित रूप से स्कूल आते थे।
2. अगड़ी जातियों या आर्थिक रूप से अच्छी स्थिति वाले परिवारों या अच्छा कपड़ा पहनने वाले बच्चे अगली पंक्ति में बैठते थे। ग़रीब परिवारों के बच्चे या ख़राब कपड़ा पहनने वाले बच्चे कक्षा में पीछे बैठते थे। राजस्थान में दलितों और आदिवासियों के बच्चे पिछली पंक्तियों में बैठते थे और पूरी तरह निष्क्रिय तथा खामोश रहते थे। आन्ध्र प्रदेश के एक स्कूल में एक लड़की मंजुला को कक्षा में पीछे सबसे अलग बिठाया गया था क्योंकि वह ठीक-ठाक कपड़े पहनकर नहीं आयी थी (अपनी ग़रीब आर्थिक स्थिति के चलते वह रोज़ नहीं नहा पाती थी क्योंकि उसे अपने घर का काम भी निपटाना होता था)। विद्यार्थियों और शिक्षकों—दोनों ने ही उसकी उपेक्षा की। यह भी देखा गया कि शिक्षक अक्सर अनुपस्थित रहने वाले विद्यार्थियों

और विशेष आवश्यकता वाले विद्यार्थियों की उपेक्षा करते थे। इसी प्रकार, ओडिशा के नौआपाड़ा और क्योंझोर ज़िलों में ग़रीब और ख़राब कपड़ा पहनने वाले बच्चों को पीछे बिठाया जाता था तथा शिक्षक कक्षा में पढ़ाते समय इनकी उपेक्षा करते थे।

3. बच्चों को बैठने का कोई सुनिश्चित तरीका नहीं था और उन्हें जहाँ भी जगह मिलती थी वे बैठ जाते थे। अत्यधिक भीड़-भाड़ वाली कक्षाओं में ऐसा ही दृश्य देखने को मिला।

सभी छह राज्यों में लड़के और लड़कियाँ अलग-अलग पंक्तियों या स्पष्ट रूप से सुनिश्चित स्थान पर बैठती थीं। कक्षा 4 और 7 के पर्यवेक्षण के दौरान यह देखा गया कि लड़के और लड़कियाँ आपस में ज़्यादा बातचीत नहीं करते थे और अलग-अलग बैठते थे। शिक्षक भी लड़के और लड़कियों के बीच बातचीत को प्रोत्साहित नहीं करते थे।

6.1 विद्यार्थियों के बीच दोस्ताना बातचीत

सभी राज्यों में ऐसा लगा कि बच्चे अपने माहौल के हिसाब से 'अपने तरह' के बच्चों के साथ ही बैठते और खेलते हैं। आन्ध्र प्रदेश में बच्चों की आपसी बातचीत या दोस्ती में जाति की पहचान की कोई महत्त्वपूर्ण भूमिका नहीं थी, लेकिन बच्चे हर किसी के साथ भोजन नहीं करते थे। ऐसा लगता है कि बच्चों ने साथ खाना खाने और साथ खेलने के बीच एक सीमा रेखा खींच ली थी।

6.2 शिक्षकों की धारणा और व्यवहार

शिक्षकों के साथ साक्षात्कार और समूह चर्चा से उनके कुछ हैरतअंगेज पूर्वग्रह सामने आये :

- **आन्ध्र प्रदेश :** शिक्षकों ने खुलकर किसी जाति आधारित पूर्वग्रह की बात नहीं की, किन्तु उन्होंने यह कहा कि 'कुछ समुदाय' अशिक्षित, मूर्ख और गन्दे होते हैं और उनकी रुचि सिर्फ़ रोज़गार में होती है, और "उन्हें इस बात की कोई परवाह नहीं होती कि उनके बच्चे स्कूल में कैसा प्रदर्शन कर रहे हैं।
- **असम :** अधिकांश शिक्षकों ने खुलकर किसी जाति या समुदाय के बारे में पूर्वग्रह नहीं दिखाया। फिर भी, तकरीबन सभी शिक्षकों ने यह कहा कि वे अकादमिक रूप से होनहार बच्चों पर ज़्यादा ध्यान देते हैं। उन्होंने यह भी बताया कि लड़कियाँ खेलों में रुचि नहीं लेतीं और इसलिए उन्हें घरेलू कामों के लिए प्रशिक्षित किया जाना चाहिए। कुछ गैर-अनुसूचित जनजाति

शिक्षकों ने यह कहा कि कुछ समुदायों में गन्दे रहने की प्रवृत्ति होती हैं।

- **बिहार :** असम से ज़्यादा भिन्न नहीं था। यहाँ भी शिक्षकों ने जाति आधारित पूर्वग्रह व्यक्त नहीं किया और अपने विचार रखते वक़्त वे काफ़ी सावधान थे। अत्यन्त वंचित/ग़रीब परिवारों के बच्चों के प्रति उनका रवैया काफ़ी नकारात्मक था, और वे यह मानते थे कि ये बच्चे कभी भी पढ़ नहीं सकते हैं।
- **मध्य प्रदेश :** यहाँ शिक्षक और विद्यार्थी के बीच होने वाली बातचीत काफ़ी औपचारिक तथा काम से जुड़ी होती थी। यह भी देखा गया कि शिक्षक 'सक्रिय' बच्चों का ज़्यादा पक्ष ले रहे थे, और वे यह मानते थे कि जो बच्चे 'होनहार' नहीं थे, वे कक्षा में पीछे छूट चुके थे। इनके अनुसार, चूँकि इन बच्चों के घर में शिक्षा को एक आवश्यकता नहीं माना जाता, इसलिए इन्हें प्रेरित करना काफ़ी कठिन था।
- **ओडिशा :** यह एक आम धारणा थी कि अनुसूचित जाति, अनुसूचित जनजाति समुदाय (और कुछ पिछड़ी जातियाँ) "पढ़ाई के प्रति उदासीन और पीछे थीं।" उनके मुताबिक माता-पिता की उदासीनता इसका प्रमुख कारण थी। शिक्षकों के बहुमत ने अनुसूचित जातियों के बच्चों के बारे में (खासतौर पर अत्यन्त ग़रीब बच्चों के प्रतिद्ध सख्त पूर्वग्रह दिखाया, तथा उन्हें 'गन्दा और मन्द बुद्धि' करार दिया।
- **राजस्थान :** असम और बिहार में शिक्षकों में एक तरह का संकोच था, लेकिन राजस्थान में शिक्षकों ने खुलकर जाति/समुदाय के स्वरूप और रूढ़िबद्ध धारणाओं की बात की। सभी शिक्षकों ने कहा कि वे होनहार और कक्षा में सक्रिय रहने वाले बच्चों पर ज़्यादा ध्यान देते हैं। केवल दो ऐसे स्कूल मिले जहाँ शिक्षक अकादमिक रूप से सभी बच्चों तक पहुँचने का प्रयास कर रहे थे। अधिकांश शिक्षकों ने यह कहा कि अनुसूचित जाति/अनुसूचित जनजाति के बच्चों के माता-पिता शिक्षित नहीं होते और या तो वे कुछ समय बाद अपने बच्चों को स्कूल से निकाल लेते हैं या फिर स्कूल में उनकी नियमित उपस्थिति सुनिश्चित नहीं करते। इन शिक्षकों को दोपहर के भोजन या पानी लेने के समय जातिगत पदसोपानों के बारे में भी जानकारी थी।

6.3 बच्चों की धारणाएँ

इस अध्ययन में कुछ सुनिश्चित गतिविधियों के माध्यम से कक्षा 4 से 7 तक पढ़ने वाले बच्चों की धारणाओं को समझने का प्रयत्न किया गया। साथ ही, सैम्पल के

रूप में लिए गये स्कूलों में पढ़ चुके लड़के और लड़कियों से (अलग-अलग समूहों में) बातचीत भी की गयी :

- **आन्ध्र प्रदेश :** सभी स्कूलों में बच्चों ने बताया कि लड़कियाँ सफाई करती थीं और लड़के इससे जमा हुई गन्दगी को फेंकने जाते थे। बच्चों ने स्कूल में शौचालय साफ़ करने के काम के बारे में नहीं बताया। हालाँकि उन्होंने यह ज़रूर कहा कि कई बार शिक्षक लड़कियों को शौचालय में पानी डालने के लिए कहते हैं। सभी स्कूलों में बच्चों ने यह बताया कि वे अपने घर से बोतल में पीने का पानी लेकर आते हैं। किन्तु अदीलाबाद ज़िले के एक स्कूल में एक ऐसी घटना भी सामने आयी जिसमें अनुसूचित जाति के बच्चों को कुएँ से पानी नहीं पीने दिया जाता था। बच्चों की सुबह की प्रार्थना और दैनिक शपथ का नेतृत्व लड़कियाँ करती थीं।
- **असम :** तकरीबन सभी स्कूलों में बच्चों ने यह कहा कि शिक्षक होनहार छात्रों पर ज़्यादा ध्यान देते थे। कुछ स्कूलों में अनुसूचित जनजाति के बच्चों ने यह बताया कि शिक्षक आदिवासी या चाय बागान क्षेत्रों के बच्चों के बारे में अपमानजनक भाषा का प्रयोग करते थे। बच्चों ने यह भी बताया कि लड़के खेल के मैदान की और लड़कियाँ कक्षाओं की सफाई करती थीं, लड़कियों द्वारा सुबह की सभा का प्रतिनिधित्व किया जाता था और सभी बच्चे हैण्डपम्प से पानी ले सकते थे। बच्चों के साथ स्पष्ट बहिष्करण का व्यवहार नहीं होता था। उन्होंने दोपहर का खाना बनाने वालों या भोजन करते वक़्त अपने बैठने के स्थान के बारे में कुछ भी नहीं कहा। उन्होंने यह भी कहा कि स्कूल के कार्यों (राष्ट्रीय दिवस) में सभी बच्चों की भागीदारी होती थी और किसी भी बच्चे का बहिष्करण नहीं होता था।
- **बिहार :** बच्चों के बहुमत ने यह बताया कि आमतौर पर वंचित तबकों के बच्चों द्वारा स्कूल की सफाई का काम कराया जाता था। ऊँची जाति के बच्चों को इस काम से बचने में सफलता मिल जाती थी। यद्यपि सभी बच्चों की पीने के पानी तक समान रूप से पहुँच थी, किन्तु दोपहर के खाने के बाद जब हैण्डपम्प में भीड़-भाड़ होती थी तो ऊँची जाति के बच्चों को प्राथमिकता दी जाती थी। स्कूल के कार्यों और सभा में ऊँची जातियों के बच्चों को ज़्यादा मौक़ा मिलता था। ये बच्चे, विशेषकर लड़कियाँ सुबह की सभा का नेतृत्व करती थीं।
- **मध्य प्रदेश :** बच्चों ने खुलकर यह बताया कि उन्हें स्कूल में किस तरह का काम करना पड़ता था और उन्हें अपनी जाति के बारे में भी जानकारी थी। उन्होंने यह बताया कि कुल मिलाकर उनमें से कोई भी शौचालय या कक्षा की सफाई नहीं करता। यदि ऐसी कोई आवश्यकता पड़ती है तो शिक्षक

उन्हीं बच्चों को ऐसा काम करने के लिए कहते थे जो ग़रीब थे या वंचित समुदायों से सम्बद्ध थे। ऊँची जाति की लड़कियों को ये काम करने के लिए नहीं कहा जाता था। तकरीबन सभी स्कूलों में हर बच्चे को हैण्डपम्प से पानी लेने की अनुमति थी, लेकिन अनुसूचित जाति के बच्चों को बाल्टी या टैंक में रखे पानी को छूने की इजाज़त नहीं थी। हालाँकि एक गाँव के किशोरवय की लड़कियों ने यह भी बताया कि अनुसूचित जातियों के बच्चे हैण्डपम्प को नहीं छू सकते थे और ऊँची जाति के बच्चे उनके लिए पानी भरते थे। अन्य बहुत से राज्यों की तरह मध्य प्रदेश में भी लय में गाने वाली और पढ़ने में अच्छी लड़कियाँ सुबह की सभा का नेतृत्व करती थीं।

- **ओडिशा :** बच्चों ने साफ़ तौर पर यह बताया कि सफाई का काम सिर्फ़ लड़कियाँ ही करती थीं। बड़ी उम्र की लड़कियाँ बरामदे की सफाई करती थीं जबकि रसोइया और उसके सहायक दोपहर के भोजन के लिए इस्तेमाल होने वाले स्थान को साफ़ करते थे। शौचालयों की सफाई एक नियमित गतिविधि नहीं थी। किन्तु जब उन्हें यह काम करना पड़ता था, तो लड़के ऊपर से पानी डालते थे और लड़कियाँ झाड़ू से शौचालय की सफाई करती थीं। एक स्कूल में अनुसूचित जाति के लड़के और लड़कियों ने यह बताया कि उन्हें हैण्डपम्प छूने की अनुमति नहीं दी जाती है। पूजा (सरस्वती पूजा, गणेश पूजा) में लड़के प्रमुख भूमिका निभाते थे।
- **राजस्थान :** बच्चों ने उन्हें दिये जाने वाले कामों के बारे में खुलकर बताया। सभी स्कूलों में सफाई का काम अनुसूचित जाति और अनुसूचित जनजाति समुदाय की महिलाओं द्वारा किया जाता था। यह आदेश सभी बच्चे हैण्डपम्प का उपयोग कर सकते थे। लेकिन इसका एक क्रम था—पहले ऊँची जाति के बच्चे इसका उपयोग करते थे, उसके बाद पिछड़ी जाति/समुदायों की लड़कियाँ और विशेष आवश्यकताओं वाले बच्चे (दृष्टि बाधित या चलने में असमर्थ) इसका उपयोग करते थे। अधिकांश बच्चे हैण्डपम्प से पानी लेने से पहले इसका मुँह धोते थे। किन्तु जब पानी को मिट्टी के बर्तनों में रखा जाता था, तो अनुसूचित जाति और अनुसूचित जनजाति के बच्चों को उन्हें छूने की अनुमति नहीं दी जाती थी। उम्र में बड़ी लड़कियाँ सुबह की प्रार्थना का नेतृत्व करती थीं, और शिक्षक अच्छा गाने वाली लड़कियों का चयन करते थे।

7. माता-पिता के विचार

गाँवों के सबसे ग़रीब/वंचित समुदायों के माता-पिता से चर्चा करने पर बहुत से नयी पहलू सामने आये। अन्य अध्ययनों द्वारा भी यह दिखाया गया है कि ये माता-पिता

स्कूल में होने वाली गतिविधियों से पूरी तरह अनभिज्ञ थे। विशेष रूप से, शिक्षकों द्वारा विद्यार्थियों को दिये जाने वाले काम के बारे में उन्हें कोई जानकारी नहीं थी। राजस्थान में उन्हें यह पता नहीं था कि बच्चों से साफ़-सफाई का काम करवाया जाता था; इसी प्रकार, असम में उन्हें यह पता नहीं था कि लड़कियाँ कक्षा और लड़के खेल के मैदान की सफाई करते थे। मध्य प्रदेश में माता-पिता स्कूल में अपने बच्चों की गतिविधियों के बारे में कुछ भी कहने की स्थिति में नहीं थे। उनका मानना था कि ऊँची जाति के कुछ बच्चों के अलावा बाकी सभी स्कूल में दोपहर का भोजन करते थे और बिना किसी भेदभाव के स्कूल के हैण्डपम्प और पानी के अन्य स्रोतों का उपयोग करते थे। ओडिशा में भी माता-पिता की जागरूकता का स्तर भी काफ़ी निम्न था। वे स्कूल में अपने बच्चों की गतिविधियों के बारे में कुछ खास नहीं बता पाये। उन्होंने सिर्फ़ यह बताया कि उनके बच्चे स्कूल का शौचालय उपयोग नहीं करते तथा अच्छे परिवारों के लड़कों को स्कूल में सुबह की प्रार्थना जैसे कार्यों और विशेष कार्यक्रमों में वरीयता दी जाती है। राजस्थान में माता-पिता को इस बारे में ज़्यादा जानकारी थी कि स्कूल में उनकी लड़कियों से शौचालय सफाई का कार्य करवाया जाता था, लेकिन वे इसके बारे में ज़्यादा कुछ नहीं बता पाये। वे यह मानते थे कि शिक्षक स्वाभाविक रूप से ऊँची जाति के बच्चों की ओर ज़्यादा ध्यान देते हैं। आन्ध्र प्रदेश में वे मोटे तौर पर स्कूल की गतिविधियों के बारे में अनभिज्ञ थे। उन्हें लड़कियों के लैंगिक उत्पीड़न के बारे में कोई जानकारी नहीं थी और ऐसा लगा कि उन्हें मीडिया में ऐसी ख़बरों के बारे में भी पता नहीं था।

7.1 समावेशन और सकारात्मक व्यवहार

इस अध्ययन ने स्कूल और कक्षाओं में समावेशी और सकारात्मक व्यवहारों को समझने और पहचानने का प्रयास भी किया। हमारे अध्ययन दल के सदस्यों ने सभी राज्यों में कुछ समावेशी व्यवहार पायें। मसलन, कुछ स्कूलों में प्रधानाध्यापक कुछ निश्चित मुद्दों के प्रति वचनबद्ध थे या शिक्षक यह प्रयास कर रहे थे कि विद्यार्थियों में जाति, जेण्डर और शारीरिक असमर्थता से परे एक समावेशी भावना का विकास हो।

राज्यों के कुछ सकारात्मक व्यवहारों में निम्नलिखित पहलू शामिल थे :

7.2 दोहपहर का भोजन

आन्ध्र प्रदेश में जिन 20 स्कूलों की यात्रा की गयी, उनमें से सिर्फ़ एक स्कूल ने ही सभी बच्चों तक भोजन और पानी की पहुँच सुनिश्चित करने के सन्दर्भ में समावेशी व्यवहार की मिसाल प्रस्तुत की। यह देखा गया कि दोपहर के भोजन के दौरान सभी बच्चे एक साथ खाना खा रहे थे, कोई भी ऐसा नहीं था जो खाना नहीं खा रहा

था, या पृथक होकर किसी जाति समूह में बैठा था। यह शिक्षक इस बात पर खास ध्यान देते थे कि दोपहर के भोजन में अच्छी गुणवत्ता वाला खाना बने। इसी प्रकार, यह देखा गया कि कक्षा में शिक्षण के दौरान शिक्षक सभी विद्यार्थियों पर समान रूप से ध्यान दे रहे थे। यहाँ स्कूल की गतिविधियों में बारी-बारी सभी छात्र-छात्राओं को मौक़ा देकर सबकी भागीदारी सुनिश्चित की जा रही थी। सभी विद्यार्थी सुबह की सभा, विशेष दिन/कार्यक्रम और स्कूल के कार्यक्रमों में समान रूप से हिस्सा ले रहे थे। ओडिशा में 30% दोपहर के भोजन का महिला स्वयं सहायता समूहों द्वारा किया जा रहा था, जो भोजन की गुणवत्ता सुनिश्चित करने पर विशेष ध्यान दे रही थीं। यहाँ साफ़-सफाई का विशेष ख़याल रखा जाता था, जिससे दोपहर के भोजन में ज़्यादा-से-ज़्यादा बच्चे खाना खाते थे।

7.3 स्कूल प्रबन्धन समितियाँ और समुदाय

स्थानीय समुदाय, शिक्षक और स्कूल प्रबन्धन समिति के बीच सहयोग और संवाद एक अन्य ऐसा कारक है जिसने स्कूलों में समावेशन को बढ़ावा दिया है। मसलन, असम में इससे स्कूल की बुनियादी सुविधाओं को कक्षा की पढ़ाई में सुधार हुआ। साथ ही, यहाँ अपनी जाति और धर्म से परे सभी छात्र-छात्रा दोपहर के भोजन में शामिल होने लगे। इस सन्दर्भ में स्कूल प्रबन्धन समितियों ने बहुत ही महत्त्वपूर्ण भूमिका अदा की। ओडिशा में यह पाया गया कि स्कूल प्रबन्धन समिति ने शिक्षकों की कमी से निपटने के लिए स्वैच्छिक शिक्षकों की नियुक्ति में महत्त्वपूर्ण भूमिका अदा की, जिससे कक्षा की पढ़ाई में काफ़ी सुधार हुआ।

7.4 अच्छी बुनियादी संरचना

यद्यपि स्कूलों में आधारभूत संरचना की सुविधाओं में सुधार करना सर्व शिक्षा अभियान का एक प्रमुख लक्ष्य रहा है, लेकिन सैम्पल के रूप में चुने गये आधे से ज़्यादा स्कूलों में अपर्याप्त बुनियादी संरचना थी। हालाँकि कुछ स्कूलों में पर्याप्त और अच्छी सुविधाएँ भी थीं। मध्य प्रदेश के कुछ स्कूलों में अच्छी बुनियादी संरचना की सुविधा उपलब्ध थी। ये स्कूल समय पर खुलते थे, शिक्षक विद्यार्थियों की आवश्यकताओं का ख़याल रखते थे और यहाँ कक्षाएँ भी सक्रिय रूप से होती थीं।

8. राज्य स्तर की प्रमुख पहल

बिहार सरकार द्वारा टोला सेवक (किसी गाँव या बस्ती में ऐसा स्वयंसेवक जो बच्चों को स्कूल में ले जाने और स्कूल मे उनसे बातचीत करने की ज़िम्मेदारी लेता है) जैसी पहल और हुनर कार्यक्रम ने स्कूलों में समावेशन और समरसता को बढ़ावा देने में

महत्त्वपूर्ण भूमिका अदा की है। टोला सेवक को स्कूल स्तर पर नियुक्त किया जाता है और उसकी मुख्य ज़िम्मेदारी विद्यार्थियों को बेहतर वातावरण और साथ उपलब्ध कराना है; और इनका ज़्यादा महत्त्वपूर्ण काम उन्हें स्कूल तक लाना है। इनका दूसरा प्रमुख काम यह सुनिश्चित करना है कि स्कूल की गतिविधियों में सभी विद्यार्थी समान रूप से भागीदारी करें और उनके साथ कोई भेदभाव न हो।

हुनर अल्पसंख्यक मुस्लिम लड़कियों का सशक्तीकरण करने का एक कार्यक्रम है। नैशनल इंस्टीट्यूट ऑफ ओपेन स्कूलिंग (एनआईओएस) द्वारा इसे राज्य में आरम्भ किया गया है। हमारे अध्ययन दल के सदस्यों ने स्कूलों में अपनी यात्रा के दौरान इस कार्यक्रम का लाभ उठाने वाली लड़कियों से बातचीत की और यह पाया कि वे अपनी बातचीत और समझ में आत्म-विश्वास से भरी हुई हैं।

9. विशेष आवश्यकताओं वाले बच्चे

इस पर गौर करने की आवश्यकता है कि हमने जितने स्कूलों की यात्रा की, उनमें विशेष आवश्यकता वाले बच्चे (दृष्टि बाधित, चलने में परेशानी झेलने वाले या कम समझ रखने वाले) या तो पूरी तरह अनुपस्थित थे या फिर उनकी संख्या काफ़ी कम थी। इससे एक गम्भीर प्रश्न उत्पन्न होता है : इन बच्चों को वास्तव में स्कूल में सम्मिलित किया गया है या नहीं। समावेशी शिक्षा के अन्तर्गत सर्व शिक्षा अभियान की रूपरेखा में यह स्पष्ट प्रावधान है कि इस कार्यक्रम में विशेष आवश्यकता वाले प्रत्येक विद्यार्थी को समुचित शिक्षा और वातावरण उपलब्ध कराया जायेगा, भले ही उनकी असमर्थता का रूप, श्रेणी और स्तर कुछ भी क्यों न हो। साथ ही, सर्व शिक्षा अभियान ने यह स्पष्ट नीति अपनायी है कि किसी भी विद्यार्थी का नामांकन करने से मना नहीं किया जायेगा, ताकि कोई भी शिक्षण व्यवस्था से बाहर न रहे (गवर्नमेंट ऑफ इण्डिया, सर्व शिक्षा अभियान वेबसाइट)[4] सभी छह राज्यों में विशेष आवश्यकता वाले बच्चों की ज़रूरत के हिसाब से आधारभूत संरचना तैयार नहीं की गयी थी और शिक्षकों का भी इनके प्रति कोई खास सहयोगी रवैया नहीं था। स्पष्टतः ऐसा लगा कि इन राज्यों में सर्व शिक्षा अभियान के निर्देशों का पूरी तरह पालन नहीं किया जा रहा। हालाँकि कुछ स्कूलों में रैम्प की व्यवस्था थी, और आन्ध्र प्रदेश के एक स्कूल में इन बच्चों की आवश्यकता के अनुसार शौचालय भी तैयार किया गया था। किन्तु इन सुविधाओं का व्यवस्थित उपयोग आरम्भ नहीं हुआ था। किन्तु आन्ध्र प्रदेश के एक स्कूल में सकारात्मक बात दिखी। यहाँ शिक्षक और हेड मास्टर–दोनों ही स्कूल की गतिविधियों में सक्रिय थे, और वे विशेष आवश्यकता वाले बच्चों तथा वंचित सामाजिक समूहों के बच्चों की आवश्यकताओं पर ध्यान दे रहे थे।

10. क्या हम हर प्रकार के बहिष्करण/भेदभाव को ख़त्म कर सकते हैं?

सैम्पल के रूप में चुने गये राज्यों में अनुसन्धान दल की यात्रा के दौरान यह प्रश्न बार-बार सामने आता रहा कि : "आख़िर हालात में कब और कैसे बदलाव होंगे?" इसका कोई सरल उत्तर नहीं है और पिछले 65 वर्षों के हमारे प्रदर्शन से ऐसा लगता है कि कुछ पूर्वग्रह पहले की तुलना में ज़्यादा स्पष्ट हुए हैं। हमारे सामाजिक और राजनीतिक जीवन में जाति, धर्म, और आर्थिक हैसियत, निवास स्थान तथा अंग्रेज़ी के ज्ञान आदि जैसे मसले काफ़ी महत्त्वपूर्ण हो गये हैं। बहुत से पुराने शिक्षकों ने यह माना कि राष्ट्रीय एकता और एक होने की भावना का क्षरण हो रहा है। बहुत सारे लोगों ने इसके लिए चुनावी गोलबन्दी को ज़िम्मेदार ठहराया क्योंकि इसमें सामाजिक, धार्मिक, जाति और सांस्कृतिक अस्मिताओं के आधार पर लोगों को गोलबन्द किया जाता है।

बहरहाल, इस तथ्य के बावजूद कि व्यापक सामाजिक-राजनीतिक वातावरण ज़्यादा स्तरीकृत और विविध हो रहा है, इस व्यापक देश में उम्मीद के कुछ द्वीप भी बचे हुए हैं।

आवश्यकता यह है कि संविधान को मार्गदर्शक मानते हुए शिक्षकों, प्रशासकों और समुदाय के नेताओं को यह कहा जाये कि समानता के अधिकार और भेदभाव के खिलाफ़ अधिकार को किसी उल्लंघन होने पर सख्त दण्डात्मक कार्रवाई की जायेगी। स्कूली शिक्षा से जुड़े सभी व्यक्तियों तक गैर-समझौतावादी व्यवहार संहिता पहुँचाने की ज़रूरत है। ऐसा लिखित रूप से किया जाना चाहिए और सभी स्कूलों और शिक्षण संस्थाओं में इसे प्रमुखता से दर्शाया जाना चाहिए। साथ ही, बच्चों को ऐसी गतिविधियों से जोड़ा जाना चाहिए जो उन्हें विविधता का सम्मान करना और भिन्नता के स्वीकार करने में समर्थ बनाये। साथ ही, स्कूल स्तर पर व्यवहार के मानक तैयार किये जाने चाहिए। एक समतावादी माहौल बनाने में बच्चों को सम्मिलित करने से शिक्षकों, प्रशासकों और स्थानीय नेताओं पर भेदभाव न करने का नैतिक दबाव आयेगा।

आमतौर पर, शिक्षकों के प्रशिक्षण में प्रशासकीय आवश्यकताओं और विषय के ज्ञान पर ही ध्यान दिया जाता है। इस बात के भी प्रमाण मिले हैं कि शिक्षक प्रशिक्षण थकान का शिकार हो रहे हैं। इसी तरह, विषय के बुनियादी ज्ञान और शिक्षण सम्बन्धी अन्य मुद्दों को सुलझाने के लिए अल्प अवधि वाले प्रशिक्षण कार्यक्रम पर्याप्त नहीं हैं। ऐसे प्लेटफ़ॉर्म/फोरम बनाने की आवश्यकता है जहाँ शिक्षक और समुदाय के नेता आपस में मिलकर संवाद कर सकें। इससे स्कूलों को भेदभाव से मुक्त बनाने में मदद मिल सकती है।

बुनियादी आवश्यकता यह है कि स्कूलों में समावेशन/बहिष्करण पर गम्भीरता

से विचार करें, और ज़मीनी स्तर पर स्थायी बदलाव लाने के लिए हर स्तर पर कार्य करें। इसका कोई और आसान रास्ता नहीं है। यह ज़रूरी है कि सरकार और नागरिक समाज संगठन इसे गम्भीरता से लें और इसे हर स्तर पर दूर करने का प्रयास करें।

सन्दर्भ

1. भारत सरकार के मानव संसाधन मन्त्रालय के सर्व शिक्षा अभियान द्वारा यह अध्ययन करवाया गया। विमला रामचन्द्रन और तारामणि नाओरेम इसकी प्रमुख अध्ययनकर्त्ता थीं। विभिन्न राज्यों की रिपोर्ट निम्नलिखित विद्वानों द्वारा तैयार की गयी : आन्ध्र प्रदेश महिला समता समिति की ए. पद्मा और पी. प्रशांती; ए.एन. सिन्हा इंस्टीट्यूट ऑफ सोशल साइंसेज तथा एजुकेशनल कंसलटेशन्स इण्डिया के अजय कुमार झा, तारामणि नाओरेम और अजय कुमार सिंह; एकलव्य, भोपाल की अंजली नोरोन्हा और कविता सुरेश; तथा इंस्टीट्यूट ऑफ डिवलपमेंट स्टडीज, जयपुर के शोभिता राजगोपाल और राधेश्याम शर्मा।
2. इस सन्दर्भ में पी. साईनाथ द्वारा पिछले वर्षों में *द हिन्दू* में कई लेख लिखे हैं; नवसर्जन ट्रस्ट (गुजरात), दलित सॉलिडैरिटी नेटवर्क ने कई रिपोर्ट और लेख तथा इण्डियन इंस्टीट्यूट ऑफ दलित स्टडीज ने कई वर्किंग पेपर प्रकाशित किये हैं। इस श्रेणी में गीता नम्बिसन के लेखन को भी शामिल किया जा सकता है।
3. आन्ध्र प्रदेश सोशल वेलफेयर रेजिडेंशियल सोसायटी की स्थापना 1987 में हुई थी। यह सोसायटी अनुसूचित जातियों के लिए 289 आवासीय स्कूल चलाती है।
4. स्रोत : http://ssa.nic.In/page_portletlinks?folername=Inclusive-education.

[यह शोध-आलेख *इकोनॉमिक ऐंड पॉलिटिकल वीकली* के 2 नवम्बर 2013 अंक में प्रकाशित हुआ था।]

रोज़गार गारंटी, नागरिक समाज और भारतीय लोकतन्त्र

मिहिर शाह[1]

जब हम भारतीय लोकतन्त्र के साठवें वर्ष का उत्सव मना रहे हैं तो भी हमारे लाखों लोग भूख, निराशा और असुरक्षा का सामना कर रहे हैं तथा (राज्य और चरमपन्थियों के) बन्दूक के साये में जीवन गुजार रहे हैं। ऐसे में, हमें अपनी राजनीतिक प्रक्रिया की पहुँच और उसकी गुणवत्ता के बारे में चिन्ता करने की आवश्यकता है। राष्ट्रीय ग्रामीण रोज़गार गारंटी अधिनियम भारत में संकट का सामना कर रहे क्षेत्रों के लिए एक 'बड़ा क़दम' साबित हो सकता है। नरेगा को अपनी यह सम्भावना हासिल करने में समर्थन बनाने में नागरिक समाज के संगठनों की भूमिका अत्यन्त महत्त्वपूर्ण है। किन्तु इसके लिए धैर्य, सन्तुलन और संयम के एक नये आत्म-आलोचक राजनीति की आवश्यकता है।

भारत की आज़ादी के 60 वर्ष पूरे होने पर काफ़ी धूमधाम और उत्सव जैसा माहौल रहा। और इसके लिए जश्न मनाया भी जाना चाहिए। भारत में इतने लम्बे समय तक लोकतन्त्र कायम रखना भी अपने-आप में एक जबरदस्त उपलब्धि है। अभी हाल में, वर्ष 2003-04 में, देश के अन्दरूनी इलाकों में, जहाँ मैं रहता हूँ, दूर-दूर से आकर अपना मतदान किया। इन लोगों ने राज्य और केन्द्र—दोनों ही स्थानों से ऐसी सरकारों को सत्ता से बेदखल कर दिया, जो इनके हिसाब से अच्छा काम करने में नाकाम रही थीं। निश्चित रूप से, लोगों में अभी भी उम्मीद बची हुई है और उन्हें यह दृढ़ विश्वास है कि उनकी आवाज़ का महत्त्व है और उनके मत से बदलाव हो सकता है।

लेकिन हमें यह भी स्वीकार करना चाहिए कि इनमें से बहुत से लोग तेज़ी से अपना धैर्य खोते जा रहे हैं। उनकी निराशा इतनी गहरी है कि भारत के तकरीबन 600 ज़िलों में से एक-तिहाई में या तो हज़ारों लोग बन्दूक उठा रहे हैं या आत्म-हत्या कर रहे हैं। वर्ष 2005-06 के नवीनतम राष्ट्रीय परिवार स्वास्थ्य सर्वेक्षण के अनुसार, पिछले सात वर्षों में तीन साल के कम उम्र के बच्चों में रक्त-अल्पता के शिकार बच्चों

का अनुपात 74% से बढ़कर 79% हो गया है। सर्वेक्षण में यह भी दिखाया गया है कि तीन साल से कम उम्र वाले हमारे आधे से ज़्यादा बच्चे कुपोषण का शिकार हैं। यह एक ऐसा आँकड़ा है जिसमें पिछले 15 वर्षों में कोई तब्दीली नहीं आयी है। भारत में रक्त-अल्पता की शिकार गर्भवती महिलाओं का अनुपात दुनिया में सबसे ज़्यादा है (वर्ल्ड बैंक 2007)। नैशनल सैम्पल सर्वे (एनएसएस) के रोज़गार सर्वेक्षण के 61वें चक्र के नवीनतम आँकड़ों से यह स्पष्ट प्रमाण सामने आता है कि भारत में इक्कीसवीं सदी के पहले छह वर्षों में ग्रामीण बेरोज़गारी बढ़ी है (मुखोपाध्याय और राजारमन 2007)। विश्व बैंक (2005) के अनुमान के मुताबिक, भारत की 80% जनसंख्या 2 डॉलर प्रतिदिन के अन्तर्राष्ट्रीय ग़रीबी रेखा के नीचे जीवन यापन कर रही है। 94 देशों की सूची में भारत का 80 वाँ स्थान है। 2007 में नैशनल कमीशन ऑफ इम्प्लॉयमेंट इन द अनऑर्गनाइज्ड सेक्टर (एनसीईयूएस) में एनएसएस के 61वें चक्र के आँकड़ों का प्रयोग करते हुए विश्व बैंक के अनुमान की पूरी तरह पुष्टि की गयी। एनसीईयूएस की रिपोर्ट में यह दिखाया गया है कि भारत की जनसंख्या का 77%, अर्थात् 836 मिलियन लोगों का प्रति व्यक्ति उपभोग ख़र्च 20 रुपये प्रति दिन के बराबर या उससे भी कम है (यह खरीदने की शक्ति के सन्दर्भ में मोटे तौर पर 2 डॉलर के बराबर है)।

संवृद्धि और इसके असन्तोष

आख़िर हम इन दुखद तथ्यों और भारत के वैश्विक स्तर पर चर्चित संवृद्धि के शानदार मैक्रोइकोनॉमिक दर, उछाल भरते शेयर बाज़ार और बढ़ते विदेशी निवेश के बीच सामंजस्य कैसे बिठा सकते हैं? आख़िर ऐसा क्यों है कि भारत का एक बड़े भाग को अभी भी देश के विकास के मानचित्र पर स्थान नहीं मिल पा रहा है? पिछले दशक में तेज़ी से यह अहसास बढ़ा है कि विकास मॉडलों की एक प्रमुख नाकामी यह रही है कि ये समता स्थापित करने की दिशा में सन्तोषजनक तरीके से काम करने में नाकाम रही हैं। और इस उपेक्षा के चलते खुद संवृद्धि पर मन्दी की मार पड़ी है।

43 देशों के अध्ययन के बाद चेन और रेवालियॉन (2000) ने यह पाया कि 1990 का दशक कुल मिलाकर आर्थिक संवृद्धि का दौर रहा है। इसके बावजूद, "1990 के दशक में विकासशील देशों में उपभोग ग़रीबी में कोई उल्लेखनीय कमी नहीं आयी।" (पृ. 18)। इसके प्रमाण के रूप में वे देशों के बीच बढ़ती असमानता और राष्ट्रों के भीतर असमानता के (आय और गैर-आय दोनों ही आयामों में) कायम रहने का उल्लेख करते हैं, जिसने ''ग़रीबों को संवृद्धि में पूरी तरह भागीदारी करने से रोका है।" (पृ. 21) यह बात विशेष रूप से भारत पर लागू होती थी जहाँ "उत्तर प्रदेश, मध्य प्रदेश, बिहार, ओडिशा और असम जैसे कम आय और ख़राब प्रदर्शन

करने वाले प्रमुख राज्यों में 1990 के दशक में सिर्फ़ निम्न संवृद्धि दर ही कायम नहीं रही, बल्कि संवृद्धि में और भी ज़्यादा मन्दी आयी" (ईपीडब्ल्यूआरएफ 2003 : 26)।

डेटॉन और ड्रेज (2002) ने अखिल भारतीय स्तर के साथ-ही-साथ अधिकांश राज्यों में भी ग्रामीण-शहरी असमानता के मज़बूत प्रमाण प्रस्तुत किये हैं। दत्त और रेवालियॉन (2002) ने यह दिखाया है कि (भारत की संवृद्धि प्रक्रिया की भौगोलिक और विभिन्न सेक्टरों से सम्बन्धित पैटर्न का ग़रीबी पर कुल प्रभाव काफ़ी बढ़ा है।" (पृ. 1) यदि हम अपने विकास मॉडल में समता को मुख्य स्थान प्रदान नहीं करते हैं, तो इससे खुद हमारा लोकतन्त्र ख़तरे में पड़ सकता है।

खेती का विघटन

भारत के विभिन्न क्षेत्रों में असमान संवृद्धि का एक प्रमुख कारण यह है कि हाल के वर्षों में खेती का वास्तविक विघटन हुआ है। खेती की उत्पादकता गहरे संकट से जूझ रही है। 1960 के दशक में मध्य से पहली बार 1990 के दशक में जनसंख्या वृद्धि की तुलना में खाद्य पदार्थों के उत्पादन में धीमी गति से प्रगति हुई। प्रति व्यक्ति खाद्यान्न उत्पादन और उसकी उपलब्धता 1960 के स्तर से नीचे चले गये हैं। और ऐसा लगता है कि अब बड़े बाँधों या ट्यूबवेल पर आधारित सिंचाई इस संकट का उत्तर नहीं हो सकती है। 1980 के दशक में एक उच्च स्तर तक पहुँचने के बाद खेती में सार्वजनिक निवेश में लगातार और बड़े पैमाने पर गिरावट आयी है।

वर्तमान भारत में सिंचित क्षेत्र के विस्तार की दर गिरकर 1970 के दशक के आरम्भ के स्तर से आधी रह गयी है [जीओआई 2006]। हरित क्रान्ति के गढ़ माने जाने वाले क्षेत्रों में उत्पादन में स्थिरता आ गयी है। लेकिन इससे सबसे बुरे तरीके से शुष्क भूमि की फसल प्रभावित हुई है जिसे हमारे ग़रीब लोग खाते हैं। इसमें मोटा अनाज, दाल और तिलहन शामिल थे। 1990 के दशक में इन सभी की संवृद्धि में नकारात्मक वृद्धि हुई। दालों की प्रति व्यक्ति उपलब्धता में 1950 के दशक की तुलना में आधे से ज़्यादा की गिरावट आयी। ग्यारहवीं पंचवर्षीय योजना के वर्किंग ग्रुप की हाल के रिपोर्ट में यह दिखाया गया है कि नयी अन्तर्राष्ट्रीय व्यापार व्यवस्था में भारत के शुष्क भूमि पर खेती करके दाल, तिलहन और कपास उपजाने वाले किसानों को वंचना की स्थिति में ला दिया है। खरीद और समर्थन मूल्य में भी इन फसलों के विपरीत स्थिति का सामना करना पड़ा है (जीओआई 2007)।

पिछले दो दशकों में हरित क्रान्ति 2 का भारत के अन्दरूनी क्षेत्रों में विस्तार हुआ है जिसके भयंकर नतीजे सामने आये हैं। इसमें इस तथ्य की पूरी तरह उपेक्षा की गयी कि भारतीय भूमि का 65-70% का अन्दरूनी हिस्सा पठारी है, जिसके चलते ज़मीन में नीचे की ओर पानी धीरे-धीरे जाता है। ऐसी भूमि के नीचे पिछले

हज़ारों वर्षों से जमा भूमिगत जल को पिछले 30 वर्षों में निकाल लिया गया है। पंजाब, हरियाणा और दिल्ली जैसे कछार क्षेत्रों में भूमि के स्तर में तेज़ी से गिरावट आयी है (जिसके लिए यह तकनीक ज़िम्मेदार है)। हम यह भूल गये हैं कि भूमिगत जल एक सामान्य संसाधन है और इसके अत्यधिक निजी निष्कर्षण से सस्टेनेबिलिटी (सततता) की समस्या सामने आयेगी। गहरे ट्यूबवेल द्वारा भूमिगत जल के अत्यधिक दोहन से एक पूरी तरह मानव निर्मित अभूतपूर्व जल संकट पैदा हुआ है। और जैसे जल संकट ही काफ़ी नहीं था, अब हम गहरे खाद्य संकट का भी सामना कर रहे हैं। कुछ वर्ष पूर्व इस संकट की कल्पना भी नहीं की जा सकती थी, जब खाद्यान्न की अत्यधिक मात्रा 'फूड कॉरपोरेशन ऑफ इण्डिया' के गोदाम में सड़ रही थी। अब हम मजबूरन खाद्यान्न और दाल—दोनों का ही आयात करने के लिए मजबूर हो गये हैं।

हम अभी भी यह महसूस नहीं कर रहे हैं कि एक ऐसे राष्ट्र के लिए जिसके शहर उसके सबसे बड़ी उभरती आपदाएँ हैं और जहाँ अभी भी 600 मिलियन लोग खेती पर निर्भर हैं, वहाँ खेती को मज़बूत बनाने के अलावा कोई अन्य विकल्प नहीं हो सकता है। खेती का एक मज़बूत आधार होना चाहिए, और इससे प्रत्येक स्थान की विशिष्टता और प्रकृति आधारित जीविका के साधनों का विकास किया जाना चाहिए। विकास में ज़्यादा समता के लिए और भारतीय लोकतन्त्र के भविष्य को सुरक्षित करने के लिए हमें एक ऐसी नयी विकास रणनीति तैयार करने की आवश्यकता है, जो भारत की गहन सामाजिक और पारिस्थितिक विविधता का ध्यान रखे।

आदिवासियों की स्थिति

भारत के विकास अनुभव की असमानता का एक महत्त्वपूर्ण सामाजिक घटक भी है। निश्चित रूप से, ग़रीबी और दुख कुछ निश्चित भौगोलिक और विशिष्ट सामाजिक समूहों तक संकेन्द्रित हैं। (यहाँ तक कि ग़रीबी में गिरावट होने के सरकारी आँकड़ों से भी) इससे इनकार नहीं किया जा सकता है कि आदिवासियों की ग़रीबी में कमी नहीं आयी है। सुन्दरम और तेन्दुलकर (2003) ने यह दिखाया है कि 1990 के दशक में भारत के सभी सामाजिक-आर्थिक समूहों में सिर्फ़ अनुसूचित जनजातियों में ग़रीबी के अनुपात में वास्तविक वृद्धि हुई। एनएसएस आँकड़ों के मुताबिक ग्रामीण भारत में प्रत्येक दो आदिवासियों में से एक ग़रीबी रेखा के नीचे जीवन यापन कर रहा है, जो सभी ग्रामीण लोगों से सम्बन्धित आँकड़ों से दोगुना है। मुखोपाध्याय और राजारमन (2007) के ज़्यादा हालिया काम में यह दिखाया गया है कि इक्कीसवीं सदी के आरम्भ में सामाजिक समूहों में आदिवासी सर्वाधिक संचयी बेरोज़गारी का सामना कर रहे थे।

वन के साथ इनके सम्बन्धों के विघटन के कारण अधिकांश क्षेत्रों में आदिवासियों ने झिझकते हुए खेती के काम को अपनाया है जो 93% आदिवासियों को रोज़गार

प्रदान करता है। अधिकांश आदिवासी किसानों की विशिष्ट विशेषता यह है कि उनके ज़मीन की गुणवत्ता काफ़ी ख़राब है, जिसके चलते उन्हें मजबूरन, अपने परिवार के पालन हेतु, खेत मज़दूर के रूप में अतिरिक्त काम करना पड़ता है। इन आदिवासी किसानों को भूमि, भूमि-आधार, श्रम, उधार, और निवेश बाज़ार में गैर-आदिवासियों के प्रभुत्व के कारण कई तरह के शोषण का सामना करना पड़ता है। चूँकि आदिवासी अपना उधार नहीं चुका पाते हैं इसलिए अक्सर अपनी ज़मीन से उनका नियन्त्रण ख़त्म हो जाता है। आदिवासी इस तरह से अपनी हज़ारों हेक्टेयर ज़मीन खो चुके हैं। और इसके साथ ही उन्हें नयी तरह की चुनौतियों का भी सामना करना पड़ रहा है—आदिवासी क्षेत्रों के व्यावसायिक दोहन का अभूतपूर्व दबाव लगातार बढ़ता जा रहा है; इसके चलते, भारतीय संविधान में उनकी सुरक्षा के लिए सम्मिलित विशेष प्रावधानों का भी उल्लंघन किया जा रहा है।[2]

पारिस्थितिक-तन्त्र का उपवर्ग

शुष्क भूमि की उपेक्षा और हमारे आदिवासियों की निर्धनता—ये दोनों ही विकास के एक ऐसे प्रतिमान के नतीजे हैं जो पारिस्थितिक-तन्त्र और प्रकृति के विविध संकेतों की ओर कोई ध्यान नहीं देता है। अर्थशास्त्र के सम्पूर्ण चिन्तन में 'प्रकृति के उपहारों' और 'प्रकृति पर नियन्त्रण' के व्यवहार की अनिवार्यताओं के द्वैध संकल्पना का अस्तित्व कायम है। प्रगति को प्रकृति की जीत से सुसंगत माना जाता है। निकोलन जॉर्जेस्क्यु रोजेन (1971) ने अपनी किताब *द एंट्रॉपी लॉ ऐंड इकोनॉमिक प्रॉसेस* में यह बताया है कि जो पर्यावरण आर्थिक प्रक्रियाओं का भाग होता है, उसमें अनिवार्य रूप से गुणात्मक और अपरिवर्तनीय बदलाव होते हैं। प्रकृति की वस्तुओं को मुक़्त उपहार मानने या उनका मुफ़्त उपयोग करने सम्बन्धी मान्यताएँ सही नहीं हैं। दरअसल, अर्थव्यवस्था और पर्यावरण के बीच गत्यात्मक और एक-दूसरे पर प्रभाव डालने वाला अन्तःसम्बन्ध होता है। यह आवश्यक है कि हम यह मानें कि प्रकृति से वृहद्-अर्थव्यवस्था (मैक्रोइकोनॉमी) के लिए अमूर्त रूप से अनंत वस्तुएँ नहीं ली जा सकती हैं। दरअसल यह वृहद्-अर्थव्यवस्था सीमित पारिस्थितिक-तन्त्र की खुली उप-व्यवस्था के रूप में होती है और हमें इसी आधार पर वृहद्-अर्थव्यवस्था की परिकल्पना करनी चाहिए। ऐसा नहीं करने के चलते ही लाखों ग़रीब लोगों की जीविका ख़तरे में पड़ गयी है और पानी का अभूतपूर्व संकट पैदा हो गया है।

पूँजीवाद और लोकतन्त्र

इसलिए हमने विकास की जिस मॉडल को अपनाया है उसके साथ बुनियादी रूप से असमानता और असततता (अनसस्टेनबिलिटी) जुड़ी हुई है। इसके चलते लाखों लोगों

का हाशियाकरण हुआ है जिसने उस ताने-बाने को ही ख़तरे में डाल दिया है जिस पर हमारा लोकतन्त्र आधारित है। जब लोग अपने प्रतिनिधियों का चुनाव करते हैं तो वे यह उम्मीद करते हैं कि ये प्रतिनिधि ईमानदारी से और प्रभावकारी तरीके से उनके हितों की सुरक्षा करेंगे। यह माना जाता है कि प्रतिनिधित्व बुनियादी रूप से एक आस्था से परिपूर्ण कार्य है। जैसे-जैसे हम भारत के अन्दरूनी हिस्सों में, शुष्क भूमि और आदिवासी बहुल क्षेत्रों में जाते हैं, हम यह पाते हैं कि इस आस्था का नाजुक आधार काफ़ी तनाव का सामना कर रहा है। इन क्षेत्रों में ग्रामीण सुशासन, सेवा वितरण और कार्यक्रम के क्रियान्वयन में बिखराव होने से लोगों के बीच निराशा बढ़ रही है। कोई भी यह महसूस कर सकता है कि युवा पीढ़ी के अन्दर काफ़ी ग़ुस्सा है। यह स्थिति ऐसी है मानो एक ज्वालामुखी फटने को तैयार हो। लाखों लोगों के बीच यह धारणा घर कर चुकी है कि उनकी आवाज़ का कोई महत्त्व नहीं है। इसी कारण, बहुत से आन्दोलन हिंसक साधनों का सहारा ले रहे हैं। उन्हें ऐसा लगता है कि असंवेदनशील राज्य और नागरिक समाज सिर्फ़ यही भाषा सुनना चाहता है।[3]

एक अर्थ में संवृद्धि के कुल योग तथा इसके वितरण और पारिस्थितिक नतीजों के बीच भिन्नता, पूँजीवाद और लोकतन्त्र के बीच के तनाव का एक अनिवार्य भाग है। बार-बार कुछ मुट्ठी भर लोगों के संकुचित और मुनाफ़ा बढ़ाने सम्बन्धी हितों का टकराव व्यापक सामाजिक शुभ से होता है। कई मरतबा यह तनाव संकट का रूप धारण कर लेता है। ऐसे में, पूँजीवाद को अपना अस्तित्व कायम रखने के लिए खुद को नये रूप में प्रस्तुत करना पड़ता है। इसका सबसे ख़तरनाक संकट महामन्दी के रूप में 1920 के दशक में आया था। इसी समय प्रकाशित जॉन मेनार्ड कीन्स की कृति *द जेनरल थियरी ऑफ इम्पलॉयमेंट, इंटरेस्ट ऐंड मनी* ने आर्थिक सिद्धान्त और पूँजीवाद के इतिहास—दोनों में ही क्रान्तिकारी बदलाव ला दिया।[4] 1920 के दशक में मुख्य धारा के आर्थिक सिद्धान्त ने ठोस रूप से यह दावा किया कि पूँजीवाद के अन्तर्गत स्थायी बेरोज़गारी सैद्धान्तिक रूप से असम्भव है। लेकिन महामन्दी ने सब कुछ बदलकर रख दिया। कीन्स की कृति प्रकाशित होने के बाद इस पर सहमति बन गयी कि सरकार के हस्तक्षेप के बगैर बेरोज़गारी पूँजीवादी समाजों को परेशान करती रहेगी तथा उनके बुनियादी लोकतान्त्रिक संरचना के लिए ही ख़तरा पैदा कर देगी। अदृश्य हाथ के भूत को सख्ती से दफ़ना दिया गया। इसके बाद कल्याणकारी राज्य सबसे प्रचलित अवधारणा बन गयी, जो आज भी कायम है। बाद के दौर में, यह भी पूरी तरह स्पष्ट हो गया कि पारिस्थितिक मुद्दे बाज़ार की नाकामी का क्लासिक उदाहरण हैं। इसका कारण यह है कि इनमें ऐसे 'कॉमन्स' (सामान्य स्थान) से जुड़े मसले शामिल होते हैं, जहाँ किसी सार्वजनिक वस्तु द्वारा व्यापक सामाजिक उद्देश्क को पूरा करने का टकराव निजी मुनाफ़ा कमाने के लक्ष्य से होता है। ऐसी सार्वजनिक वस्तुओं में भूमिगत जल, वन या ओजोन स्तर को शामिल किया जाता है।[5]

अब यह स्वीकार कर लिया गया है कि बाज़ार की शक्तियाँ अपने-आप समान सतत विकास की गारंटी नहीं दे सकती हैं। यदि ग़रीबों की ज़िन्दगी के साथ-ही-साथ पारिस्थितिक सन्तुलन को भी बचाना है तो राज्य द्वारा प्रबोधित कार्रवाई आवश्यक है। 1998 में मैंने और मेरे सहकर्मी ने *इण्डियाज ड्राइलैण्ड्स*[6] शीर्षक से एक किताब लिखी थी, जिसमें यह तर्क दिया गया था कि वर्षा-पोषित क्षेत्रों और आदिवासी समुदायों को भारत के नीति-निर्माण में मुख्य स्थान मिलना चाहिए। हमने यह दिखाया था कि इन क्षेत्रों में पर्यावरण संरक्षण पर आधारित एक रोज़गार गारंटी योजना वृहद्-अर्थशास्त्रीय (मैक्रोइकोनॉमिक) आधार पर काफ़ी कारगर साबित हो सकती है। सबसे पहले हमने यह तर्क दिया कि जो संविधान निजी सम्पत्ति के सुरक्षा की वकालत करता है, उसे लोगों को काम का अधिकार भी देना चाहिए, विशेषकर उस स्थिति में जब दशकों से चल रहा नियोजित विकास ऐसा करने में नाकाम रहा हो। मन्दी के बाद बहुत से पश्चिमी पूँजीवादी देशों ने अपने यहाँ विभिन्न प्रकार के बेरोज़गारी बीमा की शुरुआत की। 1980 के दशक तक, 30 देशों के संविधानों में, जिनमें 18 विकासशील राष्ट्र भी सम्मिलित थे, काम के अधिकार को संविधान का भाग बनाया गया। 25 देशों में इस अधिकार का उल्लेख काम की गारंटी के रूप में किया गया है।

नरेगा से जुड़ी सम्भावनाएँ

राष्ट्रीय रोज़गार गारंटी अधिनियम को इसी ऐतिहासिक पृष्ठभूमि में देखने की आवश्यकता है। नरेगा कानून का निर्माण कई वर्षों तक चले लम्बे और कठिन संघर्ष का नतीजा है। हालाँकि यह अपने-आप में विडम्बना ही है कि जिस सरकार द्वारा यह कानून बनाया गया, उसी सरकार के सर्वोच्च स्तर पर इसे लेकर गम्भीर सन्देह भी व्यक्त किया गया। इसलिए नरेगा और इसकी गहन सम्भावना को बहुत सावधानी से स्पष्ट करने की आवश्यकता है।

भारत के पिछड़े क्षेत्रों में निजी निवेश से कम फ़ायदा होता है। इसका एक प्रमुख कारण यह है कि इस फ़ायदे को शासित करने वाली बहुत सी 'सार्वजनिक वस्तुएँ' जैसे स्वस्थ जलस्रोत, या बुनियादी संरचना का इन क्षेत्रों में अभाव हैं। इनके अभाव में इन क्षेत्रों का विकास हमेशा ही मुश्किल होगा। चूँकि पारिस्थितिक सन्तुलन (जैसे जंगल की सुरक्षा, भूजल का स्तर और उसकी गुणवत्ता) जैसे महत्त्वपूर्ण मुद्दे यहाँ के लोगों के जीवन को गहन रूप से प्रभावित करते हैं, इसलिए इन क्षेत्रों के विकास में अल्पकालिक मुनाफ़े को तरजीह देने के अपने ख़तरे हैं। इससे भी बड़ी बात यह है कि यहाँ जलस्रोतों को पुनर्जीवित करने या यहाँ बुनियादी संरचनाओं का निर्माण करने पर बहुत कम कॉरपोरेट घरानों ने ध्यान दिया है।

ये सभी पहलू सार्वजनिक निवेश की आवश्यकता को रेखांकित करते हैं। हम

विकास अर्थशास्त्र की भाषा में यह कह सकते हैं कि भारत के पिछड़े क्षेत्र 'निम्न स्तरीय साम्य जाल' (लो लेवल इक्वीलीब्रियम ट्रैप)[7] में उलझे हुए हैं। और इस जाल से निकलने के लिए एक 'बड़ा क़दम' (बिग पुश) उठाने की आवश्यकता है [रोजेनस्टीन-रोडेन 1943]।[8] यह बड़ा क़दम बाज़ार की नाकामी का वर्णन करता है। इसमें कोई व्यक्ति इसलिए किसी कार्य को, भले ही यह हर किसी के लिए फ़ायदेमन्द हो, हाथ नहीं लगाता है क्योंकि उसके पास ऐसा करने का पर्याप्त प्रोत्साहन नहीं होता है।[9] इसका कारण यह है कि महत्त्वपूर्ण गैर-रैखिकीयता, (नॉन लिनियैरिटीज), दहलीज के बाह्य कारक (थ्रेसहोल्ड एक्सटरनैलिटीज), अनुपूरकताएँ– लम्बा गर्भकाल, निवेश की ऊबड़-खाबड़ रास्ता संवृद्धि प्रक्रिया की मुख्य विशेषताएँ हैं। ज़्यादा-से-ज़्यादा व्यक्तिगत मुनाफा कमाने की चाह रखने वाले लोगों में न तो इस प्रकार के निवेश की इच्छा होती है और न ही सामर्थ्य। इसके चलते सरकार का हस्तक्षेप आवश्यक हो जाता है। नरेगा का सर्वोत्तम वर्णन यही हो सकता है कि यह भारत में दरिद्रता की मार झेल रहे क्षेत्रों में एक 'बड़े क़दम' के रूप में है। यह मानव इतिहास के सबसे बड़े रोज़गार कार्यक्रम का वायदा करता है। चूँकि अगले कुछ वर्षों में यह कार्यक्रम पूरे देश में लागू हो जायेगा, तो सरकार को प्रत्येक वर्ष नरेगा के लिए 30,000 करोड़ रुपये आबंटित करने होंगे।

एनएसएस आँकड़ों से यह पता चलता है कि भारत में खेत मज़दूर परिवारों के विशाल बहुमत के पास वास्तव में थोड़ी बहुत ज़मीन है। ये ग़रीब और हाशिये के किसान हैं जिनके ज़मीन की उत्पादकता इतनी कम हो गयी है कि ये इसकी उपज से अपने परिवार का भरण-पोषण नहीं कर पा रहे हैं। इसलिए इन्हें हर साल मजबूरन मज़दूर के रूप में काम करने के लिए अपने गाँव से बाहर जाना पड़ता है। यदि वर्षा के पानी के संरक्षण, भूमि संरक्षण को बढ़ावा दिया जाये और उनकी भूमि के आस-पास की ज़मीन को उर्वर बनाने का प्रयास किया जाये और इस काम में सार्वजनिक निवेश के माध्यम से श्रमिक उपलब्ध कराये तो यह एक अत्यन्त कारगर क़दम होगा। इससे संवृद्धि का एक ऐसा चक्र स्थापित होगा जो पर्यावरणीय और वित्तीय–दोनों ही तरह से सस्टेनेबल होगा। स्थानीय जल संरक्षण में छोटे-से-छोटा सार्वजनिक निवेश भी खेती की उत्पादकता और रोज़गार में नाटकीय बढ़ोतरी कर सकता है। उससे भी खास बात यह है कि यदि बेहतर उत्पादकता के चलते किसान एक बार कर्ज के अन्तहीन चक्र से मुक्त हो गये, तो वे आगे जल संरक्षण आदि के निजी स्तर पर भी निवेश कर पायेंगे। बहुत पहले यह तथ्य स्थापित हो चुका है कि भारतीय खेती में सार्वजनिक और निजी निवेश के बीच एक मज़बूत अनुपूरकता है। यह 'बड़े क़दम' के पक्ष में मुख्य तर्क है। एक बार पूर्व-स्थितियों (मसलन, भूमि के लिए अनुकूल स्थितियाँ और उत्पादकता बढ़ाने वाले जल संचय) के स्थापित हो जाने के बाद ग़रीब किसान भी उत्साहित होकर अपनी ज़मीन पर निजी निवेश करेंगे।

सम्पदा निर्मित करने वाले कार्य

भारत में सार्वजनिक कार्यक्रमों की आरम्भिक चर्चा में यह विचार सामने आया कि इनकी प्राथमिक भूमिका अल्पकालिक राहत उपलब्ध कराने की होनी चाहिए तथा ग़रीबी उन्मूलन के लक्ष्य को खेती में संवृद्धि की सामान्य प्रक्रिया से हासिल किया जाना चाहिए। दरअसल, इस विचार की बुनियाद में यह डर अन्तर्निहित था कि उत्पादकता बढ़ाने पर ज़ोर देने से पूँजी संयन्त्र और प्रशासन के साथ-ही-साथ कुशल श्रम पर ख़र्च में अत्यधिक बढ़ोतरी होगी। साथ ही, यह चिन्ता भी जताई गयी कि इससे खुद कार्यक्रम ख़तरे में पड़ जायेंगे क्योंकि उन्हें गलत मानकों अर्थात् पूँजी सम्पदा के सृजन से मापा जायेगा। (सेन और घोष 1993: 61) दूसरी ओर, यह तर्क दिया गया कि श्रम-केन्द्रित कार्यों पर बल देने से, ग्रामीण अर्थव्यवस्था की उत्पादक क्षमता के निर्माण के प्रभावित होने का ख़तरा रहता है। (तेन्दुलकर और अन्य 1993: 106) इन दोनों ही दृष्टिकोणों में यह मान्यता अन्तर्निहित है कि उत्पादकता में वृद्धि करने के लिए श्रम का विस्थापन आवश्यक होता है, इसके लिए पदार्थों में वृद्धि और काम के अन्तर्वस्तु में विशेषज्ञता की आवश्यकता होती है। ऐसा प्रतीत होता है कि इस प्रकार के दृष्टिकोण में "एक स्व-आरोपित नियम अपना लिया जाता है कि तकनीकी परिघटना के जादुई बक्से में क्या है, इस पर गम्भीरता से विचार करने की आवश्यकता नहीं है।" (रोसेनबर्ग 1982 : VII) यह जल संचय विकास जैसे श्रम केन्द्रित और उत्पादकता बढ़ाने वाली ज़मीन तकनीकों की सम्भावनाओं के व्यापक दायरे की उपेक्षा करता है। श्रम-केन्द्रित और सम्पदा सृजन कार्यों पर ध्यान देने वाली एक रोज़गार गारंटी योजना एक साथ बेरोज़गारी, पर्यावरणीय क्षरण, और खेती में संवृद्धि की समस्या को हल कर सकती है। और नरेगा की परिकल्पना के पीछे यही सोच काम कर रही है।

यह भी याद रखने की आवश्यकता है कि यदि उत्पादकता पर ज़ोर नहीं दिया जाता है, और इसके परिणामस्वरूप काम की गुणवत्ता और प्रकृति के बारे में कोई स्पष्ट दिशा-निर्देश नहीं होता है, तो इससे भ्रष्टाचार और कोष के दुरुपयोग में अत्यधिक वृद्धि होगी। यह भी हक़ीक़त है कि अधिकाशं सरकारी कार्यक्रम इस बीमारी से ग्रस्त हैं। इसलिए हमारे सन्दर्भ में कीन्स की रूपरेखा की तरह गड्ढा खोदना और उसे भरना ही पर्याप्त नहीं होगा।[10] हमारी स्थिति 1930 के दशक के कीन्स की स्थिति से काफ़ी अलग है।[11] हमारी अर्थव्यवस्था एक खेतिहर अर्थव्यवस्था है जो जड़ता का सामना कर रही है। और मुद्रास्फीति हमारी एक बड़ी चिन्ता बनी हुई है। कलास्की (1970) ने यह दिखाया है कि यदि आवश्यकताओं की आपूर्ति की संवृद्धि दर से राष्ट्रीय आय की संवृद्धि कम हो, तो मुद्रास्फीति उत्पन्न होगी। संवृद्धि की प्रक्रिया एक बुनियादी खेतिहर प्रतिबन्ध के अन्तर्गत कार्य करती है।[12] जब तक नरेगा पर होने वाला ख़र्च उत्पादकता बढ़ाने पर ध्यान नहीं देता है, यह मुद्रास्फीति

पैदा करने वाला साबित हो सकता है। दूसरी ओर, यदि यह उत्पादकता में सुधार करता है तो यह भारत की ग्रामीण अर्थव्यवस्था की एक प्रमुख उपलब्धि होगी।

छह नतीजे

यदि नरेगा को प्रभावकारी तरीके से लागू किया जाये तो यह कम-से-कम छह नतीजे सुनिश्चित कर सकता है। पहला, रोज़गार गारंटी सिर्फ़ संकट के समय ही राहत उपलब्ध न कराये, बल्कि यह भारतीय खेती में सूखा और बाढ़ रोकने की दिशा में दीर्घकालिक क़दम की ओर आगे बढ़े। दूसरा, यह अर्थव्यवस्था को ज़्यादा सतत संवृद्धि दर की ओर आगे बढ़ाएगा, जो प्रकृति के मनमानेपन के सामने कमज़ोर साबित नहीं होगा। तीसरा, यह संवृद्धि ग़रीबी में कमी लाने का ज़्यादा प्रभावकारी साधन साबित होगी, क्योंकि अब हम यह जानते हैं कि संवृद्धि का प्रभाव उन क्षेत्रों में ज़्यादा है, जहाँ सामाजिक बुनियादी आधार ज़्यादा विकसित है। चौथा, राज्य द्वारा प्रस्तावित रोज़गार गारंटी पर निर्भर लोगों की संख्या में समय के साथ लगातार गिरावट आयेगी। जैसे-जैसे लोगों की खेती में सुधार होगा, उन्हें नरेगा के काम की आवश्यकता नहीं रहेगी। पाँचवाँ, रोज़गार गारंटी में ख़र्च होने वाली राशि के चलते मुद्रास्फीति उत्पन्न नहीं होगी क्योंकि यह खेती की संवृद्धि को बढ़ावा देगा जिसके आधार पर सतत जीविका की एक पूरी श्रेणी निर्मित की जा सकेगी; छठा, इससे निजी निवेश करने की प्रवृत्ति भी बढ़ेगी जो द्वितीयक रोज़गार अवसर उपलब्ध कराएगी।

पिछले दो दशकों में पूरी दुनिया में आर्थिक चिन्तन में तेज़ी से जड़ वित्तीय कट्टरतावाद का प्रभुत्व बढ़ा है। किसी भी तरह वित्तीय घाटे को कम करने का जुनून सवार है। इसमें मुख्य विचार यह है कि राज्य को हर तरह की आर्थिक गतिविधि के क्षेत्र से बाहर किया जाये। इस तरह के चिन्तन में इस तथ्य पर ध्यान नहीं दिया जाता है कि राष्ट्रीय निवेशों का एक गत्यात्मक संवृद्धि बढ़ाने वाला आयाम भी होता है और भारत जैसे देश में केवल सरकार ही ऐसा निवेश कर सकती है। रोज़गार गारंटी की एक योजना संवृद्धि को बढ़ावा दे सकती है जिससे वित्तीय घाटे को कम करने में मदद मिलेगी। क्योंकि जैसे-जैसे लोगों की आय में बढ़ोतरी होगी, वैसे-वैसे सरकार का राजस्व भी बढ़ेगा। हमारी समझ के अनुसार सरकार द्वारा उपलब्ध करायी गयी गारंटी में समय के अनुसार गिरावट आनी चाहिए, क्योंकि समय के साथ लोगों को अपने खेतों से बाहर काम करने की आवश्यकता में कमी आयेगी। बहरहाल, किसानों की आत्म-हत्या और खेती के संकट के सन्दर्भ में, यदि जीडीपी का 1-2% ख़र्च होता भी है तो एक महत्त्वपूर्ण सामाजिक सुरक्षा जाल उपलब्ध कराने के लिए यह बहुत छोटी कीमत है। साथ ही, यह एक अच्छा निवेश भी है। निश्चित रूप से, निम्न स्तरीय साम्य जाल (लो लेवल इक्वलीब्रियम ट्रैप) को तोड़ने के लिए एक ऐसे बड़े पैकेज की आवश्यकता है, जिसमें स्वास्थ्य, शिक्षा और जीविका सम्मिलित

हों। किन्तु रोज़गार गारंटी इस व्यापक बदलाव की बुनियाद बन सकती है, विशेष रूप से इसलिए क्योंकि यह शासन सुधार की विशिष्ट सम्भावनाओं को जन्म देती है। किसी भी वित्तीय जवाबदेही अधिनियम को इन राष्ट्रीय प्राथमिकताओं के ऊपर स्थान नहीं दिया जा सकता है। हम ऐसा शून्य वित्तीय घाटे की स्थिति नहीं चाहते हैं, जो हमारे लाखों लोगों को भूखा, बीमार, अशिक्षित और बेरोज़गार रखे।

नरेगा में सुधार

नरेगा यूपीए सरकार द्वारा ग्रामीण भारत के लिए किये गये विभिन्न पहलों में से सर्वोत्तम प्रदर्शन-वस्तु है। यह 2004 के चुनाव के अनपेक्षित नतीजों, जिसके चलते सत्ता में उनकी वापसी हुई, के बाद उनकी सबसे महत्त्वूपर्ण प्रतिक्रिया है। किन्तु यह सुनिश्चित किया जाना चाहिए कि नरेगा नाकाम राजनीतिक नारों की शृंखला में नवीनतम कड़ी न बन जाये। नरेगा की सम्भावना को पूरी तरह से हासिल करने के लिए इसके क्रियान्वयन में कुछ महत्त्वपूर्ण सुधार करने की आवश्यकता है। नरेगा की शक्ति इसमें निहित है कि यह काम का अधिकार देता है, यह माँग से प्रेरित है और इसमें एक लक्ष्य निर्धारित और हासिल करने का संयन्त्र अन्तर्निहित है। फिर भी, यह एक वास्तविक ख़तरा है कि नरेगा भारत के विकास के विचित्र इतिहास में रोज़गार से सम्बन्धित अन्य पहलों की तरह ही नाकाम न हो जाये। पिछले कई दशकों में इस तरह के कार्यक्रमों में हज़ारों करोड़ रुपये ख़र्च हुए हैं। अधिकांश मामलों में ये पैसे भ्रष्टाचार के कारण बर्बाद ही हुए हैं।

भारत के कॉरपोरेट जगत के लिए प्रक्रियाओं को उदार, पारदर्शी और जवाबदेह बनाने की प्रक्रिया को तत्काल ग्रामीण ग़रीबों पर भी लागू किया जाना चाहिए। इसे इक्कीसवीं सदी में भारत के सुधारों में मुख्य स्थान देने की आवश्यकता है। यह अत्यन्त दुख की बात है कि हमारे राजनीतिक परिदृश्य में जहाँ दक्षिणपन्थ सार्वजनिक शुभ और समता के सन्दर्भ में बाज़ार की नाकामियों के प्रति आँख मूँदे हुए है, वहीं वामपन्थ आश्चर्यजनक रूप से सार्वजनिक क्षेत्रों में, विशेषकर सबसे ग़रीब लोगों से सम्बन्धित ग्रामीण क्षेत्र में सुधारों की आवश्यकता के बारे में उदासीन है। चाहे वह रोज़गार कार्यक्रम हो या प्राथमिक स्वास्थ्य सेवा केन्द्र या स्कूल, सरकारी वितरण व्यवस्था तकरीबन ठप्प ही रहती है। दरअसल, यह कहा जा सकता है कि लोगों की आवाज़ जितनी कमज़ोर होती है, सार्वजनिक क्षेत्र में उतनी ही ज़्यादा कमियाँ होती हैं। हम जैसे-जैसे भारत के अन्दरूनी इलाकों में जाते हैं, वैसे-वैसे भ्रष्टाचार और अकुशलता का स्तर बढ़ता जाता है। कई बार इसके चलते लोगों की ज़िन्दगी ख़तरे में पड़ जाती है, क्योंकि अकसर इन क्षेत्रों में लोगों की ज़िन्दगी सार्वजनिक क्षेत्र पर ही निर्भर होती है।

इसलिए ग्रामीण विकास में संलग्न सार्वजनिक क्षेत्रों में तत्काल सुधार किये

बग़ैर भारत के सबसे निर्धन क्षेत्रों में प्रामाणिक बदलाव लाना अत्यन्त मुश्किल है। सार्वजनिक क्षेत्र को एक ऐसे क्षेत्र के रूप में काम करना चाहिए, जो वास्तव में 'लोगों के प्रति' जवाबदेह हो। मेरा यह मानना है कि इस सन्दर्भ में 1990 के दशक में यूरोप के बहुचर्चित नव लोक प्रबन्धन (न्यू पब्लिक मैनेजमेंट–एनपीएम) की नाकामियों से काफ़ी कुछ सीखा जा सकता है। एनपीएम यह चाहता है कि सार्वजनिक क्षेत्र के सुधारों में बाज़ार सिद्धान्तों और प्रबन्धन तकनीक को मुख्य स्थान मिले। उस वक़्त कठिनाई उत्पन्न होती है जब बाज़ार के सिद्धान्तों को लोकतान्त्रिक राज्य के सबसे महत्त्वपूर्ण तत्त्वों अर्थात् पारदर्शिता, नियमितता और उचित प्रक्रिया की तुलना में ज़्यादा महत्त्व दिया जाता है। पूर्वी यूरोप निजी क्षेत्र सुधारों के एक प्रमुख विद्यार्थी वुल्फगैंग ड्रेश्चर (2005) ने यह चेतावनी दी थी कि "यह (उद्यमी नौकरशाही के छद्म रूप में) साम्राज्यवादी नौकरशाही की वापसी" कर सकता है। निश्चित रूप से, विशेषज्ञता को महत्त्व मिलना चाहिए और व्यवस्था में इसे सम्मिलित किया जाना चाहिए। लेकिन यह हमेशा ही संवाद की भावना और उत्तरदायित्व और राजनीतिक जवाबदेही की कसौटियों के भीतर होना चाहिए। दरअसल, यह सबसे कठिन चुनौती है। आख़िर हम यह कैसे सुनिश्चित कर सकते हैं कि कार्यों में स्वायत्तता भी मिले और वह निरंकुशता में भी न बदले।[13]

द टेक्नीकल कमिटी ऑन वाटरशेड प्रोग्राम इन इण्डिया (गवर्नमेंट ऑफ इण्डिया, 2006) ने भारत में ग्रामीण विकास के क्षेत्र में ग़रीब-समर्थक सुधारों की एक रूपरेखा तैयार करने की कोशिश की है। इस नये दृष्टिकोण में अन्तर्निहित सिद्धान्तों को नरेगा के क्रियान्वयन में लागू करने की आवश्यकता है। प्रत्येक स्तर पर पूर्णकालिक पेशेवरों को पद दिया जाना चाहिए। इन पेशेवर लोगों का चयन खुले बाज़ार में प्रतियोगिता के माध्यम से होना चाहिए। इसमें डेपुटेशन (प्रतिनियोजन) पर आने वाले सरकारी अधिकारियों को शामिल किया जा सकता है, किन्तु यह उन्हीं तक सीमित नहीं रहना चाहिए। वर्तमान में इस कार्यक्रम में बड़ी संख्या में ऐसे अधिकारी जुड़े हुए हैं जिन्हें इस कार्यक्रम के बुनियादी दृष्टिकोण की न तो समझ है और न ही इसके प्रति उनकी वचनबद्धता है। प्रत्येक अधिकारी के साथ एक समझौता-पत्र पर दस्तखत किया जाना चाहिए और इसमें उल्लिखित लक्ष्यों के आधार पर पंचायती राज संस्थाओं को इनके कार्यों की निगरानी तथा नतीजों की समीक्षा करनी चाहिए। नरेगा के साथ अन्य विभागों और कार्यक्रमों के बेहतर समन्वय की आवश्यकता है, ताकि सतत जीविका का निर्माण हो सके। प्रत्येक स्तर पर क्रियान्वयन की संरचना में प्रत्येक स्तर पर ग्रामीणों की भागीदारी होनी चाहिए। नरेगा की रूपरेखा में पंचायती राज संस्थाओं के प्रति जवाबदेही, ग्रामीणों की भागीदारी, सामाजिक लेखा-परीक्षा जैसे कुछ सिद्धान्त सम्मिलित हैं। लेकिन अभी इन्हें प्रभावकारी तरीके से लागू नहीं किया गया है। इसके अतिरिक्त पेशेवर लोगों की कमी और अन्य कार्यक्रमों और विभागों

से समन्वय का अभाव इसकी बड़ी कमियों के रूप में सामने आया है। अभी तक कार्यों की योजना (नरेगा के आधिकारिक दिशा-निर्देश में इस पर बल दिये जाने के बावजूद) का भी अभाव रहा है, इसलिए इसकी स्थिति भी सन्देहास्पद ही है।[14]

दरों की अनुसूची

दरों की अनुसूची (शेड्यूल ऑफ रेट्स—एसओआर) एक ऐसा क्षेत्र है जहाँ पेशेवर लोगों के मदद की दरकार है। पिछले दशक में देश के विभिन्न पिछड़े राज्यों में लाखों एकड़ भूमि पर जल संचय कार्यक्रम लागू करने के बाद, हमने यह सीखा कि इस कार्य के सभी आयामों में गाँवों के लोगों को शामिल किया जाना चाहिए। अर्थात् जल संचय के स्थल चयन, लागत के अनुमान तथा काम के मापन और उसके लिए पैसा देने जैसे प्रत्येक मामले में हमें गाँव के लोगों की मदद लेनी चाहिए। यदि हम श्रमिकों के लिए कानूनी न्यूनतम वेतन सुनिश्चित करना चाहते हैं तो आख़िरी आयाम काफ़ी महत्त्वपूर्ण है। वांछित उत्पादकता मानकों को हासिल करने का भी यही एकमात्र तरीका है। रोज़गार कार्यक्रमों में भ्रष्टाचार रोकने के लिए सिर्फ़ यही पर्याप्त नहीं है कि 'मस्टर रॉल' (हाजिरी रजिस्टर) में हेर-फेर पर रोक लगाई जाये। भ्रष्टाचार का ज़्यादा सृजनात्मक आयाम इस बात से सम्बन्धित है कि ख़र्च का अनुमान लगाते वक़्त और मज़दूर को वास्तविक मज़दूरी देते वक़्त एसओआर को कैसे परिभाषित किया जा रहा है। कई ऐसे मामले सामने आते हैं जब मज़दूरों को जानबूझकर उनका पारिश्रमिक नहीं दिया जाता है। किन्तु इसके साथ ही नरेगा के क्रियान्वयन में एक प्रामाणिक मुश्किल और गहन विरोधाभास निहित है, जो किसी मज़दूर द्वारा किये गये कार्य के मापन से सम्बन्धित है।

स्वतन्त्रता प्राप्ति के समय से ही ग्रामीण रोज़गार कार्यक्रमों के अन्तर्गत किये जाने वाले कार्य को एसओआर द्वारा मापा जाता रहा है। यह एक ऐसी अनुसूची है जो ऐसे दर उपलब्ध कराती है जिसके माध्यम से मज़दूर द्वारा किये गये काम का मूल्य आँका जाता है। एसओआर द्वारा दिये गये मूल्य के आधार पर ही लोगों को उनके कार्य का पारिश्रमिक प्रदान किया जाता है। आम लोगों को यह स्पष्ट समझ नहीं होती है कि एसओआर की दर कैसे तय की जाती है और इस दर का कैसे उपयोग किया जाता है। बहरहाल, एसओआर नरेगा के अन्तर्गत काम करने वाले लोगों के हितों को काफ़ी गहरे रूप से प्रभावित करते हैं। नौ नरेगा राज्यों के एसओआर का सावधानीपूर्वक अध्ययन करने के बाद विजय शंकर और अन्य (2006) ने यह दिखाया है कि वर्तमान में जिस एसओआर का उपयोग किया जा रहा है उसमें यन्त्रीकरण और ठेकेदारों का उपयोग तकरीबन अनिवार्य है। साथ ही, इसमें न्यूनतम वेतन मिलना तकरीबन नामुमकिन है। यदि कानूनी रूप से न्यूनतम मज़दूरी देने वाले ग्राम पंचायतों के लिए दर बढ़ाये नहीं जाते हैं, और नरेगा के अन्तर्गत

मशीनों के उपयोग को रोका नहीं जाता है तो उनके लिए जारी की गयी राशि में काम पूरा करना तकरीबन नामुमकिन होगा। यह भ्रष्ट व्यवहार को बढ़ावा देगा, मसलन लोग अपने काम की भौतिक मात्रा को बढ़ा-चढ़ाकर बतायेंगे। निर्धारित लक्ष्य और वास्तविक नतीजों में कोई मेल नहीं होगा (सिर्फ़ काग़ज़ों पर ही ऐसा होगा)। या मज़दूरों को उनका वास्तविक हक नहीं मिलेगा। ऐसे में, डर यह है कि नरेगा एक ऐसे कार्यक्रम में तब्दील हो सकता है जिसमें आम लोग भागीदारी नहीं करेंगे और मुख्य रूप से ठेकेदार ही कार्यक्रम को संचालित करेंगे। इसलिए यह आवश्यक है कि इन दरों के बारे में फ़ैसला करने की प्रक्रिया को ज़्यादा पारदर्शी और सहभागी बन जाये। नरेगा के अन्तर्गत एक ऐसा कार्यात्मक दल बनना चाहिए जो हर ज़िले में यह कार्य करे। इस दल में गाँव और ज़िला पंचायत प्रतिनिधि, स्थानीय गैर-सरकारी संगठन (एनजीओ), स्वतन्त्र पेशेवर लोग, सरकारी अधिकारी और इंजीनीयर शामिल होने चाहिए। इस दल को समय और गति के एक नये अध्ययनों के आधार पर ज़िला स्तर पर नया एसओआर तैयार करना चाहिए।

सूचना तकनीक की भूमिका

सूचना तकनीक भ्रष्टाचार को रोकने का एक शक्तिशाली माध्यम है। नरेगा में सुधारों के एक मुख्य घटक के रूप में इसका प्रयोग किया जाना चाहिए। आन्ध्र प्रदेश ने सबसे अच्छी तरह यह दिखाया कि नरेगा के प्रत्येक कार्य का कम्प्यूटरीकरण किया जा सकता है। अर्थात् यहाँ मज़दूरों के पंजीकरण से लेकर 'जॉब कार्ड' के निर्माण तक तथा काम की तैयारी से सम्बन्धित आकलनों से लेकर 'मस्टर रॉल' तक—हर तरह की सूचना कम्प्यूटर में दर्ज है। इससे सिर्फ़ कार्यकुशलता ही नहीं बढ़ती है, बल्कि इससे नरेगा को सार्वजनिक जाँच भी आसान हो जाती है जिससे ज़्यादा पारदर्शी व्यवस्था स्थापित होती है। यहाँ राज्य में प्रत्येक जारी किये गये कार्ड, आरम्भ किये गये हर कार्य और कहीं भी पैसे की अदायगी का एक अनूठा पहचान कोड है। वेब पर यह सभी सूचनाएँ तुरन्त हासिल की जा सकती हैं, इसलिए कोई भी इन वेब पर इन सूचनाओं को देख सकता है और फिर क्षेत्र में जाकर यह भी देख सकता है कि वास्तव में काम हुआ है या नहीं। बहरहाल, सूचना तकनीक कोई जादू की छड़ी नहीं है, और लोग 'दिमाग़ लगाकर' कम्प्यूटरीकरण का तोड़ भी निकाल सकते हैं। ऐसा नरेगा के बहुत से कार्यस्थलों पर हुआ है जहाँ मशीन के द्वारा काम हो रहा है, किन्तु ऐसे मज़दूरों को पारिश्रमिक देने की सूचना दर्ज की जाती है जो घर पर ही रहते हैं। इन मज़दूरों को हर रोज़ एक छोटी राशि दे दी जाती है, इसके बाद ये मशीन ठेकेदार के काम में कोई हस्तक्षेप नहीं करते हैं जो इनके 'वेतन' का एक बड़ा हिस्सा डकार जाता है। स्पष्टतः भ्रष्टाचार पर रोक लगाने के लिए लोगों द्वारा की जाने वाल सजग निगरानी ही सबसे कारगर हथियार है।

मुझे इसका काफ़ी अफ़सोस है कि नरेगा के अन्तर्गत 100 दिनों के लिए ही रोज़गार गारंटी दी जा रही है। और यह 100 दिन भी एक पूरे परिवार के लिए है। यह इस कानून की एक प्रमुख कमज़ोरी है। ज़रूरतमन्द लोगों द्वारा काम के अधिकार का प्रयोग किया जाना चाहिए। यह कमोबेश 100 दिनों का हो सकता है। गम्भीर सूखे का सामना कर रहे क्षेत्रों में इसकी ज़्यादा आवश्यकता हो सकती है। अन्य मौसमों और स्थानों पर काम की आवश्यकता कम होगी। क्या सरकार यह कह रही है कि वह इस अधिकार का उस वक़्त सम्मान नहीं करेगी, जब लोगों को इसकी सबसे ज़्यादा आवश्यकता होगी? दरअसल, पहले से ही 100 दिनों की सीमा नरेगा के क्रियान्वयन में कई तरह की समस्याएँ पैदा कर रही है। कई बार किसी गाँव में 100 दिन का जॉब कार्ड रखने वाले लोगों की संख्या इतनी कम होती है कि इससे उस गाँव के लिए महत्त्वपूर्ण कार्य पूरा नहीं हो पाता है। मसलन, ऐसे में यदि किसी बाँध का काम अधूरा रह जाता है तो यह बरसात के वक़्त टूट सकता है। ओडिशा के एक ज़िले में काफ़ी बड़ी संख्या में लोग काम की तलाश में बाहर जाते हैं। यहाँ सिर्फ़ प्रति परिवार 100 दिनों की रोज़गार गारंटी लोगों को अपने गाँव से दूर जाने से रोकने के लिए अपर्याप्त है। यदि लोगों को यह लगता है कि पर्याप्त काम नहीं है, तो वे नरेगा के काम के बावजूद काम की तलाश में अन्य स्थानों पर जायेंगे। यह देखते हुए कि भारत के विकास अनुभव की सबसे समस्याग्रस्त विशेषता अन्तर-क्षेत्रीय असमानता है, इस पर गम्भीरता से विचार किया जाना चाहिए कि कम-से-कम सर्वाधिक पिछड़े ज़िलों में लोगों को 180 दिनों के रोज़गार की गारंटी मिले। योजना आयोग द्वारा तैयार की गयी इन ज़िलों की सूची के आधार पर ऐसा किया जा सकता है।

नागरिक समाज और नरेगा

नरेगा कानून का बनना भारत में नागरिक समाज के कार्रवाई की एक क्लासिक सफल कहानी है। नरेगा निर्माण के प्रत्येक स्तर पर काम के अधिकार अभियान (कैम्पेन फॉर राइट टू वर्क) को सम्मिलित किया गया। इस अभियान ने सरकार पर जबरदस्त दबाव डाला, जिसने संसद में इस कानून के पारित होने में अहम भूमिका अदा की। अब जब हम नरेगा में सुधारों पर विचार कर रहे हैं तो एक बार से फिर नागरिक समाज की भूमिका काफ़ी महत्त्वपूर्ण हो जाती है। हालाँकि यह कुछ हद तक भिन्न भी है। पहले मुख्य चुनौती यह थी कि एक अभियान के रूप में काम करते हुए सरकार पर यह कानून पारित करने के लिए दबाव डाला जाये, अब प्रमुख काम यह है कि नरेगा को ज़मीनी स्तर पर सही तरीके से लागू करने का प्रयास किया जाये। प्रश्न यह है कि क्या नागरिक समाज इस भूमिका के लिए तैयार है?

हम अपने देश में स्वैच्छिक कार्रवाई की समृद्ध इतिहास में दो प्रवृत्तियों को

रेखांकित कर सकते हैं : पहला, राज्य से टकराव, चरमपन्थ के विविध रूपों में इसके सर्वोच्च रूप का प्रतिनिधित्व देखा जा सकता है; और दूसरा, खुद को राज्य के एक विकल्प के रूप में प्रस्तुत करना, जिसमें निजीकरण की तरफ़दारी एक रैडिकल दृष्टिकोण के रूप में सामने आती है। यह दूसरी प्रवृत्ति बड़े-बड़े एनजीओ में पायी जाती है, जो यह चाहते हैं कि विकास का कार्य उन्हें दे दिया जाये और सरकार इसमें कोई दखल न दे। ये दोनों प्रवृत्तियाँ क्रमशः वामपन्थ और दक्षिणपन्थ के चरम रूपों से सम्बन्धित हैं। एक राज्य को दमनकारी मानता है और दूसरा अनधिकार हस्तक्षेप करने वाला। बहरहाल, यदि नागरिक समाज को नरेगा सफल बनाने की दिशा में काम करना है, तो इन दोनों ही दृष्टिकोणों को पूरी तरह त्यागने की आवश्यकता है। नरेगा को पारित करवाने के लिए काम करने वाले कार्यकर्ताओं को यह समझने की आवश्यकता है कि शायद यह भारत के वंचित लोगों के पक्ष में प्रबोधित राज्य कार्रवाई के एजेण्डा को आगे बढ़ाने का आख़िरी मौक़ा है। सारा बौद्धिक विमर्श नरेगा के सही होने या इसके विफल होने पर केन्द्रित हो चुका है (यह सरकार में बैठे बहुत से लोगों के लिए अपनी भविष्यवाणी सही होने की आत्म-सन्तुष्टि जैसा है)। किन्तु यह याद रखने की ज़रूरत है कि नरेगा की विफलता कल्याणकारी और विकास राज्य के ताबूत की आख़िरी कील साबित हो सकती है। इसलिए यह आवश्यक है कि एक्टिविस्ट अपने नज़रिये को सिर्फ़ आलोचनात्मक न रखते हुए उसे एक नवीन दिशा प्रदान करें। उन्हें यह समझने की आवश्यकता है कि नरेगा 'उनका' कार्यक्रम है, और केवल इसकी कमियाँ उजागर करने से कुछ भी हासिल नहीं होगा। निश्चित रूप से, कमियों की ओर ध्यान दिलाया जाना चाहिए, लेकिन ऐसा इस कार्यक्रम को पूरी तरह खारिज करने की भावना से नहीं किया जाना चाहिए।

इसी प्रकार, यह आवश्यक है कि बड़े एनजीओ खुद को मानसिक रूप से, नरेगा के क्रियान्वयन में सुधार के कठिन कार्य के लिए तैयार करें। उन्हें यह समझना होगा कि अपने लिए एक आरामदेह और पृथक दायरा बना लेने से कुछ नहीं होगा। गैर-सरकारी संगठनों को यह उम्मीद भी नहीं करनी चाहिए कि वे सरकार का स्थान ले लेंगे। इसका एक कारण तो यह कि सरकार को जितने बड़े पैमाने पर काम करना होता है, एनजीओ के लिए ऐसा करना मुमकिन नहीं है। दूसरा, इससे महत्त्वपूर्ण बात लोकतान्त्रिक शासन से सम्बन्धित जवाबदेही का प्रश्न है। यह ज़रूरी है कि नागरिक समाज यह समझे कि उसकी प्राथमिक भूमिका यह है कि वह राज्य संस्थाओं की पारदर्शिता और जवाबदेही सुनिश्चित करे। साथ ही, इसे पंचायतों के साथ सहयोग करते हुए ज़्यादा-से-ज़्यादा सशक्त बनाने का प्रयत्न करना चाहिए। हमें यह स्वीकार करना चाहिए कि यदि नरेगा को सम्पूर्ण प्रावधानों के साथ वास्तव में लागू कर दिया गया, तो शायद यह ग्रामीण शासन में एक क्रान्ति की शुरुआत कर सकता है। यह पारदर्शिता, सामाजिक लेखा-परीक्षा और ई-गवर्नेंस के अपने

अभूतपूर्व संयन्त्रों के माध्यम से गाँवों में ज़मीनी स्तर पर एक सच्चे सहभागी और सशक्त लोकतन्त्र की स्थापना कर सकता है।[15]

ग्राम पंचायतें

तो मेरे हिसाब से नरेगा को सफल बनाने के लिए नागरिक समाज की क्या भूमिका होनी चाहिए? इसे स्पष्ट करने के लिए सबसे पहले मैं नरेगा की उस सर्वाधिक अहम विशेषता को रेखांकित करना चाहता हूँ जो इस कार्यक्रम को सफल या विफल कर सकता है? यह विशेषता नरेगा का वह प्रावधान है जिसके अनुसार ग्राम पंचायत को मुख्य क्रियान्वयन एजेंसी बनाया गया है। इससे यह आशा बँधती है कि नरेगा योजनाओं में ज़्यादा पारदर्शिता होगी और लोग इसे अपनी योजना के रूप में स्वीकार करेंगे। पंचायती राज संस्थाएँ ज़मीन स्तर पर भारतीय लोकतन्त्र का स्थायी चेहरा हैं। यह सच है कि कई निहित स्वार्थी तत्त्वों के चलते ये संस्थाएँ भी कई गम्भीर समस्याओं और भ्रष्टाचार से ग्रस्त हैं, किन्तु भारत में लोकतन्त्र के फलने-फूलने के लिए यह आवश्यक है कि स्थानीय स्वशासन की इन संस्थाओं को ज़्यादा सशक्त बनाया जाये। ऐसा करके ही सबसे ग़रीब तबके के अधिकारों की सुरक्षा की जा सकती है और उन्हें मज़बूत बनाया जा सकता है। अभी तक भारत में पंचायती राज संस्थाओं की एक प्रमुख कमी यह रही है कि इन्हें काफ़ी कम वित्तीय शक्तियाँ दी गयी हैं। नरेगा इस स्थिति में बदलाव करने की ओर अग्रसर है।

लेकिन एक गम्भीर मसला यह है कि पंचायती राज संस्थाओं में क्रियान्वयन की क्षमता का अभाव है। नरेगा के क्रियान्वयन में इन्हें समर्थ बनाने वाली सहायक संरचना पूरी तरह अपर्याप्त है। अधिकांश राज्य, ज़्यादा-से-ज़्यादा सिर्फ़ ग्राम रोज़गार सेवक उपलब्ध कराते हैं। यह तकरीबन नामुमकिन है कि सिर्फ़ इस एक कर्मचारी के सहारे इतने महत्त्वाकांक्षी कार्यक्रम को, इसकी सभी आवश्यकताओं के साथ प्रभावकारी तरीके से लागू किया जा सकता है। साथ ही, ग्राम सभा की आम सभा में नरेगा की योजनाओं को प्रस्तुत किया जाता है, उनकी व्याख्या होती है और उन्हें अनुमोदन प्रदान किया जाता है। जब इस अनुमोदित योजना का क्रियान्वयन शुरू होता है, प्रत्येक स्तर पर ग्राम सभा द्वारा इसकी सामाजिक लेखा-परीक्षा होनी चाहिए। भारत के कई भागों में यह महत्त्वपूर्ण संस्था अभी भी शैशवावस्था में है और कई अन्य स्थानों पर इसका क्षरण हो गया है। दोनों ही स्थितियों में इसे मज़बूत और जीवन्त बनाने की आवश्यकता है।

दरअसल, यहीं ज़मीनी स्तर पर काम करने में नागरिक समाज संगठनों की महत्त्वपूर्ण भूमिका है। इन्हें पंचायती राज संस्थाओं को शासन की ऐसी संस्थाओं में बदलने का प्रयास करना चाहिए जिससे भारत में सहभागी लोकतन्त्र की जड़ें मज़बूत हों। लेकिन इसके लिए भारत के स्वैच्छिक क्षेत्र की सोच में काफ़ी परिवर्तन करने की

आवश्यकता है क्योंकि अभी इस क्षेत्र के संगठन पंचायती राज संस्थाओं को या तो प्रतियोगी के रूप में देखते हैं या फिर विरोधी के रूप में। हालाँकि बहुत से नागरिक समाज संगठनों का यह अनुभव रहा है कि पंचायती राज संस्थाएँ उनके किसी भी तरह हस्तक्षेप को नकारात्मक मानती हैं। इसका कारण यह है कि ऐतिहासिक रूप से पंचायती राज संस्थाओं का नेतृत्व सत्ता की उन संरचनाओं से उभरा है, जिनका सदियों से, या बहुत से मामलों में दशकों से ग्रामीण भारत पर प्रभुत्व रहा है। ये निहित स्वार्थी तत्त्व नागरिक समाज संगठनों द्वारा समता या पारदर्शिता की दिशा में लाये जाने वाले छोटे-से-छोटे बदलावों का विरोध करते हैं। लेकिन मैं इस बात पर बल देना चाहता हूँ कि यह सब परिवर्तन की शुरुआत है। बहुत से मामलों में, प्रबोधित नागरिक समाज संगठनों की सक्रियता के चलते ही पंचायती राज संस्थाओं से नये कैडर जुड़ते हैं और जोशीला नेतृत्व उभरकर सामने आता है। इससे नागरिक समाज संगठनों और पंचायती राज के बीच मज़बूत सहयोग का विकास होता है। दरअसल, इसी सहयोग में भारत के सशक्त लोकतन्त्र के भविष्य की चाबी है।

पिछले कुछ महीनों में हमारी संस्था 'समाज प्रगति सहयोग' ने इस दिशा में कुछ छोटे क़दम उठाये हैं। हमने पंचायती राज संस्थाओं से मिलकर नरेगा को सफल बनाने के प्रति वचनबद्ध और ज़मीनी स्तर पर कार्य करने वाले नागरिक समाज संगठनों का एक राष्ट्रीय संघ बनाया है। ऐसे बहुत से नागरिक समाज संगठनों के साथ पंचायत के नेता भी जुड़े हुए हैं। ये नरेगा के सफल क्रियान्वयन के लिए पंचायती राज संस्थाओं को आवश्यक समर्थन उपलब्ध करायेंगे। पंचायती राज संस्थाओं ने इन संगठनों को नरेगा को लागू करने और उसकी सामाजिक लेखा-परीक्षा की योजना बनाने हेतु इन नागरिक समाज संस्थाओं को औपचारिक रूप से आमन्त्रित किया है। 'समाज प्रगति सहयोग' जैसे ज़्यादा अनुभवी संगठनों की एक पूरी श्रेणी अन्य नागरिक समाज संगठनों को नरेगा के क्रियान्वयन और जल संचय की योजना बनाने के लिए हर तरह की तकनीकी और साज-सामान की मदद पहुँचाएगी। इसके साथ ही, वह उन्हें जीविका के अन्य विकल्प उपलब्ध कराने के सम्बन्ध में भी मदद देगी। यदि हम सचमुच नरेगा में सुधार करना चाहते हैं तो हमें यह प्रयास करना चाहिए कि सरकार एक ऐसी संरचना बनाने के लिए सहमत हो जाये जो इसके क्रियान्वयन के आरम्भिक स्तर से ही पूरी प्रक्रिया मददगार की भूमिका निभाये। हमें यह उम्मीद है कि हमारे राष्ट्रीय संघ का काम इस दिशा में एक उदाहरण प्रस्तुत करेगा।

यह स्वैच्छिक क्षेत्र के भीतर निर्मित सहयोग का एक मॉडल है, किन्तु इस प्रकार के अन्य मॉडलों के अभाव हमारी सबसे बड़ी कमज़ोरी है। इस तरह के सहयोग में एक दूसरे से सीखने के प्रति खुला रवैया और विनम्रता होनी चाहिए। यहाँ किसी एक के ज्ञान का महिमागान नहीं होना चाहिए। यह पारस्परिक जवाबदेही की ऐसी रूपरेखा पर आधारित होना चाहिए जहाँ निर्णय आत्म-सम्मान रखने वाले सहयोगियों

के बीच संवाद द्वारा होना चाहिए और इन सहयोगियों का एक-दूसरे के प्रति भी सम्मान होना चाहिए। अन्तःअनुशासनात्मक विनिमय की निरन्तर प्रक्रिया और प्रत्येक स्तर पर भागीदारों को सम्मिलित करने से ही समाधान सामने आ सकते हैं। यह 'व्यापक निरर्थकता' (कैसकेडिंग रिडन्डेंसी) का विज़न है, इसमें जैसे-जैसे लोगों और उनकी संस्थाओं का विकास होता है, वैसे-वैसे समय के साथ हम (गैर-सरकारी संगठन या एनजीओ) कम महत्त्वपूर्ण होते जाते हैं। दरअसल, निरर्थकता की सीढ़ी पर ऊपर चढ़ने के साथ हमारी भूमिका बदलती जाती है। भले ही हम कुछ अन्य ज़िम्मेदारियों का निर्वहन करते रहते हैं किन्तु कई मामलों में पूरी तरह निरर्थक हो जाते हैं।

एक नयी ग्रासरूट राजनीति

हालाँकि ऐसी स्थिति लाने के लिए हमें शायद इस प्रकार का आवश्यक बदलाव लाने वाली राजनीति का पुनःपरीक्षण करने की आवश्यकता है। यह प्रामाणिक ऐतिहासिक तथ्य है कि शक्तिशाली जन-आन्दोलनों ने मज़बूत और गहन लोकतन्त्र की स्थापना में महत्त्वपूर्ण भूमिका निभाई है। लेकिन शक्ति को मनमानेपन से नहीं जोड़ा जाना चाहिए, जिसमें टकराव सुलझाने का कोई रास्ता नहीं होता है। विरोध पर आधारित आन्दोलन कई बार अपने दृढ़ और कट्टर दृष्टिकोण के चलते कमज़ोर हुए हैं। उनकी सफलता के लिए लचीलापन और हर किसी के लिए लाभप्रद हल करने की कल्पना महत्त्वपूर्ण है, जो भयंकर टकराव की स्थिति में भी संवाद का स्थान खुला रखती है।

एक टकराव को हार या जीत के क्षेत्र में नहीं बदलना चाहिए। इसे एक ऐसी समस्या के रूप में देखना चाहिए जिसके समाधान की तलाश हो रही है। एक टकराव की स्थिति में जीत की नहीं, बल्कि समाधान की ज़्यादा आवश्यकता होती है। दरअसल, यह कहा जा सकता है कि नैतिकता के क्षेत्र में समाज को आगे ले जाने वाली एक ऐसी 'हार' भी श्रेयस्कर है, जिससे वंचित तबकों को ताकत मिले, सत्ताधारी लोग ज़्यादा संवेदनशील बनें और लोकतन्त्र को ज़्यादा गहराई मिले। यह 'हार' ऐसी जीत से ज़्यादा श्रेयस्कर है जो इन लक्ष्यों को हासिल करने में नाकाम रहती है। यह प्रक्रिया यदि नतीजे से ज़्यादा महत्त्वपूर्ण नहीं है, तो कम-से-कम उतनी महत्त्वपूर्ण अवश्य है। जब अन्याय असहनीय हो जाता है तो इसके पीड़ितों पर हिंसा का सहारा लेने का जबरदस्त दबाव होता है। सत्ताधारियों द्वारा उनके खिलाफ़ की जाने वाली अमानवीय हिंसा के कारण उत्पन्न होने वाली असहनीय और असीमित वेदना तथा इन्हें एक ऐतिहासिक अनिवार्यता की तरह अपने खिलाफ़ हिंसक व्यवहार करने वाले सत्ताधारियों के साथ वैसा ही व्यवहार करने के लिए मजबूर करती है। बहरहाल, इतिहास से यह सबक भी मिलता है कि ख़ूनी कार्रवाई से कोई जल्दी समाधान सामने नहीं आता, बल्कि इसके लिए धैर्य और संयम महत्त्वपूर्ण होते हैं। ख़ूनी कार्रवाई से केवल क्रूरता में बढ़ोतरी होती है तथा इससे हिंसा और प्रति-हिंसा की एक अन्तहीन

शृंखला शुरू हो जाती है। अक्सर सबसे कमज़ोर तबके की भलाई के नाम पर हिंसा को सही साबित करने का प्रयास किया जाता है, किन्तु इससे ज़्यादा इसी तबके के लोगों को प्रताड़ित होना पड़ता है। और अन्त में इससे वे विभाजन और ज़्यादा बढ़ते हैं जिन्हें ख़त्म करने के नाम पर इसे शुरू किया जाता है।

हमें अहिंसक गोलबन्दी और सशक्तीकरण धीमा और ज़्यादा मुश्किल रास्ता तैयार करना होगा। यह केवल रणनीतिक रूप से ही स्पष्ट विकल्प नहीं है, यह उत्तरदायित्व और नैतिकता से परिपूर्ण तरीका भी है। हमें सिर्फ़ गलत बातों पर सवाल खड़ा करते हुए उनका विरोध ही नहीं करना है, बल्कि हमें खुद को इतना मज़बूत और आत्म-विश्वास से परिपूर्ण भी बनाना है ताकि हम सम्पूर्ण विश्व के लिए अनुभवातीत परिकल्पना प्रस्तुत कर पायें। और हमारी यह परिकल्पना उन लोगों के लिए भी होनी चाहिए जो आज हमारे शत्रु हैं। हमारे अपने समय में इसका सर्वोत्तम उदाहरण नेल्सन मण्डेला के जीवन और कार्यों में मिलता है। रंगभेद करने वाले शासन के अन्तर्गत दक्षिण अफ्रीका के काले लोगों को घोर अन्याय और अत्याचार का सामना करना पड़ा। इससे ज़्यादा गम्भीर अन्याय की कल्पना करना भी कठिन है। इससे हम यह आसानी से समझ सकते हैं कि मण्डेला पर बदला लेने का जबरदस्त दबाव रहा होगा। लेकिन वे हमेशा ही एक साथ सत्य और मेल-मिलाप की बात करते रहें। नेल्सन मण्डेला की एक प्रमुख प्रेरणा महात्मा गाँधी थे। गाँधी यह मानते थे कि एक अन्यायपूर्ण दुनिया में बदलाव करने के लिए बल का प्रयोग आवश्यक है। लेकिन गाँधी द्वारा बल का प्रयोग हमारे समय में बिल्कुल ही नये तरह की राजनीति को अभिव्यक्त करता है, जिसमें हम हमेशा 'पीड़ित होने' की भावना के अधीन नहीं होते हैं। अन्याय से पीड़ित लोग हमेशा पूरी तरह अपनी यातना से ही निर्मित नहीं होते हैं। उनकी पहचान उनके शोषक द्वारा निर्मित पहचान से आगे जाती है।

यदि हम ऐसा वास्तविक विकास चाहते हैं जो लोगों को विभाजित करने के बजाय उनमें एकता लाये, तो हमें अन्याय या गलत कार्य करने वाले लोगों के विरोध का नया तरीका खोजना होगा। हमें एक ऐसा सामान्य आधार तैयार करना होगा, जिससे जो लोग आज विरोधी खेमे में हैं, वे आख़िरकार हमसे सहमत हो जायें। यह तरीका इस समझ पर आधारित होना चाहिए कि हम भी गलत हो सकते हैं। हमें यह प्रयास करना चाहिए कि हम खुद भी सीखते रहें तथा खुले मन से और प्यार से दूसरों तक पहुँचने का प्रयास करें। इसलिए यह रास्ता एक निरन्तर आत्म-आलोचना और पुनःपरीक्षण का रास्ता है। इसमें अपने दृष्टिकोण के किसी गलत पक्ष को स्वीकारने का अर्थ भ्रम या कमज़ोरी नहीं माना जायेगी। इसके बजाय, इस जागरूकता को हम ताकत के एक स्रोत के रूप में देखेंगे।

नये मानक

हमें हमेशा ही यह सम्भावना स्वीकारनी चाहिए कि हमारी ही दुनिया अन्तिम और विशिष्ट 'सत्य' नहीं है। असल में, हममें खुद पर हँसने की क्षमता होनी चाहिए। यह ज्याँ पॉल सार्त्र द्वारा वर्णित उस 'गम्भीरता के आवरण' को ठीक करने की तरह होगा, जिसने तकरीबन सभी सामाजिक कार्यकर्ताओं को घेर रखा है। इस पूरी सोच में धरती पर एक हलका पदचिह्न छोड़ने पर बल दिया जाता है। इस तरह से हम जवाबदेही के बिल्कुल ही नये मानक स्थापित कर सकते हैं। इसके लिए सबसे पहले हमें अपने अन्तर्मन में झाँकना होगा और अपने लिए एक सर्वोच्च मानक तय करना होगा। यदि कोई पुरुष या महिला दुनिया को बदलना चाहता/चाहती है तो उसे यह प्रक्रिया अपने-आप से शुरू करनी होगी। इसका अर्थ है कि उसे अन्य लोगों से अवमानना, ग़ुस्सा और नफरत की भाषा में बातचीत नहीं करनी चाहिए, बल्कि दया, करुणा और विनम्रता को अपने व्यवहार का अभिन्न अंग बनाना चाहिए। इसमें समय लगता है और इसके लिए अत्यधिक 'सब्र' की आवश्यकता है। हममें से जो लोग देश के अन्दरूनी और दूर-दूराज के इलाकों में ज़मीनी स्तर पर बदलाव के लिए काम कर रहे हैं, उनके लिए यह रास्ता ज़्यादा दुष्कर है। हर रोज़ कोई-न-कोई ऐसी घटना घट जाती है कि सब्र हमारा साथ छोड़ने लगता है। लेकिन हर दिन हम खुद को इस लक्ष्य के प्रति समर्पित करते हैं। हमारे पास कोई अन्य विकल्प नहीं है, कोई भी अन्य रास्ता विनाशक और आत्मघाती होगा।

प्रसिद्ध गाँधीवादी सतीश कुमार ने सभी आध्यात्मिक परम्पराओं के सन्देश को संक्षेप में अभिव्यक्त करते हुए कहा है कि 'आप हैं, इसलिए मैं हूँ'। यह विभिन्न जीवों के अविभाज्य जुड़ाव की पुष्टि करता है, जिसे बुद्ध ने अत्यन्त प्रभावशाली तरीके से अभिव्यक्त किया है। इस तरह की एकता ऐसी शब्दावली और व्याकरण को अनावश्यक और त्याज्य बना देती है जिसमें हम अपने विरोधी से किसी प्रकार का समझौता न करने का रुख अपनाते हैं। *भगवद्गीता* में भी हम ऐसी भावना पा सकते हैं, जब कृष्ण अर्जुन से यह कहते हैं कि उन्हें लोकसंग्रहण स्थापित करने की भावना से काम करना चाहिए। (श्लोक 20, अध्याय) यह एक ऐसी विश्व-दृष्टि है जो सभी जीवों में समरसता को स्वीकार करती है और इन सभी में सर्वोच्च यथार्थ स्थिर रहता है। "वास्तव में, जनक और अन्य ने कार्य द्वार की पूर्णता हासिल की; आमजन की सुरक्षा की चिन्ता करते हुए भी तुम्हें अपना कर्म करना चाहिए।"

आगे का रास्ता यही है कि हम अपने उन लाखों लोगों के सशक्तीकरण के लिए कार्य करें, जो संविधान से कम-से-कम एक पीढ़ी पीछे छूट गये हैं। इसके लिए यह आवश्यक है कि हम ज़मीनी स्तर पर लोकतान्त्रिक संस्थाओं के संचालन से जुड़ी छोटी-से-छोटी बातों पर भी गौर करें तथा विकास के लिए कठिन परिश्रम करें। यह एक ज़्यादा सन्तुलित और धीरज वाली राजनीति होगी, जो कल्पना और

सकारात्मक ऊर्जा के साथ लोगों को इतना सामर्थ्यवान बनायेगी कि वे उन्हें मिले स्थान का उपयोग कर पायें। जब आज़ादी के बाद गाँधी कांग्रेस को चुनावी क्षेत्र में सक्रिय राजनीतिक दल के रूप में भंग करना चाहते थे तो उनके मन में शायद यही भावना थी। वे यह चाहते थे कि सत्ता की राजनीति से सशक्तीकरण की राजनीति की ओर बढ़ा जाये। वे यह मानते थे कि एक आन्दोलन से जैसे मूल्य अन्तर्निहित होते हैं, उससे वैसे ही नतीजे सामने आते हैं। यदि हमारे अपने कार्य और संस्थाएँ अर्जन करने की लालसा और सन्देह से परे नहीं जाते हैं, तो हम एक ऐसा समाज नहीं बना सकते हैं जो इन भावनाओं से परे हो। हमारी राजनीति में धैर्य, सन्तुलन और संयम के मूल्यों के शाश्वत आध्यात्मिक मूल्यों को समाहित किया जाना चाहिए।

भारतीय लोकतन्त्र का भविष्य

लेकिन सिर्फ़ ज़मीनी स्तर पर बदलाव के लिए संघर्ष कर रहे लोगों को ही इन मूल्यों को अपनाने की आवश्यकता नहीं है। हर किसी को इन मूल्यों को अपने जीवन और कार्य का अभिन्न हिस्सा बनाना चाहिए। भारत के प्रधानमन्त्री मनमोहन सिंह ने कॉरपोरेट जगत से यह कहा था (सिंह 2007) कि यह शासक वर्गों के अपने हित में है कि वे ऐसे व्यवहार अपनाएँ जिससे असमानता दूर हो और पारिस्थितिक सन्तुलन पुनर्स्थापित हो।[16] सिर्फ़ मुनाफ़े पर ध्यान देने से प्रकृति का नाजुक सन्तुलन ख़तरे में पड़ जाता है। कॉरपोरेट सेक्टर को जल के पुनर्चक्रण की प्रक्रिया सुनिश्चित करने पर ध्यान देना चाहिए। इससे जहाँ इसके द्वारा जल के अत्यधिक उपभोग से पैदा होने वाली समस्या पर नियन्त्रण होगा, वहीं उद्योगों द्वारा अपना कचरा नदी आदि में छोड़ने से पैदा होने वाली प्रदूषण की गम्भीर समस्या पर भी क़ाबू पाना आसान हो जायेगा। सरकार को ऐसे कानून बनाकर उन्हें सख्ती से लागू करना चाहिए जिसमें उद्योगों के लिए इन उपायों को अपनाने को अनिवार्य बना दिया जाये। यही बात ऊर्जा की सुरक्षा और पर्यावरण की हिफाजत करने वाली तकनीकों के सन्दर्भ में भी लागू होती है।

प्रधानमन्त्री ने जिस बात की वकालत की, उसका सबसे अच्छा उदाहरण यूरोप, विशेषकर स्कैण्डिनेविया में सामने आता है। यहाँ इस पर व्यापक सहमति बनी कि सार्वभौमिक सामाजिक व्यवस्था, शिक्षा और स्वास्थ्य की व्यवस्था होनी चाहिए। इसके चलते उच्च स्तर का कर लगाने पर भी सहमति बनी ताकि इन कार्यक्रमों के लिए संसाधन की व्यवस्था की जा सके। स्कैण्डिनेविया की इस सामाजिक आम-सहमति को हितों के टकराव को सुलझाने के तरीके पर भी लागू किया गया। स्वीडिश रोज़गारदाताओं ने आर्थिक मन्दी के दौरान यह प्रयास किया वे लोगों को काम से नहीं निकालें या उनके वेतन में कटौती न करें। इस स्थिति में, ट्रेड यूनियनों ने भी अतार्किक रूप से ज़्यादा वेतन की माँग नहीं की क्योंकि इससे स्वीडिश उत्पाद

और महँगे हो जाते, इससे विश्व बाज़ार में स्वीडेन की सहभागिता कम होती, जो आख़िरकार मज़दूरों को ही नुक़सान पहुँचाती।[17]

यदि भारत के सुधारक ज़्यादा लचीला बाज़ार चाहते हैं, तो उन्हें ऐसी नीतियाँ बनानी होंगी जो यह सुनिश्चित करें कि नौकरी खोने वालों को एक नौकरी से दूसरी नौकरी मिलने तक आर्थिक मदद उपलब्ध करायी जायेगी। साथ ही, जो लोग नया काम आरम्भ करना चाहते हैं उनके लिए आवश्यक प्रशिक्षण की भी व्यवस्था होनी चाहिए। यदि हमारे योजनाकार बड़े बाँध बनाना चाहते हैं, तो उन्हें बाँध समर्थक 'वर्ल्ड डैम कमीशन' द्वारा निर्धारित इस सिद्धान्त का पालन करना चाहिए कि विस्थापित होने वाले लोगों से कम-से-कम 'स्वतन्त्र, सूचित और पूर्व सहमति' ली जानी चाहिए। यह भी सुनिश्चित किया जाना चाहिए कि विस्थापित लोगों को बाँध के निकटवर्ती क्षेत्रों में ही ज़मीन मिल जाये।

आम-सहमति के लिए शर्तें

केवल उसी स्थिति में आम-सहमति बन सकती है जब दोनों पक्ष एक-दूसरे की आवश्यकताओं के प्रति संवेदनशील हों। खासतौर पर, उस स्थिति में जब सत्ताधारी लोग, वंचित लोगों की बातों को ध्यान से सुनें। एक लोकतन्त्र केवल उसी सीमा तक फल-फूल सकता है, जिस सीमा तक उसमें कष्ट का सामना कर रहे लोगों की वैध शिकायतों को अभिव्यक्त करने और उन्हें हल करने का संयन्त्र उपलब्ध हो। उन बुद्धिजीवियों और पेशेवर लोगों को भी संयमित व्यवहार करने की आवश्यकता है जो अपने ज्ञान के सही होने का दम्भ भरते हैं। असल में, वैज्ञानिक ज्ञान में इस तरह की दावेदारी अवांछित है।[18] अक्सर उनके दावे कट्टर मत में बदल जाते हैं जिसके चलते टकरावों को सुलझाना तकरीबन नामुमकिन हो जाता है। किसी भी लोकतन्त्र का बुनियादी तत्त्व यह है कि हम अपने से अलग मत रखने वालों की बातों को खुले मन से सुनें तथा अपनी मान्यताओं के प्रति भी आत्म-आलोचक रवैया अपनायें। दुर्भाग्यवश ज्ञानवान होने का दावा करने वाले लोगों में अक्सर इस प्रवृत्ति का अभाव पाया जाता है।

रामचन्द्र गुहा के *इण्डिया आफ्टर गाँधी* को पढ़ने से ऐसा लगता है कि भारतीय लोकतन्त्र के सन्दर्भ में उनकी मुख्य चिन्ता इसका अस्तित्व कायम रहने से ही जुड़ी हुई है। किन्तु जब मैं भारतीय लोकतन्त्र के भविष्य की बात करता हूँ तो मेरी चिन्ता सिर्फ़ इसके अस्तित्व कायम रहने से सम्बन्धित नहीं होती है। मेरी चिन्ता यह भी है कि भारतीय लोकतन्त्र हर किसी तक पहुँचे, इसको गहराई मिले और इसकी गुणवत्ता बेहतर हो। यदि लोकतन्त्र का अस्तित्व बचा रहता है और हमारे लाखों लोग भूख, निराशा, असुरक्षा और बन्दूक (राज्य या उग्रवादियों) के साये में रहने के लिए मजबूर रहेंगे, तो ऐसे लोकतन्त्र का कोई खास मतलब नहीं होगा। मैं भारत की

स्वतन्त्रता की साठवीं सालगिरह पर एक प्रश्न के साथ, जो एक सपने जैसा ही है, यहाँ अपनी बातें ख़त्म करना चाहता हूँ : क्या हम संयम और सन्तुलन पर आधारित ऐसी आत्म-जागरूक और आत्म-आलोचक लोकतन्त्र की कल्पना कर सकते हैं जहाँ भारत के सभी नागरिक विकास प्रक्रिया और एक प्रभावकारी, जवाबदेह लोकतन्त्र में भागीदारी करें और उससे लाभ प्राप्त करें?

सन्दर्भ

1. यह 2007 में नयी दिल्ली में दिये गये लोवराज कुमार मेमोरियल लेक्चर का संशोधित रूप है। मैं श्रोताओं में स्मिता अग्रवाल, गणेशन बालचन्दर, अमिता बाविस्कर, अदिति देसाई, एच.एम. देसारदा, अजय मेहता, राजेश्वरी रैना, वसन्त सब्बरवाल, विद्याबेन शाह, असीम श्रीवास्तव और दिग्विजय सिंह द्वारा दी गयी सार्थक टिप्पणियों के लिए उनका आभारी हूँ। इस शोध-आलेख के पूर्ववर्ती रूप को ज़्यादा बेहतर बनाने में प्रमातेश अबमास्टा, देबाशीष बनर्जी, निवेदिता बनर्जी और पी.एस. विजय शंकर ने काफ़ी सहायता की। इसके लिए मैं उनका कृतज्ञ हूँ।
2. इस भाग के मुख्य विचारों की विस्तृत जानकारी के लिए देखें शाह और अन्य (1998)।
3. मुझे लगता है कि (शोध-आलेख लिखे जाने के समय) प्रधानमन्त्री मनमोहन सिंह का यह कहना सही है कि यह भारतीय लोकतन्त्र के लिए सबसे बड़ा ख़तरा है। उनकी नज़र में यह अन्तर्राष्ट्रीय आतंकवाद से भी बड़ा ख़तरा है।
4. निश्चित रूप से, इसकी उपेक्षा नहीं की जानी चाहिए कि एक सुनिश्चित ऐतिहासिक गतिशीलता ने ऐसा सामाजिक वातावरण निर्मित किया जिसमें कीन्स का काम आवश्यक और मुमकिन हो पाया। गुन्नार मिर्डाल ने इस सन्दर्भ में यह तर्क दिया है कि "सम्पूर्ण उन्नीसवीं सदी के दौरान सामाजिक कार्यकर्ताओं, रैडिकल विचारकों, समाजवादियों और कुछ अन्य समूहों द्वारा रोशनी जलाई रखी गयी। इसके अतिरिक्त, सामाजिक सर्वेक्षण परम्परा तथा ज़्यादा रैडिकल रुझान रखने वाले सिद्धान्तकारों द्वारा भी लगातार इस पक्ष में दलीलें प्रस्तुत की गयीं।"
5. जहाँ 80 वर्ष पूर्व टकराव का मुख्य केन्द्र श्रम और पूँजी थे, आज खुद पृथ्वी विद्रोह कर रही है। यूएस नैशनल ऐकेडेमी फॉर साइंसेज (रॉपैक और अन्य 2007) के एक अध्ययन से यह पता चलता है कि 1990 के दशक की तुलना में इक्कीसवीं सदी में वैश्विक कॉर्बन डाइ-आक्साइड का उत्सर्जन तीन गुना ज़्यादा रफ़्तार से हो रहा है। यह इंटरगवर्नमेंटल पैनल ऑफ क्लाइमेट चेंजेज (आईपीसीसी) द्वारा हाल में विकसित सबसे बुरी स्थिति की रूपरेखा से भी ख़राब हालत है। इससे यह पता चलता है कि मानवता अभी जिस ख़तरे का सामना कर रही है, वह आईपीसीसी द्वारा खेती और पानी के ख़तरे में पड़ने सम्बन्धी सबसे ख़तरनाक भविष्यवाणी से भी ज़्यादा गम्भीर है। आज एक बार फिर से, पूरी दुनिया के लोकतन्त्रों के मतदाताओं के हितों और वैश्विक पूँजी के मुनाफ़ा चाहने वाले हितों के बीच सीधा टकराव है।
6. वित्त मन्त्रालय और यूएनडीपी ने यह अध्ययन किया था।
7. यह अवधारणा जनसंख्या में वृद्धि और आय के बीच सम्बन्धों तक सीमित थी (नेल्सन 1956), इसके चलते इसमें सैद्धान्तिक परिष्करण का अभाव था। लेकिन मुझे ऐसा लगता है कि यदि इसका ज़्यादा सावधानी से विकास किया जाये तो यह लोकतन्त्र के वजूद के सामने आये ख़तरों को समझने के लिए सबसे ज़्यादा प्रासंगिक है।
8. "यदि किसी कार्यक्रम के सफल होने की थोड़ी भी सम्भावना रखनी हो तो कम-से-कम संसाधनों

के एक न्यूनतम स्तर को विकास कार्यों में लगाया जाना चाहिए। यह सफलता के लिए एक आवश्यक शर्त है, हालाँकि यह पर्याप्त नहीं है। कुल मिलाकर, संक्षेप में, बड़ा क़दम सिद्धान्त का यही मुख्य दावा है।" (रोसेनस्टीन-रॉडेन 1961)

9. विशेष रूप से, अर्थशास्त्र की समस्याओं में खेल सिद्धान्त लागू करने के बाद इस अवधारणा का जबरदस्त उभार हुआ है (मर्फी, सेलीफर और विश्नी 1989; साउर, गवांडे और ली 2003)। 'बड़ा क़दम' की अवधारणा नवक्लासिकल आर्थिक सिद्धान्त के 'हाशियावाद' की बुनियादी मान्यता का खण्डन करता है, जिसका अल्फ्रेड मार्शल ने अपनी किताब *प्रिंसिपल्स ऑफ इकोनॉमिक्स–'नेचर नॉन फेसिट साल्टम'* (प्रकृति छलाँग नहीं मारती है) के आवरण पर अंकित किया है।
10. निश्चित रूप से, इस विषय पर कीन्स के विचारों की काफ़ी गलत व्याख्या हुई है (कीन्स 1936 : 129)। कीन्स उत्पादक निवेश का समर्थन करते हैं, किन्तु आवश्यक राजनीतिक समझ के अभाव में, खैरात से भी काम हो जायेगा। हालाँकि हमारी अर्थव्यवस्था के सन्दर्भ में बाद वाला रास्ता कारगर नहीं है।
11. सबसे पहले इसकी गणना वी.के.आर.वी. राव (1952) द्वारा की गयी।
12. रक्षित ने एक अन्य ऐसे तरीके के बारे में बताया है जिसके द्वारा खेतिहर प्रतिबन्ध एक प्रभावकारी माँग समस्या उत्पन्न कर सकती है। रक्षित मानते हैं कि मुद्रास्फीति वाली खेतिहर अर्थव्यवस्था में भोजन की वही स्थिति है, जो लिक्विडिटी ट्रैप की स्थिति में पैसे की होती है, अर्थात् इसकी आपूर्ति कम होती है और माँग अनन्त होती है। इसलिए यह कहा जा सकता है कि भोजन की कमी इस अर्थव्यवस्था में बेरोज़गारी पैदा कर सकती है। अतः बाज़ार में बेचने लायक अतिरिक्त खाद्य पदार्थों को उत्पन्न करने का वैसा ही विस्तारवादी प्रभाव हो सकता है, जैसा कीन्सवादी व्यवस्था में स्वायत्त ख़र्च के उभार से होता है। देखें रक्षित (1989)।
13. द यूरोपीयन एडमिनिस्ट्रेटिव रिफॉर्म सार्वजनिक क्षेत्र के अपने सुधारों के मानकों में "निर्भरता और सुनिश्चितता, खुलेपन और पारदर्शिता, जवाबदेही और प्रभावकारिता" (एसआईजीएमए 1998) के बारे में विचार व्यक्त करती है। हम जिस दिशा में आगे बढ़ना चाहते हैं, उसके लिए एनपीएम के बजाय यह ज़्यादा स्वीकार्य बयान लगता है।
14. पूरे भारत से मिलने वाली रिपोर्टों से यह बात ज़ाहिर होती है कि विभिन्न एनजीओ द्वारा हड़बड़ी में नरेगा की दृष्टिकोण योजना तैयार की गयी। इसका कारण यह है कि सरकार द्वारा उन्हें बिल्कुल कोई समय नहीं दिया गया।
15. सर्वप्रथम एलेक्सीस डी टॉकविल ने अपनी क्लासिक किताब *डेमॉक्रेसी इन अमेरिका* में एक जीवन्त नागरिक समाज और लोकतन्त्र के अस्तित्व के बीच महत्त्वपूर्ण सम्बन्ध को रेखांकित किया था। प्रतिनिधि लोकतन्त्र से सहभागी लोकतन्त्र की ओर बदलाव के लिए भी एक सक्रिय नागरिक समाज को आवश्यक माना जाता है।
16. उनकी टिप्पणियों पर काफ़ी चर्चा हुई लेकिन इससे हमारे कॉरपोरेट सेक्टर की सामाजिक जवाबदेही में किसी बदलाव की उम्मीद करने वाले लोगों को निराशा ही हाथ लगी।
17. यह तर्क दिया जा सकता है कि स्कैण्डिवेनियन देशों का आकार छोटा है और वहाँ पहले से ही समृद्धि है, इसलिए भारत से इनकी तुलना ठीक नहीं है। फिर भी, चूँकि भारत में ग़रीबी की स्थिति काफ़ी बुरी है, इसलिए यहाँ अमीरों का संयमित व्यवहार और भी ज़रूरी है।
18. उत्तर-आइंस्टीन भौतिकशास्त्र में हुए कई नवीन खोजों से वैज्ञानिकों के पहले के दावे गलत साबित हुए हैं। इस सन्दर्भ में नोबेल पुरस्कार विजेता प्रिगोजिन (1996) का काम देखा जा सकता है।

सन्दर्भ ग्रन्थ सूची

चेन, एस. और एम. रेवालियॉन (2000), 'हाउ डिड द वर्ल्ड्स पुअर फेयर इन द 1990ज?' डिवलपमेंट रिसर्च ग्रुप, वर्ल्ड बैंक।

दत्त, गौरव और मार्टिन रेवालियॉन (2002), 'इज इण्डियाज ग्रोथ लिविंग द पुअर बिहाइन्ड'?, *जर्नल ऑफ इकोनॉमिक परसपेक्टिव्स,* 16(3) : 89-108।

डेटॉन, ए. और जी. द्रेज (2002), 'पोवर्टी ऐंड इनइक्वालिटी इन इण्डियाइ : अ री-इक्जामिनेशन', *इकोनॉमिक ऐंड पॉलिटिकल वीकली,* सितम्बर 7।

ड्रेश्चर, वेल्फैंग (2005), 'द राइज ऐंड डिमाइज ऑफ द न्यू पब्लिक मैनेजमेंट', पोस्ट-ऑटिस्टिक इकोनॉमिक्स रिव्यू, http://www.peacon.net/PAEReview/issues33, सितम्बर।

ईपीडब्ल्यूआरएफ (2003), *डॉमेस्टिक प्रोडक्ट ऑफ स्टेट्स ऑफ इण्डिया, 1960-61 टू 2000-01,* इकोनॉमिक ऐंड पॉलिटिकल वीकली रिसर्च फाउंडेशन।

जॉजेश्क्यू-रोजेन, एन. (1971), *द एंट्रॉपे लॉ ऐंड द इकोनॉमिक प्रॉसेस,* हॉर्वर्ड यूनिवर्सिटी प्रेस, कैम्ब्रिज।

जिन्सबोर्ग, पी. (2006), *द पॉलिटिक्स ऑफ एवरीडे लाइफ,* पेंगुइन।

जीओआई (2006), *फ्रॉम हरियाली टू नीरांचल : रिपोर्ट ऑन द टेक्नीकल कमिटी ऑन वाटरशेड प्रोग्राम इन इण्डिया,* मिनिस्ट्री ऑफ रूरल डिवलपमेंट, गवर्नमेंट ऑफ इण्डिया।

—(2007), *रिपोर्ट ऑन द वर्किंग ग्रुप ऑन रेनफेड एरियाज फॉर फॉरम्युलेशन ऑफ इलेवेंथ फाइव ईयर प्लान,* प्लानिंग कमीशन, गवर्नमेंट ऑफ इण्डिया।

कलास्की, एम. (1970), 'प्रॉब्लेम्स ऑफ फाइनेनसिंग इकोनॉमिक डिवलपमेंट इन अ मिक्स्ड इकोनॉमी', संकलित, एम. कलास्की (1976), *सेलेक्टेड ऐसेज ऑन द ग्रोथ ऑफ सोशलिस्ट ऐंड मिक्स्ट इकोनॉमिक्स,* कैम्ब्रिज, कैम्ब्रिज यूनिवर्सिटी प्रेस।

कीन्स, जे. एम. (1936), *द जेनेरल थियरी ऑफ इम्पलॉयमेंट, इंटरेस्ट ऐंड मनी,* लन्दन, मैकमिलन।

मार्शल, ए. (1920), *प्रिंसिपल्स ऑफ इकोनॉमिक्स,* (आठवाँ संस्करण), लन्दन, मैकमिलन (पहला संस्करण 1890)।

मुखोपाध्याय, ए. और आई. राजारमन (2007), 'रूरल अनइम्पलॉयमेंट 1999-2005 : हू गेन्ड, हू लॉस्ट?' *इकोनॉमिक ऐंड पॉलिटिकल वीकली,* जुलाई 28।

मर्फी, के.एम., ए. सेलीफर और आर. डब्ल्यू विश्नी (1989), 'इंडस्ट्रियलाइजेशन ऐंड द बिग पुश', *जर्नल ऑफ पॉलिटिकल इकोनॉमी,* अक्टूबर।

एनसीईयूएस (2007), *रिपोर्ट ऑन कंडीशन्स ऑफ वर्क ऐंड प्रमोशन ऑफ लाइवलीहुड्स इन द अनऑर्गनाइज्ड सेक्टर,* नैशनल कमीशन फॉर इंटरप्राइजेज इन द अनऑर्गनाइज्ड सेक्टर, गवर्नमेंट ऑफ इण्डिया।

प्रिगोजिन, आई. (1997), *द ऐंड ऑफ सर्टेनिटी : टाइम, केऑस ऐंड द न्यू लॉ ऑफ नेचर,* न्यू यॉर्क, फ्री प्रेस।

रक्षित, एम.के. (1989), 'इफैक्टिव डिमान्ड इन अ डिवलपिंग कण्ट्री : अप्रोचेज ऐंड इसुज,' संकलित, एम.के. रक्षित (सम्पा.), *स्टडीज इन मैक्रोइकोनॉमिक्स ऑफ डिवलपिंग कण्ट्रीज,* नयी दिल्ली, ऑक्सफर्ड यूनिवर्सिटी प्रेस।

राव, वी.के.आर.वी. (1952), 'इनवेस्टमेंट, इनकम ऐंड मल्टीप्लायर इन ऐन अंडरडिवलप्ड इकोनॉमी', *द इण्डियन इकोनॉमिक रिव्यू।*

रॉपैक, एम.आर. और अन्य (2007), *ग्लोबल ऐंड रीजनल ड्राइवर्स ऑफ एक्सलरेटिंग सीओ इमिशन्स,* द नैशनल ऐकेडेमी ऑफ साइंसेज ऑफ द यूएसए।

रोसेनबर्ग, एन. (1982), *इनसाइड द ब्लैक बॉक्स : टेक्नोलॉजी ऐंड इकोनॉमिक्स,* कैम्ब्रिज, कैम्ब्रिज यूनिवर्सिटी प्रेस।

रोजेनस्टीन-रॉडेन, पी.एन. (1943), 'प्रॉब्लेम्स ऑफ इंडस्ट्रीयलाइजेशन ऑफ ईस्टर्न ऐंड साउथ-इस्टर्न यूरोप, *द इकोनॉमिक जर्नल,* जून-सितम्बर।

—(1961) 'नोट ऑन द थियरी ऑफ बिग पुश', संकलित एच.एस. हिल (सम्पा.), *इकोनॉमिक डिवलपमेंट फॉर लैटिन अमेरिका।*

साउर, सी., के. गवांडे और जी ली (2003), 'बिग पुश इंडस्ट्रियलाइजेशन : सम इम्पीरिकल इविडेन्स फॉर ईस्ट एशिया ऐंड ईस्टर्न यूरोप', *इकोनॉमिक्स बुलेटिन,* खण्ड-15, नबम्र 9।

सेन, ए. और जे. घोष (1993), *ट्रेंड्स इन रूरल इम्प्लॉयमेंट ऐंड द पोवर्टी इम्प्लॉयमेंट लिंकेज,* इंटरनैशनल लेबर ऑर्गनाइजेशन, एशियन रीजनल टीम फॉर इम्पलॉयमेंट रीजेनेरेशन।

शाह, मिहिर, डी. बनर्जी, पी. एस. विजयशंकर और पी. अमबास्टा (1998), *इण्डियाज ड्राइलैण्ड्स : ट्राइबल सोसायटीज ऐंड डिवलपमेंट थ्रू इनवायरमेंटल रीजेनेरेशन,* नयी दिल्ली, ऑक्सफर्ड यूनिवर्सिटी प्रेस।

एसआईजीएमए (1998), *यूरोपियन प्रिंसिपल्स फॉर एडमिनिस्ट्रेशन,* एसआईजीएमए पेपर 27।

सिंह, एम. (2007), 'इनक्लूजिव ग्रोथ : चैलेंजेज फॉर कॉरपोरेट इण्डिया', स्पीच ऐट एनुअल जेनेरल मीटींग ऑफ द कनफेडेरेशन ऑफ इण्डियन इंडस्ट्री।

सुन्दरम, के. और सुरेश डी. तेंदुलकर (2003), 'पोवर्टी अमंग सोशल ऐंड इकोनॉमिक ग्रुप्स इन इण्डिया इन 1990ज', *इकोनॉमिक ऐंड पॉलिटिकल वीकली,* दिसम्बर 13।

तेन्दुलकर, एस.डी., के. सुन्दरम और एल. आर. जैन (1993), *पोवर्टी इन इण्डिया, 1970-71 टू 1988-89, इंटरनैशनल लेबर ऑर्गनाइजेशन,* एशियन रीजनल टीम फॉर इम्पलॉयमेंट प्रोमोशन।

विजयशंकर, पी.एस., रंगू राव, निवेदिता बनर्जी और मिहिर शाह (2006), 'गवर्नमेंट शेड्यूल ऑफ रेट्स : वर्किंग अगेन्स्ट रूरल लेबर', *इकोनॉमिक ऐंड पॉलिटिकल वीकली,* अप्रैल 29।

वर्ल्ड बैंक (2005), *वर्ल्ड डिवलपमेंट इनडिकेटर,* 2005।

—(2007), *वर्ल्ड डिवलपमेंट इनडिकेटर,* 2007।

[यह शोध-आलेख *इकोनॉमिक ऐंड पॉलिटिकल वीकली* के 17 नवम्बर 2007 अंक में प्रकाशित हुआ था।]

महिला मज़दूर और राष्ट्रीय ग्रामीण रोज़गार गारंटी अधिनियम के बारे में धारणाएँ

रीतिका खेड़ा, नंदिनी नायक[1]

राष्ट्रीय रोज़गार गारंटी अधिनियम प्रत्येक ग्रामीण परिवार को कानूनी न्यूनतम वेतन के हिसाब से सार्वजनिक कार्यों में 100 दिनों के सामयिक रोज़गार की गारंटी देता है। इसमें महिलाओं की पूर्ण भागीदारी सुनिश्चित करने के लिए विशेष प्रावधान है। यह शोध-आलेख वर्ष 2008 में छह राज्यों में किये गये क्षेत्र-अध्ययन (फील्ड-वर्क) पर आधारित है तथा यह महिला मज़दूरों के लिए नरेगा के सामाजिक-आर्थिक नतीजों का परीक्षण करता है। इस कानून के क्रियान्वयन में कई तरह की कमियाँ रही हैं किन्तु इसके बावजूद स्थानीय स्तर पर बेहतर रोज़गार, न्यूनतम वेतन, तथा तुलनात्मक रूप से, शालीन और सुरक्षित कार्य-स्थल मिलने से महिला मज़दूरों को इसका लाभ मिलना आरम्भ हो गया है। इस शोध-आलेख में महिलाओं की भागीदारी में आने वाली बाधाओं की भी चर्चा की गयी है।

1. प्रस्तावना

अगस्त 2005 में संसद ने एक ऐतिहासिक कानून राष्ट्रीय ग्रामीण रोज़गार गारंटी अधिनियम (नरेगा) पारित किया। यह राष्ट्रीय कानून है जिसके लिए आर्थिक कोष केन्द्र सरकार द्वारा उपलब्ध कराया जाता है और इसे सभी राज्यों में लागू किया जाता है। यह ग्रामीण भारत के सभी घरों में न्याय-योग्य (जस्टिसिएबल) 'काम का अधिकार' निर्मित करती है। नरेगा के अन्तर्गत प्रत्येक परिवार को यह कानूनी अधिकार है कि उसे प्रत्येक वित्तीय वर्ष में सार्वजनिक कार्यों में 'कम से कम 100 दिनों' का अकुशल शारीरिक श्रम वाला काम मिले।

पूरे देश में अकादमिकों और एक्टिविस्टों के लगातार अभियान ने 2005 में नरेगा कानून के बनने में आंशिक रूप से महत्त्वपूर्ण भूमिका अदा की। अभियान समूहों ने भी निरन्तर प्रयासों से यह उजागर किया कि ग्रामीण भारत में लोग बड़ी

मात्रा में भोजन और काम की उपलब्धता के संकट का सामना कर रहे हैं। दरअसल, संसद द्वारा पारित हुआ नरेगा 'नागरिक मसौदे' (सिटीजन्स ड्राफ्ट)[2] का एक हलका संस्करण है।

यह शोध-आलेख वर्तमान में इस अधिनियम के अन्तर्गत काम करने वाली महिला मज़दूरों द्वारा बताई गयी बातों के आधार पर इस कानून के प्रति धारणाओं को समझने का प्रयास करता है। अन्य कई विद्वानों और शोधकर्त्ताओं ने भी नरेगा द्वारा महिलाओं को रोज़गार का अवसर उपलब्ध कराकर उनके सशक्तीकरण की सम्भावना पर टिप्पणियाँ की हैं (देखें, द्रेज और ओल्डीज 2007; 2009; इंस्टीट्यूट ऑफ सोशल स्टडीज ट्रस्ट 2006; जांदू 2008)।[3] पहले दो वर्षों में सम्पूर्ण भारत में भागीदारी दर पर विचार करते हुए द्रेज और ओल्डीज ने यह टिप्पणी की है कि इसमें महिलाओं की भागीदारी में धीरे-धीरे वृद्धि हो रही है (2006-07 में 40% से 2007-08 में 44%)। यह पाया गया कि विभिन्न राज्यों में महिलाओं की भागीदारी का स्तर अलग-अलग है : केरल (71%), राजस्थान (69%) और तमिलनाडु (82%) में नरेगा काम को दो-तिहाई भाग महिलाओं का है; तथा असम (31%), बिहार (27%), पश्चिम बंगाल (17%), उत्तर प्रदेश (15%); हिमाचल प्रदेश (30%), और झारखण्ड (27%) में निर्धारित एक-तिहाई से भी कम महिलाएँ काम कर रही हैं। नरेगा पर होने वाले अन्य अनुसन्धानों में इस अधिनियम से महिलाओं को होने वाले लाभों पर प्रकाश डाला गया है। यह शोध-आलेख इस प्रकार के जाँच-पड़ताल को और आगे बढ़ाता है। इसके उद्देश्य दो स्तरीय हैं : पहला, महिला मज़दूरों के वर्णन के आधार पर नरेगा के महत्त्व को प्रकाश में लाना और दूसरा, यह दर्शाना कि कानून की पूर्ण सम्भावना हासिल करने के लिए अभी काफ़ी कुछ किये जाने की आवश्यकता है।

1.1 नरेगा : अधिनियम के मुख्य प्रावधान[4]

अपनी कुछ कमज़ोरियों के बावजूद नरेगा एक शानदार कानून है। इसके अन्तर्गत स्थानीय प्रशासन कानूनी रूप से इस दायित्व से बँधा हुआ है कि वह काम के लिए आवेदन करने वाले किसी भी श्रमिक या श्रमिकों के समूह को उनका काम का आवेदन[5] मिलने के 15 दिन के भीतर, उनकी माँग के अनुसार, नरेगा के अन्तर्गत होने वाले किसी सार्वजनिक कार्य में काम उपलब्ध कराएगा। हालाँकि नरेगा के अन्तर्गत जिन कार्यों की अनुमति दी गयी है उनकी सूची काफ़ी सीमित है। फिर भी, इसकी काफ़ी सम्भावना है कि ऐसी परियोजनाओं पर काम किया जाये जिनसे आर्थिक रूप से उपयोगी सम्पदा निर्मित हो। यदि स्थानीय प्रशासन किसी मज़दूर को काम उपलब्ध कराने में नाकाम रहता है तो वह उसे बेरोज़गारी भत्ता देगा। नरेगा प्रत्येक वित्तीय वर्ष में ग्रामीण भारत के ऐसे सभी घरों को 'कम-से-कम 100 दिनों' का रोज़गार

देने का वायदा करता है, जहाँ घर के वयस्क सदस्य कानून द्वारा निर्धारित न्यूनतम वेतन के आधार पर अकुशल शारीरिक श्रम करने के लिए तैयार हों।

इस अधिनियम में कई ऐसे प्रावधान हैं जो विशेष रूप से महिला मज़दूरों के हितों से सम्बन्धित हैं। पहला, इस अधिनियम में यह प्रावधान है कि कम-से-कम एक-तिहाई मज़दूर महिलाएँ होनी चाहिए। यदि हम इसे इस तथ्य से जोड़कर देखें कि यह कानून इस पर कोई प्रतिबन्ध नहीं लगाता है कि प्रत्येक घर का 100 दिनों का नियत कोटा घर के सदस्यों के बीच कैसे बाँटा जाता है, तो यह स्पष्ट होता है कि इसमें महिलाओं की भागीदारी की काफ़ी सम्भावनाएँ मौजूद हैं। दूसरा, इसमें पुरुषों और स्त्रियों के लिए समान वेतन का प्रावधान किया गया है। इसके अलावा, नरेगा में यह प्रावधान भी किया गया है कि कार्य-स्थल पर 6 वर्ष से कम उम्र के पाँच बच्चों से ज़्यादा होने पर उनके देखभाल की भी व्यवस्था की जायेगी। यह एक महत्त्वपूर्ण प्रावधान है क्योंकि देश के बड़े हिस्से में कामकाजी महिलाओं के लिए बच्चों के देखभाल की कोई व्यवस्था (मसलन, सक्रिय आँगनबाड़ी) नहीं है।

1.2 नरेगा सर्वेक्षण 2008

यह शोध-आलेख मई-जून 2008 में उत्तर भारत के 6 राज्यों में महिला नरेगा मज़दूरों के बारे में किये गये फील्ड सर्वेक्षण (यहाँ के बाद से 'नरेगा सर्वेक्षण 2008') के कुछ प्रमुख निष्कर्ष प्रस्तुत करता है। ये 6 राज्य हैं : बिहार, छत्तीसगढ़, झारखण्ड, मध्य प्रदेश, राजस्थान और उत्तर प्रदेश।[6] इसमें 10 सैम्पल ज़िलों का चयन किया, जो इस प्रकार थे : अररिया और कैमूर (बिहार); सरगुजा (छत्तीसगढ़); पलामू और कोडरमा (झारखण्ड); बाडवानी और सीधी (मध्य प्रदेश); डूंगरपुर और सिरोही (राजस्थान); सीतापुर (उत्तर प्रदेश)। नरेगा तीन चरणों में लागू किया गया : 2006-07 में इसे 200 ज़िलों मे आरम्भ किया गया ('चरण 1' ज़िले); वर्ष 2007-08 में इसमें 130 नये ज़िलों को जोड़ा गया, तथा अप्रैल 2008 में नरेगा को पूरे देश में लागू कर दिया गया। 'नरेगा सर्वेक्षण 2008' में 'चरण 1' ज़िलों को ही सम्मिलित किया गया, जहाँ यह अधिनियम फरवरी 2006 में प्रभावी हो गया।

इस सर्वेक्षण में 10 सैम्पल ज़िलों के रैण्डम सैम्पल के रूप में चुने गये 98 कार्य-स्थलों पर बगैर किसी पूर्व-सूचना के यात्रा की गयी। इन कार्य-स्थलों पर काम कर रहे 1,060 नरेगा श्रमिकों के रैण्डम सैम्पल से साक्षात्कार लिया गया। नरेगा के अन्तर्गत उस कार्य-स्थल पर हो रहे काम के मस्टर रॉल[7] (हाजिरी रजिस्टर) से श्रमिकों का रैण्डम सैम्पल तैयार किया गया।

इस सर्वेक्षण का लक्ष्य नरेगा के अन्तर्गत वर्तमान में कार्य कर रहे मज़दूरों पर इसके प्रभाव को समझना था। यह सर्वेक्षण मुख्य रूप से महिलाओं पर केन्द्रित नहीं

था, किन्तु सैम्पल में 32% श्रमिक महिलाएँ ही थीं। महिलाओं से साक्षात्कार से इस सम्बन्ध में अन्तर्दृष्टि मिली कि नरेगा कार्यों का इन महिलाओं के जीवन में क्या महत्त्व है; साथ ही, इसने आर्थिक और सामाजिक सुरक्षा को बढ़ावा देने में नरेगा की 'परिवर्तनकारी' सम्भावना को भी रेखांकित किया। यद्यपि इस कार्यक्रम में काफ़ी सम्भावनाएँ हैं, लेकिन विभिन्न राज्यों में इसके क्रियान्वयन में काफ़ी अन्तर रहा है। बहरहाल, इसके बावजूद महिला मज़दूरों के कई ऐसे वृत्तान्त सामने आये, जो नरेगा के फायदों के बारे में एक सार्थक कहानी प्रस्तुत करते हैं। इस शोध-आलेख में हमने महिला मज़दूरों के लिए नरेगा कार्यों के महत्त्व पर प्रकाश डाला है। साथ ही, हमने इस पर भी बल दिया है कि सरकार को नरेगा के प्रभावकारी क्रियान्वयन की ओर ध्यान देना चाहिए ताकि ये महत्त्वपूर्ण लाभ विफल न हो जायें।

2. सामान्य वेतन कार्य तक महिलाओं की पहुँच

इस भाग में सर्वेक्षण से गुणात्मक और मात्रात्मक आँकड़ों का प्रयोग करते हुए इस तथ्य के आलोक में नरेगा पर प्रकाश डाला गया है कि वेतन कार्य तक महिलाओं की सीमित पहुँच रही है।[8]

यह गौरतलब है कि सैम्पल क्षेत्रों में नरेगा कार्यों में महिलाओं की भागीदारी में काफ़ी विविधता है। सैम्पल मज़दूरों में 32% महिलाएँ हैं (विस्तार के लिए देखें सारणी 2)। राजस्थान में (डूंगरपुर और सिरोही ज़िलों में) सैम्पल मज़दूरों में 71% महिलाएँ थीं। मध्य प्रदेश (बाडवानी और सीधी ज़िलों में) सैम्पल मज़दूरों में महिलाओं का अनुपात 44% था। हालाँकि छत्तीसगढ़ (सरगुजा ज़िले में 25%), झारखण्ड (पलामू और कोडरमा ज़िले में 18%), बिहार (अररिया और कैमूर ज़िलों में 13%) और उत्तर प्रदेश (सीतापुर ज़िले में 5%) में महिलाओं का अनुपात कानून द्वारा निर्धारित सीमा (33%) से काफ़ी कम था।

यह भी रोचक है कि मोटे तौर पर, नरेगा रोज़गार में महिलाओं की हिस्सेदारी का हमारे सर्वेक्षण का आँकड़ा वर्ष 2007-08 के सरकारी आँकड़ों के अनुरूप ही है (ये आँकड़े यहाँ उपलब्ध हैं : www.nrega.nic.in)। मसलन, यदि हम महिलाओं की भागीदारी के आधार पर राज्यों का स्तर तय करें, तो दोनों ही आँकड़ों में राजस्थान और मध्य प्रदेश सबसे ऊपर तथा उत्तर प्रदेश सबसे नीचे आता है। एक अन्य रोचक तुलना महिला श्रमिक/श्रमशक्ति की भागीदारी दर से सम्बन्धित है (यह 2000-01 और 2004-05 के एनएसएसओ आँकड़ों पर आधारित है), इसमें मध्य प्रदेश और राजस्थान का प्रदर्शन बिहार और उत्तर प्रदेश की तुलना में काफ़ी अच्छा है। (देखें, सारणी 1)

सारणी 1 : रोज़गार में महिलाओं की भागीदारी

	नरेगा रोज़गार में महिलाओं की सहभागिता		ग्रामीण क्षेत्र में महिलाओं की भागीदारी	
	नरेगा सर्वे 2008 (केवल सैम्पल ज़िलों में)	आधिकारिक नरेगा आँकड़ा 2007-08 (सभी ज़िलों में)	श्रम शक्ति 2000-01	कार्य शक्ति 2004-05
बिहार	12	27	12.3	13.8
छत्तीसगढ़	25	42	44.7	-
झारखण्ड	18	27	24.6	31.3
मध्य प्रदेश	44	42	37.0	36.6
राजस्थान	71	69	32.5	40.7
उत्तर प्रदेश	5	15	17 .9	24.0

स्रोत : आधिकारिक नरेगा आँकड़ों के लिए देखें द्रेज और ओल्डीजेस (2009); महिला श्रम शक्ति भागीदारी दर और महिला कार्य शक्ति भागीदारी दर के लिए देखें www.indiastat.com

शोध-आलेख के आख़िरी भाग में इन राज्यों में महिलाओं की कम भागीदारी के कारणों की जाँच-पड़ताल करने का प्रयास किया गया है।[9]

2.1 श्रम-शक्ति में भागीदारी का निम्न दर

अध्ययन क्षेत्रों में पहले महिलाओं के पास पैसा अर्जित करने का कोई अवसर नहीं था, किन्तु नरेगा ने उन्हें यह अवसर उपलब्ध कराया है। महिलाओं के लिए वेतन श्रम की अनुपलब्धता के विविध जटिल कारण हैं और अलग-अलग क्षेत्रों में इन कारणों में अन्तर भी है। महिलाएँ बीमार और वृद्ध लोगों की देखभाल करने का प्राथमिक कार्य करती हैं। उन्हें घर के अवैतनिक काम के बाहर खेती के काम में मज़दूरी करने का थोड़ा बहुत काम मिल जाता है। एक अतिरिक्त श्रम अर्थव्यवस्था और श्रम के तीखे जेण्डर विभाजन के संयोग के चलते ये अवसर काफ़ी हद तक मौसमी (सीजनल) ही होते हैं।[10] इन क्षेत्रों की अर्थव्यवस्था में मुख्य रूप से खेतिहर होने के कारण खेती से अलग वेतन वाले काम का अवसर और भी कम होता है। इन क्षेत्रों में वेतन वाले काम तक महिलाओं की सीमित पहुँच इस तथ्य से स्पष्ट होती है कि सर्वेक्षण से तीन महीने पूर्व केवल सैम्पल में चयनित केवल 30% महिलाओं ने यह कहा कि नरेगा के अतिरिक्त उनके पास नकद आय के लिए कोई अन्य काम भी था (देखें सारणी 2)। यहाँ तक कि पुरुषों में भी केवल आधे से कुछ ज़्यादा (55%) ने ही यह कहा कि उनके पास नरेगा के अतिरिक्त नकद आय का कोई अन्य साधन था।

जिन महिलाओं ने नरेगा के अतिरिक्त किसी अन्य वेतन वाले काम के बारे में बताया वे अपने गाँव या पास के गाँव में खेत मज़दूर के रूप में, छोटे या बड़े शहरों के निर्माण उद्योग में, पत्थर तोड़ने या जंगों से तेंदू पत्ता, महुआ का फूल, घास या लकड़ी एकत्रित करने का काम कर रही थीं।

इस तरह के रोज़गार के अवसरों में भी कई प्रकार की समस्याएँ होती हैं। इनसे होने वाली आय सीमित, मौसमी या असुरक्षित होती है। ऐसा अधिकांश काम अनियमित होता है (मसलन, खेती, तेंदू पत्ता एकत्रित करना, महुआ का फूल बीनना ये सभी काम किसी खास मौसम तक ही सीमित होते हैं)। इसके चलते महिलाएँ खुद को दुर्बल स्थिति में पाती हैं। निर्माण उद्योग में काम के लिए गाँव से बाहर जाने पर उन्हें कई प्रकार के जोखिम का सामना करना पड़ता है (मसलन, शोषण, बीमारी)। इसके अलावा, जेण्डर के आधार पर उनके साथ हमेशा भेदभाव होता है और अक्सर उन्हें काम देने में आना-कानी की जाती है।[11] इनमें से बहुत से काम (निर्माण, फैक्टरी, खनन कार्य, पत्थर तोड़ना) जोखिम से भरे हुए हैं और इनमें चोट लगने की भी सम्भावना रहती है।

सैम्पल में शामिल आधी महिलाओं ने यह कहा कि यदि वे नरेगा कार्य-स्थल पर काम नहीं करतीं तो या तो वे घर पर काम करतीं या बेरोज़गार रहतीं। इसके दो कारण हो सकते हैं : पहला, महिलाओं के पास रोज़गार के ज़्यादा अवसर नहीं होते हैं (स्थानीय स्तर पर या अन्य मामलों में भी); और दूसरा, ग्रामीण और शहरी क्षेत्रों के सामान्य वेतन वाले कार्यों में, 'एक नियम के रूप में' इन्हें अपने पुरुष सहकर्मी की तुलना में कम वेतन दिया जाता है (देखें सारणी 2)।[12] जब महिलाओं पास रोज़गार के अन्य अवसर होते हैं तो वे अक्सर 'अदृश्य' सामाजिक प्रतिबन्धों का सामना करती हैं : कुछ महिलाओं के बारे में यह माना जा सकता है कि उन्हें सिर्फ़ उन्हीं खेतों में काम करना चाहिए, जिसका मालिक किसान उनके अपने समुदाय/जाति का हो; या उन्हें ऐसे स्थान पर काम करना चाहिए जहाँ उनके समुदाय/जाति के लोग काम करते हों। जब वे काम करने लिए शहरों में जाती हैं, तो वहाँ भी उन्हें इसी प्रकार की पाबंदियों और सीमाओं का सामना करना पड़ता है।[13] सबसे प्रमुख बात यह है कि निजी श्रम बाज़ार में काम की स्थितियाँ इतनी कठिन हैं कि ये भी महिलाओं को इन कामों में भागीदारी करने से रोक सकती हैं।

सार रूप में, यह कहा जा सकता है कि निजी श्रम बाज़ार में महिलाओं के लिए रोज़गार के अवसर सीमित, अनियमित, कम वेतन वाले और जोखिम भरे होते हैं। कई बार इसके लिए गाँव छोड़कर दूर जाना पड़ता है, जिससे कई तरह की परेशानियाँ सामने आती हैं। 'अदृश्य' सामाजिक बाधाओं के अतिरिक्त निजी श्रम बाज़ार की कार्य स्थितियाँ अक्सर बहुत कठिन और शोषण से भरी होती हैं।

2.2 महिलाओं के लिए नरेगा रोज़गार का आकर्षण

नरेगा के मज़दूर (पुरुष और महिलाएँ—दोनों ही) सर्वाधिक वंचित समूहों से ताल्लुक रखते हैं। जैसा कि ऊपर सारणी 2 में दिखाया गया है कि एक बड़ा बहुमत अनुसूचित जातियों और अनुसूचित जनजातियों से सम्बन्धित था और अधिकांश नरेगा मज़दूर निरक्षर थे (82% महिलाएँ)।

बहुत-सी महिलाओं ने साक्षात्कार में यह बताया कि नरेगा के अन्तर्गत मिले काम ने उनके लिए नये अवसर खोले हैं। विविध कारणें के चलते नरेगा के काम को व्यापक स्वीकार्यता प्राप्त है : यह स्थानीय स्तर पर उपलब्ध होता है, सरकारी काम होने के चलते इसमें निरन्तरता होती है और इसमें काम के घंटे तय होते हैं, काम में शोषण होने की सम्भावना कम होती है और इसके काम को सामाजिक रूप से स्वीकार्य और 'गरिमामय' माना जाता है। अन्त में, (और यह अत्यन्त महत्त्वपूर्ण है) इसमें अन्य कार्यों की तुलना में ज़्यादा अच्छा वेतन मिलता है। महिलाओं के लिए नरेगा की इन आकर्षक विशेषताओं की आगे विवेचना की गयी है।

सारणी 2 : मज़दूरों का प्रोफाइल

	महिला	पुरुष
नरेगा काम में महिला पुरुष का अनुपात	32	68
नरेगा काम में अनुसूचित जाति और अनुसूचित जनजाति का अनुपात	75	71
निरक्षर	82	52
ऐसे नरेगा मज़दूरों का अनुपात जिनका अतीत में आय का कोई अन्य स्रोत भी रहा है	30	55
अपना वेतन खुद लेने वाले	78	92
अपना वेतन अपने पास रखने वाले	69	51
बैंक द्वारा वेतन अदायगी को वरीयता देने वाले औसत वेतन (रुपये प्रति दिन)	53	44
कानूनी न्यूनतम वेतन (रुपये प्रति दिन)	88'	88'
खेती कार्य	47	53
अन्य सामान्य कार्य	58	71
नरेगा कार्य	85	85

'छह सर्वेक्षण राज्यों में राज्य न्यूनतम वेतन का अभारित (अनवेटेड) औसत

अधिनियम में यह प्रावधान किया गया है कि स्थानीय स्तर पर, किसी व्यक्ति के निवास के 5 किलोमीटर के भीतर काम उपलब्ध कराया जाना चाहिए। इससे महिलाओं

के लिए नरेगा के काम में भागीदारी करना आसान हो जाता है क्योंकि वे अपने घर के निकट के क्षेत्र में जाकर आसानी से काम कर सकती हैं। चूँकि उनके ऊपर घर के कामों की ज़िम्मेदारी बनी रहती है, इसलिए वेतन वाला काम करने के लिए घर यात्रा करने से उनकी दिक़्क़तों में इजाफ़ा ही होता है। जहाँ नरेगा का काम गाँव में ही मिल जाता है, वहीं यह तथ्य भी नरेगा को 'सामाजिक रूप से स्वीकार्य' बनाता है कि इसमें महिलाएँ समूह में काम करती हैं और यह काम सरकार द्वारा दिया जाता है।[14]

नरेगा के 'स्वीकार्य' होने के अन्य कारण भी महत्त्वपूर्ण हैं। नरेगा कानूनी न्यूनतम वेतन का वायदा करता है। उन मामलों में भी जहाँ न्यूनतम वेतन नहीं दिया जाता है (मसलन, विशेष रूप से राजस्थान के मामले में अक्सर ऐसा होता है)[15], वहाँ भी नरेगा के काम महिलाओं की कमाई की सम्भावना को काफ़ी बढ़ा देते हैं (देखें सारणी 2)। सर्वेक्षण के आँकड़ों के अनुसार, निजी श्रम बाज़ार में महिलाओं द्वारा खेती कार्यों और अन्य सामान्य कार्यों के लिए औसतन क्रमशः 47 और 58 रुपये प्रतिदिन अर्जित किया जाता है। नरेगा के काम में उन्हें औसतन 85 रुपये प्रतिदिन मिलते हैं जो अन्य वेतन वाले कार्यों की तुलना में ज़्यादा हैं। कुछ महिलाओं ने यह बताया कि वे पहले खेती के कार्यों में वेतन मज़दूर के रूप में काम नहीं करती थीं क्योंकि उन्हें काफ़ी कम पैसा मिलता था और उन्हें इतनी कम राशि के लिए बाहर जाकर काम करना ठीक नहीं लगता था। किन्तु नरेगा ने गाँव के भीतर ही ज़्यादा बड़ी वेतन राशि की सम्भावना पैदा की है। महिलाओं के बीच इसकी 'स्वीकार्यता' बढ़ने का यह भी एक कारण हो सकता है।

चूँकि नरेगा कार्य किसी निजी रोज़गारदाता के बजाय स्थानीय सरकार द्वारा दिया जाता है, इसलिए यह सम्भावित महिला मज़दूरों को जाति और समुदाय आधारित उन प्रतिबन्धों से मुक्त कर देता है, जिसमें पहले से ही यह तय कर दिया जाता है कि वे किसके साथ काम कर सकती हैं और किसके साथ नहीं।[16]

इसके अतिरिक्त, सरकारी काम होने के चलते इसमें काम के घंटे निश्चित होते हैं और ये प्रति दिन आठ घंटे तक सीमित होते हैं (हर रोज़ के वेतन वाले काम के सन्दर्भ में)। अन्य कामों में यह उम्मीद नहीं की जा सकती है कि काम के सुनिश्चित घंटे होंगे। दरअसल, महिलाओं को इसकी विशेष चिन्ता होती है क्योंकि उन्हें वेतन वाले काम के साथ-ही-साथ घर का काम भी करना होता है। इसलिए, नरेगा के काम को इसलिए तुलनात्मक रूप से 'सुरक्षित' माना जाता है कि इसमें मज़दूरों के उत्पीड़न को रोकने के लिए नियन्त्रण और सन्तुलन की कुछ व्यवस्था है।

इसके साथ ही, मनरेगा रोज़गार स्वतन्त्रता का एक नया बोध प्रस्तुत करता है; मसलन गीता (ज़िला सिरोही, राजस्थान) ने यह कहा कि यदि नरेगा का काम उपलब्ध नहीं होता तो या तो अपने घर में ही रहती या फिर अपने खेतों में काम करती। उसने नरेगा (सरकारी) कार्यस्थल पर काम करने पर विचार किया क्योंकि

इसके लिए उसे गाँव में किसी अन्य से काम माँगने की ज़रूरत नहीं है। गीता ने बताया कि गाँव में काम माँगन पर शर्मिन्दगी और अपमानजनक बातचीत झेलने का ख़तरा बना रहता है।

3. सामाजिक और आर्थिक लाभ

इस भाग में हमारी सैम्पल की महिला मज़दूरों द्वारा वर्णित नरेगा से होने वाली आय के प्रभाव पर ध्यान केन्द्रित किया गया है। सारणी 3 में सैम्पल राज्यों में नरेगा रोज़गार के औसत दिनों के बारे में बताया गया है। एक बार फिर से, इस सूची में राजस्थान का स्थान सबसे ऊपर है जहाँ प्रत्येक महिला मज़दूर को औसतन 46 दिन काम मिलता है। राजस्थान और मध्य प्रदेश के अलावा अन्य राज्यों में नरेगा रोज़गार काफ़ी कम है।

सारणी 3 : नरेगा में महिलाओं की भागीदारी

	बिहार	छत्तीसगढ़	झारखण्ड	मध्य प्रदेश	राजस्थान	उत्तर प्रदेश	कुल सर्वेक्षित राज्य
सैम्पल में महिलाओं की संख्या	28	23	37	90	154	6	338
महिलाओं की भागीदारी (प्रतिशत में)	13	25	18	44	71	5	32
पिछले 12 महीने में नरेगा रोज़गार में कितने दिन की भागीदारी	15	16	14	23	46	18	30
अपना वेतन खुद लेने वाली महिलाओं का अनुपात	75	74	63	71	100	0	78
अपना वेतन अपने पास रखने वाली महिलाओं का अनुपात	67	74	59	71	74	0	78
जिनके पास पिछले तीन महीनों में नकद आय का कोई अन्य स्रोत हो	61	22	41	29	22	83	30
बैंक के माध्यम से वेतन पाने को वरीयता देने वाली महिलाएँ	56	73	13	39	64	67	53

फिर भी, पूरे सैम्पल में 68% लोगों ने नरेगा को 'काफ़ी महत्त्वपूर्ण' माना।[17] जिन घरों में लोगों ने पिछले 12 महीने में औसतन 60 दिन नरेगा का काम किया था, वहाँ यह आँकड़ा बढ़कर 81% हो गया (यहाँ पुरुष और महिला मज़दूरों की प्रतिक्रिया एक साथ ली गयी है)। विधवाओं की प्रतिक्रिया पर अलग से विचार करने पर यह तथ्य सामने आया कि सैम्पल में 82% विधवाएँ भी मनरेगा के कार्य को 'काफ़ी महत्त्वपूर्ण' मान रही थीं। कुल सैम्पल में से दो-तिहाई (69%) सैम्पल मज़दूरों ने यह कहा कि नरेगा ने उन्हें भुखमरी से बचने में मदद की है, वहीं 57% ने यह कहा कि नरेगा ने उन्हें काम की तलाश में गाँव से दूर जाने से रोका है, और इतने ही अनुपात में मज़दूरों ने यह भी बताया कि उन्होंने पिछले 12 महीने में मनरेगा के वेतन की मदद से आवश्यकत दवाएँ खरीदी हैं।[18]

महिला मज़दूरों का एक बड़ा अनुपात (79%) खुद अपना वेतन लेता है, और आमतौर पर वे अपना वेतन अपने पास ही रखती हैं। दरअसल, जैसा कि सारणी 3 में दर्शाया गया है, अपना वेतन अपने पास रखने के मामले में महिला मज़दूरों का अनुपात (69%) पुरुष मज़दूरों (51%) से ज़्यादा है। कोई यह कह सकता है कि वास्तविक मुद्दा सिर्फ़ यह नहीं है कि पैसा कौन रखता है, बल्कि यह भी है कि इसके ऊपर किसका नियन्त्रण है। महिलाओं से लिए गये साक्षात्कार से यह पता चलता है कि बहुत से मामलों में पैसे ख़र्च करने के बारे में उनकी राय को भी काफ़ी तरजीह दी जाती है।[19]

सैम्पल की दो-तिहाई महिलाओं ने यह बताया कि नरेगा रोज़गार के चलते अब उन्हें भोजन की पहले जैसी दिक्कत नहीं रही है (देखें सारणी 4)। नरेगा से होने वाली आय के चलते कई तरीकों से खाद्य सुरक्षा में सुधार हुआ है : नकद राशि होने से परिवार बड़ी मात्रा में भोज्य पदार्थ खरीदने में समर्थ हो गये हैं, जो इन्हें हर रोज़ खरीदने की तुलना में काफ़ी सस्ता होता है; महिलाओं ने बताया कि भोजन सम्बन्धी आवश्यकताओं को पूरा करने के लिए स्थानीय साहूकार अब ज़्यादा आसानी से उधार दे देते हैं; महिलाओं के साक्षात्कार से यह संकेत भी मिला कि भले ही हलके तौर पर, किन्तु उनके आहार में विविधता आयी है। जहाँ पहले इसमें अनाज का ही प्रभुत्व होता था, वहीं अब इसमें कुछ अन्य पोषक तत्त्व भी जुड़ गये हैं।

सारणी 4 : महिलाओं का सामाजिक और आर्थिक लाभ

नरेगा महिला मज़दूरों का अनुपात जिन्होंने यह कहा कि नरेगा से उन्हें मदद मिली						
	भूख	आप्रवासन	बीमारी से बचने में	जोखिम वाले काम से	कर्ज अदा करने में	बच्चों को स्कूल भेजने में
बिहार	74	14	57	7	7	25
छत्तीसगढ़	78	39	35	39	39	26
झारखण्ड	57	40	31	45	17	12
मध्य प्रदेश	57	39	33	17	24	27
राजस्थान	69	26	56	30	29	39
उत्तर प्रदेश	100	17	17	20	67	50
सभी सैम्पल राज्य	67	31	46	27	26	31

ऐसा प्रतीत होता है कि बहुत से ग्रामीण परिवारों के लिए नरेगा 'स्वास्थ्य-रेखा' के रूप में भी काम कर रही है। सभी राज्यों में नरेगा के मज़दूरों (महिला और पुरुष—दोनों ने ही) यह बताया कि वे नरेगा से मिलने वाले वेतन का उपयोग अपने-अपने परिवार के सदस्यों की बीमारी का इलाज कराने या अपनी दवाएँ खरीदने के लिए कर रहे हैं। तकरीबन आधी महिला मज़दूरों ने यह कहा कि नरेगा परिवार की किसी बीमारी का सामना करने में उनकी मदद कर रहा है (देखें सारणी 4)। ग्रामीण ग़रीबों के जीवन में अनिश्चितता का एक बड़ा कारण यह है कि अक्सर परिवार का कोई सदस्य अचानक बीमार हो जाता है या कोई सदस्य लम्बी बीमारी का शिकार होता है। ऐसा लगता है कि नरेगा कुछ हद तक आर्थिक सुरक्षा को बढ़ावा देने की अपनी भूमिका पूरी कर रहा है।

साक्षात्कार दर साक्षात्कार से यह अन्तर्दृष्टि मिली कि किस तरह छोटे-छोटे तरीकों से (जो शायद इतने छोटे भी नहीं हैं) महिलाओं को अपने जीवन पर पकड़ मज़बूत बनाने में मदद कर रहा है। जहाँ नरेगा को सही तरीके से लागू किया जा रहा है, वहाँ इसने महिलाओं को सुनिश्चित और नियमित रोज़गार उपलब्ध कराया है। अमूमन समाज और परिवार में इनकी स्थिति काफ़ी दुर्बल ही होती है, किन्तु नरेगा के काम ने उन्हें उनकी बुनियादी आवश्यकताओं को पूरा करने के सन्दर्भ में राहत प्रदान की है। इस राहत का संकेत उनके इस कथन में मिलता है कि अब उनकी 'साख में सुधार' हुआ है क्योंकि उनके काम के कारण साहूकार उन्हें उधार देने में नहीं झिझकते हैं; वे जानती हैं कि अब उनके भूखे सोने की नौबत नहीं आयेगी; उन्हें ऐसे काम की तलाश में बाहर नहीं जाना पड़ता है, जिसके मिलने की

सम्भावना भी धुँधली होती है; चूँकि अब वे अपने गाँव के निकट के क्षेत्र में काम करती हैं, इसलिए उन्हें दूसरे स्थानों तक आने-जाने में ख़र्च नहीं करना पड़ता है; वे इस बात से आश्वस्त हैं कि यदि उनके परिवार में कोई बीमार पड़ता है तो उसके इलाज के लिए उनके पास थोड़े बहुत पैसे हैं; अब उन्हें अत्यन्त कठिन और कम वेतन वाला काम नहीं करना पड़ता है (मसलन, जंगल से वनोपज एकत्रित करके उसे बाज़ार तक लाना, जिसमें पूरे दिन के लिए केवल 10 रुपये मिलते थे); अब उन्हें कार्यस्थल पर हर प्रकार के शोषण, जिसमें यौन उत्पीड़न भी शामिल है, से सुरक्षा प्राप्त है क्योंकि नरेगा के काम में काम या काम के घंटों के आधार पर भेदभाव नहीं होता है। इस अर्थ में नरेगा ने महिलाओं की स्थिति को सुधारने में महत्त्वपूर्ण योगदान दिया है। इसके बारे में आगे कुछ उदाहरण दिये गये हैं।

राजस्थान में नरेगा काफ़ी अच्छी तरह लागू हुआ है। यहाँ महिलाओं ने यह बताया कि उन्होंने अपनी कमाई से उत्पादक वस्तुएँ खरीदी हैं। लीला अजमा (सिरोही ज़िला, राजस्थान) खेती की वस्तुएँ खरीदने में अपना कुछ पैसा ख़र्च किया; सुमिरी जोगिता (सिरोही ज़िला, राजस्थान) ने यह बताया कि नरेगा की कमाई के चलते वह और उसका परिवार अपने खेतों के लिए भाड़े पर ट्रैक्टर लेने की स्थिति में आ गये; सीता ने यह बताया कि उसने अपनी कमाई से एक सिलाई मशीन खरीदी।

नरेगा कार्य के आने से पहले जहाँ कुछ महिलाओं को अपनी ज़रूरतें पूरी करने के लिए पैसा ख़र्च करने में की इजाज़त नहीं थी, वहीं नरेगा के काम ने उन्हें ऐसा करने की स्वतन्त्रता प्रदान की। एक 45 वर्षीय विधवा केयो (सिरोही ज़िला, राजस्थान) ने यह बताया कि पहले वह पत्थर तोड़ने का काम करती थी, जिसके चलते उसे श्वास सम्बन्धी समस्या हो गयी थी। यह समस्या इतनी विकट हो गयी थी कि इसके चलते उसका काम करना मुश्किल हो गया था। अब नरेगा कार्यों से मिलने वाले वेतन से वह अपनी दवा खरीद पाती है। अगर नरेगा नहीं होता तो वह बेरोज़गार ही रहती क्योंकि वेतन वाले अन्य काम इतने जोखिम भरे और कठिन हैं कि वह ये काम नहीं कर पाती। वह मज़दूरी से पैसे कमाने वाली अपनी एक विवाहित बेटी पर निर्भर थी। चूँकि उसकी बेटी पर ज़्यादा लोग निर्भर थे इसलिए वह पहले अपनी श्वास सम्बन्धी समस्या का इलाज नहीं करवा पायीं, किन्तु नरेगा से मिलने वाले वेतन ने उन्हें अपना इलाज कराने में समर्थ बनाया। सिरोही (राजस्थान) की 22 वर्षीय युवती सन्तोष ने यह बताया कि वह इस बात से काफ़ी खुश है कि उसके पास अपना पैसा है जिसे वह ख़र्च कर सकती है। चूँकि वह खुद पैसा कमाती है इसलिए वह इसे ख़र्च करने के बारे में उसे अपने पति या सास-ससुर से अनुमति लेने की आवश्यकता नहीं है; और अब वह अपनी मर्ज़ी से अपने माता-पिता के घर भी जाती है। एक ऐसे समाज में जहाँ पितृस्थान के मानकों का सख़्ती से पालन किया जाता है, और जहाँ विवाह के बाद स्त्रियों का सम्बन्ध अपने मायके से तकरीबन

बहिष्करण हो जाता है, वहाँ किसी लड़की का अपनी मर्ज़ी से अपने माता-पिता के घर जाना एक महत्त्वपूर्ण बदलाव है।

3.1 अकेली महिलाओं के लिए महत्त्व

हमने यह देखा है कि नरेगा तुलनात्मक रूप से ऊँचे (निजी बाज़ार की तुलना में) कानूनी न्यूनतम वेतन का प्रावधान करता है, और इसमें महिला मज़दूरों को पुरुषों के बराबर वेतन दिया जाता है। नरेगा कार्यस्थल पर काम की स्थितियाँ अच्छी हैं और इसके काम को गरिमामय माना जाता है। नरेगा रोज़गार के मामले में सामाजिक बाधाएँ कम हैं। अकेली औरतों के सन्दर्भ में इन लाभों का महत्त्व और भी ज़्यादा बढ़ जाता है। इस छोटे भाग में हम सर्वेक्षण में कुछ अकेली महिलाओं के बयानों का उपयोग करते हुए उनके लाभों का वर्णन करेंगे।

झारखण्ड के पलामू ज़िले की एक 40 वर्षीय विधवा तीमो कुवर के मामले से महिलाओं की दयनीय स्थिति उजागर होती है। इनके पास काफ़ी कम (केवल 0.05 एकड़) ज़मीन है, और उन्होंने बताया कि उनका भाई इस ज़मीन को भी हड़पना चाहता है। नरेगा का काम उनके लिए काफ़ी महत्त्वपूर्ण साबित हुआ क्योंकि जहाँ पहले उन्हें काम के लिए गाँव से दूर जाना पड़ता था, वहीं अब उन्हें गाँव के नज़दीक ही काम मिल जाता है। उन्होंने बताया कि पहले वे पत्थर तोड़ने का काम करती थीं जिसमें काफ़ी जोख़िम था। और यदि उन्हें नरेगा का काम नहीं मिलता, तो उन्हें फिर से पत्थर तोड़ने का काम ही करना पड़ता।

सीतापुर (उत्तर प्रदेश) की एक विधवा तकदीरी ने यह बताया कि जहाँ पहले उन्हें काम के लिए प्रतिदिन 35 रुपये मिलते थे, वहीं अब वे प्रतिदिन 100 रुपये कमा रही हैं। बेजनी देवी (अररिया ज़िला, बिहार) ने यह कहा कि उन्हें इस बात की काफ़ी खुशी है कि उन्हें नरेगा में रोज़गार मिला है क्योंकि इसमें एक तो उन्हें अपने गाँव के आस-पास ही काम मिलता है और उनके वेतन में भी, पहले के कामों की तुलना में काफ़ी वृद्धि हुई है। पहले स्थानीय स्तर के कार्य के लिए उन्हें प्रतिदिन 15 रुपये मिलते थे, जबकि नरेगा के काम के लिए उन्हें 75 रुपये प्रतिदिन मिल रहे हैं (यह बिहार में 82 रुपये प्रतिदिन के कानूनी न्यूनतम मज़दूरी से कम है)। यदि उन्हें यह काम नहीं मिलता तो उन्हें अपने चार महीने के बच्चे के साथ काम की तलाश में अपने गाँव से दूर जाना पड़ता, क्योंकि नरेगा का काम मिलने से पहले तीन महीने तक उन्हें गाँव में कोई काम नहीं मिला था।[20]

नरेगा का काम लोगों को काम की तलाश में दूसरे स्थानों पर जाने से रोकता है। चूँकि वर्तमान में नरेगा में कम काम उपलब्ध है, इसलिए कम-से-कम यह कहा जा सकता है कि यह लोगों की काम की तलाश में कहीं और जाने की योजना को स्थगित ज़रूर करवा देता है। दरअसल, इससे लोगों के जीवन की गुणवत्ता में एक

महत्त्वपूर्ण सुधार भी होता है क्योंकि दूसरी जगह जाने में काफ़ी ख़र्च तो होता ही है, इसमें अत्यधिक जोखिम भी होता है। तेज़की धीरा (राजस्थान के सिरोही ज़िले की एक विधवा) के उदाहरण से इसे आसानी से समझा जा सकता है। इनकी उम्र 61 वर्ष है और लकड़ी बेचने के लिए अम्बाजी जाना इनके लिए अत्यन्त कठिन है। किन्तु यदि नरेगा का काम नहीं होता तो तेज़की को यही करना पड़ता। उन्होंने अपने पति के इलाज और मृत्यु के बाद क्रिया-कर्म के लिए लोगों से पैसे उधार लिए थे। नरेगा के काम से मिलने वाले पारिश्रमिक से उन्होंने धीरे-धीरे लोगों के पैसे वापस कर दिये।

अपने परिवार के एक सदस्य की बीमारी से जूझने वाले लोगों के लिए भी गाँव के भीतर काम मिलना अत्यन्त महत्त्वपूर्ण है। काली बाई (सिरोही ज़िला, राजस्थान) के पति जब तक जीवित थे, उनके पास आय का एक नियमित साधन था। अब वे नरेगा से मिलने वाले वेतन से अपना और मानसिक स्वास्थ्य समस्या का सामना कर रहे अपने बेटे का भरण-पोषण करती हैं। इसी ज़िले में एक अन्य विधवा जमनाबाई गलबाजी ने यह बताया कि नरेगा काम से मिलने वाला वेतन उनके बच्चे के दिल के इलाज के लिए काफ़ी महत्त्वपूर्ण है।

जिन विधवाओं को विधवा पेंशन नहीं मिलता[21], उन्हें नरेगा के रोज़गार से राहत और विश्वास मिलता है। केशी (राजस्थान के सिरोही ज़िले की एक राजपूत विधवा)[22] ऐसी ही एक महिला हैं। पहले उन्हें यह भी नहीं पता था कि उनके पास खाने को पर्याप्त भोजन होगा या नहीं, किन्तु अब वे अपने परिवार में अपने नाती-पोतों की शिक्षा के लिए भी पैसे दे पाती हैं। बहुत से लोगों की तरह उन्होंने भी यह बताया कि अब उनकी साख में सुधार हुआ है (जिससे बाज़ार से आसानी से कर्ज मिल जाता है)। खास बात यह है कि कुछ महिलाओं, विशेष रूप से घरों में मुखिया की भूमिका निभाने वाली महिलाओं को नरेगा के चलते आसानी से कर्ज मिलने लगा है (पहले उधार देने वालों को यह डर रहता था कि शायद उनका पैसा वापस न मिले, लेकिन अब उन्हें आसानी से उधार मिल जाता है)। कुछ मामलों में महिलाओं ने यह बताया कि उन्होंने कम-से-कम अपने कर्ज का एक हिस्सा वापस लौटा दिया है।

महिला मज़दूरों के लिए एक बहुत ही महत्त्वपूर्ण लाभ यह भी है कि यह माना जाता है कि सरकारी काम करने से 'गरिमा' जुड़ी होती है। साथ ही, नरेगा में काम करने पर उन्हें काम के लिए निजी भूमिपतियों या ठेकेदारों के पास नहीं जाना पड़ता है। बेबी पुसाजी रावल (सिरोही ज़िला, राजस्थान) ने यह बताया कि नरेगा रोज़गार उनके लिए उपयुक्त है क्योंकि उन्हें बाहर जाकर काम नहीं खोजना पड़ता है और उन्हें काम के लिए इन्तज़ार भी नहीं करना पड़ता है। नरेगा में मिलने वाले सरकारी काम के चलते ही उन्होंने भूमिपति या ठेकेदार के यहाँ काम करना छोड़ दिया क्योंकि वहाँ हमेशा ही लैंगिक उत्पीड़न या शोषण का ख़तरा बना रहता था। हेरिंग

और एडवर्ड्स (1983) ने महाराष्ट्र में 1970 के दशक में बन रोज़गार गारंटी योजना के क्रियान्वयन का अध्ययन करते हुए ऐसे ही मुद्दों पर बल दिया था। हेरिंग और एडवर्ड्स ने घर की मुखिया महिलाओं से बात करने पर यह पाया कि वे महाराष्ट्र सरकार की रोज़गार गारंटी योजना को सुरक्षित मानती थीं। उनका यह भी कहना था कि इससे महिला मज़दूरों के खिलाफ़ बल-प्रयोग के परोक्ष रूपों के इस्तेमाल और खुले लैंगिक शोषण में काफ़ी कमी आयी (1983 : 583)।

बहुत-सी विधवाओं ने यह भी बताया कि निजी श्रम बाज़ार में काम की स्थितियाँ अत्यन्त कठिन होती हैं। आंसी बाई (सिरोही ज़िला, राजस्थान) के मुताबिक, निजी ठेकेदार के यहाँ 12 घंटे काम करने पर उसे मज़दूरी में 50 रुपये मिलते थे। किन्तु नरेगा में आठ घंटे काम करने पर उसे ज़्यादा वेतन मिलता है (100 रुपये प्रतिदिन)।

बहुत से लोगों (27%) ने यह कहा कि नरेगा में काम मिलने के चलते उन्होंने जोख़िम वाले काम या नापसन्द काम (मसलन, पत्थर तोड़ना, जंगल में जाकर लकड़ी काटना आदि) करना छोड़ दिया (देखें सारणी 4)। रीना देवी (कोडरमा ज़िला, झारखण्ड) ने यह कहा कि पहले वे जंगल जाकर लकड़ी काटती थीं जहाँ हमेशा जंगली जानवरों का ख़तरा होता था। किन्तु अब उन्हें ऐसा करने की कोई आवश्यकता नहीं है। इसी प्रकार, पलामू ज़िला (झारखण्ड) और सिरोही ज़िला (राजस्थान) में कई महिलाओं ने यह कहा कि नरेगा में काम मिलने के बाद वे पत्थर तोड़ने जैसे जोख़िम वाले काम नहीं करती हैं।

आगे बढ़ने से पहले यह रेखांकित करना आवश्यक है कि यद्यपि हमने इस भाग में सिर्फ़ विधवाओं पर ही ध्यान केन्द्रित किया है, अकेली महिलाओं की श्रेणी में सिर्फ़ विधवाएँ ही सम्मिलित नहीं हैं। इसके अलावा, सैम्पल की बहुत सी महिलाएँ अपने घर में कमाने वाली मुख्य व्यक्ति थीं (अर्थात् यह आवश्यक नहीं है कि वे अकेली महिलाएँ ही हों), जिन्हें अकेली महिलाओं की तरह ही ख़तरे का सामना करना पड़ता है। इनके बयानों से भी इस प्रकार के अनुभव सामने आये।

4. चिन्ता के क्षेत्र

इस भाग में महिलाओं और नरेगा के कार्य तक उनकी पहुँच के सन्दर्भ में तीन क्षेत्रों पर ध्यान केन्द्रित किया गया है। पहला, नरेगा के कार्यों तक महिलाओं की तुलनात्मक रूप से पहुँच होने के बावजूद प्रमुख बाधाएँ ज्यों की त्यों बनी हुई हैं। दूसरा, (सरकार की तरफ़ से) इस पर बल दिया जाता रहा है कि बैंक द्वारा वेतन की अदायगी होनी चाहिए। यहाँ बैंक से पारिश्रमिक देने के कुछ मुद्दों की चर्चा की गयी है। अन्त में, ग्राम सभाओं में महिलाओं की भागीदारी के कम दर की विवेचना की गयी है।

4.1 महिलाओं की भागीदारी में बाधाएँ

हम नरेगा के काम में महिलाओं की भागीदारी में मौजूदा बाधाओं की विस्तृत विवेचना से आरम्भ करेंगे। 6 सैम्पल राज्यों में से 4 महिलाओं की कम भागीदारी इस बात का प्रमाण है कि ऐसी बाधाएँ मौजूद हैं।

पहला, बहुत से क्षेत्रों में महिलाओं के घर से बाहर काम करने के बारे में सख्त सामाजिक मानकों का अस्तित्व है। उत्तर प्रदेश और बिहार में हम ऐसी महिलाओं से मिले जिन्होंने यह बताया कि वे नरेगा के अन्तर्गत कामों में अपना पंजीकरण नहीं करवा पायीं[23] और उनसे यह कहा गया कि यह कार्यक्रम उनके लिए नहीं है। सीतापुर ज़िला (उत्तर प्रदेश) में नरेगा के कार्यों में महिलाओं की भागीदारी को लेकर काफ़ी आक्रोश था। ग्राम सभा के पदाधिकारियों और महिलाओं के पुरुष सम्बन्धियों– दोनों ने ही इसका जबरदस्त विरोध किया। नौकरी के कार्ड से वयस्क महिलाओं का नाम हटा दिया गया और सामान्य तौर पर यह दलील दी गयी कि महिलाएँ कार्यस्थल पर काम नहीं कर 'सकती' हैं, वे 'काफ़ी कमज़ोर' हैं, और उनके द्वारा यह काम करना 'सामाजिक रूप से अस्वीकार्य' है। नारी श्रम के बारे में व्यापक रूप से प्रचलित इन विचारों के चलते ही सीतापुर (उत्तर प्रदेश) के सैम्पल में सिर्फ़ 5% महिलाएँ नरेगा में काम कर रही थीं।

ऐसा लगता है कि इस पूर्वग्रह का आंशिक कारण यह था कि नरेगा के अन्तर्गत मिलने वाले कानूनी न्यूनतम वेतन और स्थानीय बाज़ार के वेतन दर (विशेष रूप से महिलाओं के वेतन दर) में अन्तर था। इसके साथ यह तथ्य भी जुड़ा हुआ था कि नरेगा में पुरुष और महिलाओं को समान वेतन के प्रावधान के चलते भी महिलाओं की भागीदारी का विरोध किया गया क्योंकि पुरुष (तुलनात्मक रूप से ऊँचे वेतन वाले) इन कामों पर विशेषाधिकार कायम रखना चाहते थे।

तकदीरी (सीतापुर ज़िला, उत्तर प्रदेश) ने यह बताया कि उसे बहुत से कार्यस्थलों से वापस लौटा दिया गया—और जब 'मज़दूरों की अधिकता' हो जाती है तो महिलाओं को ही काम छोड़ने के लिए कहा जाता है। यहाँ यह गौरतलब है कि तकदीरी ने काम बढ़ने की जिस समस्या की ओर ध्यान दिलाया, वह अपने-आप में 'गैर-कानूनी' है, क्योंकि नरेगा के अन्तर्गत काम चाहने वाले सभी मज़दूरों को काम का अधिकार है, और कानून के मुताबिक उन्हें सरकार द्वारा काम उपलब्ध कराया जाना चाहिए। इसके अतिरिक्त, नरेगा के कानूनी प्रावधानों के विपरीत अधिकांश स्थानों पर काम 'माँग से प्रेरित' नहीं है। इसके बजाय, अधिकांश स्थानों पर कार्य स्थानीय सरकारों की पहल से आरम्भ हुआ है,[24] तथा किसी भी समय इसकी एक सीमित आपूर्ति ही हो सकती है। मौजूदा अध्ययन में साक्षात्कार देने वाले बहुत से लोगों के बारे में भी यही बात सच है। मुश्किल आर्थिक हालात का सामना कर रहे बहुत से लोगों

के लिए आवश्यकता के अनुसार काम मिलना, काम के नियमित पारिश्रमिक मिलने जितना ही महत्त्वपूर्ण है।[25] बहरहाल, विशेष रूप से ऐसी परिस्थितियों में महिलाओं को काम पर न रखना चिन्ता का विषय है।

दूसरा, ठेकेदारी की अनुचित उपस्थिति भी एक नकारात्मक कारक की भूमिका अदा करती है। इससे महिलाओं को काम मिलने में दिक्कत होती है और उन्हें इस कार्यक्रम का लाभ नहीं मिलता। जिन कार्यस्थलों पर ठेकेदारों की दखल थी, वहाँ 35% महिला श्रमिकों ने यह कहा कि उनका उत्पीड़न हुआ, जबकि ठेकेदारों से मुक्त कार्यस्थलों पर सिर्फ़ 8% महिलाओं ने ही ऐसी शिकायत की।[26] इसके अलावा, जैसा कि ऊपर वर्णन किया गया है कि ठेकेदारों द्वारा संचालित कार्यस्थलों के ज़्यादा शोषणकारी होने की सम्भावना होती है (सारणी 5)। इसकी पूरी सम्भावना है कि राजस्थान में महिलाओं की ऊँची भागीदारी के पीछे ठेकेदारों की अनुपस्थिति एक महत्त्वपूर्ण कारण है।

सारणी 5 : महिलाओं की भागीदारी में बाधाएँ

	सैम्पल में महिला मज़दूरों का अनुपात	सूचना देने वाली महिला मज़दूरों का अनुपात		
		कार्यस्थल पर उत्पीड़न	ठेकेदार के प्रबन्धन वाला कार्यस्थल	वेतन मिलने में होने वाले देरी'
बिहार	33	15	15	12
छत्तीसगढ़	25	35	30	70
झारखण्ड	18	3	38	20
मध्य प्रदेश	44	28	46	7
राजस्थान	71	5	0	7
उत्तर प्रदेश	5	0	0	100
सभी सैम्पल राज्य	32	14	19	16

'जिन महिलाओं को सैम्पल कार्यस्थलों में वेतन दे दिया गया, उनमें से उन महिलाओं का अनुपात जिन्होंने कहा कि उन्हें काम के 15 दिन के भीतर वेतन नहीं मिला।

राजपुरा प्रखण्ड (बाडवानी ज़िला, मध्य प्रदेश) में जिन पाँच कार्यस्थलों की यात्रा की गयी, उनमें से चार का संचालन ठेकेदार कर रहे थे। सर्वेक्षण की टीम ने जिन महिलाओं से बातचीत की तो बताया कि ठेकेदारों ने गाँव आकर यह पूछा था कि कौन से ऐसे सेहतमन्द पुरुष हैं जो काम कर सकते हैं। जब महिलाओं ने काम देने का आग्रह किया तो उनकी बात को अनसुना कर दिया गया। खास बात यह है कि चूँकि बहुत से लोग माँग के आधार पर काम पाने की अपनी कानूनी हकदारी

के बारे में नहीं जानते थे, इसलिए गाँव में किसी ने भी महिलाओं को काम न देने का विरोध नहीं किया। इसके बजाय, बहुत से लोगों ने ठेकेदारों के इस क़दम को बिल्कुल सही माना कि वे महिलाओं के बजाय पुरुषों को काम पर रख रहे थे। उदयपुर प्रखण्ड (सरगुजा ज़िला, छत्तीसगढ़) के मराया पंचायत के बोधसाई ने यह कहा कि ठेकेदार महिलाओं और लड़कियों के लिए अपशब्द बोलते थे, और महिला मज़दूरों से अक्सर यह कहा जाता था कि वे तेज़ काम नहीं करतीं।

तीसरा, महिलाओं की भागीदारी को रोकने वाले एक अन्य बड़ी रूकावट बच्चों के देखभाल की सुविधा का अभाव है। इस अधिनियम के अनुसार, जब 6 वर्ष के 5 से ज़्यादा बच्चे कार्यस्थल पर हों, तो उनकी देखभाल के लिए एक महिला मज़दूर की नियुक्ति की जानी चाहिए। हमें कोई भी ऐसा स्थानन मिला जहाँ बच्चों के देखभाल की सुविधा हो। (केवल 3% कार्यस्थलों पर ही बच्चों के देखभाल की सुविधा थी, और इस पर भी आंशिक विश्वास करने की ही आवश्यकता है क्योंकि इनमें से दो में इसका दिखावा विंडो ड्रेसिंग][27] ही था)। इन सुविधाओं के अभाव के चलते महिला मज़दूरों को काफ़ी मुश्किलों का सामना करना पड़ता है। खासतौर पर, जिनके शिशु अभी माँ के दूध पर निर्भर हैं, वे अपने बच्चों को ज़्यादा समय तक अकेला नहीं छोड़ सकती हैं।[28] अधिकांश महिलाएँ अपने छोटे बच्चों को कार्यस्थल पर नहीं लातीं क्योंकि उन्हें लगता है कि यह बच्चों के लिए सुरक्षित स्थान नहीं हैं। यहाँ एक तरफ़, बच्चों की देखभाल करने वाला कोई नहीं होता और दूसरी ओर उन्हें यह भी चिन्ता होती है कि बच्चे धूप में रहेंगे तो यह उनकी सेहत के लिए अच्छा नहीं होगा; और कई बार जब वे अपने बच्चे के साथ होती हैं तो उन्हें उत्पीड़न का सामना भी करना पड़ता है (मसलन, बच्चों को अपना दूध पिलाते समय)। हालाँकि बच्चों को घर पर छोड़ने में भी कई समस्याएँ हैं : कई बार बच्चों की देखभाल करने वाला कोई नहीं होता; माँ के दूध पर निर्भर छोटे शिशु को सुबह एक बार दूध मिलता है और फिर जब शाम में माँ वापस आ जाती है तभी उसे दूध मिल पाता है। इसका छोटे शिशु की सेहत पर काफ़ी बुरा प्रभाव पड़ता है। इस बीच, माताएँ भी घर पर अपने बच्चों की सुरक्षा की चिन्ता करते हुए दिन भर बेचैन रहती हैं। उत्साहजनक बात यह थी कि प्रत्येक पाँच में से चार महिला ने यह कहा कि यदि बच्चों के देखभाल की व्यवस्था हो तो वे कार्यस्थल पर अपने बच्चों को लेकर आयेंगी।[29]

चौथा, कुछ राज्यों में उत्पादकता के मानक अत्यन्त सुनिश्चित हैं क्योंकि अभी भी यहाँ नरेगा के मानकों के अनुसार 'दरों की अनुसूची' में संशोधन नहीं हुआ है। मिसाल के तौर पर, सर्वेक्षण के समय झारखण्ड में एक दिन के काम का मानक कार्य 110 क्यूबिक फीट (मुलायम ज़मीन पर) की खुदाई थी, जो कि काफ़ी ज़्यादा था।[30] कुछ खास तरीके के नरेगा कार्य भी महिलाओं की भागीदारी सीमित करते हैं। मसलन, निजी ज़मीन पर कुओं की खुदाई इसका एक उदाहरण है। इस काम

की प्रकृति ऐसी है कि जैसे ही खुदाई एक निश्चित स्तर तक पहुँचती है, महिलाओं से काम लेना बन्द कर दिया जाता है।

पाँचवाँ, पारिश्रमिक मिलने में होने वाली देरी भी ग़रीब महिलाओं की भागीदारी में बाधक बनती है। असल में, इस तरह की देरी अकेली महिलाओं के लिए विशेष रूप से कठिन हालात पैदा करती है। चूँकि ये अपनी परिवार की एकमात्र कमाई करने वाली सदस्य होती हैं, इसलिए ये काम या वेतन के लिए ज़्यादा इन्तज़ार नहीं कर सकतीं। जब समय पर वेतन नहीं मिलता है, तो उन्हें मजबूरन अपने पुराने काम पर जाना पड़ता है, भले ही वह उन्हें पसन्द न हो। मसलन, शान्ति देवी (कोडरमा, झारखण्ड) ने यह बताया कि वह पहले जिस खदान में काम करती थीं, वहाँ उसे हर रोज़ अपने काम का पारिश्रमिक मिल जाता था, जबकि नरेगा के वेतन के लिए उसे एक महीने इन्तज़ार करना पड़ता था। जैसा कि सारणी 5 में दिखाया गया है कि उत्तर प्रदेश में कुल सैम्पल सिर्फ़ 5% ही महिला मज़दूर थीं। इन सबने यह बताया कि 15 दिन की निर्धारित अवधि में वेतन नहीं दिया गया।

4.2 नरेगा वेतन की बैंक द्वारा अदायगी

एक अन्य चिन्ता की बात यह है कि सितम्बर 2008 से नरेगा का वेतन बैंक द्वारा अदा किया जाने लगा है। यह तुलनात्मक रूप से नया 'प्रशासनिक नवाचार' है, जिसके बारे में सरकार यह मानती है कि यह भ्रष्टाचार को ख़त्म करने के लिए एक 'जादुई दवा' है।[31]

लोगों से साक्षात्कार के दौरान यह पूछा गया कि वे नकद, बैंक से या डाक-खाना के माध्यम से अपना वेतन लेना चाहेंगे। सर्वेक्षण में सैम्पल में सम्मिलित महिलाओं में 53% ने यह कहा कि वे बैंक और/या डाकखाना से अपना वेतन लेने को वरीयता देंगी।[32] बैंक से वेतन देने से महिलाओं को कई तरह से लाभ हो सकता है। बैंक से अदायगी का पक्ष लेने का मुख्य कारण यह धारणा है कि ऐसा होने पर बचत की सम्भावना बढ़ेगी और वेतन का वितरण करने वाले लोगों की धोखाधड़ी की सम्भावना में कमी आयेगी (दरअसल, राजस्थान में भी लोगों का ऐसा मानना था, जहाँ हमारे अनुसन्धान में सम्मिलित अन्य राज्यों की तुलना में रेकार्ड सही तरीके से रखा जा रहा था)। लोगों द्वारा बैंक से अदायगी का पक्ष लेने के अन्य कारण भी हैं : लोगों में यह धारणा है कि इससे पैसा मिलने में होने वाली देरी में कमी आयेगी; उन्हें एक बार में पैसे की एकमुश्त राशि मिल जायेगी (खासतौर पर, उत्तर प्रदेश और बिहार में यह विचार व्यक्त किया गया)। रोचक बात यह है कि महिलाओं ने यह माना कि अपने पैसे के उपयोग पर उनके नियन्त्रण को बढ़ाने वाला एक प्रभावकारी साधन है (मसलन, कुछ महिलाओं ने यह कहा कि जब नकद वेतन मिलता है, तो उनके पति आसानी से उनके पैसे पर अपना नियन्त्रण जमा लेते हैं)।

बहरहाल, चूँकि बैंक द्वारा वेतन देने की प्रक्रिया आरम्भ करते समय महिलाओं की चिन्ता में जागरूक रूप से ध्यान नहीं दिया गया, इसलिए यह परिवर्तन आख़िरकार उन्हें ही चोट पहुँचा सकता है। मसलन, कई स्थानों पर एक 'जॉब कार्ड' रखने वाले व्यक्ति के नाम से बैंक का खाता खोला जा रहा है (हमारे अध्ययन के बहुत से क्षेत्रों में ऐसा ही हो रहा है), ऐसे में इसकी पूरी सम्भावना है कि महिलाओं की अपनी कमाई तक प्रत्यक्ष पहुँच न हो। कई बार नकद वेतन देने के पक्ष में यह तर्क दिया जाता है कि बैंक लोगों के आवास से काफ़ी दूर होते हैं। कई बार ये दूर गाँवों या शहरों में स्थित होते हैं और वहाँ जाने के लिए अतिरिक्त ख़र्च करना पड़ता है, जो एक अर्थ में पैसे का व्यर्थ ख़र्च ही है।

सर्वे से यह उभरकर सामने आया कि यदि बैंक मज़दूरों के आवास के नज़दीक हैं, महिलाओं का अपना बैंक खाता है और वे खुद इस खाते को संचालित करने में समर्थ हैं, तो बैंक/डाकखाने से वेतन अदायगी शुरू करना महिलाओं के लिए लाभप्रद हो सकता है।

5. नरेगा और जेण्डर समानता

जैसा कि इस शोध-आलेख के आरम्भ में उल्लेख किया गया है कि नरेगा में ऐसे बहुत से प्रावधान हैं जिनका लक्ष्य महिलाओं की भागीदारी में सुधार करना है। हमने यह देखा है कि देश के विभिन्न भागों में इन प्रावधानों को अलग-अलग सीमा तक सफलता मिली है। महिलाओं के मामले में यह याद रखने की आवश्यकता है कि तुलनात्मक रूप से छोटे स्तर के नरेगा रोज़गार से भी महिलाओं को काफ़ी लाभ हुआ है। विभिन्न राज्यों में नरेगा के लागू होने के सन्दर्भ में गम्भीर समस्याएँ बनी हुई हैं (मसलन, छोटे बच्चों की माताओं के लिए देखभाल की सुविधा का अभाव तथा ठेकेदारों की नियमित गैर-कानूनी उपस्थिति)। इस कार्यक्रम से महिला मज़दूरों को अपने लिए काम और आय का स्रोत हासिल करने में मदद मिली है। वे अब अपने और अपने परिवार के भोजन और स्वास्थ्य की देखभाल करने में समर्थ हुई हैं। साथ ही, अब उन्हें जोखिम भरे काम करने के लिए मजबूर नहीं होना पड़ता है। महिला मज़दूरों को हुए इन महत्त्वपूर्ण फायदों को देखते हुए यह सुनिश्चित करने की आवश्यकता है कि इस कार्यक्रम को लागू करने में सामने आने वाली समस्याएँ इसके लाभ को प्रभावहीन न बना दें।

ज़्यादा महत्त्वपूर्ण बात यह है कि नरेगा में जेण्डर सम्बन्धों को व्यापक रूप से प्रभावित करने की क्षमता है। ऐसे बहुत तरीकों से हो सकता है। मसलन, नरेगा रोज़गार से महिलाओं को नकद कमाई होती है जिससे उनकी आर्थिक स्वतन्त्रता में वृद्धि हो सकती है। इसके साथ ही, नरेगा से पुरुषों और स्त्रियों को समान वेतन मिलने के चलते समानता की भावना को बढ़ावा मिल सकता है।[33] श्रम के जेण्डर

विभाजन पर नरेगा के असर से भी जेण्डर सम्बन्ध प्रभावित होंगे। ऐसा इसलिए हो सकता है क्योंकि यह माना जा रहा है कि महिलाएँ 'सक्रियतापूर्वक' (पारम्परिक अर्थ में) अर्थव्यवस्था में योगदान दे रही हैं तथा आर्थिक गतिविधि में उनका योगदान ज़्यादा प्रत्यक्ष रूप से सामने आ रहा है। इसी प्रकार, पंचायती राज कानून में ऐसे ही प्रावधानों को ध्यान में रखते हुए नरेगा के दिशा-निर्देश में यह प्रावधान किया गया है कि नरेगा के अन्तर्गत बनने वाली निगरानी समितियों में महिलाएँ भी भागीदारी करेंगी। यह उम्मीद की जाती है कि समय बीतने के साथ महिलाएँ ऐसे प्रावधानों का लाभ उठा पायेंगी, तथा सार्वजनिक और सामाजिक जीवन में अपने लिए स्थान बना पायेंगी (आगे इस पर विस्तार से चर्चा की गयी है)।

बहरहाल, महिलाओं की प्रभावकारी भागीदारी सुनिश्चित करने के लिए यह आवश्यक है कि नरेगा आरम्भिक जेण्डर-सम्बन्धित प्रावधानों से आगे जाये। इनमें महिला मज़दूरों की न्यूनतम भागीदारी और समान वेतन सुनिश्चित करने जैसे प्रावधान सम्मिलित हैं। इस अधिनियम के सभी आयामों में जेण्डर समानता का एक व्यापक दृष्टिकोण निर्मित करने की आवश्यकता है। इस दिशा में सबसे पहला क़दम यह हो सकता है कि परिवार को 100 दिन के काम की हकदारी देने के बजाय व्यक्ति को हकदारी प्रदान की जाये। इससे महिलाओं के पास 100 दिनों का अपना काम हो जायेगा और उन्हें इस मामले में अपने परिवार में किसी का मोहताज नहीं रहना पड़ेगा। महिलाओं के पास नरेगा के काम द्वारा अर्जित उनके पैसे तक उनकी पहुँच सुनिश्चित करने के लिए ठोस क़दम उठाने की ज़रूरत है। इसके लिए बैंक में पति के साथ संयुक्त खाते के बजाय महिलाओं का अलग से बैंक खाता खुलवाया जाना चाहिए (वर्तमान कई उदाहरणों में तो महिला का वेतन उसके पति के बैंक खाते में जाता है)। कुछ राज्यों में यह काम पहले से ही किया जा चुका है (मसलन, तमिलनाडु में पुरुषों और महिलाओं के पास अलग-अलग 'जॉब कार्ड' और बैंक खाता है)। नरेगा कर्मचारियों में महिलाओं की संख्या में लगातार बढ़ोतरी करने से भी जेण्डर समानता और संवेदनशीलता की स्थिति तैयार करने में मदद मिलेगी। इस सन्दर्भ में एक उत्साहजनक उदाहरण राजस्थान का है जहाँ नरेगा में प्रशिक्षित महिलाकर्मियों (मेट्स) की नियुक्ति हुई है।[34]

जब हम ग्राम सभाओं में महिलाओं की भागीदारी पर विचार करते हैं तो यह स्पष्ट हो जाता है कि जेण्डर समानता अभी दूर का लक्ष्य है। सैम्पल मज़दूरों (जिसमें पुरुष और महिला दोनों ही शामिल हैं) में से सिर्फ़ 33% ने यह कहा कि उन्होंने पिछले 12 महीने में ग्राम सभा की बैठक में हिस्सा लिया है।[35] साक्षात्कार देने वाली महिलाओं के एक बड़े समूह ने यह कहा कि वे इसलिए ग्राम सभा की बैठकों में नहीं जातीं क्योंकि इन बैठकों में या तो उनकी उपस्थिति को सहर्ष स्वीकार नहीं किया जाता, या फिर उन्हें यह लगता है कि "यह ऐसी बैठक नहीं हैं जिसमें महिलाएँ

शामिल हो सकती हैं।" चूँकि यह माना जाता है कि नरेगा कार्यों के क्रियान्वयन से सम्बन्धित फ़ैसले ग्राम सभा में लिए जाते हैं, इसलिए जेण्डर समानता के लिहाज से यह एक चिन्ताजनक विषय है कि अधिकांश महिलाओं को यह लगता है कि उन्हें इस 'बैठक में शामिल नहीं होना चाहिए'।

बहरहाल, इससे अलग कुछ सकारात्मक संकेत भी उपलब्ध हैं, जो यह बताते हैं कि देश के कुछ सबसे अन्दरूनी इलाकों में जेण्डर सम्बन्धों में सुधार करने का एक महत्त्वपूर्ण अवसर उपलब्ध कराता है। मसलन पति प्रखण्ड (बाडवानी ज़िला, मध्य प्रदेश) में महिलाएँ निगरानी समिति की सबसे मुखर सदस्य थीं और उन्होंने ग्राम सभाओं में भी सक्रियतापूर्वक भाग लिया। इससे यह प्रश्न भी सामने आता है कि आख़िर पति प्रखण्ड में नरेगा से महिलाओं को इतना लाभ कैसे हुआ है। इस सन्दर्भ में यहाँ सक्रिय जाग्रुत आदिवासी दलित संगठन की भूमिका का उल्लेख किया जा सकता है। यह इस क्षेत्र में काम करने वाला किसानों और मज़दूरों का एक छोटा संगठन है। यह इस क्षेत्र में मज़दूरों को नरेगा के अन्तर्गत अपने हकदारियों का दावा करने में मदद करता है। इस संगठन ने अपने काम में इस पर ध्यान दिया है कि स्थानीय सरकार ग्राम सभाओं और लोगों के प्रति जवाबदेह बने। पति प्रखण्ड के बहुत से भागों में, नरेगा कानून की भावना के अनुरूप इसे माँग आधारित रोज़गार कार्यक्रम के रूप में लागू किया गया है। संगठन के सदस्य काम का आवेदन दाखिल करते हैं और इन माँगों की प्रतिक्रिया स्वरूप सरकार द्वारा काम शुरू किया जाता है। इस संगठन के पुरुष और महिला सदस्यों ने सामूहिक रूप से, ग्राम सभा में अपनी हिस्सेदारी के माध्यम से नरेगा की योजना बनाने और इसे लागू करने में अपनी सामूहिक भागीदारी सुनिश्चित की है और ये नरेगा पर्यवेक्षण समितियों में भी शामिल रहे हैं। इस तरह, नरेगा से इनका जुड़ाव सिर्फ़ रोज़गार हासिल करने तक ही सीमित नहीं रहा है। नरेगा से सम्बन्धित इन गतिविधियों ने संगठन को भी मज़बूती दी है तथा निगरानी समिति में महिलाओं की भागीदारी को प्रोत्साहन दिया है।

अन्त में, महिलाओं के लिए नरेगा के फ़ायदों के बारे में फिर दुहराया जा सकता है : कानूनी न्यूनतम वेतन पर काम उपलब्ध होना; मज़दूरों को उनके गाँव में काम की अनुमति देना, जिसके चलते अब बहुत से लोग अप्रवासन और जोखिम भरे काम से बच रहे हैं। इन लाभों को सही तरह से मान्यता दी जानी चाहिए और इन्हें मज़बूती देने के लिए प्रयास किया जाना चाहिए। महिला मज़दूरों के लिए शिशु गृह का निर्माण, ठेकेदारों का उन्मूलन, पारदर्शी संयन्त्र का प्रभावकारी क्रियान्वयन तथा महिलाओं के लिए सबसे लाभप्रद दरों की सूची की स्थापना जैसे क़दमों से नरेगा में महिलाओं की भागीदारी बढ़ाने में अल्पकालिक बाधाओं को दूर करने में मदद मिल सकती है। जेण्डर समानता का दीर्घकालिक लक्ष्य हासिल करने के लिए सभी स्तरों पर (अर्थात् मज़दूर, नरेगा कार्य-स्थल प्रबन्धन और कर्मचारियों की नियुक्ति में)

और सभी क्षेत्रों (अर्थात् ग्राम सभाओं में भागीदारी द्वारा सहभागी योजना के निर्माण और सामाजिक लेखा-जोखा में) में महिलाओं की ज़्यादा भागीदारी सुनिश्चित करने की आवश्यकता है। ये उपाय एक साथ जेण्डर सम्बन्धों को प्रभावित कर सकते हैं और नरेगा के क्रियान्वयन में सुधार भी ला सकते हैं।

सन्दर्भ

1. हम रिताम्भरा मेहता के आभारी हैं, जिन्होंने इस शोध-आलेख में प्रयुक्त अधिकांश गुणात्मक (क्वालिटेटिव) आँकड़ों पर अनुसन्धान करने का काम किया है। मैरी अब्राहम, अंकिता अग्रवाल, कर्तिका भाटिया, केतकी जयवंत, मेघा कालिया, भरत रस्तोगी और एकलव्य वसुदेव ने भी इस काम में उनकी मदद की। इसके अलावा, हम उन सभी गणनाकर्त्ताओं के भी आभारी हैं, जिन्होंने स्वेच्छा से इस काम में सहयोग किया और नोट तैयार करने में काफ़ी काम किया। हम एफएओ-आईएलओ-आईएफएओ द्वारा आयोजित 'जेण्डर ऐंड रूरल इम्पलॉयमेंट' (जेण्डर और ग्रामीण रोज़गार) वर्कशॉप में भाग लेने वाले विद्वानों के भी कृतज्ञ हैं। इस शोध-आलेख का पहला प्रारूप इसी वर्कशॉप में प्रस्तुत किया गया था। हम ज्याँ द्रेज और सुबीर सिन्हा के भी शुक्रगुजार हैं जिनसे हुई चर्चा ने इस शोध-आलेख को तैयार करने के लिए प्रेरित किया। उनकी टिप्पणियों ने भी इस शोध-आलेख को बेहतर बनाने में मदद की।
2. 'सिटीजन्स ड्राफ्ट' (नागरिक मसौदा) शब्द अभियान समूहों द्वारा तैयार किये गये मसौदे के बारे में बताता है, जिसमें अन्य बातों के अलावा घर की हकदारी के बजाय व्यक्ति की हकदारी का प्रावधान किया गया था। नरेगा के लिए अभियान के सन्दर्भ में देखें, द्रेज (सद्यःप्रकाशित), मैकाऑसलेन (ड्राफ्ट), लेकिन और रविशंकर (2006)।
3. यह एक रोचक बात है कि महाराष्ट्र रोज़गार गारंटी योजना (यह नरेगा की तरह ही एक अधिनियम था, जिसे महाराष्ट्र में 1970 के दशक में लागू किया गया था) के सन्दर्भ में भी बहुत से अध्ययनों में महिलाओं के लिए इस कार्यक्रम के महत्त्व को इस सीमा तक रेखांकित किया गया कि एक अध्ययन में इसे 'महिला कार्यक्रम' की संज्ञा दी गयी (देव 1995)। साथ ही देखें, डांडेकर (1983), साठे (1991) और कृष्णाराज, पाण्डेय और कांची (2004ए, 2004बी)।
4. नरेगा का पूर्ण संस्करण इस वेब पते पर देखा जा सकता है : http://nreaga.nic.in; अधिनियम को ज़्यादा सरल स्वरूप में समझने के लिए देखें www.righttofoodindia.org।
5. मज़दूरों के पास यह विकल्प है कि वे पहले से ही आवेदन कर दें (अर्थात् वे बाद में किसी निश्चित तारीख से काम चाहते हैं)। काम का आवेदन लिखित या मौखिक हो सकता है।
6. इन राज्यों की जनसंख्या का कुल योग भारत की कुल 40% जनसंख्या है।
7. 'मस्टर रॉल' हाजिरी रजिस्टर होता है, जिसके आधार पर मज़दूरों को पारिश्रमिक का भुगतान किया जाता है। यह माना जाता है कि कार्य-स्थल पर 'मस्टर रॉल' होना चाहिए, ताकि उसे मज़दूर या अन्य कोई भी व्यक्ति देख सके।
8. नरेगा कार्य-स्थल पर श्रमिकों की सूची से उनका रैण्डम सैम्पल तैयार किया गया। इसका नतीजा यह हुआ कि सम्भावित मज़दूरों की कुछ श्रेणियाँ इस सैम्पल से बाहर छूट गयीं। मसलन, वे महिलाएँ जो बच्चों के देखभाल की व्यवस्था न होने के चलते नरेगा के कार्यों में भागीदारी नहीं पायीं। इस सर्वेक्षण में मुख्य रूप से नरेगा के क्रियान्वयन पर ध्यान दिया गया। साथ ही, यह समझने का प्रयास भी किया गया कि क्या नरेगा के क्रियान्वयन से श्रमिकों को कोई लाभ हुआ है, यदि हाँ तो क्या।

9. क्रियान्वयन की समस्याओं में नरेगा के प्रावधानों के अनुसार काम मिलने में होने वाली दिक्कतें, नियमित अन्तराल पर वेतन मिलने में समस्या और रोज़गार सृजन का निम्न स्तर सम्मिलित है। गौरतलब है कि पिछले 12 महीनों में प्रत्येक महिला मज़दूर को औसतन 30 दिन ही काम मिला है।

10. मिसाल के तौर पर देखें, चेन (1989), ओलसेन और मेहरा (2006), द्रेज और शर्मा (1998)। साथ ही इस पर देखें, हैरिस और व्हाइट (2003)।

11. मसलन देखें ब्रेमन (1996)।

12. मिसाल के तौर पर देखें, चेन (1989), ऑल्सेन और मेहरा (2006), नैशनल कमीशन फॉर इंटरप्राइजेज इन द अनऑर्गनाइज्ड सेक्टर (2007)। चेन यह बताते हैं कि अमूमन तकरीबन सभी क्षेत्रों में खेती के एक जैसे काम के लिए महिलाओं को पुरुषों की तुलना में कम पारिश्रमिक दिया जाता है। सभी क्षेत्रों में कम पारिश्रमिक वाले ऑफ सीजन काम में महिलाओं का प्रभुत्व है।"

13. मसलन, ब्रेमन (1996) और मोज और अन्य (2007) यह उल्लेख करते हैं कि महिला आप्रवासी मज़दूरों को शारीरिक और लैंगिक असुरक्षा का सामना करना पड़ता है।

14. लुंगीबाई (ज़िला सिरोही, राजस्थान) ने यह बताया कि वे पहली बार वेतन के लिए मज़दूरी कर रही हैं और उनके पति ने उसे ऐसा करने की 'इजाज़त' दे दी क्योंकि काम गाँव के भीतर था। इसी तरह, मैना (आंत पंचायत, सीतापुर ज़िला, उत्तर प्रदेश) ने यह कहा कि उन्होंने कभी भी पहले वेतन के लिए काम नहीं किया। हालाँकि यह भी रोचक है कि उन्होंने यह भी कहा कि "नरेगा के काम से उसकी ज़िन्दगी में कोई खास बदलाव नहीं आया," लेकिन उन्होंने यह भी जोड़ा कि इस काम से होने वाली आय के चलते वह अपनी बेटी को स्कूल भेजने लगी।

15. नरेगा समय दर (टाइम रेट) या कार्य दर (पीस रेट) के आधार पर वेतन के गणना की अनुमति देता है। चूँकि अमूमन वेतन को समय दर आधार के बजाय अंश दर (पीस रेट) के आधार पर मापा जाता है (राजस्थान के मामले में ऐसा ही होता है), इसलिए मज़दूरों को कानूनी न्यूनतम वेतन से कम मिलता है। अंश दर (पीस रेट) की गणना मज़दूरों द्वारा किये गये विशेष कार्य के 'दरों की सूची' पर निर्भर करती है।

16. मिसाल के तौर पर, बारबर हैरिस व्हाइट (2003 : 31) के अनुसार, "जाति विचारधारा महिलाओं के काम करने या न करने पर गहन प्रभाव डालती है। इससे यह तय होता है कि वे क्या कर सकती हैं और अपने घर से कितनी दूर जा सकती हैं।" साथ ही, ब्रेमन (1996) ने प्रवासी मज़दूरों के बारे में यह लिखा है कि महिला प्रवासी मज़दूर कई पाबंदियों का सामना करती है—वे अक्सर अपने पुरुष रिश्तेदारों के साथ यात्रा करती हैं। (देखें, पृ. 45-53)

17. 'काफ़ी महत्त्वपूर्ण', 'कम महत्त्वपूर्ण' या 'महत्त्वपूर्ण नहीं' जैसे शब्दों का प्रश्न-सूची में प्रयोग किया गया, ये ऐसे शब्द हैं जिनकी व्यापक रूप से व्याख्या की जा सकती है। बहरहाल, इन शब्दों के उपयोग का लक्ष्य नरेगा द्वारा होने वाले लाभों पर बल देना है। एक ज़्यादा बड़े संख्यात्मक स्केल पर इन अनुभव किये गये लाभों का प्रमात्रीकरण (क्वांटिफिकेशन) करने का प्रयास नहीं किया गया और इसके बजाय, मज़दूरों के साथ चर्चा पर ज़्यादा भरोसा किया गया। मिसाल के तौर पर, स्वास्थ्य सेवा, पोषक पदार्थों और शिक्षा के बारे में अनुपूरक प्रश्न पूछे गये, किन्तु एक बार फिर से, एक संख्यात्मक स्केल पर प्रमात्रीकरण के बजाय चर्चा पर ध्यान दिया गया।

18. आन्ध्र प्रदेश के एक ज़िले के 320 घरों के सर्वेक्षण के प्राथमिक नतीजों से भी ऐसे ही निष्कर्ष सामने आये थे (रवि और एंगलर 2009)।

19. चनार पंचायत (सिरोही ज़िला) की एक आदिवासी महिला हसकी ने यह कहा कि 'मैं घर की मुखिया हूँ।' इस भाग में आगे यह बताया गया है कि महिलाएँ अपने बचत पर नियन्त्रण के लिए कुछ उपाय कर सकती हैं, जहाँ महिलाओं ने यह बताया कि उन्होंने अपने पैसे को अपनी व्यक्तिगत आवश्यकताओं, दवाओं और अपने माता-पिता के गाँव में आने-जाने में ख़र्च किया।
20. इसी तरह, नानी बाई (ज़िला बाडवानी, मध्य प्रदेश) ने यह बताया कि पहले वह खेत मज़दूर के रूप में प्रतिदिन 20-25 रुपये कमाती थी, किन्तु नरेगा के काम के चलते अब उसे 85 रुपये प्रतिदिन (मध्य प्रदेश का न्यूनतम वेतन) मिलते हैं।
21. भारत सरकार की एक विधवा पेंशन योजना है जिसमें एक विधवा को प्रति माह 200 रुपये दिये जाते हैं। कुछ राज्य, राज्य बजट से कुछ पैसा देकर इस राशि को बढ़ा देते हैं।
22. राजपूत समुदाय विशेष रूप से रूढ़िवादी होता है। अक्सर इस समुदाय की महिलाओं के लिए वेतन वाला काम करना मुश्किल होता है तथा इसे ख़राब माना जाता है।
23. नरेगा के अन्तर्गत उन मज़दूरों को काम दिया जाता है, जिनका नाम उनके परिवार के मुख्यिा के नाम से जारी 'जॉब कार्ड' में दर्ज होता है। प्रत्येक परिवार को एक 'जॉब कार्ड' दिया जाता है, जो अधिनियम के क्रियात्मक दिशा-निर्देश के अनुसार एक न्यूक्लीयर परिवार के लिए होता है। नरेगा के अन्तर्गत पंजीकृत एक परिवार कम-से-कम 100 दिनों के नरेगा काम की माँग कर सकता है।
24. राज्य सरकार के पास इसे करने के लिए यह प्रोत्साहन है कि नरेगा में ख़र्च होने वाला कोष केन्द्र (संघीय) सरकार द्वारा उपलब्ध कराया जाता है। इसलिए राज्य सरकार अपने राज्य कोष को नुकसान पहुँचाये बिना ही केन्द्रीय कोष का उपयोग स्थानीय क्षेत्र विकास के लिए कर सकती है।
25. देखें खेड़ा (2006)।
26. उत्पीड़न की शिकायत करने वाले पुरुष नरेगा मज़दूरों का अनुपात काफ़ी कम था—सिर्फ़ 9% और 11% उन कार्यस्थलों पर जहाँ ठेकेदार थे।
27. सर्वेक्षण दल के मूल्यांकन के अनुसार, ये बच्चों के देखभाल की बनावटी सुविधाएँ थीं, जो सिर्फ़ सर्वेक्षण दल को दिखाने के लिए वहाँ रखी गयी थीं।
28. देखें भाटी (2006) और नारायणन (2007), जहाँ इन मुद्दों की विस्तृत विवेचना की गयी है।
29. यहाँ यह दुहराया जा सकता है कि कार्यस्थलों पर मज़दूरों की सूची से ही सैम्पल तैयार किया गया। ज़्यादा-से-ज़्यादा यह कहा जा सकता है कि सर्वेक्षण के निष्कर्षों में बच्चों के देखभाल के पहलू पर कम ध्यान दिया गया है, क्योंकि इस बात की पूरी सम्भावना है कि बहुत सी महिलाएँ इसलिए 'मस्टर रॉल' में दर्ज नहीं हुई होंगी क्योंकि बच्चों की देखभाल की सुविधा नहीं थी।
30. यहाँ यह नोट करने की आवश्यकता है कि जितने भी राज्यों में सर्वेक्षण किया गया, वहाँ सर्वेक्षण पूरा होने के बाद 'शेड्यूल ऑफ रेट्स' में गिरावट आयी है।
31. देखें अधिकारी और भाटिया (सद्यःप्रकाशित), द्रेज और खेड़ा (2008), कर (2009) तथा वनायक और सिद्धार्थ (2008)।
32. रोचक बात यह है कि महिलाओं का आँकड़ा पुरुषों के आँकड़े से ज़्यादा है (44%—देखें सारणी)।
33. यद्यपि पहले की सरकारी योजनाओं में समान वेतन का प्रावधान था, किन्तु व्यवहार में ऐसा नहीं हुआ। नरेगा कार्यों में तकरीबन नियमित रूप से महिलाओं को पुरुषों के बराबर पारिश्रमिक दिया जा रहा है।

34. 'मेट्स' कार्यस्थल के पर्यवेक्षक होते हैं जिन्हें नरेगा के मज़दूरों के बीच से चुना जाता है। इस प्रयोग के बारे में ज़्यादा विस्तार से जानकारी के लिए देखें खेड़ा (2009)।
35. हालाँकि यहाँ यह जोड़ना भी आवश्यक है कि वर्तमान में बहुत से स्थानों पर, सामान्यतः ग्राम सभा की बैठकें नहीं होती हैं।

सन्दर्भ ग्रन्थ सूची

अधिकारी, अनिंदिता और कर्तिका भाटिया (सद्यःप्रकाशित), 'नरेगा पेमेंट्स : कैव वी बैंक ऑन द बैंक?', मीमओ, जी. बी. पन्त सोशल साइंस इंस्टीट्यूट।

भाटी, किरण (2006), 'इम्पलॉयमेंट गारंटी ऐंड द चाइल्ड राइट्स', *इकोनॉमिक ऐंड पॉलिटिकल वीकली,* खण्ड 41, अंक 20, 20 मई, पृ. 1965-67।

—(2008), 'फालिंग थ्रू द क्रैक्स', *द हिन्दू,* सण्डे मैगजीन, 16 मार्च।

ब्रेमन, जन (1996), 'फुटलूज लेबर : वर्किंग इन इण्डियाज इनफॉरमल इकोनॉमी', *कॉन्टेम्परारी साउथ एशिया,* कैम्बिज, कैम्ब्रिज यूनिवर्सिटी प्रेस।

—(2003), 'द लेबरिंग पुअर इन इण्डिया : पैटर्न्स ऑफ एक्सप्लावयटेशन, सबॉर्डिनेशन ऐंड एक्सक्लूजन', नयी दिल्ली, ऑक्सफर्ड यूनिवर्सिटी प्रेस।

चेन, मार्था (1989), 'वीमन्स वर्क इन इण्डिय एग्रीकल्चर बाई एग्रो-इकलॉजिक जोन्स : मीटिंग नीड्स ऑफ लैण्डलेस ऐंड लैण्ड पुअर वीमेन', *इकोनॉमिक ऐंड पॉलिटिकल वीकली,* खण्ड 24, अंक 43, 28 अक्टूबर, पृ. डब्ल्यूएस 79-89।

डांडेकर, कुमुदिनी (1983), 'इम्पलॉयमेंट गारंटी स्कीम—ऐन इम्पलॉयमेंट ऑपच्युनिटी फॉर वीमेन', पुणे, गोखले इंस्टीट्यूट ऑफ पॉलिटिक्स ऐंड इकोनॉमिक्स।

देव, महेन्द्र (1995), 'एलिविएटिंग पोवर्टी ऐंड महाराष्ट्र इम्पलॉयमेंट गारंटी स्कीम', *इकोनॉमिक ऐंड पॉलिटिकल वीकली,* खण्ड 30, नम्बर 41-42।

द्रेज, ज्याँ (सद्यःप्रकाशित), 'डेमॉक्रेसी ऐंड द राइट टू वर्क : इण्डियाज इम्पलॉयमेंट गारंटी ऐक्ट,' संकलित, एन. जयाल और पी. बी. मेहता (सम्पा.), *ऑक्सफर्ड कॉम्पेनियन टू पॉलिटिक्स इन इण्डिया,* नयी दिल्लीः ऑक्सफर्ड यूनिवर्सिटी प्रेस।

—(2006), 'इण्डियाज नैशनल इम्पलॉयमेंट गारंटी इनऐक्शन', *द हिन्दू,* 12 सितम्बर।

द्रेज, ज्याँ और क्रिश्चियन ओल्डीज (2007), 'कॉमनडेबल ऐक्ट', *फ्रंटलाइन,* खण्ड 24, अंक 14, जुलाई।

—(2009), 'वर्क इन प्रोग्रेस', *फ्रंटलाइन,* खण्ड 26, अंक 4, 14-22 फरवरी।

द्रेज, ज्याँ और नरेश शर्मा (1968), 'पालनपुर : पॉप्यूलेशन, सोसायटी ऐंड इकोनॉमी', संकलित, पीटर लेनजॉउ और निकोलास स्टर्न (सम्पा.), *इकोनॉमिक डिवलपमेंट इन पालनपुर ओवर फाइव डिकेड्स,* ऑक्सफर्ड, क्लेरेण्डन प्रेस।

द्रेज, ज्याँ और रीतिका खेड़ा (2009), 'द बैटल फॉर इम्पलॉयमेंट गारंटी', *फ्रंटलाइन,* खण्ड-26, अंक 1, 3-16 फरवरी।

—(2008), 'फ्रॉम अकाउंट टू अकाउंटाबिलिटी', *द हिन्दू,* 6 दिसम्बर।

हैरिस व्हाइट, बारबरा (2003), 'इण्डिया वर्किंग : ऐसेज ऑन सोसायटी ऐंड इकोनॉमी', *कॉन्टेम्परारी साउथ एशिया,* कैम्ब्रिज, कैम्ब्रिज यूनिवर्सिटी प्रेस।

हेरिंग, रोनॉल्ड और रैक्स एडवर्ड्स (1983), 'गारंटीईंग इम्पलॉयमेंट टू द रूरल पुअर : सोशल फंकशन्स ऐंड क्लास इंटरेस्ट्स इन द इम्पलॉयमेंट गारंटी स्कीम इन वेस्टर्न इण्डिया', *वर्ल्ड डिवलपमेंट,* खण्ड-11, अंक 7, पृ. 575-92।

इंस्टीट्यूट ऑफ सोशल स्टडीज ट्रस्ट (2006), 'वीमेन ऐंड नरेगा', नयी दिल्ली, इंस्टीट्यूट ऑफ सोशल स्टडीज ट्रस्ट और इंटरनैशनल लेबर ऑर्गनाइजेशन।

जांदू, नवज्योति (2008), 'इम्पलॉयमेंट गारंटी ऐंड वीमेन्स इम्पावरमेंट इन रूरल इण्डिया', देखें www.rghttofoodindia.prg

कर, अनिर्बान (2009), 'व्हाई द नरेगा शुड नॉट रिलाई ऑन बैंक्स', *बिजनेस स्टैण्डर्ड,* 2 फरवरी।

खेड़ा, रीतिका (2006), 'इम्पलॉयमेंट गारंटी ऐंड माइग्रेशन', *द हिन्दू,* 17 जून।

—(2009), 'नरेगा : ग्रुप मेजरमेंट एक्सपेरीमेंट इन राजस्थान', वर्किंग पेपर 180, सेंटर फॉर डिवलपमेंट इकोनॉमिक्स, सद्यःप्रकाशित, वेब पता : http://www.econdse.org/seminar/semianr34.pdf, देखने की तारीख : 5 जुलाई।

कृष्णाराज, एम., डी. पाण्डेय औ ए. कांची (2004 क), 'डज इसीजी रिक्वायर रिस्ट्रक्चरिंग फॉर पोवर्टी ऐलिविएशन ऐंड जेण्डर इक्वालिटी'? *इकोनॉमिक ऐंड पॉलिटिकल वीकली,* खण्ड-39, अंक 16, 17 अप्रैल, पृ. 1597-1604।

लेकिन, जेसन और निर्मला रविशंकर (2006), 'वर्किंग फॉर वोट्स : द पॉलिटिक्स ऑफ इम्पलॉयमेंट गारंटी इन इण्डिया', पेपर प्रजेण्टेड ऐट द एनुअल मीटिंग ऑफ अमेरीकन पॉलिटिकल साइंस ऐसोसिएशन, फिलॉडेल्फिया पीए, मेरियॉअट, लॉवेस फिलाडेल्फिया, ऐंड द पेनसिल्वेनिया कनवेंशन सेंटर), 31 अगस्त।

मैकऑसलेन, आई. (तारीखरहित), 'हाउ ऐंड व्हाइ आर ऐंटी पोवर्टी लॉज मेड? द पैसेज ऑफ इण्डियाज नैशनल रूरल इम्पलॉयमेंट गारंटी ऐक्ट', आइडीएस वर्किंग पेपर, ब्रिगटन : इंस्टीट्यूट ऑफ डिवलपमेंट स्टडीज।

मोज, डेविड, संजीव गुप्ता और विद्या शाह (2007), 'ऑन द मारजिन्स इन द सिटी : आदिवासी सीजनल लेबर माइग्रेशन इन वेस्टर्न इण्डिया', *इकोनॉमिक ऐंड पॉलिटिकल वीकली,* खण्ड-40, अंक 28, 9 जुलाई, पृ. 3025-38।

नैशनल कौंसिल फॉर इम्पलॉयमेंट इन द अनऑर्गनाइज्ड सेक्टर (2007), 'रिपोर्ट ऑन कंडीशन ऑफ वर्क ऐंड प्रोमोशन ऑफ लाइवलीहुड इन अनऑर्गनाइज्ड सेक्टर', वेब पता : http://nceus.gov.in/Comdition_of_Workers_sep_2007.pdf।

नारायणन, सुधा (2007), 'इम्पलॉयमेंट गारंटी, वीमेन्स वर्क ऐंड चाइल्ड केयर', *इकोनॉमिक ऐंड पॉलिटिकल वीकली,* खण्ड 43, अंक 9, 1 मार्च पृ. 10-13।

ऑल्सेन, वेन्डी और स्मिता मेहता (2006), 'फिमेल लेबर पार्टिशिपेशन इन रूरल ऐंड अरबन इण्डिया : डज हाउसवाइव्स वर्क काउंट?' रैडिकल स्टैटिस्टिक 93, वेब पता : http://www.radstats.org.uk/noo93/OlsenMehra93.pdf; देखने की तारीख : 5 जनवरी।

रवि, शमिका और मोनिका एंगलर (2009), 'वर्कफेयर इन लो इनकम कण्ट्रीज : ऐन इफेक्टिव वे टू फाइट पोवर्टी?' द केस ऑफ एनआरईजीएस इन इण्डिया, आरम्भिक ड्राफ्ट।

साठे, मधुसूदन डी. (1991), 'रूरल इम्पलॉयमेंट ऐंड इम्पलॉमेंट गारंटी स्कीम इन महाराष्ट्र : अ समरी', पुणे, डिवलपमेंट ग्रुप।

वनायक, अनीश और सिद्धार्थ (2008), 'बैंक पेमेंट्स : ऐंड ऑफ करप्शन इन नरेगा?', *इकोनॉमिक ऐंड पॉलिटिकल वीकली,* खण्ड 43, अंक 17, 2 मई, पृ. 33-39।

[यह शोध-आलेख *इकोनॉमिक ऐंड पॉलिटिकल वीकली* के 24 अक्टूबर 2009 में प्रकाशित हुआ था।]

मनरेगा काम और उनके प्रभाव : महाराष्ट्र का अध्ययन

क्रुश्ना रनावरे, उपासक दास,
अश्विनी कुलकर्णी और सुधा नारायणन[1]

यह अध्ययन महाराष्ट्र में महात्मा गाँधी राष्ट्रीय ग्रामीण रोज़गार गारंटी अधिनियम (या मनरेगा) के अन्तर्गत निर्मित 4,100 कामों के 4,881 उपयोगकर्त्ताओं के अध्ययन के बारे में बताता है। इसके अनुसार, मनरेगा के काम खेती में मददगार साबित हुए हैं और इससे बड़ी संख्या में छोटे और हाशिये पर पड़े किसानों को लाभ हुआ है। सर्वेक्षण के दौरान जिन लोगों से बातचीत हुई, उनमें से 90% लोगों ने काम को काफ़ी उपयोगी या कुछ हद तक उपयोगी माना, वहीं सिर्फ़ 8% लोगों ने यह कहा कि यह काम पूरी तरह अनुपयोगी है। इसके अलावा, अधिकांश कार्यों का रख-रखाव किया जा रहा है और वे अच्छी स्थिति में हैं। कुल मिलाकर यह अध्ययन यह बताता है कि ऐसा प्रतीत होता है कि यह प्रचलित धारणा गलत है कि मनरेगा में कुछ भी सार्थक काम नहीं होता है। हालाँकि यह भी सच है कि काम, उनके स्वरूप और उन्हें करने के तरीके में काफ़ी सुधार की गुंजाइश है।

1. प्रस्तावना

महात्मा गाँधी राष्ट्रीय रोज़गार गारंटी अधिनियम (मनरेगा) की अधिसूचना 5 सितम्बर 2005 को जारी की गयी। इसे तीन चरणों में लागू किया गया तथा तीन वर्षों के भीतर यह देश के सभी ज़िलों में लागू कर दिया गया। यद्यपि इसमें मुख्य रूप से अकुशल श्रमिकों के लिए वेतन रोज़गार बढ़ाने पर बल दिया जाता है किन्तु यह काफ़ी महत्वाकांक्षी योजना है और इसके दायरे में कई लक्ष्य सम्मिलित हैं। मसलन, इस अधिनियम में यह परिकल्पना की गयी है कि इसके कार्यों द्वारा प्राकृतिक संसाधनों के प्रबन्धन को मज़बूती दी जायेगी और इनके माध्यम से सूखा, वनों की कटाई, मृदा अपरदन जैसे दीर्घकालिक ग़रीबी के कारणों को दूर करने का प्रयास किया जायेगा और इस प्रकार सस्टेनेबल (सतत) विकास को प्रोत्साहन दिया जायेगा। ग्रामीण क्षेत्रों में लोगों के वेतन और उपभोग पर

मनरेगा के प्रभाव के बारे में काफ़ी अध्ययन हुआ है, लेकिन इसके द्वारा सृजित कार्यों और लोगों के जीवन पर उसके प्रभाव के बारे में काफ़ी कम जानकारी है। दरअसल, अमूमन मनरेगा को सिर्फ़ एक ग़रीबी उन्मूलन कार्यक्रम के रूप में ही देखा जाता है। अक्सर इस पहलू की उपेक्षा कर दी जाती है कि आंशिक रूप से इसकी वैधता का आधार यह भी है कि यह एक सम्पदा सृजन कार्यक्रम है। जहाँ ऐसा नहीं होता है, वहाँ लोग व्यापक रूप से यह मानते हैं कि मनरेगा द्वारा निर्मित कार्यों की उपयोगिता सन्देहास्पद है।

हाल ही में शोधकर्त्ताओं ने मनरेगा कार्यों का मूल्यांकन करना आरम्भ किया है, और इस सन्दर्भ में पर्यावरण सेवाओं तथा जल संसाधन उपलब्धता पर विशेष ध्यान दिया गया है (मसलन, इस्टीव्स और अन्य 2013; वर्मा और शाह 2012; अग्रवाल और अन्य 2012)।[2] हालाँकि अभी इस प्रकार के व्यवस्थित अध्ययन तुलनात्मक रूप से नाकाफ़ी ही हैं। मनरेगा कार्यों के प्रभाव के मूल्यांकन से सम्बन्धित अध्ययनों के अभाव की एक व्याख्या यह दी जाती रही है कि अभी इन प्रभावों के सामने आने के बारे में स्पष्ट रूप से कुछ भी नहीं कहा जा सकता है। किन्तु मनरेगा कार्यक्रम को लागू हुए सात वर्ष (लेख लिखे जाने के समय) बीत चुके हैं, इसलिए अब यह सीमा ज़्यादा प्रासंगिक नहीं है। हम महाराष्ट्र में मनरेगा के कार्यों के अध्ययन द्वारा इस सन्दर्भ में उभरते विषय-साहित्य में अपना योगदान करना चाहते हैं।

अगले भाग में इस अध्ययन में प्रयुक्त दृष्टिकोण और पद्धतियों की रूपरेखा प्रस्तुत की गयी है और इसके बाद के भागों में मनरेगा कार्यों के विभिन्न आयामों का विश्लेषण किया गया है। आख़िरी भाग में इस शोध-आलेख का निष्कर्ष प्रस्तुत किया गया है।

2. अध्ययन : सैम्पल, पद्धति और क्षेत्र

यह अध्ययन दो लक्ष्य हासिल करना चाहता है। पहला, यह जाँचना कि मनरेगा के अन्तर्गत निर्मित कार्यों का ज़मीनी स्तर पर अस्तित्व है तथा उनकी स्थिति और गुणवत्ता की जाँच करना। इसका मकसद इस चिन्ता को दूर करना था कि मनरेगा के बहुत से कार्यों का सिर्फ़ काग़ज़ी अस्तित्व ही है। दूसरा, लाभार्थियों के एक व्यवस्थित सर्वेक्षण द्वारा इन कार्यों के प्रभाव के बारे में धारणाओं को दर्ज करना। प्रत्येक कार्य के माध्यम से ऐसे लाभार्थियों की विशेष रूप से पहचान की गयी। हमने बहुत से अन्य अध्ययनों की तरह शारीरिक परिघटना या लाभ-लागत अनुपातों के सन्दर्भ में इन प्रभावों के मात्रा-निर्धारण का प्रयास नहीं किया। इसके बजाय, हमने इन कार्यों का उपयोग करने वाले लोगों के व्यक्तिपरक मूल्यांकनों तथा लाभ और लागत के बारे में इनकी धारणाओं पर ध्यान केन्द्रित किया।

हमने अपने अध्ययन में महाराष्ट्र के 20 ज़िलों को सम्मिलित किया।[3] हालाँकि सैम्पल में सभी ज़िलों को प्रतिनिधित्व नहीं दिया गया है, किन्तु इसमें राज्य के छह प्रशासनिक भागों के ज़िले शामिल हैं। यह सामाजिक-जनसांख्यिक, खेती-जलवायु और भौगोलिक विशिष्टताओं के सन्दर्भ में ग्रामीण महाराष्ट्र की विविधता भी दर्शाता है। वर्ष 2010 से 2013 के बीच सैम्पल के रूप में लिए गये ज़िलों में महराष्ट्र के मनरेगा का 60% बजट ख़र्च हुआ और यहीं 66% कार्य हुए (नारायणन और अन्य 2014)। इन 20 ज़िलों में से प्रत्येक से उद्देश्यपूर्ण सैम्पल के रूप में एक ऐसे ब्लॉक (या प्रखण्ड) का चयन किया गया जिसने वित्तीय वर्ष 2012-13 में कार्यक्रम में ख़र्च के सन्दर्भ में सबसे अच्छा प्रदर्शन किया हो (रेखाचित्र 1)। इन सभी 20 प्रखण्डों में सर्वेक्षण के लिए 5 ग्राम पंचायतों का चयन किया गया और वर्ष 2010-2013 के बीच मनरेगा के अन्तर्गत कार्यों की संचयी संख्या के सन्दर्भ में इन 5 ग्राम पंचायतों से सबसे अच्छा प्रदर्शन किया था।

रेखाचित्र-1: सैम्पल के रूप में लिए गये ब्लॉक

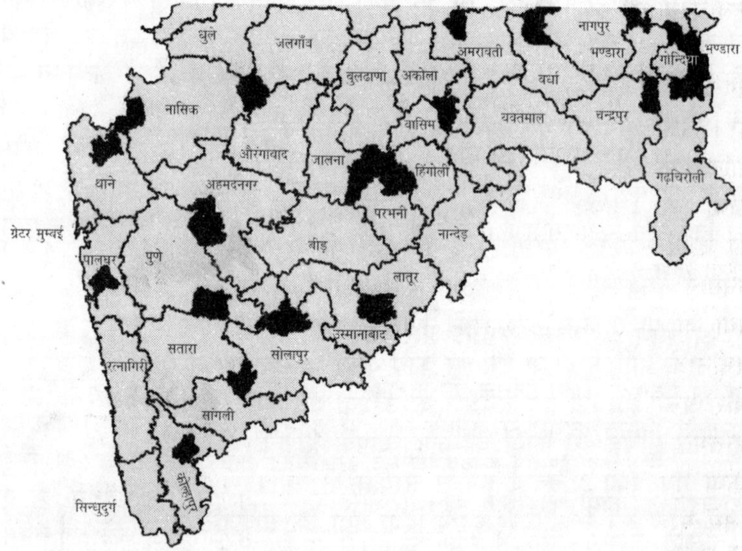

स्पष्टतः सैम्पलिंग में उन प्रखण्डों और ग्राम पंचायतों को वरीयता दी गयी जिनका कार्य करने में अच्छा रेकार्ड था। इसलिए इसे महाराष्ट्र की सभी ग्राम पंचायतों का प्रतिनिधि नहीं मानना चाहिए। यह दृष्टिकोण इसलिए आवश्यक था क्योंकि इस अध्ययन का उद्देश्य लोगों पर मनरेगा कार्यों के प्रभावों को समझना था। इसके लिए सबसे पहले तो यह अनिवार्य था कि वहाँ मनरेगा के कार्य हुए हों। इसलिए

इस अध्ययन का उद्देश्य मनरेगा के क्रियान्वयन के आयामों मूल्यांकन करना नहीं है बल्कि यह इसके अन्तर्गत हुए कार्यों के प्रकार और उनकी उपयोगिता के बारे में जाँच-पड़ताल तक ही सीमित है।

इस अध्ययन में सैम्पल में चयनित ग्राम पंचायतों में 1 जनवरी, 2010 से लेकर 31 दिसम्बर, 2013 तक पूरे हुए सभी कार्यों पर विचार किया गया है। इन तीन वर्षों की समयावधि चुनने का मुख्य कारण यह था कि नये और तुलनात्मक रूप से पुराने कार्यों का संयुक्त रूप से परीक्षण किया जाये। यह माना गया कि उनके टिकाऊपन (या कई मामलों में उनके टिकाऊ न होने) के तय करने में मदद मिलेगी और इन कार्यों से हुए लाभों को देखने का मौक़ा भी मिल पाता (विशेष रूप से बागवानी और वनीकरण के सन्दर्भ में)।[4] सैम्पल में सम्मिलित ग्राम पंचायत औसतन प्रत्येक ब्लॉक में हुए कार्यों के 7.53% का वर्णन करते हैं—इसमें जहाँ जलगाँव और नासिक जैसे ज़िलों के 1% काम सम्मिलित हैं, वहीं वाशिम ज़िले का 53% तक का काम शामिल है।[5] सैम्पल कार्य वर्ष 2010-13 के दौरान महाराष्ट्र में मनरेगा के कुल कार्यों का 5% हैं।

प्रत्येक मनरेगा कार्य के लिए भिन्न तरीके से सैम्पल घरों की पहचान की गयी। यह इस बात पर निर्भर करता था कि ये कार्य निजी भूमि पर हुए हैं या सार्वजनिक पर। निजी भूमि पर हुए कार्यों के लिए ज़मीन के मालिक के घर या ज़मीन पर मालिकाना रखने वाले व्यक्ति को लाभार्थी माना गया, और उसका साक्षात्कार लिया गया (सारणी 1)। सामान्य सम्पत्ति पर हुए कार्यों के लिए लाभार्थी घरों का चयन स्थानिक परिसीमन कसौटी द्वारा किया गया ताकि साक्षात्कार के लिए मनमाने तरीके से लोगों का चयन न हो। इसमें ऐसे दो घरों का साक्षात्कार लिया गया जो या तो उस सम्पदा के नज़दीक रहते थे, या फिर वे उसके निकट के ज़मीन के मालिक थे या उस पर कार्य करते थे (विस्तार के लिए देखें नारायणन और अन्य 2014)। इस सर्वेक्षण के उद्देश्यों को ध्यान में रखते हुए, मनरेगा के अन्तर्गत सृजित हुए कार्यों को कुछ व्यापक श्रेणियों में बाँटकर उनका अध्ययन किया गया (जो अनिवार्य रूप से सरकार के वर्गीकरण से मेल नहीं खाते थे)। इसमें मुख्य रूप से इस पर ध्यान दिया गया कि सार्वजनिक भूमि पर हुए कार्यों को निजी भूमि पर हुए कार्यों से स्पष्ट रूप से अलग कर दिया जाये।[6] साथ ही, यह भी सुनिश्चित किया गया कि प्रश्न-सूची के माध्यम से कार्यों के विभिन्न प्रकारों की स्पष्ट जानकारी एकत्रित की जाये।[7]

सारणी 1 : किसे लाभ मिलता है?

विशेषताएँ (1)	आँकड़े (2)	वैध प्रतिक्रियाओं की संख्या (3)
जिन परिवारों के पास किसी प्रकार का मनरेगा कार्य है, उनकी भूमि का आकार		4,265
माध्य	2	
मध्यिका	1.62	
निजी भूमि पर मनरेगा काम वाले परिवारों का प्रतिशत जो (किसान या मज़दूर के रूप में) अपने पेशे के लिए खेती पर निर्भर हैं'	96	
निजी भूमि पर मनरेगा के ऐसे कामों का प्रतिशत जो कुओं से सम्बन्धित है	77	
मनरेगाा के बागवानी कामों से सम्बद्ध परिवारों का प्रतिशत जो (किसान या मज़दूर के रूप में) अपने मुख्य पेश के लिए खेती पर निर्भर हैं'	82	

'इसमें सिर्फ़ पूर्ण आँकड़ों वाला पर्यवेक्षण शामिल है।

यह सर्वेक्षण फ़रवरी-मार्च 2014 के बीच 344 प्रशिक्षित गणनाकारों द्वारा किया गया, जो मुख्य रूप से स्थानीय कृषि कॉलेजों से सम्बन्धित थे। इन्हें 20 समूहों में संगठित किया गया तथा कृषि कॉलेजों के 40 शिक्षकों को इनके पर्यवेक्षक के रूप में नियुक्त किया गया। सर्वे के तरीकों का मराठी में अनुवाद किया गया, जिसमें प्रमाणीकरण फॉर्म और घरों में लोगों के साक्षात्कार के लिए प्रश्नावली सम्मिलित थे। प्रमाणीकरण फॉर्म में समूहों के सदस्यों को खुद उपस्थित होकर सम्पदा के अस्तित्व को प्रमाणित करना था। प्रश्नावली को इस तरह तैयार किया गया था ताकि एक खास मनरेगा काम के बारे में उपयोगकर्त्ता को मिले लाभ और समस्याएँ—दोनों ही सामने आ सकें। अध्ययन के स्थानीय सन्दर्भ को समझने के लिए एक सामुदायिक प्रश्नावली भी तैयार की गयी जिसमें ग्राम पंचायत के विभिन्न आयामों को शामिल किया गया। कुल-मिलाकर इस सर्वेक्षण में 4,881 लाभार्थी घरों का साक्षात्कार लिया गया तथा 100 ग्राम पंचायतों में फैले 4,266 कार्यों का प्रमाणीकरण किया गया।[8] जिन लोगों का साक्षात्कार लिया गया, उनमें 15% महिलाएँ थीं।[9]

3. प्रभावों का मूल्यांकन

जैसा कि पहले उल्लेख किया गया है कि इस अध्ययन का व्यापक लक्ष्य यह

सुनिश्चित करना है कि क्या लक्षित लाभार्थी वास्तव में मनरेगा परियोजनाओं को महत्त्व देते हैं, यदि हाँ तो किस तरीके से और कितना। यह अध्ययन इस आधार-वाक्य पर कार्यों की उपयोगिता के बारे में व्यक्तिपरक धारणाओं पर आधारित है कि लाभार्थी सुविचारित फ़ैसला कर सकते हैं। यह भी माना जाता है कि वे मनरेगा के अन्तर्गत सृजित कार्यों की गुणवत्ता और उपयोगिता के बारे में एक व्यापक हल प्रस्तुत करेंगे। जीवन स्थितियों के व्यापक सन्दर्भ और/या साक्षात्कार में सम्मिलित व्यक्ति द्वारा खुद एक सम्पदा निर्माण में शामिल होने या न होने के आधार पर इसमें व्यापक अन्तर हो सकता है। मिसाल के तौर पर, एक दुर्गम ग्राम पंचायत में स्थित घर-परिवार, या सड़क के निर्माण में काम करने वाला एक परिवार, पहले से सड़क के नज़दीक बसे ग्राम पंचायत के लोगों की तुलना में एक निश्चित गुणवत्ता वाले सड़क को भी काफ़ी अच्छा और उपयोगी मानेगा। इसलिए व्यक्तिपरक मानक की अपनी चुनौतियाँ और सीमाएँ हैं, लेकिन इस अनुसन्धान के लक्ष्यों के हिसाब से यह एक समुचित पद्धति है। फिर भी, इन्हें ऐसा संकेतक मानना चाहिए जो लाभ-लागत अध्ययनों के अनुपूरक की भूमिका अदा करते हैं। लेकिन वे एक उपयोगकर्त्ता के दृष्टिकोण से एक महत्त्वपूर्ण आयाम का विवरण देते हैं। यह अध्ययन इस बारे में फ़ैसला करने का कोई प्रयास नहीं करता है कि कार्यक्रम के मानकों या तकनीकी विनिर्देश के अनुरूप हैं या नहीं; या फिर जल परियोजनाओं जैसे व्यापक कार्यों के भाग के रूप में इनका मूल्यांकन किया जा सकता है या नहीं।

रेखाचित्र-2 : मनरेगा कार्यों की स्थिति

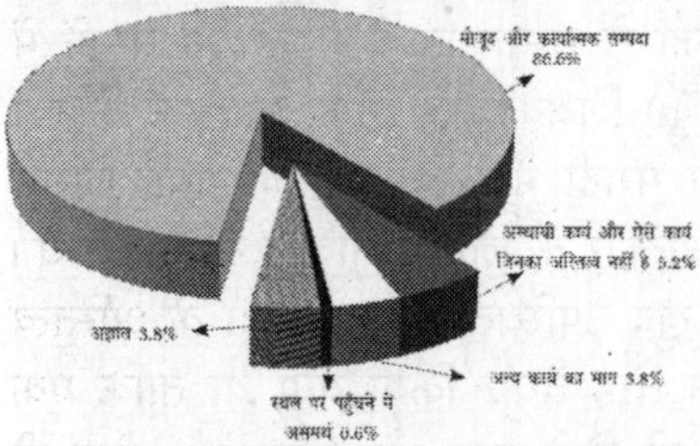

रेखाचित्र-3 : सर्वे द्वारा किये गये सम्पदा के प्रकार

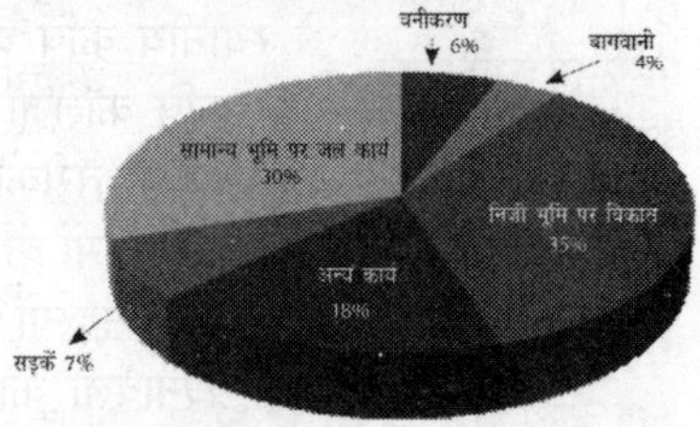

हमने विभिन्न क्षेत्रों की यात्रा और पायलट सर्वेक्षणों द्वारा यह पाया कि प्रत्येक घर में कार्यों के सन्दर्भ में कुछ सुनिश्चित लाभों और समस्याओं का वर्णन किया गया। मसलन, निकास हेतु नाली खोदना, ज़मीन को समतल बनाना, खेत तालाब, खेतों की मेंड़बन्दी, वनीकरण और भूमि तथा जल संरक्षण। भूमि विकास, बागवानी और कुएँ खेती आधारित जीविका तथा खाद्य सुरक्षा में मददगार साबित हो सकते हैं, और लोगों को जीविका की तलाश में अन्य स्थानों पर जाने से रोक सकते हैं। सड़कों से गाँवों की सम्पूर्ण गतिविधि को बढ़ावा मिलता है तथा बाज़ार, स्कूल और स्वास्थ्य सेवाओं तक लोगों की पहुँच बढ़ती है। इससे मानव पूँजी निवेश के लागत

में भी कमी आती है। बहुत से कार्य उपयोगकर्त्ता के अधिकारों के बारे में टकराव पैदा कर सकते हैं और इस तरह इनका नकारात्मक प्रभाव होता है। मिसाल के तौर पर, भले ही सड़क ग्रामीण स्तर के पक्के रास्तों के रूप में बने और लोगों को उनके खेत तक ले जाये, लेकिन यह कई लोगों की निजी ज़मीन से भी गुज़र सकता है, जिससे ऐसे ज़मीन के मालिकों को अपनी ज़मीन खोनी पड़ सकती है या असुविधा हो सकती है। पानी संरक्षण और संचय में अदला-बदली की व्यवस्था आवश्यक होती है क्योंकि ऐसा न होने पर बहुत से लोगों को नुकसान झेलना पड़ सकता है। बागवानी के काम इतने महँगे साबित हो सकते हैं कि इनसे होने वाला फ़ायदा निरर्थक हो जाये। यह सुनिश्चित करने के लिए कि हम एक नये कार्य से सम्बन्धित सभी मुद्दों पर उपयोगकर्त्ता की धारणाओं को समझें, हमने लाभ और नुकसान—दोनों के बारे में ही उनके विचारों को जानने का प्रयास किया।

4. क्या मनरेगा के कार्यों का वास्तव में अस्तित्व है?

सैम्पल ग्राम पंचायतों के 4,266 पूर्ण कामों के प्रमाणीकरण के दौरान अनुसन्धान समूह ने यह पाया कि तकरीबन 87% कार्यों का अस्तित्व था और उनका उपयोग हो रहा था (रेखाचित्र 2)। इनमें से 43% 'मोटे तौर पर सार्वजनिक' कार्य थे, जबकि 57% 'मोटे तौर पर निजी' कार्य थे।[10] जिन कार्यों का प्रमाणीकरण नहीं हो पाया, उनमें से कुछ (सर्वेक्षित कार्यों का 0.06%) ऐसे थे, जहाँ अध्ययनकर्त्ताओं का समूह नहीं पहुँच पाया क्योंकि या तो उनके पास समय नहीं था या फिर इस स्थान पर पहुँचना काफ़ी कठिन था।[11] गणनाकर्त्ता ने इस बात की पुष्टि की कि अपने परीक्षण के दौरान उन्होंने यह पाया कि 5.2% मनरेगा कार्यों को नियत स्थानों पर कार्यान्वित नहीं किया गया था। इसमें ऐसे कार्य तो शामिल थे ही जिनका बिल्कुल ही अस्तित्व नहीं था, लेकिन साथ ही वे कार्य में सम्मिलित थे जिनका अस्तित्व था किन्तु बाढ़ के कारण वे क्षतिग्रस्त या विनष्ट हो गये। इससे यह पता चलता है कि कम-से-कम कुछ कार्य ऐसे थे जो टिकाऊ साबित नहीं हुए। निश्चित रूप से, ये कुल कामों का एक छोटा अंश ही था। हालाँकि इसमें कई ऐसे कार्य भी थे जिन्हें अस्थायी रूप से ही तैयार किया गया था। मिसाल के तौर पर, पौधों की नर्सरी प्रौढ़ता की एक स्वाभाविक प्रक्रिया से गुज़रती है। इसका एक अन्य उदाहरण बोरी-बाँध है, जो बोरी में रेत भरकर पानी संचय के लिए बनाया जाता है।

सरकारी रेकार्ड में कुछ अन्य कार्यों (3.8%) की दो भिन्न पहचानकर्त्ताओं के साथ दो अलग-अलग कार्यों के रूप में शिनाख्त की गयी। ऐसा तीन सम्भावित कारणों से किया गया। पहला, हो सकता है कि ऐसा आँकड़ों को दर्ज करने के दौरान कोडिंग में हुई गलतियों के कारण हुआ हो। दूसरा, अन्य मामलों में एक बड़े कार्य में, जो कई भागों में निर्मित हुआ, प्रत्येक भाग को एक कार्य के रूप में गिना गया। तीसरा,

एक सम्भावना यह भी हो सकती है कि आँकड़ों को इस प्रकार दर्ज करने के पीछे पैसे का हेर-फेर करने की मंशा हो। इन तीन सम्भावनाओं को एक-दूसरे से अलग करना नामुमकिन है। अन्य 3.8% काम के बारे में कोडिंग में गलती, आँकड़ों के अनुपलब्ध होने और अस्पष्ट रूप से भरे जाने के चलते ठीक-ठीक जानकारी प्राप्त नहीं हो पायी। सुनिश्चित रूप से यह नहीं कहा जा सकता है कि सर्वेक्षित कार्यों में से कितने 'गायब' थे।[12] हालाँकि यह बात स्पष्ट थी कि सैम्पल ग्राम पंचायतों में अधिकांश मनरेगा कार्यों का अस्तित्व था और वे सही तरीके से कार्य कर रहे थे।

5. मनरेगा कार्य और उनका उपयोग

जिन कार्यों के बारे में यह प्रमाणित हुआ कि उनका अस्तित्व है, उसमें से एक बड़ा अनुपात प्रत्यक्ष या अप्रत्यक्ष रूप से खेती की गतिविधियों के लिए सहायक था। उनमें से एक तिहाई भूमि विकास या निजी भूमि से सम्बन्धित थे (रेखाचित्र 3)। इन कार्यों में भूमि को समतल बनाना (10%), कुआँ (77%), खेत के निकट तालाब (9%), मेंड़बन्दी (9%), सिंचाई सुविधाएँ (5%) और निकास हेतु नाली खोदना (5%)।[13] बागवानी कुल कार्य का एक छोटा भाग (4%) है, लेकिन ऊपर वर्णित श्रेणियों के साथ मिलकर यह कुल कार्य के तकरीबन 70% के बराबर हो जाता है। सामान्य भूमि पर जल संरक्षण और संचय का कार्य भी इतनी ही मात्रा में होता है। सामान्य भूमि पर जल कार्यों का आधे से ज़्यादा भाग रोक बाँध (चेक डैम) से सम्बन्धित होता है और इसके बाद बड़ी मात्रा में निकास के लिए नाली बनाने का कार्य भी होता है। बहुत से कार्य मौजूदा संरचना को अच्छी अवस्था में लाने से भी सम्बन्धित होते हैं। इसके अलावा, शेष कार्यों में वनीकरण, सड़क निर्माण, अन्य कार्य (मुख्य रूप से घरों में शौचालय बनाना) सम्मिलित हैं।

विभिन्न ज़िलों में कामों का वितरण इन ज़िलों की विविधता और इनकी अलग-अलग प्राथमिकताओं को प्रदर्शित करता है।[14] भण्डारा के सैम्पल ग्राम पंचायतों में काम का एक बड़ा हिस्सा अर्थात् आधा से ज़्यादा काम वनीकरण से सम्बन्धित था। निजी भूमि पर भूमि विकास कार्यों में भी एक स्पष्ट क्षेत्रीय पैटर्न सामने आता है तथा सोलापुर, सांगली, पुणे, अहमदनगर और कोल्हापुर में कुल कार्यों का 61% भूमि विकास से जुड़ा हुआ था। मुख्यतः इन सभी में निजी भूमि पर कुओं का निर्माण किया गया। सैम्पल ग्राम पंचायतों से यह बात सामने आती है कि मनरेगा के अन्तर्गत किये जाने वाले कार्यों में इन कुओं का निर्माण सबसे सामान्य कार्य था। रोचक बात यह है कि यह क्षेत्र मुख्य रूप से गैर-आदिवासी क्षेत्र है और इसे व्यावसायिक और उद्यम केन्द्रित खेती के लिए जाना जाता है। इसी प्रकार, विदर्भ क्षेत्र के सैम्पल ज़िलों, खासतौर पर नागपुर और वर्धा में 'अन्य कार्यों' की श्रेणी का

बोलबाला है (अधिकांश कार्य घरों में शौचालय बनाने से सम्बन्धित हैं)।[15] हालाँकि यह अपने-आप में अचरज की बात नहीं है कि अधिकांश गैर-आदिवासी क्षेत्रों में ही व्यक्तिगत लाभ के कार्य (और अधिकांश आदिवासी क्षेत्रों में सामान्य भूमि पर कार्य) हो रहा है। पारम्परिक रूप से, आदिवासी क्षेत्र बड़ी संख्या में रोज़गार गारंटी योजनाओं के कार्य-क्षेत्र में भागीदारी करते रहे हैं, तथा ज़्यादा काम के अवसर पैदा करने के लिए आवश्यक है कि सामान्य कार्यों को वरीयता दी जाये।

अन्य तीन कार्य-प्रकार के सन्दर्भ में कोई स्पष्ट स्वरूप सामने नहीं आता है। विदर्भ आदिवासी क्षेत्र और मराठवाड़ा क्षेत्र के सैम्पल ज़िलों में लोगों ने यह बताया कि वहाँ काफ़ी बड़ी मात्रा में जल संरक्षण और जल संचय के कार्य हुए हैं।[16] ये क्रमशः राज्य के उच्च वर्षा क्षेत्र और वर्षा छाया क्षेत्र हैं। इसी प्रकार, बागवानी के सन्दर्भ में आदिवासी विदर्भ क्षेत्र और उत्तरी महाराष्ट्र में अन्य क्षेत्रों की तुलना में ज़्यादा कार्य हुए हैं। हालाँकि ऐसा प्रतीत होता है कि इस बारे में कोई स्पष्ट प्रमाण नहीं है कि ये कार्य गाँव के लोगों की आकांक्षाओं के कारण हुए, अधिकारियों की पहल से हुए या फिर इन क्षेत्रों की खेती और जलवायु की स्थितियों के चलते। इसकी सम्भावना ज़्यादा है कि इन सभी के संयोग ने एक भूमिका अदा की हो।

5.1 लाभ की सीमा

प्रशासन के आँकड़ों के अनुसार, जिन कार्यों का सर्वेक्षण किया गया है उसमें 200,000 लोगों को रोज़गार मिला और प्रतिदिन तकरीबन 1.31 मिलियन लोग कार्य करते थे। अधिकांश मामलों में लाभार्थी खुद ही इन परियोजनाओं में काम कर रहे थे। साक्षात्कार में लोगों ने बताया कि मनरेगा भूमि विकास, बागवानी, और सामान्य भूमि पर जल कार्यों से सम्बन्धित कार्यों ने 31,461 एकड़ (औसतन 12 एकड़ प्रति कार्य) पर प्रभाव डाला, वहीं भूमि विकास कार्य, सामान्य भूमि पर जल कार्य और सड़कों ने 36,368 घरों पर प्रभाव डाला।[17]

निजी ज़मीन की तुलना में सार्वजनिक भूमि पर जल कार्यों ने ज़्यादा ज़मीन और घरों को प्रभावित किया, शायद इसका कारण यह था कि सार्वजनिक कार्यों का दायरा तुलनात्मक रूप से काफ़ी बड़ा था। उम्मीद के मुताबिक सड़कों ने लोगों के जीवन पर सबसे ज़्यादा प्रभाव डाला। ग्रामीण क्षेत्रों में इस तरह के जितने कार्यों का सर्वेक्षण किया गया, उससे औसतन 53 घरों को लाभ हुआ। बागवानी कार्यों में तुलनात्मक रूप से ज़मीन की छोटी मात्रा अर्थात् एक एकड़ के तकरीबन एक तिहाई का निवेश किया गया, किन्तु वर्ष 2013-14 की कीमतों के अनुसार इससे वार्षिक रूप से तकरीबन 58,000 रुपये आय होने का अनुमान लगाया गया। रोचक बात यह है कि निजी ज़मीन पर होने वाले कार्यों के लिए भी यह धारणा थी कि लाभार्थी के एक एकड़ ज़मीन पर ऐसा कार्य होने से किसी अन्य के एक एकड़ ज़मीन तक

भी इसका फ़ायदा पहुँचता था। यह इस कार्य के सकारात्मक प्रभाव को रेखांकित करता है। सामान्य भूमि पर जल कार्यों के सम्बन्ध में यह अनुपात 2 एकड़ का था।

5.2 किसे लाभ होता है?

सर्वेक्षण के आँकड़ों से यह स्पष्ट होता है कि महाराष्ट्र में मनरेगा अपने लक्ष्यों के अनुरूप, छोटे और हाशिये के किसानों को लाभ पहुँचा रहा है। सैम्पल घरों के पास औसतन 2 हेक्टेयर ज़मीन थी, तथा भूमि-स्वामित्व की माध्यिका (मिडियन) 1.6 हेक्टेयर थी। गौरतलब है कि सैम्पल तैयार करते वक़्त इसके ग़रीबों के प्रति झुकाव पर ध्यान नहीं दिया गया था, बल्कि स्थानिक निकटता को इसका आधार बनाया गया था। इससे यह सुनिश्चित रूप से कहा जा सकता है कि मनरेगा कार्यों से मुख्य रूप से छोटे या हाशिये के किसानों को लाभ होने की सम्भावना सबसे ज़्यादा है। जहाँ तक निजी ज़मीन पर मनरेगा कार्यों का सम्बन्ध है, यह स्पष्ट है कि इसमें 75% ऐसी ज़मीन थी जो छोटे (53%) या हाशिये (22%) के किसानों से सम्बन्धित थी। इस श्रेणी में छोटे किसान लाभार्थियों की संख्या हाशिये के किसानों से ज़्यादा है, जिससे यह पता चलता है कि अच्छी आर्थिक स्थिति वाले लोगों को मनरेगा से ज़्यादा फ़ायदा होने की सम्भावना है। गणनाकर्त्ताओं के स्वतन्त्र मूल्यांकन से भी इसी पैटर्न को बल मिलता है, जो यह बताता है कि गाँव में लाभार्थियों का बड़ा अनुपात (59%), सबसे अमीर या सबसे ग़रीब तबकों के बजाय बीच के 20% लोगों से सम्बन्धित था। दरअसल, यह निष्कर्ष इस धारणा से सुसंगत है कि छोटे किसान तालाब या कुआँ बनाने जैसे भूमि विकास सम्बन्धी कार्यों के लिए अपनी ज़मीन देने के ज़्यादा इच्छुक होते हैं और वे ऐसा करने में समर्थ भी हैं। वहीं, हाशिये के किसान अपने ज़मीन को समतल बनाने जैसे भूमि विकास कार्यों को अपनाते हैं। इसके आधार पर यह भी कहा जा सकता है कि शायद छोटे किसान सरकारी कार्यक्रमों से मिलने वाले लाभ की सम्भावना के बारे में ज़्यादा जागरूक हैं और इसलिए वे अपनी निजी ज़मीन पर निवेश करते हैं।

इसलिए ऐसा लगता है कि मनरेगा कार्यों पर अभिजनों का कब्ज़ा होने, या बड़े किसानों और अनुपस्थित ज़मींदारों का अपनी ज़मीन पर काम कराके मनरेगा कार्यों का ज़्यादा फ़ायदा लेने का डर सही नहीं है। निजी ज़मीन पर मनरेगा कार्य करने वाले 92% लोगों ने यह कहा कि खेती उनके घर का मुख्य पेशा है (यदि खेतिहर मज़दूर के कार्य को भी इसमें सम्मिलित कर लिया तो यह संख्या 96% हो जाती है), जिससे यह पता चलता है कि कार्यों के सृजन के सम्बन्ध में मनरेगा किसान-समर्थक रहा है। हालाँकि यह भी सच है कि 25% कार्य मध्यम या बड़े किसानों की ज़मीन पर हुआ है, जो इस बारे में प्रश्न खड़ा करता है कि क्या कार्यों के चयन की कसौटी को सही तरीके से लागू किया गया है।

इसकी जाँच करने के लिए हमने सभी प्रकार के कार्यों में लाभार्थियों के संघटन का विश्लेषण किया। कुल मिलाकर, यह स्पष्ट हुआ कि जिन लोगों को अपनी निजी सम्पत्ति पर बागवानी, भूमि विकास, जल संरक्षण और संचय तथा अन्य कार्य कराने से लाभ हुआ, उनके पास काफ़ी कम ज़मीन थी (रेखाचित्र 4)। अन्य कार्यों में मुख्य रूप से घर के शौचालयों का निर्माण शामिल था, जिसमें ग़रीब परिवारों (भूमि स्वामित्व के मापन के आधार पर) को ही मुख्य लाभ मिला। निजी ज़मीन पर बागवानी के सन्दर्भ में ज़्यादा जटिल तस्वीर सामने आती है (रेखाचित्र 4)। जहाँ लाभार्थियों का एक बड़ा अनुपात हाशिया किसानों का था, वहीं इसमें कुछ मध्यम और बड़े किसान भी शामिल थे। इस बात की सम्भावना ज़्यादा थी कि बड़े किसान छोटे या हाशिया किसानों की तुलना में बागवानी में निवेश करने के ज़्यादा इच्छुक होंगे और वे भूमि सुधार के अन्य कार्यों की तुलना में बागवानी को ज़्यादा महत्त्व देंगे।

रेखाचित्र-4 : विभिन्न कार्यों के रूप में लिये गये लोगों की बीच भूमि के आकार का विवरण

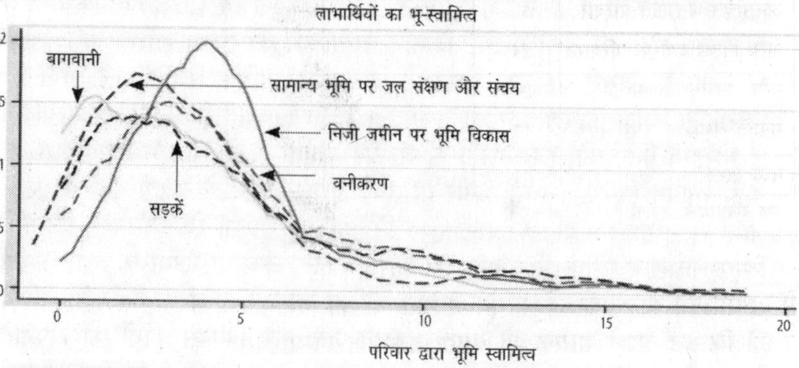

निजी ज़मीन पर होने वाले कार्यों के विपरीत सार्वजनिक ज़मीन पर हुए कार्यों से विभिन्न वर्गों के ग्रामीण परिवारों को लाभ हुआ। इन कार्यों में सड़क निर्माण, वनीकरण, और जल संरक्षण और संचय की संरचनाओं का निर्माण शामिल था। जहाँ साक्षात्कार के लिए चुने गये लोगों में एक बड़ी संख्या छोटे किसानों की थी, वहीं इस सैम्पल में बड़ी संख्या में मध्यम और बड़े किसान भी शामिल थे। हमारे लिए यह मुमकिन नहीं था कि हम सार्वजनिक कार्यों या इनसे लाभ पाने वाले लोगों की तुलनात्मक व्याख्या कर पायें क्योंकि सैम्पल एकत्रित करने की हमारी पद्धति अनिवार्य रूप से लाभार्थियों के एक छोटे अनुपात का प्रतिनिधित्व करती है। दरअसल, यह उम्मीद की जा सकती है कि सड़क जैसे सार्वजनिक कार्य से हर किसी को लाभ होगा।

सारणी 2 : भूमि विकास और बागवानी कार्यों के लाभार्थियों का विवरण

विशेषताएँ	भूमि विकास (निजी भूमि पर)		बागवानी (मोटे तौर पर निजी भूमि पर)	
	आँकड़े	वैध प्रतिक्रियाओं की संख्या	आँकड़े	वैध प्रतिक्रियाओं की संख्या
कार्यों की संख्या	1,346		299	
मनरेगा के ऐसे कार्यों का प्रतिशत, जो छोटे किसानों से सम्बन्धित हैं (कुल 2 हेक्टेयर से कम)	53	1,307	13	299
हाशिए के किसान (1 हेक्टेयर से कम)	22		28	
अनुसूचित जाति परिवार	7	1,299	11	289
अनुसूचित जनजाति परिवार	6		28	
अन्य पिछड़े वर्गों के परिवार	24		34	
गरीब का निचला 40%'	21	1,280	39	278
सम्पत्ति श्रेणी का ऊपरी 40%'	17		10	
मध्य 20%'	61		51	

'यह जाँचकर्त्ता के अनुसार है।

एक नकारात्मक पहलू यह है कि निजी ज़मीन पर होने वाले कार्यों के लाभार्थियों में अनुसूचित जाति और अनुसूचित जनजातियों का प्रतिनिधित्व काफ़ी कम, क्रमशः 7% और 6% था (सारणी 2)। यहाँ तक कि अन्य पिछड़े वर्गों को सम्मिलित करने पर भी लाभार्थियों का अनुपात 37% तक ही पहुँचता था। दरअसल, कार्यों के वितरण से भी यह स्पष्ट होता है। निजी ज़मीन पर होने वाले कार्यों में आधा से ज़्यादा पुणे, सांगली और सोलापुर के ग़ैर-आदिवासी प्रखण्डों में ही हुए। हालाँकि यह विशेषाधिकार प्राप्त समुदाय के बड़े अनुपात के निजी ज़मीन पर होने वाले कार्य का फ़ायदा उठाने की व्याख्या प्रस्तुत नहीं करता है। बागवानी के मामले में भी यह बात लागू नहीं होती है जिससे अनुसूचित जनजाति घरों के तुलनात्मक रूप से बड़े अनुपात को फ़ायदा होता है। चूँकि भूमि विकास कार्यों की संख्या ज़्यादा है, इसलिए इसमें विशेषाधिकार प्राप्त समुदायों का वर्चस्व चिन्ता का विषय है।

ये आँकड़े योग्यता कसौटियों को सही तरीके से लागू करने पर गम्भीर प्रश्न खड़े करते हैं। मसलन, जब निजी ज़मीन पर बागवानी करने वाले परिवार से यह पूछा गया कि क्या इस कार्यक्रम के लिए उनके चयन में कोई विशिष्ट योग्यता कसौटी अपनाई गयी, तो बहुत ही कम लोगों को यह पता था कि इस तरह की कोई कसौटी थी।

बहुत से लोगों को यह लगता था कि जाति, ज़मीन के आकार या इन्दिरा आवास योजना का लाभार्थी होने या ग़रीबी रेखा से नीचे होने (बीपीएल) जैसी कोई कसौटी नहीं थी। ऐसा प्रतीत होता है कि बहुत से लोग यह समझते थे कि अपनी ज़मीन पर बागवानी का कार्य कराने के लिए सिंचाई की सुविधा की आवश्यकता है। 43% से ज़्यादा लोगों ने एक प्रासंगिक कसौटी के रूप में इसका उल्लेख किया। यह बात भी सामने आयी कि ग़रीबी रेखा से नीचे रहने वाले बहुत से परिवारों को अधिनियम के प्रावधानों के अनुसार सक्रियतापूर्वक काम उपलब्ध नहीं कराया गया, बल्कि उन्हें अपने गाँव कर्मचारियों से सम्पर्क करने के लिए कहा गया।

5.3 कार्य कितने उपयोगी हैं?

साक्षात्कार देने वालों में से आधे से ज़्यादा लोगों ने यह कहा कि मनरेगा के अन्तर्गत हुए कार्य 'काफ़ी उपयोगी' हैं। तकरीबन 40% लोगों ने उन्हें कुछ हद तक उपयोगी माना। इस तरह, कुल मिलाकर 90% से ज़्यादा लागों ने मनरेगा के कार्यों को सकारात्मक नज़र से देखा। उल्लेखनीय बात यह है कि केवल 8% लोगों ने यह कहा कि मनरेगा अनुपयोगी है और इसका नकारात्मक प्रभाव हो रहा है। इसमें वे लोग भी सम्मिलित हैं जिन्होंने कहा कि कुछ भी हो उन्हें फ़र्क़ नहीं पड़ता।

सारणी 3 : उपयोगिता का मूल्यांकन

सर्वेक्षण के ऐसे परिवार जिन्होंने यह कहा कि	प्रतिशत में	प्रतिक्रियाओं की संख्या
सम्पदा उपयोगी हैं		
सभी कार्य बहुत उपयोगी	51	4,767
कुछ हद तक उपयोगी	40	4,767
उपयोगी नहीं, और अन्य'	8	4,767
निजी कार्य' बहुत उपयोगी	64	2,257
कुछ हद तक उपयोगी	29	2,257
उपयोगी नहीं, और अन्य''	7	2,257
सार्वजनिक कार्य' बहुत उपयोगी	40	2,510
कुछ हद तक उपयोगी	50	2,510
उपयोगी नहीं, और अन्य	9	2,510

'निजी कार्यों में निम्नलिखित प्रकार के कार्य शामिल हैं : निजी ज़मीन पर भूमि विकास, बागवानी और अन्य कार्य; वहीं सार्वजनिक कार्यों में सामान्य भूमि जल संरक्षण और जल संचय तथा वानिकीकरण और रोड निर्माण जैसे काम शामिल हैं।

''अन्य में निम्नलिखित प्रतिक्रियाएँ शामिल हैं—"इसने मेरे लिए स्थिति और ख़राब की है", "यह मेरे लिए सबसे बड़ी दुर्घटना है", "कुछ भी कहने में असमर्थ हूँ,'' और ''मुझे इसकी परवाह नहीं है कि यह मेरे लिए उपयोगी है या नहीं।"

जैसा कि हम उम्मीद कर सकते हैं सार्वजनिक ज़मीन पर हुए कामों की तुलना में निजी ज़मीन पर हुए काम के बारे में ज़्यादा बड़े अनुपात में लोगों ने यह कहा कि वे बहुत ही उपयोगी काम थे। जहाँ 40% लोगों ने सार्वजनिक ज़मीन के काम को उपयोगी माना, वहीं 60% लोगों ने निजी ज़मीन पर हुए काम को (सारणी 3)। ऐसा लगा कि साक्षात्कार में सम्मिलित लोग अपनी ज़मीन पर हुए कामों के बारे में ज़्यादा चिन्तित थे और उन्होंने अपनी ज़मीन को बेहतर स्थिति में रखने के लिए कुछ पैसे अपनी तरफ़ से भी लगाये। यह भी सम्भव है कि बहुत से परिवारों ने मनरेगा के अन्तर्गत ऐसे काम कराने का अनुरोध किया जो उनके लिए सर्वाधिक उपयोगी था। सार्वजनिक कार्यों के सन्दर्भ में रख-रखाव के ख़र्च की चिन्ता और

रेखाचित्र-5 : उपयोगिता के बारे में धारणाएँ

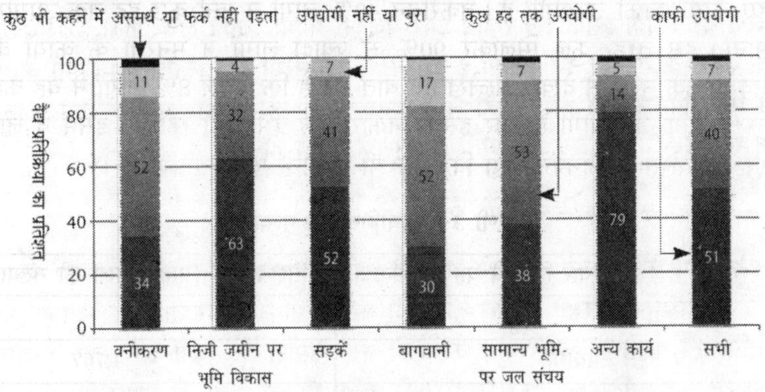

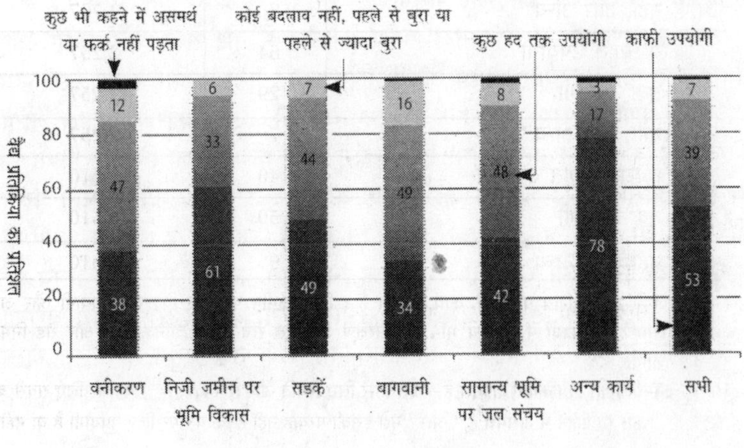

अपना मालिकाना होने की भावना की कमी ऐसे कारण थे, जिसके चलते आधे से ज़्यादा लोगों ने उन्हें केवल 'कुछ हद तक उपयोगी' माना।

एक सामान्य पैटर्न के बावजूद कामों के प्रकार के बारे में काफ़ी विविधता थी (देखें रेखाचित्र 5)। साक्षात्कार में सम्मिलित आधे से ज़्यादा लोगों ने सड़कों को काफ़ी उपयोगी माना क्योंकि उनका लाभ तुरन्त ही सामने आ गया (सारणी 4)। इसके विपरीत, जल संचय से सम्बन्धित काम के नतीजे सामने आने में ज़्यादा वक़्त लगा। भूमि विकास और अन्य कार्यों को क्रमशः 63% और 73% लोगों ने उपयोगी माना, जिससे यह पता चलता है कि इन कार्यों का लाभ तुलनात्मक रूप से कम समय में सामने आ गया। साथ ही, निजी कार्यों में तुलना के लिए ज़्यादा प्रोत्साहन था। बागवानी कार्य इसका एक अपवाद था। 52% लोगों ने इन्हें 'कुछ हद तक उपयोगी' माना और 30% लोगों ने 'काफ़ी उपयोगी' माना। शायद इसका कारण यह है कि इसके रख-रखाव और मज़दूरी में भी काफ़ी ख़र्च आता है। इसका एक अन्य कारण यह हो सकता है कि वर्तमान मनरेगा के अन्तर्गत बागवानी कार्य को सिर्फ़ पिछले तीन वर्षों से ही लागू किया जाता रहा है और यह मुमकिन है कि इस सन्दर्भ में अभी कई शुरुआती अनसुलझे मसले हों।

5.6 फायदों की प्रकृति के बारे में

इस सर्वेक्षण से यह प्रमाण सामने आता है कि मनरेगा के अन्तर्गत निर्मित हुए बहुत से कार्य आधारभूत संसाधन और बुनियादी संरचना में नये और तात्त्विक वस्तुओं का प्रतिनिधित्व करते हैं। जहाँ कुछ कार्यों में नये निर्माण हुए, वहीं अन्य का विस्तार हुआ या कुछ अतिरिक्त चीज़ें जोड़ी गयीं ताकि मौजूदा कार्यों में सुधार हो और वे ज़्यादा बेहतर तरीके से काम कर पायें।

जल संरक्षण, संचय और सूखे सम्बन्धी कार्य में कई तरह के उपयोग और विविध तरह की समस्याएँ सामने आयीं, जिससे यह पता चलता है कि इस कार्य से विविध श्रेणी के लोग जुड़े हुए हैं (रेखाचित्र 6)। साक्षात्कार देने वाले लोगों के एक बड़े बहुमत ने यह बताया कि उन्होंने खेती के क्षेत्र का विस्तार किया है, अब तक असिंचित रही ज़मीन की सिंचाई की है और जहाँ उनकी ज़मीन परती पड़ी रहती थी, वहाँ अब वे एक अतिरिक्त फसल उगा रहे हैं। अन्य लोगों ने यह कहा कि इन कार्यों से पानी पर उनका नियन्त्रण बढ़ा है और अब समय पर उन्हें पानी मिल जाता है। दरअसल, ये सभी मनरेगा कार्य द्वारा विविध तरीकों से खेती को समर्थन देने के बारे में बताते हैं। पानी तक पहुँच के चलते खेती में लोगों को ज़्यादा आसानी होने लगी है। बहुत से लोगों ने यह दावा किया कि

वे अब साग-सब्जियाँ उगा रहे हैं, इससे जहाँ एक ओर उनकी आमदनी बढ़ी है, वहीं दूसरी ओर उन्हें अपने भोजन में विविध प्रकार के पोषक तत्त्व भी मिल रहे हैं। सार्वजनिक ज़मीन पर पानी संचय से सम्बन्धित कार्यों ने लम्बे समय के लिए पानी की उपलब्धता सुनिश्चित की है तथा अब समुदायों को ज़्यादा आसानी से पानी मिलने लगा है। इससे सिर्फ़ पीने के पानी की उपलब्धता ही नहीं बढ़ी है, बल्कि पशुओं के लिए भी पानी की कमी नहीं हो रही है। बहुत से लोगों ने यह दावा कि पानी की उपलब्धता के चलते वे निजी भूमि पर स्थित अपने तालाब में मछलियाँ भी पाल रहे हैं। आमतौर पर, मनरेगा कार्य के चलते किसानों ने अपनी बेकार पड़ी ज़मीन को समतल बनाकर खेती के काम का विस्तार किया है तथा उन्होंने मछली पालन को अपनाया है या बागवानी के काम को ज़्यादा विविधतापूर्ण बनाया है (मसलन, नारायणन और अन्य 2014)। साक्षात्कार देने वालों में से बहुमत के लोगों ने यह बताया कि खेत की ज़मीन के समतल हो जाने के चलते अब उन्हें कम उर्वरकों और कीटनाशकों का प्रयोग करना पड़ता है। कई लोगों ने यह भी बताया कि नालियों के निकास की अच्छी व्यवस्था होने के कारण अब ज़्यादा पानी जमा नहीं होता है।

सारणी 4 : सम्पदा की गुणवत्ता, स्थिति और रख-रखाव

	प्रतिशत में	प्रतिक्रियाओं की संख्या
सम्पदा की गुणवत्ता		
स्वीकार्य/पर्याप्त गुणवत्ता	44	4,767
काफ़ी अच्छी गुणवत्ता	37	4,767
शानदार	8	4,767
काफ़ी हद तक बुरा	5	4,767
अत्यधिक बुरा	3	4,767
कार्यों के साथ समस्याएँ		
उन परिवारों का अनुपात जिन्होंने कहा कि काम 'अधूरा' है	16	4,767
वे लोग जो यह मानते हैं कि सम्पदा की गुणवत्ता स्वीकार्य या अच्छी है		
उन लोगों का अनुपात जो यह मानते हैं कि सम्पदा के डिजाइन में ही गड़बड़ी है	7.7	1,185
अभी कुछ भी कहना जल्दबाजी होगी	9.5	1,186
अन्य कारण	8.8	1,188
वे लोग जो यह मानते हैं कि सम्पदा की गुणवत्ता ख़राब है		
इनमें उन लोगों का अनुपात जो यह मानते हैं कि सम्पदा की डिजाइन में ही कमी है	27.5	178
अभी कुछ भी कहना जल्दबाजी होगी	26.1	180
अन्य कारण	39.2	181
सम्पदा का रख-रखाव कौन करता है?		
काम का मालिक	36	4,015
पंचायत	42	
इसका लाभ उठाने वाले लोग सामूहिक रूप से	6	
अनिश्चित या जानकारी का अभाव	10	
किसी रख-रखाव की आवश्यकता नहीं है	1	
किसी द्वारा कोई रख-रखाव नहीं	6	
ठीक कराना		
ऐसे घरों का प्रतिशत जिसमें लोगों ने यह बताया कि सम्पदा को ठीक किया गया/प्रतिस्थापित किया गया, या नवीनीकरण किया गया	16	4,446
इनमें सम्पदाओं को ठीक कराने का माध्यिका संख्या		1

सभी प्रतिशतताओं की गणना वैध प्रतिक्रियाओं की संख्या के आधार पर तैयार की गयी है।

कुल मिलाकर ज़्यादा लोगों ने यह कहा कि पानी की उपलब्धता में सुधार हुआ है और उसकी तुलना में कम लोगों ने यह कहा कि भूमिगत जल की स्थिति सुधरी है। लोगों ने यह बताया कि कुएँ में पानी के स्तर या भूमि के उर्वरता या उपज के सन्दर्भ में मनरेगा के कार्यों का कोई स्पष्ट और वास्तविक प्रभाव नहीं दिखता है। हालाँकि इस सन्दर्भ में यह सावधानी बरतने की भी आवश्यकता है कि कुछ लोग यह मानते हैं कि मनरेगा के पहले स्थिति ज़्यादा अच्छी थी। इसका मुख्य कारण यह है कि मनरेगा के काम या तो अधूरे रह गये या लोगों को यह लगता है कि इसकी रूपरेखा में ही गड़बड़ी है। भले ही ऐसा मानने वाले लोगों की संख्या कम हो फिर भी नीतिगत रूप से इस पर ध्यान देने की आवश्यकता है। इससे जुड़ी एक चिन्ता यह भी है कि जिन क्षेत्रों में भूमिगत जल का स्तर सततता (सस्टेनेबिलिटी) की स्तर से भी परे चला गया हो, वहाँ कुओं की खुदाई के बारे में तार्किक विचार-विमर्श के

रेखाचित्र-6: निजी जमीन पर भूमि कार्यों और सामान्य जीवन पर जल कार्यों के लाभ और समस्या

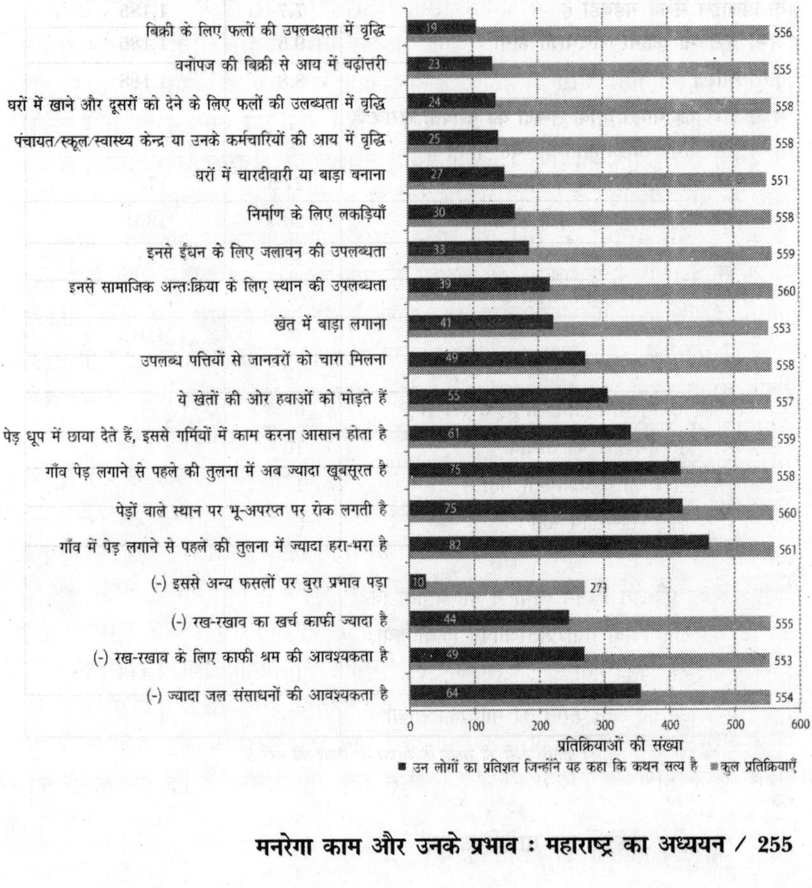

बाद ही फ़ैसला लिया जाना चाहिए। मनरेगा कार्यों द्वारा निर्मित अतिरिक्त संसाधनों से जुड़ी मुख्य चिन्ता यह कि उनका रख-रखाव कैसे हो। साथ ही, इनके चलते पानी की उपलब्धता बढ़ी जिससे खेती आधारित गतिविधियों में भी बढ़ोतरी हुई और लोगों को खेती के काम में ज़्यादा वक़्त देना पड़ रहा था।

वनीकरण और बागवानी से घरों को मिलने वाला फ़ायदा जल संरक्षण और संचय से मिलने वाले फ़ायदे से कम था (रेखाचित्र 7)। ज़्यादातर लोग यह मानते थे कि गाँव ज़्यादा हरे-भरे और सुन्दर हो गये हैं। कार्यात्मकता के सन्दर्भ में, एक तिहाई लोगों का यह मानना था कि वृक्ष लगाने और मृदा अपरदन के बीच सम्बन्ध है। तुलनात्मक रूप से बहुत कम लोगों ने यह कहा कि उन्हें फल, सब्ज़ियाँ या वनोपज बेचने से फ़ायदा होता है। यह मुमकिन है कि इतने कम वक़्त में ये फ़ायदे पूरी तरह से सामने न आ रहे हों, लेकिन यह भी सम्भव है कि इन कार्यों को निरन्तर कायम रखने की मुश्किलों के चलते लाभ न होता हो। कुछ स्थानों पर वनीकरण के कार्यों को काफ़ी लाभप्रद माना गया, मसलन गढ़चिरौली में चिकित्सा-सम्बन्धी जड़ी-बूटियों की खेती या फिर रायगढ़ में वन विभाग द्वारा संचालित वन लगाने का कार्यक्रम। फिर ऐसा लगा कि सैम्पल ग्राम पंचायतों में बहुत ही लगन और सोच-समझकर वनीकरण की योजना नहीं बनायी गयी थी और न ही सही तरीके से इनके रख-रखाव का प्रबन्ध किया गया। सर्वेक्षण के अनुसार उपयोगकर्त्ताओं का यह अनुमान था कि औसतन 10 पौधों में से 6 ही बड़े होने लायक बच पाते थे। दरअसल, यह दुनिया के स्तर पर चलने वाले वनीकरण कार्यक्रमों और भारत में बहुत से वृक्षारोपण कार्यक्रमों की तुलना में एक बेहतर स्थिति है। आधे से ज़्यादा लोगों ने यह कहा कि रख-रखाव और मज़दूरों की आवश्यकता पूरा करना काफ़ी खर्चीला काम है, वहीं इससे भी ज़्यादा लोगों (64%) ने यह कहा कि इन पौधों के लिए ज़्यादा पानी की आवश्यकता है। कुल मिलाकर यह उन घरों के काफ़ी कम अनुपात से सुसंगत था जिन्होंने यह दावा किया कि इन कार्यों से कुछ हद तक परिवर्तनकारी प्रभाव पड़ा। इसके साथ ही, अच्छे कार्यों से यह पता चलता है कि इस तरह के कार्य की सम्भावना मौजूद है।

ग्रामीण क्षेत्रों के बीच जुड़ाव कायम करना मनरेगा कार्यों का एक महत्त्वपूर्ण प्रकार है। कुछ सौ फ़ीट (250 से 300 फ़ीट) से लेकर 3 किलोमीटर लम्बी सड़कों का निर्माण हुआ है। इसके अलावा, आँगनबाड़ी, श्मशान स्थल और झुग्गियों को जोड़ने वाली बड़ी सड़कों तक रास्तों का निर्माण भी किया गया है। औसतन ये सड़कें 53 घरों को सेवा प्रदान करती हैं। कई मरतबा इनसे सिर्फ़ एक परिवार को लाभ होता है, और कई दफा 3000 परिवारों वाले एक पूरे गाँव को किसी रास्ते या सड़क के निर्माण से फ़ायदा होता है। इससे यह पता चलता है कि इन कार्यों की

रेखाचित्र-7 : वनीकरण और बागवानी के लाभ और उनसे जुड़ी चिन्ताएँ

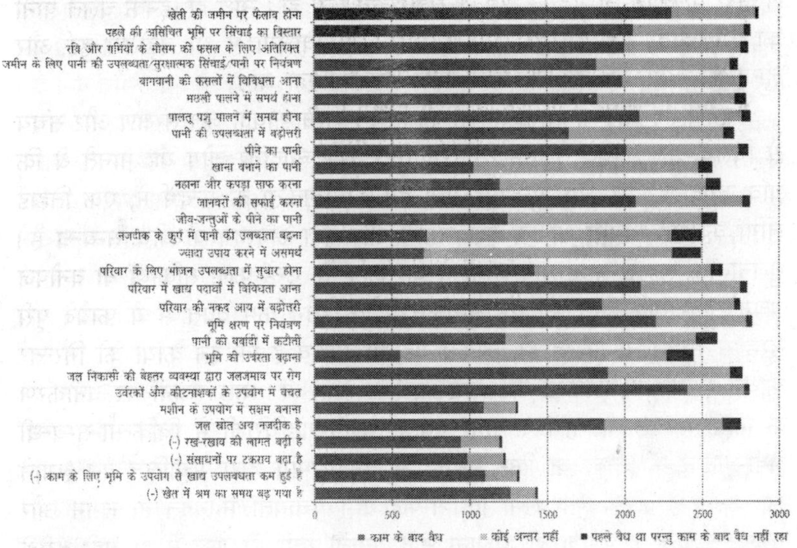

प्रकृति विविधतापूर्ण है। इन सड़कों को बनाने के कार्य से भिन्न प्रकार की एजेंसियाँ जुड़ी रही हैं, जिसमें ग्राम पंचायत, प्रखण्ड विकास अधिकारी और सार्वजनिक कार्य विभाग प्रमुख हैं।

मनरेगा के अन्तर्गत हुए सड़क कार्यों के बारे में लोगों के विचार जानने के लिए हमने 481 सैम्पल घरों का चयन किया। हमने इनमें से 437 की वैध प्रतिक्रियाएँ लीं। एक तिहाई लोगों ने यह कहा कि मनरेगा के अन्तर्गत कच्ची (अस्थायी) सड़क का ही काम हुआ है। वहीं, शेष लोगों ने यह दावा किया कि इसमें पक्की या तारकोल की सड़कों का निर्माण हुआ है। कुछ तबकों में यह धारणा थी कि मनरेगा के अन्तर्गत बनी अधिकांश सड़कें या तो बारिश में बह गयीं या फिर उनकी गुणवत्ता काफ़ी ख़राब थी। हालाँकि दो-तिहाई से ज़्यादा लोगों ने यह माना कि मनरेगा के माध्यम से बनी सड़कें हर समय और हर मौसम में उपयोग करने लायक हैं। सड़कों को उपयोग लायक मानने वाले लोगों का एक बड़ा अनुपात (56%) कच्ची सड़कों की बात कर रहा था, वहीं एक छोटे अनुपात (23%) ने पक्की सड़कों का उल्लेख किया। कुछ मुट्ठी भर लोगों ने यह बताया कि वे जातिगत मुद्दों और अन्य विवादों के कारण सभी मौसमों में ठीक से काम करने वाली सड़क का उपयोग नहीं कर पाते। दरअसल, यह देश के बहुत से क्षेत्रों की महत्त्वपूर्ण समस्या है।

इस प्रकार के बयानों के बावजूद ऐसा लगा कि सड़क गाँव की बुनियादी संरचना में एक विशेष योगदान का प्रतिनिधित्व करता है। कम-से-कम 56% लोगों ने यह

कहा कि जहाँ पहले किसी प्रकार की सड़क नहीं थी, वहाँ अब कच्ची सड़क बनी है जिससे लोगों को ऊबड़-खाबड़ ज़मीन या सँकरे फुटपाथ से राहत मिली है; इसकी तुलना में 38% लोगों ने यह कहा कि नयी बनी सड़कों ने पुरानी कच्ची सड़कों का स्थान लिया है। तकरीबन 96% पक्की सड़कें कच्ची सड़कों के स्थान पर बनी हैं। इनमें से एक तिहाई ने फुटपाथों या ऊबड़-खाबड़ पगडंडियों को हटा दिया है। इनसे यह स्पष्ट संकेत मिला कि मनरेगा के अन्तर्गत होने वाले सड़क निर्माण के कार्यों ने ग्रामीण क्षेत्रों में आने-जाने की सुविधा को बढ़ावा दिया है। साक्षात्कार देने वाले तकरीबन 85% लोगों ने यह दावा किया कि अब वे परिवहन के विविध साधनों का उपयोग करने में समर्थ हो गये। भले ही सारी सड़कें पक्की न हों, लेकिन यह सच है कि अब परिवहन के विभिन्न साधनों तक लोगों की पहुँच बढ़ी थी। लोग कच्ची और पक्की–दोनों ही तरह की सड़कों का उपयोग करते थे। 87% लोगों ने यह बताया कि वे प्रतिदिन सड़कों का उपयोग करते हैं तथा 11% ने यह कहा कि वे एक हफ़्ते में तीन या चार बार इनका उपयोग करते हैं या प्रत्येक दिन इनका इस्तेमाल नहीं करते, वहीं 2% लोगों ने यह कहा कि सड़क पर पानी जमा होने के कारण वे कभी भी इसका उपयोग नहीं करते। कुछ लोगों ने यह भी कहा कि सड़क बरसात में बह गयी (साक्षात्कार देने वाले कुल 11 लोगों ने)। कुछ समुदायों में मनरेगा सड़कों ने जीवन-रेखा की भूमिका निभाई है क्योंकि बरसात के दिनों में वे शेष दुनिया से पूरी तरह कट जाते थे।

शौचालयों के बारे में भी लोगों ने काफ़ी सकारात्मक प्रतिक्रियाएँ दीं। जिन लोगों का साक्षात्कार लिया गया, उनमें से 90% लोगों ने यह कहा कि इससे महिलाओं की स्वच्छता तक पहुँच बढ़ी, तथा खुले में शौच के बन्द होने से गाँव ज़्यादा साफ़ व स्वच्छ हो गये। तकरीबन 88% लोगों ने यह बताया कि शौचालय निर्माण से पहले शौच के लिए कोई एक निश्चित स्थान नहीं था।

6. कार्य की स्थिति और रख-रखाव

बहुत से लोगों ने अक्सर मनरेगा कार्यों की गुणवत्ता और उसके रख-रखाव के बारे में चिन्ता जताई। दरअसल, इस चिन्ता के पीछे यह धारणा काम करती है कि इन कामों की गुणवत्ता काफ़ी ख़राब है और ये टिकाऊ नहीं हैं। तकनीकी अर्थ में किसी वस्तु की गुणवत्ता के बारे में उसकी रूपरेखा, उसमें प्रयुक्त पदार्थों की गुणवत्ता आदि के आधार पर फ़ैसला किया जा सकता है। इस अध्ययन में हमने गुणवत्ता के बारे में उपयोगकर्त्ताओं की धारणाओं पर ध्यान केन्द्रित किया–इस बारे में उनके विचारों को समझा कि वे किसे अस्वीकार्य या ख़राब गुणवत्ता वाला मानते हैं। इस अध्ययन के सन्दर्भ में गुणवत्ता सम्बन्धी धारणाएँ अनिवार्य रूप से उपयोगिता की

धारणाओं से जुड़ी हुई हैं, और इस तरह ये पहले से ही मौजूद स्थिति पर निर्भर हैं। इसके साथ ही, सार्वजनिक कार्यों की उपयोगिता सम्बन्धी धारणा निजी ज़मीन पर किये गये कार्य की उपयोगिता के बारे में धारणा से काफ़ी अलग हो सकती है।

इस अध्ययन में जिन कार्यों के अस्तित्व का प्रमाणीकरण किया गया, उन्हें सर्वेक्षण में सम्मिलित लोगों के एक बड़े अनुपात ने सकारात्मक सम्पदा के रूप में देखा। तकरीबन इतनी ही संख्या में लोगों ने (44%) यह संकेत दिया कि कार्य की गुणवत्ता या तो अच्छी या जबरदस्त या स्वीकार्य थी। हालाँकि किसी कार्य की गुणवत्ता को जबरदस्त मानने वाले लोगों की संख्या काफ़ी कम (8%) थी। इसी तरह, सिर्फ़ 8% लोगों ने यह माना कि कार्य की गुणवत्ता ख़राब है।

चूँकि सभी कार्य वर्ष 2010-13 के बीच हुए थे, और बहुत कम लोगों ने उनकी गुणवत्ता ख़राब होने की बात की, इसलिए यह अन्दाज़ा लगाया जा सकता है कि इनमें से बहुत से कार्य काफ़ी हद तक टिकाऊ होंगे। तकरीबन 15% लोगों ने यह कहा कि वे मनरेगा कार्य से बने जिस सम्पदा की चर्चा कर रहे हैं उसकी मरम्मत हो चुकी है, इनमें से तकरीबन आधे लोगों ने कहा कि इसकी एक बार मरम्मत हुई है, जबकि अन्य लोगों ने कहा कि एक बार से ज़्यादा मरम्मत हुई है। साक्षात्कार देने वालों में से केवल 6% लोगों ने स्पष्ट रूप से यह कहा कि मनरेगा के अन्तर्गत हुए कार्य की उपेक्षा की गयी और उसका ठीक तरह से रख-रखाव नहीं हो रहा। यह उम्मीद की जाती है कि ग्राम पंचायत सार्वजनिक कार्यों के रख-रखाव का ध्यान रखेगा, वहीं ज़मीन के मालिक अपने ज़मीन पर हुए निजी कार्यों की देखभाल करेंगे। गाँवों में अमूमन ऐसा ही होता था। कुछ ऐसे सामान्य कार्य भी थे, जिसकी देख-रेख की ज़िम्मेदारी इसका उपयोग करने वाले सभी घरों के ऊपर थी। इससे यह पता चलता है कि इन कार्यों में खुद को भागीदार मानते थे, और इनके रख-रखाव हेतु प्रयास करने के लिए तत्पर रहते थे।

हालाँकि मनरेगा द्वारा निर्मित सम्पदाओं के बारे में आम तौर पर सकारात्मक विचार ही व्यक्त किया गया, इनमें कई समस्याएँ भी थीं। जिन लोगों ने यह कहा कि मनरेगा का काम विशेष रूप से उपयोगी नहीं था, या इसके चलते उनकी ज़िन्दगी पहले से भी बुरी हो गयी, उनमें से एक चौथाई लोग (27%) यह मानते थे कि इन कार्यों की रूपरेखा में ही गड़बड़ी थी। तकरीबन 40% लोग यह मानते थे कि या तो ये काम काफ़ी छोटे थे या बहुत बड़े, और ये उनकी सोच के हिसाब से पूरे नहीं हुए या इनकी हालत काफ़ी ख़राब थी। हालाँकि एक चौथाई लोगों ने यह कहा कि इन कार्यों के बारे में अभी कुछ भी कहना जल्दबाजी होगी। यहाँ तक कि इस काम को उपयोगी मानने वाले लोगों में भी 10% ऐसे थे, जिन्होंने अपने विचारों के आख़िर में यह भी जोड़ा कि अभी कुछ भी कहना जल्दबाजी होगी। इसके साथ ही, तकरीबन इतने ही लोगों ने यह भी कहा कि काम की रूपरेखा में गड़बड़ी थी तथा काम का

आकार या अपने आखिरी स्वरूप में यह सन्तोषजनक नहीं था। इन प्रतिक्रियाओं से यह स्पष्ट है कि इन कार्यों को करने के तरीके में न सही, किन्तु उनकी रूपरेखा में सुधार करने की व्यापक गुंजाइश है। यह भी गौरतलब है कि यात्रा के दौरान नियत स्थान पर 5.2% कार्यों का अस्तित्व नहीं पाया गया। ऐसा प्रतीत होता है कि या तो इनमें से बहुत सारे टूट-फूट गये या फिर बरसात में बह गये। निश्चित रूप से, इस तरह के कार्यों के सन्दर्भ में गुणवत्ता और इनका टिकाऊपन एक बड़ा मुद्दा था।

क्षेत्रीय स्तर पर एक अलग प्रकार का स्वरूप सामने आया। यह संकेत मिला कि किसी मनरेगा कार्य से बनी सम्पदा की स्थिति उसके स्वामित्व या उसमें भाग लेने वाले लोगों की रुचि से ज़्यादा जुड़ी हुई थी। यह भी लगा कि विभिन्न क्षेत्रों के तकनीकी विभाग इस सन्दर्भ में ज़्यादा कुछ करने की स्थिति में नहीं थे क्योंकि पूरे राज्य में उनकी स्थिति एक जैसी ही अच्छी, बुरी या औसत दर्जे की (जो भी माना जाये) थी।

इस सर्वेक्षण से एक रोचक निष्कर्ष सामने आया, जिससे शायद उतनी हैरत न हो। इसके अनुसार, किसी कार्य की उपयोगिता के बारे में धारणा और लोगों द्वारा इससे सम्बन्धित फ़ैसले में अपनी भूमिका के दावे के बीच एक स्पष्ट और मज़बूत सम्बन्ध सामने आया (यह ग्राम सभा, पंचायत और सरकारी अधिकारियों, तीनों ही स्तरों पर देखने को मिला)। जहाँ निर्णय-निर्माण प्रक्रिया समुदाय के हाथों में थी और जहाँ साक्षात्कार देने वाले यह महसूस करते थे कि उन्होंने इसमें एक भूमिका निभाई है, वहाँ मनरेगा कार्य से बनी सम्पदा को काफ़ी उपयोगी माना गया। साथ ही, लोगों ने बार-बार यह कहा कि इससे बनवाने में उनकी काफ़ी महत्त्वपूर्ण भूमिका रही है। यह भी उल्लेखनीय है कि अमूमन लोगों ने यह कहा कि सार्वजनिक ज़मीन पर हुए कार्यों की तुलना में निजी ज़मीन पर हुए कार्य ज़्यादा उपयोगी हैं और अच्छी अवस्था में हैं। निजी ज़मीन पर हुए कार्य से किसी एक व्यक्ति का हित जुड़ा हुआ था और वह यह सुनिश्चित करता था कि इसकी सही तरीके से देखभाल हो। कई मामलों में मनरेगा के माध्यम से निर्मित सम्पदा जिस परिवार की ज़मीन पर बनी थी उसके लिए वह सर्वाधिक उपयोगी थी।

7. निष्कर्ष

यह अध्ययन मनरेगा द्वारा उपयोगी सम्पदाओं के निर्माण के सामर्थ्य के बारे में प्रचलित कई सामान्य धारणाओं के बारे में बताता है। अक्सर यह माना जाता है कि मनरेगा किसान विरोधी है क्योंकि यह बड़ी संख्या में मज़दूरों को रोज़गार दे देता है, किन्तु अध्ययन से यह तथ्य सामने आया कि मनरेगा के कार्य मुख्य रूप से कृषि समर्थक हैं और इनके द्वारा निर्मित सम्पदाओं के चलते छोटे और हाशिये के

किसानों को काफ़ी फायदा हुआ है। ऐसा प्रतीत होता है कि एक अतिशयोक्ति से भरी धारणा भी बना दी गयी है कि मनरेगा के कार्य से कुछ भी सार्थक निर्मित नहीं होता और इसके बहुत से कार्य सिर्फ़ कागज़ों तक सिमटे हुए हैं। हक़ीक़त यह है कि हमारे अध्ययन में अधिकांश लोगों ने यह कहा कि मनरेगा से निर्मित होने वाली सम्पदा काफ़ी उपयोगी है। एक अन्य धारणा यह भी है कि मनरेगा द्वारा निर्मित सम्पदाएँ ज़्यादा टिकाऊ नहीं होती हैं। हालाँकि यह धारणा में पूरी तरह सच नहीं है। हमने अपने अध्ययन में यह पाया कि बहुत से कार्यों का, जिनमें सार्वजनिक ज़मीन पर हुए कार्य भी शामिल हैं, नियमित रख-रखाव किया जाता था। यदि स्थानीय सरकार ऐसा नहीं करती थी, तो खुद उसका उपयोग करने वाले लोग ऐसा करते थे। हालाँकि इस तर्क में दम है कि इन कार्यों की रूपरेखा और रख-रखाव पर ज़्यादा ध्यान देने की आवश्यकता है, जिससे ये लम्बे समय तक कायम रह पायें। इससे यह भी सुनिश्चित हो सकता है कि जिस कार्य को अभी अच्छा माना जा रहा है, उसे और भी बेहतर माना जाये। स्थानीय भागीदारी को बढ़ाने, कार्यों के चयन में सावधानी बरतने और एक बेहतर डिजाइन होना आवश्यक है। इससे मनरेगा के कार्य लोगों की जीविका में मदद देने में ज़्यादा प्रभावकारी भूमिका निभा सकते हैं।

सन्दर्भ

1. यह लेख महाराष्ट्र में मनरेगा के अन्तर्गत सृजित कार्यों के स्वतन्त्र मूल्यांकन पर आधारित है। इस सम्बन्ध में अध्ययन करने का कार्य महराष्ट्र सरकार के रोज़गार गारंटी योजना विभाग द्वारा दिया गया था। हम इस अध्ययन में मदद के लिए वी. गिरिराज, एस. मुथुकृष्णन और विमला रमेश के आभारी हैं। साथ ही, हम एस. महेन्द्र देव, ज्याँ द्रेज और आईजीडीआर वर्कशॉप में भागीदारी करने वाले विद्वानों द्वारा दिये गये सुझावों के लिए उनके कृतज्ञ हैं। इसके अलावा, महाराष्ट्र के विभिन्न भागों के कृषि कॉलेजों के विभिन्न शिक्षक और छात्र भी धन्यवाद के हकदार हैं जिन्होंने सर्वेक्षण में भागीदारी की और आँकड़ों को जाँचने और उन्हें दुरुस्त करने में सहायता की। इस शोध-आलेख की अन्तर्वस्तु के लिए हम पूरी तरह ज़िम्मेदार हैं।
2. अन्य अध्ययनों में चक्रवर्ती और दास (2014); बासी और कुमार (2010) , आईआईएस (2013); आईएलओ और डीए (2009); तिवारी और अन्य (2011) सम्मिलित हैं। अन्य अध्ययनों के व्याख्यात्मक सन्दर्भ सूची के लिए देखें एमओआरडी (2012)।
3. आरम्भ में लक्ष्य यह था कि महाराष्ट्र के सभी ज़िलों को अध्ययन में शामिल किया जाये। लेकिन पर्याप्त सर्वेक्षण समूह न हो पाने के चलते हमें अपने अध्ययन को 20 ज़िलों तक ही सीमित करना पड़ा।
4. इस अध्ययन के सन्दर्भ में उन सम्पदाओं को टिकाऊ सम्पदा की श्रेणी में रखा गया है, जो बरसात में या मौसम में बदलाव के साथ बर्बाद नहीं होते, और जिनका जीवन एक वर्ष से ज़्यादा होता है।
5. सैम्पल में चयनित ग्राम पंचायत सैम्पल प्रखण्डों के कुल ग्राम पंचायतों का 6% हैं। कुछ सैम्पल प्रखण्डों में वे कुल ग्राम पंचायतों का 3.6% हैं और अन्य में 12%। गढ़चिरौली ज़िले में एक

ग्राम पंचायत राजनीतिक रूप से संवेदनशील क्षेत्र में अवस्थित था, इसलिए इसके स्थान पर एक ऐसे ग्राम पंचायत को चुना गया, जो कि 2010-13 के दौरान सबसे ज़्यादा कार्य पूरा करने वाले ग्राम पंचायतों में सूची में उसके बाद आता था।

6. यह हमेशा सम्भव नहीं था क्योंकि कई बार काम निजी और सार्वजनिक–दोनों ही प्रकार की ज़मीन पर होता था। इसके बावजूद, हम शोध-आलेख के शेष भाग में इस नामकरण का उपयोग करेंगे। इससे यह भी सुनिश्चित होता है कि यदि सम्पदा के प्रकार के बारे में प्रबन्धन सूचना व्यवस्था (मैनेजमेंट इनफॉरमेशन सिस्टम–एमआईएस) में सम्पदा प्रकार का कोड बनाने में कोई गलती हुई हो, तो हम अपने विश्लेषण में उस गलती को आगे बढ़ाने के बजाय उसे ठीक करने में समर्थ हों। मिसाल के तौर पर, यह मुमकिन है कि एक सार्वजनिक भूमि पर जल संचय के कार्य को गलत तरीके से किसी अन्य कार्य में वर्गीकृत किया गया हो। सर्वेक्षण में हमने इसे सार्वजनिक ज़मीन पर जल संरक्षण के कार्य के रूप में वर्गीकृत किया है।
7. प्रशासनिक आँकड़ों में कार्यों को निम्नलिखित श्रेणियों में वर्गीकृत किया गया है–सूखा निवारण/सूखा अभेद्यता, सिंचाई सुविधा, भूमि विकास, ग्रामीण क्षेत्रों में जुड़ाव, जल संरक्षण, जल संचय, ग्रामीण स्वच्छता और सहायता केन्द्र। इस अध्ययन के लिए छह प्रमुख वर्गीकरणों का उपयोग किया गया है–वनीकरण, बागवानी, सामान्य भूमि पर जल संरक्षण/जल संचय, निजी भूमि पर भूमि विकास, सड़क और अन्य कार्य। इनका विश्लेषण करने के लिए कार्य और जिस ज़मीन पर कार्य हो रहा है उसके स्वामित्व की प्रकृति के आधार पर प्रशासनिक श्रेणियों का उपयोग किया गया। मसलन, प्रशासनिक आँकड़ों के अन्तर्गत सूखा निवारण का एक कार्य वनीकरण या बागवानी या सामान्य भूमि पर जल संरक्षण/जल संचय की श्रेणियों में आ सकता है। प्रबन्धन सूचना व्यवस्था में किसी कार्य के वर्णन, कार्य के प्रत्यक्ष प्रमाणीकरण और/या ग्राम रोज़गार सेवक के साथ अनौपचारिक चर्चा के आधार पर एक कार्य का वर्गीकरण किया गया।
8. सैम्पल में सम्मिलित ग्राम पंचायतों में 1 जनवरी, 2010 से 31 दिसम्बर, 2013 के बीच 5,265 कार्य पूरे किये गये। इनमें से 5,189 को सर्वेक्षण किये जाने वाले कार्यों के अन्तर्गत शामिल किया गया, हम इनके प्रमाणीकरण के लिए आँकड़े एकत्रित कर पायें। किन्तु निम्नलिखित कारणों से सर्वे समूहों को केवल 4,266 कार्यों के प्रमाणीकरण का कार्य दिया गया था। जहाँ सैम्पल ग्राम पंचायतों में सभी कार्यों का सर्वेक्षण किया जाना था, वहीं थाणे में सभी कार्यों में से सिर्फ़ एक-तिहाई को ही सम्मिलित किया गया। यहाँ सैम्पल में सम्मिलित अन्य प्रखण्डों की तुलना में सम्पूर्ण कार्य तिगुना था। कुल 4,266 कार्यों में से केवल 4,103 कार्यों का ही प्रमाणीकरण हुआ–इसका अर्थ यह है कि गणनाकार सिर्फ़ इन्हीं कार्यों की वास्तविक स्थिति को तय कर पायें। अन्य का विविध कारणों के चलते प्रमाणीकरण नहीं हो पाया, जिसके बारे में आगे विवेचना की गयी है। आगे अध्ययन में हम केवल उन्हीं कार्यों पर अपना ध्यान केन्द्रित करेंगे जिनका प्रमाणीकरण हुआ है।
9. जेण्डर के आधार पर साक्षात्कार के लिए लोगों को नहीं चुना गया, और यह पहलू इस अध्ययन के दायरे में नहीं था।
10. मोटे तौर पर, सार्वजनिक कार्यों में वनीकरण, सड़क और सामान्य भूमि पर जल संरक्षण और जल संचय का कार्य शामिल है। निजी कार्यों में मुख्य रूप से बागवानी, निजी ज़मीन का भूमि विकास और ग्रामीण स्वच्छता शामिल है।
11. इसका कारण या तो यह हो सकता है कि सर्वेक्षण समूह इन स्थानों को सुनिश्चित तो कर पायें

किन्तु वहाँ की यात्रा नहीं कर पायें या फिर इन कार्यों का अस्तित्व ही नहीं था और सर्वेक्षण समूह को यह कह दिया गया कि ये काफ़ी दूर हैं।

12. मसलन, इस सर्वेक्षण में चन्द्रपुर ज़िले में गायब या अनुपस्थित कार्यों की पहचान की गयी। वहाँ यह पाया गया कि इस कार्यक्रम के अन्तर्गत बने शौचालयों का अस्तित्व नहीं था। हालाँकि इस तरह के उदाहरण काफ़ी कम मिले।

13. ये सभी निजी कार्यों के अनुपात हैं। ये 100 की सीमा से पार चले जाते हैं क्योंकि कोई कार्य व्यापक हो सकता है, जिसमें एक से ज़्यादा संरचनाएँ सम्मिलित हों।

14. बहुत से राज्यों में यह अपने-आप स्पष्ट नहीं होता है। अक्सर 'टॉप-डाउन' (ऊपर से नीचे की ओर) दृष्टिकोण अपनाया जाता है, जिसमें कुछ खास तरह के कार्यों को प्राथमिकता दी जाती है। मसलन, झारखण्ड में कुआँ और आन्ध्र प्रदेश में अनुसूचित जाति/अनुसूचित जनजाति की ज़मीन पर कार्य।

15. विदर्भ में भण्डारा, चन्दरपुर, गढ़चिरौली, गोंदिया, नागपुर, वर्धा, अकोला, अमरावती, बुलधाना, वाशिम और यवतमाल ज़िले शामिल हैं।

16. मराठवाड़ा में औरंगाबाद, नांदेड, परभानी, लातूर, बीड, हिंगोली, जलाना और ओसमानाबाद ज़िले शामिल हैं।

17. निजी ज़मीन के भूमि विकास, सामान्य भूमि पर जल कार्य, और बागवानी कार्यों के बारे में साक्षात्कार में सम्मिलित प्रत्येक व्यक्ति से यह प्रश्न किया गया कि इन कार्यों से उनकी ज़मीन पर क्या 'प्रभाव' पड़ा। उनसे यह भी पूछा गया कि दूसरे घरों की ज़मीन पर इन कार्यों का कितना प्रभाव पड़ा तथा निजी ज़मीन के सन्दर्भ में भी इन प्रभावों को जानने का प्रयास किया गया। अन्त में, उनसे यह पूछा गया कि इस कार्य से कितने घरों को फ़ायदा हुआ। सड़क, वनीकरण और अन्य कार्यों (ग्रामीण स्वच्छता) के लिए सिर्फ़ आखिरी प्रश्न ही पूछा गया। हमने इन कार्यों में मज़दूरी करने से विभिन्न घरों को प्रत्यक्ष रूप से होने वाले लाभ के बारे में प्रश्न नहीं किया। निजी ज़मीन पर कार्यों के बारे में सिर्फ़ ज़मीन के मालिक ने ही हमारे प्रश्नों का उत्तर दिया। हालाँकि हमें सार्वजनिक कार्य के बारे में एक विशिष्ट सार्वजनिक कार्य के लिए सैम्पल के रूप में लिए गये सभी घरों की प्रतिक्रिया मिली। एक से ज़्यादा तरह के विचार सामने आने पर हमने एक विशिष्ट सम्पदा का न्यूनतम मूल्य तय करने के लिए एक रूढ़िवादी तरीके का चयन किया।

सन्दर्भ ग्रन्थ सूची

अग्रवाल, अंकिता, आशीष गुप्ता और अंकित कुमार (2012), 'इवैल्यूएशन ऑफ नरेगा वेल्स इन झारखण्ड,' *इकोनॉमिक ऐंड पॉलिटिकल वीकली,* खण्ड 47, अंक 3।

बस्सी, नितिन और एम. दिनेश कुमार (2010), 'नरेगा ऐंड रूरल वाटर मैनेजमेंट इन इण्डिया : इम्प्रूविंग द वेलफेयर इफेक्ट्स,' ऑकेजनल पेपर नम्बर 3-0919, इंस्टीट्यूट ऑफ रिसोर्स एनालिसिस ऐंड पॉलिसी, हैदराबाद, http://Indiawaterportal.org/filesNREGA-rural-water-management-India-Improving-welfare-effects ocassional-paper-Dinesh Kumar-etal-IRAP-2000.pdf ।

चक्रवर्ती, बान्ही और स्तूप दास (2014), 'मनरेगा ऐंड वाटर मैजेनमेंट : सस्टेनेबिलिटी इसुज ऑफ बिल्ट फॉर्म्स ऑफ रूरल इण्डिया,' *जर्नल ऑफ कंस्ट्रक्शन इन डिवलपिंग कण्ट्रीज,* खण्ड 9, अंक 2।

इस्टीव्स, तशीना, के. वी. राव, भास्कर सिन्हा, एस. एस. रॉय, भास्कर राव, शशिधरकुमार झा, अजय भान

सिंह और अन्य (2013), 'एग्रीकल्चरल ऐंड लाइवलीहुड वलनराबिलिटी रिडक्शन थ्रू द मनरेगा,' *इकोनॉमिक ऐंड पॉलिटिकल वीकली,* खण्ड 48, अंक 52।

आईआईएस (2013), सिंथिसिस रिपोर्ट ऑन 'एनवायरमेंटल बेनेफिट्स ऐंड वलनरबिलिटी रिडक्शन थ्रू महात्मा गाँधी नैशनल रूरल इम्पलॉयमेंट गारंटी स्कीम,' इण्डियन इंस्टीट्यूट ऑफ साइंस, बंगलोर, http://mrega.nic.in/Natenrega/Write-Readdata/kcirculars/Reprt-Env-Benefits-Vulnerabiliity-Reduction.pdf ।

आईएलओ और डिवलपमेंट अल्टरनेटिव (2009), 'नरेगा : अ रिव्यू ऑफ डिसेंट वर्क ऐंड ग्रीन जॉब्स ऐट कैमूर डिस्ट्रिक्ट इन बिहार,' इंटरनैशनल लेबर ऑर्गनाइजेशन ऐंड डिवलपमेंट अल्टरनेटिव, http://www.Ilo.org/wemsps/groups/public/_asia/-ro-bangkok/-so-new-delhi/documents/genericdocument/wcms-142539.pdf।

एमओआरडी (2012), 'मनरेगा समीक्षा : ऐन एंथ्रोपोलॉजी ऑफ रिसर्च स्टडीज ऑफ द महात्मा गाँधी नैशनल रूरल इम्पलॉयमेंट गारंटी ऐक्ट, 2005, गवर्नमेंट ऑफ इण्डिया,' मिनिस्ट्री ऑफ रूरल डिवलपमेंट, नयी दिल्ली।

नारायणन, सुधा, क्रुश्ना रनावरे, उपासक दास और अश्विनी कुलकर्णी (2014), 'मनरेगा वर्क्स ऐंड देयर इम्पैक्ट्स : अ रैपिड असेसमेंट इन महाराष्ट्र,' वर्किंग पेपर डब्ल्यूपी-2004-042, इन्दिरा गाँधी इंस्टीट्युट ऑफ डिवलपमेंट रिसर्च, मुम्बई।

तिवारी, राकेश, एच.आई. सोमाशेखर, वी.आर. रामाकृष्णा परामा, इन्दु के. मूर्ति, एम.एस. मोहन कुमार, बी.के. मोहन कुमार, हर्षद पराते, मुरारी वर्मा, सुमेधा मालवीय, अनन्या एस. राव, अस्मिता सेनगुप्ता, रूथ कटुमुरारी, एन. एच. रवीन्द्रनाथ (2011), 'मनरेगा सर्विस इनहैंसमेंट ऐंड वलनराबिलिटी रिडक्शन : रैपिड अप्राइजल इन चित्रादुर्गा डिस्ट्रिक्ट इन कर्नाटक,' *इकोनॉमिक ऐंड पॉलिटिकल वीकली,* खण्ड 46, नम्बर 20, पृ. 39-44।

वर्मा, एस. और तुषार शाह (2012), 'बियोंड डिगिंग ऐंड फिलिंग होल्स : लेशन्स फ्रॉम केस स्टडीज ऑफ बेस्ट परफॉर्मिंग मनरेगा वाटर वर्क्स,' आईडब्ल्यूएमआईटी-तारा वाटर पॉलिसी प्रोग्राम, http://www.iwmi.cgiar.org/iwmi-tata/PDFs/2012-Highlight-42-pdf।

[यह शोध-आलेख *इकोनॉमिक ऐंड पॉलिटिकल वीकली* के 28 मार्च 2015 अंक में प्रकाशित हुआ था।]

लोकतन्त्र और भोजन का अधिकार

ज्याँ द्रेज[1]

(अनुवाद : विकास कुमार)

यह व्यापक तौर पर स्वीकार किया गया है कि भोजन का अधिकार मूल रूप से सामाजिक और आर्थिक अधिकारों का एक रूप है जो भारत में 'आर्थिक लोकतन्त्र' प्राप्त करने के लिए आवश्यक है। दुनिया में अल्प-पोषण के मामले में भारत का स्थान दूसरा है, किन्तु यहाँ अभी भोजन के अधिकार के बारे में कोई खास जागरूकता नहीं है। इसके बारे में यह बात करते समय यह स्पष्ट नहीं होता कि किन स्पष्ट हक और ज़िम्मेदारी की बात की जा रही है। हालाँकि भोजन के अधिकार को पूरी तरह से न्यायोचित बनाने में गम्भीर कठिनाइयाँ मौजूद हैं, फिर भी कम-से-कम तीन तरीकों से नये हस्तक्षेप किये जा सकते हैं : कानूनी कार्रवाई के माध्यम से, लोकतान्त्रिक व्यवहार के माध्यम से और जनता की समझ के माध्यम से। इससे भी महत्त्वपूर्ण बात यह है कि, भोजन के अधिकार को दूसरे सामाजिक और आर्थिक अधिकारों अर्थात् शिक्षा, काम, स्वास्थ्य और सूचना के अधिकार से जोड़ने की आवश्यकता है। इसे सभी अधिकार लोक प्राथमिकताओं से सम्बद्ध हैं और लोकतान्त्रिक राजनीति में रैडिकल परिवर्तन के वायदे से जुड़े हुए हैं।

भोजन के अधिकार को कम से कम तीन भिन्न-भिन्न परिप्रेक्ष्यों से देखा जा सकता है। पहला, भारतीय संविधान का परिप्रेक्ष्य है, विशेषकर राज्य के नीति निर्देशक सिद्धान्त। दूसरा, इस सन्दर्भ में प्रस्तुत अन्तर्राष्ट्रीय घोषणा-पत्र एवं संविदाएँ हैं, जिनकी शुरुआत सार्वभौमिक मानवाधिकार घोषणा-पत्र के साथ हुई है। तीसरा, इन सभी दस्तावेज़ों से स्वतन्त्र होकर, नैतिक एवं सामाजिक अधिकार को आधार बनाते हुए, भोजन के अधिकार के पक्ष में तर्क दिया जा सकता है। वास्तव में, यह मानव अधिकार आन्दोलन का मूल आधार है कि सभी मनुष्यों के पास कुछ मौलिक अधिकार होने चाहिए, भले ही इन अधिकारों को राष्ट्रीय या अन्तर्राष्ट्रीय कानून में शामिल किया गया हो या नहीं। उदाहरणस्वरूप कोई यह तर्क कर सकता है कि

बच्चे को स्कूल में शारीरिक दंड से सुरक्षित होने का अधिकार है, भले ही शारीरिक दंड कानूनी रूप से मान्य ही क्यों न हो।

यह तीनों परिप्रेक्ष्य परस्पर भिन्न नहीं हैं बल्कि ये एक-दूसरे के पूरक हैं। इस लेख में, हालाँकि मैं पहले दृष्टिकोण और विशेष रूप से भोजन के अधिकार पर ध्यान केन्द्रित करूँगा। इसे एक तरह से आर्थिक और सामाजिक अधिकार के रूप में निर्देशक सिद्धान्तों में स्वीकार किया गया है।[2] इसके दो कारण हैं : पहला, मैं यह मानता हूँ कि यह दृष्टिकोण विशेष रूप से सुसंगत और व्यापक है। दूसरा, निर्देशक सिद्धान्तों को पुनर्जीवित करने के लिए यह ज़रूरी है कि भोजन के अधिकार को महत्त्वपूर्ण रूप से विस्तृत सन्दर्भ में रखा जाये। असल में, इसमें रैडिकल सामाजिक परिवर्तन की दृष्टि अन्तर्निहित है।

संविधान में निर्देशक सिद्धान्त मुख्यतः बी.आर. अम्बेडकर के चलते सम्मिलित हुए और उन्होंने इस पर लोकतन्त्र की अपनी दूरदर्शी अवधारणा निर्मित की। यह दृष्टिकोण एक ऐसे अच्छे समाज के बारे में उनकी धारणा से गहराई से जुड़ा हुआ है जो समाज में 'स्वतन्त्रता, समानता और बन्धुत्व' के बल पर आधारित हो। लोकतन्त्र को उन्होंने जिस रूप में देखा वह अपने आप में साध्य और साधन दोनों विचार है। यह साध्य है क्योंकि उन्होंने अन्ततः यह माना कि लोकतन्त्र अपने आप में स्वतन्त्रता, समानता और बन्धुत्व का समानार्थी होने के साथ अनुभूति भी है। लेकिन ठीक उसी समय, लोकतन्त्र साधन भी है जिसके माध्यम से इस विचार को प्राप्त किया जा रहा है।

दरअसल, अम्बेडकर मानते थे कि लोकतन्त्र आन्तरिक रूप से सामाजिक परिवर्तन और मानव प्रगति के लिए सर्वोत्तम रास्ता है। उन्होंने इसकी सबसे अधिक प्रेरणादायक परिभाषा का वर्णन करते हुए लिखा कि यह सरकार का स्वरूप एवं पद्धति है जिससे लोगों के आर्थिक और सामाजिक जीवन में बिना किसी रक्तपात के क्रान्तिकारी परिवर्तन लाया जाता है।[3] ऐसा होने के लिए, यह आवश्यक था कि राजनीतिक लोकतन्त्र के साथ आर्थिक और सामाजिक लोकतन्त्र को जोड़ा जाये। यह भारतीय संविधान के मुख्य उद्देश्यों में से एक था, और विशेषकर निर्देशक सिद्धान्तों का। अम्बेडकर ने खुद को इस प्रकार से रखा—

> *संविधान निर्माण का हमारा उद्देश्य वास्तव में दोहरा था; (i) राजनीतिक लोकतन्त्र के स्वरूप की नींव रखना, और (ii) इस बात की बुनियाद रखना कि आर्थिक लोकतन्त्र हमारा आदर्श है और सभी सरकारों को निर्देश भी दे कि सत्ता में कोई भी हो उसे आर्थिक लोकतन्त्र लाने का प्रयास करना चाहिए। निर्देशक सिद्धान्तों में महान मूल्य हैं, इसके लिए वे आर्थिक लोकतन्त्र की आदर्श आधारशिला रखते हैं।*[4]

हालाँकि, लोकतन्त्र की इस क्रान्तिकारी संकल्पना को स्वतन्त्रता के कुछ समय बाद ही भुला दिया गया। भारतीय लोकतन्त्र मूल रूप से उसी रास्ते पर जाने लगा

जिस रास्ते पर यूरोप का संसदीय लोकतन्त्र था, जिसको अम्बेडकर ने 'एक नाम एक चेहरा' के रूप में समझा।[5] पचपन साल के इस रास्ते में, आर्थिक लोकतन्त्र को लोक नीति के सिद्धान्त के तौर पर चुपचाप से दफना दिया गया, और यहाँ तक कि राजनीतिक लोकतन्त्र भी बिल्कुल स्वस्थ नहीं है।

भारत में पोषक-तत्त्वों का आपात्काल

इस पृष्ठभूमि के साथ, अब मैं भोजन के प्रश्न पर आता हूँ। इस पर ध्यान देने वाला पहला बिन्दु यह है कि भारत में पोषण सम्बन्धी स्थिति काफ़ी भयावह है। द्वितीय राष्ट्रीय परिवार स्वास्थ्य सर्वेक्षण (1998-99) इस समस्या के सन्दर्भ में पर्याप्त मात्रा में सबूत प्रदान करता है। इस सर्वेक्षण के अनुसार 47% सभी भारतीय बच्चे अल्पपोषित हैं, 52% सभी वयस्क महिलाएँ रक्तहीनता (एनीमिया) से पीड़ित हैं, और 36% का बॉडी मास सूचकांक (बीएमआई) निर्धारित तालिका 18.5 से कम है जो सामान्यतः दीर्घकालिक ऊर्जा की कमी के साथ जुड़ा है।[6] इन पोषक तत्त्वों की कमी भारतीय लोगों के कल्याण और भविष्य के लिए काफ़ी विनाशकारी है। यह भी सच है कि भूख और अल्पपोषण आन्तरिक अभाव और गम्भीर रूप से जीवन

रेखाचित्र : भिन्न आयु वर्ग में भारतीय बच्चों का औसत वजन

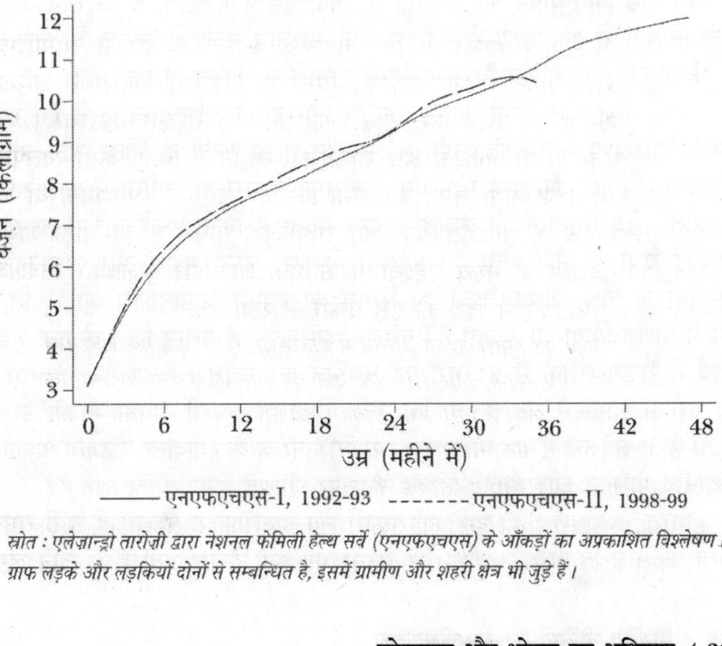

स्रोत : एलेज़ान्द्रो तारोज़ी द्वारा नेशनल फेमिली हेल्थ सर्वे (एनएफएचएस) के आँकड़ों का अप्रकाशित विश्लेषण। ग्राफ लड़के और लड़कियों दोनों से सम्बन्धित है, इसमें ग्रामीण और शहरी क्षेत्र भी जुड़े हैं।

की गुणवत्ता को कम करता है। साथ ही, अल्पपोषण सीखने की क्षमता कम करने, बीमारियों का जोख़िम बढ़ाने और अन्य व्यक्तिगत और सामाजिक अवसरों की हानि के साथ जुड़ा हुआ है।

अन्तर्राष्ट्रीय परिप्रेक्ष्य में, भारत विश्व के सबसे अधिक अल्पपोषित देशों में से एक है। नवीनतम मानव विकास रिपार्ट के अनुसार केवल दो देशों में (बांग्लादेश और नेपाल) अल्पपोषित बच्चों का अनुपात भारत से उच्च है, और केवल दो देशों में (बांग्लादेश और इथोपिया) कम वज़न के साथ जन्मे नवजात बच्चों का अनुपात भारत से उच्च है।[7] यहाँ तक कि अन्तर्राष्ट्रीय आँकड़ों की अशुद्धियों एवं विभिन्न अन्तरों को मानने के बावजूद, दूसरे सूचकों में भी भारत में अल्पपोषण का स्तर बहुत अधिक है।

दूसरा राष्ट्रीय परिवार स्वास्थ्य सर्वेक्षण भारत में पोषण की स्थिति के विभिन्न पहलुओं के बारे में ज़्यादा पुख्ता सबूत प्रस्तुत करता है। उदाहरण के लिए, उपभोग डाटा बहुसंख्यक जनसंख्या के लिए मितव्ययी (किफायती) भोजन ग्रहण करने की प्रकृति को प्रकट करता है। भारत में केवल 55% वयस्क महिलाएँ सप्ताह में कभी-कभार एक दिन दूध या दही का सेवन करती हैं, 33% सप्ताह में केवल एक दिन फल खाती हैं, और 28% को अण्डा प्राप्त होता है। बच्चों की रुग्णता के सबूत भी कम गम्भीर नहीं हैं। सर्वेक्षण में पाया गया कि तीन वर्ष से कम आयु के 30% बच्चों को दो हफ़्तों के दौरान बुखार था, 19% को डायरिया (दस्त), और अन्य 19% में तीव्र साँस लेने के संक्रमण के लक्षण मौजूद थे।[8] यहाँ तक कि इन विभिन्न समूहों के बीच कुछ अतिव्यापन की अनुमति के बाद, यह पता चलता है कि तीन वर्ष के नीचे के कम से कम आधे से अधिक सभी भारतीय बच्चे दो सप्ताह के अन्तराल के भीतर ही ऊपर वर्णित किसी-न-किसी बीमारी से पीड़ित हो जाते हैं।

अभी तक उद्धृत सभी आँकड़े राष्ट्रीय औसत को अभिव्यक्त करते हैं। ग़रीब राज्यों (झारखण्ड, छत्तीसगढ़, उड़ीसा) और इन ग़रीब राज्यों के भीतर और अधिक वंचित क्षेत्रों (जैसे, झारखण्ड में पलामू, छत्तीसगढ़ में सरगुजा, उड़ीसा में कालाहाण्डी) के अति ग़रीब समुदायों की स्थिति अत्यन्त बदतर है किन्तु इनके बारे में गम्भीरता से कोई चर्चा भी नहीं होती है। सहरिया, मुशहर, कोल, भूईयां और अन्य वंचित समुदायों के बीच, पोषक तत्त्वों की स्थिति को स्थायी आपात्काल की स्थिति के रूप में वर्णित किया जा सकता है। मसलन, झारखण्ड के पलामू ज़िले के एक भूईयां कस्बे में रैण्डम तरीके से 21 घरों को चयनित कर सर्वेक्षण किया गया, जिसमें से 20 घरों में लोगों ने यह बताया कि उन्हें 'नियमित रूप से अपना भोजन छोड़ना पड़ता है'।[9] सर्वेक्षण में यह पाया गया कि इस उपक्षेत्र के ज़्यादातर परिवार 'चाखोरा' (स्थानीय पालक) और घीटी (वाइल्ड रूट) पर जीवित हैं।

भारत में पोषण की स्थिति का एक अन्य तकलीफ़देह पहलू यह है कि इसमें समय के साथ किसी बड़े सुधार की सम्भावना कम दिखाई देती है। अत्यन्त भूख

और तीव्र अल्पपोषण में लगातार गिरावट के सबूत मौजूद हैं।[10] लेकिन मानवशास्त्रीय संकेतक में सामान्य प्रगति (जैसे, भारतीय बच्चों की लम्बाई और वज़न) काफ़ी धीमी है। इस बिन्दु को रेखाचित्र में विस्तार से बताया गया है, जो 1992-93 और 1998-99 में भारतीय बच्चों के भिन्न उम्र के औसत वज़न दर्शाता है। हालाँकि वहाँ कुछ सुधार है, लेकिन वास्तव में यह प्रभावशाली नहीं है। 'उम्र के हिसाब से वज़न' की कसौटी के आधार पर, 1992-93 में कुपोषित बच्चों का अनुपात 53% था जो 1998-99 में घटकर 47% रह गया।[11] यदि कुपोषित बच्चों की संख्या में प्रति वर्ष 1% की धीमी दर से गिरावट जारी रही, तो फिर आज चीन ने जो पोषण-स्तर प्राप्त किया है, उसे हासिल करने में भारत को 40 वर्ष लग जायेंगे।

दो सर्वेक्षणों के बीच तुलना से भी 1990 के दशक के पोषण सम्बन्धी असमानता में हुई वृद्धि सामने आती है : मानवशास्त्रीय संकेतकों में ग्रामीण क्षेत्रों की तुलना में शहरी क्षेत्रों में अधिक सुधार हुआ, और लड़कियों की तुलना में लड़कों को इसका ज़्यादा लाभ मिला। उदाहरण के लिए, कुपोषित बच्चों का अनुपात (उदाहरण के लिए उम्र के अनुसार वज़न की कसौटी के आधार पर) 1992-93 और 1998-99 के बीच शहरी लड़कों में 7% की गिरावट आयी, लेकिन लड़कियों में यह दर केवल 3% रही। दूसरे शब्दों में, यदि सुधार की वर्तमान दर निरन्तर रूप से यही रही तो ग्रामीण भारत की लड़कियों को अपने प्रतिपक्षी चीन को 'पकड़ने' के लिए 40 साल नही, बल्कि 80 साल या उससे भी अधिक समय लगेगा। इन नमूनों की निरन्तरता 1990 के दशक में आर्थिक असमानता में हुई तीव्र वृद्धि का स्वतन्त्र सबूत है।[12]

लोकतन्त्र और सामाजिक अधिकार

शायद भारत में पोषण की स्थिति का सबसे चौंकाने वाला पहलू यह है कि विशेषज्ञों के दायरे के बाहर कभी इस पर कोई गहन विचार-विमर्श नहीं हुआ है। दीर्घकालीन भूख शायद ही कभी सार्वजनिक बहस और चुनावी राजनीति में दिखाई दी हो। उदाहरणस्वरूप, पोषण के मुद्दे को मुख्यधारा की मीडिया में कवरेज लायक नहीं समझा गया। द हिन्दू सबसे बेहतररीन अंग्रेज़ी माध्यम के समाचार-पत्रों में से एक है, जो प्रतिदिन अपने सम्पादकीय में दो ओपिनियन (मत) पृष्ठ प्रकाशित करता है। पिछले छः महीने (जनवरी से जून 2000 तक) के समय में इस पृष्ठ पर प्रकाशित होने वाले लेखों की गिनती में यह पाया गया कि इस दौर में प्रकाशित कुल 300 लेखों में स्वास्थ्य, पोषण, शिक्षा, ग़रीबी, जेंडर, मानवाधिकारों और इससे जुड़े सम्बन्धित सामाजिक मुद्दों पर मुश्किल से 30 लेख ही प्रकाशित हुए थे। इन 300 लेखों में से एक भी स्वास्थ्य या पोषण से जुड़ा हुआ नहीं था।[13] यह आसान अभ्यास दर्शाता है कि भारत के लोगों की बुनियादी ज़रूरतों पर काफ़ी कम सार्वजनिक बहस होती

है और लोकतान्त्रिक राजनीति में भी इनका स्थान कम है। खासतौर पर, पोषण के मुद्दें की तो बिल्कुल ही उपेक्षा की जाती रही है।

इस तरह से इन सामाजिक मुद्दों को सामान्य रूप से और चिरकालिक भूख को विशेष रूप से नज़रअन्दाज़ करना, सामान्यतः 'राजनीतिक इच्छाशक्ति की कमी' को ही दर्शाता है। दरअसल, यह पोषण के मुद्दों की उपेक्षा की एक व्याख्या है, लेकिन यह हमें बहुत दूर तक नहीं ले जाती है। असल में, यह इस सवाल को जन्म देती है कि आख़िर क्यों कोई राजनीतिक इच्छाशक्ति नहीं है। लोकतन्त्र में, राजनीतिक इच्छाशक्ति लोकतान्त्रिक राजनीति का परिणाम होता है। इस दृष्टि से देखा जाये तो, भारत में भूख और पोषण के मुद्दे के आसपास फैली 'असीम ख़ामोशी' भारतीय लोकतन्त्र की प्रकृति एवं सीमाओं पर चिन्तन का निमन्त्रण देती है।

जहाँ तक लोकतान्त्रिक संस्थाओं का सम्बन्ध है, भारत ऐतिहासिक और अन्तर्राष्ट्रीय परिप्रेक्ष्य में काफ़ी अच्छा कर रहा है। उदाहरणस्वरूप, अमेरिका (समकालीन दुनिया में लोकतन्त्र का स्वयंभू पथप्रदर्शक) की तुलना में भारत कई मायनों में काफ़ी बेहतर है। मसलन, भारत में बहुत उच्च मतदान दर है (अमेरिका उस सम्बन्ध में अन्तर्राष्ट्रीय मानक से निचले क्रम में है); यहाँ सामाजिक रूप से वंचित समूहों के राजनीतिक प्रतिनिधित्व के लिए अधिक व्यापक प्रावधान है; और यह चुनावी राजनीति में 'धन के अत्यधिक' प्रभाव में तुलनात्मक रूप से कम प्रभावित हुआ है। यहाँ तक कि अमेरिकी राजनीति की तुलना में भारत बहुत अधिक बहुलवादी है। भारत के संसद के निम्न सदन में दर्जनों राजनीतिक दलों का प्रतिनिधित्व है, जिसमें उग्र वाम से लेकर चरम दक्षिणपन्थ के प्रतिनिधि शामिल हैं। भारत की दल व्यवस्था अमेरिका की दो दलीय व्यवस्था (लगभग समान राजनीतिक कार्यक्रम के साथ) से भिन्न है। यहाँ तक कि अमेरिका की तुलना में भारतीय प्रेस की गुणवत्ता कई मामलों में बहुत उच्च है। यह तुलना पूरी तरह से भारत के हित में नहीं है (उदाहरण के लिए, अमेरिका सूचना की आज़ादी के मामले में काफ़ी बेहतर है); और ज़ाहिर तौर पर भारत की लोकतान्त्रिक संस्थाओं में सुधार की काफ़ी गुंजाइश है। फिर भी, यह कहा जा सकता है कि समकालीन दुनिया के मानकों के हिसाब से भारतीय लोकतन्त्र के संस्थाओं की नींव काफ़ी मज़बूत है।

यह कहने के बाद भी, भारतीय लोकतन्त्र में एक छोटा-सा दोष नज़र आता है, यहाँ ज़्यादातर लोग आर्थिक असुरक्षा, शिक्षा के अभाव, सामाजिक भेदभाव, एवं अन्य प्रकार की असमर्थता के कारण इसमें भाग नहीं ले पाते है। यह हो सकता है कि मतदान दर यथोचित रूप से उच्च हो (लगभग 60% संसदीय चुनावों के लिए), लेकिन एक लोकतान्त्रिक संस्थाओं में काफ़ी सीमित सजग भागीदारी है। और यहाँ मतदान में लोकतान्त्रिक भागीदारी संख्या के तौर पर बहुत सीमित है, खासकर तब

जब ज़्यादातर लोग विभिन्न राजनीतिक दलों एवं उनके सम्बन्धित कार्यक्रमों के बीच स्पष्ट रूप से भेद करने में असमर्थ है।[14]

संक्षेप में, भारतीय लोकतन्त्र बहिष्करण और अभिजनवाद के दुष्चक्र में फँस गया है। आबादी के एक बड़े वंचित समूह को लोकतान्त्रिक राजनीति की सक्रिय भागेदारी से बाहर रखा गया है, उनकी आकांक्षाएँ एवं प्राथमिकताएँ लोक नीति में परिलक्षित नहीं होती हैं। लोक नीति के अभिजनवादी उन्मुखीकरण तथा एक के बाद एक वंचना कायम होने से (ग़रीबी, भूख, अशिक्षा, भेदभाव इत्यादि) लोग असमर्थ होते जाते हैं एवं वे सक्रियतापूर्वक लोकतान्त्रिक राजनीति में भाग नहीं ले पाते हैं।

बी.आर. अम्बेडकर ने काफ़ी स्पष्ट रूप से इस समस्या की जड़ को पहचाना और अपने तर्क से आर्थिक एवं सामाजिक लोकतन्त्र के साथ राजनीतिक लोकतन्त्र को जोड़ा। उन्होंने 26 जनवरी, 1950 को कहा कि 'हम विरोधाभासों के जीवन में प्रवेश करने जा रहे हैं। राजनीति में हमारे पास समानता होगी और सामाजिक एवं आर्थिक जीवन में हमारे पास असमानता होगी।' यह विरोधाभास आज भी हमारे साथ है, और कम से कम कुछ मामलों में, आज के समय में बढ़ रही असमानता और अभिजनवाद से यह समस्या और भी तीव्र होती जा रही है। 'व्यापार संचालित समाज' बनने में भारत को कुछ ख़तरे भी हैं, नॉम चॉमस्की ने अमेरिकी लोकतन्त्र के लक्षण के रूप में वर्णन किया है।[15] इस सन्दर्भ में यह ज़रूरी हो जाता है कि आर्थिक एवं सामाजिक अधिकार जो संविधान के निर्देशक सिद्धान्तों में उल्लेखित हैं, उन्हें तत्काल पुनर्जीवित कर, भोजन के अधिकार को उसमें शामिल किया जाये। जैसा कि पहले उल्लेख किया गया है, निर्देशक सिद्धान्तों का मुख्य उद्देश्य 'आर्थिक और सामाजिक लोकतन्त्र' की नींव रखना था।[16]

दो उदाहरण

एक या दो उदाहरण आर्थिक एवं सामाजिक अधिकारों के सशक्तीकरण के सम्भावित मूल्यों को समझने में शायद मददगार हों। एक दिलचस्प उदाहरण शिक्षा का अधिकार है। हाल तक शिक्षा का अधिकार शिक्षा नीति से ओझल था। उदाहरण के लिए, इस मुद्दे को 1986 की राष्ट्रीय शिक्षा नीति में वर्णित नहीं किया गया था। उन दिनों बुनियादी धारणा यह थी कि बच्चों का बड़ा अनुपात स्कूली शिक्षा प्रणाली से दूर है, और यह स्थिति कई वर्षों तक निरन्तर बनी रहेगी। यद्यपि, तब से, शिक्षा के अधिकार के लिए सार्वजनिक चिन्ता में काफ़ी बढ़ोतरी हुई है। आज इस धारणा को व्यापक स्वीकृति प्राप्त है कि प्रत्येक बच्चे के पास प्राथमिक शिक्षा का मौलिक अधिकार है। फिर भी अभी इस दिशा में काफ़ी कुछ करने की आवश्यकता है। उदाहरण के लिए, यदि गाँव के पास अपना स्कूल नहीं है, तो तुरन्त एक उपलब्ध

कराने की ज़रूरत नहीं समझी जाती है, बल्कि इस स्थिति को उसे यूँ ही स्वीकार लिया जाता है। हालाँकि यह सच है कि प्रवासी मज़दूरों या (तथाकथित) आदिम जनजातियों जैसे अत्यधिक वंचित परिवारों या समुदायों से सम्बन्धित जुड़े बच्चों की प्राथमिक शिक्षा के अहस्तान्तरणीय अधिकार को व्यापक रूप में स्वीकार किया गया है। प्रत्येक बच्चे को मौलिक अधिकार के रूप में प्राथमिक शिक्षा की इस व्यापक मान्यता (इसे हाल ही में संविधान में शामिल किया गया) ने 1990 के दशक में स्कूली शिक्षा की सुविधाओं में अपेक्षाकृत तेज़ी से विस्तार किया एवं स्कूल की भागेदारी में योगदान दिया है।[17]

इसका मतलब यह नहीं है कि शिक्षा के अधिकार को साकार करने में शानदार प्रगति हासिल कर ली गयी है। वास्तव में, राज्य के वित्तीय संकट और सत्ता के गलियारों में 'कल्याणकारी राज्य' के लिए अत्यन्त विरोध जैसी कई ऐसी प्रवृत्तियाँ भी हैं जो शिक्षा के अधिकार के लिए प्रतिकूल माहौल तैयार करती हैं। हाल में कुछ घटनाक्रम ऐसे हुए हैं जिन्हें शिक्षा के अधिकार पर हमले के रूप में देखा जा सकता है, मसलन कम गुणवत्ता पर बढ़ती निर्भरता, नामांकन के आँकड़े को बढ़ाने वाले वैकल्पिक और 'दूसरे प्रकार' की स्कूली सुविधाओं पर निर्भरता।[18] फिर भी, यह दिलचस्प है कि संरचनात्मक समायोजन के समय में स्कूली शिक्षा प्रणाली का विस्तार हुआ है और यह राज्य के नियन्त्रण से भी मुक्त हुआ है। प्रत्येक बच्चे के मौलिक अधिकार के रूप में प्राथमिक शिक्षा की बढ़ती मान्यता ने स्कूली शिक्षा प्रणाली के विस्तार में महत्त्वपूर्ण भूमिका निभाई है। इसके अलावा, प्रत्येक बच्चे के मौलिक अधिकार के रूप में प्राथमिक शिक्षा की व्यापक स्वीकृति ने शिक्षा कार्यकर्ताओं को शक्तिशाली रूप से पैर जमाने का मौक़ा दिया जिससे वे ऐसे किसी भी प्रयास का विरोध कर सके जो 14 साल से कम उम्र के सभी बच्चों को मुफ्त एवं अनिवार्य शिक्षा की संवैधानिक प्रतिबद्धता को कमज़ोर करने का प्रयास करें। स्वास्थ्य देखभाल के क्षेत्र की स्थिति की तुलना में यह एक उल्लेखनीय अन्तर है, जिससे इस क्षेत्र में कार्य करने वाले कार्यकर्ता काफ़ी कुछ सीख सकते हैं। हालाँकि अभी भारतीय नागरिकों द्वारा प्राथमिक शिक्षा की तरह स्वास्थ्य देखभाल को व्यापक अधिकार के तौर पर स्वीकार किया जाना बाकी है।[19] हालाँकि राज्य ने 1990 के दशक में इस क्षेत्र में अपनी भूमिका में तेज़ी से कटौती की है। सकल घरेलू उत्पाद (जीडीपी) के अनुपात में स्वास्थ्य पर सार्वजनिक व्यय अत्यन्त कम है (लगभग 1%)।[20] प्राथमिक शिक्षा के क्षेत्र में व्यापक नयी खोजों की तुलना में पिछले 10 वर्षों के दौरान स्वास्थ्य देखभाल के क्षेत्र में किसी भी तरह के प्रमुख पहल का अभाव रहा है। इसी कारण, जहाँ 1990 के दशक में शैक्षिक उपलब्धियों में त्वरित प्रगति हुई, वहीं स्वास्थ्य क्षेत्र में कोई बड़ा बदलाव सामने नहीं आया। इस दौर में शिशु मृत्यु दर में गिरावट की दर काफ़ी धीमी रही,

और (हाल ही में) कुछ राज्यों में बच्चों के टीकाकरण की दरों में कमी भी आयी। असल में, स्वास्थ्य क्षेत्र की यह स्थिति बड़ी नाकामी की ओर ही संकेत करती है।

एक अन्य शिक्षाप्रद उदाहरण, सूचना का अधिकार है। ग्रामीण भारत में काम करने वाला हर व्यक्ति इस बात से भली-भाँति परिचित है कि सार्वजनिक रिकार्ड न मिलने और सूचना के अभाव में आम नागरिक अपने-आप को बड़ा असमर्थ महसूस करता है। इसके कई उदाहरण दिये जा सकते हैं : कुछ लोगों के पास राशन कार्ड है, लेकिन उन्हें ये नहीं मालूम कि राशन की दुकान से उन्हें क्या चीज़ खरीदने का हक है, और किस कीमत पर; कई लोग उधार की शर्तों को समझे बगैर ही बैंक से ऋण लेते हैं; टीबी के रोगियों को खाँसी की दवा के साथ सार्वजनिक स्वास्थ्य केन्द्रों से दूर भेज दिया जाता है; मज़दूर कानूनी रूप से मान्य न्यूनतम मज़दूरी से अनभिज्ञ हैं इत्यादि।[21] इसकी एक अन्य अभिव्यक्ति सार्वजनिक जीवन में भ्रष्टाचार है, जो सूचना की गोपनीयता एवं छुपाने से पनपती है।

इस स्थिति के जवाब में, कोई भी एक 'केस दर केस' दृष्टिकोण पर बल दे सकता है जिसमें वह विभिन्न क्षेत्रों में उत्पन्न होने वाली समस्याओं को अलग-अलग सुलझाने का प्रयास कर सकता है। 'सूचना के अधिकार आन्दोलन' में इस दूरदर्शी अन्तर्दृष्टि पर बल दिया गया कि नागरिकों को सरकारी रेकार्ड देखने का अधिकार देकर इस समस्या को हमेशा के लिए हल किया जा सकता है।[22] इसने 'सूचना कानूनों के अधिकार' के अभियान को बढ़ावा दिया और यह कोशिश भी की कि लोग ऐसे कानूनों का उपयोग करने में सक्षम बनें। दरअसल, सूचना के अधिकार आन्दोलन को सार्वजनिक जवाबदेही और सहभागितापूर्ण लोकतन्त्र की दिशा में बड़े क़दम के रूप में देखा जा सकता है।

सूचना के अधिकार आन्दोलन के कुछ ठोस परिणाम आये। मसलन, इसने राजस्थान में राहत के कार्यों में 'मस्टर रोल' के पहले से चले आ रहे 'हेरफेर' को समाप्त करने में महत्त्वपूर्ण भूमिका निभाई।[23] यह जीत छोटी-सी लग सकती है, लेकिन यह वास्तव में एक महत्त्वपूर्ण सफलता है, जो इस क्षेत्र में आगे की कार्यवाही के लिए मार्ग प्रशस्त करती है। दस साल पहले यह सुझाव हक़ीक़त से परे लगता था कि सार्वजनिक जीवन से भ्रष्टाचार ख़त्म या काफ़ी हद तक कम किया जा सकता है। आज इस सन्दर्भ में एक नयी सम्भावना दिख रही है।

भोजन का अधिकार

कई मायनों में भोजन का अधिकार शिक्षा के अधिकार और सूचना के अधिकार से कहीं अधिक जटिल है। भोजन के अधिकार के साथ जुड़े हक और ज़िम्मेदारियों के बारे में ज़्यादा स्पष्टता नहीं है। मसलन, सूचना के अधिकार में कुछ बुनियादी

हकों एवं ज़िम्मेदारियों की पहचान करना आसान है : प्रत्येक नागरिक को ('राष्ट्रीय सुरक्षा' जैसे अपवादों के अतिरिक्त) सार्वजनिक रिकार्ड का उपयोग करने का अधिकार होना चाहिए। साथ ही, प्रत्येक नौकरशाह का कर्तव्य है कि वह पूर्व निर्धारित शर्तों के तहत प्रासंगिक रिकार्ड या दस्तावेज़ों को आवेदनकर्त्ता को उपलब्ध कराये। यदि वह ऐसा करने से मना कर देता है तो उस पर कार्रवाई की जा सकती है। सूचना का अधिकार कानून काफ़ी हद तक, हक के रूप में अनूदित हो सकता है और इसे कानून के रूप में अदालत में लागू कराया जा सकता है। दूसरे शब्दों में, यह न्याय-योग्य है।

हालाँकि, भोजन के अधिकार के मामले में यह पहलू काफ़ी अस्पष्ट और जटिल है। मौटे तौर पर, भोजन के अधिकार को व्यक्ति द्वारा समाज पर एक दावे (माँग) के रूप में देखा जा सकता है (यह राज्य के साथ शुरू होता है लेकिन इसके साथ समाप्त नहीं होता)। यह भूख से मुक्त होने की हकदारी है जो इस बात से निकल कर आती है कि समाज में आर्थिक और संस्थात्मक दोनों स्तर पर पर्याप्त संसाधन मौजूद हैं, जिससे सभी को पोषित किया जा सकता है। हालाँकि, जब हम इस व्यापक परिभाषा को खास हकों और ज़िम्मेदारियों के साथ जोड़ने की कोशिश करेंगे तो कई तरह की कठिनाइयाँ सामने आयेंगी।

उदाहरण के लिए, 'भूख से आज़ादी' शब्द के साथ अपने आप में कई व्याख्याएँ जुड़ी हुई हैं : एक दिन में दो वक़्त का खाना, विशिष्ट मानदंड के अनुसार कैलोरी मिलना, पोषण सम्बन्धी बीमारियों से बचना इत्यादि। आदर्श रूप में, संविधान के अनुच्छेद 47 के अनुरूप भोजन के अधिकार को 'पोषण' के अधिकार के रूप में देखा जाना चाहिए।[24] हालाँकि, अच्छे पोषण के लिए विविध तरह के तत्त्वों से भरपूर भोजन और अन्य कारकों की आवश्यकता होती है। इसमें सिर्फ़ पर्याप्त भोजन का सेवन ही नहीं, बल्कि पीने का साफ़ पानी, बुनियादी स्वास्थ्य देखभाल, अच्छे स्वास्थ्य आदि जैसे पहलू भी शामिल हैं। यदि हम केवल भोजन पर ही विचार करें, तो यह स्पष्ट हो जायेगा कि असल में विशेषज्ञों के बीच अच्छे पोषण के घटक तत्त्वों के बारे में काफ़ी गहरी बहस है। मसलन, इनके बीच अच्छे पोषण के लिए आवश्यक 'सूक्ष्म पोषक तत्वों' के महत्त्व के बारे में कुछ विवाद है। इन सभी कारणों से, भोजन का अधिकार हकदारी की विशेष सूची में तब्दील कर पाना काफ़ी मुश्किल रहा है।

भोजन के अधिकार के साथ जुड़ी ज़िम्मेदारियों को स्पष्ट करने में इस प्रकार की कठिनाइयाँ उत्पन्न होती हैं। प्राथमिक ज़िम्मेदारी निश्चित रूप से राज्य के पास है, क्योंकि राज्य अकेले संसाधनों (आर्थिक एवं संस्थात्मक) पर नियन्त्रण में रखता है। चूँकि राज्य आमतौर पर संवैधानिक अधिकारों की सुरक्षा के लिए ज़िम्मेदार है इसलिए यह उसका दायित्व है कि वह हर किसी की भूख को दूर करने का उपाय करे। हालाँकि भोजन का अधिकार अकेले राज्य की ज़िम्मेदारी नहीं है। मान लीजिए

कि मैं इस चीज़ से रूबरू होता हूँ कि कोई व्यक्ति सड़क पर भूख से मर रहा है। अब यदि मैं इस बारे में कुछ कर पाने में समर्थ हूँ, और मैं यह मानता हूँ कि प्रत्येक नागरिक को भूख से आज़ाद होने का अधिकार है, तो मेरे लिए यह पूरी तरह से सही नहीं होगा कि मैं इससे अपना पल्ला छुड़ा लूँ और कहूँ कि यह तो राज्य की ज़िम्मेदारी है। दूसरे शब्दों में हम इस ज़िम्मेदारी से पूरी तरह पल्ला नहीं झाड़ सकते हैं। भोजन के अधिकार की सुरक्षा करने की ज़िम्मेदारी एक साझा ज़िम्मेदारी है। इसमें न केवल राज्य बल्कि अन्य संस्थाएँ एवं व्यक्ति भी शामिल होते हैं।

एक अन्य उदाहरण पर विचार करते हैं। मान लीजिए एक लड़की कुपोषित है क्योंकि उसे अपने परिवार में भोजन का उचित हिस्सा नही मिल पाता है। ज़ाहिर है, यह उसके भोजन के अधिकार का उल्लंघन है। परन्तु कौन ज़िम्मेदार है? कुछ हद तक इसके लिए राज्य को ज़िम्मेदार माना जा सकता है क्योंकि सामाजिक भेदभाव के उन्मूलन करने का व्यापक दायित्व राज्य पर है। लेकिन निश्चित रूप से, लड़कियों के माता-पिता (या जो भी परिवार के भीतर भोजन के वितरण को नियन्त्रित करता है) भी काफ़ी हद तक इस स्थिति के लिए ज़िम्मेदार माने जायेंगे। इस उदाहरण में भी भोजन के अधिकार की सुरक्षा के लिए ज़िम्मेदारियों का आंबटन एक पेचीदा मसले के रूप में सामने आता है।

पिछले उदाहरण से भी यह स्पष्ट होता है कि भोजन का अधिकार हमेशा 'न्यायोचित' नहीं है अर्थात् इसे हमेशा अदालत के माध्यम से लागू नहीं कराया जा सकता है। यदि एक लड़की परिवार के भीतर भेदभाव की वजह से कुपोषित है, तो मुझे शक है कि सबसे अच्छी अनुक्रिया माता-पिता को अदालत ले जाना होगा।[25] इसमें हस्तक्षेप के अन्य साधनों की आवश्यकता होगी। इन सबसे और सम्बन्धित समस्याओं के आलोक में निर्देशक सिद्धान्तों को कानूनी रूप से लागू कराने के सम्बन्ध में संविधान स्पष्ट रूप से इंकार करता है (जिसमें राज्य के प्राथमिक कर्तव्य के रूप में 'अपने लोगों के पोषण के स्तर और जीवन जीने के स्तर' को ऊपर उठाना भी शामिल है)।

इस बिन्दु पर, पाठक आश्चर्यचकित हो सकते हैं कि क्या भोजन के अधिकार में कोई 'दाँत' (ताकत) है, अगर इसे परिभाषित करना मुश्क़िल है और लागू कराना भी कठिन है। मैं इस पर तर्क करूँगा कि यह अत्याधुनिक है, इसके कम से कम तीन कारण हैं।

सबसे पहली बात तो यह है कि भले ही भोजन का अधिकार प्रत्येक स्थिति में न्यायोचित न हो, किन्तु इसके कुछ पहलुओं को कानूनी रूप से लागू करवाया जा सकता है। अप्रैल 2001 पीपल्स यूनियन फॉर सिविल लिबर्टीज (राजस्थान) द्वारा सर्वोच्च न्यायालय में रिट याचिका दायर की गयी, जिससे इस मामले में कई

महत्त्वपूर्ण आयाम सामने आये।[26] यह मुक़दमा अब तक ख़त्म नहीं हुआ है, लेकिन इसमें कई उपयोगी आदेश सामने आ चुके हैं। मसलन, 28 नवम्बर, 2001 को दिये गये अन्तरिम आदेश में सभी राज्य सरकारों को निर्देश दिया गया कि सभी प्राथमिक स्कूल में पका हुआ मध्याह्न भोजन (मिड-डे-मिल) शुरू किया जाये। हम उम्मीद कर सकते हैं कि यह हक भी उसी प्रकार कानून का हिस्सा बने, जैसे कि 'सूचना का अधिकार' प्राप्त हुआ जिसमें लोग सरकारी फ़ाइलों आदि के बारे में जानकारी हासिल कर सकते हैं।

दरसअल, इस तरह का दृष्टिकोण संविधान द्वारा परिकल्पित योजना के साथ अत्यधिक सुसंगत होगा। अक्सर यह माना जाता है कि अनुच्छेद 37 में स्पष्ट रूप से कहा गया है कि निर्देशक सिद्धान्तों को 'किसी भी अदालत द्वारा लागू नहीं किया जायेगा'। इसके साथ ही, ये पहलू भी आम समझ का हिस्सा बन गये कि : (1) यह सिद्धान्त कभी भी 'देश के शासन के लिए मौलिक' नहीं थे, और (2) 'यह राज्य का कर्तव्य है कि कानून बनाते समय इन सिद्धान्तों को प्रयोग में लाये'। इन प्रावधानों के भोजन के अधिकार के सन्दर्भ में प्रयोग के सम्भावित रूप से दूरगामी नतीजे सामने आयेंगे। उल्लेखनीय है कि इस सन्दर्भ में कुछ अच्छे काम भी हुए हैं मसलन, एक ऐसी कानूनी रूपरेखा तैयार की गयी है जिसमें 'भोजन के कानून' के सभी पहलू सम्मिलित हों।[27]

मैं स्वीकार करता हूँ कि यह दृष्टिकोण उस आम प्रस्ताव की तुलना में ज़्यादा फ़ायदेमन्द होगा, जिसमें हर निर्देशक सिद्धान्त को 'न्याय-योग्य' (जिसमें अदालत हस्तक्षेप कर सके) मानने पर बल दिया जाये।[28] दरअसल, भोजन के अधिकार को पूरी तरह से न्याय-योग्य बनाने में कई गम्भीर कठिनाइयाँ हैं। यह पूरा मसला कानून को लागू करने के बजाय लोकतान्त्रिक राजनीति के क्षेत्र से जुड़ा हुआ है। अगर यह मान भी लिया जाये कि भोजन के अधिकार की माँग पूरी तरह से न्याय-योग्य है, तो भी यह आवश्यक हो जाता है कि इस कानून के माध्यम से अधिकार सुरक्षित रखने के लिए रचनात्मक हस्तक्षेप की व्याख्या की जाये। इस मामले को पूरी तरह से अदालत के भरोसे छोड़ना अनुचित और जोखिम से भरा होगा। इसलिए हमेशा अतिरिक्त कानून की हमेशा आवश्यकता होगी, जो लोकतान्त्रिक प्रक्रिया के माध्यम से निर्मित होगी और वह यह स्पष्ट करेगी कि भोजन के अधिकार को कैसे लागू किया जा सकता है। और मैं मुख्य रूप से इसी चीज़ की वकालत कर रहा हूँ।

यहाँ प्रस्तावित यह दृष्टिकोण कहीं से भी इस बात से इंकार नहीं करता है कि अदालत में भोजन के अधिकार के दावे को अनुच्छेद 21 के तहत मौलिक 'जीवन के अधिकार' के अभिन्न भाग के रूप में प्रस्तुत किया जाये। दरअसल, पीपल्स यूनियन फॉर सिविल लिबर्टीज द्वारा अप्रैल 2001 में दायर याचिका में भी इस पहलू

पर बल दिया गया है। साथ ही, सर्वोच्च न्यायालय ने भी स्वयं कई अवसरों पर स्पष्ट किया है कि जीवन के अधिकार में भोजन का अधिकार अन्तर्निहित है।[29] कुछ परिस्थितियों में, इस मान्यता का प्रभावकारी तरीके से उपयोग किया जा सकता है। फिर भी, सर्वोच्च न्यायालय द्वारा बीस वर्ष पहले भोजन के अधिकार को मौलिक अधिकार के रूप में स्वीकार किये जाने के बाद भी भारत में बड़े पैमाने पर लोगों के भूख से त्रस्त रहने से यह स्पष्ट है कि इस सन्दर्भ में ज़्यादा विशिष्ट कानूनी प्रावधान बनाये जाने की आवश्यकता है।

भोजन के अधिकार को आदेश द्वारा लागू न कराये जाने का एक अन्य कारण है। अम्बेडकर द्वारा निर्देशक सिद्धान्तों के बचाव में दिये गये तर्कों में यह कारण स्पष्ट रूप से सामने आता है। वह तर्क देते हैं कि लोकतन्त्र में कानूनी कार्रवाई ही अनिवार्य रूप से राज्य की ज़िम्मेदारियों की जवाबदेही का एकमात्र साधन नही हैं। यदि कहीं अधिकार को अदालत द्वारा लागू नहीं कराया जा सकता, तो संसदीय हस्तक्षेप पर आधारित उदाहरण, चुनावी प्रक्रिया, मीडिया, अन्तर्राष्ट्रीय एकजुटता, सड़क पर कार्रवाई, या सविनया अवज्ञा जैसे अन्य लोकतान्त्रिक साधनों द्वारा उनका दावा किया जा सकता है।[30]

इस प्रक्रिया ने विशेषकर भोजन के अधिकार को सुनिश्चित करने और अकाल की रोकथाम के सम्बन्ध में अपेक्षाकृत अच्छा काम किया। जैसा कि अमर्त्य सेन मानते हैं कि लोकतान्त्रिक राजनीतिक प्रणाली में अकाल को विकसित होने देना सत्ता दल के लिए राजनीतिक आत्महत्या होगी। यही एक मुख्य कारण है कि स्वतन्त्र भारत में प्रत्येक अकाल के ख़तरे को साहसपूर्वक निपटया गया (कम से कम अतिरिक्त मृत्यु दर से बचने के सन्दर्भ में)। इसका ताज़ा उदाहरण राजस्थान का वर्ष 2002-2003 में सूखा है। सार्वजनिक हस्तक्षेप के अभाव में सूखे से प्रभावित लोगों का बड़ी संख्या में नुक़सान हुआ। हालाँकि, विधानसभा के चुनाव के आस-पास सरकार ने कोई जोख़िम नहीं लिया और जून 2003 के अन्त में ग्रामीण राजस्थान में चार लाख मज़दूरों को राहत कार्यों एवं उससे सम्बन्धित कार्यक्रमों में रोज़गार दिया गया।[31] कार्यरत जनसंख्या के अनुपात के सन्दर्भ में इसे अब तक का सबसे बड़ा सार्वजनिक रोज़गार कार्यक्रम माना जा सकता है। राजस्थान में अकाल टल गया। लेकिन ऐसा इसलिए नहीं हुआ क्योंकि इसके विरुद्ध कोई कानून है बल्कि दूसरे लोकतान्त्रिक सुरक्षा के उपायों के चलते सरकार को सक्रियता दिखानी पड़ी।[32]

हालाँकि अकाल की रोकथाम (एवं अन्य गम्भीर परिस्थितियाँ जैसे कि 'भूख से होने वाली मौतें') के विशेष सन्दर्भ से बाहर लोकतान्त्रिक व्यवहार से बहुत कम सफलता प्राप्त हुई है। अर्थात् भोजन के अधिकार की सुरक्षा के मामले में लोकतान्त्रिक व्यवहारों के माध्यम से राज्य को जवाबदेह बनाने में कोई खास कामयाबी नहीं मिली

है। हालाँकि यह स्थिति अपरिवर्तनीय नहीं है। वास्तव में, मैं इस बात से सहमत हूँ कि इस क्षेत्र में क्रान्तिकारी परिवर्तन की आपार सम्भावनाएँ मौजूद हैं क्योंकि वंचित समूहों की लोकतान्त्रिक राजनीति में भागीदारी बढ़ रही है और यह एक महत्त्वपूर्ण तथ्य है कि भोजन की सुरक्षा उनकी मुख्य चिन्ताओं में से एक है। इस सन्दर्भ में एक और सकारात्मक बदलाव यह हुआ है कि समय के साथ लोकतान्त्रिक भागीदारी के साधनों में विविधता आती जा रही है। ऊपर मैंने यह उल्लेख किया है कि अम्बेडकर निर्देशक सिद्धान्तों के पक्ष में तर्क देते हुए कहते हैं कि इन्हें ठीक से लागू करने के लिए चुनावी प्रक्रियाओं का उपयोग किया जा सकता है और इसके माध्यम से अदालत के बाहर राज्य को जवाबदेह बनाया जा सकता है। हालाँकि उसके बाद से हमने सीखा कि इस सम्बन्ध में चुनावी प्रतियोगिता से ज़्यादा उम्मीद नहीं करनी चाहिए। ऊपर हमने ऐसा मानने के कारणों की भी चर्चा की है। लेकिन इसके साथ ही इस बात की पूरी गुंजाइश है कि चुनावी राजनीति के परम्परागत क्षेत्र के बाहर सार्वजनिक कार्रवाई की सम्भावनाओं में विश्वास जगाया जाये। इन सम्भावनाओं को पहले से ही विभिन्न रचनात्मक कारणों के लिए इस्तेमाल किया जाता रहा है। अर्थात् इनके माध्यम लैंगिक समानता, दलित मुक्ति से लेकर युद्ध प्रतिरोध तक और नागरिक स्वतन्त्रताओं की सुरक्षा जैसे विविध मुद्दों पर राजनीतिक गोलबन्दी की जाती रही है। इसलिए इनके माध्यम से सामाजिक और आर्थिक अधिकारों का दावा भी किया जा सकता है।

भोजन के अधिकार के पक्ष में तीसरा तर्क यह है कि अदालत द्वारा लागू न किये जाने की स्थिति में भी, आर्थिक और सामाजिक अधिकार इस लोक धारणा पर गहरा प्रभाव डाल सकते हैं कि कौन किस चीज़ का हकदार है। ये धारणाएँ विविध तरीकों से ठोस प्रभाव डाल सकती हैं। मसलन, भोजन के अधिकार की सुरक्षा जनता की सतर्कता पर निर्भर होने की स्थिति में इन अधिकारों के बारे में समझ काफ़ी प्रभावकारी भूमिका निभा सकती है।

मिसाल के तौर पर, सार्वजनिक वितरण प्रणाली (पीडीएस) पर विचार करते हैं। सार्वजनिक वितरण प्रणाली के अच्छी हालत में न होने का एक कारण (अन्य कई कारणों के अतिरिक्त) यह है कि इसमें भ्रष्टाचार ने काफ़ी गहरी जड़ जमा ली है। अब, हाल के विश्लेषण से संकेत मिलता है कि दक्षिण भारत की तुलना में उत्तर भारत में पीडीएस में ज़्यादा भ्रष्टाचार है। उत्तर भारत में पीडीएस के अन्तर्गत ग़रीबों में वितरण के लिए जो अनाज आबंटित किया जाता है उसका आधे से ज़्यादा काला बाज़ार में पहुँच जाता है। बिहार और झारखण्ड में तो 80% अनाज काला बाज़ार में बेच दिये जाते हैं। दक्षिण भारत में, 'रिसाव' (लीकेज) इतना कम है कि वे द्वितीयक आँकड़ों में सामने नहीं आते हैं।[33] इस विरोधाभास का एक कारण यह है

कि सार्वजनिक वितरण प्रणाली के अन्तर्गत लोगों की हकदारी की धारणाएँ दोनों क्षेत्रों में मौलिक रूप से भिन्न हैं। उत्तर भारत के बड़े हिस्से में, ग़रीब लोगों को अपने हकों और उन्हें हासिल करने के तरीकों के बारे में काफ़ी कम जानकारी है।[34] वे सार्वजनिक वितरण प्रणाली के भ्रष्ट डीलरों के लिए चुपचाप बैठे लोगों की तरह हैं, जो कुछ भी मिल जाने पर खुद को भाग्यशाली मानते हैं।[35] इस सम्बन्ध में दक्षिण क्षेत्र की स्थिति बहुत अलग है। मिसाल के तौर पर, तमिलनाडु में, अशिक्षित दलित महिलाएँ भी अपने हकों के बारे में काफ़ी जागरूक हैं। किसी प्रकार की हेराफेरी का सामना होने पर वे उपलब्ध निवारण तन्त्र का उपयोग करते हैं।[36] अधिकारों की जागरूकता और जवाबदेही तन्त्र—ये दो कारण एक-दूसरे को सुदृढ़ करते हैं और इस व्यवस्था की अखण्डता की रक्षा करते हैं। यदि भारत की सार्वजनिक वितरण प्रणाली को पुनर्जीवन देना है तो ऐसे हालात बनाने की आवश्यकता है जिसमें लोगों में अपने अधिकारों और उन्हें हासिल करने के तरीकों के बारे में जागरूकता आये।

यह उल्लेखनीय है कि हाल में ग्रामीण जनसंख्या का 'बीपीएल' और 'एपीएल' (क्रमशः, 'बिलो पॉवर्टी लाइन' [ग़रीबी रेखा के नीचे] और 'एबव पॉवर्टी लाइन' [ग़रीबी रेखा के ऊपर]) घरों के बीच विभाजन किया जा रहा है। साथ ही, पीडीएस हकों को प्रभावकारी रूप से बीपीएल परिवारों तक सीमित किया जा रहा है, जो एक सही फ़ैसला नहीं है। यह विभाजन इस धारणा को नज़रअन्दाज़ करता है कि सार्वजनिक वितरण प्रणाली का हक एक अधिकार है, क्योंकि किसी को भी बीपीएल कार्ड का 'अधिकार' नहीं है। यह एपीएल और बीपीएल परिवारों की बीच की एकता को नष्ट करता है और इस तरह यह बीपीएल परिवारों के अपने अधिकार लागू कराने की क्षमता को भी कमज़ोर करता है। कई स्थानों पर ये दोनों समूह आमने-सामने भी आ गये हैं। यहाँ यह भी उल्लेखनीय है कि स्थानीय स्तर पर सार्वजनिक प्रणाली की निगरानी करने वाली 'सतर्कता समितियाँ', अक्सर मुख्य रूप से एपीएल सदस्यों से मिलकर बनती हैं। एपीएल और बीपीएल के विभाजन और पीडीएस को बीपीएल तक सीमित करने के बाद एपीएल के लोगों का सार्वजनिक वितरण प्रणाली में कोई हित नहीं है। यह इस व्यवस्था को ज़्यादा कमज़ोर बनाता है। यह समय की ज़रूरत है कि वंचित परिवारों और साथ ही साथ पीडीएस डीलरों को सशक्त किया जाये, ताकि वर्तमान लक्षित प्रणाली सकारात्मक दिशा में जाये।

मध्याह्न भोजन और उसका व्यापक महत्त्व

भोजन के अधिकार कि विभिन्न पहलुओं को प्राथमिक स्कूलों में मध्याह्न भोजन के मुद्दे के सन्दर्भ में विस्तृत रूप से स्पष्ट किया जा सकता है। दरअसल, भारत में हाल के वर्षों में भोजन का अधिकार काफ़ी हद तक सफलतापूर्वक कार्यान्वित हुआ है।

मेरा मानना है कि यह अनुभव केवल बच्चे के पोषण की दृष्टि से ही महत्त्वपूर्ण नहीं है, बल्कि यह इस क्षेत्र में आगे की कार्रवाई की सम्भावनाओं को भी स्पष्ट करता है।

प्राथमिक स्कूलों में पकाया गया मध्याह्न भोजन उपलब्ध कराने के पक्ष में बहुत ही मज़बूत तर्क हैं। इस सम्बन्ध में कम से कम तीन तर्क दिये जा सकते है। पहला, मध्याह्न भोजन स्कूल में उपस्थिति को बढ़ावा देता है, विशेष रूप से इससे लड़कियों की उपस्थिति बढ़ती है। दूसरा, इससे बच्चों को कक्षा के दौरान भूख का सामना नहीं करना पड़ता और यदि भोजन पौष्टिक है तो उनका पोषण भी बढ़ता है। तीसरा, मध्याह्न भोजन कई मायनों में सामाजिक समता में भी योगदान देता है : यह बच्चों को शिक्षित करता है कि जाति और वर्ग की परवाह किये बगैर एक साथ भोजन करें; यह ग़रीब परिवारों को आर्थिक राहत देता है, और ग़रीब महिलाओं को रोज़गार के अवसर प्रदान करता है। मध्याह्न भोजन ने विशेष रूप से तमिलनाडु और गुजरात जैसे राज्यों में काफ़ी अच्छा प्रदर्शन किया जहाँ इसकी शुरुआत जल्दी हुई थी। कर्नाटक, राजस्थान एवं अन्य जगहों के हाल के अनुभव यह बताते हैं कि पूरे देश में इस प्रकार की उपलिब्ध हासिल की जा सकती है। उदाहरण के लिए, राजस्थान में, मध्याह्न भोजन की शुरुआत के बाद एक वर्ष में कक्षा 1 में लड़कियों के दाखिला में 20% का उछाल आया।[37]

28 नवम्बर, 2001 में, सुप्रीम कोर्ट ने सभी राज्यों को यह निर्देश दिया कि छह महीने के अन्दर प्राथमिक स्कूलों में पका हुआ मध्याह्न भोजन शुरू किया जाये। यह अन्तरिम आदेश शुरू में उल्लिखित जनहित याचिका के सन्दर्भ में आया है। कई सारे राज्य (जैसे बिहार, झारखण्ड, उत्तर प्रदेश, और पश्चिम बंगाल) को अभी इस आदेश को लागू करना है। फिर भी, मध्याह्न भोजन के कार्यक्रमों का तेज़ी से विस्तार हो रहा है। 50 मिलियन (1 मिलियन में 10 लाख) बच्चे पहले से ही इसके अन्तर्गत हैं, इसके चलते यह एक लम्बे अन्तर से दुनिया का सबसे बड़ा पोषण कार्यक्रम बन चुका है। लोगों के पर्याप्त दबाव से, और 50 लाख बच्चे एक वर्ष के भीतर इसमें सम्मिलित हो जायेंगे, और मध्याह्न भोजन के कार्यक्रमों की गुणवत्ता में भी काफ़ी सकारात्मक बदलाव हो सकता है। जब राज्य नागरिकों की भलाई के अपने उत्तरदायित्व को त्याग रहा हो, उस दौर में यह कोई छोटी-मोटी उपलब्धि नहीं है।

इस सन्दर्भ के साथ मैं यह स्पष्ट करता हूँ कि मध्याह्न भोजन का हालिया अनुभव ऊपर वर्णित भोजन के अधिकार की तीन सम्भावित भूमिकाओं को स्पष्ट करता है। शुरुआत में, यह अनुभव दर्शाता है कि भोजन के अधिकार के कुछ पहलुओं को कानूनी दायरे में लाया जा सकता है। कुछ टिप्पणीकार प्राथमिक स्कूल में मध्याह्न भोजन जैसे नीतिगत मुद्दों पर सुप्रीम कोर्ट के 'दखल' से काफ़ी दुखी हैं। मैंने अदालत के विचार-विमर्श को काफ़ी नज़दीक से देखा, इसलिए इस तरह

की आशंकाओं से कुछ हद तक सहमत हूँ।[38] फिर भी, मध्याह्न भोजन का अन्तरिम आदेश मुझे काफ़ी तार्किक लगता है। यह भारतीय बच्चों के बुनियादी अधिकार से सम्बन्धित है (केवल भोजन का अधिकार नहीं बल्कि शिक्षा के बुनियादी अधिकार का भी)। मध्याह्न भोजन ने बच्चों के बुनियादी अधिकारों को आगे बढ़ाने और अच्छी तरह से स्थापित करने में प्रभावकारी भूमिका निभाई है। असल में, मध्याह्न भोजन पर अदालत का निर्देश केवल एक 'अन्तरिम आदेश' है। किन्तु महाराष्ट्र के 'रोज़गार गारंटी अधिनियम' की तरह ही मध्याह्न भोजन को भी स्थायी कानूनी दर्जा दिया जाना चाहिए।

दूसरा, मध्याह्न भोजन की कहानी अदालत के बाहर आर्थिक और सामाजिक अधिकारों के लिए किये गये प्रचार के महत्त्व पर भी प्रकाश डालती है। क्या मध्याह्न भोजन पर सर्वोच्च न्यायालय के आदेश को अपने आप लागू होने के लिए छोड़ दिया जाना चाहिए? दरअसल, ऐसा करने पर इसके लागू होने की सम्भावना काफ़ी कम है। इस सम्बन्ध में, यह गौरतलब है कि इसी दिन (28 नवम्बर, 2001) सर्वोच्च न्यायालय ने समेकित बाल विकास सेवा (आईसीडीएस) के सम्बन्ध में भी ऐसा ही एक ओदश जारी किया और 'हर बस्ती' में सक्रिय आँगनबाड़ियों (बच्चों की देखभाल के केन्द्र) की स्थापना का आदेश दिया था। हालाँकि, अभी तक इस आदेश का कोई प्रभाव नहीं पड़ा है और इस असफलता का एक कारण यह है कि अदालत के आदेश के समर्थन में जनता का सक्रिय दबाव नहीं होना है। इसके विपरीत, पिछले दो वर्षों के दौरान कई राज्यों में मध्याह्न भोजन के मसले पर सक्रिय अभियान चलाये गये हैं। मध्याह्न भोजन की लगातार प्रगति कानूनी कार्रवाई और सामाजिक कार्रवाई के संयोजित को दर्शाता है।

तीसरा, मध्याह्न भोजन इस बात का एक उपयोगी उदाहरण है कि लोगों द्वारा अपनी हकदारियों की धारणा को आकार प्रदान करने और अपना हक हासिल करने की दृढ़-इच्छा को बढ़ाने में आर्थिक एवं सामाजिक अधिकारों की भूमिका है। यहाँ फिर से, विभिन्न राज्य के बीच के अन्तर को रेखांकित करके इसे बात को ज़्यादा स्पष्ट किया जा सकता है। तमिलनाडु में मध्याह्न भोजन 1925 से है और 1982 में इसका सार्वभौमीकरण हुआ। यहाँ इस पूरी व्यवस्था को व्यापक रूप से सभी बच्चों के बुनियादी हक के रूप में स्वीकार किया जाता है और सभी सम्बन्धित पक्षों अर्थात् माता-पिता, शिक्षकों, रसोइयों, प्रशासक एवं खुद बच्चों द्वारा इसे व्यापक रूप से अपनाया गया है । मध्याह्न भोजन साल के प्रत्येक दिन प्रदान किया जाता है, जिसमें छुट्टी भी शामिल है, इस सम्बन्ध में किसी भी चूक को एक गम्भीर मामला माना जाता है। इसके विपरीत, मिसाल के तौर पर, छत्तीसगढ़ एवं मध्य प्रदेश में अभी भी मध्याह्न भोजन को सभी बच्चों के बुनियादी हक के रूप में पूरी तरह स्वीकार नहीं किया गया है। यही एक कारण है कि इन राज्यों में मध्याह्न भोजन के कार्यान्वयन

में काफ़ी लापरवाही होती है। कई बार यहाँ किसी दिन बच्चों को भोजन नहीं दिया जाता है और यह कोई बड़ा मुद्दा भी नहीं बनता।[39]

ऊपर की चर्चा से कुछ विशेष सबक तो मिलते ही हैं, इससे यह सामान्य सन्देश भी सामने आता है कि भूख और पोषण के मुद्दे को लोकतान्त्रिक राजनीति के व्यवहार का अंग बनाया जा सकता है। तमिलनाडु में 1980 के दशक में एम जी रामचन्द्रन ('एमजीआर') ने मध्याह्न भोजन को एक ज़ोरदार राजनीतिक मसले के रूप में उभारा था। उस समय से यह एक राजनीतिक क्षेत्र में एक महत्त्वपूर्ण मुद्दा बना रहा है। यहाँ तक कि, कई सारे पर्यवेक्षकों का यह मानना है कि यह पहल एम जी आर की स्थायी लोकप्रियता के प्रमुख कारणों में से एक था।[40] तमिलनाडु की राजनीति में सामाजिक विकास के मुद्दों की प्रमुखता (कम से कम अन्य राज्यों की तुलना में) के कारण प्राथमिक स्वास्थ्य केन्द्रों से लेकर आँगनबाड़ी तक पोषण और स्वास्थ्य सेवाओं की अपेक्षाकृत अच्छी गुणवत्ता है।[41] भारत के किसी अन्य राज्य में सामाजिक मुद्दे राज्य की राजनीति में इस प्रकार महत्त्वपूर्ण स्थान हासिल नहीं कर पाये हैं। हालाँकि जैसा पहले तर्क दिया गया है इस स्थिति में बदलाव किया जा सकता है। इन मुद्दों पर जनता की लामबन्दी की सम्भावनाएँ बढ़ती जा रही हैं। भोजन के अधिकार की भावी दिशा काफ़ी हद तक इस पर निर्भर करती है कि किस सीमा तक इन अवसरों का लाभ उठाया जाता है।

निष्कर्ष

इस शोध-आलेख के मुख्य तर्क इस प्रकार हैं : पहला, भारत का संविधान एवं उसमें निहित विचार (मुख्य रूप से अम्बेडकर के कारण) भोजन के अधिकार के बारे में सोचने के लिए एक मज़बूत रूपरेखा प्रदान करता है। इस रूपरेखा में, भोजन का अधिकार बुनियादी रूप से आर्थिक एवं सामाजिक अधिकारों में से एक है। यह 'आर्थिक लोकतन्त्र' को आवश्यक रूप से प्राप्त करने के लिए आवश्यक है और इसके बिना राजनीतिक लोकतन्त्र अधूरा है। वास्तव में, यहाँ एक स्पष्ट समझ है कि जहाँ बड़े पैमाने पर लोगों के भूखे होने पर सार्थक लोकतन्त्र की कल्पना नहीं की जा सकती है।

दूसरा, भारत में भोजन का अधिकार कहीं भी हासिल नहीं किया गया है। वास्तव में, भारत में अल्पपोषण का दर दुनिया में सबसे ऊँचा है। इसके अलावा, समय के साथ पोषण सूचकांक में सुधार बहुत धीमा है। यहाँ भी 1990 के दशक में पोषण उपलब्धियों में (ग्रामीण और शहरी क्षेत्र के बीच और साथ ही साथ लड़के और लड़कियों के बीच) बढ़ती असमानता के कुछ सबूत मिले हैं। जहाँ देश में बड़े पैमाने पर लोग भूख का सामना कर रहे हैं, वहीं हाल ही में लगभग

70 लाख टन अनाज के संचय की ख़बर आयी। यह भोजन के अधिकार के स्पष्ट उल्लंघन का उदाहरण है।

तीसरा, भारत में पोषण की स्थिति 'मौन आपातकाल' की तरह है : इस पर सार्वजनिक बहस और लोकतान्त्रिक राजनीति में बहुत थोड़ा ध्यान दिया जाता है। यह भारतीय लोकतन्त्र की एक सामान्य विशेषता को दिखाता है—यह वंचितों की आकांक्षाओं और ज़रूरतों के बारे में संवेदनशीलता की जबरदस्त कमी है। असल में, इस सन्दर्भ में सामाजिक और आर्थिक अधिकारों की भूमिका काफ़ी महत्त्वपूर्ण हो जाती है क्योंकि ये लोक नीति के अभिजनवादी रुझानों के खिलाफ़ वंचितों के लिए एक सुरक्षा घेरा बनाते हैं।

चौथा, भोजन का अधिकार कुछ हद तक एक जटिल अधिकार है जो अच्छी तरह से परिभाषित हकों और ज़िम्मेदारियों के रूप में सामने नहीं आता है। अदालतों के माध्यम से इसे लागू कराने की गुंजाइश बढ़ाई जा सकती है (भोजन के अधिकार के लिए कानूनी प्रावधानों को मज़बूत बनाकर), लेकिन इसे पूरी तरह से न्याय-योग्य बनाने में कई गम्भीर कठिनाइयाँ हैं। फिर भी, भोजन का अधिकार सम्भावित दायरे के अन्तर्गत कम से कम तीन विभिन्न तरीकों से नये हस्तक्षेप ला सकता है: कानूनी कार्रवाई के माध्यम से, लोकतान्त्रिक व्यवहार के माध्यम से और जनता की समझ के माध्यम से।

पाँचवाँ, मैंने प्राथमिक स्कूलों में मध्याह्न भोजन के प्रावधानों के सन्दर्भ में भोजन के अधिकार की इन विभिन्न भूमिकाओं का सचित्र वर्णन किया है। यह स्पष्ट हो जाना चाहिए कि मैं मध्याह्न भोजन को भारत में बड़े पैमाने पर पोषण की समस्या के जवाब के रूप में प्रस्तावित नहीं कर रहा हूँ। हालाँकि, इसके अनुभव भोजन के अधिकार को प्रभावकारी बनाने में मददगार हो सकते हैं। भोजन के अधिकार को रोज़गार गारंटी अधिनियम, सार्वजनिक वितरण प्रणाली, सामाजिक सुरक्षा व्यवस्था, आँगनबाड़ी सुविधाओं और भूमि अधिकार इत्यादि से जोड़कर इस अधिकार को प्रभावशाली तरीके से प्राप्त किया जा सकता है।

मैं इस बात पर बल देते हुए यह लेख ख़त्म करना चाहता हूँ कि यदि भोजन का अधिकार प्राप्त करना है तो इसे शिक्षा का अधिकार, काम करने का अधिकार, सूचना का अधिकार और स्वास्थ्य का अधिकार जैसे अन्य आर्थिक एवं सामाजिक अधिकारों से जोड़े जाने की ज़रूरत है। ये आर्थिक एवं सामाजिक अधिकार एक-दूसरे के पूरक होते हैं और एक-दूसरे को मज़बूत बनाते हैं। अलग-अलग रखने से इनमें से प्रत्येक की अपनी सीमाएँ सामने आती हैं और सम्पत्ति के अधिकार के अन्तर्गत वर्तमान संरचना में इन्हें हासिल करना अत्यन्त मुश्किल होगा। इन्हें एक साथ जोड़ने से सार्वजनिक प्राथमिकताओं और लोकतान्त्रिक राजनीति में रैडिकल बदलाव की सम्भावना बनी रहती है। इसलिए, यह महत्त्वपूर्ण है कि संविधान के निर्देशक

सिद्धान्तों के साथ-साथ इससे सम्बन्धित लोकतन्त्र की दूरदर्शी अवधारणा को पुनर्जीवित किया जाये।

सन्दर्भ

1. यह शोध-आलेख 7 नवम्बर, 2003 को मुम्बई के इंटरनैशनल इंस्टीट्यूट फॉर पॉप्यूलेशन साइंसेज में दिये गये पी. चन्द्रशेखरन मेमोरियल लेक्चर पर आधारित है। मैं पी आरोकियास्वामी और टी. के. रॉय का आभारी हूँ कि उन्होंने मुझे यह व्याख्यान देने के लिए आमन्त्रित किया।
2. अन्तर्राष्ट्रीय परिप्रेक्ष्य पर, उदाहरण के लिए देखें, गहया (2003), देव (2003) और मन्दर (2003)।
3. भगवान दास से उद्धृत (न.दि.), पृ. 61; सच पूछिये तो, एक 'कसौटी' के रूप में लोकतन्त्र उतना परिभाषित नहीं है। अम्बेडकर ने कहा : 'यह शायद एक गम्भीर कसौटी है, क्योंकि जब आप किसी सामान की गुणवत्ता को जाँचते हैं तभी आप उसे गम्भीर कसौटी पर रखते हैं।' यह भी ध्यान रखें कि अन्य सन्दर्भों में उन्होंने ज़ोर देकर कहा कि लोकतन्त्र केवल सरकार की एक पद्धति नही है, बल्कि 'सामाजिक संगठनों का स्वरूप' एवं 'जीवन की राह' भी है।
4. भारत की संविधान सभा की कार्यवाही, शुक्रवार 19, नवम्बर 1948; यहाँ उपलब्ध है, http://www.parliamentofindia.nic.in/debates/vol117p9.htm.
5. 'दूसरी गलत विचारधारा दूषित संसदीय लोकतन्त्र (पश्चिमी यूरोप में) की असफलता का यह अहसास है कि जहाँ सामाजिक और आर्थिक लोकतन्त्र नहीं है, वहाँ राजनीतिक लोकतन्त्र कभी सफल नहीं हो सकता...समानता के लिए लोकतन्त्र एक और दूसरा नाम है। संसदीय लोकतन्त्र स्वतन्त्रता के लिए एक जुनून विकसित करता है। इसने समानता के साथ कभी भी साधारण पहचान नहीं बनाई। यह समानता के महत्त्व को समझने में विफल रहा है, और यहाँ तक कि इसने स्वतन्त्रता और समानता के बीच सन्तुलन कायम करने का प्रयास भी नहीं किया, परिणामस्वरूप स्वतन्त्रता ने समानता को निगल लिया और लोकतन्त्र के नाम को एक मज़ाक़ बना दिया।' (रॉड्रिग्ज से उद्धृत, 2002, पृ. 62)।
6. अन्तर्राष्ट्रीय जनसंख्या विज्ञान संस्थान (2000), पृ. 246, 250, 276। बच्चों के अल्पपोषण के आँकड़े तीन वर्ष से कम उम्र के बच्चों के उम्र के हिसाब से वज़न के आँकड़ों पर आधारित हैं।
7. यूनाइटेड नेशन डेवलपमेंट प्रोग्राम (2003), पृ. 258-261।
8. इंटरनैशनल इंस्टीट्यूट फॉर पॉप्यूलेशन सांइस (2000), पृ. 219 और 244।
9. भाटिया और द्रेज (2002)।
10. उदाहरणस्वरूप : (1) नैशनल सर्वे सैम्पल के अनुसार (अप्रकाशित आँकड़ा) जिन परिवारों को 'साल भर में दो वक़्त की रोटी' नहीं मिल पा रही है, उनका अनुपात 1983 के 19% के आँकड़ों से घटकर 1999-2000 में 3.3% हो गया। (2) नैशनल न्यूट्रिशन मॉनिटरिंग ब्यूरो (एनएनएमबी) के अनुसार आठ राज्यों के सैम्पल में 'गम्भीर रूप से अल्पपोषित' बच्चों का अनुपात (उम्र के हिसाब से वज़न की कसौटी) 1975-80 के 17.2% से 1999-2000 में 6.4% तक की लगातार गिरावट आयी है, और तीव्र अल्पपोषण से सम्बन्धित 'मरासमस' और 'कवाशिवरकर' जैसे गम्भीर मामले लगभग गायब हो गये हैं। देखें नैशनल इंस्टीट्यूट ऑफ न्यूट्रिशन (1997), पृ. 69-70, और 104, और नैशनल न्यूट्रिशन मॉनीटरिंग ब्यूरो (2002), पृ. 74 इसके अतिरिक्त देखें नैशनल इंस्टीट्यूट ऑफ न्यूट्रिशन (1991, 1997), सचदेव (1997, 2003), गोपालन (2003) और अन्य।
11. इंटरनैशनल इंस्टीट्यूट फॉर पॉप्यूलेशन सांइस (1995), पृ. 283, और इंटरनैशनल इंस्टीट्यूट फॉर

पॉप्यूलेशन सांइस (2000), पृ. 266। पोषण में सुधार की एक ऐसी ही सुस्त तस्वीर हैदराबाद के नैशनल इंस्टीट्यूट ऑफ न्यूट्रिशन के द्वारा किये गये स्वतन्त्र सर्वेक्षण में दिखाई देती है : उदाहरण के लिए देखें नैशनल इंस्टीट्यूट ऑफ न्यूट्रिशन (2000, 2002)।

12. उदाहरण के लिए देखें, डेटॉन और ड्रेज (2002) : अहलूवालिया (2000) : इसके अतिरिक्त, कुरियन (2000), नागराज (2000), बनर्जी और पीकेटी (2001) और अन्य।
13. ड्रेज और सेन (2000), पृ. 302। जब मैंने जनवरी-जून 2003 की अवधि में प्रयोग को दोहराया, मुझे एक लेख मिला जो स्वास्थ्य से सम्बन्धित था—यह चीन में सार्स के संकट के बारे में था।
14. उदाहरण के लिए देखें, भाटिया (2000); अपने शोध में लेखिका ने 1995 के विधानसभा चुनाव के दौरान मध्य बिहार की दलित महिलाओं की दुर्दशा का वर्णन इस प्रकार किया है : 'मैंने जिन अधिकांश महिलाओं का साक्षात्कार लिया, उन्होंने कहा कि इससे पहले हमने कभी वोट नहीं दिया, और न ही वे 'चुनाव', वोट या पार्टियों के अर्थ और महत्त्व को समझती थीं। वहीं उनमें से कुछ पार्टियों के प्रतीकों को पहचानने में सक्षम थीं, वे अक्सर प्रतीकों को पार्टी से सम्बद्ध करने में असमर्थ थीं। इन प्रतीकों में से कोई भी किसी भी विशेष उम्मीदवार या कार्यक्रम से सम्बन्धित हो सकता था।'
15. उदाहरण के लिए देखें, चॉमस्की (1998)। चॉमस्की और अम्बेडकर के लोकतन्त्र के विचार में कई प्रकार की दिलचस्प समानताएँ हैं। हालाँकि अम्बेडकर राज्य सत्ता के कम आलोचक थे, लेकिन यह शायद संयोग नहीं है कि दोनों काफ़ी गहराई से जॉन डेवी से प्रभावित थे जो शक्ति के सकेन्द्रण के मुखर आलोचक थे। वे राजनीति को 'बड़े व्यवसायियों की समाज पर छाया' मानते थे (चॉमस्की से उद्धृत, 1998, पृ. 87)।
16. क्या निर्देशक सिद्धान्त अन्य मामलों के सम्बन्ध में पर्याप्त रूप में दूर तक गये। अम्बेडकर का 'समाजवादी संविधान' के लिए स्वयं का खाका, संविधान सभा को प्रस्तुत प्रारम्भिक ज्ञापन में वर्णित था (अम्बेडकर 1948)। इसमें आर्थिक संस्थानों, विशेषकर सम्पत्ति के अधिकार में व्यापक परिवर्तन शामिल था।
17. नब्बे के दशक में साक्षरता और स्कूल में भागीदारी कि त्वरित प्रगति की समझ के लिए देखें ड्रेज और सेन (2000), पृ. 327-29। भारत में शिक्षा के अधिकार पर, देखें श्रीवास्तव (2003), और इसमें उद्धृत साहित्य।
18. उदाहरण के लिए देखें, सदगोपाल (2003)।
19. यहाँ इस सम्बन्ध में तेज़ी से परिवर्तन हो रहा है; देखें, दुग्गल (2003) और शुक्ला (2003)।
20. नब्बे के दशक के अन्त में यह अनुपात फिर से बढ़ा। इसका मुख्य कारण यह था कि वेतन में तेज़ी से वृद्धि हुई (पाँचवें वेतन आयोग की सिफ़ारिशों के आधार पर), लेकिन वास्तविक निवेश में कोई वृद्धि नहीं हुई।
21. हाल ही में मैंने इलाहाबाद ज़िला में इस तरह की स्थिति का एक जबरदस्त उदाहरण देखा। जहाँ कुछ दलित मज़दूरों को भूमि का मालिकाना हक (कुछ 'भूमि वितरण' योजना के अन्तर्गत) प्राप्त था। लेकिन उन्हें नहीं पता था कि उनकी ज़मीन कहाँ पर है। ग्राम सेवक एक मोटी रिश्वत के बिना उन्हें नहीं दिखता, और वे भुगतान करने में असमर्थ थे। उनमें से कुछ को सन्देह है कि वे अपनी ही ज़मीन पर ही मज़दूर के रूप में कार्य कर रहे हैं, जिसे शक्तिशाली ज़मींदारों ने अतिक्रमण द्वारा कब्ज़ा किया है।
22. सूचना का अधिकार आन्दोलन पिछले 15 वर्षों से विशेषकर राजस्थान में सक्रिय रहा है। लेकिन इसका इतिहास काफ़ी पुराना है और जयप्रकाश नारायण द्वारा भी इस तरह की माँग की गयी थी। एक और दिलचस्प अग्रदूत ज्योतिबा फुले, जो ज़ाहिर तौर पर मज़दूर किसान शक्ति संगठन के

एक सदी पहले से मस्टर रोल जाँच कर रहे थे : '[फूले ने] मज़दूरों की संगत का आनन्द लिया और उन्हें संगठित किया...[वे] दो या तीन सालों तक अध्ययन करते रहे कि उच्च अधिकारियों और इंजीनियरों द्वारा कैसे भ्रष्टाचार किया जाता है। वे अच्छी तरह से जानते थे कि कैसे मज़दूरों की झूठी उपस्थिति दिखा कर खाता बनाना है और कैसे मुनाफ़े को आपस में विभाजित करना है।' (कीर 1964, पृ. 90)।

23. देखें, द्रेज और सेन (2002), पृ. 367-68, और विवेक एस (2003)। सूचना के अधिकार आन्दोलन पर आगे की चर्चा के लिए विशेष रूप से देखें मिश्रा (2003)।

24. अधिक संक्षेप में, एक कह सकता है कि व्यक्ति को भोजन के अधिकार का एहसास है, यदि उसका जीवन ख़राब या किसी भी तरह के पोषक तत्त्वों की कमी से सीमित न हो, या (एक समान शिरे में) यदि किसी भी प्रकार के पोषक तत्त्वों की कमी व्यक्ति को सम्मानजनक जीवन जीने से रोके तब यह उसके भोजन के अधिकार का उल्लंघन है। पिछली परिभाषा को हाल में जीवन के मौलिक अधिकार (अनुच्छेद 21) जैसे कि 'गरिमा के साथ जीने' का अधिकार पर आयी न्यायिक व्याख्याओं से भोजन के अधिकार को जोड़ना सम्भव होगा। इस दृष्टिकोण के पूरे प्रभाव को जानने के लिए इसे मैं दूसरों पर छोड़ देता हूँ, उदाहरण के लिए, कि क्या बेरोज़गार क्लर्क की तुलना में एक पेशेवर भारोत्तोलक को 'अधिक भोजन' का अधिकार है।

25. इसका अर्थ यह नहीं है कि परिवार में होने वाले भेदभाव को ग़ैर-कानूनी बनाना व्यर्थ है। अधिकांश समय कानून अदालत की बजाय संस्थाओं के द्वारा लागू किया जाता है। कानूनी प्रावधान भी लोगों की इस धारणा को महत्त्वपूर्ण रूप से प्रभावित कर सकते हैं कि क्या सही है और क्या गलत। उदाहरण के लिए, भले ही अदालत राज्य को अनिवार्य शिक्षा लागू करने के लिए बाध्य न करे, किन्तु इसका कानूनी प्रावधान होने पर भी राज्य के नजरिए में फ़र्क़ आ जाता है।

26. रिट चाचिका, (सिविल) 2001 के 196, पीयूसीएल बनाम भारत संघ एवं अन्य। अधिक जानकारी के लिए देखें—www.righttofood.com.

27. उदाहरण के लिए देखें, वैडर (2003) और मूर (2003)।

28. इस प्रस्ताव में शामिल कुछ प्रस्ताव इस प्रकार हैं : (1) कुछ निर्देशक सिद्धान्तों को मौलिक अधिकार में परिवर्तित करना (जैसा कि शिक्षा के अधिकार के साथ हुआ) है, (2) मौलिक अधिकारों की लचीली व्याख्याएँ ताकि इनमें निर्देशक सिद्धान्त सम्मिलित हो सकें (मसलन, यह तर्क कि भोजन के अधिकार में 'जीवन का अधिकार' मौलिक रूप से निहित है), और (3) एक संवैधानिक संशोधन (निर्देशक सिद्धान्तों को न्यायोचित बनाने के लिए एक संवैधानिक संशोधन) स्वास्थ्य के अधिकार के सन्दर्भ में देखें दुग्गल (2003)। इससे सम्बन्धित मुद्दों पर, देखें सिंह (2003) और वहाँ उद्धृत साहित्य।

29. उदाहरण के लिए, शान्तिस्टार बिल्डर बनाम नारायण खाइमलाल टोटमे (1990)1 एससीसी, 520, सुप्रीम कोर्ट ने कहा : 'किसी भी सभ्य समाज में जीवन के अधिकार की गारंटी होती है। इसके दायरे में भोजन का अधिकार भी सम्मिलित है...।' इस केस और भोजन के अधिकार को जीवन के अधिकार का अभिन्न अंग बताने वाले अन्य केसों की विस्तृत जानकारी के लिए देखें, ह्यूमन राइटस लॉ नेटवर्क (2002)।

30. अम्बेडकर ने खुद राज्य को निर्देशक सिद्धान्तों के प्रति जवाबदेह बनाने के लिए मुख्य रूप से चुनावी राजनीति के साधन पर ध्यान केन्द्रित किया : '[सत्ताधारी पार्टी] कानून की अदालत में अपने उल्लंघन के लिए जवाब देने के लिए बाध्य नहीं है। लेकिन [वह] निश्चित रूप से उसे चुनाव के समय मतदाताओं के सामने जवाब देना होगा...' (रॉड्रिग्ज, 2000, पृ. 490)। हालाँकि इसका विस्तार लोकतान्त्रिक प्रक्रिया के अन्य साधनों तक किया जा सकता है।

31. देखें, http://www.rajasthan.gov.In/relief2002/relief2report_2.pdf.
32. हालाँकि कांग्रेस पार्टी 2003 का राजस्थान चुनाव हार गयी थी, लेकिन इससे यह तर्क अमान्य नहीं होता है। इससे बस यह पता चलता है कि अकाल रोकना चुनाव जीतने की पर्याप्त शर्त नहीं है।
33. देखें, द्रेज (2002); गवर्नमेंट ऑफ इण्डिया (2002), पृ. 158। ये अनुमान एफसीआई के गोदामों के उठाये खाद्यान्न से प्राप्त 'मिलान' और साथ ही, सार्वजनिक वितरण प्रणाली से खरीद परिवारों की खरीद के नैशनल सैम्पल सर्वे के आँकड़े पर आधारित हैं।
34. मसलन, इलाहाबाद ज़िले में सार्वजनिक वितरण प्रणाली के हाल में किये गये अध्ययन में पाया गया कि 1400 घरों के सैम्पल में केवल 1% को ही अपने हकों के बारे में सही ज्ञान था।
35. उदाहरण के लिए देखें, द्रेज (2003 ए)। सेंधवा (मध्य प्रदेश) के गाँव में सार्वजनिक वितरण प्रणाली का डीलर स्पष्ट रूप से स्थानीय निवासियों के साथ सौदा कर लिया था, जहाँ वह उन सभी के कार्ड रखता, उन्हें हर महीने 20 रुपये नकद देता, और शेष अपने पास रख लेता। कहानी का सबसे दिलचस्प हिस्सा यह है कि ग्रामीणों में स्पष्ट तौर पर सन्तुष्टि है : वे कहते हैं : 'कुछ भी नहीं मिलने से बीस रुपये बेहतर हैं।' यह सन्तोष साधारण परिस्थितियों में सार्वजनिक वितरण प्रणाली से उनके कम उम्मीदों को दर्शाता है (सचिन जैन, व्यक्तिगत संवाद)।
36. यह तमिलनाडु के सबसे पिछड़े ज़िलों में से एक धर्मापुरी में व्यक्तिगत स्तर पर किये गये कार्य पर आधारित टिप्पणियाँ हैं (देखें, द्रेज, 2003 बी)। एक गाँव में, दलित महिला को जब यह बताया गया कि स्थानीय डीलर उसे धोखा दे सकता है, तो उन्होंने आश्चर्य से कहा कि 'ऐसा करने के बाद वह कहाँ जायेगा। वह यहीं रहता है यदि वह धोखा देगा तो हम उसे पकड़ लेंगे।' दरअसल, उत्तर भारत में पाये जाने वाले असमर्थता और लाचारी की तुलना में इन लोगों का यह आत्म-विश्वास एक तरोताज़ा हवा के झोंके की तरह था।
37. अधिक जानकारी के लिए देखें, द्रेज और गोयल (2003), और वहाँ उद्धृत अध्ययन।
38. अदालत की कार्यवाही अक्सर मुझे क्रोपटकिन द्वारा अपने समय के विधिकों की कटु आलोचना की याद दिलाती थी : 'कानून निर्माताओं की एक ऐसी नस्ल जो यह जाने बिना कानून बनाती है कि उसका कानून किस चीज़ से सम्बन्धित है। आज स्वच्छता की न्यूनतम जानकारी के बगैर ही वे शहरों में स्वच्छता पर एक कानून बना देते हैं, कल बन्दूक को समझे बिना ही सैनिकों के हथियार से सम्बन्धित नियम बना देंगे...सभी दिशाओं में बेतरतीब कानून बनाते, और कानून तोड़ने वालों के लिए जेल और सजा का प्रावधान करते हैं। दरअसल ये कानून तोड़ने वाले इन कानून-निर्माताओं की तुलना में अत्यन्त कम अनैतिक होते हैं।' (क्रोपटकिन, 'लॉ ऐंड अथॉरिटी', बोस से उद्धृत, 1967, पृ. 266)।
39. तमिलनाडु, छत्तीसगढ़ और मध्य प्रदेश के बारे में व्यक्तिगत अनुभव। छत्तीसगढ़ और मध्य प्रदेश दोनों में, मध्याह्न भोजन जलाऊ लकड़ी की कमी जैसे तुच्छ कारण से ठीक से लागू नहीं हो पाया। ऐसे ही एक स्कूल में मैंने दोपहर चार बजे दौरा किया। इस स्कूल में शिक्षकों को इस बात की कोई खास परवाह नहीं थी कि बच्चों ने सुबह से कुछ भी नहीं खाया था। कई बच्चों ने तो पिछली शाम से कुछ नहीं खाया था। सर्वोच्च न्यायालय के आदेश के बारे में एक सवाल के जवाब में, उनमें से एक शिक्षक ने तुरन्त तर्क दिया कि आदेश के अनुसार, मध्याह्न भोजन 'साल में केवल 200 दिन' ही तामील में लाना है।
40. उदाहरण के लिए देखें, प्रताप (2003)।
41. अधिक जानकारी के लिए, देखें द्रेज और सेन (2002), पृ. 213-18; द्रेज (2003बी) भी।

सन्दर्भ ग्रन्थ सूची

अहलूवालिया, मोटेंक सिंह (2000), 'इकोनॉमिक परफॉरमेंस ऑफ स्टेट इन पोस्ट-रिफॉर्म पीरियड', *इकोनॉमिक ऐंड पॉलिटिकल वीकली,* मई 6।

अम्बेडकर, बी.आर. (एनडी), 'इसेंशिएल कंडीशन्स प्रिसीडेंट फोर द सॅक्सेसफुल वर्किंग ऑफ डेमॉक्रेसी', रिप्रिंटेड इन भगवान दास (एनडी)।

—(1948), 'स्टेट ऐंड मॉनारटीज', मेमोरेन्डम सबमिटिड टू द कॉन्स्टीट्युएंट असेंबली, रिप्रिंटेड इन महाराष्ट्र सरकार (1979-98, खण्ड-1।

बनर्जी, ए. और टी. पीकेटी (2001), 'आर द रिच ग्रोविंग रिचर : एविडेंस फॉर्म इण्डियन टैक्स डाटा', एमआईटी, कैम्ब्रिज एम.ए. ऐंड सीईपीआरईएमएपी, पेरिस।

दास, भगवान (सम्पा.) (एनडी), *दस स्पोक अम्बेडकर,* वाल्यूम 1, बुद्धिस्ट पब्लिशिंग हाउस, जालन्धर।

भाटिया, बेला (2000), 'द नक्सलाइट मूवमेंट इन सेंट्रल बिहार', पीएचडी थिसिस, यूनिवर्सिटी ऑफ कैम्ब्रिज।

भाटिया, बेला और ज्याँ द्रेज (2002), 'स्टील स्टारविंग इन झारखण्ड', *फ्रंटलाइन,* अगस्त 16।

बोस, अतीन्द्रनाथ (1967), *अ हिस्ट्री ऑफ एनार्किज़म, वर्ल्ड प्रेस,* कलकत्ता।

चॉमस्की, नाओम (1998), 'वर्ल्ड ऑडर्स, ओल्ड ऐंड न्यू', ऑक्सफर्ड यूनिवर्सिटी प्रेस, दिल्ली।

डेटॉन, एंगस और ज्याँ द्रेज (2002), 'पॉवर्टी ऐंड इनइक्विलिटी इन इण्डिया : ए रिएक्जामिनेशन', *इकोनॉमिक ऐंड पॉलिटिकल वीकली,* सितम्बर 7।

द्रेज, ज्याँ (1990), 'फेमिन प्रिवेंशन इन इण्डिया', संकलित जे. पी. द्रेज और ए के सेन (सम्पा.) (1990), *द पॉलिटिकल इकोनॉमी ऑफ हंगर,* वॉल्यूम 2, फैमिन प्रिवेंशन, ऑक्सफर्ड यूनिवर्सिटी प्रेस, ऑक्सफर्ड।

—(2002), 'फूड सिक्यूरिटी प्रोग्राम्स इन उत्तर प्रदेश : एन ओटोस्पी', पेपर प्रेजन्टेड एट सेमिनार ऑन लेबर ऐंड पॉवर्टी इन उत्तर प्रदेश, जी.बी. पन्त सोशल साइस इंस्टीट्यूट, इलाहाबाद, नवम्बर 22-23, सेमिनार की कार्यवाही में प्रकाशित।

—(2003 ए), 'फूड सिक्यूरिटी ऐंड द राइट टू फूड', संकलित एस महेन्द्र देव, के.पी., कनन और एन. रामचन्द्रन (सम्पा.) (2003), 'टुवर्ड्स फूड सेक्योर इण्डिया', इंस्टीट्यूट फॉर ह्यूमन डिवलपमेंट, नयी दिल्ली।

—(2003 बी), 'वेअर वेल्फेयर वर्क्स : प्लस प्वाइंट ऑफ द टीएन मॉडल', *टाइम्स ऑफ इण्डिया,* मई 21।

द्रेज, ज्याँ और अपराजिता गोयल (2003), 'फ्यूचर ऑफ मिड-डे-मिल्स', *इकोनॉमिक ऐंड पॉलिटिकल वीकली,* नवम्बर 1।

द्रेज, ज्याँ और अमर्त्य सेन (2002), 'इण्डिया : डिवलपमेंट ऐंड पार्टीसिपेशन', ऑक्सफर्ड यूनिवर्सिटी प्रेस, नयी दिल्ली और ऑक्सफर्ड।

दुग्गल, रवि (2003), 'हेल्थ ऐंड डिवलपमेंट इन इण्डिया : मूविंग टुवर्ड्स राइट टू हेल्थकेअर', मीमओ, सेंटर फोर इंक्वायरी इनटू हेल्थ ऐंड एलाइड थीम्स (सीईएचएटी), मुम्बई।

गहया, राघव (2003), 'डज द राइट टू फूड मैटर?', *इकोनॉमिक ऐंड पॉलिटिकल वीकली,* अक्टूबर 4।

गोपालन, सी. (2003), 'चेंजिंग न्युट्रिशन सीन इन साउथ एशिया', पेपर प्रेजन्टेड इन IX एशियन कांग्रेस ऑफ न्युट्रिशन, नयी दिल्ली, 23-27 फ़रवरी; उपलब्ध है।

www.nutritionfoundationofindia.org/archives/apr2003c.htm.

गवर्नमेंट ऑफ इण्डिया (2002), *रिपोर्ट ऑफ द हाई लेवल कमिटी ऑन लांग-टर्म ग्रेन पॉलिसी,* डिपार्टमेंट ऑफ फूड ऐंड पब्लिक डिस्ट्रीब्यूशन, नयी दिल्ली।

गवर्नमेंट ऑफ महाराष्ट्रा (1978-98), *डॉ. भीमराव अम्बेडकर : राइटिंग्स ऐंड स्पीचीस,* खण्ड-16, डिपार्टमेंट ऑफ एजुकेशन, मुम्बई।

ह्यूमन राइट्स लॉ नेटवर्क (2002), 'द राइट टू फूड ऐंड द राइट टू वर्क फोर फूड : केस लॉ', मीमओ, ह्यूमन राइट्स लॉ नेटवर्क, नयी दिल्ली।

इंटरनैशनल इंस्टीट्यूट फॉर पॉप्यूलेशन सांइस (1995), *नैशनल फैमिली हेल्थ सर्वे 1992-93*, इण्डिया, आईआईपीएस, मुम्बई।

कीर, धनंजय (1964), *महात्मा ज्योतिराव फुले : फादर ऑफ आवर सोशल रिवोल्यूशन*, पॉप्यूलर प्रकाशन, बॉम्बे।

कुरियन, एन.जे. (2000), 'वाईडनिंग रिजनल डिस्पेरिटीज इन इण्डिया : सम इंडिकेटरस', *इकोनॉमिक ऐंड पॉलिटिकल वीकली*, फ़रवरी 12।

महेन्द्र देव, एस. (2003), 'राइट टू फूड इन इण्डिया', वर्किंग पेपर 50, सेंटर फोर इकोनॉमिक ऐंड सोशल स्टडीज, हैदराबाद।

मजूमदार, भास्कर (2003), 'पब्लिक डिस्ट्रीब्यूशन सिस्टम इन इण्डिया : अ स्टडी ऑफ डिस्ट्रिक्ट ऑफ इलाहाबाद, उत्तर प्रदेश', मीमओ, जी.बी. पन्त सोशल सांइस इंस्टीट्यूट, इलाहाबाद।

मिश्रा, नीलाभ (2003), 'पीपॅल्स राइट टू इनफॉर्मेशन मूवमेंट : लेशनस फॉर्म राजस्थान', डिस्कशन पेपर 4, ह्यूमन रिसोर्स डिवलपमेंट सेंटर, यूएनडीपी, नयी दिल्ली।

मन्दर, हर्ष (2003), 'सोशल इकोनॉमिक ऐंड कल्चरल एनटाइटलमेंट्स ऐंड लीगल राइटिंग्स', मीमओ, ऐक्शन एड, नयी दिल्ली।

मारी भट्ट, पी.एन. (2002), 'हैज द डिक्लाइन इन इनफेंट मॉरटेलिटी रेट स्लोड डाउन? ए रिव्यू ऑफ एसआरएस एविडेंस', पेपर प्रेजेंटेड एट ए नैशनल वर्कशाप ऑन 'इनफेंट मॉर्टेलिटी : लेवल्स, ट्रेंड्स ऐंड इंटरवेंशन्स', नयी दिल्ली, अप्रैल 11-12, 2002।

मूर, गैराल्ड, 'नोट ऑन नैशनल फ्रेमवर्क लेजिशलेशन', उपलब्ध है : http://www.nutrition.uio.no/iprdf/Encounterdocuments/DocO18.htm.

नागराज, आर. (2000), 'इण्डियन इकोनॉमी सिन्स 1980 : वर्चुअस ग्रोथ ऑर पोलराइजेशन?', *इकोनॉमिक ऐंड पॉलिटिकल वीकली*, अगस्त 5।

नैशनल इंस्टीट्यूट ऑफ न्युट्रिशन (1991), *रिपोर्ट ऑफ रिपीट सर्वेज (1988-90)*, नैशनल इंस्टीट्यूट ऑफ न्युट्रिशन, हैदराबाद।

—(1997), *25 इअर्स ऑफ नैशनल न्युट्रिशन मॉनीटरिंग ब्यूरो*, नैशनल इंस्टीट्यूट ऑफ न्युट्रिशन, हैदराबाद।

—(2000), *ऐनुअल रिपार्ट* 1999-2000, एनआईएन, हैदराबाद।

—(2002), *ऐनुअल रिपार्ट* 2001-2002, एनआईएन, हैदराबाद।

नैशनल न्युट्रिशन मॉनीटरिंग ब्यूरो (2002), 'डाईट ऐंड न्युट्रिशनल स्टेटस ऑफ रूरल पॉप्यूलेशन', टेक्नीकल रिपोर्ट 21, एनएनएमबी, नैशनल इंस्टीट्यूट ऑफ न्युट्रिशन, हैदराबाद।

प्रताप, अनीता (2003), 'स्ट्राईक अगेंस्ट हंगर', *आउटलुक*, अगस्त 18।

रॉड्रिग्ज, वलेरियन (2002) (सम्पा.), *द इसेंसियल राइटिंगस ऑफ डॉ. अम्बेडकर*, ऑक्सफर्ड यूनिवर्सिटी प्रेस, नयी दिल्ली।

सचदेव, एस.पी.एस. (1997), 'न्युट्रिशनल स्टेटस ऑफ चिल्ड्रेन ऐंड वीमेन इन इण्डिया : रिसेन्ट ट्रेंडस', वेब पता : http://www.nutritionfoundationofindia.org/archives/apr2003c.htm/archives/auth-s2v.htm.

—(2003), 'रिसेन्ट ट्रांजिशन्स इन एंथ्रोपोमिट्रीक प्रोफाइल ऑफ इण्डियन चिल्ड्रेन : क्लिनिकल ऐंड पब्लिक हेल्थ इंपलिकेशंस', पेपर प्रेजेंटेड इन IX एशियन कांग्रेस ऑफ न्युट्रिशन, नयी दिल्ली, 23-27 फ़रवरी; उपलब्ध है http://www.nutritionfoundationofindia.org/archives/apr2003c.htm.

सदगोपाल, अनिल, (2003), 'एजुकेशन फॉर टू फ्यू', *फ्रंटलाइन,* दिसम्बर 5।

शुक्ला, अभय (2003), 'द राइट टू हेल्थ केअर : मूविंग फॉर्म आइडिया टू रियल्टी', मीमेओ, सीईएचएटी, मुम्बई।

सिंह, महेन्द्र पी. (2003), 'द स्टेटिक्स ऐंड द डायनिमिक्स ऑफ द फंडामेंटल राइट्स ऐंड डायरेक्टिव प्रिंसिपल्सः अ ह्यूमन राइट्स परस्पेक्टिव', मीमओ, लॉ फैकल्टी, दिल्ली यूनिवर्सिटी।

श्रीवास्तव, रवि (2003), 'द राइट टू एजुकेशन इन इण्डिया', मीमओ, सेंटर फॉर डेवलपमेंट ऐंड ह्यूमन राइट्स, नयी दिल्ली।

यूनाइटेड नेशंस डिवलपमेंट प्रोग्राम (2003), *ह्यूमन डिवलपमेंट रिपोर्ट 2003,* यूएनडीपी, न्यूयार्क।

वैद्यनाथन, ए. (2002), 'फूड कंजम्पशन ऐंड न्युट्रिशन स्टेटस : अ रिएग्जामिनेशन बेस्ड ऑन इण्डियन एविडेंस', मीमेओ, मद्रास इंस्टीट्यूट ऑफ डिवलपमेंट स्टडीज, चेन्नई।

वैदर, मारग्रेट (2003), 'इंपलीमेंटिंग द राइट टू फूड : एडवांटेजस ऑफ ए फ्रेमवर्क लॉ', पेपर प्रेजेंटेड एट ए सेमिनार कन्वेड बाय एफआईएएन इंटरनैशनल, इण्डियन सोशल इंस्टीट्यूट (नयी दिल्ली) फ़रवरी 24-25।

विवेक, एस. (2003), 'अ मैसेज ऑफ होप', *ह्यूमनस्केप,* दिसम्बर।

वीनर, मायनर (1991), *द चाइल्ड ऐंड द स्टेट इन इण्डिया,* प्रिंस्टन यूनिवर्सिटी प्रेस, प्रिंस्टन।

[यह शोध-आलेख *इकोनॉमिक ऐंड पॉलिटिकल वीकली* के 24 अप्रैल 2004 अंक में प्रकाशित हुआ था।]

समेकित बाल विकास सेवा (आईसीडीएस) कार्यक्रम पर पुनर्विचार : एक अधिकार आधारित दृष्टिकोण

दीपा सिन्हा[1]

समेकित बाल विकास सेवा (इंटिग्रेटेड चाइल्ड डिवलपमेंट सर्विसेज या आईसीडीएस) कार्यक्रम भारत की सबसे महत्त्वपूर्ण सार्वजनिक योजनाओं में से एक है। यह देश के सबसे उपेक्षित समूहों की आवश्यकताओं का पूरा करने का प्रयास कर रहा है। हालाँकि यह आवश्यक है कि इसके दायरे का विस्तार करते हुए इसमें प्रत्येक बच्चे, गर्भवती स्त्रियों और बच्चों का लालन-पालन करने वाली माताओं और किशोर लड़कियों को शामिल किया जाये। इसके काम में बँटवारा करने की भी ज़रूरत है। एक विशेषज्ञ व्यक्ति को स्कूल जाने से पहले की शिक्षा देने की ज़िम्मेदारी दी जानी चाहिए और किसी अन्य प्रशिक्षित व्यक्ति को सेहत और पोषक-तत्त्वों की उपलब्धता सुनिश्चित करने का दायित्व दिया जाना चाहिए। इस योजना में अधिकतम कुशलता लाने के लिए स्वास्थ्य और शिक्षा विभागों के बीच ज़्यादा-से-ज़्यादा समन्वय होना चाहिए। साथ ही, यह भी महत्त्वपूर्ण है कि सुनिश्चित लक्ष्य तय किये जायें ताकि उपलब्धियों का मूल्यांकन हो और कार्य को एक सही दिशा मिले।

रंगा रेड्डी ज़िले की चित्तेमपल्ली टांडा गाँव की नन्ही सावित्री 18 महीने की थी, लेकिन उसे देखकर ऐसा लगा मानो वह केवल 3 महीने की ही हो और उसका वज़न केवल 5.5 किलो था। उसे जब सुला दिया जाता था तो वह करवट भी नहीं ले पाती थी, उसके चेहरे पर कोई भाव नहीं था, उसके हाथ और पैर काफ़ी पतले थे और उसे देखकर ऐसा लगता था कि वह काफ़ी बीमार है। उसके परिवार (जिसमें उसके माता-पिता, दादा-दादी तथा चाचा और चाची थे) ने उसके ठीक होने की उम्मीद छोड़ दी थी क्योंकि उनकी इतनी हैसियत नहीं थी कि वे उसके लिए महँगी दवाएँ खरीद पाते।

उसकी माँ जया पर सावित्री के तीन वर्षीय बड़े भाई की देखभाल की ज़िम्मेदारी भी थी। वह फिर से गर्भवती हो गयी थी और उसकी कोख में सात माह का बच्चा था। 14 साल की उम्र में जया की शादी हो गयी थी और अभी वह 19 वर्ष की थी और तीसरी बार गर्भवती हो चुकी थी। उसे अपने घर में रोज़मर्रा का सारा काम करने के साथ-ही-साथ परिवार के खेत में भी काम करना पड़ता था। पूरे घर में सावित्री की देखभाल करने के लिए सिर्फ़ सुखी के पास ही खाली वक़्त था। सुखी सावित्री के पिता की छोटी बहन यानी उसकी बुआ थी। उसने अपने स्कूल की पढ़ाई बीच में ही छोड़ दी थी क्योंकि एक महीने के भीतर ही उसकी शादी होने वाली थी।

आन्ध्र प्रदेश के ग्रामीण क्षेत्र में अधिकतर परिवारों की ऐसी ही स्थिति है। हज़ारों बच्चे कुपोषण का शिकार हैं, उनकी विशेष देखभाल की कोई व्यवस्था नहीं है। बहुत सारी लड़कियाँ तुलनात्मक रूप से कम उम्र में ही माँ बन गयी हैं और कई ने तो कम उम्र में ही एक से अधिक बार गर्भधारण कर लिया है। इनमें से बहुत सी माताओं को अपने घर के सारे काम भी निपटाने होते हैं। अधिकांश मामलों में इन्हें ज़रूरी पोषक तत्त्व नहीं मिलता है और इन्हें तत्काल स्वास्थ्य सेवा की आवश्यकता है। किशोर लड़कियों का एक बड़ा अनुपात बीच में ही स्कूल छोड़ देता है और ये मजबूरन कम उम्र में शादी, लैंगिक उत्पीड़न जैसी स्थितियों का सामना करती हैं। इन्हें इस दुष्चक्र से आज़ादी मिलने की अत्यन्त कम सम्भावना होती है।

1998-99 में किये गये दूसरे राष्ट्रीय परिवार स्वास्थ्य सर्वे (नैशनल फैमिली हेल्थ सर्वे) के अनुसार, आन्ध्र प्रदेश में प्रत्येक 1000 जीवित बच्चों के जन्म पर शिशु मृत्यु दर 66 है, 3 साल के बच्चों में से 38% का वज़न अपनी उम्र की तुलना में कम है, 50% बच्चों का जन्म किसी अस्पताल में नहीं, बल्कि घर में होता है, और 12-23 महीने की उम्र के बच्चों में से सिर्फ़ 60% बच्चों का पूर्ण टीकाकरण होता है। 11-14 वर्ष के समूह में केवल तकरीबन 54% लड़कियाँ ही स्कूल जाती हैं। वहीं, 15-17 वर्ष के समूह में सिर्फ़ 20% लड़कियाँ ही स्कूल जाती हैं। 20-49 साल की महिलाओं में शादी का माध्य वर्ष 14.9 वर्ष है। इसके अलावा, पिछले दशक में महिलाओं और बच्चों (विशेष रूप से लड़कियों) के स्वास्थ्य में कोई उल्लेखनीय सुधार नहीं हुआ है। प्रचार माध्यमों में इस बात पर बल दिया जाता रहा है कि आन्ध्र प्रदेश एक 'हाई-टेक' (उच्च तकनीक वाला) राज्य है जो आई टी उद्योग में पूरे देश का नेतृत्व कर रहा है। इसके बावजूद पिछले दो दशकों में शिशु और मातृ मृत्यु दर में कटौती होने की प्रक्रिया धीमी ही हुई है।

अखिल भारतीय स्तर पर भी तकरीबन ऐसी ही स्थिति है। दूसरे राष्ट्रीय परिवार स्वास्थ्य सर्वे के मुताबिक सिर्फ़ 65% महिलाओं को ही प्रसव-पूर्व देखभाल की सुविधा उपलब्ध है और आधे से भी कम प्रसव में प्रशिक्षित नर्स मौजूद होती है। पूरे देश में 1000 स्वस्थ्य बच्चों का जन्म होने पर 540 माताओं की मृत्यु हो

जाती है। तकरीबन 50% महिलाओं के शरीर में आवश्यक मात्रा से कम ख़ून है और बाल विवाह के खिलाफ़ कानून होने के बावजूद लड़कियों की शादी का औसत आयु 16.7 वर्ष है। 1000 बच्चों के जन्म पर शिशु मृत्यु दर 67.7 है तथा 5 साल से कम उम्र वाले 45.5% बच्चे गम्भीर कुपोषण का शिकार हैं। भारत में 1990 के दशक के आरम्भ से ही शिशु मृत्यु दर में गिरावट होने की दर में मन्दी आ गयी है। इस सन्दर्भ में बांग्लादेश और नेपाल जैसे देशों की स्थिति भी भारत से अच्छी है। हाल के वर्ल्ड हेल्थ रिपोर्ट में भी शिशु और मातृ सुरक्षा के मामले में भारत को धीमी गति से प्रगति करने वाले राष्ट्रों की श्रेणी में रखा गया है।

समेकित बाल विकास सेवा कार्यक्रम (आईसीडीएस) और इसका प्रभाव

इस शोध-पत्र में आईसीडीएस कार्यक्रम को कमज़ोर बनाने के कारणों की विवेचना की गयी है। इसमें यह तर्क दिया गया है कि शिशु मृत्यु दर में कमी करने, कुपोषण का मुक़ाबला करने और बच्चों की सेहत में सुधार करने के सन्दर्भ में इस कार्यक्रम को सफल बनाने के लिए निम्नलिखित पहलुओं पर ध्यान देने की आवश्यकता है: (क) एक ठोस दृढ़ विश्वास होना चाहिए कि प्रत्येक माँ और बच्चे को स्वास्थ्य और भलाई का अधिकार है और इस पर कोई समझौता नहीं किया जा सकता है; (ख) यह दावा किया जाना चाहिए कि राज्य का यह दायित्व है कि सभी माताओं और बच्चों को बुनियादी स्वास्थ्य सेवा और पोषक तत्त्व मिलें; (ग) मौजूदा सामाजिक मानकों में बदलाव, जो माताओं और बच्चों के अधिकारों के उल्लंघन की अनुमति देते हैं; (घ) माताओं, किशोरावस्था की लड़कियों और बच्चों के अधिकारों के बारे में सुनिश्चित सार्वजनिक कार्रवाई।

आँगनबाड़ी केन्द्र ही गाँव के स्तर पर एकमात्र ऐसी संस्था है जिसे माताओं, बच्चों और किशोरावस्था की लड़कियों की सेहत और तन्दुरुस्ती के लिए ज़िम्मेदार माना जाता है। आँगनबाड़ी केन्द्रों की स्थापना आईसीडीएस कार्यक्रम के तहत हुई थी। 1975 में निम्नलिखित लक्ष्यों को हासिल करने के लिए इस कार्यक्रम की शुरुआत की गयी थी[2] : 0-6 वर्ष तक के बच्चों के समूह के पोषण और स्वास्थ्य की स्थिति को बेहतर बनाना; बच्चे के समुचित मानसिक, शारीरिक और सामाजिक विकास की बुनियाद रखना; मृत्यु दर, रोगों की संख्या, कुपोषण और स्कूल छोड़ने की घटनाओं पर रोक लगाना; बाल विकास को बढ़ावा देने के लिए प्रभाकारी नीति बनाने और इसे लागू करने के लिए विभिन्न विभागों के बीच समन्वय स्थापित करना; माताओं को पोषक तत्त्वों और स्वास्थ्य की शिक्षा देना ताकि वे बच्चों के सामान्य सेहत और पोषक तत्त्वों की आवश्यकता का ध्यान रख पायें।

1975 में इस कार्यक्रम को 33 प्रखण्डों में आरम्भ किया गया और 2004 तक

6,500 प्रखण्डों को इसके दायरे में लाया गया। इस कार्यक्रम में यह स्वीकार किया गया है कि शिशु मृत्यु दर और कुपोषण में कमी लाने के लिए यह भी अत्यन्त आवश्यक है कि माता के स्वास्थ्य और तन्दुरुस्ती का ख़याल रखा जाये। आरम्भ में एक महिला के गर्भवती होने से लेकर उसके प्रसव तक की अवधि पर ध्यान केन्द्रित किया गया। बाद में, यह महसूस किया गया कि भविष्य में माता बनने वाली लड़की की सेहत पर काफ़ी पहले से ही विशेष ध्यान देने की आवश्यकता है। इसलिए किशोरावस्था की लड़कियों के लिए सन् 2000-01 में 'किशोरी शक्ति योजना' की शुरुआत की गयी।[3]

कुछ हद तक आईसीडीएस एक सफल कार्यक्रम रहा है। 1981 में जहाँ 1000 जीवित बच्चों के जन्म पर शिशु मृत्यु दर 94 था, वहीं 1994 में यह घटकर 73 हो गया। 1976-78 में भयंकर कुपोषण की मात्रा 15.3% थी, जो 1988-90 में घटकर 8.7% हो गयी [चन्द्रशेखर और घोष 2005]।

सेंटर ऑफ इक्विटी स्टडीज ने सर्वोच्च न्यायालय के कमिश्नरों (एन.सी. सक्सेना और एस.आर. शंकरन) के साथ मिलकर पूरे देश में इस कार्यक्रम की स्थिति का अध्ययन किया। इससे और ऐसे ही कुछ अन्य सर्वेक्षणों से यह बात सामने आयी कि पूरे देश में इसके लागू होने की स्थिति अत्यन्त असन्तोषजनक है। यह ज़रूर है कि कुछ राज्यों में इसके क्रियान्वयन की स्थिति अन्य राज्यों की तुलना में बेहतर पायी गयी [द्रेज और सेन 2004]। ग्रामीण भारत में अनुसन्धान करने वाले बहुत से लोगों ने अपने अनुभव के आधार पर यह बताया है कि इस कार्यक्रम में तैयार योजना और ज़मीनी स्तर पर उसके लागू होने की स्थिति में गम्भीर अन्तर है।

इसके अलावा, इस कार्यक्रम की पहुँच भी अत्यन्त सीमित है। यह अनुमान लगाया गया है कि मौजूदा मानकों के अनुसार सभी क्षेत्रों को इस कार्यक्रम के अन्तर्गत लाने के लिए 17 लाख आँगनबाड़ी केन्द्रों की आवश्यकता है, किन्तु पूरे देश में केवल छह लाख आँगनबाड़ी केन्द्र ही हैं। देश में 0-6 वर्ष के आयु समूह में 16 करोड़ बच्चे हैं (इनमें से आधे कुपोषण का शिकार हैं) किन्तु केवल 3.4 करोड़ बच्चों को ही अनुपूरक या अतिरिक्त पोषक तत्त्व दिया जा रहा है [द्रेज और सेन 2004]।

एक सार्वजनिक वाद-विवाद का आरम्भ

भारत में माता और बच्चे की बुरी स्थिति एक व्यापक चिन्ता और सार्वजनिक वाद-विवाद का विषय नहीं है। ये सबसे कमज़ोर समूह हैं और किसी भी सरकार के अस्तित्व पर इसलिए ख़तरा पैदा नहीं हुआ है कि वह इन समूहों तक स्वास्थ्य तथा पोषण से सम्बन्धित बेहतर सुविधाएँ पहुँचाने में नाकाम रही है। आईसीडीएस प्राथमिक स्वास्थ्य सेवाओं का मसला किसी भी राजनीतिक दल के चुनावी एजेंडे का भाग नहीं

रहा है। अमूमन राजनीतिक दल अपने चुनाव घोषणा-पत्रों में बहुत ही सतही तरीके से इन मुद्दों का उल्लेख करते रहे हैं। शायद ही कभी बच्चों के स्वास्थ्य की स्थिति या आँगनबाड़ी केन्द्रों के हालात अख़बारों की सुर्खियाँ बनते हैं। इसलिए यह अचरज की बात नहीं है कि आँगनबाड़ी केन्द्र या प्राथमिक स्वास्थ्य केन्द्र प्रभावकारी तरीके से कार्य नहीं करते हैं। असल में, कोई भी सार्वजनिक संस्थान तभी बेहतर तरीके से काम करता है जब सार्वजनिक कार्रवाई द्वारा उसकी जवाबदेही सुनिश्चित की जाये। "आम लोगों द्वारा सरकार पर दबाव डालने से इस बात पर गहरा प्रभाव पड़ सकता है कि सरकार आख़िरकार क्या करती है। लेकिन ज़्यादा कुछ इस पर निर्भर करता है कि किन मुद्दों का राजनीतिकरण हुआ है और किस तरह की वंचनाओं के बारे में व्यापक रूप से चर्चा हो रही है और किसे चुनावी राजनीति के लिए ज़्यादा महत्त्वपूर्ण माना जा रहा है" [द्रेज और सेन 1995 : 87]। शिशुओं, छोटे बच्चों और उनकी माताओं के अधिकारों की सुरक्षा का काम अभी भी एक ऐसा सामाजिक मुद्दा नहीं बन पाया है जिसकी हर कोई चिन्ता करे।

हालाँकि पिछले कुछ वर्षों से ऐसे सकारात्मक घटनाक्रम हुए हैं जो हमारे देश की महिलाओं और बच्चों के लिए आशा की किरण पैदा करते हैं। इन पर और गहराई से आगे काम करने की आवश्यकता है। पहला, अप्रैल 2001 में पीपॅल्स यूनियन फॉर सिविल लिबर्टीज (पीयूसीएल) ने सर्वोच्च न्यायालय में एक याचिका दायर की थी। इसके आधार पर अदालत ने नवम्बर 2001 में एक आदेश जारी करते हुए सरकार को यह सुनिश्चित करने का निर्देश दिया कि आईसीडीएस कार्यक्रम का तुरन्त विस्तार हो और इसमें देश के हर टोले या पारे को सम्मिलित किया जाये। इस आदेश में यह भी कहा गया कि छह वर्ष से कम आयु वाले सभी बच्चों, प्रत्येक गर्भवती और स्तनपान कराने वाली माताओं और किशोरावस्था वाली हर लड़की तक यह कार्यक्रम पहुँचाया जाना चाहिए। इसके अलावा, प्राथमिकता के आधार पर देश के अनुसूचित जाति/अनुसूचित जनजाति के सभी टोलों को इसमें शामिल किया जाना चाहिए। इसी दिन सर्वोच्च न्यायालय ने मध्याह्न भोजन के बारे में इसी प्रकार का आदेश जारी किया था, जो आगे चलकर काफ़ी प्रभावकारी साबित हुआ। इससे यह सबक मिलता है कि लोक कार्रवाई के साथ कानूनी कार्रवाई को जोड़ने से महत्त्वपूर्ण नतीजे हासिल किये जा सकते हैं।[4]

दूसरा, संयुक्त प्रगतिशील गठबन्धन की सरकार (लेख के प्रकाशन के वक़्त केन्द्र में यही सरकार सत्ता में थी) ने अपने सामान्य न्यूनतम कार्यक्रम में यह वचनबद्ध ता जताई कि वह आईसीडीएस को पूरे देश में लागू करेगी ताकि "प्रत्येक बस्ती या टोले में सक्रिय आँगनबाड़ी स्थापित हो सके और यह सुनिश्चित हो कि प्रत्येक बच्चा इसमें शामिल है" (नैशनल कॉमन मिनिमम प्रोग्राम ऑफ द गवर्नमेंट ऑफ इण्डिया, 2004 : 6)।[5] चूँकि यह एक गठबन्धन सरकार है इसलिए इसकी स्थिरता

सामान्य न्यूनतम कार्यक्रम में सुनिश्चित लक्ष्यों के सन्दर्भ में इसके प्रदर्शन पर निर्भर है। अन्य दल और आम लोग भी इसका उपयोग इस सरकार पर दबाव डालने के लिए कर सकते हैं। चूँकि सामान्य न्यूनतम कार्यक्रम के विषयों और वायदों के बारे में सरकार की कार्रवाई के आधार पर ही इसके प्रदर्शन का मूल्यांकन होगा, इसलिए आइसीडीएस कार्यक्रम के प्रसार और गुणवत्ता पर भी आलोचनात्मक नजरिये से विचार किया जायेगा।

तीसरा, राष्ट्रीय सलाहकार परिषद् ने भी इस कार्यक्रम में गहरी रुचि दिखाई है और इसने इसका विस्तार करने और गुणवत्ता में सुधार करने के सन्दर्भ में महत्त्वपूर्ण सुझाव दिये हैं। इसमें दो से तीन वर्ष की अवधि में इस कार्यक्रम के लिए वित्तीय आबंटन को छह गुणा बढ़ाने का प्रस्ताव भी शामिल है। इससे देश के सभी हिस्सों में इस कार्यक्रम को लागू करने में मदद मिलेगी। इसके अलावा, इसमें प्रत्येक बच्चे पर होने वाले ख़र्च को दोगुना करने का सुझाव भी दिया गया है। इससे इस कार्यक्रम की गुणवत्ता में सुधार करने में मदद मिलेगी (नैक्स रेकमेनडेशन्स ऑन आईसीडीएस, अगस्त 2004)।[6]

यह सच है कि अब इस कार्यक्रम को देश के हर भाग में लागू करने पर बल दिया जा रहा है। किन्तु अभी भी आँगनबाड़ी केन्द्र को स्पष्ट रूप से एक ऐसी संस्था के रूप में मान्यता नहीं दी गयी है जिसे राज्य ने माताओं और बच्चों के अधिकारों की सुरक्षा के अपने दायित्व को पूरा करने के लिए निर्मित किया है। इसके लिए और ज़्यादा गोलबन्दी की आवश्यकता है।

सामाजिक मानकों का अभाव

ऊपर की चर्चा से यह स्पष्ट है कि यह कार्यक्रम माता/बच्चों की सेहत और पोषण या किशोरावस्था वाली लड़कियों के स्वास्थ्य पर ध्यान देने से सम्बन्धित है। लेकिन यह गौरतलब है कि यह ग़रीबी, संसाधन तक पहुँच आदि के साथ-ही-साथ सामाजिक मानकों से भी जुड़ा हुआ है। मिसाल के तौर पर, जेण्डर आधारित भेदभाव समुदाय में महिलाओं और बच्चों की स्थिति पर गहरा प्रभाव डालते हैं। इसी तरह, महिलाओं, गर्भधारण, पोषण और बच्चों की शुरुआती देखभाल के सम्बन्ध में समाज की सोच माता और बच्चों के सेहत की स्थिति को काफ़ी प्रभावित करती है।

विशेष रूप से ग्रामीण क्षेत्रों में और ग़रीबों के बीच गर्भधारण और बच्चों के जनन को अत्यन्त निजी विषय माना जाता है। आम तौर पर सम्बन्धित महिला अपनी कुछ नज़दीकी सहेलियों के अलावा किसी अन्य से इस मसले पर चर्चा नहीं करती है। मसलन, मान लीजिए कि एक गर्भवती औरत अस्पताल जाती है लेकिन अस्पताल में उसे कोई डॉक्टर नहीं मिलता। इसके चलते वह वहाँ पेड़ के नीचे एक

बच्चे को जन्म देती है। समुदाय के भीतर कभी भी इस घटना के चलते विरोध नहीं होता है। क्या जन्म के तुरन्त बाद एक शिशु की मृत्यु हो जाने पर या प्रसव के दौरान अत्यधिक रक्त बह जाने के कारण एक माता की मौत हो जाने पर किसी तरह का आक्रोश सामने नहीं आना चाहिए? इसी प्रकार, यदि एक बच्चा अत्यधिक कुपोषण का शिकार होता है, तो यह माना जाता है कि यह किसी 'कर्म' के चलते ईश्वर द्वारा दी गयी सजा है। अपने बच्चे की कमज़ोरी से परेशान माता-पिता डॉक्टरों से मिलते हैं और अपनी हैसियत के मुताबिक पैसे भी ख़र्च करते हैं। लेकिन अधिकांश मामलों में उन्हें अपने बच्चे को भिन्न तरीके से आहार देने के बारे में कोई सुझाव या निर्देश नहीं मिलता है। जब 13-14 साल की उम्र में लड़कियों की शादी कर दी जाती है तो कोई बहस नहीं होती है। इसे एक स्वीकार्य चलन माना जाता है।

आईसीडीएस कार्यक्रम से लाभ पाने वाले महिलाओं और बच्चों को समुदाय में कोई महत्त्व नहीं दिया जाता है और इसलिए आँगनबाड़ी केन्द्र को भी कोई सम्मान नहीं मिलता है। चूँकि समाज में सबसे ग़रीब तबकों की मदद के लिए अनुकूल माहौल नहीं है, इसके चलते आँगनबाड़ी कार्यकर्ता के साथ-ही-साथ स्वास्थ्य सेवा की प्रणाली भी फीकी होती है। उदाहरण के तौर पर, ग़रीब समुदायों में महिलाओं की स्थिति दयनीय होती है और उनकी आवश्यकताओं पर कोई ध्यान नहीं दिया जाता है। अब यदि यहाँ यह सन्देश प्रसारित किया जाता है कि गर्भवती महिलाओं को हरी पत्तेदार सब्ज़ियाँ, अंडे, दूध, फल आदि खाने चाहिए तो यह पूरी तरह से असरहीन होगा। इस तथ्य की कभी गम्भीर समीक्षा नहीं की गयी है कि 30 सालों के प्रचार के बाद भी गर्भवती स्त्रियाँ हरी पत्तेदार सब्ज़ियाँ क्यों नहीं खाती हैं (अंडा या फल तो दूर की बात है)। इस दौरान यह मान लिया गया कि महिलाओं तक यह सन्देश पहुँचाना ही पर्याप्त है कि उन्हें अपना ख़याल रखना चाहिए और सन्तुलित आहार ग्रहण करना चाहिए। इस पहलू पर कभी गहराई से विचार नहीं किया गया कि ऐसी आदतों और व्यवहारों को बढ़ावा देने वाले सामाजिक मानकों व संरचनाओं का अभाव है।

एक नये सामाजिक वातावरण का सृजन

महिलाओं और बच्चों के स्वास्थ्य में सुधार करने का लक्ष्य रखने वाले किसी भी कार्यक्रम को सबसे पहले मानकों के अभाव के मुद्दे को हल करने पर ध्यान देना चाहिए। हक़ीक़त यह है कि सबसे अच्छी सेवाएँ (मसलन प्रसवपूर्व देखभाल या अनुपूरक पोषक तत्त्व) लक्षित समूह तक नहीं पहुँच पाती हैं। इसके चलते महिलाओं को वे वस्तुएँ नहीं मिल पाती हैं जो उनका बुनियादी हक हैं। सरकार का यह दायित्व है कि वह आँगनबाड़ी केन्द्रों की मदद से ऐसे नये मानकों का सृजन करे

जो महिलाओं और बच्चों के अधिकारों की बढ़ावा दें। मानकों को बदलने के लिए यह आवश्यक है कि सम्पूर्ण समुदाय को स्त्रियों और बच्चों के अधिकारों की सुरक्षा के लिए गोलबन्द किया जाये। समुदाय के प्रत्येक पुरुष और स्त्री, वृद्ध और युवा व्यक्ति को इस वाद-विवाद और चर्चा की प्रक्रिया में शामिल किया जाना चाहिए कि माताओं और बच्चों की सेहत के लिए सबसे अच्छी व्यवस्था क्या हो सकती है। ग्राम पंचायतों और स्थानीय निकायों को नियमित रूप से आँगनबाड़ी केन्द्रों के काम तथा गाँव स्तर पर माताओं और बच्चों के सेहत की स्थिति की समीक्षा करनी चाहिए।

गाँवों में ऐसा वातावरण तैयार किया जाना चाहिए जहाँ एक ऐसे आदमी की तारीफ़ हो जो पानी भरकर लाता हो, जलावन की लकड़ी एकत्रित करता हो या खाना बनाने और बच्चों को नहलाने और उनके भोजन कराने में अपनी पत्नी की मदद करता हो। आमतौर पर, यदि कोई आदमी अपनी पत्नी की मदद करने के लिए ये सारे काम करता है तो उसका उपहास उड़ाया जाता है और यह कहा जाता है कि वह औरतों की भाँति व्यवहार कर रहा है। यदि किसी लड़की की शादी बहुत कम उम्र में हो रही हो तो समुदाय को ऐसे विवाहों को रोकना चाहिए। एक कुपोषित बच्चा या नवजात शिशु की मौत पूरे गाँव के लिए चिन्ता का विषय होनी चाहिए। ऐसा होने पर ही आँगनबाड़ी केन्द्रों में दिये जाने वाले भोजन और महिलाओं के आहार के बारे में तैयार रंगीन पोस्टर कोई सार्थक भूमिका निभा पायेंगे। यदि यह स्वीकार कर लिया जाता है कि महिलाओं को सुरक्षित प्रसव का अधिकार है और सरकार का यह दायित्व है कि वह उनके इस अधिकार की हिफाजत करे तो निश्चित रूप से आइसीडीएस कार्यक्रम में भी इन पहलुओं को सम्मिलित किया जायेगा। इस कार्यक्रम के माध्यम से उन सामाजिक मानकों को दूर करने की आवश्यकता है जो महिलाओं के अधिकारों की उपेक्षा करते हैं।

समेकित बाल विकास सेवा (आईसीडीएस) कार्यक्रम को मज़बूत बनाना

चूँकि महिलाओं और बच्चों को स्वास्थ्य और पोषण का अधिकार है, इसलिए यह सरकार की ज़िम्मेदारी है कि वह आईसीडीएस कार्यक्रम द्वारा एक ऐसा मानक तैयार करे ताकि इन अधिकारों का उल्लंघन न हो। ऐसा मानक तैयार करने में इस कार्यक्रम को समर्थ बनाने के लिए यह आवश्यक है कि निम्नलिखित मुद्दों पर गम्भीरता से विचार किया जाये।

इस कार्यक्रम में समुदायों की सहभागिता : आँगनबाड़ी केन्द्र में समुदाय की भागीदारी सुनिश्चित करने के लिए माताओं की एक समिति बनाई जानी चाहिए। इस समिति की नियमित बैठक होनी चाहिए तथा इसके पास आँगनबाड़ी केन्द्र के कार्यों की समीक्षा और नियमन का अधिकार होना चाहिए। आन्ध्र प्रदेश में इस प्रकार

की समिति में दो गर्भवती महिलाएँ, स्तनपान कराने वाली दो माताएँ, 0-6 वर्ष की आयु वाले बच्चों की दो माताएँ और किशोर लड़कियों की दो माताएँ शामिल होती हैं। आम तौर पर, आँगनबाड़ी केन्द्र के आस-पास रहने वाली महिलाओं को ही इस समिति का सदस्य चुना जाता है। लेकिन कभी-कभार ही इसकी बैठक होती है। ये महिलाएँ प्रशिक्षित नहीं हैं और इन्हें इस बात का कोई अन्दाज़ा नहीं है कि माताओं की समिति के सदस्य के रूप में उनकी वास्तविक भूमिका क्या है। आँगनबाड़ी कार्यकर्ता भी इस समिति की भूमिका के बारे में स्पष्ट नहीं हैं। चूँकि गाँव में इस समिति का बहुत कम सम्मान होता है, इसलिए अक्सर यह काग़ज़ी समिति बनकर ही रह जाती है तथा ज़मीनी स्तर पर इसकी गतिविधियों से कोई खास फ़र्क़ नहीं पड़ता है। चूँकि आँगनबाड़ी कार्यकर्ता को अपने पर्यवेक्षक को हर महीने इस समिति के बारे में बताना होता है, इसलिए वह इसमें औपचारिक रूप से कई महिलाओं का नाम जोड़ लेती है। असल में, समुदाय में आँगनबाड़ी केन्द्र की भूमिका और कार्यों के बारे में कभी कोई सार्वजनिक वाद-विवाद या चर्चा नहीं होती है। ऐसे में, माताओं की समिति आँगनबाड़ी के कार्य में समुदाय की सार्थक भागीदारी की एक वैकल्पिक व्यवस्था हो सकती है।

यह कार्यक्रम गाँव की जनसंख्या के छोटे भाग तक ही पहुँचता है, जिससे कई बार लोगों को ऐसा लगता है कि यह एक सार्वभौमिक हकदारी न होकर समाज के किसी एक तबके के लिए चलने वाली 'परियोजना' है। इससे लाभ पाने वाले लोगों की संख्या मनमाने तरीके से सुनिश्चित कर दी जाती है और इसमें बदलाव करने की कोई गुंजाइश नहीं बचती है। मिसाल के तौर पर, आन्ध्र प्रदेश के रंगा रेड्डी ज़िले में इस कार्यक्रम के तहत छह गर्भवती महिलाओं, छह स्तनपान कराने वाली महिलाओं, 6 महीने से 35 महीने की आयु वाले समूह के 16 बच्चों तथा 3-6 वर्ष के आयु समूह के 30 बच्चों को अतिरिक्त पोषक तत्त्व दिया जाता है। चूँकि इस कार्यक्रम से अधिकांश महिलाओं और बच्चों को बाहर रखा जाता है इसलिए इसमें समुदाय की सक्रिय भागीदारी सुनिश्चित करना अत्यन्त कठिन कार्य है। इस कार्यक्रम को एक अधिकार आधारित संस्था के रूप में देखने के बजाय इसे एक 'पाउडर' केन्द्र की तरह देखा जाता है, जिसमें आँगनबाड़ी कार्यकर्ता की पसन्द और नापसन्द के आधार पर कभी-कभार कुछ लोगों को 'पाउडर' दे दिया जाता है।

इस कार्यक्रम पर सार्वजनिक नियन्त्रण न होने के चलते इसमें बड़े पैमाने पर खुल्लमखुल्ला भ्रष्टाचार को बढ़ावा मिला है। यह कोई छिपी बात नहीं है कि बहुत से स्थानों पर आँगनबाड़ी कार्यकर्ता इस कार्यक्रम के लिए मिलने वाले अतिरिक्त पोषक पाउडर को किसानों को बेच देते हैं और वे इसका उपयोग भैंसों के आहार के लिए करते हैं। कई ऐसे मामले भी सामने आये हैं जिसमें इस पाउडर का उपयोग चीनी निकालने के लिए किया जाता है। स्थिति की गम्भीरता का अन्दाज़ा इसी बात

से लगाया जा सकता है कि आन्ध्र प्रदेश के 'उगडी' (एक त्यौहार) के दौरान लोगों ने मिठाइयाँ बनाने के लिए आँगनबाड़ी कार्यकर्ताओं से गुड़ की माँग की क्योंकि वे मानते हैं कि इसकी गुणवत्ता काफ़ी अच्छी होती है। यहाँ इस बात की कम चर्चा होती है कि बच्चे कुपोषण का शिकार क्यों हैं या गाँव में नवजात शिशुओं की मृत्यु क्यों होती है या कोई गर्भवती महिला प्रसव के लिए अस्पताल क्यों नहीं जा पाती है। इसके बजाय, लोग इस बात पर ज़्यादा चर्चा करते हैं कि आँगनबाड़ी से मिलने वाला गुड़ मिठाई बनाने में काफ़ी उपयोगी होता है और त्यौहारों में इसी का इस्तेमाल किया जाना चाहिए!

इस कार्यक्रम में समुदाय को सम्मिलित करना अत्यन्त आवश्यक है। ऐसा होने पर गाँव के लोग यह मानेंगे कि आँगनबाड़ी केन्द्र उनका है। इससे आँगनबाड़ी कार्यकर्ता ज़्यादा जवाबदेह बनेंगी और समुदाय के प्रति भी उनकी स्वीकार्यता में भी बढ़ोतरी होगी।

आँगनबाड़ी कार्यकर्ताओं की ज़िम्मेदारियाँ : बहुत से स्थानों पर आँगनबाड़ी कार्यकर्ता गाँव में एकमात्र सरकारी सेवक के रूप में उपलब्ध होती हैं और वहाँ के समुदाय के सबसे कमज़ोर सदस्यों की देखभाल के लिए ज़िम्मेदार होती हैं। लेकिन फिर भी उसे वह मान्यता नहीं मिलती है जिसकी वह हकदार होती है। गाँव के स्तर पर आँगनबाड़ी कार्यकर्ता बच्चों, किशोर लड़कियों और महिलाओं से सम्बन्धित बैठकों में भी शामिल नहीं होती हैं। यहाँ तक कि इन्हें उन बैठकों में भी नहीं बुलाया जाता है जिनमें स्कूल के शिक्षक आदि सम्मिलित होते हैं। किसी सम्भावित योजना या एजेण्डा के बारे में इनसे सलाह-मशविरा नहीं किया जाता है। मण्डल[7] स्तर पर राजस्व, समाज कल्याण, शिक्षा और स्वास्थ्य विभागों के बीच कई बार एक-दूसरे के साथ समन्वय होता है, किन्तु आईसीडीएस कार्यक्रम से जुड़े सामुदायिक विकास कार्यक्रम अधिकारी (सीडीपीओ) को इसमें भी नहीं बुलाया जाता है। यहाँ तक कि सार्वजनिक कार्यक्रमों में भी इस अधिकारी को मण्डल राजस्व अधिकारी या मण्डल विकास अधिकारी जैसा महत्त्व नहीं दिया जाता है और अक्सर इसे सार्वजनिक कार्यक्रमों में भी नहीं बुलाया जाता है। आरम्भ से ही आइसीडीएस कार्यक्रम की रूपरेखा ऐसी रही है कि यह अन्य विभागों से अलग-थलग होकर काम करता रहा है और समुदाय से भी इसका कोई खास जुड़ाव नहीं बन पाया है। इसके चलते इस कार्यक्रम को बहुत कम महत्त्व मिलता है।

गाँव में आँगनबाड़ी कार्यकर्ता को सिर्फ़ सरकार से वेतन पाने वाले एक 'सामाजिक कार्यकर्ता' के रूप में देखा जाता है। इसे सरकार से वास्तविक रूप से जुड़ा व्यक्ति नहीं माना जाता है। इसे केवल 1000 रुपया प्रति माह वेतन मिलता है (जो कि न्यूनतम मज़दूरी से भी कम है) और यह राशि भी नियमित रूप से नहीं मिलती है। इसके अलावा, आँगनबाड़ी कार्यकर्ताओं से ऐसे बहुत से काम करने की उम्मीद की

जाती है जिसे अधिकांश कार्यकर्ता करने में असमर्थ होती हैं।

जैसा कि पहले उल्लेख किया गया है कि आँगनबाड़ी कार्यकर्ताओं से उम्मीद की जाती है कि वह गर्भवती महिलाओं, किशोर लड़कियों और छह साल से कम उम्र वाले बच्चों की आवश्यकताओं का ख़याल रखेगी। इसके अलावा, उसके ऊपर अन्य कई कार्यक्रमों की ज़िम्मेदारी भी है। मसलन, परिवार नियोजन, तपेदिक रोगियों तक डॉट्स पहुँचाना, और छोटी बच्चियों से सम्बद्ध योजनाओं को लागू करना। इसमें से प्रत्येक कार्य अपने-आप में काफ़ी बड़ा और महत्त्वपूर्ण है, जिसे सही तरीके से पूरा करने के लिए जमकर काम करने की आवश्यकता होती है। हालाँकि यह सच है कि आईसीडीएस कार्यक्रम के तहत जिन तीन समूहों (छह वर्ष से कम उम्र के बच्चों, किशोर लड़कियों और गर्भवती तथा स्तनपान कराने वाली स्त्रियों) को सम्मिलित किया गया है, वे आपस में जुड़े हुए हैं। फिर भी, हर समूह में अलग और स्वतन्त्र किस्म के मसले में सामने आते हैं। अगर हम दीर्घकालिक रूप से विचार करें तो यह सच है कि आज के बच्चे आगे चलकर किशोरावस्था में आयेंगे और आगे चलकर माता-पिता भी बनेंगे। किन्तु अभी ये तीन भिन्न समूह हैं जिनकी विशिष्ट ज़रूरतें हैं और इन पर तत्काल ध्यान दिया जाना चाहिए। इनमें से प्रत्येक काम के लिए पेशेवर दक्षता की आवश्यकता है।

इस सन्दर्भ में बहुत से अन्य लोगों ने यह सुझाव दिया है कि 0-3 वर्ष, किशोर लड़कियों और महिलाओं के कार्यक्रम को 3-6 वर्ष के बच्चों के लिए स्कूल जाने के पहले की शिक्षा से अलग किया जाना चाहिए [रामचन्द्रन 2005]। 3-6 वर्ष के बच्चों के लिए स्कूल जाने से पहले के शिक्षा कार्यक्रम को प्राथमिक स्कूल से जोड़ा जा सकता है, जिसमें इस उम्र के बच्चों को अतिरिक्त पोषण के रूप में मध्याह्न भोजन भी दिया जा सकता है। आन्ध्र प्रदेश के कुछ गाँवों में केन्द्रों को प्राथमिक स्कूल से जोड़ा गया है, वहाँ यह देखा गया कि आँगनबाड़ी में आने वाले बच्चों की संख्या काफ़ी बढ़ गयी है क्योंकि बहुत से बच्चे प्राथमिक स्कूल में जाने वाले अपने भाई-बहनों के साथ यहाँ आने लगे। इसके अलावा, ऐसी व्यवस्था में आँगनबाड़ी कार्यकर्ता यह महसूस करती हैं कि वे व्यापक संस्था का हिस्सा हैं, जिससे उन्हें ज़्यादा लगन और जुड़ाव से काम करने की प्रेरणा मिलती है। छोटे बच्चों को दोपहर में अपने से बड़े उम्र के बच्चों के साथ भोजन करना भी अच्छा लगता है। स्कूल के एक भाग में 3-6 वर्ष के बच्चों के लिए विशेष बाल-विहार स्थल भी बनाया जा सकता है जिसमें छात्रों की संख्या के अनुसार शिक्षकों की संख्या के बारे में फ़ैसला किया जा सकता है।

प्रसव के बाद माता और शिशु की देखभाल, शिशुओं के टीकाकरण और किशोरों के स्वास्थ्य सुरक्षा को सुनिश्चित करने के लिए अलग और पूर्णकालिक पेशेवर प्रशिक्षित कार्यकर्ता की आवश्यकता है। इस व्यक्ति को यह ज़िम्मेदारी भी

दी जा सकती है कि वह गाँव में महिलाओं, युवकों तथा ग्राम पंचायत आदि के साथ बैठक करे। इस व्यक्ति को सहायक दाई नर्स और स्वास्थ्य विभाग के साथ मिलकर काम करना होगा।

व्यापक योजना और विकेन्द्रीकरण : आईसीडीएस के बहुत से कार्यक्रम स्वास्थ्य विभाग की मदद से ही सही तरीके से लागू हो सकते हैं। उदाहरण के तौर पर, टीकाकरण, प्रसव के बाद की देखभाल, परिवार नियोजन इत्यादि सेवाएँ स्वास्थ्य विभाग द्वारा उपलब्ध कराई जाती हैं। आँगनबाड़ी कार्यकर्ता इसमें प्रेरक और समुदाय तथा इन सेवाओं को जोड़ने वाली कड़ी की भूमिका निभाती है। वर्तमान समय में इस समन्वय को ग्राम स्तर से आगे बढ़ाने की कोई संस्थात्मक व्यवस्था नहीं है। गाँव स्तर पर सहयोगी दाई नर्स गाँव की महिलाओं के बारे में जानकारी के लिए आँगनबाड़ी कार्यकर्ता पर निर्भर करती है। इसी की मदद से उसे गाँव की गर्भवती महिलाओं, उनके प्रसव या मृत्यु के बारे में जानकारी मिलती है। कई मरतबा ओआरएस (ओरल रिहाइड्रेशन सॉल्यूशन) पैकेट और पैरासिटामॉल की गोली आदि आँगनबाड़ी कार्यकर्ता को ही सौंप दिया जाता है।

यहाँ गौर करने वाली बात यह है कि उच्चतर स्तर पर सम्बद्ध विभागों द्वारा सोच-समझकर समन्वय स्थापित करने का प्रयास नहीं किया जाता है। चूँकि इस कार्यक्रम से सम्बन्धित विभिन्न गतिविधियाँ आपस में जुड़ी हुई हैं इसलिए अलग-अलग विभागों के बीच समन्वय इनके लागू करने की प्रक्रिया को प्रभावी बना सकता है। एम वी फाउंडेशन के अनुभव (देखें अगला भाग) से सामने आने वाले दो उदाहरणों से यह बात बेहतर तरीके से सामने आती है। पहले मामले में रंगा रेड्डी ज़िले के एक मण्डल में सभी आँगनबाड़ी कार्यकर्ताओं की एक बैठक बुलाई गयी। इसमें उनसे यह कहा गया कि वे महिलाओं को इस बात के लिए प्रेरित करने में मदद करें कि वे अस्पतालों या स्वास्थ्य विभाग द्वारा मान्यता प्राप्त नर्सों की मदद से ही प्रसव करें। आँगनबाड़ी कार्यकर्ताओं ने यह बताया कि उन्होंने ऐसा करने की कोशिश की, लेकिन उन्हें कोई खास कामयाबी नहीं मिली क्योंकि वे जब भी गर्भवती स्त्रियों को लेकर प्राथमिक स्वास्थ्य केन्द्र गयीं, तो वहाँ कोई भी उनकी मदद के लिए नहीं था। जब उन्होंने इस बारे में प्रश्न किया तो वहाँ मौजूद सहायक दाई नर्सों ने उन्हें डाँट कर चुप करा दिया। उन्हें यह बात काफ़ी नागवार गुजरी थी कि आँगनबाड़ी कार्यकर्ता प्राथमिक स्वास्थ्य केन्द्रों के बारे में पूछताछ कर रही हैं। यदि उच्च स्तर पर समन्वय होता और प्राथमिक स्वास्थ्य केन्द्रों में काम करने वालों को यह बताया जाता कि आँगनबाड़ी कार्यकर्ता गाँव की औरतों को यहाँ लेकर आयेंगी, तो इससे ज़्यादा बेहतर समन्वय बनता और प्रभावशाली तरीके से काम होता।

दूसरा उदाहरण एक मण्डल के प्राथमिक स्वास्थ्य केन्द्र में हुए बैठक से सम्बन्धित है। इसमें इस क्षेत्र के सहायक दाई नर्स, चिकित्सा अधिकारी और आँगनबाड़ी

कार्यकर्ता उपस्थित थे। प्राथमिक स्वास्थ्य केन्द्र को यह निर्देश दिया गया था कि इस मण्डल के अन्तर्गत प्रत्येक व्यक्ति को दो दिन के भीतर फाइलेरिया का टीका लगा दिया जाये। सम्पूर्ण राज्य के लिए तारीख तय कर दी गयी थी। चिकित्सा अधिकारियों ने आँगनबाड़ी कार्यकर्ताओं को बैठक में बुला कर यह निर्देश दिया कि वे सहायक दाई नर्सों के पर्यवेक्षण में यह काम करें। नर्सों के लिए अकेले यह काम कर पाना तकरीबन नामुमकिन था क्योंकि प्रत्येक नर्स के कार्यक्षेत्र में 5-6 गाँव आते थे। लेकिन आँगनबाड़ी कार्यकर्ताओं ने यह कहते हुए सहयोग करने से मना कर दिया कि यह महीने का आख़िरी सप्ताह है और उन्हें अपने मासिक बैठक के लिए सभी रेकार्ड तैयार करने हैं। उन्होंने यह भी बताया कि अगर वे ऐसा नहीं करती हैं तो उन्हें अपने सुपरवाइजर की डाँट-फटकार सुननी पड़ेगी। इस मसले पर आँगनबाड़ी कार्यकर्ताओं और प्राथमिक स्वास्थ्य केन्द्र के कर्मचारियों के बीच लम्बे समय तक झगड़ा होता रहा। आख़िरकार, कुछ आँगनबाड़ी कार्यकर्ता सहयोग करने के लिए तैयार हुईं, जबकि अन्य ने साफ़ तौर से इंकार करते हुए कहा कि इस कार्यक्रम से उनका कोई लेना-देना नहीं है। इस मामले में भी ऐसा लगता है कि ज़्यादा अच्छा यह होता कि चिकित्सा अधिकारी पहले सामुदायिक विकास कार्यक्रम अधिकारी (सीडीपीओ) से मिलते और वे दोनों इस कार्यक्रम के बारे में सुनियोजित योजना बनाते। ऐसे कार्यक्रमों को प्रभावकारी तरीके से लागू करने के लिए विभिन्न विभागों के बीच बेतहर समन्वय अत्यन्त आवश्यक है।

समन्वय की कमी से जुड़ी हुई एक अन्य समस्या ऊपरी अधिकारियों द्वारा बनाई गयी बेतरतीब योजना है। अधिकांश कार्यक्रमों को तदर्थ तरीके से तत्काल आरम्भ कर दिया जाता है। इस बारे में ठीक से तैयारी करने या इनके लागू होने की प्रक्रिया पर गहराई से विचार करने का कोई व्यवस्थित प्रयास नहीं किया जाता है। इन्हें लागू करने की प्रक्रिया अत्यन्त केन्द्रीकृत होती है और इसमें समुदाय को सम्मिलित नहीं किया जाता है। बिना किसी पूर्व सूचना के अस्पतालों में प्रसव कराने के मसले पर स्कूल के बच्चों की रैली आयोजित कर दी जाती है, एचआईवी/एड्स के बारे में किशोर लड़कियों की बैठक बुला ली जाती है या फिर एक हफ़्ते तक स्तनपान के फायदों के बारे में कार्यक्रम का आयोजन किया जाने लगता है। अधिकांश मामलों में समुदाय के लोगों को इसके बारे में जानकारी देने या उन्हें इन कार्यक्रमों से जोड़ने का कोई गम्भीर प्रयास नहीं किया जाता है। अक्सर ऐसा इसलिए होता है क्योंकि इन कार्यक्रमों के बारे में केन्द्र या राज्य स्तर पर इनकी योजना बनाई जाती है और यकायक आँगनबाड़ी कार्यकर्ताओं को यह निर्देश दिया जाता है कि वे इन्हें लागू करें। इससे आँगनबाड़ी कार्यकर्ताओं के लिए समुदाय के लोगों को इन कार्यक्रमों के बारे में ठीक तरीके से बताकर इन्हें लागू करने का कार्य काफ़ी मुश्क़िल हो जाता है।

पर्यवेक्षक या सामुदायिक विकास कार्यक्रम अधिकारी (सीडीपीओ) की भूमिका के

बारे में कोई स्पष्टता नहीं है। चूँकि हर योजना के बारे में छोटी-से-छोटी बातें ऊपर से तय होकर आती हैं, इसलिए परियोजना ऑफिस के स्तर पर किसी सृजनात्मक सोच की कोई खास गुंजाइश नहीं बचती है। पर्यवेक्षण का कार्य आँगनबाड़ी कार्यकर्ता के रजिस्टरों की जाँच करने और उन पर नज़र रखने तक ही सीमित होता है। इस केन्द्रीकृत और ऊपर से थोपे जाने वाली योजना के बजाय एक ज़्यादा विकेन्द्रीकृत व्यवस्था अपनाने की आवश्यकता है। ऐसी व्यवस्था में आँगनबाड़ी कार्यकर्ताओं को यह मौक़ा मिलना चाहिए कि वे अपने अनुभवों की समीक्षा करें और इस कार्यक्रम को सफल बनाने के लिए अपने सुझाव प्रस्तुत करें। इस बारे में स्पष्टता होनी चाहिए कि केन्द्र और राज्य सरकारें किन पहलुओं के बारे में योजना बना सकती हैं और आँगनबाड़ी कार्यकर्ता और स्थानीय निकाय स्वायत्त रूप से किन पहलुओं के बारे में फ़ैसला कर सकते हैं।

एमवी फाउंडेशन के अनुभव[8]

ऊपर आईसीडीएस कार्यक्रम को बेहतर बनाने के लिए जो सुझाव दिये गये हैं, वे एम वी फाउंडेशन द्वारा आन्ध्र प्रदेश के रंगा रेड्डी ज़िले के 8 मण्डलों में बाल स्वास्थ्य सुरक्षा के लिए किये गये सामुदायिक कार्यों के अनुभवों पर आधारित हैं। एम वी फाउंडेशन ने बच्चों की शिक्षा के बारे में काफ़ी काम किया है। इसमें अपने अनुभवों के आधार पर इसने हाल ही में उनके स्वास्थ्य के मुद्दे पर भी काम करना शुरू किया है। आरम्भ में प्रत्येक गाँव में बच्चों के जन्म, प्रसव के प्रचलित तरीकों और शिशु की देखभाल से सम्बन्धित व्यवहारों के हर आँकड़े को एकत्रित किया गया। यह पाया गया कि तकरीबन 50% औरतें घर में ही बच्चों को जन्म देती हैं और शिशु मृत्यु दर काफ़ी ऊँचा है। जब इन आँकड़ों को प्राथमिक स्वास्थ्य केन्द्र के आँकड़ों से मिलाया गया तो यह बात सामने आयी कि सरकार अधिकांश मौतों की ख़बर दबा देती है।

ज़्यादा परेशान करने वाली बात यह थी कि जब एक मण्डल में एक महीने के भीतर आठ से नौ बच्चों की मृत्यु हुई, तब भी सरकार की ओर से उदासीनता ही बरती गयी। गाँव में किसी के लिए भी यह चिन्ता का विषय नहीं बना। ग्राम पंचायत, आँगनबाड़ी केन्द्र और समुदाय सबने इस मसले से मुँह चुराने का काम ही किया। लोगों ने बस पीड़ित परिवारों से हमदर्दी ही जताई। इसे एक ऐसे सामाजिक मुद्दे के रूप में नहीं देखा गया जिस पर गम्भीर कार्रवाई करने की आवश्यकता है, बल्कि लोगों द्वारा इसे एक व्यक्तिगत मसला माना गया।

बच्चों के स्वास्थ्य के अधिकार के मुद्दे पर गाँव में रैली और मार्च का आयोजन किया गया। गाँव और मण्डल स्तर पर बैठकें की गयीं, जहाँ गाँव के लोगों को यह

बताया गया कि कैसे प्रत्येक मौत को रोका जा सकता था। इन तमाम आयोजनों का लक्ष्य यह भी था कि समुदाय के भीतर यह भावना पैदा की जाये कि प्रत्येक नवजात बच्चे के सेहत की सुरक्षा उसकी ज़िम्मेदारी है। इसके बाद यह फ़ैसला किया गया कि ग्राम पंचायत आँगनबाड़ी कार्यकर्ता, सहायक दाई नर्स और स्कूल हेडमास्टर जैसे सभी सम्बद्ध सरकारी अधिकारियों के साथ मिलकर प्रत्येक महीने गाँव के सभी बच्चों के सेहत की जाँच होनी चाहिए।

अन्य लोगों के अलावा युवा समूहों और माताओं की समिति के सदस्यों ने भी गाँव की बैठक में हिस्सा लिया। इसका नतीजा यह हुआ कि तकरीबन 50 गाँवों में प्रत्येक महीने सहायक दाई नर्स और आँगनबाड़ी कार्यकर्ता सरपंच और वार्ड सदस्यों के साथ मिलकर इस बात की जाँच करते हैं कि कितने बच्चों का टीकाकरण हो चुका है; क्या अतिरिक्त भोज्य पदार्थ बच्चों तक पहुँच रहा है; इस महीने कितने बच्चों की मृत्यु हुई आदि। वे ऐसे मसलों की भी जाँच करते हैं जहाँ परिवार सहयोग नहीं करते या अपने बच्चों का टीकाकरण नहीं कराते या फिर आँगनबाड़ी केन्द्र द्वारा दिये जाने वाले अतिरिक्त पोषक तत्त्व लेने में कोई रुचि नहीं दिखाते। इसके बाद, अन्य लोगों के साथ ग्राम पंचायत के सदस्य इन परिवारों से मिलते हैं और उन्हें ये सेवाएँ लेने के लिए प्रेरित करते हैं।

इस प्रक्रिया द्वारा पहले ही कुछ बदलाव हो चुके हैं। अब बहुत से गाँवों में ग्राम पंचायत खुद को गाँव के बच्चों के लिए ज़िम्मेदार मानता है। सहायक दाई नर्स और आँगनबाड़ी कार्यकर्ता ग्राम पंचायत से यह नियमित चर्चा करती हैं कि विविध सेवाएँ उपलब्ध कराने में किस प्रकार की समस्या सामने आ रही है। मिसाल के तौर पर, शेरीगुडा में नर्स ने यह बताया कि वह गर्भवती स्त्रियों का पूर्व-प्रसव परीक्षण नहीं कर पाती है क्योंकि ऐसा करने के लिए पर्याप्त निजी स्थान उपलब्ध नहीं है। इसके बाद, ग्राम पंचायत ने एक गोदाम को इस कार्य के लिए सुनिश्चित कर दिया तथा गोदाम में पड़े सामान को ग्राम पंचायत के कार्यालय में रख दिया गया।

कुछ गाँवों में आँगनबाड़ी कार्यकर्ताओं को पोषणयुक्त खाद्य सामग्री बेचने की कोशिश करते हुए रंगे हाथों पकड़ा गया। ऐसी आँगनबाड़ी कार्यकर्ताओं के विरुद्ध कार्रवाई भी की गयी। इसके साथ ही, यदि आँगनबाड़ी कार्यकर्ता को गाँव से किसी सहायता की आवश्यकता पड़ी तो उसे यह सहायता उपलब्ध कराई गयी। कई गाँवों में यह शिकायत सामने आयी कि सहायक दाई नर्स गाँव में नहीं आती हैं। पूछताछ करने पर नर्स ने यह दावा किया कि वह नियत समयान्तराल पर गाँव में आती रहती है। इस समस्या को हल करने के लिए यह फ़ैसला किया गया कि नर्स के गाँव आने के एक दिन पहले शाम में गाँव में इस बारे में सार्वजनिक उद्घोषणा की जायेगी (ढोल के साथ)। इसके माध्यम से प्रत्येक माता-पिता से आग्रह किया जाने लगा कि वे नियत दिन अपने बच्चों को टीकाकरण और सेहत

की जाँच के लिए नर्स के पास भेज दें। अब इस तरह के मसलों को सरकार के विभागों और ग्रामीण लोगों की आपसी समझ और सहयोग के चलते गाँव स्तर पर सुलझा लिया जाता है।

ज़्यादा अहम यह है कि बच्चों की सेहत के बारे में लोगों में जागरूकता लाने का यह नतीजा हुआ है कि पहले जो मसले निजी मुद्दों के तौर पर परिवार तक सीमित थे (और परिवार के भीतर भी इसे मुख्य रूप से माता की चिन्ता के रूप में देखा जाता था), वे अब सम्पूर्ण गाँव का मुद्दा बन गये हैं। अब कई गाँवों में ऐसे समारोह आयोजित होने लगे हैं जहाँ सरपंच दो साल से छोटे उम्र के बच्चों को जन्म प्रमाण-पत्र प्रदान करते हैं। दरअसल, प्रत्येक गाँव में ऐसे सैकड़ों बच्चे हैं जिनके पास जन्म प्रमाण-पत्र नहीं है। एक बार संस्थात्मक प्रक्रिया के माध्यम से सभी बच्चों को प्रमाण-पत्र दे दिये जाने के बाद एक ऐसी प्रक्रिया स्थापित की जा सकती है जिसमें प्रत्येक बच्चे को उसके नामकरण के तुरन्त बाद ही जन्म प्रमाण-पत्र दे दिया जाये। अब कई गाँवों में प्रमाण-पत्र के लिए कई परिवार बच्चों के जन्म के एक महीने के अन्दर ही उनका नामकरण कर रहे हैं। जन्म प्रमाण-पत्र देने की इस प्रक्रिया के माध्यम से अब पंचायत और समुदाय प्रत्येक बच्चे के जन्म का उत्सव मना रहे हैं। यह पहले की स्थिति में एक महत्त्वपूर्ण बदलाव है जब बच्चे की मौत को उसकी माता की बदकिस्मती मान लिया जाता था।

इसी तरह के माहौल में प्रत्येक बच्चे से सम्बन्धित विशिष्ट मसलों पर विचार किया जाता है। सभी परिवारों को यह बताया जाता है कि आइसीडीएस कार्यक्रम और स्वास्थ्य विभाग के पास माँ और बच्चे की सेहत से सम्बन्धित कई पोषक तत्त्व और दवाएँ हैं। इन परिवारों को इन सेवाओं का लाभ उठाने के लिए प्रेरित किया जाता है। इसके साथ ही, यह चर्चा भी की जाती है कि बच्चों को समय दिया जाना चाहिए और परिवार के विभिन्न सदस्यों को उसके देखभाल की ज़िम्मेदारी लेनी चाहिए। समुदाय नियमित समीक्षा बैठकों द्वारा नर्सों पर निश्चित समयान्तराल पर गाँव में आने के लिए दबाव बनाते हैं। साथ ही, इससे यह भी सुनिश्चित होता है कि आँगनबाड़ी केन्द्र सही तरीके से कार्य करें।

इस प्रकार, समुदाय में गर्भवती महिलाओं, माताओं और बच्चों की सेहत के बारे में संवेदनशीलता बढ़ी है। गाँव के लोगों की आँगनबाड़ी केन्द्र में रुचि बढ़ने के चलते आँगनबाड़ी कार्यकर्ताओं की स्थिति मज़बूत हुई है और आईसीडीएस कार्यक्रम ने गाँवों में अपनी उपस्थिति दर्ज कराना आरम्भ कर दिया है। जिन मुद्दों को गाँव स्तर पर नहीं सुलझाया जा सकता है उन्हें ग्राम पंचायत के सदस्य उच्चतर अधिकारियों के सामने प्रस्तुत करते हैं। मसलन, बहुत सी ग्राम पंचायतों ने सामुदायिक विकास कार्यक्रम अधिकारी (सीडीपीओ) को यह आवेदन दिया है कि वे आँगनबाड़ी कार्यक्रम के लिए बेहतर भवन बनवायें, अतिरिक्त केन्द्र खोलें और बन्द या निष्क्रिय पड़े

केन्द्रों को सक्रिय बनायें। माताओं और बच्चों के अधिकार अब सार्वजनिक चिन्ता का विषय बनने लगे हैं। अब समुदाय राज्य से माताओं और बच्चों के अधिकारों को पूरा करने की माँग करने लगे हैं।

निष्कर्ष

आईसीडीएस कार्यक्रम भारत में सबसे महत्त्वपूर्ण सार्वजनिक कार्यक्रमों में से एक है, जिसकी पहुँच जनसंख्या के सबसे उपेक्षित और वंचित तबकों तक है। इसका बच्चों और माताओं के स्वास्थ्य सुरक्षा के अधिकार पर दूरगामी प्रभाव पड़ सकता है। भारत उच्च मातृ और शिशु मृत्यु दर तथा कुपोषण के अत्यन्त उच्च स्तर के साथ प्रगति करने का ख़्वाब नहीं देख सकता है।

हालाँकि इस कार्यक्रम को अपना लक्ष्य हासिल करने में समर्थ बनाने के लिए अभी काफ़ी कुछ किये जाने की आवश्यकता है। इसका इस प्रकार विस्तार किया जाना चाहिए ताकि प्रत्येक बच्चा, गर्भवती या स्तनपान करने वाली महिलाएँ और किशोर लड़कियाँ इसके दायरे में आ पायें। इसमें अधिकार आधारित दृष्टिकोण के आधार पर विभिन्न मुद्दों पर विचार करना चाहिए। इसके लिए राज्य को बच्चों के अधिकार की हिफाजत के लिए स्पष्ट वचनबद्धता व्यक्त करनी चाहिए और बहुत सारी घोषणाओं को अमली जामा पहनाने के लिए लोगों को जागरूक और गोलबन्द करना चाहिए।

दूसरा, इस कार्यक्रम के विभिन्न कार्यों को अलग-अलग किया जाना चाहिए। स्कूल जाने से पहले की शिक्षा देने के लिए एक विशेषज्ञ व्यक्ति की नियुक्ति होनी चाहिए। इसी प्रकार, स्वास्थ्य और पोषण से सम्बन्धित आयामों को संचालित करने का कार्य किसी अन्य प्रशिक्षित कार्यकर्ता के पास होना चाहिए। विभिन्न सेवाओं को प्रभावशाली तरीके से उपलब्ध कराने के लिए स्वास्थ्य और शिक्षा विभागों के बीच समन्वय होना चाहिए। यह भी उल्लेखनीय है कि राष्ट्रीय ग्रामीण स्वास्थ्य मिशन में यह लक्ष्य रखा गया है कि प्रत्येक गाँव में सामुदायिक स्वास्थ्य कार्यकर्ताओं की नियुक्ति की जायेगी। दरअसल, इसे आइसीडीएस कार्यक्रम से जोड़ा जाना चाहिए। इससे समानान्तर व्यवस्था की स्थापना और उससे पैदा होने वाले भ्रम से बचा जा सकेगा। साथ ही, इससे स्वास्थ्य व्यवस्था के सन्दर्भ में बेहतर समन्वय की भी स्थापना होगी।

तीसरा, यह भी स्वीकार किया जाना चाहिए कि आँगनबाड़ी केन्द्र से यह उम्मीद की जाती है कि वह विविध तरह के कार्यों को पूरा करे। इनमें से प्रत्येक कार्य महत्त्वपूर्ण होते हैं और इन सबके लिए सावधानी से योजना बनाने की आवश्यकता होती है। इस बारे में एक स्पष्ट विज़न तैयार करने की ज़रूरत है कि माताओं, बच्चों और किशोरों के अधिकारों की सुरक्षा का सबसे बेहतर तरीका क्या है और

इस सन्दर्भ में राज्य की क्या ज़िम्मेदारियाँ हैं। इसके बाद, इस प्रकार के विज़न के आधार पर आवश्यक संसाधनों का अनुमान लगाया जा सकता है। साथ ही, यह भी तय किया जा सकता है कि ये संसाधन कैसे एकत्रित किये जायें और इन्हें किस प्रकार ख़र्च किया जाना चाहिए। स्पष्ट लक्ष्य निर्धारित करना सबसे महत्त्वपूर्ण है। इसके माध्यम से उपलब्धियों का मूल्यांकन किया जा सकता है और कार्य को एक दिशा दी जा सकती है। अभी हालात यह है कि इस कार्यक्रम से सम्बन्धित सम्पूर्ण प्रक्रिया विपरीत दिशा में काम कर रही है। पहले उपलब्ध संसाधन का अनुमान लगाया जाता है, और फिर इसके आधार पर 'यथार्थवादी' माँग और योजनाएँ तैयार की जाती हैं। ये पूरी तरह से अनियोजित संसाधनों पर निर्भर होती हैं।

माताओं और बच्चों की सेहत और भलाई को सर्वाधिक अहम प्राथमिकता के रूप में स्वीकार किया जाना चाहिए और इस लक्ष्य को हासिल करने के लिए हर सम्भव प्रयास करना चाहिए। बच्चे देश का भविष्य है और वे ज़्यादा इन्तज़ार नहीं कर सकते हैं। इस मसले पर एक गम्भीर वाद-विवाद की आवश्यकता है, जिसमें समाज के सभी तबकों को शामिल किया जाना चाहिए। ऐसे वाद-विवाद से ही हमें प्रेरित करने वाला विज़न सामने आ सकता है। इस प्रकार के विज़न से प्रेरित होने पर आइसीडीएस कार्यक्रम और आँगनबाड़ी कार्यकर्ता देश के विकास में महत्त्वपूर्ण भूमिका अदा कर सकते हैं।

सन्दर्भ

1. यह शोध-पत्र एम वी फाउंडेशन द्वारा रंगा रेड्डी ज़िले के आठ मण्डलों में बच्चों के स्वास्थ्य के अधिकार पर किये गये काम के अनुभवों पर आधारित है। लेखिका पॉप्यूलेशन कौंसिल में हेल्थ ऐंड पॉप्यूलेशन इनोवेशन फेलो हैं और ये एमवी फाउंडेशन से जुड़ी हुई हैं।
2. देखें, http://wed.nic.in/udisha/objectives.htm (महिला और बाल विकास मन्त्रालय, भारत सरकार)।
3. देखें, http://wcd.nic.in (महिला और बाल विकास मन्त्रालय, भारत सरकार)।
4. इन आदेशों और इनके आस-पास संगठित हुए अभियान के बारे में विस्तृत जानकारी के लिए देखें, www.righttofoodinindia.org.
5. देखें, http://pmindia.nic.in/cmp.pdf.
6. ज़्यादा विस्तृत जानकारी के लिए देखें, www.nac.nic.in.
7. आन्ध्र प्रदेश में मण्डल एक प्रशासनिक इकाई है जिसमें 30-40 गाँव होते हैं और इसकी औसत जनसंख्या 50,000 होती है। आन्ध्र प्रदेश की प्रशासनिक संरचना ज़िला, मण्डल और ग्राम पंचायत से मिलकर निर्मित होती है।
8. एमवी फाउंडेशन एक स्वैच्छिक संगठन है जो बाल श्रम और बच्चों के शिक्षा के अधिकार पर काम करता है। वर्तमान में यह आन्ध्र प्रदेश के 6,000 गाँवों में सक्रिय है।

सन्दर्भ ग्रन्थ सूची

इंटरनैशनल इंस्टीट्यूट फॉर पॉप्यूलेशन साइंसेज (2000), *नैशनल फैमिली हेल्थ सर्वे 2 : इण्डिया 1998-99,* आईआईपीएस, मुम्बई।

द्रेज, ज्याँ और अमर्त्य सेन (1995), *इण्डिया : इकोनॉमिक डिवलपमेंट ऐंड सोशल ऑपरच्युनिटी,* ऑक्सफर्ड यूनिवर्सिटी प्रेस, नयी दिल्ली।

द्रेज, ज्याँ और सोनाली सेन (2004), 'यूनिवर्सलाइजेशन विद क्वालिटी : ऐन एजेण्डा फॉर आईसीडीएस', रिपोर्ट प्रिपेयर फॉर नैशनल एडवाइजरी कौंसिल, वेब पता : www.nac.nic.in

द वर्ल्ड हेल्थ रिपोर्ट (2005), 'मेक एवरी मदर ऐंड चाइल्ड काउंट', वर्ल्ड हेल्थ ऑर्गनाइजेशन, जिनेवा।

रामचन्द्रन, विमला (2005), 'रिफलेक्शन्स ऑन द आइसीडीएस प्रोग्राम', सेमिनार, नम्बर 546, फ़रवरी।

चन्द्रशेखर, सी.पी. और जयति घोष (2005), 'द अनफुलफील्ड पोटैंशियल ऑफ द आईसीडीसी', वेब पता : www.macroscan.com.

[यह शोध-आलेख *इकोनॉमिक ऐंड पॉलिटिकल वीकली* के 26 अगस्त 2006 अंक में प्रकाशित हुआ था।]

जनवितरण प्रणाली का पुनरुत्थान : साक्ष्य और व्याख्याएँ

रीतिका खेड़ा[1]

(अनुवाद : विवेक रत्न)

इस सामान्य धारणा के विपरीत कि भारत की जनवितरण प्रणाली (पीडीएस) एक कभी नहीं सुधरने वाली मृतप्राय व्यवस्था है, पीडीएस के नौ राज्यों के सर्वे में यह पाया गया कि 84-88% प्रतिक्रियादाताओं को उनकी पूरी हकदारी मिलती है। ग़रीबी रेखा के नीचे रह रहे परिवारों की सिर्फ़ पीडीएस अनाजों में अन्तर्निहित सब्सिडी, कई राज्यों में, प्रत्येक महीना एक सप्ताह के नरेगा की मज़दूरी के लगभग बराबर है। एक बड़े क्षेत्र में पीडीएस के पुनरुत्थान का अन्दाज़ा इसके प्रति पुनः उभरी राजनीतिक रुचि से लगाया जा सकता है, जो राज्यों द्वारा प्रारम्भ किये गये विभिन्न पहलों, मसलन, कवरेज में विस्तार, कीमतों में कमी, स्टॉक प्रबधन का कम्प्यूटरीकरण आदि से उजागर होता है।

प्रतिक्रियादाताओं के एक विशाल बहुमत ने नकद हस्तान्तरण के बजाय वर्तमान समय में चल रहे खाद्य हस्तान्तरणों की प्राप्ति के प्रति अपनी वरीयता अभिव्यक्त की, इसका अपवाद बिहार है जहाँ पीडीएस अब भी काफ़ी ख़राब स्थिति में है। उनकी गवाहियों और सर्वे के निष्कर्षों ने अनेक अच्छे तर्क देकर आनन-फानन में नकद हस्तान्तरण की ओर हो रहे संक्रमण के प्रति आगाह किया। वस्तुतः पीडीएस में आगे और सुधार करते रहना ज़्यादा समझदारी वाला क़दम प्रतीत होता है।

1. भूमिका

जनवितरण प्रणाली (पीडीएस) भारत सरकार की खाद्य सुरक्षा से सम्बन्धित सर्वाधिक महत्त्वपूर्ण योजनाओं में से एक है। वर्ष 1997 में लक्षित जनवितरण प्रणाली (टारगेटेड पब्लिक डिस्ट्रीब्यूशन सिस्टम) के प्रारम्भ होने के बाद से ही जनवितरण प्रणाली के अधिकांश फील्ड-आधारित अध्ययनों में समावेशन और बहिष्करण से जुड़ी त्रुटियों पर ज़्यादा बल दिया गया है (उदाहरण के लिए देखें, स्वामीनाथन और मिश्रा 2001; हर्वे 2003; खेड़ा 2008; महामल्लिक और साहू 2011)। इसके अतिरिक्त कुछ अन्य लोगों ने राष्ट्रीय सैम्पल सर्वे (नैशनल सैम्पल सर्वे) के आँकड़ों को आधार बनाकर

जनवितरण प्रणाली में होने वाले रिसाव (लिकेज) से सम्बन्धित अध्ययन पर बल दिया है (उदाहरण के लिए देखें, झा और रामास्वामी 2010; हिमांशु और सेन 2011; खेड़ा 2011सी इत्यादि)। परन्तु कई दूसरे समान रूप से महत्त्वपूर्ण प्रश्नों, मसलन, जनवितरण प्रणाली का पोषण स्तर पर प्रभाव, पिछले दशक में जनवितरण प्रणाली से सम्बन्धित नीति में होने वाले परिवर्त्तनों (विशेषकर राज्य स्तर पर), खाद्य सुरक्षा उपलब्ध कराने में जनवितरण प्रणाली की भूमिका आदि की उपेक्षा की गयी है।

इसी प्रकार की कुछ कमियों को सम्बोधित करने के लिए और ज़मीनी स्तर पर वस्तुस्थिति को समझने के लिए मई-जून 2011 में भारत के नौ राज्यों में जनवितरण प्रणाली का सर्वे कराया गया था (यहाँ के बाद से 'पीडीएस सर्वे')। यह काम दो कारणों से महत्त्वपूर्ण है : पहला, हाल के वर्षों में जनवितरण प्रणाली के कुछ स्वतन्त्र मूल्यांकन किये गये थे, और दूसरा, प्रस्तावित राष्ट्रीय खाद्य सुरक्षा बिल में जनवितरण प्रणाली से एक महत्त्वपूर्ण भूमिका अदा करने की उम्मीद की जा रही है।[2] जनवितरण प्रणाली के एक विकल्प के तौर पर सीधे नकद राशि देने पर भी चर्चा हो रही है इसलिए इस सर्वे में नकद हस्तान्तरण पर आम लोगों के विचारों को भी समझने का प्रयास किया गया है।

नीति से सम्बन्धित बहस (और अकादमिक दायरे) में यह सामान्य मान्यता है कि जनवितरण प्रणाली एक मृतप्राय योजना है जिसमें सुधार की सम्भावना नहीं है परन्तु इसके विपरीत इस सर्वे में पाया गया कि कई राज्य सरकारों ने जनवितरण प्रणाली को क्रियाशील बनाने के लिए अनेक उपाय किये हैं। नाममात्र की रकम पर खाद्य सामग्रियों की सुनिश्चित आपूर्ति उपलब्ध कराके जनवितरण प्रणाली ग्रामीण परिवारों और विशेषकर इसके पात्र ग्रामीण परिवारों के लिए खाद्य सुरक्षा का एक महत्त्वपूर्ण स्रोत बन गया है। नौ सैम्पल राज्यों में से आठ राज्यों में ग़रीबी रेखा के नीचे रहने वाले परिवारों ने यह जानकारी दी कि उन्हें नियमित रूप से उनके कोटा का लगभग पूरा अनाज (चावल और गेहूँ) मिलता है। सैम्पल में शामिल नौवाँ राज्य बिहार इसका एक प्रमुख अपवाद है। परिवारों ने जानकारी दी कि सर्वे के पूर्ववर्त्ती तीन महीनों में उन्हें जनवितरण प्रणाली के तहत उनका कोटा, जो अधिकतम 40 किलोग्राम अनाज प्रति परिवार प्रति महीना था, का लगभग 84-88% अनाज मिल रहा था। इसके अतिरिक्त, महँगे बाज़ार दर और सस्ते पीडीएस दर के संयुक्त प्रभाव के कारण इन खाद्य हकदारियों से सम्बन्धित हस्तान्तरण का प्रभाव अब कमोबेश तात्त्विक था।

वर्तमान व्यवस्था की सबसे प्रमुख कमी यह है कि यह कुछ निश्चित वर्ग के परिवारों तक ही सीमित है और इसमें बड़ी मात्रा में परिवारों को बहिष्करण का सामना करना पड़ रहा है। हाल के समय तक अधिकांश राज्यों में जनवितरण प्रणाली ग़रीबी रेखा के नीचे (बीपीएल) के परिवारों तक सीमित थी। कई राज्यों में इस स्थिति के खिलाफ़ असन्तोष को दूर करने का प्रयास किया गया है। हालाँकि

इसके कारण जनवितरण प्रणाली की एक सार्वभौमिक व्यवस्था तो स्थापित नहीं हुई है, किन्तु अब इस व्यवस्था का स्वरूप ज़्यादा समावेशी हो गया है। कई राज्यों में, जनवितरण प्रणाली का पुनरुत्थान इसके इसी विस्तार से जुड़ी हुई प्रतीत होती है, जिस पर आगे चर्चा की गयी है।

जनवितरण प्रणाली के तहत अधिकांश राज्यों में खाद्य सामग्रियों के साथ-साथ चीनी और मिट्टी का तेल (केरोसीन तेल) भी दिया जाता है। इसके अतिरिक्त कुछ राज्यों में सब्सिडी वाले दर पर दालें और खाद्य तेल प्रदान करना भी प्रारम्भ किया गया है। इस सर्वे में जनवितरण प्रणाली के तहत गैर-खाद्य अनाज वस्तुओं (दालें, तेल, केरोसीन, चीनी, नमक आदि) के आपूर्ति पर मुख्य रूप से ध्यान नहीं दिया गया। इस सर्वे पर आधारित यह अध्ययन जनवितरण प्रणाली के विभिन्न पहलुओं, मसलन, खाद्य सुरक्षा सुनिश्चित करने में इसकी भूमिका, भ्रष्टाचार और अन्य शिकायतें, इसके कार्यों के रास्ते में आने वाली राज्य-स्तरीय विविधता और राज्य सरकारों द्वारा इसमें सुधार के लिए उठाये गये क़दम की समीक्षा करता है। हमने जनवितरण प्रणाली के तहत प्रदान किये जाने वाली सब्सिडीयुक्त खाद्य सामग्रियों के एक विकल्प के रूप में नकद हस्तान्तरण पर लोगों के विचारों पर भी चर्चा की है। नक़द या खाद्य सामग्रियों के प्रति अपनी वरीयता अभिव्यक्त करने के लिए उनके द्वारा जो तर्क दिये जा रहे थे वे काफ़ी ज्ञानवर्द्धक थे। इनसे ग्रामीण वास्तविकता को, इन नीतियों से सीधे तौर पर प्रभावित होने वाले लोगों के नजरिए से समझने में मदद मिली। हालाँकि इस मुद्दे पर लोगों की वरीयताएँ कोई अन्तिम शब्द नहीं हैं बल्कि इनके प्रति जितनी सजगता दिखाई जा रही है उससे कहीं ज़्यादा सजगता दिखाए जाने की ज़रूरत है।

1.1 सर्वे

सैम्पल में शामिल नौ राज्य हैं : आन्ध्र प्रदेश, बिहार, छत्तीसगढ़, हिमाचल प्रदेश, झारखण्ड, उड़ीसा, राजस्थान, तमिलनाडु और उत्तर प्रदेश।[3] 2004-05 (खेड़ा 2011 सी) के द्वितीयक आँकड़ों पर आधारित एक पूर्ववर्त्ती लेख में महत्त्वपूर्ण भारतीय राज्यों को जनवितरण प्रणाली के उनके प्रदर्शन के आधार पर तीन समूहों में श्रेणीबद्ध किया गया था। ये समूह हैं : 'कार्यरत', 'पुनर्जीवित' और 'मृतप्राय'।[4] जनवितरण प्रणाली के सर्वे के लिए राज्यों का चुनाव इन्हीं समूहों के आधार पर किया गया। हमनें तीन कार्यरत राज्यों (आन्ध्र प्रदेश, हिमाचल प्रदेश और तमिलनाडु), तीन पुनर्जीवित हो रहे राज्यों (छत्तीसगढ़, उड़ीसा और उत्तर प्रदेश) और तीन 'मृतप्राय' राज्यों (बिहार, झारखण्ड और राजस्थान) का चुनाव किया। इस सर्वे के द्वारा इस वर्गीकरण को समर्थन मिला, सिवाय इसके कि दो अतिरिक्त राज्य जो पहले 'मृतप्राय' श्रेणी में ये (झारखण्ड और राजस्थान) वे भी अब 'पुनर्जीवित' हो रहे राज्यों के वर्ग में दिखाई पड़ रहे थे।

सारणी 1 : सैम्पल परिवारों का सामाजिक-आर्थिक चरित्र

	सभी राज्य	आ. प्र.	बि.	छ. गढ़	हि. प्र.	झार.	उड़ी.	राज.	तमि.	उ.प्र.
महिला प्रतिक्रियादाता (%)	48	63	37	44	45	42	50	43	63	44
निरक्षर प्रतिक्रियादाता (%)	66	58	86	79	33	67	79	70	54	62
कच्चे घरों में रहने वाले (%)	49	24	50	76	53	73	62	38	13	50
विभिन्न समुदायों का अनुपात (%)										
दलित	28	22	46	17	49	10	10	48	15	43
आदिवासी	24	17	6	52	1	68	59	7	2	1
अन्य पिछड़ा वर्ग	35	46	27	29	3	20	30	36	80	40
अन्य	12	15	20	2	47	2	1	9	3	16
बिना ज़मीन वाले परिवारों का अनुपात (%)	36	29	73	43	7	22	25	59	36	26
एक एकड़ से कम ज़मीन वालों का अनुपात	61	62	99	69	70	70	56	76	56	81
मुख्य पेशा (%)										
खेती में स्व-रोज़गार	37	37	13	38	56	34	55	12	41	53
अनौपचारिक मज़दूर	49	41	76	50	31	53	36	72	40	33
नियमित रोज़गार	3	1	1	0	5	1	1	7	11	2
अन्य	11	21	10	11	8	13	9	9	8	12
जीवन की गुणवत्ता सूचकांक[क]										
निम्न (एसएलआई<=10)	70	30.2	96.0	86.7	41.5	95.7	85.2	81.5	18.0	92.5
उच्च (एलएसआई>20)	4	10.3	0.0	1.4	7.6	0.0	0.7	0.0	12.2	0.8
प्रति व्यक्ति (रुपया/माह) ख़र्च, गैर खाद्य	450	524	375	289	649	289	356	663	631	342
पूर्ववर्त्ती 12 महीने में नरेगा में रोज़गार										
0 दिन (कोई रोज़गार नहीं) (%)	37	20	62	31	22	30	46	52	22	50
100 दिन (%)	7	8	0	5	9	2	4	23	13	0
प्रति परिवार औसत दिन	29	39	12	25	41	28	19	33	55	14

क. जीवन की गुणवत्ता का सूचकांक (स्टैण्डर्ड ऑफ लाइफ इंडेक्स) का निर्माण निम्न प्रकार से सम्पत्तियों के स्वामित्व का आकलन करके किया जाता है, पक्के घरों के लिए चार अंक, अर्द्ध-पक्के के लिए दो और कच्चे के लिए शून्य; फ्लैश वाले शौचालय के लिए चार और बिना शौचालय के लिए शून्य; बिजली के लिए दो और इसके अभाव के लिए शून्य; पाइप वाले पानी सप्लाई के लिए दो और जल आपूर्त्ति के सार्वजनिक स्रोत के लिए एक; पाँच या उससे ज़्यादा एकड़ ज़मीन के लिए चार, दो से लेकर पाँच एकड़ तक ज़मीन के लिए तीन, दो एकड़ तक की ज़मीन के लिए दो और बिना ज़मीन वाले को शून्य; चार-पहिया वाहन के स्वामित्व के लिए चार, दो-पहिया वाहन के स्वामित्व के लिए तीन; टेलीविज़न सेट या पंखा के स्वामित्व के लिए प्रत्येक के लिए तीन; प्रेशर कुकर के स्वामित्व के लिए एक।

सैम्पल के प्रत्येक राज्य में दो सैम्पल ज़िलों के दो प्रखण्डों (ब्लॉक) में सर्वे टीम द्वारा भ्रमण किया गया।[5] सैम्पल ज़िलों और प्रखण्डों का चुनाव इस प्रकार से किया गया कि राज्य के ज़्यादा और कम विकसित क्षेत्रों के बीच सन्तुलन बन सके और इसके साथ ही विभिन्न कृषि-जलवायु क्षेत्रों के बीच भी सन्तुलन कायम रहे। उदाहरण के लिए बिहार में नालन्दा ('दक्षिणी बिहार' का यह ज़िला राज्य की राजधानी से दो घंटे की दूरी पर है) और कटिहार ज़िला ('उत्तरी बिहार' का यह ज़िला नेपाल की सीमा पर स्थित है) का चुनाव किया गया था। तमिलनाडु के दोनों सैम्पल ज़िले (डिंडीगुल और धर्मापुरी) 'पिछड़े' ज़िलों के रूप में जाने जाते हैं। चूँकि जनवितरण प्रणाली के क्रियान्वयन में तमिलनाडु को अपवादस्वरूप सबसे बेहतर माना जाता है इसलिए हमारी रुचि तमिलनाडु के दो सबसे पिछड़े ज़िलों में जनवितरण प्रणाली के प्रदर्शन को देखने में थी।

सैम्पल के 20 ज़िलों में से प्रत्येक में छह गाँवों (दोनों प्रखण्डों के तीन-तीन गाँव) को निरीक्षण के लिए चुना गया था। गाँवों का चुनाव रैण्डम सैम्पल के तौर पर 500-1500 जनसंख्या वाले गाँवों की जनगणना की सूची से किया गया था।[6] निरीक्षक से अपेक्षा की गयी थी कि वे प्रत्येक गाँव से 12 परिवारों को रैण्डम तरीके से चुनकर उनका साक्षात्कार करें।

नौ राज्यों में से छह राज्यों में सर्वे किये गये परिवारों का चुनाव रैण्डम तरीके से बीपीएल की सूची से किया गया था। शेष तीन राज्यों (आन्ध्र प्रदेश, हिमाचल प्रदेश और तमिलनाडु) में जहाँ जनवितरण प्रणाली सार्वभौमिक (यूनिवर्सल) या अर्द्ध-सार्वभौमिक है वहाँ सैम्पलिंग के लिए मतदाता सूची का प्रयोग किया गया था।[7] जैसा कि आगे चर्चा की गयी है कि बीपलएल की सूची विश्वसनीयता से परे है, परन्तु यह हमारे उद्देश्य के लिहाज से अच्छा ही था। हालाँकि झारखण्ड आंशिक तौर पर इसका अपवाद था। अगर बीपीएल की सूची (या मतदाता सूची) का कोई परिवार ग़रीबी रेखा से ऊपर के कार्ड के योग्य या फिर बिना किसी कार्ड वाला पाया जाता था तो निरीक्षकों को ऐसे परिवारों को छोड़ देने का निर्देश दिया गया था। इसके अतिरिक्त अंत्योदय कार्ड धारक परिवारों, ये परिवार ग़रीबों में भी सबसे ग़रीब होते हैं, को भी शामिल किया गया था (इन परिवारों का चुनाव सामान्य तौर पर बीपीएल सूची से किया जाता है परन्तु हमेशा ऐसा नहीं किया जाता है)। इस सर्वे (यहाँ के बाद से 'पीडीएस सर्वे') में नौ राज्यों के 1,227 परिवारों को शामिल किया गया।

परिवार सम्बन्धी प्रश्नों के साथ-साथ सर्वे की प्रश्नावलियों में सैम्पल गाँवों की मूलभूत सामाजिक-आर्थिक विशेषताओं सम्बन्धी सूचनाएँ भी संग्रहित की गयी हैं। इन सूचनाओं में गाँवों तक यातायात के साधन, आधारभूत सुख-सुविधा के साधन, नज़दीकी बाज़ारों तक उनकी पहुँच आदि से सम्बन्धित प्रश्नों को भी शामिल किया गया। गाँव से सम्बन्धित प्रश्नावली में राशन दुकान (फेयर प्राइस शॉप) के डीलर का साक्षात्कार

भी शामिल किया गया जिनसे राशन की दुकान चलाने से सम्बन्धित प्रश्न पूछा गया।

यह सर्वे दिल्ली विश्वविद्यालय और अन्य विश्वविद्यालयों के छात्रों द्वारा स्थानीय स्वयंसेवकों के साथ मिलकर, सावधानीपूर्वक प्रशिक्षण देने के पश्चात् सम्पन्न कराया गया। उनमें से कई पूर्ववर्ती जनवितरण प्रणाली के सर्वे की शृंखला में और दूसरे सामाजिक सुरक्षा सम्बन्धी योजनाओं मसलन राष्ट्रीय ग्रामीण रोज़गार गारंटी अधिनियम (नरेगा), मध्याह्न भोजन योजना (मिड-डे मील), एकीकृत बाल विकास सेवाएँ (इंटीग्रेटेड चाइल्ड डेवलपमेंट सर्विसेज) आदि में भाग ले चुके थे (उदाहरण के लिए देखें, द्रेज 2001, 2002ए; भाटिया और द्रेज 2002; द्रेज और गोयल 2003; खेड़ा 2002, 2006, 2008, 2011बी; सिन्हा 2008; सिटिजन्स इनीसिएटिव फॉर द चिल्ड्रन अंडर सिक्स 2006 एवं अन्य)। जनवितरण प्रणाली के इस सर्वे में शामिल नौ राज्यों में से प्रत्येक राज्य पूर्ववर्त्ती एक या एक से अधिक सर्वे में भी शामिल किये गये थे। द्वितीयक आँकड़ों के साथ इस सर्वे के आँकड़ों को मिलाकर देखने के बाद यह समझने में मदद मिली कि इन क्षेत्रों में समय के साथ चीज़ें किस प्रकार बदली हैं।[8]

1.2 प्रतिक्रियादाताओं की सामाजिक-आर्थिक पृष्ठभूमि

यह भाग प्रतिक्रियादाताओं और उनके परिवारों के सामाजिक-आर्थिक चरित्र का संक्षेप में वर्णन करता है। कुल प्रतिक्रियादाताओं का लगभग आधा (48%) महिलाएँ थीं। महिला प्रतिक्रियादाताओं के सर्वोच्च अनुपात (63%) का साक्षात्कार आन्ध्र प्रदेश और तमिलनाडु में किया गया जबकि बिहार के सैम्पल में यह सबसे कम (37%) था।[9] प्रतिक्रियादाताओं की कुल संख्या के दो-तिहाई निरक्षर थे, हालाँकि इसमें बड़े स्तर पर अन्तर्राज्यीय भिन्नता थी। मसलन, हिमाचल प्रदेश के प्रतिक्रियादाताओं में निरक्षर लोगों का अनुपात सबसे कम (33%) और बिहार में यह सर्वाधिक (86%) था। कुल प्रतिक्रियादाताओं के लगभग आधे (52%) दलित (अनुसूचित जाति) और आदिवासी (अनुसूचित जनजाति) थे, एक-तिहाई 'अन्य पिछड़ी जातियों' के थे और 12% अन्य समुदायों से थे।

सारणी 1 में सैम्पल परिवारों की सामाजिक-आर्थिक पृष्ठभूमि से जुड़ी अन्य जानकारियों को दर्शाया गया है। अधिकांश परिवार ग़रीब थे जिनके पास बहुत ही कम सम्पत्ति थी (उदाहरणस्वरूप एक-तिहाई से ज़्यादा भूमिहीन थे और 61% के पास एक एकड़ से कम ज़मीन थी) और एक चौथाई परिवार कच्चे घरों में बिना बिजली के रह रहे थे।

इस पीडीएस सर्वे में संग्रहित किये गये सम्पत्ति से सम्बन्धित आँकड़ों का प्रयोग करके राष्ट्रीय परिवार स्वास्थ्य सर्वे (नैशनल फेमिली हेल्थ सर्वे) में प्रयोग किये गये सूचकांक की तर्ज पर एक 'जीविका के मानक का सूचकांक' (स्टैंडर्ड ऑफ लिविंग इंडेक्स अर्थात् एसएलआई) का सृजन किया गया।[10] यहाँ परिवारों का 1 से लेकर

30 अंकों के बीच का एसएलआई (स्टैंडर्ड ऑफ लिविंग इंडेक्स) का निर्माण किया गया। सर्वे के छह राज्यों में 70% से ज़्यादा परिवारों का 'निम्न' एसएलआई स्कोर था (अर्थात् 10 से कम एसएलआई, अधिक विस्तार के लिए तालिका 1 देखें)। दो दक्षिणी राज्यों (आन्ध्र प्रदेश और तमिलनाडु) और उत्तरी राज्य हिमाचल प्रदेश आर्थिक रूप से बेहतर स्थिति में थे जहाँ 18-42% परिवार ही निम्न एसएलआई के थे।

2. जनवितरण प्रणाली

1997 में शुरू किये गये लक्षित जनवितरण प्रणाली (टारगेटेड पब्लिक डिस्ट्रीब्यूशन सिस्टम) के तहत परिवारों को एपीएल, बीपीएल और अंत्योदय (2001 से प्रारम्भ) कार्ड दिये जाते हैं।[11] अंत्योदय कार्डधारकों को बीपीएल परिवारों की तुलना में ज़्यादा सब्सिडी दी जाती है; और यह ग़रीबों में भी सर्वाधिक ग़रीब के लिए है। एपीएल परिवार प्रभावी तौर पर 2001 से जनवितरण प्रणाली से बाहर हैं क्योंकि केन्द्र की सरकार ने एपीएल के लिए वस्तुओं की कीमत बाज़ार मूल्यों से ऊपर कर दी थी। हालाँकि, हाल के वर्षों में वे पुनः धीरे-धीरे इस व्यवस्था में शामिल हो गये हैं क्योंकि कई राज्यों में बाज़ार मूल्य गिर गया है और एपीएल के लिए निर्धारित मूल्य स्थिर हैं (कुछ राज्यों ने एपीएल कोटा का प्रयोग जनवितरण प्रणाली के विस्तार को बढ़ाने के लिए किया है—नीचे देखें)।

केन्द्र सरकार प्रत्येक राज्य के बीपीएल परिवारों के लिए किस अनुपात में सब्सिडी देना चाहती है वह योजना आयोग के ग़रीबी के आकलनों से यह निर्धारित होता है। सर्वोच्च न्यायालय के 'राइट टू फूड' (भोजन का अधिकार) केस (पी.यू. सी.एल. बनाम यूनियन ऑफ इण्डिया ऐंड अदर्स, रिट पिटीसन सिविल, 2001 का 196 नम्बर) के एक आदेश के कारण 1993-94 के ग़रीबी के आकलनों का इस उद्देश्य के लिए अब भी प्रयोग होता है। बढ़ती हुई जनसंख्या को ध्यान में रखकर केन्द्र ने 2000 में प्रत्येक राज्य के लिए बीपीएल के आँकड़ों को 1993-94 के ग़रीबी के आकलनों का प्रयोग करके 2000 के अनुमानित जनसंख्या के अनुरूप संशोधित कर दिया।[12] गौरतलब है कि आन्ध्र प्रदेश और तमिलनाडु ने कभी भी केन्द्र सरकार द्वारा निर्धारित बीपीएल की अधिकतम सीमा को स्वीकार नहीं किया और इनके पास जनवितरण प्रणाली के लिए बीपीएल की कोई श्रेणी नहीं है।[13] आन्ध्र प्रदेश में, जो लोग जनवितरण प्रणाली के तहत सामग्रियों के हकदार होते हैं उन्हें 'सफेद' कार्ड दिया जाता है और तमिलनाडु में इन कार्डों को 'राइस कार्ड्स' कहा जाता है।[14]

2003 से कई राज्य सरकारों ने ऐसा महसूस किया कि केन्द्र सरकार द्वारा थोपी गयी बीपीएल कार्डों की अधिकतम सीमा ज़्यादा सख्त है। इसके प्रतिक्रिया स्वरूप, कई राज्यों ने राज्य स्तरीय योजनाएँ (मसलन, छत्तीसगढ़, राजस्थान और मध्य प्रदेश में मुख्यमन्त्री खाद्य सहयोग योजना) प्रारम्भ की ताकि ज़्यादा बीपीएल

कार्ड जारी किया जा सके (इस लेख में इन्हें 'राज्य बीपीएल कार्ड्स' से सम्बोधित किया गया है)। राज्य बीपीएल कार्ड धारकों के परिवार के लिए हकदारी सामान्य बीपीएल कार्डधारकों के लगभग समान थी। हमारे सैम्पल में, 62% परिवारों के पास बीपीएल कार्ड और लगभग दसवें हिस्से (8%) के पास राज्य बीपीएल कार्ड था। सैम्पल के लगभग एक चौथाई (27%) परिवारों के पास अंत्योदय राशन कार्ड था।[15]

2.1 पीडीएस हकदारी

पिछले कुछ वर्षों में राज्य-स्तर पर जनवितरण प्रणाली सम्बन्धी दो विकास हुए हैं। पहला तो यह कि पीडीएस के प्रति पुनः राजनीतिक रुचि में बढ़ोतरी देखी जा सकती है, विशेषकर 2007 से। इसके दो स्पष्टीकरण दिये जा सकते हैं : (क) केन्द्र सरकार द्वारा जनवितरण प्रणाली के उद्देश्य से थोपा गया एपीएल और बीपीएल के विभाजन का राज्य सरकारों द्वारा अस्वीकार कर देना; और (ख) कई राज्यों में पीडीएस मूल्यों का कम किया जाना, जिसमें जून 2011 से तमिलनाडु में मुफ़्त अनाज भी सम्मिलित है। इसके अतिरिक्त इसमें एक नया पहलू यह जुड़ा है कि अब सबसिडीयुक्त दरों पर बाँटी जाने वाली वस्तुओं में दालों और खाद्य तेलों को भी शामिल किया जा रहा है। हालाँकि अभी इस पहलू का सभी राज्यों में विस्तार नहीं हुआ है।

जनवितरण प्रणाली के तहत प्रदान की जाने वाली सामग्रियों की सूची में राज्यों के स्तर पर भारी विविधता देखी जा सकती है। सारणी 2 में बीपीएल कार्डधारकों को दी जाने वाली हकदारियों का राज्यवार आँकड़ा दर्शाया गया है, जिसमें प्रत्येक सर्वे वाले राज्यों में पीडीएस के तहत प्रदान किये जाने वाली गैर खाद्य सामग्रियाँ भी सम्मिलित हैं। जहाँ गेहूँ और चावल सामान्यतः सिर्फ़ बीपीएल और अंत्योदय परिवारों को प्रदान किया जाता है वहीं केरोसीन तेल सभी परिवारों के लिए उपलब्ध है। परन्तु जैसा कि पहले उल्लेख किया गया है कि इस सर्वे में मुख्यतः गेहूँ और चावल के सप्लाई पर ही ध्यान केन्द्रित किया गया है।

यहाँ एक और महत्त्वपूर्ण बिन्दु ध्यातव्य है कि भारतीय खाद्य निगम (फूड कॉरपोरेशन ऑफ इण्डिया) द्वारा निर्मित खाद्य-अनाजों के विशाल भंडार के बारे में सर्वोच्च न्यायालय ने 2010 में यह निर्देश दिया कि अनाजों के अतिरिक्त भंडार को पीडीएस हकदारी में वृद्धि करके कम किया जाये। कुछ राज्यों ने अनाजों के इस अतिरिक्त आबंटन का फायदा उठाया और वे बीपीएल परिवारों को 5 किलोग्राम प्रति माह अतिरिक्त अनाज प्रदान करने लगे।

2.1.1 सार्वभौमीकरण की ओर

राज्यों में एक उत्साहवर्धक प्रवृत्ति देखी गयी कि उनके यहाँ जनवितरण प्रणाली ज़्यादा समावेशी (कुछ मामलों में सार्वभौमिक भी) होने की ओर अग्रसर है। तमिलनाडु

के पास पिछले कुछ समय से सार्वभौमिक जनवितरण प्रणाली है। हिमाचल प्रदेश में भी सार्वभौमिक पीडीएस है, हालाँकि वहाँ एक अन्तर है—वहाँ एपीएल परिवार, बीपीएल परिवारों की तुलना में ज़्यादा कीमत देते हैं, यद्यपि सभी परिवारों के लिए हकदारियाँ (सामग्रियों और उसकी मात्रा से सम्बन्धित) बराबर हैं। आन्ध्र प्रदेश और छत्तीसगढ़ में 'अर्द्ध-सार्वभौमिक' व्यवस्था है जहाँ लगभग 80% जनसंख्या पीडीएस सामग्रियों के लिए हकदार है।

सारणी 2 : बीपीएल कार्डधारकों[क] के लिए पीडीएस मानदण्ड

	अनाज हकदारियाँ	अन्य पीडीएस सामग्रियाँ
आन्ध्र प्रदेश[ख] किलो)	चावल : 4 किलो/व्यक्ति (2 रु./किलो)	केरोसीन, चीनी, नमक, दालें (1-2 किलो, 34-50 रु./ गेहूँ : फोर्टीफायड आटा तेल (1 लीटर, 35 रु./लीटर)
बिहार	चावल : 15 किलो (6.7 रु./किलो) गेहूँ : 10 किलो (5.22 रु./किलो)	केरोसीन
छत्तीसगढ़[ग]	चावल : 25 किलो (2 रु./किलो) गेहूँ : 10 किलो (2 रु./किलो)	केरोसीन, चीनी, नमक, दालें (1-3 किलो, 20-35 रु./किलो) खाद्य तेल (1-2 लीटर, 40 रु./लीटर)
हिमाचल प्रदेश	चावल : 15 किलो (10 रु./किलो एपीएल के लिए और 6.85 रु./किलो बीपीएल के लिए) गेहूँ : 20 किलो (8.5 रु./किलो एपीएल के लिए और 5.25 रु./किलो बीपीएल के लिए)	केरोसीन, चीनी, नमक, दालें (1-3 किलो, 20-30 रु./किलो) खाद्य तेल (1-2 लीटर, 40 रु./लीटर)
झारखण्ड	चावल : 35 किलो (1 रु./किलो) गेहूँ : बन्द	केरोसीन
उड़ीसा	चावल : 25 किलो (केबीके क्षेत्र में 2 रु./किलो; अन्य जगहों पर एपीएल के लिए 9.3 रु./किलो) गेहूँ : अस्पष्ट	केरोसीन, चीनी
राजस्थान	चावल : 0 गेहूँ : 25 किलो (2 रु./किलो)	केरोसीन, चीनी
तमिलनाडु	चावल : 20 किलो (मुफ़्त)[घ] गेहूँ : फोर्टिफायड आटा (1 किलो, 11 रु./किलो)	केरोसीन, चीनी, नमक, दालें (2 किलो, 30 रु./किलो), तेल (1 लीटर, 25 रु./लीटर)
उत्तर प्रदेश	चावल : 20 किलो (6.15 रु./किलो) गेहूँ : 15 किलो (4.65 रु./किलो)	केरोसीन, चीनी

क. सभी राज्यों में अंत्योदय कार्डधारकों को 35 किलो/माह/परिवार मिलता है, और वे चावल के लिए 3 रु./किलो और गेहूँ के लिए 2 रु./किलो कीमत देते हैं। हालाँकि, उड़ीसा में उन्हें चावल 2 रु./किलो की दर पर दिया जाता है; छत्तीसगढ़ और झारखण्ड में इसकी कीमत 1 रु./किलो तक घटा दी गयी है। तमिलनाडु में और झारखण्ड में अंत्योदय कार्ड धारक तथाकथित 'आदिम जनजातीय समूहों' के लिए चावल मुफ़्त है।

ख. आन्ध्र प्रदेश में हकदारियाँ प्रति व्यक्ति के रूप में विनिर्दिष्ट हैं, जहाँ प्रत्येक व्यक्ति चार किलो/माह के लिए हकदार है, जो एक परिवार के लिए अधिकतम 20 किलो तक हो सकता है।

ग. छत्तीसगढ़ में तीन अतिरिक्त राज्य-विशिष्ट राशन कार्ड हैं। भूरे कार्डों (अनुसूचित जनजाति और अनुसूचित जाति के लिए) और केसरिया कार्डों (ओबीसी के लिए) को बीपीएल कार्डधारकों के बराबर हकदारी दी जाती है। विधवाओं और वरिष्ठ नागरिकों को भी केसरिया कार्ड दिया जाता है परन्तु इनकी हकदारी उनसे कम (10 किलो चावल 2 रु./किलो की दर पर) है। विकलांग व्यक्तियों को हरा कार्ड दिया जाता है जिसकी हकदारी विधवाओं और वरिष्ठ नागरिकों के बराबर होती है।

घ. एक-व्यक्ति वाले परिवारों के लिए हकदारी 12 किलो चावल है और दो-व्यक्ति वाले परिवारों के लिए यह 16 किलो है।

अन्य राज्यों में भी पीडीएस के सार्वभौमीकरण की प्रवृत्ति देखी जा सकती है। उड़ीसा में पीडीएस को भुखमरी से प्रभावित 'केबीके क्षेत्र' (मूलतः कालाहांडी–बोलनगीर–कोरापुट ज़िले, जिन्हें अब छोटे ज़िलों में विभाजित कर दिया गया है) में सार्वभौमिक कर दिया गया है।[16] राजस्थान, बिहार और झारखण्ड सभी ने अपने बीपीएल सूची का विस्तार किया है ताकि ज़्यादा परिवारों को इसमें शामिल किया जा सके (देखें, खेड़ा 2011सी में तालिका 3)। उत्तर प्रदेश सभी नौ सैम्पल राज्यों में से एकमात्र अपवाद था।

सारणी 3 : पीडीएस अनाज की खरीद

	औसत खरीद (किलो/माह)								बीपीएल कार्डधारकों के लिए औसत हकदारी (किलो / माह)[ख]	पिछले तीन महीनों में खरीद- हकदारी अनुपात (पीईआर)	
	बीपीएल				अंत्योदय[क]					बीपीएल	अंत्योदय
	मार्च	अप्रैल	मई	औसत	मार्च	अप्रैल	मई	औसत			
आन्ध्र प्रदेश	14.8	15.1	14.9	14.9	35.3	35.3	30.9	33.8	15.1	100	97
बिहार	11.5	10.8	11.4	11.2	19.3	14.9	14.6	16.3	25	45	47
छत्तीसगढ़	33.1	34.0	32.8	33.3	34.1	33.1	35	34.1	35	95	97
हिमाचल प्रदेश	41.6	36.9	32.9	37.1	43.1	38.1	31.8	37.6	35-40[घ]	92-100[घ]	94-100
झारखण्ड	29.5	22.5	22.8	24.9	30.4	22.1	19.4	23.9	35	71	68
उड़ीसा	20.9	26.0	40.6[ग]	29.2	31.6	32.7	40.6	35.0	25-30[घ]	97-100[घ]	100
राजस्थान	25.6	25.3	27.1	26.0	35	35.3	35	35.1	25-30[घ]	86-100[घ]	100
तमिलनाडु	17.3	18.6	17.8	17.9	33.5	28.5	30.3	30.8	19.5	92	88
उत्तरप्रदेश	31.2	31.0	29.8	30.7	33.7	34.4	33.9	33.9	35-40[घ]	77-88[घ]	85
सभी राज्य	23.7	23.5	24.7	24.0	32.6	29.6	29.1	30.4	27.3-28.7	84-88	87

क. सभी जगह अंत्योदय के लिए हकदारी 35 किलो/माह है सिर्फ़ उत्तर प्रदेश इसका अपवाद है जहाँ राइट टू फूड केस में सर्वोच्च न्यायालय द्वारा दिये गये आदेश के परिप्रेक्ष्य में 40 किलो (अस्थायी) दिया जा रहा था (पाठ्य भाग देखें)

ख. हकादियाँ सैम्पल परिवारों पर ही लागू होती हैं और यह तालिका 2 में दिये गये मानदण्ड पर आधारित है।

ग. 'इकट्ठा जोड़ने' के कारण (उदाहरण के लिए, कुछ परिवारों को मार्च और अप्रैल में कुछ नहीं मिला परन्तु उसके बाद मई में एक साथ 100 किलो मिला)।

घ. सर्वोच्च न्यायलय द्वारा राइट टू फूड केस में दिये गये आदेश के अनुसार 5 किलो अतिरिक्त अनाज देने के कारण हकदारियों के दायरे में अन्तर है। यह दायरा हकदारी की निम्नतर और उच्चतर सीमा के साथ-साथ खरीद-हकदारी अनुपात (पीईआर) भी बताता है।

जनवितरण प्रणाली की व्यापकता में विस्तार दो में से एक (या दोनों) उपायों का प्रयोग करके सम्भव बनाया गया है : राज्य सरकारें अतिरिक्त विस्तार के लिए भुगतान करती हैं (जैसे आन्ध्र प्रदेश, छत्तीसगढ़ और तमिलनाडु) या केन्द्र द्वारा राज्यों को आबंटित हिस्से को 'कम मात्रा' में ज़्यादा लोगों में बाँटा जाता है। वर्तमान में केन्द्र सरकार प्रत्येक बीपीएल परिवारों के लिए 35 किलो अनाज आबंटित करती है (किन्तु शर्त यह है कि राज्य सरकारें ग़रीबी आकलन के बारे में योजना आयोग के आकलन का पालन करें)। जहाँ छत्तीसगढ़, हिमाचल प्रदेश, झारखण्ड और उत्तर प्रदेश अब भी प्रत्येक परिवार को 35 किलो प्रति माह देते हैं, वहीं दूसरे सैम्पल राज्यों में परिवारों की हकदारी 35 किलो प्रतिमाह से कम है (सारणी 2)। दो राज्यों (आन्ध्र प्रदेश और तमिलनाडु) ने प्रति व्यक्ति हकदारी का फार्मूला अपना लिया है जबकि बिहार, उड़ीसा और राजस्थान में बीपीएल परिवारों को 25 किलो प्रति माह की हकदारी दी जाती है।

2.1.2 पीडीएस कीमतों में कटौती

पीडीएस अनाजों के लिए हकदार परिवारों की संख्या बढ़ाने के साथ-साथ नौ राज्य सरकारों में से छह ने केन्द्र द्वारा बीपीएल परिवारों के लिए निर्धारित किये गये कीमतों अर्थात् 4.65 रुपया प्रति किलो गेहूँ और 6.15 रुपया प्रति किलो चावल से भी कम कीमत निर्धारित किया है। तमिलनाडु में सरकार 20 किलो मुफ़्त अनाज प्रदान करती है; छत्तीसगढ़, राजस्थान, उड़ीसा और आन्ध्र प्रदेश में 2 रुपया प्रति किलो अनाज उपलब्ध कराया जाता है; झारखण्ड में यह 1 रुपया प्रति किलो कीमत पर उपलब्ध है (और 'आदिम जनजातीय समूह' से ताल्लुक रखने वाले अंत्योदय परिवारों के लिए यह मुफ़्त है)। इसी बीच बाज़ार मूल्यों में वृद्धि हो गयी है जिसका सीधा अभिप्राय यह है कि पीडीएस के लिए सब्सिडी में भी इजाफ़ा हुआ है।

इसे स्पष्ट करने के लिए छत्तीसगढ़ का दृष्टान्त लेते हैं जहाँ बीपीएल परिवार 2 रुपया प्रति किलो की दर पर 35 किलो चावल लेने के हकदार हैं (बहुत हद तक झारखण्ड, उड़ीसा, आन्ध्र प्रदेश और तमिलनाडु की ही तरह)। इस मासिक राशन का नज़दीकी बाज़ार में कुल मूल्य लगभग 600 रुपये होता है। दूसरी तरफ़ यह प्रत्येक महीने के पाँच दिन या फिर वर्ष के 60 दिन की नरेगा की मज़दूरी के लगभग बराबर है। इस दृष्टिकोण से देखा जाये तो छत्तीसगढ़ में सैम्पल परिवारों ने पिछले

एक वर्ष में नरेगा में औसतन लगभग 25 दिन काम किया था। इस प्रकार देखा जा सकता है कि पीडीएस उनके लिए नरेगा के दुगुने से भी ज़्यादा मदद कर रही थी और अगर दोनों को ही संयुक्त कर दिया जाये तो उनके लिए यह ग़रीबी और भुखमरी के विरुद्ध एक अत्यन्त महत्त्वपूर्ण संरक्षण प्रदान कर सकता है।

2.1.3 चावल और गेहूँ के परे

एक अन्य सकारात्मक पहलू यह है कि पीडीएस के तहत दी जाने वाली वस्तुओं की सूची में लगातार विस्तार हुआ है। इस सन्दर्भ में ज़्यादा पोषक सामग्रियों को शामिल करने का प्रयास किया गया है। हिमाचल प्रदेश में सभी कार्ड धारक (चाहे वे एपीएल के हों या बीपीएल के) न्यूनतम एक किलो दाल और एक किलो तेल प्रत्येक महीने खरीद सकते हैं। बड़े परिवार वाले तीन किलो दाल और दो किलो तक खाद्य तेल प्रति माह खरीद सकते हैं। आन्ध्र प्रदेश और तमिलनाडु भी दाल और खाद्य तेल प्रदान करते हैं। उत्तर प्रदेश में परिवारों ने बीच-बीच में मटर की दाल की आपूर्त्ति की भी जानकारी दी; राजस्थान में भी परिवारों ने जानकारी दी कि उन्हें 2009-10 के दौरान कुछ समय के लिए दाल और तेल मिला था, जब इनके बाज़ार की कीमतों में अचानक तेज़ी आ गयी थी। प्रतिक्रियादाताओं के बीच यह अपेक्षा थी कि इन्हें पुनः लागू किया जाये। छत्तीसगढ़ सरकार ने प्रायोगिक तौर पर बस्तर ज़िले में चना दाल उपलब्ध कराया है।

2.2 बीपीएल सूचियाँ

राज्य सरकारों द्वारा अब तक दो बीपीएल गणना (1997 और 2002 में) कराई गयी है। 2002 की गणना के आधार पर निर्मित बीपीएल सूची पर 'राइट टू फूड' मामले में सर्वोच्च न्यायालय द्वारा दिये गये एक स्थगन आदेश (स्टे आर्डर) के मद्देनज़र रोक लग गयी। सर्वोच्च न्यायालय ने 2005 में स्थगन आदेश हटा दिया लेकिन इस प्रावधान के साथ कि 1997 के बीपीएल की सूची के परिवारों के नाम 2002 के बीपीएल की सूची में काटे नहीं जायें और इसके साथ ही ऐसे सभी परिवारों के लिए इस प्रकार के आवेदन की प्रक्रिया खुली रखी जानी चाहिए। स्थगन आदेश हटा लेने के बाद भी सभी राज्यों ने नयी बीपीएल सूची को स्वीकार नहीं किया। इस दौरान, जैसा कि हमने पहले भी देखा है कि राज्य सरकारों ने बीपीएल के विस्तार पर संसाधन ख़र्च करने के लिए राज्य बीपीएल कार्ड प्रारम्भ कर दिया।[17] इन घटनाओं के चलते, उन राज्यों में, जहाँ सैम्पल के लिए बीपीएल कार्ड का प्रयोग किया गया था, वहाँ यह दुविधा उत्पन्न हो गयी थी कि किस सर्वे के बीपीएल सूची को शामिल किया जाये (1997, 2002 या हाल के कोई अन्य)।

विशेषकर झारखण्ड में स्थिति ज़्यादा ख़राब थी। यहाँ बीपीएल कार्डों का वितरण अधिकांशतः 1997 के सर्वे पर आधारित था। जबकि पीडीएस राशनों का वितरण एक अन्य सूची पर आधारित था (आगे से इसके लिए 'पीडीएस सूची' कहा जायेगा)। यह सूची राशन दुकानों (एफपीएस) के डीलर के पास थी, और यह बीपीएल लिस्ट से पूरी तरह मेल नहीं खाती थी। सर्वे के दौरान हमें ऐसे परिवार भी मिले जिनका नाम बीपीएल सूची में था और उनके पास बीपीएल कार्ड भी था परन्तु उन्हें राशन नहीं मिलता था। दूसरी तरफ़ कुछ परिवार ऐसे भी थे जिनके पास राशन कार्ड नहीं था परन्तु उन्हें राशन मिल रहा था क्योंकि उनका नाम पीडीएस लिस्ट में था! यह परिस्थिति हाल के वर्षों में बीपीएल लिस्ट के परे जाकर पीडीएस का विस्तार करने और राज्य में ख़राब गवर्नेंस के कारण उत्पन्न हुई है।[18] पीडीएस के लिए कौन हकदार है, अगर इसी में स्पष्टता का अभाव हो तो फिर डीलर और अधिकारियों के लिए भ्रष्टाचार के रास्ते खुल जाते हैं।

बीपीएल लिस्ट में परिवारों का गलत वर्गीकरण (समावेशन और बहिष्करण सम्बन्धी त्रुटियाँ) पहले से ही प्रमाणित है (उदाहरण के लिए, द्रेज और खेड़ा 2010ए और पूर्व में उल्लिखित ग्रन्थ)। इस प्रकार की त्रुटियों को दर्ज करना इस सर्वे का सीधे तौर पर कोई हिस्सा नहीं था, हालाँकि सर्वेक्षणकर्त्ताओं की नज़र में गम्भीर समावेशन और विशेषकर बहिष्करण की त्रुटियाँ सामने आयी थीं।

इसका सकारात्मक पक्ष यह था कि बीपीएल लिस्ट अब ज़्यादा पारदर्शी हो रहे थे (आगे खण्ड 7.3 देखें)। ज़्यादातर बीपीएल लिस्ट ऑन लाइन हैं। छत्तीसगढ़ और उड़ीसा में टीम ने पाया कि बीपीएल सूची के सत्यापन और नवीनीकरण के कार्य का सम्पादन हाल फिलहाल ही हुआ था। हालाँकि इस क़दम के कारण कुछ नकारात्मक विवाद भी सामने आये, मसलन राशन कार्ड के सत्यापन के दौरान जो लोग बाहर (उदाहरण के लिए प्रवासी) होने के कारण अपने आवास के पते पर उनका राशन कार्ड निरस्त कर दिया गया। इस पहल के कारण राशन डीलर (एफपीएस) के प्रबन्धकों को राशन देने से मना करने का एक अतिरिक्त बहाना मिल गया।

इसके अतिरिक्त, चूँकि हमने सैम्पल के उद्देश्य से बीपीएल कार्ड का प्रयोग किया था इसलिए सर्वेक्षणकर्त्ताओं को 'अस्तित्वविहीन' (घोस्ट) कार्ड की उपस्थिति की जाँच पड़ताल का अवसर मिल गया। टीम ने बीपीएल सूची में शायद ही कोई फर्जी नाम पाया। सभी राज्यों को मिलाकर बीपीएल सूची के (1,227 में से) 10 से भी कम नाम थे जिन्हें सर्वे टीम द्वारा नहीं ढूँढ़ा जा सका। लगभग सभी परिवारों (93%) के पास सिर्फ़ एक राशन कार्ड थे। परिवारों की एक छोटी-सी संख्या (6%) के पास दो कार्ड थे परन्तु इनमें से एक तिहाई संयुक्त परिवार थे। यह इस दावे के परिप्रेक्ष्य में अत्यन्त महत्त्वपूर्ण है कि पीडीएस में भ्रष्टाचार का प्रमुख स्रोत फर्जी (बोगस) और/या नकली (डुप्लिकेट) कार्ड हैं। हालाँकि यहाँ एक सम्भावना रह जाती

है कि हो सकता है कि फर्जी कार्ड आधिकारिक बीपीएल सूची के बाहर विचरण कर रहा हो; इसका सत्यापन यह जाँच करके किया जा सकता है कि क्या वास्तविक पीडीएस आबंटन (चाहे, राज्य या ज़िले के स्तर पर) आधिकारिक बीपीएल सूची पर आधारित आबंटन की अपेक्षा से ज़्यादा तो नहीं है।

2.2.1 ख़राब त्रिस्तार

बिहार, झारखण्ड और उत्तर प्रदेश में बीपीएल सूचियाँ काफ़ी बदहाल और असंख्य 'बहिष्करण सम्बन्धी त्रुटियों' से भरी हुई थीं। मसलन, झारखण्ड में टीम ने पाया कि पूरे के पूरे टोला (उपग्राम) के पास बीपीएल कार्ड नहीं था। उत्तर प्रदेश में सर्वे टीम ने कभी-कभी एक ही गाँव में 12 परिवारों को ढूँढ़ने में कठिनाई महसूस की। उड़ीसा में नुआपाड़ा ज़िले (केबीके क्षेत्र में) में कई परिवारों ने शिकायत की कि उनके पास किसी भी प्रकार का राशन कार्ड नहीं है। प्रायः युवा परिवारों अर्थात् नवविवाहित जोड़ों के पास राशन कार्ड नहीं थे।

ग़रीबी रेखा के नीचे रहने वाले लोगों की पहचान की प्रक्रिया में ये चिर-परिचित समस्याएँ सामने आती थीं। इसके अलावा, बीपीएल सूची के नवीनीकरण की व्यवस्था न होने के कारण बहुत से परिवार इसमें शामिल नहीं हो पाते थे। राशन कार्ड जारी करने की व्यवस्था सख्त थी जो केन्द्र द्वारा थोपे गये बीपीएल कार्डों की अधिकतम संख्या की अनुमति और बढ़ी हुई जनसंख्या (कई राज्यों में बीपीएल सम्बन्धी अन्तिम गणना लगभग 10 वर्षों पूर्व हुई थी) के साथ मिलकर और भी जटिल हो गयी थी। नुआपाड़ा ज़िले के सिनापल्ली ब्लॉक के एक ब्लॉक सप्लाई अधिकारी ने बताया कि नये कार्ड को जारी करने का आदेश उस राज्य की राजधानी, भुवनेश्वर से आता है। ज़िला या ब्लॉक स्तर के प्रशासन को इस प्रकार के निर्णय का प्राधिकार नहीं है। कई राज्यों में नये कार्डों को जारी करने के लिए एक सन्तोषजनक व्यवस्था स्थापित करने की ज़रूरत है (मसलन नये राशन कार्डों के लिए नाम ग्राम पंचायत द्वारा ज़िला और राज्य स्तर की राजधानी को अनुमोदन के लिए भेजा जा सकता है)।

2.2.2 अंत्योदय कार्डों पर सर्वोच्च न्यायालय का आदेश

सर्वोच्च न्यायालय ने 'राइट टू फूड' (भोजन के अधिकार) के मामले में एक अन्तरिम आदेश ज़ारी किया। इसमें इसने यह दिशा-निर्देश जारी किया कि कुछ अन्य समूहों को भी अंत्योदय कार्डधारकों की सूची में शामिल किया जाये। परन्तु सर्वे की टीम ने इसमें भी कई उल्लंघन पाये, मसलन, इसके लिए योग्य कई विधवाओं के पास अंत्योदय कार्ड नहीं था। सैम्पल के बीपीएल कार्डों में 34 भूमिहीन विधवाएँ थीं जिन्हें सिर्फ़ भूमिहीन होने के कारण अंत्योदय सूची में होना चाहिए था।[19] एक अन्य समूह जो अंत्योदय कार्ड के हकदार हैं वे हैं तथाकथित 'आदिम जनजातीय समूह' (प्रीमिटिव

ट्राइबल ग्रुप्स, पीटीजीएस)। पीटीजीएस के मामले में सभी परिवारों को शामिल करने की कुछ कोशिश की गयी थी परन्तु इसके बावजूद टीम ने इनके बहिष्करण की त्रुटि पायी। मसलन झारखण्ड के गोपीकन्देर ब्लॉक में कई पड़हिया परिवारों (पीटीजीएस के रूप में वर्गीकृत) के पास किसी भी प्रकार का राशन कार्ड नहीं था।

3. भ्रष्टाचार और पीडीएस

जैसा कि पहले उल्लेख किया गया है कि जनवितरण प्रणाली में भ्रष्टाचार हाल के वर्षों में (उदाहरण के लिए देखें, झा और रामास्वामी 2010; हिमांशु और सेन 2011; कोतवाल, मुरूगकर और रामास्वामी 2011; खेड़ा 2011सी), चिन्ता का एक सबसे बड़ा विषय रहा है। सर्वे के प्रश्नावलियों में अत्यन्त ही सावधानीपूर्वक सैम्पल परिवारों द्वारा पीडीएस अनाज की खरीद का लेखा-जोखा किया गया है। प्रतिक्रियादाताओं से तीन अनुपूरक प्रश्न पूछे गये थे ताकि एक विश्वसनीय अनुमान तक पहुँचा जा सके कि वे किस सीमा तक अपनी पूरी हकदारी सुनिश्चित करने में सक्षम थे : (1) उन्हें राशन दुकानों से सामान्यतः कितना राशन मिलता है; (2) अन्तिम बार जब उन्होंने पीडीएस अनाज खरीदा था तो उन्हें कितना मिला था; और (3) उन्होंने मार्च से जून 2011 तक प्रत्येक महीना कितना अनाज खरीदा था।

3.1 'ख़रीद-हकदारी अनुपात' में सुधार

ख़रीद-हकदारी अनुपात (पर्चेज—एनटाइटलमेंट रेशियो—पीईआर) से तात्पर्य पूर्ण हकदारी का वह अंश है जो बीपीएल परिवारों द्वारा खरीदा जाता है। खरीद-हकदारी अनुपात (पीईआर) का कम होना व्यवस्था में भ्रष्टाचार के कारण या फिर माँग में कमी (सम्भवतः यह पीडीएस अनाजों की निम्न गुणवत्ता से जुड़ा हो) के कारण हो सकता है। इस सर्वे का एक महत्त्वपूर्ण निष्कर्ष यह है कि जहाँ तक बीपीएल और अंत्योदय कार्डधारकों का प्रश्न है, इनमें बिहार को छोड़कर, एक सुस्पष्ट सुधार देखा जा सकता है (सारणी 3)।[20] जैसा कि सारणी 3 में दिखाया गया है कि पिछले तीन महीनों में औसतन खरीद 24.0 और 30.4 किलोग्राम प्रतिमाह (क्रमशः बीपीएल और अंत्योदय कार्डों के लिए) के बीच थी। बीपीएल कार्ड धारकों की औसतन हकदारी (सभी राज्यों का औसत) 27.3 और 28.7 किलो प्रतिमाह के बीच थी।[21] पिछले तीन महीनों में औसतन पीडीएस खरीद (24 किलो प्रति परिवार प्रति माह) मासिक हकदारी (28.7 किलो प्रति परिवार प्रति माह) का कम से कम 84% था।[22]

एक ज़्यादा उच्च मानदण्ड यह हो सकता है कि यह देखा जाये कि अमूमन परिवार के कितने हिस्से को उसकी पूर्ण हकदारी प्राप्त होती है। नौ सर्वे राज्यों के तीन चौथाई प्रतिक्रियादाताओं ने यह जानकारी दी कि उन्हें उनकी पूरी हकदारी मिलती है।[23] अगर सैम्पल से बिहार को निकाल दिया जाये तो यह आँकड़ा बढ़कर 80-81%

हो जाता है। इस सामान्य तौर पर ऊँचे ख़रीद-हकदारी अनुपात के पीईआर के दो महत्त्वपूर्ण अपवाद बिहार और झारखण्ड हैं। बिहार में परिस्थिति भयानक बनी हुई है (यह तब है जब वहाँ की स्थिति में कुछ सुधार दिख रहा है, कम से कम बिहार के मानदण्ड से)।[24] बिहार में सिर्फ़ 18% बीपीएल परिवारों ने यह जानकारी दी कि उन्हें उनका पूरा कोटा मिलता है और इसके बाद झारखण्ड का स्थान आता है जहाँ सिर्फ़ 25% लोगों को उनकी पूरी हकदारी मिलती है (सारणी 6)।

राष्ट्रीय सैम्पल सर्वे के 2004-05 के बाद के आँकड़े भी पीडीएस खरीद के सम्बन्ध में इसी प्रकार के पुनरुत्थान दर्शाते हैं (हिमांशु और सेन 2011; खेड़ा 2011सी)।[25] इस कायापलट में योगदान देने वाले कुछ महत्त्वपूर्ण कारकों पर आगे चर्चा की गयी है। कई प्रतिक्रियादाता परिवारों और अन्य (राशन डीलर, ग्राम प्रधान आदि) ने पीडीएस में सुधार के लिए बाज़ार और पीडीएस की कीमतों के बीच के बढ़े हुए अन्तराल, जिसका पहले उल्लेख किया गया है, को ज़िम्मेदार माना। इसमें अन्तर्निहित सब्सिडी की वृद्धि के प्रभाव स्वरूप लोगों की आवाज़ मज़बूत हुई है और अब कोई भी अपने राशन को त्यागने के लिए एकदम तैयार नहीं है।

इस सर्वे में सम्भवतः 'चावल प्रधान राज्यों' में गेहूँ के सप्लाई में होने वाले रिसाव (लिकेज) को पूरी तरह शामिल नहीं किया जा सका है।[26] मसलन, तमिलनाडु में प्रतिक्रियादाताओं ने यह शिकायत की कि गेहूँ/आटा की आपूर्ति अनियमित है। दूसरे चावल प्रधान राज्यों (आन्ध्र प्रदेश, छत्तीसगढ़ और उड़ीसा) में भी इसी प्रकार की शिकायतें सुनी गयीं। यह ज़्यादातर डीलरों और कार्डधारकों के बीच गेहूँ की हकदारी को लेकर अनिश्चितता की वजह से भी है। हालाँकि इन चावल खाने वाले राज्यों में गेहूँ का वितरण तुलनात्मक रूप से कम है।

3.2 अन्य सामग्रियों में भ्रष्टाचार

पीडीएस सर्वे में अन्य पीडीएस सामग्रियों (जैसे—चीनी, दाल, खाद्य तेल और केरोसीन) को ज़्यादा सावधानी से लेखा-जोखा करके शामिल नहीं किया गया है। सैम्पल परिवारों ने आमतौर पर केरोसीन और चीनी के बँटवारे में भ्रष्टाचार की शिकायत की। तमिलनाडु में कुछ कार्डधारकों ने दालों के अनियमित आपूर्ति की शिकायत की। इस सर्वे में परिवारों के चीनी और केरोसीन की हकदारी का उनके वास्तविक खरीद से मिलान नहीं किया गया है। इसके लिए दो कारण बताये जा सकते हैं कि क्यों यह करना कठिन था; पहला, इन सामग्रियों की हकदारी स्पष्ट नहीं थी यहाँ तक कि कई मामलों में राशन डीलरों को भी यह पता नहीं था। दूसरा, राशन दुकान के मैनेजरों और ब्लॉक आपूर्ति अधिकारी ने साक्षात्कार में यह जानकारी दी कि इन सामग्रियों की ज़िला/ब्लॉक स्तर पर अनियमित सप्लाई होती है। इस तरह की परिस्थिति में स्पष्ट तौर पर यह नहीं कहा जा सकता था कि कार्डधारकों को

सामग्रियाँ आपूर्ति के अभाव के कारण नहीं मिल पा रही हैं या फिर सामग्रियाँ बीच में बेईमानी से निकाल ली जा रही हैं।

3.3 हकदारियों के प्रति जागरूकता

जहाँ तक अनाजों की हकदारी के प्रति जागरूकता का प्रश्न है सामान्यतः लोगों को यह पता था कि उनकी क्या हकदारी है। उदाहरण के लिए, अंत्योदय कार्डधारकों के मामले में 3% से भी कम लोग थे जिन्होंने अनाज हकदारी से सम्बन्धित प्रश्न का सही जवाब नहीं दिया था। बीपीएल कार्डधारकों के बीच इसका सही उत्तर देने वालों की संख्या 84% और 100% के बीच थी।[27] हालाँकि अन्य सामग्रियों जैसे–चीनी, केरोसीन, दाल और तेल के मामलों में इस प्रकार की स्पष्टता का अभाव था और इन सामग्रियों की सप्लाई भी अनियमित थी।

3.4 अधिक कीमत वसूली

पीडीएस अनाजों के लिए अधिक कीमत वसूली (सरकार द्वारा निर्धारित मूल्य से अधिक कीमत वसूलना) की कोई बड़ी शिकायत सामने नहीं आयी। झारखण्ड में (जहाँ बीपीएल परिवारों को अभी चावल के लिए 1 रुपया प्रति किलो देना होता है) हमने इस प्रकार की कुछ शिकायतें सुनीं कि लोगों को प्रत्येक महीने 35 रुपया देना होता है जबकि उन्हें सिर्फ़ 32 किलो चावल ही मिलता है। एक अन्य कारक जिसके कारण ऊँची कीमतों की वसूली को रोकने में मदद मिली है वह अनाज की कीमतों को कम करना (मसलन, राजस्थान में गेहूँ 4.65 रुपया प्रति किलो से घटाकर 2 रुपया प्रति किलो करना) और पूर्णांक में रखना है। लोगों के लिए इस प्रकार से कुल कीमत की गणना करना ज़्यादा आसान है, मसलन, 2 रुपया किलो की दर से 25 किलो का हिसाब लगाना 4.65 को 35 से गुणा करने की तुलना में आसान है।

यहाँ एक बार फिर से, दूसरी सामग्रियों के मामले में कई भ्रांतियाँ हैं और इनके लिए ऊँची कीमत वसूले जाने की जानकारी भी मिली। राशन दुकानों (फेयर प्राइस शॉप) के प्रबन्धकों में सबसे बुरी स्थिति दुमका (झारखण्ड) में थी जहाँ उन्होंने खुले तौर पर स्वीकार किया कि केरोसीन तेल के लिए सरकारी दर 13.50 रुपया प्रति लीटर के बजाय वे 16 रुपया प्रति लीटर वसूलते हैं क्योंकि उनके अनुसार वहाँ वही 'प्रथा' थी।

4. पीडीएस का मूल्यांकन

प्रतिक्रियादाताओं से उनके जीवन में पीडीएस के महत्त्व के बारे में पूछा गया था। एक विशाल बहुमत (80%) ने इसे 'अत्यन्त महत्त्वपूर्ण' माना है। अगर इसमें उन लोगों को भी शामिल कर लिया जाये जिन्होंने इसे 'काफ़ी हद तक महत्त्वपूर्ण' माना

था तो फिर यह आँकड़ा बढ़कर 98% हो जाता है। इस भावना को सर्वे से लिए गये गुणात्मक आँकड़े में भी शामिल किया गया है, विशेषकर पीडीएस के एक विकल्प के रूप में नकद हस्तान्तरण पर प्रतिक्रियाओं में। कई प्रतिक्रियादाताओं ने अनुरोध किया कि राशन दुकानों (फेयर प्राइस शॉप) को बन्द नहीं किया जाये ('सोसाइटी नहीं बन्द होनी चाहिए')। वारंगल ज़िला (आन्ध्र प्रदेश) के प्रतिक्रियादाताओं ने कहा कि 'अगर आप मुझे एक लाख रुपया भी दें, तो भी मैं चावल चुनूँगा' या 'आप हमें हमारे भोजन से वंचित करना चाहते हो?' तमिलनाडु में एक महिला प्रतिक्रियादाता ने सर्वे टीम का पीछा किया ताकि वह उन्हें यह समझा जा सके कि राशन दुकानों को बन्द करना एक बुरा सुझाव है। सभी राज्यों में इसी तरह की भावना गूँज रही थी (देखें, उदाहरण के लिए नाग 2011 और पुरी सद्यःप्रकाशित)।

पिछले पाँच वर्षों में पीडीएस में होने वाले समस्त परिवर्तनों के प्रति लोगों की क्या धारणा है, उन्हें भी दर्ज किया गया। हिमाचल प्रदेश, झारखण्ड, उड़ीसा और तमिलनाडु में आधे या उससे ज़्यादा लोग महसूस कर रहे थे कि स्थिति सुधरी है। सभी प्रतिक्रियादाताओं के सिर्फ़ दसवें (1/10) हिस्से ने कहा कि पिछले पाँच वर्षों में स्थिति और ख़राब हुई है।[28]

सारणी 4 : राशन दुकानों से जुड़ी मुख्य शिकायतें

	प्रतिक्रियादाताओं का अनुपात (%)
गुणवत्ता सम्बन्धी सरोकार	
अन्तिम खरीद के समय ख़राब गुणवत्ता का अनाज	15
अनुमेयता का अभाव	
खुलने का दिन नियत नहीं	38
राशन दुकानों के खुलने के सम्बन्ध में अपर्याप्त सूचना	20
राशन दुकानों तक पहुँच	
राशन दुकानों की दूरी दो किलोमीटर से ज़्यादा	19
अन्तिम दौरे (यात्रा+कतार) में दो घंटे से ज़्यादा लगा	45
खुलने के दिन पर्याप्त नहीं	48
पिछले तीन महीनों में पूरा राशन नहीं खरीदने का कारण	
राशन दुकानों में आपूर्ति नहीं	10
प्रतिक्रियादाता के राशन दुकान पहुँचने तक आपूर्ति ख़त्म हो गयी	10
राशन डीलरों ने पूरा कोटा देने से इंकार कर दिया	18
डीलरों का व्यवहार ग़ैर-मददकारी है	18

4.1 गुणवत्ता

लगभग 48% प्रतिक्रियादाताओं ने यह जानकारी दी कि अन्तिम बार जब उन्होंने अनाज खरीदा था तो उन्हें अच्छी गुणवत्ता वाला अनाज मिला था; लगभग आधे (47%) ने कहा कि यह ठीक-ठाक (प्रतिशत) गुणवत्ता वाला था और 15% ने कहा कि उन्हें जो अनाज मिला था वह ख़राब गुणवत्ता वाला था। आन्ध्र प्रदेश और हिमाचल प्रदेश में अनाज की गुणवत्ता के सम्बन्ध में शायद ही कोई शिकायत मिली हो। हालाँकि, बिहार में, एक तिहाई (33%) के करीब प्रतिक्रियादाताओं ने यह जानकारी दी कि उन्हें पिछली बार खरीदते समय ख़राब गुणवत्ता का अनाज मिला था।

वैसे, गुणात्मक आँकड़े, यह संकेत देते हैं कि मात्रात्मक आँकड़े अनाज की गुणवत्ता के मुद्दे को समुचित तरीके से अभिव्यक्त नहीं कर पाते हैं। कई साक्षात्कार गुणवत्ता सम्बन्धी शिकायतों के कारण बीच-बीच में रुक-रुक कर हुए। यह बात विशेषकर पाली ज़िला (राजस्थान) के सन्दर्भ में सही है जहाँ कुछ परिवारों ने यह जानकारी दी कि प्रत्येक महीने जब वे 25 किलो गेहूँ खरीद कर लाते हैं तो उसमें उन्हें 2-3 किलो कंकड़ मिलता है। छत्तीसगढ़ में प्रतिक्रियादाताओं में 'उसना' और 'अरवा' चावल के सम्बन्ध में स्पष्ट वरीयता दी। इस क्षेत्र में शिकायतें प्रायः इस बात से जुड़ी हुई थीं कि उन्हें उनके पसन्द का चावल (उसना या अरवा) नहीं मिलता है। तमिलनाडु में कुछ परिवारों का कहना था कि वे यह चाहेंगे कि मुफ़्त में या फिर सस्ते में ख़राब गुणवत्ता वाला चावल लेने के बजाय थोड़ी महँगी कीमत चुका कर अच्छी गुणवत्ता वाला चावल मिले। उनका कहना था कि उन्हें जो चावल मिलता है उसे खाने योग्य बनाने के लिए दूसरे चावल के साथ मिश्रित करना पड़ता है और यह सिर्फ़ इडली और डोसा बनाने के लिए ही उपयुक्त है। अनाज की गुणवत्ता के मुद्दे पर एक और साक्ष्य इस तथ्य से सामने आया जब उनके समक्ष यह विकल्प रखा गया कि पीडीएस अनाज खरीदने के बजाय वे नकद ले सकते हैं, तो कुल सैम्पल के एक चौथाई ने इस आधार पर नकद का पक्ष लिया कि वे इससे अच्छी गुणवत्ता वाले अनाज़ ख़रीद सकते हैं।

4.2 नियमितता और पूर्वानुमेयता

पीडीएस वितरण और राशन दुकानों (एफपीएस) के खुलने की नियमितता और पूर्वानुमेयता (दुकान के खुलने की सम्भावना) में बहुत सुधार हुआ है। अधिकांश राज्य सरकारों ने पीडीएस राशनों के वितरण के लिए अब निर्धारित तारीखों और पूर्व-घोषणाओं की व्यवस्था स्थापित की है। मसलन, राजस्थान में राशन दुकानें (एफपीएस) प्रत्येक माह के 15 से लेकर 22 तारीख तक खुली रहती हैं।

राशन दुकानों के खुलने के दिन और समय में नियमितता और पूर्वानुमेयता के कारण ग्रामीण परिवारों को बहुत सुविधा हुई है और यह पीडीएस कोटा में हेर-फेर रोकने के लिए भी महत्त्वपूर्ण है। कई सैम्पल राज्यों में आमतौर पर यह होता था कि डीलर राशन दुकानों को अपनी मर्जी के अनुसार खोलते थे। इससे यह होता था कि परिवारों को यह पता ही नहीं चलता था कि दुकान खुला है या बन्द है। इसके बाद, जब दुकान खुलने के बारे में लोगों को पहले से पता होता है तो वे अपने बजट को बेहतर तरीके से व्यवस्थित कर सकते हैं और उन दिनों के लिए नकद की व्यवस्था करके रख सकते हैं। परिवारों ने यह जानकारी दी कि अब बहुत कम डीलर कहते हैं कि उनका कोटा 'समाप्त' हो गया है। सैम्पल परिवारों के 70% से अधिक ने यह कहा कि पिछले छह महीने में एक बार भी उनका कोटा खुले बाज़ारों में नहीं बेचा गया था (अन्य में से कुछ ने कहा कि ऐसा हुआ है और कुछ ने कहा कि उन्हें पक्के तौर पर कुछ नहीं पता)। इस साधारण और प्रभावी सुधार के क़दम को सभी राज्यों में कठोरता से लागू किये जाने की ज़रूरत है।

इस क़दम का सैम्पल परिवारों द्वारा स्वागत किया गया था और अब यह साफ़ था कि इस नियम को बेहतर तरीके से लागू करने की ज़रूरत है। हालाँकि राशन दुकानों को पूरे महीने (सर्वोच्च न्यायालय के आदेश के अनुसार) खुला रहना चाहिए या फिर कम से कम एक सप्ताह (कई राज्यों के नये समय-सारणी के अनुसार) खुला रहना चाहिए परन्तु प्रतिक्रियादाताओं ने यह शिकात की कि दुकानें सिर्फ़ दो या तीन दिन के लिए ही खुली रहती हैं। कुछ क्षेत्रों में इसका परिणाम यह भी होता है कि राशन के लिए लम्बे समय तक प्रतीक्षा करनी पड़ती है (कभी-कभी एक महीने के कोटा को खरीदने में पूरा दिन लग जाता है)।

हिमाचल प्रदेश और तमिलनाडु में ऐसे राशन दुकानों (एफपीएस) को ढूँढ़ना मुश्किल नहीं है जो पूरे-पूरे महीने खुली रहती हैं। छत्तीसगढ़ और उड़ीसा जैसे राज्यों में भी कुछ दुकानें पूरे महीने खुली रहती हैं। कई स्थानों पर प्रतिक्रियादाताओं ने बताया कि डीलर राशन दुकानों के खुलने की तारीखें ख़त्म हो जाने के बाद भी डीलर उन्हें राशन खरीदने दे देते थे। कुछ परिवारों ने यह भी कहा कि अगर वे पिछले महीने का राशन खरीदने में असमर्थ रहे हों तो वे दो महीने का राशन एक साथ भी खरीद सकते थे।

सारणी 5 में खरीद-हकदारी अनुपात और राशन दुकानों (एफपीएस) के खुलने की नियमितता के बीच के सम्बन्ध को दर्शाया गया है। इसमें एक आश्चर्यजनक पैटर्न दिखता है (ज़्यादा नियमितता, कम हेरा-फेरी) और यह महज संयोग नहीं

है। बिहार एक ऐसा राज्य है जहाँ खरीददारी नहीं करने सम्बन्धी रिपोर्ट का स्तर सबसे ज़्यादा (82%) है और राशन दुकानों के खुलने की पूर्वानुमेयता का स्तर सबसे कम हैं, सिर्फ़ 7% प्रतिक्रियादाताओं ने कहा कि वे दुकान खुलने के समय का पुर्वानुमान कर सकते हैं। इसी प्रकार झारखण्ड में भी यह जानकारी दी गयी कि राशन नहीं खरीद पाने की दर बहुत ऊँची है और इसके साथ ही राशन दुकानों के खुलने के समय की पूर्वानुमेयता का अभाव है। दूसरी तरफ़ राजस्थान में स्थिति इससे ठीक उलटी थी जहाँ 91% प्रतिक्रियादाताओं ने कहा कि उन्हें राशन दुकानों के खुलने का समय पहले बता दिया जाता है; राजस्थान में, सभी सैम्पल परिवारों ने यह जानकारी दी कि 'सामान्यतः' उन्हें उनके कोटे का पूरा राशन मिलता है।

सारणी 5 : राशन दुकानों की पूर्वानुमेयता

	पिछले तीन महीनों में औसत 'खरीद-हकदारी अनुपात' (पीईआर)[क]	प्रतिक्रियादाता का अनुपात (%) जिन्होंने कहा कि उन्हें 'सामान्यतः' उनकी पूरी हकदारी मिलती है	प्रतिक्रियादाता का अनुपात (%) जिन्होंने कहा कि राशन दुकानों के खुलने का दिन नियत है
राजस्थान	86-100	100	91
तमिलनाडु	92	85	95
छत्तीसगढ़	95	97	72
उड़ीसा	97-100	98	73
हिमाचल प्रदेश	92-100	86	71
आन्ध्र प्रदेश	100	79	70
उत्तर प्रदेश	77-88	77	56
झारखण्ड	71	25	9
बिहार	45	18	7
सभी राज्य	84-88	75	60

क. 'खरीद-हकदारी अनुपात' से तात्पर्य है परिवारों द्वारा खरीदी जाने वाली पूर्ण हकदारी का अनुपात (अधिक जानकारी के लिए सारणी 3 देखें)

4.3 सुलभता

सामान्यतः पीडीएस की सुलभता भी इसकी प्रमुख विशेषता है : स्थानीय राशन की दुकान प्रतिक्रियादाताओं के घर से औसतन 1.4 किलोमीटर दूर थी, और 91% प्रतिक्रियादाताओं के लिए यह 3 किलोमीटर की सीमा के अन्दर था (सारणी 6)। प्रतिक्रियादाताओं ने यह जानकारी दी कि अन्तिम बार राशन दुकान आने-जाने (जिसमें यात्रा और इन्तज़ार करने का समय भी सम्मिलित है) में औसतन दो घंटे लगे थे। हालाँकि सैम्पल क्षेत्रों के कुछ दूर-दराज के इलाकों में राशन दुकानों की दूरी को लोगों ने एक प्रमुख मुद्दे के रूप में रेखांकित किया।

सारणी 6 : बैंक या पोस्ट ऑफिस तक पहुँच बनाम पीडीएस

	औसत दूरी (कि.मी.)	अन्तिम दौरे में लगा औसत समय[क] (घंटा)	जानकारी देने वाले प्रतिक्रियादाताओं का अनुपात	
			2 किमी के भीतर उपलब्धता (3 किमी)	अन्तिम दौरे में एक घंटा से ज़्यादा लगा
बैंक/पोस्ट ऑफिस	5.2[ख]	3.25	37(53)	76
राशन दुकान (एफपीएस)	1.4	2.10	81(91)	53

क. 'अन्तिम दौरे के समय' में यात्रा और पंक्ति में खड़े होने में लगा समय सम्मिलित है।

ख. अगर मुख्य बिन्दु से दोनों की दूरी को सम्मिलित किया जाये तो बैंक की औसत दूरी बढ़ कर 5.4 कि.मी. हो जाती है।

ग्रामीण परिवारों के लिए पीडीएस की सुलभता एक बहुत बड़ी सुविधा है। पहले के, शहर के प्रति ज़्यादा झुके हुए पीडीएस में भी यह कोई गैर-महत्त्वपूर्ण उपलब्धि नहीं थी (देव और सूर्यनारायण 1991; होव्स और झा 1992; सूर्यनारायण 1995)।

5. भुखमरी और खाद्य ग्राह्यता

5.1 सर्वे क्षेत्रों में भुखमरी

पीडीएस का एक महत्त्वपूर्ण कार्य सीमित अर्थों में खाद्य सुरक्षा सुनिश्चित करना है अर्थात् भुखमरी से रक्षा करना है। सर्वे के प्रतिक्रियादाताओं से यह पूछा गया था कि क्या ऐसा कभी भी हुआ है कि उनमें से किसी भी सदस्य ने सर्वे के दौरान के पिछले तीन महीनों में किसी भी दिन खाना नहीं खाया या भूखे सो गये।[29] पाँचवें हिस्से (22%) से ज़्यादा लोगों ने हाँ में जवाब दिया (सारणी 7)।

सारणी 7 : भुखमरी और आहार विविधता

	मासिक अन्न उपभोग (किलो, प्रति व्यक्ति)	परिवारों का अनुपात (%) जिसने				
		जानकारी दी कि पूर्ववर्त्ती तीन महीनों में उसके किसी सदस्य ने खाना नहीं खाया	जानकारी दी कि उन्होंने अन्तिम भोजन में सिर्फ़ चावल या रोटी खाया है	पिछले एक सप्ताह में एक बार भी निम्न सामग्री नहीं खाया		
				दाल	फल	अंडे या मांस
बिहार	18.5	70	13	15	88	66
राजस्थान	17.7	36	29[क]	15	90	91
झारखण्ड	13.9	26	3	12	47	55
छत्तीसगढ़	17.2	17	5	9	82	56
आन्ध्र प्रदेश	11.7	16	4	1	54	9
हिमाचल प्रदेश	13.2	6	1	3	66	87
उड़ीसा	15.8	9	2	4	72	41
तमिलनाडु	12.1	6	5	1	34	36
उत्तर प्रदेश	13.4	7	2	14	79	84
सभी राज्य	14.9	22	7	8	68	58

क. राजस्थान में, आमतौर पर उपभोग किये जाने वाली खाद्य सामग्रियों, जैसे छाछ को प्रश्नावली में सम्मिलित नहीं किया गया था।

इसमें अन्तर-राज्यीय भिन्नता चौंकाने वाली थी। सबसे कम भुखमरी का रिपोर्ट देने वाले राज्य हिमाचल प्रदेश (6%), उड़ीसा (9%), तमिलनाडु (6%) और उत्तर प्रदेश (7%) हैं। आन्ध्र प्रदेश और छत्तीसगढ़ में यह 15% के करीब था। दूसरे राज्यों में यह आँकड़ा नज़रअन्दाज़ करने लायक नहीं था, मसलन झारखण्ड के एक चौथाई परिवारों ने यह जानकारी दी कि उन्हें बिना खाना खाए रहना पड़ा है। राजस्थान में यह अनुपात बढ़कर 36% हो गया और बिहार में तो और भी ज़्यादा बढ़कर 70% हो गया। यह महज कोई संयोग नहीं है कि बिहार भुखमरी के सर्वोच्च स्तर (वो भी एक लम्बे अन्तर से) पर है जहाँ पीडीएस सबसे बदतर स्थिति में है। बिहार की स्थिति निश्चित तौर पर सबसे ख़राब थी परन्तु अगर देखा जाये तो छत्तीसगढ़ और उड़ीसा की स्थिति भी ऐसी ही थी। हालाँकि स्थितियों में इन भिन्नताओं का एक मात्र कारक पीडीएस की स्थिति नहीं है परन्तु निश्चित तौर पर ग्रामीण भारत में खाद्य सुरक्षा के लिए पीडीएस एक महत्त्वपूर्ण हथियार है।

5.2 आहारों में विविधता

कई सर्वे क्षेत्रों में आहार बड़े पैमाने पर अन्न (अनाज) पर निर्भर है (सारणी 7)। सर्वे की रिपोर्ट में प्रति व्यक्ति मासिक अन्न का उपभोग औसतन 15 किलो के करीब है।[30] ना सिर्फ़ अन्न के उपभोग का स्तर ऊँचा है बल्कि लोगों के भोजन में आहारों की विविधता का भी अभाव है। कमोबेश, 7% सैम्पल परिवारों ने सर्वे के एक दिन पूर्व अपने शाम के भोजन में सिर्फ़ रोटी या सिर्फ़ चावल खाया था। बिहार और राजस्थान में यह आँकड़ा क्रमशः 13 प्रतिशत और 12% है, जिसे ख़तरे का निशान माना जा सकता है।[31]

कुल सैम्पल परिवारों के लगभग आधे ने यह जानकारी दी कि उन्होंने सर्वे के ठीक पहले के एक सप्ताह में प्रतिदिन सब्जियाँ खायी हैं परन्तु इनके आहार में फल, अंडे और मांस का अनुपात नगण्य था : क्रमशः 5.4%, 0.7% और 0.4%।

सारणी 7 के आख़िरी तीन स्तम्भों में उन परिवारों का अनुपात दर्शाया गया है जिन्होंने सर्वे के पूर्व के एक सप्ताह में एक बार भी दाल, फल या अंडे और मांस नहीं खाया था। इसमें राज्यों के पैटर्न भी रोचक हैं : इसमें आश्चर्य की कोई बात नहीं है कि जिन राज्यों में पीडीएस के तहत सब्सिडी युक्त दाल दी जाती है वहाँ यह अनुपात नगण्य (आन्ध्र प्रदेश, हिमाचल प्रदेश और तमिलनाडु के लिए 1-3%) था। दाल का सबसे कम उपयोग बिहार, झारखण्ड, राजस्थान और उत्तर प्रदेश में दर्ज किया गया। जानवरों से प्राप्त होने वाले प्रोटीन (अंडे और मांस) का उपयोग हिमाचल प्रदेश, राजस्थान और उत्तर प्रदेश में बड़े बुरे स्तर तक कम था।[32]

5.3 मोटे अनाज के सम्बन्ध में

नीति-निर्माताओं के बीच यह एक सामान्य धारणा है कि लोग पीडीएस के तहत गेहूँ और चावल के अतिरिक्त कोई और अनाज खरीदने में रुचि नहीं रखते हैं।[33] इस धारणा के विपरीत अधिकांश प्रतिक्रियादाताओं (79%) ने कहा कि वे बाजरा या मक्का जैसे मोटा अनाज खरीद सकते हैं और यह पीडीएस के तहत सब्सिडी वाले दर पर उपलब्ध कराया जाना चाहिए। तमिलनाडु में कुछ प्रतिक्रियादाताओं ने यहाँ तक कहा कि वे चावल के बदले रागी लेने में इच्छुक हैं।

पीडीएस के तहत बाजरा और मक्का की शुरुआत करने के पक्ष में अत्यन्त मज़बूत दलीलें हैं। पहला, ये अनाज पोषण के स्तर पर गेहूँ और चावल जैसे 'पतले' अनाजों की तुलना में उत्कृष्ट हैं। दूसरा, ये फसल देश के एक बहुत बड़े हिस्से में फैली सूखी भूमि पर खेती करने के लिए भी उपयुक्त हैं। तीसरा, बाजरे की प्राप्ति की सम्भावना ज़्यादा है–2008-09 में सरकार द्वारा कुल बाजरा उत्पादन का मात्र 4%

प्राप्त किया जा सका था। चौथा, बाजरा/जौ की प्राप्ति गेहूँ और चावल की खरीद से भी सस्ती पड़ेगी। उदाहरण के लिए, 2010-11 में राजस्थान में बाजरे का मूल्य धान के मूल्य की तुलना में आधा था। अन्त में, इन अनाजों की शुरुआत करने से पीडीएस को 'स्व-चयन' का चरित्र प्रदान किया जा सकेगा क्योंकि इन अनाजों का प्रचलन अमीर परिवारों की तुलना में ग़रीब परिवारों में ज़्यादा है।

6. नकद बनाम खाद्य

प्रत्येक सैम्पल परिवारों में साक्षात्कारकर्त्ताओं ने प्रतिक्रियादाताओं के साथ नकद और भोजन से सम्बन्धित उनके विचारों पर विस्तार से चर्चा की। प्रतिक्रियादाताओं से यह प्रश्न पूछा गया कि वे कैसा महसूस करेंगे अगर राशन दुकानें (एफपीएस) बन्द कर दी जायें और पीडीएस अनाजों के बदले सरकार उनके लिए खाता खोल दे और प्रत्येक महीने उनके खाते में नकद जमा कर दे। उनके खाते में जमा की गयी राशि राशन दुकानों (एफपीएस) से उनके द्वारा खरीदे जाने वाली सामग्रियों के बाज़ार मूल्य के बराबर होगा (अर्थात् उन सामग्रियों को सीधे बाज़ार से खरीदने में होने वाले ख़र्च बराबर)।[34] उनके समक्ष यह भी स्पष्ट किया गया कि बाज़ार मूल्यों में वृद्धि होने पर उसी अनुपात में उन्हें मिलने वाली रकम भी बढ़ाई जायेगी ताकि वे बाज़ार से उतना सामान जितना उन्हें अभी राशन की दुकान से मिलता है खरीदने में हमेशा सक्षम बने रहें।

प्रायोगिक तौर पर जाँच (पायलट टेस्ट) की प्रश्नावलियों के अनुभव के आधार पर हम इस बात के लिए तैयार थे कि कुछ प्रतिक्रियादाता इस परिकल्पित प्रश्न का सामना नहीं करा पायेंगे। वस्तुतः यहाँ हमारा उद्देश्य लोगों की वरीयताओं का अध्ययन करना और इसके साथ यह समझना था कि इन मुद्दों पर वे कैसे सोचते हैं। इस उद्देश्य के लिए साक्षात्कारकर्त्ताओं से यह कहा गया था कि वे अगर ज़रूरत पड़े तो 'दुष्ट वकील' की भूमिका निभाएँ और प्रतिक्रियादाताओं के समक्ष नकद के विकल्प को चुनने से होने वाले लाभ बतायें। हालाँकि, हम लोग इस बात से सुखद तौर पर आश्चर्यचकित थे कि परिवारों का एक बड़ा बहुमत अपनी वरीयताओं को अभिव्यक्त करने में सक्षम था। सिर्फ़ 7.5% प्रतिक्रियादाता ही इस मुद्दे पर अस्पष्ट थे या उन्होंने असंगत जवाब दियें। शेष 92.5% लोग स्पष्ट तौर पर यह अभिव्यक्त करने में समर्थ थे कि उनकी वरीयता भोजन है या नकद या फिर उन्होंने दो विकल्पों में से किसी एक विकल्प के पक्ष में 'सशर्त्त वरीयता' रखी (मसलन, 'मैं भोजन पसन्द करूँगा अगर यह सुनिश्चित किया जाये कि अनाज की गुणवत्ता अच्छी होगी' या फिर 'मैं नकद पसन्द करूँगा अगर यह सुनिश्चित किया जाये कि प्रत्येक महीने समय पर नकद खाते में जमा कर दिया जाये')।

अधिकांश प्रतिक्रियादाता यह व्याख्या करने में भी समर्थ थे कि क्यों उन्होंने एक या दूसरे को चुना, और कई मामलों में उनके द्वारा दिया गया स्पष्टीकरण बहुत बुद्धिमत्तापूर्ण था। उनके चिन्तन का स्तर इस तथ्य से भी परिलक्षित होता है कि प्रतिक्रियादाताओं के लगभग पाँचवें हिस्से ने नकद और भोजन दोनों के साथ कम से कम एक समस्या का उल्लेख किया।

लोगों की वरीयताएँ उनकी व्यावहारिकता, समझदारी और स्थानीय परिस्थितियों की उनकी गहरी समझ पर संयुक्त रूप से निर्भर थीं। उदाहरण के लिए, नुआपाड़ा ज़िले (उड़ीसा) के माओवाद से प्रभावित एक सुदूरवर्त्ती ब्लॉक, जहाँ पर स्थानीय यातायात के साधन का अभाव था, वहाँ रहने वाली एक विधवा ने ठीक प्रकार से काम कर रहे पीडीएस को चुना। दूसरी ओर, भरतपुर गाँव (राजस्थान), जिसकी बैंकों और बाज़ारों तक आसानी से पहुँच है, वहाँ की एक विधवा ने नकद चुना। इसका कारण यह है कि उसे सन्देह था कि पीडीएस डीलर उन्हें धोखा दे रहा था।

जब कुछ परिवारों से यह पूछा गया कि अगर उन्हें मिलने वाली रकम को उनकी वर्तमान पीडीएस हकदारी के बाज़ार मूल्य से दोगुणा कर दिया तो वे क्या चुनेंगे, तब अपना विकल्प भोजन से बदल कर नकद करने वाले लोगों ने मानसिक हिसाब लगाया कि क्या उन्हें पेश किये बड़े रकम से नकद लेने सम्बन्धी अतिरिक्त परेशानियों की भरपाई हो पायेगी। सर्वे के बीच में किये गये एक अनौपचारिक समीक्षा (यह तब सम्पादित किया गया जब टीम ने दो ज़िले में से पहले ज़िले में सर्वे कर लिया था) से यह पता चला कि अधिकांश परिवार नकद हस्तान्तरण के बजाय भोजन के पक्ष में हैं। इस बात का अन्दाज़ा लगाने के लिए कि किस सीमा तक उनका निर्णय उन्हें पेश किये गये नकद राशि से जुड़ा हुआ है, सर्वेक्षणकर्त्ताओं से यह कहा गया था कि एक अनुपूरक प्रश्न के रूप में उन्हें उनके पीडीएस हकदारी के बाज़ार मूल्य की दुगुनी राशि का प्रस्ताव भी दें।

6.1 नकद और भोजन के बीच लोगों की वरीयता

नकद और भोजन सम्बन्धी चुनाव में एक स्पष्ट पैटर्न देखा जा सकता है। वैसे राज्य जहाँ पीडीएस ठीक से काम कर रहे हैं वहाँ के अधिकांश लोग नकद हस्तान्तरण के बारे में सुनना भी नहीं चाहते (सारणी 8 और चित्र 1)। जबकि वैसे क्षेत्र जहाँ पीडीएस ठीक से काम नहीं कर रही है, विशेषकर बिहार (जहाँ यह व्यवस्था इतनी ख़राब तरह से काम कर रही थी कि कुछ परिवारों को उनकी हकदारियाँ पिछले 12 महीनों में सिर्फ़ तीन बार मिली थीं) में जहाँ कई प्रतिक्रियादाता नकद हस्तान्तरण के विचार के प्रति काफ़ी हद तक तैयार थे। इन लोगों का सामान्य मनोभाव यह था कि "हमें चाहे कुछ भी दो, वह लम्बे समय में हम तक पहुँचता है।"

सारणी 8 : नकद बनाम खाद्य

	प्रतिक्रियादाताओं का अनुपात (%) जो				
	खाद्य को वरीयता देते हैं	नकद को वरीयता देते हैं	खाद्य के लिए 'सशर्त्त वरीयता' रखते हैं	नकद के लिए 'सशर्त्त वरीयता' रखते हैं	अनिश्चित, अस्पष्ट या अस्थिर थे
आन्ध्र प्रदेश	91.3	5.6	0.8	0	2.4
बिहार	20.8	54.2	18.1	1.4	5.6
छत्तीसगढ़	90.3	2.1	2.1	1.4	4.2
हिमाचल प्रदेश	81.4	9.3	1.7	0	7.6
झारखण्ड	66.0	22.2	3.5	1.4	7.0
उड़ीसा	88.3	5.8	0.7	0	5.0
राजस्थान	59.6	14.7	7.4	8.1	10.2
तमिलनाडु	70.6	10.5	8.4	2.1	8.4
उत्तर प्रदेश	41.5	34.1	6.7	0	17.7
सभी राज्य	67.2	17.9	5.6	1.6	7.5

कमोबेश, दो तिहाई से ज़्यादा प्रतिक्रियादाताओं ने स्पष्ट तौर पर नकद से ज़्यादा भोजन के प्रति अपनी वरीयता अभिव्यक्त की और लगभग पाँचवें हिस्से (18%) ने ही भोजन से ज़्यादा नकद के पक्ष में थे (सारणी 8)।[35] अगर बिना किसी शर्त के भोजन के पक्षधर और सशर्त्त भोजन के पक्षधरों को मिला दिया जाये तो फिर भोजन की वरीयता का अनुपात बढ़कर 73% हो जाता है। राज्य-वार वरीयताओं का रिपोर्ट सारणी 8 में दर्शायी गयी है।

रेखाचित्र-1 : पीडीएस का प्रदर्शन और खाद्य बनाम नकद पर धारणा

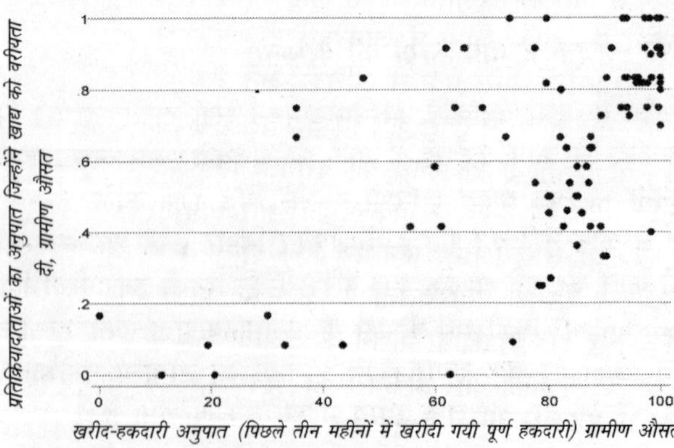

एक दूसरा रोचक निष्कर्ष यह है कि उन राज्यों में भी जहाँ प्रतिक्रियादाताओं में नकदी पर खाद्य की वरीयता का अनुपात तुलनात्मक रूप से 'कम' (जैसे राजस्थान में 60%) था, वहाँ भी इसके ठीक विपरीत वरीयता (अर्थात् खाद्य पर नकदी की वरीयता) असामान्य थी। राजस्थान में, सिर्फ़ 15% प्रतिक्रियादाता ही खाद्य पर नकदी की वरीयता के पक्ष में थे। इसी से जुड़ा एक महत्त्वपूर्ण बिन्दु यह भी है कि जिन्होंने खाद्य का समर्थन किया था उनमें से कइयों ने बहुत ही मज़बूती से इसका समर्थन किया। जैसा कि पहले उल्लेख किया गया है कि कई प्रतिक्रियादाता उनसे नकद के प्रस्ताव पर चर्चा करने पर थोड़े चिढ़ गये।

यहाँ यह दिलचस्प है कि पुरुष और महिलाओं की प्रतिक्रियाएँ कमोबेश एक समान थीं। महिला प्रतिक्रियादाताओं में से 71% ने खाद्य का विकल्प चुना जबकि पुरुषों में यह वरीयता 63% थी। जहाँ पुरुषों में नकद के विकल्प के प्रति झुकाव (21% ने कहा कि वे नकद को ज़्यादा पसन्द करते हैं) ज़्यादा थी, वहीं महिलाओं में इससे सम्बन्धित आँकड़ा थोड़ा कम (15%) था। सामाजिक समूहों के बीच, सैम्पल में, आदिवासी सबसे ज़्यादा खाद्य (83%) के पक्ष में थे और सिर्फ़ 8% ने नकद का समर्थन किया।

6.2 व्यवस्था की तैयारी

व्यवस्था की तैयारी का एक बहुत ही मूलभूत सूचक यह था कि क्या नकद हस्तान्तरण के लिए लोगों के पास बैंक या डाकघर में खाते हैं। सैम्पल के लगभग तीन-चौथाई परिवारों के पास पहले से ही बैंक या डाकघर खाता था। इनमें से अधिकांश नरेगा की मज़दूरी के भुगतान के लिए खोले गये थे। इसमें सबसे कम विस्तार बिहार (46%) में और सबसे ज़्यादा विस्तार हिमाचल प्रदेश (87%) में था। जिन परिवारों के पास बैंक या डाकघर खाता था, उनमें से करीब दो-तिहाई (68%) के पास या तो राष्ट्रीयकृत बैंक (46%) में खाता था या फिर 'अन्य बैंकों' (22%) में। डाकघर खाते भी सामान्य थे–30% लोगों ने जानकारी दी कि उनके पास डाकघर खाता है। सिर्फ़ 5% परिवारों के पास एक से अधिक खाते थे।

अधिकांश सैम्पल राज्यों में खाद्य के लिए बढ़-चढ़ कर वरीयता अत्यन्त दिलचस्प है। इससे यह पता चलता है कि खाद्य की वरीयता सिर्फ़ बिना जोखिम के खेलने वाली बात नहीं है (अर्थात्, नकद के विकल्प को खारिज करना सिर्फ़ यह नहीं है कि लोग वर्तमान व्यवस्था से पूरी तरह अनभिज्ञ हैं)। बल्कि, जैसा कि कुछ टीकाकारों ने बताया कि इससे यह भी पता चलता है कि नकद हस्तान्तरण में परिवर्तन की 'तैयारी' में बैंक और डाकघर खाते खोलने के अलावा कई अन्य पहलू भी शामिल हैं। मसलन, यह तैयारी बैंकों और डाकघरों की व्यवस्था की सुलभता, सुविधा और उनकी सक्षमता के प्रश्न से भी जुड़ी हुई है।

6.3 खाद्य पसन्द करने के लिए तर्क

प्रतिक्रियादाताओं के पास नकद हस्तान्तरण के बजाय पीडीएस को पसन्द करने के लिए अनेक तर्क थे : मसलन खाद्य सुरक्षा, बैंकों और डाकघरों तक पहुँच में कमी, नकद हस्तान्तरण सम्बन्धी अन्य योजनाओं का अप्रभावशाली प्रदर्शन, अविकसित ग्रामीण बाज़ारें, नकद के दुरुपयोग होने सम्बन्धी आशंका और वर्तमान व्यवस्था से पूर्व-परिचित होना इत्यादि।

सैम्पल परिवारों के बीच खाद्य सुरक्षा एक महत्त्वपूर्ण सरोकार था। बहुत से ग़रीब परिवारों के लोगों ने स्पष्ट रूप से यह कहा कि खाद्य पदार्थ उनकी सबसे प्रमुख वरीयता है। उन्होंने बताया कि पीडीएस के तहत उन्हें हर महीने एक निश्चित मात्रा में अनाज मिलता है, जिससे उनके भीतर सुरक्षा की भावना उत्पन्न होती है।[36] यह बात अकेली महिलाओं (प्रायः विधवाएँ), बुजुर्गों और ग़रीब परिवारों के लिए खासतौर सही थीं।

प्रतिक्रियादाताओं ने बैंकों और डाकघरों से लेन-देन करने के प्रति अपने भय के लिए अनेक तर्क दिये। इनमें से सबसे पहला तो यह है कि अधिकांश सर्वे वाले क्षेत्रों (हिमाचल प्रदेश और तमिलनाडु इसके अपवाद हैं) में बैंक और डाकघर बहुत दूरी पर अवस्थित हैं और सार्वजनिक परिवहन व्यवस्था के अभाव के कारण यह दूरी और भी बढ़ जाती है। दूसरा, कई परिवार बैंक और डाकघरों में होने वाली भीड़ के प्रति भी आशंकित थे। यह इसलिए कि ग्रामीण क्षेत्रों में बैंक या डाकघरों की शाखाओं का घनत्व कम है और इसके साथ ही वहाँ के ऑफिस में कर्मचारियों की भी कमी रहती है। तीसरा, कई क्षेत्रों में प्रतिक्रियादाता बैंकों और डाकघरों से नरेगा मज़दूरी भुगतान के समय के अपने बुरे अनुभवों (देरी, अत्यन्त भीड़, बार-बार चक्कर लगवाना आदि) के कारण डरे हुए थे। 2008 से ही नरेगा की मज़दूरी का भुगतान बैंकों और डाकघरों के माध्यम से हो रहा है और इस हस्तान्तरण में एक वर्ष तक की देरी होती थी (खेड़ा 2011डी)। इस देरी के अलावा, कुछ क्षेत्रों में प्रतिक्रियादाताओं को नरेगा की मज़दूरी के भुगतान में बैंकों और विशेषकर डाकघरों में भ्रष्ट प्रचलनों से सामना करना पड़ा था। चौथा, प्रतिक्रियादाताओं ने यह कहा कि पीडीएस ज़्यादा लचीलापन प्रदान करता है क्योंकि इसमें परिवार के किसी भी सदस्य, रिश्तेदार या पड़ोसी को भी भेजकर परिवारों के मासिक कोटा को खरीदा जा सकता है। वे इस बात से चिन्तित थे कि अगर बैंकों में नकद हस्तान्तरण होने लगेगा तो फिर यह सम्भव नहीं हो पायेगा। पाँचवाँ, प्रतिक्रियादाताओं में निरक्षरता की दर बहुत ज़्यादा होने के कारण उन्हें यह लगता था कि वे बैंकिंग प्रक्रिया की जटिलता को नहीं समझ पायेंगे।

बहुत से प्रतिक्रियादाताओं को पहले से चल रहे नकद हस्तान्तरणों (जैसे सामाजिक सुरक्षा पेंशन, जननी सुरक्षा योजना और इन्दिरा आवास योजना) का थोड़ा अनुभव था। उन्होंने यह चिन्ता ज़ाहिर की कि नकद हस्तान्तरण में अनियमित भुगतान

होता है और अधिकारी भी भ्रष्ट आचरण करते हुए अपने 'हिस्से' की माँग करते हैं (खासतौर पर इन्दिरा आवास योजना के मामले में)।

कुछ अन्य समस्याएँ स्थानीय बाज़ारों के अविकसित होने से भी जुड़ी हैं। इसमें सबसे प्रमुख तो यह है कि स्थानीय बाज़ार दूर हैं। परिवारों ने यह महसूस किया कि बैंकों और डाकघरों की सुलभता में कमी के साथ-साथ इनकी दूरी भी ज़्यादा होने के कारण वर्तमान पीडीएस व्यवस्था की तुलना में उनके लेन-देन की लागत तात्त्विक रूप से बढ़ सकती है (जैसा कि सारणी 6 में दर्शाया गया है कि राशन दुकानों की अपेक्षा बैंकों/डाकघरों की दूरी औसतन 3.8 किलोमीटर ज़्यादा है)। दूसरा, ना सिर्फ़ बाज़ार दूर हैं बल्कि कुछ क्षेत्रों में (विशेषकर छत्तीसगढ़ और उड़ीसा में) प्रतिक्रियादाता इस बात के लिए भी चिन्तित थे कि वे चावल कहाँ से खरीदेंगे, क्योंकि ऐसा देखा गया है कि इन क्षेत्रों में चावल आसानी से नहीं मिलते हैं और यह पूरे साल उपलब्ध नहीं रहता है। कुछ लोग इस बात से भी चिन्तित थे कि बार-बार खुदरा मूल्य पर खरीदने के कारण उनका खाद्य बजट भी बढ़ सकता है। एक तीसरा कारक जो प्रत्यक्ष या अप्रत्यक्ष तरीके से बार-बार उभर कर सामने आ रहा था कि लोगों को स्थानीय बाज़ारों और व्यापारियों पर भरोसा नहीं था। प्रतिक्रियादाताओं ने कहा कि अगर राशन दुकानें (एफपीएस) बन्द हो जाती हैं तो इस बात की सम्भावना हमेशा बनी रहेगी कि स्थानीय व्यापारियों द्वारा ग़रीब परिवारों के पास अन्य कोई विकल्प नहीं होने का फायदा उठाया जायेगा। जहाँ पर प्रतिक्रियादाताओं ने स्थानीय व्यापारियों के प्रति सीधे तौर पर कोई अविश्वास अभिव्यक्त नहीं किया, वहाँ भी उन्होंने निजी व्यापारियों पर पूरी तरह से निर्भरता के प्रति आपत्ति ज़ाहिर की। उन्होंने कहा कि वर्तमान व्यवस्था, उनके लिए ज़्यादा सुविधाजनक है क्योंकि इसमें वे आंशिक तौर पर ही निजी व्यापारियों के ऊपर निर्भर है।

गौरतलब है कि ये चिन्ताएँ इस तथ्य के बावजूद अभिव्यक्त की गयी थीं कि प्रत्येक गाँव में किराने की एक से ज़्यादा दुकानें थीं (प्रत्येक गाँव में किराना की 3.6 दुकानें थीं)। किराना दुकान पीडीएस या फिर स्थानीय बाज़ार का वास्तविक विकल्प नहीं था क्योंकि वे निश्चित तौर पर हमेशा अनाजों और दालों का भंडार नहीं रखते थे। ग्रामीण परिवार उनसे आपातकालीन परिस्थिति (जैसे, घर में अचानक कोई मेहमान आ गया हो) में ही खरीदते थे जब उनके पास कोई और चारा नहीं होता था। परिणामस्वरूप, ऐसा लगता है कि ग्रामीण परिवारों के लिए सही वैकल्पिक बाज़ार थोक किराना दुकानें हैं जो अमूमन निकटतम बाज़ारों में अवस्थित होती हैं।

खाद्य को अपनी वरीयता बताने वाले लोगों के निवास स्थान से थोक किराना दुकानें 2.8 किलोमीटर दूर थीं और नज़दीकी बाज़ार 5.6 किलोमीटर दूर था। नकद को अपनी वरीयता बताने वाले लोगों के निवास स्थान से किराना दुकान (1.9 किलोमीटर) और नज़दीकी बाजार (3.7 किलोमीटर) ज़्यादा समीप थे। खाद्य को वरीयता देने

वालों के निवास स्थान से डाकघर 2.5 किलोमीटर और बैंक 5.7 किलोमीटर दूर था। हर मौसम में तकरीबन एक किलोमीटर चलने के बाद ही ये लोग सड़क तक पहुँच सकते थे। नकद को वरीयता देने वाले इन सुविधाओं के ज़्यादा करीब थे।

इसके अलावा, कुछ प्रतिक्रियादाताओं ने यह कहा कि वे 'जोखिम' नहीं लेना चाहते। उनका यह कहना था कि भले ही वर्तमान व्यवस्था में कई खामियाँ हैं, लेकिन वे इससे खुश हैं। उन्होंने यह भी कहा कि वे किसी ऐसी व्यवस्था को नहीं अपनाना चाहते, जिसे वे बहुत कम जानते हैं। हालाँकि नरेगा की मज़दूरी के बैंकों और डाकघरों से भुगतान होने के चलते उन्हें बैंकिंग व्यवस्था के बारे में भी समझ थी। किन्तु इस व्यवस्था का अनुभव हमेशा अच्छा नहीं रहा।

6.4 नकद पसन्द करने के लिए तर्क

नकद पसन्द करने का सबसे महत्त्वपूर्ण कारण पीडीएस में भ्रष्टाचार और अनाजों की गुणवत्ता के प्रति असन्तुष्टि थी। हालाँकि, कुल मिलाकर सिर्फ़ 13% लोगों ने पीडीएस में शिकायत की बात की है और जिन्होंने नकद पसन्द किया था, उनके बीच यह अनुपात ज़्यादा (47%) था। इसके अतिरिक्त, यह अनुपात बिहार (54%) और उत्तर प्रदेश (28%) में भी ज़्यादा था। इसी प्रकार, जहाँ प्रतिक्रियादाता पीडीएस के अनाज की गुणवत्ता से नाखुश थे वहाँ नकद चुनने के प्रति ज़्यादा रुचि दिखाई पड़ी। मसलन, पीडीएस अनाज की गुणवत्ता से सम्बन्धी शिकायत के कुल औसत 24% की तुलना में, यह अनुपात बिहार में 48%, तमिलनाडु में 39% और राजस्थान में 35% तक बढ़ा हुआ था। बिहार एक मात्र ऐसा राज्य था जहाँ पर प्रतिक्रियादाताओं ने पीडीएस राशन के सप्लाई में अनियमितता के कारण नकद का चुनाव किया था (वहाँ के 50% प्रतिक्रियादाताओं ने नकद चुनने का यही कारण बताया)।

कुछ प्रतिक्रियादाताओं ने इस तथ्य को भी प्रस्तुत किया कि नकद को वे जैसे चाहें वैसे ख़र्च कर सकते हैं, जिसमें आहारों की विविधता और बेहतर गुणवत्ता के अनाज खरीदना भी शामिल हैं।

एक प्रायोगिक सर्वे के आधार पर, हमने यह उम्मीद की थी कि जिन्होंने नकद को अपनी वरीयता बताया है वे सामान्यतः बेहतर परिवारों से होंगे। परन्तु यह कुछ हद तक ही सही था, क्योंकि कई राज्यों में इस प्रकार का पैटर्न नहीं दिख रहा था, शायद इसलिए भी कि यह सर्वे मुख्यतः बीपीएल (या अंत्योदय) तक ही सीमित था। हालाँकि, तमिलनाडु में जहाँ पीडीएस सार्वभौमिक था, वहाँ यह पैटर्न बहुत स्पष्ट था। उदाहरण के लिए, जिन्होंने नकद को चुना था उनका प्रति व्यक्ति औसत ख़र्च खाद्य चुनने वाले परिवारों की तुलना में लगभग दोगुना था। परन्तु यहाँ यह अत्यन्त रोचक है कि तमिलनाडु के बेहतर स्थिति में रह रहे परिवारों ने भी प्रायः यह उल्लेख

किया कि, हालाँकि वे खुद के लिए नकद पसन्द करेंगे परन्तु खाद्य को वरीयता देने वाले ग़रीब लोगों का भी ध्यान रखा जाना चाहिए।

7. पीडीएस में सुधार

अधिकांश सैम्पल राज्यों में पीडीएसए में सुधार के साक्ष्य देखे जा सकते हैं। राज्य सरकारों द्वारा किये जा रहे कुछ प्रयत्नों की यहाँ चर्चा की गयी है (राज्य स्तर पर पीडीएस में सुधार की ज़्यादा जानकारी के लिए देखें, द्रेज और खेड़ा 2010 बी)।

7.1 पीडीएस में प्रबन्धन की कार्यप्रणाली

इस खण्ड में पीडीएस के दुकानों की व्यवहार्यता, व्यवस्था में परिवर्तनों और डीलर की शिकायतों को शामिल करते हुए प्रबन्धन की कार्यप्रणाली पर चर्चा की गयी है।

7.1.1 दुकानों की व्यवहार्यता

वर्तमान व्यवस्था में, राशन दुकानों की वित्तीय व्यवहार्यता इस बात पर निर्भर करती है कि वे कितने अनाज की मात्रा सँभाल सकते हैं और उनका आधिकारिक कमीशन (रुपया/क्विंटल) कितना है। 1997 में, प्रत्येक राशन डीलर द्वारा हैंडल किये जा रहे राशन कार्डों की संख्या लक्षित पीडीएस (टारगेटेट पीडीएस) की शुरुआत करके घटा दिया गया। कार्डों की संख्या घटाने के साथ-साथ कमीशन कम करके अधिकांश राशन डीलरों को वित्तीय स्तर पर अव्यवहार्य बना दिया गया और इस प्रकार उन्हें धोखाधड़ी करने के लिए प्रेरित (अगर बाध्य नहीं कहा जाये तो) किया गया।

पिछले तीन वर्षों में, बिहार, झारखण्ड और उत्तर प्रदेश को छोड़कर, सभी सैम्पल राज्यों के राशन डीलरों द्वारा पीडीएस सामग्रियों को बेचकर कमाने वाले आधिकारिक कमीशनों को संशोधित (बढ़ाया) किया गया है। इसने राशन दुकानों की व्यवहार्यता सुधारने में महत्त्वपूर्ण भूमिका निभाई है। इसके साथ-साथ छत्तीसगढ़, उड़ीसा और राजस्थान में पीडीएस के कवरेज का विस्तार करते हुए प्रति राशन दुकान बीपीएल कार्डों की संख्या भी बढ़ाई गयी है। इन दो उपायों (ज़्यादा कमीशन और राशन कार्डों की ज़्यादा संख्या) के साथ-साथ अनाजों को बेचने के बाद बचे खाली बोरे को बेचने से होने वाली आय के कारण राशन डीलरों पर भ्रष्टाचार में लिप्त होने का दबाव कम हुआ है। इससे राशन दुकानों के संयुक्त प्रबन्धन (मसलन, ग्राम पंचायत या स्वयं सहायता समूह द्वारा) के माध्यम से प्राइवेट डीलरों को बाहर करना ज़्यादा आसान कर दिया है। कई राज्यों में पहले ही ऐसा किया जा चुका है।

7.1.2 प्रबन्धन प्रणालियाँ

राशन दुकानों (एफपीएस) के प्रबन्धन सम्बन्धी नीतियों में कई महत्त्वपूर्ण परिवर्तन

किये गये हैं। इनमें, कुछ राज्यों में राशन दुकानों को सहकारी समितियों, ग्राम पंचायतों, स्वयं-सहायता समूहों और अन्य सामुदायिक समूहों को सौंपना शामिल है। यह छत्तीसगढ़, हिमाचल प्रदेश, उड़ीसा और तमिलनाडु में विशेषकर देखा जा सकता है। छत्तीसगढ़, हिमाचल प्रदेश और तमिलनाडु में सामुदायिक समूह हावी हैं; उड़ीसा ने राशन दुकानों के प्रबन्धन को ग्राम पंचायतों को सौंपने में बढ़त बनाई है एवं छत्तीसगढ़ और आन्ध्र प्रदेश में भी इसका अनुकरण किया गया है। बिहार और उड़ीसा में सभी दुकानें निजी डीलरों द्वारा चलाए जा रहे थे। आन्ध्र प्रदेश, झारखण्ड और राजस्थान में अधिकांश राशन दुकानें निजी डीलरों द्वारा चलाए जा रहे थे (67% और 75% की बीच राशन दुकानें उनके प्रबन्धन में थीं)। आन्ध्र प्रदेश एकमात्र राज्य है जहाँ बड़े स्तर पर निजी डीलरों के शामिल होने के बावजूद भी पीडीएस ठीक से काम कर रहा था।

वैसे मामलों में जहाँ राशन दुकानें सहकारी समितियों द्वारा चलाई जा रही थीं वहाँ राशन दुकानों को चलाने के लिए सेल्समेन रखा गया था। एक कर्मचारी की तरह सेल्समेन को उचित मासिक वेतन (छत्तीसगढ़ और तमिलनाडु दोनों में 4,000 रुपये से ज़्यादा) दिया जा रहा था। राशन दुकानों के परिचालन में भ्रष्ट प्रचलनों को रोकने के लिए यह एक महत्त्वपूर्ण क़दम है।

नीति में एक अन्य महत्त्वपूर्ण बदलाव अनाजों को राशन दुकानों के 'दरवाज़े तक पहुँचाने' (डोर-स्टेप डिलीवरी) की व्यवस्था लागू करना है। पीडीएस अनाजों में ज़्यादातर हेर-फेर एफसीआई के गोदामों से अनाज निकालने और राशन दुकानों तक पहुँचने के बीच होता है। अगर इस काम के लिए पीडीएस डीलर को ज़िम्मेदारी दी जाती है तो हेर-फेर की सम्भावना ज़्यादा होती है। कई सैम्पल राज्यों में, खाद्य विभाग ने राशन सामग्रियों को राशन दुकानों तक पहुँचाने के लिए परिवहन की व्यवस्था की है। आधे राशन दुकानों ने यह जानकारी दी कि राशन उनके दरवाज़े तक पहुँचाया जाता है (चाहे राज्य परिवहन के माध्यम से या फिर ठेकेदारों के माध्यम से)। जहाँ भी इस प्रकार की व्यवस्था लागू की गयी है वहाँ खरीद-हकदारी अनुपात (पीईआर) उच्च है। राशन डीलरों की परेशानी कुछ हद तक इस बात से कम हुई है कि अनाज के लिए जमा होने वाले रकम में ही उनके कमीशन और परिवहन पर ख़र्च होने वाले व्यय को समायोजित कर लिया जाता है। इसके कारण, अब प्राइवेट डीलरों को अपने आधिकारिक कमीशन और परिवहन ख़र्च हासिल करने के लिए ज़्यादा इन्तज़ार नहीं करना पड़ता है।

राशन दुकानों की भौतिक आधारभूत-संरचना में सुधार ने भी इन दुकानों के सुचारु रूप से संचालन में मदद की है। सैम्पल के लगभग 40% राशन दुकानों के पास अपनी जगह थी। अन्य 30% या तो ग्राम पंचायत के भवनों में राशन दुकान चला रहे थे या फिर किराये की जगहों पर थे। निजी घरों (मसलन, निजी डीलरों के) में

दुकानों के अवस्थित होने का अनुपात ज़्यादा (25%) था। अधिकांश दुकानों (71%) द्वारा तौलने के लिए मानक बाटों (पत्थर आदि का प्रयोग करने के बजाय) का प्रयोग किया जा रहा था और सिर्फ़ एक तिहाई के पास तौलने की इलेक्ट्रोनिक मशीन थी। कैलकुलेटर और रशीद बुक, सैम्पल के कुल राशन दुकानों के क्रमशः दो-तिहाई और एक-तिहाई के पास मिला। इन मूलभूत सुविधाओं, विशेषकर अलग भवन और मानक बाटों से राशन दुकानों को कारगर तरीके से चलाने में मदद मिलती है।

7.1.3 पीडीएस डीलरों की शिकायतें

पीडीएस डीलरों की अनेक शिकायतें हैं। कई राज्यों में, डीलरों ने कुछ सामग्रियों के लिए कम कमीशन की शिकायत की थी। थोड़ा आश्चर्यजनक था कि कई क्षेत्रों के डीलरों ने इस बात की शिकायत नहीं की कि उन्हें एफसीआई फूड कार्पोरेशन ऑफ इण्डिया (एफसीआई) के गोदामों में या फिर ब्लॉक ऑफिस में अपने दस्तावेज़ जमा करते वक़्त रिश्वत देना पड़ता है।[37]

डीलरों ने कर्मचारियों की कमी की भी शिकायत की। मसलन, तमिलनाडु में, सेल्समेन से उम्मीद की जाती थी कि वे पहले विभिन्न प्रकार के रजिस्टरों में अनेक प्रविष्टि करें, बिल बनायें, नकद सँभालें, फिर प्रत्येक कार्डधारकों द्वारा खरीद के लिए माँगे जा रहे पाँच से सात सामग्रियों को लाकर तौलें। छत्तीसगढ़ और उड़ीसा जैसे कई स्थानों पर बहुत सी दुकानें ग्राम पंचायतों द्वारा चलाई जाती हैं। वहाँ पाया किसी एक व्यक्ति (उड़ीसा में पंचायत सचिव) के लिए तीन से चार दिन की छोटी समयावधि में सभी बीपीएल कार्डधारकों को सँभालना बहुत मुश्किल होता था। इस काम को सँभालने के लिए, अधिकांश क्षेत्रों में, यह प्रथा थी कि वे दुकान खुलते समय अपने वेतन से एक व्यक्ति (मसलन, एक मज़दूर) को भाड़े पर रख लेते थे। हालाँकि, इन खर्चों की वापसी नहीं होती थी।

7.2 दस्तावेज़ों का कम्प्यूटरीकरण

पीडीएस में पारदर्शिता बढ़ाने के लिए उठाया गया एक अत्यन्त महत्त्वपूर्ण क़दम दस्तावेज़ों का कम्प्यूटरीकरण है। इसके कई फायदे हैं। पहला, यह वितरण की पूरी शृंखला (निकासी से लेकर राशन दुकानों के द्वारा वितरण तक) को सुचारु रूप से चलाने में और ज़्यादा प्रभावी प्रबन्धन की प्रक्रिया को अपनाने में मदद करता है। (उदाहरण के लिए, छत्तीसगढ़, राज्य के कार्डधारकों की सूची को नियमित तौर पर अपडेट करने और नकली कार्डों को सिस्टम से बाहर निकालने में समर्थ हुआ है) दूसरा, इससे दस्तावेज़ों को बेहतर (मसलन, परिशुद्ध, स्थायी और छेड़-छाड़ मुक्त) बनाने में मदद मिलती है। कई मामलों में वास्तविक समय सीमा के भीतर ऐसा

करने में सफलता मिली है। तीसरा, रिकार्ड रखने के सख्त अनुशासन के कारण भ्रष्टाचार पर रोक लगती है।

हालाँकि अभी यह पूरी तरह स्पष्ट नहीं है कि आँकड़ों को कप्यूटरीकृत करने से भ्रष्टाचार नियन्त्रण में कितनी सफलता मिली है। उदाहरण के लिए, छत्तीसगढ़ और तमिलनाडु में, प्रत्येक कार्डधारकों के खरीद का वितरण कम्प्यूटरीकृत डेटाबेस में उपलब्ध है। परन्तु इस डेटाबेस को, नरेगा प्रबन्धन की सूचना व्यवस्था की तरह सार्वजनिक नहीं किया गया है।[38] अगर ये डेटाबेस सार्वजनिक दायरे में होते तो इससे व्यवस्था में ज़्यादा पारदर्शिता लाने में मदद मिलती।

7.3 पारदर्शिता सम्बन्धी उपाय

7.3.1 राशन कार्डों की भूमिका

पीडीएस सामग्रियाँ निमित्त लाभार्थियों तक पहुँचीं या नहीं यह जाँचने में राशन कार्ड महत्त्वपूर्ण भूमिका निभा सकता है। राशन कार्डों से कार्डधारकों को उनके द्वारा की गयी खरीदों का ध्यान रखने में भी मदद मिलती है।

अधिकांश राज्यों में राशन कार्ड सचमुच बहुत पुराने थें। इनमें से सबसे बुरी स्थिति शायद झारखण्ड में थी जहाँ अधिकांश प्रतिक्रियादाताओं के पास अब भी बिहार सरकार द्वारा 1997 में जारी किया गया राशन कार्ड था! उड़ीसा में, राशन कार्ड के बहुत पुराने हो जाने के चलते वर्तमान खरीद के रिकार्ड की प्रविष्टि के लिए जगह ही नहीं थी।

विविध साक्षात्कार दलों ने डीलरों द्वारा या फिर सरपंचों के द्वारा राशन कार्डों की जमाखोरी के भी कुछ मामले पाये। कमोबेश, 93% सैम्पल परिवारों के पास उनके अपने स्वामित्व में कार्ड था। दो राज्यों में जहाँ राशन कार्डों की जमाखोरी एक मुद्दा थी, वे बिहार और उत्तर प्रदेश हैं।

राशन कार्डों का रख-रखाव विभिन्न राज्यों में बहुत हद तक भिन्न था। कई सर्वे क्षेत्रों में, राशन कार्ड सुपाठ्य और नियमित तौर पर अपडेटेड थे। दूसरे कई राज्यों में (जैसे, उड़ीसा और उत्तर प्रदेश), वे नियिमत तौर पर अपडेट तो किये जा रहे थे परन्तु वे प्रविष्टियाँ मुश्किल से ही पढ़ने लायक थीं। बिहार (42%), झारखण्ड (51%) और उत्तर प्रदेश (42%) में साक्षात्कार दल ने पाया कि राशन कार्डों में कुछ गलत और बढ़ा-चढ़ा कर भी प्रविष्टियाँ दर्ज की गयी थीं, विशेषकर ग़ैर-अनाज सामग्रियों के मामले में।

7.3.2 कूपन

हाल ही में, बिहार के पीडीएस व्यवस्था में कूपन व्यवस्था की शुरुआत की गयी है।

इसका उद्देश्य यह जाँच करना है कि क्या व्यवस्था सर्वाधिक ज़रूरतमन्द लोगों तक पीडीएस की पहुँच को सुनिश्चित कर रही है। प्रत्येक वर्ष की शुरुआत में, प्रत्येक बीपीएल परिवारों को 12 कूपनें प्रदान की जाती हैं जिसमें से एक, वर्ष के प्रत्येक महीने के लिए होता है। परिवारों से यह अपेक्षा की जाती है कि हर बार अनाज खरीदते समय उस महीने का कूपन डीलर को जमा कर दें। प्रत्येक महीने, राशन डीलरों को उतना ही अनाज मिलेगा जितनी संख्या में वे कूपन जमा करेंगे।[39]

हालाँकि, बिहार में कूपन की व्यवस्था ने पारदर्शिता के एक क़दम के रूप में काम करने के बजाय प्रायः भ्रम की स्थिति ज़्यादा पैदा की है (धोरजीवाला और गुप्ता सद्यःप्रकाशित)। इसका एक कारण लापरवाही से कूपन का वितरण और उसका भुगतान करना है। ऐसा देखा गया कि वहाँ कई बीपीएल कार्डधारकों के पास कूपन नहीं थे जबकि कुछ गैर-बीपीएल परिवारों के पास कूपन थे। वैसे बीपीएल परिवार जिनके पास कूपन नहीं थे उन्हें राशन नहीं मिला। इसके अतिरिक्त टीम ने पाया कि ढेर सारे कूपन मुखिया (ग्राम प्रधान) के पास बिना बाँटे रह गये थे। उन्होंने यह भी पाया कि डीलरों द्वारा भी कूपनों की जमाखोरी की जा रही थी। एक गाँव में, टीम ने पाया कि राशन दुकान प्रत्येक दो महीने में एक बार खुलता है; और जब बीपीएल कार्डधारक उनके पास राशन खरीदने के लिए जाते हैं तो वे उन्हें सिर्फ़ एक महीने का राशन बेचते हैं और बदले में दो महीने का कूपन जमा करने की माँग करते हैं।

इस प्रकार से, और कई अन्य तरीके से डीलरों ने एक जवाबदेह व्यवस्था स्थापित करने में कूपनों की उपयोगिता को कमज़ोर किया है। वर्तमान समय में बिहार में हर हाल में यही सूरत दिखाई दे रही है। पूर्व में, राजस्थान ने प्रयोग के तौर पर इसी प्रकार की कूपन व्यवस्था का प्रयोग पीडीएस और काम के बदले भोजन योजना के सन्दर्भ में किया था और दोनों के लिए वहाँ का अनुभव काफ़ी उत्साहवर्धक रहा था।

7.3.3 बीपीएल सूची की पारदर्शिता

कई राज्यों में, हमने यह ध्यान दिया कि बीपीएल परिवारों का नाम पंचायत भवन या राशन दुकान के बाहर अंकित किया हुआ था। इससे दो प्रकार से मदद मिलती थी, पहला तो यह कि लोगों को यह पता चल जाता था कि उनका नाम इस सूची में है या नहीं और दूसरा इससे 'अस्तित्वविहीन' और नकली कार्डधारकों को पहचानने में भी मदद मिलती थी।

छत्तीसगढ़ ने इससे भी एक क़दम आगे जाकर प्रत्येक ग्रामीण घरों के दरवाजों के चौखट पर एक चिह्न अंकित कर दिया है। इसमें रंग का संकेत, उस परिवार के राशन कार्ड का प्रकार और उससे जुड़ी हकदारी और बीपीएल गणना का उल्लेख कर दिया गया है। इस कार्य से बीपीएल सूची को साफ़-सुथरा करने में, लोगों में उनकी हकदारी के प्रति जागरूकता पैदा करने में और अमीर परिवारों को बीपीएल

या अंत्योदय कार्ड रखने के कारण शर्मिन्दा करने में मदद मिली है।

7.3.4 तमिलनाडु में एसएमएस अलर्ट

तमिलनाडु में, खाद्य विभाग द्वारा एक ऐसी व्यवस्था की शुरुआत की गयी है जिसमें कार्ड धारक एक एसएमएस के माध्यम से अपना राशन दुकान (एफपीएस) नम्बर भेजकर तुरन्त उस दुकान में उपलब्ध प्रत्येक पीडीएस सामग्रियों के भंडार के सम्बन्ध में जानकारी प्राप्त कर सकता है। सर्वे टीमों ने कई राशन दुकानों पर इसकी जाँच की और पाया कि उनका स्टॉक रजिस्टर उन्हें मिले एसएमएस अलर्ट से मेल खाता है। यह एक प्रभावशाली व्यवस्था है, जिससे सीधे तौर पर तकनीकी का प्रयोग करके एक प्रभावी पारदर्शिता स्थापित की जा सकती है। इसी कड़ी में, छत्तीसगढ़ सरकार ने एक सेवा की शुरुआत की है जिसमें मोबाइल फ़ोन का प्रयोग करने वाले खुद को पंजीकृत कर सकते हैं और जब भी पीडीएस अनाजों के साथ ट्रक उनके गाँव के लिए निकलेगा तो वे इस सूचना का एसएमएस अलर्ट प्राप्त कर सकते हैं। एसएमएस द्वारा ट्रक, भेजे जा रहे अनाज, आदि से सम्बन्धित विवरण प्रदान किया जाता है।

7.4 शिकायतों का निपटारा

तमिलनाडु और छत्तीसगढ़ में, शिकायतों को निपटाने के लिए (कम से कम आंशिक तौर पर) एक क्रियाशील व्यवस्था है। इसमें राशन कार्डधारकों को किसी प्रकार की शिकायत के लिए फ़ोन नम्बर देना या हेल्प लाइन उपलब्ध कराना शामिल है। तमिलनाडु में, प्रत्येक राशन दुकानों के बाहर सम्बन्धित अधिकारी का फ़ोन नम्बर अंकित रहता है। छत्तीसगढ़ में स्थानीय संगठनों द्वारा यह दावा किया गया कि हेल्प लाइनें प्रभावी हैं और दायर किये गये शिकायतों पर सामान्यतः कुछ ठोस पहल किये जाते हैं।

8. राज्यों के प्रदर्शन

निष्कर्ष से पहले, इस खण्ड में अनौपचारिक तौर पर आठ मानदण्डों के आधार पर राज्यों की रैंकिंग करने की कोशिश की गयी है। वे हैं : समावेशीकरण की मात्रा, व्यवस्था की ईमानदारी (पीईआर के सन्दर्भ में), पीडीएस अनाजों की गुणवत्ता, भौतिक पहुँच (दूरी और समय), पूर्वानुमेयता (राशन दुकानों के खुलने का दिन क्या पहले से तय है), विश्वसनीयता (दुकानों के खुलने के दिनों की संख्या कितनी पर्याप्त है), दस्तावेज़ों का रख-रखाव (राशन कार्डों, बिक्रियों और स्टॉक रजिस्टरों की देखभाल) और संस्थागत प्रबन्ध (अनाजों को दरवाज़े तक पहुँचाना यानि डोर-स्टेप-डिलीवरी और राशन दुकानों को प्राप्त जगह)। इस प्रकार से मूल्यांकन करके हमने हिमाचल प्रदेश को चार्ट में सबसे शीर्ष पर और बिहार को सबसे नीचे रखा है (सारणी 9)।

सारणी 9 : पीडीएस का प्रदर्शन संकेतक और राज्यवार रैंक

राज्य	पीडीएस का प्रकार	खरीद-हकदारी अनुपात (पीईआर)	प्रतिक्रियादाताओं का अनुपात जिन्हें अन्तिम खरीद के समय ख़राब गुणवत्ता वाला अनाज मिला	राशन दुकानों तक पहुँच		अनुमेयता और विश्वसनीयता		संस्थागत व्यवस्था[ख]		लेखा-जोखा रखना	
				राशन दुकानों की दूरी (किमी)	अन्तिम दौरे में लगा समय (मिनट)[क]	प्रतिक्रियादाताओं का अनुपात (%) जिन्होंने कहा कि राशन दुकानों के खुलने का दिन		राशन दुकानों का अनुपात		राशन कार्डों में प्रविष्ट से सहमत (प्रति-क्रियादाताओं का%)[घ]	निरीक्षण के लिए रजिस्टर उपलब्ध (राशन दुकानों का%)
						तय है	पर्याप्त है	अनाजों की 'डोर-स्टेप डिलीवरी' की जानकारी दी[ग]	निजी घरों से चला रहे थे		
हिमाचल प्रदेश	सार्वभौमिक, समरूप नहीं	92-100	4	1.4	114(50)	71	76	45	0	70	80
तमिलनाडु	सार्वभौमिक	92	17	0.6	109(56)	95	67	100	8	85	100
आन्ध्र प्रदेश	अर्द्ध-सार्वभौमिक	100	5	0.7	50(83)	70	61	92	10	एनए	70
छत्तीसगढ़	अर्द्ध-सार्वभौमिक	95	14	2.3	233(13)	72	39	100	0	94	75
उड़ीसा	विस्तारित	97-100	14	2.4	194(24)	73	44	8	9	96	53
राजस्थान	विस्तारित	86-100	19	1.7	122(46)	91	39	35	28	87	100
उत्तरप्रदेश	लक्षित	77-88	11	1.6	102(55)	56	44	0	17	53	75
झारखण्ड	लक्षित	71	19	0.7	98(47)	9	26	83	50	43	91
बिहार	लक्षित	45	31	1.4	94(54)	7	29	0	100	25	55

क. कोष्ठक में, उन प्रतिक्रियादाताओं का अनुपात (%) है जिन्होंने जानकारी दी कि उन्हें उनके अन्तिम दौर में एक घंटा तक का समय लगा।

ख. संस्थागत व्यवस्थाओं और लेखा-जोखा सम्बन्धी सूचना गाँव की प्रश्नावली से ली गयी है और यह दुकानों पर किये दौरे और राशन दुकान मैनेजर के साक्षात्कार पर आधारित है।

ग. सीधे (सरकार द्वारा) या अनुबन्धित डोर-स्टेप डिलीवरी (घर तक पहुँचाना) सम्मिलित है।

घ. 'अस्पष्ट' और लापता परिवारों की प्रतिक्रियाओं को छोड़कर।

एनए का अर्थ—है यहाँ लागू नहीं।

हिमाचल प्रदेश में पीडीएस का मॉडल विशिष्ट तौर पर रोचक है क्योंकि यह 'एकरूपता के बजाय, सार्वभौमिकता' के सिद्धान्त पर आधारित है। राज्य के पास एक बीपीएल सूची है और बीपीएल परिवार एपीएल परिवारों की तुलना में ज़्यादा सस्ते दरों पर अनाज पाने के हकदार हैं। हालाँकि, अन्य राज्यों से अलग, हिमाचल प्रदेश में एक सुनिश्चित एपीएल कोटा अलग रखा जाता है जिसकी आपूर्ति एपीएल परिवारों को की जाती है। परन्तु यहाँ यह महत्त्वपूर्ण है कि गैर-खाद्य पीडीएस सामग्रियाँ (दालें और खाद्य तेलें) सभी परिवारों को एक समान दर पर प्रदान की जाती हैं। यहाँ हकदारियाँ परिवार में सदस्यों की संख्या पर निर्भर हैं। हिमाचल प्रदेश ने पीडीएस के दायरे को संकुचित किये बगैर ही ये सभी लक्ष्य हासिल किये हैं।

कई लोग यह दलील दे सकते हैं कि वास्तव में तमिलनाडु को प्रथम स्थान पर रखा जाना चाहिए (यहाँ तक कि सारणी 9 में चुने गये सूचकों के आधार पर भी)।[41] वस्तुतः, आधे सूचकों के प्रयोग के आधार पर इसे प्रथम स्थान पर रखा जाता है। हिमाचल प्रदेश को तमिलनाडु से ऊपर रखने के दो महत्त्वपूर्ण कारण हैं : पोषक सामग्री प्रदान करने के सन्दर्भ में, हिमाचल प्रदेश मॉडल तमिलनाडु मॉडल से बेहतर है क्योंकि वहाँ दालों और खाद्य तेलों को भी दिया जाता है। साथ ही इस सन्दर्भ में परिवार के आकार को ध्यान में रखा जाता है। दूसरा, हिमाचल प्रदेश की उपलब्धियों को इसके दुर्गम भू-भाग के आलोक में मूल्यांकन किया जाना चाहिए।

हिमाचल प्रदेश और तमिलनाडु के बीच में एक अनोखा अन्तर यह भी है कि हिमाचल प्रदेश ने यह उपलब्धि, तमिलनाडु की तरह कठोर नियन्त्रण और सन्तुलन के उपाय अपनाये बिना प्राप्त की है। दूसरी तरफ़, तमिलनाडु की उपलब्धियों में सबसे प्रमुख बात अच्छी यह है कि, वहाँ निरीक्षण (मॉनिटरिंग) की एक ऐसी व्यवस्था विकसित की गयी है जो लोगों के प्रति दोस्ताना रखती है। साथ ही इसमें तकनीक का प्रयोग होता है, जिसमें काफ़ी कम ख़र्च होता है। इसके साथ ही तमिलनाडु में पारदर्शिता और जवाबदेही सुनिश्चित करने के लिए साधारण और कम लागत के उपाय किये गये और किसी भी अन्य राज्य ने व्यवस्था को दुरुस्त रखने के लिए इतनी सावधानी से सोचे-समझे विचारों का निवेश नहीं किया है (अलामू 2011; मीनाक्षी 2011; मेरी ज़ोसेफ, सद्यःप्रकाशित)।

आन्ध्र प्रदेश में पीडीएस बहुत हद तक तमिलनाडु मॉडल से प्रभावित है—पूर्व मुख्यमन्त्री एन.टी. रामा राव ने पहले ही वोट प्राप्त करने और भ्रष्टाचार को कम करने के लिए पीडीएस सामग्रियों की कीमतों को कम करने का लाभ समझ लिया था। आन्ध्र प्रदेश ने भी कभी भी पीडीएस के सम्बन्ध में दिये गये केन्द्रीय सरकार के निर्देशों के अनुरूप बीपीएल सूचियों का निर्माण नहीं किया। उन्होंने बहिष्करण का एक साधारण मानदण्ड लागू किया और अतिरिक्त परिवारों (सेंट्रल कोटा से ऊपर) को शामिल करने के लिए राज्य द्वारा योगदान दिया गया।

हाल के समय में, छत्तीसगढ़ ने तमिलनाडु से सीखे कुछ अनुभवों को लागू किया है : इसमें पीडीएस कवरेज का विस्तार, पीडीएस कीमतों में कमी, कम्प्यूटरीकरण, अनाज को दरवाज़े तक पहुँचाना, राशन दुकानों का 'हस्तान्तरण' (राशन दुकानों को ग्राम पंचायत और स्वयं-सहायता समूह जैसी सामुदायिक संस्थाओं के हाथों में सौंपना) और शिकायतों के निपटारे की उचित व्यवस्था शामिल हैं। इन उपायों के साथ-साथ पीडीएस में किये गये कुछ अन्य सुधारों के कारण इस सर्वे में शामिल नौ पीडीएस राज्यों में छत्तीसगढ़ का चौथा स्थान है।

2008 से, उड़ीसा भी छत्तीसगढ़ के मॉडल का अनुकरण कर रहा है (इसमें 'के.बी.के.' क्षेत्र में पीडीएस का सार्वभौमीकरण शामिल है) और इसे छठे स्थान पर रखा गया है। इनके द्वारा राशन दुकानों का प्रबन्धन ग्राम पंचायत सचिवों को सौंपने सम्बन्धी प्रयोग का काफ़ी उत्साहवर्धक परिणाम आया है (अग्रवाल 2011)।

हाल के समय में, मई 2010 से, राजस्थान ने भी सुधार करने की पहल की है। यहाँ यह उल्लेख करना अत्यन्त महत्त्वपूर्ण है कि राजस्थान का चुनाव इसलिए किया गया था कि 2007-08 में यह 'दिन काटने' वाले राज्य की श्रेणी में वर्गीकृत था। हालाँकि, इस सर्वे के परिणाम यह दिखाते हैं कि 2010 में लागू किये गये पीडीएस की कार्यप्रणाली में सुधार से सम्बन्धित पहल का असर पड़ना प्रारम्भ हो चुका था।

इस रैंकिंग में सबसे निचले पायदान पर उत्तर प्रदेश (आठवाँ स्थान), झारखण्ड और बिहार हैं। हालाँकि उत्तर प्रदेश में भी सुधार के कुछ लक्षण दिखे (मसलन, प्रतिक्रियादाताओं ने यह जानकारी दी कि उन्हें पीडीएस के अनाजों की उनकी कुल हकदारी का 77-88% तक मिल जाता है), परन्तु वहाँ अब तक यह स्पष्ट नहीं है कि किस सीमा तक सुधार हुआ है।

झारखण्ड, हालाँकि इसका रैंक भी अन्तिम स्थानों में है परन्तु यह एक रोचक केस है : क्योंकि 2009 से इसने चावल के पीडीएस दरों को घटाकर एक रुपया प्रति किलो कर दिया है। इसके साथ ही, कुछ अन्य पीडीएस सुधार (कुछ हद तक आधे-अधूरे मन से) भी प्रारम्भ किये गये हैं, मसलन पीडीएस अनाजों के वितरण के लिए एक समय-सारणी लागू करना ताकि व्यवस्था की पूर्वानुमेयता में सुधार हो सके और लोगों के घर के पास तक वस्तुएँ पहुँच सकें। हालाँकि, इन

सुधारों का वास्तविक स्तर पर क्रियान्वयन का रिकार्ड मिला-जुला ही है। इसके अतिरिक्त, सभी सैम्पल राज्यों में सम्भवतः झारखण्ड के पास सबसे ज़्यादा अधूरा और पुराना (आउटडेटेड) बीपीएल सूची थी। झारखण्ड में उचित व्यवस्था के अभाव के बावजूद भी उसके बिहार जितना बुरा नहीं होने का कारण उसकी इस विशेषता को बताया जा सकता है कि उसने चावल की दर घटाकर एक रुपया प्रति किलो कर दी है। पीडीएस सर्वे और द्वितीयक आँकड़े यह बताते हैं कि कम से कम एक मानदण्ड (व्यवस्था की विश्वसनीयता) पर झारखण्ड में तात्त्विक सुधार हुआ है। (द्रेज और खेड़ा 2011)।

इसके बाद समूह में सबसे निचले स्थान पर बिहार रह जाता है। ऐसा प्रतीत होता है कि विकास और सुशासन के शब्दाडम्बरों के बावजूद भी वहाँ चीज़ें बहुत ज़्यादा नहीं बदली हैं, कम से कम पीडीएस और नरेगा के मामले में तो स्थिति वैसी ही है।[41] तालिका 9 में प्रयोग किये गये आठ सूचकों में से सात में बिहार सारणी में सबसे नीचे है। यह तब है, जब ऐसा प्रतीत हो रहा है कि वहाँ हाल के समय में स्थिति थोड़ी सुधरी है।

9. निष्कर्ष के रूप में कुछ टिप्पणियाँ

2011 के पीडीएस सर्वे से एक महत्त्वपूर्ण सीख यह मिली कि अत्यन्त सावधानी और सूक्ष्मता से पीडीएस के मूल्यांकन की ज़रूरत है। पीडीएस के विस्तार, हकदारी और क्रियान्वयन में राज्यों के स्तर पर इतनी ज़्यादा भिन्नता है कि राष्ट्रीय स्तर पर इसके मूल्यांकन का अब सीमित मतलब रह जाता है। सर्वे में शामिल प्रत्येक राज्य के पीडीएस की अपनी विशिष्टता है जिसमें एक ओर तमिलनाडु है जिसने सार्वभौमिक पीडीएस अपनाया है। इसमें अनाज, दालें और खाद्य तेल की सप्लाई की जाती है और वहाँ शायद ही किसी प्रकार का रिसाव होता है और दूसरी तरफ़ बिहार भी है जहाँ लक्षित पीडीएस अपनाया गया है और जहाँ अधिकांश अनाज ग्रामीण ग़रीबों के पास पहुँचता तक नहीं है।

इस पीडीएस सर्वे से प्राप्त सबसे उत्साहवर्धक परिणाम यह है कि सैम्पल राज्यों में व्यापक स्तर पर सुधार की प्रवृत्ति है और इससे सम्बन्धित हाल में कुछ पहल किये गये हैं ताकि व्यवस्था को ठीक किया जा सके। इनमें से कुछ पहलों की यहाँ चर्चा की जा चुकी है। (जैसे, दस्तावेज़ों का कम्प्यूटरीकरण, राशन दुकानों के प्रबन्धन का निजीकरण ख़त्म करना, आधिकारिक कमीशनों को तार्किक बना और अन्य सुधार शामिल है।) इस पुनरुत्थान का एक महत्त्वपूर्ण कारक पीडीएस को क्रियाशील बनाने के लिए नयी राजनीतिक इच्छा है, जिसके अभाव में शायद ऊपर उल्लिखित सुधार के पहल नहीं किये जा सकते थे। इन सकारात्मक बदलावों के बावजूद पीडीएस में सुधार के सन्दर्भ में काफ़ी कुछ करने की आवश्यकता है। विशेष रूप से, अनाजों

की गुणवत्ता के निरीक्षण और शिकायत निपटारे की व्यवस्था ज़्यादा प्रभावकारी बनाने की आवश्यकता है।

इस बीच, पीडीएस को पहले ही कई ग्रामीण परिवारों द्वारा एक महत्त्वपूर्ण जीवनरेखा मान लिया गया है। जैसा कि हमने देखा कि कई राज्यों में बीपीएल परिवारों के लिए, अकेले पीडीएस खाद्य अनाजों में अन्तर्निहित सब्सिडी प्रत्येक महीने के एक सप्ताह के नरेगा की मज़दूरी (काम किये बिना) के लगभग बराबर है। अगर इसके साथ नरेगा के रोज़गार (सैम्पल परिवारों के, औसतन दो दिन प्रति महीना) को भी मिला दिया जाये तो पीडीएस भारत के बहुप्रतीक्षित सामाजिक सुरक्षा का एक अत्यन्त महत्त्वपूर्ण नींव बन सकता है।

यहाँ एक अत्यन्त महत्त्वपूर्ण चेतावनी यह है कि पीडीएस सर्वे मुख्यतः बीपीएल (और अंत्योदय) पर केन्द्रित है। यह सम्भव है कि एपीएल कोटा में गम्भीर भ्रष्टाचार मौजूद हो। वस्तुतः 66वें दौर के एनएसएस में इससे सम्बन्धित कुछ अनिश्चित सा साक्ष्य दिखा (इसके लिए देखें द्रेज और खेड़ा 2011)। एपीएल परिवारों की तुलना में बीपीएल परिवारों के लिए क्यों पीडीएस बेहतर ढंग से काम करता है इसका एक सम्भावित कारण यह है कि एपीएल परिवारों की हकदारी में स्पष्टता का अभाव है और एपीएल कोटा मनमाने तरीके से तय किया जाता।

पीडीएस कई अन्य महत्त्वपूर्ण अर्थों में भी ग्रामीण ग़रीबों के लिए खाद्य सुरक्षा सुनिश्चित करने में बहुत महत्त्वपूर्ण भूमिका निभाता है : यह देश के सबसे सुदूरवर्त्ती इलाकों में भी खाद्य अनाजों की आपूर्त्ति सुनिश्चित करता है। वर्तमान समय में जिस प्रकार के हालात हैं उसके अनुसार ग्रामीण बाज़ारें अविकसित हैं और कई क्षेत्रों में प्रभावकारी नहीं हैं। यह पूर्वानुमान करना आसान नहीं है कि पीडीएस को विघटित करने का क्या परिणाम होगा। पीडीएस की इस 'सन्तुलनकारी' भूमिका को अभी पर्याप्त रूप से स्वीकृति नहीं मिली है।

लोगों के नकद हस्तान्तरण के प्रति तिरस्कार को निश्चित तौर पर इसी अवलोकन के परिप्रेक्ष्य में देखा जाना चाहिए। नकद हस्तान्तरण के उद्देश्य से जल्दबाजी में पीडीएस का विघटन कर देने का परिणाम ग्रामीण परिवारों के लिए अत्यधिक अनिश्चितता और सम्भवतः शोषणकारी लेन-देन के रूप में सामने आ सकता है।

हालाँकि यह और इससे जुड़ी अन्य समस्याएँ (मसलन बैंकिंग व्यवस्था की बदहाली) को दूर किया जा सकता है, फिर भी यह एक बहुत बड़ी चुनौती है, और इसका कोई 'तत्काल समाधान' नहीं है। उदाहरण के लिए, कोई यह सलाह दे सकता है कि बैंकों तक पहुँच की बेहतरी के लिए व्यापारिक प्रतिनिधि अर्थात् 'बी. सी. मॉडल' को अपनाया जा सकता है। इस सन्दर्भ में, आन्ध्र प्रदेश के कुछ क्षेत्रों में नरेगा की मज़दूरी के भुगतान के लिए बी.सी.मॉडल का परीक्षण काफ़ी सीमित रहा है। इस मॉडल को सफल बनाने के लिए समर्पित एक टीम है, फिर भी इस

मॉडल की शुरुआत के चार साल बाद, अब भी जवाबदेही, भ्रष्टाचार, विलम्ब आदि से सम्बन्धित गम्भीर मुद्दे हैं। बी.सी. मॉडल अपने ही तरह की अनेक समस्याओं को साथ लेकर आता है।

इसी प्रकार, कुछ टीकाकार यह सलाह दे सकते हैं कि महँगाई के समय नकद की क्रय शक्ति को बनाये रखने से जुड़ी समस्या का आसानी से समाधान किया जा सकता है, मसलन, नकद हस्तान्तरण को एक समुचित मुद्रा सूचकांक से जोड़ा जा सकता है। हालाँकि, ये साधारण उपाय भी भ्रामक हैं और कई कठिन प्रश्नों को जन्म देते हैं जैसे कि क्या स्थानीय मूल्यों के बारे में पर्याप्त सूक्ष्मता और तीव्रता से पता किया जा सकता है। 'तकनीकी' मुद्दों के अतिरिक्त इस सूचीकरण का राजनीतिक पक्ष भी है। नरेगा की मजदूरियों (मौद्रिक अर्थ में) में हाल की स्थिरता, जबकि पिछले दो वर्षों में खाद्य महँगाई दो अंकों में चली गयी, दर्शाता है कि राजनीतिक आयाम को भी महत्त्व देने की ज़रूरत है।

अन्त में, हम इस बात पर बल देना चाहते हैं कि पीडीएस की आधारभूत संरचना काम कर रही है और यह कई प्रकार से एक महत्त्वपूर्ण भूमिका निभा रही है। दूसरी तरफ़, वर्तमान समय में ग्रामीण क्षेत्रों में नकद हस्तान्तरण से सम्बन्धित आधारभूत संरचना का घोर अभाव दिख रहा है। ऐसा प्रतीत होता है कि जो प्रतिक्रियादाता पीडीएस की वर्तमान कार्यप्रणाली से असन्तुष्ट थे, वे वास्तव में यह पूछना चाह रहे थे कि पीडीएस को कैसे बेहतर बनाया जाये और इसके रिसाव को कैसे कम किया जाये। उनके विचार से, पीडीएस, हालाँकि एक छिद्र वाला जहाज़ है, परन्तु यह डूबने के करीब नहीं है, बल्कि वास्तव में, इससे उन्हें तैरते रहने में मदद मिलती है। और इसलिए, इन्हें यह लगता है कि बिना गहराई नापे हुए पानी में कूदना अपरिपक्वता है।

सन्दर्भ

1. मैं डिएने कौफे, ज्याँ ड्रेज, सुधा नारायणन और डीन स्पीयर्स को उनकी टिप्पणियों और मशवरे के लिए धन्यवाद देती हूँ जिसके कारण इस लेख को सुधारने में मदद मिली और करुणा मुथैया और दीपा सिन्हा को क्रमशः तमिलनाडु और आन्ध्र प्रदेश में सर्वे के संयोजन में मदद के लिए धन्यवाद देती हूँ। सबसे महत्त्वपूर्ण रूप से, मैं सर्वेक्षणकर्त्ताओं को धन्यवाद कहना चाहती हूँ, जिन्होंने सर्वे में भाग लिया और हमें सर्वे राज्यों में पीडीएस की कार्यप्रणाली के प्रति नयी अन्तर्दृष्टि और गहरी समझ उपलब्ध कराई। मैं इण्डियन इन्स्टीट्यूट ऑफ टेक्नोलॉजी, नयी दिल्ली की आर्थिक सहायता के प्रति भी आभार प्रकट करती हूँ। प्लानिंग ऐंड डेवलपमेंट यूनिट, अर्थशास्त्र विभाग, इलाहाबाद विश्वविद्यालय द्वारा एक प्रायोगिक अध्ययन का समर्थन किया गया।
2. राष्ट्रीय स्तर के प्रतिनिधित्व पर आधारित दो सर्वे हैं जिसमें पीडीएस के बारे में पूछा गया था

(नैशनल सैम्पल सर्वे और इण्डिया ह्यूमन डेवलपमेंट सर्वे, जिसे नैशनल काउंसिल ऑफ अप्लायड इकोनॉमिक रिसर्च द्वारा करवाया गया था), परन्तु इनमें से कोई भी राशन कार्डों के स्वामित्व और पीडीएस खरीद से आगे नहीं गया था।

3. इसी की निरन्तरता में केरल के वायानद और पलक्कड़ ज़िलों में भी जुलाई 2011 में सर्वे किया गया था। परन्तु उस सर्वे के निष्कर्षों पर यहाँ चर्चा नहीं की गयी है।

4. राज्यों का यह वर्गीकरण पीडीएस अनाजों के प्रति व्यक्ति मासिक खरीद पर आधारित है। इसमें 'क्रियाशील' राज्य वे हैं जहाँ 1999-2000 के बाद से प्रति व्यक्ति खरीद एक किलो प्रति माह से ज़्यादा है; 'मृतप्राय' राज्य वे हैं जो जहाँ किलो प्रतिमाह से कम हैं और 'पुनर्जीवित' राज्यों में उन्हें रखा गया है जहाँ शुरुआत के समय में यह 1 किलो/माह से कम था परन्तु 2007-08 के अवधि के समाप्त होते-होते उसने इस दहलीज को पार कर लिया है। यहाँ यह उल्लेखनीय है कि खरीदों के औसत में सभी परिवारों को शामिल किया गया है, न कि सिर्फ़ बीपीएल परिवारों को।

5. सैम्पल ज़िले चित्तौड़ और वारंगल (आन्ध्र प्रदेश), कटिहार और नालन्दा (बिहार), महासमुन्द और सरगुजा (छत्तीसगढ़), मण्डी और सिरमौर (हिमाचल प्रदेश), दुमका और अविभाजित राँची (झारखण्ड), नुआपाड़ा और सुन्दरगढ़ (उड़ीसा), भरतपुर और पाली (राजस्थान), हरदोई और जौनपुर (उत्तर प्रदेश) और धर्मपुरी और डिंडीगल (तमिलनाडु) हैं।

6. सैम्पल में गाँवों में रह रही ग्रामीण जनसंख्या में 500-1500 की जनसंख्या के अनुपात की भिन्नता आन्ध्र प्रदेश में 9-17%, बिहार में 19-21%, छत्तीसगढ़ में 52-63%, हिमाचल प्रदेश में 38-44%, राजस्थान में 29-35%, तमिलनाडु में 5-13% और उत्तर प्रदेश में 26-36% तक थी। इस सर्वे के निष्कर्षों को इन आँकड़ों के प्रकाश में ही पढ़ा जाना चाहिए।

7. दुमका (झारखण्ड) में, हम बीपीएल सूची पाने में असमर्थ रहे; इसलिए वहाँ मतदाता सूची का प्रयोग किया गया है।

8. इस लेख में 'एफपीएस डीलर' और 'एफपीएस मैनेजर' का प्रयोग एक-दूसरे के लिए अदल-बदल कर किया गया है, जो प्रबन्धन के विभिन्न प्रकारों (स्वयं-सहायता समूहों, प्राइवेट डीलरशिप, सहकारी समाजों आदि) के लिए किया गया है। सर्वे के दोनों उपकरण ऑन लाइन उपलब्ध हैं : http://web.iitd.ac.in/~reetika/

9. हमने सैम्पल में व्यक्तियों के बजाय 'परिवारों' को लिया है; सर्वेक्षणकर्त्ताओं से अनुरोध किया गया था कि वे पुरुष और महिला प्रतिक्रियादाताओं में लगभग सन्तुलन बनाये रखें। यह अपने आप में महत्त्वपूर्ण हैं, विशेषकर नकद और खाद्य से जुड़े उनके विचार के सन्दर्भ में (देखें खण्ड 6)।

10. एनएफएचएस में, जीवन की गुणवत्ता के सूचकांक का निर्धारण ज़मीन का मालिकाना हक, टेलीविज़न सेट, पंखे, प्रेशर कूकर, चार और दो पहिया वाहन, घर का प्रकार, शौचालय, परिवारों को उपलब्ध बिजली और पानी के स्रोत के लिए निर्धारित अंकों के योग के आधार पर होता है (देखें, इंटरनैशनल इन्स्टीट्यूट ऑफ पॉपुलेशन साइंसेज़ 2000)। स्टैंडर्ड ऑफ लाइफ इंडेक्स (एसएलआई) के एक संशोधित स्वरूप का यहाँ प्रयोग किया गया है (विस्तार के लिए सारणी 1 देखें)

11. अन्नपूर्णा कार्ड (इसके तहत 10 किलोग्राम मुफ़्त अनाज प्रति माह की हकदारी दी जाती है) उन वृद्धों के लिए है जिन्हें पेंशन नहीं मिलता। सैम्पल में तीन अन्नपूर्णा कार्डधारक थे। इन पर चर्चा नहीं की गयी है।

12. यहाँ यह स्पष्ट नहीं है कि उसके बाद हुई जनसंख्या की वृद्धि के मद्देनज़र इसका पुनः संशोधन हुआ है कि नहीं।
13. यहाँ यह सम्भावना असम्भव नहीं है कि इन राज्यों के पास एक बीपीएल सूची है जिसका प्रयोग अन्य सरकारी योजनाओं मसलन इन्दिरा आवास योजना और राष्ट्रीय स्वास्थ्य बीमा योजना के लिए परिवारों को पहचानने में किया जाता है।
14. तमिलनाडु में कोई व्यक्ति 'चावल कार्ड' या 'चीनी कार्ड' में से कोई भी एक चुन सकता है। पहला वाला परिवारों को चावल और अन्य सामग्रियों के लिए हकदारी देता है; जिनके पास 'चीनी कार्ड' है उन्हें चीनी की अतिरिक्त मात्रा के लिए चावल को त्यागना पड़ता है। अतिरिक्त जानकारी के लिए देखें : http://www.tnesc.tn.gov.in/html/pds.htm.
15. बचे हुए 3% या तो एपीएल या फिर अन्नपूर्णा कार्डधारक थे।
16. यह एपीएल और बीपीएल परिवारों की हकदारी के बीच किसी भी प्रकार के अन्तर को मिटाकर किया गया था। हालाँकि एक महत्त्वपूर्ण चेतावनी यह है कि केबीके क्षेत्र में कई परिवारों के पास किसी भी प्रकार का राशन कार्ड (एपीएल या बीपीएल) नहीं है। कुछ आकलनों के अनुसार कुल परिवारों के पाँचवें हिस्से (1/5 वें) के पास किसी भी प्रकार का कार्ड नहीं है, इसलिए केबीके क्षेत्र में पीडीएस का सार्वभौमीकरण अधूरा है।
17. यहाँ यह रोचक है कि छत्तीसगढ़ में राज्य द्वारा पीडीएस के विस्तार का निर्णय लेने के बाद, जिन परिवारों को पीडीएस में शामिल किया गया, वे पहले चिह्नित 'बीपीएल' परिवारों के लगभग समान थे (देखें, पुरी सद्यःप्रकाशित)।
18. झारखण्ड में पीडीएस के कवरेज का विस्तार चरणों में किया गया, पहला विस्तार 2008-09 के सूखे के दौरान किया गया जबकि दूसरा 2010 में। इस बात का पता लगाना कि इन विस्तारों का आदेश कब जारी किया गया, नये कार्डधारकों की हकदारी क्या थी या फिर नये कार्डधारकों को चुनने के लिए कसौटी क्या थी, आसान नहीं था।
19. खाद्य और उपभोक्ता से सम्बन्धित मन्त्रालय द्वारा अंत्योदय सूची के दूसरे विस्तार को लागू करने के लिए 3 अगस्त 2004 को एक आदेश जारी किया गया था। राइट टू फूड केस में 2 मई 2003 की तारीख को दिये गये एक आदेश के अनुसार, विधवाएँ अंत्योदय कार्ड प्राप्त करने की हकदार हैं।
20. उदाहरण के लिए, 2002 में राजस्थान में 400 परिवारों के एक सर्वे में, मैंने पाया कि बीपीएल परिवार वाले केवल 12.5 किलो/माह खरीद रहे थे जो उनके 35 किलो के कोटा का 36% ही था। 2011 के पीडीएस सर्वे में, राजस्थान के सैम्पल में इससे जुड़े आँकड़े 85-91% है।
21. चूँकि कुछ राज्यों में सर्वोच्च न्यायालय के एक आदेश के बाद से अतिरिक्त 5 किलो/परिवार प्रदान किया जाता है इसलिए हकदारी को अभिव्यक्त करने में भिन्नता (27.3 से लेकर 28.7 किलो प्रति परिवार प्रति माह) है।
22. निम्न सीमा की गणना करने का एक अन्य तरीका यह है कि पूर्ण हकदारी के अनुपात में, सर्वे के पूर्ववर्त्ती तीन महीनों (अर्थात् मार्च-मई) में पीडीएस के न्यूनतम खरीद को देखा जाये। बीपीएल परिवारों के लिए इस प्रकार की गणना करने के उपरान्त, सभी राज्यों में कुल मिलाकर, परिवारों को उनके पूर्ण कोटा का 82% मिलता है।
23. चाहे हम 'सामान्य' खरीद का मानदण्ड प्रयोग करें या फिर 'अन्तिम खरीद' के मानदण्ड का, निष्कर्ष एक समान रहता है।
24. एनएसएस आँकड़ों के अनुसार 2004-05 में बिहार में 90% पीडीएस अनाज राशन कार्डधारकों

तक नहीं पहुँचता था (खेड़ा 2011सी); हमारे पीडीएस सर्वे में बिहार के लिए औसत पीईआर 45-47% था (सारणी 3)।

25. एनएसएस के 66वें दौर के 2009-10 के हालिया आँकड़े से भी इस बात की पुष्टि होती है कि अधिकांश सैम्पल राज्यों में 2004-05 और 2009-10 के बीच पीडीएस का पुनरुत्थान सुदृढ़ हुआ है।

26. 'चावल राज्य' में आन्ध्र प्रदेश, छत्तीसगढ़, उड़ीसा और तमिलनाडु शामिल हैं, जहाँ गेहूँ नहीं के बराबर वितरित होता है या यह कुल पीडीएस अनाज हकदारियों का एक बहुत छोटा-सा अंश है।

27. राजस्थान के मामले में, जागरूकता से सम्बन्धित आँकड़े सिर्फ़ लगभग आधे परिवारों के लिए ही दर्ज किये गये हैं। बचे हुए परिवारों में वे सम्मिलित हैं जिनके अवलोकन छूट गये और वे जो अपनी हकदारी से अनभिज्ञ थे।

28. कुछ परिवार (सैम्पल का करीब 14%) इस प्रश्न का उत्तर देने में असमर्थ थे क्योंकि वे पीडीएस में सिर्फ़ पिछले एक या दो साल से ही शामिल किये गये थे।

29. यहाँ उल्लिखित भुमखरी से सम्बन्धित रिपोर्ट एनएसएस के रिपोर्ट से तुलना करने योग्य नहीं हैं। दूसरे वाले रिपोर्ट में यह बताया गया था कि क्या एक परिवार के सभी सदस्य को सालों भर दो बार भरपेट भोजन मिलता है, जबकि हमने पूछा था कि क्या परिवार का कोई भी सदस्य पिछले तीन महीनों में एक बार भी भूखा सोया या भूखा रहा था। अन्तिम निष्कर्ष के विवरण से सम्बन्धित कार्यशाला में यह महसूस किया गया कि परिवारों में अपनी भुखमरी से सम्बन्धित बातचीत की सम्मति में भिन्नता थी, और यहाँ प्रस्तुत आँकड़ों को इसी परिप्रेक्ष्य में पढ़ा जाना चाहिए।

30. अगर मुख्यधारा से दूर रहने वाले लोगों को बाहर कर दिया जाये, तो यह गिरकर 14.5 किलो प्रति व्यक्ति प्रतिमाह हो जाता है।

31. राजस्थान के मामले में यह सम्भव है कि प्रश्नावली में कुछ खाद्य सामग्रियों को शामिल नहीं किया है जो वहाँ परिवारों द्वारा सामान्य तौर पर उपभोग किये जाते हैं (मसलन, छाछ)।

32. यह पैटर्न जनसंख्या के एक अहम हिस्से के शाकाहारी भोजन द्वारा अंशतः ही समझाया जा सकता है।

33. इस सीमा तक का कथन प्रायः राष्ट्रीय खाद्य सुरक्षा एक्ट पर विमर्श के बाद किया गया है।

34. यहाँ उल्लेखनीय है कि यह रकम पीडीएस हकदारी के समतुल्य नकद से ज़्यादा है। बाद वाला, पीडीएस सामग्रियों के बाज़ार मूल्य में, लोगों द्वारा उसके लिए राशन दुकानों पर किया जाने वाला भुगतान, घटाने से प्राप्त राशि के बराबर है। यह उन राज्यों में फिर भी बहुत हद तक तात्त्विक (मसलन, गेहूँ के लिए 4.65 रुपया प्रति किलो) है जो 'केन्द्रीय निर्गत मूल्य' (सेन्ट्रल इश्यू प्राइस) लेते हैं।

35. बिहार के सैम्पल को छोड़कर इससे सम्बन्धित अनुपात क्रमशः 73% (खाद्य) और 13% (नकद) है।

36. देखें जोस (2011), नाग (2011) और पुरी (सद्यःप्रकाशित)।

37. पूर्व में, पीडीएस डीलरों ने हमें विस्तृत जानकारी दी है कि वे कैसे भ्रष्ट आचरणों में शामिल रहते थे जब उन्हें कम मात्रा के साथ कम आधिकारिक कमीशन मिलता था और इसके साथ ही उन पर रिश्वत देने का भी दबाव रहता था (देखें, उदाहरण के लिए, खेड़ा 2011बी)।

38. आधिकारिक नरेगा वेबसाइट (www.nrega.nic.in) सार्वजनिक पहुँच के लिए उपलब्ध डेटाबेस है जिसमें सभी नौकरी कार्डधारकों के लिए रोज़गार से सम्बन्धित सूचना शामिल हैं (इसमें काम

के दिन, अर्जित मज़दूरी, किस कार्यस्थल पर मज़दूरी की गयी आदि सम्मिलित है)। इस कारण लोगों के लिए यह सम्भव है कि वे अपने और इसके साथ ही दूसरों के रिकार्डों का भी सत्यापन कर सकते हैं, परन्तु यह सोशल ऑडिट से भिन्न है।

39. यह 'फूड स्टैंप' की तरह नहीं है जिसकी वकालत कुछ अन्य ने की थी, जिसे किसी भी दुकान, चाहे वह निजी बाज़ार का हो या राशन दुकान (एफपीएस), में भँजाया जा सकता था (उदाहरण के लिए, बसु 2011)।

40. देखें मीनाक्षी (2011) और अलामू (2011)।

41. सारणी 1 में, कोई भी यह देख सकता है कि बिहार में 62% सैम्पल परिवारों ने जानकारी दी कि उन्हें पिछले 12 महीनों में नरेगा में कोई काम नहीं मिला था और इस अवधि में नरेगा के तहत औसत रोज़गार सिर्फ़ 12 दिन था। द्वितीयक आँकड़ों से भी इस बात की पुष्टि होती है कि नरेगा के तहत रोज़गार के मामले में बिहार सबसे बुरा राज्य है।

सन्दर्भ ग्रन्थ सूची

अग्रवाल, अंकिता (2011), 'द पीडीएस इन रूरल उड़ीसा : अगेंस्ट द ग्रेन', *इकोनॉमिक ऐंड पॉलिटिकल वीकली,* खण्ड-46, अंक-36, 3 सितम्बर।

अलामू, आर. (2011), 'इट जस्ट वर्क्स इन तमिलनाडु', *द हिन्दू,* 25 सितम्बर।

भाटिया, बेला और जॉन ड्रेज (2002), 'स्टील स्टारविंग इन झारखण्ड', *फ्रंटलाइन,* 16 अगस्त।

सिटिजन्स इनिसिएटिव फॉर द राइट्स ऑफ चिल्ड्रन अंडर सिक्स (2006), 'फोकस ऑन चिल्ड्रन अंडर सिक्स', राइट टू फूड केम्पेन, नयी दिल्ली. ऑनलाइन उपलब्ध है : http://www.righttofoodindia.org/icds/icds_index.html. अन्तिम बार 15 सितम्बर 2011 को देखा गया।

देव, एस. महेन्द्र और एम.एच. सूर्यनारायण (1991), 'इज पीडीएस अर्बन बायस्ड ऐंड प्रो-रीच? एन इवेल्यूशन', *इकोनॉमिक ऐंड पॉलिटिकल वीकली,* खण्ड-26, अंक-41, 12 अक्टूबर।

धोरजीवाला, सकीना और आशीष गुप्ता (सद्यःप्रकाशित), 'केन कूपन्स क्योर करप्सन?', *फ्रंटलाइन*।

ड्रेज, ज्याँ (2001), 'नो मोर लाइफ लाइन्स : पॉलिटिकल इकोनॉमी ऑफ हंगर इन ओड़ीसा', *टाइम्स ऑफ इण्डिया,* 17 सितम्बर।

—(2002 ए), 'इंडिंग डिस्ट्रीब्यूशन', *द हिन्दू,* 27 जुलाई।

—(2002 बी), 'फ्रॉम द कोर्ट टू द स्ट्रीट', *द हिन्दू*।

ड्रेज, ज्याँ और अपराजिता गोयल (2003), 'द फ्यूचर ऑफ मिड-डे मिल्स', *इकोनॉमिक ऐंड पॉलिटिकल वीकली,* खण्ड-38, अंक-44, 1 नवम्बर।

ड्रेज, ज्याँ और रीतिका खेड़ा (2010 ए), 'द बीपीएल सेंसस ऐंड अ पॉसिबल अल्टरनेटिव', *इकोनॉमिक ऐंड पॉलिटिकल वीकली,* खण्ड-45, अंक-9, 27 फरवरी।

—(2010 बी), 'छत्तीसगढ़ शोज द वे', *द हिन्दू,* 13 नवम्बर।

—(2011), 'पीडीएस लीकेज़ेज : द प्लॉट थिकेन्स', *द हिन्दू,* 12 अगस्त।

हिमांशु और अभिजीत सेन (2011), 'व्हाई नॉट ए यूनिवर्सल फूड सेक्यूरिटी लेजिस्लेशन?', *इकोनॉमिक ऐंड पॉलिटिकल वीकली,* खण्ड-46, अंक-12, 19 मार्च।

हर्वे, इन्दिरा (2003), 'आईडेंटिफिकेशन ऑफ बीपीएल हाउसहोल्ड्स फॉर पॉवर्टी एलिविएशन प्रोग्राम्स', *इकोनॉमिक ऐंड पॉलिटिकल वीकली,* खण्ड-38, अंक-45, 8 नवम्बर।

होव्स, स्टीफन और शिखा झा (1992), 'अर्बन बायस इन द इण्डियन पब्लिक डिस्ट्रीब्यूशन सिस्टम', *इकोनॉमिक ऐंड पॉलिटिकल वीकली,* खण्ड-27, अंक-19, 9 मई, पृ. 1022-30।

इंटरनैशनल इन्स्टीट्यूट फॉर पॉपुलेशन साइंसेज़ (2000), 'नैशनल फेमिली हेल्थ सर्वे 1998-99 (एनएफएचएस-2) : इण्डिया', इंटरनैशनल इन्स्टीट्यूट ऑफ पॉपुलेशन साइंसेज़, मुम्बई।

झा, शिखा और भारत रामास्वामी (2010), 'हॉव केन फूड सब्सिडीष वर्क बेटर? आन्सर्स फ्रॉम इण्डिया ऐंड द फिलीपींस', एडीबी इकोनॉमिक्स वर्किंग पेपर सीरीज, अंक-221, एशियन डेवलपमेंट बैंक, सितम्बर। इस लिंक पर ऑनलाइन उपलब्ध है—http://www.adb.org/documents/working_papers/2010/economics_wp221.pdf. अन्तिम बार 20 सितम्बर 2011 को देखा गया।

जोश, जीजो (2011), 'द पीडीएस लर्निंग कर्व', *डाउन टू अर्थ*।

खेड़ा, रीतिका (2002), 'मिड-डे मील्स इन राजस्थान', *द हिन्दू*, 13 नवम्बर।

—(2006), 'मिड-डे मील्स इन प्राइमरी स्कूल्स : एचिवमेंट्स ऐंड चैलेंजेज', *इकोनॉमिक ऐंड पॉलिटिकल वीकली*, खण्ड-41, अंक-46, 18 नवम्बर।

—(2008), 'एक्सेस टू द टारगेटेड पब्लिक डिस्ट्रीब्यूशन सिस्टम : अ केस स्टडी इन राजस्थान', *इकोनॉमिक ऐंड पॉलिटिकल वीकली*, खण्ड-43, अंक-44, 1-7 नवम्बर।

—(2011 ए), 'द यूआईडी प्रोजेक्ट ऐंड सोशल वेलफेयर', *इकोनॉमिक ऐंड पॉलिटिकल वीकली*, खण्ड-46, अंक-9।

—(2011 बी), 'इण्डियाज पब्लिक डिस्ट्रीब्यूशन सिस्टम : यूटिलाइजेशन ऐंड इम्पैक्ट', *जर्नल ऑफ डेवलपमेंट स्टडीज*, खण्ड-47, अंक-3, पृ. 1-23।

—(2011 सी), 'ट्रेंड्स इन डाइवर्जन ऑफ ग्रेन फ्रॉम द पब्लिक डिस्ट्रीब्यूशन सिस्टम', *इकोनॉमिक ऐंड पॉलिटिकल वीकली*, खण्ड-46, अंक-26, 21 मई।

—(2011 डी), सम्पा. *बैटल फॉर एमप्लायमेंट गारंटी*, ऑक्सफर्ड यूनिवर्सिटी प्रेस, नयी दिल्ली।

कोतवाल, अशोक, मिलिंद मुरूगकर और भरत रामास्वामी (2011), 'डॉन्ट वॉटर डाउन फूड सेक्यूरिटी' *इण्डियन एक्सप्रेस*, 19 जनवरी।

महामल्लिक, मोतीलाल और गगन बिहारी साहू (2011), 'आइडेंटिफिकेशन ऑफ द पुअर : एरर्स ऑफ एक्सक्लूजन ऐंड इन्क्लूजन', *इकोनॉमिक ऐंड पॉलिटिकल वीकली*, खण्ड-46, अंक-9, 26 जनवरी।

जोसेफ मेरी, अलीशा (सद्यःप्रकाशित), 'नेशन्स इन ग्रास रूट्स इकोनॉमिक्स', *फ्रंटलाइन*।

मीनाक्षी, स्वाथी (2011), 'अ केस फॉर यूनिफॉर्म ऐंड यूनिवर्सल सिस्टम', *द ट्रिब्यून*, 7 सितम्बर।

नाग, कुबेर (2011), 'पीपल्स डिमांड : नो सब्सिट्यूट फॉर द पीडीएस', *द हिन्दू*, 4 सितम्बर।

पुरी, राघव (प्रकाश्य), 'केश ट्रांसफर? नो, थैंक्स', *फ्रंटलाइन*।

सिन्हा, दीपा (2008), 'सोशल ऑडिट ऑफ मिड-डे मील स्कीम इन एपी', *इकोनॉमिक ऐंड पॉलिटिकल वीकली*, खण्ड-43, अंक-44, 1 नवम्बर।

सिंह, रिया साहनी (2011), 'द पीडीएस इज़ नॉट एईलिंग और फेलिंग', *द ट्रिब्यून*, 7 सितम्बर।

सूर्यनारायण, एम.एच. (1995), 'पीडीएस : बियोंड इम्लीसीट सब्सिडी ऐंड अर्बन बायस—द इण्डियन एक्सपीरियंस', *फूड पॉलिसी*, खण्ड-20, अंक-4, पृ. 259-78।

स्वामीनाथन, मधुरा और नीता मिश्रा (2001), 'एरर्स ऑफ टारगेटिंग', *इकोनॉमिक ऐंड पॉलिटिकल वीकली*, खण्ड-36, अंक-26, 30 जून।

[यह शोध-आलेख *इकोनॉमिक ऐंड पॉलिटिकल वीकली* के 5 नवम्बर 2011 अंक में प्रकाशित हुआ था।]

भारत में सामाजिक सुरक्षा पेंशन : एक अवलोकन

सलोनी चोपड़ा, जेसिका पुड्डूसेरी[1]

(अनुवाद : पंकज कुमार झा, संदीप कुमार)

भारत में सामाजिक सुरक्षा पेंशन मौजूदा समय में करीब 2.6 करोड़ बुजुर्गों, विकलांगों और विधवाओं के जीवन में स्थायित्व के लिए महत्त्वपूर्ण स्रोत साबित हुई है। 2013 में 10 राज्यों में हुए सर्वे ने भी इस बात की पुष्टि की है कि पेंशन सम्बन्धी योजनाएँ अच्छे से काम कर रही हैं। पूरे पुख्ता प्रमाण के आधार पर यह कहा जा सकता है कि पेंशन का पैसा लक्षित लोगों तक बगैर किसी गड़बड़ी के पहुँच रहा है। पेंशन के पैसे के इस्तेमाल के तरीके से पता चलता है कि इन लोगों के जीवन में इसका कितना महत्त्व है। मूल्यांकन से पेंशन से जुड़ी कई चीज़ें भी निकलकर सामने आयीं, मसलन–पेंशन की मामूली रकम, लचर वितरण प्रणाली, पेंशन लेने में होने वाला ख़र्च और भुगतान का स्थायी स्वरूप न होना।

80 साल की विफाई एक दलित विधवा हैं जो छत्तीसगढ़ के सरगुजा ज़िले के गेतारा गाँव की रहने वाली हैं। इन्दिरा गाँधी राष्ट्रीय वृद्धावस्था पेंशन योजना के तहत 300 रुपये मासिक पेंशन मिलती है। उनके बेटों ने उन्हें बेसहारा छोड़ दिया है और वे अकेले रहती हैं। वे बेहद दुर्बल और काम करने में असमर्थ हैं। पेंशन लेने के लिए उन्हें पैदल बैंक जाना पड़ता है जो उनके घर से 12 किलोमीटर दूर है। जैसा कि वे बताती हैं–'रेंगती-रेंगती बैंक जाती हूँ, अब क्या करूँ?' बैंक के कर्मचारी कतार में लगे बिना उनका काम तो कर देते हैं फिर भी विफाई को पेंशन की रकम लेने और बैंक से घर तक पहुँचने में पूरा दिन लग जाता है। वे पेंशन की रकम और जन वितरण प्रणाली के अनाज के बलबूते ही ज़िन्दगी गुजार रही हैं। वो कहती हैं–'सरकार पैसा देती है, सरकार खाना देती है, बस उसी पर जीती हूँ।'

विफाई, ग्रामीण भारत के कई बुजुर्ग महिला-पुरुषों की दुर्दशा की प्रतीक हैं। परिवार से ठुकरा दिये जाने और गुजारे का कोई स्रोत नहीं होने के चलते विफाई के लिए पेंशन एक बेहद ज़रूरी चीज़ है जो उन्हें मिल भी रही है। लेकिन पेंशन की

रकम बेहद कम है जो छत्तीसगढ़ में महज 300 रुपये महीने निर्धारित है। और इस मामूली रकम को हासिल करना भी काफ़ी मुश्क़िल होता है। कई पेंशनधारियों को विफाई जैसे हालत का सामना करना पड़ता है और सच ये भी है कि कईयों को तो पेंशन भी नहीं मिल पाती।

सामाजिक सुरक्षा पेंशन का मकसद वृद्धों, विधवाओं और विकलांगों जैसे समाज के कमज़ोर तबके को कुछ हद तक वित्तीय सुरक्षा देना है ताकि ये लोग भी आत्म-सम्मान की ज़िन्दगी गुजर-बसर कर सकें। बुजुर्गों के लिए पेंशन काफ़ी मायने रखती है क्योंकि इनमें से अधिकतर जीवन-यापन करने में असमर्थ हैं या फिर सामाजिक स्थित-परिस्थिति के चलते काम नहीं कर सकते। भारत जैसे देश में जहाँ बुजुर्गों की आबादी 2016 में 11.6 करोड़ और 2026 में 17.9 करोड़ तक पहुँचने का अनुमान है, वहाँ पेंशन सम्बन्धी योजनाओं की ज़रूरत बरकरार रहेगी। 10 राज्यों में सामाजिक सुरक्षा पेंशन को लेकर हुए हालिया सर्वे में इस मसले पर ज़्यादा प्रकाश डाला गया है।

पेंशन योजना

राष्ट्रीय सामाजिक सहायता कार्यक्रम (नैशनल सोशल असिस्टेंस प्रोग्राम–एनएसएपी) की शुरुआत 1995 में हुई थी, जिसमें समय के साथ बहुत सारे बदलाव भी होते गये। वर्तमान में इसके अन्तर्गत पाँच कार्यक्रम चल रहे हैं : इन्दिरा गाँधी राष्ट्रीय वृद्धावस्था पेंशन योजना (इन्दिरा गाँधी ओल्ड ऐज पेंशन स्कीम–आईजीएनओएपीएस), इन्दिरा गाँधी राष्ट्रीय अपंगता पेंशन योजना (इन्दिरा गाँधी नैशनल डिजाबिलिटी पेंशन स्कीम–आईजीएनडीपीएस), राष्ट्रीय परिवार लाभ योजना (नैशनल फैमिली बेनिफिट स्कीम–एनएफबीएस) और अन्नापूर्णा योजना शामिल है।

इन्दिरा गाँधी राष्ट्रीय वृद्धावस्था पेंशन योजना के अन्तर्गत केन्द्र सरकार वृद्धों को पेंशन के तहत 200 रुपये प्रति महीने का मामूली अंशदान करती है जो 80 वर्ष या उससे अधिक उम्र के बुजुर्गों के लिए 500 रुपये प्रति महीना है। राज्य सरकारों को इस राशि में अपना अंशदान कर इसमें इजाफ़ा करने की अनुमति दी गयी है और कई राज्य ऐसा कर भी रहे हैं। पेंशन के वितरण और लाभार्थियों की पहचान करने का दायित्व राज्य सरकार का है। इस योजना के तहत 60 साल से अधिक उम्र के लोग लाभ पाने के योग्य हैं। बशर्ते वे ग़रीबी रेखा से नीचे वाले परिवार (बीपीएल) से ताल्लुक रखते हों।

इसी तरह, इन्दिरा गाँधी राष्ट्रीय विधवा पेंशन योजना के अन्तर्गत केन्द्र सरकार की तरफ़ से 300 रुपये प्रति महीने का अंशदान किया जाता है जिसमें राज्य सरकारें अपनी तरफ़ से इजाफ़ा करती हैं। बीपीएल परिवारों की 40 से 59 साल आयु वर्ग

की विधवा महिलाएँ इस योजना का लाभ पाने की पात्र मानी जाती हैं। यदि कोई विधवा 60 साल से अधिक हो जाती है तो स्वतः उसकी पेंशन विधवा पेंशन से वृद्धावस्था पेंशन योजना में तब्दील हो जाती है। कुछ राज्य न सिर्फ़ पेंशन की रकम में अपनी तरफ़ से इजाफ़ा करते हैं बल्कि लाभुकों की पात्रता सम्बन्धी शर्तों में भी कुछ छूट देते हैं या फिर अपनी योजनाओं के तहत पेंशन के दायरे को विस्तार देते हैं।

पब्लिक इवोल्यूशन ऑफ एनटाइटेलमेंट प्रोग्राम (पीईईपी) सर्वे

पब्लिक इवोल्यूशन ऑफ एनटाइटेलमेंट प्रोग्राम (पीईईपी) नाम का ये सर्वे भारत के 10 राज्यों बिहार, छत्तीसगढ़, हिमाचल प्रदेश, झारखण्ड, मध्य प्रदेश, महाराष्ट्र, ओडिशा, राजस्थान, तमिलनाडु और उत्तर प्रदेश में मई-जून 2013 के बीच हुआ। यह सर्वे इण्डियन इंस्टिट्यूट ऑफ टेक्नोलॉजी (आईआईटी) दिल्ली के तत्वावधान में शोध-कार्य विद्यार्थियों के जरिए पूरा किया गया। इसके अन्तर्गत प्रत्येक राज्य से दो ग़रीब ज़िलों को चयनित किया गया जैसे कि छत्तीसगढ़ से सरगुजा और राजस्थान से बारां। सर्वे में पाँच योजनाओं को शामिल किया गया। मसलन, राष्ट्रीय ग्रामीण रोज़गार गारंटी एक्ट (नरेगा), सार्वजनिक वितरण प्रणाली (पीडीएस), मध्याह्न भोजन (एमडीएम), समन्वित बाल विकास सेवा (आईसीडीएस) और सामाजिक सुरक्षा पेंशन। गौरतलब है कि इन सभी योजनाओं को ग्रामीण भारत में सामाजिक सुरक्षा का प्रभावशाली स्तम्भ माना जाता है।

सर्वे के लिए प्रत्येक ज़िले में रैंडम तरीके से आठ गाँवों का चयन किया गया। वृद्धा पेंशन और विधवा पेंशन के 12 लाभार्थियों को आधिकारिक सूची से चुना गया और उनका इंटरव्यू किया गया। सूची में शामिल नामों की पहचान के लिए गाँव में घर-घर जाकर पड़ताल की गयी।

स्पष्ट है कि लोगों द्वारा दिये गये जवाब सामाजिक सुरक्षा पेंशन की अदद ज़रूरत को व्यक्त करता है (सारणी 1)। इनमें बड़ी तादाद में ऐसे लोग थे जो आर्थिक रूप से निष्क्रिय थे और इन्हें बहुत सीमित पारिवारिक मदद मिलती थी। इनमें से करीब आधे लोग अकेले रहते थे या फिर जीवन-संगिनी या अविवाहित बच्चों के साथ। अधिकतर लोग (82%) निरक्षर थे और इनमें से आधे लोग ऐसे थे जो घरेलू काम में हाथ बँटाने के अलावा और कुछ उपयोगी काम नहीं कर सकते थे। यही कारण है कि ये लोग रोटी, कपड़ा और मकान जैसी बुनियादी ज़रूरतों के लिए भी दूसरों पर निर्भर रहते थे। हालाँकि कई स्थानों पर पारिवारिक सहयोग मिला, लेकिन वह काफ़ी कम था। शोध में जवाब देने वालों में केवल 13% लोगों के परिवार ही पक्के मकान में रहते थे, केवल 18% के घर पाइप से पानी आता था और सिर्फ़ 13% लोगों के घरों में शौचालय था।

सारणी 1 : शोध में जवाब देने वाले लोगों की सामाजिक-आर्थिक रूपरेखा

	प्रतिशतता
लिंग	
पुरुष	28
महिला	72
शिक्षा	
निरक्षर	82
प्राथमिक शिक्षा से कम	9
पाँचवीं तक पढ़े-लिखे	6
प्राथमिक शिक्षा से ऊपर	3
वैवाहिक स्थिति	
विवाहित	36
विधवा	62
तलाकशुदा/परित्यक्त/अलग/गैर-विवाहित	2
समुदाय	
अनुसूचित जाति	22
अनुसूचित जनजाति	30
अन्य पिछड़ा वर्ग	33
अन्य	13
अस्पष्ट	2
मुख्य पेशा	
कार्य करने में अक्षम	31
घरेलू कामकाज में सहयोग	15
स्व-रोज़गार (कृषि)	22
मज़दूरी	21
अन्य	11
रहवास	
अकेला	18
पति/पत्नी के साथ	13
अविवाहित बच्चों संग	3
पति/पत्नी और अविवाहित बच्चों संग	3
विवाहित बेटे/बेटों और उनके परिवार के संग	39
अन्य	14
आवास	
कच्चा	58
अर्द्ध-पक्का	29
पक्का	13

स्रोत : पीईईपी सर्वे, 2013

सैम्पल में से अधिकतर पेंशनधारी (72%) महिलाएँ थीं जिनमें से आधे से ज़्यादा विधवा थीं। भारत में जहाँ महिलाएँ, विशेषकर विधवाओं को बहुत सीमित वित्तीय स्वतन्त्रता और परिवार में लिए गये फ़ैसलों में सीमित आज़ादी है, वैसे में ये सामाजिक सुरक्षा पेंशन उनके लिए बहुत मायने रवती है। इस प्रकार, पेंशन योजनाओं के विस्तार और मज़बूतीकरण से महिलाओं की वित्तीय और सामाजिक हैसियत में इजाफ़ा होगा।

पेंशन मिलती है क्या?

पीईईपी सर्वे से यह बात सामने आयी कि ज़रूरतमन्द लोगों को पेंशन का लाभ मिल रहा है। शोध में शामिल करीब-करीब सभी लोगों ने माना कि उन्हें पेंशन मिल रही है, हालाँकि कुछ लोगों का ये भी कहना था कि मासिक पेंशन पाने के लिए उन्हें कुछ घूस भी देनी पड़ी है। केवल 3% ऐसे लोग मिले जिनका सूची में नाम होने के बावजूद उन्हें पेंशन नहीं मिल रही थी।[2]

पेंशन योजनाओं में राजस्थान और झारखण्ड में ज़्यादा गड़बड़ियाँ पायी गयी। राजस्थान में 8 और झारखण्ड में 6% ऐसे लोग थे जिन्हें लाभार्थियों की सूची में नाम होने के बावजूद पेंशन नहीं मिल रही थी। राजस्थान में इसकी मुख्य वजह, पेंशनधारियों की सूची का हाल ही में विस्तार किया गया था और नये पेंशनधारियों के नाम को मंजूरी नहीं मिली थी। झारखण्ड में स्थिति ये थी कि कुछ लोगों को ये पता तक नहीं था कि उनका नाम सामाजिक सुरक्षा पेंशन पानेवालों की सूची में है। छत्तीसगढ़, हिमाचल प्रदेश, ओडिशा और उत्तर प्रदेश में हालाँकि इस तरह की गड़बड़ियाँ नहीं पायी गयीं।

इस सैम्पल के तहत अधिकतर वैसे लोग थे जिन्हें वृद्धा पेंशन (60%) और विधवा पेंशन (32%) के तहत पेंशन मिल रही थी। हालाँकि 5% को अन्य योजनाओं, मसलन—अपंगता पेंशन योजना या राज्य प्रायोजित स्कीम के तहत भी पेंशन मिल रही थी।

सारणी 2 : पेंशन के प्रकार

	प्रतिशतता
वृद्धावस्था पेंशन (आईजीएनओएपीएस)	60
विधवा पेंशन (आईजीएनडब्ल्यूपीएस)	32
अन्य पेंशन	5
कोई पेंशन नहीं	3

स्रोत : पीईईपी सर्वे 2013

वृद्धावस्था पेंशन योजना और विधवा योजनाओं के लाभार्थियों में करीब 75% ने इस बात को स्वीकार किया है कि उन्हें पेंशन की पूरी राशि प्राप्त हुई है। करीब 20% लोगों ने यह माना कि उन्हें पूरी रकम नहीं मिली। इस तरह के मामले झारखण्ड और तमिलनाडु में ज़्यादा देखने को मिले जहाँ सर्वे में शामिल करीब आधे लोगों ने कहा कि उन्हें पेंशन की पूरी रकम नहीं मिलती है और उन्हें डाकिया या बिचौलिए को हर महीने घूस खिलानी पड़ती है। इसके ठीक उलट, सर्वे में शामिल छत्तीसगढ़ के केवल 2 और ओडिशा के 1% लोगों ने तय राशि से कम पेंशन मिलने की शिकायत की, जिसे काबिलेतारीफ़ उपलब्धि के रूप में देखा जा सकता है।

पेंशन और परिवार

सामाजिक सुरक्षा पेंशन से जुड़ी सबसे बड़ी आपत्ति यह देखने को मिली कि इसके कारण विधवाओं और बुजुर्गों के प्रति पारिवारिक समर्थन और ज़िम्मेदारी के भाव में कमी आयी है। हालाँकि इसके बावजूद सर्वे इस बात का भी खुलासा करती है कि पेंशन से उनकी स्थिति सुधरी है, पेंशन मिलने से परिवार में उनके प्रति सम्मान बढ़ा है वहीं पारिवारिक फ़ैसलों में उनकी दखलन्दाज़ी भी बढ़ी है।

ओडिशा के सुन्दरगढ़ ज़िला निवासी 56 वर्षीय निरक्षर जसो महतो को वृद्धावस्था पेंशन योजना के तहत 300 रुपया प्रत्येक महीना मिलता था। उनका ऐसा मानना था कि अगर उन्हें पेंशन नहीं मिलती तो उनके नाते-रिश्तेदार उनके साथ बुरा बर्ताव करते। वो अपनी लड़की के साथ रहती हैं और अपनी लड़की के स्वास्थ्य पर प्रति माह 150 रुपये ख़र्च करती हैं। जसो महतो के अनुसार उनके लड़के का परिवार उनकी खान-पान की व्यवस्था करता है। वे इसके अलावा और दूसरी ज़रूरतों की पूर्ति नहीं करते। माँ और बेटी के पास कोई राशन कार्ड नहीं है। इस प्रकार पेंशन ही उनके जीवन का महत्त्वपूर्ण जरिया है।

इस सवाल पर कि क्या आप ऐसा महसूस करते हैं कि यदि आपको पेंशन नहीं मिलती तो परिवार में अच्छा अथवा बुरा बर्ताव किया जाता? इनमें से अधिकांश ने जो जवाब दिया उनमें मामूली अन्तर दिखा। करीब 21% ने ऐसा माना कि उनके साथ बुरा बर्ताव किया जाता, वहीं केवल 4% ने स्वीकारा कि पेंशन ना मिलने पर भी उन्हें परिवार का पूरा सहयोग मिलता।

राजस्थान के सिरोही ज़िला के राजपुर गाँव में रहने वाली 65 साल की दलित विधवा तीजा बाई बताती हैं कि उनकी बहू उनके साथ बुरा बर्ताव करती है। उन्हें बहुत काम करना पड़ता है तब जाकर खाना मिलता है। तीजा बाई

का मानना है कि अगर पेंशन नहीं मिलती तो परिस्थितियाँ और विकट होतीं। उनके अनुसार 'अगर पेंशन नहीं मिलती तो रोटी ऐसे दी जाती जैसे कुत्तों को रोटी फेंक देते हैं।'

साल 2006 से ही सामाजिक सुरक्षा पेंशन के अन्तर्गत केन्द्र सरकार अपना 200 रुपये का मामूली अंशदान करती आ रही है जबकि महँगाई में तब से अब तक जबर्दस्त इजाफ़ा हुआ है। कुछ राज्य तो अपनी तरफ़ से पेंशन में इजाफ़ा कर रहे हैं लेकिन कई राज्य यह भी नहीं करते। छतीसगढ़ के सरगुजा ज़िले के कोटकोना गाँव की 55 वर्षीय आदिवासी विधवा दुलारो का कहना है कि '500 रुपया मिलना चाहिए, 200 रुपया में कुछ नहीं होगा। अब तो एक साड़ी भी 400 रुपये की आती है।'

ग़ौरतलब है कि अपर्याप्त राशि के बावजूद पेंशन की यह राशि लाभार्थियों के लिए काफ़ी मायने रखती है। शोध के सैम्पल में चयनित लोगों ने माना कि पेंशन मिलने से घर में फ़ैसले लेने में वे कुछ मोल-भाव करने की स्थिति में होते हैं। बिहार के मुजफ़्फ़रपुर ज़िले स्थित पहाड़पुर गाँव निवासी 80 वर्षीय युनूस के मुताबिक, उन्हें वृद्धावस्था पेंशन मिलती है इसलिए ही उनके बेटे-बहू बर्दाश्त करते हैं क्योंकि वे भी घर चलाने के लिए सौ-दो सौ रुपया ख़र्च करते हैं। 'अगर मैं यह पैसे देना बन्द कर दूँ, तो मेरे बेटे को मुझे घर छोड़ने के लिए कहने का मौक़ा मिल जायेगा।'

इस प्रकार, पेंशन लाभार्थियों को स्वतन्त्रता और सुरक्षा का मौक़ा ज़रूर देता है। कुछ पेंशनधारी अपने घर-परिवार के बजट में भी योगदान करते हैं, विशेष रूप से ऐसे राज्यों में जिनके पेंशन की राशि केन्द्र द्वारा निर्धारित 200 रुपये प्रतिमाह से अधिक होती है। उदाहरणस्वरूप, वीलूपुरम ज़िला (तमिलनाडु) स्थित कोथामबक्कम कॉलोनी निवासी 64 वर्षीय दलित विधवा शिवाबक्कियम वैयराकान्नु के अनुसार, वे अपने बेटा और चार पोतियों के साथ रहती हैं। प्रत्येक महीना शिवाबक्कियम 1000 रुपये (तमिलनाडु में पेंशन की निर्धारित राशि) में से 200 रुपये अपने पास रखकर शेष परिवार को ख़र्च के लिए दे देती हैं।

जागरूकता

किसी भी कार्यक्रम की सफलता इस बात में निहित है कि जिसके लिए कार्यक्रम चलाया जा रहा है वे इसके प्रति जागरूक हों। ऐसा होने पर ही वे अपने अधिकारों और हक के लिए संघर्ष कर सकेंगे। पेंशनधारियों में जागरूकता का स्तर तुलनात्मक रूप से इस मायने में अधिक था क्योंकि वे इस बात से वाकिफ थे कि इस योजना में

कितनी राशि मिलती है। दिलचस्प है कि छत्तीसगढ़ और ओडिशा में 100% जागरूकता देखी गयी। हालाँकि तमिलनाडु, राजस्थान और उत्तर प्रदेश में भी जागरूकता का स्तर ऊँचा था जहाँ 90% से अधिक लोग अपनी पेंशन के अधिकार के प्रति सजग थे। अन्य राज्यों में यह स्तर नीचे था लेकिन कहीं भी 70% से कम नहीं था।

गौरतलब है कि अधिकांश पेंशनधारियों को अपनी पेंशन की राशि के अलावा भी इस कार्यक्रम के तहत प्रदान किये गये हक के बारे में कम ही पता था। उदाहरणस्वरूप वे प्रत्येक महीने नियमित पेंशन को अपना हक नहीं मानते थे। हालाँकि इस सन्दर्भ में ओडिशा अपवाद है, जहाँ प्रत्येक महीने की 15 तारीख को लोगों को पेंशन मिल जाती है। बहुत थोड़े से पेंशनधारियों को यह बात पता है कि सुप्रीम कोर्ट के आदेश के अनुसार प्रत्येक महीने की 7 तारीख को पेंशन भुगतान किया जाना चाहिए। अधिकांश पेंशनधारी और अन्य वृद्ध लोगों को बहुत कम पता है कि पेंशन को प्राप्त करने के लिए कैसे आवेदन करते हैं और पेंशन कैसे स्वीकृत होती है।

भुगतान प्रणाली

बिनेश्वरी मोंघी (63 वर्षीय) दलित हैं जो झारखण्ड स्थित मनिका ब्लॉक के पुरनी परहेया गाँव के निवासी हैं। वे अपनी पत्नी और दो अविवाहित लड़कियों के साथ रहते हैं। उनका एक लड़का भी है जो अपने परिवार के साथ अलग उसी गाँव में रहता है। बिनेश्वरी को प्रति महीना 400 रुपये की पेंशन राशि वृद्धावस्था पेंशन योजना के तहत मिलती है। गाँव से 8 किलोमीटर दूर ग्रामीण बैंक, मनिका में उनका बैंक खाता है। वे पैदल जाने में असमर्थ हैं इसलिए उन्हें गाड़ी रिजर्व करके बैंक जाना होता है जिसमें 200 रुपये ख़र्च हो जाते हैं। प्रतिमाह उनकी दवाई पर 75 रुपया ख़र्च होता है। इस तरीके से उनके पास थोड़े पैसे भी नहीं बचते। कई बार उनका बेटा अपनी पीठ पर लाद कर उन्हें बैंक के बाहर घंटों खड़ा होता है। अक्सर उन्हें बैंक में कई चक्कर काटने होते हैं। अपनी अपंगता के बावजूद बैंक के अधिकारी उन्हें विशेष तरजीह ना देते हुए अन्य पेंशनधारियों की तरह ही कतार में खड़े रहने को कहते हैं।

बिनेश्वरी मोंघी का मामला पेंशन प्राप्त करने से जुड़ी मुश्किलातों और भुगतान प्रणाली के महत्त्व को दर्शाता है। सामाजिक सुरक्षा पेंशन के अन्तर्गत चार प्रकार की भुगतान प्रणाली का प्रयोग किया जाता है। बैंक खाता भुगतान, डाक घर भुगतान, नकद भुगतान (ग्राम पंचायत या ब्लॉक दफ़्तर से) और डाक मनीऑर्डर (कभी-कभार स्थानीय डाकिया द्वारा इसे घर पर भी पहुँचाया जाता है)। प्रत्येक राज्य ने अपनी

खुद की भुगतान प्रणाली को बढ़ाया है और सभी परिस्थितियों में कोई एक प्रणाली दूसरे से सर्वोच्च नहीं है। बल्कि यह विशेष सन्दर्भ पर निर्भर करता है कि कौन बेहतर है। बहरहाल सभी की अपनी कुछ विशेषताएँ और खामियाँ हैं।

बैंक खाता भुगतान की प्रणाली इसमें सर्वाधिक लोकप्रिय और प्रयोग में लायी जाने वाली व्यवस्था है। शोध के लिए चयनित पेंशनधारियों के सैम्पल में से करीब एक तिहाई इस तरीके का प्रयोग करते हैं। (देखें सारणी 3)। अधिकांश राज्य बैंक भुगतान और डाकघर भुगतान (जिसमें मनीऑर्डर भी शामिल है) की मिश्रित व्यवस्था में अधिक विश्वास करते हैं। यहाँ ओडिशा और बिहार अपवाद हैं। ओडिशा में ब्लॉक और बिहार में ग्राम पंचायत के दफ़्तर में पेंशन का भुगतान होता है। (सारणी 4)।

सारणी 3 : सैम्पल पेंशनधारी के द्वारा प्रयुक्त भुगतान प्रणाली

भुगतान प्रणाली	विवरण प्रतिशतता
बैंक खाता	34
डाकघर में खाता	21
नकद भुगतान	19
डाक मनीऑर्डर	24
अन्य[3]	2

स्रोत : पीईईपी सर्वे, 2013

ओडिशा मॉडल

ओडिशा राज्य सामाजिक सुरक्षा पेंशनों के भुगतान के प्रति विश्वसनीयता और निरन्तरता के प्रति वचनबद्ध दिखता है। राष्ट्रीय योजनाओं के अतिरिक्त ओडिशा राज्य की भी अपनी पेंशन स्कीम है जिसका नाम मधु बाबू पेंशन योजना है। यह योजना बहुत सारे सन्दर्भों में राष्ट्रीय कार्यक्रम से अधिक विस्तृत है। मसलन, इसके अन्तर्गत विधवा पेंशन के लिए न्यूनतम आयु 40 वर्ष की जगह 18 वर्ष निर्धारित है। निःशक्तता का स्तर 80% की जगह 40% है वहीं इसके अन्तर्गत पेंशन स्कीम को केवल बीपीएल परिवारों तक सीमित नहीं करते हुए उन परिवारों को भी इसमें शामिल किया गया है जिनकी सालाना आय 12,000 रुपये से कम हो। ओडिशा के द्वारा व्यापक योग्यता निर्धारण अपनाये जाने से राज्य में सभी कमज़ोर तबकों को पेंशन योजना का लाभ हासिल हो रहा है। (सारणी 5)

सारणी 4 : भुगतान प्रणाली के सन्दर्भ में राज्यवार वितरण (प्रतिशत में)

	बैंक खाता	डाकघर खाता	नकद	मनीऑर्डर	अन्य
बिहार	0	0	100	0	0
छत्तीसगढ़	37	51	13	0	0
हिमाचल प्रदेश	0	1.5	15	84	0
झारखण्ड	80	20	0	0	0
महाराष्ट्र	100	0	0	0	0
मध्य प्रदेश	27	73	0	0	0
ओडिशा	0	0	100	0	0
राजस्थान	14	49	0	37	0
तमिलनाडु	1	4	0	74	21
उत्तर प्रदेश	99	1	0	0	0

स्रोत : पीईईपी सर्वे 2013

सारणी 5 : ओडिशा में योग्यता सम्बन्धी शर्त

		राष्ट्रीय योजना	राज्य योजना
बीपीएल		बाध्यकारी	गैर-बीपीएल परिवार भी जिनकी आय 12 हज़ार सालाना से कम हो
न्यूनतम आयु	वृद्धावस्था पेंशन विधवा पेंशन अपंगता पेंशन	60 वर्ष 40 वर्ष 18 वर्ष	60 वर्ष 18 वर्ष 5 वर्ष
अपंगता का स्तर		80% और बहु-अपंगता	40%
अन्य योग्यता शर्तें		-	कुष्ठ, एचआईवी/एड्स

ओडिशा की भुगतान प्रणाली ने सामाजिक सुरक्षा पेंशन की एक नजीर पेश की है। पूरे राज्य में पेंशन के इस कार्यक्रम के माध्यम से काबिलेतारिफ कार्य व्यवहार देवने को मिला है। इसके अन्तर्गत पेंशन की राशि ग्राम पंचायत के द्वारा प्रत्येक महीने की 15 तारीख (15 अगस्त यानी स्वतन्त्रता दिवस के दिन भी) को वितरित किया जाता है। गौरतलब है कि इस सन्दर्भ में ओडिशा (पीईईपी सर्वे में चयनित 10 राज्यों में से) पहला राज्य है जिसमें एक निर्धारित तिथि को नियमित मासिक

भुगतान होता है। वहीं अन्य राज्यों में ऐसी प्रणाली है जिसके तहत पेंशनधारियों को बैंक या डाकखाने में जाना होता है, कतार में घंटों खड़े होकर इन्तज़ार करना होता है तब जाकर पेंशन उनके खाते में आती है। ओडिशा में पेंशन भुगतान की निश्चित तारीख से पेंशनधारियों को यह सहूलियत होती है कि वह अपने महीने के ख़र्च के सम्बन्ध में कुछ योजना बना सकते हैं।

यह ध्यान देने योग्य है कि जहाँ भी सफलतम पेंशन प्रणाली काम कर रही है वहाँ बिल्कुल साधारण व्यवस्था (पुरानी नकद भुगतान शैली) को अपनाया गया है। ओडिशा मॉडल तकनीक के प्रति विशेष आग्रह को झुठलाता है जिसमें उन्नत तकनीक को नियमित और पारदर्शी भुगतान की सर्वोत्तम गारंटी माना जाता है। इसने इस बात को पुष्ट किया कि बायोमैट्रिक्स, विशेष पहचान और अन्य सम्बन्धित तकनीक प्रभावशाली भुगतान के लिए अनिवार्य नहीं हैं, हालाँकि कुछ विशेष परिस्थितियों में ये मददगार साबित हो सकती हैं।

स्पष्ट है कि ओडिशा मॉडल के अन्तर्गत ग्राम पंचायत के दफ़्तर में निश्चित तारीख को हुए भुगतान ने इस योजना में जन सहभागिता को मज़बूत बनाया। भुगतान वितरण की पूरी प्रक्रिया को सभी पेंशनधारियों की मौजूदगी में वितरित करने से किसी प्रकार की गड़बड़ी और धोखाधड़ी की भी सम्भावना नहीं रहती है। हक को लेकर लोगों को त्वरित रूप से जागरूक किया जा सकता है। इस प्रकार की व्यवस्था सभी पेंशनधारियों के लिए अधिक सुविधाजनक होती है क्योंकि बैंक या डाकघर की तुलना में ग्राम पंचायत के दफ़्तर उनके लिए अधिक नज़दीक होते हैं।

हालाँकि कोई यह भी दावा करता है कि मनीऑर्डर अथवा स्थानीय पोस्टमास्टर के द्वारा पेंशन का घर पर भुगतान अधिक सुविधाजनक है। इस प्रकार की व्यवस्था हिमाचल प्रदेश और राजस्थान के साथ-साथ तमिलनाडु में भी दिखाई देती है। (जहाँ सैम्पल के लिए चयनित 21% पेंशनधारियों को उनके घर भुगतान किया जाता है)। घर पर नकद भुगतान करने का तरीका निश्चित तौर पर सुविधाजनक होता है, परन्तु इस सन्दर्भ में हमने पाया कि इस प्रकार की प्रणाली में भुगतान की कोई एक तिथि निश्चित नहीं होती है। ऐसे में पेंशनधारियों को अपने भुगतान की लचर प्रणाली का हिसाब लगाना मुश्किल होता है।

पेंशन प्राप्त करने में ख़र्च

सामान्य रूप से पेंशनधारी को अपनी पेंशन स्वयं बैंक, डाकघर या ग्राम पंचायत से लेना होता था (73% लोगों ने ऐसा कहा)। यह ज़रूरतमन्द लोगों को प्रत्यक्ष लाभ मुहैया कराने का सर्वाधिक कारगर तरीका भी है। कई बार इससे पेंशनधारियों को

मुसीबत का भी सामना करना होता है। छत्तीसगढ़ के राजनाँद गाँव ज़िला स्थित मोहनडी गाँव निवासी 42 वर्षीय विधवा फिरंतीन कहती हैं—'जब मैं बीमार होती हूँ तो डाकिया मेरे बेटे को पेंशन नहीं देता है, मुझे खुद लेना पड़ता है।'

सर्वे में शामिल आधे से अधिक लोग (53%) बैंक या डाकघर से अपना पेंशन प्राप्त करते थे। इनमें से 90% का मानना था कि वे पेंशन लेने खुद जाते हैं। लोगों के घर से बैंक और डाकघर की औसत दूरी 5.5 किलोमीटर आँकी गयी। वहीं अधिकतम दूरी राजस्थान के बारां ज़िला स्थित सिमलोद गाँव में है जहाँ बैंक गाँव से 45 किलोमीटर दूर है। शोध में यह बात भी सामने आयी कि अक्सर गाँव से डाकघर, बैंक की तुलना में अधिक नज़दीक स्थित था। गाँव से डाकघर की औसत दूरी 3.5 किलोमीटर पायी गयी, जबकि बैंकों से औसत दूरी 7.1 किलोमीटर थी। पेंशन लेने के लिए बैंक या डाकघर आने-जाने में लगने वाला कुल औसत समय 5 घंटा आँका गया। सैम्पल के लिए चयनित राज्यों में (हिमाचल प्रदेश और तमिलनाडु को छोड़कर) सभी जगह सार्वजनिक परिवहन प्रणाली की व्यवस्था बहुत लचर या अस्तित्वहीन पायी गयी। ऐसे में पेंशन की चाह में ग़रीब-गुरबे और वंचित लोग पैदल ही आने-जाने को मजबूर थे।

झारखण्ड के लातेहार ज़िला स्थित विष्णुबाँध गाँव के निवासी हुसैनी मियाँ के लिए पेंशन लेना बहुत बड़ी समस्या है। उन्हें मासिक पेंशन के लिए 15 किलोमीटर दूर जाने में 60 रुपये और 8 घंटा समय व्यतीत करना होता है। पेंशन वितरण की ना तो कोई निश्चित तारीख है और ना ही भुगतान तारीख की कोई पूर्व सूचना ही दी जाती है। बैंकों में वो घंटों कतार में खड़े रहते हैं तब जाकर उन्हें पेंशन की राशि मिल पाती है। उनके लिए पेंशन प्राप्त करना बहुत तकलीफदेह प्रक्रिया साबित होती है। उसके अनुसार—लाइन में रुकते-रुकते मेरे हाथ-पैर सब काँपने लगते हैं।

सर्वे में शामिल 67% लोगों के हवाले से यह भी पता चला कि स्थितियाँ और भी विकट तब हो जाती हैं जब पेंशन को प्राप्त करने के लिए बैंक अथवा डाकघर के कई चक्कर काटने पड़ते हैं। एक बार में औसतन 35 रुपये का ख़र्च परिवहन में पड़ता है। पेंशनभोगियों के एक बड़े वर्ग का यही दर्द है कि पेंशन का एक बड़ा हिस्सा सिर्फ़ इसे हासिल करने में ख़र्च हो जाता है।

पेंशन के लिए लोगों की लम्बी कतारों से ग्रामीण बैंकों और डाकघरों में काम के बढ़ते बोझ का अन्दाज़ा लगाया जा सकता था। सर्वे में शामिल आधे से अधिक लोगों के हवाले से यह बात भी सामने आयी कि बैंक और डाकघर के कर्मचारी सहयोगी प्रवृत्ति के हैं जबकि 26% ने कहा वे सहयोग नहीं करते थे और उनका व्यवहार भी बहुत उखड़ा-उखड़ा रहता है। उत्तर प्रदेश के चित्रकूट ज़िला स्थित

बेगदारी गाँव की एक विधवा बुकी, जो करीब एक दशक से पेंशन प्राप्त कर रही है, के अनुसार–'बैठाये रखते हैं, फिर बोलते हैं कल आना।'

सर्वे में शामिल केवल 18% लोग (मुख्य रूप से हिमाचल प्रदेश, राजस्थान और तमिलनाडु) के हवाले से यह बात सामने आयी कि डाकघर अथवा ग्राम पंचायत के दफ़्तरों के द्वारा घर पर ही पेंशन की उपलब्धता कराई जाती है। अपंगता व्यक्तियों को घर पर ही पेंशन भुगतान सम्बन्धी किसी विशेष प्रावधान का अभाव है। मध्य प्रदेश के मंडला ज़िला स्थित लहसर गाँव निवासी 90 वर्षीय दृष्टिहीन पोचा के अनुसार–'आँख से अन्धा हूँ, इसलिए पेंशन घर में मिलनी चाहिए।'

एक अच्छी बात ये नज़र आयी कि बैंक या डाकघर से पेंशन पाने वाले लोगों में से 97% लोगों के पास पासबुक था और इनमें से 89% लोग अपने पास ही पासबुक रखते थे। (सारणी 6)। 68% पासबुक को नियमित अपडेट कराया गया था जबकि 9% अन्य पासबुक भी अपडेटेड थे लेकिन इनमें एंट्री अधूरी थी। भुगतान सम्बन्धी रिकॉर्ड के लिए पासबुक बहुत ही महत्त्वपूर्ण दस्तावेज़ होता है। मासिक भुगतान की जानकारी के अलावा यह उनकी हकदारी के प्रति जागरूकता को भी दिखाता है।

सारणी 6 : शोध में शामिल जवाब देने वालों के पासबुक कहाँ हैं

	वितरण प्रतिशतता
अपने पास	86
परिवार के किसी सदस्य के पास	3
परिवार के बाहर किसी विश्वसनीय के पास	2.5
बैंक अथवा डाकघर में	6
अस्पष्ट	2.5

स्रोत : पीईपी सर्वे 2013

पेंशन वितरण प्रणाली के तहत होने वाले समय और पैसे के ख़र्च को कम करने का सबसे प्रभावकारी तरीका ओडिशा के सुन्दरगढ़ ज़िला के बिरसा ब्लॉक के द्वारा किया गया। इसके अन्तर्गत प्रत्येक पेंशनधारियों को एक सीरियल नम्बर दिया गया और उनसे प्रत्येक महीने की 15 तारीख को नियत समय पर ही ग्राम पंचायत के दफ़्तर पर आने के लिए कहा गया। इससे जहाँ एक तरफ़ लोगों को लम्बी कतार में घंटों रुकने से छुटकारा मिला वहीं विशेष रूप से अपंगता लोगों को इससे काफ़ी राहत मिली।

एक अन्य सैम्पल महाराष्ट्र के उस्मानाबाद ज़िला स्थित बेदरबाड़ी गाँव से लिया

गया। यहाँ बैंक में पेंशनधारियों की पूरी सूची लगाई थी, जिसमें ये जानकारी दी गयी थी कि उनमें से किसके खाते में पैसा भेजा जा चुका है। जो लोग गाँव से बैंक आते थे, वे सूची में शामिल लोगों को सूचना दे पाते थे कि उनके खाते में पैसा आ चुका है। इससे पेंशन आने के बारे में जानकारी लेने के लिए लोगों को बार-बार बैंक के चक्कर लगाने से निजात मिल गयी।

अनियमित भुगतान

जैसा कि पूर्व में रेखांकित किया जा चुका है कि विभिन्न राज्यों में अलग-अलग तरीके की भुगतान प्रणाली एक साथ अस्तित्व में थी। परिणामस्वरूप भुगतान पैटर्न में स्पष्टता का अभाव साफ़ देखा जा सकता था। छत्तीसगढ़, राजस्थान और तमिलनाडु में पेंशन का वितरण तो प्रत्येक महीने हो जाता था परन्तु कोई निश्चित तारीख तय नहीं थी। वहीं उत्तर प्रदेश, बिहार और हिमाचल प्रदेश में कई महीनों के बाद एक साथ भुगतान होता था परन्तु वहाँ भी कोई एक निश्चित समय-सीमा तय नहीं थी।

अक्सर होने वाली देरी के कारण पेंशनधारियों को अपने भुगतान का लगातार पता लगाने और अपने पूर्ण हकदारी के बारे में सजग रहने को लेकर काफ़ी परेशानियाँ आती थीं। उदाहरणस्वरूप, महाराष्ट्र में पेंशन की स्थिति के सन्दर्भ में महत्त्वपूर्ण है कि वहाँ वृद्धावस्था पेंशन पाने वाले को 600 रुपये प्रति महीना पेंशन तय था परन्तु सैम्पल में चयनित लोगों में से 82% ने कहा कि बिना किसी नियत समय के उन्हें कई महीनों का पेंशन का भुगतान किया जाता है। ऐसे में पेंशनधारियों को काफ़ी मुश्किल होती थी। उन्हें सालाना एकमुश्त मिलने वाली राशि यानी 7200 रुपये का हिसाब-किताब रखने में दिक़्क़त आती थी जबकि उसका रिकॉर्ड पासबुक में होता था। नंदुरबार ज़िला के अमाला गाँव निवासी 75 वर्षीय आदिवासी विधवा बमनीबाई सेल्या को इस स्थिति से रू-ब-रू होना पड़ा। उन्हें हर महीने 600 रुपये पेंशन मिलती है। लेकिन भुगतान बेहद अनियमित तरीके से होता है और उनके पासबुक में कभी 400 तो कभी 200 रुपये की एंट्री भी हुई होती है। दरअसल, ऐसा इसलिए होता है कि कभी-कभी केन्द्र और राज्य का अंशदान अलग-अलग होता है। ऐसे में बमनीबाई सेल्या को लगता है कि उन्हें बकाये का भुगतान हो गया है जबकि उनके पास ये जानने का कोई साधन है ही नहीं।

समग्र रूप से सैम्पल से यह बात सामने आयी कि जवाब देने वाले लोगों में से एक तिहाई अपना पेंशन प्रत्येक महीना प्राप्त करते थे, जिसमें से करीब 13% को तय तिथि पर जबकि 21% को यह बिना तय तिथि के प्राप्त होती थी। शोध

से यह भी सामने आया है कि आधे से अधिक को अपनी पेंशन कुछ महीनों में मिलती थी, जिसमें अधिकांश मामले में कोई तिथि निश्चित नहीं होती थी (सारणी 7)। दूसरा अन्य तरीका भी दिखा, परन्तु पेंशन भुगतान में अनियमितता और नियत तारीख का तय न होना एक सामान्य दिक़्क़त थी। ओडिशा एक अलग राज्य के रूप में था जहाँ प्रत्येक महीने में एक निश्चित तारीख को पेंशन का भुगतान हो जाता था। इस मामले में छत्तीसगढ़ और तमिलनाडु दूसरे नम्बर पर थे जहाँ क्रमशः 92% और 86% लोगों को प्रत्येक महीने में पेंशन का भुगतान हो जाता था, परन्तु वहाँ भी भुगतान की कोई निश्चित तारीख नहीं थी।

तालिका 7 : भुगतान का तरीका

राज्य	मासिक (नियम समय)	मासिक (कोई नियत समय नहीं)	मासिक (देरी से)	कई महीनों में (नियत समय)	कई महीनों में (कोई नियम समय नहीं)	कोई स्पष्ट तरीका नहीं
बिहार	0	0	0	13	81	6
छत्तीसगढ़	2	92	1	0	2	3
हिमाचल प्रदेश	0	2	0	49	49	0
झारखण्ड	3	7	39	1	46	4
महाराष्ट्र	1.5	1.5	0	5	83	9
ओडिशा	99	0	0	0	1	0
राजस्थान	1	1	1	42	43	12
तमिलनाडु	10	86	1	0	0	3
उत्तर प्रदेश	0	0	0	16	84	0
सम्पूर्ण भारत	13	21	6	13	41	6

स्रोत : पीईईपी सर्वे, 2013

पेंशन का उपयोग

हम बहुत सारे बुजुर्गों या विधवाओं (विफई, बिनेश्वरी मोंघी, जसो महतो, दुलारो और युनूस समेत) के विचारों से रू-ब-रू हुए। सभी महीने में मिलने वाली पेंशन की राशि के सहारे ही अपनी बुनियादी ज़रूरतों को पूरा कर रहे थे या यूँ कहें कि अपने जीवन की कठिन डोर खींच रहे थे। अन्य पेंशनधारियों ने यह माना कि उनको मिलने वाली महीने की पेंशन राशि जीवनरक्षक के रूप में है।

सारणी 8 : शोध में जवाब देने वाले लोगों के द्वारा पेंशन की राशि का प्रयोग

	पेंशन में से ख़र्च (%)
भोजन	93
अन्य ज़रूरी सामान	88
स्वास्थ्य सुरक्षा	85
अन्य पारिवारिक सदस्यों की मदद	33
बचत	6

स्रोत : पीईपी सर्वे, 2013

शोध में शामिल लोगों में से जवाब देने वाले करीब एक तिहाई लोगों ने बताया कि वे अपनी पेंशन की राशि को घर के अन्य दूसरे सदस्यों के साथ साझा करते हैं। जबकि अन्य लोगों ने कहा कि वे पेंशन को स्वयं पर ही ख़र्च करते हैं। मध्य प्रदेश के शिवपुरी ज़िला स्थित बोरोद गाँव निवासी 75 वर्षीय बुजुर्ग पेंशनधारी शौकीन के अनुसार, यदि हमारे बच्चे हमें पैसा नहीं देते तो फिर हम क्यों अपनी पेंशन का पैसा उन्हें दें?

सर्वे में शामिल सिर्फ़ 6% लोगों ने बताया कि वे कुछ पैसे की बचत करते थे। तमिलनाडु के विल्लीपुरम ज़िला स्थित सुरन्नावुरकिलपत्ती गाँव निवासी 60 वर्षीय दलित विधवा चिन्नमा को पेंशन के रूप में 1,000 रुपये की राशि मिलती थी। वे अपनी विवाहित लड़की और कुँवारे लड़के के साथ रहती थीं। वे अपनी पेंशन की रकम में से कुछ पैसे दूसरे को उधार के रूप में देती थीं जिसके एवज़ में उन्हें कुछ ब्याज भी प्राप्त होता था।

हालाँकि अधिकांश पेंशनधारियों को ऐसा लगता था कि पेंशन की राशि बहुत कम थी। राजस्थान के बारां ज़िले के बस्तौनी गाँव के निवासी 65 वर्षीय भजन लाल के अनुसार, पेंशन की राशि कम से कम 1,000 रुपये होनी चाहिए जिससे कपड़ा, तेल खरीद सकें। मेहमान आ जाये तो शक्कर, दूध खरीद सकें।

राशन और पेंशन

पेंशनधारियों को पीडीएस से किफायती दर में अनाज मिल जाता है। राशन कार्ड और पेंशन ने बुजुर्गों और विधवाओं को अभावग्रस्तता और मुफलिसी की स्थिति में एक सहारा दिया है। इससे लोगों को चावल और गेहूँ की ज़रूरत के अलावा दूसरी चीज़ों पर पैसे ख़र्च करने का सामर्थ्य मिला है।

यह अच्छी बात थी कि शोध में शामिल करीब 90% लोगों के परिवार के पास

अपना राशन कार्ड था। इस आँकड़े पर ज़ोर देने की ज़रूरत है क्योंकि अधिकांश राज्यों में पेंशन के लिए अभी भी बीपीएल सूची में नाम होना योग्यता का निर्धारक बिन्दु है। शेष बचे 10% लोग जिनके पास अपना घर था, उन्हें बीपीएल सूची में तो शामिल किया गया था लेकिन उनके पास कोई राशन कार्ड नहीं था अथवा उसमें ऐसे पेंशनधारी थे जिन्हें पेंशन के लिए आवेदन करने के बाद बीपीएल परिवारों की सूची से बाहर कर दिया गया था।

झारखण्ड के लातेहार ज़िला के विष्णुबाँध गाँव में हमारी शोध टीम ने एक बूढ़े पेंशनधारी हुसैनी मियाँ से बात की। मतदाता पहचान पत्र के अनुसार उनकी उम्र केवल 67 वर्ष थी जबकि वे बहुत अधिक बूढ़े और कमज़ोर दिख रहे थे। जब यह सर्वे हो रहा था उस वक़्त तक हुसैनी मियाँ को कई महीनों से पेंशन नहीं मिली थी। वे और उनकी पत्नी काफ़ी बूढ़े होने के कारण कामकाज करने में असमर्थ थे। ऐसे में पेंशन ही उनकी आय का एकमात्र स्रोत थी। उनके पास राशन कार्ड था और वे उससे प्रत्येक महीना पीडीएस से सस्ता चावल खरीदते थे। लेकिन जैसे ही हुसैनी की वृद्धावस्था पेंशन स्वीकृति हुई, पीडीएस डीलर ने राशन कार्ड ले लिया और उनके बेटे के नाम हस्तान्तरित कर दिया। यह हुसैनी मियाँ और उनकी पत्नी के लिए बड़ा झटका था।

कुछ ज़िलों में हमने पाया कि पेंशनधारी और पीडीएस डीलर ये मानते हैं कि राशन कार्ड और पेंशन दोनों एक साथ नहीं हो सकती है। पेंशनधारियों में अपने राशन कार्ड छिनने को लेकर बहुत गुस्सा था जैसा कि हुसैनी मियाँ के मामले में हुआ है। सरकारी नीति को इसके उलट होना चाहिए यानी कि बुजुर्गों और विधवाओं दोनों को ही राशन कार्ड भी मिले और पेंशन भी।[4]

भ्रष्टाचार

पीईपी सर्वे ने पेंशन योजना में किसी भी प्रकार के व्यापक भ्रष्टाचार अथवा धाँधली की सम्भावनाओं से इंकार किया है। सरकार की दूसरी अन्य विकासपरक योजनाओं के मुकाबले पेंशन योजना ने तुलनात्मक रूप से अच्छा काम किया है। हालाँकि हमारे इस शोध में अनियमितताओं और गड़बड़ियों के कुछ साक्ष्य ज़रूर मिले।

हमने पेंशनधारियों से पूछा कि पेंशन के लिए आवेदन करते समय आपको क्या घूस भी देनी पड़ी? करीब 29% ने इसका जवाब हाँ में दिया। हालाँकि ये आँकड़े भी पूरे नहीं थे क्योंकि बहुत सारे लोग इस बात को स्वीकारने में झिझक रहे थे कि उन्होंने घूस दिया है। अधिकांश मामलों में घूस ग्राम पंचायत के अध्यक्ष या सचिव को ही दिया जाता था और ये रकम 200 से 2,000 रुपये के बीच होती थी।

महाराष्ट्र के उस्मानाबाद ज़िला स्थित अन्तरवल्ली गाँव निवासी 80 वर्षीय बुजुर्ग

गुलाब रजान शेव ने अपनी पेंशन को स्वीकृत करवाने के एवज़ में सबसे ज़्यादा 2,000 रुपये की रिश्वत दी थी। आवेदन करने और घूस देने के एक साल बाद तक वह अपनी पेंशन का इन्तज़ार कर रहे थे। हमारे सर्वे के एक दिन पहले ही वह बैंक का चक्कर काटकर आये थे और उन्हें एक बार फिर अगले सोमवार तक इन्तज़ार करने की सलाह देकर लौटाया जा चुका था।

एक अन्य सामान्य शिकायत डाकिया या बिचौलिया द्वारा भुगतान के समय पेंशन की रकम में से पैसा काटने से भी जुड़ी हुई थी। करीब 20% लोगों ने यह कहा कि उन्हें अपनी पेंशन प्राप्त करने के लिए घूस देनी पड़ती थी। इसके चलते उनके पास महीने की पेंशन की रकम बहुत कम बचती थी। झारखण्ड जैसे राज्यों में यह बिल्कुल सामान्य बात थी कि डाकिया महीने की पेंशन की रकम से 5 से 50 रुपया काट लेता था। इस तरह के उदाहरण उन स्थानों पर विशेष रूप से दिखे जहाँ पेंशन का भुगतान घर पर किया जाता था।

अन्ततः सैम्पल के लिए चयनित गाँवों में सम्पूर्ण वृद्धावस्था पेंशन और विधवा पेंशन की सूचियों की जाँच-पड़ताल के लिए हमने घर-घर जाकर सर्वे करने पर पाया कि 5% लोग जिनके नाम इन सूचियों में हैं, उनका निधन हो चुका था। कुछ मामलों में ऐसा इसलिए हुआ क्योंकि सूची पुरानी थी अथवा उनके हालिया निधन के उपरान्त उनका नाम सूची से निकालने की प्रक्रिया अभी पूरी नहीं हुई थी। लेकिन कुछ मामलों में हमने देखा कि कैसे एक मृत व्यक्ति के नाम पर भ्रष्ट तन्त्र और बिचौलियों की सहायता से कोई गलत व्यक्ति पेंशन की रकम उठा रहा था।[5] यही कारण है कि सुधार और पेंशन सूची की समय-समय पर जाँच-पड़ताल की निरन्तर आवश्यकता है।

इन थोड़ी बहुत अनियमितताओं के बावजूद उपरोक्त पेंशन स्कीम तुलनात्मक रूप से घोटालों और बड़े स्तर की धोखाधड़ी से एकदम मुक्त थी। पेंशन स्कीम में घूसखोरी के जो मामले दिखे हैं, उसे पेंशनधारियों के बीच अपने अधिकारों को लेकर बेहतर जागरूकता विकसित करने पर रोका जा सकता है। गौरतलब है कि बिचौलिया वर्ग को समाप्त करके, स्वयं सहायता समूहों का गठन करके और पासबुक की व्यवस्थित जाँच-पड़ताल के साथ ही साथ कड़े नियम और दंड के प्रावधान से बेहतर परिणाम की गुंजाइश दिखाई पड़ती है।

निष्कर्ष

राष्ट्रीय सामाजिक सहायता कार्यक्रम (एनएसएपी) भारत के करीब 2.6 करोड़ बुजुर्गों, विधवाओं और विकलांगों तक लाभ पहुँचाता है। और इस वजह से ये निःसन्देह नकद हस्तान्तरण का सबसे महत्त्वपूर्ण कार्यक्रम है। सामाजिक सुरक्षा पेंशन के अधिकतर

लाभार्थी ग़रीबी रेखा से नीचे वाले हैं जिन्हें परिवार से बहुत कम सहयोग मिलता है और ये लोग खुद के गुजारे के लिए कोई काम करने में भी असमर्थ होते हैं। इसी वजह से ये लोग समाज के सबसे वंचित और कमज़ोर वर्ग के माने जाते हैं।

महिलाओं के लिए पेंशन का खास महत्त्व है। इस सर्वे में शामिल किये गये अधिकतर पेंशनधारियों में महिलाएँ थीं और उनमें भी आधे से ज़्यादा विधवा। पेंशन से न सिर्फ़ इनकी वित्तीय सुरक्षा में बल्कि सामाजिक हैसियत में भी इजाफ़ा हुआ।

पीईईपी सर्वे का एक महत्त्वपूर्ण नतीजा ये निकला कि इससे यह स्पष्ट हुआ कि ज़रूरतमन्द लोगों तक पेंशन पहुँच रही है।[6] पेंशन की रकम अधिकतर राज्यों में भले ही बेहद मामूली है लेकिन लाभार्थियों के लिए ये मामूली रकम भी उनके जीवन-यापन में और परिवार में अपनी अहमियत बरकरार रखने में उनकी अच्छी-खासी मदद करती है। पेंशन की ये मामूली रकम भोजन और दवा जैसी मूलभूत ज़रूरतों में ख़र्च होती है।

सर्वे से ये भी पता चला कि ये कार्यक्रम तमाम भ्रष्टाचार और गड़बड़ियों से बहुत हद तक मुक्त है। सर्वे में शामिल अधिकतर लोगों ने माना कि उन्हें पेंशन लागू करवाने या हर महीने पेंशन की रकम पाने के लिए रिश्वत देनी पड़ी थी। एनएसएपी कार्यक्रम में थोड़ी-बहुत रिश्वतखोरी से इस योजना की कठोर निगरानी और पारदर्शिता में मदद मिलती है और इसके चलते सही तरीके से पेंशनभोगियों की सूची का सत्यापन और अपडेशन होता रहता है।

पेंशन योजना की प्रणाली को ज़्यादा सरल बनाने, नियमित पेंशन भुगतान, योजनाओं को लेकर जागरूकता फैलाने आदि की ज़रूरत है। पेंशन की रकम भी बेहद कम है। कई राज्यों ने इस तरफ़ ध्यान दिया है लेकिन अभी भी बहुत कुछ किया जाना बाकी है।

इस कार्यक्रम में सुधार और इसकी पहुँच बढ़ाने की सम्भावना को लेकर ग्रामीण विकास मन्त्रालय की तरफ़ से विशेषज्ञों की एक समिति का हाल में गठन किया गया था। समिति की रिपोर्ट में ये सिफ़ारिश की गयी थी कि सामाजिक सुरक्षा पेंशन में केन्द्र का अंशदान बढ़ाया जाये। महँगाई के बढ़ते स्तर को देखते हुए पेंशन में इजाफ़ा करने की सिफ़ारिश की गयी थी। साथ ही पेंशन लाभार्थियों की योग्यता में भी ढील देने की ज़रूरत पर ज़ोर दिया गया। रिपोर्ट में पेंशन हासिल करने में आने वाली दिक़्क़तों को भी कम करने की वकालत की गयी। मसलन—हर महीने पेंशन का भुगतान हो, लाभार्थियों को पेंशन के लिए अपने घर से तीन किलोमीटर से ज़्यादा दूर तक नहीं जाना पड़े। लब्बोलुबाब यही है कि पेंशन लाभार्थी के दरवाजे तक पहुँचे।

इस समिति की रिपोर्ट सही दिशा की तरफ़ एक क़दम तो है लेकिन ज़रूरी है कि रिपोर्ट की सिफ़ारिशें सिर्फ़ काग़ज़ों तक सीमित न रहे। इन सिफ़ारिशों को लागू करने के लिए राजनीतिक इच्छाशक्ति और जनता के दबाव की ज़रूरत है।

पेंशन योजनाओं में सुधार को लेकर पेंशन परिषद के बैनर तले एक बड़ी बहस छेड़ी भी गयी है।

सन्दर्भ

1. इस लेख में दिये गये बहुमूल्य सुझावों, विस्तृत परिचर्चाओं एवं निर्देशन के लिए हम ज्याँ द्रेज व रीतिका खेड़ा के शुक्रगुजार हैं। हम साथ ही पीईईपी सर्वे टीम का भी बहुत आभार व्यक्त करते हैं।
2. इन मामलों में यह जवाब अस्पष्ट रहता है कि क्या पेंशन दी जा रही है और अगर दी जा रही है तो किसे। ऐसे में जबकि झारखण्ड में बैंक के मार्फत पेंशन दी जाती है, तो फिर पेंशन का ग़बन हो जाना मुश्किल जान पड़ता है।
3. मुख्य रूप से तमिलनाडु में भुगतान बैंक के प्रतिनिधि द्वारा होता है।
4. इस सन्दर्भ में तमिलनाडु ने एक बेहद नायाब उदाहरण प्रस्तुत किया था जिसके अन्तर्गत पेंशनधारियों को दोहरा कार्ड दिया जाता था जिसमें उन्हें पेंशन की अधिकारिता के साथ-साथ पीडीएस के तहत 10 किलो मुफ़्त चावल दिया जाता था।
5. जैसा कि पहले बताया गया है ऐसी स्थिति आनी नामुमकिन है जब पेंशन को बैंक खाते के द्वारा वितरित किया जाता है, लेकिन यह समय-समय पर घटित होता है जब पेंशन को डाकिया द्वारा अथवा नकद वितरित किया जाता है।
6. पहले के दो अध्ययनों में भी इसी तरह का निष्कर्ष प्रस्तुत किया गया है। देखें, दत्ता और अन्य (2010) और आशीष गुप्ता (2013)।

सन्दर्भ ग्रन्थ सूची

गुप्ता, आशीष (2013), 'ओल्ड ऐज पेंशन स्कीम इन झारखण्ड ऐंड छत्तीसगढ़', *इकोनॉमिक ऐंड पॉलिटिकल वीकली*, 24 अगस्त।

दत्ता, पी., एस. हांवेस और आर. मुरगई (2010), 'स्मॉल बट इफेक्टिव : इण्डियाज टारगेटेट अनकंडिशनल केस ट्रांसफर', *इकोनॉमिक ऐंड पॉलिटिकल वीकली,* 25 दिसम्बर।

[यह शोध-आलेख *इकोनॉमिक ऐंड पॉलिटिकल वीकली* के 10 मई 2014 अंक में प्रकाशित हुआ था।]

नीति से व्यवहार तक : सामाजिक पेंशन को कैसे बढ़ाया जाना चाहिए?

श्रयाना भट्टाचार्य, मारिया मिनी जोस,
सौम्या कपूर मेहता, रिंकू मुरगई[1]

दिल्ली, हरियाणा और उत्तर प्रदेश ऐसे राज्य हैं जिन्होंने सामाजिक पेंशन का दायरा 'ग़रीबी रेखा के नीचे रहने वाले' परिवारों से आगे बढ़ाया है और पेंशन की राशि में भी बढ़ोतरी की है। इन राज्यों में हुए एक सर्वेक्षण से यह पता चलता है कि ऐसे कार्यक्रमों में बढ़ोतरी करने में किस प्रकार की बाधाएँ हैं। इस सर्वेक्षण से यह तथ्य उजागर होता है कि सामाजिक पेंशन के दायरे और इसमें दी जाने वाली राशि में वृद्धि करने से सामाजिक पेंशन का वितरण पर प्रतिगामी प्रभाव नहीं पड़ता है। इसमें रिसाव का स्तर कम ही रहता है और इन्हें पहचाना जा सकता है। फिर भी, व्यवहार में ये योजनाएँ जनसंख्या के लक्षित समूहों तक पहुँचने में असमर्थ हैं। पेंशन सुविधा के विस्तार की एक प्रमुख चुनौती यह है कि इसमें ग़रीबों के प्रवेश को कैसे सुनिश्चित किया जाये। यदि पेंशन कार्यक्रमों में वृद्धि करनी है, तो समावेशन में होने वाली गलतियों पर नज़र रखकर, सक्रिय पहचान करके, नामांकन हेतु कैम्प लगाकर और अन्य साधनों को अपनाकर इसमें ग़रीबों के प्रवेश को सुगम बनाया जाना चाहिए।

भारत में लोगों को सुरक्षा जाल उपलब्ध कराने के कार्यक्रमों में सार्वजनिक कार्यों और सबसिडीयुक्त भोजन का प्रभुत्व है। इसमें सामाजिक पेंशन का हिस्सा तुलनात्मक रूप से काफ़ी छोटा है, किन्तु यह देश का सबसे प्रमुख लक्षित और शर्तहीन नकद हस्तान्तरण है। राष्ट्रीय सामाजिक सहायता कार्यक्रम [नैशनल सोशल असिस्टेंस प्रोग्राम (एनएसएपी)] द्वारा ग़रीब वृद्धों, विधवाओं, और अत्यन्त असमर्थ व्यक्तियों को यह सहायता प्रदान की जाती है।[2] बहुत सी राज्य सरकारें भी अपने बजट का एक बड़ा हिस्सा इस पर ख़र्च करती हैं। ये अपने बजट से पेंशन की राशि बढ़ाती हैं और केन्द्र द्वारा निर्धारित कसौटियों को सरल बनाकर इसमें ज़्यादा लोगों को सम्मिलित करने का प्रयास करती हैं।

भारत में सामाजिक कार्यकर्त्ताओं और अकादमिकों के बीच इस बात पर तकरीबन आमसहमति है कि सामाजिक पेंशन को बढ़ाये जाने की आवश्यकता है। इसके पीछे मुख्य तर्क यह दिया जाता है कि यह पेंशन पाने वालों के लिए अत्यधिक मूल्यवान होता है (चोपड़ा और पुडूसेरी 2014; द्रेज 2013)। विधवा, वृद्ध जन और विकलांग लोग कमज़ोर होते हैं, जिन्हें परिवार से सीमित समर्थन मिलता है और अमूमन इनकी अपनी स्वतन्त्र कमाई भी नहीं होती है। पेंशन की राशि भले ही कम होती है, इसके चलते ये लोग भोजन और दवाओं जैसी अपनी बुनियादी आवश्यकताओं को पूरा कर पाते हैं, और इससे उन्हें अपने परिवार में ज़्यादा सम्मान भी मिलता है। पेंशन में वृद्धि करने के पक्ष में यह तर्क भी दिया जाता है कि अन्य हकदारी कार्यक्रमों के विपरीत, इस बात के ठोस प्रमाण हैं कि पेंशन योजनाएँ काफ़ी अच्छा प्रदर्शन कर रही हैं। पेंशन लक्षित लाभार्थियों तक पहुँचते हैं और अमूमन इनमें कोई खास रिसाव (लीकेज) होने या किसी बड़ी धोखाधड़ी का प्रमाण नहीं मिला है (दत्ता, होवेस और मुरगई 2010; 2013)।

मार्च 2013 में राष्ट्रीय सामाजिक सहायता कार्यक्रम में सुधार के क्षेत्रों की पहचान करने के लिए एक टास्क फोर्स का गठन किया गया, जिसने सामाजिक पेंशन में वृद्धि करने के लिए कई सारी अनुशंसाएँ कीं।[3] इसने यह सिफ़ारिश की कि ग़रीब वृद्ध जनों को दिये जाने वाले पेंशन की मात्रा को 200 रुपये प्रति माह से बढ़ाकर 300 रुपये प्रति माह किया जाना चाहिए। टास्क फोर्स ने यह सिफ़ारिश भी की कि इस कार्यक्रम की पात्रता का निर्धारण करने के लिए केन्द्र सरकार को ज़्यादा उदार कसौटियों का प्रयोग करना चाहिए। टास्क फोर्स ने यह सुझाव दिया कि पेंशन का लक्ष्य 'ग़रीबी रेखा के नीचे' (बिलो पोवर्टी लाइन—बीपीएल) के लोगों से आगे जाना चाहिए और चरणबद्ध तरीके से हर किसी को इस कार्यक्रम के दायरे में लाना चाहिए। इन सभी सुझावों का इस कार्यक्रम पर सकारात्मक प्रभाव पड़ना चाहिए।

भारत में कुछ राज्यों ने पहले से ही इस कार्यक्रम के पात्रता नियमों को सरल बनाया है और/या पेंशन की राशि में वृद्धि की है। बहुत से राज्य पेंशन में केन्द्र सरकार द्वारा दी जाने वाली राशि के बराबर या उससे ज़्यादा राशि का योगदान करते हैं। तमिलनाडु अपने वृद्ध-जनों और विधवाओं को 1,000 रुपया प्रति माह पेंशन देता है। अन्य कई राज्यों में पात्रता के ऐसे नियम हैं जो केन्द्र सरकार की वर्तमान कसौटियों की तुलना में ज़्यादा महँगे हैं। मिसाल के तौर पर, हरियाणा (खुद लोगों की सूचना पर आधारित) आय की एक ऐसी कसौटी का उपयोग करता है, जो ग़रीबी रेखा के नीचे रहने वाले लोगों की तुलना में काफ़ी ज़्यादा लोगों को इस कार्यक्रम में भागीदारी करने की पात्रता दे देता है। इसी तरह, दिल्ली ने भी विधवा पेंशन योजना का विस्तार किया है। इस योजना के सन्दर्भ में केन्द्र सरकार ने यह सख़्त नियम बनाया है कि सिर्फ़ 40 साल से ज़्यादा उम्र वाली विधवा महिलाओं को ही यह पेंशन दिया जाना चाहिए। दिल्ली सरकार ने इस नियम को सरल बनाते हुए यह प्रावधान

किया है कि 18 साल की उम्र के ऊपर पीड़ादायक स्थिति में रहने वाली (अर्थात् परित्यक्त, पति से अलग रहने वाली या तलाकशुदा) प्रत्येक स्त्री इस पेंशन से लाभ पा सकती है। इस योजना में प्रत्येक महिला को प्रति माह 1,500 रुपये की राशि दी जाती है, लेकिन प्रशासनिक आँकड़ों से यह पता चलता है कि दिल्ली में महिलाओं को दिये जाने वाले पेंशन का सिर्फ़ 12% वित्त ही राष्ट्रीय सामाजिक सहायता कार्यक्रम (एनएसएपी) द्वारा दिया जाता है। इसी प्रकार, आन्ध्र प्रदेश में विधवाओं को दिये जाने वाले पेंशन का 16% और वृद्ध-जनों के पेंशन का 32% अंश ही केन्द्र से प्राप्त होता है।[4] राज्य स्तरीय अनुभवों को समझने से पेंशन योजनाओं में वृद्धि करने के नतीजों और चुनौतियों के बारे में उपयोगी अन्तर्दृष्टि मिल सकती है।

सारणी 1 : दिल्ली, हरियाणा और उत्तर प्रदेश में सामाजिक पेंशन सर्वेक्षण का सैम्पल आकार

समूह	हरियाणा	उत्तर प्रदेश	दिल्ली
विधवा पेंशन प्राप्तकर्त्ता	716	439	282
वृद्ध पेंशन प्राप्तकर्त्ता	1,239	1,061	548
पेंशन न पाने वाली विधवा महिलाएँ	249	616	581
पेंशन न पाने वाले वृद्ध लोग	725	1,152	1,141
कुल	2,929	3,268	2,552

उत्तर प्रदेश में रानी लक्ष्मीबाई पेंशन पाने वाली महिलाओं को इस विश्लेषण से बाहर रखा गया है।

यह शोध-आलेख दिल्ली, हरियाणा और उत्तर प्रदेश में किये गये प्राथमिक सर्वेक्षणों के आधार पर वृद्धावस्था और विधवा पेंशन योजनाओं के प्रदर्शन का मूल्यांकन करता है। इन तीन राज्यों का चयन उनके सन्दर्भों, पात्रता नियमों, दी जाने वाली पेंशन राशि और इन योजनाओं को लागू करने के व्यवहार में भिन्नता के आधार पर किया गया है। इनमें से प्रत्येक राज्य ने किसी-न-किसी रूप में काग़ज़ पर केन्द्र सरकार की योजनाओं का आगे विस्तार किया है।

क्या ये राज्य इन योजनाओं को सही तरह से लागू कर पाये हैं? क्या पेंशन में वृद्धि करने की कानूनी मंशा से इसके क्षेत्र में वास्तविक बढ़ोतरी हुई है? क्या इन योजनाओं के क्षेत्र में विस्तार करने से ये ग़रीबों तक ज़्यादा पहुँच रही हैं? क्या इन योजनाओं के व्यापक क्षेत्र तक विस्तार करने और इनकी राशि में वृद्धि करने से इनमें ज़्यादा रिसाव होने की सम्भावना उत्पन्न हुई है? शोध-आलेख के आगे के भागों में इन प्रश्नों का उत्तर देने के लिए प्राथमिक सर्वेक्षण के आँकड़ों, केन्द्रित समूह चर्चा, अधिकारियों से साक्षात्कार, तथा इनके क्रियान्वयन के दिशा-निर्देशों की समीक्षा पर ध्यान दिया गया है।[5]

हम आँकड़ों का वर्णन करने के बाद (भाग 1) कार्यक्रम की रूपरेखा में पात्रता

की कसौटियों पर आधारित क्षेत्र के स्वरूप (भाग 2) और व्यवहार (भाग 3) का मूल्यांकन करेंगे। भाग 4 योजना में प्रवेश को योजना के क्षेत्र के विस्तार सम्बन्धी नीतिगत अन्तर्वस्तु का क्रियान्वयन करने के मार्ग में सबसे बड़ी बाधा के रूप में रेखांकित करता है। शेष भागों में योजना के क्रियान्वयन के अन्य पहलुओं का मूल्यांकन किया गया है : लक्ष्य तय करना (भाग 5) और रिसाव तथा रकम अदायगी (भाग 6)। भाग 7 में शोध-आलेख का निष्कर्ष प्रस्तुत किया गया है।

1. आँकड़े

वृद्धावस्था और विधवा पेंशन योजनाओं के प्रदर्शन का विश्लेषण करने के लिए 2013 में दिल्ली, हरियाणा और उत्तर प्रदेश में तीन विशेष उद्देश्य युक्त घर सर्वेक्षण किया। गया। दिल्ली के अध्ययन में विशिष्ट रूप से झुग्गियों पर ही ध्यान केन्द्रित किय गया, और अन्य दो राज्यों में ग्रामीण और शहरी क्षेत्रों के प्रतिनिधि सैम्पल का चुनाव किया गया। पहले चरण के सैम्पल की इकाईयों (दिल्ली में मतदान केन्द्र और अन्य राज्यों में जनगणना ब्लॉक) का चयन कुल जनसंख्या के आकार के सम्भाव्यता अनुपात (प्रोबेबिलिटी प्रोपोरशनल) के आधार पर किया गया।[6] ऐसे प्रत्येक घर की सूची तैयार की गयी जिसमें एक वृद्ध व्यक्ति या विधवा रहती हों (इन्हें क्रमशः वृद्ध घर और विधवा घर की संज्ञा दी गयी)। घरों के चार स्तरों को निर्मित किया गया और इसमें पेंशन पाने वाले और पेंशन न पाने वाले—दोनों को ही सम्मिलित किया गया (सैम्पल वितरण के लिए देखें सारणी 1)। इन चार श्रेणियों के भीतर पूर्व-परिभाषित प्राथमिकता क्रम के आधार पर घरों का चयन किया गया। कुछ निश्चित भार (या सीमाओं) के साथ ये सैम्पल उन सभी घरों का प्रतिनिधित्व करते हैं जिनमें कम-से-कम एक वृद्ध या एक महिला हों।

हर घर से एक संक्षिप्त प्रश्नावली भरवायी गयी, इसमें पेंशन पाने वाले और पेंशन न पाने वाले—दोनों तरह के घरों से कुछ सामान्य जानकारी एकत्रित की गयी; और इन दोनों समूहों के लिए पेंशन योजनाओं के स्वरूप के बारे में जानकारी के सम्बन्ध में अलग-अलग मापदण्ड का प्रयोग किया गया। पेंशन पाने वाले घरों में योजना और पात्रता की कसौटियों के बारे में जानकारी से सम्बन्धित प्रश्न किये गये; उनके पास मौजूद दस्तावेज़ों और उनके द्वारा पात्रता आवश्यकताओं को पूरा करने की जाँच की गयी; उन्होंने कितनी बार आवेदन किया, किसने मदद की और इस प्रक्रिया में कितना ख़र्च हुआ; पेंशन की रकम मिलने में निरन्तरता; और योजना के बारे में धारणा आदि को समझने का प्रयास किया गया। पेंशन न पाने वालों से यह अतिरिक्त सूचना भी प्राप्त की गयी कि क्या वह व्यक्ति कार्यक्रम की कसौटियों को पूरा करते हैं; उनके द्वारा कार्यक्रम का फ़ायदा उठाने की कोशिश में कितनी बार नाकामी मिली या फिर किसी कारण से एक सम्भावित लाभार्थी ने पेंशन के लिए आवेदन न करने का फ़ैसला किया।

सारणी 2 : केन्द्र और राज्य पेंशन योजना के दिशा-निर्देशों की तुलना

योग्यता कसौटी/ पेंशन राशि	केन्द्र	दिल्ली	हरियाणा	उत्तर प्रदेश
1. उम्र कसौटी				
वृद्ध	60 वर्ष से ज़्यादा	60 वर्ष से ज़्यादा	60 वर्ष से ज़्यादा	60 वर्ष से ज़्यादा
महिला	40-59 वर्ष तक	18-59 वर्ष तक	18-59 वर्ष तक	18-59 वर्ष तक
2. ग़रीबी/आय कसौटी				
वृद्ध	बीपीएल	घर की नकद आय 60,000 रुपये प्रति वर्ष से कम हो	आय प्रति वर्ष 50,000 से कम हो	ग्रामीण बीपीएल/ शहरी बीपीएल/ एएवाई कार्डधारक/ज़िला शहरी विकास प्राधिकरण या एमओयूडी बीपीएल की सूची में नाम
महिला	बीपीएल	घर की नकद आय प्रति वर्ष 48,000 रुपये से कम	आय प्रति वर्ष 30,000 से कम	ग्रामीण आय प्रति वर्ष 19,884 से कम और शहरी आय प्रति वर्ष 25,546 से कम
3. निवास				
दोनों तरह के पेंशन के लिए	कोई नहीं	पाँच वर्ष से ज़्यादा	1 वर्ष से ज़्यादा	उत्तर प्रदेश में निवास
4. अन्य कसौटियाँ				
विधवा	सिर्फ़ विधवा	परित्यक्त/अलग हुई/तलाकशुदा महिलाएँ योग्य हैं	पति की मौत या छोड़े जाने या मानसिक और शारीरिक असमर्थता से पीड़ित महिलाएँ योग्य हैं	सिर्फ़ विधवाएँ
5. पेंशन की राशि (प्रति माह)				
वृद्ध	60-79 वर्ष के बुजुर्गों के लिए 200 रुपये तथा 80 वर्ष से ज़्यादा के बुजुर्गों के लिए 500 रुपये	1,000 रुपये; तथा 70 वर्ष से ज़्यादा तथा अनुसूचित जाति/अनुसूचित जनजाति और अल्पसंख्यकों के लिए 1,500 रुपये	500/550/700 रुपये (देखें सारणी के नीचे नोट्स)	60-79 वर्ष के लिए 300 रुपये और 80 वर्ष से ज़्यादा के लिए 500 रुपये
महिलाएँ	300 रुपये	1,500 रुपये	750 रुपये	300 रुपये

(1) उत्तर प्रदेश में सर्वेक्षण के समय जो विधवाएँ केन्द्र की कसौटी के अनुसार पेंशन के दायरे में नहीं आती थीं, उन्हें एक नयी योजना रानी लक्ष्मी बाई पेंशन योजना के माध्यम से पेंशन के दायरे में लाया गया; (2) हरियाणा ने अपने वृद्धावस्था पेंशन योजना में एक ग्रेडिंग व्यवस्था को अपनाया है, 1 मार्च 1999 से पहले पंजीकृत पेंशन प्राप्तकर्त्ताओं को 700 रुपये प्रति माह दिये जाते हैं, किन्तु 1 अप्रैल 2010 को या इसके बाद पंजीकृत हुए लोगों को 550 रुपये प्रति माह दिये जाते हैं; (3) अंत्योदय अन्न योजना (एएवाई) कार्डधारक परिवार सर्वाधिक निर्धन होते हैं, जिन्हें अन्य बीपीएल परिवारों की तुलना में अतिरिक्त सहायता दी जाती है; (4) एमओयूडी का अर्थ है : मिनिस्ट्री ऑफ अरबन डिवलपमेंट (शहरी विकास मन्त्रालय)।

2. योजना के क्षेत्र का स्वरूप

सभी तीन राज्यों ने केन्द्र द्वारा निर्धारित ग़रीबी रेखा के नीचे होने (बीपीएल) और उम्र की कसौटी को सरल बनाया है (सारणी 2)। मिसाल के तौर पर, ग़रीब घरों की पहचान करने के लिए सभी राज्य ग़रीबी रेखा के नीचे होने की कसौटी के बजाय एक (स्व-घोषित) आय के स्तर को कसौटी के रूप में इस्तेमाल कर रहे हैं। सिर्फ़ उत्तर प्रदेश इसका अपवाद है जो अभी भी वृद्धावस्था पेंशन देने के लिए बीपीएल नियम का प्रयोग करता है।[7] तीनों राज्यों में विधवा पेंशन के उम्र की कसौटी भी ज़्यादा उदार है। इसमें 18 से 39 वर्ष के बीच की विधवाओं को भी इस कार्यक्रम के अन्तर्गत लाया गया है, और पीड़ादायक स्थिति में रहने वाली (मसलन, परित्यक्त, तलाकशुदा या पति से अलग रहने वाली) स्त्रियों को भी इसमें सम्मिलित किया गया है।

दरअसल, इन नियमों को ज़्यादा सरल बनाने के चलते ही राज्य योजनाओं के लक्षित समूहों का आकार केन्द्रीय दिशा-निर्देश के अनुसार तय समूह से काफ़ी बड़ा है। यह भी गौरतलब है कि केन्द्र योजना आयोग द्वारा तय किये गये ग़रीबी दर के अनुसार ही बजट तय करता है (देखें, सारणी 3)। सर्वेक्षण के आँकड़ों से पता चलता है कि यदि राज्य द्वारा तय किये गये पात्रता की कसौटी का पालन किया जाता, तो दिल्ली में 70% विधवाओं और 66% वृद्धों को पेंशन मिलता। इसी प्रकार, हरियाणा भी काफ़ी बड़ी तादाद में लोगों को इस कार्यक्रम के दायरे में लाना चाहता है। इसलिए कम-से-कम राज्य सरकारों ने कार्य की रूपरेखा इस प्रकार तय की है कि दो-तिहाई या इससे भी ज़्यादा महिला और वृद्ध जनसंख्या इस कार्यक्रम का लाभ उठा पाये। वृद्धावस्था पेंशन के मामले में उत्तर प्रदेश एक अपवाद है क्योंकि यहाँ अभी भी बीपीएल जैसी सूचियों का प्रयोग किया जाता है।

3. योजना के क्षेत्र में वास्तविक व्यवहार

सारणी 3 : योजनाओं का स्वरूप, राज्यों का लक्ष्य केन्द्र की तुलना में ज़्यादा विधवाओं और वृद्धों तक पहुँचना है

	प्रत्येक राज्य में योजना का लक्ष्य पेंशन पाने के लिए योग्य लोग (%)		केन्द्र की योजना के अनुसार लक्ष्य
	ग्रामीण	शहरी	गरीबी दर (प्रतिशत में)
महिलाएँ			
दिल्ली	-एनए-	70.4	14.2
हरियाणा	71.4	71.2	20.1
उत्तर प्रदेश	89.1	84.5	37.1
वृद्ध			
दिल्ली	-एनए-	66.2	14.2
हरियाणा	66.2	57.8	20.1
उत्तर प्रदेश	42.9	15.7	37.7

लक्षित समूह को जनसांख्यिक समूह के प्रतिशत के रूप में परिभाषित किया गया है, इसके लिए राज्य की अपनी योग्यता कसौटी का उपयोग किया गया है (महिलाओं के लिए 18-59 वर्ष के बीच की उम्र, वृद्धों के लिए 60 वर्ष से ज़्यादा की उम्र, तथा बीपीएल/आय/निवास कसौटी)। उत्तर प्रदेश में वृद्ध लोगों के लक्षित समूह की एक निश्चित सीमा है क्योंकि सर्वेक्षण आँकड़ों में बीपीएल कसौटी को शामिल किया गया है, जिसके मुताबिक या तो बीपीएल या फिर अन्त्योदय अन्न योजना (एएवाई) की सूची में नाम होना चाहिए। ये दोनों पूर्ण रूप से परस्परव्यापी 'हकदारियाँ' नहीं हैं। एनए का अर्थ है—नॉट एप्लिकेबल (यहाँ लागू नहीं)।

सारणी 4 : व्यवहार में, दिल्ली और उत्तर प्रदेश में योजनाओं का क्षेत्र कम है

पेंशन पाने वाले (प्रतिशत में)	ग्रामीण	शहरी
विधवाएँ		
दिल्ली	-एनए-	31.4
हरियाणा	78.9	68.1
उत्तर प्रदेश	36.7	19.9
वृद्ध		
दिल्ली	-एनए-	26.9
हरियाणा	69.5	49.2
उत्तर प्रदेश	25.3	13.3

सारणी में पेंशन पाने वाले वृद्धों और विधवाओं/महिलाओं के प्रतिशत को दर्शाया गया है, भले ही वे ग़रीब हों या न हों। एनए का अर्थ है—नॉट एप्लिकेबल (यहाँ लागू नहीं)।

व्यवहार में दिल्ली और उत्तर प्रदेश इन दोनों योजनाओं के सन्दर्भ में अपने लक्ष्य को हासिल करने में नाकाम रहे (देखें सारणी 4)। दिल्ली की झुग्गियों में सिर्फ़ चौथाई वृद्धों और एक तिहाई विधवाओं को इन योजनाओं का लाभ मिल पाया। यह इन राज्यों द्वारा पात्रता नियमों को सरल बनाकर इन योजनाओं के क्षेत्र का विस्तार करने के लक्ष्य के अनुरूप नहीं है। असल में, वे अपने लक्ष्य का आधे से भी कम हासिल कर पाये हैं। इसी प्रकार, उत्तर प्रदेश में सरकार व्यवहार में इन योजनाओं में वृद्धि करने में नाकाम रही है। खास तौर पर, शहरी क्षेत्रों में ऐसा हुआ है जहाँ केन्द्र द्वारा मान्यता प्राप्त ग़रीबों के प्रतिशत तक भी इस योजना का लाभ नहीं पहुँच पाया है। दूसरी ओर, हरियाणा अपने राज्य की चार विधवाओं में से तीन तक इस योजना का लाभ पहुँचाने में सफल रहा है (इसमें ग़रीब और अ-ग़रीब विधवा—दोनों ही शामिल हैं), जबकि इसने 70% ग़रीब विधवाओं को इसमें सम्मिलित करने का लक्ष्य रखा था। इसी तरह, वृद्ध-जनों के सन्दर्भ में भी तय किये गये लक्ष्यों की तुलना में ज़्यादा लोगों को कार्यक्रम के दायरे में लाया गया।

सर्वेक्षण के ये नतीजे भारत की सामाजिक पेंशन योजनाओं की इस आलोचना को ही प्रतिबिम्बित करते हैं कि इनका दायरा काफ़ी कम होता है (मसलन देखें द्रेज और खेड़ा 2014)। वृद्ध-जनों को वाजिब पेंशन दिलाने के अधिकार के लिए अभियान चलाने वाली एक संस्था पेंशन परिषद के अनुसार, 60 वर्ष से ज़्यादा 5 लोगों में से सिर्फ़ एक व्यक्ति को ही पेंशन मिलता है। पेंशन के दायरे में कम लोगों के आने के सन्दर्भ में अक्सर यह तर्क दिया जाता है कि इसके लिए केन्द्र सरकार के सख़्त दिशा-निर्देश ज़िम्मेदार हैं जिसके अनुसार ये पेंशन बीपीएल परिवारों तक सीमित होना चाहिए; इसी कारण बीपीएल सूची के अनुसार ये पेंशन दिये जाते हैं। हालाँकि 2002 के आख़िरी बीपीएल जनगणना के आधार पर यह कहा जा सकता है कि बीपीएल सूचियों में भी जबरदस्त गड़बड़ी होती है। इससे जहाँ बहुत से परिवारों का इसमें समावेशन होता है, वहीं कई अन्य परिवारों का बहिष्करण भी होता है। इन कमियों का विस्तार से अध्ययन हुआ है। इसलिए एक सार्वभौमिक या तकरीबन सार्वभौमिक दृष्टिकोण के पक्ष में तर्क दिया जाता रहा है, जिसमें बहिष्करण की सुपरिभाषित कसौटियों (मसलन, सरकारी नौकरी हो) को पूरा न करने वाले हर वृद्ध और विधवा को सामाजिक सुरक्षा पेंशन के योग्य माना जाये।

बहरहाल, हमारे निष्कर्षों से यह पता चलता है कि काग़ज़ पर बीपीएल की कसौटी से आगे जाने वाले सभी राज्य व्यवहार में ज़्यादा लोगों को इस कार्यक्रम के दायरे में सम्मिलित नहीं कर पाये हैं। क्यों?

4. व्यवहार में कार्यक्रम के क्षेत्र का विस्तार करना

एक आदर्श दुनिया में, एक योग्य उम्मीदवार को आवेदन प्रक्रिया से गुज़रने के बाद

पेंशन कार्यक्रम में प्रवेश मिल जाना चाहिए। लेकिन हक़ीक़त में बहुत से अन्य कारकों के चलते ऐसा नहीं हो पाता है। पहला, बजट की सीमाओं के चलते पूरे कार्यक्रम को नियन्त्रित रूप से ही लागू किया जा सकता है। यह मुमकिन है कि अपर्याप्त बजट या आबंटित बजट के कम उपयोग के कारण इस कार्यक्रम का सीमित क्रियान्वयन ही हो। यदि योजना के दिशा-निर्देशों के बावजूद अपात्र लोगों का पेंशन योजना में प्रवेश हो जाता है तो इससे बजट का दुरुपयोग हो सकता है। और निश्चित रूप से, पैसे की चोरी हो सकती है।

दूसरा, यदि सम्भावित आवेदनकर्त्ता आवश्यक दस्तावेज़ों को एक साथ लाने में असमर्थ हो तो उन्हें इन योजनाओं से बाहर रखा जा सकता है। हालाँकि हमने जिन तीन राज्यों का अध्ययन किया है, उन्होंने पात्रता की कसौटियों को आसान बना दिया है, लेकिन आवेदन प्रक्रिया मे लिए उम्र के प्रमाण, वैवाहिक स्थिति (विधवाओं के लिए), आय और निवास जैसे कई दस्तावेज़ों की आवश्यकता होती है। जिन राज्यों में बीपीएल की जगह स्व-प्रमाणित आय घोषणा-पत्र का भी उपयोग किया जाता है, वहाँ आवेदनकर्त्ताओं के लिए यह एक स्वीकार्य मानक था कि वे उपयोगिता बिल जैसे दस्तावेज़ों को जमा करके अप्रत्यक्ष रूप से अपनी आय प्रमाणित करें।[8]

आवेदन प्रक्रिया काफ़ी जटिल है और लोगों के बीच पर्याप्त सूचना का अभाव है। इसलिए इन योजनाओं के लिए आवेदन करना भी एक बहुत बड़ी चुनौती है। कई ऐसे मामले भी हैं जहाँ योग्य उम्मीदवार इस कार्यक्रम के लिए आवेदन करने में नाकाम रहे। ऐसी स्थिति में यह एक सामान्य सी बात है कि मध्यस्थ आवेदनकर्त्ताओं को सूचना और मदद उपलब्ध करायें। लेकिन इसके साथ यह ख़तरा भी होता है कि वे आवेदन में मदद करने में अपने विशेषाधिकार का प्रयोग कर सकते हैं अर्थात् यह मुमकिन है कि हर किसी तक समान रूप से उनकी सहायता न पहुँचे (शैफर और वेन-हेसिन 1975; डे हान और मैक्सवेल 1998; सेन 2000; लिप्सकी 1980)। पेंशन योजनाओं के सन्दर्भ में केन्द्रित समूह चर्चा से यह बात उजागर हुई कि स्थानीय राजनीतिक प्रतिनिधि या कार्यकर्ता ही आवेदन प्रक्रिया के दौरान मध्यस्थों की भूमिका निभाते हैं। राज्य स्तर के सर्वेक्षण ऐसे कुछ कारकों को समझने में ज़्यादा मददगार हो सकते हैं। आगे इनकी विवेचना की गयी है।

4.1 बजट, योजना और नियमन

हालाँकि आबंटित कोष के कम उपयोग को कोई मज़बूत प्रमाण नहीं मिला, किन्तु बजट और योजना तैयार करने की प्रक्रिया की हमारी समीक्षा से यह बात स्पष्ट रूप से सामने आती है कि कम-से-कम यह एक ऐसा कारक अवश्य है जिससे इन योजनाओं के क्षेत्र का विस्तार करने में समस्या आती है। बहुत से राज्यों में इस बारे में कोई स्पष्ट अनुमान नहीं है कि कितने या कौन से लोग इस योजना से

बाहर हैं, या इस बारे में कोई स्पष्ट अन्दाज़ा नहीं है कि मौजूदा पात्रता कसौटियों के आधार पर स्थानीय स्तर पर कितने लोगों को इस योजना में सम्मिलित किया जाना चाहिए। बहुत ही कामचलाऊ तरीके से बजट का आबंटन किया जाता है, जहाँ योग्य लाभार्थियों की संख्या के बारे में किसी स्पष्ट तार्किकता के बगैर ही प्रतीकात्मक लक्ष्य तय कर दिये जाते हैं (मसलन, पिछली बार जितने लोगों को पेंशन दिया गया, उससे 10% बढ़ाने का लक्ष्य)। राज्य स्तर पर तैयार इस लक्ष्य के आधार पर योजनाओं का प्रशासन किया जाता है और आख़िरी प्रशासनिक इकाई तक इसके लिए आवश्यक राशि का वितरण किया जाता है। दरअसल, इस पूरी प्रक्रिया में नये आवेदकों के पेंशन को मान्यता देने में देर होने की सम्भावना रहती है। मिसाल के तौर पर, उत्तर प्रदेश में यदि किसी वर्ष के बजट के अनुरूप पेंशन का लक्ष्य पूरा कर लिया गया है, तो नये विचाराधीन आवेदनों पर कोई कार्रवाई नहीं होती है। सिर्फ़ (मृत्यु, वैवाहिक स्थिति में बदलाव आदि के चलते) 'रिक्तियाँ' होने पर ही इन नये आवेदनों को मंजूरी दी जाती है। दिल्ली में नये आवेदनों की मंजूरी राज्य बजट की माँगों के अनुपूरक अनुमोदन पर निर्भर करती है, जिसके चलते कई बार देरी हो सकती है।

सिर्फ़ योग्य लोगों का नामांकन सुनिश्चित करने वाली प्रक्रियाएँ भी काफ़ी कमज़ोर हैं। सारणी 5 से यह पता चलता है कि दिल्ली और हरियाणा में विधवा पेंशन पाने वालों का पाँचवाँ हिस्सा और वृद्धावस्था पेंशन पाने वालों का एक चौथाई भाग निर्धारित कसौटियों को सन्तुष्ट नहीं करता था। उत्तर प्रदेश में जिन वृद्ध लोगों को इस योजना के अन्तर्गत लाया गया, उनकी एक बड़ी संख्या इससे लाभ पाने के लिए अयोग्य थी।[9]

सारणी 5 : समावेशन और बहिष्करण में होने वाली गलतियाँ मामूली नहीं हैं

	समावेशन गलतियाँ		बहिष्करण गलतियाँ	
	ग्रामीण	शहरी	ग्रामीण	शहरी
विधवा				
दिल्ली	-एनए-	22.3	-एनए-	65.8
हरियाणा	27.9	23.7	20.2	26.9
उत्तर प्रदेश	10.8	13.2	63.3	79.5
वृद्ध				
दिल्ली	-एनए-	27.1	-एनए-	72.1
हरियाणा	26.6	32.4	27.6	47.9
उत्तर प्रदेश	28.3	42.2	58.8	50.8

समावेशन में गलतियों को उन पेंशन पाने वालों के प्रतिशत के रूप में प्रस्तुत किया गया है जो आय या/और निवास की राज्य की कसौटियों को पूरा नहीं करते हैं; बहिष्करण की गलतियों को जनसंख्या के उस प्रतिशत के रूप में परिभाषित किया गया है जो योग्यता की कसौटियों को तो पूरा करती है किन्तु जिसे वेतन नहीं मिल रहा है। एनए का अर्थ है—नॉट एप्लिकेबल (यहाँ लागू नहीं)।

सर्वेक्षण के आँकड़ों से पता चलता है कि बजट को सुनिश्चित रखने और अयोग्य लोगों से संसाधनों को लेकर योजना से बहिष्करण का सामना कर रहे लोगों को पेंशन देने की आवश्यकता है। ऐसा करने पर हरियाणा की समस्त लक्षित जनता को इन कार्यक्रमों के दायरे में लाया जा सकता है; और उत्तर प्रदेश के शहरी क्षेत्रों में योजना की शर्तों को पूरा करने वाले सभी बुजुर्गों को वृद्धावस्था पेंशन दिया जा सकता है। अन्य मामलों में—अर्थात् दिल्ली (वृद्धावस्था और विधवा पेंशन) तथा उत्तर प्रदेश (ग्रामीण पेंशन और शहरी क्षेत्रों की विधवा)—सारे अयोग्य लोगों को लाभार्थियों की सूची से हटाने के बाद भी वर्तमान बजट के आधार पर, कार्यक्रम की कसौटियों को पूरा करने वाले सभी लोगों को पेंशन योजनाओं का लाभ नहीं दिया जा सकता।

यह भी गौरतलब है कि लाभार्थियों की सूची में गलत लोगों का नाम पहचानना भी आसान नहीं है। सभी मामलों में, पेंशन प्राप्त करने वालों ने जनसांख्यिकीय कसौटियों को पूरा किया और अधिकांश लोग निवास कसौटियों पर भी खरे उतरे। लेकिन बहुत से लोगों की आय, आय के सुनिश्चित स्तर से ज़्यादा थी।[10] पूरे घर का और व्यक्ति के अपने आय का अवलोकन करना कठिन है। नतीजतन, यह आश्चर्यजनक नहीं है कि प्रशासकों को यह जाँचने में काफ़ी मुश्किलों का सामना करना पड़ता है कि आवेदक स्व-घोषित आय के आधार पर तय किये गये पात्रता को पूरा करता है या नहीं। किसी भी लक्ष्य केन्द्रित योजना के लिए—भले ही वह कार्यक्रम तकरीबन सभी लोगों के लिए हो—यह आवश्यक है कि पात्रता या बहिष्करण की ऐसी कसौटियाँ हों जिनकी आसानी से पुष्टि या अवलोकन हो सके। साथ ही, यह भी ज़रूरी है कि इनके साथ निगरानी के ऐसे साधनों का रणनीतिक उपयोग किया जाये (मसलन, रैण्डम ऑडिट या आकस्मिक लेखा परीक्षा) जिससे समावेशन में होने वाली गलतियों को रोका जा सके।

इसके अतिरिक्त, सर्वेक्षण के आँकड़ों से यह भी पता चलता है कि यदि इन मुद्दों को सुलझा लिया जाये, तब भी पेंशन योजनाओं में प्रवेश पाना इसके क्षेत्र या दायरे में वृद्धि करने में एक बाधा बना रहेगा। जैसा कि अगले दो भागों में दिखाया गया है, आवेदन प्रक्रिया की मुश्किलें लोगों को कार्यक्रमों से जुड़ने से रोकती हैं। यह आवश्यक है कि राज्य इन कार्यक्रमों में लोगों के प्रवेश में रुकावट पैदा करने वाली स्थितियों को दूर करने के लिए सक्रिय प्रयास करे। ऐसा न होने पर 'वृद्धि करने' की प्रत्येक कोशिश को व्यवहार में कई चुनौतियों का सामना करना पड़ेगा।

4.2 काग़ज़ी कार्रवाई की भूमिका

पहली नज़र में ऐसा नहीं लगता है कि इन योजनाओं में लोगों के प्रवेश में दस्तावेज़ों का अमल एक सामान्य बाधा है। हमारे अध्ययन के आँकड़ों से यह पता चलता है कि पेंशन पाने वालों और योग्य होने के बावजूद पेंशन न पाने वाले—दोनों ही श्रेणियों के लोगों के पास अपनी पात्रता साबित करने के लिए पर्याप्त दस्तावेज़ होते हैं (देखें सारणी 6)। हालाँकि पेंशन पाने वालों की तुलना में, पेंशन न पाने वालों के एक छोटे अनुपात ने यह बताया कि उनके पास आवश्यक दस्तावेज़ हैं; लेकिन मुख्य बात यह है कि पेंशन न पाने वालों में भी बड़ी संख्या में ऐसे लोग हैं जिनके पास आवश्यक दस्तावेज़ होते हैं। जिन लोगों के पास दस्तावेज़ नहीं होते उनमें प्रवासी लोग प्रमुख हैं।

सारणी 6 : पेंशन पाने वाले और पेंशन न पाने वाले दोनों के पास दस्तावेज़ हैं

(सभी आँकड़े प्रतिशत में)

दस्तावेज़	दिल्ली की झुग्गियाँ		हरियाणा				उत्तर प्रदेश			
			ग्रामीण		शहरी		ग्रामीण		शहरी	
	पेंशन पाने वाले (पेंशनर -पी)	पेंशन नहीं पाने वाले (नॉन-पेंशनर एनपी)	पी	एनपी	पी	एनपी	पी	एनपी	पी	एनपी
वोटर कार्ड	99.1	85.9	94.6	92.6	95.1	89.3	90.0	92.7	92.6	93.7
राशन कार्ड	93.7	72.2	92.9	93.4	93.4	89.1	78.3	81.7	91.6	86.1
जन्म प्रमाण-पत्र	25.6	19.3	50.6	51.1	49.5	49.4	18.1	25.1	26.6	27.8
पासबुक (बैंक, पोस्ट-ऑफिस)	99.1	63.2	92.8	56.1	90.7	52.6	100.0	66.9	100.0	66.0
पासपोर्ट	0.6	0.5	-	-	-	-	0.0	0.3	0.3	0.4
आधार	77.8	67.3	25.8	30.0	47.7	48.1	6.6	8.0	19.0	23.5
पैनकार्ड	6.4	7.7	-	-	-	-	0.2	19.1	0.8	62.6
उपयोगिता बिल	82.4	73.9	83.4	77.7	81.8	65.6	10.1	19.1	49.9	62.6
उम्र प्रमाण-पत्र'	58.9	38.7	79.1	59.4	75.1	56.7	51.3	38.3	44.1	31.2
मृत्यु प्रमाण-पत्र''	97.3	75.6	72.0	20.8	79.8	24.8	13.9	8.2	34.8	24.3

पी : पेंशन पाने वाले; एनपी : जिन्होंने पेंशन के लिए आवेदन किया किन्तु पेंशन नहीं मिला; 'उम्र प्रमाण-पत्र सिर्फ़ वृद्धों के लिए; ''मृत्यु प्रमाण-पत्र महिलाओं के लिए। हरियाणा के सर्वेक्षण में पासपोर्ट और पैनकार्ड के प्रश्न को सम्मिलित नहीं किया गया था।

पेंशन पाने वाले व्यक्ति आवेदन प्रक्रिया के दौरान अपना अस्तित्व और पात्रता साबित करने के लिए आवश्यक दस्तावेज़ों से ज़्यादा दस्तावेज़ उपलब्ध कराते हैं। पेंशन पाने वाले तकरीबन 96% लोगों ने यह बताया कि उन्होंने मतदाता पहचान-पत्र और राशन कार्ड सहित तीन या तीन से ज़्यादा दस्तावेज़ जमा किये (मतदाता पहचान-पत्र निवास स्थान का प्रमाण होता है, और राशन कार्ड निवास स्थान के साथ-ही-साथ एक राज्य में सामाजिक सहायता कार्यक्रमों की पात्रता का भी प्रमाण होता है)। दिल्ली और उत्तर प्रदेश में सम्बन्धित व्यक्ति के बैंक खाते में पेंशन की राशि भेज दी जाती है, इसलिए यहाँ बैंक पासपोर्ट की प्रति जमा करवाना अनिवार्य है। इसी तरह, हमारे सैम्पल राज्यों में विधवा पेंशन योजनाओं का लाभ उठाने वाली तकरीबन सभी महिलाओं ने यह बताया कि उन्होंने अपने पति का मृत्यु प्रमाण-पत्र जमा करवाया है। बहुत कम महिलाओं (केवल 7%) ने ऐसा नहीं किया था, और शायद इसका कारण यह हो सकता है कि शायद वे पीड़ादायक स्थिति में थीं, किन्तु विधवा नहीं थीं।

शहरी हरियाणा और दिल्ली के काफ़ी हद तक समान सन्दर्भों की तुलना करने पर दस्तावेज़ों का महत्त्व स्पष्ट होता है। दोनों ही राज्यों में इन योजनाओं की पात्रता के लिए बीपीएल की कसौटियों से आगे बढ़कर इनके दायरे में तकरीबन हर तरह के वृद्धों और पीड़ादायक स्थिति का सामना कर रही महिलाओं को सम्मिलित कर लिया गया है। लेकिन इन दोनों व्यवस्थाओं में काफ़ी भिन्नता भी है। दिल्ली की तुलना में हरियाणा अपने लक्षित शहरी जनसंख्या के बड़े हिस्से को इन कार्यक्रमों के दायरे में सम्मिलित करता है (सारणी 4)। दोनों के बीच प्रमुख अन्तर यह है कि दिल्ली में लम्बे और नियमित निवास (पाँच वर्ष से ज़्यादा) स्थापित करने के लिए ज़्यादा काग़ज़ी कार्रवाई पूरी करने की आवश्यकता है। वहीं, हरियाणा में सिर्फ़ मौजूदा निवास के प्रमाण की आवश्यकता होती है (पिछले एक वर्ष का)।[11] दिल्ली की प्रक्रिया ज़्यादा बोझिल है, अक्सर विभिन्न काग़ज़ातों को एकत्रित करना और जमा करना एक दुरूह काम होता है। साथ ही, निरन्तर निवास को स्थापित करने के लिए अतिरिक्त उपयोगिता बिल (पानी, बिजली आदि) की आवश्यकता होती है। हमारे आँकड़े इसकी पुष्टि करते हैं : जहाँ शहरी हरियाणा के हमारे सैम्पल में केवल 14% पेंशन आवेदकों ने उपयोगिता बिल जमा किये, वहीं दिल्ली में यह अनुपात 57% था। इसके अलावा, जहाँ दोनों राज्यों में निवास प्रमाण-पत्र उपलब्ध थे, वहीं हरियाणा में जनसहायकों की मदद से उन्हें जारी करने की प्रक्रिया को सरल और विकेन्द्रित कर दिया गया था। इसके विपरीत, दिल्ली में एक आवेदक को सम्बन्धित ज़िलाधिकारी के कार्यालय से सम्पर्क करना पड़ता है, जो राजस्व विभाग के माध्यम से ये प्रमाण-पत्र जारी करता है। कुल मिलाकर जहाँ सैम्पल के रूप में लिए गये शहरी हरियाणा के क्षेत्र में आवेदन करने के लिए औसतन तीन दस्तावेज़ लगाना

पर्याप्त था, वहीं दिल्ली में प्रत्येक आवेदक को अपने आवेदन के साथ औसतन चार से ज़्यादा दस्तावेज़ लगाना पड़ता था।

बहरहाल, आवेदकों के पास पर्याप्त दस्तावेज़ होना और उन्हें जमा करने का अर्थ यह नहीं होता है कि उन्हें इन दस्तावेज़ों को हासिल करने के लिए ख़र्च नहीं करना पड़ता। दिल्ली और हरियाणा में हमारे सैम्पल में पेंशन पाने वाले एक-चौथाई लोगों ने यह बताया कि आवेदन करते वक़्त समय विभिन्न दस्तावेज़ों को हासिल करना ही सबसे मुख्य परेशानी होती है। इसके अलावा, आवेदन-पत्र हासिल करना और आवेदन करना भी काफ़ी कठिन कार्य है। दूसरी ओर, उत्तर प्रदेश में आवेदन-पत्र से सम्बन्धित दस्तावेज़ हासिल करने से ज़्यादा बड़ी समस्या आवेदन-पत्र को भरना है; शायद इसका कारण यह है कि उत्तर प्रदेश भी निवास स्थान स्थापित करने के लिए गाँव स्तर पर रखे जाने वाला रजिस्टर ही सबसे महत्त्वपूर्ण स्रोत है।

रेखाचित्र-1 : पेंशन कार्यक्रम में प्रवेश के समय राजनीतिज्ञ महत्त्वपूर्ण भूमिका निभाते हैं

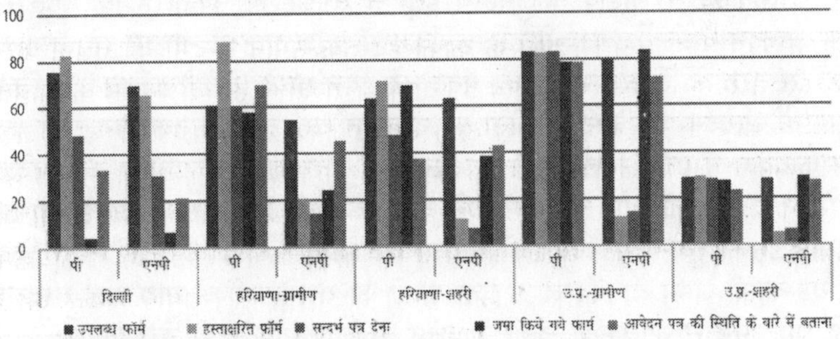

ये आँकड़े आवेदन प्रक्रिया के विभिन्न स्तरों पर प्रतिक्रियादाताओं द्वारा राजनीतिज्ञों या राजनीतिक दलों के कार्यकर्त्ताओं द्वारा प्राप्त सहायता की प्रतिशत में दिखाते हैं।

पी : पेंशनर (पेंशन पाने वाले); एनपी : नॉन पेंशनर, जिन्हें आवेदन के बाद भी पेंशन नहीं मिला

सभी राज्यों में पेंशन पाने वालों ने यह भी बताया कि उन्हें अपने आवेदन का अनुमोदन कराने में भी बहुत कठिनाई होती है। उन्हें सबसे ज़्यादा पात्रता नियमों को समझने में परेशानी होती है। फिर, इनके अनुसार अपनी पात्रता साबित करने के लिए आवश्यक दस्तावेज़ जुटाने में भी काफ़ी समय जाता है और पैसा भी ख़र्च होता है। एक समय सीमा के अन्तर्गत आवेदन-पत्रों के अनुमोदन को अनिवार्य बनाकर पेंशन अनुमोदन की प्रक्रिया को बेहतर बनाया जा सकता है।

4.3 राजनेताओं की भूमिका

हमने यह पाया कि पेंशन कार्यक्रम में प्रवेश के समय राजनेता बहुत ही महत्त्वपूर्ण भूमिका निभाते हैं। हमने जिन राज्यों में अध्ययन किया, वहाँ पेंशन पाने वाले आधे

से ज़्यादा लोगों ने यह कहा कि उन्होंने अपना आवेदन-पत्र स्थानीय राजनेताओं (सांसद, विधायक, वार्ड पार्षद या सरपंच) से हासिल किया। इन राजनेताओं ने इनके आवेदन-पत्रों पर दस्तखत करके, सन्दर्भ पत्र उपलब्ध कराकर, और उनके आवेदन-पत्र को सम्बन्धित कार्यालय में आगे की कार्रवाई के लिए जमा कराके इनकी मदद की (रेखाचित्र 1)। हमने शहरी हरियाणा और ग्रामीण हरियाणा में पेंशन पाने वाले लोगों का साक्षात्कार लिया। इनमें से शहरी हरियाणा के 95% और ग्रामीण हरियाणा के 85% लोगों ने यह कहा कि वे अपने निर्वाचित अधिकारी (ग्रामीण इलाकों में सरपंच या पंचायत सदस्य और शहरी क्षेत्रों में नगरपालिका समिति के सदस्य) से हर माह नकद राशि के रूप में पेंशन प्राप्त करते हैं। यहाँ तक कि दिल्ली और उत्तर प्रदेश में भी, जहाँ सीधे बैंक खाते में पेंशन राशि भेज दी जाती है, राजनेता ऐसे स्थानीय मध्यस्थ की भूमिका निभाते हैं जिनके माध्यम से पेंशन पाने वाले इस व्यवस्था में प्रवेश पाते हैं।

राजनेताओं से 'जुड़ाव' का महत्त्व इसी से समझा जा सकता है कि बहुत से लोग आवेदन करने के बाद भी इस कार्यक्रम में प्रवेश पाने में नाकाम रहे, क्योंकि इन्हें इस तरह के किसी मध्यस्थ की मदद नहीं मिल पायी (देखें रेखाचित्र 1)। जिन लोगों के आवेदन पर किसी राजनेता का दस्तख़त था, उनमें से तकरीबन सभी को इस कार्यक्रम में प्रवेश मिल गया। इस सन्दर्भ में हरियाणा और ग्रामीण उत्तर प्रदेश में पेंशन पाने वालों और पेंशन न पाने वालों के बीच ज़्यादा स्पष्ट अन्तर सामने आया। इसकी तुलना में, दिल्ली में नेताओं की भूमिका थोड़ी कम थी, किन्तु फिर भी यह काफ़ी अहम थी। दिल्ली में जिन लोगों का राजनेताओं के साथ कोई सम्बन्ध नहीं था, उनमें से अधिकांश लोगों ने पेंशन के लिए आवेदन ही नहीं किया।

विविध स्तरीय विश्लेषण से भी राजनेताओं की महत्त्वपूर्ण भूमिका की पुष्टि होती है। प्रोबिट रिग्रेशन मॉडल का उपयोग करते हुए हमने यह पाया कि इन तीन राज्यों में पेंशन योजनाओं में भागीदारी के सन्दर्भ में जाति, शिक्षा और सम्पत्ति (एक सम्पत्ति सूची के आधार पर) जैसी कोई भी सामान्य विशेषता व्यवस्थित रूप से अहम भूमिका नहीं निभाती है। हमने यह पाया कि स्थानीय राजनेता या दल के कार्यकर्ता से सम्बन्ध या जुड़ाव सबसे मज़बूत कारक था।[12]

निश्चित रूप से, राजनेता और कार्यकर्ता चुनावों में लाभ पाने के लिए भी ऐसे कार्यों में सक्रिय रहते हैं किन्तु इससे यह भी पता चलता है कि आवेदकों के पास आवेदन प्रक्रिया के बारे में पर्याप्त जानकारी नहीं है और उन्हें इस सन्दर्भ में किसी अन्य व्यक्ति या संस्था से ठोस मदद भी नहीं मिलती है। मसलन, दिल्ली की आवेदन प्रक्रिया में यह आवश्यक है कि आवेदक स्थानीय राजनेताओं से सत्यापन उपलब्ध कराये (दिल्ली के सन्दर्भ में वहाँ के विधायक) या फिर कम-से-कम दो ऐसे गवाह होने चाहिए जो व्यक्ति की पात्रता के पक्ष में गवाही दें। हालाँकि, व्यवहार में गवाह

के प्रावधान का शायद ही कभी उपयोग किया जाता है। इसलिए सामान्यतः कार्यक्रम के अधिकारी स्थानीय विधायक द्वारा दिये जाने वाले प्रमाण-पत्र या सन्दर्भ-पत्र को ही आवेदक की पात्रता या प्रामाणिकता मान लेते हैं। इसी प्रकार, हरियाणा में भी यह आवश्यक है कि आवेदन-पत्र पर पंचायत अधिकारियों (ग्रामीण क्षेत्रों में) या नगरपालिका समिति के सदस्यों (शहरी क्षेत्रों में) का दस्तख़त होना चाहिए। उत्तर प्रदेश में इस तरह की कोई आवश्यकता नहीं है। जहाँ शहरी क्षेत्रों में आवेदक सीधे तौर पर सम्बद्ध मन्त्रालयों में आवेदन कर सकते हैं, वहीं, ग्रामीण क्षेत्रों में रहने वाले लोगों के लिए सिर्फ़ यह आवश्यक है कि उनका नाम ग्राम सभा द्वारा पारित योग्य उम्मीदवारों की सूची में हो। व्यवहार में, चूँकि इस तरह के प्रस्तावों पर आख़िरकार सरपंच या पंचायत सचिव का हस्ताक्षर होता है, इसलिए वे कुछ हद तक अपने विशेषाधिकार का प्रयोग अवश्य कर सकते हैं।

राजनेताओं पर अति-निर्भरता के साथ यह समस्या जुड़ी है कि इससे जाने-अनजाने बहुत से लोगों का कार्यक्रम से बहिष्करण हो जाता है। शहरी क्षेत्रों में यह ख़तरा ज़्यादा होता है क्योंकि यहाँ जनसंख्या ज़्यादा बड़ी और गहन होती है। इसके चलते किसी भी निर्वाचित प्रतिनिधि के लिए सभी आवेदनों को प्राप्त करना और उनकी जाँच करना काफ़ी कठिन हो जाता है। शहरी हरियाणा और दिल्ली की तुलना करने पर यह समस्या स्पष्ट रूप से सामने आती है।

दोनों ही राज्यों में आवेदन-पत्रों पर निर्वाचित प्रतिनिधियों का सत्यापन अनिवार्य है, किन्तु जहाँ हरियाणा में बहुत कम लोगों ने यह माना कि राजनीतिक जुड़ाव महत्त्वपूर्ण हैं; वहीं दिल्ली में आधे से ज़्यादा लोगों ने यह माना कि कार्यक्रम में प्रवेश के लिए राजनेताओं से ताल्लुक होना ज़रूरी है। दिल्ली का एक औसत नागरिक अपने क्षेत्र के विधायक तक पहुँचने के लिए अपनी कॉलोनी या बस्ती में रहने वाले राजनीतिक दल के कार्यकर्ताओं पर निर्भर होता है। हमारे आँकड़ों से पता चलता है कि सिर्फ़ 21.4% झुग्गियाँ ऐसी हैं जिनके आस-पास के इलाके में ही विधायक का कार्यालय था। साथ ही, बहुत कम लोगों को ऐसे कार्यालय के बारे में पता था, जहाँ वे बगैर किसी की मदद के अपने विधायक के पास जा सकते थे। दिल्ली का एक शहरी विधायक तकरीबन 1,75,000 लोगों का प्रतिनिधित्व करता है। इसके विपरीत, हरियाणा में शहरी निकाय का जनप्रतिनिधि तुलनात्मक रूप से एक छोटी जनसंख्या से सम्बद्ध होता है। वर्तमान में हरियाणा में नगरपालिका परिषद की समितियों के 830 निर्वाचित प्रतिनिधि हैं, इन सब पर तकरीबन 3,200 लोगों के हितों की देख-रेख की ज़िम्मेदारी है। कुल मिलाकर 42 नगरपालिका परिषद/समिति कार्यालय हैं, जिसमें प्रत्येक के अन्तर्गत 63,000 लोग आते हैं।[13]

5. लक्ष्य तय करना

हमने यह मूल्यांकन करने का प्रयास किया कि क्या हमारे सैम्पल राज्यों में पेंशन योजनाओं का लक्ष्य ग़रीब लोग थे। हमने एक सम्पत्ति सूची के माध्यम से विभिन्न घरों में पात्रता और भागीदारी दर का अनुमान लगाया। यह सम्पत्ति सूची प्रत्येक घर में विविध सम्पदाओं के स्वामित्व और घर की सम्पत्ति के मुख्य प्रतिनिधि घटकों की विशिष्टताओं का संयुक्त आँकड़ा थी (फिलमर और प्रिचेट 2001)।[14] हरियाणा और उत्तर प्रदेश के सन्दर्भ में पृथक सम्पत्ति सूचकांक तैयार किये गये। रेखाचित्र 2 और 3 क्रमशः यह दिखाते हैं कि तीनों राज्यों में हर तरह की सम्पत्ति रखने वाले लोगों में कितनी प्रतिशत जनसंख्या इन दोनों प्रकार के पेंशन के लिए योग्य है, और कितनी प्रतिशत जनसंख्या इसमें भागीदारी कर रही है।[15] नीचे की ओर जाते कर्व से यह स्पष्ट होता है कि योजना का स्वरूप (रेखाचित्र 2) और व्यवहार (रेखाचित्र 3) में प्रगतिशील है।

रेखाचित्र-2ः कार्यक्रम की रूपरेखा में लक्ष्य निर्धारण

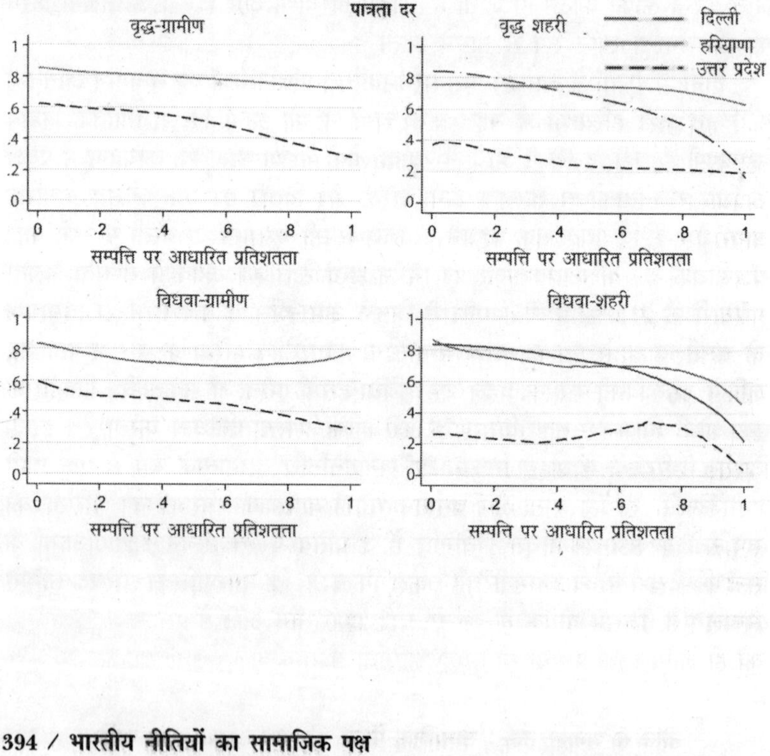

रेखाचित्र-3: व्यवहार में कार्यक्रम का लक्ष्य निर्धारण

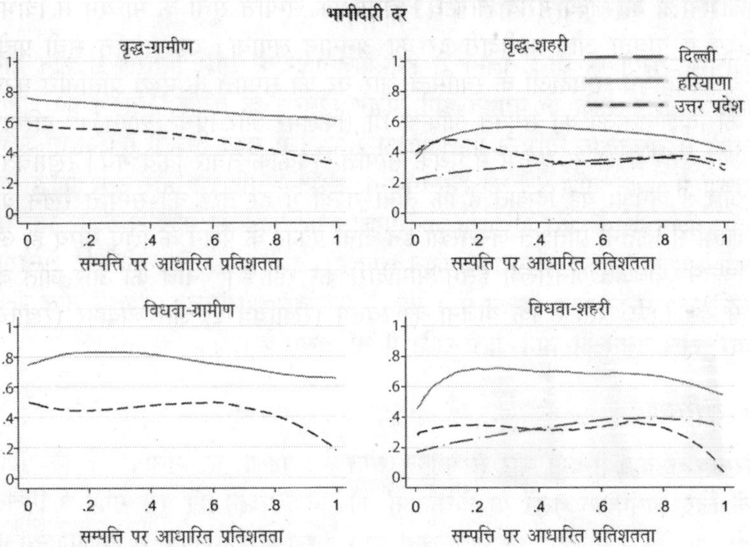

हरियाणा में कर्व्स सापेक्षिक रूप से सपाट हैं जो यह संकेत करते हैं कि पात्रता की कसौटियाँ ग़रीब विधवाओं और बुजुर्गों का सकारात्मक निर्धारण करने के लिए अपर्याप्त हैं; तथा वास्तविक रूप में ग़रीब और अमीर घरों में इन कार्यक्रमों का दायरा एक जैसा है। इसके विपरीत, हरियाणा की तुलना में उत्तर प्रदेश में विधवा पेंशन योजना ज़्यादा प्रगतिशील रूप में लक्ष्य केन्द्रित है। यहाँ इस योजना में धनी परिवारों के महिलाओं की भागीदारी काफ़ी कम हुई है। कमज़ोर लक्ष्य निर्धारण के चलते कार्यक्रम तकरीबन सार्वभौमिक बन जाते हैं। हरियाणा में ऐसा ही हुआ, लेकिन इसका सकारात्मक पहलू यह है कि इसमें ग़रीबों के बहिष्करण का ख़तरा कम होता है (यह सम्पूर्ण वितरण में हरियाणा के लिए वर्टिकल एक्सिस [लम्बवत अक्स] में प्रदर्शित होता है)।

दिल्ली एक अनूठा उदाहरण प्रस्तुत करता है जहाँ योजनाओं का स्वरूप प्रगतिशील रूप से लक्ष्य केन्द्रित है, वहीं व्यवहार में वे प्रतिगामी हैं। हालाँकि इस निष्कर्ष के सन्दर्भ में यह भी याद रखने की आवश्यकता है कि जहाँ अन्य राज्यों के शहरी सैम्पल पूरी तरह शहरों में केन्द्रित थे, वहीं दिल्ली के शहरी सैम्पल में सिर्फ़ झुग्गियों को ही शामिल किया गया था। यहाँ झुग्गियों में रहने वाले तुलनात्मक रूप से अमीर

घरों में पेंशन गया, इसलिए इसे प्रतिगामी लक्ष्य-निर्धारण के एक गम्भीर मामले के रूप में नहीं देखा जाना चाहिए।

6. रिसाव और पेंशन राशि का वितरण

विभिन्न राज्यों के बीच तुलना से इन योजनाओं के राशि वितरण में होने वाले रिसाव, पेंशन राशि के पर्याप्त होने, पेंशन वितरण के तरीके, संग्रहण की लागत आदि से सम्बन्धित विभिन्न पहलुओं को समझने में मदद मिलती है। अलग-अलग राज्यों में पेंशन राशि देने की भिन्न-भिन्न पद्धति है (दिल्ली और उत्तर प्रदेश बैंक द्वारा पेंशन देते हैं और हरियाणा जहाँ पहले स्मार्ट कार्ड की मदद से पेंशन देता था, वहीं अब वहाँ नकद पेंशन दिया जाने लगा है)। इसी प्रकार, पेंशन देने के अन्तराल (हरियाणा में हर माह, दिल्ली में 4 माह में एक बार और उत्तर प्रदेश में साल में दो बार) और उसमें दी जाने वाली राशि में भी अन्तर है।

6.1 रिसाव

रिसाव के कम-से-कम चार सम्भावित स्रोत हैं। पहला, यह मुमकिन है कि पेंशन के लिए नामांकित वृद्धों या विधवाओं को उनके पेंशन की पूरी राशि न मिलती हो, या पेंशन बिल्कुल ही न मिलता हो। दूसरा, यह सम्भव है कि प्रशासनिक आँकड़ों में किसी नकली व्यक्ति का नाम दर्ज हो और पेंशन की पूरी राशि उसे दी जा रही हो। तीसरा, 'छद्म' लाभार्थियों का अस्तित्व हो सकता है, जिसके चलते अपात्र व्यक्ति पेंशन का लाभ उठाते हैं। चौथा, यह भी हो सकता है कि पेंशन पाने वालों को इस योजना में प्रवेश पाने के लिए, या फिर हर साल पेंशन पाने के लिए घूस देना पड़ता हो। सर्वेक्षण के आँकड़ों की मदद से हम पेंशन की रकम न देने के चलते होने वाले रिसाव को देखने में समर्थ हैं (कुल प्राप्त राशि और कुल अप्राप्त राशि के बीच कमी का योग)। साथ ही, इसके माध्यम से लाभार्थियों द्वारा पेंशन के लिए नामांकन कराने और पेंशन की राशि प्राप्त करने के दौरान होने वाले ख़र्च का अन्दाज़ा भी लगाया जा सकता है। हमने जिन लोगों से बातचीत की, हमें उनकी स्थिति को प्रशासनिक रेकार्ड से मिलाने का समय नहीं मिला। इसलिए हमारे लिए नकली या छद्म लाभार्थियों की स्थिति का मूल्यांकन करना सम्भव नहीं था।

सारणी 7 : कुल देय राशि के प्रतिशत के रूप में रिसाव कम है

	दिल्ली	हरियाणा		उत्तर प्रदेश	
	शहरी	ग्रामीण	शहरी	ग्रामीण	शहरी
विधवा					
कमी होने से सम्बन्धित, हर किसी पर लागू होने वाला सख़्त नियम	35	42	51	60	51
सभी पेंशन पाने वालों पर लागू सख़्त नियम	17	4	6	8	6
कमी होने से सम्बन्धित, हर किसी पर लागू होने वाला उदार नियम	44	45	54	60	51
सभी पेंशन पाने वालों पर लागू होने वाला उदार नियम	11	3	5	8	6
वृद्ध					
कमी होने से सम्बन्धित, हर किसी पर लागू होने वाला सख़्त नियम	30	27	23	50	49
सभी पेंशन पाने वालों पर लागू होने वाला सख़्त नियम	20	3	5	10	9
कमी होने से सम्बन्धित, हर किसी पर लागू होने वाला उदार नियम	43	64	36	53	53
सभी पेंशन पाने वालों पर लागू होने वाला उदार नियम	7	3	4	7	7

यह माना जाता है कि आंशिक/पूरी तरह से पेंशन न पाने के चलते रिसाव होता है। हालाँकि ऐसा है किन्तु तुलनात्मक रूप से काफ़ी कम है। क्या पेंशन पाने वाले लोगों को पूरा पेंशन मिल रहा है, यह मूल्यांकन करने के लिए हमने दो स्तरीय कसौटी अपनायी। पहली कसौटी ज़्यादा सख़्त और नियम आधारित परीक्षण थी। यदि किसी व्यक्ति को राज्य सरकार के नियमों और उस व्यक्ति की श्रेणी के लिए निर्धारित राशि के अनुरूप पेंशन नहीं मिल रहा थी, तो उसे पूरी राशि न पाने वालों की श्रेणी में रखा गया। दूसरी कसौटी में उदार व्याख्या का सहारा लिया गया। इसके अनुसार यदि पेंशन पाने वाले व्यक्ति को अपनी श्रेणी के लिए निर्धारित न्यूनतम सम्भव राशि से भी कम पेंशन राशि मिल रही थी, तो उसे पेंशन की पूरी राशि न पाने वालों की श्रेणी में रखा गया (यह मान्यता इस सम्भावना की अनुमति देती थी कि पेंशन पाने वाले लोगों को सही राशि मिल रही हो, लेकिन उन्हें इस बारे

में गलतफ़हमी है कि वे किस योजना में उनका नामांकन है। यह बदलाव के दौर की कमियों को भी समायोजित करता है, जब पेंशन राशि में बदलाव होती है)। जो लोग यह याद कर सकते थे कि उन्होंने कुल कितने बार पेंशन की रकम ली, उनसे सर्वेक्षण वर्ष से पहले की तीन किस्तों के बारे में आँकड़े एकत्रित किये गये।[16] यदि पेंशन पाने वाले व्यक्ति ने यह कहा कि उसे तीन किस्तों से कम (एक या दो बार) पेंशन मिला, तो जितनी किस्तें मिली थीं उन्हीं का आँकड़ा संग्रहित किया गया।

सारणी 7 में पेंशन राशि की अदायगी में अनियमितताओं का अनुमान प्रस्तुत किया गया है। हमने सख़्त नियम-आधारित और उदारवादी—दोनों ही कसौटियों का उपयोग करते हुए इन अनुमानों के बारे में बताया है, जिसमें कमी के बाद वाले पेंशन प्राप्त व्यक्ति और सभी पेंशन प्राप्त व्यक्तियों का औसत निकाला गया है। इन अनुमानों के अनुसार, यदि हम उदार नियम के अनुसार विचार करते हैं, तो सभी राज्यों और समूहों में 10% के आस-पास या इससे कम रिसाव होता है। दरअसल, यह निष्कर्ष अन्य अध्ययनों से सामने आये निष्कर्षों की ही पुष्टि करता है (दत्ता, होवेस और मुरगई 2010; द्रेज और खेड़ा 2014)।

हमारे आँकड़ों से यह भी पता चलता है कि पेंशन को बिल्कुल ही अदा न करने या आंशिक रूप से अदा करने की प्रवृत्ति केवल कुछ ज़िलों में संकेन्द्रित थी। दूसरे शब्दों में, ऐसा लगता है कि रिसाव को पहचाना जा सकता है और नीतिगत नियन्त्रण से नियन्त्रित किया जा सकता है।

इसके अलावा, रिसाव का निम्न स्तर दो सकारात्मक कारकों की ओर संकेत करता है। पहला, पेंशन वितरण के अध्ययन से ऐसा प्रतीत होता है कि इन राज्यों में अधिकारियों के विशेषाधिकार कम हैं। यहाँ कम-से-कम बड़े स्तर पर कोष में हेराफेरी करना सम्भव नहीं है। यह एक सराहनीय स्थिति है क्योंकि सभी तीनों राज्य केन्द्र द्वारा प्रस्तावित योजना के दायरे का विस्तार करना चाहते हैं, और ये पेंशन की राशि अदा करने के लिए अलग-अलग तरीके अपना रहे हैं (हरियाणा में नकद तथा दिल्ली और उत्तर प्रदेश में बैंक द्वारा पेंशन दिया जा रहा है)। दूसरा, दिल्ली जैसे राज्य में दी जाने वाली राशि ज़्यादा होने के बावजूद ऐसा लगता है कि भ्रष्ट अधिकारी कोष का दुरुपयोग नहीं कर रहे हैं।

6.2 पेंशन राशि का वितरण

तीनों ही राज्यों में आम तौर पर यह शिकायत सामने आयी कि पेंशन मिलने में देरी होती है और इसके मिलने की तारीख में अनिश्चितता बनी रहती है। सबसे ज़्यादा देर होने की ख़बर उत्तर प्रदेश से आयी। इस राज्य में प्रत्येक छह महीने में पेंशन की राशि देने का प्रावधान है। लेकिन हर बार पेंशन की राशि आने में औसतन आठ महीने और 10 दिन का अन्तराल होता है। दिल्ली में लोगों ने यह बताया कि चार

महीने के अन्तराल पर मिलने वाला पेंशन अक्सर 15 दिन से एक महीने तक की देरी आता है। हरियाणा में किसी प्रकार के देरी होने की शिकायत सामने नहीं आयी। लेकिन लोगों ने यह बताया कि स्मार्ट कार्ड व्यवस्था होने पर बहुत कठिनाइयाँ होती थीं। हालाँकि राज्य सरकार ने बाद में पेंशन वितरण व्यवस्था में काफ़ी सुधार किया।

पेंशन पाने वाले आधे से ज़्यादा लोगों ने यह कहा कि पेंशन की राशि अपर्याप्त है। तीनों राज्यों में दिल्ली में पेंशन की राशि सबसे ज़्यादा है (वृद्धावस्था पेंशन 1000 और विधवा पेंशन 1500 रुपये) और मोटे तौर पर राज्य स्तरीय ग़रीबी रेखा के बराबर है, किन्तु यहाँ भी लोगों में पेंशन की राशि को लेकर भारी असन्तोष है। हरियाणा और उत्तर प्रदेश में पेंशन आधिकारिक ग़रीबी रेखा के लिए तय राशि से काफ़ी कम है। इस असन्तोष से यह पता चलता है कि इस पेंशन राशि का लाभार्थियों के लिए काफ़ी महत्त्व है।

सारणी 8 : बैंक और नकद–दोनों ही रूपों में पेंशन पाने वालों को पेंशन लेने के लिए मदद की आवश्यकता

पेंशन लेने के लिए बिचौलियों की आवश्यकता बताने वाले लोगों का प्रतिशत	वास्तविक	
	ग्रामीण	शहरी
विधवा		
दिल्ली	-एनए-	35.4
हरियाणा	25.3	22.9
उत्तर प्रदेश	44.1	41.1
वृद्ध		
दिल्ली	-एनए-	32.8
हरियाणा	25.5	24.3
उत्तर प्रदेश	40.6	37.0

एनए : नॉट एप्लिकेबल (यहाँ लागू नहीं)

रोचक पहलू यह है कि लोगों ने पेंशन की रकम पाने के तरीके के बारे में कोई स्पष्ट वरीयता (नकद, बैंक खाता या कोई अन्य) नहीं दिखाई। इसके बजाय, लोगों में यथास्थिति को कायम रखने को वरीयता दी। दिल्ली और उत्तर प्रदेश में पेंशन पाने वाले 90% से ज़्यादा लोगों ने यह कहा कि वे अपने बैंक खाते में पेंशन पाना चाहते हैं; वहीं हरियाणा के 83% लोगों ने नकद पेंशन को वरीयता दी। प्रत्येक माह पेंशन प्राप्त करने के बारे में कोई स्पष्ट एक राय नहीं थी। मसलन, उत्तर प्रदेश में वर्ष में दो बार पेंशन राशि देने का प्रावधान है। यहाँ सिर्फ़ 23% लोगों ने यह कहा कि हर पेंशन की राशि पाना एक बेहतर विकल्प है। इस सोच का एक प्रमुख

कारण यह हो सकता है कि लोग पैसा निकालने के दौरान होने वाले विनिमय ख़र्च से बचना चाहते हैं।

एक चिन्ताजनक बात यह है कि पेंशन पाने वाले अधिकांश लोग यह मानते हैं कि पेंशन की रकम हासिल करने के लिए मध्यस्थ की आवश्यकता है (सारणी 8)। विशेष रूप से बैंक के माध्यम पेंशन का रकम मिलने की प्रक्रिया में लोगों ने एक मध्यस्थ होने पर बल दिया (दिल्ली/उत्तर प्रदेश)। दिल्ली और उत्तर प्रदेश में तकरीबन 35% से 40% लोगों ने यह कहा कि उन्हें अपने पेंशन की रकम निकालने के लिए एक बिचौलिए की आवश्यकता है।

दिल्ली में समूह केन्द्रित चर्चा से यह पता चला कि मध्यस्थ या बिचौलिया पारम्परिक अर्थों में 'फिक्सर' या दलाल नहीं होता, बल्कि एक परिचित, पड़ोसी या पेंशन पाने वाला एक अन्य व्यक्ति होता है। यह व्यक्ति अक्सर दूसरों का पेंशन लेने के लिए बैंक तक जाने का काम करता है। चूँकि बैंक में पेंशन आने का दिन और समय अनिश्चित होता है, इसलिए ये तथाकथित बिचौलिए पेंशन निकालने की शृंखला में एक महत्त्वपूर्ण कड़ी बन गये। बैंक ने भी इन दावेदारों को पेंशन की रकम दी, क्योंकि अमूमन पेंशन पाने वालों द्वारा उसे ऐसा करने का निर्देश दिया गया था। ऐसे मामलों में, समय के साथ एक स्थायी सम्बन्ध उभरकर सामने आया, जिसमें पेंशन पाने वाला व्यक्ति इन बिचौलियों को सेवा शुल्क के रूप में एक छोटी राशि (100 रुपये के आस-पास) देने लगे।

उत्तर प्रदेश में बिचौलियों ने ज़्यादा पेशेवर सेवा-दाताओं की भूमिका हासिल कर ली थी। ये बुजुर्गों और विधवा महिलाओं को पेंशन राशि दिलाने के बदले में उनसे कमीशन लेते थे। अमूमन ऐसे बिचौलिए साक्षर थे और उनकी मुख्य अधिकारी से साँठ-गाँठ थी। ये बिचौलिए एक व्यक्ति का पेंशन दिलाने के लिए 50 रुपये लेते थे।

इसके अतिरिक्त, जहाँ हरियाणा और दिल्ली में बहुत कम लोगों ने यह शिकायत की कि उन्हें अपना पेंशन पाने के लिए घूस देना पड़ा (1% से भी कम लोगों ने ऐसा कहा); किन्तु उत्तर प्रदेश में ऐसे लोगों की संख्या ज़्यादा थी (14% वृद्ध जनों और 16% महिलाओं ने घूस देने की बात कही)। बिचौलियों की उपस्थिति को देखते हुए यह कहा जा सकता है कि आख़िरी स्तर तक पेंशन के वितरण में समस्याएँ हैं।

7. निष्कर्ष के रूप में कुछ विचार

यह शोध-आलेख तीन राज्यों के सर्वेक्षण आँकड़ों का उपयोग करते हुए भारत की सामाजिक पेंशन योजनाओं के प्रदर्शन का मूल्यांकन करता है। कुल मिलाकर, सामाजिक पेंशन योजनाओं का प्रदर्शन काफ़ी हद तक अच्छा है। भारत में अन्य प्रमुख सामाजिक सहायता कार्यक्रमों में रिसाव के स्तर की तुलना में इसमें कम रिसाव होता है और कमज़ोर लोग इन योजनाओं को महत्त्व देते हैं (दत्ता, होवेस और

मुरगई 2010)। इसका लक्ष्य निर्धारण थोड़े हल्के रूप में प्रगतिशील या तटस्थ है।

ऐसे में, यह प्रश्न सामने आता है कि क्या राष्ट्रीय सामाजिक सहायता कार्यक्रम द्वारा गठित टास्क फोर्स की अनुशंसाओं के मुताबिक सामाजिक पेंशन में वृद्धि की जानी चाहिए? हमारा अध्ययन निम्नलिखित कारणों से इन योजनाओं में वृद्धि करने के तर्क की तरफ़दारी करता है। पहला, योजना के क्षेत्र का विस्तार करने और इसमें ज़्यादा संख्या को सम्मिलित करने से (जैसा कि हरियाणा में किया गया है) ग़रीबों के बहिष्करण का जोख़िम कम होगा। दूसरा, यह सम्भावना काफ़ी कम है कि इन योजनाओं के विस्तार से सामाजिक पेंशन का वितरण पूरी तरह प्रतिगामी हो जायेगा या कमज़ोर तबकों पर इसके सकारात्मक प्रभाव में बदलाव आ जायेगा। तीसरा, यह ज़रूरी नहीं है कि पेंशन की राशि में बढ़ोतरी से धोखे से किसी का पेंशन हड़पने की प्रवृत्ति में बढ़ोतरी हो (मसलन, दिल्ली)। यद्यपि इन योजनाओं में रिसाव भी होता है, लेकिन यह मुख्य रूप से कुछ ज़िलों तक संकेन्द्रित है तथा नीतिगत कार्रवाई द्वारा इन्हें नियन्त्रित किया जा सकता है। चौथा, जहाँ पेंशन जारी करने में घूसखोरी चलती है, लेकिन एक सुनिश्चित समय में और सीधे लाभार्थी के बैंक खाते में पेंशन पहुँचाकर इसमें कमी लायी जा सकती है।

बहुत से राज्यों ने अपने संसाधनों के माध्यम से पेंशन योजनाओं का विस्तार किया है। बहरहाल, योजनाओं के स्वरूप और व्यवहार में एक अन्तराल है। स्वरूप को व्यवहार में बदलना क्रियान्वयन का मसला है। ऐसा लगता है कि (बजट के अलावा) इन योजनाओं में प्रवेश पाना सबसे बड़ी रुकावट है। पेंशन के लिए आवेदन करने की प्रक्रिया काफ़ी जटिल है, जिसके चलते बहुत से आवेदक पेंशन पाने वालों की श्रेणी में प्रवेश नहीं कर पाते हैं। पेंशन पाने के प्रयास में लगे लोगों को काफ़ी अनिश्चितता का सामना करना पड़ता है। इन्हें अपनी पहचान और पात्रता से सम्बन्धित दस्तावेज़ों को एकत्रित करने में इनका काफ़ी पैसा ख़र्च हो जाता है। इसलिए वे मदद के लिए अपने स्थानीय नेताओं की शरण में जाते हैं।

काग़ज़ों पर पेंशन को सार्वभौमिक बनाने से काग़ज़ी कार्रवाई और बिचौलियों की भूमिका ख़त्म नहीं होती है। ग़रीबों को यह साबित करना ही पड़ता है कि वे प्रशासनिक रेकार्ड की दुनिया में मौजूद हैं। इसके अलावा इन्हें अपना दावा प्रस्तुत करने के लिए ख़र्च भी करना पड़ता है। पेंशन में वृद्धि करनी है, तो यह आवश्यक है कि समावेशन गलतियों पर सख़्त नियन्त्रण रखकर तथा पहचान के सक्रिय तरीकों को अपनाकर पेंशन योजनाओं में प्रवेश को आसान बनाया जाये। मिसाल के तौर पर, पेंशन कैम्प या ऐसे अन्य साधन अपनाये जा सकते हैं जिनमें लोगों की प्रक्रियाओं के बारे में बताया जाये, दस्तावेज़ तैयार करने तथा आवेदन पत्र भरने और स्वीकार कराने में मदद की जाये। योजना में प्रवेश के ऐसे सुधारों में ही भारत की सामाजिक पेंशन में वृद्धि करने का वास्तविक लाभ ज़रूरतमन्द लोगों तक पहुँच सकता है।

सन्दर्भ

1. हम भारत सरकार के ग्रामीण विकास मन्त्रालय, तीन राज्य सरकारों, हमारे सर्वेक्षण तथा केन्द्रित समूह चर्चा में भागीदारी करने वाले लोगों के आभारी हैं। लोगों से हुई चर्चा से हमें सामाजिक पेंशन के वितरण की प्रक्रिया और उसमें सामने आने वाली चुनौतियों के बारे में काफ़ी अन्तर्दृष्टि मिली। हम इस शोध-आलेख के आरम्भिक मसौदे पर टिप्पणी देने के लिए अना बेलवेर, स्टीफेन हॉवेस, रोलैण्ड लोम, लेंस प्रिचेट, मिहिर शाह को धन्यवाद देते हैं। राघव पुरी ने प्रश्नतालिका तैयार करने और फील्ड वर्क के पर्यवेक्षण में काफ़ी सहायता की। सोशल ऐंड रूरल रिसर्च इंस्टीट्यूट आईएमआरबी द्वारा आँकड़ों का संग्रहण किया गया, जिसमें सुनाई कंसलटेंसी ने तकनीकी सहयोग प्रदान किया। आँकड़ों के संग्रहण में ब्रिटेन सरकार की संस्था यू.के. ऐड ने आर्थिक मदद उपलब्ध कराई। लेकिन यह आवश्यक नहीं है कि इस शोध-आलेख में अभिव्यक्त किये गये विचार इंग्लैण्ड के सरकार की आधिकारिक नीतियों को व्यक्त करते हैं। इस शोध-आलेख में अभिव्यक्त किये गये सभी विचार हमारे अपने हैं और किसी भी प्रकार की ग़लती के लिए हम ज़िम्मेदार हैं।
2. एनएसएपी में तीन सामाजिक सुरक्षा पेंशन योजनाएँ सम्मिलित हैं : इन्दिरा गाँधी राष्ट्रीय वृद्धावस्था पेंशन कार्यक्रम, इन्दिरा गाँधी राष्ट्रीय विधवा पेंशन योजना, और इन्दिरा गाँधी राष्ट्रीय विकलांग पेंशन योजना।
3. टास्क फोर्स फॉर रिफॉर्म ऑफ सोशल पेंशन, मिनिस्ट्री ऑफ रूरल डिवलपमेंट।
4. प्रशासनिक आँकड़ों के आधार पर लेखिकाओं का अनुमान।
5. यह सर्वेक्षण भारत में पेंशन योजनाओं के क्रियान्वयन के प्रदर्शन के दो चरणों वाले अध्ययन के दूसरे चरण में किया गया था। पहले चरण में भारत के पाँच राज्यों अर्थात् आन्ध्र प्रदेश, बिहार, दिल्ली, हरियाणा और उत्तर प्रदेश में सामाजिक पेंशन के वितरण के दिशा-निर्देशों और प्रक्रियाओं की समीक्षा की गयी थी। इन मूल्यांकनों में मौजूदा दिशा-निर्देशों, प्रगति रिपोर्टों, स्वचालित अध्ययन दस्तावेज़ो और प्रशासनिक आँकड़ों जैसे कामों के साथ-ही-साथ अधिकारियों से बैठक, कुछ वास्तविक लाभार्थियों से चर्चा पर भी ध्यान दिया गया। इसके परिणामस्वरूप नतीजों की सूचना, क्रियान्वयन की व्यवस्था, कार्यक्रम संचालन में आने वाली बाधाओं और अच्छे व्यवहारों में ढेर सारी सामग्री एकत्रित हो गयी। इसने दूसरे चरण के लिए आधार तैयार करने का काम किया।
6. पहले चरण में सैम्पल के यूनिट इस प्रकार थे : दिल्ली में 150 मतदान केन्द्र, ग्रामीण हरियाणा में 100 जनगणना ब्लॉक, तथा शहरी हरियाणा में 50 जनगणना ब्लॉक। उत्तर प्रदेश में ग्रामीण और शहरी क्षेत्रों के लिए क्रमशः 180 और 60 जनगणना ब्लॉक का चयन किया गया।
7. बीपीएल कसौटी शहरी ग़रीबों तक पहुँचने के लिए अपर्याप्त है क्योंकि शहरी क्षेत्रों के लिए कोई बीपीएल सूची नहीं है। इसलिए उत्तर प्रदेश पेंशन पाने वाले के घर का नाम शामिल करने के लिए विकल्प के रूप में डिस्ट्रिक अरबन डिवलपमेंट अथॉरिटी या मिनिस्ट्री ऑफ अरबन डिवलपमेंट के सर्वेक्षण सूची का उपयोग किया गया है। ग्रामीण क्षेत्रों के लिए 2002 की बीपीएल सूची को स्वीकार किया गया है।
8. लालफीताशाही के अस्तित्व के बारे में देखें गुप्ता (2012)। उत्तर प्रदेश में एक प्राथमिक क्षेत्र सर्वेक्षण के आँकड़ों का उपयोग करते हुए वे यह निष्कर्ष निकालते हैं कि स्थानीय परिस्थितियों को देखते हुए नीति के उद्देश्यों और उसके क्रियान्वयन में अन्तर होना अनिवार्य है।
9. यहाँ एक चेतावनी का उल्लेख किया जा सकता है। हमने दिल्ली और हरियाणा में व्यापक आय

स्तरों तथा उत्तर प्रदेश में बीपीएल कार्ड के स्वामित्व या बीपीएल सूची में नाम का उपयोग करते हुए इन योजनाओं के दायरे की गणना की है। हालाँकि सच्चाई यह है कि राज्य सिर्फ़ उन्हीं आवेदकों को अनुमति देते हैं जिनका नाम सूची में होता है। जिस सीमा तक हमने इन ज़्यादा उदार नियमों का प्रयोग किया है, वहाँ तक यह मुमकिन है कि हमने समावेशन गलतियों को कम करके आँका हो।

10. सिर्फ़ हरियाणा में ही हमने वृद्धावस्था पेंशन के समावेशन में ऐसी गलतियाँ पायीं, जिसकी व्याख्या निवास कसौटियों के उल्लंघन के रूप में की गयी। हालाँकि ये मामले योजना में समावेशन गलतियों का सिर्फ़ 0.1% ही थे।
11. यह एक रोचक पहलू है कि हरियाणा में केवल यमुनानगर, फरीदाबाद, गुड़गाँव और पंचकूला जैसे शहरी ज़िलों में ही नियमित निवास के प्रमाण की आवश्यकता होती है। ये सभी ज़िले दिल्ली से लगे हुए हैं और यहाँ काफ़ी प्रवासी लोग आते हैं। इन ज़िलों में शहरी पेंशन आवेदकों से यह अपेक्षा की जाती है कि वे निवास प्रमाण-पत्र के माध्यम से अपना निवास साबित करें। निवास प्रमाण-पत्र उपलब्ध न होने की स्थिति में 15 वर्ष के निवास का प्रमाण प्रस्तुत किया जाना चाहिए।
12. एक अन्य उल्लेखनीय बात यह है कि प्रवासी या हाल ही में कहीं बसे लोगों के लिए पेंशन हासिल करना अत्यधिक कठिन होता है, विशेषकर हरियाणा और दिल्ली में यही स्थिति है। इससे यह पता चलता है कि इन कमज़ोर समूहों के लिए निवास स्थान प्रमाणित करने की शर्त कितनी कठिन है।
13. हरियाणा के बारे में अनुमान निम्नलिखित फाइल से निकाला गया है : GO No 18/156/2014-3C1. दिल्ली में कुल 70 विधायक है और 2013 के मतदाता सूची से यह पता चलता है कि यहाँ 12.3 मिलियन मतदाता हैं।
14. सम्पत्ति सूची (वेल्थ इंडेक्स) को ऐसे चरों (वेरियेबल्स) के पहले मुख्य घटक के रूप में देखा जाता है जो घरों की मुख्य विशेषताओं और सम्पदा स्वामित्व का मापन करता है। इन संकेतकों का प्रथम मुख्य घटक सभी चरों की रैखिक सूची होती है। यह सूचना की सबसे बड़ी मात्रा को समाहित करती है जो सामान्यता की कल्पना के अन्तर्गत सभी चरों में सामान्य होता है। तीनों राज्यों में सूचकांकों की निर्मिति के लिए इन्हीं चरों का प्रयोग किया जाता है।
15. लक्ष्य निर्धारण सम्बन्धी ग्राफ एक वृद्ध व्यक्ति और एक विधवा (पेंशन पाने वाले या पेंशन न पाने वाले) की प्रतिक्रियाओं पर आधारित हैं। इसलिए ग्राफ में दिखाये गये इन योजनाओं के विस्तार के दर (कवरेज रेट्स) पहले की सारणी में बताये गये दर से पूरी तरह मेल नहीं खाते हैं।
16. लाभार्थियों को पेंशन के रूप में मिली वास्तविक राशि को ठीक-ठीक याद करने में दिक्कत हो रही थी। इस चुनौती से उबरने के लिए अध्ययनकर्त्ताओं ने दिल्ली और उत्तर प्रदेश में उनके बैंक पासबुक से यह समझने का प्रयास किया कि उन्हें किन महीनों में और कितनी राशि पेंशन के रूप में मिली है। हरियाणा में पेंशन नकद दिया जाता है। वहाँ कुछ लाभार्थियों के पास ऐसे नोटबुक थे, जिन पर सरपंच ने उन्हें मिली राशि लिखी थी। उन मामलों में जहाँ लोग यह याद नहीं कर पाये कि उन्हें कितना पैसा मिला था, और उनका पासबुक भी अपडेट नहीं था, वहाँ सम्बन्धित व्यक्ति द्वारा बताई गयी राशि दर्ज की गयी। यहाँ भी अध्ययन दल के सदस्य ने विस्तृत पूछताछ की (कुल राशि, महीने आदि के बारे में) और सम्बन्धित व्यक्ति से बातचीत के माध्यम से अन्य सूचनाएँ प्राप्त करने की कोशिश की।

सन्दर्भ ग्रन्थ सूची

चोपड़ा, एस. और जे. पुडूसेरी (2014), 'सोशल सेक्योरिटी पेंशन इन इण्डिया : ऐन असेस्मेंट,' *इकोनॉमिक ऐंड पॉलिटिकल वीकली,* 10 मई, पृ. 68-74।

डे हान, अरजन और एस. मैक्सवेल (1998), 'पोवर्टी ऐंड सोशल एक्सक्लूजन इन नॉर्थ ऐंड साउथ,' आईडीएस बुलेटिन, वोल्यूम 29, नम्बर 1।

द्रेज, ज्याँ (2013), 'बियोंड स्मॉल मर्सिज,' *द हिन्दू,* 25 सितम्बर।

द्रेज, ज्याँ और रीतिका खेड़ा (2014), 'वाटर फॉर लीवार्ड इण्डिया,' *आउटलुक,* 24 मार्च।

दत्ता, पी., एस. होवेस और आर. मुरगई (2010), 'स्मॉल बट इफेक्टिव : इण्डियाज टारगेटेड अनकंडीशनल कैश ट्रान्सफर्स,' *इकोनॉमिक ऐंड पॉलिटिकल वीकली,* 25 दिसम्बर, पृ. 52-70।

फिलमर, डी. और एल. प्रिचेट (2001), 'एस्टिमेटिंग वेल्थ इफेक्ट्स विदाउट एक्सपेंडिचर डेटा-ऑर टीयर्स : ऐन एप्लीकेशन टू इनरॉलमेंट इन स्टेट्स ऑफ इण्डिया,' *डेमोग्राफी,* वोल्यूम 38, नम्बर 1, पृ. 115-32।

गुप्ता, ए. (2012), *रेड टेप : ब्यूरोक्रेसी, स्ट्रक्चरल वायलेंस ऐंड पोवर्टी इन इण्डिया,* डरहम, एनसी : ड्यूक यूनिवर्सिटी प्रेस।

—(2013), 'ओल्ड ऐज पेंशन स्कीम इन झारखण्ड ऐंड छत्तीसगढ़,' *इकोनॉमिक ऐंड पॉलिटिकल वीकली,* 24 अगस्त, पृ. 54-59।

लिप्सकी, एम. (1980), स्ट्रीट लेबल ब्यूरोक्रेसी : डायलेमाज ऑफ द इंडिविजुअल इन पब्लिक सर्विसेज, न्यू यॉर्क, रसेल सेज फाउंडेशन।

शैफर, बी. और एच. वेन-हेसिन (1975), 'डिस्ट्रीब्यूशन ऐंड द थियरी ऑफ एक्सेस,' *डिवलपमेंट ऐंड चेंज,* वोल्यूम 6, नम्बर 2, पृ. 13-36।

सेन, ए. (2000), 'सोशल एक्सक्लूजन : कॉनसेप्ट, एप्लीकेशन ऐंड सेक्योरिटी,' सोशल डिवलपमेंट पेपर्स, नम्बर 1, ऑफिस ऑफ एनवायरमेंट ऐंड सोशल डिवलपमेंट : एशियन डिवलपमेंट बैंक।

[यह शोध-आलेख *इकोनॉमिक ऐंड पॉलिटिकल वीकली* के 4 अप्रैल 2015 अंक में प्रकाशित हुआ था।]

भारत में नकद हस्तान्तरण वाद-विवाद की नवीन रूपरेखा

सुधा नारायणन[1]

बहुत से विद्वानों ने यह दलील प्रस्तुत की है कि नकद हस्तान्तरण भारत में ग़रीबी उन्मूलन कार्यक्रमों की सभी कमियों का ठोस इलाज है। इस लेख में इस विचार से अलग यह तर्क प्रस्तुत किया गया है कि भारत में नकद हस्तान्तरण के स्थान, सम्भावनाओं और समस्याओं के स्पष्टीकरण के लिए एक प्रमाण-आधारित नीति और सूचना आधारित वाद-विवाद की आवश्यकता है। पूरी दुनिया के अकादमिक और विभिन्न संगठनों के अध्ययनों से सामने आने वाले मुख्य अनुभवसिद्ध निष्कर्षों के आधार पर नकद हस्तान्तरण के तीन आयामों की ओर ध्यान दिलाने की कोशिश की गयी है—स्वरूप, क्रियान्वयन और प्रभाव। इस लेख में यह परीक्षण किया गया है कि कौन से साधन किन लक्ष्यों के लिए सबसे बेहतर तरीके से कार्य करते हैं, ये हस्तक्षेप किस व्यापक सन्दर्भ में सन्निहित हैं तथा इनके क्रियान्वयन से किस प्रकार की मुश्किलें जुड़ी हुई हैं।

1. प्रस्तावना

हाल के समय में इस बात पर काफ़ी चर्चा हुई है कि क्या भारत में लोगों तक सामाजिक सुरक्षा पहुँचाने के साधन के रूप में नकद हस्तान्तरण कारगर हो सकता है। इस सन्दर्भ में अर्थशास्त्रियों ने मीडिया में लेखों के माध्यम से ज़ोर-शोर से अपने विचार रखे। उन्होंने सार्वजनिक वितरण प्रणाली और चुनिंदा उर्वरकों के कीमतों के नियमन जैसी मौजूदा व्यवस्थाओं के बजाय नकद हस्तान्तरण अपनाने की वकालत की। अपने लेखों में उन्होंने सरल तरीके से इसके पक्ष में तर्क और 'प्रस्ताव' प्रस्तुत करने के साथ-ही-साथ कुछ विशिष्ट सिफ़ारिशें भी कीं। हालाँकि इस प्रकार की चर्चा में तात्त्विक और विद्वत्तापूर्ण अनुभवसिद्ध प्रमाण के आधार पर सावधानीपूर्वक यह विश्लेषण नहीं किया गया कि सुनिश्चित लक्ष्यों को हासिल करने में नकद हस्तान्तरण कितना समर्थ है। इनमें उन सन्दर्भयुक्त स्थितियों का भी विश्लेषण नहीं किया गया जिनमें ये कार्यक्रम सफल या विफल हो सकते हैं।

यह लेख नकद हस्तान्तरण सम्बन्धी वाद-विवाद में हस्तक्षेप करते हुए तर्क प्रस्तुत करता है कि भारत में नकद हस्तान्तरण के बारे में प्रमाण पर आधारित नीति अपनाई जानी चाहिए। साथ ही, इसके स्थान, सम्भावनाओं और समस्याओं के बारे में सभी प्रासंगिक सूचनाओं के आधार पर वाद-विवाद होना चाहिए। इस सन्दर्भ में इस लेख में नकद हस्तान्तरण के बारे में अकादमिक अनुसन्धानों और अन्य रिपोर्टों में सामने आये अनुभवसिद्ध निष्कर्षों का सहारा लिया है। इनके माध्यम से यह दलील प्रस्तुत की गयी है कि भारत में नकद हस्तान्तरण पर एक नवीन रूपरेखा के अन्तर्गत विचार करने की आवश्यकता है। इस लेख का मकसद नकद हस्तान्तरण से सम्बन्धित व्यापक साहित्य की समीक्षा करना नहीं है। यहाँ इसके तीन पहलुओं पर ध्यान केन्द्रित किया गया है—स्वरूप, क्रियान्वयन और प्रभाव। कौन-सा साधन किन लक्ष्यों को हासिल करने के लिए सर्वोत्तम है? ये हस्तक्षेप किन व्यापक सन्दर्भों में सन्निहित हैं? इन्हें लागू करने में किस प्रकार की मुश्किलें सामने आती हैं?

अनुभवसिद्ध प्रमाण से यह तथ्य सामने आता है कि बहुत से लक्ष्यों के लिए नकद हस्तान्तरण को उचित नहीं माना जा सकता है और इनका प्रभाव काफ़ी हद तक सन्दर्भ पर निर्भर होता है। खास बात यह भी है कि भोजन, पोषक-तत्त्व, स्वास्थ्य और शिक्षा के क्षेत्र में राज्य द्वारा उपलब्ध कराई जाने वाली सुविधाओं और वस्तुओं के विकल्प के रूप में पूर्ण से नकद हस्तान्तरण को अपनाने के पक्ष में कोई ठोस अनुभवसिद्ध प्रमाण नहीं हैं। दरअसल, इन क्षेत्रों में नकद हस्तान्तरण को उस वक़्त अच्छी सफलता मिली है जब इनके साथ ही राज्य ने अन्य क्षेत्रों में व्यापक सुविधाएँ प्रदान की। ऐसा होने पर लोगों को अपने नकद का सही उपयोग करने का मौक़ा मिलता है। ऐसा लगता है कि वृद्धावस्था पेंशन जैसे बिना शर्त नकद हस्तान्तरण का कुल मिलाकर सकारात्मक प्रभाव होता है। खाद के मामले में वाउचर के रूप में नकद हस्तान्तरण व्यावहारिक लगता है। लेकिन सबसिडी के अन्य रूपों में इसे लागू करना अत्यन्त मुश्किल कार्य है। इससे इन सब्सिडियों के प्रभाव में कमी आ सकती है।

लेख के शेष भाग में इन मुद्दों पर विस्तार से विचार किया गया है। भाग 2 में हस्तान्तरण के विविध रूपों और उनमें अन्तर करने के लिए प्रयुक्त नामों का स्पष्टीकरण किया गया है। इसके साथ ही, यह इनमें से प्रत्येक रूप की सम्भावना और समस्या को भी इंगित करता है। भाग 3 में खाद्य और पोषण, स्वास्थ्य और शिक्षा और खेती के सन्दर्भ में इसके लागू होने और प्रभाव के प्रमाण की समीक्षा की गयी है। भाग 4 में इस लेख के मुख्य निष्कर्षों को संक्षेप में अभिव्यक्त किया गया है।

2. नकद हस्तान्तरण की अवधारणा और इसके विविध रूप

नकद हस्तान्तरण ऐसे उपायों से सम्बन्धित है जिसमें लाभ पाने वाले व्यक्ति को कोई विशिष्ट वस्तु देने के बजाय उस वस्तु को ख़रीदने की क्षमता प्रदान की जाती

है। विशेष रूप से, ये ऐसे हस्तान्तरणों से अलग हैं जहाँ राज्य की एजेंसियाँ प्रत्यक्ष रूप से, और अमूमन बाज़ार से कम कीमत पर, एक विशिष्ट वस्तु या सेवा के वितरण या बिक्री में सम्मिलित होती हैं।[2] नकद हस्तान्तरण और वस्तु हस्तान्तरण एक-दूसरे का स्थान ग्रहण कर सकते हैं, किन्तु ये एक-दूसरे के अनुपूरक का काम करते हैं। लक्षित जनसंख्या को नकद हस्तान्तरण राज्य द्वारा वस्तुओं या सेवाओं को उपलब्ध कराने के साथ कायम रह सकता है या इसमें अनुपूरक निवेश की भूमिका अदा कर सकता है।

नकद हस्तान्तरण भिन्न-भिन्न रूप धारण कर सकते हैं। बहुत ही सरल शब्दों में कहें, तो वे शर्तहीन या सशर्त हो सकते हैं। यदि लाभार्थी को शर्तहीन तरीके से नकद हस्तान्तरण किया जाता है तो इसके उपयोग पर कोई प्रतिबन्ध नहीं होता है; इसमें लाभार्थी अपनी इच्छा के अनुसार नकद राशि ख़र्च कर सकते हैं। ये हस्तान्तरण सार्वभौमिक हो सकते हैं या फिर ग़रीब, वृद्ध और बच्चों का पालन-पोषण करने वाली माताओं जैसे विशिष्ट उप-जनसंख्या समूहों तक सीमित (या लक्षित) हो सकते हैं। सशर्त नकद हस्तान्तरण योजनाओं में अमूमन बुनियादी रूप से घरों को नकद का हस्तान्तरण किया जाता है। इसके साथ कुछ शर्तें जुड़ी होती हैं। इन शर्तों में यह कहा जा सकता है कि प्रत्येक घर को एक पूर्व-निश्चित राशि अपने बच्चों के मानव पूँजी के विकास में ख़र्च करनी होगी, सार्वजनिक कार्य में लगानी होगी, विशिष्ट स्वास्थ्य सेवा सुविधाओं का उपयोग करना होगा आदि।

गौर करने वाली बात यह है कि वस्तु हस्तान्तरण भी शर्तहीन या सशर्त हो सकते हैं, और इसमें भी लोगों को इसका पात्र बनने के सन्दर्भ में कई पाबंदियाँ लगाई जा सकती हैं। मसलन, मानवतावादी संकट के दौरान खाने के पैकेट या बीजों का वितरण संकट से ग्रस्त क्षेत्रों में अबाधित शर्तहीन हस्तान्तरण का उदाहरण है। दूसरी ओर, सशर्त वस्तु हस्तान्तरण में मध्याह्न भोजन, शिक्षा के बदले भोजन, काम के बदले भोजन जैसी योजनाएँ सम्मिलित हैं।

कुछ परस्परव्यापी श्रेणियाँ भी हो सकती हैं जिन्हें सबसे अच्छे तरीके से 'नकद सहायता प्राप्त वस्तु' हस्तान्तरण के रूप में वर्णित किया जाता है। इसका तात्पर्य यह है कि यह नकद या ख़रीदने की शक्ति का हस्तान्तरण है, लेकिन इसमें यह प्रतिबन्ध लगा होता है कि सिर्फ़ पहले से तय वस्तुओं या सेवाओं की ख़रीददारी में ही इसका उपयोग किया जा सकता है। बुनियादी रूप से यह वस्तुओं का हस्तान्तरण ही है, लेकिन इसमें नकद हस्तान्तरण एक ऐसे मध्यस्थ की भूमिका निभाता है जिसकी मदद से विशिष्ट वस्तुएँ या सेवाएँ हासिल की जा सकती हैं। मिसाल के तौर पर, भारत में तमिलनाडु जैसी कुछ राज्य सरकारें लड़कियों द्वारा एक विशिष्ट ग्रेड से स्कूल पास कर लेने पर उन्हें मुफ़्त साइकिल देती हैं (वस्तु हस्तान्तरण)। बिहार सरकार ने भी परिवारों द्वारा खुद साइकिल ख़रीदने के लिए नकद राशि दी

(एक 'नकद सहायता प्राप्त वस्तु')। वाउचर, कूपन या स्टैम्प (टिकट) द्वारा होने वाले हस्तान्तरण भी इन 'नकद सहायता प्राप्त' वस्तु की तरह ही होते हैं। आधिकारिक रूप से मान्यता प्राप्त कई ऐसे साधन भी होते हैं जिनका उपयोग किसी खास वस्तु की सुनिश्चित मात्रा खरीदने के लिए किया जा सकता है (वस्तु आधारित वाउचर) या फिर एक निश्चित मात्रा में कोई निर्मित वस्तु एक वाउचर का प्रतिनिधित्व कर सकती है (मूल्य आधारित वाउचर)। वस्तु और इसकी ख़रीददारी के स्थान को सीमित किया जा सकता है—मसलन इन्हें खास तरह के उर्वरकों या दुकानों तक सीमित किया जा सकता है।

अर्थशास्त्र के आरम्भिक सैद्धान्तिक अनुसन्धानों में इस दृष्टिकोण पर बल देने की प्रवृत्ति रही है कि शुद्ध नकद हस्तान्तरण एक ज़्यादा अच्छा तरीका है। उदाहरण के तौर पर, थुरॉ (1974) यह बताते हैं कि "यह एक स्वयंसिद्ध सत्य नहीं है कि नकद हस्तान्तरण का हमेशा सीमित हस्तान्तरण पर प्रभुत्व होता है, किन्तु नकद हस्तान्तरण के पक्ष में इतने मज़बूत आर्थिक तर्क हैं कि सीमित हस्तान्तरण के समर्थकों पर यह ज़िम्मेदारी है कि वे इसे ज़्यादा बेहतर साबित करें।" भोजन सबसिडी के सन्दर्भ में साउथवर्थ (1945) ने यह सुझाव दिया कि "परिवारों को भोजन पर समान रूप से अतिरिक्त संसाधन ख़र्च करना चाहिए, भले ही ये संसाधन भोजन टिकट से आये या फिर नकद राशि से।"[3]

फिर भी, अनुभवसिद्ध प्रमाण अक्सर सैद्धान्तिक सूत्रीकरणों की अवहेलना करते हैं। मसलन, 'नकद अबूझ पहेली' (कैश-आउट पजल) यह दर्शाती है कि नकद आय की तुलना में भोजन टिकट के द्वारा भोजन पाने की प्रवृत्ति तुलनात्मक से थोड़ी ज़्यादा होती है। इसने ऐसे नये सैद्धान्तिक अनुसन्धानों को बढ़ावा दिया है जिसमें इन अनुभवसिद्ध 'विसंगतियों' को दूर करने का प्रयास किया गया है। आज शर्तहीन नकद हस्तान्तरण से सम्बद्ध सैद्धान्तिक तर्क आरम्भिक अनुसन्धानों से सामने आने वाले तर्क की तुलना में कहीं ज़्यादा गोलमोल हैं। मिसाल के तौर पर, ब्रियुईंग और अन्य (2004) यह सिद्धान्त पेश करते हैं कि यदि मुख्य लक्ष्य भोजन पर ख़र्च को बढ़ाना है तो भोजन स्टाम्प को नगद हस्तान्तरण की तुलना में ज़्यादा वरीयता दी जा सकती है। मुखर्जी और रे (2008) यह बताते हैं कि यदि मुख्य लक्ष्य मानव पूँजी में निवेश को बढ़ावा देना है तो सशर्त नकद हस्तान्तरण शर्तहीन नकद हस्तान्तरण की तुलना में कहीं ज़्यादा बेहतर विकल्प है।[4]

यदि हम सैद्धान्तिक तर्कों से हट कर अनुभवों की बात करें, तो ऐसे कार्यक्रमों को लागू करने वाली अन्तर्राष्ट्रीय एजेंसियाँ और राज्य की संस्थाएँ यह मानती हैं कि हर प्रकार के हस्तान्तरण के अपने सकारात्मक और नकारात्मक पक्ष हैं। इनमें से प्रत्येक की सफलता केवल इनके लक्ष्यों पर ही नहीं, बल्कि उस सन्दर्भ पर भी निर्भर होती हैं जिनमें ये सक्रिय होते हैं। दूसरे शब्दों में, नकद हस्तान्तरण समुचित

या प्रभावकारी है या नहीं, यह बुनियादी रूप से एक अनुभवसिद्ध प्रश्न है (मसलन, फैरिंगटन और अन्य 2006; जेनटिलिनी 2007; हार्वे 2005)।

यह भी माना जाता है कि नकद हस्तान्तरण के विनिमय में अत्यन्त कम ख़र्च होता है। इसमें वस्तुओं को एक-दूसरे स्थान पर बेचने, कहीं रखने और फिर वितरित करने जैसी समस्याओं से भी बचा जा सकता है। यह लाभार्थी को यह अनुमति भी देता है कि वह अपने घर की ज़रूरतों के मुताबिक इस राशि का उपयोग कर सकता है। मसलन, नकद मिलने पर भोजन के सन्दर्भ में कोई व्यक्ति अलग-अलग तरह के आहार को ख़रीद सकता है। यह भी माना जाता है कि नकद का बहुआयामीय प्रभाव होता है, जैसे कि खेती के मामले में यह निवेश बाज़ार को बढ़ावा दे सकता है। लेकिन यही विशेषताएँ किसी अन्य सन्दर्भ में समस्याओं में तब्दील हो सकती हैं। यदि लाभार्थी को यह स्वतन्त्रता मिलती है कि वह नकद को अपने मन मुताबिक इस्तेमाल कर सकता है तो यह मुमकिन है कि वह इसे इस प्रकार प्रयोग करे जिससे नकद हस्तान्तरण का लक्ष्य ही अप्रभावी हो जाये। संसाधनों की कमी से जूझने वाली सरकार के लिए यह एक अत्यन्त मुश्किल स्थिति होती है। हालाँकि नकद स्थानीय बाज़ार के विकास को बढ़ावा दे सकता है, किन्तु यह स्थानीय स्तर की मुद्रास्फीति बढ़ाने में भी योगदान दे सकता है, जिसके चलते बाज़ार बहुत ही ख़राब तरीके से काम करता है। यह भी सच है कि वस्तु स्थानान्तरण की तुलना में नकद स्थानान्तरण परिवारों के भीतर इस ख़र्च करने के मसले पर झगड़े और तनाव को बढ़ा सकता है। हालाँकि इस बात के भी प्रमाण हैं कि जहाँ विशेष रूप से महिलाओं को नकद राशि प्रदान की गयी, वहाँ घर में उनका प्रभाव बढ़ा (अडाटो और अन्य 2003; अटानासियो और लेचेने 2002; स्कैडी और रोसेरो 2007)।

इसके अलावा, पर्यवेक्षक यह मानते हैं कि नकद हस्तान्तरण भ्रष्टाचार पैदा कर सकता है, इससे अभिजन संस्कृति आ सकती है और यह भाई-भतीजावाद का शिकार हो सकता है। इससे बचने के लिए निगरानी और नियन्त्रण के परिष्कृत तरीकों की आवश्यकता होती है (डेवेरॉक्स और विंसेंट 2010), किन्तु इससे नकद हस्तान्तरण को प्रशासित करने वाले कुल ख़र्च में बढ़ोतरी हो जाती है। इन सबसे कुल मिलाकर यह तथ्य सामने आता है कि सामाजिक सहायता का प्रत्येक तरीका लक्ष्य और सन्दर्भ पर निर्भर करता है। ऐसे बहुत से अनुसन्धान हुए हैं जिनमें इन तरीकों के सन्दर्भों पर निर्भरता को मान्यता दी गयी है। साथ ही, इनमें ऐसी तकनीक या प्रणाली के विकास का प्रयास भी किया गया है जिनकी मदद से सन्दर्भयुक्त विश्लेषण के माध्यम से समुचित हस्तक्षेप का निर्धारण किया जा सकता है। इस अध्ययन-क्षेत्र को प्रतिक्रिया विश्लेषण के नाम से जाना जाता है [मसलन, बैरेट और अन्य (2009); मिचेलसन और अन्य (2011)]।

3. अनुभवसिद्ध प्रमाण की समीक्षा

ऊपर वर्णित विविध पहलुओं के आधार पर इस भाग में अनुभवसिद्ध प्रमाण की समीक्षा की गयी है। इसमें सबसे पहले भोजन और पोषण, स्वास्थ्य और शिक्षा तथा कृषि निवेश जैसे सामाजिक हस्तक्षेप के मुद्दों पर ध्यान केन्द्रित किया गया है।

3.1 भोजन और पोषण, स्वास्थ्य और शिक्षा

अब अन्तर्राष्ट्रीय स्तर पर ऐसे बहुत से प्रमाण उपलब्ध हैं जिनके आधार पर यह कहा जा सकता है कि भोजन और पोषण के सन्दर्भ में वस्तु हस्तान्तरण काफ़ी अच्छी तरह कार्य करता है, बल्कि कई मौक़ों पर यह नकद हस्तान्तरण से भी बेहतर साबित हुआ है। वहीं, भोजन और नकद का संयोजन इन दोनों से ही अच्छा प्रदर्शन कर सकता है।[5] ऐसा लगता है कि जब परिवारों को वस्तु के रूप में भोजन प्रदान किया जाता है, तो उनके भोजन से वंचित रहने की सम्भावना काफ़ी कम होती है। मसलन, खाद्य कार्यक्रम के कैलोरी मूल्य के सन्दर्भ में विचार करते हुए यह पाया गया कि फिलिपीन्स में जिस दिन बच्चे स्कूल जाते हैं उस दिन वे स्कूल न जाने वाले दिन की तुलना में 80% ज़्यादा कैलोरी ग्रहण करते हैं (जैकोबी 2002)। नीनो और डोरोश (2003) ने भोजन और नकद के सन्दर्भ में तुलनात्मक अध्ययन करते हुए यह पाया कि बांग्लादेश में गेहूँ स्थानान्तरण करने पर उपभोग करने की प्रवृत्ति काफ़ी ज़्यादा होती है। दूसरी ओर, नकद हस्तान्तरण करने पर यह प्रवृत्ति कम होती है। यह भी पाया गया कि भोजन और नकद—दोनों ही प्रकार के प्रोत्साहनों से नामांकन में तुलनात्मक वृद्धि होती है। फिर भी, नकद से एक परिवार के भोजन उपभोग में बढ़ोतरी नहीं हुई है, किन्तु राशन घर ले जाने की व्यवस्था होने पर परिवार द्वारा भोजन का उपभोग बढ़ा (अहमद 2009)। मैक्सिको में ग़रीबों को भोजन में सहायता के लिए एक कार्यक्रम चलाया गया था, जिसे 'प्रोग्रामा डे अपोयो अलिमेंटेरियो' का नाम से जाना गया। इस अध्ययन से यह तथ्य सामने आया कि नकद हस्तान्तरण की तुलना में वस्तु हस्तान्तरण होने पर लोगों के भोजन ख़र्च में बढ़ोतरी होती है (स्कोफियास और अन्य 2008)।

भारत के सरकारी स्कूलों में मध्याह्न भोजन योजना वस्तु हस्तान्तरण की सफल योजना का उदाहरण है। कई अध्ययनों से यह बात सामने आयी है कि इसका बच्चों द्वारा ग्रहण किये जाने वाले कैलोरी, उनके नामांकन, उपस्थिति और उन्हें सीखने की क्षमता पर सकारात्मक प्रभाव पड़ा है (अफ़ग़ीदी 2010; द्रेज और किंगडॉन 2001; जयरामन 2008; सिंह 2008)। जब इस भोजन आपूर्ति में सूक्ष्म पोषक तत्त्वों की उपलब्धता और उन्हें कीटाणुओं से दूर रखने का सजग प्रयास किया जाने लगा, तो इससे बच्चों की सेहत पर भी अत्यधिक सकारात्मक प्रभाव पड़ा (गोपालदास

2005)। नकद हस्तान्तरण की किसी ऐसी योजना की कल्पना करना अत्यन्त कठिन है जो स्कूल में उपस्थिति, खाद्य सुरक्षा, ज्ञान में बढ़ोतरी, स्वास्थ्य, समाजीकरण और महिलाओं को रोज़गार देने जैसे मसलों पर इतना बेहतर नतीजा दे। रावालिऑन और वुडॉन (1999) ने बांग्लादेश के शिक्षा के बदले भोजन कार्यक्रम के सन्दर्भ में यह दिखाया है कि चावल में 100 किलोग्राम बढ़ोतरी करने से लड़के और लड़कियों के नामांकन की सम्भावना 0.15% बढ़ गयी।

भोजन स्टैम्प जैसे 'नकद सहायता प्राप्त वस्तु' हस्तान्तरण के कार्यक्रम भी नकद हस्तान्तरण की तुलना में ज़्यादा सफल रहे हैं। बैरेट (2002) के अनुसार, अमेरिका के 'फूड स्टैम्प प्रोग्राम' के तकरीबन हर अध्ययन में यह बात सामने आयी कि भोजन टिकट ने नकद आय के मूल्य की तुलना में 2 से 10 गुणा ज़्यादा दर से घरों में पोषक तत्त्वों की उपलब्धता बढ़ाई है। इस कार्यक्रम में लोगों ने अपने फायदे का एक बड़ा अंश भोजन पर ख़र्च किया है। लेकिन इसी के बराबर नकद राशि देने पर लोग भोजन पर तुलनात्मक रूप से कम ख़र्च करते (मिसाल के तौर पर देखें, हॉयनेस और स्कैनजेनबैक 2007)। भोजन टिकट को नकद हस्तान्तरण में परिवर्तित करने पर इस स्टैम्प से मिलने वाले लाभ में कटौती होगी। अगर टिकट में कुल 1 डॉलर लाभ होता है, तो नकद हस्तान्तरण में इसमें 18 से 28 सेन्ट्स तक की कटौती हो जायेगी (फ्रेकर, मार्टिनी और आहल्स 1995)।

मुद्रास्फीति की स्थिति होने पर नकद हस्तान्तरण की तुलना में वस्तु हस्तान्तरण या मुद्रास्फीति को ध्यान में रखकर तैयार किये गये टिकट की व्यवस्था ज़्यादा बेहतर होती है। मसलन, श्रीलंका के अनुभव से यह बात सामने आती है कि मुद्रास्फीति को ध्यान में रखे बिना भोजन टिकट देने से, पारम्परिक सबसिडी की तुलना में ग़रीबों द्वारा भोजन के उपभोग में कमी आयी (एड्रीसिंघे 1987)। सेबेटेस-व्हीलर और डेवेरॉक्स (2010) ने यह पाया कि 'इथियोपियन सेफ्टी नेट प्रोग्राम' में भोजन हस्तान्तरण या 'नकद के साथ भोजन' का पैकेज केवल नकद हस्तान्तरण से उच्चतर विकल्प के रूप में सामने आया (क्योंकि मुद्रास्फीति के चलते एक निश्चित राशि से खरीदे जाने वाली वस्तुओं की मात्रा कम हो सकती है)। इसके चलते आय, पालतू पशुओं के संचय और लोगों द्वारा अपने स्तर पर खाद्य सुरक्षा के स्तर पर बढ़ोतरी हुई। स्पष्ट है कि मुद्रास्फीति के हालात होने पर वस्तु हस्तान्तरण या निश्चित मात्रा में वस्तु देने से सम्बन्धित कूपन लाभार्थियों को सर्वोत्तम सुरक्षा उपलब्ध कराते हैं।

स्वास्थ्य सम्बन्धी मसलों पर ऐसी बहुत सी स्थितियाँ होती हैं जहाँ वस्तु हस्तान्तरण ज़्यादा उचित होता है (दास और अन्य 2005)। मिसाल के तौर पर, पश्चिमी केन्या में लोगों को मच्छरदानी देने से मलेरिया की घटनाओं में कमी आयी, वहीं इसके स्थान पर नकद राशि देने पर उसे भोजन या कपड़ों पर ख़र्च कर दिया जाता (नाहलेन और अन्य 2003; अलाई और अन्य 2003)। इसी देश में स्कूल में

स्वच्छता कार्यक्रमों के चलते छात्रों की उपस्थिति में काफ़ी इज़ाफ़ा हुआ (मिगयुल और क्रेमर 2004)। गोलियों की कीमत में हल्की सी वृद्धि होने पर उसके उपयोग में 80% कमी आयी, जिससे यह पता चलता है कि कीमतों में बढ़ोतरी होने पर उपयोग में कटौती होती है। इसके अलावा, मिसाल के तौर पर, हॉफमैन (2009) तथा हॉममैन और अन्य (2009) यह दिखाते हैं कि 'नकद सहायता प्राप्त वस्तु हस्तान्तरण' की तुलना में ग़रीब लोगों को सीधे मुफ़्त मच्छरदानी देने से उनके द्वारा इसके उपयोग की ज़्यादा सम्भावना होती है क्योंकि मुफ़्त वितरित मच्छरदानी के फिर से बेचने की सम्भावना कम होती है (क्योंकि हर किसी के पास ऐसी मच्छरदानी आ जाती है)। दरअसल, बहुत से विकासशील देशों के सन्दर्भ में बाज़ार की व्यापक नाकामी के चलते सार्वजनिक प्रावधान अत्यन्त आवश्यक और महत्त्वपूर्ण हैं। 'नकद सहायता प्राप्त वस्तु' हस्तान्तरण का एक अन्य उदाहरण पाकिस्तान से सम्बन्धित है। यहाँ टीकाकरण को प्रोत्साहन देने के लिए लोगों को भोजन और दवा कूपन देने का प्रावधान किया गया। इसके चलते पहले की तुलना में टीकाकरण में दोगुनी वृद्धि हुई (चांडीर और अन्य 2001)।

अमूमन नकद हस्तान्तरण के पक्ष में तर्क देने के लिए इस बात पर गौर नहीं किया जाता कि हस्तान्तरण के प्रति इकाई का भोजन ख़र्च पर क्या प्रभाव पड़ता है। इसके बजाय, यह दलील दी जाती है कि इससे लागत में कमी आयेगी और इस सन्दर्भ में लाभ-लागत अनुपात प्रस्तुत किया जाता है। हालाँकि ऐसे पहलुओं के व्यवस्थित अध्ययन करने के कम प्रयास ही हुए हैं। वस्तु हस्तान्तरण ज़्यादा महँगे होते हैं और कई मरतबा ये घाटे का सौदा भी साबित होते हैं। जैकोबी (1997) यह अनुमान लगाते हैं कि जमैका के 'न्यूट्रीबन ऐंड मिल्क प्रोग्राम' में प्रति व्यक्ति ख़र्च की तुलना में प्रति व्यक्ति आधा लाभ ही हुआ। हालाँकि यह टिकट योजनाओं और नकद हस्तान्तरण योजनाओं के बारे में भी सच हो सकता है। एड्रीसिंघे (1987) यह बताते हैं कि 1979 में श्रीलंका में भोजन टिकट (फूड स्टैम्प) को अपनाया गया, जिसके चलते कुल बजट ख़र्च और राष्ट्रीय आय में भोजन सबसिडी में कमी आयी। फिर भी, इसके असूचीबद्ध रूप प्रत्येक घर द्वारा हासिल किये जाने वाले भोजन कैलोरी के हस्तान्तरण के ख़र्च में 500% की वृद्धि हुई।

जब बाज़ार कमज़ोर होता है और नकद हस्तान्तरण मुद्रास्फीति के ख़िलाफ़ सुरक्षा प्रदान करती है, तो हस्तान्तरण के लागत में वृद्धि होती है। इसके चलते नकद हस्तान्तरण में कम ख़र्च होने का दावा बेमतलब साबित होता है (केबेडे 2006)। सामान्यतः उस स्थान पर नकद राशि देने का कोई मतलब बनता है जहाँ बाज़ार की जड़ें मज़बूत हों और वह प्रभावशाली तरीके से कार्य कर रहा हो (हार्वे 2005; ग्लेन 2006; केबेडे 2006)। जहाँ ऐसा नहीं होता, वहाँ नकद हस्तान्तरण से लाभार्थियों की स्थिति और भी ख़राब होने का ख़तरा रहता है। मसलन, इथियोपिया में भोजन

के अभाव और मुद्रास्फीति के स्थानीय दबावों के चलते लोगों की स्थिति अत्यन्त ख़राब हो गयी (केबेडे 2006; ग्लेन 2006)।

शर्तहीन नकद स्थानान्तरण कहाँ कारगर हो सकता है?

आमतौर पर, शर्तहीन नकद स्थानान्तरण को एक सुरक्षा जाल उपलब्ध कराने के रूप में देखा जाता रहा है (मसलन, वरिष्ठ नागरिकों के लिए)। हालाँकि हमेशा ऐसा नहीं होता है। इसके काफ़ी सकारात्मक प्रभाव सामने आते रहे हैं किन्तु इस सन्दर्भ में कोई व्यवस्थित अध्ययन उपलब्ध नहीं है कि शर्तहीन नकद हस्तान्तरण ग़रीबी और मानव पूँजी पर दीर्घकालिक प्रभावों के सन्दर्भ में सशर्त हस्तान्तरण, वाउचर और वस्तु हस्तान्तरण से बेहतर कैसे है।

नामीबिया और दक्षिण अमेरिका में पेंशन से अल्पकालिक रूप से निर्धनता में कमी आयी और इससे लाभार्थी एड्स जैसी महामारी से लड़ने में समर्थ हुए। साथ ही, इससे वृद्ध जन अपने पोते-पोतियों के विकास के लिए भी कुछ ख़र्च करने में समर्थ हो गये। इस तरह, मानव पूँजी के विकास में भी मदद मिली (केस और डेटॉन 1998; सैमसन और अन्य 2004)। भारत में वृद्धावस्था पेंशन से भी यह प्रमाण सामने आता है कि इससे ग़रीबी में कमी लाने की सम्भावना पैदा होती है और इससे दयनीय अवस्था वाले वृद्धों को लाभ होता है (दत्ता और अन्य 2010; फैरिंगटन और अन्य 2006)। यह माना जाता है कि शिक्षा के क्षेत्र में शर्तहीन नकद हस्तान्तरण का स्कूल में नामांकन और अन्य शैक्षिक नतीजों पर बहुत ही कम प्रभाव पड़ा है (मसलन, बेहरमन और नॉवेल्स 1999)। इसके विपरीत, उदाहरणार्थ, दक्षिण अफ़्रीका में 'चाइल्ड सपोर्ट ग्रांट' और मालावी के 'मिचिन्जी कैश ट्रान्सफर प्रोग्राम' जैसे लक्ष्य-केन्द्रित नकद हस्तान्तरण से बच्चों के नामांकन में जबरदस्त उछाल आया (केस, होसगुड और लुण्ड 2003; मिलर और अन्य 2011)। साथ ही, मालावी में बच्चों की स्कूल में उपस्थिति और उनके स्कूल छोड़ने की दर पर भी इसका कुछ प्रभाव पड़ा (मिलर और अन्य 2011)। हालाँकि ऐसा प्रतीत होता है कि स्वास्थ्य पर इसका कम प्रभाव पड़ा।

उपर्युक्त उदाहरणों में शर्तहीन हस्तान्तरण का बड़ा हिस्सा (25% से 70% तक) भोजन उपभोग पर ख़र्च हुआ। दक्षिण अफ़्रीका में बुनियादी भोज्य पदार्थों पर ख़र्च में बढ़ोतरी हुई (सैमसन और अन्य 2004)।[6] यह माना जाता है कि शर्तहीन हस्तान्तरण भोजन और पोषक तत्त्वों के सन्दर्भ में खाद्य पदार्थों में विविधता लाता है। मिसाल के तौर पर, शर्तहीन हस्तान्तरण से मालावी और जाम्बिया में भोजन और पोषक तत्त्वों के सन्दर्भ में खान-पान में विविधता आयी। साथ ही, बच्चों के लिए नकद राशि देने पर मालावी और दक्षिण अफ़्रीका में बच्चों को पोषक तत्त्वों

से भरपूर खाना मिला (अडाटो और बैसेट 2009; मिलर और अन्य 2011; अग्युरो, कार्टर और वुलार्ड 2006)। साथ ही, जब एक महिला को वृद्धावस्था पेंशन मिला तो उनके परिवार की लड़कियों को भी पोषक तत्त्वों से भरपूर भोजन मिला।

सामान्य तौर पर, सामाजिक सुरक्षा पेंशन और ऐसी ही अन्य योजनाओं के शर्तहीन हस्तान्तरण ने अच्छा काम किया है। लेकिन अन्य मामलों में विशिष्ट लक्ष्यों के सन्दर्भ में पृष्ठभूमि की स्थितियों पर भी गौर करने की आवश्यकता होती है। मसलन, यदि किसी समूह को सूक्ष्म-पोषक तत्त्व ग्रहण करने के लिए शर्तहीन हस्तान्तरण करना हो, तो इसका तभी कोई मतलब बनता है जब यह सुनिश्चित हो कि सम्भावित लाभार्थी 'सही चयन' करने में समर्थ है और वह उपयुक्त साधन न होने के चलते ऐसा नहीं कर पा रहा है। अमूमन, शर्तहीन नकद हस्तान्तरण शिक्षा कार्यक्रमों से जुड़े रहे हैं। ऐसे में, यह ज़रूरी होता है कि उन्हें इस हस्तान्तरण के प्रयोजन की जानकारी दी जाये, ताकि इनका इच्छित लक्ष्यों के लिए उपयोग हो पाये (इक्वाडोर के मानव विकास बॉण्ड के सन्दर्भ में यही किया गया)। इन मामलों में भी शर्तहीन हस्तान्तरण किसी खास समूह तक सीमित या लक्षित होते हैं, जिससे समूहों के गलत पहचान या ज़रूरतमन्द समूहों के बहिष्करण का ख़तरा बना रहता है।

किसी विशिष्ट सन्दर्भ में सशर्त नकद हस्तान्तरण

जहाँ शर्तहीन नकद हस्तान्तरण के कुछ सकारात्मक प्रभाव होते हैं, वहीं बहुत सी परिस्थितियों में कुछ खास लक्ष्यों को हासिल करने के लिए विशिष्ट उपायों की आवश्यकता होती है। मसलन, जब किसी घर में लिए जाने वाले फ़ैसलों के साथ सकारात्मक बाह्य कारक जुड़े होते हैं तो उस घर का सर्वोत्तम निवेश उस निवेश के रूप में सामने आ सकता है, जो अनुकूलतम सामाजिक स्थिति के सापेक्षिक होता है। सशर्त नकद स्थानान्तरण इन दोनों के बीच सामंजस्य स्थापित कर सकता है (दास और अन्य 2005)। कई ऐसे प्रमाण उपलब्ध हैं जिनसे यह पता चलता है कि यदि परिस्थिति अनुकूल न हो तो सामान्य मात्रा में नकद देने पर भी एक जैसा नतीजा सामने नहीं आता है (बॉरगुईनॉन और अन्य [2002] ने ब्राजील के बोल्सा इस्कोला या बच्चों के भत्ते के सन्दर्भ में यह तर्क दिया है)।

सशर्त नकद हस्तान्तरण के लाभार्थी पहले से तय शर्त के आधार पर अपने बच्चों के मानव पूँजी के विकास में निवेश करते हैं। स्वास्थ्य और पोषण पर ध्यान देने के लिए यह आवश्यक होता है कि एक निश्चित समयान्तराल पर उनकी जाँच हो, उनके विकास पर नज़र रखी जाये, पाँच साल से कम उम्र के बच्चों का टीकाकरण हो, प्रसव के पूर्व माताओं को सूक्ष्म पोषक तत्त्व उपलब्ध हों, माताओं को एक निश्चित समय में बच्चों की देखभाल के बारे में जानकारी दी जाये। अधिकांश नकद

हस्तान्तरण कार्यक्रमों में पैसा परिवार में माता या कुछ परिस्थितियों में विद्यार्थी के हाथ में दिया जाता है (फिस्चबेन और अन्य 2009)। मासिक हस्तान्तरण घर के पूरे ख़र्च के 4 से 30% के बीच होता है और एक संस्थात्मक व्यवस्था इसके साथ जुड़ी शर्तों के अनुपालन की निगरानी करती है। ये दोनों ही इस कार्यक्रम की रूपरेखा के दो महत्त्वपूर्ण आयाम हैं।

1990 के दशक में लैटिन अमेरिका में सशर्त नकद हस्तान्तरण की पहली पीढ़ी स्वास्थ्य और शिक्षा से सम्बन्धित थी। इस तरह के कार्यक्रमों की श्रेणी में निम्नलिखित को सम्मिलित किया जा सकता है : आर्प्चुयुनिडाडेश (स्वास्थ्य और शिक्षा कार्यक्रम, मैक्सिको), बोल्सा फैमिलिया (परिवार भत्ता, ब्राजील), बोनो डे डेसारोलो ह्युमानो (इक्वाडोर), फैमिलियास एन एकियॉन (सक्रिय परिवार, कोलाम्बिया), पीआरएएफ (परिवार भत्ता कार्यक्रम, होंडारूस), पीएटीएच (स्वास्थ्य और शिक्षा के माध्यम से विकास कार्यक्रम, जमैका), रेड डे प्रोटेक्शन सोशल (सामाजिक सुरक्षा कार्यक्रम, निकारागुआ, यह काफ़ी कम समय तक चला था) इत्यादि। दूसरी पीढ़ी के सशर्त नकद हस्तान्तरण कार्यक्रम में स्कूल और माता के स्वास्थ्य पर ध्यान दिया जाता रहा है (श्रीलंका में 'समृद्धि' और भारत में 'जननी सुरक्षा योजना)। हाल ही में, सब-सहारा के देशों में परीक्षण के तौर पर कई कार्यक्रमों की शुरुआत की गयी है।

लैटिन अमेरिका में सशर्त नकद हस्तान्तरण के बारे में किये गये मूल्यांकनों से पता चलता है कि यहाँ यह कार्यक्रम कई आधारों पर सफल रहा है, जिसमें छात्रों द्वारा स्कूल में नामांकन और वहाँ नियमित शिक्षा प्राप्त करना विशेष रूप से उल्लेखनीय है।[7] बांग्लादेश के 'फिमेल स्टाइपेण्ड प्रोग्राम' (महिला वजीफा कार्यक्रम) और कम्बोडिया के 'गर्ल्स स्कॉलरशिप प्रोग्राम' (छात्रा वजीफा कार्यक्रम) के बारे में भी यही बात कही जा सकती है (फिलमर और स्कैडी 2006)। विशेष रूप से बांग्लादेश के कार्यक्रम के चलते वहाँ लड़कियों के नामांकन में 8% तक की वृद्धि हुई (खाण्डकेर और अन्य 2003)।

जहाँ मैक्सिको के 'प्रोग्रेसा' (बाल और महिला कल्याण कार्यक्रम) और निकारागुआ के 'आरपीएस' कार्यक्रम ने बच्चों की लम्बाई में सुधार करने में महत्त्वपूर्ण भूमिका निभाई, वहीं होण्डुरास में 'पीआरएएफ' और ब्राजील में 'बोल्सा अलीमेटाको' (पोषक तत्त्व भत्ता) का स्कूल के पहले के बच्चों के पोषक-तत्त्वों पर कोई प्रभाव नहीं पड़ा। सामान्य तौर पर, सशर्त नकद हस्तान्तरण कार्यक्रमों ने बच्चों के शारीरिक विकास में विशेष योगदान दिया, किन्तु इनके चलते सूक्ष्म पोषक तत्त्वों की स्थिति पर कोई खास प्रभाव नहीं पड़ा। मैक्सिको में बच्चों के शरीर में लौह (आइरन) पाया गया, लेकिन होण्डुरास या निकारागुआ के बच्चों के शरीर में इस सन्दर्भ में कोई सुधार दर्ज नहीं किया गया (हॉडीनॉट और बैसेट 2008)। फिर भी, इन कार्यक्रमों से ऐसे सकारात्मक नतीजे सामने आये हैं जिन्होंने पोषक तत्त्वों की स्थिति सुधारने में

योगदान दिया है (लिरॉय और अन्य 2009)।

बांग्लादेश, इण्डोनेशिया, नेपाल, श्री लंका, मालावी और लैटिन अमेरिका में बहुत से नकद हस्तान्तरण कार्यक्रमों का उपयोग प्राथमिक रूप से स्वास्थ्य सेवाओं के प्रति लोगों में जागरूकता लाने के लिए किया गया। इस सन्दर्भ में ज़्यादा प्रमाण तो नहीं हैं, फिर भी मैक्सिको, कोलोम्बिया, निकारागुआ और मालावी के कई बेहतरीन अध्ययनों से यह पता चलता है कि यहाँ पर निरोधक सेवाओं के उपयोग में बढ़ोतरी हुई है। लेकिन प्रत्येक मामले में यह स्पष्ट नहीं है कि क्या इससे स्वास्थ्य नतीजों में सुधार हुआ है या इन अध्ययनों से सामने आने वाले निष्कर्षों का प्रत्येक स्थान के लिए सामान्यीकरण किया जा सकता है (लिम और अन्य 2010)। कुछ हद तक यह प्रमाण मिलता है कि श्रीलंका के 'समृद्धी' में भागीदारी करने वालों को बेहतर बाल पोषक तत्त्व मिले हैं। इसी प्रकार, भारत में 'जननी सुरक्षा योजना' के चलते प्रसव के पहले या इसके तुरन्त बाद होने वाली मौतों में कमी आयी है (लिम और अन्य 2010)।

कुल मिलाकर सशर्त नकद हस्तान्तरण कार्यक्रमों से यह प्रमाण मिलता है कि इससे विभिन्न सेवाओं के उपयोग में बढ़ोतरी हुई है (अर्थात् स्कूल में नामांकन और स्वास्थ्य सेवा के उपयोग) किन्तु परीक्षा में प्राप्त होने वाले अंकों, बीमारी के स्थायित्व, और पोषक तत्त्वों की स्थिति जैसे आख़िरी नतीजों पर इसका मिश्रित प्रभाव पड़ा है (बैसेट 2008)। यह एक महत्त्वपूर्ण पहलू है। हालाँकि लैटिन अमेरिका के अनुभव अन्य क्षेत्रों में भी इन कार्यक्रमों को अपनाने की तरफ़दारी करते हैं किन्तु उनकी सफलता के व्यापक सन्दर्भ को समझना आवश्यक है।

पहला, सशर्त नकद हस्तान्तरण राज्य के प्रावधान में अनुपूरक का काम करता है। दरअसल, लैटिन अमेरिका के इस प्रकार के सफल कार्यक्रमों में कई ऐसी शर्तें जुड़ी होती हैं जिनके अनुसार लाभार्थी को राज्य द्वारा उपलब्ध कराये गये स्वास्थ्य और पोषक सेवाओं का उपयोग करना होता है।[8] फिजस्बेन और अन्य (2009) ने यह दिखाया है कि इस तरह अधिकांश मौजूदा कार्यक्रमों में सरकार द्वारा संचालित सुविधाओं (स्कूल और क्लिनिक) का उपयोग करने की शर्तें शामिल हैं।[9] विशेष रूप से, सशर्त नकद हस्तान्तरण कार्यक्रम की शुरुआत करने से पहले इन देशों द्वारा बड़े पैमाने पर यह कोशिश की गयी कि इन सुविधाओं का विस्तार किया जाये, ताकि इन्हें लागू करने हेतु आवश्यक पूर्व-स्थितियाँ तैयार हो जायें। इस सन्दर्भ में सशर्त नकद हस्तान्तरण के अधिकांश अध्ययनों में सहभागियों और गैर-सहभागियों की स्थिति का तुलनात्मक अध्ययन किया गया है। यहाँ गौरतलब है कि कई मरतबा राज्य द्वारा तय की गयी शर्तों में वस्तु हस्तान्तरण भी सम्मिलित होता है। किन्तु इन अध्ययनों में सशर्त नकद हस्तान्तरण को वस्तु हस्तान्तरण से अलग करके देखने का प्रयास नहीं किया गया है। मिसाल के तौर पर, बेहरमन और हॉडीनॉट (2005) ने

अपने अध्ययन में यह पाया कि 'प्रोग्रेसा' के लाभार्थियों को सशर्त नकद हस्तान्तरण और पोषक-तत्त्वों की आपूर्ति से काफ़ी लाभ हुआ। मैक्सिको में यह पाया गया कि नकद हस्तान्तरण और विविध तरह के सूक्ष्म पोषक तत्त्व पाने वाले बच्चों की लम्बाई उन बच्चों की तुलना में एक सेंटीमीटर ज़्यादा बढ़ी जिन्हें इनमें से कोई भी सुविधा नहीं मिल रही थी। लेकिन इन दोनों तरह के हस्तक्षेपों के प्रभावों को अलग-अलग देखना मुमकिन नहीं हो पाया है।[10]

इस अर्थ में सशर्त नकद हस्तान्तरण की सफलता के बारे में यह नहीं मानना चाहिए कि यह केवल नकद हस्तान्तरण को एकमात्र हस्तक्षेप के रूप में स्थापित करता है। इसके बजाय, इसे एक अनुपूरक निवेश के रूप में स्वीकार करना चाहिए (बैसेट 2008)। यह भी कोई संयोग नहीं है कि मैक्सिको में 'प्रोग्रेसा' तथा ब्राजील में 'बोल्सा फैमिलिया' को ऐसे समुदायों में आरम्भ किया गया जिनकी पहले से ही सेवाओं तक पर्याप्त पहुँच थी, और इस कारण वे इन कार्यक्रमों की सफलता के लिए आवश्यक शर्तों को पूरा कर पायें। इसलिए यदि सशर्त नकद हस्तान्तरण सेवाओं की सफलता पहले से ही कुछ सेवाओं की उपलब्धता पर निर्भर करती है, तो हाशिये के पिछड़े क्षेत्र में इनकी सफलता की सम्भावना काफ़ी कम हो जाती है। विशेष रूप से, स्वास्थ्य के सन्दर्भ में यह काफ़ी महत्त्वपूर्ण है (लगार्डे और अन्य 2009)। यदि इन कार्यक्रमों में इनकी शर्तों के अनुरूप भाग लेना अत्यन्त महँगा हो, तो यह मुमकिन है कि सबसे ज़रूरतमन्द परिवार के लोग इसमें भागीदारी न कर पायें। मिसाल के तौर पर, परिवहन का ख़र्च ज़्यादा होने पर, स्कूल या क्लिनिक के काफ़ी दूर होने पर, या ऐसी ही नकारात्मक स्थितियाँ होने पर बहुत से ज़रूरतमन्द किन्तु साधनहीन लोग इन कार्यक्रमों से दूरी बना सकते हैं (बैसेट 2008)।[11] दरअसल, बहुत से सशर्त नकद हस्तान्तरण कार्यक्रमों में निम्न भागीदारी और इसकी प्रगति की धीमी दर मुख्य समस्या रही है। मसलन, नेपाल के 'नैशनल इनसेंटिव प्रोग्राम टू प्रमोट सेल्फ डिलिवरी' कार्यक्रम (पॉवेल जैक्सन और अन्य 2009) तथा भारत के 'जननी सुरक्षा योजना' के साथ यही हुआ (लिम और अन्य 2010)। यह केवल सशर्त नकद हस्तान्तरण के लिए ही नहीं, बल्कि 'नकद सहायता प्राप्त वस्तु हस्तान्तरण' के बारे में भी सच है, जिसमें यह माना जाता है कि कुछ वस्तुओं या सेवाओं की उपलब्धता होने पर ही इसे सही प्रकार से लागू होने की स्थिति निर्मित होती है। ऐसी स्थिति न होने पर पेंशन जैसे कुछ शर्तहीन स्थानान्तरण के सकारात्मक प्रभाव भी सीमित हो सकते हैं।

सशर्त नकद स्थानान्तरण का लक्ष्य तय करना और इसके लाभार्थियों की पहचान भी इससे जुड़ी प्रमुख समस्याएँ हैं। यह मुमकिन है कि इस प्रकार के हस्तान्तरण में कुशलता बढ़ने के साथ-ही-साथ पुनर्वितरण प्रभावों में कमी आये (दास और अन्य 2005)।[12] मिसाल के तौर पर, भारत में जननी सुरक्षा योजना संस्थात्मक प्रसव को

बढ़ावा देने वाला एक सशर्त नकद हस्तान्तरण कार्यक्रम है। इसके मूल्यांकन से यह बात सामने आती है कि सुविधायुक्त प्रसव में इसका महत्त्वपूर्ण प्रभाव पड़ा है। इसमें प्रति 1000 प्रसव में से पूर्व-प्रसव मृत्यु में 4 और प्रसव के बाद होने वाली मृत्यु में 2.4 की कमी आयी है। फिर भी, सबसे ग़रीबी और सबसे कम शिक्षित महिलाओं को इस कार्यक्रम का लाभ मिलने की सम्भावना कम ही थी। दरअसल, ऐसे कार्यक्रमों में कुछ खास शर्तों को पूरा करने वालों को ही पैसा मिलता रहा है। कई मरतबा इसके बारे में आय (बोसा इस्कोला, ब्राजील), भूस्वामित्व और रोज़गार (एफएफई, बांग्लादेश) के आधार पर फ़ैसला लिया गया है। इन सभी मामलों में पहचान की समस्या मौजूद रहती है। गालासो और रावालिऑन (2004) ने यह दिखाया है कि बांग्लादेश के एफएफई कार्यक्रम में अमीर और ग़रीब को तकरीबन बराबर राशि मिल रही थी।

अमूमन बाज़ार के विभाजन को समता और प्रभावकारिता हासिल करने के उपाय के रूप में प्रस्तुत किया गया है (दास और अन्य 2005) ताकि जो लोग ग़रीब नहीं हैं वे इस कार्यक्रम से खुद ही अलग हो जायें। इसमें ऐसी शर्तें लगा दी जाती हैं जिसमें अच्छे आर्थिक हालात वाले लोग बेहतर सुविधाओं की तलाश में निजी क्षेत्र की ओर जाते हैं। मिसाल के तौर पर, सरकारी स्कूलों में उपस्थिति या सरकारी स्वास्थ्य केन्द्रों में जाने को शर्त बनाने पर ऐसे लोग खुद-ब-खुद इन कार्यक्रमों से दूर हो जाते हैं। इसका कारण यह है कि उनकी वरीयता बेहतर गुणवत्ता वाली सेवा होती है और इसके लिए वे निजी क्षेत्र की सेवाओं को प्राथमिकता देते हैं। किन्तु यदि सरकारी सेवाओं की गुणवत्ता ख़राब है, या उच्चतर स्तर की सेवाओं तक लोगों की पहुँच नहीं है, तो ऐसे में इस कार्यक्रम की शर्तों को मानने वाले लोगों की स्थिति ज़्यादा बुरी हो सकती है (बैसेट 2008)। इस बात के भी कुछ प्रमाण मौजूद हैं कि नकद स्थानान्तरण से हाशिये के परिवारों के फायदे में कमी आती है (फिलमर और स्कैडी 2009, मसलन कम्बोडिया में नामांकन पर प्रभाव)। सिर्फ़ नकद हस्तान्तरण का आकार ही महत्त्वपूर्ण नहीं है, बल्कि परिवारों के व्यवहार को प्रभावित करने की इसकी क्षमता भी सीमित हो सकती है।

अन्त में, ऐसे कार्यक्रमों पर विभिन्न शर्तों को लागू करना एक अत्यन्त ख़र्चीली प्रक्रिया हो सकती है जिसका बहुत से लोग गलत फ़ायदा उठा सकते हैं। हालाँकि इस आयाम के बारे में काफ़ी कम प्रमाण उपलब्ध हैं। मैक्सिको (प्रोग्रेसा), होण्डुरास (पीआरएएफ II), और निकारागुआ (आरपीएस) में अनुपालन के जाँच में प्रशासनिक ख़र्च (इसमें हस्तान्तरण राशि सम्मिलित नहीं है) का 2 से लेकर 24% तक ख़र्च होता है (कैलडेस और मॉलुसियो 2005)। जाम्बिया में कुल हस्तान्तरण का 73% ऐसी जाँच में ख़र्च होता है (चिवेले 2010)। साथ ही, नियमन लागत में कटौती और लागत प्रभाव एक-दूसरे से प्रत्यक्ष रूप से जुड़े होते हैं। अर्थात् नियमन लागत

में कटौती होने पर लागत प्रभाव (कॉस्ट इफेक्टिवनेस) में भी कमी आती है (हांडा और डेविस 2006; अडाटो और बैसेट 2009)।

3.2 कृषि निवेश : उर्वरक और बीज

कृषि निवेश के लिए हस्तान्तरण के सम्बन्ध में काफ़ी कम प्रयोग हुए हैं। इन प्रयोगों में अमूमन उर्वरकों और 'लक्षित' (टारगेटेड) किसानों को बीज वाउचर देने पर ध्यान केन्द्रित किया गया है। ऐसे अधिकांश प्रयोग सब-सहारा अफ्रीका में हुए हैं, जहाँ उर्वरकों और खाद्य सामग्री की ऊँची कीमतों के चलते इन आकर्षक सबसिडियों को आरम्भ किया गया। यहाँ 1970 और 1980 के दशक में निवेश वितरण पर अर्द्ध-सरकारी नियन्त्रण था, जिसे बाद में ख़त्म करके निवेश बाज़ार में निजी क्षेत्र के भागीदारी की अनुमति दी गयी।[13] इस सन्दर्भ में सबसे प्रसिद्ध उदाहरण मालावी (यहाँ 2005-2007 के बीच बीज और उर्वरक वाउचर वितरित किया गया) और घाना (2007-08, 2008-09) हैं। आरम्भ में इन दोनों ही स्थानों पर इन कार्यक्रमों को अस्थायी रूप से तैयार किया गया था। नाइजीरिया (2009), जाम्बिया (2009), तंजानिया (2008), मोजाम्बिक (2002) और केन्या जैसे बहुत से देशों ने अलग-अलग तरीके से अपने यहाँ उर्वरक वाउचर कार्यक्रम शुरू किये हैं।

आमतौर पर, कभी भी यह बात पूरी तरह स्पष्ट नहीं रही है कि क्या अफ्रीका में निवेश सबसिडी के पारम्परिक रूपों के चलते उर्वरक उपयोग में बढ़ोतरी हुई है या नहीं। कुछ देशों (कैमरॉन, घटाना, नाइजीरिया, सेनेगल और तंजानिया) में सबसिडी हटाने या उसका अवमूल्यन करने के पाँच वर्ष पहले और बाद में उर्वरक के उपयोग में 25% से 40% तक की कटौती सामने आयी, वहीं कुछ अन्य देशों में उर्वरक के उपयोग में 14% से 500% तक की वृद्धि दर्ज की गयी (बेनिन, मैडागास्कर, माली और टोगो) (मिनॉट और बेनसन 2009)।

केन्या में उर्वरकों को अपनाने के बारे में एक प्रयोगात्मक अध्ययन किया गया, जिसमें यह प्रमाण सामने आया कि वाउचर का प्रयोग कुछ हद तक उर्वरक के उपयोग को प्रभावित कर सकते हैं (डॉफ्लो और अन्य 2009)। हालाँकि, हक़ीक़त यह है कि उर्वरकों के उपयोग पर वाउचरों के प्रभावों से सम्बन्धित ठोस प्रमाणों का अभाव ही है। मालावी में मक्का की ज़बरदस्त फ़सल हुई और फिर वह इस मामले में आत्मनिर्भर भी हो गया। अमूमन इसका श्रेय उर्वरक वाउचर के प्रयोग को दिया जाता है। हालाँकि किसी ठोस और गम्भीर मूल्यांकन के बगैर इन दोनों के बीच कोई सृजनात्मक जुड़ाव स्थापित करना मुमकिन नहीं है (डॉरवार्ड और अन्य 2009)। यही बात बीज वाउचरों के बारे में भी सच है।

जैसा कि मिनॉट और बेनसन (2009) बताते हैं कि उर्वरक वाउचर योजना हर स्थिति के लिए समुचित और लागत के हिसाब से मुनासिब नहीं होती है। इसलिए

उन स्थितियों को स्पष्ट करना आवश्यक है जिनके अन्तर्गत इन्हें सार्थक रूप से लागू किया जा सकता है। इस बारे में बहुत कम जानकारी है कि क्या लाभ-लागत अनुपात वाउचर को सही साबित करते हैं और क्या इन्हें वित्तीय रूप से कायम रखा जा सकता है। मिसाल के तौर पर, मालावी के 'एग्रीकल्चर इंफ्रास्ट्रक्चर सपोर्ट प्रोजेक्ट' (एआईएसपी) के मूल्यांकन में यह अनुमान लगाया गया कि अतिरिक्त मक्का उत्पादन के सन्दर्भ में होने वाला लाभ कुल लागत के 76% से 136% के बीच था। इस लिहाज से इस कार्यक्रम को कुशलता के आधार पर सही साबित करना भ्रामक लगता है (डॉरवार्ड और अन्य 2008)। विभिन्न किसानों को अलग-अलग तरीके से इन उर्वरकों का लाभ मिला है, जिसमें उनके मिट्टी की गुणवत्ता और ज़मीन की विशेषताओं से काफ़ी फ़र्क़ पड़ा है। इसका एक नकारात्मक प्रभाव यह भी सामने आया कि इस कार्यक्रम से बेहतर आर्थिक स्थिति वाले किसानों को ख़राब आर्थिक स्थिति वाले किसानों की तुलना में ज़्यादा लाभ हुआ। इसका कारण यह है कि अमीर किसानों के पास ज़्यादा बेहतर ज़मीन, और अच्छी दक्षता होती है तथा अन्य अनुपूरक साधनों तक भी इनकी पहुँच होती है। मारेन्या और बैरेट (2009) यह दिखाते हैं कि सामान्य तौर पर लाभ-लागत अनुपात उस समय एक से कम होता है जब उर्वरक कूपन का मुफ़्त वितरण किया जाता है या फिर सिर्फ़ ग़रीबों को इसका अत्यन्त सस्ता पैकेट उपलब्ध कराया जाता है। मारेन्या और बैरेट (2009 बी) यह मानते हैं कि उर्वरकों की माँग को प्रभावित करने वाले जैविक-भौतिक स्थितियों में सुधार करने से नकद या वस्तु के रूप में हतान्तरण के लक्ष्यों को हासिल करने में मदद मिलती है। मालावी के अनुभव से भी यह पता चलता है कि जब उर्वरकों की कीमतों में वृद्धि हुई तो कार्यक्रम की लागत अपेक्षा से ज़्यादा बढ़ गयी। इसका कारण यह है कि उर्वरक हकदारी की मात्रा सुरक्षित रखने के लिए वाउचर के मूल्य में बढ़ोतरी करना आवश्यक था। इसलिए इस तथाकथित 'स्मार्ट सबसिडी' के लागत और प्रभाव पर गम्भीर प्रश्न खड़े हो जाते हैं।

स्वरूप और लक्ष्य निर्धारण

ऐसा लगता है कि ऐसे कार्यक्रमों के स्वरूप और लक्ष्य का निर्धारण सबसे बड़ी चुनौती है। लक्ष्य निर्धारण की मुश्किलों या वाउचर वितरण में राजनीतिक प्रक्रियाओं द्वारा दखलन्दाज़ी इन वाउचरों के समान प्रभाव के लक्ष्य के प्रति सन्देह उत्पन्न करती हैं। अधिकांश वाउचर कार्यक्रमों में लाभार्थियों की पहचान एक चुनौती रही है या इसके लिए मनमाने तरीके का इस्तेमाल किया गया है। मिसाल के तौर पर, मालावी में ग़रीबी की कसौटी के आधार पर, समुदाय आधारित लक्ष्य तय करते हुए वाउचरों का वितरण किया गया। इसके मूल्यांकन से यह बात सामने आयी कि लाभार्थी औसतन गैर-लाभार्थियों की तुलना में ज़्यादा ग़रीब नहीं थे (मिनॉट और बेनसन 2009)।

बीज वाउचरों के सम्बन्ध में भी इसी प्रकार की मुश्किलें सामने आयीं, जहाँ बाज़ार विभाजन की रणनीतियाँ वाउचरों का समान वितरण हासिल करने में नाकाम रहीं। (डे ग्रूटे और अन्य 2009)। बेनफुल (2010) ने घाना में उर्वरक वाउचरों के वितरण का अध्ययन करते हुए यह पाया कि यहाँ ग़रीबी, जनसंख्या के आकार या खेती की पारिस्थितिक विशेषताओं के आधार पर इस कार्यक्रम के क्षेत्र का चुनाव नहीं किया गया। इसके बजाय, शासक दल ने अपने आधार को मज़बूत करने के लिए क्षेत्रों का चुनाव किया जिससे यह कार्यक्रम पूरी तरह से राजनीति का शिकार हो गया।

विभिन्न अध्ययनों से यह बात भी सामने आयी है कि यह कार्यक्रम रिसाव (भ्रष्टाचार) का शिकार रहा है (माँगीसोनी और अन्य 2007 द्वारा मालावी, मोजाम्बिक और जाम्बिया का अध्ययन)। इन देशों में वाउचरों का द्वितीयक बाज़ार विकसित हो गया है। यह छोटे और ग़रीब किसानों को सस्ते दर पर उर्वरक उपलब्ध कराने के लक्ष्य पर नकारात्मक प्रभाव डालता है क्योंकि ये वाउचर सम्भावित गैर-लाभार्थियों के पास चले जाते हैं। हालाँकि कल्याणकारी नतीजों के दृष्टिकोण से विचार करने पर यह आवश्यक रूप से अपने-आप में एक समस्या नहीं लगती है। कई ऐसे भी उदाहरण हैं जहाँ किसान इन वाउचरों के बदले में कीटनाशक दवाइयों जैसी अन्य आवश्यक वस्तुएँ खरीदते हैं। इसके चलते जिस लक्ष्य के लिए ये वाउचर दिये जाते हैं, वे लक्ष्य पूरे नहीं होते हैं।

वाउचर के सम्बन्ध में अफ्रीकी अनुभव से यह बात सामने आती है कि इसमें धोखाधड़ी की काफ़ी सम्भावनाएँ मौजूद हैं (माँगीसोनी और अन्य 2007; टम्बुलासी 2009; बेनफुल 2010)। कई निजी विक्रेताओं ने नकली कूपन का मुद्रण कर लिया। मालावी में कूपन धोखाधड़ी के सम्बन्ध में अपराध और भ्रष्टाचार का एक नापाक गठजोड़ सामने आया, जिसमें कूपन मुद्रक के यहाँ काम करने वाले मज़दूर, विभिन्न स्तरों के अधिकारी, और अन्य सरकारी कर्मचारी सम्मिलित थे (टम्बुलासी 2009)। बेहतर तकनीकी सुविधाओं के माध्यम से इन मुद्दों को सुलझाया जा सकता है, किन्तु इसके बाद भी कूपन वितरण राजनीतिक दबावों और दखलन्दाज़ी का शिकार हो सकता है।

यद्यपि सिद्धान्त रूप में वस्तु वितरण की तुलना में वाउचर व्यवस्था के अन्तर्गत वितरण में कम समय लगना चाहिए, किन्तु घाना और मालावी में यह हमेशा से एक गम्भीर मुद्दा रहा है। माली में भी इस कार्यक्रम के क्रियान्वयन में एक प्रमुख समस्या यह सामने आयी कि आपूर्तिकर्ताओं द्वारा वाउचर के आधार पर किसानों को उर्वरक देने के एक साल बाद भी उन्हें भुगतान नहीं किया गया। यह भी पाया गया कि वाउचर कार्यक्रम के भागीदारों को ज़्यादातर निम्न कोटि और झूठे ब्रांड वाला उर्वरक उपलब्ध कराया गया। जो लोग इस कार्यक्रम का भाग नहीं थे, उनके साथ ऐसा नहीं हुआ। हालाँकि इसके कारणों पर गहराई से विचार करने का प्रयत्न

नहीं किया गया है (मसलन देखें, माँगीसोनी और अन्य 2007; नाइजीरिया के सन्दर्भ में लिवरपुल-टेसे और अन्य 2010)।

विभिन्न अफ्रीकी देशों में उर्वरक वितरण के मामले में अर्द्ध-सरकारी एजेंसियों का एकाधिकार रहा है। यह उम्मीद की जाती रही है कि इस प्रकार के 'स्मार्ट सबसिडी' से निजी बाज़ारों के विकास को बढ़ावा मिलेगा। लेकिन जब लाभार्थी वाउचर के लिए पूरी तरह से अर्द्ध-सरकारी एजेंसियों पर निर्भर हो गये तो किसान बाज़ार में निजी विक्रेताओं के बजाय इन एजेंसियों को ही तरजीह देने लगे, जिससे छोटे स्तर के निजी विक्रेताओं की स्थिति पर काफ़ी नकारात्मक प्रभाव पड़ा। इसके आरम्भिक दौर में, घाना में वर्ष 2006-07 में यह पाया गया कि वाउचर व्यवस्था के अन्तर्गत उर्वरकों की 30% से 40% तक की बिक्री इसलिए हुई क्योंकि लोग अब निजी विक्रेताओं के बजाय अर्द्ध-सरकारी एजेंसियों से उर्वरक ख़रीदने लगे। इस प्रकार, यह इस कार्यक्रम के मूल लक्ष्य को, अर्थात् उर्वरकों के उपभोग में बढ़ोतरी, पूरा करने में नाकाम रहा (बेनफुल 2010)। इसी वजह से बीजों के प्रत्यक्ष वितरण को बाज़ार के विकास के लिए हानिकारक माना जाता है (माँगीसोनी और अन्य 2007)। मालावी और जाम्बिया से प्राप्त नतीजों से यह संकेत मिलता है कि सबसिडी कार्यक्रम के अन्तर्गत उर्वरक वितरण से किसानों द्वारा उर्वरक के उपयोग में 0.5 किलो से 0.8 किलो तक की बढ़ोतरी होती है (इसका तात्पर्य है 20% से 50% तक की विस्थापन दर); और यदि तुलनात्मक रूप से सम्पन्न किसानों के बजाय ग़रीब किसानों को सबसिडी प्रदान की जाती है तो उपभोग की दर में और भी कम बढ़ोतरी होती है (डॉरवर्ड और अन्य 2008; रीकर-गिल्बर्ट और जायने 2009)। जहाँ इस बात की अनुमति होती है कि वाउचर का उपयोग निजी विक्रेताओं के माध्यम से भी किया जा सकता है, वहाँ यह छोटे स्तर के विक्रेताओं को बढ़ावा देती है या कम-से-कम उनके विकास पर रोक नहीं लगाती है। हालाँकि इस बात का कोई संकेत नहीं है कि निजी क्षेत्र सम्पूर्ण इलाके में वाउचर के प्रसार से मिलने वाले प्रोत्साहन को काफ़ी उत्साहपूर्वक स्वीकार करता है।

4. निष्कर्ष के रूप में कुछ टिप्पणियाँ

इस लेख में सम्पूर्ण विश्व से विभिन्न प्रकार के हस्तान्तरणों के चुनिंदा अनुभवसिद्ध प्रमाण की समीक्षा की गयी है। मोटे तौर पर, इस पर आमसहमति है कि नकद हस्तान्तरण के प्रत्येक रूप की तुलनात्मक प्रभावकारिता काफ़ी हद तक सन्दर्भ पर निर्भर होती है। भोजन और स्वास्थ्य सम्बन्धी हस्तक्षेपों के मामले में एक बड़े तबके के लिए वस्तु हस्तान्तरण ज़्यादा सार्थक होता है। इस सन्दर्भ में वाउचर के माध्यम से उर्वरक देने जैसे 'नकद सहायता प्राप्त वस्तु' हस्तान्तरण भी अत्यधिक उपयोगी होती है। हालाँकि यह भी स्पष्ट है कि सबसिडी देने के पारम्परिक रूपों की भाँति ही

इनके साथ भी समुदायों की पहचान करने और कार्यक्रम में भ्रष्टाचार की सम्भावना जैसी समस्याएँ जुड़ी होती हैं। ऐसे कार्यक्रमों के लक्ष्यों को हासिल करने के लिए और उन्हें वित्तीय रूप से व्यावहारिक बनाये रखने के लिए यह ज़रूरी है कि इन समस्याओं को दूर किया जाये।

ऐसा लगता है कि वरिष्ठ नागरिकों की सामाजिक सुरक्षा या बच्चों को बेहतर पोषक तत्त्व और अन्य प्रकार की मदद देने के सन्दर्भ नकद हस्तान्तरण की योजनाएँ सबसे ज़्यादा सार्थक हैं। शिक्षा और स्वास्थ्य सेवाओं तक पहुँच के मामले में नकद हस्तान्तरण के प्रभाव का सबसे स्पष्ट सबूत सामने आता है, खासतौर पर उस समय जब इनके साथ बहुत-सी शर्तें जुड़ी हों। इसे अधिकांश महत्त्वपूर्ण सफलताएँ उन सन्दर्भों में मिली हैं जहाँ सेवाओं के लिए विस्तृत सार्वजनिक प्रावधान बनाये गये। ऐसे में, सशर्त नकद हस्तान्तरण को मानव-पूँजी में निवेश के लिए माँग-पक्ष के प्रोत्साहन के रूप में तैयार किया जाता है, जो आपूर्ति पक्ष अर्थात् सेवाओं के सार्वजनिक प्रावधान के अनुपूरक का काम करता है। मिसाल के तौर पर, ब्राजील का 'बोल्सा फैमिलिया' पूरी तरह से एक अधिकार आधारित 'जीरो हंगर प्रोग्राम' (शून्य भूख कार्यक्रम) था। इसमें अन्य बातों के अलावा, स्कूल भोजन कार्यक्रम तक पहुँचाने वाला, भोजन व्यवस्था और श्रमिक भोजन कार्यक्रम का विस्तार शामिल था। लेकिन सशर्त नकद हस्तान्तरण की इन सफलताओं की वजह से भारत की मौजूदा आपूर्ति आधारित कार्यक्रमों की जगह नकद हस्तान्तरण को अपनाना गलत होगा। दरअसल, पूरी दुनिया के अनुभवों से यह बात सामने आती है कि ज़्यादा-से-ज़्यादा नकद हस्तान्तरण को बहुत से विकल्पों में से एक विकल्प मानना चाहिए। साथ ही, इसे माँग आधारित हस्तक्षेपों के अनुपूरक से ज़्यादा कुछ भी नहीं मानना चाहिए।

वर्तमान में, भारत में नकद हस्तान्तरण सम्बन्धी चर्चा एक तरह के ध्रुवीकरण की शिकार है जिसमें इसके प्रतिपादक और विरोधी आमने-सामने हैं। यह एक तरह की अप्राकृतिक स्थिति ही है। प्रत्येक पक्ष अपने तर्कों और आपत्तियों पर नये सिरे से विचार कर यह महसूस कर सकता है कि उनके तर्क काफ़ी हद तक परस्परव्यापी हैं। इस सन्दर्भ में यह समझने की आवश्यकता है कि वस्तु और नकद—दोनों ही प्रकार के हस्तान्तरण विविध रूप धारण कर सकते हैं, इसलिए नकद हस्तान्तरण के बारे में सरलीकृत तर्क प्रस्तुत करना ठीक नहीं है। इस बात पर गौर करने की ज़रूरत है कि जो लोग भोजन सम्बन्धी योजनाओं में नकद हस्तान्तरण का विरोध करते हैं, वे भी सामाजिक सुरक्षा पेंशन या मातृत्व हकदारी जैसे मसलों में इसकी तरफ़दारी करते हैं। असल में, ऐसी कई मध्यमार्गी योजनाएँ हो सकती हैं जिसमें नकद हस्तान्तरण आपूर्ति-पक्ष की पहल को बढ़ावा दे सकता है। ऐसा मध्य मार्ग भारत में नीति के सम्बन्ध में समृद्ध सम्भावनाएँ प्रस्तुत करता है। भारत में नकद

हस्तान्तरण वाद-विवाद को नयी रूपरेखा प्रदान करना आवश्यक है ताकि इस मध्यम मार्ग की सम्भावना धूमिल न पड़े।

[यह भी गौरतलब है कि इस शोध-आलेख में जिन अनुसन्धानों का उल्लेख किया गया है, उनके बारे में यह दावा नहीं किया जा सकता है कि वे इस विषय पर हुए सम्पूर्ण अनुसन्धान का प्रतिनिधित्व करते हैं। नकद हस्तान्तरण, और विशेष रूप से सशर्त नकद हस्तान्तरण के बारे में निम्नलिखित पुस्तकें उल्लेखनीय हैं : अडाटो और बैसेट (2009), बैसेट (2008); बच्चों के पोषण के लिए हॉडीनॉट और बैसेट (2008); स्वास्थ्य के लिए लगार्डे और अन्य (2009); शिक्षा के लिए पार्कर और अन्य (2007) और स्लाविन (2010); साथ ही अन्य कई पहलुओं के लिए मॉरले और कॉडी (2003); मिलाजो (2009); अडाटो और हॉडीनॉट (2010) और फिस्वबेन और अन्य (2009)]

सन्दर्भ

1. मैं इस शोध-आलेख से सम्बन्धित मुद्दों पर चर्चा और इसके आरम्भिक मसौदे पर टिप्पणियों के लिए क्रिस्टॉफर बैरेट, ज्याँ द्रेज, रीतिका खेड़ा, इरीन लेन्ट्ज, मेरे रॉकमोर, अनुजा सरूकार की आभारी हूँ।
2. यह माना जाता है कि ये शुद्ध कीमत आधारित सबसिडी से अलग होते हैं जो बाज़ार से कम मूल्य पर वस्तुएँ उपलब्ध कराते हैं। किन्तु ये सबसिडीयुक्त वस्तुओं या सेवाओं को निजी रूप से उपलब्ध कराते हैं (मसलन, भारत में उर्वरकों के सन्दर्भ में ऐसा होता है)।
3. यह उस समय स्थिति के सन्दर्भ में है जब हस्तान्तरण हस्तक्षेप के पहले उपभोग किये जाने वाली मात्रा से कम हो। यदि ऐसा नहीं है जो वस्तु हस्तान्तरण में हमेशा ही भोजन पर ज़्यादा ख़र्च होगा।
4. कुरी और गाहवरी (2007) वस्तु और नकद हस्तान्तरण के सैद्धान्तिक आधार की समीक्षा करते हैं। पिंटो (2004) यह सुझाव देते हैं कि नकद और भोजन हस्तान्तरण की मिश्रित व्यवस्था सबसे अच्छी होती है।
5. यह काफ़ी महत्त्वपूर्ण है कि हस्तान्तरण के एक रूप को दूसरे की तुलना में उच्चतर रखने की प्रक्रिया पूरी तरह इस पर निर्भर होती है कि किस प्रकार के कल्याणकारी माप (वेलफेयर मेट्रिक) का उपयोग किया जा रहा है। मिसाल के तौर पर, इसमें माप के लिए सीमांत भोजन ख़र्च, मानवशास्त्रीय स्थिति आदि का प्रयोग किया जा सकता है।
6. यह ज़रूरी नहीं है कि यह भोजन बनाम नकद राशि के सन्दर्भ में पिछले भाग में किये गये टिप्पणी से असंगत ही हो। उससे यह भी पता चलता है कि नकद हस्तान्तरण से भी भोजन के उपभोग में वृद्धि होती है, किन्तु यह वृद्धि भोजन टिकट की तुलना में कम होती है।
7. यह साहित्य इतना व्यापक है कि यहाँ विस्तार से इसकी विवेचना नहीं की जा सकती है। पार्कर और अन्य (2007) तथा स्लाविन (2010) शिक्षा के बारे में बताते हैं। फिस्वबेन और अन्य (2009); अडाटो और बैसेट (2009) तथा अडाटो और हॉडीनॉट (2010) सभी कार्यक्रमों के प्रभावों की समीक्षा प्रस्तुत करते हैं। स्कोफियास (2005) में 'प्रोग्रेसा' का संक्षिप्त मूल्यांकन है तथा मालुसियो और फ्लोर्स (2005) में निकारागुआ के आरपीएस का विवरण दिया गया है।

8. मिसाल के तौर पर, ब्राजील में हर किसी को सार्वजनिक स्वास्थ्य सेवा और शिक्षा को मुफ़्त में देने की व्यवस्था की गयी है, इसलिए वहाँ इन माँगों से लाभार्थियों पर कोई प्रत्यक्ष वित्तीय बोझ नहीं पड़ता है। ये मोटे तौर पर, सार्वजनिक सेवाओं की आपूर्ति में कमियों और अन्तरालों को नियन्त्रित करने और उन्हें पहचानने के संयन्त्र की भूमिका अदा करते हैं (आईएलओ 2009)।
9. कोलाम्बिया के 'फैमिलियास इन एकियॉन' (जिसमें परिवार निजी क्लिनिक का उपयोग कर सकते हैं) और चिली के 'सॉलिडेरियो' कार्यक्रम (जिसमें दरिद्र घरों के लिए सहायक योजनाओं की व्यवस्था है, जिसके लिए यह आवश्यक है कि नज़दीकी निजी या सरकारी पूर्व-स्कूल या स्कूल में नामांकन हो) को इसका अपवाद माना जा सकता है।
10. मॉरिस और अन्य इन प्रभावों को सुलझाते हैं। वे यह पाते हैं कि ब्राजील के बोल्सा अलिमेंटाकाओ से सम्बन्धित बच्चों के वज़न में इस योजना से बाहर रहने वाले बच्चों की तुलना में प्रति माह 31 ग्राम की वृद्धि होती है। फरनैल्ड और अन्य (2008) मैक्सिको के 'ऑपरच्युनिडेडेस' कार्यक्रम के सकारात्मक प्रभाव के बारे में बताते हैं। डे ब्राउ और हॉडीनॉट (2008) भी 'प्रोग्रेसा' कार्यक्रम की शर्तों के बारे में अध्ययन करते हुए यह दिखाते हैं कि इनका पालन न होने पर बच्चों के स्कूल आने की सम्भावना में कमी आती है। यह प्रभाव उन बच्चों में ज़्यादा स्पष्ट रूप से सामने आया जो लोअर सेकेण्ड्री स्कूल से आगे जाने वाले थे।
11. बेहरमन और अन्य (2005) यह दिखाते हैं कि जब बच्चों को स्कूल में स्टैलाइट आधारित वीडियो के माध्यम से शिक्षा की व्यवस्था की गयी तो नामांकन तुलनात्मक रूप से काफ़ी कम था। किन्तु जब खुद सामान्य या तकनीकी स्कूलों तक उनकी पहुँच हुई तो उनकी नामांकन में वृद्धि दर्ज की गयी।
12. इस मुद्दे पर विस्तृत और गहन आलोचना के लिए देखें दास और अन्य (2005)।
13. 'स्मार्ट सबसिडी' सबसिडीयुक्त वस्तुएँ और सेवाएँ उपलब्ध कराने का तरीका है, जिसे बाज़ार के विकास और ग़रीबों के कल्याण को बढ़ावा देने के लिए तैयार किया गया है। यह एक ऐसी व्यवस्था होती है जिसमें आमतौर पर निजी क्षेत्र के आपूर्तिकर्त्ताओं द्वारा बाज़ार लागत से कम दर पर वस्तुएँ और सेवाएँ उपलब्ध कराई जाती हैं। अमूमन यह सम्भावना होती है कि इससे विशेष रूप से ग़रीबों को लाभ होगा। इस सन्दर्भ में ज़्यादा विस्तार के लिए देखें मिन्डे और अन्य (2008)।

सन्दर्भ ग्रन्थ सूची

अडाटो, एम. और एल. बैसेट (2009), 'सोशल प्रोटेक्शन टू सपोर्ट वलनरेबल चिल्ड्रेन ऐंड फैमिलीज : द पोटेंशियल ऑफ कैश ट्रान्सफर्स टू प्रोटेक्ट, एडुकेशन, हेल्थ ऐंड न्यूट्रिशन', *एड्स केयर : साइकोलॉजिकल ऐंड सोशियो मेडिकल एस्पेक्ट्स ऑफ एड्स/एचआईवी,* 21, नम्बर 11, सप्लिमेंटरी 1, पृ. 60-75।

अडाटो, एम. और जे. हॉडीनॉट (2010), *कंडीशनल कैश ट्रान्सफर्स इन लैटिन अमेरिका,* जॉन्स हॉपकिन्स यूनिवर्सिटी प्रेस।

अडाटो, एम., बी. डे ला ब्रियरे, डी. माइनडेक और ए.आर. क्वीसुमबिंग (2003), 'द इम्पैक्ट ऑफ प्रोग्रेसा ऑन वीमेन्स स्टेट्स ऐंड इंट्राहाउसहोल्ड रिलेशन्स', संकलित, ए.आर. क्वीसुमबिंग (सं.), *हाउसहोल्ड डिसिजन्स, जेण्डर, ऐंड डिवलपमेंट : अ सिंथिसिस ऑफ रिसेन्ट रिसर्च,* वाशिंगटन डीसी, इंटरनैशनल फूड पॉलिसी रिसर्च इंस्टीट्यूट।

अफरीदी, फरजाना (2010), 'चाइल्ड वेलफेयर प्रोग्राम ऐंड चाइल्ड न्यूट्रिशन : इविडेन्स फ्रॉम अ मैन्डेटेड स्कूल मील प्रोग्राम', *जर्नल ऑफ डिवलपमेंट इकोनॉमिक्स,* खण्ड 92, अंक 2, पृ. 152-65।

अग्युरो, जे., एम. आर. कार्टर और आई. वुलार्ड (2006), 'द इम्पैक्ट ऑफ अनकंडीशनल कैश ट्रान्सफर्स ऑन न्यूट्रिशन : द साउथ अफ्रीकन चाइल्स सपोर्ट ग्रांट', साइरू वर्किंग पेपर, नम्बर 06, http://www.cgdev.org/doc/events/11.07.06/unconditional%20cash%20transfers.pdf. देखने की तारीख : 15 अप्रैल 2011।

अहमद, अख्तर यू. (2009), *कॉम्पेयरिंग फूड ऐंड कैश ट्रान्सफर्स टू द अल्ट्रा पुअर इन बांग्लादेश;* वाशिंगटन डीसी, इंटरनैशनल फूड पॉलिसी रिसर्च इंस्टीट्यूट।

अलाई, जेन ए. और अन्य (2003), 'परशेप्सन ऐंड बेड नेट्स ऐंड मलेरिया प्रिवेंशन बिफोर ऐंड आफ्टर अ रैण्डोमाइज्ड कण्ट्रोल्ड तराइ ऑफ परमेथेरिन ट्रिटेड बेड नेट्स इन वेस्टर्न केन्या', *द अमेरिकन सोसायटी ऑफ ट्रॉपिकल मेडिसिन ऐंड हायजीन,* खण्ड 68, अंक 4, पृ. 142-148।

अटानासियो, ओ. और वी. लेचेने (2002), 'टेसट ऑफ इनक पुलिंग इन हाउसहोल्ड डिसिजन्स', *रिव्यू ऑफ इकोनॉमिक डायनेमिक्स,* खण्ड 5, अंक 4, पृ. 720-48।

बेनफुल, अफुआ ब्रानोआह (2010), 'ओल्ड प्रॉब्लेम्स इन द न्यू सॉल्यूशन्स? पॉलिटिकली मोटिवेटेड अलॉकेशन ऑफ प्रोग्राम बेनेफिट्स ऐंड द 'न्यू' फर्टीलाइजर सबसिडिस', वाशिंगटन डीसी, इंटरनैशनल फूड पॉलिसी रिसर्च इंस्टीट्यूट।

बैरेट, सी.बी. (2002), 'फूड सेक्योरिटी ऐंड फूड असिस्टेंस प्रोग्राम्स', संकलित, ब्रूस गार्डनर और जी. रॉसर (सम्पा.), *हैण्डबुक ऑफ एग्रीकल्चर इकोनॉमिक्स,* वोल्यूम 18, एमस्टर्डम।

बैरेट, क्रिस्टोफर, रॉबर्ट बेल, एरिक लेंट्ज और डेनियल जी. मैक्सवेल (2009), 'मार्केट इनफॉरमेशन ऐंड फूड इनसेक्योरिटी रिस्पांस ऐनालिसिस', *फूड सेक्योरिटी,* 1:151-68।

बैसेट, एल. (2008), 'कैन कंडीशनल कैश ट्रान्सफर प्रोग्राम प्ले अ ग्रेटर रोल इन रिड्युशिंग चाइल्ड अंडरन्यूट्रिशन?', वर्ल्ड बैंक सोशल पॉलिसी पेपर डिस्कशन 835।

बेहरमन, जेरे आर. और जॉन हॉडीनॉट (2005), 'प्रोग्राम इवैल्यूशन विद अनऑब्जवर्ड हेटेरोजेनिटी ऐंड सेलेक्टिव इम्पलीमेंटेशन : द मैक्सिकन प्रोग्रेस इम्पैक्ट ऑन चाइल्ड न्यूट्रिशन', *ऑक्सफर्ड बुलेटिन ऑफ इकोनॉमिक्स ऐंड स्टैटिस्टिक्स,* खण्ड 67, अंक 4, पृ. 547-69।

बेहरमन, जेरे आर. और जेम्स नॉवेल्स (1999), 'हाउसहोल्ड इनकम ऐंड चाइल्ड स्कूलिंग इन वियतनाम', *वर्ल्ड बैंक इकोनॉमिक रिव्यू,* खण्ड 13, अंक 2।

बॉरगुईनॉन, एफ., एफ. फेरियेरा और पी. लिटे (2002), 'एक्स-एन्टे इवैल्यूऐशन ऑफ कंडीशनल कैश ट्रान्सफर प्रोग्राम्स : द केस ऑफ बोसा इस्कोला', वर्ल्ड।

ब्रियुईंग, आर., आई. दासगुप्ता, सी. गुण्डेरस और पी. पटनायक (2004), 'एक्सप्लेनिंग द फूड स्टैम्प कैश आउट पजल', फूड असिस्टेंस ऐंड न्यूट्रिशन रिसर्च रिपोर्ट, फूड ऐंड रूरल इकोनॉमिक्स डिविज़न, इकोनॉमिक रिसर्च सर्विस, यूएस डिपार्टमेंट ऑफ एग्रीकल्चर, वाशिंगटन डीसी।

कैलडेस, एन. और जे. मॉलुसियो (2005), 'द कॉस्ट ऑफ कंडीशनल कैश ट्रान्सफर्स', *जर्नल ऑफ इंटरनैशनल डिवलपमेंट,* 17, पृ. 151-68।

केस, एन. और एंगस डेटॉन (1998), 'लार्ज कैश ट्रान्सफर्स टू द एलडरली इन साउथ अफ्रीका', *द इकोनॉमिक जर्नल,* खण्ड 108, नम्बर 450, पृ. 1330-61।

केस, एन., वी. होसगुड और एफ. लुण्ड (2003), 'द रीच ऑफ साउथ अफ्रीकन चाइल्ड सपोर्ट ग्रांट : इविडेन्स फ्रॉम कवाजुलु-नटाल', रिसर्च प्रोग्राम इन डिवलपमेंट स्टडीज वर्किंग पेपर, 224, प्रिंसटन यूनिवर्सिटी।

चांडीर, एस., ए. जे. खान, एच. हुसैन और एच. आर. उस्मान, एस. ख्वाजा, एन. ए. हैलसे और

एस. बी. उमर (2010), 'इफैक्ट्स ऑफ फूड कूपन इनसेंटिव्स ऑन टाइमली कम्पलीशन ऑफ डीटीपी इम्युनाइजेशन सीरीज इन चिल्ड्रेन फ्रॉम अ लो इनकम एरिया इन कराची, पाकिस्तान : अ लॉन्गीट्युनल इनसेंटिव स्टडी', *वैक्सीन,* खण्ड 28, नम्बर 19, पृ. 3473-78।

चिवेले, डी के. (2010), 'असेसिंग एडमिनिस्ट्रेटिव कैपेसिटी ऐंड कॉस्ट्स ऑफ कैश ट्रान्सफर स्कीम इन जाम्त्रिया? इम्पलिकेशन्स फॉर रॉल आउट', कण्ट्री स्टडी, इंटरनैशनल पॉलिसी सेंटर फॉर इनक्लूसिव ग्रोथ, यूएनडीपी, ब्रासीलिया।

कुरी, जैनेट एम., फिरोज गाहवरी (2007), *ट्रान्सफर्स इन कैश ऐंड इन काइंड : थियरी मीट्स द डेटा,* कैम्ब्रिज, मैसाचुसेट्स, नैशनल ब्यूरो ऑफ इकोनॉमिक रिसर्च।

दास, जे., क्यू. टी. डू और बी. ओल्जर (2005), 'रिऐसेसिंग कंडीशनल कैश ट्रान्सफर प्रोग्राम्स', *वर्ल्ड बैंक रिसर्च आब्जर्वर,* खण्ड 20, अंक 1, पृ. 57।

डे ब्राउ, ऐलन, जॉन हॉडीनॉट (2008), *मस्ट कंडीशनल कैश ट्रान्सफर प्रोग्राम बी कंडीशन्ड टू बी इफेक्टिव?: द इम्पैक्ट ऑफ कंडीशनिंग ट्रान्फर्स ऑन स्कूल इनरॉलमेंट इन मैक्सिको,* इंटरनैशनल फूड पॉलिसी रिसर्च इंस्टीट्यूट, वाशिंगटन डीसी।

डे ग्रूटे, एच., के. अंडम, एम. हाली, बी. जी. मुनिवा, ओ. निगी और डी. स्पाइलमैन (2009), 'कनसलटिंग द स्टेक होल्डर्स ऑन प्रो पुअर मार्केट सेगमेनटेशन ऑफ मेज सीड इन अफ्रीका', पेपर प्रेजेंटेड ऐट द 27 कॉन्फ्रेंस ऑफ इंटरनैशनल एसोसिएशन ऑफ एग्रीकल्चर इकनोमिस्ट्स, बीजिंग, 16-22 अगस्त।

डेवेरॉक्स, स्टीफेन और कैथरीन विंसेंट (2010), 'यूजिंग टेक्नोलॉजी टू डिलीवर सोशल प्रोटेक्शन : एक्सप्लोरिंग ऑपरच्युनिटीज ऐंड रिस्क्स', *डिवलपमेंट इन प्रैक्टिस,* खण्ड 20, नंबर 3, पृ. 367-79।

डॉरवार्ड, ऐंड्रयू, एफरीन चिरवा, डंकन बागटन, एरिक क्रॉफोर्ड, थॉम जायने, रैचेल स्लैटर, वेलेरी केली और मैक्सटॉन टोस्का (2008), 'टुवर्ड्स 'स्मार्ट सबसिडीज' इन एग्रीकल्चर? लेसन्स फ्रॉम रीसेन्ट एक्सपेरियन्सेज इन मालावी', ब्रीफिंग पेपर, ओडीआई, नेचुरल रिसोर्स पर्सपेक्टिव्ज 116, अक्तूबर।

द्रेज, ज्याँ और गीता गाँधी किंगडन (2001), 'सोशल पार्टिशिपेशन इन रूरल इण्डिया', *रिव्यू ऑफ डिवलपमेंट इकोनॉमिक्स,* खण्ड 5, अंक 1, पृ. 1-24।

डुफलो, एस्थर (2003), 'ग्रैंडमदर्स ऐंड ग्रैंडडॉटर्स : ओल्ड ऐज पेंशन्स ऐंड इंटराहाउसहोल्ड एलॉकेशन्स इन साउथ अफ्रीका', *वर्ल्ड बैंक इकोनॉमिक रिव्यू,* खण्ड 17, अंक 1, पृ. 1-25।

डुफलो, ई.एम. क्रीमर और जे. रॉबिनसन (2009), 'नजिंग फार्मर्स टू यूज फर्टीलाइज : इविडेंस फ्रॉम केन्या', एनबीइआर वर्किंग पेपर, 15131।

दत्ता, पूजा, स्टीफेन हॉवेस और रिंकू मुरगई (2010), 'स्मॉल बट एफेक्टिव : इण्डियाज टारगेटेड अनकंडीशनल कैश ट्रान्सफर्स', *इकोनॉमिक ऐंड पॉलिटिकल वीकली,* खण्ड 42(52), पृ. 63।

एंड्रीसिंघे, नेविले (1987), *द फूड स्टैम्प स्कीम इन श्रीलंका : कॉस्ट्स, बेनिफिट्स ऐंड ऑप्शन्स फॉर मॉडिफिकेशन,* वाशिंगटन डीसी : इंटरनैशनल फूड पॉलिसी रिसर्च इंस्टीट्यूट।

फैरिंगटन, जे., पी. हार्वे और आर. स्लेटर (2006), *कैश ट्रान्सफर्स इन द कॉन्टेक्स्ट ऑफ प्रो पुअर ग्रोथ,* लन्दन, ओवरसीज डिवलपमेंट इंस्टीट्यूट।

फरनैल्ड, एल.सी.एच., पी.जे. गर्टलर और एल.एम. न्यूफेल्ड (2008), 'रोल ऑफ कैश इन कंडीशनल कैश ट्रान्सफर प्रोग्राम्स फॉर चाइल्ड हेल्थ, ग्रोथ ऐंड डिवलपमेंट : ऐन ऐनालिसिस ऑफ मैक्सिकोज ऑपरच्युनिडाडेश', *लैंसर,* खण्ड 371, नम्बर 9615, पृ. 838-39।

फिलमर, डिऑन और नॉरबर्ट स्कैडी (2006), 'गेटिंग गर्ल्स इन टू स्कूल : इविडेंस फ्रॉम अ स्कॉलरशिप प्रोग्राम इन कम्बोडिया', पॉलिसी रिसर्च वर्किंग पेपर 3910, वर्ल्ड बैंक।

—(2009), 'आर देयर डिमिनिशिंग रिटर्न्स टू ट्रान्सफर साइज इन कंडीशनल कैश ट्रान्सफर्स?', पॉलिसी रिसर्च वर्किंग पेपर, 4999, वर्ल्ड बैंक।

फिस्वबेन, एरियल, नॉर्बर्ट रूडीगर स्कैडी और फ्रांसिस्को एच.जी. फेरियरा (2009) 'कंडीशनल कैश ट्रान्सफर्स : रिड्यूशिंग प्रेजेंट ऐंड फ्यूचर पोवर्टी', पॉलिसी रिसर्च पेपर, वर्ल्ड बैंक।

फ्रेकर, थॉमस एम., अल्बर्टो पी. मार्टिनी और जेम्स सी. आहल्स (1995), 'द इफैक्ट ऑफ फूड स्टैम्प कैशआउट ऑन फूड एक्सपेंडिचर्स : ऐन असेस्मेंट फ्रॉम द फाइंडिंग्स ऑफ फोर डिमॉनेस्ट्रेशन्स', *जर्नल ऑफ ह्युमन रिसोर्सेज,* खण्ड 30, नम्बर 4, पृ. 633।

गालाओ, इमैन्युला और मार्टिन रावालिऑन (2004), 'डिसेंट्रलाइज्ड टारगेटिंग ऑफ ऐन ऐंटीपोवर्टी प्रोग्राम', *जर्नल ऑफ पब्लिक इकोनॉमिक्स,* खण्ड 89 अंक 4, पृ. 705-27।

ग्लेन, आयले (2006), 'कैश ऑर फूड ऐड? अ जेनेरल इक्वीलिब्रियम ऐनालिसिस फॉर इथियोपिया', *डिवलपमेंट पॉलिसी रिव्यू,* खण्ड 24, अंक 5, पृ. 601-24।

जेनटिलिनी, यू. (2007), *कैश ऐंड फूड ट्रान्सफर्स : अप्राइमर,* रोम, वर्ल्ड फूड प्रोग्राम।

—(2008), 'कैश ट्रान्सफर्स, वाउचर्स ऐंड फूड ट्रान्सफर्स : ऐन ओवरव्यू ऑफ की इसुज', *रूरल,* 21, पृ. 19-21।

गोपालदास, टी. (2005), 'इम्प्रूव्ड इफेक्ट ऑफ स्कूल मील्स विद माइक्रोन्यूट्रिऐंट सपलिमेंटेशन ऐंड डिवॉर्मिंग', *फूड ऐंड न्यूट्रिशन बुलिटेन,* खण्ड 26, नम्बर 2, पृ. 220-29।

हांडा, एस. और बी. डेविस (2006), 'द एक्सपीरियन्स ऑफ कंडीशनल कैश ट्रान्सफर इन लैटिन अमेरिका ऐंड द कैरेबियन', *डिवलपमेंट पॉलिसी रिव्यू,* खण्ड 24, अंक 5, पृ. 513-36।

हार्वे, पी. (2005), 'कैश ऐंड वाउचर्स इन इमरजेन्सीज', ह्युमेनिटेरियन पॉलिसी ग्रुप डिस्कशन पेपर, लन्दन, ओवरसीज डिवलपमेंट इंस्टीट्यूट।

हिमाज, रोजाना (2008), 'वेलफेयर ग्रांट्स ऐंड देयर इम्पैक्ट ऑन चाइल्ड हेल्थ : द केस ऑफ श्रीलंका', *वर्ल्ड डिवलपमेंट,* खण्ड 36, अंक 10, 843-57।

हॉडीनॉट, जे. और एल. बैसेट (2008), *कंडीशनल कैश ट्रान्सफर प्रोग्राम्स ऐंड न्यूट्रिशन इन लैटिन अमेरिका : असेस्मेंट ऑफ इम्पैक्ट ऐंड स्ट्रैटेजीज फॉर इम्प्रूवमेंट,* वाशिंगटन डीसी, इंटरनैशनल फूड पॉलिसी रिसर्च इंस्टीट्यूट।

हॉफमैन विवियन (2009), 'इंटराहाउसहोल्ड एलॉकेशन ऑफ फ्री ऐंड परचेस्ड मॉसकीटो नेट्स', *अमेरिकन इकोनॉमिक रिव्यू,* खण्ड 99, अंक 2, पृ. 236-41।

हॉफमैन, वी., सी. बी. बैरेट और डी. आर. जस्ट (2009), 'डू फ्री गुड्स स्टीक टू पुअर हाउसहोल्ड्स? एक्सपेरिमेंटल इविडेंस ऑन इनसेक्टिसाइड ट्रिटेड मॉसकीटो नेट्स', *वर्ल्ड डिवलपमेंट,* खण्ड 37, अंक 3, पृ. 607-17।

हॉयनेस, हिलेरी डब्ल्यू. और डियान स्कैनजेनबैक (2007), 'कंजम्पशन रिसोर्सेज टू इन-काइंड ट्रान्सफर्स इविडेंस फ्रॉम द इण्ट्रोडक्शन ऑफ फूड ट्रान्सफर प्रोग्राम', कैम्ब्रिज, मास, नैशनल ब्यूरो ऑफ इकोनॉमिक रिसर्च।

इंटरनैशनल लेबर ऑर्गनाइजेशन (2009), *बोल्सा फैमिलिया इन ब्राजील : कॉन्टेक्स्ट, कॉनसेप्ट्स ऐंड इम्पैक्ट्स,* आईएलओ, सोशल सेक्योरिटी डिपार्टमेंट।

जैकोबी, हनान (1997), 'सेल्फ सलेक्शन ऐंड द रिडिस्ट्रिब्यूटिव इम्पैक्ट ऑन इन-काइंड ट्रान्सफर्स : ऐन इकोनोमेट्रिक ऐनालिसिस', *जर्नल ऑफ ह्युमन रिसोर्सेज,* खण्ड 32, अंक 2।

—(2002), 'इज़ देयर ऐन इंटराहाउसहोल्ड 'फ्लाइपेपर इफैक्ट'? इविडेन्स फॉर अ स्कूल फीडिंग प्रोग्राम', *इकोनॉमिक जर्नल,* 112, पृ. 196-221।

जयरामन, आर. (2008), 'द इम्पैक्ट ऑफ सोशल लंचेज ऑन स्कूल एनरॉलमेंट : इविडेन्स फ्रॉम ऐन एक्सोजेनस पॉलिसी चेंज इन इण्डिया', http://client.norc.org/jole/soleweb/9001.pdf, देखने की तारीख 20 अप्रैल 2011।

खाण्डेलकर, शहीदुर आर., मार्क एम. पिट और नोबुहिको फुवा (2003), 'सबसिडी टू प्रमोट गर्ल्स सेकेण्डरी एडुकेशन : द फिमेल स्टाइपेण्ड प्रोग्राम इन बांग्लादेश', मीमओ, मार्च htt://mpra.ub.unimuenchen.de/23688/, देखने की तारीख : 1 मई 2001।

केबेडे, इमेबेट (2006), 'मूविंग फ्रॉम इमरजेंसी फूड ऐड टू प्रेडिक्टेबल कैश ट्रान्सफर्स : रीसेन्ट एक्सपीरियन्स इन इथियोपिया', *डिवलपमेंट पॉलिसी रिव्यू,* खण्ड 24, अंक 5, पृ. 579-99।

लगार्डे, एम., ए. हैनेस और एन. पामर (2009), 'द इम्पैक्ट ऑफ कंडीशनल ट्रान्सफर ऑन हेल्थ आउटकम्स ऐंड यूज ऑफ हेल्थ सर्विसेज इन लो ऐंड मिडिल इनकम कंट्रीज', *कोचराने डेटाबेस ऑफ सिस्टेमेटिक रिव्यूज,* अंक 4।

लिरॉय, जे.एल., एम. रूयल और ई. वेरहोफस्टैड (2009), 'द इम्पैक्ट ऑफ कंडीशनल कैश ट्रान्सफर प्रोग्राम्स ऑन चाइल्ड न्यूट्रिशन : अ रिव्यू ऑफ इविडेन्स यूजिंग अ प्रोग्राम थियरी फ्रेमवर्क', *जर्नल ऑफ डिवलपमेंट इफेक्टिवनेस,* खण्ड 1, अंक 2, पृ. 103-29।

लिम, एस.एस., एल. डांडोना, जे.ए. हॉसिंगटॉन, एस.एल. जेम्स, एम.सी. होगन और ई. गाकीडोउ (2010), 'इण्डियाज जननी सुरक्षा योजना, अ कंडीशनल कैश ट्रान्सफर प्रोग्राम टू इनक्रीज बर्थ्स इन हेल्थ फैसिलिटीज : ऐन इम्पैक्ट इवैल्यूऐशन', *लांसेट,* खण्ड 375, अंक 9730।

लिवरपूल-टेसे, एस.एल.ओ., ए.बी. बेनफुल और बी. ओलानियान (2010), 'असेस्मेंट ऑफ द 2009 फर्टीलाइजर वाउचर प्रोग्राम इन कानो ऐंड टराबा, नाइजीरिया', वाशिंगटन डीसी, इंटरनैशनल फूड पॉलिसी रिसर्च इंस्टीट्यूट।

मॉलुसियो, जॉन और रॉफेल फ्लोरेस (2005), 'इम्पैक्ट इवैल्यूएशन ऑफ अ कंडीशनल कैश ट्रान्सफर प्रोग्राम : द निकारागुअन रेड डे प्रोटेक्शन सोशल', वाशिंगटन डीसी, इंटरनैशनल फूड पॉलिसी रिसर्च इंस्टीट्यूट।

मॉंगीसोनी, ज्यूलियस एच., रिचर्ड केचुले, थॉम्पसन कालिन्डा, थाबी चिलॉन्गो, मवालिमु सिमुफुकवे और एमिलो टोस्टावो (2007), 'इनपुट वाउचर स्टडी इन मालावी, मोजाम्बिक ऐंड जाम्बिया', एफएएनआरपीएए रिपोर्ट 2007/004।

मारेन्या, पसवेल और क्रिस्टोफर बैरेट (2009ए), 'स्टेट-कंडीशनल फर्टीलाइजर येल्ड रिस्पांस ऑन वेस्टर्न केन्यन फार्म्स', *अमेरिकन जर्नल ऑफ एग्रीकल्चरल इकोनॉमिक्स,* 91(4), पृ. 991-1006।

—(2009बी), 'स्वायल क्वालिटी ऐंड फर्टीलाइजर यूज रेट्स अमांग स्मालहोल्डर्स फार्मर्स इन वेस्टर्न केन्या', *एग्रीकल्चरल इकोनॉमिक्स,* खण्ड 40, 561-72।

मिचेलसन, होप, इरीन सी. लेंट्ज, रिचर्ड मुलवा, मिचेल मॉरी, लॉरा क्रेमर, मेगन मिगलेंची और क्रिस्टोफर बी. बैरेट (2011), 'कैश, फूड ऑर वाउचर्स इन अरबन ऐंड रूरल केन्या? ऐन एप्लिकेशन ऑफ मार्केट इनफॉरमेशन ऐंड फूड इनसेक्योरिटी रिस्पांस ऐनालिसिस फ्रेमवर्क', मीमओ।

मिगयुल, एडवर्ड और माइकल क्रेमर (2004), 'वॉर्म्स : आइडेनटिफाइंग इम्पैक्ट्स ऑन एडुकेशन ऐंड हेल्थ इन द प्रेसेंस ऑफ ट्रीटमेंट एक्सटरनैलिटीज', *इकोनोमेट्रिका,* खण्ड 72, अंक 1, पृ. 159-217।

मिलाजो, अन्नामारिया (2009), 'कंडीशन कैश ट्रान्सफर्स : ऐन ऐनॉडेटेड बिब्लियाग्राफी', वाशिंगटन डीसी, वर्ल्ड बैंक।

मिलर, कैन्डेश एम., मैक्सटॉन टोस्का और कैथ रीचर्ट (2011), 'द इम्पैक्ट ऑफ द सोशल कैश ट्रान्सफर स्कीम ऑन फूड सेक्योरिटी इन मालावी', *फूड पॉलिसी,* खण्ड 36, अंक 2, पृ. 230-38।

मिन्डे, आई., टी.एस. जायने, ई. क्रॉफर्ड और जे. गोवेरेह (2008), 'प्रोमोटिंग फर्टीलाइजर यूज इन अफ्रीका : करेंट इसुज ऐंड इम्पीरीकल इविडेन्स फ्रॉम मालावी, जाम्बिया ऐंड केन्या', फूड सेक्योरिटी इंटरनैशनल डिवलपमेंट पॉलिसी सिनथीसिस।

मिनॉट, निकोलस और टॉड बेनसन (2009), 'फर्टीलाइजर सबसिडीज इन अफ्रीका : आर वाउचर द ऐनसर?', वाशिंगटन डीसी, इंटरनैशनल फूड पॉलिसी रिसर्च इंस्टीट्यूट।

मुखर्जी, दीलिप और देबराज रे (2008), 'अ डायनेमिक इनसेंटिव बेस्ड ऑर्ग्यूमेंट फॉर कंडीशनल ट्रान्सफर्स', *इकोनॉमिक रिकार्ड,* खण्ड 84, पृ. 16।

मॉरले, सैम्युल ए. और डेविड कॉडी (2003), *फ्रॉम सोशल असिस्टेंस टू सोशल डिवलपमेंट : टारगेटेड एडुकेशन सबसिडीज इन डिवलपिंग कण्ट्रीज,* सेंटर फॉर ग्लोबल डिवलपमेंट, वाशिंगटन डीसी, फूड पॉलिसी रिसर्च इंस्टीट्यूट।

मॉरिस, एस.एस., पी. ऑलिन्टो, आर. फ्लोर्स, ई.ए.एफ. नेल्सन और ए.सी. फिग्युरो (2010), 'कंडीशनल कैश ट्रान्सफर्स आर एसोसिएटेड विद अ स्मॉल रिडक्शन इन द रेट ऑफ वेट गेन ऑफ प्रीस्कूल चिल्ड्रेन इन नॉर्थ-ईस्ट ब्राजील', *द जर्नल ऑफ न्यूट्रिशन,* खण्ड 134, अंक 9, पृ. 2336।

नाहलेन, एल. बर्नहार्ड, जॉन पॉल क्लार्क और डेविड एलनविक (2003), 'इनसेक्टिसाइड ट्रिटेड बेड-नेट्स', सप्लिमेंट टू *अमेरिकन जर्नल ऑफ ट्रॉपिकल मेडिसिन ऐंड हाइजीन,* खण्ड 68, अंक 4।

नीनो, कार्लो डेल और पॅल डोरोश (2003), 'इम्पैक्ट्स ऑफ इन-काइंड ट्रान्सफर्स ऑन हाउसहोल्ड फूड कंजम्प्शन : इविडेन्स फ्रॉम टारगेटेड फूड प्रोग्राम इन बांग्लादेश', *जर्नल ऑफ डिवलपमेंट स्टडीज,* खण्ड 40, अंक1, पृ. 48-78।

पार्कर, सुजेन डब्ल्यू., ल्यूइस रूबालकावा और ग्रेसिला टेरूवेल (2007), 'इवैल्यूएटिंग कंडीशनल स्कूलिंग ऐंड हेल्थ प्रोग्राम्स', संकलित, टी पॉल शुल्ज और ए स्ट्रॉस जॉन एल्सवीयर (सम्पा.), *हैण्डबुक ऑफ डिवलपमेंट इकोनॉमिक्स,* एमस्टरडम, पृ. 3963-4035।

पिंटो, सैंटियागो एम. (2004), 'असिस्टेंस टू पुअर हाउसहोल्ड व्हेन इनकम इज नॉट ऑब्जर्व्ड : टारगेटेड इन-काइंड ऐंड इन कैश ट्रान्सफर्स', *जर्नल ऑफ अरबन इकोनॉमिक्स,* खण्ड 56, अंक 3, पृ. 536।

पॉवेल-जैक्सन, टी., जे. मैरीसन, एस. तिवारी, बी.डी. न्युपाने और ए.जी. कॉसटेलो (2009), 'द एक्सपेरियन्सेज ऑफ डिस्ट्रिक्स इन इम्पलिमेंटिंग अ नैशनल इनसेंटिव प्रोग्राम टू प्रमोट सेल्फ डिलिवरी इन नेपाल', बीएमसी हेल्थ सर्विसेज रिसर्च, 9।

रावालिऑन, मार्टिन और क्वीनटेन वुडॉन (1999), 'डज चाइल्ड लेबर डिसप्लेस स्कूलिंग? इविडेंस ऑन बिहैवियरल रिस्पांसेज टू ऐन इनरॉलमेंट सबसिडी', पॉलिसी रिसर्च वर्किंग पेपर नम्बर 2116, वाशिंगटन डीसी, वर्ल्ड बैंक।

रीकर-गिल्बर्ट, जे. और टी.एस. जायने (2009), 'डू फर्टीलाइजर सबसिडीज अफेक्ट द डिमांड फॉर कमर्शियल फर्टीलाइजर? ऐन एक्साम्पल फ्रॉम मालावी', इंटरनैशनल एसोसिएशन फॉर एग्रीकल्चरल इकोनॉमिस्ट्स, बीजिंग।

व्हीलर सेबेटेस, रैचल और स्टीफेन डेवेरॉक्स (2010), 'कैश ट्रान्सफर ऐंड हाई फूड प्राइसेज : एक्सप्लेनिंग आउटकम ऑफ इथियोपियाज प्रोडक्टिव सेफ्टी नेट प्रोग्राम', *फूड पॉलिसी,* खण्ड-35, अंक 4, पृ. 274-85।

सैमसन, एम., यू. ली, ए. नैडलेबी, के. मैक्वीन, वैन नीकर्क आई., वी. गाँधी और अन्य (2004), ''फाइनल रिपोर्ट : द सोशल ऐंड इकोनॉमिक इम्पैक्ट ऑफ साउथ अफ्रीकाज सोशल सेक्योरिटी सिस्मटम (रिसर्च पेपर 37), केप टाउन, साउथ अफ्रीका, इकोनॉमिक पॉलिसी रिसर्च इंस्टीट्यूट, http://www.eprionline.com/wp-content/uploads/2011/03/rp36.pdf, देखने की तारीख : 1 मई 2011।

स्कैडी, नॉरबर्ट और जोस रोसेरो (2007), 'आर कैश ट्रान्सफर्स मेड टू वुमेन स्पेन्ट लाइक अदर सोर्सेज ऑफ इनकम?', वाशिंगटन डीसी, वर्ल्ड बैंक।

सिंह, ए. (2008), 'डू स्कूल मील्स वर्क? ट्रीटमेंट इवैल्यूशन ऑफ मीड डे मील स्कीम इन इण्डिया', संकलित, यंग लाइव्स स्टुडेंट पेपर, यूनिवर्सिटी ऑफ ऑक्सफर्ड, डिपार्टमेंट ऑफ इंटरनैशनल डिवलपमेंट।

स्कोफियास, इमैनुएल (2005), 'प्रोग्रेसा ऐंड इट्स इम्पैक्ट ऑन द वेलफेयर ऑफ रूरल हाउसहोल्ड इन मैक्सिको', आईएफपीआरआइ रिसर्च रिपोर्ट 139, वाशिंगटन डीसी।

स्कोफियास, इमैनुएल और टेरेसा गोन्जालेज-कोसियो (2008), 'इ इम्पैक्ट ऑफ कैश ऐंड इन-काइन्ड ट्रान्सफर्स ऑफ कंजम्पशन ऐंड लेबर सप्लाई : एक्सपेरिमेंटल इविडेन्स फ्रॉम रूरल मैक्सिको', संकलित, इम्पैक्ट इवैल्यूशन सीरीज 27, वाशिंगटन डीसी।

स्लाविन, रॉबर्ट ई. (2010), 'कैन फाइनेंसियल इनसेंटिव्स इनहैन्स एडुकेशनल आउटकम्स? इविडेन्स फ्रॉम इंटरनैशनल एक्सपेरीमेंट्स', *एडुकेशनल रिसर्च रिव्यू*, खण्ड 5, अंक 1, पृ. 68-80।

साउथवर्थ, हरमन एम. (1945), 'द इकोनॉमिक्स ऑफ पब्लिक मेसर टू सबसिडाइज्ड फूड कंजम्पशन', *जर्नल ऑफ फार्म इकोनॉमिक्स*, खण्ड 27, अंक 1, पृ. 38-66।

टम्बुलासी, आर.आई.सी. (2009), 'द पब्लिक सेक्टर करप्शन ऐंड ऑर्गनाइज्ड क्राइम नेक्शस : द केस ऑफ फर्टीलाइजर सबसिडी प्रोग्राम इन मालावी', *अफ्रीकन सेक्योरिटी रिव्यू*, खण्ड 18, अंक 4, पृ. 19-31।

थुरॉ, लेस्टर सी. (1974), 'कैश वर्सेज इन-काइंड ट्रान्सफर्स', *अमेरिकन इकोनॉमिक रिव्यू*, खण्ड 64, अंक 2, पृ. 190-95।

[यह शोध-आलेख *इकोनॉमिक ऐंड पॉलिटिकल वीकली* के 21 मई 2011 अंक में प्रकाशित हुआ था।]

जातिगत भेदभाव और खाद्य सुरक्षा कार्यक्रम

सुखदेव थोराट, जोयल ली[1]

(अनुवाद : कोपल चौबे)

सन् 2003 में कुछ चुनिंदा राज्यों में किये गये सर्वे के निष्कर्षों से यह तथ्य सामने आया कि सरकार की मध्याह्न भोजन योजना और सार्वजनिक वितरण प्रणाली बहिष्करण और जातिगत भेदभाव से प्रभावित हुई है। इस लेख में इन कार्यक्रमों में दलितों की भागीदारी की जाँच-पड़ताल की गयी है। साथ ही, इसमें दलितों की वास्तविक पहुँच, सहभागी सशक्तीकरण और समुदाय के स्तर पर पहुँच का मापन किया गया है।

कल्पना तमिलनाडु के कमलापुथुर गाँव के सरकारी स्कूल में दूसरी कक्षा में पढ़ती है। उसका स्कूल गाँव की दबंग जाति के इलाके में स्थित है। जब कल्पना ने सरकार की मध्याह्न भोजन योजना में अपने स्कूल के अन्य छात्रों के साथ खाना खाने का प्रयास किया तो उसे भोजन नहीं दिया गया और स्कूल से भी भगा दिया गया। उसके साथ ऐसा बरताव इसलिए किया गया क्योंकि वह एक दलित है, जबकि उसके स्कूल के अन्य छात्र गाँव की दबंग जाति से सम्बन्धित हैं।

बिहार के कई गाँवों में सार्वजनिक वितरण प्रणाली के अन्तर्गत उचित दाम में वस्तुएँ उपलब्ध कराने वाली दुकानों से भी कुछ ऐसा ही अनुभव सामने आया। बिहार की राजधानी पटना से इन गाँवों तक एक घंटे के भीतर पहुँचा जा सकता है। इन गाँवों में सार्वजनिक वितरण प्रणाली के अन्तर्गत स्थापित दुकानों पर दबंग जातियों का कब्ज़ा है। इन दुकानों के मालिक दलितों को वस्तुओं का वितरण करने से पहले अपनी दुकान के दरवाज़े पर एक पर्दा टाँग देते हैं ताकि वे 'अछूतों' की अपवित्र उपस्थिति से अपनी सुरक्षा कर सकें।

दरअसल, ये उदाहरण सनसनी पैदा करने वाले अपवाद नहीं हैं, बल्कि ये सरकार के खाद्य सम्बन्धी योजनाओं के बारे में दलितों का काफ़ी हद तक सामान्य अनुभव है। इण्डियन इंस्टीट्यूट ऑफ दलित स्टडीज (आईआईडीएस) द्वारा सन् 2003 में

531 गाँवों में किये गये सर्वेक्षण से यह नतीजा सामने आता है कि मध्याह्न भोजन योजना और सार्वजनिक वितरण प्रणाली जैसे भारत सरकार के कार्यक्रम भले ही जातिगत भेदभावों के चलते पूरी तरह नाकाम न हुए हों, किन्तु ये गहरे रूप से जातिगत भेदभावों से ग्रस्त हैं। इस सर्वेक्षण में यह परीक्षण किया गया है कि इन सरकारी कार्यक्रमों में दलितों के साथ कैसा बरताव किया जाता है। साथ ही, इसमें मध्याह्न भोजन योजना और सार्वजनिक वितरण प्रणाली में दलितों की वास्तविक पहुँच, सहभागी सशक्तीकरण और समुदाय के स्तर पर पहुँच का मापन किया गया है। और इससे सामने आने वाले आँकड़ों के विश्लेषण के माध्यम से इस अध्ययन में इन कार्यक्रमों में सम्भावित सुधार के उपाय भी बताये गये हैं। भेदभाव के व्यवहारवादी आयाम को देखते हुए सर्वेक्षण के मात्रात्मक आँकड़ों के अनुपूरक के रूप में सूचना देने वाली गुणात्मक प्रतिक्रियाओं को भी सम्मिलित किया गया है।

यह सर्वेक्षण इस दृष्टिकोण को स्वीकार करता है कि भेदभाव से पीड़ित लोग अपनी पीड़ा को सर्वोत्तम तरीके से अभिव्यक्त कर सकते हैं। इसीलिए इसमें 2003 में पाँच राज्यों—राजस्थान, उत्तर प्रदेश, बिहार, आन्ध्र प्रदेश और तमिलनाडु के 531 गाँवों में दलित समुदायों के लोगों का औपचारिक साक्षात्कार लिया गया है। आगे इस सर्वेक्षण के मुख्य निष्कर्षों की चर्चा की गयी है।

मध्याह्न भोजन योजना

इस सर्वेक्षण में जिन राज्यों पर विचार किया गया है, उनमें राजस्थान, आन्ध्र प्रदेश और तमिलनाडु में मध्याह्न भोजन योजना लागू की गयी है। इन राज्यों के सरकारी स्कूलों में बच्चों को हर रोज़ मुफ़्त और अच्छी तरह पकाया हुआ गरमागरम दोपहर का भोजन दिया जाता है। किन्तु बिहार और उत्तर प्रदेश में यह योजना लागू नहीं की गयी है। इन दोनों राज्यों में एक अलग तरह के कार्यक्रम को लागू किया गया है जिसमें सरकारी स्कूल के बच्चों को हर महीने एक निश्चित मात्रा में अनाज दिया जाता है। इस तरह, जिन राज्यों का अध्ययन किया गया है, उनमें से केवल तीन राज्यों अर्थात् राजस्थान, आन्ध्र प्रदेश और तमिलनाडु में ही यह योजना लागू की गयी है।

राज्य सरकारों द्वारा इस योजना को लागू करने की सबसे अनिवार्य शर्त यह है कि दलित बच्चों की वास्तविक रूप से स्कूल और मध्याह्न भोजन योजना तक पहुँच बना पायें। यदि हम इस योजना के अन्तर्गत आने वाले गाँवों के प्रतिशत को एक संकेतक मानते हुए विचार करते हैं, तो हम यह पाते हैं कि राजस्थान, तमिलनाडु और आन्ध्र प्रदेश की सरकारों ने मोटे तौर पर दलित बच्चों की पहुँच सुनिश्चित करने के लिए यह आरम्भिक क़दम उठाने में सफलता हासिल कर ली है। इन राज्यों के जिन गाँवों में सर्वेक्षण किया गया, उनमें से 98.4% गाँवों में यह योजना लागू कर दी गयी है।

मध्याह्न भोजन तक दलित बच्चों की पहुँच सुनिश्चित करने में इस कारक की भी महत्त्वपूर्ण भूमिका रही है कि जिन स्थानों पर दोपहर का भोजन दिया जा रहा है उन गाँवों का जातिगत भूगोल क्या है। यदि हम ऐसे गाँवों के प्रतिशत को संकेतक मानते हुए विचार करते हैं जिनके उस हिस्से में मध्याह्न भोजन योजना लागू की जा रही है जहाँ दलितों के लिए कोई जोखिम नहीं है (मसलन, दबंग जाति के बजाय दलितों की बस्ती में स्थित स्कूल) तो हम यह पाते हैं कि राजस्थान और तमिलनाडु का प्रतिशत काफ़ी निम्न है : राजस्थान में 12% और तमिलनाडु में 19%। इन राज्यों में मुख्य रूप से दबंग जातियों की बस्तियों में ही दोपहर का भोजन दिया जाता है। इसलिए दलित बच्चों को दोपहर का भोजन पाने के लिए असुरक्षा, जोखिम और ख़तरे से भरे इलाकों में जाना पड़ता है। अध्ययन में अधिकांश गाँवों में ऐसी घटनाओं के बारे में सूचना मिली, जिससे यह बात स्पष्ट होती है कि दबंग जातियाँ यह महसूस करती हैं कि उन्हें नये सिरे से अपना वर्चस्व साबित करने की आवश्यकता है। अक्सर वे अपने इलाकों में दलितों की किसी भी तरह की गतिविधि की मनाही करते हैं। इसके चलते दलित बच्चे दोपहर के भोजन के लिए इन क्षेत्रों में नहीं जा पाते हैं। इसलिए दबंग जातियों के मोहल्ले या टोले में दोपहर का भोजन दिया जा रहा है वहाँ दलित बच्चों को भोजन मिलना उस गाँव या क्षेत्र के जातिगत सम्बन्धों के उतार-चढ़ाव पर निर्भर करता है।

इसके विपरीत, आन्ध्र प्रदेश में जिन गाँवों का अध्ययन किया गया उनमें से 47% में मध्याह्न भोजन योजना दलित बस्तियों में चलाई जा रही थी। गुणात्मक आँकड़ों से यह संकेत मिलता है कि इससे दलित बच्चों की इस योजना तक पहुँच में जबरदस्त इजाफ़ा हुआ। साथ ही, यह भी मुमकिन है कि इससे दलित बस्तियों में प्रवेश करने के बारे में दबंग जातियों के पूर्वग्रह में कमी लाने में मदद मिली हो। इस योजना में दलितों के स्वामित्व और उनके सहभागी सशक्तीकरण को मापने के लिए दो संकेतकों का उपयोग किया गया है : पहला, दलितों द्वारा इस योजना के संगठन/क्रियान्वयन का प्रतिशत और दूसरा, इस योजना में दलित रसोइयों के शामिल होने का प्रतिशत। दोनों संकेतकों के आधार पर विचार करते हुए यह कहा जा सकता है कि राजस्थान ने इस योजना में बहुत कम दलितों को रोज़गार दिया है। इस राज्य के जिन गाँवों में सर्वेक्षण किया गया, उनमें से केवल 8% गाँवों में ही दलित रसोइया हैं और किसी भी गाँव में दलित इस योजना का संचालन करने का कार्य नहीं करते हैं। इस सन्दर्भ में तमिलनाडु की स्थिति तुलनात्मक रूप से बेहतर है। यहाँ सर्वेक्षण किये गये गाँवों में से 31% गाँवों में दलित रसोइया हैं और 27% गाँवों में दलित इस योजना को संगठित और संचालित करने का कार्य कर रहे हैं। हालाँकि मध्याह्न भोजन योजना में दलितों का सशक्तीकरण करने और उन्हें योजना को संचालित करने का अधिकार देने के सन्दर्भ में आन्ध्र प्रदेश की स्थिति

इन दोनों राज्यों से अच्छी है। यहाँ जिन गाँवों में सर्वेक्षण किया गया उनमें से 49% गाँवों में दलित रसोइया हैं और 45% गाँवों में दलित इस योजना को संगठित/संचालित कर रहे हैं।

मध्याह्न भोजन योजना तक एक समुदाय के रूप में दलितों की पहुँच के सन्दर्भ में सर्वेक्षण के निष्कर्ष यह संकेत करते हैं कि पूरे देश के महत्त्वपूर्ण हिस्से में यह योजना किसी-न-किसी प्रकार के जाति-आधारित बहिष्करण का शिकार हुई है। सम्पूर्ण आँकड़ों में हर प्रकार के जाति आधारित बहिष्करण और भेदभाव पर विचार किया गया है। यदि हम इसके निष्कर्षों पर विचार करें तो यह बात सामने आती है कि जिन गाँवों में सर्वेक्षण किया गया उनमें से राजस्थान के 52%, आन्ध्र प्रदेश के 24% और तमिलनाडु के 36% गाँवों (तीन राज्यों का औसत 36%) में लोगों ने यह बताया कि उनके गाँव में यह योजना जातिगत भेदभाव की समस्या से ग्रस्त है।

इन सम्पूर्ण आँकड़ों में बहिष्करण और भेदभाव दोनों से ही सम्बद्ध मामले सम्मिलित हैं। इन्हें इस योजना में शामिल किसी व्यक्ति या समूह के साथ असमान बर्ताव के रूप में परिभाषित किया गया है। सबसे पहले बहिष्करण के मामलों पर विचार करते हैं। आन्ध्र प्रदेश और तमिलनाडु के छह गाँवों से यह सूचना मिली कि 'अछूत' होने के चलते दबंग जाति समुदायों ने दलित बच्चों को मध्याह्न भोजन योजना से पूरी तरह अलग रखा है। ये छह गाँव सर्वेक्षण में शामिल गाँवों का एक छोटा हिस्सा हैं, किन्तु इस तरह से पूर्ण बहिष्करण अधिकारों के ठोस उल्लंघन का उदाहरण है। यदि लगातार इस तरह का उल्लंघन होता रहेगा तो इसका भारत में भोजन के अधिकार के सन्दर्भ में गम्भीर नतीजा सामने आयेगा।

मध्याह्न भोजन योजना में इस प्रकार के स्पष्ट बहिष्करण के अलावा जातिगत भेदभाव किन अन्य रूपों में सामने आते हैं? जिन गाँवों में इस तरह का भेदभाव स्पष्ट रूप से सामने आया, उनमें से एक बड़े भाग अर्थात् 48.3% गाँवों में यह कहा गया कि अक्सर दबंग जातियों के लोग दलित रसोइयों का विरोध करते हैं। इसके बाद 31% गाँवों में दूसरा सबसे सामान्य मुद्दा यह सामने आया कि दलित बच्चों को खाने के लिए अन्य जातियों के बच्चों से अलग बिठाया जाता है। कई स्थानों पर यह समस्या ज़्यादा गम्भीर रूप में सामने आती है क्योंकि यहाँ दबंग जातियों के बच्चों और दलित बच्चों को बिल्कुल ही अलग-अलग खाना दिया जाता है। सर्वेक्षण किये गये गाँवों में से 9.2% गाँवों में दलित इस समस्या से जूझ रहे थे। 9.2% गाँवों में लोगों ने यह भी बताया कि शिक्षक भी छात्रों के बीच भेदभाव करते हैं और दलित बच्चों को ख़राब या अपर्याप्त भोजन देते हैं। इसके अलावा, 2.3% गाँवों में लोगों ने कुछ अन्य समस्याओं का उल्लेख किया।

सर्वेक्षण में प्रतिक्रिया देने वाले बहुत सारे लोगों ने अपने गाँव में इस योजना में

होने वाले जातिगत भेदभावों का वृत्तान्त प्रस्तुत किया, जो इस परिघटना की व्यापक समझ के लिए बुनियादी रूप से आवश्यक आधार उपलब्ध कराता है। इन वृत्तान्तों में आने वाले दलित रसोइयों के विरोध को भेदभाव का सबसे प्रमुख रूप माना गया है। आगे इसी पहलू की विस्तार से चर्चा की गयी है।

दलित रसोइयों का विरोध

दरअसल, 'दलित रसोइयों का विरोध' एक ऐसी व्यापक शब्दावली है जिसके माध्यम से इस अध्ययन में सामने आये विभिन्न प्रकार के जातिगत भेदभावों और बहिष्करण के विविध रूपों का विवरण प्रस्तुत किया गया है। मध्याह्न भोजन योजना के बनने और लगातार लागू होने की प्रक्रिया में विभिन्न स्तरों पर सामने आने वाले भेदभावों के पाँच रूपों को रेखांकित किया जा सकता है। पहला, जब स्थानीय इस योजना को लागू करने की शुरुआत करते हैं तो दबंग जातियों के लोग दलित रसोइयों को रखने का विरोध करते हैं और इनके स्थान पर अपनी जाति के रसोइयों का पक्ष लेते हैं। दूसरा, जहाँ दलित रसोइये को काम पर रखा जाता है, वहाँ दबंग जाति के माता-पिता अपने बच्चों को घर से दोपहर के भोजन के साथ भेजने लगते हैं या फिर वे अपने बच्चों को दोपहर के खाने के समय घर बुलाने लगते हैं। दोनों ही स्थितियों में वे अपने बच्चों को दलित रसोइये द्वारा बनाया गया खाना नहीं खाने देते हैं। तीसरे स्तर पर, दबंग जाति के अभिभावक या इस समुदाय के सदस्य कोई-न-कोई कारण बताकर स्थानीय प्रशासन पर यह दबाव डालते हैं कि वह दलित रसोइये को बर्खास्त कर दे। चौथा, जहाँ उनका यह तिकड़म काम नहीं करता है, वहाँ वे स्थानीय स्कूल से इस योजना को पूरी तरह बन्द करने की वकालत करते हैं। कई मरतबा वे दलित रसोइये को बर्खास्त करने की माँग नहीं करते, बल्कि सीधे तौर पर इस योजना को ही ख़त्म करने पर ज़ोर देते हैं। पाँचवाँ, दबंग जातियों के कई अभिभावक दलित रसोइया रखे जाने पर अपने बच्चों को स्कूल से हटा लेते हैं और कई मामलों में वे उन्हें किसी ऐसे अलग स्कूल में भेजते हैं जहाँ रसोइया दलित नहीं होता है।

कुछ संक्षिप्त उदाहरणों द्वारा ऊपर-वर्णित भेदभावों को ज़्यादा अच्छी तरह स्पष्ट किया जा सकता है। भेदभाव का पहला रूप आन्ध्र प्रदेश के पश्चिम गोदावरी ज़िले में एक गाँव में सामने आता है। इस गाँव में दबंग जाति की महिलाओं को राज्य सरकार की एक कार्यक्रम डिवलपमेंट ऑफ वुमेन ऐंड चिल्ड्रेन इन रूरल एरियाज (ग्रामीण क्षेत्र महिला और बाल विकास) योजना के अन्तर्गत संगठित किया गया है। इनकी जाति के चलते इन्हें अपने समुदाय और प्रशासन का समर्थन मिलता है। इसकी मदद से ये दलित महिलाओं को मध्याह्न भोजन योजना में रोज़गार हासिल करने से रोक देती हैं।

राजस्थान के अजमेर ज़िले का एक गाँव ऊपर-वर्णित भेदभाव के दो रूपों को प्रदर्शित करता है। इस गाँव में जुलाई 2002 में मध्याह्न भोजन योजना शुरू हुई। यहाँ एक दलित विधवा सुनीता (बदला हुआ नाम) को दोपहर के खाने में 'घुघरी' बनाने का काम दिया गया। किन्तु दबंग जाति के अभिभावकों ने सुनीता को उनकी जाति के कारण अशुद्ध माना और अपने बच्चों को यह आदेश दिया कि वे स्कूल में मिलने वाला दोपहर का भोजन न लें। इस प्रकार, अपने बच्चों के माध्यम से उन्होंने एक छद्‌म भूख हड़ताल आयोजित करवा दी। इसके साथ-ही-साथ दबंग जाति के अभिभावकों ने अपनी जाति के प्रधानाध्यापक के ऊपर भी कई तरह से सामाजिक और आर्थिक दबाव डाला ताकि वे सुनीता को काम से बर्खास्त कर दें। आख़िरकार, प्रधानाध्यापक ने इस दबाव के आगे घुटने टेक दिये और उन्होंने सुनीता को इस काम से हटाकर उनकी जगह दबंग जाति की एक महिला को काम पर रख लिया।

दबंग जाति की इन प्रवृत्तियों के पीछे प्राचीन समय से हिन्दू धर्म में मौजूद शुद्धता और अशुद्धता की समझ मुख्य रूप से ज़िम्मेदार है। इसके अनुसार, एक दलित को अछूत माना जाता है तथा इस बुनियादी रूप से अछूत दलित द्वारा छूने के चलते उसके द्वारा तैयार किया गया भोजन भी अशुद्ध होता है। एक अन्य स्तर पर, प्रभुत्वशाली जाति द्वारा दलित रसोइये का विरोध जीविका अधिकारों के बारे में शक्ति संघर्ष का भी प्रतिनिधित्व करता है। दबंग जातियाँ दलित रसोइयों के काम का लगातार सामाजिक बहिष्कार करके उनकी आर्थिक आकांक्षाओं को तोड़ने का काम करती हैं। गाँव स्तर पर मध्याह्न भोजन योजना में सरकारी रोज़गार मिलने से दलितों के पास अपनी जीविका का एक नया रास्ता खुल सकता है। लेकिन दबंग जातियों के विरोध के चलते अधिकांश स्थानों पर यह सम्भव नहीं हो पाता है। ग्रामीण व्यवस्था में दलित समुदाय पारम्परिक रूप से दबंग जातियों पर निर्भर रहे हैं। अब इन दबंग जातियों को ऐसा लगता है कि यदि दलित नये आर्थिक दायरे में आ गये तो उनके वर्चस्व को ख़तरा पैदा हो जायेगा। इसलिए वे दलितों को काम दिये जाने का लगातार विरोध करती हैं।

सार्वजनिक वितरण प्रणाली

ऊपर यह बताया जा चुका है कि इस अध्ययन में पाँच राज्यों—राजस्थान, उत्तर प्रदेश, बिहार, आन्ध्र प्रदेश और तमिलनाडु के चुनिंदा गाँवों का सर्वेक्षण किया गया है। इन पाँचों राज्यों में केन्द्र सरकार की लक्ष्य-केन्द्रित सार्वजनिक वितरण प्रणाली की व्यवस्था काम करती है, जिसमें ग़रीबों को नियन्त्रित और सब्सिडीयुक्त दरों पर बुनियादी खाद्य पदार्थ दिये जाते हैं। सरकार को यह श्रेय जाता है कि पूरे देश में इस प्रणाली के अधीन काम करने वाली दुकानें हैं। पाँच राज्यों में अध्ययन के लिए

चुने गये गाँवों में से 87% गाँवों में लोगों ने यह कहा कि उनके गाँव में सार्वजनिक वितरण प्रणाली की कम-से-कम एक दुकान सक्रिय रूप में मौजूद है। सर्वेक्षण में सम्मिलित 73% गाँवों में सार्वजनिक वितरण प्रणाली की एक दुकान है, वहीं 14% गाँवों में एक से ज़्यादा दुकानें हैं। 13% गाँवों में सार्वजनिक वितरण प्रणाली की कोई दुकान नहीं है। इन गाँव के ग़रीबों को सब्सिडीयुक्त वस्तु प्राप्त करने के अपने कानूनी हक को पाने के लिए गाँव से बाहर जाना पड़ता है।

दरअसल, जिन गाँवों में सार्वजनिक वितरण प्रणाली की कोई दुकान नहीं थी, उनमें से अधिकांश उत्तर प्रदेश और बिहार में स्थित हैं। अध्ययन से सामने आये अन्तर राज्य आँकड़ों के मुताबिक सार्वजनिक वितरण प्रणाली की उपलब्धता सुनिश्चित करने के सन्दर्भ में उत्तर प्रदेश की स्थिति सबसे ख़राब है। यहाँ जिन गाँवों में सर्वेक्षण किया गया, उनमें 39% गाँवों में इस प्रणाली से सम्बद्ध दुकानें नहीं हैं और केवल 7% गाँवों में एक से ज़्यादा दुकानें हैं। इसके बाद बिहार का स्थान है जहाँ 16% गाँवों में सार्वजनिक वितरण प्रणाली की दुकानें नहीं हैं और केवल 10% गाँवों में एक से ज़्यादा दुकानें हैं। इस मामले में राजस्थान और तमिलनाडु की स्थिति तकरीबन एक जैसी है और यहाँ पर्याप्त मात्रा में दुकानें हैं। लेकिन आन्ध्र प्रदेश की स्थिति इन राज्यों में सबसे अच्छी है। यहाँ सर्वेक्षण किये गये गाँवों में से 44% गाँवों में एक से ज़्यादा दुकानें हैं, 53% गाँवों में एक दुकान है और 3% गाँवों में कोई दुकान नहीं है।

सार्वजनिक वितरण प्रणाली से दलितों को मिलने वाला इस कारक से भी काफ़ी प्रभावित होता है कि इसकी दुकानें गाँव में कहाँ स्थित हैं। पाँच राज्यों के औसत के मुताबिक 17% गाँवों में ये दुकानें दलित बस्तियों में हैं, 70% दुकानें दबंग जातियों की बस्तियों में हैं, और 13% गाँवों में ये दुकानें कहीं और स्थित हैं। सबसे ज़्यादा आन्ध्र प्रदेश में ये दुकान दलित बस्तियों में हैं। जिन गाँवों का सर्वेक्षण किया गया, उनमें से आन्ध्र प्रदेश की 30% दुकान दलित बस्तियों में हैं। इस मामले में राजस्थान का स्थान सबसे नीचे है। यहाँ के जिन गाँवों को सर्वेक्षण में सम्मिलित किया गया, उनमें से किसी भी गाँव में सार्वजनिक वितरण प्रणाली की दुकान दलित बस्ती में नहीं है। सहभागी सशक्तीकरण के सन्दर्भ में सर्वे के आँकड़ों से यह तथ्य भी सामने आता है कि मुख्य रूप से इन दुकानों को चलाने का काम दबंग जातियों के लोगों के पास है और इसमें दलितों की भागीदारी अत्यन्त कम है। पाँच राज्यों के औसत के अनुसार सार्वजनिक वितरण प्रणाली की 81% दुकानों पर दबंग जाति के लोगों का और 17.6% दुकानों पर दलितों का स्वामित्व है। एक बार फिर से, राज्य स्तर पर आन्ध्र प्रदेश एक ऐसे राज्य के रूप में सामने आता है जहाँ दलितों ने काफ़ी हद तक सहभागी सशक्तीकरण हासिल किया है। यहाँ की 32% दुकानों पर दलितों का स्वामित्व है। इसके बाद बिहार, राजस्थान और उत्तर प्रदेश का स्थान

आता है। इसमें तमिलनाडु की स्थिति सबसे ख़राब है जहाँ सिर्फ़ 9% दुकानों पर ही दलितों का स्वामित्व है।

सार्वजनिक वितरण प्रणाली तक दलित समुदाय की पहुँच के सन्दर्भ में चार प्रकार के भेदभावों की शिकायत सामने आयी, जिनके चलते दलित इनका सही तरह से फ़ायदा नहीं उठा पाते हैं। ये चार रूप हैं : मात्रा में भेदभाव, कीमत में भेदभाव, सार्वजनिक वितरण प्रणाली के दुकानदार द्वारा जाति के आधार पर पक्षपात, तथा इन दुकानदारों द्वारा 'अस्पृश्यता' का व्यवहार। पाँच राज्यों के औसत के अनुसार, 14% गाँवों में मात्रा के सम्बन्ध में भेदभाव की शिकायत सामने आयी। इसका अर्थ यह है कि दुकानदारों द्वारा एक जैसी कीमत लेने के बावजूद दलितों को दबंग जातियों के लोगों की तुलना में कम मात्रा में वस्तुएँ दी जाती हैं। कीमत में भेदभाव का अर्थ यह है कि दुकानदार वस्तुओं की समान मात्रा के लिए दलितों से ज़्यादा पैसे की माँग करते हैं; वहीं दबंग जातियों को ये वस्तुएँ कम पैसे में ही मिल जाती हैं। 28% गाँवों में इस प्रकार के भेदभाव की शिकायत सामने आयी।

पक्षपात

सार्वजनिक वितरण प्रणाली में तीसरे और सबसे सामान्य रूप से यह भेदभाव पाया जाता है कि दुकानदार द्वारा वस्तुओं के वितरण में पक्षपात किया जाता है। पाँच राज्यों के औसत के अनुसार 48% गाँवों इस तरह की समस्या सामने आयी। गाँवों के लोगों की प्रतिक्रिया के अनुसार यह परिघटना विविध रूपों में सामने आयी। कुछ स्थानों पर, इस प्रणाली के दुकानदार द्वारा पूरे सप्ताह दबंग जातियों के लोगों को वस्तुओं दी जाती हैं, वहीं दलितों के लिए मनमाने तरीके से 'दलित दिन' नियत कर दिया गया है और उन्हें केवल इसी दिन वस्तुएँ दी जाती हैं। अधिकांश स्थानों पर यह 'दलित दिन' हफ़्ते में एक या दो दिन होता है और इसमें बहुत कम समय के लिए दुकानें खुली रखी जाती हैं। इसके अलावा, यह बात भी सामने आयी कि वस्तुओं के वितरण में दबंग जातियों के लोगों को वरीयता दी जाती है, तथा दलितों को अपनी बारी का इन्तज़ार करना पड़ता है जो कि अक्सर अन्त में आता है। उत्तर प्रदेश के गाजीपुर ज़िले के एक गाँव में सार्वजनिक वितरण प्रणाली में मौजूद जाति आधारित भेदभाव का वर्णन करते हुए एक व्यक्ति ने एक खास घटना का उल्लेख किया। इसके मुताबिक एक बार दलित समुदाय के लोगों को चीनी और अन्य वस्तुओं की सख़्त आवश्यकता थी किन्तु दबंग जाति के दुकानदार ने उन्हें ये वस्तुएँ देने से साफ़ मना कर दिया। उसने यह झूठी दलील दी कि उसके पास अभी ये वस्तुएँ हैं ही नहीं। इसी दिन गाँव में इस दुकानदार के जाति के व्यक्ति के यहाँ शादी थी, जिसमें इसकी दुकान से 'कई क्विंटल' चीनी और अन्य वस्तुएँ दी गयीं।

चौथा, पाँच राज्यों के जिन गाँवों में सर्वेक्षण किया गया, वहाँ तकरीबन 26%

गाँवों में सार्वजनिक वितरण प्रणाली के दुकानदार दलितों को सरकारी वस्तुओं के वितरण में अस्पृश्यता का पालन करते हैं। इस सन्दर्भ में एक व्यवहार खास तौर पर प्रचलित है जिसमें दलित अपना हाथ या वस्तु लेने के लिए झोला आदि फैलाते हैं और दुकानदार ऊपर से, काफ़ी सावधानी बरतते हुए उन्हें सामान देते हैं ताकि उनका दलितों के साथ कोई सीधा स्पर्श न हो। इस पूरी प्रक्रिया का मूल मकसद यह होता है कि 'निम्न' लोगों के स्पर्श से 'उच्च' लोग अशुद्ध न हों। इसी प्रकार, बिहार में दबंग जाति के दुकानदार मुसहर जाति के लोगों को सामान देने से पहले अपनी दुकान पर एक कपड़ा टाँग देते हैं। चूँकि ये दुकानदार सरकारी काम कर रहे हैं, इसलिए एक चौथाई से ज़्यादा दुकानदारों द्वारा इस प्रकार से छुआछूत बरतना भारतीय संविधान, 1955 के अस्पृश्यता विरोधी अधिनियम और उसके बाद बने असंख्य कानूनों का खुल्लमखुल्ला उल्लंघन है। जिस राज्य में ऐसा हो रहा है, वहाँ की सरकर के लिए यह एक गम्भीर कानूनी प्रश्न है।

निष्कर्ष

मध्याह्न भोजन योजना और सार्वजनिक वितरण प्रणाली दोनों के ही सम्बन्ध में अन्तर-राज्यीय आँकड़ों का सावधानी से अध्ययन करने पर यह बात स्पष्ट रूप से सामने आती है कि बहिष्करण और जातिगत भेदभाव कम होने पर इन दोनों ही कार्यक्रमों में दलितों की पहुँच और भागीदारी करने की शक्ति में बढ़ोतरी होती है। जिन पाँच राज्यों का अध्ययन किया गया है उनमें आन्ध्र प्रदेश में दलित रसोइया और दलित संगठक हैं, और यहीं सबसे अधिक संख्या में दलित बस्तियों में मध्याह्न भोजन योजना संचालित होती है। इसी राज्य में इस योजना के अन्तर्गत दलितों के साथ जातिगत भेदभाव का प्रतिशत सबसे कम है। इसके विपरीत, राजस्थान में सबसे कम दलित रसोइया और दलित संगठक हैं और यहाँ दलित बस्तियों में मध्याह्न भोजन योजना संचालित होने का प्रतिशत सबसे कम है। लेकिन इसके साथ ही इसी राज्य में जातिगत भेदभाव की दर सबसे ज़्यादा है। सार्वजनिक वितरण प्रणाली के आँकड़ों से भी इसी प्रकार की तस्वीर सामने आती है। आन्ध्र प्रदेश में सबसे ज़्यादा संख्या में दलितों के पास इस प्रणाली के अन्तर्गत स्थापित हुए दुकानों का स्वामित्व है। साथ ही, यहाँ ये दुकानें ज़्यादा संख्या में दलित बस्तियों में स्थित हैं। यहाँ से जाति आधारित भेदभाव की काफ़ी कम शिकायतें सामने आयीं। हालाँकि इस सन्दर्भ में स्पष्ट कारणात्मकता को सिद्ध नहीं किया जा सकता है, फिर भी अध्ययन क्षेत्र से मिले मात्रात्मक और गुणात्मक प्रमाण से यह बात सामने आती है कि दरअसल आँकड़ों के बारे में ये प्रवृत्तियाँ आपस में जुड़ी हुई हैं।

हम आन्ध्र प्रदेश में तुलनात्मक रूप से उच्चतर पहुँच और सहभागी सशक्तीकरण/स्वामित्व और भेदभाव के निम्नतर स्तर की व्याख्या कैसे कर सकते हैं। अध्ययन

से सामने आने वाला गुणात्मक आँकड़ा यह संकेत करता है कि राज्य सरकार द्वारा अपने कार्यक्रमों को लागू करने के लिए नागरिक समाज की पहल से जुड़ने की इच्छा और जन आन्दोलनों तथा दलित एनजीओ द्वारा की जाने वाली सतत जन कार्रवाई इस सन्दर्भ में मुख्य कारकों की भूमिका निभा सकते हैं। मसलन, जब जागरूक नागरिक संगठनों द्वारा राज्य सरकार को सक्रिय और ऊर्जावान बनाया जाता है, तो वह मध्याह्न भोजन योजना को सामान्य सरकारी मशीनरी से लागू नहीं करती है, बल्कि इसके लिए स्थानीय महिला समूहों की मदद लेती है। ऐसा लगता है कि इससे दलित महिलाओं के सशक्तीकरण का दायरा बढ़ता है। अब वे ज़्यादा प्रभावकारी तरीके से इस योजना में भागीदारी और हस्तक्षेप करके भोजन के अधिकार और शिक्षा के अधिकार तक अपने बच्चों की समान पहुँच सुनिश्चित करती हैं। साथ ही, इससे वे अपने रोजगार के अधिकार को भी मज़बूती से अभिव्यक्त करती हैं (मसलन, मध्याह्न भोजन योजना में रसोइया, संगठन या शिक्षक)।

इस तरह, आँकड़ों से दो नीतियाँ बहिष्करण/भेदभाव का सामना करने के माध्यम के रूप में सामने आती हैं। पहला, सरकार मध्याह्न भोजन योजना के केन्द्रों और सार्वजनिक वितरण प्रणाली की दुकानों को दलित बस्तियों में नये सिरे से पुर्नस्थापित कर सकती है या फिर पूरी तरह से नये केन्द्रों या दुकानों की स्थापना की जा सकती है। दूसरा, सरकार इन कार्यक्रमों को संयुक्त रूप से लागू करने और इन पर निगरानी रखने के लिए दलित महिला समूहों या समुदाय की मदद ले सकती है। कार्यक्रमों के संचालन और स्वामित्व के सन्दर्भ में सहभागी सशक्तीकरण को बढ़ावा देकर सरकार भेदभाव की घटनाओं में कमी ला सकती है, दूसरे समूहों की तरह ही सरकार के कार्यक्रमों तक दलितों की पहुँच बढ़ा सकती है और अन्य समुदायों की तरह उनके लिए भी भोजन के अधिकार को एक हक़ीक़त बनाने की शुरुआत कर सकती है।

सन्दर्भ

1. इस लेख में जिस सर्वेक्षण का उल्लेख किया गया है उसे नैशनल कैम्पेन ऑफ दलित ह्यूमन राइट्स ने संचालित किया था। हम आँकड़ों के संग्रहण में मदद करने के लिए उनके कार्यकर्ताओं के आभारी हैं।

[यह शोध-आलेख *इकोनॉमिक ऐंड पॉलिटिकल वीकली* के 24 सितम्बर 2005 अंक में प्रकाशित हुआ था।]

भारत और चीन में लिंग चयन और जेण्डर असन्तुलन के नकारात्मक नतीजों का अध्ययन

रविन्दर कौर[1]

भारत और चीन में जनन-क्षमता में तीव्र गिरावट और लिंग-निर्धारण के तकनीक के आने के कारण कम लड़कियों का जन्म हो रहा है। इसके परिणामस्वरूप दोनों ही देशों में आज पुरुष ज़्यादा हैं और महिलाओं की कमी है। अभी तक नकारात्मक लिंग अनुपात से सम्बन्धित अधिकांश अनुसन्धान कार्यों में लिंग अनुपात में अन्तर की पहचान करने तथा उसके स्वरूप और कारणों का वर्णन करने पर ध्यान दिया जाता रहा है। इनमें इसके नतीजों का विश्लेषण करने का प्रयास नहीं किया गया है। इस शोध-आलेख में जेण्डर असन्तुलन के सामाजिक नतीजों का विश्लेषण किया गया है।

भारत और चीन विश्व में सर्वाधिक जनसंख्या वाले दो देश हैं। अपने विषम लिंग अनुपात द्वारा, जो कि पुरुषों के पक्ष में झुका हुआ है, ये एशिया के जेण्डर असन्तुलन को एक आकार प्रदान करने में महत्त्वपूर्ण भूमिका निभाते हैं। चीन में आधिकारिक स्रोतों के मुताबिक वर्ष 2008 में जन्म के समय लिंग अनुपात में प्रत्येक 119 लड़कों पर 100 लड़कियाँ थीं और यह माना जाता है कि अब भारत में 110 लड़कों पर 100 लड़कियाँ होती हैं (दास गुप्ता और अन्य 2009; ओआरजी 2010)।[2] बहरहाल, दोनों देशों में हाल के वर्षों में कुछ सुधार भी दिखा है। चीन में एक समय जन्म के समय लिंग अनुपात 119 था और इसके 14 प्रान्तों में उच्च लिंग अनुपात था लेकिन अब इसमें गिरावट की प्रवृत्ति दिख रही है। भारत में भी अब सर्वोच्च स्तर 113 से गिरावट हो रही है। इस हल्के सुधार के बावजूद अभी भी इन देशों में जन्म के समय लिंग अनुपात नकारात्मक है। इन देशों में बेटी के साथ भेदभाव किया जाता है और बेटे को प्राथमिकता दी जाती है। चीन में एक बच्चे की नीति और भारत में दो बच्चे के मानक के चलते दोनों देशों में जनन-क्षमता में काफ़ी गिरावट आयी

है। लिंग निर्धारण की नयी तकनीकों ने भी कम लड़कियों के जन्म में योगदान दिया है। इन प्रमुख कारकों के चलते दोनों ही देशों में पुरुष ज़्यादा हैं और महिलाओं की कमी है। चीन में वर्ष 2005 में हुए एक राष्ट्रीय सर्वेक्षण के मुताबिक पूरे देश में 20 वर्ष से कम आयु के लोगों में 33 मिलियन अतिरिक्त पुरुष थे (झू और अन्य 2009)। 2011 की जनगणना के अनुसार, भारत में महिलाओं की तुलना में तकरीबन 37.3 मिलियन ज़्यादा पुरुष हैं (सेनसस ऑफ इण्डिया 2011)। निश्चित रूप से, इस प्रकार की जनसंख्यात्मक रूपरेखा का दूरगामी सामाजिक प्रभाव पड़ेगा। पहले से ही अत्यधिक पुरुष जनसंख्या के सम्भावित नकारात्मक नतीजों के बारे में चिन्ता जताई जाने लगी है।

नकारात्मक लिंग अनुपात से सम्बन्धित अब तक के अधिकांश अनुसन्धान कार्यों में विषम लिंग अनुपातों की पहचान, इसके स्वरूप और कारणों पर ध्यान दिया गया है और आम तौर पर इसके नतीजों की उपेक्षा की गयी है। प्रस्तुत शोध-आलेख में जेण्डर असन्तुलन के सामाजिक परिणामों से सम्बन्धित उभरते साहित्य का परीक्षण किया गया है। ऐसे साहित्य में मुख्य रूप से समाज में ज़्यादा पुरुषों की मौजूदगी के प्रभावों पर गौर किया गया है।

मोटे तौर पर, मौजूदा साहित्य को छह भिन्न किन्तु आपस में जुड़े हुए विषयों में वर्गीकृत किया जा सकता है : 1. विवाह में परेशानी, 2. अतिरिक्त पुरुष, महिलाओं के खिलाफ़ अपराध और हिंसा, 3. विवाह में परेशानी का विवाह के स्वरूप और व्यवहार पर प्रभाव, 4. विवाह रकम अदायगी (दहेज, दुल्हन की कीमत) और आर्थिक व्यवहार पर प्रभाव, 5. पुरुषों के सेक्शुअल व्यवहार और स्वास्थ्य पर प्रभाव, 6. महिलाओं की स्थिति और जेण्डर समानता की सम्भावनाओं पर प्रभाव। अभी तक इन विषयों पर चीन में ही ज़्यादा अकादमिक अध्ययन हुए हैं, जहाँ अतिरिक्त पुरुष ज़्यादा बड़ी संख्या में हैं। भारत में ऐसे अध्ययन काफ़ी कम हैं और बहुत से परिणामों के बारे में अभी व्यवस्थित अध्ययन किया जाना बाकी है।

विवाह की समस्या

लिंग अनुपात में असन्तुलन का एक प्रभाव यह हुआ है कि विवाह के सम्बन्ध में बेमेल शादियों की नौबत आने लगी है, जिसे 'विवाह में समस्या' के रूप में वर्णित किया गया है। जनसंख्याविदों के अनुसार, सम्भावित साथी की उपलब्धता पर ही विवाह की सम्भावना निर्भर होती है, जो कि जन्म के समय लिंग अनुपात, विवाह के स्वरूप और जनसंख्या की उम्र संरचना से प्रभावित होती है। कई समाजों में विवाहित पति-पत्नी की उम्र में एक अन्तर होता है। इसमें पुरुष महिलाओं की तुलना में कुछ ज़्यादा बड़े होते हैं। उम्र के अन्तराल के कारण कई बार जनन क्षमता में तीव्र

गिरावट होती है, जो विवाह सम्बन्धी समस्या बढ़ा सकती है। ऐसे में, कम लड़कियों का जन्म होगा और अविवाहित पुरुषों की संख्या बढ़ती चली जायेगी। इसके अलावा, यदि लड़कियों की भ्रूण हत्या होती है (या बीमारियों आदि के चलते जन्म के बाद शिशु की मृत्यु होती है) तो भी विवाह बाजार में कम ही महिलाएँ उपलब्ध होंगी। चीन और भारत–दोनों ही देशों में जनन क्षमता में तीव्र गिरावट आयी है और दोनों ही देशों में लिंग चयन की प्रवृत्ति काफ़ी गहरी है। ऐसे में, पुरुषों के लिए विवाह की समस्या अनिवार्य रूप से सामने आती है। यहाँ इस बात पर गौर करने की आवश्यकता है कि विषम लिंग अनुपात के सामने आने के 20 वर्षों के बाद विवाह में समस्या सामने आयी है क्योंकि इसके बाद ही विवाह-योग्य पुरुषों की खेप तैयार हुई है। अब भारत और चीन–दोनों ही विवाह समस्या का सामना कर रहे हैं। इस भाग के अन्त में जिस प्रकार का अनुमान व्यक्त किया गया है, उससे ऐसा लगता है कि स्थिति और भी ज़्यादा बुरी होने वाली है।

बहरहाल, इकलुण्ड के मुताबिक यह याद रखना महत्त्वपूर्ण है कि विवाह की समस्या सिर्फ़ एक संख्यात्मक असन्तुलन की समस्या नहीं है। यह इससे भी प्रभावित होती है कि विवाह को सामाजिक, आर्थिक और राजनीतिक रूप से कैसे निर्मित किया गया है। जापान जैसे देश में जहाँ लिंग अनुपात की समस्या नहीं है, वहाँ भी लोग शादी की समस्या का सामना कर रहे हैं (नाइट 1995)। दक्षिण कोरिया के ग्रामीण क्षेत्रों में यह समस्या अत्यधिक बढ़ चुकी है। इसका कारण केवल जनसांख्यिक असन्तुलन नहीं है, बल्कि बड़ी संख्या में युवा स्त्रियों के शहरों की ओर जाने के कारण भी यह समस्या उत्पन्न हुई है (किम 2010)।

विवाह सामाजिक रूप से निर्मित एक गत्यात्मक संस्था है। विभिन्न कारक मिलकर (पुरुषों और महिलाओं के लिए) विवाह की समस्या उत्पन्न कर सकते हैं तथा जनसंख्या के विभिन्न भागों को प्रभावित कर सकते हैं। इसी प्रकार, उच्चतर शैक्षिक स्तर, कर्मचारियों की संख्या में महिलाओं का अनुपात बढ़ने तथा विवाह और सेक्शुअल सम्बन्धों के बारे में वरीयताओं में बदलाव होने से विवाह बाज़ार और भी ज़्यादा प्रभावित हो सकता है (द इकोनॉमिस्ट 2011)। इकलुंड यह भी बताती हैं कि चीन में विवाह की समस्या नयी नहीं हैं, हालाँकि यह भी सच है कि इसके वर्तमान चरण में जनसांख्यिक असन्तुलन इसका एक प्रमुख कारण है; भारत में भी इसी तरह का इतिहास रहा है।

भारत और चीन–दोनों ही देशों में विवाह को तकरीबन सार्वभौमिक और सामाजिक रूप से अनिवार्य संस्था माना जाता है। इसलिए बहुत सारे पुरुषों के विवाह करने में असमर्थ होने के चलते सामाजिक स्तर पर एक बेचैनी व्याप्त है। चीन में नीति-निर्धारकों ने दुल्हनों के अभाव पर खुलकर चिन्ता व्यक्त की है। चीन में जनसंख्या के मुद्दे पर राजनीतिक परामर्शदात्री सम्मेलन के सलाहकार ली वीजियांग

का यह मानना है कि "पुरुषों और महिलाओं के अनुपात में अन्तर बढ़ने के कारण राष्ट्र की जनसंख्या के स्वस्थ्य, समरस और सतत संवृद्धि के लिए ख़तरा पैदा हो गया है। इससे आगे चलकर औरतों के अपहरण और वेश्यावृत्ति जैसे अपराधों में काफ़ी बढ़ोतरी होगी" (द गार्डियन 2004)।

बहुत से विद्वानों ने वर्तमान और भविष्य की विवाह सम्बन्धी समस्याओं के आधार पर यह अनुमान लगाया है कि इससे भारत और चीन में बड़ी संख्या में पुरुषों को विवाह करने के लिए कोई साथी नहीं मिलेगी। एबेनस्टीन और शारीगिन (2009 : 402-03) ने अनुसार, ''चीन पुरुषों के विवाह की सम्भावनाओं में नाटकीय गिरावट के कगार पर खड़ा है।'' और ''2020 तक एक ही उम्र समूह के सम्भावित साथियों के बीच लिंग असन्तुलन सबसे ख़राब स्थिति तक पहुँच जायेगा।'' जियांग और अन्य (2013) यह दावा करते हैं कि यदि चीन में लोगों की वैवाहिक स्थिति में अन्तर किये बगैर सभी लोगों पर विचार करने की जगह सिर्फ़ कभी भी विवाह न करने वाले लोगों पर विचार किया जाये तो स्थिति की ज़्यादा भयंकर तस्वीर सामने आयेगी। ग्युइलमोटो (2012) ने भविष्य में भारत और चीन में विवाह समस्या की कल्पना करते हुए यह अन्दाज़ा लगाया है कि जन्म के समय लिंग निर्धारण के आधार पर यह कहा जा सकता है कि वर्ष 2050 के दशक के दौरान चीन में 8.1 मिलियन अकेले पुरुष 50 वर्ष की अवस्था तक पहुँच जायेंगे। उनके मुताबिक 2020 से 2080 तक इन अविवाहित लोगों की संचयी संख्या बढ़कर 32 मिलियन से ज़्यादा हो सकती है।[3]

भारत के लिए ग्युइलमोटो यह भविष्यवाणी करते हैं कि 2020 से 2080 के बीच अतिरिक्त अविवाहित पुरुषों की संचयी संख्या बढ़कर 40 मिलियन के निकट पहुँच जायेगी, क्योंकि भारतीय जनसंख्या में साथियों की आवश्यकता तुलनात्मक रूप से ज़्यादा बड़ी होगी। हडसन और डेन बोअर (2004 : 129) के गणना के मुताबिक 2001 में भारत में अतिरिक्त 35 मिलियन आदमी थे और 2006 तक 15-35 वर्ष के बीच में 16.5 मिलियन अतिरिक्त पुरुष थे और यह सम्भावना है कि 2020 तक यह संख्या बढ़कर 28 और 32 मिलियन के बीच हो जायेगी। उनके अनुसार, ''भारत में गायब हुई महिलाओं का आधा भाग बिहार, मध्य प्रदेश, राजस्थान और उत्तर प्रदेश से सम्बन्धित है (वही : 125)। हरियाणा, पंजाब, उत्तर प्रदेश और राजस्थान ऐतिहासिक रूप से लिंग असन्तुलन के राज्य रहे हैं। वर्ष 2001 की जनगणना के आँकड़ों से यह पता चलता है कि यहाँ 25 से 49 वर्ष के विवाहयोग्य उम्र में 10 से 15% पुरुष अविवाहित थे। दूसरी ओर, महिला जनसंख्या का एक बहुत छोटा हिस्सा अर्थात् 3% से 4% ही अविवाहित था। इस प्रकार, अविवाहित महिलाओं की तुलना में तीन से चार गुणा ज़्यादा पुरुष अविवाहित थे (सेनसस ऑफ इण्डिया 2001)। इसलिए यह सम्भावना है कि ज़्यादा जनसंख्या वाले तथा पहले से ही विषम

लैंगिक अनुपात वाले राज्यों में आने वाले समय में विवाह समस्या काफ़ी गहन होने वाली है। 1991 और 2001 के भारतीय जनगणना के आँकड़ों का परीक्षण करते हुए समायीर और जो (2010) ने यह बताया है कि विवाह बाज़ार में स्त्रियों की तुलना में ज़्यादा अविवाहित पुरुष हैं और कम संख्या में लड़कियों के जन्म लेने के कारण भविष्य में विवाह की समस्या ज़्यादा गम्भीर होने वाली है। इससे या तो मर्द ज़्यादा उम्र होने पर विवाह करेंगे या फिर किसी अन्य स्थान से दुल्हन ले आयेंगे। आगे की विवेचना से यह विवेचना की गयी है कि पहले से ही इस तरह के प्रक्रियाओं के पर्याप्त सबूत उपलब्ध रहे हैं।

भारत (कौर 2004, 2012; अहलावत 2009; चौधरी और मोहन 2011; कुकरेजा और कुमार 2013) तथा चीन (डेविन 2005; लु 2008; गेट्स 1996; झांग 2006) में बहुत से विद्वानों ने दुल्हनों की कमी के बारे में मानवशास्त्रीय प्रमाण उपलब्ध कराये हैं। इन चुनिंदा लेखनों के अतिरिक्त, कम-से-कम वर्ष 2000 से चीन, भारत और विदेशी मीडिया में दुल्हनों की कमी और इस कमी को दूर करने के उपायों के बारे में कई रिपोर्टें प्रकाशित होती रही हैं।

दुल्हन की कमी होने की भविष्यवाणी का अर्थ यह है कि भारत और चीन—दोनों ही स्थानों पर पुरुषों को भयंकर विवाह संकट का सामना करना पड़ेगा। हालाँकि हाल ही में प्रकाशित एक शोध-पत्र में कोचीन और नॉक्स (2012) ने यह तर्क प्रस्तुत किया है कि विवाह की समस्या से सम्बन्धित भविष्यवाणियाँ विवाह बाज़ार के स्थिर मॉडल पर आधारित हैं, जो संकट से जूझने के लिए अपनाये गये अनुकूलन के तरीकों पर गौर नहीं करती हैं। मसलन पति-पत्नी की उम्र के बीच में अन्तर, तलाकशुदा और विधवा स्त्रियों के विवाह की बढ़ती दर, पुरुषों के दूसरे स्थानों पर चले जाने जैसे नवीन परिघटनाओं की उपेक्षा की जाती है। इन उपायों से जनसंख्याविदों की भविष्यवाणियों के उग्र प्रभावों को हल्का बनाया जा सकता है। कई पुरुषों ने विवाह न करने, समलिंगी जीवन-साथी का चयन, विधवा या तलाकशुदा महिलाओं से शादी जैसी वैकल्पिक जीवनशैली चुन ली है। लेकिन विवाह संस्था में होने वाले ये बदलाव अत्यन्त धीमे हैं और ऐसा लगता है कि ये समस्या को दूर करने में कोई महत्त्वपूर्ण भूमिका नहीं निभा सकते हैं। बहुत सी महिलाओं द्वारा भी इसी प्रकार के व्यवहार का चुनाव करने के चलते उनकी उपलब्धता भी कम हो जायेगी। और जैसा कि इकलुण्ड बताती हैं ऐसी महिलाओं के लिए 'बची हुई औरतें' या 'खुली शाखाओं' (बेयर ब्रांचेज) जैसे शब्दों का अपमानजनक अर्थ में प्रयोग होता है। यह इस धारणा को मज़बूत बनाता है कि विवाह न करना सामाजिक मानकों से पथभ्रष्ट होने की भाँति है। उनके अनुसार, इस तरह की भाषा इस सोच को मज़बूती देती है कि हर किसी को विवाह करना चाहिए और इस प्रकार यह विवाह की समस्या को गहन बनाती है।

अतिरिक्त अविवाहित पुरुषों से सम्बन्धित साहित्य से यह बात सामने आती है कि विवाह बाज़ार में अमूमन ऐसे ही पुरुष अविवाहित रह जाते हैं जो ग़रीब, अशिक्षित, बेरोज़गार, कम हैसियत वाले, या अन्य तरीके से वंचना का शिकार होते हैं (शारीरिक या मानसिक अपंगता का शिकार होना)। इन समाजों में अधिकांश महिलाएँ विवाह करती हैं और उनके पास विवाह करने के बेहतर विकल्प होते हैं। वे विवाह बाज़ार में कम संसाधनों और सामर्थ्य वाले पुरुषों को छोड़ देती हैं। जहाँ विवाह बाज़ार में जाति और वर्ग सगोत्रीय विवाह, गाँव से बाहर विवाह, विधवा पुनर्विवाह (या इसका निषेध) और उम्र अन्तराल जैसे कारक महत्त्वपूर्ण होते हैं, वहीं इस बात के पर्याप्त प्रमाण हैं कि ऐसे बहुत से रूढ़िवादी या अर्ध-रूढ़िवादी समूहों या परिवारों के भीतर भी ऐसे पुरुष होते हैं जो विवाह के मामले में छूट जाते हैं (हडसन और डेन बोअर 2002, 2004; कौर 2004, 2012, मिन और येड्स 1995)। ग्रामीण महिलाओं के शहरी क्षेत्रों या ज़्यादा सम्पन्न क्षेत्रों की ओर चले जाने के कारण ग्रामीण पुरुषों को ज़्यादा समस्याओं का सामना करना पड़ता है। शारीगिन और अन्य (2013) ने यह दिखाया है कि विशेष रूप से चीन में कभी भी विवाह न करने वाले पुरुषों का अनुपात ग़रीबों और कम आय वाले प्रान्तों में ज़्यादा होगा, क्योंकि ये प्रान्त सामाजिक सुरक्षा कार्यक्रम चलाने में सबसे कम समर्थ होते हैं। इस प्रकार, पुरुषों के लिए समस्या क्षेत्र, जाति, वर्ग और उम्र के हिसाब से अलग-अलग रूपों में सामने आयेगी।

सम्भावित नतीजे : अपराध और हिंसा

विद्वानों और मीडिया द्वारा यह तथ्य तो रेखांकित किया ही गया है कि बड़ी संख्या में आदमी विवाह करने में समर्थ नहीं होंगे। लेकिन इसके साथ ही ऐसे बहुत से अविवाहित पुरुषों के कारण सामने आने वाले सम्भावित ख़तरनाक नतीजों के बारे में भी चिन्ता जताई जाने लगी है। चीन में अविवाहित और अपना परिवार न बसाने वाले आदमियों को 'खुली शाखाओं' (बेयर ब्रांचेज) की संज्ञा दी जाती है।

दो राजनीतिक वैज्ञानिकों वैलेरी हडसन और एंड्रिया एम. डेन बोअर ने अतिरिक्त पुरुषों के 'ख़तरों' के बारे में चर्चा आरम्भ की है। उन्होंने *इंटरनैशनल सेक्योरिटी जर्नल* में वर्ष 2002 में प्रकाशित अपने डरावने शोध-आलेख 'अ सरप्लस ऑफ मेन, अ डेफेसिट ऑफ पीस : सेक्योरिटी ऐंड सेक्स रेशियोज इन एशियाज लारजेस्ट स्टेट्स' में इसके सम्भावित ख़तरों के बारे में बताया है। आगे चलकर उन्होंने इस शोध-आलेख को एक किताब के रूप में प्रस्तुत किया, जिसका शीर्षक है : *बेयर ब्रांचेज : सेक्योरिटी इम्पलिकेशन्स ऑफ एशियाज सरप्लस मेल पॉप्यूलेशन* (2004)। इनके शोध-आलेख और पुस्तक में अत्यधिक जेण्डर असमानता के राष्ट्रीय और अन्तर्राष्ट्रीय सुरक्षा पर पड़ने वाले प्रभावों का विश्लेषण किया गया है। इन्होंने

यह तर्क प्रस्तुत किया कि ''उच्च लिंग अनुपात वाले समाजों में सुरक्षा की एक भिन्न गणना और रणनीति की आवश्यकता होगी'' (2002 : 37)। उन्होंने यह पूछा कि "यदि उनकी संवृद्धि (युवा अविवाहित/असम्बद्ध पुरुषों की) संवृद्धि को अबाधित रूप से जारी रखा जाये तो इसके किस प्रकार के घरेलू, क्षेत्रीय और शायद अन्तर्राष्ट्रीय नतीजे भी सामने आ सकते हैं?" (2004 : 229)। उन्होंने इतिहास के विविध दौरों के दस्तावेज़ों का इस्तेमाल करते हुए अतिरिक्त पुरुषों और विद्रोहों, अपराध और सामान्य सामाजिक अव्यवस्था के उभार के बीच जुड़ाव का विश्लेषण किया है। इसके बाद उन्होंने भारत और चीन के बारे में दो विशिष्ट भविष्यवाणियाँ भी की हैं। उन्होंने यह भविष्यवाणी की है कि इस बात की पूरी सम्भावना है कि चीन अपने अतिरिक्त पुरुषों का उपयोग देश के भीतर की हिंसा का दमन करने के लिए करेगा। साथ ही, यह इनकी मदद से उपनिवेशी करण दूसरे देशों से युद्ध भी करेगा। वहीं, भारत चूँकि जातीय रूप से एक विविधतापूर्ण समाज है, इसलिए यहाँ विविध समुदायों के बीच संघर्ष और टकराव में बढ़ोतरी हो सकती है (2004 : 2002)। वे इस बात पर ज़ोर देते हैं कि उनकी भविष्यवाणियाँ पूरी तरह से सुनिश्चित नहीं हैं। फिर भी ये मानते हैं कि अविवाहित पुरुषों की बड़ी संख्या निश्चित रूप से सामान्य कानून और व्यवस्था के लिए समस्याएँ खड़ी करेगी (2002 : 37)। वे भारतीय और चीनी सरकारों से यह आग्रह करते हैं कि बे ऐसी नीतियाँ अपनाएँ जिनमें इन सम्भावित नतीजों पर ध्यान दिया जाये। साथ ही, वे अन्य सरकारों को भी अपनी सुरक्षा चिन्ताओं में इस नये कारक को सम्मिलित करने के लिए सचेत करते हैं।

निश्चित रूप से, ऐसी भविष्यवाणियों को अतिशयोक्ति की संज्ञा दी जा सकती है जिनके बारे में ज़मीन पर कोई ठोस सबूत उपलब्ध नहीं है। लेकिन इन लेखकों की इस बुनियादी प्रकल्पना को खारिज नहीं किया जा सकता है कि समाज में अत्यधिक संख्या में पुरुषों की मौजूदगी सामान्य व्यवस्था और महिलाओं की सुरक्षा को ख़तरे में डाल सकती है। दरअसल, विविध अध्ययन भी इस प्रकल्पना का समर्थन करते हैं। इसलिए इकलुण्ड और अन्य (2007) ने यह प्रकल्पना प्रस्तुत की है कि पुरुष लिंग अनुपात में बढ़ोतरी ने चीन में अपराध की दर को बढ़ाया है, जिसके चलते पिछले दो दशकों में अपराध दोगुना हो गया है। 1988-2004 की अवधि के बीच के वार्षिक प्रान्त-स्तरीय आँकड़ों के आधार पर वे यह पाते हैं कि लैंगिक अनुपात में 1% की बढ़ोतरी से हिंसा और सम्पत्ति सम्बन्धी अपराधों की दर में 3.8% तक की वृद्धि होती है। साथ ही, वे यह बताते हैं कि अपराधों में होने वाली कुल वृद्धि के छठे भाग के लिए लिंग असन्तुलन को ज़िम्मेदार माना जा सकता है। 2001 के चीन के *लॉ इयर* बुक के आँकड़ों के आधार पर वे यह तर्क देते हैं कि ''वर्ष 2000 में गिरफ्तार हुए सभी व्यक्तियों में से 90% पुरुष थे। और चीन

में हिंसा और सम्पत्ति सम्बन्धी अपराध करने वालों का एक बड़ा बहुमत (70%) 16 से 25 वर्ष की उम्र के भीतर के युवाओं का था" (2007 : 1-2)। झांग चीन में बलात्कार और यौन उत्पीड़न की बढ़ती घटनाओं को वहाँ महिलाओं की कमी से जोड़ते हैं। हालाँकि हेसकेथ और अन्य यह दलील देते हैं कि इस प्रकल्पना के पक्ष में बहुत काफ़ी कम प्रमाण हैं कि निम्न तबके के अविवाहित पुरुषों का समूह चीन की सामाजिक व्यवस्था के लिए एक ख़तरा बन जायेगा। इनका अनुसन्धान यह दिखाता है कि ऐसे पुरुषों में आत्म-सम्मान अत्यन्त कम होता है और उनके अवसाद-ग्रस्त होने की सम्भावना भी होती है, लेकिन इस बात का कोई प्रमाण नहीं है कि वे आक्रामक व्यवहार या हिंसा की ओर उन्मुख होते हैं।

फिर भी, चीन और भारत—दोनों ही स्थानों पर बहुत से विद्वान यह दावा करते हैं कि पुरुष लिंग अनुपात में बढ़ोतरी और हर प्रकार की हिंसा, विशेष रूप से महिलाओं के ख़िलाफ़ होने वाले अपराधों में वृद्धि के बीच जुड़ाव है। झांग का मानना है कि चीन में बलात्कार और लैंगिक उत्पीड़न की घटनाओं में वृद्धि हुई है, और इस बात की कम ही सम्भावना है कि समाज में स्त्रियों की कमी होने के चलते उनके सम्मान में बढ़ोतरी होगी (2010 : 38)। इनके मुताबिक, महिलाओं के ख़िलाफ़ जेण्डर-आधारित हिंसा और सेक्स वर्क की माँग बढ़ने तथा तस्करी के विकास के कारण उनके लिए ख़तरा ज़्यादा बढ़ जायेगा। दुल्हनों की कमी की विवेचना करते हुए वे कहती हैं कि "अमीर प्रान्तों के अविवाहित पुरुष युनान और गुआंक्सी जैसे ग़रीब प्रान्तों से अपने लिए दुल्हन या यौन तुष्टि देने वाली महिलाएँ खरीद सकते हैं" (2010 : 19-20)।

बोस और अन्य ने अपने शोध-आलेख में यह परीक्षण किया है कि क्या जेण्डर असन्तुलन वाले क्षेत्रों में घरेलू हिंसा और महिलाओं पर नियन्त्रण की स्थिति ज़्यादा बुरी है। वे यह तर्क पेश करते हैं कि यह माना जाता है कि महिलाओं की कमी होने पर उनके प्रभाव में बढ़ोतरी होनी चाहिए, किन्तु भारत के जिन ज़िलों में महिलाओं की संख्या कम है, वहाँ उन्हें अच्छे लिंग अनुपात वाले ज़िलों की तुलना में ज़्यादा हिंसा और नियन्त्रण का सामना करना पड़ता है। इनके रिसर्च का विस्तार करते हुए इसमें मानवशास्त्रीय अनुसन्धान में सामने आने वाले एक अन्य पहलू को भी सम्मिलित किया जा सकता है। अर्थात् क्या ऐसे क्षेत्रों में पुरुष भी अपनी पत्नियों पर ज़्यादा निगरानी रखते हैं और अपनी पत्नी के बाहर आने जाने पर उसे सन्देह की निगाह से देखते हैं। भारत के उत्तर प्रदेश जैसे कुछ उच्च लिंग अनुपात वाले राज्यों में महिलाओं को बार-बार बच्चों को जन्म देने के लिए गर्भधारण करना पड़ता है। दरअसल, यह भी उन पर नियन्त्रण करने का एक तरीका है।

भारत में हिंसा और विपरीत लिंग अनुपात के बीच सम्भावित सम्बन्ध के बारे में आरम्भिक स्तर पर चर्चा होती रही है। एक बहुत ही प्रसिद्ध शोध-आलेख में

ओल्डेनबर्ग (1992) ने यह दिया है कि हिंसा से ग्रस्त क्षेत्रों में महिलाओं से ज्यादा पुरुषों की जनसंख्या होती है। ये ऐसे क्षेत्र होते हैं जहाँ सम्पत्ति हासिल करने और उसकी सुरक्षा करने के लिए शारीरिक शक्ति की आवश्यकता होती है अर्थात् ऐसे स्थानों पर ज़्यादा बेटों की ज़रूरत होती है। उत्तर प्रदेश के पुरुषों उच्च लिंग अनुपात वाले ज़िलों में हत्या की दर भी ज़्यादा है। द्रेज और खेड़ा (2002) इनके तर्कों को आगे बढ़ाते हुए अपराध, जेण्डर और समाज के बीच सम्बन्धों का परीक्षण करते हैं। वे यह पाते हैं कि स्त्री-पुरुष के बीच निम्न अनुपात वाले ज़िलों में हत्या की दर ऊँची है। वे इस निष्कर्ष पर पहुँचते हैं कि पित्तृसत्तात्मक और पुरुष प्रभुत्व वाले समाजों के हिंसक होने की सम्भावना ज़्यादा होती है।

यह कहना उचित ही है कि लिंग अनुपात और अन्य सामाजिक आयामों पर इसके प्रभाव के बीच प्रत्यक्ष कारणात्मक सम्बन्ध स्थापित करना मुश्किल है। फिर भी, उपलब्ध आँकड़े लिंग अनुपात और विवाह समस्या तथा लिंग अनुपात और सामाजिक व्यवस्था के बीच सीधे सम्बन्ध की ओर ही संकेत करते हैं। इसकी उपेक्षा करने का अर्थ होगा कि हम छोटी बातों पर तो गौर कर रहे हैं लेकिन इसके बड़े निहितार्थों से आँखें चुरा रहे हैं। ऐसा प्रतीत होता है कि कम लिंग अनुपात वाले भारत के उत्तरी और उत्तर-पश्चिमी क्षेत्रों में महिलाओं के ख़िलाफ़ सेक्स सम्बन्धी अपराधों में बढ़ोतरी हुई है। इस बात के प्रमाण हैं कि हरियाणा और पंजाब जैसे उच्च लिंग अनुपात वाले राज्यों में बहुत से अविवाहित लोग समूह बनाकर बिना उद्देश्य के इधर-उधर घूमते रहते हैं। यहाँ के फील्ड अध्ययन से दो बहुत ही रोचक बातें सामने आयीं। एक मामले में, हरियाणा की महिलाओं ने अपने क्षेत्र में चुनाव प्रचार कर रहे राजनेता से यह कहा कि वे उनके गाँव के निकट जेल बनवा दें। जब उनसे पूछा गया कि वे ऐसी माँग क्यों कर रही हैं, तो उन्होंने यह बताया कि जब उनके बेटे जेल में होंगे, तो वे उनसे आसानी से मिल पायेंगी। ज़िन्द ज़िले में खेतों में काम करने वाली एक स्थानीय मज़दूर महिला ने यह बताया कि उनके गाँव के युवा, बेरोज़गार, अविवाहित आदमी सुबह ट्रेनों में बैठकर नज़दीक के बड़े शहारों के विश्वविद्यालयों में जाते हैं। वे वहाँ पढ़ाई करने नहीं जाते, बल्कि परिवार के सदस्यों के व्यंग्य और टोका-टाकी से बचने के लिए गाँव से बाहर चले जाते हैं। एक बार कॉलेज पहुँच जाने पर वे वहाँ कई तरह से अशान्ति पैदा करते हैं—लड़कों से झगड़ा करते हैं और लड़कियों से छेड़खानी। शाम में वे फिर से अपने गाँव वापस लौट आते हैं। हरियाणा में ऐसे लड़कों को 'मलंग' (या चिरकालिक अविवाहित) की संज्ञा दी जाती है (देखें अहलावत सद्यःप्रकाशित) और पंजाब में इन्हें 'छड़ा' कहा जाता है। इस सन्दर्भ में नमिता कोहली हरियाणा के एक स्कूल शिक्षिक को उद्धृत करती हैं: "पहले हम अपनी औरतों को खेतों में अकेले ही भेज देते थे, लेकिन अब आस-पड़ोस में रहने वाले आदमियों पर भरोसा नहीं किया जा सकता है। उनकी

हताशा के कारण बलात्कार और हिंसा की घटनाएँ बढ़ रही हैं। इस हालात को बदलने में काफ़ी वक़्त लगेगा'' (हिन्दुस्तान टाइम्स 2007)।

कौर (2008) का यह मानना है कि विषम लिंग अनुपात और हरियाणा और पश्चिमी उत्तर प्रदेश में तथाकथित 'ऑनर किलिंग' के बढ़ते अपराध के बीच एक जुड़ाव है। विवाह के सामुदायिक मानकों को तोड़कर तथा भागकर शादी करने वाले बहुत से युवा जोड़े इस प्रकार की हत्या का शिकार होते है। इस प्रकार के विवाह अन्तरजातीय विवाह हो सकते हैं जिसमें पुरुष निचली जाति का होता है। ऐसे विवाहों में भी जोड़े 'ऑनर किलिंग' का शिकार होते हैं जिसमें गोत्र या गाँव से बाहर शादी करने के नियम का उल्लंघन किया जाता है। वे यह तर्क देती हैं कि स्थानीय महिलाओं की कमी के संकट और उनके लिए ज़्यादा होड़ होने के चलते ही खाप पंचायतें विवाह के मसले पर ज़्यादा निगरानी करने लगी हैं।

विवाह के स्वरूप और व्यवहार पर प्रभाव

खेतिहर समाजों में खेती के काम के लिए पारिवारिक श्रम का महत्त्वपूर्ण स्थान है। यहाँ हमेशा से ही अविवाहित पुरुषों की स्थिति ख़राब मानी जाती रही है। हरियाणा के एक गाँव में एक व्यक्ति ने इस लेखक को यह बताया कि ''उम्र के साथ शादीशुदा मित्रों के बीच अविवाहित पुरुष मज़ाक़ का पात्र बन जाते हैं।'' इसी प्रकार, ली और अन्य के मुताबिक, ''चीन के सांस्कृतिक सन्दर्भ में अकेला या 'सिंगल' होना निराशा और यहाँ तक कि वंचना की एक अवस्था है जिसके लिए सामाजिक रूप से स्वीकार्य मुआवज़ा पाना मुश्किल है : बच्चे होना, एक साथी के साथ रहना, सेक्शुअल सम्बन्ध बनाना जीवन के ऐसे आयाम हैं जिनसे एक अकेला पुरुष वंचित रहता है'' (2010 : 679)। साथ ही, यदि एक पितृसत्तात्मक परिवार में एक पुरुष विवाहित होता है, अपने परिवार का पालन-पोषण और हिफ़ाजत करता है तो समाज में उसे इज्जत दी जाती है। यह सच है कि चीन और भारत में कई ऐसे प्रगतिशील आन्दोलान चल रहे हैं जिन्होंने विवाह की जकड़न को कम करने और लैंगिक पसन्द की आज़ादी की अनुमति सुनिश्चित करने का प्रयत्न किया है। इसके बावजूद, बड़ी जनसंख्या और पारम्परिक मूल्यों वाले समाजों में विवाह के महत्त्व को नकारा नहीं जा सकता है।

इसका नतीजा यह हुआ है कि प्रभावित समाजों में विवाह की समस्या से निबटने के लिए कई प्रकार के उपाय सामने आने लगे हैं। जिन परिवारों में सिर्फ़ पुत्र हैं उनके सामने दो प्रश्न हैं : पहला, अतिरिक्त पुत्रों का क्या करें? और लड़कियों की संख्या कम होने तथा दुल्हन के लिए जबरदस्त प्रतियोगिता होने की स्थिति में उनके लिए दुल्हन कैसे खोजें? पारिवारिक आर्थिक संसाधनों के सम्बन्ध में 'अतिरिक्त पुत्रों' की अवधारणा को समझा जा सकता है; जब संसाधन कम होते हैं या ऐसा माना जाता

है कि वे कम हैं तो परिवार ये सुनिश्चित करते हैं कि एक बेटे की शादी हो जाये, लेकिन वे अन्य की शादी में कोई रुचि नहीं दिखाते हैं (कौर 2008)। हडसन और डेन बोअर (2004) ने ऐतिहासिक उदाहरणों का उपयोग करते हुए यह तर्क प्रस्तुत किया है कि जिन युवा पुरुषों की शादी होने की सम्भावना नहीं है, उन्हें सेना में भेज देना चाहिए या किसी अन्य देश में चले जाने की अनुमति दे देनी चाहिए। उनके अनुसार, भारत के पंजाब क्षेत्र में अतिरिक्त पुत्रों की समस्या से निबटने के लिए ऐतिहासिक रूप से इन दो रणनीतियों का प्रयोग किया जाता रहा है। यदि कोई पुत्र घर में ही रह जाता था और उसकी शादी नहीं हो पाती थी तो उसके लिए ग़रीब क्षेत्रों या निम्न जाति के परिवारों से दुल्हन खरीदी जाती थी। यद्यपि इस प्रकार के विवाहों ने जाति और समुदाय के प्रथागत मानकों का उल्लंघन किया, लेकिन इन्हें 'आवश्यकता के चलते' या 'एक औरत की कोई जाति नहीं होती' जैसे सुविधाजनक तर्क गढ़कर स्वीकार कर लिया गया (डार्लिंग 1928; कौर 2004, 2008, 2012)। चीन में इस समस्या से निबटने के लिए छोटे बच्चों को एक-दूसरे से घुलने-मिलने की अनुमति दी जाती है या फिर कोई परिवार एक छोटी बच्ची को अपने पुत्र के भविष्य की दुल्हन के रूप में गोद ले लेता है (वांग 2003)।

लम्बी दूरी के विवाह द्वारा दुल्हन का आयात

विवाह बाज़ार में जेण्डर असन्तुलन के वर्तमान चरण में दुल्हन की कमी को दूर करने के साधन के रूप में लम्बी दूरी के विवाह या दुल्हन आयात की लोकप्रियता काफ़ी बढ़ी है। भारत और चीन दोनों ही देशों में जब लोगों को लिंग चयन और दुल्हन की कमी के बीच के सम्बन्ध के बारे में बताया जाता है, तो वे बेटियों को जन्म देने के बजाय दुल्हन को बाहर से लाने को वरीयता देते हैं। इसलिए झांग (2010: 38) यह लिखती हैं कि "ग्रामीण लोग लड़कियों की कमी के महत्त्व को नहीं समझ पाये, और जब वु ने उनसे यह पूछा कि वे भविष्य में वधू या दुल्हन की कमी का सामना कैसे करेंगे, तो गाँव के एक व्यक्ति ने यह कहा कि यदि किसी पुरुष को चीन में अपने लिए दुल्हन नहीं मिलती है, तो वे खुलेपन और सुधार की नीति की मदद से दूसरे देशों से अपने लिए पत्नी ला सकते हैं।"

इकलुण्ड ने अपने शोध-आलेख में यह बताया है कि चीन में दुल्हनों की कमी से उबरने के लिए अन्तर-क्षेत्रीय विवाह 'अपहरण विवाह' किये जाते हैं। ऐसे विवाहों में धोखाधड़ी और बहलाने-फुसलाने जैसी गतिविधियाँ सम्मिलित होती हैं। भारत और चीन—दोनों ही देशों में दुल्हन की तस्करी होती है। इसमें उच्च लिंग अनुपात वाले क्षेत्रों में विवाह के लिए लड़कियों को अपहरण करके या लालच देकर ले जाया जाता है। उच्च लिंग अनुपात वाले अन्य क्षेत्रों में महिलाओं को लाकर विवाह करने की शृखंला स्थापित हो जाने के चलते दुल्हनों की कमी बड़े पैमाने पर दूर हो जाती

है। सम्पन्न क्षेत्रों में ग़रीब क्षेत्रों की महिलाओं के विवाह करने के लिए आने से वहाँ इस समस्या को काफ़ी हद तक नियन्त्रित करने में मदद मिली है (डेविन 2005)। चीन में इस तरह के अप्रवासन का नतीजा यह हुआ है कि ग्रामीण ग़रीब क्षेत्रों के पुरुषों के लिए लड़कियाँ नहीं बची हैं। ये पुरुष वियतनाम जैसे ग़रीब देशों से अपने लिए दुल्हन ला सकते हैं (बेलांगेर 2010)। इसी तरह, भारत में भी विवाह योग्य लड़कियाँ देश के ग़रीब पूर्वी या दक्षिणी भागों से उच्च लिंग अनुपात वाले सम्पन्न उत्तरी क्षेत्रों की ओर जा रही हैं (अहलावत 2009; चौधरी और मोहन 2011; कौर 2004, 2012; कुकरेजा और कुमार 2013)।[4] बांग्लादेश और नेपाल जैसे देशों से लड़कियों को 'विवाह के लिए बेचा' जाता है (ब्लैनचेट 2005; कौर 2012)।[5]

दक्षिण कोरिया, ताइवान और हांग-कांग जैसे उच्च लिंग अनुपात वाले देशों में लम्बी दूरी का विवाह व्यावसायिक रूप से व्यवस्थित/दलाली युक्त अन्तर्राष्ट्रीय विवाह बन चुका है (वांग और चांग 2002; यांग और लु 2010; लु 2008; बेलांगेर 2010)। एजेंसियों या दलालों द्वारा सम्भावित दुल्हों का सम्पर्क फिलिपीन्स, कम्बोडिया, उत्तरी वियतनाम और चीन की दूल्हनों से कराया जाता है। दक्षिण कोरिया में विदेशी पत्नियों की संख्या में काफ़ी वृद्धि हुई है और दक्षिण कोरिया के बहुत से लोग चीन में बसे कोरियाई मूल के लोगों से विवाह को वरीयता दे रहे हैं (किम 2010; फ्रीमैन 2005)।

लम्बी दूरी का विवाह दूसरे देश की महिला या पुरुष से या एक ही देश की भीतर अलग-अलग क्षेत्रों के महिला और पुरुष के बीच होता है। ऐसे विवाहों में पति-पत्नी की संस्कृति में काफ़ी भिन्नता होती है। अमूमन वैवाहिक जीवन में सामंजस्य बिठाने की मुख्य जिम्मेदारी औरतों पर ही आ जाती है। इन्हें स्थानीय संस्कृति से पूरी तरह अपरिचित होने के कारण कई मरतबा भेदभाव और घरेलू हिंसा का सामना करना पड़ता है (अहलावत सद्यःप्रकाशित; यांग और लू 2010; सीडब्ल्यूसीसी 2007)। ऐसे वैवाहिक सम्बन्धों में दुल्हनों की स्थिति कमजोर होती है। उनकी अपने पिता के परिवार या अन्य रिश्तेदारों से काफ़ी दूरी होती है। इसलिए इनके पास सामाजिक सम्बन्धों की ऐसी संरचना नहीं होती है जिसका उपयोग ये मुश्किल समय में कर पायें। हालाँकि, ऐसी बहुत सी महिलाएँ काफ़ी अच्छी तरह से अपने वैवाहिक जीवन को सँभालती है। मिश्रा ने अपने शोध-आलेख में यह दिखाया है कि कैसे हरियाणा में दूर बसे अन्य स्थानों से बहुएँ लाना एक मानक बन गया है। वे इस पहलू पर विचार करती हैं कि कैसे इस प्रकार की शादियाँ जातिगत अन्तर्विवाह के लिए चुनौती बन सकती हैं क्योंकि जो पुरुष स्थानीय स्तर पर विवाह करने में असमर्थ हैं, वे दूसरे क्षेत्रों से अन्य जातियों की लड़कियों से विवाह कर रहे हैं। वे इन दुल्हनों द्वारा अपनी जाति के व्यवहारों और अपने वैवाहिक परिवार के व्यवहारों के बीच समझौता और सामंजस्य बिठाने के मानवशास्त्रीय अध्ययन के आँकड़ों के माध्यम से इस धारणा की जाँच-पड़ताल करती हैं क्या ऐसे सभी विवाहों में लड़कियाँ पीड़ित

होती हैं और उनमें अपनी एजेंसी का अभाव होता है। वे यह बताती हैं कि उम्मीद के विपरीत इस प्रकार के सारे विवाह महिलाओं के लिए अनुलोम (हाइपरगैमस) नहीं होते हैं क्योंकि कुछ महिलाएँ अपने पतियों से ज़्यादा ऊँची जाति से सम्बद्ध होती हैं। हालाँकि अन्तर-जातीय विवाह में अछूत या निम्न जाति की महिलाओं को ज़्यादा मुश्किलों का सामना करना पड़ता है क्योंकि अस्पृश्यता का कलंक विवाह के बाद भी कायम रहता है।

ऐसा प्रतीत होता है कि भारत में दुल्हनों की कमी के चलते भाइयों का बहुपतित्व (फ्रैटरनल पॉलिएण्ड्री) और एक भाई की मृत्यु के बाद उसकी पत्नी की छोटे भाई से शादी के प्रचलन का पुनर्उभार हो रहा है (अहलावत सद्यःप्रकाशित; दुबे 1983; कौर 2004)। विवाह की समस्या इस तथ्य से भी काफ़ी गहन हुई है कि संयुक्त परिवारों के टूटने के चलते अब अविवाहित रहने या ब्रह्मचर्य को पहले जैसी पारम्परिक मान्यता प्राप्त नहीं है। अब न्यूक्लीयर परिवार में अविवाहित सम्बन्धियों को खुले मन से स्थान नहीं दिया जाता है। ग्रामीण क्षेत्रों में अकेले रहने को एक अजूबा की भाँति देखा जाता है। यह स्थिति ज़्यादा बुरी इसलिए हो जाती है क्योंकि पुरुषों द्वारा 'महिलाओं का काम' करने को सांस्कृतिक मान्यता प्राप्त नहीं है।

लारसन और कौर ने अपने शोध-आलेख में दुल्हनों की कमी की सामाजिक संस्थाओं और व्यवहारों के प्रभावों का अध्ययन किया है। उन्होंने यह परीक्षण किया है कि पंजाब, हरियाणा और हिमाचल प्रदेश में स्थानीय विवाह संस्थाओं का विकास किस दिशा में हो रहा है। इनके अनुसार, पहले जाति के भीतर, गोत्र से बाहर विवाह करने और विवाह की दूरी के सम्बन्ध में कुछ सख़्त मानक थे। लेकिन वधुओं की कमी के चलते इन मानकों को ढीला बनाया गया है तथा इन क्षेत्रों में अब कम दहेज की माँग की जाती है। उन्होंने यह प्रश्न प्रस्तुत किया है कि क्या विवाह में होने वाले बदलाव अस्थायी रूप से विवाह समस्या से निजात पाने के तरीके हैं या फिर ये इतने लचीले हैं कि ये आगे चलकर सगोत्रीय विवाह और दहेज जैसी पित्तृसत्तात्मक संस्थाओं को कमज़ोर करेंगे।

उन्होंने यह पाया कि जिन परिवारों में 'सिर्फ़ लड़कियाँ' होती हैं, वहाँ बेटियों को सम्पत्ति का उत्तराधिकारी बनाया जाता है। साथ ही, पति-पत्नी के पत्नी के परिवार के साथ रहने को भी ज़्यादा मान्यता मिली है (देखें, चौधरी 2012)। चीन में ऐसे विवाहों से सम्बन्धित शोध-आलेख में जिन और अन्य ने यह दिखाया है कि कुछ क्षेत्रों में ऐसे विवाहों का ज़्यादा प्रचलन है, वहाँ जन्म के समय लिंग-अनुपात ज़्यादा सामान्य है। वे यह भविष्यवाणी भी करती हैं कि इस विवाह की ज़्यादा स्वीकार्यता बढ़ने से बेटे को कम वरीयता दी जाने लगेगी (जिन और अन्य 2007 : 503)। इकलुण्ड का मानना है कि केवल बेटियों वाले परिवार की संख्या बढ़ने के साथ अपने ससुराल में रहने वाले पति की माँग में बढ़ोतरी होगी (2011)। चीन में यह

महसूस किया जाने लगा कि जेण्डर वरीयताओं को बदलने के लिए यह आवश्यक है कि पुत्रों को वरीयता देने वाली विविध संस्थाओं को नये तरीके से तैयार किया जाये। एक बेटी वाले परिवारों को स्वीकार्य बनाने के लिए चीनी सरकार सरकार ऐसे विवाहों को बढ़ावा दे रही है जिसमें पति अपने ससुराल में ही रहे। हाल ही में, चीनी सरकार ने सिर्फ़ बेटियों वाले माता-पिता के लिए अवकाश-प्राप्ति के बाद विशेष कार्यक्रम की भी शुरुआत की। भारत में भी सरकार महिलाओं को सम्पत्ति अधिकार देने, उनके नाम पर सम्पत्ति रजिस्टर करने को प्रोत्साहन देने, तलाक की प्रक्रिया आसान करने और इसके बाद उनके उचित भरण-पोषण की व्यवस्था के सन्दर्भ में कई प्रगतिशील कानून बना रही है।

दहेज, दुल्हन की कीमत और आर्थिक व्यवहार पर प्रभाव

आमतौर पर, यह अपेक्षा की जाती है कि महिलाओं का अभाव होने पर विवाह के लिए रकम देने अर्थात् भारत में दहेज जैसी प्रथा में गिरावट आयेगी और इसके स्थान पर किसी-न-किसी रूप में दुल्हन की कीमत का उभार होगा। चीन में कम स्त्रियों के लिए पुरुषों के बीच होने वाली होड़ का प्रभाव दुल्हन की कीमत में बढ़ोतरी के रूप में सामने आया है। भारत के सम्बन्ध में पहले लिखे गये साहित्य (भट्ट और हाली 1999; राव 1993) में यह प्रस्तावित किया गया था कि विवाह के लिए कम पुरुषों और ज़्यादा स्त्रियों की उपलब्धता होने पर दहेज में वृद्धि होगी। लेकिन 1980 के दशक का मध्य आते-आते यह स्थिति उल्टी हो गयी और अब विवाह बाज़ार में महिलाओं की तुलना में पुरुषों की संख्या ज़्यादा हो गयी (दास गुप्ता और अन्य 2009)। चिउ और अन्य (2010) द्वारा हाल ही में भारत के बारे में लिखे गये एक शोध-आलेख के अनुसार, जेण्डर असन्तुलन के चलते दहेज की रकम में कमी आयी है और विवाह बाज़ार में प्रतियोगिता बढ़ने से इस प्रभाव में ज़्यादा बढ़ोतरी हो रही है। लारसन और कौर ने भी यह पाया कि जिन क्षेत्रों में दुल्हनों की कमी होने की ख़बरें आयी हैं, वहाँ दहेज की माँग भी कम हुई है। यह भी गौरतलब है कि विभिन्न क्षेत्रों के लोगों के बीच होने वाले विवाह में भी दहेज का लेन-देन नहीं होता है और लड़के का परिवार ही शादी का सारा ख़र्च उठाता है (कौर 2004; चौधरी और मोहन 2011)। हालाँकि इसे विपरीत दहेज या दुल्हन-कीमत की संज्ञा नहीं दी जा सकती है, किन्तु इससे इंकार नहीं किया जा सकता कि ग़रीब माता-पिता खुशी से अपनी बेटी की दूर क्षेत्र में शादी करने के लिए इसलिए तैयार हो जाते हैं क्योंकि उन्हें दहेज नहीं देना पड़ता। हालाँकि ज़मीनी हक़ीक़त का अनुभव रखने वाले अधिकांश समाजशास्त्रियों का यह कहना है कि हर जगह दहेज में एक जैसा बदलाव नहीं हुआ है। यद्यपि दहेज का कम होना लिंग अनुपात असन्तुलन का एक सकारात्मक अवांछित नतीजा लगता है, लेकिन उन अनुलोम विवाहों में दहेज की माँग अभी

भी काफ़ी ज़्यादा है जिनमें 'उपयुक्त लड़कों' की तलाश की जाती है। सिर्फ़ उन्हीं पुरुषों के सन्दर्भ में दहेज की माँग कम हुई है जिनके पास काफ़ी कम आर्थिक और सामाजिक संसाधन हैं। भारत के उच्च लिंग अनुपात वाले क्षेत्रों में दहेज मूल्यों पर पड़ने वाले प्रभाव के बारे में और ज़्यादा अनुसन्धान किये जाने की आवश्यकता है।

दूसरी ओर, चीन में दुल्हन-कीमत का ज़्यादा चलन है, और कुछ विद्वान यह मानते हैं कि दुल्हनों के लिए होड़ बढ़ने के साथ ही दुल्हनों की कीमत में भी बढ़ोतरी हुई है।[6] वी और झांग (2009, 2011) ने यह तर्क दिया है कि चूँकि चीन में लड़कों के लिए दुल्हन पाने की जबरदस्त होड़ है। इसलिए यह आवश्यक हो गया है कि चीनी पुरुषों के माता-पिता बचत करें। यहाँ सम्भावित दुल्हन को आकृष्ट करने के लिए अपना घर होना भी आवश्यक है।[7] वे घर, देश और प्रान्तीय स्तर के आँकड़ों का उपयोग करते हुए यह बताती हैं कि स्थानीय लिंग असन्तुलन और पारिवारिक सम्पत्ति तथा बेटों के व्यापार में लगे होने के बीच में एक मज़बूत सम्बन्ध है। स्टॉपनिट्ज़की (2011) ने हरियाणा के एक स्वच्छता अभियान का अध्ययन किया है जिसे 'शौचालय बगैर दुल्हन नहीं' (नो टॉयलेट नो ब्राइड) के नाम से जाना जाता था। वे यह बताते हैं कि दुल्हनों की कमी वाले इस राज्य में जिस अविवाहित पुरुष के घर में शौचालय होता है, उसकी शादी की सम्भावना बढ़ जाती है। वे यह दिखाते हैं कि इस कार्यक्रम के चलते शौचालयों में निवेश में 15% की वृद्धि हुई। साथ ही, जहाँ विवाह के लिए महिलाओं की कमी थी, वहाँ यह कार्यक्रम ज़्यादा सफ़ल रहा। ऐसे स्थानों पर, महिलाओं की पर्याप्त संख्या वाले स्थानों की तुलना में चार गुना ज़्यादा लोगों ने अपने घर में शौचालय बनवाये। महिलाओं की पर्याप्त संख्या वाले स्थान पर ईसे 6% सफलता मिली, वहीं महिलाओं की कमी वाले स्थान पर 26%।

सेक्शुअल व्यवहार और स्वास्थ्य पर प्रभाव

विशेष रूप से चीन में पुरुषों की अतिरिक्त संख्या होने के चलते उनमें जोखिम भरे सेक्शुअल व्यवहारों की प्रवृत्ति बढ़ी है, जिसका नतीजा एचआईवी रोगों की उच्च दर के रूप में सामने आया है। टकर और अन्य (2005) का यह मानना है कि चीन के अतिरिक्त पुरुषों का एक बड़ा हिस्सा एचआईवी का शिकार हो सकता है क्योंकि व्यावसायिक सेक्स की माँग तेज़ी से बढ़ी है। वहीं, एबेनस्टीन और अन्य (2010) तथा पॉस्टन और अन्य (2011) यह भविष्यवाणी करते हैं कि सेक्शुअल रोगों की संख्या में बढ़ोतरी होगी। इसी प्रकार साउथ और अन्य (2012) ने दलील प्रस्तुत की है कि सम्भावित महिला साथियों की कमी के चलते भारत में बड़ी उम्र में विवाह करने की प्रवृत्ति को बढ़ावा मिलने की सम्भावना है, इससे इन युवा पुरुषों के सेक्स व्यवसाय का सहारा लेने का ख़तरा बढ़ जाता है। हालाँकि ये लेखक यह दावा भी करते हैं कि भारत और चीन के उनके अनुसन्धान से यह सामने आता है कि यह

आवश्यक नहीं है कि अतिरिक्त पुरुषों के होने से एचआईवी के मामले में बढ़ोतरी ही हो (साउथ और अन्य 2012; साउथ और ट्रेन्ट 2010)। झोउ और अन्य (2011) उन मनोवैज्ञानिक स्वास्थ्य समस्याओं पर ध्यान केन्द्रित करते हैं जिसका सामना अविवाहितों या प्रौढ़ होते अविवाहितों को करना पड़ सकता है। शारीगिन और अन्य (2013) ने उम्रदराज चीनी अविवाहितों के संकट की ओर ध्यान आकृष्ट किया है। इनके अनुसार आने वाले समय में ये निर्धन प्रान्तों में संकेन्द्रित हो जायेंगे और इसकी सम्भावना ज़्यादा है कि राज्य द्वारा भी इन्हें कोई सामाजिक सुरक्षा उपलब्ध नहीं कराई जायेगी। चीन के लिए यह विशेष चिन्ता का विषय है क्योंकि एक बच्चे वाला परिवार होने के कारण वहाँ अविवाहित बुजुर्गों की देखभाल करने के लिए कोई नहीं है। ली और अन्य के अनुसार, चीनी सरकार को विषम लिंग अनुपात के कारणों और परिणामों का सामाजिक प्रबन्धन करने के लिए सम्पूर्णतावादी नीति तैयार करने की आवश्यकता है। इस सन्दर्भ में पहले 'केयर फॉर चाइल्ड' कार्यक्रम में शिशु लड़कियों को समान महत्त्व देकर जेण्डर असन्तुलन को दूर करने का प्रयास किया गया था। अब ऐसा कार्यक्रम बनाने की आवश्यकता है जिससे विवाह संकट दूर हो। इसके साथ-ही-साथ प्रौढ़ अविवाहितों और सेक्शुअल अल्पसंख्यकों की सुरक्षा के लिए विशेष रणनीति बनाने की भी आवश्यकता है।

लिंग असन्तुलन प्रभाव के इन आयामों के बारे में अभी भारतीय साहित्य में गहन विवेचना नहीं की गयी है। भारत में प्रौढ़ होते अविवाहित पुरुषों को ज़्यादा गहन समस्या का सामना नहीं करना पड़ा है क्योंकि अक्सर संयुक्त परिवार में होने के चलते उनकी देखभाल हो जाती है। लेकिन संयुक्त परिवार की संस्था के बिखरते जाने से यहाँ भी इस प्रकार की समस्या पैदा हो सकती है।

क्या महिलाओं की कम संख्या होने के कारण उन्हें ज़्यादा महत्त्व दिया जाता है?

लिंग अनुपात साहित्य में वाद-विवाद का एक महत्त्वपूर्ण मुद्दा यह रहा है कि क्या कम संख्या में होने से महिलाओं को लाभ मिला है। एक उदाहरण के रूप में हम इस मुद्दे पर भारतीय वाद-विवाद पर विचार करते हैं। एक भारतीय अर्थशास्त्री धर्मा कुमार ने यह तर्क दिया है कि लिंग निर्धारण के चलते स्त्रियों की कमी होगी, जिससे उनके मूल्य में बढ़ोतरी होगी और चलकर इससे महिलाओं के नकारात्मक लिंग अनुपात में बदलाव होगा (1983)। उन्होंने लिंग निर्धारण की तकनीकों की विवेचना की है। वे बर्द्धन (1982) के इस विश्लेषण की चर्चा भी करती हैं कि काम ही महिलाओं के महत्त्व का निर्धारण करता है। उनके मुताबिक :

> *लेकिन इस सन्दर्भ में आर्थिक तर्क के आधार पर विचार क्यों नहीं किया जाना चाहिए? लिंग चयन की संकल्पना महिलाओं की आपूर्ति कम कर देगी, जिससे*

वे ज़्यादा मूल्यवान बन जायेंगी, लड़की शिशु की ज़्यादा अच्छी तरह देखभाल की जायेगी और वे लम्बे समय तक जीवित रहेंगी। दरअसल, यह हमारे लिए महिलाओं की माँग और आपूर्ति में सन्तुलन स्थापित करने और पूरे भारत में उनकी कीमत बराबर करने का अच्छा यन्त्र है (क्योंकि जातिगत, क्षेत्रीय, धार्मिक और अन्य बाधाएँ महिलाओं की गतिविधियों पर रोक लगाती हैं) (1983 : 68)।

बहुत से विद्वानों ने उनके तर्क को यह कहते हुए खारिज किया है कि महिलाओं के लिंग चयन के नकारात्मक नतीजे उसके सकारात्मक नतीजों से कहीं ज़्यादा हैं (दुबे 1983; विश्वनाथ 1983)। फिर भी, कई दशकों बाद थ्रेसे हेसकेथ और उनकी सह-लेखिकाओं ने, जिनमें से अधिकांश डॉक्टर थी, ऐसा ही विचार व्यक्त किया :

आसानी से लिंग चयन की सुविधा के सकारात्मक पहलू भी हो सकते हैं। पहला, इस तरह के निर्धारण का नतीजा यह होगा कि इससे इच्छित लिंग के अनुपात में बढ़ोतरी होगी, इससे लड़कियों के ख़िलाफ़ कम भेदभाव होगा और महिला मृत्यु-दर भी कम होगी। पिछले दशक में भारत, दक्षिण कोरिया और चीन—तीनों ही देशों से यह ख़बर आयी थी कि वहाँ अलग-अलग मृत्यु-दर में कमी आयी है। दूसरा, यह तर्क दिया जाता रहा है कि लिंग अनुपात में असन्तुलन जनसंख्या वृद्धि में कमी लाने में सहायक साधन साबित हो सकता है। तीसरा, जैसे-जैसे समाज में महिलाओं की संख्या में गिरावट होती है, वैसे-वैसे उनके महत्त्व और सामाजिक हैसियत में बढ़ोतरी होती है। इससे सिर्फ़ महिलाओं के आत्म-सम्मान, सेहत और भलाई को ही मज़बूती नहीं मिलेगी, बल्कि महिलाओं की स्थिति में सुधार के चलते लोग लड़कों को कम वरीयता देने लगेंगे, जिससे लिंग चयन के आधार पर कम गर्भपात होगा और अन्ततः लिंग अनुपात फिर से सन्तुलित हो जायेगा (2011 : 1376)।

हालाँकि विषम लिंग अनुपात और महिलाओं की कमी के सामाजिक परिणामों से सम्बन्धित अधिकांश अध्ययनों से अलग नतीजा सामने आता है। इन अध्ययनों से यह सामने आता है कि अर्थशास्त्रियों की यह सामान्य संकल्पना समरूप और स्पष्ट तरीके से या अपेक्षा के अनुसार काम नहीं करती है कि महिलाओं की कम आपूर्ति होने पर उनके मूल्य में बढ़ोतरी होगी। कुछ स्त्रियों को इससे लाभ हो सकता है और मिसाल के तौर पर, विवाह बाज़ार में उनका मूल्य ऊपर जा सकता है, या दहेज की माँग कम हो सकती या फिर चीन की तरह दुल्हन की कीमत में बढ़ोतरी हो सकती है (लेकिन इससे महिलाओं को नहीं बल्कि उनके माता-पिता को ही लाभ होता है)।

गुटेनटैग और सीकॉर्ड (1983) ने एक आरम्भिक अध्ययन में जनसंख्या के भिन्न लिंग संघटन की महिलाओं की स्थिति और भूमिकाओं पर प्रभाव की जाँच-पड़ताल की। उनके अनुसार, जिस लिंग की कम आपूर्ति होगी, उसके पास दोहरी शक्ति होगी। इसका कारण यह है कि इस लिंग के सदस्यों के पास अपने मौजूदा साथी को छोड़कर किसी अन्य साथी को चुनने का विकल्प होगा। हालाँकि वे यह भी मानते

हैं कि यह दोहरी शक्ति 'संरचनात्मक शक्ति' (एक समाज की आर्थिक, राजनीतिक और कानूनी संरचनाओं से उत्पन्न होने वाली शक्ति) से सीमित हो सकती है। वे यह स्वीकारते हैं कि महिलाओं के अभाव वाले समाजों में स्त्रियों के ज़्यादा मूल्यवान होने की सम्भावना रहती है; उनके पास कुछ संरचनात्मक शक्ति भी हो सकती है—लेकिन इस बात की भी पूरी सम्भावना होती है कि पुरुषों के पास यह संरचनात्मक शक्ति ज़्यादा बड़ी मात्रा में हो। इस बात की पूरी उम्मीद है कि अपनी दोहरी शक्ति के बावजूद स्त्रियों को उनके नारी-सुलभ भूमिकाओं के चलते ही महत्त्व दिया जायेगा, जो व्यापक दुनिया में उनकी भागीदारी सीमित करेगी। उनमें जल्द विवाह करने की प्रवृत्ति होगी, ज़्यादा जनन-क्षमता होगी (हालाँकि कम महिलाओं के बच्चों को जन्म देने और पालन-पोषण करने के लिए तैयार होने के कारण जनसंख्या में गिरावट आयेगी) किन्तु इस स्थिति में उन पर घरेलू कार्यों की ज़िम्मेदारी पहले की तरह ही रहेगी, और उनके द्वारा शैक्षिक और कैरियर सम्बन्धी लक्ष्यों को हासिल करने की सम्भावना भी कम ही होगी। साउथ और ट्रेंट ने गुटेनटैग और सीकॉर्ड के प्रस्तावों का अनुभवसिद्ध परीक्षण करने के लिए 117 देशों में अध्ययन किया। उन्होंने यह पाया कि यदि सामाजिक-आर्थिक विकास के स्तर को नियन्त्रित कर लिया जाता है तो ऊपर-वर्णित प्रमुख प्रस्ताव सही साबित होते हैं। उनका यह निष्कर्ष है कि "यह अपने-आप में एक अन्तर्विरोध है कि उच्च लिंग अनुपात से महिलाओं के 'मूल्य' में तो बढ़ोतरी होती है किन्तु जीवन में उनके विकल्प अत्यन्त सीमित हो जाते हैं" (1988 : 1112)।

स्त्रियों की कमी के चलते प्रजनन, घरेलू कार्य और देखभाल करने जैसे जेण्डर-आधारित नारी भूमिकाओं को बढ़ावा मिल सकता है। ऐसे कामों में महिलाओं की अपनी एजेंसी की कोई भूमिका नहीं होगी और इससे उनके समता की सम्भावनाओं में भी गिरावट आयेगी। यह भी मुमकिन है कि बहुत सारे पुरुषों द्वारा महिलाओं की चाह रखने के चलते उनकी सुरक्षा ख़तरे में पड़ जाये और माता-पिता अपनी लड़कियों को स्कूल या उच्च शिक्षा के लिए भेजना बन्द कर दें या उनके द्वारा विवाह से पहले काम करने पर रोक लगा दें। चूँकि भारत में अभी भी विवाह से पहले एक महिला के कौमार्य (वर्जिनिटी) की सुरक्षा काफ़ी महत्त्वपूर्ण मानी जाती है, इसलिए जल्द विवाह को एक समाधान माना जा सकता है। ऐसे में, हाल के दशकों में महिलाओं द्वारा हासिल की गयीं बहुत सी उपलब्धियाँ निरर्थक हो जाने का ख़तरा पैदा हो सकता है। बहुत से विद्वान यह दलील देते हैं कि महिलाओं की संख्या कम होने पर उन्हें ज़्यादा जोख़िम का सामना करना पड़ेगा (दुबे 1983)।

इन अपेक्षाओं के विपरीत, लारसन और कौर ने अपने शोध-पत्र में यह बताया है कि दुल्हन की कमी वाले क्षेत्रों में महिलाओं की शारीरिक गतिविधियों पर कम पाबंदियाँ हैं और वे अपने माता-पिता का ज़्यादा सहयोग कर सकती हैं। इसका

कारण यह है कि दुल्हन की कमी वाले क्षेत्र में बहुओं की संख्या कम होने के चलते माता-पिता अपनी विवाहित या अविवाहित बेटियों पर ज़्यादा निर्भर हो गये हैं। यह मुमकिन है कि इनके चलते महिलाओं पर नियन्त्रण और वृद्धावस्था में माता-पिता के पुत्रों पर निर्भरता में कमी आये। दरअसल, ये दोनों पितृसत्ता के पुनरुत्पादन अहम भूमिका अदा करते हैं। यह भी स्वीकार करने की आवश्यकता है कि समाज हमेशा ही निर्माण की गत्यात्मक प्रक्रिया से गुजर रहा है। इसलिए शिक्षा और काम में महिलाओं की ज़्यादा भागीदारी जैसे महत्त्वपूर्ण सामाजिक-आर्थिक बदलावों के माध्यम से असन्तुलित लिंग अनुपात के बहुत से बुरे प्रभावों को दूर किया जा सकता है। इससे वे अपने मायके और ससुराल में ज़्यादा योगदान कर पायेंगी और निर्णय निर्माण में उनके एजेंसी की भूमिका भी बढ़ेगी।

विद्वानों में इस विचार पर सहमति है कि यह उम्मीद नहीं की जानी चाहिए कि दीर्घकाल में विषम लिंग अनुपात की समस्या 'खुद-ब-खुद' ख़त्म हो जायेगी। इसके बजाय, यह आवश्यक है कि समुदाय और सरकारें बच्चियों को समान महत्त्व दिलाने के लिए सक्रिय क़दम उठायें। अगर ऐसा नहीं किया गया तो भारत और चीन में विषम लिंग अनुपात के दूरगामी प्रभाव सामने आयेंगे। दरअसल, विषम लिंग अनुपात के विविध आयामों के बारे में ज़्यादा गहन अनुसन्धान करने की आवश्यकता है जिससे इसके नकारात्मक नतीजों को दूर किया जा सके, अवांछित सकारात्मक नतीजों को मज़बूती दी जा सके और सही नीति का निर्माण हो। मिलर ने यह तर्क दिया है कि सन्तुलित लिंग अनुपात को एक 'सार्वजनिक शुभ' (पब्लिक गुड) के रूप में मान्यता दी जानी चाहिए क्योंकि असन्तुलन से समाज के लिए बहुत सारे ख़तरे उत्पन्न होते हैं (2001 : 1091)। विविध परिप्रेक्ष्यों से सन्तुलित लिंग अनुपात के बारे में तर्क दिया जा सकता है। इस सन्दर्भ में एक महत्त्वपूर्ण तर्क यह भी है कि लड़कियों को भी जन्म लेने, बड़े होने और अपने सपनों और सम्भावनाओं को हासिल करने का बराबर अधिकार है।

सन्दर्भ

1. मैं विषम लिंग अनुपात के सामाजिक नतीजों के बारे में अध्ययन परियोजना को आर्थिक मदद देने के लिए राजीव गाँधी इंस्टीट्यूट फॉर कॉन्टेम्परारी स्टडीज और नवम्बर 2012 में हुए वर्कशॉप के लिए आर्थिक सहायता उपलब्ध कराने के लिए यूएनएफपीए की आभारी हूँ। मैं बहुमूल्य टिप्पणियाँ देने के लिए विषय के विशेषज्ञों की आभारी हूँ।
2. लिंग अनुपात मापने के अन्तर्राष्ट्रीय मानक के अनुसार 100 महिलाओं पर पुरुषों की संख्या का उल्लेख किया जाता है। इसलिए उच्च या बढ़ता लिंग अनुपात, लिंग अनुपात की बुरी स्थिति की ओर संकेत करता है। भारत में इसके विपरीत मानक को अपनाया गया है जहाँ लिंग अनुपात को प्रत्येक 1000 पुरुषों पर महिलाओं की संख्या के आधार पर मापा जाता है। इस उपयोग में

लिंग अनुपात में गिरावट से यह संकेत मिलता है कि लिंग अनुपात बुरा हो रहा है। साथ ही, निम्न लिंग अनुपात का अर्थ ज़्यादा पुरुषवादी लिंग अनुपात है।

3. शारीगिन और अन्य (2013) ने यह भविष्यवाणी की है कि वर्ष 2030 तक चीन में 30-39 वर्ष की आयु वाले 20% पुरुषों का कभी भी विवाह नहीं होगा। झांग (2010) 2020 तक 20-45 वर्ष आयु वर्ग के पुरुषों के बारे में ऐसी ही भविष्यवाणी करते हैं। इसके माध्यम से ये चीन के उत्पन्न होने वाले गम्भीर विवाह संकट की ओर संकेत करते हैं।
4. धर्मा कुमार ने अपनी किताब में पहले ही विभिन्न क्षेत्रों के लोगों के बीच विवाह के बारे में बताया है। वे यह कहती हैं कि ''इसके अलावा, वर्तमान में सम्पन्न लोग ही गर्भाशय की जाँच करवा सकते हैं। ऐसा करने से उनके बेटियों की संख्या में अच्छी-खासी कमी आ जायेगी, तो विवाह के लिए अमीर पंजाबियों के बेटों को दक्षिण भारत या ग़रीब पंजाबियों के पास जाना पड़ेगा। दोनों ही स्थितियों में उन्हें ज़्यादा दहेज नहीं मिलेगा। यह उनके आय वितरण या राष्ट्रीय एकीकरण में सुधार करेगा। इसलिए गर्भाशय की जाँच करने वाले क्लिनिकों पर ज़्यादा टैक्स लगाने की आवश्यकता है ताकि सिर्फ़ अमीर लोग ही उनका उपयोग कर पायें'' (1983 : 63)।
5. सीमा-पार या एक देश के विभिन्न क्षेत्रों के लोगों के बीच होने वाले विवाह की व्याख्या के सन्दर्भ में काफ़ी वाद-विवाद रहा है। भारतीय साहित्य की विवेचना के लिए देखें, कौर (2012); चीन और अन्य देशों के लिए देखें लू (2008), यांग और लू (2010) तथा वांग और चांग (2002)।
6. चीन के ऊँची हैसियत वाले लोगों के विवाह में दहेज भी सम्मिलित है (मिन और येडस 1995)।
7. मिन और येडस (1995) यह तर्क देते हैं कि घर की ज़िम्मेदारी वाली व्यवस्था के अन्तर्गत महिलाओं का श्रम ज़्यादा मूल्यवान हो गया है, और इसने भी दुल्हन की कीमतों को बढ़ाने में योगदान दिया है।

सन्दर्भ ग्रन्थ सूची

अहलावत, नीरजा (सद्यःप्रकाशित), 'द डार्क साइड ऑफ मैरिज स्क्वीज : वायलेंस अगेनस्ट क्रॉस रीजन ब्राइड्स इन हरियाणा', संकलित, रविंदर कौर (सम्पा.) *मैपिंग द सोशल कॉन्सीक्वेनसेज ऑफ फिमेल एडवर्स सेक्स रेशियोज इन इण्डिया ऐंड चाइना,* दिल्ली, ऑरियन्ट-ब्लैकस्वॉन।

—(2009), 'मिसिंग ब्राइड्स इन रूरल हरियाणा : अ स्टडी ऑफ एडवर्स सेक्स रेशियो, पोवर्टी ऐंड एडिक्शन', *सोशल चेंज,* 39(1), पृ. 46-63।

बर्द्धन, प्रणव (1982), 'रिव्यू : लिटिल गर्ल्स ऐंड डेथ इन इण्डिया', *इकोनॉमिक ऐंड पॉलिटिकल वीकली,* 17(36), पृ. 1448-50।

बेलांगेर, डेनियल (2010), '6 मैरिजेज विद फॉरेन वीमेन इन ईस्ट एशिया : ब्राइड ट्रैफिकिंग ऐंड वॉलेन्ट्री माइग्रेशन', *पॉप्यूलेशन ऐंड सोसायटी,* 469, पृ. 1-4।

भट्ट, मारी पी. एन. और एस.एस. हाली (1999), 'डेमॉग्राफी ऑफ ब्राइड प्राइस ऐंड डॉरी : कॉजेज ऐंड कॉन्सीकेंसेज ऑफ इण्डियन मैरिज स्क्वीज', *पॉप्यूलेशन स्टडीज,* 53(2), पृ. 129-48।

ब्लैनचेट, थेरेस (2005), 'बांग्लादेश गर्ल्स सोल्ड ऐज वाइव्स इन नॉर्थ इण्डिया', संकलित, आर. पारीवाला और पैट्रिशिया ओबेरॉय (सम्पा.), *मैरिज, माइग्रेशन ऐंड जेण्डर,* नयी दिल्ली, सेज, पृ. 152-79।

कम्बोडियन वीमन्स क्राइसिस सेंटर (सीडब्ल्यूसीसी) (2007), *रिपोर्ट : फैक्ट फाइंडिंग विजिट ऑन करेंट लिविंग सिचुएशन ऐंड पास्ट एक्सपेरियेन्सेज इन टर्म ऑफ ट्रैफैकिंग ऐंड अब्यूजेज ऑफ यंग कम्बोडियन वीमेन इन ताइवान,* अप्रैल, वेब पता : http://www.cwcc.org.kh/wp-content/uploads/2010/10/tawan-marriage-Copy.pdf

सेनसस ऑफ इण्डिया (2001), सोशियो इकोनॉमिक टेबल्स, सी सीरीज, वेब पता : http://censusindia.gov.in/Census-Data-2001?Census_data_finder/Census_Data_ Finder.aspx

—(2011), 'प्रोविजनल पॉप्यूलेशन टूल्स', पेपर 1 ऑफ 2011 इण्डिया सीरीज, वेब पता : http://www.censusindia.gov.in/2011-prov-results/prov-results-paperi-india.html

चौधरी, एस. और टी. मोहन (2011), 'ऑफ मैरिज ऐंड माइग्रेशन : बंगाल ऐंड बिहारी ब्राइड्स इन अ यूपी विलेज', *इण्डियन जर्नल ऑफ जेण्डर स्टडीज,* 18(3), पृ. 311-40।

चिउ, एलिस, डेरेक हेडे और जिआबो झांग (2010), 'आर इण्डियाज जेण्डर इम्बैलेंसेज इनड्यूशिंग हायर हाउसहोल्ड सेविंग्स?' *इंटरनैशनल फूड पॉलिसी रिसर्च इंस्टीट्यूट,* 15 अक्तूबर।

चौधरी, प्रेम (2012), 'इनफ्रिलक्शन, एकसेप्टेंश ऐंड रेजिस्टेंस : कॉनटेनिंग वायलेंस ऑन वीमेन इन रूरल हरियाणा', *इकोनॉमिक ऐंड पॉलिटिकल वीकली,* 57(37), पृ. 43-59।

दास गुप्ता, एम. और शुझाओ ली (1999), 'जेण्डर बायस इन चाइना, साउथ कोरिया ऐंड इण्डिया 1920-1990 : द इफेक्ट्स ऑफ वार, फेमिन ऐंड फर्टीलिटी डिक्लाइन', *डिवलपमेंट ऐंड चेंज,* 30(3), पृ. 619-52।

दास गुप्ता, एम., डब्ल्यू. चुंग और एस. ली (2009), 'इविडेन्स फॉर ऐन इनसिपियेन्ट डिक्लाइन नम्बर ऑफ गर्ल्स इन चाइना ऐंड इण्डिया', *पॉप्यूलेशन डिवलपमेंट रिव्यू,* 35, पृ. 401-16।

डार्लिंग, मैलकम लेयाल (1928), *द पंजाब पीजेन्ट इन प्रॉसपेरिटी ऐंड डेट,* नयी दिल्ली, ऑक्सफर्ड यूनिवर्सिटी प्रेस।

डेविन, डेलिया (2005), 'मैरिज माइग्रेशन इन चाइना : द इनलार्जमेंट ऑफ मैरिज मार्केट इन द इरा ऑफ मार्केट रिफॉर्म', *इण्डियन जर्नल ऑफ जेण्डर स्टडीज,* 12(2-3), पृ. 173-88।

द्रेज, ज्याँ और रीतिका खेड़ा (2000), 'क्राइम, जेण्डर ऐंड सोसायटी इन इण्डिया : इनसाइट्स फ्रॉम होमिसाइड डेटा', *पॉप्यूलेशन ऐंड डिवलपमेंट रिव्यू,* 26(2), पृ. 335-52।

दुबे, लीला (1983), 'मिसएडवेंचर इन एमनियोसेंटेसिस', *इकोनॉमिक ऐंड पॉलिटिकल वीकली,* 18(8), पृ. 279-80।

एबेनस्टीन, अब्राहम वाई. और एथन जे. शारीगिन (2009), 'द कॉन्सीक्वेंसेज ऑफ 'मिसिंग गर्ल्स' ऑफ चाइना', *वर्ल्ड बैंक इकोनॉमिक रिव्यू,* 23(3), पृ. 399-425।

इकलुण्ड, लीसा, हॉन्गबीन ली, जुंजियान वी, जुनसेन झांग (2007), 'सेक्स रेशियोज ऐंड क्राइम : इविडेन्स फ्रॉम चाइना वन चाइल्ड पॉलिसी', *आइजेडए डिस्कशन पेपर नम्बर 3214,* दिसम्बर।

इकलुण्ड, लीसा (2011), 'रीथिंकिंग सन फ्रिरेंस : जेण्डर, पॉप्यूलेशन डायनेमिक्स ऐंड सोशल चेंज इन पीपॅल रिपब्लिक ऑफ चाइना', *लुण्ड डिजरटेशन इन सोशियालॅजी 96,* स्वीडन, लुण्ड यूनिवर्सिटी।

फ्रीमैन, केरेन (2005), 'मैरियिंग अप ऐंड मैरियिंग डाउन : द पैराडॉक्सेज ऑफ मैरिटल मोबिलिटी फॉर चोसोनजोक ब्राइड्स इन साउथ कोरिया', संकलित, निकोल कॉनस्टेबल (सम्पा.), *क्रॉस बॉर्डर मैरिजेज : जेण्डर ऐंड मॉबिलिटी इन ट्रॉन्सनैशनल एशिया,* फिलॉडेल्फिया, यूनिवर्सिटी ऑफ फिलाडेल्फिया प्रेस, पृ. 80-100।

गेट्स, हिल (1996), 'बाईंग ब्राइड्स इन चाइना—अगेन', *एंथ्रोपोलॉजी टुडे,* 12(4), पृ. 8-11।

ग्युइलमोटो, सी. जेड. (2012), 'स्क्वीड सेक्स रेशियोज एट बर्थ ऐंड फ्यूचर मैरिज स्क्वीज इन चाइना ऐंड इण्डिया, 2005-2010', *डेमॉग्राफी,* 49, पृ. 77-100।

गुटेनटैग, एम. और पी.एफ. सीकॉर्ड (1983), टू *मेनी वीमेन : द सेक्स रेशियो क्वेश्चन,* बेवरले हिल्स, सीए, सेज।

हेसकेथ, थ्रेसे और झू वी झिंग (2006), 'एबनॉर्मल सेक्स रेशियोज़ इन ह्युमन पॉप्यूलेशन : कॉजेज ऐंड कॉन्सीक्वेंसेज़', प्रोसिडिंग्स ऑफ़ द नैशनल एकेडेमी ऑफ़ साइंसेज़, 103(36), पृ. 13271-75।

हेसकेथ, थ्रेसे, ली लू और झू वी झिंग (2011), 'द कॉन्सीक्वेनसेज ऑफ सन प्रिफरेंस ऐंड सेक्स सेलेक्टिव एबार्शन इन चाइना ऐंड अदर कण्ट्रीज', *कनैडियन मेडिकल एसोसियशन जर्नल,* 183(12), पृ. 5-38।

हिन्दुस्तान टाइम्स (2007), 'गेट अ ट्रकलोड ऑफ गर्ल्स फॉर बॉयज हेयर', 11 नवम्बर।

हडसन, वैलेरी और एंड्रिया एम. डेन बोअर (2002), 'अ सरप्लस ऑफ मेन, अ डेफेसिट ऑफ पीस ऐंड सेक्स रेशियोज इन एशियाज लार्जेस्ट स्टेट्स', *इंटरनैशनल सेक्योरिटी,* 26(14): 5-38।

—(2004), बेयर ब्रांचेज : *अ सेक्योरिटी इम्पलीकेशन ऑफ एशियाज सरप्लस मेल पॉप्यूलेशन,* कैम्ब्रिज मास, एमआइटी प्रेस।

जियांग, क्वानबो, मार्कस डब्ल्यू. फेल्डमैन और शुजाहो ली (2013), 'मैरिज स्क्वीज, नेवर मैरिड प्रोपोर्शन, ऐंड मीन ऐज ऐट फर्स्ट मैरिज इन चाइना', *पॉप्यूलेशन रिसर्च ऐंड पॉलिसी रिव्यू,* अप्रैल, स्प्रिंगर।

जिन, जियावोयी, शुझुव ली और मार्कस डब्ल्यू. फेल्डमैन (2007), 'मैरिज फॉर्म ऐंड सन फ्रिरेंस इन रूरल चाइना : ऐन इनवेस्टिगेशन इन थ्री कण्ट्रीज', *रूरल सोशियोलॉज,* 72(4), पृ. 511-36।

कौर, रविन्दर (2004), 'अक्रॉस रीजन मैरीज्स : पोवर्टी, फिमेल माइग्रेशन ऐंड द सेक्स रेशियो', *इकोनॉमिक ऐंड पॉलिटिकल वीकली,* 39(25), पृ. 2595-603।

—(2008), 'डिस्पेंनसेबल डॉटर्स ऐंड बैचलर्स सन्स : सेक्स डिस्क्रिमिनेशन इन नॉर्थ इण्डिया', *इकोनॉमिक ऐंड पॉलिटिकल वीकली,* 53 (30), पृ. 109-14।

—(2010), 'खाप पंचायत, सेक्स रेशियो ऐंड फिमेल एजेंसी', *इकोनॉमिक ऐंड पॉलिटिकल वीकली,* 15(23), पृ. 14-16।

—(2012), 'मैरिज ऐंड माइग्रेशन सिटीजनशिप ऐंड मैरिटल एक्सपीरियन्स इन क्रॉस बॉर्डर मैरिजेज बिटवीन, उत्तर प्रदेश, वेस्ट बंगाल ऐंड बांग्लादेश', *इकोनॉमिक ऐंड पॉलिटिकल वीकली,* 47(43), पृ. 78-89।

किम, डू सब (2010), 'द राइज ऑफ क्रॉस बॉर्डर मैरिज ऐंड डायवोर्स इन कॉन्टेम्परारी कोरिया', संकलित, वेन शान यांग और मेलोडी चिया-वेन लु (सम्पा.), *एशियन क्रॉस बॉर्डर मैरिज : डेमॉग्राफिक पैटर्न्स ऐंड सोशल इसुज, एमस्टर्डम,* एमस्टर्डम यूनिवर्सिटी प्रेस, पृ. 127-56।

नाइट, जॉन (1995), 'म्युनिसिपल मैचमेकिंग इन रूरल जापान', *एंथ्रोपोलॉजी टुडे,* 11(2), पृ. 9-17।

कोचीन , एल.और एम. नॉक्स (2012), 'बिहैवियरल एकोमोडेशन्स टू द एक्सेस सप्लाई ऑफ मेन इन द चाइनीज मैरिज मार्केट', ड्राफ्ट पेपर, 17 फ़रवरी।

कुकरेजा, रीना और परितोष कुमार (2013), *टाइड इन अ नॉट : क्रॉस रीजन मैरिजेज इन हरियाणा ऐंड राजस्थान : इम्पलीकेशन्स फॉर जेण्डर राइट्स ऐंड जेण्डर रिलेशन्स,* कनाडा, टैमरीन्ड ट्री।

कुमार, धर्मा (1983), 'मेल युटोपियाज ऑर नाइटमेयर्स', *इकोनॉमिक ऐंड पॉलिटिकल वीकली,* 18(3), पृ. 61-64।

ली, शुझुओ, झांग कुनीन, यांग एक्सीया और इजाबेल अटाने (2010), 'मेल सिंगलहुड, पोवर्टी ऐंड सेक्शुअलिटी इन रूरल चाइना : ऐन एक्सप्लोटेरटी सर्वे', *पॉप्यूलेशन-इ,* 65(4), पृ. 679-94।

लु, मेलोडी चिया वेन (2008), 'कमर्शियली अरेन्जज्ड मैरिज माइग्रेशन : केस स्टडीज ऑफ क्रॉस बॉर्डर मैरिजेज इन ताइवान', संकलित, आर. परलीवाला और पी. ओबेरॉय (सम्पा.), *मैरिज, माइग्रेशन ऐंड जेण्डर,* नयी दिल्ली, सेज, पृ. 125-51।

मिलर, बारबरा डी. (2001), 'फिमेल सेलेक्टिव एबार्शन इन एशिया : पैटर्न्स, पॉलिसीज ऐंड डिबेट्स', *अमेरिकन एंथ्रोपोलॉजी,* 103(4), पृ. 1083-95।

मिन , एच.और जे.एस. ऐड्स (1995), 'ब्राइड्स, बैचलर्स ऐंड ब्रोकर्स : द मैरिज मार्केट इन रूरल अनहुई इन द एरा ऑफ इकोनॉमिक रिफॉर्म', *मॉडर्न एशियन स्टडीज,* 29(4), पृ. 841-69।

ऑफिस ऑफ रजिस्ट्रार जेनरल (ओआरजी) (2010), सैम्पल रजिस्ट्रेशन सिस्टम, वेब पता : http://www,censusindia.gov.In/2011-Common/ksrs.html.

ओल्डेनबर्ग, फिलिप (1992), 'सेक्स रेशियो, सन प्रिफरेंस ऐंड वायलेंस इन इण्डिया. अ रिसर्च नोट', *इकोनॉमिक ऐंड पॉलिटिकल वीकली,* 27 (49-50), पृ. 2657-62।

पॉस्टन, ज्यूनियर, डी. एल. और बिथेनी डे सैल्वो (2011), 'चाइनाज अनबैलेंस्ड सेक्स रेशियोज ऐट बर्थ मिलियन्स ऑफ एक्सेस बैचलर्स ऐंड सोसाइटल इम्पलीकेशन्स', *वल्नरबेल चिल्ड्रेन ऐंड यूथ स्टडीज,* 6(4), पृ. 314-20।

राव, वी. (1993), 'द राइजिंग प्राइस ऑफ हसबैण्ड्स : अ हेडोनिक ऐनालिसिस ऑफ डाउरी इनक्रिज्ड इन रूरल इण्डिया', *जर्नल ऑफ पॉलिटिकल इकोनॉमी,* 101(4), पृ. 666-77।

समायीर, पी. और विलियम जो (2010), 'इम्पलीकेशन्स ऑफ डिक्लाइनिंग सेक्स रेशियो ऑन मैरिज स्क्वीज ऑफ इण्डिया', टी. वी. शेखर और एन. हैटी (सम्पा.), *अनवांटेड डॉटर्स : जेण्डर डिस्क्रिमिनेशन इन मॉडर्न इण्डिया,* जयपुर : रावत पब्लिकेशन्स।

शारीगिन ऐथेन, अवराहम एबेनस्टीन और मोनिका दास गुप्ता (2013), 'इम्पलीकेशन्स ऑफ चाइनाज फ्यूचर ब्राइड शॉर्टेज फॉर ज्योग्रॉफिकल डिस्ट्रीब्यूशन ऐंड सोशल प्रोटेक्शन नीड्स ऑफ नेवर-मैरिड मेन', *पॉप्यूलेशन स्टडीज : अ जर्नल ऑफ डेमॉग्राफी,* 67(1), पृ. 39-59।

साउथ, स्कॉट जे. और कैथरीन ट्रेंट (1988), 'सेक्स रेशियोज ऐंड वीमेन्स रोल्स : अ क्रॉस नैशनल एनालिसिस', *अमेरिकन जर्नल ऑफ सोशियोलॉजी,* 93(5), 1096-15।

—(2010), 'इम्बैलेंस्ड सेक्स रेशियोज, मेन्स सेक्सुअल विहैवियर ऐंड एसटीआई रिस्क इन चाइना', *जर्नल ऑफ हेल्थ ऐंड सोशल बिहैबियर,* 51(4) , पृ. 376-90।

साउथ स्कॉट जे. और कैथरीन ट्रेंट और सुनीता बोस (2012), 'इण्डियाज मिसिंग वीमेन ऐंड मेन सेक्सुअल रिस्क बिहैवियर', *पॉप्यूलेशन रिसर्च ऐंड पॉलिसी रिव्यू,* 31, पृ. 777-95।

स्टॉपनिट्जकी, वाई. (2011), 'द बारगेनिंग पावर ऑफ मिसिंग वीमेन : इविडेन्स फ्रॉम अ सैनिटेशन कैम्प इन इण्डिया', एमपीआरए पेपर 37841, यूनिवर्सिटी लाइब्रेरी ऑफ म्युनिख, वेब पता : http://history2.net/y/yuniv.pdf.pdf.

द इकोनॉमिस्ट (2011), 'एशियाज लोनली हार्ट्स : व्हाइ एशियन वीमेन आर रीजेक्टिंग मैरिज ऐंड व्हाट दैट मीन्स', 20-26 अगस्त , पृ. 17-20।

द गार्डियन (2004), '40एम बैचलर्स ऐंड नो वीमेन...द बर्थ ऑफ अ न्यू प्रॉब्लेम फॉर चाइना', 9 मार्च।

टकर, जोसेफ, गेल ई. हेण्डरसन, टियान एफ वैंग, यिन्ग वाई हॉन्ग, विलियम पेरिश, सुई एम. पैन, जियांग एस. चेन और मायरन एस. कोहेन (2005), 'सरप्लस मेन, सेक्स वर्क ऐंड द स्प्रेड ऑफ एचआइवी इन चाइना', *एड्स 19,* पृ. 539-47।

विश्वनाथ, एल.एस. (1983), 'मिसएडवेंचर इन एमनियोसेंटेसिस', *इकोनॉमिक ऐंड पॉलिटिकल वीकली,* 18(11), पृ. 406-07।

वांग, एच. और एस. चांग, सियाबो झांग (2009), 'द कॉमोडिफिकेशन ऑफ इंटरनैशनल मैरिजेज : द क्रॉस बॉर्डर मैरिज बिजनेस इन ताइवान ऐंड वियतनाम', *इंटरनैशनल माइग्रेशन,* 40(6) , पृ. 93-116।

वांग, कैथी (यान्ग-हॉन्ग) (2003), 'व्हाट शुड चाइना डू अबाउट इट्स जेण्डर इम्बैलेंस प्रॉब्लेम?' इ-मर्ज, खण्ड 4, मई, वेब पता : http://ssrn.com/abstract+547982.

वी, शैन्ग-जिन और जियाबो झांग (2009), 'द कॉम्पीटेटिव सेविंग मोटिव : इविडेन्स फ्रॉम राइजिंग सेक्स रेशियोज ऐंड सेविंग रेट्स इन चाइना', वर्किंग पेपर 15093, एनबीइआर, वेब पता : htt://www.nbe.org/papers/w15093.

—(2011), 'सेक्स रेशियोज, इंटरप्रेनयरशिप ऐंड इकोनॉमिक ग्रोथ इन पीपॅल रिपब्लिक ऑफ चाइना', वर्किंग पेपर, 16800, एनबीइआर, वेब पता : http://www.nber.org/papers/w16800.

यांग, वेन-शान और मेलोडी चिया वेन लु (2010), *एशियन क्रास बार्डर मैरिज माइग्रेशन : डेमोग्राफिक पैटर्न्स ऐंड सोशल इसुज,* एमस्टर्डम, एमस्टर्डम यूनिवर्सिटी।

झांग, जियायु (2010), 'इम्बैलेनस्ड सेक्स रेशियो ऐट बर्थ ऐंड वीमेन्स ह्यूमन राइट्स इन चाइना : अ राइट्स ऐनालिसिस ऐंड कम्पेरेटिव इम्पलीकेशन्स', वेब पता : http://works.bepress.com/jiau-zhang.

झांग, वेगयु (2006), 'हू एडॉप्ट्स गर्ल ऐंड वाई? डॉमेस्टिक एडॉप्शन ऑफ फिमेल चिल्ड्रेन इन कंटेम्पररी रूरल चाइना', *चाइना जर्नल,* 56, पृ. 63-82।

झोउ, एक्स. डी., एक्स. एल. वांग , लु ली और थेयरंसे हेसकेथ (2011), 'द वेरी हाइ सेक्स रेशियो इन रूरल चाइना : इम्पैक्ट ऑन द साइकोलॉजिकल वेल बीइंग ऑफ अनमैरिड मेन', *सोशल साइंस ऐंड मेडिसिन,* 73, पृ. 1422-27।

झू, डब्ल्यू. एक्स., एल. ली और हेसकेथ (2009), 'चाइनाज ऐक्सेस मेल्स, सेक्स सेलेक्टिव एबॉर्शन ऐंड वन चाइल्ड पॉलिसी : ऐनालिसिस ऑफ डेटा फ्रॉम 2005, नैशनल इंटर-सेंसस सर्वे', *ब्रिटिश मेडिकल जर्नल,* 338 , पृ. 1136-41।

[यह शोध-आलेख *इकोनॉमिक ऐंड पॉलिटिकल वीकली* के 31 अगस्त 2013 अंक में प्रकाशित हुआ था।]

आदिवासी, नक्सलवादी और भारतीय लोकतन्त्र

रामचन्द्र गुहा[1]

इस निबन्ध में यह तर्क दिया गया है कि भारत में छह दशकों के लोकतन्त्र और विकास से एक समूह के रूप में आदिवासियों को सबसे कम फ़ायदा और सबसे ज़्यादा नुक़सान हुआ है। यह प्रमाण के साथ इस तथ्य को रेखांकित करता है कि इन्हें दलितों से भी ज़्यादा वंचित स्थिति में माना जा सकता है। हालाँकि, दलितों के विपरीत ये अपनी शिकायतों को लोकतान्त्रिक और चुनावी प्रक्रियाओं के माध्यम से प्रभावी तरीके से अभिव्यक्त करने में नाकाम रहे हैं। राज्य और औपचारिक राजनीतिक व्यवस्था की नाकामियों ने माओवादी क्रान्तिकारियों को आदिवासी क्षेत्रों में अपना आधार मज़बूत करने का मौक़ा प्रदान किया है। इस निबन्ध में 'नक्सलवादी' प्रभाव के उदय के कारणों का विश्लेषण करने के बाद यह निष्कर्ष प्रस्तुत किया गया है कि आदिवासी भारत दोहरी त्रासदी का सामना कर रहा है। पहली त्रासदी यह है कि राज्य ने अपने आदिवासी नागरिकों के साथ अवमानना और कृपा से परिपूर्ण बरताव किया है। दूसरी त्रासदी यह है कि उनके तथाकथित रक्षक नक्सलवादी भी कोई दीर्घकालिक समाधान प्रस्ततु करने में नाकाम रहे हैं।

13 दिसम्बर 1946 को जवाहरलाल नेहरू ने भारत की संविधान सभा में उद्देश्य प्रस्ताव प्रस्तुत किया। इसमें यह घोषित किया गया कि जल्द ही स्वतन्त्र होने वाला राष्ट्र एक 'स्वतन्त्र प्रभुसत्तासम्पन्न गणराज्य' होगा। इसका संविधान प्रत्येक नागरिक को "कानून और लोक नैतिकता के अन्तर्गत सामाजिक, आर्थिक और राजनीतिक न्याय; हैसियत, अवसर और कानून के सम्मुख समानता; विचार, अभिव्यक्ति, विश्वास, आस्था, पूजा, पेशा अपनाने, संगठन बनाने और कार्य करने की आज़ादी की गारंटी प्रदान करेगा।"

प्रस्ताव में आगे यह भी कहा गया कि "अल्पसंख्यकों, पिछड़े और जनजातीय क्षेत्रों तथा वंचित और अन्य पिछड़े वर्गों की सुरक्षा के लिए पर्याप्त प्रावधान किये

जायेंगे।" इस प्रस्ताव को प्रस्तुत करते हुए नेहरू ने गाँधी और 'भारत के महान अतीत' के साथ-ही-साथ फ्रांसीसी, अमेरिकी और रूसी क्रान्तियों जैसे आधुनिक घटनाक्रमों का भी उल्लेख किया।

उद्देश्य प्रस्तावों पर एक हफ़्ते तक वाद-विवाद चलता रहा। इसमें शामिल वक्ताओं में रूढ़िवादी हिन्दू पुरुषोत्तमदास टण्डन, दक्षिणपन्थी हिन्दू श्यामा प्रसाद मुखर्जी, अनुसूचित जनजाति नेता बी.आर. अम्बेडकर, उदारवादी वकील एम.आर. जयकर, समाजवादी एम.आर. मसानी, एक प्रमुख महिला कार्यकर्ता हंसा मेहता, कम्युनिस्ट सोमनाथ लाहिड़ी शामिल थे। इन सभी बड़े नेताओं द्वारा अपना विचार व्यक्त कर लेने के बाद जयपाल सिंह नाम के एक पूर्व हॉकी खिलाड़ी और एक पथभ्रष्ट ईसाई ने अपना विचार रखना आरम्भ किया। जयपाल सिंह ने "एक जंगली, एक आदिवासी के रूप में" अपना विचार रखते हुए कहा :

> *मैं इस प्रस्ताव की कानूनी पेचीदगियों को पूरी तरह समझने में असमर्थ हूँ। लेकिन अपनी सामान्य समझ के आधार पर मुझे यह लगता है कि हममें से प्रत्येक को आज़ादी के रास्ते पर आगे बढ़ना चाहिए और मिलकर संघर्ष करना चाहिए। सर, भारतीय लोगों में से यदि किसी एक समूह के साथ कुत्सित तरीके से बरताव किया जाता रहा है, तो वे मेरे लोग हैं। पिछले 6,000 वर्षों से उनके साथ अपमानजनक व्यवहार किया जा रहा है और उनकी उपेक्षा की जा रही है। सिन्धु घाटी सभ्यता का इतिहास, जिसका एक बच्चा मैं भी हूँ, यह दिखाता है कि बाहर से आये नये लोगों ने मेरे लोगों को सिन्धु घाटी से बाहर निकाल जंगलों में खदेड़ दिया। मैं यह भी मानता हूँ कि आप में से अधिकांश लोग बाहर से आये घुसपैठिये हैं। मेरे लोगों का सम्पूर्ण इतिहास गैर-आदिवासी लोगों द्वारा शोषण और वंचना का इतिहास है, आदिवासी अपनी बगावत और अव्यवस्था पैदा करके इसमें बाधा डालते आये हैं। इसके बावजूद, मैं पण्डित जवाहरलाल नेहरू के शब्दों पर भरोसा करता हूँ, मैं आप सबके शब्दों पर विश्वास करता हूँ कि अब हम एक नये अध्याय की शुरुआत करने जा रहे हैं, यह स्वतन्त्र भारत का एक नया अध्याय है जहाँ अवसर की समानता है और जहाँ किसी की उपेक्षा नहीं की जायेगी।*[1]

जयपाल सिंह ने जब नेहरू और अन्य सभी लोगों द्वारा कही गयी बातों पर अपना भरोसा जताया था, उस समय से लेकर अब तक साठ साल से ज़्यादा बीत चुके हैं। इस दौर में उनके लोगों, आदिवासियों की स्थिति कैसी रही है, उनमें किस तरह का बदलाव हुआ है? इस निबन्ध में यह तर्क प्रस्तुत किया जायेगा कि प्रायद्विपीय भारत में आदिवासी पिछले छह दशकों के लोकतान्त्रिक विकास का शिकार हुए हैं और अमूमन इस तथ्य को स्वीकार भी नहीं किया गया है। इस पूरी अवधि में व्यापक अर्थव्यवस्था और शासन द्वारा उनका नियमित शोषण होता रहा है और वे लगातार वंचना का शिकार हुए हैं (हालाँकि कई प्रकार के विद्रोहों और अव्यवस्था द्वारा वंचना की इस प्रक्रिया में रुकावट भी डाली गयी है)। दलित

और मुस्लिम जैसे अन्य समूहों से तुलना किये जाने पर उनकी सापेक्षिक, और कई दफ़ा असीम वंचना ज़्यादा स्पष्ट रूप में सामने आती है। जहाँ दलित तथा मुस्लिम लोकतन्त्र और शासन से सम्बन्धित राष्ट्रीय विमर्श के स्वरूप को प्रभावित करने में कुछ हद तक सफल रहे हैं, वहीं आदिवासी सिर्फ़ हाशिये पर ही नहीं रहे हैं, बल्कि वे इस पूरे विमर्श में अदृश्य रहे हैं।

I

तकरीबन 85 मिलियन आदिवासियों को सरकारी स्तर पर 'अनुसूचित जनजाति' के रूप में वर्गीकृत किया गया है। इसमें से 16 मिलियन लोग उत्तर-पूर्व भारत के राज्यों में रहते हैं। यह निबन्ध मुख्य रूप से मध्य भारत और उसके आस-पास के क्षेत्रों में बसे तकरीबन 70 मिलियन जनजातीय लोगों से सम्बन्धित है। आदिवासियों का यह समूह कमोबेश पहाड़ी इलाकों और वन क्षेत्रों में बसा हुआ है। ये क्षेत्र गुजरात, राजस्थान, महाराष्ट्र, मध्य प्रदेश, छत्तीसगढ़, झारखण्ड, आन्ध्र प्रदेश, ओडिशा, बिहार और पश्चिम बंगाल में अवस्थित हैं।

उत्तर-पूर्व की जनजातियाँ भारत के अन्य हिस्सों में बसे जनजातियों से कई महत्त्वपूर्ण आधारों पर अलग हैं। पहला, हाल के समय तक वे हिन्दू प्रभाव से कमोबेश अछूते रहे हैं। दूसरा, हाल के वर्षों तक, उन्हें काफ़ी महत्त्वपूर्ण तरीके से आधुनिक (विशेष रूप से अंग्रेज़ी) शिक्षा हासिल करने का मौक़ा मिला है। इसका नतीजा यह हुआ है कि देश के अन्य भागों के आदिवासियों की तुलना में उनकी साक्षरता दर ज़्यादा है और इसके चलते वे आधुनिक अर्थव्यवस्था में ज़्यादा फ़ायदेमन्द स्थिति में रहे हैं। इन्हें देश के अन्य भागों की जनजातियों की तुलना में नौकरियों आदि में तुलनात्मक रूप से ज़्यादा लाभ मिला है। तीसरा, मुख्य धरती (अर्थात् उत्तर-पूर्व के अतिरिक्त शेष भारत) के जनजातियों की तरह उन्हें बेदखली की यातना से नहीं गुज़रना पड़ा है। हाल के समय तक, देश के एक कोने में बसे होने के चलते बाँध निर्माता और खनन करने वाले इन तक नहीं पहुँच पाये थे।

अभी तक की आख़िरी गणना के मुताबिक 500 से ज़्यादा भिन्न-भिन्न अन्तर्विवाही समुदाय 'अनुसूचित जनजाति' की श्रेणी में आते हैं। इस आन्तरिक विभिन्नता के बावजूद मध्य और पूर्वी भारत की जनजातियों की कुछ सामान्य सांस्कृतिक, सामाजिक, आर्थिक और राजनीतिक विशेषताएँ हैं, जिनके आधार पर हम इन्हें एक ऐसा समूह मान सकते हैं, जो सिर्फ़ उत्तर-पूर्व की जनजातियों से ही नहीं बल्कि अन्य भारतीयों से भी भिन्न हैं। इन सभी समूहों के बीच एक सामान्यता को अभिव्यक्त करने के लिए रोज़मर्रा की भाषा में 'आदिवासी' शब्द का प्रयोग किया जाता है। यह एक ऐसा शब्द नहीं है जिसका उपयोग नगा या मिजो लोगों के वर्णन के लिए उपयोग किया जा सकता है या उपयोग किया जाता है। किन्तु एक गोंड या

एक करेरकू या एक भील या उराँव के बारे में बात करते वक़्त यह शब्द आसानी से जुबान पर आ जाता है। भारतीय कल्पना में ये (और अन्य) आदिवासी समूह कुछ सामान्य विशेषताओं के चलते एक समूह के रूप में बसे हुए हैं। आमतौर पर, यह माना जाता है कि इनके सामान्य सांस्कृतिक और पारिस्थितिक सन्दर्भ हैं। मसलन, ये आदिवासी अमूमन पहाड़ी और जंगली इलाकों में रहते हैं, वे जाति हिन्दुओं की तुलना में अपनी स्त्रियों के साथ तुलनात्मक रूप से बेहतर बरताव करते हैं, इनमें संगीत और नृत्य की एक लम्बी परम्परा रही है, और वे कई बार भले ही विष्णु या शिव के किसी रूप की पूजा करते हों, उनका कर्मकांड और धर्म गाँव के भगवान और आत्माओं के आस-पास केन्द्रित होता है।

आदिवासियों के बारे में यह आमफहम समझ पिछले कई वर्षों में लिखी गयी मानवशास्त्रीय अध्ययनों पर आधारित है।[3] हालाँकि भारतीय लोकतन्त्र के परिप्रेक्ष्य में आदिवासी अपनी सांस्कृतिक या पारिस्थितिक विशिष्टता के बजाय अपनी आर्थिक और सामाजिक वंचना की स्थिति के चलते एक समूह के रूप में सामने आते हैं। जनसंख्याविद् अरूप महापात्र ने अपनी हालिया किताब में यह दिखाया है कि विकास के पारम्परिक संकेतकों के अनुसार मूल्यांकन किये जाने पर यह तथ्य सामने आता है कि आदिवासियों की स्थिति दलितों से भी बुरी है। मिसाल के तौर पर, जहाँ दलितों की साक्षरता दर 30.1% है, वहीं आदिवासियों की साक्षरता दर इनसे काफ़ी नीचे 23.8% ही है। जहाँ स्कूल में प्रवेश लेने वाले 49.4% दलित बच्चे दसवीं कक्षा से पहले ही स्कूल छोड़ देते हैं, वहीं स्कूल जाने वाले 62.5% आदिवासी बच्चे दसवीं कक्षा तक जाने से पहले ही स्कूल छोड़ देते हैं। इसी प्रकार, जहाँ 41.5% दलित सरकारी ग़रीबी रेखा के नीचे रहते हैं, वहीं इस ग़रीबी रेखा के नीचे रहने वाले आदिवासियों का अनुपात 49.5% है।

स्वास्थ्य सुविधाओं के सन्दर्भ में भी आदिवासियों की स्थिति दलितों से ख़राब है। 28.9% आदिवासियों को किसी डॉक्टर या क्लिनिक की सुविधा नहीं मिलती है, वहीं दलितों के सन्दर्भ में यह अनुपात 15.6% है। जहाँ 57.6% दलित बच्चों का टीकाकरण हुआ है, वहीं आदिवासी बच्चों में यह अनुपात 42.2% है। इसी प्रकार, 63.6% दलितों की साफ़ पानी तक पहुँच है, वहीं सिर्फ़ 43.2% आदिवासियों को ही साफ़ पानी मिलता है।[4]

इसमें कोई सन्देह नहीं है कि भारतीय सरकार आदिवासियों को समुचित शिक्षा और स्वास्थ्य सेवा उपलब्ध कराने में नाकाम रही है। इस प्रकार, इसने आदिवासियों को सामाजिक और आर्थिक विकास के समान अवसर उपलब्ध कराने की संवैधानिक गारंटी की अवहेलना की है। दूसरी ओर, सरकार की नीतियों ने इन आदिवासियों को उनके जीवन और जीविका के पारम्परिक साधनों से वंचित करने में सक्रिय भूमिका अदा की है। भारत की मुख्य धरती पर बसे आदिवासी यहाँ के

सर्वोत्तम जंगलों में रहते हैं जहाँ जंगलों से होकर कई नदियाँ गुज़रती हैं। सबसे बड़ी बात यह है कि ये जंगल संसाधनों के मामले में काफ़ी समृद्ध हैं। एक समय था जब प्रकृति से यह निकटता उन्हें जीविका और अस्तित्व कायम रखने का साधन उपलब्ध कराती थी। लेकिन आज़ादी के बाद जैसे-जैसे आर्थिक और औद्योगिक विकास ने गति पकड़ी, वैसे-वैसे आदिवासियों को व्यावसायिक वानिकी, बाँधों और खनन के लिए अपनी ज़मीन छोड़नी पड़ी। अमूमन आदिवासियों को तथाकथित 'विकास' के दबाव और अनिवार्यताओं के चलते विस्थापित होना पड़ा। कई बार उन्हें विकास जैसी ही एक अन्य आधुनिक परिघटना 'संरक्षण' (कंजरवेशन) के चलते भी विस्थापित होना पड़ा। इस प्रकार, बड़े बाँधों और औद्योगिक बस्ती के साथ-ही-साथ आदिवासियों को नैशनल पार्कों (राष्ट्रीय उद्यानों) और अभयारण्यों के चलते भी बेघर होना पड़ा।[5]

यह एक महत्त्वपूर्ण प्रश्न है कि राज्य द्वारा जागरूक रूप से अपनाई गयी नीति के चलते कितने आदिवासियों को अपने घर और ज़मीन से हाथ धोना पड़ा? इस सन्दर्भ में अलग-अलग तरह के अनुमान लगाये जाते रहे हैं, जिनमें कुछ मिलियन लोगों से लेकर 20 मिलियन लोगों के विस्थापित होने का अनुमान लगाया जाता रहा है। यह मुमकिन है कि हम इस सवाल का बिल्कुल स्पष्ट और भरोसेमन्द जवाब न दे पायें कि "भारत सरकार की नीतियों के चलते कुल कितने आदिवासी जबरदस्ती विस्थापित किये गये हैं?" फिर भी, निश्चित तौर पर इसका यह उत्तर ज़रूर होगा कि "काफ़ी बड़ी तादाद में लोगों को बलपूर्वक विस्थापित किया गया है।" समाजशास्त्री वॉल्टर फर्नाण्डिस यह अनुमान लगाते हैं कि सरकारी योजनाओं के चलते विस्थापित होने वाले ऐसे लोगों में 40% लोग आदिवासी रहे हैं। चूँकि भारत की जनसंख्या में आदिवासियों का अनुपात तकरीबन 8% है, इसका अर्थ यह है कि विकास और/या संरक्ष्रण के दावों और माँगों के कारण आदिवासियों के अपने घर से बेदखल होने की सम्भावना अन्य समुदायों की तुलना में पाँच गुणा ज़्यादा रही है।[6]

अर्थव्यवस्था पर राज्य के सर्वोच्च नियन्त्रण होने की स्थिति में आदिवासियों को अपनी ज़मीन और गाँवों से विस्थापित होना पड़ा। इसके अलावा वे उदारीकरण और वैश्वीकरण के दौर में भी लगातार विस्थापित हो रहे हैं। भारतीय अर्थव्यवस्था के उदारीकरण के चलते कुछ क्षेत्रों में थोड़े बहुत सकारात्मक बदलाव हुए। ये ऐसे क्षेत्र हैं जहाँ शिक्षित लोगों की अच्छी-खासी संख्या है। सॉफ्टवेयर जैसे उच्च-स्तरीय कार्यों के लिए इन लोगों को देश के बाहर जाने का मौक़ा मिला। वहीं दूसरी ओर, वैश्वीकरण ने जिन स्थानों पर कच्चे पदार्थों के दोहन को बढ़ावा दिया, वहाँ इसका ज़्यादा क्रूर चेहरा सामने आया। ओडिशा के आदिवासी इलाकों में ऐसा ही मामला सामने आया जहाँ राज्य के मोटे तौर पर गैर-आदिवासी नेतृत्व ने भारतीय और

विदेशी—दोनों ही तरह की कम्पनियों के साथ कई समझौता-पत्रों पर दस्तख़त किया। इन सममझौतों ने इन कम्पनियों को यह अनुमति दी कि वे लोहे या बॉक्साइट के खान पर बसे या खेती करने वाले आदिवासियों को उनके घर और ज़मीन से बेदखल कर दें। दरअसल, यह कहना ज़्यादा ठीक होगा कि इन समझौतों ने उन्हें ऐसा करने के लिए प्रोत्साहित किया।

II

पिछले दशकों में सरकार द्वारा गठित समितियों ने अपनी कई रिपोर्टों में राज्य की इस सुविचारित नीति के कारण आदिवासियों द्वारा झेली जा रही यातना का विस्तृत विवरण दिया है। स्वतन्त्रता मिलने के एक दशक बाद गृह मन्त्रालय ने मानवशास्त्री वेरियर एलविन की अध्यक्षता में एक समिति का गठन किया, जिसका मकसद आदिवासी क्षेत्रों में सरकारी योजनाओं के क्रियान्वयन की जाँच-पड़ताल करना था। इसने यह पाया कि इन योजनाओं को लागू करने वाले अधिकारियों ''के पास अपने लोगों का गहरा ज्ञान नहीं था [और] जनजातीय विकास की सामान्य नीतियों के बारे में उन्हें काफ़ी कम जानकारी थी''। इससे भी बुरी बात यह थी कि ''अधिकारियों में कुछ खुद को उच्चतर संस्कृति वाला मानते हैं और उन्हें ऐसा लगता है कि वे स्वर्ग में जन्म लेने वाले सुधारक हैं। वे लोगों पर अपनी धौंस जमाते हैं और उनके चपरासी आम लोगों को अपमानित करते हैं। 'काम निकालने के लिए' वे लोगों को डराने-धमकाने से भी नहीं झिझकते हैं। किसी भी तरह की नाकामी की ज़िम्मेदारी आदिवासियों पर डाल दी जाती है। ब्लॉक स्तर के अधिकारी हर चीज़ के लिए लोगों के आलस, उनके अदूरदर्शी नज़रिए और अन्धविश्वास को ज़िम्मेदार ठहराते हैं।''

इस समिति ने पूरे देश में 20 प्रखण्डों (ब्लॉक) का अध्ययन करने के बाद यह निष्कर्ष निकाला कि "आदिवासी बहुत-सी समस्याओं का सामना कर रहे हैं जिसमें सबसे बड़ी समस्या ग़रीबी है।" इस समिति के अनुसार,

> *अधिकांश ग़रीबी और दुर्दशा के लिए हम 'सभ्य' लोग ज़िम्मेदार हैं। हमने उन्हें [आदिवासियों को] इसलिए पहाड़ों की ओर खदेड़ दिया है क्योंकि हम उनकी ज़मीन चाहते थे। अब हम उन्हें इस पर खेती करने का दोष मढ़ रहे हैं, जबकि उनके पास अपनी जीविका का यही एकमात्र साधन बचा है। हमने उन्हें व्यावसायिक अर्थव्यवस्था का सस्ता और घटिया सामान बेचकर उनसे उनकी कला छीन ली है। हमने उनके शिकार पर रोक लगाकर या उन पर खान-पान की नयी तरह की आचार संहिता थोपकर उनके भोजन को भी उनसे छीन लिया है। इसके चलते वे मांस या मछली से मिलने वाले बहुमूल्य प्रोटीन से वंचित हो गये हैं। हम अब उन्हें स्पिरिट से निर्मित शराब परोस रहे हैं जो उनके घरों में*

> *बनने वाली बीयर या शराब से ज़्यादा नुक़सानदेह है। हक़ीक़त यह है कि घरों में बनने वाली शराब में बहुत से पोषक-तत्त्व भी होते हैं और लोग इनसे ज़्यादा सुपरिचित होते हैं। इससे होने वाली कमाई का उपयोग इन लोगों के आदर्शों को ऊँचा उठाने के लिए किया जा रहा है। हम उन्हें नीची निगाह से देखते हैं और हमने उनका आत्म-विश्वास तोड़ दिया है। हमने ऐसे कानूनों से उनकी आज़ादी छीन ली है जिन्हें वे खुद नहीं समझते हैं।*[7]

इसके कुछ समय बाद ही कांग्रेस के वरिष्ठ नेता (और पूर्व कांग्रेस अध्यक्ष) यू एन ढेबर की अध्यक्षता में आदिवासी क्षेत्रों की स्थिति की समीक्षा करने के लिए एक उच्च स्तरीय समिति का गठन किया गया। इसमें (जयपाल सिंह समेत) संसद के छह सदस्य और कुछ वरिष्ठ सामाजिक कार्यकर्ता शामिल थे। इस समिति ने भूमि अलगाव, वन अधिकारों को नकारने और विकास परियोजनाओं के चलते होने वाले विस्थापन को आदिवासियों की प्रमुख समस्याओं के रूप में रेखांकित किया।[8] कई मौक़ों पर राज्य नीति आदिवासियों की सुरक्षा करने में नाकाम रही; अन्य कई अवसरों पर इसके चलते आदिवासियों की स्थिति पहले से भी बदतर ही हुई। राज्य की मशीनरी आदिवासियों की ज़मीन को बाहरी लोगों के हाथों में जाने से नहीं रोक पायी और न ही इसने सूदखोर साहूकारों द्वारा आदिवासियों के शोषण को ही बन्द करवाया। इस बीच, पंचवर्षीय योजनाओं द्वारा स्थापित विद्युत परियोजनाओं और इस्पात कारखानों के चलते ''आदिवासियों का बड़े पैमाने पर विस्थापन हुआ''। समिति ने इस स्थिति पर चिन्ता व्यक्त करते हुए यह कहा कि ऐसा औद्योगिक विकास ''उन्हें (आदिवासियों को) उनकी जड़ों से काट देगा। हमें यह देखना होगा कि आदिवासी जीवन की बुनियाद न हिले और उनके घर न उजड़ें''। अब तक तैयार हो चुके बाँधों और मिलों के चलते

> *आदिवासी अपनी जीविका के पारम्परिक संसाधनों और निवास-स्थान (हैबिटेशन) से बेदखल हो चुके हैं। चूँकि उन्हें अधिग्रहण की प्रक्रियाओं की विस्तृत जानकारी नहीं थी, इसलिए उन्होंने मुआवज़े में मिलने वाली राशि के बारे में कोई सवाल नहीं किया और चुपचाप प्रवासी बन गये। उनके पास नकद राशि थी किन्तु नज़दीकी औद्योगिक शहर में बहुत सी आकर्षक वस्तुएँ भी थीं। इसके चलते उनकी राशि काफ़ी तेज़ी से ख़र्च हो गयी। समय बीतने के साथ उनकी स्थिति यह हो गयी कि न तो उनके पास नकद राशि थी और न ही ज़मीन। वे भूमिहीन मज़दूरों के समूह में शामिल हो गये, लेकिन उनके पास न तो कोई प्रशिक्षण था और न ही किसी खास को करने के लिए औज़ार। इस प्रकार, उनके पास कुशल या अर्द्ध-कुशल नौकरियों के लिए दक्षता नहीं थी।*

ढेबर समिति के सबसे भावपूर्ण अंश जंगल में आदिवासी अधिकारों के दमन से सम्बन्धित हैं। अंग्रेज़ों द्वारा स्थापित और स्वतन्त्र भारत की सरकारों द्वारा जारी रखे गये वन कानूनों का नतीजा यह हुआ कि ''जो आदिवासी पहले खुद को जंगल

का मालिक समझते थे, वह सोच-समझकर अपनायी गयी एक प्रक्रिया के चलते वन विभाग की अधीनता की स्थिति में आ गये''। अधिकारियों और उनके शहरी संरक्षणवादी समर्थकों ने यह दावा किया कि जंगलों की सुरक्षा के लिए यह आवश्यक है कि आदिवासियों को यहाँ से बाहर रखा जाये। इस सन्दर्भ में ढेबर समिति ने यह टिप्पणी की कि

> *यह लगातार प्रचारित किया जा रहा है कि आदिवासी लोग वनों को नष्ट कर रहे हैं। हमने कुछ सीधे-सादे आदिवासियों के सामने यह शिकायत रखी। उन्होंने शिकायत का प्रतिवाद करते हुए यह प्रश्न किया कि वे जंगलों को कैसे नष्ट कर सकते हैं। उनके पास कोई ट्रक नहीं है, यहाँ तक कि बहुत कम लोगों के पास अपनी बैलगाड़ी है। ज़्यादा-से-ज़्यादा वे उतनी ही लकड़ियाँ ले जा सकते हैं जिससे जाड़े के दिनों में उनका घर गर्म रहे, उनकी झोंपड़ियों बना सकें या उनकी मरम्मत हो पाये और उनके छोटे कुटीर उद्योग चल पायें। उन्होंने यह भी बताया कि उन्हें खाना बनाने के लिए कम ईंधन की आवश्यकता होती है क्योंकि उनके पास खाना बनाने के लिए ज़्यादा कुछ नहीं होता है। अपनी स्थिति बताने के बाद उन्होंने अपने आस-पास हो रही बर्बादी का वर्णन किया। उन्होंने इस बात पर बल दिया कि पूर्व-ज़मींदारों ने अपने समझौते तथा वन नियमों और कानूनों का उल्लंघन करते हुए वन अधिकारियों के सामने जंगल के बड़े क्षेत्र को बर्बाद किया। उन्होंने यह भी बताया कि ठेकेदारों ने अपने ठेका क्षेत्र के बाहर भी वन संसाधनों का दोहन किया और अनुमति से ज़्यादा लकड़ियाँ और अन्य संसाधन जंगल से बाहर ले गये तथा उन्होंने आदिवासियों का भी शोषण किया।*
>
> *आदिवासियों के मन में यह भावना घर कर गयी है कि वनों के संरक्षण और विकास से जुड़े तमाम तर्कों का लक्ष्य उनकी माँगों को नकारना है। वे यह दलील देते हैं कि जब उद्योग, शहरी-बस्ती, विकास कार्य या पुनर्वास योजनाओं की बात होती है तो इस तरह के सभी तर्क भुला दिये जाते हैं और जंगल का एक बड़ा क्षेत्र बाहरी लोगों के हवाले कर दिया जाता है। ये बाहरी लोग अपनी आवश्यकता के चलते या किसी आवश्यकता के बिना भी वन सम्पदा को बेरहमी से नष्ट करते हैं।*

इस प्रकार, 1960 के दशक से ही सरकार द्वारा गठित समितियों की रिपोर्टों में यह दर्शाया जाने लगा था कि राज्य अपने आदिवासी नागरिकों को गरिमापूर्ण और सम्मान-युक्त ज़िन्दगी देने में पूरी तरह नाकाम रहा है। और यह बिन्दु एक सामान्य समीक्षा के रूप में सामने नहीं आया, बल्कि इस सन्दर्भ में आदिवासियों की विशिष्ट समस्याओं की पहचान की गयी। अर्थात् उदासीन और भ्रष्ट अधिकारी, भूमि का नुक़सान, कर्ज, वन के उपयोग पर प्रतिबन्ध, बड़े पैमाने का विस्थापन। इन रिपोर्टों (और अन्य रिपोर्टों) में प्रस्तुत प्रमाण के आधार पर स्थिति सुधारने के लिए गम्भीर प्रयास होना चाहिए था। यह सुनिश्चित किया जाना चाहिए था कि ऐसी नीतियाँ बनें

और लागू हों जो यह सुनिश्चित करें कि भारत में औद्योगिक और आर्थिक विकास आदिवासी नागरिकों की कीमत पर न हों।

हालाँकि इन रिपोर्टों की सिफ़ारिशों पर कोई कार्रवाई नहीं हुई बल्कि सरकार ने इन्हें ठंडे बस्ते में डाल दिया। जैसा कि एलविन समिति ने यह बताया कि आदिवासियों की समस्याओं से सम्बन्धित पहले की रिपोर्टों की ''व्यवहार के स्तर पर उपेक्षा ही की गयी''। इसने यह टिप्पणी की कि ''यह अपने-आप में हैरतअंगेज है कि किस प्रकार एक अनुशंसा सरकारी फ़ाइल के निर्जीव अन्धकार में खो जाती है और फिर कभी भी कोई इसकी चर्चा नहीं करता''।[9] या फिर अगले 20 से 30 वर्षों तक इसकी कोई चर्चा नहीं होती। 1980 के दशक में ऐसी बहुत सी सरकारी रिपोर्टें सामने आयीं जिन्होंने आदिवासियों की वंचना और दुर्दशा पर सख़्त टिप्पणियाँ कीं। इन्हें उस वक़्त के अनुसूचित जाति और अनुसूचित जनजाति आयुक्त बी.डी. शर्मा द्वारा लिखा गया था। बी.डी. शर्मा एक ऐसे प्रशासनिक अधिकारी थे जिन्हें आदिवासियों के क्षेत्रों में और आदिवासियों के साथ काम करने का व्यापक अनुभव था। उन्होंने अपनी रिपोर्टों में यह रेखांकित किया कि अभी भी आदिवासियों के सम्मुख सबसे बड़ी समस्या भूमि अलगाव, वनों के उपयोग पर पाबन्दी तथा बाँधों और अन्य परियोजनाओं के चलते होने वाला विस्थापन ही था। उन्होंने इस बात पर बल दिया कि ''आदिवासी अपने इतिहास के बहुत ही ख़तरनाक मोड़ पर पहुँच चुके हैं।'' वे ''बहुत तेज़ी से संसाधनों पर से अपनी पकड़ खोते जा रहे हैं, किन्तु इसके साथ ही वे सामाजिक विघटन का भी सामना कर रहे हैं जो उनके इतिहास में अभूतपूर्व है।'' इसके बावजूद, ''आदिवासी क्षेत्रों के बाहर इन लोगों के दुख की कहानियाँ शायद ही कभी सुनी जाती हैं। और जब ये कहानियाँ सामने आती हैं तो उन्हें गम्भीरता से नहीं लिया जाता है।'' इससे भी बुरी बात यह है कि ''कई बार खुद राज्य ने भेदभावपूर्ण व्यवहार किया और इसने ऐसे काम को भी बढ़ावा दिया जो पूरी तरह कानूनी नहीं थे। इसका कारण यह था कि ये सभी मसले ऐसे छोटे समुदायों से सम्बन्धित थे, जिनकी अपनी कोई आवाज़ नहीं थी।''[10]

इस बार, सरकार ने सुव्यवस्थित तथ्यों के साथ प्रस्तुत इन रिपोर्टों को, जिनमें संयमित भाषा में सरकार पर दोषारोपण किया गया था, संसद में प्रस्तुत नहीं किया।

III

ऊपर मैंने आदिवासियों की उपेक्षा और शोषण के बारे में कुछ तथ्यों का वर्णन किया है। अब मैं विद्रोह और अव्यवस्था के इतिहास की संक्षिप्त विवेचना करूँगा। औपनिवेशिक दौर में आदिवासी क्षेत्रों में कुछ प्रमुख विद्रोह हुए थे। इनमें उन्नीसवीं सदी के आरम्भ में कोल और भूमज विद्रोह, 1855 का संथाल 'हूल', 1890 के दशक में बिरसा मुण्डा के नेतृत्व में 'उलुगुलान', 1911 में बस्तर का विद्रोह, 1920

के दशक में गुदेम-रम्पा का विरोध, और 1945-46 में हुआ वर्ली विद्रोह प्रमुख है। इनमें से अधिकांश विरोध भूमि के अलगाव और वन के दोहन के विरुद्ध थे। बल के प्रयोग की मदद से ही इनका दमन किया जा सका और कई मरतबा इन विद्रोहों को शान्त करने के लिए क्रूर हिंसा का प्रयोग किया गया।[11]

यह कहा जा सकता है कि स्वतन्त्रता के बाद भारत के आदिवासी क्षेत्रों में तुलनात्मक रूप से शान्ति रही। शायद जयपाल सिंह की तरह ही अधिकांश आदिवासियों ने सरकार के इस वायदे पर भरोसा किया कि आज़ादी के साथ एक नये अध्याय की शुरुआत होगी, जहाँ "अवसर की समानता होगी और किसी की उपेक्षा नहीं की जायेगी"। किन्तु विभिन्न प्रमाणों से यह बात साबित होती है कि विकास के फ़ायदों का असमान रूप से वितरण हुआ और आदिवासियों को इसकी ज़्यादा कीमत चुकानी पड़ी। इसके चलते आदिवासी क्षेत्रों में असन्तोष पैदा होने लगा। इसलिए, मिसाल के तौर पर, 1966 में बस्तर में आदिवासी का एक प्रमुख विद्रोह हुआ, जिसका नेतृत्व हाल ही में राजगद्दी से बेदखल किये गये महाराज प्रवीर चन्द्र भंजदेव ने किया। फिर, 1970 के दशक में बिहार के आदिवासी ज़िलों में एक उग्र आन्दोलन शुरू हुआ जिसमें साहूकारों और वन विभाग के शोषण को ख़त्म करने तथा 'झारखण्ड' के नाम से एक पृथक राज्य का निर्माण करने की माँग की गयी। इसी दशक में महाराष्ट्र में 'भूमि सेना' और 'कास्तकारी संगठन' जैसे समूहों द्वारा आदिवासियों को उनके भूमि और वन अधिकारों के लिए संगठित किया गया। 1970 के दशक में ही बिहार में कोयल-कारो परियोजना का जबरदस्त विरोध हुआ। फिर 1980 के दशक से लेकर वर्तमान समय तक नर्मदा बचाओ आन्दोलन ने विकास परियोजनाओं (और ख़ासतौर पर बड़े बाँधों) के चलते विस्थापित हुए आदिवासियों की स्थिति को उजागर करने का काम किया है। ज़्यादा हाल के समय में, ओडिशा में खनन परियोजनाओं के कारण अपने विस्थापन का ख़तरा झेल रहे आदिवासियों ने अपने विरोध प्रदर्शनों द्वारा अपने अधिकारों की दावेदारी प्रस्तुत की है। इन लोगों ने राज्य सरकार द्वारा खनन कम्पनियों को वन भूमि देने का लगातार और ज़ोरदार तरीके से विरोध किया है।[12]

इन विविध तरह के विरोध से अलग माओवादी क्रान्तिकारी भी आदिवासी क्षेत्रों में सक्रिय रहे हैं। पश्चिम बंगाल में स्थित नक्सलबारी गाँव के नाम पर ही 'नक्सलवादियों' को उनका नाम मिला। इस गाँव में आदिवासी बड़ी संख्या में हैं। 1960 के दशक के आख़िरी वर्षों में आन्ध्र प्रदेश के आदिवासी ज़िले भी नक्सलवादी गतिविधियों के प्रमुख केन्द्र थे। 1970 के दशक में माओवादियों ने अपना प्रभाव दो मुख्य क्षेत्रों में फैलाया—मध्य बिहार के जाति प्रभावित ज़िलों में और राज्य के दक्षिणी हिस्से के आदिवासी ज़िलों में (वर्तमान झारखण्ड)। हाल के दशकों में माओवादी विद्रोही गतिविधियों में तेज़ी से बढ़ोतरी हुई है तथा माओवादियों को

महाराष्ट्र, ओडिशा, झारखण्ड और सबसे बढ़कर छत्तीसगढ़ के आदिवासी ज़िलों में अपना प्रभाव बढ़ाने में जबरदस्त कामयाबी मिली है।[13]

पिछले चार दशकों में मध्य भारत के आदिवासियों ने कई बार राज्य की नीतियों और कार्यक्रमों से अपना सार्वजनिक और सामूहिक असन्तोष अभिव्यक्त किया है। कई बार उनके विरोध ने पारम्परिक तरीकों और पारम्परिक नेताओं (मसलन, 1966 में बस्तर में और 1970 के दशक के आख़िरी वर्षों में झारखण्ड में) का सहारा लिया है। लेकिन कई अन्य मौक़ों पर शहरी और मध्य वर्ग की पृष्ठभूमि वाले सामाजिक कार्यकर्ताओं ने आदिवासियों को गोलबन्द किया है (मसलन 1970 के दशक में महाराष्ट्र में या नर्मदा बचाओ आन्दोलन में)। हालाँकि, हाल के समय में आदिवासियों का असन्तोष बड़े पैमाने पर सशस्त्र माओवादी कार्यकर्ताओं के नेतृत्व में अभिव्यक्त होता रहा है।[14]

IV

भाग I में दलितों और आदिवासियों की आर्थिक और सामाजिक स्थिति की संक्षेप में तुलना की गयी है। जब राजनीति के क्षेत्र में ऐसी तुलना की जाती है तो यह तथ्य सामने आता है कि आदिवासी और भी ज़्यादा वंचित स्थिति में हैं। यदि हम इस तरह के तुलनात्मक अध्ययन में हाशिए पर पड़े एक तीसरे अल्पसंख्यक समूह अर्थात् मुस्लिमों को सम्मिलित करते हैं तो आदिवासियों की दुर्बल और अति-संवेदनशील स्थिति ज़्यादा स्पष्टता से सामने आती है।

मिसाल के तौर पर, हम इस सन्दर्भ में 1947 से 2007 के बीच विविध केन्द्रीय मन्त्रिमंडलों के संघटन की समीक्षा कर सकते हैं। इस अवधि में दलित और मुस्लिम नेताओं ने सरकार में महत्त्वपूर्ण विभाग सँभाले। कई बार इन समुदायों के नेता लम्बे समय तक भारत सरकार में रक्षा मन्त्री, कृषि मन्त्री, विदेश मन्त्री जैसे महत्त्वपूर्ण पदों पर रहे। दूसरी ओर, कभी भी एक आदिवासी राजनेता को केन्द्रीय मन्त्रिमंडल में महत्त्वपूर्ण विभाग नहीं दिया गया।

इसी तरह, दलित और मुस्लिम उच्च संवैधानिक पदों पर पहुँचे। एक दलित और तीन मुस्लिम देश के सबसे सर्वोच्च संवैधानिक पद अर्थात् गणराज्य के राष्ट्रपति के पद को सुशोभित कर चुके हैं। लेकिन कभी भी कोई आदिवासी राष्ट्रपति, उप-राष्ट्रपति या मुख्य न्यायाधीश नहीं बना है। जहाँ तक मेरी जानकारी है किसी भी आदिवासी को सर्वोच्च न्यायालय में न्यायाधीश नियुक्त नहीं किया गया है। और राज्यों के राज्यपाल के रूप में आदिवासियों की तुलना में काफ़ी अधिक संख्या में दलितों और मुस्लिमों की नियुक्ति हुई है।

ये तथ्य राजनीतिक प्रक्रिया से आदिवासियों की ज़्यादा व्यापक अदृश्यता को अभिव्यक्त करते हैं। राष्ट्रीय स्तर पर मुस्लिम और दलित खुद को एक हित समूह के

रूप में संघटित करने में सफल रहे हैं। प्रचलित विमर्श में उन्हें ऐसे समूह के रूप में देखा जाता है जो सम्पूर्ण भारत में फैले हुए हैं। दूसरी ओर, यह माना जाता है कि आदिवासी जिन राज्यों और ज़िलों में रहते हैं, उनके दावे सिर्फ़ वहाँ की सीमा तक ही सीमित हैं। दलितों और मुस्लिमों के विपरीत यह माना जाता है कि आदिवासी देश के चुनिंदा भागों में खण्डित समूहों के रूप में बिखरे हुए हैं।

विशेष रूप से, दलितों ने संवैधानिक साधनों के माध्यम से काफ़ी प्रभावकारी तरीके से अपनी समस्याओं और शिकायतों को प्रस्तुत किया है। उनके पास बहुजन समाज पार्टी जैसा सफल राजनीतिक दल है जो अभी (लेख लिखे जाने के समय) उत्तर प्रदेश में सत्ता में है और जो तेज़ी से अन्य राज्यों में भी अपने प्रभाव का विस्तार कर रहा है। दलितों के पास ऐसे नेता भी हैं जो राष्ट्रीय स्तर पर प्रसिद्ध हैं। मसलन, मायावती ऐसी ही एक नेता हैं जिन्हें भविष्य के सम्भावित प्रधानमन्त्री के रूप में देखा जाता है। दूसरी ओर, आदिवासियों के पास न तो एक सफल राजनीतिक दल है और न ही कोई प्रसिद्ध राष्ट्रीय नेता। 1940 के दशक में जयपाल सिंह के नेतृत्व में झारखण्ड पार्टी का गठन हुआ था। 1952 में हुए पहले आम चुनावों में इसने तुलनात्मक रूप से काफ़ी अच्छा प्रदर्शन किया, लेकिन यह एक क्षेत्रीय दल की हैसियत से आगे नहीं बढ़ पाया। इसने 60 वर्षों तक एक पृथक राज्य के लिए संघर्ष किया, किन्तु बार-बार होने वाले विभाजनों के चलते इसके प्रभाव में काफ़ी कमी आ गयी। जयपाल सिंह यह चाहते थे कि एक ऐसा राज्य बने जिसमें बंगाल, ओडिशा, मध्य प्रदेश और आन्ध्र प्रदेश के साथ-ही-साथ बिहार के आदिवासी बहुल ज़िले सम्मिलित हों। किन्तु जब सन् 2000 में झारखण्ड राज्य बना तो इसमें सिर्फ़ बिहार के आदिवासी बहुल ज़िले ही शामिल किये गये। और आख़िरकार यह 'क्षत-विक्षत' झारखण्ड जिस रूप में सामने आया, उसमें गैर-आदिवासी लोगों का जबरदस्त बहुमत है।

सामान्य तौर पर (और सही ही) यह माना जाता है कि दलित और आदिवासी भारतीय समाज के दो सबसे वंचित तबके हैं। किन्तु प्रश्न यह है कि आख़िर दलित औपचारिक राजनीतिक व्यवस्था में अपने दावों को ज़्यादा प्रभावकारी तरीके से रखने में सफल क्यों हुए हैं? मेरा यह मानना है कि मुख्य रूप से भूगोल और जनसांख्यिकी के माध्यम से इस विरोध की व्याख्या की जा सकती है। मध्य भारत के आदिवासी अमूमन पहाड़ों और घाटियों के आदिवासी गाँवों में रहते हैं, जहाँ गैर-आदिवासी समुदायों के लोगों की संख्या काफ़ी कम होती है। लेकिन किसी भी भारत राज्य में वे बहुमत में नहीं हैं। मसलन, (अविभाजित) आन्ध्र प्रदेश में आदिवासी राज्य की कुल जनसंख्या का छह प्रतिशत हैं। महाराष्ट्र की जनसंख्या में उनका अनुपात 9% है और राजस्थान में 12%। यहाँ तक कि झारखण्ड और छत्तीसगढ़ जैसे घोषित रूप से आदिवासियों के हितों की सुरक्षा के लिए बने राज्यों में भी जनसंख्या का दो-तिहाई हिस्सा गैर-आदिवासियों का है।

दलित भी प्रत्येक राज्य में अल्पसंख्यक हैं। किन्तु आदिवासियों के विपरीत वे मिश्रित जनसंख्या वाले गाँवों में अन्य जातियों और समुदायों के लोगों के साथ रहते हैं। इसका अर्थ यह है कि चुनाव के वक़्त वे उन निर्वाचन क्षेत्रों में भी निर्णायक प्रभाव डाल सकते हैं जो उनके लिए आरक्षित नहीं हैं। संघ के सभी राज्यों में और हर राज्य के प्रत्येक ज़िले में 10% से 20% के बीच उनका वोट है। इसलिए राजनीतिक दलों को अधिकांश लोक सभा और विधान सभा निर्वाचन क्षेत्रों में दलितों के हितों का ध्यान रखना पड़ता है। दूसरी ओर, आदिवासी कुछ ही ज़िलों में काफ़ी भारी संख्या में संकेन्द्रित हैं और वे यहीं के चुनावी निर्णय को प्रभावित करते हैं। मिसाल के तौर पर, एक आम चुनाव में 50 से 60 निर्वाचन क्षेत्रों में ही आदिवासी का मत निर्णायक होता है, वहीं दलित मतदाता शायद कम-से-कम 300 निर्वाचन क्षेत्रों के निर्णय में असरदार भूमिका निभाते हैं।[15]

पूरे देश में दलितों को तकरीबन एक ही तरह के संरचनात्मक दमन का सामना करना पड़ा है। इस समान अनुभव के चलते राज्य और राष्ट्रीय स्तर पर दलितों की गोलबन्दी बढ़ाने में मदद मिली है। इसका कारण यह है कि जाति व्यवस्था पूरे भारत में एक ही तरह से कार्य करती है। तमिलनाडु के गाँवों की तरह उत्तर प्रदेश के गाँवों में भी दलितों को सबसे निम्न कोटि का कार्य दिया जाता है, उन्हें उच्च जाति की बस्तियों से दूर बसने पर मजबूर किया जाता है, उन्हें दूषित जल स्रोतों से ही पानी लेने की अनुमति दी जाती है और मन्दिर में प्रवेश करने से रोका जाता है। इसलिए वे गाँवों, ज़िलों, और राज्यों के बीच क्षैतिज (हॉरिज़ॉन्टल) एकजुटता और जुड़ाव का विकास कर सकते हैं। दूसरी ओर, आदिवासी विभिन्न रूपों में दमन का अनुभव करते हैं। एक स्थान पर वन अधिकारी, दूसरे स्थान पर साहूकार, तीसरे स्थान पर राज्य द्वारा प्रायोजित विकास परियोजनाएँ, और चौथे स्थान पर एक निजी कम्पनी द्वारा किया जा रहा खनन कार्य उनके दमन और शोषण में भूमिका निभाते हैं। इसलिए एक ऐसा व्यापक गठबन्धन बनाना काफ़ी कठिन है जिसमें सभी आदिवासी एक झण्डे तले आकर सामान्य लक्ष्य के लिए संघर्ष करें।

बी. आर. अम्बेडकर अपनी मृत्यु के बाद दलितों के लिए एक आदर्श के रूप में उभरे हैं। दलितों को इससे काफ़ी लाभ मिला है। वे इनके लिए एक उदाहरण और प्रेरणा—दोनों ही रहे हैं। वे एक उच्च कोटि के बुद्धिजीवी थे जिन्होंने उच्च जातियों द्वारा बनाये गये घेरे को तोड़ा तथा अपनी मृत्यु के कई दशकों के बाद भी वे अपने अनुयायियों को ऐसा ही करने के लिए प्रेरित कर रहे हैं। दरअसल, अम्बेडकर के व्यक्तित्व ने पूरे देश में दलितों को एक सूत्र में बाँधा है।

दूसरी ओर, आदिवासियों के बीच कभी भी कोई ऐसा नेता नहीं रहा है जिसे सभी राज्यों और भाषाओं के आदिवासियों की प्रशंसा और प्यार मिला हो। मसलन,

झारखण्ड के कुछ भागों में बिरसा मुण्डा की पूजा की जाती है; किन्तु आन्ध्र प्रदेश या महाराष्ट्र के आदिवासी क्षेत्रों में इन्हें न तो ज़्यादा लोग जानते हैं और न ही इन्हें याद करते हैं। आदिवासी प्रेरक व्यक्तित्वों की तुलना में अम्बेडकर ज़्यादा प्रसिद्ध और स्वीकार्य इसलिए भी हैं क्योंकि वे आधुनिक संस्थाओं के निर्माता होने के साथ-ही-साथ एक सामाजिक कार्यकर्ता भी थे। उन्होंने मनुस्मृति की प्रतियाँ जलायीं और श्रमिक यूनियनों का भी निर्माण किया। उन्होंने कई स्कूलों और राजनीतिक दलों का तो निर्माण किया ही, लेकिन सबसे बढ़कर भारतीय संविधान के निर्माण में उन्होंने निर्देशक की भूमिका अदा की। अम्बेडकर के एक अखिल भारतीय व्यक्तित्व बनने का आंशिक कारण यह भी है कि उन्होंने जिस प्रकार के शोषण का सामना किया, उनके अनुयायी भी कमोबेश वैसे ही शोषण का सामना कर रहे हैं। इसके साथ ही, दलित ~नका उपयोग अन्याय का विरोध करने के साथ-ही-साथ एक बेहतर भविष्य का निर्माण करने के लिए भी कर सकते हैं।

यह कहा जा सकता है कि आदिवासियों की कमज़ोर साक्षरता दर उनके दुर्बल 'अभिव्यक्ति अनुपात' से जुड़ी रही है। इनके पास राष्ट्रीय नेता नहीं हैं; इनका प्रतिनिधित्व करने वाले नेता आधुनिक लोकतान्त्रिक राजनीति की भाषाओं और विमर्शों से सुपरिचित नहीं हैं। दूसरी ओर, दलितों के मामले में अतीत में अम्बेडकर और वर्तमान में मायावती की उपस्थिति के साथ ही दूसरे स्तर पर बहुत से सक्रिय कार्यकर्ता रहे हैं। ये किसी एक राजनीतिक दल में या एक साथ विभिन्न राजनीतिक दलों में राजनीतिक नेटवर्क और दबाव समूह बनाने में समर्थ हैं।

जैसा कि ऊपर तर्क दिया गया है कि राष्ट्रीय स्तर पर एक अन्य अल्पसंख्यक समूह अर्थात् मुस्लिमों का भी उल्लेखनीय राजनीतिक प्रभाव रहा है। कश्मीर घाटी के बाहर, दलितों की तरह ही मुस्लिम भी गाँवों और शहरों में अन्य समुदायों और जातियों के लोगों के साथ रहते हैं। इनकी अत्यन्त ख़राब आर्थिक स्थिति से यह बात स्पष्ट होती है कि राज्य ने उनकी भौतिक स्थिति की ओर विशेष ध्यान नहीं दिया है। बहरहाल, राजनीतिज्ञों को आवश्यक रूप से उनके मतों पर ध्यान देना पड़ता है। मिसाल के तौर पर, 2005 के विधानसभा चुनावों के वक़्त एक नेता ने यह वायदा किया कि यदि उनकी पार्टी जीतती है तो वे मुस्लिम मुख्यमन्त्री नियुक्त करेंगे। लेकिन किसी भी नेता ने मध्य प्रदेश जैसे राज्य में भी आदिवासियों के बारे में इस प्रकार का वायदा नहीं किया, जबकि इस राज्य की जनसंख्या का पाँचवाँ हिस्सा आदिवासियों का ही है।

इस पूरी चर्चा में भारतीय राष्ट्रवाद, और विशेष रूप से भारतीय राष्ट्रीय कांग्रेस का इतिहास भी प्रासंगिक है। गाँधी द्वारा कांग्रेस का नेतृत्व सँभालने से पहले ही इस पर बुनियादी रूप से ऊँची जातियों की हिन्दू पार्टी होने का आरोप लग चुका था। इस आलोचना को नकारने के लिए यह आवश्यक था कि यह मुस्लिमों और नीची

जाति के लोगों के बीच अपनी पैठ बनाये। गाँधीवादी दौर में यह अनिवार्यता और भी ज़्यादा स्पष्ट रूप में सामने आयी। इस समय जिन्ना ने खुद को मुस्लिमों का प्रतिनिधि मानते हुए महात्मा के इस दावे को कड़ी चुनौती दी कि भारतीय राष्ट्रीय कांग्रेस सम्पूर्ण भारत का प्रतिनिधित्व करती है। दूसरी ओर, बी.आर. अम्बेडकर अछूतों का प्रतिनिधित्व करना चाहते थे, इसलिए उन्होंने भी कांग्रेस के सबके प्रतिनिधि होने के दावे को खारिज किया। स्वतन्त्रता के पहले और बाद के कांग्रेसी राष्ट्रवाद के शब्दाडम्बर में हमेशा ही मुस्लिमों और दलितों के विशेष हितों के लिए स्थान था (यहाँ मुख्य शब्द रेटॉरिक या शब्दाडम्बर है क्योंकि यह बिल्कुल ही अलग मसला है कि व्यवहार में क्या हुआ)। दूसरी ओर, कांग्रेस ने कभी भी आदिवासियों की विशिष्ट प्रकृति को सही तरीके से नहीं समझा। दरअसल, पिछले कई दशकों में अखिल भारतीय कांग्रेस समिति या कांग्रेस कार्य समिति के बैठकों में शायद ही कभी आदिवासियों के मुद्दे को प्रमुखता मिली है।

मुख्यधारा की मीडिया के सन्दर्भ में भी एक ओर मुस्लिमों और दलितों की सापेक्षिक दृश्यता और दूसरी ओर आदिवासियों की अदृश्यता के बीच स्पष्ट अन्तर किया जा सकता है। अख़बार और टेलीविज़न—दोनों ही रोज़मर्रा की ज़िन्दगी में दलितों के उत्पीड़न और मुस्लिमों के लगातार हाशियाकरण को ठीक-ठाक स्थान देते हैं। कई मरतबा यह तर्क दिया जाता है कि मीडिया में दलित और मुस्लिम मुद्दों का चित्रण उतना सूक्ष्म, गहन और महत्त्वपूर्ण नहीं होता है, जितना उसे होना चाहिए। इन आलोचनाओं को पूरी तरह आधारहीन नहीं माना जा सकता है। बहरहाल, इसमें कोई सन्देह नहीं है कि मीडिया आदिवासियों की तुलना में दलितों और मुस्लिमों को ज़्यादा कवरेज दिया है। इस सच्चाई को नकारा नहीं जा सकता है कि वास्तविक ज़िन्दगी में आदिवासी भी उतने ही उत्पीड़ित और हाशिए पर हैं, लेकिन उनसे जुड़े मुद्दों पर शायद ही कभी कोई टॉक शो होता है या अख़बारों में सम्पादकीय, रिपोर्ट या विशेष लेख प्रकाशित होते हैं।

V

आदिवासियों के प्रभुत्व वाले क्षेत्रों में नक्सलवादियों की बढ़ती उपस्थिति का एक भौगोलिक कारण यह है कि मध्य भारत के पहाड़ और जंगल गुरिल्ला युद्ध पद्धति के लिए काफ़ी उपयुक्त हैं। लेकिन इसका एक ऐतिहासिक कारण भी है—अर्थात् राजनीतिक आज़ादी के 60 वर्षों के बाद आदिवासियों को सबसे कम फ़ायदा हुआ है और उन्हें सबसे ज़्यादा नुक़सान का सामना करना पड़ा है।[16]

दरअसल, ये दोनों आपस में जुड़े हुए हैं। आदिवासी जिस भूक्षेत्र में रहते हैं, वह भी काफ़ी हद तक राज्य द्वारा उनकी उपेक्षा में महत्त्वपूर्ण भूमिका अदा करता है। सार्वजनिक अधिकारी इन अन्दरूनी पहाड़ी इलाकों में कड़ी मेहनत नहीं करना

चाहते हैं। अक्सर तो वे इन क्षेत्रों में बिल्कुल ही काम नहीं करना चाहते हैं। जिन डॉक्टरों की इन क्षेत्रों के अस्पतालों में नियुक्ति होती है, वे वहाँ नहीं जाते हैं; स्कूल के शिक्षक बच्चों को पढ़ाने के लिए स्कूल नहीं जाते हैं; मजिस्ट्रेट इस जोड़-तोड़ में लगे रहते हैं कि उनका तबादला मैदानी इलाकों में हो जाये। दूसरी ओर, माओवादी एक गाँव में बैठक करने के लिए कई मील पैदल चलने के लिए तैयार रहते हैं और वे पूरी हमदर्दी से आदिवासियों की शिकायतें सुनते हैं। हाल ही में एक वरिष्ठ वन अधिकारी को यह स्वीकार करना पड़ा कि "वनों पर निर्भर समुदायों की जीविका के सन्दर्भ में सरकार द्वारा समर्थन न मिलने और इस उद्देश्य के लिए वन प्रबन्धन करने की प्रवृत्ति न होने के चलते नक्सलवादियों को फलने-फूलने के लिए उर्वर ज़मीन मिली है।"[17]

इसमें किसी सन्देह की गुंज़ाइश नहीं है कि माओवादी आदिवासियों की तरह ही विपन्नता की स्थिति में रहते हैं। यह भी स्वीकार किया जा सकता है कि उनकी कुछ कार्रवाईयों से कई बार आदिवासियों का फ़ायदा हुआ है। यह बात विशेष रूप से तेंदु पत्ता जैसे वनोपजों के संग्रहण की दर पर लागू होती है। नक्सलवादियों के प्रभाव वाले इलाकों में इसकी दर में 200% तक की बढ़ोतरी हुई है। इनके भय के कारण ठेकेदार इन इलाकों में अपनी मनमानी नहीं करते हैं। हालाँकि माओवादियों का मुख्य लक्ष्य आदिवासियों का सामाजिक या आर्थिक विकास करना नहीं है, बल्कि वे हथियारबन्द संघर्ष द्वारा दिल्ली की सत्ता पर कब्जा करना चाहते हैं। एक बड़े कार्य के लिए आदिवासी एक आरम्भिक नींव की तरह हैं—या जैसा कि कुछ लोग कहते हैं वे सिर्फ़ 'कैनन फॉडर' (बड़ा लक्ष्य प्राप्त करने का माध्यम हैं)।

अपने आरम्भ के समय से ही नक्सलवादी आन्दोलन को आन्तरिक असन्तोष का सामना करना पड़ा है। इसके विभिन्न गुटों के बीच कई बार तीखी और ख़ूनी होड़ रही है। इनमें से प्रत्येक गुट यह दावा करता रहा है कि वही भारत में माओ से तुंग के विचारों का सच्चा व्याख्याता है। बहरहाल, इस सदी के अन्त तक पीपॅल्स वॉर ग्रुप (पीडब्ल्यूजी) और माओइस्ट कम्युनिस्ट सेंटर (एमसीसी) ऐसे दो समूहों के रूप में सामने आये जिनके पास सक्रिय संगठन और क्रान्तिकारी श्रमिकों का समर्पित कैडर था। पीडब्ल्यूजी आन्ध्र प्रदेश में काफ़ी सक्रिय था, वहीं एमसीसी का मुख्य आधार बिहार में था।

2004 में पीडब्ल्यूजी और एमसीसी के विलय के बाद नक्सलवादी आन्दोलन को बल मिला। नये दल का नाम कम्युनिस्ट पार्टी ऑफ इण्डिया (माओइस्ट) [भारतीय कम्युनिस्ट पार्टी (माओवादी)] रखा गया। यह कोई संयोग नहीं है कि इसका संक्षिप्त नाम सीपीआई (एम) एक अन्य कम्युनिस्ट पार्टी [कम्युनिस्ट पार्टी ऑफ इण्डिया (मार्क्सिस्ट)] का मखौल बनाता है जो भारतीय संविधान के अन्तर्गत चुनाव लड़ती और जीतती रही है। नयी पार्टी ने यह दावा किया केरल और पश्चिम बंगाल में

सत्ता सँभालने वाले लोग सिर्फ़ बूर्ज्वा सुधारवादियों का एक समूह है, जबकि वे (माओवादी) सच्चे अर्थों में क्रान्तिकारी हैं।

नयी संयुक्त पार्टी को अस्तित्व में आये तीन वर्ष (लेख लिखे जाने के समय) ही हुए हैं, लेकिन इतने ही समय में इसने अपने प्रभाव का तेज़ी से विस्तार किया है। पूर्व एमसीसी के कैडर दक्षिण की ओर झारखण्ड में और पूरब की ओर पश्चिम बंगाल में बढ़े हैं। पुराने पीडब्ल्यूजी के कैडर ने ओडिशा और छत्तीसगढ़ में अपना विस्तार किया है। असल में, छत्तीसगढ़ में ही माओवादियों को सबसे जबरदस्त फायदा हुआ है। विशेष रूप से, दाँतेवाड़ा ज़िले का एक बड़ा हिस्सा उनके प्रभाव में है। इन्द्रावती नदी के एक ओर दिन में भारतीय राज्य का अनिश्चित सा नियन्त्रण होता है और रात में उसका कोई नियन्त्रण नहीं होता है। नदी के दूसरी ओर के क्षेत्र को अबूझमाड़ के नाम से जाना जाता है, जहाँ दिन या रात कभी भी भारतीय राज्य की कोई उपस्थिति नहीं है।

दाँतेवाड़ा उस वन क्षेत्र का हिस्सा है जिसका विस्तार छत्तीसगढ़ से आन्ध्र प्रदेश और महाराष्ट्र तक है। धार्मिक मान्यता के अनुसार, पहले इस क्षेत्र को 'दण्डकारण्य' के नाम से जाना जाता था। अब माओवादियों ने इस नाम को अपना लिया है। दण्डकारण्य के लिए विशेष जोनल कमिटी है जिसके अन्तर्गत बहुत सी डिविज़नल कमिटियाँ काम करती हैं। डिविज़नल कमिटी के नीचे रेंज कमिटी होती है, जो इसके निर्देशन एवं नियन्त्रण में काम करती हैं। गाँव के स्तर पर सबसे निम्नतम स्तर का संगठन होता है, जहाँ समर्पित कार्यकर्ताओं की एक समिति को 'संगम' के नाम से जाना जाता है।

पार्टी के एक वरिष्ठ पदाधिकारी के अनुसार, दाँतेवाड़ा में संगम 'जल, जंगल ज़मीन' पर लोगों के अधिकारों की सुरक्षा करना चाहता है। इसके साथ ही, माओवादियों ने राज्य के अधिकारियों विशेष रूप से पुलिस बलों पर सुनियोजित हमले किये हैं। पुलिसकर्मियों को आम लोगों को प्रताड़ित करने से रोकने के मकसद से पुलिस स्टेशनों पर हमले किये गये। इस प्रकार के हमले गुरिल्ला सेना के लिए हथियार जुटाने के लिए भी आवश्यक होते हैं। माओवादियों को यह उम्मीद है कि वे लोगों को गोलबन्द करके और राज्य के अधिकारियों को डरा-धमकाकर दण्डकारण्य में अपने प्रभाव का विस्तार कर सकते हैं। यह लक्ष्य तय किया गया है कि एक बार इस क्षेत्र को 'लिबरेटेड ज़ोन' (मुक्त क्षेत्र) बना लेने के बाद इसका उपयोग सम्पूर्ण भारत में राज्य सत्ता पर कब्ज़ा करने के संघर्ष के आरम्भिक स्थल के रूप किया जायेगा।[18]

भारत में कुल कितने माओवादी हैं? इसके बारे में कोई स्पष्ट अनुमान नहीं है और अलग-अलग लोग भिन्न-भिन्न आँकड़े प्रस्तुत करते हैं। शायद कुल 10,000 से 20,000 तक नियमित पूर्णकालिक गुरिल्ला माओवादी हैं जिनमें से बहुतों के पास

एके-47 है। इन क्रान्तिकारियों को ग्रेनेड, लैण्डमाइन्स और रॉकेट लॉन्चर्स चलाने का प्रशिक्षण भी प्राप्त होता है। इनका दक्षिण एशिया के अन्य गुरिल्ला आन्दोलनों से भी जुड़ाव है। ये लिबरेशन टाइगर्स ऑफ तमिल ईलम (लिट्टे) और नेपाली माओवादियों से सूचनाओं का आदान-प्रदान करते रहे हैं।

हमें माओवादी नेताओं और कैडरों की जितनी जानकारी प्राप्त है, उससे यह पता चलता है कि अधिकांश माओवादी निम्न मध्य वर्ग पृष्ठभूमि से आते हैं। इनमें से अधिकांश की शिक्षा अधूरी है और ये अपने कॉलेज के दिनों में ही रैडिकल राजनीति की ओर आकृष्ट हो गये थे। अधिकांश कम्युनिस्ट आन्दोलन की तरह ही इस आन्दोलन के नेतृत्व पर भी पुरुषों का ही वर्चस्व है। पार्टी पदसोपान के ऊपरी स्तर पर किसी भी आदिवासी का प्रतिनिधित्व नहीं है।

कम्युनिस्ट पार्टी ऑफ इण्डिया (माओवादी) [या भारतीय कम्युनिस्ट पार्टी (माओवादी)] के वर्तमान महासचिव खुद को 'गणपति' कहते हैं। यह माना जाता है कि वे आन्ध्र प्रदेश से हैं और यह तकरीबन निश्चित है कि उनका नाम एक छद्मनाम है। कई बार इंटरनेट पर उनके नाम के साथ बयान सामने आते हैं। इसी प्रकार का एक बयान फ़रवरी 2007 में जारी किया गया था जिसमें यह बताया गया था कि "जंगल के अन्दरूनी भाग में देश के बहुत से गुरिल्ला क्षेत्रों में से एक में, पार्टी कांग्रेस का 'सफल आयोजन' हुआ।" पार्टी कांग्रेस ने खेतिहर क्रान्ति की बुनियाद पर आधारित नयी लोकतान्त्रिक क्रान्ति और भारतीय क्रान्ति के पथ के रूप में दीर्घकालिक जन युद्ध के सामान्य लाइन की पुनर्पुष्टि की।" यह बैठक काफ़ी ज़ोर-शोर से विश्व के लोगों का यह आह्वान करते हुए ख़त्म हुई : साम्राज्यवाद और इसे चलाने वाले कुत्तों को ख़त्म करने के लिए तूफ़ान की तरह उठो! पूरी दुनिया में क्रान्तिकारी युद्ध फैला दो।"

इस 'दीर्घकालिक जन युद्ध' को आगे बढ़ाने के लिए ही माओवादियों ने राज्य सत्ता के प्रतीकों पर हमला किया। मसलन, नवम्बर 2005 में वे बिहार के जहानाबाद के ज़िला मुख्यालय में प्रवेश कर गये और वहाँ के अधिकारियों पर हमला करके उन्होंने सैकड़ों कैदियों को छुड़ा लिया। मार्च 2007 में उन्होंने छत्तीसगढ़ के पुलिस कैम्प पर हमला किया और 55 पुलिसकर्मियों की हत्या कर दी तथा ढेर सारे हथियार लेकर वहाँ से भाग गये। कई मौक़ों पर वे रेलवे स्टेशनों और ट्रांसमिशन टावरों पर भी हमला करते रहे हैं।

हालाँकि हमेशा राज्य ही क्रान्तिकारियों द्वारा की जाने वाली हिंसा का लक्ष्य नहीं रहा है। मसलन, मई 2006 में उनके द्वारा लगाये गये एक लैण्डमाइन के चलते एक शादी में सम्मिलित बहुत से लोगों की मौत हो गयी। माओवादियों ने 'मुखबिर' होने के शक में बहुत से लोगों को यातना दी है या उनकी हत्या कर दी है।

VI

एक लोकतान्त्रिक राज्य आदिवासी क्षेत्रों में माओवादी उग्रवाद के उदय से कैसे लड़ सकता है? एक ओर, आदिवासी क्षेत्रों में विकास योजनाएँ पहुँचाकर और दूसरी ओर सक्रिय और प्रभावकारी पुलिस कार्रवाई द्वारा ऐसा किया जा सकता है। लेकिन भारत सरकार द्वारा अभी जिन नीतियों का अनुसरण किया जा रहा है, वे आदिवासियों का विकास सुनिश्चित करने के बजाय उनके जीवन की मुश्किलों में बढ़ोतरी ही कर रही हैं। सरकार की नीतियों से वे आर्थिक विकास में भागीदार नहीं बन रहे हैं, बल्कि उनका हाशियाकरण बढ़ रहा है। गैर-आदिवासी लोगों के प्रभुत्व और नेतृत्व वाली राज्य सरकारें खनन, निर्माण तथा ऊर्जा उत्पादन परियोजनाओं के लिए आदिवासियों की ज़मीन कम्पनियों को दे रही हैं। और कुशल पुलिस कार्रवाई के बजाय कानून और व्यवस्था का काम दूसरी एजेंसियों को सौंपा जा रहा है। मिसाल के तौर पर, छत्तीसगढ़ का 'सलावा जुडूम' अभियान इसी तरह का एक उदाहरण है, जहाँ राज्य सरकार ने एक निजी सेना गठित कर दी, जो इस क्षेत्र में समानान्तर प्रशासन चलाने लगी।

सबसे शान्त समय में भी राज्य आदिवासी क्षेत्रों में कानून का राज स्थापित करने में नाकाम रहा है। संविधान के अनुच्छेद V और VI में आदिवासियों के बहुमत वाले ज़िलों में बड़े स्तर तक स्वशासन की व्यवस्था की गयी है। लेकिन इनके उन प्रावधानों का लगातार उल्लंघन ही हुआ है जो भूमि और वन पर आदिवासियों के अधिकार की सुरक्षा करते हैं, साहूकारों की गतिविधियों पर रोक लगाते हैं, या फिर ग्राम या ज़िला परिषदों के निर्माण का प्रावधान करते हैं। इन अनुसूचियों में यह प्रावधान है कि स्थानीय परिषदों को आदिवासियों की ज़मीन से मिलने वाले खनिज पदार्थों की रॉयल्टी दी जायेगी; किन्तु हक़ीक़त यह है कि खनन पर ख़र्च होने वाले या इससे मिलने वाली राशि का एक पैसा भी आदिवासियों के हाथ में नहीं जाता है। दरअसल, ठेकेदार और राज्य स्तरीय नेता (अमूमन गैर-आदिवासी) इस मुनाफ़े को आपस में बाँट लेते हैं। इस बीच, इन क्षेत्रों में आपराधिक न्याय प्रणाली भी तकरीबन ठप्प हो चुकी है। मसलन, इस सन्दर्भ में आदिवासी मज़दूरों के अधिकारों और गरिमा के लिए निःस्वार्थ भाव से संघर्ष करने वाले शंकर गुहा नियोगी के मामले पर विचार किया जा सकता है। बड़े पैमाने पर यह माना जाता हैं कि गुहा नियोगी की हत्या पूँजीपतियों के भाड़े के हत्यारों द्वारा की गयी; फिर भी, हत्या की योजना बनाने वाले और हत्यारों को कोई भी सजा नहीं हुई।

पहले से ही न्याय प्रणाली की हालत खस्ता रही है, किन्तु सलवा जुडूम इसके और भी निम्न स्तर पर पहुँचने का प्रमाण है। अतीत में राज्य आदिवासी क्षेत्रों में कानून को गम्भीरतापूर्वक लागू करने में नाकाम रहा है; लेकिन सलवा जुडूम इस

बात का प्रमाण है कि वह सक्रिय रूप से अव्यवस्था और अराजकता को बढ़ावा दे रहा है। छत्तीसगढ़ के दाँतेवाड़ा ज़िले में सलवा जुडूम के प्रभाव के बारे में बहुत से कार्यकर्ताओं, अकादमिकों, पत्रकारों, सेवानिवृत्त प्रशासनिक अधिकारियों की बहुत से तथ्यान्वेषी (फैक्ट फाइंडिंग) दलों ने जाँच-पड़ताल की। इनके रिपोर्टों से यह बात स्पष्ट हुई कि सलवा जुडूम के चलते हिंसा में जबरदस्त बढ़ोतरी हुई है। एक ओर, सलवा जुडूम के कैडरों ने गाँवों को जलाया और औरतों का अपमान किया; वहीं, नक्सलवादियों ने भी उन लोगों की हमला करके हत्या कर दी, जिसके बारे में वे यह मानते थे कि वे राज्य के पक्ष में काम कर रहे हैं या किसी राज्य सेवा से सम्बद्ध हैं। इस ज़िले में भय और असुरक्षा का माहौल व्याप्त है। परिवार और गाँव विभाजित हो गये हैं। कुछ लोग माओवादियों के साथ या उनके डर के साये में जी रहे हैं, तो अन्य बहुत से लोग सलवा जुडूम के डर से या उसके द्वारा निर्मित कैम्पों में रह रहे हैं। तकरीबन 50,000 लोग अपने घरों से विस्थापित हो चुके हैं। ये आदिवासी शरणार्थी अत्यन्त दयनीय स्थिति में टेण्टों में रह रहे हैं, जो बहुत ही असुरक्षित हैं। इन्हें स्वास्थ्य सम्बन्धी सुविधा या रोज़गार नहीं मिलता है। इसके अलावा, बहुत से लोग जान बचाने के लिए आन्ध्र प्रदेश की सीमाओं की ओर भाग गये।[19]

दाँतेवाड़ा ज़िले में नागरिकों के बीच टकराव जारी है जिसके गृह-युद्ध में बदलने का भी ख़तरा है। राज्य और क्रान्तिकारियों—दोनों की ही गतिविधियों में एक रहस्य का आवरण है। यहाँ आदिवासी पुलिस थाने में प्राथमिकी दर्ज कराने में डरते हैं। इसलिए सलवा जुडूम और माओवादियों की गतिविधियों में हताहत होने वाले लोगों के बारे में कोई विश्वसनीय आँकड़ा नहीं है। शायद पिछले एक वर्ष (लेख लिखे जाने के समय) में दाँतेवाड़ा में 500 से 1000 लोग असामयिक मृत्यु का शिकार हो चुके हैं। जो लोग मारे गये हैं या जिनकी हत्या हुई है उनमें से कुछ सुरक्षाकर्मी हैं और बहुत से नक्सलवादी हैं। आदिवासियों का एक बड़ा हिस्सा इस प्रकार के संघर्ष में फँसा हुआ है।

यह अपने-आप में विडम्बना ही है कि नागरिकों को हथियारबन्द करके राज्य ने दूसरे पक्ष अर्थात् माओवादियों के तरीके को ही अपनाया है। आदिवासी बच्चे ठीक उसी कारण से सलवा जुडूम में सम्मिलित हुए हैं जिस कारण से पहले अन्य लड़के नक्सलवादी समूह में सम्मिलित हुए थे। इन्हें सिर्फ़ इतनी शिक्षा मिली है कि इनके मन में एक सीमा तक खेती या जंगल में काम के प्रति उदासीनता आ गयी है। किन्तु इनकी शिक्षा इतनी नहीं है कि इन्हें आधुनिक अर्थव्यवस्था में कोई सम्मानजनक काम मिल पाये। इसलिए राज्य इन्हें एक निश्चित वेतन वाली नौकरी का लोभ देकर सलवा जुडूम के काम से जोड़ने में सफल रहा है (हालाँकि इन्हें प्रति माह सिर्फ़ 1,500 रुपये ही मिलते हैं)। इससे इन्हें समाज में एक हैसियत ज़रूर मिल जाती है। वे हाथों में बन्दूक़ लेकर ग्रामीण क्षेत्रों में अभिमान के साथ चलते हैं और

निहत्थे लोगों को अपनी बात मानने के लिए मजबूर करते हैं।

इस प्रकार, क्रान्ति की मर्दानगी का उत्तर प्रति-क्रान्ति की मर्दानगी है। संगम संगठक या विशेष पुलिस बल के रूप में दण्डकारण्य के युवा हथियार के बल पर मिली इस नयी ताकत के आकर्षण से बँध चुके हैं। सिर्फ़ दाँतेवाड़ा ज़िले में ऐसे हज़ारों युवा हैं जो उस शक्ति के आकर्षण में डूबे हैं, जिसके बारे में माओ ने कहा है कि वह बन्दूक़ की नली से निकलती है।

इस प्रकार आदिवासी भारत दोहरी विडम्बना का शिकार है। पहली विडम्बना यह है कि राज्य ने अपने आदिवासी नागरिकों के साथ अपमान और उपेक्षा से भरा व्यवहार किया है। दूसरी विडम्बना यह है कि उनके तथाकथित रक्षक नक्सलवादी भी कोई दीर्घकालिक समाधान प्रस्तुत नहीं करते हैं।

क्या भारतीय कम्युनिस्ट पार्टी (माओवादी) सशस्त्र संघर्ष द्वारा दिल्ली की सत्ता पर कब्ज़ा कर सकती है? मेरा यह स्पष्ट मानना है कि इस प्रश्न का उत्तर नकारात्मक ही है। भले ही भारतीय राज्य भ्रष्टाचार से घिरा हो, किन्तु वर्ष 2007 (लेख के प्रकाशन वर्ष) के भारतीय राज्य की तुलना 1940 के दशक के चीनी राज्य से नहीं की जा सकती है। इस बात की सम्भावना काफ़ी कम है कि भारत में माओवादी सिद्धान्तों पर आधारित क्रान्ति सफल होगी। दरअसल, मुझे लगता है कि यह पूरी तरह असम्भव है। माओवादी घने जंगलों में निम्न स्तरीय प्रशिक्षण प्राप्त पुलिस बल को चकमा दे सकते हैं। दरअसल, यहाँ इनका सामना ऐसे पुलिस बल से होता है जिसके पास अच्छे हथियार भी नहीं होते। निश्चित रूप से, यह बात कल्पना से परे नहीं है कि एक ऐसा वक़्त आ सकता है जब माओवादी दण्डकारण्य के कुछ भागों में 'लिबरेटेड जोन' (मुक्त क्षेत्र) स्थापित कर लें। लेकिन जैसे ही वे अपनी क्रान्ति को देश के ज़्यादा खुले भागों में फैलाने की कोशिश करेंगे, वैसे ही भारतीय सेना उन्हें कुचल देगी।

इसमें कोई सन्देह नहीं होना चाहिए कि माओवादी अपने लक्ष्य के प्रति पूरी तरह वचनबद्ध हैं। ये ऐसे युवा पुरुष हैं (और कुछ अवसरों पर औरतें भी) जो पिछले कई वर्षों से सफल क्रान्ति के अपने सपने को साकार करने के लिए सबसे कठिन हालात में रह रहे हैं। मेरा यह विश्वास है कि सैन्य सन्दर्भों में यह सपना सिर्फ़ कोरी कल्पना मात्र ही है। माओवादी कभी भी लाल क़िले पर लाल झंडा फहराने में सफल नहीं होंगे। विडम्बना यह है कि उन्हें इस निष्कर्ष तक पहुँचने में कई वर्ष लग सकते हैं। माओवादियों के लिए अपने वर्तमान प्रभाव क्षेत्र से बाहर विस्तार करना मुश्किल होगा। लेकिन इसके साथ ही भारतीय राज्य के लिए भी अपनी पकड़ से बाहर जा चुके आदिवासी क्षेत्रों में व्यवस्था और वैधता स्थापित करना कठिन होगा। आने वाले समय में एक ऐसा धीमा किन्तु विध्वंसक युद्ध होगा, जिसमें पुलिसकर्मियों, माओवादियों और असम्बद्ध नागरिकों के जान-माल की काफ़ी क्षति होगी।

यह एक अल्पकालिक सम्भावना है। हालाँकि, इतिहासकार के रूप में मेरा यह मानना है कि दीर्घकालिक परिप्रेक्ष्य के हिसाब से विचार करने पर माओवादी सपना सिर्फ़ एक कोरी कल्पना ही नहीं है बल्कि यह एक भयंकर सपने जैसा है। बीसवीं सदी का एक मात्र सबक यह है कि एक दलीय शासनों ने मानव गरिमा और मानव कल्याण का जबरदस्त उल्लंघन किया है। इस बारे में एक आम-सहमति है कि आधुनिक युग का सबसे बुरा आदमी एडॉल्फ हिटलर था। उसके द्वारा स्थापित होलोकास्ट और छेड़े गये युद्ध के चलते 30 मिलियन लोगों की जान गयी। लेकिन जन हत्या के मामले में स्तालिन और माओ भी इनसे ज़्यादा पीछे नहीं रहे हैं। दरअसल, कुछ अनुमानों के मुताबिक क्रान्तिकारी साम्यवाद ने फासीवाद और दक्षिणपन्थ की उग्रवादी विचारधाराओं की तुलना में ज़्यादा लोगों की जान ली है।[20]

यह सच है कि बहुदलीय लोकतन्त्र सर्वोत्तम व्यवस्था नहीं है, किन्तु इससे इंकार नहीं किया जा सकता कि यह मनुष्यों द्वारा विकसित की गयी सबसे कम नुक़सानदायक व्यवस्था है। कुछ आदिवासियों ने भी इस तथ्य को स्वीकार किया है। वर्ष 2006 में दाँतेवाड़ा की अपनी यात्रा के दौरान मैंने मुरिया आदिवासियों से लम्बी चर्चा की। वह अपने परिवार में पहली पीढ़ी का साक्षर व्यक्ति था जिसे नदी के उस पार आश्रम में पढ़ने के लिए भेजा गया था। स्नातक तक की पढ़ाई करने के बाद वह अपने गाँव वापस लौट आया। यहाँ उसने स्कूल में बच्चों को पढ़ाना शुरू कर दिया। फिर उसने पत्रकारिता से बीए की डिग्री भी हासिल की। गौरतलब है कि सही तरीके से अपना काम करने वाले शिक्षक की ग्रामीण भारत में ख़ूब इज़्ज़त की जाती है। यदि यह आदिवासी भी एक शिक्षक के रूप में अपना काम ईमानदारी से करता है तो उसका अपने गाँव और आस-पास के क्षेत्रों में काफ़ी सम्मान होगा। किन्तु इस मुरिया आदिवासी के अनुसार उसके गाँव में माओवादियों के आने के बाद उसकी हैसियत और प्राधिकार में काफ़ी गिरावट आयी। इसका कारण यह है कि उनकी नज़र में वह भारतीय राज्य का एक अधिकारी था, इसलिए उसे प्रताड़ित करके उससे मोटी रकम वसूल की जा सकती थी।

पिछले वर्ष, पच्चीस वर्ष की उम्र का यह मुरिया शिक्षक अपने पुरखों के गाँव को छोड़कर भाग गया। वह इन्द्रावती नदी पार करके इस ज़िले के सरकारी भाग की ओर आ गया। अपनी योग्यता के चलते उसे एक सही तरीके से काम कर रहे स्कूल में नौकरी मिल गयी। इसने अपने स्कूल के नज़दीक ही रहना शुरू किया। पहले वह टेण्ट में रहता था, बाद में उसने सरकार की ज़मीन पर अपने लिए घर का निर्माण किया। मैं इस मुरिया शिक्षक से पहली बार उसी समय मिला जब वह एक हाथ में डब्बा और दूसरे हाथ में ब्रश लेकर अपने घर की दीवारों की पुताई कर रहा था।

यह मुरिया शिक्षक एक पतला काला व्यक्ति है जिसकी मूँछें हैं, जब मैं इससे

मिला तो यह एक साधारण लुंगी में था, और इसके दो बच्चे आस-पास खेल रहे थे। उसने मुझे बताया कि जब माओवादी पहली बार ज़िले में आये तो वे आदर्शवाद से भरे थे और अच्छी नीयत से काम करना चाहते थे। लेकिन समय बीतने के साथ वे भ्रष्ट होते गये। वे आदिवासियों के रक्षक से उनके उत्पीड़क में तब्दील हो गये। मैंने यह उत्तर दिया कि यही बात हम सलवा जुडूम के बारे में भी कह सकते हैं। एक ऐसा समय था जब यह जन आन्दोलन था, लेकिन बाद में इस पर मुख्यतः गैर-आदिवासी ठेकेदारों और अपराधियों ने कब्ज़ा जमा लिया। हम अपनी-अपनी दलीलें पेश कर रहे थे और हमारी बातों पर रुचि लेने वाले कई लोग एकत्रित हो गये थे। अन्त में, मुरिया शिक्षक ने कहा कि वह सार्वजनिक रूप से, और अन्य लोगों की मौजूदगी में मेरे विचारों को चुनौती दे सकता है, किन्तु माओवादियों के साथ इस प्रकार स्वतन्त्र रूप से विचारों का आदान-प्रदान नामुमकिन है। उसने यह कहा : "नक्सलियों में हथियार छोड़ने और जनता के सामने बातचीत करने की हिम्मत नहीं है।"

ऐसे में, प्रश्न यह है कि माओवादी विद्रोह को कैसे ख़त्म या कम-से-कम सीमित किया जा सकता है? सरकार की ओर से संवेदनशील तरीके से और पूरी गम्भीरता से एक ऐसी योजन बनाई जानी चाहिए जिसमें आदिवासियों को विकास का सच्चा सहयोगी माना जाये। उनकी खेती की ज़मीन पर उनके अधिकार सुनिश्चित होने चाहिए; उन्हें यह अनुमति मिलनी चाहिए कि वे जंगल की हरियाली और सन्तुलन को कायम रखने के लिए कार्य करें; अक्सर औद्योगिक परियोजनाएँ उनके निवास स्थान के आस-पास ही स्थापित होती हैं, इसलिए यह आवश्यक है कि औद्योगिक परियोजनाओं में इन्हें स्पष्ट तरीके से हिस्सेदार बनाया जाये।

जहाँ तक माओवादियों का प्रश्न है उन्हें बूर्ज्वा लोकतन्त्र से एक जुड़ाव कायम करना चाहिए। इस सन्दर्भ में वे भारतीय कम्युनिस्ट पार्टी, भारतीय कम्युनिस्ट पार्टी (मार्क्सवादी) और नेपाल की माओवादी पार्टी से सबक ले सकते हैं। भारतीय माओवादियों को भी चुनावों में भाग लेना चाहिए और यह मुमकिन है कि उन्हें चुनावों में जीत भी मिल जाये। ऐसा लगता है कि नेपाल में कॉमरेड प्रचण्ड ने यह माना कि इक्कीसवीं सदी के लिए सबसे उपयुक्त विचारधारा बहुदलीय लोकतन्त्र ही है। यह सच है कि नेपाल की तुलना में भारत ज़्यादा बड़ा और विविधतापूर्ण देश है, इसलिए यहाँ उग्रवाद और चुनावी लोकतन्त्र के बीच सामंजस्य स्थापित होना ज़्यादा आवश्यक है।

बहरहाल, मौजूदा स्थिति में हम यह कल्पना नहीं कर सकते हैं कि भारतीय माओवादी आसानी से सशस्त्र संघर्ष के प्रति अपनी वचनबद्धता छोड़ देंगे। इसी प्रकार, भारतीय राज्य का वास्तविक काम करने का तरीका ऐसा है कि यह उम्मीद करना गलत होगा कि वह अपने काम के तरीके में बदलाव करेगा। मौजूदा हालात

में शायद यह नामुमकिन है कि भारतीय राज्य अमीर और राजनीतिक रूप से शक्तिशाली लोगों के बजाय आदिवासियों जैसे दुर्बल अल्पसंख्यकों के हितों पर ध्यान देने लगेगा।

शायद एक लम्बे समय के बाद आदिवासी भारतीय गणतन्त्र के साथ शान्ति की स्थिति स्वीकार कर लेंगे और गणतन्त्र भी अपने आदिवासी नागरिकों को गरिमा और सम्मान देने लगेगा। मैं सुनिश्चित रूप से नहीं कह सकता हूँ कि ऐसा मेरे जीवन-काल में होगा या नहीं। मध्य और पूर्वी भारत के बन क्षेत्रों में आने वाले वर्ष संघर्ष से भरे हुए हैं। आदिवासी जिन जंगलों और पहाड़ों को अपना कहते थे, वहाँ वे एक ओर राज्य से और दूसरी ओर माओवादियों से उत्पीड़ित होते रहेंगे। बस्तर के एक आदिवासी ने इस सन्दर्भ में मुझसे यह कहा कि "हमें दोनों तरफ़ से दबाव है और हम बीच में पिस गये हैं।"

सन्दर्भ

1. इस लेख में प्रस्तुत तर्क वर्ष 2007 के शुरुआती महीनों में पूरे देश में दिये गये सम्बोधनों में प्रस्तुत किया गया। इसमें नेहरू सेंटर, मुम्बई द्वारा 'चैलेंजेज टू डेमॉक्रेसी' श्रृखंला में आयोजित कार्यक्रम (जनवरी); बंगलौर के जवाहरलाल नेहरू सेंटर फॉर एडवांस्ड साइंटिफिक रिसर्च में सातवाँ आईएसआरओ-सतीश धवन व्याख्यान (जनवरी); जयपुर में राजा राममोहन रॉय फाउंडेशन में वार्षिक व्याख्यान (फ़रवरी) तथा नयी दिल्ली के इण्डिया इंटरनैशनल सेंटर में पहला राजीव कपूर मेमोरियल लेक्चर (मार्च) सम्मिलित है। मैं इन व्याख्यानों में उपस्थित श्रोताओं द्वारा पूछे गये प्रश्नों और टिप्पणियों के लिए उनका आभारी हूँ। रूकुम आडवाणी, डेविड हार्डीमन, सुजाता केशवन, जे. मार्टीनेज एलीयर, महेश रंगराजन और दीलिप सिमेन की टिप्पणियों और आलोचनाओं से भी इस लेख को बेहतर बनाने में मदद मिली। मैं नन्दिनी सुन्दर का विशेष रूप से कृतज्ञ हूँ, पिछले कई वर्षों से आदिवासियों पर उनके लेखन से मैंने काफ़ी कुछ सीखा है। निस्सन्देह लेख की समस्त कमियों की ज़िम्मेदारी मेरी है।
2. कॉन्स्टीट्यूएण्ट असेम्बली डिबेट, वोल्यूम I, पृ. 143-44।
3. भारत में जनजातियों के मानवशास्त्रीय अध्ययन और निर्मितियों के सन्दर्भ में देखें वेरियर एलविन (1939), (1964), जी. एस. घुर्ये (1959); के. एस. सिंह (1972), (1985); सी वॉन फ्यूरर हेमेनडॉर्फ (1982); आंद्रे बेतें (1991); रामचन्द्र गुहा (1999); नन्दिनी सुन्दर (2007)।
4. अरूप महापात्र (2005), अध्याय 2 और किताब के अन्य हिस्से में; महापात्र का अनुमान 1990 के दशक के अध्ययनों और सर्वेक्षण पर आधारित है।
5. देखें महेश रंगराजन और गजाला शहाबुद्दीन (2006)।
6. फर्नांडिस (2006)।
7. *रिपोर्ट ऑफ़ द कमिटी ऑन स्पेशल मल्टीपरपस ट्राइबल ब्लॉक्स* (1960), पृ. 20, 192।
8. *रिपोर्ट ऑफ़ द शेड्यूल्ड एरियाज ऐंड शेड्यूल्ड ट्राइब्स कमिटी* (गवर्नमेंट प्रेस, नयी दिल्ली, 1961)।
9. देखें, *रिपोर्ट ऑफ़ द कमिटी ऑफ स्पेशल मल्टीपरपस ट्राइबल ब्लॉक्स,* पृ. 191-92।
10. देखें, *अनुसूचित जाति और अनुसूचित जनजाति आयुक्त की 28वीं और 29वीं रिपोर्ट* (गवर्नमेंट ऑफ इण्डिया प्रेस, नयी दिल्ली, 1988 और 1990)।

11. इस सन्दर्भ में देखें, जे. सी. झा (1964); ए. आर. देसाई (1979); डेविड अर्नाल्ड (1982); रणजीत गुहा (1983); के. एस. सिंह (2002); डेविड हार्डीमन (1987); अजय स्कारिया (1999); नंदिनी सुन्दर (2007)।
12. एक सामान्य समझ के लिए देखें, ए. आर. देसाई (1986); बस्तर के बारे में देखें नंदिनी सुन्दर (1997); झारखण्ड के बारे में सुजेन बी सी डिवाले (1992); निर्मल सेनगुप्ता (1982); नर्मदा आन्दोलन के बारे मे अमिता बाविस्कर (2004); इसी प्रकार फेलिक्स पैडल ने अपनी आगामी किताब में ओडिशा की खनन परियोजनाओं का विश्लेषण किया है।
13. माओवादी आन्दोलन के प्रारम्भिक दौर के अध्ययन के लिए देखें सुमन्ता बनर्जी (1980); हालाँकि 1990 के दशक और उसके बाद उभरकर आये माओवादी आन्दोलन का अभी तक कोई ऐसा अध्ययन नहीं किया गया है।
14. इस लेख में आदिवासी और माओवादी तथा माओवादी और नक्सलवादी का अदल-बदलकर प्रयोग किया गया है।
15. ये अनुमान किसी वैज्ञानिक अध्ययन के आधार पर प्रस्तुत नहीं किये जा रहे हैं, बल्कि ये अध्ययन पर आधारित अनुमान हैं। मुझे यह लगता है कि इनके बारे में अलग-अलग विश्लेषण से इन आँकड़ों में बदलाव होगा, लेकिन यह प्रस्तुत विवरण से ज़्यादा अलग नहीं होगा।
16. यहाँ यह गौर करने वाली बात है कि आदिवासियों को झारखण्ड और छत्तीसगढ़ जैसे राज्यों में तो उल्लेखनीय कामयाबी मिली है, लेकिन वे गुजरात और राजस्थान जैसे पश्चिमी आदिवासी क्षेत्रों में अपना प्रभाव नहीं बढ़ा पाये हैं। ये वे क्षेत्र हैं जहाँ जनसंख्या जाति आधारित किसान समाज से ज़्यादा निकट रूप से जुड़ी हुई है और यहाँ का भूक्षेत्र गुरिल्ला कार्रवाई के लिए ज़्यादा उपयुक्त नहीं है। निश्चित रूप से, नक्सलवादी केवल आदिवासी क्षेत्रों में ही सक्रिय नहीं हैं। मसलन, तेलंगाना और मध्य बिहार में उनकी काफ़ी सशक्त उपस्थिति है। इन दोनों क्षेत्र में वे निचली जातियों के बटाईदारों और खेतिहर मज़दूरों के बीच सक्रिय हैं और उन्होंने इन्हें उच्च जाति के साहूकारों और ज़मींदारों के ख़िलाफ़ गोलबन्द किया है (देखें, बेला भाटिया 2005)। बहरहाल, ऐसा लगता है कि हाल के वर्षों में आदिवासियों के बहुमत वाले ज़िलों में उन्हें सबसे ज़्यादा फ़ायदा हुआ है। चूँकि यह निबन्ध आदिवासियों की स्थिति से सम्बन्धित है, इसलिए इसमें अन्य क्षेत्रों में नक्सलवादियों की गतिविधियों का ज़्यादा वर्णन नहीं किया गया है जहाँ सामाजिक पहचान का मुख्य आधार जाति और वर्ग है।
17. डी. मुखर्जी (2005)।
18. ये पैराग्राफ़ 2006 की गर्मियों में बस्तर में खुद को संजीव कहने वाले एक माओवादी से लिए गये साक्षात्कार पर आधारित है।
19. इस सन्दर्भ में देखें, पीपॅल्स यूनियन फॉर डेमॉक्रेटिक राइट्स (2006); इंडिपेंडेंट सिटीजन्स इनिसिएटिव (2006)।
20. रॉबर्ट सर्विस (2007)।

सन्दर्भ ग्रन्थ सूची

अर्नाल्ड, डेविड (1982), 'रिबेलियस हिलमेन : द गुदेम रम्पा राइजिंग्स', 1839-1924, संकलित, रणजीत गुहा (सम्पा.), *सबॉल्टर्न स्टडीज I*, दिल्ली, ऑक्सफर्ड यूनिवर्सिटी प्रेस।

बाविस्कर, अमिता (2004), *इन द बेली ऑफ़ द रीवर : आदिवासी बैटल्स ओवर 'डिवलपमेंट' इन द नर्मदा वैली,* नयी दिल्ली, ऑक्सफर्ड यूनिवर्सिटी प्रेस (दूसरा संस्करण; पहला संस्करण 1993)।

बनर्जी, सुमन्ता (1980), *इन द वेक ऑफ़ नक्सलबाड़ी : अ हिस्ट्री ऑफ द नक्सलाइट मूवमेंट इन इण्डिया,* कलकत्ता, सुवर्णरेखा।

बेतें, आंद्रे (1991), 'द कॉनसेप्ट ऑफ़ ट्राइब्स विद स्पेशल रिफरेंस टू इण्डिया', संकलित, आंद्रे बेतें, *सोसायटी ऐंड पॉलिटिक्स इन इण्डिया : ऐसेज इन अ कॉम्पेरेटिव पर्सपेक्टिव,* लन्दन, एथलॉन प्रेस।

भाटिया बेला (2005), 'द नक्सलाइट मूवमेंट इन सेण्ट्रल बिहार', *इकोनॉमिक ऐंड पॉलिटिकल वीकली,* 6 अप्रैल।

कॉन्स्टीट्यूएण्ट असेम्बली डिबेट, खण्ड-1।

देसाई, ए. आर. (सम्पा.) (1979), *पीजेण्ट स्ट्रगल्स इन इण्डिया,* दिल्ली, ऑक्सफर्ड यूनिवर्सिटी प्रेस।

—(सम्पा.) (1986), *एग्रेरियन स्ट्रगल्स इन इण्डिया सिन्स इंडिपेंडेंस,* दिल्ली, ऑक्सफर्ड यूनिवर्सिटी प्रेस।

डिवाले, सुजेन बी. सी. (1992), *डिस्कोर्सेज ऑफ़ एथ्निसिटी : कल्चर ऐंड प्रोटेस्ट इन झारखण्ड : फोर्थ वर्ल्ड डायनेमिक्स,* नयी दिल्ली, सेज पब्लिकेशन्स।

ऐलविन, वेरियर (1939), *द बैगा,* लन्दन, जॉन मर्रे।

—(1964), *द ट्राइबल वर्ल्ड ऑफ़ वेरियर ऐलविन : ऐन ऑटोबायोग्राफी,* न्यू यॉर्क, ऑक्सफर्ड यूनिवर्सिटी प्रेस।

फर्नांडिस, वॉल्टर (2006), 'डिवलपमेंट इनड्युश्ड डिसप्लेसमेंट ऐंड ट्राइबल वीमेन', संकलित, गोविन्द चन्द्र रथ (सम्पा.), *ट्राइबल डिवलपमेंट इन इण्डिया : द कॉन्टेम्परारी डिबेट,* नयी दिल्ली, सेज पब्लिकेशन्स।

गवर्नमेंट ऑफ़ इण्डिया (1960), *रिपोर्ट ऑफ़ द कमिटी ऑफ़ स्पेशल मल्टीपरपस ट्राइबल ब्लॉक्स,* दिल्ली, मैनेजर ऑफ़ पब्लिकेशन्स।

—(1961), *रिपोर्ट ऑफ़ द शेड्यूल्ड एरियाज ऐंड शेड्यूल्ड ट्राइब्स कमिटी,* गवर्नमेंट प्रेस, नयी दिल्ली।

घुर्ये, जी. एस. (1959), *द शेड्यूल्ड ट्राइब्स, बॉम्बे,* पॉपुलर प्रकाशन (तीसरा संस्करण)।

सिंह, के. एस. (सम्पा.) (1972), *द ट्राइबल सिचुएशन इन इण्डिया,* शिमला, इण्डियन इंस्टीट्यूट ऑफ़ एडवांस्ड स्टडीज।

गुहा, रणजीत (1983), *एलीमेंटरी एसपेक्ट्स ऑफ़ पीजेन्ट इनसर्जेंसी इन कोलोनियल इण्डिया,* दिल्ली : ऑक्सफर्ड यूनिवर्सिटी प्रेस।

गुहा, रामचन्द्र (1999), *सैवेजिंग द सिविलाइज्ड : वेरियर एलविन, हिज ट्राइबल्स ऐंड इण्डिया,* दिल्ली : ऑक्सफर्ड यूनिवर्सिटी प्रेस।

गुप्ता निर्तलसेन (सम्पा.) (1982), *झारखण्ड : फोर्थ वर्ल्ड डायनेमिक्स,* दिल्ली, ऑथर्स गिल्ड।

हार्डीमन, डेविड (1987), *द कमिंग ऑफ़ द देवी : आदिवासी असर्शन इन वेस्टर्न इण्डिया,* दिल्ली : ऑक्सफर्ड यूनिवर्सिटी प्रेस।

हेमेनडॉर्फ, सी. वॉन फ्यूरर (1982), *द ट्राइब्स ऑफ़ इण्डिया : स्ट्रगल ऐंड सर्वाइवल,* बरकले, यूनिवर्सिटी ऑफ़ कैलिफोर्निया प्रेस।

इंडिपेंडेंट सिटीजेन्स इनिसिएटिव (2006), वार इन द हार्ट ऑफ़ इण्डिया : ऐन् इनक्वायरी इन टू द ग्राउंड सिचुएशन्स ऑफ दाँतेवाड़ा डिस्ट्रिक, छत्तीसगढ़, नयी दिल्ली, आइसीएल, जुलाई।

झा, जे. सी. (1964), *द कोल इनसरेक्शन ऑफ़ छोटा नागपुर, कलकत्ता,* थैकर, स्पिंक ऐंड कम्पनी।

—(1967), *द भूमिज रिवोल्ट 1832-33,* दिल्ली, मुंशीराम मनोहरलाल।

महापात्र, अरूप (2005), *डेमॉग्राफिक पर्सपेक्टिव ऑफ इण्डियाज ट्राइब्स,* नयी दिल्ली : ऑक्सफर्ड यूनिवर्सिटी प्रेस।

रंगराजन, महेश और गज़ाला शहाबुद्दीन (2006), 'रिलोकेशन फ्रॉम प्रोटेक्टेड एरियाज : टुवर्ड्स अ हिस्टॉरिकल ऐंड बायोलॉजिकल सिंथिसिस', *कंजरवेशन ऐंड सोसायटी,* खण्ड 4, अंक 4।

मुखर्जी, डी. (2005), 'इफ यू लुक ऑफ्टर फॉरेस्ट पीपॅल, यू किल नक्सलिजम', *द एशियन ऐज,* जून 28।

पीपॅल्स यूनियन फॉर डेमॉक्रेटिक राइट्स (2006), व्हेन स्टेट वेज वॉर अगेनस्ट इट्स ऑन पीपॅल : अ रिपोर्ट्स ऑन द वायलेशन ऑफ़ पीपॅल्स राइट्स ड्युरिंग सलवा जुडूम कैम्पेन इन दाँतेवाड़ा, छत्तीसगढ़, नयी दिल्ली, पीयूडीआर, अप्रैल।

स्कारिया, अजय (1999), *हायब्रिड हिस्ट्रीज : फॉरेस्ट, फ्रंटियर्स ऐंड वाइल्डनेस इन वेस्टर्न इण्डिया,* दिल्ली, ऑक्सफर्ड यूनिवर्सिटी प्रेस।

सर्विस, रॉबर्ट (2007), *कॉमरेड्स : अ वर्ल्ड हिस्ट्री ऑफ़ कम्युनिजम,* लन्दन : मैकमिलन।

सिंह, के. एस. (1985), *द ट्राइबल सोसायटी इन इण्डिया,* दिल्ली, मनोहर।

—(2002), बिरसा मुण्डा ऐंड हिज मूवमेंट 1872-1901 : अ स्टडी ऑफ अ मिलेनेरियन मूवमेंट इन छोटा नागपुर, कलकत्ता : सेयुगल बुक्स (तीसरा संस्करण)।

सुन्दर नन्दिनी (1996), सबॉलटर्स ऐंड सॉवेरेन्स : ऐन एंथ्रोपोलॉजिकल हिस्ट्री ऑफ़ बस्तर, 1854-2006, दिल्ली, ऑक्सफर्ड यूनिवर्सिटी प्रेस (दूसरा संस्करण 2007)।

[यह शोध-आलेख इकोनॉमिक ऐंड पॉलिटिकल वीकली के 11 अगस्त 2007 अंक में प्रकाशित हुआ था।]

लेखक परिचय

अभिजीत बनर्जी अर्थशास्त्र के फोर्ड फाउंडेशन इंटरनैशनल प्रोफ़ेसर तथा अब्दुल लतीफ़ जमील पोवर्टी ऐक्शन लैब (जे-पीएएल) के सह-निदेशक हैं।

एंगस डेटॉन वुडरो विल्सन स्कूल में अन्तर्राष्ट्रीय मामलों और अर्थशास्त्र के ड्वीट डी आइसेनहोवर प्रोफ़ेसर हैं और प्रिंसटन यूनिवर्सिटी के अर्थशास्त्र विभाग से भी सम्बद्ध हैं।

अश्विनी कुलकर्णी प्रगति अभियान, नासिक, महाराष्ट्र के निदेशक हैं।

डी.डी. कारोपैडी अजीम प्रेमजी यूनिवर्सिटी, बेंगलुरू के रिसर्च सेंटर में सलाहकार हैं।

दीपा सिन्हा अम्बेडकर यूनिवर्सिटी, दिल्ली के स्कूल ऑफ लिबरल स्टडीज में अर्थशास्त्र की असिस्टेंट प्रोफ़ेसर हैं।

गीता गाँधी किंगडन यूनिवर्सिटी कॉलेज, लन्दन में शिक्षा, अर्थशास्त्र और अन्तर्राष्ट्रीय विकास चेयर पर कार्यरत हैं।

ज्याँ द्रेज राँची यूनिवर्सिटी के अर्थशास्त्र विभाग में विजिटिंग प्रोफ़ेसर हैं।

जेसिका पुडूसेरी पॉम्प्यु फार्बा यूनिवर्सिटी, बार्सिलोना के बार्सिलोना ग्रेजुएट स्कूल ऑफ़ इकोनॉमिक्स में स्नातक कक्षा की छात्रा हैं।

जोयल ली, एम.ए., संयुक्त राज्य अमेरिका के विलियम्स कॉलेज के मानवशास्त्र और समाजशास्त्र विभाग में असिस्टेंट प्रोफ़ेसर हैं।

क्रुश्ना रानावरे इन्दिरा गाँधी इंस्टीट्यूट ऑफ़ डिवलपमेंट रिसर्च में अनुसन्धान सहायक हैं।

मारिया मिनी जोस वार्टन बिजनेस स्कूल की छात्रा हैं।

मोनिका दास गुप्ता संयुक्त राज्य अमेरिका के कॉलेज पार्क के यूनिवर्सिटी ऑफ़ मेरीलैण्ड में रिसर्च प्रोफ़ेसर हैं।

नन्दिनी नायक अम्बेडकर यूनिवर्सिटी के स्कूल ऑफ़ डिवलपमेंट स्टडीज में असिस्टेंट प्रोफ़ेसर हैं।

रामचन्द्र गुहा बेंगलुरू में रहने वाले इतिहासकार और लेखक हैं।

रविन्दर कौर इण्डियन इंस्टीट्यूट ऑफ़ टेक्नोलॉजी, दिल्ली के मानविकी और समाज विज्ञान विभाग में समाजशास्त्र और सामाजिक मानवशास्त्र पढ़ाती हैं।

रीतिका खेड़ा इण्डियन इंस्टीट्यूट ऑफ़ टेक्नोलॉजी, दिल्ली में अर्थशास्त्र पढ़ाती हैं।

रिन्कू मुरगई दिल्ली में वर्ल्ड बैंक की पोवर्टी ग्लोबल प्रैक्टिस में 'लीड इकोनॉमिस्ट' हैं।

सलोनी चोपड़ा दिल्ली स्कूल ऑफ़ इकोनॉमिक्स के अर्थशास्त्र विभाग में रिसर्च स्कॉलर हैं।

श्रयाना भट्टाचार्य दिल्ली में वर्ल्ड बैंक के साथ सोशल प्रोटेक्शन इकोनॉमिस्ट के रूप में जुड़ी हैं।

सौम्या कपूर मेहता एक स्वतन्त्र अनुसन्धानकर्ता हैं।

सुधा नारायणन मुम्बई के इन्दिरा गाँधी इंस्टीट्यूट ऑफ़ डिवलपमेंट रिसर्च में एसोसिएट प्रोफ़ेसर हैं।

सुखदेव थोराट नयी दिल्ली के जवाहरलाल नेहरू विश्वविद्यालय के सेंटर फॉर द स्टडी ऑफ़ रीजनल डिवलपमेंट में प्रोफ़ेसर इमेरिटस हैं।

तारामणि नाओरेम मानव संसाधन विकास मन्त्रालय के टीचर एजुकेशन के केन्द्र प्रायोजित कार्यक्रम के तकनीकी सहायक समूह में वरिष्ठ सलाहकार हैं।

उपासक दास त्रिवेन्द्रम स्थित सेंटर फॉर डिवलपमेंट स्टडीज में सहायक प्रोफ़ेसर हैं।

वन्दना सिपाहीमलानी राव एक स्वतन्त्र सलाहकार हैं जो सार्वजनिक वित्तीय प्रबन्धन और अन्य मानव विकास नीति अनुसन्धान से जुड़ी हुई हैं।

विमला रामचन्द्रन ईआरयू कंसल्टेन्ट्स की निदेशक हैं।

गीता सेन स्वास्थ्य मामलों पर अनुसन्धान करती हैं।

एस्थर डुफलो मैसाचुसेट्स इंस्टीट्यूट ऑफ़ टेक्नोलॉजी में अर्थशास्त्र की प्रोफ़ेसर तथा अब्दुल लतीफ़ जमील पोवर्टी ऐक्शन लैब (जे-पीएएल) की सह-निदेशक हैं।

मिहिर शाह 'समाज प्रगति सहयोग' नामक ज़मीनी स्तर पर काम करने वाले संगठन से जुड़े हैं।

अनुवादक परिचय

कोपल चौबे दिल्ली के अम्बेडकर विश्वविद्यालय में अनुसन्धान कर रही हैं।

पंकज कुमार झा दिल्ली विश्वविद्यालय के श्रद्धानन्द कॉलेज में राजनीति विज्ञान पढ़ाते हैं।

इन्द्रजीत कुमार झा दिल्ली विश्वविद्यालय के आत्माराम सनातन धर्म कॉलेज में राजनीति विज्ञान पढ़ाते हैं।

विकास कुमार दिल्ली विश्वविद्यालय के आत्माराम सनातन धर्म कॉलेज में राजनीति विज्ञान पढ़ाते हैं।

गौरव पंवार दिल्ली विश्वविद्यालय के किरोड़ीमल कॉलेज में राजनीति विज्ञान पढ़ाते हैं।

संदीप कुमार स्वतन्त्र अनुसन्धानकर्त्ता और मीडियाकर्मी हैं।

विवेक रत्न दयाल सिंह कॉलेज में राजनीति विज्ञान पढ़ाते हैं।

*जिन शोध-आलेखों में किसी अनुवादक का उल्लेख नहीं है उनका अनुवाद इस पुस्तक के सह-सम्पादक **कमल नयन चौबे** द्वारा किया गया है।*

आभार

इस पुस्तक में विशेष सम्पादकीय सहयोग के लिए मैं जेसिका पुडूसेरी का और हिन्दी अनुवाद के प्रभावी संयोजन के लिए अदिति माहेश्वरी-गोयल और उनकी टीम का बेहद आभारी हूँ। पुस्तक की अवधारणा और प्रस्तावना पर पूर्व में अमर्त्य सेन और रीतिका खेड़ा के साथ किये गये अध्ययनों का सीधा प्रभाव है। इस अवसर पर मैं राममनोहर रेड्डी की सराहना करता हूँ जिन्होंने पिछले कई वर्षों से *इकोनॉमिक ऐंड पॉलिटिकल वीकली* के सम्पादक के रूप में बेहतरीन काम किया है। उनके बिना यह पुस्तक इस रूप में कभी साकार नहीं हो सकती थी।

–ज्याँ द्रेज